SCHÄFFER
POESCHEL

Christoph Bruns / Frieder Meyer-Bullerdiek

Professionelles Portfoliomanagement

Aufbau, Umsetzung und Erfolgskontrolle strukturierter Anlagestrategien

3., überarbeitete und erweiterte Auflage

2003
Schäffer-Poeschel Verlag Stuttgart

Autoren:

Dr. Christoph Bruns
Unabhängiger Vermögensverwalter
Chicago / USA

Prof. Dr. Frieder Meyer-Bullerdiek
Lehrgebiet Bank- und Assetmanagement
Fachhochschule Braunschweig/Wolfenbüttel, Standort Wolfsburg

Die in diesem Buch präsentierte Information wurde aus Quellen zusammengetragen, die allgemein als korrekt und verlässlich gelten, wurde aber nicht in allen Fällen verifiziert. Deshalb übernehmen weder die Autoren noch der Verlag irgendeine Gewährleistung in Bezug auf Richtigkeit, Vollständigkeit oder Aktualität der präsentierten Information. Die Modelle, Methoden und Beispiele in diesem Buch dienen nur dazu, die jeweiligen Konzepte allgemein darzustellen. Um sie für tatsächliche Geschäfte anzuwenden, müssen sie möglicherweise angepasst oder verändert werden. Weiterhin ist die in diesem Buch präsentierte Information nicht gedacht als Finanzberatung oder als Empfehlung für irgendwelche finanziellen Transaktionen. Weder die Autoren noch der Verlag sind verantwortlich für irgendwelche Handlungen, die durch in diesem Buch dargestellte Information motiviert oder veranlasst wurden.

Bibliografische Information Der Deutschen Bibliothek
Die Deutsche Bibliothek verzeichnet diese Publikation
in der Deutschen Nationalbibliografie; detaillierte bibliografische Daten
sind im Internet über <http://dnb.ddb.de> abrufbar.

Gedruckt auf säure- und chlorfreiem, alterungsbeständigem Papier.

ISBN 3-7910-2173-7

Dieses Werk einschließlich aller seiner Teile ist urheberrechtlich geschützt. Jede Verwertung außerhalb der engen Grenzen des Urheberrechtsgesetzes ist ohne Zustimmung des Verlages unzulässig und strafbar. Das gilt insbesondere für Vervielfältigungen, Übersetzungen, Mikroverfilmungen und die Einspeicherung und Verarbeitung in elektronischen Systemen.

© 2003 Schäffer-Poeschel Verlag für Wirtschaft · Steuern · Recht GmbH & Co. KG
www.schaeffer-poeschel.de
info@schaeffer-poeschel.de
Einbandgestaltung: Willy Löffelhardt
Druck und Bindung: Kösel, Kempten
Printed in Germany
September / 2003

Schäffer-Poeschel Verlag Stuttgart
Ein Tochterunternehmen der Verlagsgruppe Handelsblatt

Vorwort zur dritten Auflage

Die große Resonanz der ersten beiden Auflagen des "Professionelles Portfoliomanagement" bei Anlegern, Vermögensverwaltern, Portfoliomanagern, Börsenprofis und vor allem auch bei Studierenden im Bereich Bank- und Finanzwirtschaft belegt den nachhaltigen Bedarf an praxisrelevanter und zugleich theoriefundierter Literatur auf diesem Fachgebiet. Die vorliegende Neuauflage, die auf der bewährten inhaltlichen Konzeption der Vorauflagen fußt, wurde aufgrund der raschen Entwicklungsfortschritte auf dem Gebiet des Portfoliomanagements notwendig. Das Werk wurde vollständig überarbeitet und in vielen Bereichen um zahlreiche aktuelle Neuerungen erweitert und ergänzt. Die wichtigsten Änderungen sollen im Folgenden kurz genannt werden.

In Kapitel A wurden die Ausführungen zu den Risikomaßen unter Einbeziehung neuer, praxisnaher Beispiele erweitert. U.a. wird nunmehr auf den Zusammenhang zwischen Value-at-Risk und Anlagehorizont ausführlich eingegangen. Darüber hinaus wurden die Ausführungen zum Tracking Error und zur Key Rate Duration zum Teil neu gefasst und ergänzt.

Kapitel B, das die theoretischen Kernfundamente des Portfoliomanagements behandelt, wurde in der bewährten Form beibehalten. Ergänzt wurde das Kapitel um eine Einführung in das noch junge Forschungsgebiet „Behavioral Finance", das sich mit der Analyse des Verhaltens der Marktteilnehmer beschäftigt. Im Rahmen der Erklärungsansätze zur Begründung von rational kaum erklärlichen Kapitalmarktanomalien wurde ein Abschnitt zum Phänomen des Home Bias mit aufgenommen.

Deutliche Veränderungen hat Kapitel C erfahren, das völlig neu konzipiert wurde. Es orientiert sich an den Eckpfeilern des institutionellen Portfoliomanagements. Folglich stehen der Investmentprozess, die Investmentkultur und vor allem die Investmentphilosophie im Mittelpunkt. Besonderes Augenmerk wird in diesem Abschnitt dem Thema Prognose gewidmet. Die Darstellung unterschiedlicher Investmentstile rundet das Kapitel ab. Hierbei wurden weitergehende Betrachtungen zum Thema „Timing" mit eingearbeitet. Schließlich wurden im Rahmen dieses Kapitels noch die bei fallenden Aktienmärkten interessant werdenden Portfolio Insurance Strategien CPPI (Constant Proportion Portfolio Insurance) und TIPP (Time-Invariant Portfolio Protection) neu aufgenommen.

Im Marktteil (Kapitel D) erfolgte eine Konzentration auf die für das Portfoliomanagement wesentlichen Informationen über die Kapitalmärkte, so dass dieser Teil deutlich gekürzt werden konnte.

Eine deutliche Ausweitung hat der komplett überarbeitete Derivate-Teil erfahren. Bei den Optionen wurden besonders die Optionsbewertung, die Betrachtung der Sensitivitätskennzahlen („griechische Variablen") und die Absicherungsstrategien überarbeitet und praxisgerechter aufbereitet unter Einbeziehung zahlreicher neuer Beispiele. Neu aufgenommen wurden zudem Zinsoptionen (Caps, Floors und Collars), Devisenoptionen und Optionsscheine.

Auch der Bereich „Futures" wurde komplett überarbeitet und aktualisiert unter Einbeziehung neuer Instrumente, wie der Einmonats-Eonia-Future und die Futures auf Exchange Traded Funds

(ETFs) an der Eurex. Darüber hinaus wurden auch Devisen-Futures und Zinsswap-Futures neu aufgenommen. Zudem wurden einige Bereiche, wie z.B. Spread Trading und Arbitragestrategien mit Futures praxisgerechter aufbereitet und ausgeweitet. Gleiches gilt für den Einsatz von Forward Rate Agreements und Swaps im Portfoliomanagement. Insbesondere der Swap-Teil wurde deutlich ausgeweitet, wobei vor allem die Bewertung von Geldmarktswaps, Plain Vanilla Swaps und Non-Generic Swaps, wie z.B. Forward Swaps oder Rollercoaster-Swaps vollkommen neu und praxisnah präsentiert werden. Darüber hinaus wurde die Bewertung von Währungsswaps mit eingearbeitet. Ferner wurde das Hedging von Geldmarktswaps und Forward Swaps mit Hilfe von Geldmarkt-Futures mit aufgenommen. Schließlich erfolgte noch die Aufnahme eines neuen Abschnitts „Portfoliomanagement mit Devisentermingeschäften". Den Abschluss dieses Kapitels bildet der Teil „Repo-Geschäfte", der ebenfalls überarbeitet und aktualisiert wurde.

Auch das Kapitel F (Performanceanalyse) wurde erweitert. So werden neben den schon in den Vorauflagen erläuterten Performancemaßen zusätzlich noch die Sortino-Ratio, der Differential Return und der Risk Adjusted Return dargestellt. Neu überarbeitet wurde auch der Bereich der Performanceattribution. Weiterhin wurde ein neuer Abschnitt zu den grundlegenden Problembereichen der Performanceanalyse mit aufgenommen. In diesem Zusammenhang wird auch das Fonds-Rating als möglicher Lösungsansatz vorgestellt. Die abschließenden Betrachtungen zu den Performance Presentation Standards wurden lediglich aktualisiert und um ein weiteres Beispiel ergänzt.

Insgesamt gesehen haben wir bei der Überarbeitung wieder ein besonderes Augenmerk auf die hohe Praxisrelevanz gelegt. Allen Lesern, die uns Anregungen für die Überarbeitung gegeben haben, danken wir herzlich und hoffen, dass die vorliegende Form des Werkes den Bedürfnissen der Portfoliomanagement-Praxis und der Ausbildung von Studierenden noch besser entsprechen kann.

Chicago und Wolfsburg, im Juni 2003

Dr. Christoph Bruns   Prof. Dr. Frieder Meyer-Bullerdiek

Vorwort zur ersten Auflage

Portfoliomanagement hat in den letzten Jahren national und international an Bedeutung und vor allem an Professionalität gewonnen. Diese dynamische Entwicklung wird sich nach allgemeinem Dafürhalten in den nächsten Jahren fortsetzen. Die Gründe liegen unter anderem in der Vermögensstruktur institutioneller und privater Investoren, der Verfügbarkeit anspruchsvoller Informationstechnologien und auch der voranschreitenden Verbreitung kapitalmarkttheoretischer Erkenntnisse in der Portfoliomanagementpraxis. Daneben erfordern die zunehmende Liberalisierung der Finanzmärkte und der intensivere Wettbewerb um das Management eines in den letzten Jahren ständig wachsenden Vermögens eine zunehmende Professionalität im Portfoliomanagement.

Nur diejenigen Portfoliomanager, die eine entsprechende Professionalität aufweisen, werden in diesem hart umkämpften Geschäft dauerhaft erfolgreich agieren können. Dies schließt insbesondere die Berücksichtigung moderner Portfoliomanagementerkenntnisse und -instrumente mit ein, wobei vor allem der Einsatz von Derivaten zu nennen ist. Der teilweise sprunghafte Anstieg der Anzahl gehandelter derivativer Instrumente dokumentiert in eindrucksvoller Weise die Akzeptanz, die Derivate inzwischen bei vielen Marktteilnehmern finden.

In diesem Zusammenhang ist vor allem auf das Risikomanagement zu verweisen, das mittlerweile zu einem Großteil mit Hilfe von Derivaten vorgenommen wird. Diese eröffnen die Möglichkeit, ein dem Anleger entsprechendes Rendite-Risiko-Profil kostengünstig darzustellen. Zu beachten sind hierbei aber die zunehmende Komplexität der Instrumente und ihrer abgeleiteten Kombinationsformen (z.B. exotische Optionen). Um Derivate effizient im Portfoliomanagement einsetzen zu können, bedarf es daher einer fundierten Kenntnis ihrer Funktionsweise, Bewertung und Einsatzmöglichkeiten. Deshalb ist es ein wichtiges Ziel des vorliegenden Werkes, neben der Darstellung eines professionellen Investmentprozesses über das Portfoliomanagement mit relevanten derivativen Instrumenten zu informieren.

Beim Verfassen des Buches haben wir besonderen Wert auf die praxisnahe Behandlung des Themas gelegt. So folgt der Aufbau dem klassischen Ablauf eines Investmentprozesses. Zunächst werden im Kapitel A die Zielvariablen des Portfoliomanagements erörtert. Hierbei stehen neben den Parametern Rendite, Liquidität und Nutzen die mit Kapitalmarktanlagen verbundenen Risiken und deren Ausprägungen im Vordergrund. Die Transformation der Einzelvariablen in marktorientierte Benchmarks schließt das Kapitel ab.

Anschließend gehen wir in knapper Form auf die maßgeblichen theoretischen Grundlagen des modernen Portfoliomanagements ein. Hier erfolgt schwerpunktmäßig die Analyse und Beurteilung der Kapitalmarkteffizienz, die für das professionelle Portfoliomanagement von elementarer Bedeutung ist.

Darauf aufbauend befasst sich Kapitel C mit den zentralen Fragen der Investmentphilosophie und des Investmentstils, bevor anschließend die Grundstruktur und wichtige Einzelkomponenten des Asset Allocation Ansatzes erörtert werden.

Im Kapitel D wird ein detaillierter Überblick über die Zusammensetzung und Größe der verschiedenen nationalen und internationalen Kapitalmärkte und deren Segmente gegeben. Auf diese Weise lässt sich ein Gespür für die Marktdimensionen des Portfoliomanagements gewinnen. Die Darstellung schließt die weltweit bedeutendsten Derivatekontrakte ein.

Den Portfoliomanagementmöglichkeiten, die mit derivativen Instrumenten durchführbar sind, widmet sich das Kapitel E. Dabei stehen Optionen, Futures, Forward Rate Agreements, Swaps und Repos im Mittelpunkt der Betrachtung. Auf Bewertungsfragen wird hierbei ebenso eingegangen, wie auf die Anwendungsmöglichkeiten im Portfoliomanagement. Neben der Erörterung sogenannter Plain Vanilla Instrumente erfolgt auch eine Diskussion von Derivaten der zweiten und dritten Generation (Exotic Derivatives).

Kapitel F befasst sich schließlich in praxisgerechter Weise mit Verfahren und Maßgrößen der Performanceanalyse. Die methodischen Unzulänglichkeiten und Problembereiche der quantitativen Performancemessung werden dabei ebenso aufgeführt wie qualitative Kriterien der Performanceattribution.

Das vorliegende Werk richtet sich in erster Linie an Praktiker, die beruflich und privat mit Kapitalmärkten zu tun haben, insbesondere an Portfoliomanager, Fondsmanager, Wertpapierberater, Investment-Consultants, Researcher, Broker, Salesleute und Händler. Des weiteren werden sich Mitarbeiter in Wertpapierabteilungen, Fondsboutiquen und angrenzenden Abteilungen durch das Buch angesprochen fühlen.

Darüber hinaus haben wir das Buch auch für Dozenten und Studenten mit Spezialisierungen in Finanzwirtschaft und Bankbetriebslehre entwickelt. Aus eigener Erfahrung ist uns bestens bekannt, dass praxisnahe Literatur auch im Hochschulbereich benötigt und geschätzt wird.

Frankfurt, im März 1996

Dr. Christoph Bruns				Dr. Frieder Meyer-Bullerdiek

Inhaltsverzeichnis

Vorwort V

Inhaltsverzeichnis IX

Abkürzungsverzeichnis XVII

A. Strategische Zielsetzung des Portfoliomanagements: Performance 1

I. Marktabhängige Performance-Komponenten 3
   1. Renditen 3
   2. Risiken 8
      a. Volatilität 10
      b. ß-Faktor 16
      c. Tracking Error und Residualvolatilität 17
      d. Duration und Konvexität 21
      e. Semivarianz, Lower Partial Moments und Ausfallwahrscheinlichkeit 32
      f. Value-at-Risk 38
      g. Schiefe (Skewness) und Wölbung (Kurtosis) 46
      h. Mean-Gini-Koeffizient und stochastische Dominanz 49
   3. Liquidität 54
   4. Zeithorizontaspekte der Performance 54

II. Investorspezifische Performancepräferenzen 58

III. Benchmarks 61
   1. Benchmarks als marktorientierte Performanceziele 61
   2. Benchmarkanforderungen 62
   3. Benchmarkselektion 64
      a. Standardisierte Benchmarks 64
      b. Investorspezifische Benchmarks 66
   4. Benchmarkproblembereiche 67

B. Theoretische Kernfundamente des Portfoliomanagements 69

I. Portfolio- und Kapitalmarkttheorie 69
   1. Rendite-Risiko-Effizienz 69
   2. Kapitalmarkt- und Wertpapierlinie 75
   3. Modellerweiterungen des CAPM 79
   4. Ein- und Mehrfaktorenmodelle 81

II. Kapitalmarkteffizienz 85
1. Begriff der Kapitalmarkteffizienz 86
   a. Kursorientierte Markteffizienz 86
   b. Performanceorientierte Markteffizienz 88
2. Praktische Bedeutung von Kapitalmarkteffizienz 89
3. Markteffizienzforschung 90
   a. Ziele 90
   b. Methodologische Problembereiche 90
   c. Aktueller Erkenntnisstand der Diskussion um die Markteffizienz .. 91

III. Erklärungsansätze für Irrationalitäten auf Kapitalmärkten 94
1. Einführung in die Behavioral Finance 94
2. Fads und Fashions 96
3. Market Overreaction 97
4. Mean Reversion 97
5. Noise 98
6. Positive Feedback 100
7. Home Bias 101
8. Informationswahrnehmungs-, -beurteilungs- und -speicherungsprozesse .. 102

C. Ausrichtung des Portfoliomanagements 104

I. Investmentphilosophie 104
1. Aktives Management 110
   a. Kursvorhersagen – Prognosen 112
      aa. Prophetie 112
      ab. Statistik 113
      ac. Prognostik 113
   b. Prognosen im Portfoliomanagement 113
      ba. Ökonomisch / qualitative Prognosen 114
      bb. Ökonometrisch / quantitative Prognosen 114
      bc. Chartanalytisch / visuelle Prognosen 116
      bd. Prognosepragmatismus 116
2. Passives Management 118
   a. Indexauswahl 120
   b. Techniken der Indexabbildung 121
3. Grundsätzliche Attraktivität von Assetklassen 126
   a. Standardisierte Assets 126
   b. Nicht standardisierte Assets 128

II. Investmentprozess 130
   1. Zielformulierung 131
   2. Research und Prognose 132
   3. Strategieformulierung und Portfoliokonstruktion 133
   4. Wertpapierhandel 133
   5. Ergebnisanalyse und -Feedback 134

III. Investmentkultur 135

IV. Investmentstil 137
   1. Long-Term versus Short-Term 137
   2. Top-Down versus Bottom-Up 139
   3. Timing versus Selektion 143
   4. Universell versus speziell 148
   5. Value versus Growth 149
   6. Small Cap versus Large Cap 150
   7. Aggressiv versus defensiv 150
   8. Portfolio Insurance versus Buy and Hold 151
      a. Stop-Loss-Strategie 151
      b. Constant Proportion Portfolio Insurance (CPPI) 152
      c. Time-Invariant Portfolio Protection (TIPP) 157

D. Marktdimension des Portfoliomanagements 161

I. Die 'Triade' als regionaler Kernbereich der Finanzmärkte 161
   1. Die Anlagemärkte Europas 163
      a. Aktien in Europa und in Deutschland 163
      b. Anleihen in Europa und Deutschland 169
         ba. Deutschland 169
         bb. Wichtige Eurolandmärkte 171
         bc. Großbritannien 172
         bd. Exkurs: Usancen der Effektivzinsberechnung 173
         be. Exkurs: Anleihe-Rating 175
      c. Futures und Optionen 177
   2. Die Anlagemärkte Nordamerikas 178
      a. Aktien 178
      b. Anleihen 179
      c. Futures und Optionen 181
   3. Die Anlagemärkte Asiens und Australiens 183

II. Die Emerging Markets als Randbereich der Finanzmärkte 184

III. Währungen 186

IV. Commodities 187

E. Zeitgemäße Instrumente des professionellen Portfoliomanagements: Derivate 192

I. Portfoliomanagement mit Optionen 195
  1. Bewertung von 'Plain Vanilla' Optionen 195
  2. 'Griechische Variablen' 201
    a. Options-Delta 202
    b. Options-Gamma 204
    c. Options-Omega 206
    d. Options-Rho 208
    e. Options-Theta 211
    f. Options-Vega 213
    g. Gesamtüberblick über die Wirkung der verschiedenen Sensitivitätskennzahlen 215
  3. Tradingstrategien mit Optionen 221
    a. Einfache Tradingstrategien 223
    b. Kombinierte Tradingstrategien 227
      ba. Die Erzeugung synthetischer Futures mit Optionen 228
      bb. Spread-Strategien mit Optionen 229
      bc. Straddle-Strategien mit Optionen 237
  4. Absicherungsstrategien mit Optionen 242
    a. 1:1 Fixed-Hedge 242
      aa. Protective Put Strategie zur Absicherung einzelner Aktien 242
      ab. Protective Put Strategie zur Absicherung von Portfolios (Portfolio Insurance) 248
      ac. Portfolio Insurance mit Calls 255
    b. Delta-Hedging 256
    c. Gamma-Hedging 261
  5. Arbitragestrategien mit Optionen 267
  6. Der Einsatz von Zinsoptionen 270
    a. Caps 270
    b. Floors 276
    c. Collars 279
    d. Optionen auf Zins-Futures an der Eurex 281
  7. Der Einsatz von Devisenoptionen 282
  8. Der Einsatz exotischer Optionsvarianten 285
    a. Exotische Optionen im Devisen- und Aktienmanagement 286
      aa. Barrier Options 286
      ab. Cliquet Options 291
      ac. Ratchet Options 292
      ad. Compound Options 293
      ae. 'As you like it' Options 294
      af. Average Rate Options 294
      ag. Basket Options 295
      ah. Binary Options 296
      ai. Contingent Premium Options 297
      aj. Look Back Options 297
      ak. Range Options 298

al. Power Options 298
am. Exploding Options 299
an. LEPOs 299
b. Exotische Optionen im Zinsmanagement 300
ba. Barrier Caps und Barrier Floors 300
bb. Contingent Premium Caps und Floors..306
9. Der Einsatz von Optionsscheinen...309

II. Portfoliomanagement mit Financial Futures 312
1. Grundlagen von Financial Futures 312
a. Zinsfutures..316
b. Aktienindexfutures 327
c. Devisen-Futures..330
d. Futures auf Exchange Traded Funds (EXTF Futures)..331
e. Zinsswap-Futures..332
2. Bewertung von Financial Futures 335
a. Grundlagen 335
b. Die Bewertung von Euro-Bund- und DAX-Futures mit dem Cost-of-Carry-Ansatz ...337
ba. Die Bewertung von Euro-Bund-Futures 337
bb. Die Bewertung von DAX-Futures 339
bc. Grenzen des Cost-of-Carry-Ansatzes...340
c. Die Bewertung von Geldmarkt-Futures..342
d. Die Bewertung von Devisen-Futures..346
3. Trading-Strategien mit Futures..349
a. Spread Trading mit Zinsfutures 349
aa. Intrakontrakt Spread Trading..350
ab. Interkontrakt Spread Trading..354
ac. Basis Trading..364
b. Trading mit Aktienindexfutures 369
4. Arbitragestrategien mit Futures 371
a. Arbitrage mit Bund- und Bobl-Futures...372
b. Arbitrage mit Geldmarkt-Futures 375
c. Arbitrage mit DAX-Futures..377
5. Hedging mit Futures 378
a. Grundlagen und Systematisierungsansätze...378
b. Hedging mit Zinsfutures 380
c. Hedging mit Aktienindexfutures 389
d. Hedging mit Devisen-Futures...391
e. Portfoliotheoretische Überlegungen beim Hedging mit Financial Futures 393

III. Portfoliomanagement mit Forward Rate Agreements (FRAs) 394
1. Grundlagen von Forward Rate Agreements 394
2. Bestimmung der Forward Rate 396
3. Quotierung von FRAs 399
4. Bewertung von Forward Rate Agreements 401
5. Einsatz von Forward Rate Agreements im Portfoliomanagement 403

IV. Portfoliomanagement mit Swaps ... 406
1. Grundlagen von Swaps ... 406
a. Zinsswaps ... 406
b. Kombinierte Währungs- und Zinsswaps ... 412
c. Weitere Swap-Kombinationen und -Strukturen ... 413
2. Handel mit Swaps ... 416
3. Quotierung von Swaps ... 417
4. Bewertung von Swaps ... 421
a. Bewertung von Geldmarkt-Zinsswaps ... 421
b. Bewertung von Plain Vanilla Zinsswaps ... 426
ba. Bewertung von Plain Vanilla Zinsswaps bei Abschluss des Swapgeschäfts ... 426
bb. Bewertung von Plain Vanilla Zinsswaps während der Swap-Laufzeit ... 432
c. Bewertung von Non-Generic Zinsswaps ... 435
ca. Bewertung von Delayed-Start Swaps bei Abschluss des Swapgeschäfts ... 435
cb. Bewertung von Forward Swaps bei Abschluss des Swapgeschäfts ... 436
cc. Bewertung eines Amortisationsswaps bei Abschluss des Swapgeschäfts ... 438
cd. Bewertung eines Step-up-/Step-down-Swaps bei Abschluss des Swapgeschäfts ... 439
ce. Bewertung von Non-Generic Zinsswaps während der Swap-Laufzeit ... 440
d. Bewertung von Plain Vanilla Währungsswaps ... 441
da. Bewertung eines Fixed-to-Fixed Currency Swaps bei Abschluss des Swapgeschäfts ... 443
db. Bewertung eines Fixed-to-Fixed Currency Swaps während der Swap-Laufzeit ... 447
5. Portfoliomanagement mit Asset Swaps ... 448
a. Fixed Income Swaps ... 448
b. Equity Swaps ... 452
6. Hedging und Management von Swap-Portfolios ... 455
a. Hedging von Geldmarkt-Zinsswaps mit Geldmarkt-Futures ... 455
b. Hedging von Forward Swaps mit Geldmarkt-Futures ... 458
c. Hedging des Mismatch-Risikos bei Zinsswaps ... 462
7. Der Einsatz von Swaptions im Portfoliomanagement ... 465

V. Portfoliomanagement mit Devisentermingeschäften ... 468
1. Grundlagen von Devisentermingeschäften ... 468
2. FX Quotierungen von Spot Rates und Forward Points ... 471
3. Devisenswapgeschäft (FX Swaps) ... 473
a. Spot-Forward Devisenswap und Forward-Forward Devisenswap ... 473
b. Absicherung des Swapsatzrisikos ... 475

VI. Repurchase Agreements (Repo-Geschäfte) und Wertpapierleihe ... 477
1. Überblick ... 477
2. Repo-Geschäfte ... 478
a. Grundlagen des Repo-Geschäfts ... 478
b. Zahlungsströme beim Repo-Geschäft ... 480
c. Formen der Abwicklung von Repo-Geschäften ... 484
d. Anwendungsmöglichkeiten von Repos ... 485
e. Diversifizierung der Sicherheiten ... 487

3. Wertpapierleihe 487
   a. Grundlagen 487
   b. Abwicklung der Wertpapierleihe 487
   c. Motivation und Anwendungsmöglichkeiten 488
   d. Die Berücksichtigung von Sicherheiten 489

F. Ziel-Controlling: Performanceanalyse 491

I. Grundlagen der Performanceanalyse 491
   1. Einführende Überlegungen 491
   2. Performance-Begriff 493
   3. Externe versus interne Performance-Analyse 495

II. Performancemessung 496
   1. Renditebestimmung 497
      a. Total Return 497
      b. Diskrete versus stetige Renditen 498
      c. Wertgewichtete Rendite 503
      d. Zeitgewichtete Rendite 507
         da. Grundlegende Vorgehensweise 507
         db. Dietz- und Modified Dietz-Methode als Näherungsverfahren 509
         dc. BVI-Methode 511
   2. Berücksichtigung des Risikos 513
   3. Klassische Performancemaße 518
      a. Sharpe-Ratio 518
      b. Treynor-Ratio 521
      c. Jensen-Alpha 522
   4. Weitere Performancemaße 525
      a. Treynor/Black-Appraisal Ratio und Information-Ratio 525
      b. LPM-Performancemaße und Sortino-Ratio 528
      c. Differential Return 528
      d. Risk-Adjusted Performance sowie Market Risk-Adjusted Performance 529
      e. Treynor-Mazuy-Maß 530

III. Performanceattribution 532
   1. Können oder Glück 533
   2. Renditeorientierte Attributionsanalyse 541
   3. Qualitative Performanceattribution 555

IV. Grundlegende Problembereiche der Performanceanalyse 556
   1. Grundprobleme der Performanceanalyse 556
   2. Problembereiche beim Vergleich verschiedener Performanceergebnisse 559
   3. Problembereiche bei der Präsentation von Performanceergebnissen 561
   4. Problembereiche bei der Performanceanalyse in den Medien 563
      a. Problematik der veröffentlichten Rankings 563
      b. Fonds-Rating als Lösungsansatz 565

V. Performance Presentation Standards (PPS) 568
   1. Entwicklung von PPS 568
   2. Grundlagen der Composite-Bildung..570
   3. Performanceberechnung nach den DVFA-PPS 571
   4. Präsentation der Performanceergebnisse 573

Anhang 580

Literaturverzeichnis...581

Stichwortverzeichnis 601

Glossar 614

Abkürzungsverzeichnis

Abb.	Abbildung
ABS	Asset Backed Securities
adj.	adjustiert
ADRs	American Depository Receipts
AIBD	Association of International Bond Dealers
AIBOR	Amsterdam Interbank Offered Rate
AIM	Alternative Investment Market
AMEX	American Stock Exchange
APT	Arbitrage Pricing Theory
ARCH	Autoregressive Conditional Heteroskedasticity
ARIMA	Autoregressive Integrated Average
ARMA	Autoregressive Moving Average
ATX	Austrian Traded Index
AUM	Assets under Management
Aufl.	Auflage
BAs	Bankers Acceptances
BIS	Bank for international Settlements
BIZ	Bank für internationalen Zahlungsausgleich
BOBL	Bundesobligation
BOT	Buoni Ordinari del Tesoro
BSP	Bruttosozialprodukt
BSTBL.	Bundessteuerblatt
BTAN	Bons du Trésor à Taux Fixe et à Intérêt Annuel
BTF	Bons du Trésor à Taux Fixe et à Intérêt Precompté
BTP	Buoni del Tesoro Poliennali
CAD	Kanadische Dollar
CAPM	Capital Asset Pricing Model
CBOE	Chicago Board Options Exchange
CBoT	Chicago Board of Trade
CCT	Certificati di Credito del Tesoro
CCW	Covered Call Writing
CDs	Certificates of Deposits
CHF	Schweizer Franken
CME	Chicago Mercantile Exchange
COMEX	Commodity Exchange
CPPI	Constant Proportion Portfolio Insurance
CPs	Commercial Papers
CRB	Commodity Research Bureau

CSCE	Coffee Sugar and Cocoa Exchange
CTD	Cheapest-to-Deliver
CUSIP	Committee on Uniform Securities Identification Procedures
DAX	Deutscher Aktienindex
DBW	Die Betriebswirtschaft
DEM	Deutsche Mark
Diss.	Dissertation
DJIA	Dow Jones Industrial Average
DTB	Deutsche Terminbörse
DVFA	Deutsche Vereinigung für Finanzanalyse und Anlageberatung
ECP	Euro Commercial Paper
EFA	Electricity Forward Agreements
EOE	European Options Exchange
EONIA	Euro Overnight Index Average
et al.	et altera
EUR	Euro
EURIBOR	Euro Interbank Offered Rate
FAZ	Frankfurter Allgemeine Zeitung
FED	Federal Reserve Board
FIBOR	Frankfurt Interbank Offered Rate
FINEX	Financial Instruments Exchange
FRA	Forward Rate Aggreement
FRF	Französische Francs
FRN	Floating Rate Note
GAAP	Generally Accepted Accounting Principles
GARCH	Generalized Autoregressive Conditional Heteroskedasticity
GBP	Britische Pfund
GSCI	Goldman Sachs Commodity Index
HB	Handelsblatt
HBR	Harvard Business Review
Hrsg.	Herausgeber
IAS	International Accounting Standards
IDEM	Italian Derivatives Market
IFC	International Finance Corporation
IFRS	International Financial Reporting Standards
IMM	International Monetary Market
IPE	International Petroleum Exchange

IRR	Implied Repo Rate
ISIN	International Securities Identification Number
ISMA	International Securities Markets Association
Jg.	Jahrgang
JGBs	Japanese Government Bonds
JM	Jensen-Maß
JPY	Japanische Yen
KAGG	Gesetz über Kapitalanlagegesellschaften
KCBoT	Kansas City Board of Trade
KBV	Kurs-Buchwert-Verhältnis
KGV	Kurs-Gewinn-Verhältnis
LCE	London Commodity Exchange
LIBOR	London Interbank Offered Rate
LIFFE	London International Financial Futures Exchange
LME	London Metal Exchange
MA	Moving Average
MATIF	Marché à Terme International de France
MMI	Major Market Index
MONA	Monthly Overnight Average
MSCI	Morgan Stanley Capital Index
MSE	Milan Stock Exchange
MTN	Medium Term Note
MWh	Megawatt-Stunde
No.	Number
Nr.	Nummer
NYBOT	New York Board of Trade
NYCE	New York Cotton Exchange
NYFE	New York Futures Exchange
NYMEX	New York Mercantile Exchange
NYSE	New York Stock Exchange
OAT	Obligations Assimilables de Trésor
OECD	Organization for Economic Cooperation and Development
OSE	Osaka Securities Exchange
OTC	Over-the-counter
PEX	Deutscher Pfandbriefindex
PIBOR	Paris Interbank Offered Rate

PP	Protective Put
PTS	Spanische Peseten
REX	Deutscher Rentenindex
RIBOR	Rome Interbank Offered Rate
S&P 500	Standard and Poor's 500 Index
SEDOL	Stock Exchange Daily Official List
SFE	Sydney Future Exchange
SFR	Schweizer Franken
SG	Schmalenbach-Gesellschaft
SIMEX	Singapore Monetary Exchange
SMI	Swiss Market Index
SOFFEX	Swiss Options and Financial Futures Exchange
SPI	Swiss Performance Index
SPX	Standard & Poor's 500 Index
SR	Sharpe-Ratio
STRIPS	Separate Trading of Registered Interest and Principal Securities
Tab.	Tabelle
TIBOR	Tokyo Interbank Offered Rate
TIFFE	Tokyo Financial Futures Exchange
TIPP	Time-Invariant Portfolio Protection
TOPIX	Tokyo Price Index
TR	Treynor-Ratio
TSE	Tokyo Stock Exchange bzw. Toronto Stock Exchange
UK	United Kingdom
USD	US-Dollar
VaR	Value-at-Risk
VDH	Verband deutscher Hypothekenbanken
VLCI	Value Line Composite Index
Vol.	Volume
WiSt	Wirtschaftswissenschaftliches Studium
WISU	Das Wirtschaftswissenschaftsstudium
WpHG	Wertpapierhandelsgesetz
WPKN	Wertpapierkennummer
WTB	Warenterminbörse
ZfB	Zeitschrift für Betriebswirtschaft
ZfbF	Zeitschrift für betriebswirtschaftliche Forschung

A. Strategische Zielsetzung des Portfoliomanagements: Performance

Wirtschaftliches Handeln erfordert, um operational zu sein, stets ein vorgegebenes Ziel mit dazugehörigem Zeitbezug. Im Rahmen des Portfoliomanagements lässt sich die Zielfestlegung i.d.R. mit dem Begriff 'Performance' kennzeichnen. Hinter diesem Begriff verbergen sich zumindest zwei Komponenten, die eine hinreichende Quantifizierung von Performance ermöglichen.

Als zentraler Performancebestandteil – und damit zentrales Ziel des Portfoliomanagements – muss in der überwiegenden Anzahl der Fälle die Rendite eines Portfolios angesehen werden. Hinzu kommt als zweite Komponente das Risiko eines Portfolios. Die Bedeutung bzw. Wichtigkeit beider Komponenten im Rahmen des vorzugebenden Performanceziels hängt vom jeweiligen Investor bzw. dessen Risikoeinstellung ab. Es ist durchaus vorstellbar, dass Investoren die Risikokomponente von Portfolios lediglich als Nebenbedingung zur Renditekomponente auffassen. Wie später noch zu zeigen sein wird, stehen erwartbare Renditen und deren (Markt-) Risiken in einem positiven Austauschverhältnis zueinander.[1] Eine simultane Optimierung von Rendite und Risiko ist insbesondere dann gut möglich, wenn beide Werte dimensionsgleich sind. Insofern ist es im Sinne einer optimalen Portfoliokonstruktion sachgerecht, Renditen und Risiken auf der Ebene der Zielfestlegung synchron zu betrachten.

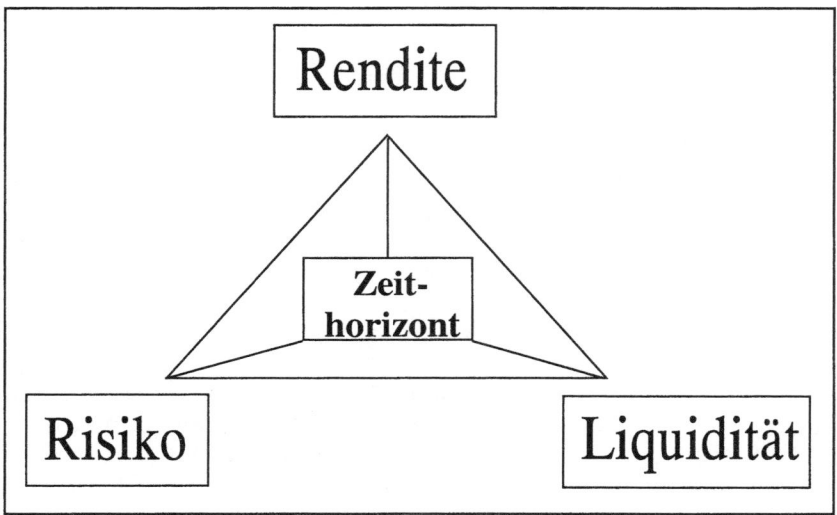

Abb. A.1: Magisches Zieldreieck im Portfoliomanagement

Etwas anders sieht es mit der Liquidität von Portfolios aus. Auch hier kann die Auffassung vertreten werden, dass Liquiditätsaspekte im Rahmen der strategischen Zielfestlegung für ein Portfolio von einiger Bedeutung sind. Aus diesem Grund zählt die Liquidität von Portfolios regelmäßig zu

---

[1] Der positive Zusammenhang zwischen erwartbarer Rendite und deren Risiko kann als eine der zentralen Aussagen der Kapitalmarkttheorie angesehen werden.

den maßgebenden Zielen im Portfoliomanagement. Liquidität kann definiert werden als jederzeitige Möglichkeit, sich zu fairen Preisen von einem Portfolio bzw. einem einzelnen Vermögensgegenstand (Asset) trennen zu können.[1] Anhand von Abbildung A.1, die das sog. 'magische Dreieck' bei Kapitalanlagen darstellt, lässt sich ein Überblick über die wichtigsten Performanceziele gewinnen.

Investoren werden unter ansonsten gleichen Bedingungen stets ein liquideres Portfolio einem schwer liquidierbaren Portfolio vorziehen. Gleichwohl erschwert der fehlende theoretische Zusammenhang zwischen Liquidität und Rendite die Berücksichtigung des Liquiditätsaspekts bei der Performanceplanung. Zudem bereitet die Messung von Liquidität im Gegensatz zur Rendite und zum Risiko einige Probleme.[2] Daher bietet es sich an, die Liquidität von Portfolios als Nebenbedingung zu formulieren.[3]

Wie die vorangegangenen Überlegungen gezeigt haben, liegt es aus Praktikabilitätsgründen nahe, Performance als zweidimensionale Zielgröße anzusehen. Mithin kann Performance als risikoadjustierte Rendite definiert werden.[4] Soll Performance mathematisch ausgedrückt werden, dann ergibt sie sich als Anlagerendite dividiert durch das mit der Anlage verbundene Risiko. Das formale Aussehen dieses standardisierten Ausdrucks könnte dann z.B.

$$\text{Performance} = \frac{\text{Anlagerendite}}{\text{Anlagerisiko}}$$

lauten.

Die bisherigen Ausführungen bezogen sich durchweg auf Portfolios. Bekanntermaßen handelt es sich bei Portfolios um die unter Optimierungsgesichtspunkten vorgenommene Aggregation einzelner Assets. Es ist in diesem Zusammenhang wichtig zu erwähnen, dass Portfolios hinsichtlich ihrer Performanceprofile regelmäßig nicht die Summe der einzelnen in ihnen enthaltenen Werte darstellen. Insofern muss zwischen der Portfolioebene und der Ebene der einzelnen Assets getrennt werden.

---

[1] Damit wird in diesem Zusammenhang unter Liquidität im Grunde die Liquidierbarkeit des Portfolios als Teil der Liquidität i.w.S. verstanden. Vgl. zu dieser Diskussion *Schmidt-von Rhein* (1998), S. 41 und S. 46ff. Als Maßgröße für die Liquidität eignet sich neben absoluten Umsatzzahlen insbesondere die Geld-Brief-Spanne. Auch der sog. Market Impact, der die Kursveränderung infolge einer Order beschreibt, ist ein Indikator für die Marktliquidität von Wertpapieren. Zum Market Impact vgl. auch *Bauch/Meyer-Bullerdiek* (2000), S. 1438. Für die Deutsche Börse AG wurde das sog. Xetra-Liquiditätsmaß entwickelt. Dabei wird die Liquidität des Marktes in einer Kennzahl abgebildet. Vgl. *Gomber/Schweickert* (2002), S. 485ff.

[2] Vgl. *Amihud/Mendelson* (1991), S. 235ff.

[3] Neben diesen Anlegerzielen können auch noch die Kriterien Verwaltbarkeit, kleine Stückelung, Mitsprache, Prestige und Spekulation als Anforderungen an Eigenschaften von Anlagen genannt werden. Vgl. *Schmidt-von Rhein* (1998), S. 39ff.

[4] Vgl. *Zimmermann* (1991), S. 164.

Die folgenden Abschnitte werden die benannten Performancekomponenten in der gebotenen Detailliertheit beschreiben. Dabei steht neben der Darstellung geeigneter Quantifizierungsverfahren im Rendite- und Risikobereich die Bestimmung operationaler Ziele für Portfolios im Vordergrund. Neben den einzelnen Zielkomponenten des Portfoliomanagements muss zusätzlich der Marktbezug definiert werden. Die Verbindung zwischen Portfoliomanagementzielen und Marktmöglichkeiten stellt die Wahl der Benchmark dar.

I. Marktabhängige Performance-Komponenten

An Finanzmärkten wird über die originäre Höhe von Renditen und Risiken ausschließlich durch den Marktprozess entschieden. Der Markt bestimmt folglich das Renditeniveau eines bestimmten Zeitabschnitts ebenso wie das Risikoniveau. Da zumindest an den großen und wichtigen Finanzmärkten der Welt (z.B. Märkte der G7-Staaten) weitgehend polypolistische Anbieter- und Nachfragerstrukturen vorherrschend sind, können einzelne Marktteilnehmer de facto durch Transaktionen das Marktpreisniveau nicht signifikant beeinflussen, zumal wenn der Betrachtungszeitraum ein strategischer ist.[1]

In welcher Höhe Kapitalmärkte allerdings Renditen und Risiken bieten, hängt nicht unwesentlich von der inhaltlichen Festlegung und methodischen Messung beider Größen durch den Investor ab. Daher werden im folgenden die wichtigsten Grundlagen der Rendite- und Risikomessung kurz dargestellt.

1. Renditen

Renditegrößen lassen sich unterscheiden bezüglich inhaltlicher und methodischer Charakteristika. Um eine inhaltliche Bestimmung der vom Investor als maßgeblich angesehenen Renditegrößen zu bewerkstelligen, müssen die Zielsetzung des Anlegers und seine spezifischen Anlagebedingungen bekannt sein. Ob z.B. eine Vor- oder eine Nachsteuerrendite als richtige Zielgröße im Rahmen der Performanceerzielung angemessen ist, hängt von den steuerlichen Gegebenheiten des Investors ab.

Das methodische Vorgehen der Renditeberechnung folgt häufig aus inhaltlichen Überlegungen. Fragestellungen der Berechnungsmethodik betreffen die Art und Weise, wie Renditen errechnet und vergleichbar gemacht werden. Einige Optionen für Renditefragestellungen sind exemplarisch in Abbildung A.2 dargestellt.

---

[1] Als strategisch werden im folgenden Zeitperioden definiert, die länger als ein Jahr dauern. Auf Fragen der Zeitdauer von Investmententscheidungen wird in Abschnitt I.4. dieses Kapitels eingegangen.

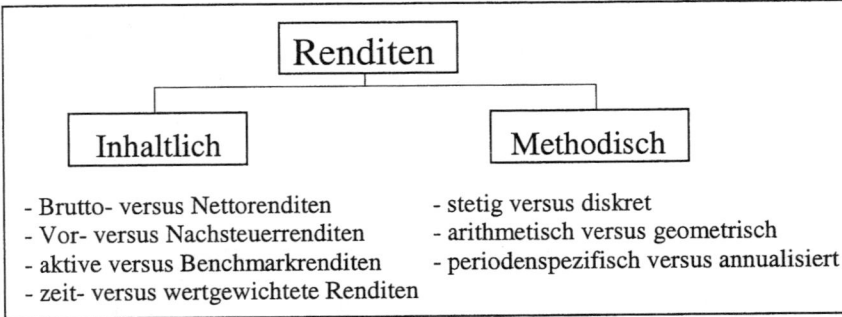

Abb. A.2: Exemplarische Unterscheidung von Renditen

Grundsätzlich bezeichnet man mit dem Begriff Rendite das auf einen bestimmten Zeitraum bezogene und in Prozent ausgedrückte Verhältnis eines Endwerts zu einem Anfangswert. Bezieht sich das Verhältnis genau auf ein Jahr, dann spricht man von annualisierter Rendite. Die Rendite für die gesamte betrachtete Periode kann als Total Return bezeichnet werden. Hierbei wird der Kurs eines Wertpapiers zum Ende der betrachteten Periode zuzüglich zwischenzeitlicher Zahlungen (wie z.B. Dividendenausschüttungen) auf das eingesetzte Kapital bezogen. Formal ergibt sich für die Rendite einer Wertpapieranlage:

$$r_{Total} = \frac{K_{t+1} - K_t + Z_{t,t+1}}{K_t} = \frac{K_{t+1} + Z_{t,t+1}}{K_t} - 1$$

mit

r_{Total} = Total-Rendite (Rendite für die gesamte Periode),
K_t = Kurs des Wertpapiers zum Zeitpunkt t (Anfangszeitpunkt)
K_{t+1} = Kurs des Wertpapiers zum Zeitpunkt t+1 und
$Z_{t,t+1}$ = Rückflusszahlungen aus dem Wertpapier für die Zeit von t bis t+1 (z.B. Aktiendividende).

Hierbei wird allerdings unterstellt, dass sämtliche Zahlungen erst am Ende der Halteperiode anfallen und entsprechende Zinseszinseffekte nicht berücksichtigt werden. Dies kann bei längeren Zeiträumen zu verzerrten Ergebnissen führen. Infolgedessen sind in diesen Fällen andere Verfahren der Renditeberechnung heranzuziehen, die zwischenzeitliche Zahlungen bzw. Kapitalflüsse berücksichtigen und im Rahmen der Performanceanalyse noch vorzustellen sind.

Für eine Aktie gelten beispielsweise die folgenden Werte:

t = 31.12.2003, K_t = 200, Dividende = 10 (fällt annahmegemäß erst am Ende
t+1 = 31.12.2004, K_{t+1} = 245, der Betrachtungsperiode in t an).

Daraus ergibt sich eine Rendite für das Jahr 2004 von $r_{Total,2004} = \frac{245 + 10}{200} - 1 = 0{,}275 = 27{,}5\%$.

Die Rendite eines Portfolios wird allgemein in der folgenden Weise bestimmt:

$$r_{PF_t} = \sum_{i=1}^{n} x_i \cdot r_{i_t}$$

mit

x_i = Gewichtung des Wertpapiers i am Periodenbeginn.

Für die Asset Allocation ist insbesondere die erwartete Rendite von Interesse, die ausgedrückt werden kann als

$$E(r_{Total}) = \frac{E(K_{t+1}) + E(Z_{t,t+1})}{E(K_t)} - 1 \quad .$$

Die erwarteten Renditen können beispielsweise auch als gewichtete Summe verschiedener Ertragsszenarien prognostiziert werden:

$$E(r) = r_1 \cdot P_1 + r_2 \cdot P_2 + \ldots\ldots + r_n \cdot P_n \quad , \qquad \sum_{i=1}^{n} P_i = 1; \ P_i > 0$$

mit

P_i = Szenariowahrscheinlichkeiten.

Liegen mehrperiodische Betrachtungszeiträume zugrunde, so ist eine Berechnungsannahme bezüglich des Anfalls von Zinseszinsen auf zwischenzeitlich aufgelaufene Gewinne bzw. Zahlungen zu berücksichtigen. Sollen keine Zinseszinsen berücksichtigt werden, dann bietet sich die Verwendung einer arithmetischen Renditeberechnung an. Hierbei wird davon ausgegangen, dass jährlich eine Entnahme der Gewinne erfolgt. Die geometrische Methode zur Renditeberechnung eignet sich dann, wenn unterstellt wird, dass zwischenzeitlich geleistete Zahlungen bzw. aufgelaufene Gewinne wieder verzinslich angelegt werden.[1] Die hiermit verbundene Vergleichbarkeit von Renditen hat dazu geführt, dass in der Portfoliomanagementpraxis zumeist geometrische Renditen berechnet werden.

Ebenfalls in den Bereich der Methodik fällt die Frage, ob bei Renditeanalysen stetige oder diskrete Renditen verwendet werden sollen. Stetige Renditen lassen sich durch die Logarithmierung diskreter Renditen berechnen. Sie bergen bei komparativen Längsschnittanalysen den Vorteil, dass gleiche absolute Abweichungen auch gleiche prozentuale Folgen aufweisen. Mit anderen Worten: Steigt z.B. der Kurs einer Anleihe in einem Jahr von 100 EUR auf 105 EUR und fällt er im nächsten Jahr wieder zurück auf 100 EUR, dann sind die Renditen bei Verwendung logarithmierter Werte gleich.

---

[1] Vgl. *Steiner/Bruns* (2002), S. 52ff.

Addiert man die beiden stetigen Einzelrenditen

$$\ln\frac{105}{100} + \ln\frac{100}{105},$$

dann ergibt sich das für die absolute Wertentwicklung der Anlage richtige Resultat von Null. Hinzu kommt, dass stetige Renditen eher normalverteilt sind, da sie nicht auf -100% begrenzt sind, wie das bei diskreten Renditen der Fall ist.

Neben methodischen Berechnungsfragen müssen im Rahmen der Bestimmung von Renditen auch inhaltliche Bestandteile geklärt werden. Es ist beispielsweise zweckmäßig, in nominale und reale Renditen zu unterscheiden. Während hierbei der Einfluss der Inflation berücksichtigt wird, verweist das Begriffspaar netto und brutto auf weitere Renditebestandteile wie etwa Transaktionskosten. Ebenfalls angebracht ist die Differenzierung in Vor- und Nachsteuerrenditen. Oftmals ist für die Berechnung von Nachsteuerrenditen allerdings die Bekanntheit des Steuersatzes des Investors Voraussetzung.

Für die Anlagegattung Aktien stellen sich spezielle Fragen bezüglich der Festlegung einer anzustrebenden Rendite. Auf der Grundlage des Marktmodells der Kapitalmarkttheorie lassen sich unterschiedliche Renditedefinitionen entwickeln, die für Optimierungsfragestellungen von Bedeutung sind.[1] Zumeist beziehen die Definitionen einen Kapitalmarktindex als Vergleichsindex – hier zunächst Benchmark genannt – ein.[2] Dem Investor stellt sich in diesem Zusammenhang die Frage nach dem für Portfoliomanagementzwecke anzustrebenden Renditebestandteil. Zu unterscheiden sind hierbei Gesamtrenditen, Überschussrenditen, aktive Renditen, Residualrenditen, Timingrenditen und außergewöhnliche Renditen. Für den später noch zu erörternden Investmentstil besitzt das vorgegebene Renditeziel maßgebliche Implikationen.

Die Gesamtrendite (r_{PF}) eines Aktienportfolios kann unter Verwendung des Marktmodells definiert werden als

$$r_{PF} = \alpha_{PF} + \beta_{PF} \cdot r_{BM},$$

wobei mit α_{PF} die von der Benchmark unabhängige (Residualrendite) Rendite und mit $\beta_{PF} \cdot r_{BM}$ die von der Benchmark abhängige Rendite, die sich aus den beiden Komponenten Portfoliosensitivität in bezug auf die Benchmark (β_{PF}) und Benchmarkrendite (r_{BM}) zusammensetzt, bezeichnet werden.

Als Überschussrendite ($r_{PF_{ü}}$) bezeichnet man die Differenz zwischen der Gesamtrendite und einem risikolosen Zinssatz (r_f). Überschussrenditen können als Risikoprämien interpretiert wer-

---

[1] Eine Darstellung der portfolio- und kapitalmarkttheoretischen Modelle einschließlich des Marktmodells findet sich in Kapitel B.I.
[2] Theoretisch angemessen ist die Verwendung des sog. 'Marktportfolios', das die Summe sämtlicher risikobehafteter Vermögenstitel umfasst.

den, da nur der über den risikolosen Zinssatz hinausgehende Teil der Rendite eine Entschädigung für das eingegangene Risiko darstellt:

$$r_{PF_ü} = r_{PF} - r_f \ .$$

Die im weiteren zu definierenden Renditen beziehen sich hier jeweils auf Überschussrenditen, können aber auch auf absolute Renditen übertragen werden.

Mit dem Begriff 'aktive Rendite' (r_{PF_a}) wird derjenige Renditeanteil der Überschussrendite des Portfolios bezeichnet, der über die Überschussrendite einer festgelegten Benchmark ($r_{BM_ü}$) hinausgeht:

$$r_{PF_a} = r_{PF_ü} - r_{BM_ü} \ .$$

Unter dem Terminus 'Residualrendite' (α_{PF}) versteht man den Teil der Überschussrendite, der nicht mit der vorgegebenen Benchmark-Überschussrendite korreliert ist:

$$\alpha_{PF} = r_{PF_ü} - \text{ß}_{PF} \cdot r_{BM_ü} \ .$$

Wie im Rahmen der Unterscheidung von Timing und Selektion als unterschiedliche Investmentstile noch zu zeigen sein wird, lässt sich die Portfolio-Überschussrendite wie folgt aufteilen, wobei Renditebeiträge aus Timing-Aktivitäten identifiziert werden können:[1]

$$r_{PF_ü} = \alpha_{PF} + \underbrace{(\text{ß}_{PF}-1) \cdot \bar{r}_{BM_ü}}_{\text{Renditebeitrag aus passivem Markt-Timing}} + \underbrace{(\text{ß}_{PF}-1) \cdot \Delta r_{BM_ü}}_{\text{Renditebeitrag aus aktivem Markt-Timing}} + r_{BM_ü} \ ; \qquad r_{BM_ü} = \bar{r}_{BM_ü} + \Delta r_{BM_ü}$$

mit

ß$_{PF}$ = Sensitivität eines Portfolios in bezug auf die kurzfristige Abweichung der Benchmark-Überschussrendite von ihrem langfristigen Durchschnittswert,

$\bar{r}_{BM_ü}$ = langfristige bzw. durchschnittliche Benchmark-Überschussrendite und

$\Delta r_{BM_ü}$ = kurzfristige Abweichung vom langfristigen Durchschnitt der $\bar{r}_{BM_ü}$.

Während beim passivem Markt-Timing das Beta nicht in Abhängigkeit von der künftigen Markteinschätzung festgelegt wird, erfolgt dagegen beim aktiven Markt-Timing die Festlegung des Portfoliobetas in Abhängigkeit von der Einschätzung des Portfoliomanagers im Hinblick auf die kurzfristige Abweichung der Benchmark-Überschussrendite von der langfristigen, durchschnittlichen Benchmark-Überschussrendite.

---

[1] Vgl. *Ebertz/Scherer* (2002), S. 187.

Schließlich lässt sich unter dem Begriff der 'außergewöhnlichen Rendite' (r_{PF_E}) die Summe aus Residualrendite und Renditebeitrag aus aktivem Markt-Timing definieren:

$$r_{PF_E} = \alpha_{PF} + (\beta_{PF} - 1) \cdot \Delta r_{BM_0}.$$

Der zu wählende Investmentstil des Portfoliomanagers muss in Abhängigkeit der vorgegebenen inhaltlichen Renditeziele festgelegt werden. Um z.B. eine systematische Timingrendite zu erzielen, müssen Verfahren des Markt-Timings eingesetzt werden. Wird eine systematische Timingrendite hingegen nicht angestrebt, dann sollten Timingverfahren im Rahmen des Portfoliomanagements nicht zur Anwendung kommen.

Wie die vorangegangenen Ausführungen gezeigt haben, bedarf die Festlegung von Renditezielen im Prozess der strategischen Performanceplanung für Portfolios einiger Sorgfalt. Investoren müssen sich daher stets fragen, welche inhaltlichen und methodischen Charakteristika die zu erzielenden Renditen aufweisen sollen. Aus der Renditefestlegung folgt dann i.d.R. das marktspezifische Vorgehen im Rahmen des Portfoliomanagementprozesses.

2. Risiken

Die sachgerechte Bestimmung des Anlagerisikos im Rahmen der Zielfestlegung bei Portfolios zählt zu den neuralgischen Bereichen des Portfoliomanagements. Grundsätzlich wird Risiko nach den Komponenten Unsicherheit und Ungewissheit unterschieden. Während Ungewissheit einen Zustand der Nichtbeschreibbarkeit zukünftiger Ausprägungen von Renditen bezeichnet, lassen sich beim Vorliegen von Unsicherheit zumindest Wahrscheinlichkeiten für das Eintreten bestimmter zukünftiger Renditeausprägungen angeben. Letzterer Begriff von Risiko liegt den im weiteren darzustellenden Risikomaßen zugrunde.

Risiko kann im Detail auf vielfältige Arten definiert und gemessen werden. Die Mehrzahl der Risikomaße ist quantitativer Natur. Allerdings existieren für bestimmte Risiken auch qualitative Risikokategorien, z.B. in Form von Ratingsymbolen bei der Bonitätsbewertung von Anleiheschuldnern. Außergewöhnliche Risiken beziehen sich i.d.R. auf einzelne Wertpapiere und nicht auf einen Gesamtmarkt. Man bezeichnet diese Risiken als 'Event Risks'. Ein Beispiel für ein Event Risk ist der Ausfall eines Schuldners im Anleihebereich (Default Risk). Im Aktienbereich ist beispielsweise der sogenannte 'Maximum Drawdown' bekannt, der die maximale negative Rendite nach einem vorangegangenen Höchstkurs beschreibt.

Wenn auch in der Portfoliomanagementpraxis quantitative Risikomessungen dominieren, so ist doch auf die unbedingte Notwendigkeit qualitativer Risikobeurteilungen hinzuweisen. Denn quantitative Risikokennzahlen werden stets auf der Basis von Vergangenheitsrealisationen gebildet. Die Vergangenheit ist jedoch oftmals nicht hinreichend indikativ für die Zukunft, obwohl Risikomaße tendenziell stabiler sind als Renditekennzahlen. Gerade im Bereich nicht marktbezogener Risiken sind qualitative und damit subjektive Beurteilungen erforderlich. Zur Beurteilung des zukünftigen Risikos von Aktien muss beispielsweise ein ganzer Katalog von nicht quantifizierbaren Fragen beantwortet werden. Dies schließt z.B. die Qualität des Managements und die

Konkurrenzsituation des betreffenden Unternehmens ebenso ein wie die zukünftigen Sensitivitäten des Unternehmens in bezug auf gesamtwirtschaftliche Veränderungen.

Die Entwicklung quantitativer Risikomaße und -kennzahlen basiert im Kern auf der Verbreitung der sog. 'Modern Portfolio Theory' in der Portfoliomanagementpraxis. In dieser Interpretation umfasst die 'Modern Portfolio Theory' auch die Kapitalmarkttheorie. Eine der Zentralaussagen der Kapitalmarkttheorie besagt, dass zwischen der Rendite und dem Risiko einer Anlage ein positiver Zusammenhang erwartet werden kann. Anlageformen, die relativ hohe zukünftige Renditen erwarten lassen, tragen dem gemäß auch ein relativ hohes Risiko. Diese Aussage wird in der Portfoliomanagementpraxis weithin akzeptiert. Gleichwohl tendieren Anleger bei der Zielformulierung für ihr Portfolio oftmals dazu, eine maximale Rendite bei minimalem Risiko anzugeben. Die Beachtung des ökonomischen Prinzips jedoch legt nahe, dass entweder die erwartete Rendite bei einem im voraus festgelegten Risikoniveau maximiert wird oder dass für ein geplantes Renditeniveau das Risiko minimiert wird.

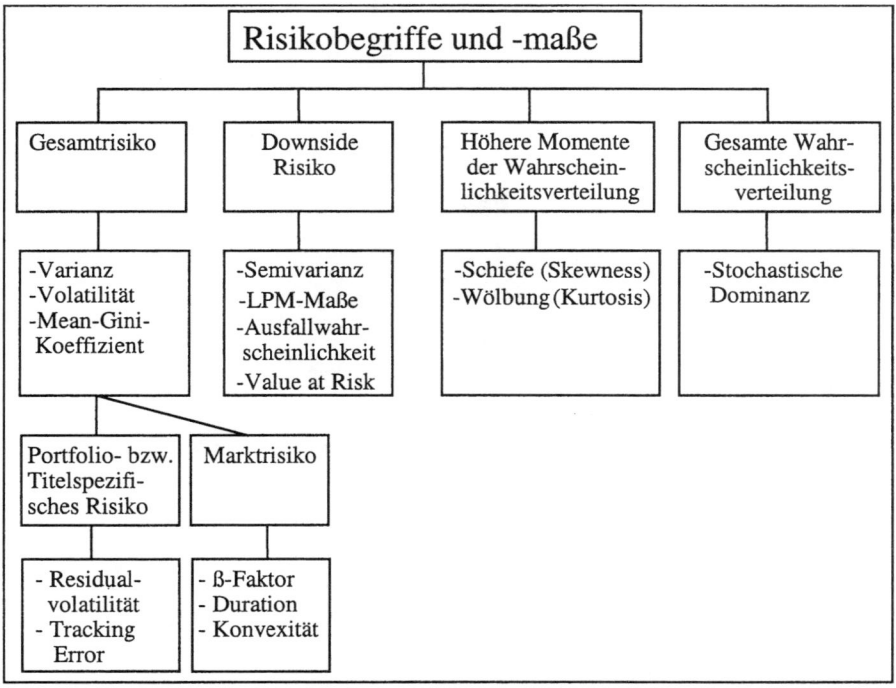

Abb. A.3: Alternative Risikobegriffe und -maße

Wie in Abbildung A.3 dargestellt ist, lassen sich die quantitativen/statistischen Risikomaße bzw. -definitionen in vier Kategorien einteilen. Die Diskussionen um die Angemessenheit von Risikomaßen bei bestimmten Anlageinstrumenten bzw. -situationen dauert in Wissenschaft und Praxis noch an. Alle genannten Arten der Risikomessung besitzen Vor- und Nachteile. In den folgenden Abschnitten werden die verschiedenen Risikomaße beschrieben.

a. Volatilität

Das in der Investmentwelt am weitesten verbreitete Risikomaß ist die Volatilität, die auf dem statistischen Konzept der Varianz basiert und inhaltlich der annualisierten Standardabweichung entspricht. Die Varianz misst als Streuungsmaß der Statistik die quadrierten Abweichungen zwischen den einzelnen Merkmalsausprägungen einer Verteilung und dem Verteilungsmittelwert. Durch Ziehen der Quadratwurzel aus der Varianz erhält man die Standardabweichung, die gegenüber der Varianz den Vorteil der Dimensionsgleichheit mit dem Verteilungsmittelwert aufweist. Die Verwendung der Volatilität als Risikomaß im Portfoliomanagement beruht damit auf einer Risikodefinition, der zufolge Risiko das Abweichen von erwarteten bzw. geplanten Renditen darstellt. Derartige Abweichungen können positiv wie negativ ausfallen. Da unter Risiko im allgemeinen Sprachgebrauch bzw. intuitiv häufig nur eine negative Abweichung vom Zielwert verstanden wird, wird die Volatilität als Risikomaß mitunter kontrovers diskutiert.[1]

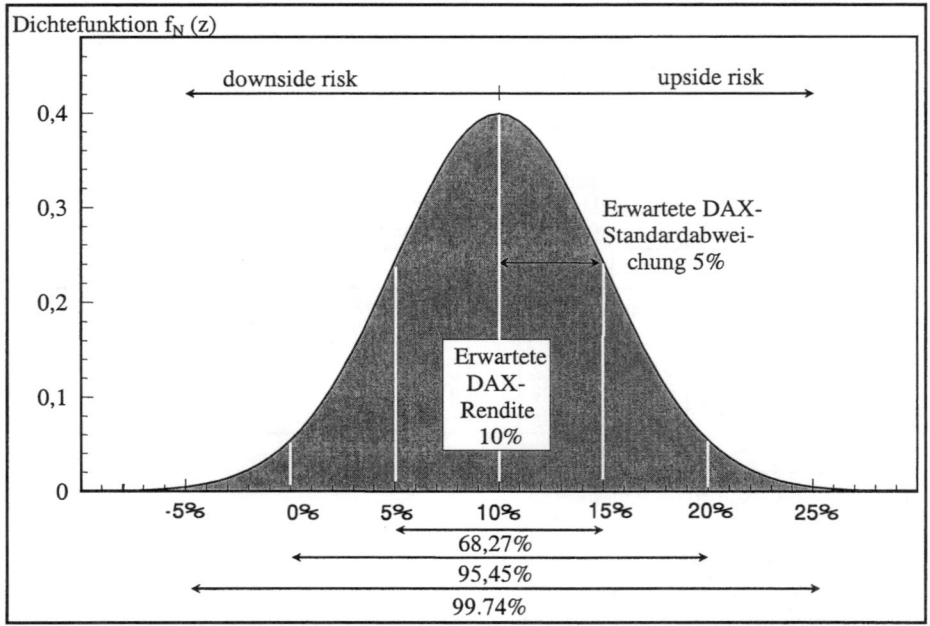

Abb. A.4: Dichtefunktion der Standardnormalverteilung

Anhand von Abbildung A.4 ist zu erkennen, wie die Volatilität eines Assets zu interpretieren ist. Der dargestellte glockenförmige Kurvenverlauf entspricht einer Normalverteilung (Gauß'sche Glockenkurve). Zunächst ist den Angaben zu entnehmen, dass Volatilitäten i.d.R. in Prozentwerten angegeben werden. Ein Volatilitätswert von 5% p.a. für den DAX bedeutet bei einer unterstellten Renditeerwartung von 10% p.a., dass die Rendite des DAX in etwa 2 von 3 Jahren (Wahrscheinlichkeit ca. 68%) in einem Korridor zwischen 5% p.a. und 15% p.a. liegt, oder – anders ausgedrückt – dass mit ca. 68% Wahrscheinlichkeit erwartet wird, dass für das folgende

---

[1] Zu den verschiedenen Arten der Volatilitätsbestimmung vgl. *Mayhew* (1995), S. 8ff.

Jahr die Rendite zwischen 5% und 15% liegt. Gleichzeitig bedeuten diese Werte, dass mit ca. 95% Wahrscheinlichkeit eine Rendite zwischen 0% (10% - 2 · 5%) und 20% (10% + 2 · 5%) für das kommende Jahr erwartet wird.[1]

Um die historische Volatilität eines Assets zu berechnen, muss zunächst der Mittelwert der realisierten Renditen ermittelt werden. Hierzu bietet es sich an, logarithmierte (stetige) Renditen zu verwenden, da sie der Normalverteilungsannahme eher entsprechen als diskrete Renditen. Positive und negative Kursabweichungen weisen bei logarithmierter Betrachtung im Betrag die gleiche Rendite auf.

Der Mittelwert der logarithmierten Renditen errechnet sich anhand des Ausdrucks

$$\mu = \frac{1}{n} \cdot \sum_{i=1}^{n} r_i \ .$$

Anschließend ergibt sich die Varianz als quadrierte Differenz aus den realisierten Einzelrenditen und deren oben berechnetem Mittelwert zu

$$\sigma^2 = \frac{1}{n} \cdot \sum_{i=1}^{n} (r_i - \mu)^2 \ .$$

Liegen nur wenige beobachtete Renditen vor, dann bietet sich der folgende Ausdruck zur Varianzberechnung an:

$$\sigma^2 = \frac{1}{n-1} \cdot \sum_{i=1}^{n} (r_i - \mu)^2$$

Durch Ziehen der Quadratwurzel gemäß dem Term erhält man die Standardabweichung:

$$\sigma = \sqrt{\frac{1}{n} \cdot \sum_{i=1}^{n} (r_i - \mu)^2}$$

mit

r_i = Renditerealisationen in der Periode i (logarithmiert),
σ^2 = Varianz der Renditen,
σ = Standardabweichung der Renditen,
μ = Renditemittelwert und
n = Anzahl der Beobachtungen.

---

[1] Berechnungsbeispiele zur Volatilität und anderen Risikomaßen finden sich bei *Steiner/Bruns* (2002), S. 58ff.

Das nachfolgende Beispiel zeigt die Berechnungsweise auf. So liegen die logarithmierten Renditen von zwei verschiedenen Anlagen aus den vergangenen 7 Monaten vor:

Monat	Logarithmierte Rendite Anlage A	Logarithmierte Rendite Anlage B
1	2%	3%
2	3%	6%
3	-1%	-5%
4	-2%	-7%
5	4%	7%
6	3%	4%
7	5%	6%
μ	2%	2%

Tab. A.1: Beispiel zur Standardabweichung

Den Daten ist zu entnehmen, dass beide Anlagen die gleiche mittlere Monatsrendite von 2% aufweisen.[1] Gleichzeitig ist unmittelbar erkennbar, dass die Rendite-Schwankungen bei Anlage B höher sind als bei Anlage A, so dass Anlage B zwar ein höheres Risiko, gleichzeitig aber auch eine höhere Chance aufweist.

Als Werte für die Standardabweichungen ergeben sich:[2]

$$\sigma_A = \sqrt{\frac{1}{6} \cdot \left[(0{,}02-0{,}02)^2 + (0{,}03-0{,}02)^2 + (-0{,}01-0{,}02)^2 + (-0{,}02-0{,}02)^2 + (0{,}04-0{,}02)^2 + (0{,}03-0{,}02)^2 + (0{,}05-0{,}02)^2\right]}$$

$$= 2{,}582\%$$

$$\sigma_B = \sqrt{\frac{1}{6} \cdot \left[(0{,}03-0{,}02)^2 + (0{,}06-0{,}02)^2 + (-0{,}05-0{,}02)^2 + (-0{,}07-0{,}02)^2 + (0{,}07-0{,}02)^2 + (0{,}04-0{,}02)^2 + (0{,}06-0{,}02)^2\right]}$$

$$= 5{,}657\%.$$

Um die Dimensionsgleichheit zwischen Rendite und Risiko zu gewährleisten, sind beide Größen zu annualisieren. So kann dazu beispielsweise zur Annualisierung von logarithmierten Monatsrenditen die mittlere logarithmierte Rendite mit 12 multipliziert werden. Die annualisierte Standardabweichung (d.h. die Volatilität) wird mit Hilfe des Annualisierungsfaktors bestimmt. Bei

---

[1] Da es sich um logarithmierte bzw. stetige Renditen handelt, können diese in dem Beispiel einfach addiert und die Summe anschließend durch 7 dividiert werden.

[2] Da in dem Beispiel nur wenige Werte vorliegen, wird in der Formel durch n-1 dividiert.

Verwendung von Monatsrenditen wird daher die ermittelte Standardabweichung mit $\sqrt{12}$ als Annualisierungsfaktor multipliziert. Somit ergeben sich in dem Beispiel die folgenden annualisierten Werte:

$$\text{Log. Rendite}_A = 2\% \cdot 12 = 24\% \quad ; \quad \text{Volatilität}_A = 2{,}581989\% \cdot \sqrt{12} = 8{,}94\%,$$

$$\text{Log. Rendite}_B = 2\% \cdot 12 = 24\% \quad ; \quad \text{Volatilität}_B = 5{,}656854\% \cdot \sqrt{12} = 19{,}60\%.$$

Allgemein ergibt sich für die Volatilität der Ausdruck

$$\sigma_{T_1} = \sigma_{T_2} \cdot \sqrt{\frac{T_1}{T_2}} \ .$$

Werden zur Volatilitätsberechnung Tagesrenditen herangezogen, dann lautet der Annualisierungsfaktor $\sqrt{\frac{T_1}{T_2}} = \sqrt{\frac{250}{1}} = \sqrt{250}$.[1] Bei Wochenrenditen beträgt der Annualisierungsfaktor $\sqrt{52}$, bei Monatsrenditen $\sqrt{12}$ und bei Quartalsrenditen $\sqrt{4}$.

Die verwendeten Symbole bedeuten:

σ_{T_1} = Standardabweichung der Renditen, bezogen auf 1 Jahr und

σ_{T_2} = Standardabweichung der Renditen, bezogen auf das betrachtete Zeitintervall T_2.

Beträgt die Monatsvolatilität σ_{T_2} für $T_2 = 1$ Monat beispielsweise 1,44%, so beläuft sich die Jahresvolatilität σ_{T_1} mit $T_1 = 1$ Jahr = 12 Monate auf

$$\sigma_{T_1} = \sigma_{T_2} \cdot \sqrt{\frac{T_1}{T_2}} = 0{,}0144 \cdot \sqrt{\frac{12}{1}} = 0{,}05 = 5\% \ .$$

Umgekehrt kann die Monatsvolatilität aus der Jahresvolatilität wie folgt berechnet werden:

$$\sigma_{T_2} = \sigma_{T_1} \cdot \frac{1}{\sqrt{\frac{T_1}{T_2}}} = 0{,}05 \cdot \frac{1}{\sqrt{\frac{12}{1}}} = 0{,}05 \cdot \frac{1}{\sqrt{12}} = 0{,}0144 = 1{,}44\% \ .$$

Damit wird hier mit ca. 2/3 Wahrscheinlichkeit erwartet, dass die Rendite im nächsten Monat um nicht mehr als 1,44%-Punkte von der erwarteten Rendite abweichen wird bzw. dass mit ca. 95%

---

[1] Die Zahl 250 gibt die approximative Anzahl der Handelstage in einem Jahr an. Je nach Betrachtungsland kann die Anzahl der Handelstage schwanken.

Wahrscheinlichkeit die Rendite im nächsten Monat um nicht mehr als 2,88%-Punkte von der erwarteten Rendite abweichen wird.

Im Falle normalverteilter Renditen reicht die Kenntnis des Renditeerwartungswertes und der Volatilität aus, um das Anlagerisiko vollständig zu beschreiben. Liegt hingegen keine Normalverteilung vor, dann ist die Kenntnis weiterer Momente der Verteilung zur vollständigen Risikoerfassung notwendig. Auf die in diesem Zusammenhang zum Tragen kommenden Risikomaße Schiefe und Wölbung einer Verteilung wird später noch eingegangen.

Aus diesen Ausführungen wird deutlich, warum das Vorliegen normalverteilter Renditen wünschenswert erscheint. In diesem Fall eignet sich die Volatilität besonders gut zur Risikoquantifizierung.

Eine Normalverteilung von Renditen liegt nach der Statistik grundsätzlich um so eher vor, je mehr Werte zur Verfügung stehen. Als Grenzwert dient die Zahl 30. Falls demnach z.B. die Volatilität für ein Jahr aus 12 Monatsrenditen berechnet wird, so ist dies rein rechnerisch zwar möglich, die Interpretation des Ergebnisses ist aber in Frage zu stellen, da 12 Werte kaum normalverteilt sein dürften. Aus diesem Grund finden sich Angaben zur Volatilität bei Investmentfonds, die auf Monatsrenditen basieren, häufig erst ab Drei-Jahreszeiträumen. Auch empirische Studien weisen darauf hin, dass Renditen oftmals nicht normalverteilt sind, aber häufig eine sehr ähnliche Form aufweisen. Vor diesem Hintergrund kann die Volatilität nur mit Einschränkungen angewendet werden. Dennoch kann das Risiko mit Hilfe der Volatilität mit größerer Sicherheit geschätzt werden als Renditen.

Bei Anlageentscheidungen ist stets das zukünftige Risiko von Bedeutung. Vergangenheitsdaten können daher nur eine Indikation bezüglich der Risikohöhe in einem abgelaufenen Zeitraum liefern. Um dieses Problem zu mildern, kann bei Risikoschätzungen die Dynamik der Risikomaßentwicklung im Zeitablauf berücksichtigt werden. In den letzten Jahren werden die künftigen Volatilitäten vermehrt mit Hilfe sogenannter GARCH-Ansätze geschätzt. Das Akronym GARCH steht für **G**eneralized **A**uto **R**egressive **C**onditional **H**eteroscedasticity. Heteroskedastizität drückt im Gegensatz zu Homoskedastizität einen Zustand aus, bei dem die Volatilität der Residuen (des Störterms) einer Renditeregression im Zeitablauf nicht konstant ist.[1] Mit Hilfe von GARCH-Ansätzen lassen sich die zeitlichen Veränderungen der Volatilität realitätsnäher modellieren.[2] Dies folgt der in zahlreichen empirischen Untersuchungen nachgewiesenen Erkenntnis, dass die Volatilität von Renditen im Zeitablauf nicht stabil ist.

GARCH-Modelle bestehen aus zwei Gleichungen. Die erste Gleichung beschreibt den Prozess der Überschussrenditegenerierung in der Form

$$r_{PF_{0,t+1}} = \mu + \gamma \sigma_t^2 + \eta_{t+1}.$$

---

[1] Vgl. hierzu die Darstellung bei *Steiner/Bruns* (2002), S. 62ff.
[2] Vgl. *Geyer/Schwaiger* (1994), S. 684ff.

Die Überschussrendite in t+1 setzt sich aus einer Konstanten μ, einer Risikoprämie $\gamma\sigma_t^2$ und einem zukünftigen heteroskedastischen Störterms η_{t+1} zusammen.[1] Dieser zukünftige Störterm hängt seinerseits von der Standardabweichung in t ab und kann zerlegt werden in den Ausdruck

$$\eta_{t+1} = \sigma_t \cdot \varepsilon_{t+1},$$

wobei ε_{t+1} die Ausprägung des Störterms mit einen Erwartungswert von Null und einer (bedingten) Varianz von σ_t^2 ist.

Mit Hilfe einer Regressionsfunktion des Typs

$$\sigma_t^2 = a_0 + \sum_{i=1}^{q} a_i \cdot \varepsilon_{t-i}^2 + \sum_{j=1}^{p} a_j \cdot \sigma_{t-j}^2$$

wird anschließend die aktuelle Varianz des Störterms geschätzt.[2] Neben der Konstanten a_0 (z.B. einem langfristigen Mittelwert) setzt sich die Varianz des Störterms im Zeitpunkt t aus dem mit a_i gewichteten Störterm ε_{t-i}^2 und der mit a_j gewichteten Störtermvarianz der Vergangenheit zusammen. Man spricht in diesem Fall von einem GARCH (p,q) Modell, wobei p und q angeben, wie autoregressiv die Varianz des Störterms im Zeitpunkts t ist. Je höher die Ordnungsvariablen p und q sind, desto wichtiger sind die weiter zurückliegenden Vergangenheitswerte für die Varianz im Zeitpunkt t. Besitzt p den Wert Null, dann handelt es sich um ein ARCH (q) Modell:

$$\sigma_t^2 = a_0 + \sum_{i=1}^{q} a_i \cdot \varepsilon_{t-i}^2 .$$

Ein GARCH (1,1) Ansatz nimmt beispielsweise das Format

$$\sigma_t^2 = a_0 + a_i \cdot \varepsilon_{t-1}^2 + a_j \cdot \sigma_{t-1}^2$$

an. Der zeitliche Lag beträgt hierbei eine Periode, d.h. die künftige Varianz ist eine Funktion aus der Ausprägung des Störterms und der Varianz der letzten Periode. Als Methodik zur Schätzung der Gleichungsparameter kommt die Regressionsanalyse zur Anwendung.

Die Volatilität beschreibt als theoretisch fundiertes Streuungsmaß das Ausmaß von Wertschwankungen bei Renditen und Kursen. Mit Hilfe der Volatilität lässt sich abschätzen, mit welcher Wahrscheinlichkeit ein bestimmter Renditewert in der Zukunft erreicht bzw. verfehlt wird. Geeignet als Risikomaß ist die Volatilität bei nahezu allen Anlagegattungen. Insofern erlaubt sie Risikovergleiche unterschiedlicher Anlageformen. Ihre große praktische Bedeutung verdankt die

---

[1] Vgl. *Hentschel* (1995), S. 74f.
[2] Vgl. *Bollerslev* (1986), S. 307ff. und *Engle* (1982), S. 987ff.

Volatilität außerdem ihrer Verwendung als zentrales Risikomaß innerhalb der Portfoliotheorie von Markowitz.[1]

b. ß-Faktor

Über die Ursache von Rendite- und Preisschwankungen trifft die Volatilität keine Aussage. Hierin ist der wesentliche Unterschied zum ß-Faktor zu sehen, der das relative Preisänderungsrisiko eines Anlagegutes gegenüber der Wertveränderung des Gesamtmarktes misst. Der ß-Faktor, der hauptsächlich zur Marktrisikoquantifizierung bei Aktien eingesetzt wird, gibt an, wie stark sich die Rendite der Aktie i ändert, wenn die Rendite des gesamten Aktienmarktes um den Betrag x steigt oder fällt.

Das Konzept des ß-Faktors geht zurück auf das **C**apital **A**sset **P**ricing **M**odel (kurz: CAPM) von Sharpe, Lintner und Mossin.[2] Nach dem CAPM werden höhere Marktrisiken, gemessen am ß-Faktor, mit höheren Überschussrenditen belohnt. Einzelwertspezifische Risiken werden dem gemäß nicht vom Markt vergütet, da sie durch sachgerechte Diversifikation leicht eliminierbar sind. Man spricht daher beim ß-Faktor vom systematischen Risiko einer Anlage.

Der ß-Faktor wird oftmals auch als relative Volatilität einer Aktie bezeichnet. Um den Zusammenhang zwischen Markt- und Titelrendite herzustellen, greift das Konzept des ß-Faktors auf die Kovarianz bzw. die Korrelation zwischen beiden Größen zurück. Sowohl Kovarianz als auch Korrelation sind als Maße für den Gleichlauf zweier Merkmalsausprägungen aus der deskriptiven Statistik bekannt. Während die Kovarianz – ähnlich wie die Varianz – aufgrund ihrer Dimensionsverschiedenheit von Renditegrößen keiner intuitiven Deutung zugänglich ist, lässt sich die Korrelation (k) als standardisierte Kovarianz leicht interpretieren. Ihr Wertebereich ist auf $-1 \leq k \leq 1$ normiert. Ein hoher Korrelationskoeffizient deutet auf den Gleichlauf zweier Größen hin et vice versa. Bei einem Korrelationskoeffizienten von 0 sind die zwei betrachteten Größen zusammenhanglos.

Zur Errechnung des ß-Faktors wird der Ausdruck

$$ß_i = \frac{COV_{im}}{\sigma_m^2} = k_{im} \cdot \frac{\sigma_i}{\sigma_m}$$

verwendet. Der Zusammenhang zwischen Korrelationskoeffizient und Kovarianz wird beschrieben durch den Term

$$k_{im} = \frac{COV_{im}}{\sigma_i \cdot \sigma_m}$$

---

[1] Vgl. *Markowitz* (1952), S. 77ff. und *Markowitz* (1959).
[2] Vgl. *Sharpe* (1964), S. 425ff.; *Lintner* (1965), S. 13ff.; *Mossin* (1966), S. 768ff. Eine Darstellung des CAPM findet sich in Kapitel B.I.

mit

β_i = ß-Faktor der Aktie i,
COV_{im} = Kovarianz zwischen der Aktien- und der Marktrendite,
k_{im} = Korrelation zwischen der Aktien- und der Marktrendite,
σ_m^2 = Varianz der Aktienmarktrendite,
σ_i = Standardabweichung der Aktienrendite i und
σ_m = Standardabweichung der Aktienmarktrendite.

Ein ß-Faktor der Aktie i von 1,1 ist wie folgt zu interpretieren: Erzielt der Gesamtmarkt eine Überschussrendite von 1%, dann ist mit einer Überschussrendite von 1,1% für die Aktie i zu rechnen. ß-Werte oberhalb von 1 indizieren ein hohes Marktrisiko et vice versa. Allgemein gilt:

$$\underbrace{r_i - r_f}_{r_{i_\text{Ü}}} = \underbrace{(r_m - r_f)}_{r_{m_\text{Ü}}} \cdot \beta_i \quad \text{mit } r_{i_\text{Ü}} \text{ ; } r_{m_\text{Ü}} = \text{Überschussrendite der Aktie i bzw. des Marktes m.}$$

ß-Faktoren können auch für Portfolios berechnet werden. In diesem Fall wird der ß-Faktor des Portfolios (β_{PF}) ermittelt, indem die Summe der mit ihren Portfoliogewichten x_i multiplizierten Einzel-ß-Faktoren der Aktien (β_i) gebildet wird:

$$\beta_{PF} = \sum_{i=1}^{n} x_i \cdot \beta_i \quad \text{und} \quad \sum_{i=1}^{n} x_i = 1.$$

Um zukünftige ß-Faktoren zu schätzen, bieten sich zwei Wege an. Zum einen können historische ß-Faktoren, die mittels eines linearen Regressionsverfahrens gewonnen werden, extrapoliert werden. Zum anderen lässt sich der ß-Faktor in fundamentale Bestandteile wie etwa das 'Business Risk' und das 'Financial Risk' zerlegen. Die genannten Komponenten lassen sich weiter aufgliedern. Durch Schätzung der einzelnen Bestandteile des ß-Faktors gelangt man zu einem sogenannten fundamentalen ß-Faktor.[1]

c. Tracking Error und Residualvolatilität

Ein das Konzept der Volatilität verwendendes Risikomaß, das das Abweichungsrisiko zwischen einem Portfolio und seiner Benchmark misst, ist der Tracking Error. Mit seiner Hilfe kann bestimmt werden, wie genau die Portfoliorendite die Benchmarkrendite widerspiegelt. Daher wird der Tracking Error als Nachbildungsfehler bei Portfolios bezeichnet. Der Tracking Error misst das Risiko, die Rendite einer Benchmark zu verfehlen, und zwar positiv wie auch negativ. Im passiven Asset Management stellt der Tracking Error das zentrale Risikomaß dar.[2]

---

[1] Vgl. *Kleeberg* (1992), S. 474ff. und *Steiner/Beiker/Bauer* (1993), S. 99ff.
[2] Zu Methoden des Trackings von Marktindizes im Rahmen des passiven Portfoliomanagements vgl. *Wagner* (2002), S. 813ff.

Die mathematische Bestimmung des historischen Tracking Errors erfolgt gemäß dem Ausdruck

$$TE_{PF}^{hist.} = \sigma_{(r_{PF}-r_{BM})} \; .$$

Der Ausdruck $(r_{PF} - r_{BM})$ drückt die Renditedifferenz zwischen Portfolio- und Benchmarkrendite aus. Somit handelt es sich bei dem Tracking Error also um die Standardabweichung dieser Renditedifferenz. Für das folgende, lediglich 10 Vergangenheitsperioden umfassende Beispiel kann der Tracking Error mit Hilfe einer Tabelle ermittelt werden:[1]

Periode	Log. Rendite des Portfolios	Log. Rendite der Benchmark	$r_{PF} - r_{BM}$	$(r_{PF} - r_{BM})$ $- \mu_{(r_{PF}-r_{PF})}$	= Quadrat der Spalte (5)
(1)	(2)	(3)	(4)	(5)	(6)
1	5%	4%	1%	1,20%	0,01440%
2	3%	3%	0%	0,20%	0,00040%
3	4%	-2%	6%	6,20%	0,38440%
4	-2%	1%	-3%	-2,80%	0,07840%
5	1%	0%	1%	1,20%	0,01440%
6	-5%	-2%	-3%	-2,80%	0,07840%
7	3%	4%	-1%	-0,80%	0,00640%
8	6%	2%	4%	4,20%	0,17640%
9	-4%	0%	-4%	-3,80%	0,14440%
10	-1%	2%	-3%	-2,80%	0,07840%
Summe	10%	12%	-2%	0%	0,97600%

Tab. A.2: Beispiel zum Tracking Error

Der Mittelwert ergibt sich dabei zu

$$\mu_{(r_{PF}-r_{BM})} = \frac{\sum_{i=1}^{n}(r_{PF}-r_{BM})_i}{n} = \frac{-2\%}{10} = -0,2\% \; .$$

Zur Bestimmung der Varianz wird die Summe der Spalte 6 herangezogen:

---

[1] In der Praxis werden zumeist die Monatsrenditen der vergangenen drei Jahre herangezogen. Kritisch ist dazu anzumerken, dass damit lediglich der durchschnittliche Tracking Error der letzten drei Jahre ermittelt wird, der mit dem Tracking Error des aktuellen Portfolios nicht übereinstimmen muss. Aus diesem Grund wird auch die Verwendung von Wochenrenditen als sich überlappende 5-Tages-Renditen vorgeschlagen. Vgl. *Hanau* (2001), S. 452; *Rudolph/ Zimmermann* (1998), S. 442.

$$\sigma_i^2 = \frac{1}{n-1} \cdot \sum_{i=1}^{n}(r_i - \mu)^2 = \frac{0{,}976\%}{9} = 0{,}10844\%.$$

Die Standardabweichung als Wurzel aus der Varianz entspricht dem gesuchten Tracking Error:

$$\sigma_i = \sqrt{\sigma_i^2} = 3{,}29309\%.$$

In der Praxis findet sich auch die folgende Definition des Tracking Errors, die der obigen Vorgehensweise entspricht und daher zum gleichen Ergebnis führt:

$$TE_{PF} = \frac{1}{n-1} \cdot \sum_{i=1}^{n} \left[(r_{PF_i} - r_{BM_i}) - (\mu_{PF} - \mu_{BM}) \right]^2$$

bzw. für das Beispiel: $TE_{PF} = \frac{1}{n-1} \cdot \sum_{i=1}^{n} \left[(r_{PF_i} - r_{BM_i}) - (1\% - 1{,}2\%) \right]^2$.

Zwar bezieht sich der Tracking Error auf die Differenz der Renditen zweier Portfolios, mathematisch gesehen entspricht er jedoch dem Streuungsmaß der Volatilität. Der Tracking Error kann als annualisiertes Risikomaß dargestellt werden. Seine Interpretation ergibt sich aus der folgenden Abbildung:

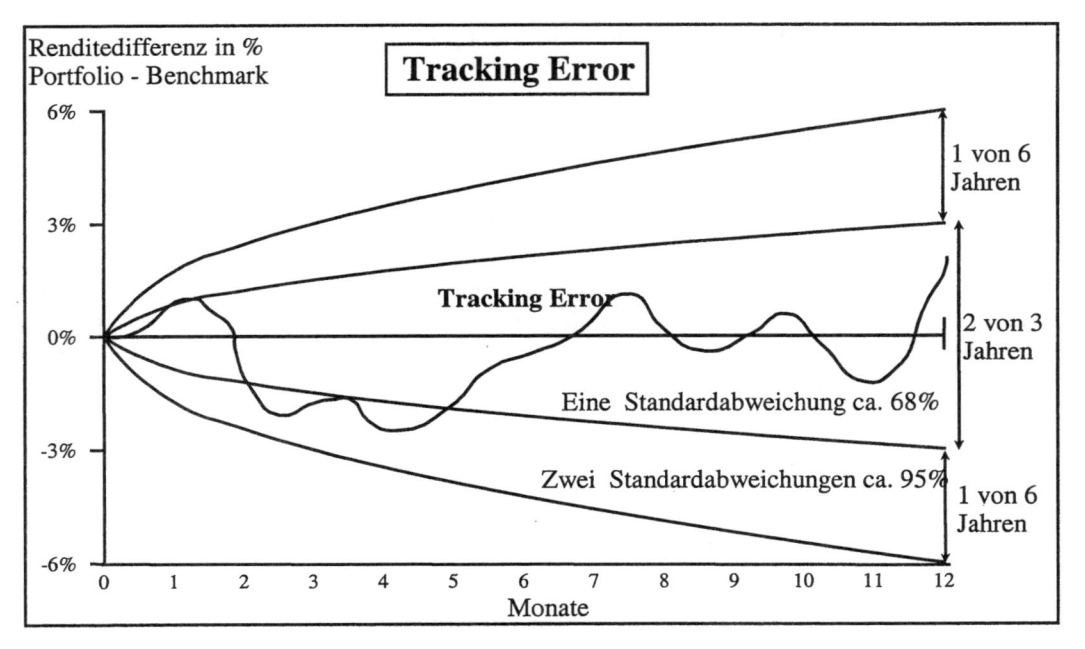

Abb. A.5: Der Tracking Error und seine Wahrscheinlichkeiten im Zeitablauf

Ein Tracking Error von 3% bedeutet, dass die annualisierte Differenz zwischen der Portfolio- und der Benchmarkrendite in 2 von 3 Jahren in einem Korridor zwischen - 3% und + 3% liegt. Da der Tracking Error als annualisierte Größe eine Funktion der Zeit ist, bezieht sich der Wert von 3% auf einen Planungszeitraum von einem Jahr.

Noch weniger als bei der Volatilität kann beim Tracking Error von Vergangenheitswerten auf zukünftige Werte geschlossen werden. Letztere sind für die zukunftsorientierte Risikobestimmung im Rahmen der Portfoliokomposition aber einzig relevant. Während zur Berechnung des Tracking Errors der Vergangenheit lediglich die Volatilität der Zeitreihe der Renditedifferenzen zwischen Portfolio und Benchmark berechnet werden muss, bedarf es zur Bestimmung des künftigen, mit dem Portfolio verbundenen Tracking Errors einer Schätzung. Diese hat die Zusammensetzung des Portfolios im Vergleich zur Benchmark zu berücksichtigen. Dabei wird aber nach wie vor auf Vergangenheitswerte zurückgegriffen, indem stabile Kovarianzen unterstellt werden.

Der zukünftige Tracking Error hängt vom einzugehenden systematischen und unsystematischen Risiko ab. Ersteres kann mit Hilfe des prognostizierten ß-Faktors bestimmt werden.[1] Letzteres muss als zu erwartende Residualvolatilität des Portfolios ermittelt werden. Mit Residualvolatilität einer Aktie wird jener Teil der Kursschwankungen bezeichnet, der nicht auf Gesamtmarktbewegungen zurückzuführen ist. Residualvolatilitäten lassen sich sowohl für einzelne Aktien als auch für Portfolios errechnen.

Die zukünftige Residualvolatilität eines Portfolios lässt sich schätzen, falls die Zukunftsgrößen Portfoliovolatilität, Portfolio ß-Faktor und Benchmarkvolatilität bekannt sind. Dies entspricht einer Risikozerlegung, wie sie aus dem Marktmodell bekannt ist.[2] Zur Schätzung der Residualvolatilität und damit des unsystematischen Risikos (σ_{PF_u}) gelangt die Formel

$$\sigma_{PF_u} = \sqrt{\sigma_{PF}^2 - \text{ß}_{PF}^2 \cdot \sigma_m^2}$$

zur Anwendung, wobei PF das Portfolio PF und m den Gesamtmarkt bezeichnen.

Beträgt beispielsweise die Standardabweichung der Portfoliorendite 20%, so beläuft sich die Portfoliovarianz auf 4% (= 0,20 · 0,20 = 0,04). Bei einem Betafaktor von 1 und einer Standardabweichung der Marktrendite von 0,18% beträgt das systematische Risiko – ausgedrückt als Varianz – entsprechend 3,24% (= 0,18 · 0,18). Hieraus resultiert ein als Varianz dargestelltes unsystematisches Risiko von 0,76%:

$$\sigma_{PF_u}^2 = \sigma_{PF}^2 - \text{ß}_{PF}^2 \cdot \sigma_m^2 = 0,04 - 0,0324 = 0,0076 = 0,76\% \quad \Rightarrow \quad \sigma_{PF_u} = 0,087178 = 8,7178\%$$

---

[1] Zum Einsatz des Tracking Errors im Anleihenmanagement im Rahmen der effizienten Laufzeitgewichtung bei relativer Optimierung vgl. *Rathjens* (2002), S. 430ff.

[2] Vgl. *Steiner/Bruns* (2002), S. 39.

Im Gegensatz zur Standardabweichung setzt sich die Portfoliovarianz additiv aus dem systematischen und dem unsystematischen Risiko zusammen (3,24% + 0,76% = 4,00%). Die Addition der jeweiligen Standardabweichungen führt hier aber zu dem falschen Ergebnis:

$$\sigma_{PF} \neq \sigma_m + \sigma_{PF_u} \quad \Rightarrow \quad 0,20 \neq 0,18 + 0,087178 = 0,267178 \ .$$

Sodann kann unter Kenntnis des ß-Faktors und der Residualvolatilität die Abschätzung des künftigen Tracking Errors eines Portfolios vorgenommen werden:

$$TE_{PF}^{erw.} = \sqrt{(\text{ß}_{PF} - 1)^2 \cdot \sigma_{BM}^2 + \sigma_{PF_u}^2}$$

mit

$TE_{PF}^{erw.}$ = erwarteter Tracking Error,
$\sigma_{PF_u}^2$ = Residualvarianz des Portfolios (unsystematisches bzw. diversifizierbares Risiko),
ß_{PF} = ß-Faktor des Portfolios (systematisches Portfoliorisiko) und
σ_{BM}^2 = Benchmarkvarianz (Gesamtrisiko der Benchmark).

Für das Beispiel ergibt sich bei einem ß$_{PF}$ von 1 ein erwarteter Tracking Error von 8,7178%, der somit der Residualvolatilität entspricht. Bei einem ß ≠ 1 unterscheiden sich aber Tracking Error und Residualvolatilität. Der Unterschied zwischen den beiden Kennzahlen besteht zumeist in der Bezugsgröße. Die Errechnung des Tracking Errors bezieht sich sinnvollerweise auf Portfolios und schließt das systematische Risiko mit ein, während die Residualvolatilität oftmals zur Beurteilung einzelner Titel eingesetzt werden kann. Inhaltlich ist der Tracking Error umfassender als die Residualvolatilität, da er auch systematische Risikoabweichungen von der Benchmark berücksichtigt. Identität zwischen Tracking Error und Residualvolatilität besteht somit nur dann, wenn der ß-Faktor 1 beträgt.

In der Portfoliomanagementpraxis erfolgt die Schätzung des zukünftigen Tracking Errors eines Portfolios mit Hilfe von Investmentanalysesoftware. Diese muss in der Lage sein, auf der Basis einer viele Einzeltitel umfassenden Kovarianzmatrix den Tracking Error eines beliebigen Portfolios in bezug auf einen vorzugebenden Benchmarkindex zu schätzen.

d. Duration und Konvexität

Was der ß-Faktor im Aktienbereich ist, ist die Duration vornehmlich im Anleihebereich. Die Duration misst, wenn sie zur Risikoanalyse bei Bonds eingesetzt wird, ausschließlich das Marktrisiko von Anleihen. Titelspezifische Risiken wie Bonitäts-, Spread- und Liquiditätsrisiken werden von der Duration nicht erfasst.

Der theoretische Preis einer Anleihe ergibt sich als Barwert aller künftigen Cash Flows (i.d.R. Kupons und Tilgung) aus dem Papier. Zur Diskontierung wird, je nach Berechnungsmethodik, der einheitliche Abzinsungsfaktor $(1+r)^t$ eingesetzt, so dass sich die folgende Formel ergibt.[1]

$$PV = \sum_{t=1}^{n} \frac{CF_t}{(1+r)^t}$$

mit

PV = Present Value (Barwert),
CF_t = zukünftige Cash Flows,
r = einheitlicher Zinssatz für alle Laufzeiten,
t = Zeitpunkt der Cash Flows und
n = letzter Zeitpunkt eines Cash Flows.

Bei dieser Formel wird davon ausgegangen, dass keine Stückzinsen zu berücksichtigen sind. Ist dies aber der Fall, so wird bei Annahme der Länge eines Jahres mit 365 Tagen nach der ISMA- (International Securities Market Association) Methode wie folgt gerechnet:

$$PV = \sum_{t=1}^{n} \frac{CF_t}{(1+r)^{t/365}},$$

wobei t hier in Tagen angegeben ist. Hierbei handelt es sich um den sogenannten "Dirty Price", d.h. dem Preis inkl. Stückzinsen.[2]

Erwirbt beispielsweise ein Anleger per Valutatag 1.12.2005 eine 8%ige Kuponanleihe mit einer ursprünglichen Laufzeit von 2 Jahren (Emission der Anleihe am 1.6.2004 mit jährlichen Zinszahlungen zum 1.6.), so fallen Stückzinsen (SZ) für den Zeitraum vom 1.6.2005 bis 30.11.2005 (= 183 Tage) in Höhe von $SZ = Kupon \cdot \frac{T}{365} = 8\ EUR \cdot \frac{183}{365} = 4{,}01\ EUR$ pro 100 EUR Anleihenominalwert an. Bei einem Marktzinsniveau von 10% ergibt sich der Dirty Price wie folgt:

$$PV = \frac{108\%}{(1+0{,}10)^{182/365}} = 102{,}99\%.$$

Die Stückzinsen sind bei der Formel bereits berücksichtigt, was unmittelbar einsichtig ist, da bei einem Marktzinsniveau von 10% und einem Kupon von 8% der Clean Price unterhalb von 100% liegen muss.

---

[1] Zu weiteren Berechnungsvergleichen vgl. *Doerks* (1991), S. 275ff. und *Meyer-Bullerdiek* (2003), S. 298f.

[2] Die Rendite nach ISMA ist der Zinssatz, bei dem der Barwert der zukünftigen Zahlungen gerade gleich dem heutigen Kurs (Clean Price) der Anleihe zuzüglich der Stückzinsen ist.

Die Duration wurde zunächst von Macaulay als Maß für die durchschnittliche Kapitalbindungsdauer einer festverzinslichen Anleihe in Jahren eingeführt.[1] Dabei werden Zeitpunkt und Höhe der bereits vor Fälligkeit erfolgenden Rückflüsse berücksichtigt, so dass sämtliche Informationen über die zeitliche Struktur des mit einer Anleihe verbundenen Zahlungsstroms in einer Kennzahl zusammengefasst werden können.

Nach Hicks kann die Duration auch als Maß für das Zinsänderungsrisiko bei festverzinslichen Anleihen interpretiert werden.[2] Dahinter steht die Frage, um welchen Wert sich der Kurs der Anleihe ändert, wenn der Zinsfuß sich infinitesimal verschiebt. Der Risikobegriff der Duration bezieht sich daher auf die Frage nach der Kursänderung eines Titels bzw. eines Portfolios in Abhängigkeit von Marktzinsänderungen. Daher ist die Duration als Maß für das Marktzinsänderungsrisiko bei Anleihen zu klassifizieren.

Die Duration (D) und damit das Marktrisiko der Anleihe errechnet sich durch Bildung der ersten Ableitung der Barwertfunktion nach dem Zinsfuß, wobei hier nicht von gebrochenen Restlaufzeiten ausgegangen wird:[3]

$$\frac{\Delta PV}{\Delta r} = -\frac{1}{1+r} \cdot \sum_{t=1}^{n} t \cdot CF_t \cdot (1+r)^{-t} \quad <=> \quad \frac{\frac{\Delta PV}{PV}}{\frac{\Delta r}{1+r}} = -\frac{\sum_{t=1}^{n} t \cdot CF_t \cdot (1+r)^{-t}}{PV} = -D.$$

Damit kann die Duration in der folgenden Weise ausgedrückt werden:

$$D = \frac{\sum_{t=1}^{n} t \cdot CF_t \cdot (1+r)^{-t}}{\sum_{t=1}^{n} CF_t \cdot (1+r)^{-t}}.$$

Die Bestimmung der Duration soll beispielhaft anhand der folgenden Anleihe gezeigt werden. Die Anleihe hat einen Kupon von 5,25% und eine Restlaufzeit von 5 Jahren. Die Nullkuponstrukturkurve hat folgendes Aussehen:[4]

$t_0 - t_1$: 3,5%, $t_0 - t_2$: 4,0%, $t_0 - t_3$: 4,5%, $t_0 - t_4$: 5%   und $t_0 - t_5$: 5,5%.

---

[1] Vgl. *Macaulay* (1938), S. 44ff.
[2] Vgl. *Hicks* (1939), S. 12ff.
[3] Bei Aktien lässt sich ebenfalls eine Duration, verstanden als Kapitalbindungsdauer, berechnen, indem bei Zugrundelegung eines Dividendendiskontierungsmodells die Barwertfunktion aller künftigen Cash Flows nach dem Diskontierungssatz abgeleitet wird. Infolgedessen lässt sich die Duration einer Aktie unter bestimmten Annahmen durch den Ausdruck 1/Dividendenrendite berechnen.
[4] Zur Nullkuponstrukturkurve vgl. *Meyer-Bullerdiek* (2003), S. 298ff.

Hieraus können der Present Value bzw. Dirty Price in Höhe von

$$PV = \sum_{t=1}^{n} \frac{CF_t}{(1+r_t)^t} = \frac{5,25\%}{1,035} + \frac{5,25\%}{(1,04)^2} + \frac{5,25\%}{(1,045)^3} + \frac{5,25\%}{(1,05)^4} + \frac{105,25\%}{(1,055)^5} = 99,3765\%$$

und der interne Zinsfuß von 5,395587% ermittelt werden.

Die Duration der Anleihe lässt sich wie folgt bestimmen, wobei die jeweilige Abzinsung der Werte der Zahlungsreihe mit dem internen Zinsfuß erfolgt (Angaben in %):

t	Zahlungsreihe	Nenner (Barwert)	Zähler (gewichteter Barwert)
1	5,25	4,9812	4,9812
2	5,25	4,7262	9,4525
3	5,25	4,4843	13,4528
4	5,25	4,2547	17,0188
5	105,25	80,9301	404,6504
	Summe	99,3765	449,5557
		= PV	= Summe

Tab. A.3: Beispiel zur Duration

Damit ergibt sich für diese Anleihe eine Duration von 4,5238 (= Summe / PV).

Als Einflussfaktoren der Duration können die Kuponhöhe, die Restlaufzeit und die Marktrendite identifiziert werden. So ergibt sich für die Beispielanleihe bei einem Kupon von 10% eine Duration von 4,2482. Bei einer Kürzung der Restlaufzeit verkürzt sich – wie unmittelbar einsichtig – auch die Duration. Falls sich lediglich die Marktrendite verändert, so würde die Duration im Beispielfall bei einer Zinsstruktur, die in jedem Laufzeitbereich um 2%-Punkte nach oben verschoben wäre, 4,5002 betragen.

Allgemein gilt:

- Je höher der Nominalzins, desto geringer die Duration.
- Je höher die Restlaufzeit, desto höher die Duration.
- Je höher die Rendite, desto geringer die Duration.

Letzteres gilt nicht bei Zerobonds, da hier immer die Duration mit der Restlaufzeit übereinstimmt.

Für Portfolios wird die Portfolio-Duration (D_{PF}) berechnet, indem die Summe der mit ihren Portfoliogewichten x_i multiplizierten Einzel-Durationen der Assets (D_i) gebildet wird:

$$D_{PF} = \sum_{i=1}^{n} x_i \cdot D_i \qquad \text{mit} \qquad \sum_{i=1}^{n} x_i = 1$$

$$D_{PF} = x_1 \cdot D_1 + x_2 \cdot D_2 + \ldots + x_n \cdot D_n \quad .$$

Wird die Formel der Duration weiter umgeformt, so kann gezeigt werden, dass mit Hilfe der Duration die Zinselastizität von Anleihewerten abgeschätzt werden kann:

$$-\frac{\frac{\Delta PV}{PV}}{\frac{\Delta r}{r}} = \frac{r}{1+r} \cdot D = \varepsilon$$

mit

ε = Zinselastizität.

Die Formel macht deutlich, dass die Zinselastizität des Present Value eine linear fallende Funktion der Duration ist, da der Faktor r / (1 + r) für ein gegebenes Marktzinsniveau konstant ist. Beide Kennzahlen stellen somit äquivalente Maße für die Zinsempfindlichkeit des Barwertes der Anleihe dar.

Nach einer weiteren Umformung der Formel kann der Ausdruck für die absolute Kurswertänderung aufgrund einer Marktzinsänderung bestimmt werden:

$$\Delta PV = -\frac{\Delta r \cdot D \cdot PV}{1+r} \quad .$$

Soll lediglich die relative Kurswertänderung aufgrund einer Marktzinsänderung abgeschätzt werden, so kann dies über den folgenden Ausdruck erfolgen:

$$\frac{\Delta PV}{PV} = -\frac{\Delta r \cdot D}{1+r} = -MD \cdot \Delta r$$

mit

$$MD = \frac{D}{1+r} = -\frac{\frac{\Delta PV}{PV}}{\Delta r} = \text{Modified Duration}.$$

Für die o.g. Beispielanleihe berechnet sich die Modified Duration zu:

$$MD = \frac{4{,}5238}{1+0{,}05395587} = 4{,}2922 \quad .$$

Steigt somit der interne Zinsfuß um 1%-Punkt (= 100 Basispunkte), so müsste der Present Value um 4,2922% (nicht %-Punkte!) von 99,3765% auf 95,1111% sinken. Die absolute Kursveränderung wird demnach wie folgt berechnet:

$$\Delta PV = -\frac{0,01 \cdot 4,5238 \cdot 99,3765\%}{1+0,05395587} = -MD \cdot 0,01 \cdot 99,3765\% = -4,2654 \text{ \%-Punkte}.$$

Auf Basis der Present-Value-Formel sinkt der Kurs tatsächlich aber auf nur 95,2259%:

$$PV = \sum_{t=1}^{n} \frac{CF_t}{(1+r)^t} = \frac{5,25\%}{1,063956} + \frac{5,25\%}{(1,063956)^2} + \frac{5,25\%}{(1,063956)^3} + \frac{5,25\%}{(1,063956)^4} + \frac{105,25\%}{(1,063956)^5} = 95,2259\%$$

Damit wird deutlich, dass die Duration die Kursveränderung nur sehr grob abschätzen kann. Dies hängt insbesondere damit zusammen, dass es sich hierbei um ein lineares Risikomaß handelt, während der effektive Zusammenhang zwischen Anleihekurs und Marktzins aber konvex verläuft. Infolgedessen werden bei einer Abschätzung mit der Duration Kurssteigerungen grundsätzlich unterschätzt und Kursverluste überschätzt.

Zusammenfassend kann festgehalten werden, dass die Abschätzung künftiger Preisveränderungen mit Hilfe der Duration bzw. der Modified Duration nur unvollkommen gelingt (insbesondere bei großen Marktzinsänderungen). Ursächlich hierfür ist insbesondere die statische Betrachtungsweise der Durationskonzeption, die zudem auf einer flachen Renditestrukturkurve beruht. Zudem muss bedacht werden, dass die Barwertfunktion nicht linear verläuft. Nichtflache Renditestrukturkurven sowie deren Drehungen und Verschiebungen werden im Durationsansatz nicht adäquat berücksichtigt. Aus diesem Grund wurden Verfeinerungen des Konzepts entwickelt, die eine genauere Prognose der zukünftigen Preisveränderungen von Anleihen in Abhängigkeit von Renditestrukturveränderungen am Bondmarkt ermöglichen. Zu nennen sind in diesem Zusammenhang die Konvexität, die Effective Duration und die Key Rate Duration.

Zur Berücksichtigung der o.g. Nichtlinearität der Barwertfunktion von Anleihen in Abhängigkeit von Zinsänderungen, muss die Krümmung der Barwertfunktion berechnet werden. Dies geschieht mit Hilfe der Konvexität (C).[1] Die Konvexität kann über die zweite Ableitung der Barwertfunktion nach dem Zinsfuß bestimmt werden und ergibt sich zu:[2]

$$C = \frac{\sum_{t=1}^{n} t \cdot (t+1) \cdot CF_t \cdot (1+r)^{-t}}{(1+r)^2 \cdot \sum_{t=1}^{n} CF_t \cdot (1+r)^{-t}} = \frac{\sum_{t=1}^{n} t \cdot (t+1) \cdot CF_t \cdot (1+r)^{-t}}{(1+r)^2 \cdot PV}.$$

---

[1] Vgl. *Doerks/Hübner* (1993), S. 102ff.
[2] Vgl. *Wilkens* (1996), S. 179ff.

Die Einschätzung der relativen Wertveränderung erfolgt allgemein über:

$$\frac{\Delta PV}{PV} = -\frac{D}{1+r} \cdot \Delta r + 0{,}5 \cdot C \cdot (\Delta r)^2 = -MD \cdot \Delta r + 0{,}5 \cdot C \cdot (\Delta r)^2.$$

Damit kann für die absolute Veränderung des Present Value der folgende Ausdruck festgehalten werden:

$$\Delta PV = -MD \cdot \Delta r \cdot PV + 0{,}5 \cdot C \cdot (\Delta r)^2 \cdot PV = \left(-MD \cdot \Delta r + 0{,}5 \cdot C \cdot (\Delta r)^2\right) \cdot PV.$$

Für die o.g. Beispielanleihe bestimmt sich die Konvexität wie folgt:

$$C = \frac{\sum_{t=1}^{n} t \cdot (t+1) \cdot CF_t \cdot (1+r)^{-t}}{(1+r)^2 \cdot PV}$$

$$= \frac{1 \cdot 2 \cdot 5{,}25 \cdot (1{,}053956)^{-1} + 2 \cdot 3 \cdot 5{,}25 \cdot (1{,}053956)^{-2} + \ldots + 5 \cdot 6 \cdot 105{,}25 \cdot (1{,}053956)^{-5}}{1{,}053956^2 \cdot 99{,}3765} = 23{,}5994.$$

Entsprechend ergibt sich eine relative Preisveränderung mit Hilfe von Duration und Konvexität von

$$\frac{\Delta PV}{PV} = -MD \cdot \Delta r + 0{,}5 \cdot C \cdot (\Delta r)^2 = -4{,}2922 \cdot 0{,}01 + 0{,}5 \cdot 23{,}5994 \cdot (0{,}01)^2 = -4{,}1742\%.$$

Zusammenfassend zeigt die folgende Tabelle, dass mit Hilfe der Modified Duration *und* der Konvexität eine recht gute Abschätzung der Kursveränderung der obigen Anleihe bei einer Erhöhung des *internen Zinsfußes* um 1%-Punkt auf 6,3955866% gelingt.

	Modified Duration	Convexity	tatsächlich
$\frac{\Delta PV}{PV}$	-4,2922%	-4,1742%	-4,1767%
ΔPV	-4,2654%	-4,1482%	-4,1507%
PV	95,1111%	95,2284%	95,2259%

Tab. A.4: Anleihenkursabschätzung mit verschiedenen Kennzahlen

Hingewiesen werden soll an dieser Stelle darauf, dass der tatsächliche Present Value bei einer Erhöhung der jeweiligen Nullkupons ebenfalls um jeweils 1%-Punkt von dem tatsächlichen Wert aus der Tabelle abweicht. Er beläuft sich auf 95,235250%. Der damit verbundene interne Zinsfuß beträgt 6,39326256%, d.h. der interne Zinsfuß hätte sich in diesem Fall um nicht ganz 1%-Punkt erhöht.

Die Konvexität kann auch zu Kaufentscheidungen herangezogen werden. Falls ein Anleger zwischen zwei Anleihen mit gleicher Duration und Rendite, aber unterschiedlicher Konvexität auswählen soll, so sollte er die Anleihe kaufen, die die größere Konvexität aufweist. Dies ergibt sich unmittelbar aus den obigen Formeln. Allerdings kann davon ausgegangen werden, dass sich am Kapitalmarkt aufgrund der höheren Nachfrage für Anleihen mit höherer Konvexität auch ein höherer Preis bildet.

Darüber hinaus soll noch darauf hingewiesen werden, dass sich die Duration auch zur sogenannten Immunisierung von Anleihenportefeuilles einsetzen lässt. Mit der Duration wird der Zeitraum festgelegt, bei dem trotz einer Marktzinsänderung die effektive Rendite der Anleihe konstant bleibt, d.h. dass sich hierbei das Kurswertänderungsrisiko und das Wiederanlagerisiko ausgleichen. Falls der Planungshorizont der Duration entspricht, wird somit sowohl bei steigenden als auch bei fallenden Zinsen mindestens das Endvermögen erreicht, das der Anleger bei konstantem Zinssatz realisiert (geplantes Endvermögen). Fallen z.B. die Zinsen, so kompensieren die steigenden Kurse den negativen Effekt der geringeren Wiederanlageverzinsung der Kuponerträge. Dieser Immunisierungseffekt tritt aber nur unter bestimmten Bedingungen auf, wie eine flache Zinsstrukturkurve, eine Parallelverschiebung der Zinsstrukturkurve bei Zinsänderungen sowie der Annahme, dass die unterstellte einmalige Zinsänderung direkt nach dem Kauf einer Anleihe stattfindet.

Finden am Markt mehrere Zinsänderungen während des Planungszeitraums statt, so ist zu berücksichtigen, dass sich der Immunisierungszeitpunkt im Zeitablauf verschiebt. Dies kann anhand der folgenden Anleihe verdeutlicht werden (Kupon = 5%, Restlaufzeit = 4 Jahre, Marktzinsniveau, d.h. interner Zinsfuß = 7%). Aus heutiger Sicht ergibt sich damit eine Duration von 3,7122. Nach einem Jahr (Restlaufzeit dann 3 Jahre) beträgt die Duration der Anleihe 2,8553, d.h. aus heutiger Sicht liegt der Immunisierungszeitpunkt in 3,8553 Jahren. Die folgende Übersicht zeigt die übrigen Werte:[1]

Beobachtungs-Zeitpunkt	Restlaufzeit	Duration	Immunisierungs-Zeitpunkt aus heutiger Sicht (t = 0)
0	4	3,712154	3,712154
1	3	2,855274	3,855274
2	2	1,951518	3,951518
3	1	1,000000	4,000000

Tab. A.5: Verschiebung des Immunisierungszeitpunktes im Zeitablauf

---

[1] Vgl. *Wilkens* (1996), S. 191.

Infolgedessen besteht mit voranschreitender Haltedauer die Notwendigkeit, die Duration durch Umschichtungen dem jeweiligen Planungshorizont anzupassen.

Zu den Verfeinerungen des Durations-Konzepts zählen auch die Effective Duration und die Key Rate Duration. Im Rahmen der Effective Duration (ED) wird der Barwert einer Anleihe nicht mit Hilfe eines einheitlichen Zinsfußes berechnet, sondern mit den laufzeitadäquaten Marktzinssätzen (Spot Rates), die der am Kapitalmarkt beobachtbaren Nullkuponstrukturkurve entnommen werden können, wobei die Abzinsung zum internen Zinsfuß und mit den Spot Rates im Ergebnis zum gleichen Present Value führen:

$$PV = \sum_{t=1}^{n} \frac{CF_t}{(1+r_t)^t}$$

mit r_t = Spot Rate (Nullkuponrendite) für die Periode t.

Analog zur Duration führt die erste Ableitung der Barwertfunktion nach den Zinssätzen zur Effective Duration, die die Kursveränderungen bei einer Parallelverschiebung (Parallel Shift) der Renditestrukturkurve angibt:[1]

$$ED = \frac{\sum_{t=1}^{n} t \cdot CF_t \cdot (1+r_t)^{-t}}{PV}.$$

Inwieweit die Werte der oben dargestellten Duration nach Macaulay von der Effective Duration abweichen, hängt davon ab, wie steil die Renditestrukturkurve ist. Zumeist dürfte es nicht zu bedeutenden Abweichungen kommen, wie auch bei der Beispielanleihe (Angaben in %):

t	Zahlungsreihe	Nenner (Barwert)	Zähler (gewichteter Barwert)
1	5,25	5,0725	5,0725
2	5,25	4,8539	9,7078
3	5,25	4,6006	13,8017
4	5,25	4,3192	17,2768
5	105,25	80,5304	402,6520
	Summe	99,3765	448,5107
		= *PV*	= *Summe*

Tab. A.6: Beispiel zur Effective Duration

---

[1] Vgl. *Bühler/Hies* (1995), S. 113.

Die Effective Duration beläuft sich demnach auf 4,5132 (= Summe / PV). Bezieht man diesen Wert analog zur Modified Duration auf den Term 1+r, so erhält man den folgenden Wert:

$$\text{MED} = \frac{\text{ED}}{1+r} = \frac{4,5132}{1+0,053956} = 4,2822 = \text{Modified Effective Duration}.$$

Ein darüber hinausgehendes Konzept, das nicht nur die Form der Renditestrukturkurve, sondern auch deren Drehung (Twist) um Schlüsselpunkte (Key Rates) erfasst, liegt mit der Key Rate Duration (KRD) vor. Insofern wird auf die eher realitätsfernen Annahmen einer flachen Renditestrukturkurve (bei der Duration nach Macaulay) und einer Parallelverschiebung der Renditestrukturkurve (bei der Duration nach Macaulay und der Effective Duration) verzichtet.

Hierbei wird zunächst separat die Kursänderung von Anleihen in bezug auf Änderungen einzelner Sätze der Nullkuponkurve berechnet. Die jeweilige Key Rate Duration zum Zeitpunkt t KRD_t beschreibt – wie auch die Modified Duration – die prozentuale Veränderung des Present Value einer Anleihe aufgrund der Veränderung der Key Rate r_t zum Zeitpunkt t:[1]

$$\text{KRD}_t = \frac{1}{1+r_t} \cdot \frac{\frac{t \cdot CF_t}{(1+r_t)^t}}{PV} = \frac{1}{1+r_t} \cdot D_t.$$

Dabei ist zu beachten, dass für die Anleihen, deren Cash Flows nicht den Key Rates entsprechen, die Key Rate Duration numerisch approximiert werden muss. Hierzu werden die Present Values vor und nach der Bewegung der jeweiligen Key Rate r_t ermittelt. Anschließend kann die Key Rate Duration zum Zeitpunkt t wie folgt bestimmt werden:

$$\Delta PV_t = -PV \cdot \text{KRD}_t \cdot \Delta r_t \quad <=> \quad \text{KRD}_t = -\frac{\Delta PV_t}{PV \cdot \Delta r_t}.$$

Nunmehr kann mit Hilfe der einzelnen KRD_t durch die Summenbildung der jeweiligen Kursänderungen die durch die einzelnen Key-Rate-Shifts verursachte Veränderung des Present Values der Anleihe insgesamt ermittelt werden:

$$\Delta PV = -PV \cdot \sum_{t=1}^{n} \text{KRD}_t \cdot \Delta r_t = -PV \cdot (\text{KRD}_1 \cdot \Delta r_1 + \text{KRD}_2 \cdot \Delta r_2 + \ldots\ldots + \text{KRD}_n \cdot \Delta r_n).$$

Für die Beispielanleihe sollen die nachfolgenden Veränderungen der jeweiligen Key Rates der Nullkuponkurve unterstellt werden:

---

[1] Vgl. *Bühler/Hies* (1995), S. 113ff. und *Dattatreya/Fabozzi* (1995), S. 45ff.

Shift 1: Δr_1 = 0,70%-Punkte
Shift 2: Δr_2 = 0,50%-Punkte
Shift 3: Δr_3 = 0,40%-Punkte
Shift 4: Δr_4 = 0,30%-Punkte
Shift 5: Δr_5 = 0,10%-Punkte.

Zur Bestimmung der neuen Barwerte wird auf die nachfolgende Tabelle zurückgegriffen:

	Shift 1		Shift 2		Shift 3		Shift 4		Shift 5	
t	Null-kupon	Barwert	Null-kupon	Barwert	Null-kupon	Barwert	Null-kupon	Barwert	Null-kupon	Barwert
1	4,2%	5,0384%	3,5%	5,0725%	3,5%	5,0725%	3,5%	5,0725%	3,5%	5,0725%
2	4,0%	4,8539%	4,5%	4,8076%	4,0%	4,8539%	4,0%	4,8539%	4,0%	4,8539%
3	4,5%	4,6006%	4,5%	4,6006%	4,9%	4,5481%	4,5%	4,6006%	4,5%	4,6006%
4	5,0%	4,3192%	5,0%	4,3192%	5,0%	4,3192%	5,3%	4,2702%	5,0%	4,3192%
5	5,5%	80,530%	5,5%	80,530%	5,5%	80,530%	5,5%	80,530%	5,6%	80,150%
Σ		99,342%		99,330%		99,324%		99,328%		98,996%

Tab. A.7: Beispiel zur Key Rate Duration

Daraus ergeben sich entsprechend der obigen Formel für die einzelnen KRD$_t$ (PV = 99,3765%):

	Shift 1	Shift 2	Shift 3	Shift 4	Shift 5
KRD$_t$	0,0490	0,0933	0,1319	0,1644	3,8297

Tab. A.8: Bestimmung der Key Rate Duration

Eingesetzt in die obige Formel ergibt sich:

$$\frac{\Delta PV}{PV} = -\sum_{t=1}^{n} KRD_t \cdot \Delta r_t$$

$$= -(0,0490 \cdot 0,7\% + 0,0933 \cdot 0,5\% + 0,1319 \cdot 0,4\% + 0,1644 \cdot 0,3\% + 3,8297 \cdot 0,1\%) = -0,565959\%$$

Nach der Änderung der jeweiligen Key Rates würde sich somit folgender neuer Marktwert der Anleihe berechnen:

99,3765% - 0,565959% · 99,3765% = 98,814089%.

Schließlich kann dieser Wert überprüft werden, indem der Barwert der Anleihe auf Basis der neuen Nullkuponkurve bestimmt wird:

t	Zahlungsreihe	Nullkupons – neu –	Nenner (Barwert)
1	5,25%	4,20%	5,038388%
2	5,25%	4,50%	4,807582%
3	5,25%	4,90%	4,548130%
4	5,25%	5,30%	4,270176%
5	105,25%	5,60%	80,149813%
	Summe		98,814089%

Tab. A.9: Bestimmung des Barwertes nach den Key Rate Shifts

Der neue interne Zinsfuß beträgt 5,52792509%.

Wie das Beispiel zeigt, handelt es sich bei der Berechnung dieser Risikokennzahl um ein relativ einfaches Verfahren, um die Annahme einer Parallelverschiebung der Renditestrukturkurve zu umgehen.

e. Semivarianz, Lower Partial Moments und Ausfallwahrscheinlichkeit

Die Umstrittenheit der Volatilität als Risikomaß hat eine Debatte um alternative Risikomaße hervorgerufen. Als Resultat dieser Debatte finden in jüngerer Zeit intuitivere Risikomaße, die Risiko nicht nur als Abweichung von geplanten Werten definieren, in der Portfoliomanagementpraxis Verbreitung. Eine verglichen mit der Volatilität intuitivere Art der Risikowahrnehmung wird durch sogenannte Downside Risikomaße zum Einsatz gebracht. Im Vordergrund steht bei Downside Risikomaßen die Frage, inwieweit eine negative Abweichung von einem Erwartungswert wahrscheinlich ist bzw. welches Ausmaß eine negative Abweichung annehmen kann. Als Downside Risikomaße sind die Semivarianz, die Lower Partial Moments, die Ausfallwahrscheinlichkeit und der sogenannte Value-at-Risk bekannt:

```
┌─────────────────────────────────────────────────────────────┐
│                    Downside Risikomaße                      │
└─────────────────────────────────────────────────────────────┘
         │              │                │              │
   ┌──────────┐  ┌──────────────┐  ┌──────────────┐  ┌──────────────┐
   │Semivarianz│  │Lower Partial │  │Ausfallwahr-  │  │Value-at-Risk │
   │          │  │  Moments     │  │scheinlichkeit│  │              │
   └──────────┘  └──────────────┘  └──────────────┘  └──────────────┘
```

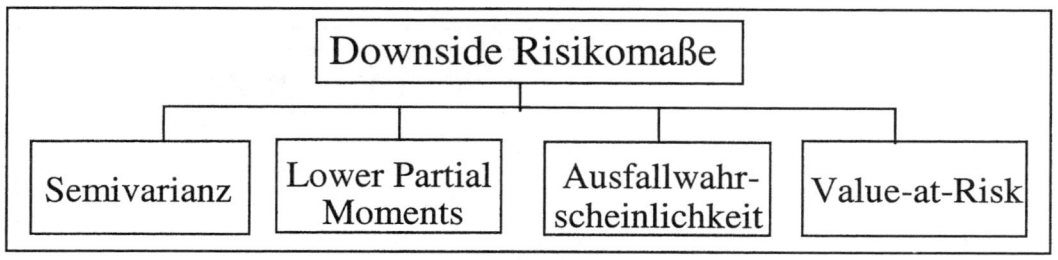

Abb. A.6: Alternative Downside Risikomaße

Bei der Semivarianz werden im Unterschied zur Varianz lediglich die negativen Renditeabweichungen (r_i^-) vom Mittelwert betrachtet. Liegt eine symmetrische Renditeverteilung vor, dann beträgt die Semivarianz genau die Hälfte der Varianz. Andernfalls weicht die Varianz der linken Verteilungshälfte von jener der rechten Verteilungshälfte ab und kann dann als asymmetrisches Risikomaß klassifiziert werden. Errechnet wird die Semivarianz (SV) mit Hilfe des Ausdrucks

$$SV = \frac{1}{n} \cdot \sum_{i=1}^{n_k} (r_i^- - \mu)^2$$

mit

r_i^- = Renditeausprägungen, die $< \mu$,
n_k = Zahl der Renditeausprägungen, die $< \mu$,
n = Anzahl aller Renditen, die der Verteilung zugrunde liegen und
i = Index der Renditeausprägungen, die $< \mu$.

Die Wurzel aus der Semivarianz kann dann – vergleichbar der Standardabweichung – als Downside Risiko angesehen werden. Hieraus lässt sich anschließend die annualisierte Semivolatilität (SVOL) errechnen:

$$SVOL = \sqrt{\frac{1}{n} \cdot \sum_{i=1}^{n_k} (r_i^- - \mu)^2} \cdot \sqrt{t}.$$

mit

t = Anzahl der Perioden eines Jahres, wobei auf die herangezogenen Daten abzustellen ist.

Eine symmetrische Renditeverteilung liegt immer dann vor, wenn eine negative Renditeabweichung vom Mittelwert um x Prozent genauso wahrscheinlich ist, wie eine positive Renditeabweichung um x Prozent.

```
                Konzept der Semivarianz
Dichtefunktion

Fläche negativer Abweichungen
   vom Renditeerwartungswert



                            E(r)                    Rendite
```

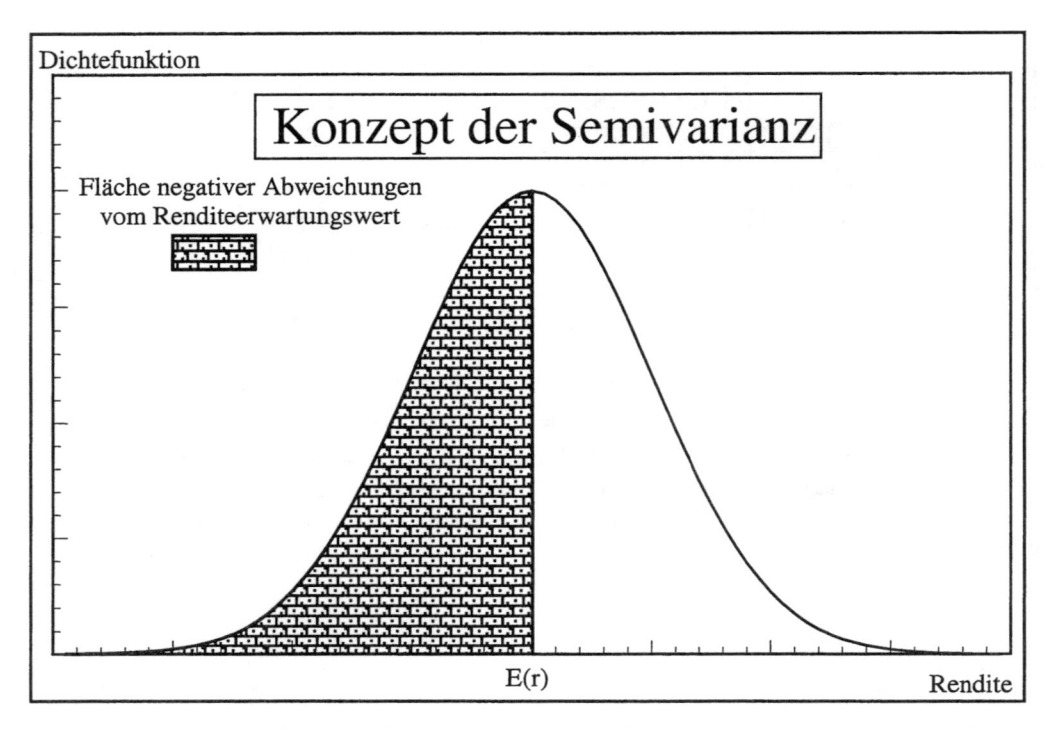

Abb. A.7: Schematische Darstellung der Semivarianz bei symmetrischer Renditeverteilung

Sind die vorliegenden Renditeverteilungen hinreichend symmetrisch, wie dies in Abbildung A.7 der Fall ist, dann liefert die Semivarianz keine Zusatzinformation, die über die Varianz hinausgeht. Vielmehr verhalten sich die Risiken in diesem Fall proportional. Liegt jedoch eine asymmetrische Renditeverteilung vor, dann reicht auch die Semivarianz zur vollständigen Risikobeschreibung nicht aus, da die Form und das Ausmaß der Asymmetrie wichtige Zusatzinformationen beinhalten.

In diesen Fällen kann ein Ausfallrisikomaß angeführt werden, das – wie auch die Semivarianz – nur den linken Bereich der Renditeverteilung unterhalb einer bestimmten Sollrendite betrachtet. Hierbei handelt es sich um die sogenannten Lower Partial Moments (LPM). Sie können wie folgt bestimmt werden[1]

$$LPM_m = \sum_{i=0}^{n_k} p_i \cdot \left(r_{min} - r_i^-\right)^m$$

mit

---

[1] Vgl. *Bawa/Lindenberg* (1977), S. 191; *Harlow* (1991), S. 30.

r_i^- = Renditeausprägungen, die < r_{min},
n_k = Zahl der möglichen Renditeausprägungen, die < r_{min},
i = Index der Renditeausprägungen, die < r_{min},
p_i = Eintrittswahrscheinlichkeit der Abweichung,
r_{min} = geforderte Mindestrendite und
m = Höhe des Momentes.

Mit dem Exponenten m kann angegeben werden, wie der Anleger unterschiedlich hohe negative Abweichungen von der Mindestrendite bewertet. Für m = 1 werden vom Investor die Abweichungen von der Mindestrendite entsprechend ihrer Höhe bewertet. Gegenüber dem LPM_0 wird also zusätzlich das erwartete Ausmaß, mit dem die Sollrendite unterschritten wird, gemessen.

Bei einem Moment von 2 werden aufgrund der Quadrierung höhere negative Abweichungen relativ stärker gewichtet als im Fall von m = 1. Damit drückt das LPM_2 eine höhere Risikoaversion des Investors aus, als das LPM_1. Der Investor wählt entsprechend aus zwei Renditeverteilungen mit gleichen Mittelwerten, Varianzen und Mindestrenditen diejenige aus, die die größere Rechtsschiefe aufweist. Für den Fall, dass die geforderte Mindestrendite dem Erwartungswert μ entspricht, ist das LPM_2 mit der Semivarianz identisch.

Der Vorteil der Lower Partial Moment-Maße liegt darin, dass sie in Abhängigkeit von alternativen Mindestrenditen für beliebige Verteilungsfunktionen bestimmt werden können. Damit werden – anders als bei der Varianz oder Standardabweichung – auch asymmetrische Verteilungen berücksichtigt.

Das folgende Beispiel zeigt die Berechnung der Maße LPM_0, LPM_1 und LPM_2 bei einer geforderten Mindestrendite von 5% (logarithmierte bzw. stetige Rendite) auf:

Periode	Stetige Rendite	Wahrscheinlichkeit	LPM_0	LPM_1	LPM_2
1	5,00%	10%	0	0	0
2	3,00%	10%	10,00000%	0,20000%	0,00400%
3	7,00%	10%	0	0	0
4	-2,00%	10%	10,00000%	0,70000%	0,04900%
5	4,00%	10%	10,00000%	0,10000%	0,00100%
6	-3,00%	10%	10,00000%	0,80000%	0,06400%
7	6,00%	10%	0	0	0
8	2,00%	10%	10,00000%	0,30000%	0,00900%
9	1,00%	10%	10,00000%	0,40000%	0,01600%
10	8,00%	10%	0	0	0
Summe	31,00%	100%	60,0000%	2,5000%	0,1430%
μ	3,1000%		(= LPM_0)	(= LPM_1)	(= LPM_2)

Tab. A.10: Bestimmung der Lower Partial Moments

Unterstellt wird damit, dass die einzelnen Renditewerte bzw. Perioden mit derselben Eintrittswahrscheinlichkeit 1/n (n = Anzahl der betrachteten Perioden) auftreten. Bei einem Moment von Null steht der Investor der Ausfallhöhe indifferent gegenüber. In diesem Fall ergibt sich als Risikowert die Wahrscheinlichkeit, unter die Mindestrendite zu fallen, wobei das Ausmaß des dadurch festgelegten Verlustes nicht berücksichtigt wird. Daher kann LPM_0 auch als eine Art Ausfallwahrscheinlichkeit angesehen werden und ist folglich nicht als eigenständiges Risikomaß zu bezeichnen. Sie beträgt entsprechend dem LPM_0 in diesem Beispiel 60%, d.h. mit dieser Wahrscheinlichkeit wird die Mindestrendite von 5% in der kommenden Periode voraussichtlich nicht erreicht.

Generell wird aber bei der Bestimmung der Ausfallwahrscheinlichkeit eine Standardnormalverteilung der Renditen unterstellt. Dabei wird die Frage in den Mittelpunkt gerückt, wie hoch die Wahrscheinlichkeit ist, eine vorgegebene Ziel- bzw. Mindestrendite zu verfehlen. Wie bei den Lower Partial Moment-Maßen generell, bedarf es zum sinnvollen Einsatz der Ausfallwahrscheinlichkeit ebenfalls der Kenntnis der investorspezifischen Mindestrenditen. Je nach Zielsetzung des Investors kann dies z.B. 0% (Ziel: kein nomineller Vermögensverlust), die Inflationsrate (Ziel: kein realer Vermögensverlust), der risikolose Zins (Ziel: mindestens die Kosten der Opportunität), die erwartete Rendite einer anderen Anlage (Ziel: mindestens die erwartete Mehrung des Vermögens) oder eine Benchmark (Ziel: mindestens die erwarteten Kosten der Opportunität) sein.[1]

Zur Berechnung der Ausfallwahrscheinlichkeit (AFW) bedient man sich der Formel

$$AFW = N\left[\frac{r_{min} - E(r)}{\sigma}\right]$$

mit

r_{min} = Mindestrendite,
$E(r)$ = Renditeerwartungswert,
$N(.)$ = Flächeninhalt der Verteilungsfunktion der Normalverteilung [= $F_N(z)$] und
σ = Standardabweichung bzw. Volatilität der Rendite.

Entspricht der Renditeerwartungswert dem Mittelwert der Renditen μ, so kommt die Ausfallwahrscheinlichkeit dem Wert der Verteilungsfunktion der Standardnormalverteilung $F_N(z)$ gleich mit

$$z = \frac{r_{min} - \mu}{\sigma}.$$

Wie aus der folgenden Abbildung ersichtlich ist, gibt die Ausfallwahrscheinlichkeit den Flächeninhalt und damit die Wahrscheinlichkeit an, mit der Renditen unterhalb der festgesetzten Mindestrendite realisiert werden.

---

[1] Vgl. *Schmidt-von Rhein* (1996), S. 427ff.

Dichtefunktion

Konzept der Ausfallwahrscheinlichkeit

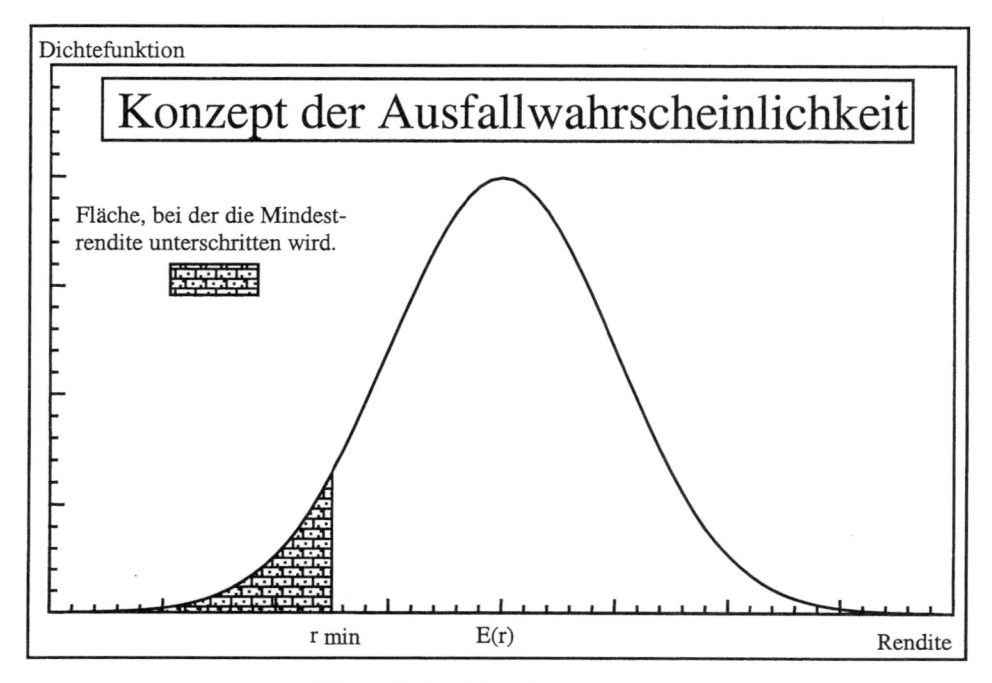

Fläche, bei der die Mindestrendite unterschritten wird.

r min   E(r)   Rendite

Abb. A.8: Ausfallwahrscheinlichkeit

Ein wichtiges Problem des Ausfallwahrscheinlichkeitsansatzes liegt in der Unbekanntheit des Ausmaßes der Zielverfehlung. Es wird zwar berechnet, mit welcher Wahrscheinlichkeit eine Mindestrendite verfehlt wird, die Höhe der Verfehlung bleibt jedoch unberücksichtigt. Ebenso wie das Risikokonzept der Volatilität fußt auch die Ausfallwahrscheinlichkeit auf der Annahme normalverteilter Renditen.

Für das obige Beispiel zu den Lower Partial Moments ergeben sich die folgenden Werte:

$\mu = 3{,}1\%$, $\sigma = 3{,}6652\%$

$$z = \frac{r_{min} - \mu}{\sigma} = \frac{5\% - 3{,}1\%}{3{,}6652\%} = 0{,}51839608.$$

Für diesen z-Wert kann aus der Verteilungsfunktion der Standardnormalverteilung eine Wahrscheinlichkeit von $F_N(z) = F_N(0{,}51839608) = 69{,}847\% \approx 70\%$ abgeleitet werden. Nach diesem Konzept liegt die Wahrscheinlichkeit, dass die Rendite geringer ausfällt als 5%, bei rund 70%. Unterstellt wird dabei allerdings eine Standardnormalverteilung der Renditen.

f. Value-at-Risk

Ein der Ausfallwahrscheinlichkeit ähnliches Konzept liegt mit dem Value-at-Risk-Ansatz vor, der von J.P. Morgan in der Schrift RiskMetrics™ eingeführt wurde.[1] Hierbei wird gefragt, wie hoch der maximal zu erwartende absolute Verlust ist, der sich unter normalen Bedingungen am Markt ergeben kann. Der Value-at-Risk kann als wahrscheinliche Barwertänderung eines Portfolios beschrieben werden. Die Berechnung erfolgt für eine bestimmte Periode und ein vorgegebenes Wahrscheinlichkeitsniveau (z.B. 1%). So besteht beispielsweise bei einem 99%-igen Wahrscheinlichkeitsintervall eine Restwahrscheinlichkeit von 1%, dass die Verlustgrenze (Value-at-Risk) für eine bestimmte Periode von den tatsächlichen Verlusten überschritten wird. Insofern kann auch nicht von einem Maximalverlust gesprochen werden, da die tatsächlichen Verluste durchaus höher sein können.

Im Unterschied zur Ausfallwahrscheinlichkeit drückt das Value-at-Risk-Konzept das bestehende Risiko in Geldeinheiten aus.

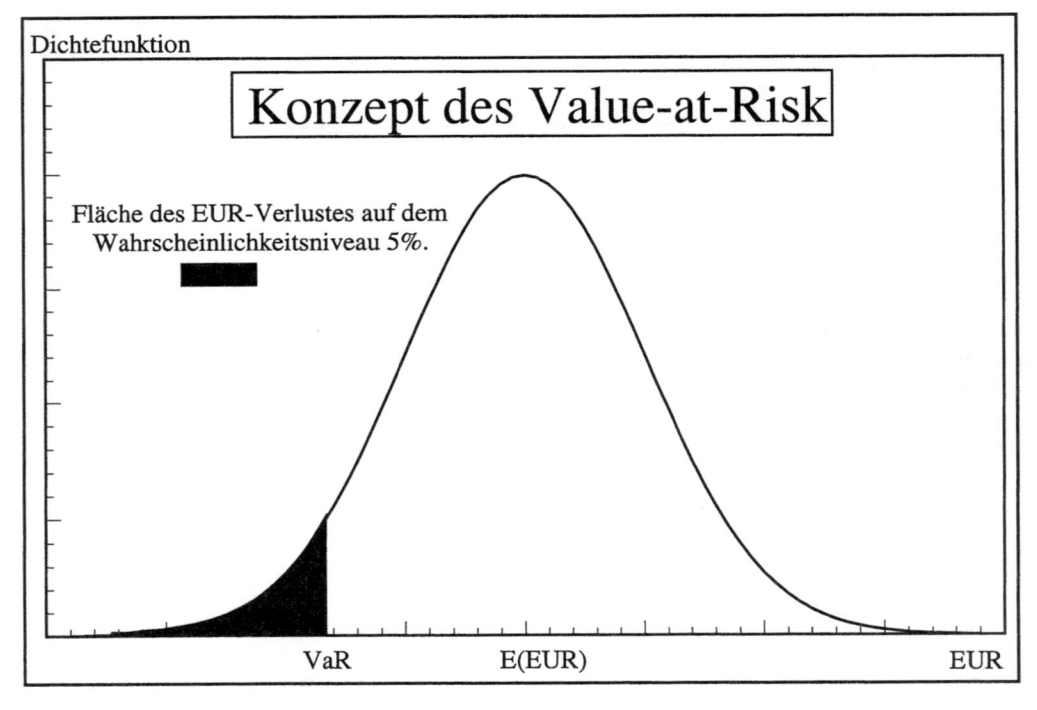

Abb. A.9: Value-at-Risk

Wie beim Vergleich der obigen Graphik zur Ausfallwahrscheinlichkeit (Abbildung A.8) mit Abbildung A.9 deutlich wird, besitzt die Abszisse hier die Dimension EUR. Anstatt des gewählten Wahrscheinlichkeitsniveaus von 1% wird in der Portfoliomanagementpraxis häufig, so z.B. im

---

[1] Vgl. *Bode/Mohr* (1996), S. 470.

Rahmen des Risk-Metrics™-Modells von J.P. Morgan, ein Wahrscheinlichkeitsniveau von 5% gewählt.[1]

Nach Vorgabe des Wahrscheinlichkeitsniveaus kann der entsprechende z-Wert der Standardnormalverteilung bestimmt werden. Dieser ist dann noch in den Value-at-Risk zu transformieren. Die Formel dazu lautet wie folgt, wobei das negative Vorzeichen dazu führt, dass der Value-at-Risk als Verlustgröße einen positiven Wert aufweist:[2]

$$\text{VaR} = -\text{Volumen} \cdot (\mu + z \cdot \sigma).$$

Bei dem Volumen handelt es sich um das finanzielle Volumen der jeweiligen Risikopositionen, z.B. der Marktwert einer Aktienposition. Die Standardabweichung kann auf Basis der Veränderungsraten oder Renditen der zugrunde liegenden Risikoposition ermittelt werden, wobei der Mittelwert der Verteilung μ dann der mittleren Veränderungsrate bzw. Rendite entsprechen würde.

Häufig wird bei der Value-at-Risk-Ermittlung besonders bei einem kurzem Planungshorizont im Risk Management der Banken, wie z.B. 1 Tag oder 10 Tage unterstellt, dass der Mittelwert der Verteilung einen Wert von Null annimmt. Andernfalls würde sich die Standardnormalverteilung z.B. bei einem positiven Erwartungswert nach rechts verschieben. Dies würde zu einem geringeren (absoluten) Betrag für den Value-at-Risk führen; denn der Abstand z·σ bleibt gleich und wird ebenfalls nach rechts verschoben. Die Formel für den Value-at-Risk lautet unter Berücksichtigung der Prämisse, dass $\mu = 0$:

$$\text{VaR} = -\text{Volumen} \cdot z \cdot \sigma.$$

Liegt eine Normalverteilung der Renditen vor, so kann der Value-at-Risk z.B. einer Aktienanlage im Volumen von 385.000 EUR bei einer Standardabweichung von 8% für ein einseitiges Konfidenzniveau von 97,725% wie folgt bestimmt werden:[3]

$$\text{VaR} = -385.000\,\text{EUR} \cdot (-2) \cdot 8\% = 61.600\,\text{EUR}.$$

Das Ergebnis besagt, dass der Verlust dieser Aktienanlage in der betrachteten Periode mit einer Wahrscheinlichkeit von 2,275% höher als 61.600 EUR liegt.

Zur Bestimmung des Value-at-Risk eines Aktienportfolios, das aus n Aktien bestimmt, kann auf die folgende Formel zurückgegriffen werden:[4]

---

[1] Vgl. *JP Morgan* (1995), S. 233ff.
[2] Vgl. z.B. *Schierenbeck* (2001b), S. 71ff.
[3] Die standardnormalverteilte Zufallsvariable z hat in diesem Fall einen Wert von -2, vgl. *Bleymüller/Gehlert/Gülicher* (1991), S. 61.
[4] Vgl. *Schierenbeck* (2001b), S. 79; *Arnsfeld* (1999), S. 353ff.

$$\text{VaR}_{PF} = \sqrt{\begin{array}{l} [\text{Risikovektor}] \\ \cdot\ [\text{Korrelationskoeffizientenmatrix}] \\ \cdot\ [\text{Transponente des Risikovektors}] \end{array}}$$

mit

[Risikovektor] = [VaR (Aktie A)   VaR (Aktie B) ...... VaR (Aktie n)].

Die Korrelationskoeffizientenmatrix lässt sich wie folgt darstellen:

$$\begin{bmatrix} 1 & \text{Korrelation (A,B)} & \cdots & \text{Korrelation (A,n)} \\ \text{Korrelation (B,A)} & 1 & \cdots & \text{Korrelation (B,n)} \\ \cdots & \cdots & \cdots & \cdots \\ \text{Korrelation (n,A)} & \text{Korrelation (n,B)} & \cdots & 1 \end{bmatrix}$$

Nunmehr soll das folgende, aus drei Aktien bestehende Portfolio betrachtet werden:

	Aktie A	Aktie B	Aktie C
Kurs	50	60	70
Anzahl	7.700	5.000	4.500
Volumen in EUR	385.000	300.000	315.000
σ	8,00%	12,00%	6,00%
z-Wert	-2	-2	-2
VaR in EUR	**61.600**	**72.000**	**37.800**

Tab. A.11: Value-at-Risk der Aktien im Beispielportfolio

Darüber hinaus wird folgende Korrelationsmatrix zugrunde gelegt:

$$\begin{bmatrix} 1 & 0,5 & 0,7 \\ 0,5 & 1 & 0,2 \\ 0,7 & 0,2 & 1 \end{bmatrix}$$

Aus diesen Angaben lässt sich der Value-at-Risk wie folgt berechnen:

$$\text{VaR}_{PF} = \sqrt{\begin{array}{l}\begin{bmatrix} 61.600 & 72.000 & 37.800 \end{bmatrix} \cdot \begin{bmatrix} 1 & 0,5 & 0,7 \\ 0,5 & 1 & 0,2 \\ 0,7 & 0,2 & 1 \end{bmatrix} \\ \cdot \begin{bmatrix} 61.600 \\ 72.000 \\ 37.800 \end{bmatrix}\end{array}}$$

$$\text{VaR}_{PF} = \sqrt{19.191.112.000} = 138.531,99.$$

Damit beläuft sich mit einer Wahrscheinlichkeit von 97,725% der Verlust des Aktienportfolios innerhalb der betrachteten Periode auf nicht mehr als 138.531,99 EUR. Im Umkehrschluss sagt der Value-at-Risk-Wert aus, dass mit einer Wahrscheinlichkeit von 2,275% der Verlust innerhalb der Periode mehr als 138.531,99 EUR beträgt.

Der Betrag von 138.531,99 EUR ist somit deutlich niedriger als die Summe der einzelnen Value-at-Risks (171.400 EUR). Dies ist auf die Berücksichtigung der Korrelationen zurückzuführen. Der Value-at-Risk des Portfolios lässt sich im übrigen auch mit Hilfe der Standardabweichung des gesamten Portfolios bestimmen, wobei letztere z.B. auf Basis der noch vorzustellenden Varianz-Kovarianz-Matrix ermittelt werden kann:

$$\text{VaR}_{PF} = -\text{Volumen}_{PF} \cdot z \cdot \sigma_{PF} = -(385.000 + 300.000 + 315.000) \cdot (-2) \cdot 6,926599\% = 138.531,99.$$

Zu beachten ist allerdings, dass im Falle der Verwendung von logarithmierten Renditen zur Ermittlung von Mittelwert und Standardabweichung eine Transformation in einen diskreten Wert zu erfolgen hat. In diesem Fall wird der Value-at-Risk wie folgt bestimmt:[1]

$$\text{VaR} = -\text{Volumen} \cdot \left(e^{(\mu + z \cdot \sigma)} - 1\right)$$

mit

e = Euler'sche Zahl = 2,718281828.

Berücksichtigt man nunmehr, dass im Portfoliomanagement eher längerfristige Anlagehorizonte vorherrschen, so erscheint die Unterstellung eines Erwartungswertes (μ) von Null nicht mehr angemessen. Wird dies bei der Value-at-Risk-Ermittlung berücksichtigt, so ist zu beachten, dass die Bedeutung der erwarteten Rendite mit ansteigendem Anlagehorizont gegenüber der Volatilität zunimmt. Dies ist auf die unterschiedliche zeitliche Aggregation bei der stetigen Rendite und der

---

[1] Vgl. *Schierenbeck* (2001b), S. 77.

entsprechenden Standardabweichung zurückzuführen. Beispielsweise lässt sich eine stetige Jahresrendite durch Multiplikation der stetigen Monatsrenditen mit dem Faktor 12 berechnen, während die annualisierte Standardabweichung durch Multiplikation der monatlichen Standardabweichung mit der Quadratwurzel von 12 bestimmt wird. Werden diese Aspekte beachtet, so ergibt sich für den Value-at-Risk der folgende Wert:[1]

$$VaR = -Volumen \cdot \left(e^{\left(\mu \cdot t + z \cdot \sigma \cdot \sqrt{t}\right)} - 1\right)$$

mit

t = Haltedauer in Jahren,
μ = jährliche erwartete stetige Rendite und
σ = jährliche Standardabweichung der stetigen Renditen.

Im folgenden soll die Entwicklung des Value-at-Risk bei verschiedenen Zeitintervallen aufgezeigt werden.[2] Dazu wird ein Portfolio betrachtet, das aus 2.000 Aktien einer Gesellschaft besteht, wobei sich der Aktienkurs auf 30 EUR beläuft. Auf der Basis von logarithmierten bzw. stetigen Renditen der Vergangenheit wurde ein Mittelwert für die jährliche Rendite von 7,0% und eine jährliche Standardabweichung von 11,0% ermittelt. Betrachtet wird ein Konfidenzniveau von 95%, d.h. der entsprechende z-Wert aus der Standardnormalverteilung beträgt 1,644853. Je nach Betrachtungsdauer ergeben sich die folgenden Werte, wobei davon ausgegangen wird, dass der Planungshorizont von beispielsweise 1 Jahr (2 Jahre etc.) insgesamt 250 (500 etc.) Börsentage entspricht:

Börsentage	1	125	250	375	500	750	1.000	1.250	1.500	1.625	1.750	1.875
Jahre (t)	0,004	0,50	1,00	1,50	2,00	3,00	4,00	5,00	6,00	6,50	7,00	7,50
VaR in €	666	5.325	6.300	6.603	6.565	5.893	4.716	3.187	1.376	376	-681	-1.796

Tab. A.12: Value-at-Risk in Abhängigkeit vom Anlagehorizont bei $\mu = 7,0\%$

Grafisch kann der Zusammenhang zwischen dem Anlagehorizont und dem Value-at-Risk für dieses Beispiel wie folgt gezeigt werden:

---

[1] Vgl. *Kleeberg/Schlenger* (2000), S. 976ff.
[2] Vgl. dazu auch *Kleeberg/Schlenger* (2000), S. 976ff.; *Rohweder* (2000), S. 1021ff.

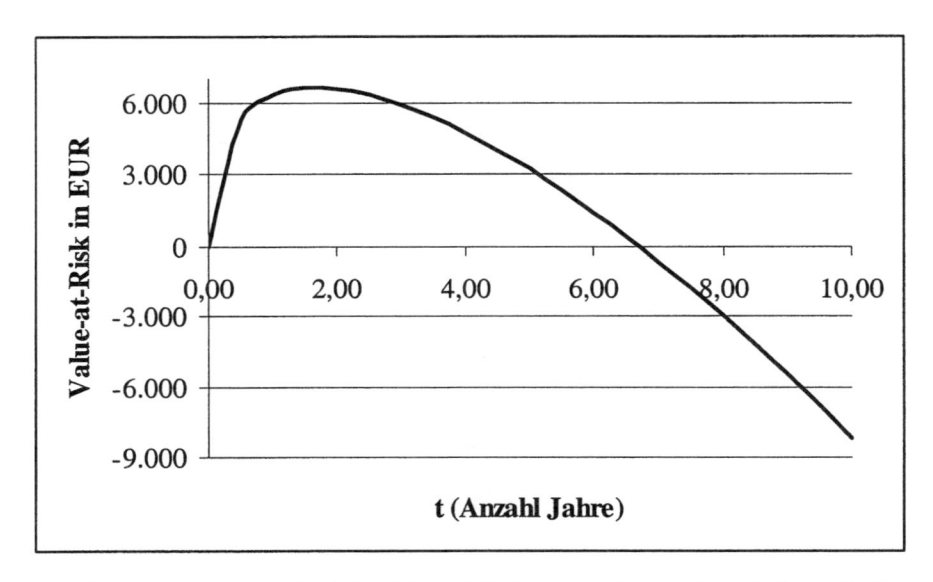

Abb. A.10: Value-at-Risk in Abhängigkeit vom Anlagehorizont bei $\mu = 7{,}0\%$

Wie die Abbildung zeigt, steigt der Value-at-Risk zunächst an, um nach 418 Tagen (t = 1,672) ein Maximum zu erreichen. Danach nimmt der Value-at-Risk immer mehr ab und wird nach 1.671 Tagen (t = 6,684) sogar negativ. Insofern gilt für dieses Beispiel, dass bei einem Anlagehorizont von 1.671 Tagen mit einer Wahrscheinlichkeit von 5% der Wert des Aktienportfolios das eingesetzte Kapital unterschreitet.

Wird dagegen von einem Mittelwert für die jährliche Rendite von 0% (anstelle von 7,0%) ausgegangen, so ergeben sich die folgenden Werte:

Börsentage	1	125	250	375	500	750	1.000	1.250	1.500	1.625	1.750	1.875
Jahre (t)	0,004	0,50	1,00	1,50	2,00	3,00	4,00	5,00	6,00	6,50	7,00	7,50
VaR in €	683	7.206	9.931	11.926	13.546	16.142	18.218	19.965	21.481	22.172	22.825	23.444

Tab. A.13: Value-at-Risk in Abhängigkeit vom Anlagehorizont bei $\mu = 0\%$

Die folgende Abbildung stellt die entsprechende Entwicklung grafisch dar:

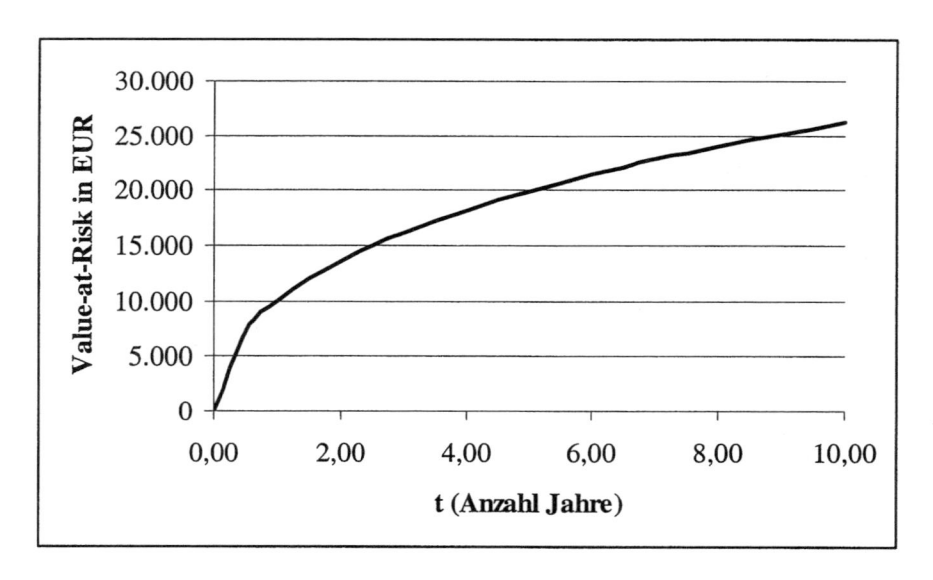

Abb. A.11: Value-at-Risk in Abhängigkeit vom Anlagehorizont bei µ = 0%

Wird also von einem Mittelwert für die jährliche Rendite von 0% ausgegangen, so steigt der Value-at-Risk kontinuierlich mit zunehmendem Anlagehorizont an. Von besonderem Interesse ist ein kurzfristiger Anlagehorizont, bei dem beide Verläufe verglichen werden können:

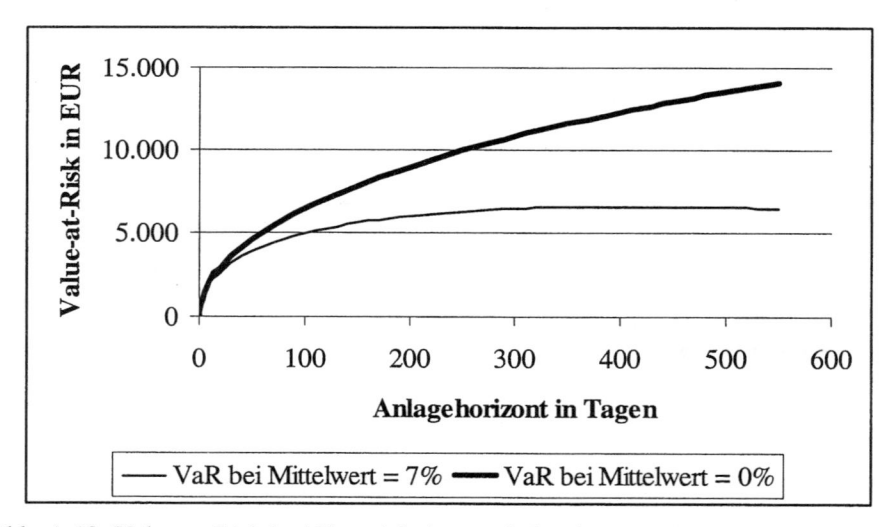

Abb. A.12: Value-at-Risk in Abhängigkeit vom Anlagehorizont bei µ = 0% bzw. µ = 7%

Erkennbar ist, dass der Value-at-Risk bei einem Mittelwert (Erwartungswert) von 0% immer oberhalb des Value-at-Risk liegt, bei dem der Erwartungswert von 7% berücksichtigt wird.

Bei den hier betrachteten Value-at-Risk-Verläufen wird allerdings unterstellt, dass die Renditen für alle Intervalle seriell unabhängig sind und die Renditeverteilung symmetrisch ist. Darüber hinaus wird von der Konstanz von Mittelwert und Standardabweichung über den gesamten Anlagehorizont ausgegangen. Problematisch sind diese Annahmen besonders in den Fällen, in denen der betrachtete Anlagehorizont nicht mit dem Intervall der Renditemessung übereinstimmt, d.h. dass beispielsweise auf der Basis von Wochenrenditen ein auf ein Jahr bezogener Value-at-Risk bestimmt wird anstatt jährliche Renditen zu seiner Berechnung heranzuziehen.[1]

Grundsätzlich stehen verschiedene Ansätze zur Berechnung eines Value-at-Risk zur Verfügung, wobei die Auswahl einer bestimmten Methode insbesondere von der Art der vorhandenen Finanzinstrumente, der Datenverfügbarkeit und den Möglichkeiten der Informatik abhängt. Gewöhnlich erfolgt die Berechnung anhand der parametrischen Gleichung und unter der Annahme einer Normalverteilung, wobei die parametrische oder die Delta-Bewertungsmethode Kursveränderungen für jedes Finanzinstrument anhand der Volatilität schätzt und bei der Value-at-Risk-Berechnung für ein Portfolio die Korrelationen zwischen den einzelnen Marktpreisveränderungen berücksichtigt. Bei der Delta-Bewertungsmethode werden entweder die impliziten oder die historischen Volatilitäten zugrunde gelegt.[2]

Die Zielsetzung des Value-at-Risk-Ansatzes besteht darin, Risikoabschätzungen für Worst Case Szenarien abgeben zu können. Daher bietet es sich an, Value-at-Risk-Zahlen als Nebenbedingung zu alternativen Risikokennziffern festzulegen. Als alleiniges Risikomaß im Portfoliomanagement ist der Ansatz allerdings kaum geeignet.

Wenngleich dieser Ansatz häufig nur mit den Handels-Aktivitäten der Banken assoziiert wird, so findet er daneben auch im Asset Management im Rahmen des internen Controllings von Mandaten zunehmend Anwendung.[3] Ausgehend von der Annahme, dass das Wertpapierportfolio auf der Basis quantitativer Modelle anhand einer Benchmark gemessen wird, bietet sich der erwartete Tracking Error als Risikogröße an. Um auch hier zu einer absoluten Risikokennzahl zu gelangen, kann auch ein risikobehafteter relativer Vermögenswert in Geldeinheiten ermittelt werden. Bei normalverteilten Portfolio- und Benchmarkrenditen kann z.B. bei einem geschätzten Tracking Error von 7% p.a. ceteris paribus erwartet werden, dass die Benchmarkrendite nach Ablauf eines Jahres mit einer Wahrscheinlichkeit von 2,275% um mehr als 14%-Punkte unterschritten wird. Damit kann allerdings noch keine Aussage über einen absoluten Kapitalverlust getroffen werden, wenn keine Angabe zur erwarteten Benchmarkrendite vorliegt.[4]

Im Rahmen der Portfoliooptimierung lässt sich der Value-at-Risk ebenfalls nutzen. So kann beispielsweise das Portfolio bestimmt werden, das den minimalen Value-at-Risk aufweist.[5]

---

[1] Vgl. *Kleeberg/Schlenger* (2000), S. 976ff.
[2] Vgl. *Weibel/Dubois* (1997), S. 323ff. Zur Möglichkeit, den Value-at-Risk durch Rechentechniken zu reduzieren vgl. *Bode/Mohr* (1997), S. 695ff.
[3] Vgl. *Schlenger* (1997), S. 726ff.
[4] Vgl. *Schlenger* (1997), S. 726.
[5] Vgl. *Gramlich/Peylo/Staaden* (1997), S. 422ff.

Grundsätzlich gilt für alle Downside Risikomaße, dass die Symmetrieeigenschaften von Renditeverteilungen im Zeitablauf relativ instabil sind, so dass die Prognose von Downside Risikomaßen im Vergleich zur Volatilität besonders fehleranfällig ist. Hinzu kommt, dass der Einsatz von Downside Risikomaßen als Optimierungskriterium im Rahmen von Portfoliokonstruktionen äußerst komplex ist.[1]

g. Schiefe (Skewness) und Wölbung (Kurtosis)

Bei nicht normalverteilten Renditen reichen der Mittelwert und die Standardabweichung zur vollständigen Verteilungsbeschreibung nicht aus. Zusätzlich müssen die Verteilungsschiefe und die Wölbung der Verteilung berücksichtigt werden.

Als Schiefe (englisch Skewness) wird in der Statistik das dritte zentrale Moment einer Wahrscheinlichkeitsverteilung bezeichnet. Die Schiefe gibt an, wie symmetrisch die jeweilige Verteilung ist. Bekanntermaßen sind Normalverteilungen vollkommen symmetrisch, so dass in diesem Fall für die Schiefe ein Wert von Null resultiert. Unter Verwendung der bekannten Symbolik wird die Schiefe (S) errechnet anhand des Ausdrucks

$$S = \frac{\frac{1}{n} \cdot \sum_{i=1}^{n}(r_i - \mu)^3}{\sigma^3}.$$

Negative Werte weisen auf das Vorliegen einer linksschiefen Verteilung hin et vice versa. Von Bedeutung ist die Kenntnis der Schiefe einer Verteilung insofern, als risikoscheue Anleger eine rechtsschiefe Verteilung stets einer linksschiefen Verteilung vorziehen. Denn bei gleichem Mittelwert und gleicher Standardabweichung bergen linksschiefe Verteilungen die Gefahr hoher negativer Extremwerte, wie aus der folgenden Abbildung ersichtlich ist.

---

[1] Vgl. *Jaeger/Rudolf/Zimmermann* (1995), S. 355ff.

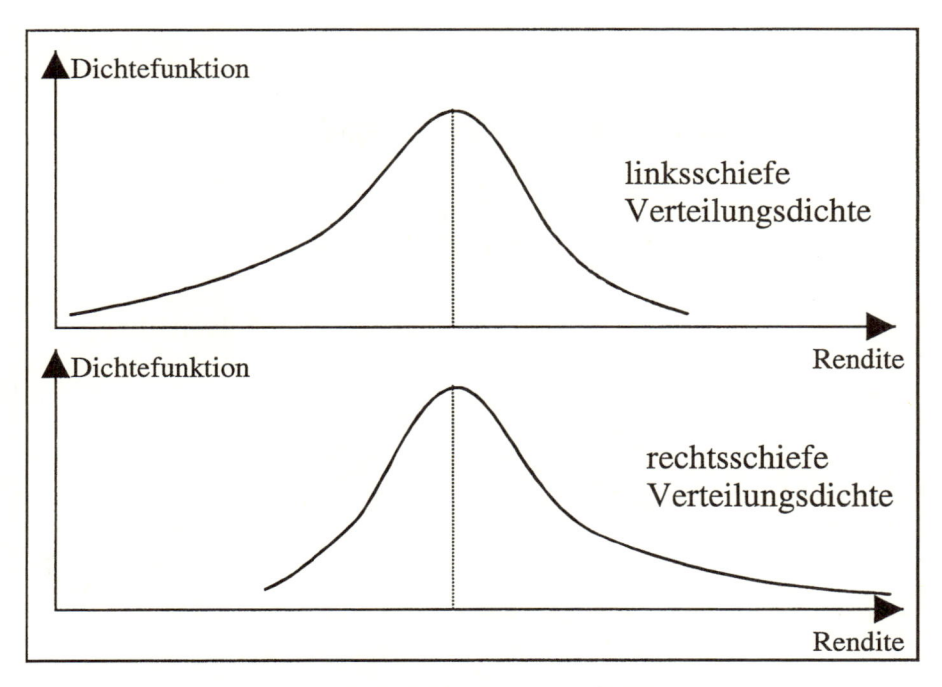

Abb. A.13: Schiefe bei der Renditedichte

Die Symmetrieeigenschaften von Renditeverteilungen spielen für Optionsstrategien eine wichtige Rolle, da hier versucht wird, asymmetrische Performanceprofile zu erzeugen. Gerade bei Portfolio-Insurance Konzepten kommt der Kenntnis der Schiefe Bedeutung zu.

Anhand empirischer Untersuchungen konnte nicht nur nachgewiesen werden, dass Renditeverteilungen zeitweilig schief sind, sondern auch, dass die Verteilung von Renditen – besonders bei Aktien und Währungen – oftmals stärker um den Mittelwert der Verteilung konzentriert ist und breitere Enden aufweist als eine Normalverteilung. Damit ist die Wölbung (englisch Kurtosis) der Verteilung angesprochen. Bei Normalverteilungen liegt der mathematische Wert der Wölbung bei drei. Liegen die Werte oberhalb von drei, so spricht man von einer spitzgipfeligen bzw. leptokurtischen Verteilung.

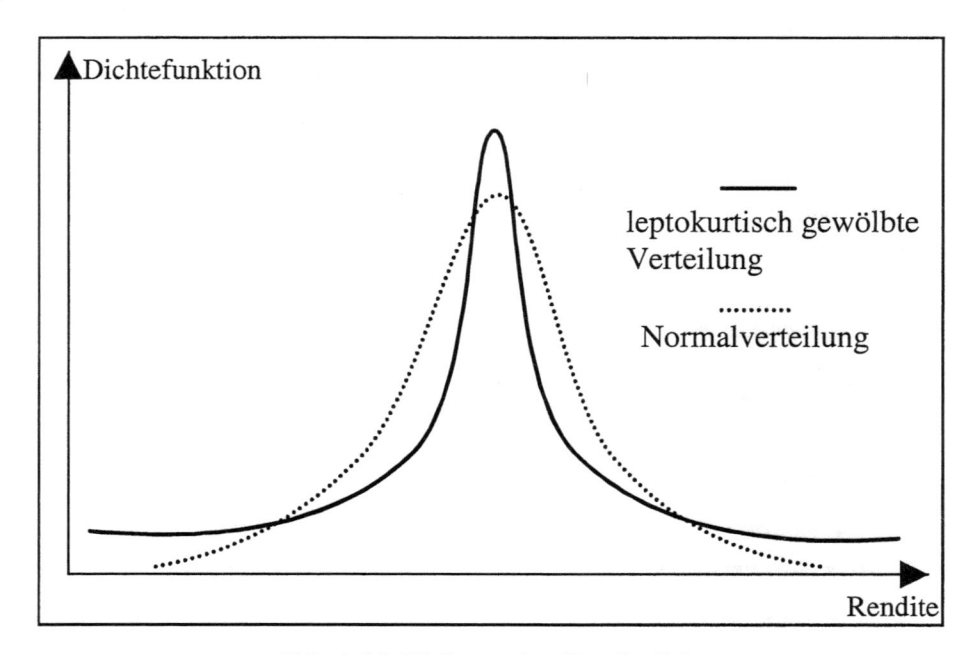

Abb. A.14: Wölbung einer Renditedichte

Von Relevanz ist die Wölbung der Renditeverteilung z.B. für Optionspreise, da hierdurch z.T. erklärt werden kann, warum der sog. 'Smile-Effekt' bei out-of-the-money Optionen auftritt.[1] Offenbar ist das Eintreten von Extremwerten wahrscheinlicher, als dies bei normalverteilten Renditen anzunehmen wäre. Die Errechnung der Wölbung einer Renditeverteilung erfolgt mit Hilfe des Ausdrucks

$$W = \frac{\frac{1}{n} \cdot \sum_{i=1}^{n}(r_i - \mu)^4}{\sigma^4}$$

mit

W = Wölbung einer Renditeverteilung.

---

[1] Mit dem Smile-Effekt wird die empirische Beobachtung bezeichnet, nach der der Wert von Optionen (insbesondere Verkaufs-Optionen), die weit aus dem Geld liegen, deutlich größer ist als der Wert, den das Black & Scholes Modell anzeigt.

h. Mean-Gini-Koeffizient und stochastische Dominanz

Einen zur Varianz alternativen Ansatz der Quantifizierung des Gesamtrisikos stellt der Mean-Gini-Koeffizient dar. Die Gini-Mittelwert-Differenz ist eine Kennziffer, die – ähnlich der Volatilität – die Variabilität einer Zufallsvariablen beschreibt. Sie basiert auf der erwarteten absoluten Differenz zwischen allen Renditeausprägungen eines Assets. Somit hängt die Gini-Mittelwert-Differenz – anders als die Varianz – von der Abweichung der einzelnen Renditeausprägungen untereinander ab und nicht von der Abweichung gegenüber einem Zentralwert.[1] Für die Wahrscheinlichkeitsverteilungen von Wertpapierrenditen ist der einfache Mean-Gini-Koeffizient (MGK) als die halbe Gini-Mittelwert-Differenz gemäß der Formel

$$MGK = \frac{1}{n^2} \cdot \sum_{i=1}^{n} \sum_{j>i}^{n} |r_i - r_j|$$

definiert.[2] Wie das Berechnungsprinzip des Mean-Gini-Koeffizienten aussieht, lässt sich anhand der folgenden Graphik nachvollziehen:

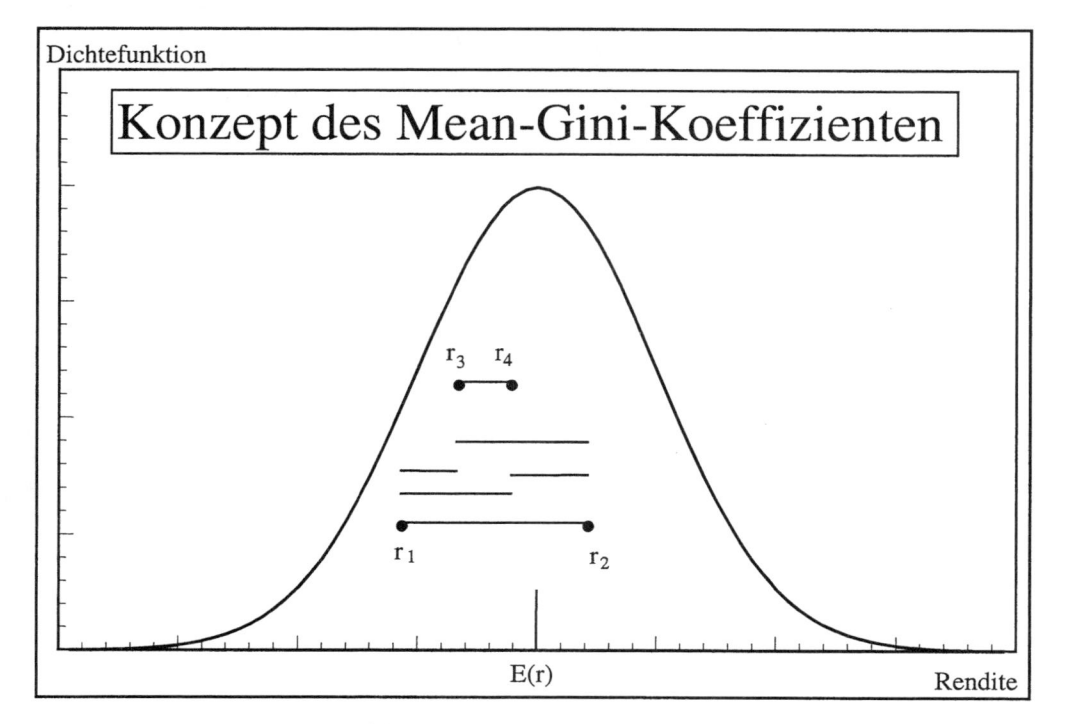

Abb. A.15: Mean-Gini-Koeffizient

---

[1] Vgl. *Shalit/Yitzhaki* (1984), S. 1451; *Kendall/Stuart/Ord* (1977), S. 58.
[2] Zur Definition des diskreten Gini-Koeffizienten siehe *Bey/Howe* (1984), S. 331.

Es sind insgesamt vier Renditeausprägungen r_1 bis r_4 durch Punkte abgebildet. Die zu summierenden Differenzen sind mit Querstrichen gekennzeichnet. Insgesamt müssen 6 Differenzen erhoben werden, um den Gini-Koeffizienten für die 4 Renditerealisationen berechnen zu können.

Das Risiko eines Wertpapiers wird beim Mean-Gini-Ansatz nicht über einzelne Momente einer Wahrscheinlichkeitsverteilung beschrieben. Mit dem Mittelwert-Varianz-Ansatz stimmt der Mean-Gini-Ansatz insofern überein, als dass er die Wahrscheinlichkeitsverteilung durch zwei Kennziffern charakterisiert, nämlich durch einen Renditeerwartungswert und ein Risikomaß, das in diesem Fall durch den Mean-Gini-Koeffizienten abgebildet wird. Hierbei werden die extremen Abweichungen in geringerem Maße gewichtet als bei der Standardabweichung.[1] Im Gegensatz zum klassischen μσ-Ansatz der Portfoliotheorie ist die Verwendung des Mean-Gini-Ansatzes nicht an das Vorliegen einer Normalverteilung gebunden. So liefert der Mean-Gini-Ansatz über die Normalverteilung hinaus für eine große Anzahl von Verteilungen konsistente Ergebnisse. Für die Normalverteilung und eine Reihe weiterer Verteilungen stimmen die Resultate des Mittelwert-Varianz-Ansatzes mit denen des Mean-Gini-Ansatzes überein.[2]

Analog zur Standardabweichung gilt beim Mean-Gini-Ansatz die Entscheidungsregel, dass bei gleichem Renditeerwartungswert jenes Asset das geringste Risiko aufweist, dessen Gini-Koeffizient der kleinste ist.[3] Der Mean-Gini-Ansatz ist in die Modelle der Portfolio- und Kapitalmarkttheorie integrierbar und kann daher auch für Portfolios als Risikomaß eingesetzt werden.[4]

Ein weiteres Risikomaß, dessen praktische Einsatzmöglichkeiten noch nicht vollständig erforscht sind, ist die sogenannte stochastische Dominanz. Im Gegensatz zum Mittelwert-Varianz-Ansatz (Zwei-Momente-Ansatz) werden bei der stochastischen Dominanz nicht einzelne Momente, sondern gleichzeitig alle Momente der Wahrscheinlichkeitsverteilung betrachtet. Damit wird der exakte Verlauf der Renditeverteilung berücksichtigt.[5] Folglich wird das Risiko eines Wertpapiers nicht länger durch einzelne Momente, sondern durch die vollständige Wahrscheinlichkeitsverteilung der Renditen beschrieben. Damit ist die Identifizierung risikoreicherer Assets komplizierter, da die gesamte Renditeverteilung bekannt sein muss.

Da die stochastische Dominanz das Risiko eines Assets auf der Grundlage der gesamten Wahrscheinlichkeitsverteilung der Renditen erfasst, brauchen keine Prämissen über die Renditeverteilung gesetzt zu werden. Die stochastische Dominanz ist für alle Renditeverteilungen eine zulässige Methode zur Vorteilsmessung. Hinzu kommt, dass für Optimierungsfragestellungen bei Verwendung der stochastischen Dominanz auf die Kenntnis der mathematischen Form der Nutzenfunktion des Investors (z.B. Polynom zweiter oder dritter Ordnung) verzichtet werden kann.[6]

---

[1] Vgl. *Caroll/Thistle/Wei* (1992), S. 420.
[2] Dies sind die logarithmierte Normalverteilung, die Exponential- und die Gleichverteilung. Vgl. *Bey/Howe* (1984), S. 332.
[3] Vgl. *Shalit/Yitzhaki* (1984), S. 1453.
[4] Vgl. *Meyer* (1994a), S. 208ff.
[5] Vgl. *Levy/Sarnat* (1972), S. 244.
[6] Vgl. *Jean* (1975), S. 151-161; *Jean/Helms* (1988), S. 573.

In der praktischen Anwendung sind die Methoden, die auf den Momenten der Wahrscheinlichkeitsverteilung basieren, vorteilhafter als die stochastische Dominanz. Während bei der stochastischen Dominanz alle einzelnen Renditeausprägungen zweier Assets miteinander verglichen werden müssen, sind z.B. beim Mittelwert-Varianz-Ansatz der Portfoliotheorie nur der Erwartungswert und die Standardabweichung der Assets zu vergleichen. Dies macht die Anwendung der stochastischen Dominanz komplexer und damit unhandlicher.

Die stochastische Dominanz lässt sich in weitere Abstufungen untergliedern, wobei auf jeder höheren Stufe strengere Annahmen bezüglich der generellen Eigenschaften der Nutzenfunktion des Anlegers unterstellt werden. Bedeutung erlangt haben vor allem die stochastischen Dominanzen ersten, zweiten und dritten Grades. Auf die ersten beiden Formen wird im weiteren kurz eingegangen.[1]

Die stochastische Dominanz ersten Grades unterstellt, dass mit zunehmender erwarteter Rendite der Nutzen des Investors stetig ansteigt. Geht man von dem in Abbildung A.16 dargestellten Verlauf der kumulierten Renditewahrscheinlichkeiten der Assets A und B aus, dann zeigt sich, dass an jedem Punkt der Verteilung das Asset B eine zumindest gleiche oder höhere Rendite aufweist. Asset A wird folglich von Asset B dominiert.

Die stochastische Dominanz ersten Grades stellt ein renditeorientiertes Vorteilhaftigkeitskriterium dar. Die Kurve der kumulierten Wahrscheinlichkeitsverteilung des dominanten Wertpapiers verläuft wenigstens in einem Teilstück unterhalb und niemals oberhalb der des dominierten Wertpapiers. Damit dürfen sich die Kurven der kumulierten Wahrscheinlichkeitsverteilungen der Wertpapierrenditen nicht schneiden.

---

[1] Eine detailliertere Diskussion der stochastischen Dominanz und seiner Abstufungen findet sich bei *Meyer* (1994a), S. 199ff. und der dort angegebenen Literatur. Die Ergebnisse einer empirischen Untersuchung zur Effizienz der stochastischen Dominanz und zum Mean-Gini-Ansatz für die Werte des DAX finden sich bei *Steiner/Meyer-Bullerdiek/Spanderen* (1996), S. 57ff.

Stochastische Dominanz 1. Grades

Kumulierte Wahrscheinlichkeit

$$PROB_A(r_i) \geqq PROB_B(r_i)$$

A

B

r_i

Rendite

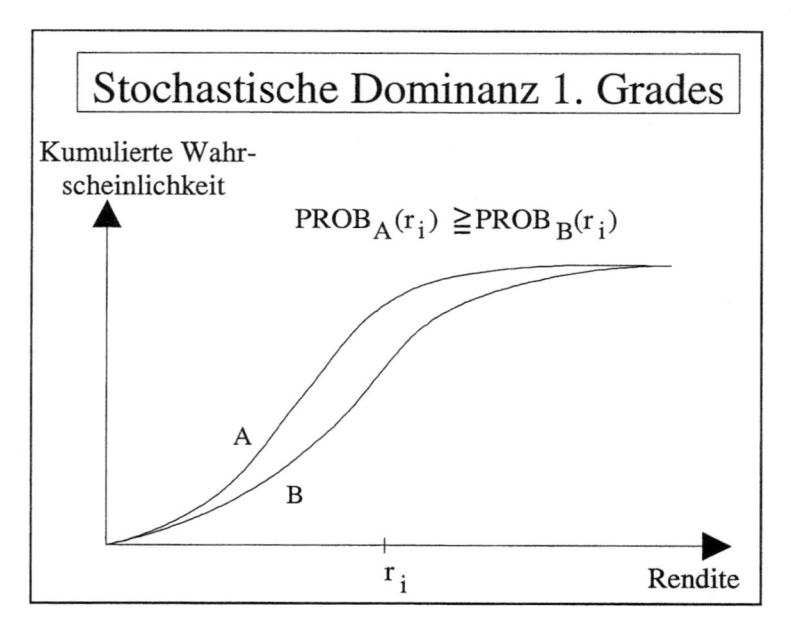

Abb. A.16: Stochastische Dominanz ersten Grades

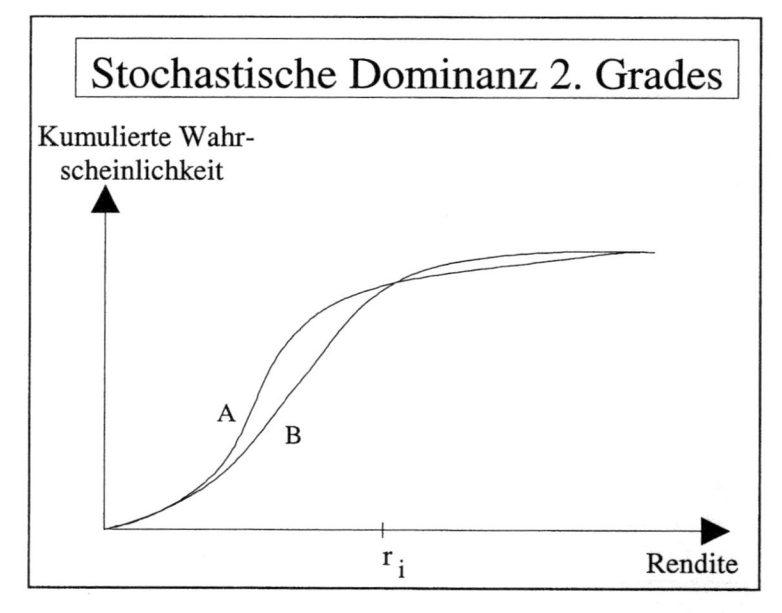

Für die stochastische Dominanz zweiten Grades sind weiterführende Annahmen über die generellen Eigenschaften der Nutzenfunktion des Investors notwendig. Neben der Präferenz für höhere Renditen wird ferner unterstellt, dass sich der Anleger risikoavers verhält.

Stochastische Dominanz 2. Grades

Kumulierte Wahrscheinlichkeit

A

B

r_i

Rendite

Abb. A.17: Stochastische Dominanz zweiten Grades

Im Gegensatz zur stochastischen Dominanz ersten Grades können sich in diesem Fall die Kurven der kumulierten Wahrscheinlichkeitsverteilungen auch schneiden. Das Asset B dominiert A, wenn die Fläche, in der A höhere kumulierte Wahrscheinlichkeitswerte als B aufweist, größer ist als die Fläche, in der B höhere kumulierte Wahrscheinlichkeitswerte als A besitzt.[1] Dieser Sachverhalt ist in Abbildung A.17 dargestellt.

Durch die stochastische Dominanz zweiten Grades lässt sich eine größere Anzahl von Assets ordnen als mit Hilfe der stochastischen Dominanz ersten Grades. Dies wurde durch die Risikoaversionsannahme möglich. Mit der Anwendung der stochastischen Dominanz zweiten Grades wird nicht impliziert, dass die stochastische Dominanz ersten Grades überflüssig ist. Die stochastische Dominanz ersten Grades wird weiterhin benötigt für Investoren, die sich nicht risikoavers verhalten. Für einen risikoaversen Investor ist die stochastische Dominanz zweiten Grades folglich das optimale Entscheidungskriterium.[2]

Da die stochastische Dominanz zweiten Grades und der Mittelwert-Varianz-Ansatz der klassischen Portfoliotheorie nicht für alle Verteilungen die gleichen Ergebnisse liefern, ist der Mittelwert-Varianz-Ansatz kein generell optimales Entscheidungskriterium. Nur bei Verteilungen, die durch die ersten beiden Momente vollständig beschrieben sind, ist der Mittelwert-Varianz-Ansatz ebenfalls ein optimales Kriterium und erzielt dieselben Ergebnisse wie die stochastische Dominanz zweiten Grades.[3] Dass der Erwartungswert des dominanten Wertpapiers größer ist als der des dominierten Wertpapiers, ist eine notwendige Bedingung für die stochastische Dominanz zweiten Grades. Hierin stimmen beide Entscheidungskriterien überein. Eine entsprechend systematische Bedingung für eine geringere Varianz kann nicht gebildet werden. So können, trotz der Annahme der Risikoaversion, aus der nach der stochastischen Dominanz zweiten Grades effizienten Menge nicht alle Alternativen mit einer relativ hohen Varianz ausgeschlossen werden.[4]

Die Anwendbarkeit des Konzepts der stochastischen Dominanz ist nicht auf singuläre Assets beschränkt, sondern auch Portfolios können mit seiner Hilfe beurteilt werden. Hierbei werden die Wahrscheinlichkeitsverteilungen der Portfoliorenditen miteinander verglichen, es erfolgt also eine eindimensionale Betrachtung der Gesamtrendite des Portfolios. Durch die Betrachtung der Gesamtrendite und nicht der einzelnen Renditen der im Portfolio enthaltenen Wertpapiere gehen aber Informationen verloren. Mit einer multivariaten Analyse kann dieser Nachteil beseitigt werden. Dem steht ein erheblich größerer Rechenaufwand und eine wesentlich aufwendigere Umsetzung als bei eindimensionalen Ansätzen gegenüber.

---

[1] Vgl. *Hanoch/Levy* (1969), S. 340.

[2] Vgl. *Levy* (1973), S. 987f.; *Hadar/Russell* (1969), S. 32f. Ein optimales Entscheidungskriterium liefert unter den gegebenen Annahmen über die Nutzenfunktion des Investors die kleinste effiziente Menge. Vgl. *Levy/Sarnat* (1972), S. 268ff.

[3] Vgl. *Elton/Gruber* (1987), S. 233.

[4] Zur Erklärung dieser Feststellung vgl. *Hanoch/Levy* (1969), S. 341.

3. Liquidität

Die Liquidität eines Portfolios gehört zu den zentralen Zielen des Portfoliomanagements. Oftmals wird diesem Aspekt jedoch nicht in angemessener Weise Rechnung getragen, da eine Konzentration auf Renditen und Risiken stattfindet.

Marktliquidität bzw. Markttiefe kann definiert werden als wertgewichtete Anzahl der Aktien, die gekauft oder verkauft werden kann, ohne den Kurs zu verändern. Insofern orientiert sich diese Definition am sogenannten 'market impact'. In vergleichbarer Weise kann Marktliquidität für andere Anlagegattungen bestimmt werden. Aus Portfoliosicht besteht Liquidität in der jederzeitigen Möglichkeit, sich zu fairen Preisen von dem Portfolio trennen zu können.

Im Gegensatz zu Risiken lässt sich Liquidität nur unzureichend durch quantitative Maße abbilden. Die Liquidität von Assets unterliegt im Zeitablauf zudem erheblichen Schwankungen. Gerade in Krisenszenarien, in denen Liquidität besonders wichtig ist, erweisen sich Assets oftmals als kaum liquide.

Für die Beurteilung der Liquidität können als Indikatoren sowohl qualitative als auch quantitative Kriterien herangezogen werden. Bei Aktien sollte auf die Börsenumsätze und den Streubesitz (free float) geachtet werden. Ferner sollte analysiert werden, wie preisbewegend Kauf- bzw. Verkaufsorders sind. Oft können Charts hierüber eine Aussage liefern. Auch Unterschiede bei Kauf- und Verkaufsorders sind von Bedeutung. Insofern können Kurszusätze, die von der Börse veröffentlicht werden, Informationen bezüglich der Liquidität eines Titels enthalten. Wichtig ist außerdem die Geld-Brief-Spanne, mit der ein Wertpapier gehandelt wird, und die Anzahl der in einer bestimmten Periode abgeschlossenen Geschäfte. Die Handelsplätze können ebenfalls einen Anhaltspunkt für die Liquiditätseinschätzung einer Aktie liefern.

Bei Anleihen stellen Renditespreads zu liquiden Staatsanleihen i.d.R. einen guten Indikator für die Liquidität dar. Zudem liefert das Gesamtvolumen einer Emission Aufschlüsse über die Marktgängigkeit einer Anleihe.

4. Zeithorizontaspekte der Performance

Um der bei der Zielbeschreibung geforderten Operationalität Rechnung zu tragen, müssen die beschriebenen Performancekomponenten in einen Zeitbezug gesetzt werden. Dies gilt sowohl für die Renditen, die Risiken als auch für die Liquidität, wenngleich der Risikoaspekt im Zusammenhang mit Zeithorizontfragen regelmäßig die größte Bedeutung einnimmt. Gerade bei der Anlagegattung Aktien spielen Zeithorizontfragen des Risikos eine große Rolle. Die sich hierbei ergebende zentrale Frage lautet, ob das Risiko einer Aktienanlage mit steigendem Zeithorizont zunehmend, abnehmend oder gleichbleibend ist.

Die Beantwortung der Frage hängt von der Wahl des Risikomaßes ab. Wird – wie oft üblich – zur Risikomessung die Volatilität eingesetzt, dann lässt sich zeigen, dass das absolute Risiko einer Aktienanlage im Zeitablauf zunehmend ist. Denn der aus der Volatilitätsdarstellung bekannte

Term $\sigma_{T_1} = \sigma_{T_2} \cdot \sqrt{\frac{T_1}{T_2}}$ = VOL$_i$ (= annualisierte Volatilität) indiziert im Zeitablauf ein Ansteigen des Risikos in Höhe des Faktors $\sqrt{\frac{T_1}{T_2}}$.[1]

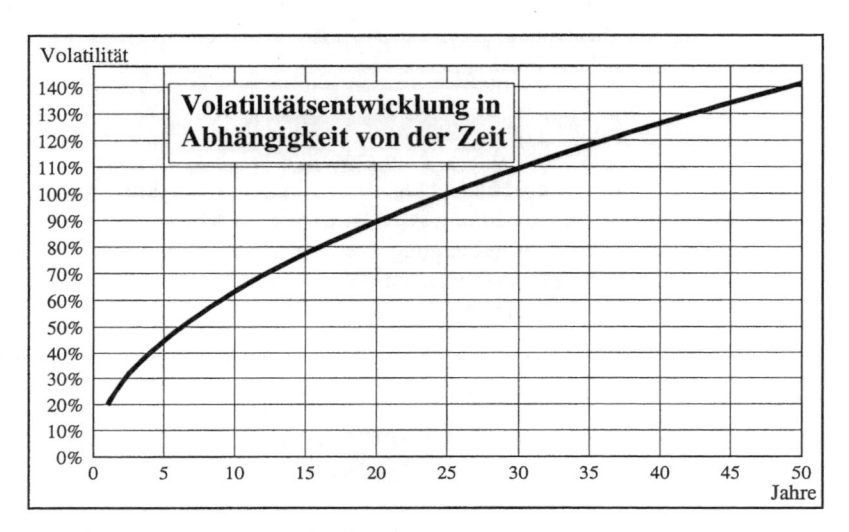

Abb. A.18: Volatilitätsentwicklung einer Aktienanlage in Abhängigkeit von der Zeit

Der degressive Kurvenverlauf der Volatilität in Abbildung A.18 weist auf eine unterproportionale Risikozunahme hin. Die Unterproportionalität der Risikozunahme wird dadurch erklärt, dass sich die Volatilität aus der Quadratwurzel der Zeit multipliziert mit der Einjahresvolatilität errechnet. Hieran lässt sich auch erkennen, dass die Varianz offenbar proportional zur Zeit verlaufen muss. Angesichts dieses Resultates muss festgehalten werden, dass sich das als Volatilität gemessene Risiko mit der Zeit nicht eliminieren lässt, sondern mit zunehmendem Anlagehorizont steigt.[2] Aufgrund seiner inhaltlichen Verwandtschaft zur Volatilität ergibt sich für das Downsiderisikomaß Semivarianz das gleiche Resultat.

Ein anderes Bild ergibt sich bei Verwendung der Ausfallwahrscheinlichkeit zur Risikomessung. Die Gefahr, eine vorgegebene Mindestrendite zu verfehlen, nimmt mit zunehmender Zeitdauer ab, sofern der Renditeerwartungswert oberhalb der Mindestrendite liegt. Je niedriger die Volatilität der Rendite ist, desto früher kann eine Mindestrendite mit relativ hoher Wahrscheinlichkeit garantiert werden.

Die bisherigen Überlegungen zum Zeiteffekt des Risikos bei Aktienanlagen basierten auf der Prämisse normalverteilter Renditen. Die Verteilungseigenschaften der Renditen eines Portfolios lassen sich durch die Verwendung von Optionen und / oder die Hinzunahme von Zerobonds sig-

---

[1] Vgl. *Bruns* (1996), S. 38ff.
[2] Vgl. *Samuelson* (1963), S. 1ff.

nifikant verändern. Durch die genannten Maßnahmen gehen z.B. die unterstellten Symmetrieeigenschaften verloren.[1] Hieraus folgt, dass die Anwendung des Risikomaßes Volatilität nicht mehr sachgerecht ist. Zur Verdeutlichung kann man sich eine Anlagestrategie vorstellen, bei der zum Ende des Anlagehorizontes zumindest der Anfangswert wieder erreicht wird. Mit Hilfe des Erwerbs von Zerobonds kann dieses Ziel problemlos erreicht werden. Bei einem Marktzinsniveau von 6,5% muss der Investor 93,90% (= 1 / 1,065) seines Portfoliowertes in einen Zerobond investieren, um am Laufzeitende 100% sicher zu erhalten.[2] Die restlichen 6,10% des Portfoliowertes können dann in Aktien angelegt werden.

Wird dieses Beispiel auf einen Anlagehorizont von 5 (10) Jahren ausgedehnt, dann muss der Investor bei gleichem Zinsniveau von 6,5% lediglich 72,99% (53,27%) seines Vermögens in einen fünfjährigen (zehnjährigen) Zerobond anlegen. Der Anteil der Aktien kann entsprechend auf 27,01% (46,73%) zunehmen. In Abbildung A.19 ist der Zeithorizonteffekt dargestellt. Wie zu erkennen ist, verringert sich unter Zugrundelegung des Substanzerhaltungsziels der Zerobondanteil im Portfolio mit zunehmendem Anlagehorizont. Entsprechend kann der Aktienanteil mit zunehmendem Zeithorizont aufgestockt werden.

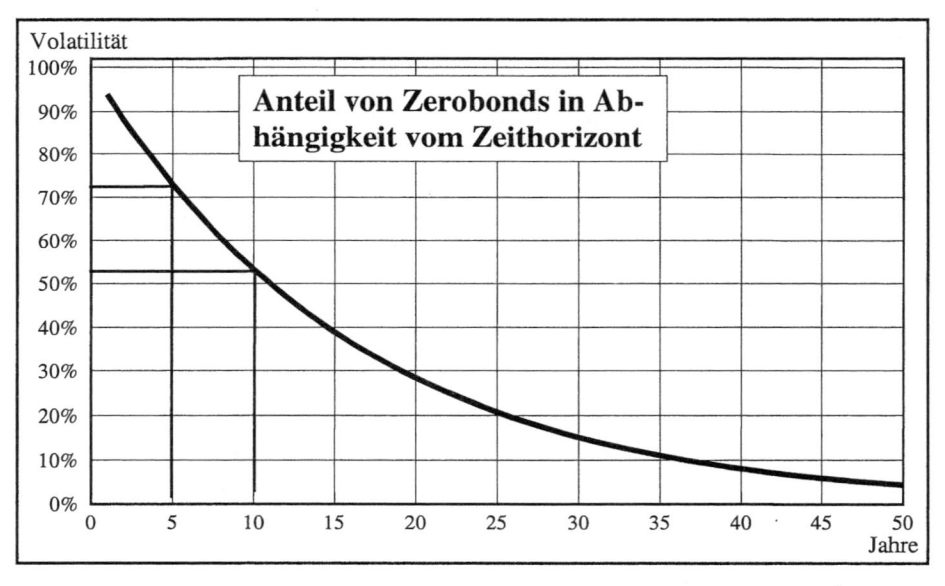

Abb. A.19: Anteil von Zerobonds in Abhängigkeit vom Zeithorizont[3]

Die asymmetrische Renditeverteilung führt offenbar dazu, dass mit zunehmendem Anlagehorizont der Aktienanteil steigen kann, ohne die Zielsetzung eines Mindestportfoliowertes zu verletzen. Gleichzeitig erhöht sich der Vermögenserwartungswert des Portfolios im Zeitablauf, da die Assetklasse Aktien positive Renditeerwartungswerte aufweist.

---

[1] Vgl. *Zenger* (1994), S. 249ff.
[2] Dieses Vorgehen wird auch als 90:10-Strategie bezeichnet.
[3] Vgl. *Steiner/Bruns* (2002), S. 76ff.; *Zenger* (1994), S. 253f.

Zur Beantwortung der Frage nach dem Risiko einer Aktienanlage in Abhängigkeit des Zeithorizonts ist es aufschlussreich, optionspreistheoretische Aspekte zu betrachten. Dabei wird gefragt, ob die zusätzlichen Versicherungskosten für den vom Aktienanleger unerwünschten Fall, dass die Rendite einer Aktienanlage geringer ist als jene einer risikolosen Anlage, im Zeitverlauf sinken. Ist dies der Fall, dann lässt sich hieraus der Schluss ziehen, dass das Aktienrisiko kürzerfristig höher ist als längerfristig.

Versicherungsprämien können als Optionspreise, genauer gesagt als Put-Prämien interpretiert werden. Fällt der Wert des versicherten Gegenstands (hier: Aktienrendite) zu einem bestimmten Zeitpunkt unter einen vertraglich festgelegten Mindestwert (hier: Rendite einer Geldmarktanlage), dann erstattet die Versicherung (Stillhalter der Option) die Differenz. Dafür kassiert sie beim Vertragsabschluss die Versicherungsprämie. Folglich muss der Investor im Zeitpunkt t = 0 einen Anlagebetrag von 100 EUR aufteilen auf den in die Aktienanlage fließenden Teil und die Put-Prämie. Es gilt daher der Zusammenhang

$$100 = A + P \quad \text{oder} \quad A = 100 - P.$$

A beschreibt den in die Aktienanlage investierten Betrag und P bezeichnet den Wert des Puts. Unter Verwendung des in der Portfoliomanagementpraxis weit verbreiteten Optionspreismodells von Black & Scholes kann der Wert des Puts als Anteil des Aktienbetrages bestimmt werden, so dass unter Vereinfachungen der Ausdruck

$$\frac{P}{A} = N(d_1) - N(d_2)$$

mit

$$d_1 = \frac{VOL \cdot \sqrt{t}}{2} \quad \text{und}$$

$$d_2 = \frac{-VOL \cdot \sqrt{t}}{2}$$

resultiert.[1] Dabei bezeichnet t die Optionslaufzeit in Jahren und VOL die Volatilität der Aktienrendite. Ferner bezeichnet $N(d_i)$ den Wert der Standardnormalverteilung an der Stelle d_i. Wie der obige Term erkennen lässt, hängt die Höhe der gesuchten Relation ausschließlich von t und VOL ab. Die Zunahme der Absicherungskosten im Zeitablauf ist fallend, so dass eine Absicherung zwar absolut mit der Zeitdauer steigt, jedoch pro zusätzlicher Zeiteinheit immer geringer steigt.

Das Ergebnis ist konsistent mit dem von Markowitz entwickelten Modell der Portfoliotheorie, das mit der Volatilität als Risikomaß arbeitet.[2] Um beispielsweise den optimalen Aktienanteil im

---

[1] Vgl. *Bodie* (1995), S. 19.
[2] Vgl. *Markowitz* (1952), S. 77ff.; *Markowitz* (1959).

Markowitz-Modell zu bestimmen, kann unter Zugrundelegung einer quadratischen Nutzenfunktion des Investors die Formel

$$a^* = \frac{E(r_A) - r_f}{2 \cdot \lambda \cdot \sigma_{PF}^2}$$

mit

a^*	= optimaler Aktienanteil,
σ_{PF}^2	= Portfoliovarianz,
r_f	= risikoloser Zinssatz,
$E(r_A)$	= erwartete Aktienrendite und
λ	= Risikoaversionsparameter

herangezogen werden.

Falls im Zähler des Ausdrucks geometrische Renditen zugrunde gelegt werden, steigt der optimale Aktienanteil im Zeitablauf kontinuierlich an, da der Zähler schneller wächst als der Nenner. Je länger der Zeithorizont ist, desto höher sollte folglich der Aktienanteil im Vergleich zur risikolosen Anlage sein. Entscheidend für die Höhe des optimalen Aktienanteils ist letztlich der Risikoaversionsparameter, der die investorspezifischen Performancepräferenzen zum Ausdruck bringt.

II. Investorspezifische Performancepräferenzen

In den vorangegangenen Abschnitten wurden die einzelnen Performancekomponenten erläutert. Der Prozess der Zielfestlegung im Portfoliomanagement hat die einzelnen Zielvariablen im Anschluss an deren Auswahl und Spezifizierung vor dem Hintergrund der Anlegerpräferenzen zu bewerten.[1]

Die eigentliche Zielgröße für Investoren besteht nicht in der Maximierung oder Minimierung einzelner Performancekomponenten, sondern in der Maximierung ihres Nutzens. Im allgemeinen wird davon ausgegangen, dass Investoren risikoscheu sind. Unter dieser Prämisse kann der mathematische Zusammenhang zwischen den beiden zentralen Performanceparametern des Portfoliomanagements, Rendite und Risiko, beschrieben werden. Hierzu ist die Kenntnis eines sog. Risikoaversionsparameters Lambda (λ) notwendig. Er gibt an, wie viel Risiko ein Investor pro zu erwartender Risikoeinheit zu tragen bereit ist.

Nutzenfunktionen lassen sich nur unter Festlegung eines vom Investor akzeptierten Risikomaßes sinnvoll definieren. Überwiegend wird im Rahmen der Definition von Nutzenfunktionen auf die Volatilität als Risikomaß zurückgegriffen. Für einen solchen Fall wird häufig eine quadratische Nutzenfunktion des folgenden Typs definiert:

---

[1] Vgl. *Gügi* (1995), S. 50ff. und S. 138ff.

$$U_{PF} = E(r_{PF}) - \lambda \cdot \sigma_{PF}^2$$

mit

U_{PF}	= Nutzen,
$E(r_{PF})$	= erwartete Portfoliorendite,
λ	= Risikoaversionsparameter und
σ_{PF}^2	= Portfoliovarianz.

Anhand der Funktion ist erkennbar, dass der Nutzen für den Anleger mit zunehmender erwarteter Rendite steigt. Die Risikoneigung wird durch λ ausgedrückt. Ist λ positiv, dann liegt der Normalfall eines risikoscheuen Investors vor, denn von der Rendite wird das als quadrierte Volatilität gemessene und mit λ gewichtete Risiko abgezogen. Je größer die Werte des Risikoaversionsparameters sind, desto höher ist die Nutzeneinbuße bei hohen Volatilitätsausprägungen. Anstatt des gesamten Portfoliorisikos kann auch das relative Risiko zur Benchmark in Form des Tracking Errors verwendet werden. Dies hängt von den Zielsetzungen des Investors ab. In diesem Fall beschreibt die Nutzenfunktion den Zusammenhang zwischen aktiver Rendite und Tracking Error in der Form

$$U_{PF} = E(r_a) - \lambda \cdot TE_{PF}^2 \ .$$

Im weithin als unrealistisch angesehenen Fall eines negativen Lambda-Wertes steigt der Nutzen des Investors mit zunehmender Volatilität an. Risikoneutralität wird durch ein Lambda von Null ausgedrückt. In diesem Fall spielt das Portfoliorisiko für den Investor keine Rolle.

Für praktische Überlegungen ist weniger das Vorzeichen als vielmehr die Höhe des Risikoaversionsparameters entscheidend. Denn die Zielfestlegung für ein Portfolio hat den Grad an Risikoscheu des Investors zu berücksichtigen. Anhand von Abbildung A.20 lässt sich die Konsequenz eines unterschiedlichen Risikoaversionsparameters verdeutlichen.

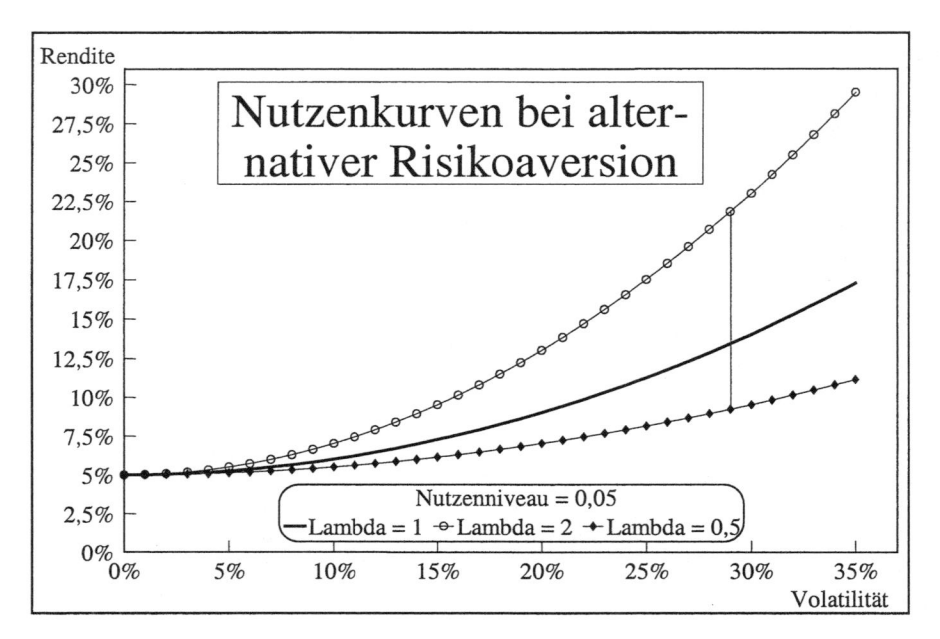

Abb. A.20: Nutzenkurven bei alternativer Risikoaversion

Bei gleichem absoluten Nutzenniveau muss pro in Kauf genommener Risikoeinheit in Abhängigkeit der Risikoeinstellung des Investors eine unterschiedliche Renditeerwartung vorliegen. Ein risikoaverser Anleger A mit dem Lambda-Wert 2 ist nur dann bereit, eine Volatilität seines Portfolios von 30% zu akzeptieren, wenn er dafür mindestens eine Rendite von ca. 23% erwarten kann. Besitzt Lambda bei einem Anleger B nur die Ausprägung 1, dann erreicht dieser Investor bereits bei einem Risiko-/Rendite-Verhältnis von 30% zu 14% ein Nutzenniveau von 0,05.

Die Bestimmung der Risikoaversion und der Form der Nutzenfunktion von Investoren zählt zu den neuralgischen Punkten des Portfoliomanagements. Zwar sind mathematische Festlegungen oftmals kaum möglich, eine approximative Einschätzung kann jedoch vorgenommen werden. Für die Zielfestlegung bei einem Portfolio kann es schon hilfreich sein, eine relative Einschätzung der Risikoeinstellung des Investors zu besitzen.

Es gibt inzwischen mehrere Verfahren, die dabei helfen können, die Risikoaversion von Investoren abzuschätzen. Mit Hilfe von Sensitivitätsanalysen und Fragebögen können Investoren hinsichtlich ihrer Haltung zu simulierten Marktszenarien analysiert werden. Ziel solcher Analysen ist die Einordnung der Investoren in Risikoklassen, die ein bestimmtes Risikoaversionsniveau widerspiegeln. Nicht unüblich ist beispielsweise die Klassifizierung in drei bis fünf Gruppen. Für jede der Gruppen werden sogenannte Musterportfolios gebildet, die ein Performanceprofil aufweisen, das den gruppenspezifischen Nutzenpräferenzen entspricht. Die Musterportfolios werden einem Backtesting unterzogen, das alle Worst-, Best- und Normalcase-Szenarien offenkundig werden lässt. Anschließend ist der Investor erneut mit den Rendite- und Risikowerten der Musterportfolios zu konfrontieren.

III. Benchmarks

Die vorangegangenen Abschnitte haben mit den Komponenten Rendite, Risiko, Liquidität und Nutzen die einzelnen Bestandteile von Performance beschrieben. Um die genannten Ziele erreichen zu können, muss schließlich der Bezug zu den Kapitalmärkten hergestellt werden; denn jedes Portfolio muss – um operational zu sein – ein am Kapitalmarkt orientiertes Ziel aufweisen. Dies gelingt durch die Festlegung einer Benchmark. Sie drückt als Meßlatte für ein Portfolio aus, welches am Markt realisierbare Performance-Profil vom jeweiligen Investor angestrebt wird. Insofern kann die Benchmarkwahl als Transformation der einzelnen Zielvariablen in eine aggregierte Zielsetzung angesehen werden.

1. Benchmarks als marktorientierte Performanceziele

Die verschiedenen Segmente des Kapitalmarktes bieten unterschiedliche Rendite-, Risiko- und Liquiditätsprofile. Mit der Festlegung einer Benchmark durch den Anleger wird die Verknüpfung zwischen der Marktdimension und den Anlegerzielen bewerkstelligt. Dabei muss eine Benchmark nicht ausschließlich auf einen Vergleichsindex beschränkt sein, wie dies häufig in der Portfoliomanagementpraxis der Fall ist. Denn Marktindizes weisen regelmäßig Rendite-Risiko-Profile auf, die nur eingeschränkt den Zielen der Investoren entsprechen. Ein Grund hierfür sind z.B. die Symmetrieeigenschaften von Kapitalmarktindizes.

In der Portfoliomanagementpraxis hat sich gezeigt, dass Anleger oftmals Performanceprofile bevorzugen, wie sie beispielhaft in der folgenden Abbildung dargestellt sind.

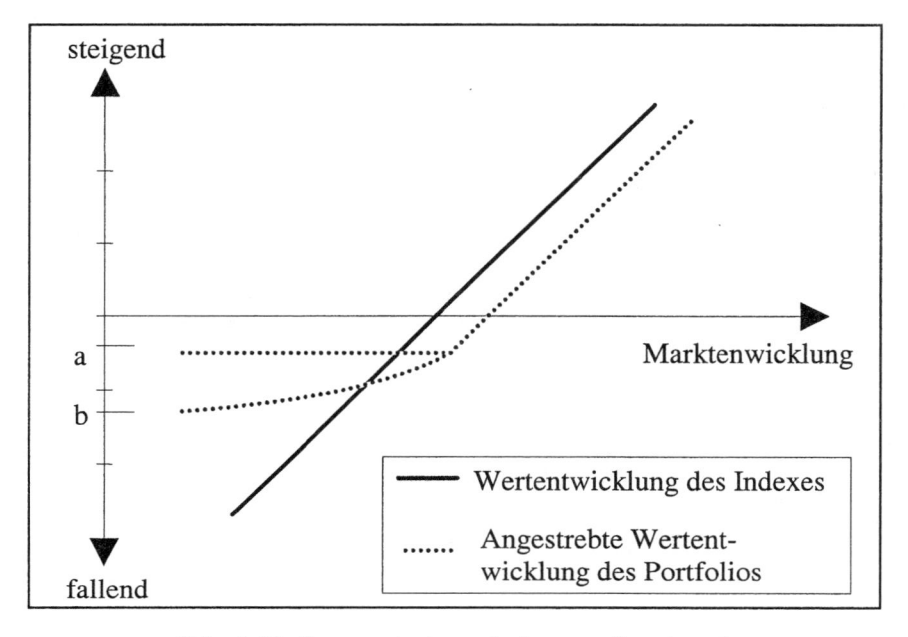

Abb. A.21: Symmetrieeigenschaften von Benchmarks

Offenbar bevorzugt der Investor in diesem Fall ein asymmetrisches Performanceprofil; denn während bei einer positiven Marktentwicklung die Gewinne unbegrenzt sind, führt eine negative Marktentwicklung zu einem maximalen Verlust in Höhe des wahlweise vorgegebenen Wertes von a oder b. Ein solches Performanceprofil lässt sich auf der Basis von Marktindizes nicht konstruieren, da Kapitalmarktindizes stets symmetrisch verlaufen. Gleichwohl kann im Rahmen der Benchmarkfestlegung den Zielsetzungen des Investors entsprochen werden. Insofern lässt sich differenzieren in standardisierte und investorspezifische Benchmarks. Erstere repräsentieren im weitesten Sinne alle verfügbaren Kapitalmarktindizes, während letztere als sog. 'customized benchmarks' anzusehen sind. Letztlich stellt eine anspruchsvolle Benchmark die Synthese zwischen Anlegerzielen und Marktmöglichkeiten dar.

2. Benchmarkanforderungen

Bevor im Detail auf die einzelnen Möglichkeiten und Unterscheidungen eingegangen wird, muss zunächst über die grundsätzlichen Anforderungen gesprochen werden, die an Benchmarks zu stellen sind.

In Anlehnung an den Nobelpreisträger für Wirtschaftswissenschaften von 1990, William F. Sharpe, werden fünf Kriterien als bestimmend für Benchmarks definiert.[1]

a) Bei der Benchmark sollte es sich um eine real erwerbbare bzw. darstell- oder nachbildbare Anlagealternative handeln.
b) Der reale Erwerb der Benchmark sollte kostengünstig durchführbar sein.
c) Die Benchmark sollte sehr gut diversifiziert und deshalb schwer risikoadjustiert zu schlagen sein.
d) Die Benchmark sollte bereits bekannt sein, bevor Anlageentscheidungen getroffen werden.
e) Die Benchmark sollte den gleichen Restriktionen unterliegen, wie das Portfolio.

Das erste Kriterium der realen Erwerbbarkeit bzw. Abbildbarkeit stellt sicher, dass die Marktdimension einer Benchmark erfüllt ist. Bei Nichterfüllung dieses Merkmals scheidet die Option passiven Managements, also der bestmöglichen Benchmarknachbildung hinsichtlich ihres Performanceprofils, aus erkennbaren Gründen aus. Eine Neutralposition zur Benchmark kann ohne das Vorliegen des ersten Kriteriums nicht eingenommen werden. Problematisch wird die exakte Benchmarknachbildung vor allem dann, wenn in der Benchmark auch kleine Werte enthalten sind, die häufig nicht mit ausreichender Liquidität gehandelt werden. Ein Erwerb dieser Nebenwerte ist oftmals nicht in der notwendigen Größenordnung möglich bzw. nur zu im Vergleich zum fairen Wert erhöhten Kursen. Darüber hinaus werden insbesondere für den deutschen Rentenmarkt zum Teil synthetische Benchmark-Indizes verwendet, wie z.B. der REX-Index. Da diese Benchmark nicht aus einem tatsächlichen Anleihenportfolio, sondern aus Anleihenrenditen am Markt ermittelt wird und zudem von einer täglichen Reinvestition der Stückzinsen ausgegangen wird, ist sie nicht durch reale Anleihen genau nachbildbar.[2]

---

[1] Vgl. *Sharpe* (1992), S. 16.
[2] Vgl. *Günther* (2002), S. 228ff.

Mit dem zweiten Merkmal wird sichergestellt, dass die Option des passiven Managements eine sinnvolle Alternative darstellt. Dies ist immer nur dann der Fall, wenn passives Management kostengünstig durchführbar ist. Falls aber z.B. das Volumen des zu managenden Portfolios relativ gering ist, so ist dies – abgesehen davon, dass es mit dem geringen Volumen möglicherweise auch gar nicht möglich ist, den entsprechenden Index (z.B. einen Weltaktienindex) vollständig nachzubilden – mit relativ hohen Kosten verbunden, da nur sehr kleine Volumina in bestimmte Werte investiert werden (möglicherweise nur eine Aktie bei einer aus sehr vielen Werten bestehenden Benchmark).

Merkmal c sichert das Qualitätsniveau der Benchmark und damit auch des Portfoliomanagers. Ist dieses Kriterium nicht gegeben, dann kann eine Benchmark zu leicht geschlagen werden, d.h. dass die Performance des Portfolios das Risiko-Ertrags-Ergebnis der Benchmark sehr leicht übertreffen kann. Da der Portfoliomanager meist nur die Verantwortung für die relative Abweichung zur Benchmark trägt, liegt ein zu starker Einfluss des Portfoliomanagers bei der Benchmarkauswahl nicht im Interesse des Anlegers.[1]

Mit Merkmal d wird die Operationalität der Zielfestlegung sichergestellt, denn ohne die Kenntnis der Benchmark kann keine adäquate Portfoliomanagementstrategie implementiert werden. Nur bei genauer Bekanntheit der Benchmark hat der Portfoliomanager die Möglichkeit, die ihm vorgegebene Richtschnur zu beobachten und die Zusammensetzung des Portfolios notfalls zu revidieren.

Schließlich sorgt das fünfte Kriterium für die fundamentale Vergleichbarkeit zwischen dem zu strukturierenden Portfolio und dessen Benchmark. Kann der Portfoliomanager sich z.B. aus rechtlichen Gründen (etwa den Restriktionen des Gesetzes über Kapitalanlagegesellschaften, KAGG) nicht so exponieren wie die Benchmark, dann sind allein aus diesem Grund Performanceabweichungen zu erwarten. Die Festlegung der Benchmark soll jedoch so vollzogen werden, dass die hiermit gesteckten Ziele erreichbar sind.

Als weitere wichtige Anforderung an eine Benchmark ist die Akzeptanz durch den Anleger zu nennen; denn bei der Benchmark soll es sich um ein Spiegelbild der Zielvorstellungen des Anlegers handeln. Insofern liegt die Verantwortung für die Wertentwicklung der Benchmark bzw. für die Risikobereitschaft des Anlegers beim Anleger selbst. Nur wenn die Benchmark vom Anleger akzeptiert wird, hat der Portfoliomanager eine klare Richtschnur, an der er gemessen werden kann.

Problematisch wird dies allerdings dann, wenn der Auftrag des Anlegers auch die Anlage in Werte beinhaltet, die grundsätzlich nicht in der Benchmark enthalten sind. So legen deutsche Anleger häufig eine deutsche Aktien abdeckende Benchmark zugrunde, wie z.B. den DAX. Dennoch wird dem Portfoliomanager die Anlage in internationale Werte gestattet, falls sich hier besondere Chancen ergeben. Wäre in diesem Fall das Resultat ein gegenüber dem DAX erfolgreicheres Portfolio, so kann hieraus nicht unbedingt auf die besonderen Selektionsfähigkeiten des Portfoliomanagers geschlossen werden. Möglicherweise ist der Erfolg lediglich auf die Berücksichtigung von Anlagen zurückzuführen ist, die durch die Benchmark nicht abgedeckt sind, aber insge-

---

[1] Vgl. *Günther* (2002), S. 231f.

samt eine höhere Performance als die Benchmark erzielt haben.[1] Falls sich ein anderer Portfoliomanager exakt an die vorgegebene Benchmark gehalten hat und nur die entsprechenden Märkte abgedeckt hat, so konnte er allein aus diesem Grund eine nur vergleichsweise geringere Performance erzielen als sein Konkurrent. Insofern sind die Leistungen nicht miteinander vergleichbar.

Für den Fall, dass ein Anleger mehrere Aufträge an verschiedene Portfoliomanager vergeben hat, ist besonders darauf zu achten, dass die vorgegebenen Benchmarks genau eingehalten werden und die Aufträge überschneidungsfrei sind. Andernfalls kann es zu einer Kumulierung von Risiken kommen. Umgekehrt könnte ein Portfoliomanager, der den amerikanischen Markt abdecken soll, einen Wert verkaufen, der gleichzeitig von dem Manager, dem der DAX als Benchmark vorgegeben wurde, als zusätzlicher Wert in das Portfolio gekauft wird. Falls die Aufträge aller Portfoliomanager den Kauf von Werten ermöglichen, die von der jeweiligen Benchmark nicht abgedeckt sind, so kann hierdurch ein sehr hoher Diversifizierungsgrad entstehen und der Anleger infolgedessen eine sehr gute Annäherung an das Marktportfolio erhalten. Somit ist aber in diesem Fall insgesamt das Erzielen einer aktiven Rendite kaum noch möglich, so dass sich ein aktives Portfoliomanagement erübrigen würde.[2]

Sind die genannten Kriterien erfüllt, so lassen sich die Portfolioergebnisse sinnvoll mit den Resultaten der Benchmark vergleichen. Ist eine Benchmark nach den obigen Merkmalen operational bestimmt worden, dann können eventuelle Abweichungen später im Rahmen der Performanceanalyse interpretiert und zugeordnet werden. Somit lässt sich schließlich die Qualität des Portfoliomanagers bewerten, wobei darauf hingewiesen werden muss, dass hierzu zusätzlich ein geeigneter Vergleichszeitraum festzulegen ist. Hierzu wird auf die Ausführungen im Kapitel 'Performanceanalyse' verwiesen.

3. Benchmarkselektion

Die Selektion einer Benchmark sollte nach gemeinsamer Analyse aller Optionen und in enger Übereinstimmung zwischen dem Geldgeber (Sponsor) und dem Portfoliomanager erfolgen. Idealerweise trifft der Sponsor, beraten vom Portfoliomanager, die Entscheidung für eine Benchmark. Nur so ist gewährleistet, dass spätere Performanceverantwortlichkeiten eindeutig geregelt sind. Denn die Zielsetzung für ein Portfolio muss vom Sponsor verantwortet werden, während Zielverfehlungen in den Verantwortungsbereich des Portfoliomanagers fallen. Die Rolle des Portfoliomanagers in dem Stadium der Zielfestlegung besteht zunächst in der Darlegung aller zur Verfügung stehenden Möglichkeiten für die Benchmarkwahl. Ebenso muss der Portfoliomanager die Vor- und Nachteile bestimmter Benchmarks dem Sponsor verdeutlichen.

a. Standardisierte Benchmarks

Charakteristisches Zeichen standardisierter Benchmarks ist deren Orientierung an bestimmten Segmenten des Kapitalmarktes. Nicht ein Performanceprofil des Segments, sondern ein Kapitalmarktsegment steht im Mittelpunkt dieser Benchmarkfestlegung. Eine Performanceerwartung

---

[1] Vgl. *Günther* (2002), S. 229ff.
[2] Vgl. *Günther* (2002), S. 230.

ergibt sich daher nur mittelbar aus der Festlegung einer standardisierten Benchmark. Üblicherweise sind mit einem Kapitalmarktsegment Rendite- und Risikoerwartungen verbunden, die zumeist aus den erzielten Werten der Vergangenheit in die Zukunft extrapoliert werden. Die folgende Tabelle gibt einen Überblick über mögliche standardisierte Benchmarks für verschiedene Assetkategorien:

Assetkategorie	Mögliche standardisierte Benchmarks
Deutsche Anleihen:	REX, REX-P, PEX, J.P. Morgan Government Bond Indizes, Salomon Government Bond Indizes
Deutsche Aktien:	DAX, MDAX, SDAX, TecDAX, MSCI Germany
Europäische Aktien:	Dow Jones Euro STOXX 50, Dow Jones STOXX 50, weitere STOXX Indizes, MSCI Europe
Internationale Anleihen:	J.P. Morgan World Government Bond Index, Salomon World Government Bond Index, Merrill Lynch Global Government Bond Index, EFFA-Indizes
Internationale Aktien:	Morgan Stanley Capital International (MSCI) Indices, Financial Times-Actuaries World Indices, lokale Marktindizes
Emerging Markets:	International Finance Corporation (IFC) Indizes, MSCI Indizes
US-Anleihen:	J.P. Morgan Government Bond Indizes, Lehman Brothers Bond Indizes, Merrill Lynch Bond Indizes, Salomon Government Bond Indizes, EFFA Indizes
US-Aktien:	Dow Jones Industrials, Transports und Utilities, S&P 500, Major Market Index, Nasdaq-Index, Amex-Index, NYSE-Composite, Russel 1000, 2000 und 3000, Wilshire 5000
Rohstoffe/Commodities:	Commodity Research Bureau Index (CRB), Goldman & Sachs Commodity Index (GSCI)

Tab. A.14: Standardisierte Kapitalmarktindizes als Benchmarks

Benchmarks müssen nicht statisch sein. Vielmehr kann in bestimmten Zeitabständen eine Benchmarkmodifikation erfolgen. Diese kann durch die Marktentwicklung oder durch Veränderungen der Investorpräferenzen induziert sein. Ein dynamisches Vorgehen kann sich insbesondere bei standardisierten Benchmarks anbieten, da diese an Kapitalmarktsegmente gebunden sind, deren relative Attraktivität im Zeitablauf schwankt. Allerdings verursacht ein Benchmarkwechsel Transaktionskosten, da Umschichtungen erforderlich sind, um das Portfolio in eine neutrale Position zur Benchmark zu bringen. Ohne Umschichtungen wird das aktive Risiko durch einen Benchmarkwechsel erhöht. Ein häufiges Wechseln der Benchmark erscheint daher nicht ratsam.

b. Investorspezifische Benchmarks

Benchmarks, die nach den individuellen Vorgaben der Investoren strukturiert werden, können als 'customized' bzw. 'tailored' Benchmarks bezeichnet werden. Derartige Benchmarks sind immer dann erforderlich, wenn Investoren ein Performanceprofil wünschen, das mit den verfügbaren Marktindizes nicht abgebildet werden kann. Insofern lässt sich von Performancebenchmarks sprechen, die im Gegensatz zu Kapitalmarktsegmentbenchmarks stehen.

Der einfachste Fall einer 'customized' Benchmark ist ein gemischter Index, der sich aus zwei oder mehreren der dargestellten Marktindizes zusammensetzt. Ist es etwa das Ziel eines deutschen Investors, ein auf Deutschland beschränktes und zu gleichen Teilen gemischtes Aktien- und Rentenportfolio zu konstruieren, dann könnte die Benchmark z.B. 50% DAX + 50% REXP lauten. Das Performanceprofil, das dieser Benchmarkauswahl zugrunde liegt, könnte in etwa so lauten: Das zu strukturierende Portfolio soll längerfristig eine höhere Rendite als eine rein deutsche Rentenanlage erwirtschaften, zugleich aber im Risiko – hier gemessen als Volatilität der Renditen – hinter einem rein deutschen Aktienportfolio zurückbleiben.

In der beschriebenen Weise können verschiedene Marktindizes so kombiniert werden, dass von einem Portfolio, das der konstruierten Benchmark stark ähnelt, erwartet werden darf, dass es zukünftig die vom Investor vorspezifizierten Rendite-Risikocharakteristika aufweist.

Wie bereits weiter oben erwähnt, besitzen Kapitalmarktindizes weitgehend symmetrische Verteilungseigenschaften bezüglich ihrer Renditen. Daran ändert auch die Kombination von verschiedenen Indizes zu einer Benchmark nichts. Besitzen Investoren asymmetrische Performanceziele, so muss auch die Benchmark entsprechend angepasst werden. Wiederum ist der erste Schritt die Quantifizierung des gewünschten und am Kapitalmarkt darstellbaren Rendite-Risikoprofils des Investors. Hieraus folgt die Bestimmung der Benchmark.

Wird, wie im obigen Beispiel, vom Investor ein Rendite-Floor gewünscht, der den maximalen Verlust einer Periode auf einen vorgegebenen Wert beschränkt, so muss das hierzu notwendige Instrumentarium auch in der Benchmark Berücksichtigung finden. Andernfalls handelt es sich bei dem Managementansatz von vornherein um einen aktiven Investmentstil. Dies steht im Widerspruch zu den oben in Anlehnung an Sharpe spezifizierten Benchmarkanforderungen. Folglich sollte eine Benchmark niemals inkongruent mit den Performancezielen des Investors sein. Aus dem Performanceziel eines Anlegers folgt notwendig seine Benchmark. Ob das reale Portfolio stets mit der Benchmark übereinstimmt, ist eine andere Frage. In diesem Zusammenhang stellt sich das Problem des aktiven bzw. des passiven Portfoliomanagements.

Bevor auf einzelne Problembereiche der Benchmarkfestlegung eingegangen wird, soll schließlich die Bestimmung einer Benchmark bei asymmetrischen Performancecharakteristika dargestellt werden.

Angenommen, ein deutscher Investor wünscht längerfristig eine Performance, die den Rendite-Risikorealisationen des deutschen Aktienmarktes der letzten zehn Jahre entspricht. Hinzu kommt, dass in keinem Jahr ein Wertverlust des Portfolios eintreten soll, der 10% überschreitet. Dafür ist der Investor bereit, Abstriche in der Upside-Performance des deutschen Aktienmarktes zu machen. Eine solche Zielsetzung ist z.B. in eine Benchmark zu überführen, bei der neben dem DAX noch ein einjähriger Put auf den DAX einbezogen wird. Der Basispreis der Verkaufsoption muss so festgelegt sein, dass unter Berücksichtigung der auftretenden Kosten der Portfoliomindestwert nicht unterschritten werden kann. Auf diese Weise ist den Zielen des Investors Genüge getan. Wird anschließend ein Portfolio gemäß den Vorgaben der Benchmark gebildet, dann ist gewährleistet, dass die Ziele des Investors zu keinem Zeitpunkt verfehlt werden. Weicht das Portfolio jedoch von der gemäß den Zielen des Investors spezifizierten Benchmark ab, dann besteht das Risiko der Zielverfehlung.

Einem ähnlichen Konstruktionsprinzip folgen sogenannte 'Dual Benchmarks'. Die Benchmark wird so festgelegt, dass der Investor nach Abschluss der Anlageperiode die Wahl zwischen zwei Alternativen hat, beispielsweise der DAX-Performance und dem Geldmarktsatz. Duale Benchmarks verwenden Optionsstrukturen, um die Möglichkeit der Wahl zwischen der Performance von zwei Marktsegmenten zu gewährleisten. Die anfallenden Optionsprämien müssen allerdings als zusätzliche Kosten einkalkuliert werden.

4. Benchmarkproblembereiche

Die Verwendung von gängigen Marktindizes als Benchmark ist in der Praxis nicht unumstritten, weil diese Indizes entsprechend der Marktkapitalisierung der eingehenden Werte gewichtet sind und nicht unter Effizienzgesichtspunkten strukturiert werden. Wie gezeigt werden kann, ist ein kapitalgewichteter Index nur dann effizient, wenn die folgenden Voraussetzungen erfüllt sind: homogene Erwartungen der Anleger, keine Restriktionen bezüglich Leerverkäufen, einheitlicher Steuersatz und kein Kauf von Anlagen, die nicht im Index enthalten sind.[1] In der Portfoliomanagementpraxis hat sich jedoch gezeigt, dass Marktindizes offenbar eine hohe Effizienz aufweisen, da sie von den Portfoliomanagern kaum dauerhaft und signifikant übertroffen werden können.[2]

Darüber hinaus muss bei der Festlegung einer Benchmark seitens eines Investors berücksichtigt werden, welchen Teil des Gesamtvermögens des Investors die Benchmark abdecken soll. Bezieht sich die Benchmark auf das gesamte Vermögen, dann ist die Volatilität als zu verwendendes Risikomaß angebracht. Ist aber das zu managende Geld nur ein Teil des Gesamtvermögens, dann sollte schon bei der Benchmarkfestsetzung berücksichtigt werden, inwiefern das Benchmarkprofil zur Optimierung des Gesamtvermögens beiträgt. Dies kann zur Folge haben, dass es sachgerechter ist, den Beta-Faktor als Risikomaß für die Benchmark vorzugeben.

Nicht unüblich in der Portfoliomanagementpraxis ist oftmals der Vergleich eines Portfolios mit Wettbewerberportfolios. Diese dienen dann als sog. 'Peer-Group Benchmarks'. Gerade in der Investmentfondsbranche – bei Publikums- und Spezialfonds gleichermaßen – tritt ein derartiges Denken häufig zu Tage. Allerdings muss bei einer solchen Benchmarkfestlegung bedacht werden, dass eine auf diese Weise bestimmte Benchmark in ihrer Zusammensetzung ex ante nicht bekannt ist. Außerdem unterliegt die Benchmark Veränderungen, auf die der Manager keinen Einfluss

---

[1] Vgl. *Haugen/Baker* (1991), S. 35ff.; *Kleeberg* (1995), S. 31ff.
[2] Auf diesen Aspekt wird noch in Kapitel F im Rahmen der Performancemessung eingegangen. Grundsätzlich könnte eine Gewichtung auch auf Basis des Free Float erfolgen.

nehmen kann. Insofern handelt es sich um ein sog. 'moving target', das schwer abzubilden ist. Die Einnahme einer neutralen Position zur Benchmark ist somit ex ante unmöglich. Hinzu kommt, dass der Anlagestil des Vergleichsportfolios irrational bzw. im Zeitablauf wechselnd sein kann. Allein schon durch die Auswechslung des Portfoliomanagers können sich in diesem Bereich Probleme ergeben, die Peer-Group Benchmarks als Referenzgrößen unbrauchbar erscheinen lassen. Ebenso können unterschiedliche Mittelzuflüsse Verzerrungen mit sich bringen. Wenn überhaupt, dann sollte aus Stabilitätsgründen eher ein Median bzw. ein Mittelwert aus mehreren Konkurrenzportfolios herangezogen werden. Als Hauptargument gegen die Verwendung von Peer-Group Benchmarks muss daher deren nicht gegebene Operationalität angesehen werden. Zwar ist es generell wünschenswert, eine bessere Performance als bestimmte Konkurrenzportfolios aufzuweisen, nicht zuletzt aus Marketingsicht, allerdings muss sich dieses Resultat als Folge einer operationalen Benchmarksetzung ergeben.

B. Theoretische Kernfundamente des Portfoliomanagements

Der Zielfestlegung im Rahmen des professionellen Portfoliomanagements folgt die Bestimmung methodischer Grundsätze. Hierbei lassen sich mehrere Ebenen unterscheiden. Zunächst muss der Bereich der Anlagephilosophie geklärt werden. Die Anlage- bzw. Investmentphilosophie stellt das Fundament des weiteren strategischen Vorgehens dar. Anlagephilosophie kann definiert werden als Grundhaltung zu zentralen Fragen der Kapitalmärkte. Eine solche zentrale Frage ist z.B. die nach der Effizienz der Kapitalmärkte. Aus der Anlagephilosophie lassen sich anschließend Folgerungen für den Anlage- bzw. Investmentstil ziehen. Hierbei stehen Fragen der Anlagemethodik im Vordergrund.

Fragen der Investmentphilosophie werden auf der Grundlage der Portfolio- und Kapitalmarkttheorie erörtert. Denn deren Theoriegerüst basiert auf Annahmen der Investmentphilosophie. Aus der Akzeptanz bzw. Nichtakzeptanz der Modellaussagen der Portfolio- und Kapitalmarkttheorie lassen sich direkte Schlussfolgerungen für die Investmentphilosophie ableiten. Ob ein aktiver oder ein passiver Investmentansatz zur Erreichung vorspezifizierter Ziele eingesetzt werden soll, ist eine der wichtigsten Fragen der Anlagephilosophie.

I. Portfolio- und Kapitalmarkttheorie

1. Rendite-Risiko-Effizienz

Während sich die Rendite eines Portfolios aus den (gewichteten) Renditen seiner einzelnen Bestandteile, d.h. Wertpapiere, ergibt, liegen die Risiken für diversifizierte Portfolios unter der Summe der Risiken der Einzelwerte. Dieser Zusammenhang wurde von Markowitz dargestellt.[1] Darüber hinaus wird in diesem Ansatz aus den Renditen der Vergangenheit das zukünftige Risiko abgeleitet. Als Risikomaß wird die Standardabweichung der Vergangenheitsrenditen zugrunde gelegt. Dabei wird gleichzeitig von konstanten Korrelationen zwischen den Anlagen ausgegangen.

Für die erwartete Portfoliorendite (μ_P) ergibt sich:

$$\mu_{PF} = \sum_{i=1}^{n} x_i \cdot \mu_i$$

mit

x_i = Portfolioanteil des Wertpapiers i.

Demgegenüber lautet die allgemeine Formel zur Ermittlung der Portfoliovarianz (σ_p^2):

---

[1] Vgl. *Markowitz* (1952), S. 77ff.

$$\sigma_{PF}^2 = \sum_{i=1}^{n} \sum_{j=1}^{n} x_i \cdot x_j \cdot \sigma_{ij}$$

mit

σ_{ij} = Kovarianz zwischen den Renditen des Wertpapiers i und des Wertpapier j.

Die erwartete Standardabweichung der Renditen des Portfolios lässt sich aus der Quadratwurzel der Varianz bestimmen. Die Varianz kann dabei mit Hilfe der Varianz-Kovarianz-Matrix berechnet werden:[1]

	A	B	C	.....	....	n
A	σ_A^2	σ_{AB}	σ_{AC}			σ_{An}
B	σ_{BA}	σ_B^2	σ_{BC}			σ_{Bn}
C	σ_{CA}	σ_{CB}	σ_C^2			σ_{Cn}
:						
:						
n	σ_{nA}	σ_{nB}	σ_{nC}			σ_n^2

Tab. B.1: Varianz-Kovarianz-Matrix

Unterhalb der Hauptdiagonalen, die die jeweiligen Varianzen angibt, befinden sich die gleichen Kovarianzen wie oberhalb der Diagonalen. Daher kann die obige Formel wie folgt vereinfacht werden:

$$\sigma_{PF}^2 = \sum_{i=1}^{n} x_i^2 \, \sigma_i^2 + 2 \cdot \sum_{i=1}^{n} \sum_{j=i+1}^{n} x_i \cdot x_j \cdot \sigma_{ij}$$

Zur Ermittlung des Beitrages eines einzelnen Wertpapiers zum Portfolio-Gesamtrisiko kann die folgende Formel herangezogen werden:

---

[1] Vgl. *Garz/Günther/Moriabadi* (1997), S. 44f.

$$\text{Risikobeitrag} = x_i \cdot \sum_{j=1}^{n} x_j \cdot \sigma_{ij} = x_i \cdot \sigma_{iPF}$$

mit

σ_{iPF} = Kovarianz zwischen den Renditen des Wertpapiers i und des Portfolios.

Wird dieser absolute Risikobeitrag auf das Portfolio-Gesamtrisiko bezogen, so ergibt sich der relative Beitrag zum Gesamtrisiko:

$$x_i \cdot \frac{\sigma_{iPF}}{\sigma_{PF}^2} = x_i \cdot ß_i$$

mit

$ß_i$ = Betafaktor des Wertpapiers i, auf den unten noch eingegangen wird.

Anhand der folgenden Tabelle kann die Bestimmung der Varianz des Portfolios nachvollzogen werden:

	A	B	C	.....	....	n	Σ
A	$x_A \cdot x_A \cdot \sigma_A^2$	$x_A \cdot x_B \cdot \sigma_{AB}$	$x_A \cdot x_C \cdot \sigma_{AC}$			$x_A \cdot x_n \cdot \sigma_{An}$	$x_A \cdot \sigma_{APF}$
B	$x_B \cdot x_A \cdot \sigma_{BA}$	$x_B \cdot x_B \cdot \sigma_B^2$	$x_B \cdot x_C \cdot \sigma_{BC}$			$x_B \cdot x_n \cdot \sigma_{Bn}$	$x_B \cdot \sigma_{BPF}$
C	$x_C \cdot x_A \cdot \sigma_{CA}$	$x_C \cdot x_B \cdot \sigma_{CB}$	$x_C \cdot x_C \cdot \sigma_C^2$			$x_C \cdot x_n \cdot \sigma_{Cn}$	$x_C \cdot \sigma_{CPF}$
:							
:							
n	$x_n \cdot x_A \cdot \sigma_{nA}$	$x_n \cdot x_B \cdot \sigma_{nB}$	$x_n \cdot x_C \cdot \sigma_{nC}$			$x_n \cdot x_n \cdot \sigma_n^2$	$x_n \cdot \sigma_{nPF}$
Σ	$x_A \cdot \sigma_{APF}$	$x_B \cdot \sigma_{BPF}$	$x_C \cdot \sigma_{CPF}$			$x_n \cdot \sigma_{nPF}$	σ_{PF}^2

Tab. B.2: Mit den Portfolioanteilen gewichtete Varianz-Kovarianz-Matrix

In Tabelle B.2 geben die Summen jeweils die Risikobeiträge an. Als Gesamtsumme erhält man schließlich die Varianz des Portfolios.

Durch eine Kombination von Anlagen, die möglichst schwach miteinander korrelieren, kann eine Struktur erstellt werden, die trotz gleicher Rendite geringere Wertschwankungen, d.h. ein geringeres Risiko aufweist als jeder einzelne Wert des Portfolios. Dies kann für den einfachen Zwei-Anlagen-Fall anhand des folgenden Beispiels gezeigt werden:

Gegeben sind die nachstehenden logarithmierten Renditen für Anlage A und B (in %) aus den vergangenen sechs Perioden:

Periode	Anlage A	Anlage B
1	5	-2
2	6	11
3	-2	2
4	6	-1
5	1	4
6	2	7
μ (in %)	3	3,5
σ (in %)	3,2249031	4,92950302

Tab. B.3: Beispiel zur Diversifikation: Ausgangsdaten

Die Korrelation zwischen den Renditen von Anlage A und Anlage B beträgt 0,01258086. Für verschiedene Kombinationen aus beiden Anlagen ergeben sich die folgenden Werte:

Anteil Anlage A	Anteil Anlage B	μ_{PF} (in %)	σ_{PF} (in %)
100%	0%	3,000	3,225
90%	10%	3,050	2,950
80%	20%	3,100	2,773
70%	30%	3,150	2,714
60%	40%	3,200	2,780
50%	50%	3,250	2,962
40%	60%	3,300	3,242
30%	70%	3,350	3,595
20%	80%	3,400	4,004
10%	90%	3,450	4,452
0%	100%	3,500	4,930

Tab. B.4: Beispiel zur Diversifikation: Ergebnisse der Kombinationen

Das Ergebnis dieser Kombinationen lässt sich auch grafisch darstellen (Angaben in %):

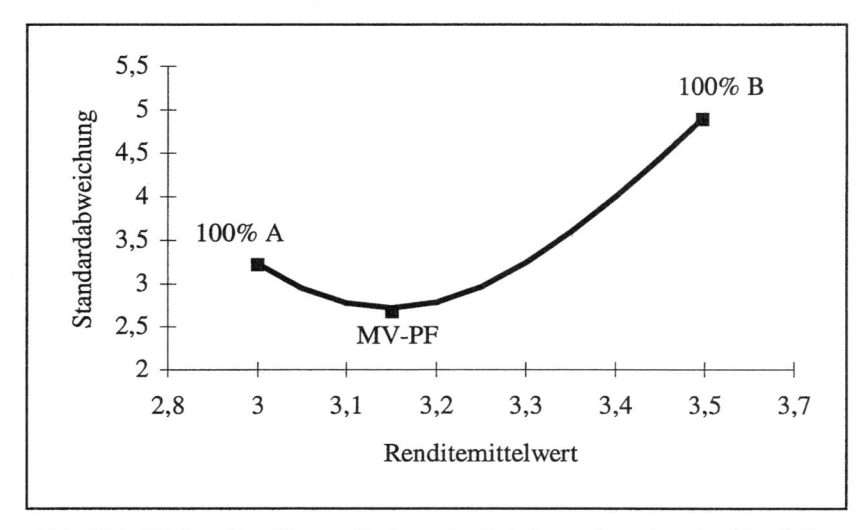

Abb. B.1: Risiko-/Renditeprofil eines aus 2 Anlagen bestehenden Portfolios

In der Graphik charakterisiert jeder Punkt der Kurve das Risiko-/Renditeprofil eines Portfolios, das aus den beiden Anlagen A und B in den jeweiligen Kombinationen zusammengesetzt ist. Erkennbar ist, dass sich durch die Portfoliobildung das Portfoliorisiko auf Werte verringern lässt, die unterhalb der Werte der beiden Einzelrisiken liegen. Das Portfolio mit dem geringsten Risiko wird als Minimum-Varianz-Portfolio (MV-PF) bezeichnet und lässt sich durch partielle Ableitung der Funktion der Portfoliovarianz nach den Gewichten der Einzelanlagen im Portfolio ermitteln.[1]

Werden zusätzliche Anlagen in das Portfolio mit aufgenommen, so kann entsprechend für sämtliche Portfoliokombinationen das Rendite-Risiko-Profil berechnet und mit den anderen Kombinationen verglichen werden. Somit können diejenigen Portfolios ermittelt werden, die im Hinblick auf die beiden Dimensionen Rendite und Risiko effizient sind.

Als effizient werden Portfolios bezeichnet, wenn bei gleicher Rendite kein Portfolio konstruiert werden kann, das ein geringeres Risiko aufweist, bzw. wenn bei gleichem Risiko kein Portfolio konstruiert werden kann, das eine höhere Rendite ergibt. Die Rendite von effizienten Portfolios kann daher nur erhöht werden, wenn auch gleichzeitig das Risiko erhöht wird. Die Menge der Portfolios, die als effizient bezeichnet werden können, wird im Rahmen eines Rendite-Risiko-Diagramms durch eine Effizienzkurve begrenzt, wie aus Abbildung B.2 hervorgeht. Zu beachten ist hierbei, dass – anders als in Abbildung B.1 – nunmehr die häufiger vorzufindende Darstellungsform mit der Ordinate μ und der Abszisse σ gewählt wird.

---

[1] Vgl. *Kleeberg* (1995), S. 13ff.

Efficient Frontier

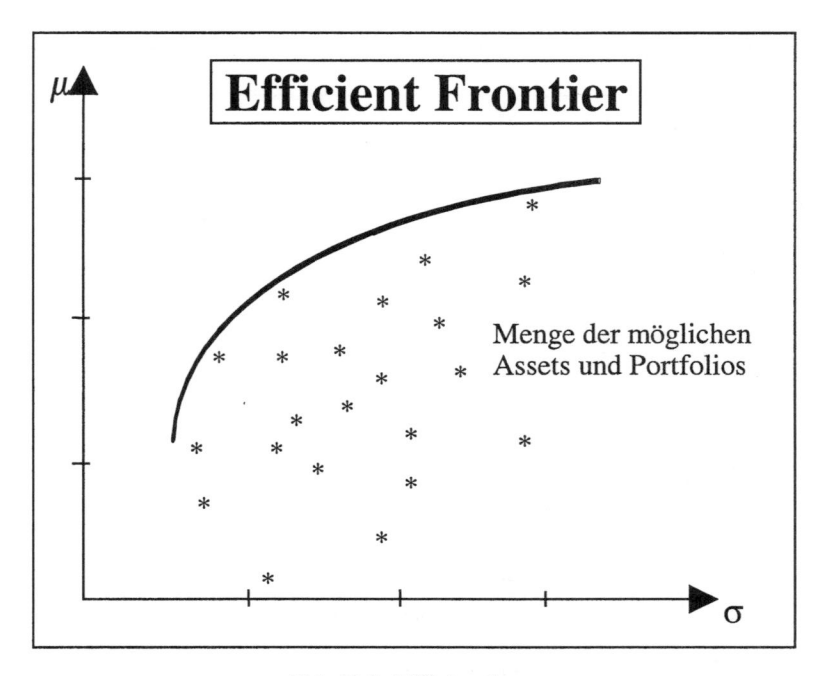

Menge der möglichen Assets und Portfolios

Abb. B.2: Effizienzkurve

In Anlehnung an Markowitz werden von rationalen Anlegern nur solche Portfolios gekauft, die auf der Effizienzkurve liegen. Dieses sogenannte Opportunity-Set entspricht damit der Menge aller zulässigen Portfolios. Die Menge sämtlicher Anlagemöglichkeiten wird als Universum bezeichnet. Bei der dargestellten Effizienzkurve werden ganz bestimmte Annahmen unterstellt:

- Die erwarteten Anlagerückflüsse am Ende der Periode werden mit subjektiven Wahrscheinlichkeiten unterlegt, wobei eine Normalverteilung unterstellt wird.
- Als Risikomaß gilt die Standardabweichung (σ) um den Erwartungswert (μ).
- Zielgrößen sind entsprechend σ und μ.
- Die Anleger sind risikoavers.
- Wertpapiere lassen sich beliebig teilen.
- Es werden keine Transaktionskosten berücksichtigt.

Auf diese Weise kann das erwartete Verhalten des Finanzmarktes abgebildet werden, das als Informationsbasis für die Bildung des optimalen Portfolios gilt. Zur Entscheidung, welches der effizienten Portfolios für den Anleger optimal ist, ist als weitere Information die individuelle Risikoneigung bzw. die entsprechende Nutzenfunktion des Investors erforderlich. Bei Unsicherheit kann dabei auf die sogenannte Neumann-Morgenstern-Nutzenfunktion zurückgegriffen werden.[1] Grundsätzlich wird ein sehr risikoaverser Anleger ein Portfolio auswählen, das links unten auf der Effizienzlinie liegt, während ein etwas risikobereiterer Anleger eines kauft, das sich weiter oben befindet.

---

[1] Vgl. *Gügi* (1995), S. 51ff. und die dort angegebenen Literaturhinweise.

Mit der Entwicklung des Portfolio-Selection-Modells von Markowitz gelang die explizite Berücksichtigung des Risikos von Wertpapieranlagen. Gleichzeitig konnte die bis dahin vorherrschende eindimensionale Betrachtungsweise (Rendite) durch die bis heute aktuelle zweidimensionale Betrachtung ersetzt werden. Dabei kommt es nicht so sehr auf die Menge der ins Portfolio aufgenommenen Werte an, sondern vielmehr auf die Korrelation zwischen den in einem Portfolio befindlichen Werten. Allerdings gelingt die Umsetzung der gewonnenen Erkenntnisse in die Praxis nur unter Datensicherheit bzw. unter Verwendung historischer Daten. Für den Anleger ist aber die Kenntnis zukünftig effizienter Portfolios von Bedeutung. Darüber hinaus ist bei der Ermittlung der Daten zu beachten, dass eine große Menge zu schätzender Werte für die Berechnung der Effizienzlinie erforderlich ist. So müssen für n Anlagetitel n erwartete Renditen, n Varianzen und n·(n-1)/2 Kovarianzen ermittelt werden. Zudem wird im Markowitz-Modell das Timing vernachlässigt. Selbst bei Klarheit über die Zusammensetzung des Portfolios besteht immer noch die Notwendigkeit der Suche nach den optimalen Ein- und Ausstiegszeitpunkten. Eine weitere Schwäche des Ansatzes liegt darin, dass die erwarteten Renditen als gegeben angenommen werden und keinerlei Aussagen zu ihren Berechnungen gemacht werden.

Aus Sicht der Praxis ist noch darauf hinzuweisen, dass nicht alle Portfolios auf der Effizienzlinie auch den Rahmenbedingungen der Anleger entsprechen. So können bei Fonds beispielsweise aufgrund rechtlicher Restriktionen Anteile in einzelnen Anlagen beschränkt sein; oder im Rahmen von Vermögensverwaltungen werden bestimmte Grenzen von Seiten des Anlagekunden festgelegt. Darüber hinaus fallen bei Umschichtungen zu effizienteren Portfolios auch Transaktionskosten an. Eine Umschichtung ist aus diesem Grund nur dann sinnvoll, wenn (bei gleichem Risiko) der Renditeanstieg höher ausfällt, als die damit verbundenen Kosten. Durch diese Rahmenbedingungen werden die Möglichkeiten der Optimierung beschränkt, so dass sich möglicherweise das aus Praxissicht effizienteste Portfolio nicht auf der theoretisch korrekten Effizienzlinie befindet. Schließlich können die Investoren unterschiedliche Erwartungen bezüglich der Renditen, Varianzen und Kovarianzen haben, so dass die Effizienzlinie je nach Investor unterschiedlich ausfallen kann.

Trotz dieser Kritikpunkte hat die Portfoliotheorie eine weite Verbreitung erfahren. Sie dient heutzutage in Wissenschaft und Praxis als Grundlage zahlreicher Ansätze zur Implementierung und Kontrolle von Anlagestrategien.

2. Kapitalmarkt- und Wertpapierlinie

Zur Bestimmung des optimalen Portfolios entsprechend der Portfoliotheorie ist die Kenntnis der individuellen Risikonutzenfunktion des Anlegers erforderlich, da die optimalen Portfolios überall auf der Effizienzkurve liegen können. Um dieses Problem zu umgehen, erfolgt im Rahmen der Kapitalmarkttheorie die Berücksichtigung der Anlage zu einem risikolosen Zinssatz (R_f), zu dem jederzeit beliebig viel Geld angelegt und aufgenommen werden kann. Durch die Hinzunahme der risikolosen Anlage kann es nun zu einer Mischung der individuellen Portfolios mit der risikolosen Anlagemöglichkeit kommen. Dies kann grafisch anhand der Abbildung B.3 gezeigt werden. Dabei wird deutlich, dass es eine Effizienzgerade gibt, die alle anderen Geraden in bezug auf die Rendite-Risiko-Effizienz dominiert (bei gleichem Risiko weist sie jeweils eine höhere Rendite bzw. bei gleicher Rendite ein niedrigeres Risiko auf als die übrigen Kombinationen der auf der Effizienzlinie liegenden Portfolios mit der risikolosen Anlage).

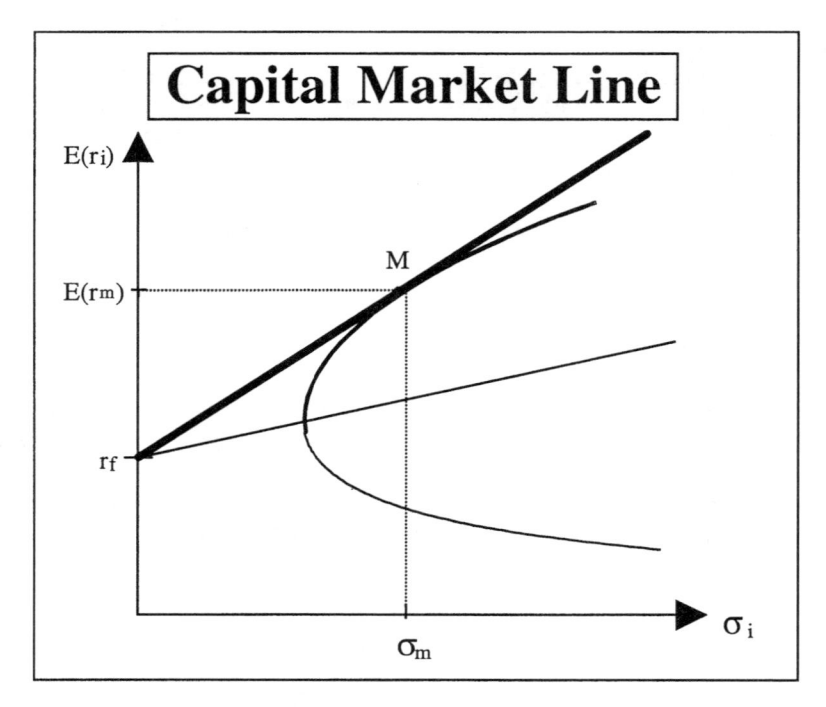

Capital Market Line

Axes: $E(r_i)$ vs σ_i; points r_f, $E(r_m)$, σ_m, M

Abb. B.3: Kapitalmarktlinie

Zwei Punkte determinieren die Lage dieser Effizienzgeraden, die als Kapitalmarktlinie bezeichnet wird: Zum einen der Ordinatenabschnitt r_f und zum anderen der Tangentialpunkt mit der Effizienzkurve riskanter Portfolios. Dieser Tangentialpunkt kennzeichnet das sogenannte Marktportfolio M, wobei es sich hierbei um die optimale Zusammensetzung der Wertpapiere handelt. Jegliche andere Kombination kann nicht zu effizienteren Ergebnissen führen, da die Gerade zwischen dem risikolosen Zins und dem Marktportfolio immer oberhalb der anderen Kombinationen liegt. Entsprechend kann daraus abgeleitet werden, dass die Anleger anstelle eines individuellen Portfolios jeweils die gleiche Portfoliozusammensetzung anstreben (bei homogenen Erwartungen). Lediglich der jeweilige Anteil des Marktportfolios und der risikolosen Anleihe werden von Anleger zu Anleger variieren. Dies hängt wiederum von der individuellen Risikoeinstellung des jeweiligen Anlegers ab.

Die mathematische Gleichung der Kapitalmarktlinie entspricht formal einer Geradengleichung, deren Achsenabschnitt und Steigung der Abb. B.3 zu entnehmen sind. Daraus ergibt sich die folgende Gleichung:

$$E(r_i) = r_f + \frac{E(r_m) - r_f}{\sigma_m} \cdot \sigma_i$$

mit

$E(r_i)$ = Renditeerwartungswert des Portfolios i,
$E(r_m)$ = Renditeerwartungswert des Marktportfolios,
σ_i = Standardabweichung des Portfolios i,
σ_m = Standardabweichung des Marktportfolios und
r_f = Zinssatz für eine risikolose Anlagemöglichkeit.

Entsprechend der obigen Formel können also Anleger, die bereit sind, Risiko zu tragen, eine Risikoprämie in Höhe von $\{E(r_m) - r_f\} \cdot \sigma_i / \sigma_m$ erwarten.

Aus der Kapitalmarktlinie und der entsprechenden Quantifizierung der erwarteten Risikoprämie der Anleger lässt sich der Preis bzw. die Renditeerwartung für einzelne Wertpapiere des Marktportfolios im Kapitalmarktgleichgewicht herleiten.[1] Als Ergebnis erhält man die sogenannte Wertpapierlinie, die auch als Security Market Line bezeichnet wird und die Grundlage des Capital Asset Pricing Model (CAPM) bildet. Sie ist in Abbildung B.4 dargestellt.

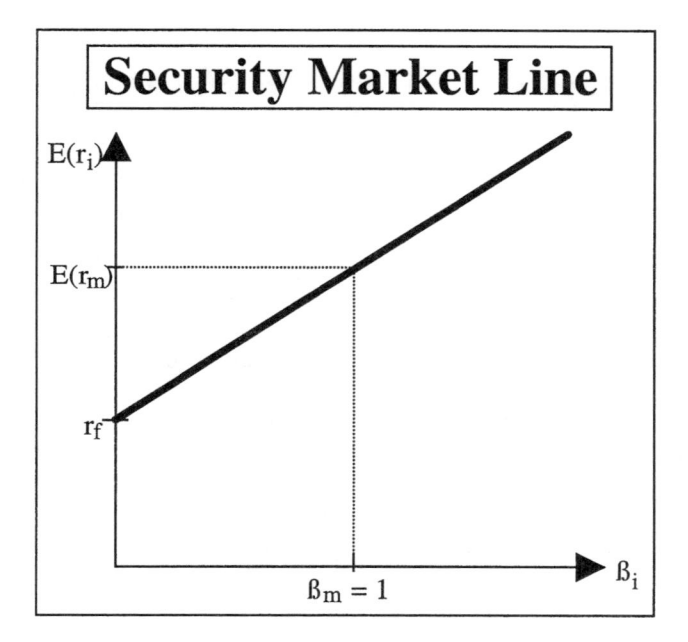

Abb. B.4: Wertpapierlinie

---

[1] Zur Herleitung vgl. *Steiner/Bruns* (2002), S. 25ff.

Aus der Abbildung wird deutlich, dass für ein einzelnes Wertpapier nur der sogenannte Betafaktor ($ß_i$) als Risikomaß von Bedeutung ist. Dieser Faktor beschreibt, wie stark ein Wertpapier auf die Einflussgröße „Markt" reagiert und spiegelt damit lediglich das systematische, d.h. das nicht wegdiversifizierbare Risiko wider. Den systematischen Teil des Risikos muss daher jeder Investor tragen, wofür er aber auch mit einer Risikoprämie belohnt wird. Für die Übernahme von unsystematischen, d.h. titelspezifischen oder wegdiversifizierbaren Risiken wird dagegen keine Risikoprämie gewährt. Begründet wird dies damit, dass diese Risiken durch eine Diversifikation vollständig eliminiert werden können. Der Betafaktor für das Marktportfolio ($ß_m$) beträgt definitionsgemäß eins.

Formal kann die Gleichung für das CAPM bzw. die Wertpapierlinie wie folgt beschrieben werden:

$$E(r_i) = r_f + [E(r_m) - r_f] \cdot ß_i$$

mit

$$ß_i = k_{im} \cdot \frac{\sigma_i}{\sigma_m} = \frac{Cov_{im}}{\sigma_m^2}$$

k_{im} = Korrelationskoeffizient zwischen der Wertpapierrendite und der Marktrendite.

Für eine einzelne risikobehaftete Kapitalanlage kann im Kapitalmarktgleichgewicht offenbar eine Rendite erwartet werden, die sich aus einem risikolosen Zinssatz zuzüglich einer Risikoprämie zusammensetzt.

Zu kritisieren ist am CAPM, dass die reale Welt komplexer ist, als von diesem Modell angenommen.[1] Darüber hinaus lassen sich die zukünftigen Werte von Renditen und Risiken nicht messen und müssen stattdessen auf der Basis von Vergangenheitswerten geschätzt werden. Diese Schätzwerte variieren in der Praxis aber von Anleger zu Anleger, so dass – wie oben bereits erläutert – unterschiedliche Effizienzkurven entstehen können. Entsprechend realisiert jeder einzelne Anleger eine Kombination aus der risikolosen Anlage und dem (individuell) optimalen Tangentialportfolio und damit eine individuelle Effizienzgerade. Infolgedessen unterscheiden sich die Portfolios der Anleger sowohl im Hinblick auf das Mischungsverhältnis zwischen der risikofreien Anlage und dem Tangentialportfolio als auch in bezug auf die Zusammensetzung dieses Portfolios. Das Marktportfolio dürfte entsprechend selten mit dem Tagentialportfolio übereinstimmen.[2]

Darüber hinaus werden im Rahmen des CAPM sämtliche Renditen nur von einem Risikofaktor abgeleitet. Das Modell geht also davon aus, dass die übrigen (unsystematischen) Risiken unkorreliert sind und sich bei einer hinreichenden Diversifikation gegenseitig aufheben. In der Praxis ist

---

[1] Vgl. *Elton/Gruber* (1991), S. 302.
[2] Vgl. *Kleeberg* (1995), S. 32ff.

aber zu beobachten, dass noch viele andere Faktoren auf den unsystematischen Teil des Risikos einwirken.

Dennoch liefert das Modell Anhaltspunkte bezüglich der Höhe der zu erwartenden Rendite im Gleichgewicht bei einem bestimmten Risiko. Im Gegensatz dazu sind die Renditen im Rahmen der Portfoliotheorie nach Markowitz vorgegeben.

Das CAPM ist in vielen Untersuchungen im Hinblick auf die Gültigkeit seiner Kernaussagen getestet worden. Dabei konnte weder eine Bestätigung noch eine eindeutige Falsifizierung der Modellthesen festgestellt werden. Häufig wird aber auch die Testbarkeit des CAPM in Frage gestellt, da das theoretisch korrekte Marktportfolio, das sämtliche Assets enthält, bei solchen Tests nicht eingesetzt werden kann. Wird stattdessen lediglich ein Index als Ersatz-Marktportfolio verwendet, so kann mit Hilfe eines empirischen Tests grundsätzlich nur geprüft werden, ob der verwendete Index effizient im Sinne der Portfoliotheorie ist. Allerdings weisen andere Untersuchungen darauf hin, dass die Wahl des Marktportfolios von nicht so großer Bedeutung ist.[1]

3. Modellerweiterungen des CAPM

Aufgrund der Kritik an dem klassischen CAPM wurden zahlreiche Modellerweiterungen vorgenommen, die realitätsnähere Modellkonzeptionierungen erlaubten. Beispielhaft seien die sogenannten Intertemporalen Modelle und das Generalized CAPM genannt. Beiden liegt eine mehrdimensionale Interpretation des CAPM zugrunde. Intertemporale Modelle berücksichtigen einen kontinuierlichen Zeitablauf und zugleich mehrere Faktoren. Dabei werden Investitionsentscheidungen über mehrere Perioden berücksichtigt.[2] Auch beim Generalized CAPM werden die realitätsfernen Annahmen des CAPM zum Anlass genommen, ein allgemeineres Modell zu konstruieren. So wird davon ausgegangen, dass nicht alle Marktteilnehmer dasselbe Marktportfolio halten, sondern aufgrund von Transaktionskosten und neueren Finanzprodukten in erheblich weniger Wertpapiere investieren.[3]

Eine weitere mehrfaktorielle Version des CAPM ist das sogenannte Multi-Beta CAPM. Dabei erfolgt eine Aufspaltung des Betafaktors in eine beliebige Zahl von Einzelbetas, wobei das Marktportfolio als Kombination von Teil-Portfolios interpretiert wird.

Für die Bewertungsgleichung des CAPM ergibt sich in seiner Multi-Beta-Fassung der folgende Ausdruck:[4]

---

[1] Vgl. *Steiner/Bruns* (2002), S. 29; *Stambaugh* (1982), S. 238.
[2] Vgl. *Alexander/Francis* (1986), S. 229.
[3] Vgl. *Levy* (1978), S. 644f.; *Levy* (1990), S. 236 und S. 240. Einen guten Überblick über verschiedene Modellerweiterungen des CAPM gibt *Nowak* (1994), S. 40ff.
[4] Vgl. *Sharpe* (1977), S. 134, dessen Gleichung aber leicht hiervon abweicht, weil er auf die Annahme unkorrelierter Faktoren verzichtet.

$$E(r_i) = r_f + [E(r_m) - r_f] \cdot \sum_{k=1}^{K} \frac{\sigma(F_k)}{\sigma(r_m)} \cdot \text{ß}_{mk} \cdot \text{ß}_{ik}$$

mit

ß$_{mk}$ = Sensitivität der Rendite des Marktportfolios in bezug auf die Ausprägungen des Risikofaktors k,
ß$_{ik}$ = Sensitivität der Rendite des Wertpapiers i in bezug auf die Ausprägungen des Risikofaktors k,
σ(F$_k$) = Varianz des k-ten Risikofaktors und
σ(r$_m$) = Varianz der Rendite des Marktportfolios.

Durch das Multi-Beta CAPM wird die erwartete Rendite eines Wertpapiers über den risikolosen Zins und K Risikoprämien erklärt. Durch die Überführung des Marktrisikos in faktorbezogene Risiken lassen sich explizit mehrere Risikomaße berücksichtigen. Allerdings ist die Gleichsetzung des Marktrisikos mit den Faktorrisiken nur unter der Voraussetzung eines vollständig diversifizierten Marktportfolios zulässig. Auch hier wird wiederum die zentrale Stellung des Marktportfolios deutlich. Nur wenn die Effizienz dieses Portfolios bewiesen werden kann, lässt sich das CAPM auch empirisch bestätigen.

Ein weiteres Modell sieht die Einbeziehung des sogenannten Gini-Koeffizienten als Risikomaß anstelle der Varianz bzw. Standardabweichung vor.[1] Das CAPM, das auf der Grundlage des Mean-Gini-Ansatzes basiert, beruht im wesentlichen auf denselben Annahmen wie das klassische CAPM.[2] Als zusätzliche Annahmen werden eine spezielle Nutzenfunktion des Investors, die den Erwartungswert gegen den Gini-Koeffizienten gewichtet, und die Minimierung des Gini-Koeffizienten für einen gegebenen Erwartungswert seitens des Investors unterstellt. Anstatt μσ-effiziente Portfolios zu halten, wird der Investor mit Hilfe des Mean-Gini-Ansatzes solche Portfolios konstruieren, die zur effizienten Menge nach der stochastischen Dominanz zweiten Grades gehören.[3]

Für normalverteilte Wertpapierrenditen liegt eine Übereinstimmung des μσ-Betas und des Mean-Gini-Betas vor.[4] Sind die Wertpapierrenditen nicht normalverteilt, so weichen die beiden Betas voneinander ab, wobei das Mean-Gini-Beta allerdings die theoretisch besser fundierten Werte liefern kann.

---

[1] Zum Mean-Gini-Ansatz vgl. Kapitel A.I.2.h.

[2] Die Herleitung des CAPM auf der Grundlage des Mean-Gini-Ansatzes erfolgt sowohl für den einfachen als auch für den erweiterten Gini-Koeffizienten bei *Shalit/Yitzhaki* (1984), S. 1457ff.

[3] Zur stochastischen Dominanz vgl. Kapitel A.I.2.h.

[4] Vgl. *Shalit/Yitzhaki* (1984), S. 1460.

4. Ein- und Mehrfaktorenmodelle

Bei Faktormodellen handelt es sich um Modelle, die die Rendite eines Wertpapiers als lineare Funktion zu einem oder zu mehreren Faktoren in Beziehung setzen.[1] Ein bekanntes Einfaktormodell ist das sogenannte Single-Index Modell bzw. Marktmodell. Die zentrale Annahme ist hierbei die Aussage, dass sich die Renditen einzelner Anlagen entsprechend den Bewegungen des Indexes entwickeln.[2] Unterstellt wird ein linearer Zusammenhang zwischen der Rendite eines Wertpapiers und der Rendite des Marktportfolios. Dabei werden die nach der Portfoliotheorie für die Risikoermittlung erforderlichen Kovarianzen der Renditen zwischen den einzelnen Wertpapieren durch die Korrelation mit der Marktrendite substituiert. Als einzige Erklärungsgröße für die Wertpapierrendite ergibt sich die Marktrendite. Bei Unabhängigkeit der Renditen untereinander und einer Normalverteilung der Renditen kann die Marktrendite als Linearkombination der einzelnen Wertpapierrenditen dargestellt werden. Die einzelne Wertpapierrendite wird wie folgt ermittelt:[3]

$$r_i = a_i + \beta_i \cdot r_m + u_i$$

mit

a_i = von der Marktrendite unabhängige Wertpapierrendite,
$\beta_i \cdot r_m$ = systematische Wertpapierrendite,
r_m = Rendite des Marktportfolios,
r_i = Rendite des Wertpapiers i und
u_i = Zufallsfehler.

Damit lässt sich die Rendite eines Wertpapiers in die beiden Komponenten 'marktbezogene Rendite' ($\beta_i \cdot r_m$) und 'unternehmensbezogene Renditebestandteile' (a_i und u_i) zerlegen. Bei β_i handelt es sich um den Regressionskoeffizienten, der die Höhe des Einflusses der Marktrendite auf die Wertpapierrendite aufzeigt.

Das Marktmodell basiert nicht auf einem direkten theoretischen Hintergrund, es lässt sich aber ökonomisch begründen. So kann als unbestritten gelten, dass Aktienkursentwicklungen durch gesamtwirtschaftliche Veränderungen beeinflusst werden und infolgedessen von der Entwicklung des Gesamtmarktes abhängen, die wiederum durch einen Marktindex abgebildet wird.

Im Vergleich zum Portfoliomodell von Markowitz werden beim Marktmodell erheblich weniger Inputdaten benötigt. Insbesondere brauchen die zahlreichen Kovarianzen nicht mehr geschätzt zu werden, sondern lassen sich mit Hilfe der folgenden Formel ermitteln:

---

[1] Vgl. *Alexander/Sharpe/Bailey* (1993), S. 241ff.
[2] Vgl. *Sharpe* (1963), S. 282. Die heute übliche Bezeichnung 'Marktmodell' ist auf Fama zurückzuführen, vgl. *Fama* (1968), S. 29ff.; *Fama* (1970), S. 383ff.
[3] Vgl. *Brown/Warner* (1980), S. 207ff.; *Fama* (1976), S. 66ff.

$$\text{Cov}(r_i, r_j) = \beta_i \cdot \beta_j \cdot \sigma_{\text{Index}}^2 \, .$$

Die anschließende Tabelle zeigt die jeweils zu schätzenden Inputdaten in Anlehnung an beide Modelle für ein Beispiel-Portfolio von 250 Aktien:

Modell von Markowitz			Marktmodell		
Variablen	Anzahl	Beispiel	Variablen	Anzahl	Beispiel
$E(r_i)$ für alle i	n	250	$E(r_{\text{Index}})$	1	1
$\text{Var}(r_i)$ für alle i	n	250	$\text{Var}(r_{\text{Index}})$	1	1
$\text{Cov}(r_i, r_j)$ für alle $i \neq j$	$\dfrac{n \cdot (n-1)}{2}$	31.125	$\text{Var}(u_i)$ für alle i	n	250
			a_i für alle i	n	250
			β_i für alle i	n	250
Summe	$\dfrac{n \cdot (n+3)}{2}$	31.625	Summe	$3 \cdot n + 2$	752

Tab. B.5: Inputdaten beim Markowitz- und beim Marktmodell

Bei dem Marktmodell besteht die Gefahr der zu starken Vereinfachung, da eine Beschränkung auf nur einen renditebestimmenden Faktor vorgenommen wird. Dabei können wichtige Beziehungen zwischen den Wertpapierrenditen vernachlässigt werden, die jedoch im Modell von Markowitz durch die Kovarianzen zwischen den einzelnen Wertpapieren erfasst werden. Dies ist vor allem dann der Fall, wenn die Korrelation der Wertpapierrenditen mit dem gewählten Index nicht sehr stark ist und eine entsprechend hohe Residualkorrelation zwischen den Störtermen u_i auftritt.

Beispielhaft sei auf bestimmte Brancheneffekte verwiesen, die zwar bei den Aktien der entsprechenden Branche parallele Kursbewegungen auslösen, die aber nicht durch den Marktfaktor erfasst werden können; denn dieser übt definitionsgemäß einen Einfluss auf alle Wertpapiere aus. Notwendig werden deshalb weitere erklärende Variablen.

Aus dieser Kritik heraus entstanden Mehrfaktorenmodelle, die insbesondere bei der Analyse von Aktienrisiken eine bedeutende Rolle spielen. Dabei wird versucht, das Marktrisiko weiter in seine Einzelbestandteile zu zerlegen, um schließlich einen größeren Anteil des Gesamtrisikos von Aktien zu erklären, als dies Einfaktorenmodelle in der Lage sind. Grundsätzlich liegt Faktormodellen die Annahme zugrunde, dass sich die Renditebewegungen der Wertpapiere durch eine bestimmte Anzahl ökonomischer Faktoren erklären lassen.[1] Im Rahmen dieser Modelle wird eine bestimmte Struktur der Wertpapierrenditen postuliert, wobei allerdings offen bleibt, wie sich die gemeinsa-

---

[1] Vgl. *Albrecht/Maurer/Mayser* (1996), S. 3.

men Renditeeinflüsse inhaltlich unterscheiden. Hierzu wurden einige Möglichkeiten aufgezeigt.[1] So bietet sich beispielsweise die Faktorenanalyse als ein multivariates statistisches Verfahren an, mit dem versucht wird, eine Vielzahl von Variablen durch wenige Faktoren zu erklären. Gleichzeitig lassen sich die Faktorbetas ermitteln, die auch als Faktorladungen bezeichnet werden. Bei der Faktorenanalyse muss entweder die Anzahl der Faktoren im voraus festgelegt werden, oder es wird die Vorgabe von Abbruchkriterien bei Hinzunahme weiterer Einflussgrößen erforderlich. Allerdings kann es zu unterschiedlichen Ergebnissen kommen je nachdem, welche Methode zum Einsatz kommt.[2]

Eine weitere Möglichkeit, die relevanten Faktoren zu bestimmen, besteht in der Vorabauswahl von gesamtwirtschaftlichen Variablen auf der Basis plausibler ökonomischer Überlegungen. Als solche Faktoren kommen beispielsweise die Inflationsrate, die Höhe der industriellen Produktion, die Zinsstrukturkurve und die Risikoprämie in Frage.[3] Letztere wird hierbei als Renditedifferenz zwischen Staatsanleihen bester Bonität und Anleihen mit einem niedrigeren Rating, jeweils bezogen auf die gleiche Laufzeit, verstanden. Dieser Form der Faktorenbestimmung ist ökonomisch unmittelbar nachvollziehbar, während dies bei der Nichtvorgabe bestimmter Faktoren im Rahmen der Faktorenanalyse problematischer ist. Allerdings besteht das Problem der Subjektivität bei der Auswahl der Faktoren. Zudem sind makroökonomische Faktoren häufig untereinander korreliert.[4]

Als weitere Möglichkeit wird auch vorgeschlagen, mikroökonomische Faktoren vorzugeben, von denen die Faktorsensitivitäten abhängen.[5] Bei diesem Ansatz wird unterstellt, dass die Sensitivität gegenüber einem bestimmten Risikofaktor aus einer linearen Verknüpfung von quantifizierbaren Unternehmensmerkmalen bestimmt werden kann, wobei für sämtliche Unternehmen die gleiche Verknüpfungsvorschrift angenommen wird. Die einfließenden fundamentalen Daten sind vorab zu bestimmen, wobei die vielversprechendsten Kennzahlen durch Experimentieren ermittelt werden können. Diese Form der Bestimmung der Faktoren hat im praktischen Portfoliomanagement die größte Bedeutung gewonnen.[6]

Als ein theoretisches Modell, das auf der Annahme eines Faktorenmodells aufbaut, kann die sogenannte Arbitrage Pricing Theory (APT) angeführt werden.[7] Sie stellt eine Alternative zum CAPM dar, wobei der Rendite-Risiko-Zusammenhang durch mehrere, explizit ausgewiesene Risikofaktoren erklärt wird. Anders als beim CAPM, bei dem sämtliche Faktoren in nur einer Risikokennzahl, dem Betafaktor, zusammengefasst werden, kann bei der APT eine mehrdimensionale Analyse der Risikoquellen erfolgen.[8] Zur Herleitung der APT-Grundgleichung werden zwei Annahmen unterstellt: zum einen wird vorausgesetzt, dass die Entstehung von Wertpapierrenditen

---

[1] Vgl. *Wallmeier* (1997), S. 27 und die dort angegebene Literatur.
[2] Vgl. *Wallmeier* (1997), S. 28 und die dort angegebene Literatur.
[3] Vgl. *Chen/Roll/Ross* (1986), S. 385ff.
[4] Vgl. *Wallmeier* (1997), S. 32.
[5] Vgl. *Rosenberg* (1974), S. 263ff.
[6] Vgl. *Wallmeier* (1997), S. 38f.
[7] Vgl. *Ross* (1976), S. 341ff.
[8] Vgl. *Perridon/Steiner* (2002), S. 284ff.

durch ein lineares Mehrfaktorenmodell beschrieben werden kann; zum anderen wird angenommen, dass die Märkte arbitragefrei sind. Letzteres bedeutet, dass durch Transaktionen auf den Wertpapiermärkten, bei denen per saldo kein Kapitaleinsatz erfolgt und durch die der Anleger kein Risiko eingeht, keine positive Renditen erzielt werden können. Von Transaktionskosten bei Arbitrageprozessen wird dabei allerdings abstrahiert.

Die allgemeine Grundgleichung der APT lautet:

$$r_i = \alpha_i + \beta_{i1} \cdot F_1 + \beta_{i2} \cdot F_2 + \ldots + \beta_{in} \cdot F_n + \varepsilon_i$$

mit

$F_1, F_2, \ldots, F_n$ = Faktoren 1-n,
α_i = faktorunabhängiger Renditebestandteil,
β_{ij} = Sensitivität des Faktors j und
ε_i = Zufallsfehler.

Die obige APT-Gleichung beschreibt die Rendite eines Wertpapiers i als Linearkombination aus einem konstanten Teil α_i und mehrerer mit den jeweiligen Sensitivitäten gewichteter Faktoren. Falls es zu Abweichungen der tatsächlichen Wertpapierrendite von der erwarteten kommt, so können diese sowohl durch n gesamtmarktbezogene Risikofaktoren als auch durch wertpapierspezifische Ereignisse, die in dem Zufallsfehler zum Ausdruck kommen, verursacht sein.

Der APT liegen die folgenden Annahmen zugrunde:[1]

- uneingeschränkte Möglichkeit von Leerverkäufen,
- vollkommener arbitragefreier Kapitalmarkt,
- Abhängigkeit der Renditen von mehreren Faktoren,
- risikoscheue Anleger als Nutzenmaximierer,
- homogene Erwartungen bezüglich der Wertpapierrenditen und
- Existenz einer risikolosen Kapitalanlage- und -aufnahmemöglichkeit.

Die Annahmen der APT sind im Vergleich zum CAPM weniger streng. Beispielsweise ist keine Normalverteilung der Wertpapierrenditen bzw. das Vorliegen einer quadratischen Nutzenfunktion für die Anleger erforderlich. Demgegenüber werden aber bei der APT genaue Vorgaben zum Renditegenerierungsprozess aufgestellt, die beim CAPM nicht benötigt werden. Hierdurch wird der Gültigkeitsbereich der APT eingeschränkt.[2]

Hingegen ist bei der APT die Kenntnis des Marktportfolios – anders als beim CAPM – nicht erforderlich. Auch besteht nicht mehr das Problem der Renditeerklärung über einen Faktor. Al-

---

[1] Vgl. *Steiner/Bruns* (2002), S. 31.
[2] Vgl. *Perridon/Steiner* (2002), S. 285. Zur empirischen Anwendung der APT vgl. *Nowak* (1994), S. 114ff.

lerdings ist für eine gewinnbringende Nutzung die Kenntnis der konkreten Faktoren nötig, die für die Rendite von Wertpapieren bestimmend sind. Bei der empirischen Anwendung der APT werden die Faktoren meist über Plausibilitätsüberlegungen im voraus bestimmt - wie im Rahmen der Mehrfaktorenmodelle dargestellt. In empirischen Tests wird auf die Überlegenheit der APT gegenüber dem CAPM im Hinblick auf die Renditeerklärung abgestellt, wobei bislang allerdings noch keine eindeutige Klärung erfolgt ist.[1]

Für sämtliche Modelle zur Portfoliooptimierung gilt, dass die Qualität der Ergebnisse in besonderer Weise von der Qualität der einfließenden Daten abhängt. Hierbei handelt es sich immer um prognostizierte und damit unsichere Daten für die Zukunft, auch wenn sie mit Hilfe analytischer Modelle und Prognoseverfahren aus der Vergangenheit abgeleitet worden sind. Sollten die Daten nicht zutreffen oder sich im Laufe der Anlageperiode verändern, so sind die Gewichtungen in den Portfolios nicht mehr korrekt, und das optimale Ergebnis ist nicht mehr erzielbar. Zudem müssten in diesen Fällen die Portfolios aufgrund der neuen Datenlage neu angepasst werden, was mit Transaktionskosten verbunden ist. Diese verhindern das Erreichen der erwarteten Rendite. Somit muss in diesen Fällen jeweils abgewogen werden, ob eine Anpassung des Portfolios zu einem theoretisch optimaleren Portfolio vor dem Hintergrund zusätzlicher Kosten gerechtfertigt ist.

II. Kapitalmarkteffizienz

Kaum eine Frage ist in Theorie und Anlagepraxis derartig ausgiebig untersucht worden, wie die Frage nach der Effizienz der Kapitalmärkte. Zu einer gesicherten Erkenntnis sind die Anstrengungen dabei bislang nicht gelangt. Überraschend ist die Vielzahl der Analysen jedoch keineswegs, wenn man bedenkt, dass mit der Antwort auf die Frage nach der Markteffizienz maßgebliche Implikationen für den Investmentstil verbunden sind. Interessanterweise spaltet die Frage nach der Markteffizienz i.d.R. Theorie und Praxis. Während der überwiegende Teil der akademischen Literatur die Existenz effizienter Märkte mehr oder minder bejaht, findet sich unter Praktikern zumeist eine Ablehnung der Effizienzhypothese. Kritiker der Markteffizienzhypothese argumentieren vielfach mit sog. Kursanomalien, um die ihrer Meinung nach nicht gegebene Markteffizienz nachzuweisen. Ihr Argument lautet, dass auf effizienten Märkten keine wiederkehrenden Kursverlaufsmuster erkennbar sein dürften. Nur dann sei ein echter 'random walk' der Kurse gegeben, wie er durch die Markteffizienzhypothese impliziert werde. Abweichungen von einem reinen Zufallspfad der Kurse widersprechen der Gültigkeit der 'efficient market hypothesis'.

Ökonomisch interessant ist die Frage, bis zu welchem Grad Finanzmärkte effizient sind. Um diese Frage zu beantworten, bedarf es einer Definition von Markteffizienz. Dabei können im Mittelpunkt der Betrachtung sowohl die Kursentwicklungen auf den Kapitalmärkten als auch die Performanceentwicklungen stehen. Entsprechend lassen sich kursorientierte und performanceorientierte Markteffizienz unterscheiden.

---

[1] Vgl. *Steiner/Bruns* (2002), S. 34f.

1. Begriff der Kapitalmarkteffizienz

a. Kursorientierte Markteffizienz

Der Begriff der Kapitalmarkteffizienz ist vielschichtig. Nach Loistl lassen sich folgende drei Formen der Markteffizienz unterscheiden.[1]

Kapitalmarkteffizienz		
Technische Effizienz	**Informations-verarbeitungseffizienz**	**Institutionen-Effizienz**
- Erwartungswert-Varianz-Effizienz - Allokations-Effizienz - Pareto-Effizienz	- Preis-Effizienz - Random Walk-Effizienz - Arbitrage-Effizienz	- Wettbewerbs-Effizienz - Handels-Effizienz - Transaktions-Effizienz - Marktzugangs-Effizienz

Tab. B.6: Formen der Kapitalmarkteffizienz

Unter technischer Effizienz wird letztlich die Gültigkeit der Portfoliotheorie von Markowitz verstanden. Aktienmärkte können in dem Fall als technisch effizient gelten, in dem Vermögensumschichtungen keine Verbesserung der Rendite-Risiko-Position ergeben.

Institutionen-Effizienz beschreibt demgegenüber die institutionellen Durchführungs- bzw. Abwicklungsmöglichkeiten von Kapitalmarkttransaktionen. Je schneller beispielsweise die Ausführung von Kauf- und Verkaufsaufträgen erfolgt, desto effizienter ist das Handelssystem.

Im engeren Sinn entspricht Kapitalmarkteffizienz der Informationsverarbeitungseffizienz (kurz: Informationseffizienz) von Kapitalmärkten. Die bekannteste Definition von Informationseffizienz geht auf Fama zurück, der Märkte als effizient ansieht, falls "security prices at any time 'fully reflect' all available information".[2] Danach können hinsichtlich der Informationseffizienz drei Unterteilungen vorgenommen werden:[3]

---

[1] Vgl. *Loistl* (1990), S. 63ff.
[2] *Fama* (1970), S. 383.
[3] Vgl. *Fama* (1970), S. 383ff.

(1) Schwache Informationseffizienz
Märkte sind schwach informationseffizient, falls alle Informationen über die Kursentwicklung der Vergangenheit bereits in den aktuellen Marktpreisen enthalten sind.[1] Aus der schwachen Informationseffizienz folgt somit, dass durch den Einsatz der technischen Aktienanalyse keine Überrenditen zu erzielen sind.[2]

(2) Halb-strenge Informationseffizienz
Eine halb-strenge Informationseffizienz ist gegeben, falls alle öffentlich verfügbaren Informationen bereits von den Marktpreisen reflektiert werden. Demzufolge erweist sich die Informationsauswertung im Rahmen der fundamentalen Aktienanalyse als nutzlos, da sie zu keinen Überrenditen führen kann.[3]

(3) Strenge Informationseffizienz
Eine strenge Informationseffizienz liegt vor, falls jedwede, also auch nichtöffentliche Informationen (zu denken ist besonders an Insiderinformationen) bereits in den Marktpreisen enthalten sind.

Als hinreichende Bedingungen für das Vorliegen von Markteffizienz werden drei Punkte angesehen:[4] Erstens dürfen keine Transaktionskosten beim Handel von Wertpapieren auftreten. Zweitens müssen die verfügbaren Informationen allen Marktteilnehmern kostenlos zur Verfügung stehen, und drittens bestehen hinsichtlich der Wirkung von Informationen auf die Kurse homogene Erwartungen unter den Anlegern.

Aufgrund der damit verbundenen Problematik hat Fama 1976 eine neue Definition von Markteffizienz eingeführt. Ihr zufolge kann ein Kapitalmarkt als effizient gelten, falls er einerseits keine relevanten Informationen bei der Bepreisung von Wertpapieren vernachlässigt und auf ihm andererseits rationale Erwartungen vorherrschen.[5]

Eine abweichende Terminologie der oben genannten drei Kategorien von Informationseffizienz, die ebenfalls auf Fama zurückgeht, bezieht sich auf die zwischenzeitlich zu diesem Thema durch-

---

[1] Prägnant lässt sich auch sagen: "Efficient markets have no memory". *Brealey/Myers* (1988), S. 289.

[2] Die technische Aktienanalyse versucht anhand von Kursbildern (Charts) Prognosen über den zukünftigen Trend der Aktienkurse abzuleiten. Deshalb wird sie häufig als Chartanalyse bezeichnet. Zu den Verfahren der Chartanalyse siehe *Welcker* (1991) und *Loistl* (1996), S. 64ff.

[3] Gegenstand der fundamentalen Aktienanalyse ist die Bestimmung des inneren Wertes von Aktien anhand von gesamtwirtschaftlichen und unternehmensindividuellen Kriterien. Ist der innere Wert einer Aktie bekannt, dann kann anhand eines Vergleichs mit dem tatsächlichen Kurs eine Über- bzw. Unterbewertung festgestellt werden. Zur fundamentalen Aktienanalyse siehe *Steiner/Bruns* (2002), S. 228ff. und *Loistl* (1996), S. 185ff.

[4] Vgl. *Fama* (1970), S. 387.

[5] Vgl. *Fama* (1976), S. 7ff.

geführten empirischen Untersuchungen. Erstens wird unterschieden in Tests der Prognosefähigkeit von Renditen der Vergangenheit für künftige Renditen. Dies entspricht der Überprüfung der schwachen Form der Informationseffizienz, wobei allerdings eine Erweiterung hinsichtlich der Problemstellung bzw. des sich hieraus ergebenden Testumfangs vorgenommen wird.[1]

Zweitens werden sogenannte Ereignisstudien angeführt, die dem Test der halb-strengen Informationseffizienz entsprechen. Im Rahmen dieser Studien wird untersucht, wie rasch sich die Informationsverarbeitung auf Kapitalmärkten vollzieht bzw. wie schnell sich die Marktpreise an einen neuen Informationsstand anpassen. Die Ereignisstudien untersuchen demzufolge die Wirkung von 'Public Information' auf Aktienpreise. Unter 'Public Information' versteht man Informationen, die im Moment ihres Bekanntwerdens die Marktpreise bereits beeinflusst haben.[2]

Schließlich besteht weitgehende Kongruenz zwischen dem Test auf private Informationen und der strengen Informationseffizienz. Private Informationen sind dabei zu verstehen als Informationen, die erst durch ihre Umsetzung in ein Handeln (Kaufen oder Verkaufen) zu Preisveränderungen führen und somit gewinnbringend genutzt werden können.

b. Performanceorientierte Markteffizienz

Die oben angeführten Definitionen von Markteffizienz können als preisorientiert bezeichnet werden, da sie sich mit dem Verhalten von Wertpapierkursen im Zeitablauf beschäftigen. Eine um den Kostenaspekt erweiterte Definition von Markteffizienz geht auf Jensen zurück. Hiernach ist ein Markt informationseffizient, wenn auf der Basis verfügbarer Informationen kein ökonomischer Gewinn, gemessen als risikoadjustierter Nettogewinn, erzielbar ist.[3]

Damit liegt eine performanceorientierte Definition vor, die Märkte für effizient erklärt, falls auf diesen keine Überrenditen durch Informationsausnutzung nach Transaktionskosten erzielbar sind. Mit anderen Worten: Märkte sind effizient, falls der Nutzen der Informationsausnutzung die Kosten der Informationsbeschaffung und -auswertung nicht übersteigt. Ökonomisch erscheint diese Definition zweckmäßig, wenn man bedenkt, dass hiermit eine klare Handlungsanweisung verbunden ist.[4]

---

[1] Beispielsweise fällt in diese Kategorie nunmehr auch die Untersuchung der Frage, ob aus der Kenntnis aktueller Kurs-Gewinn-Verhältnisse, Book-to-Price-Ratios oder Dividendenrenditen künftige Überrenditen erzielt werden können. Die früheren Tests auf schwache Informationseffizienz beschränken sich ausschließlich auf die Frage, ob anhand der Kurse der Vergangenheit zukünftige Überrenditen erzielbar sind. Vgl. *Fama* (1991), S. 1576f.

[2] Vgl. *French/Roll* (1986), S. 9.

[3] Vgl. *Jensen* (1978), S. 96. Siehe hierzu auch die vergleichbare Definition von *Roll* (1992), S. 30f.

[4] Vgl. *Fama* (1991), S. 1575.

Entsprechend dieser Definition der Markteffizienz werden offenbar nicht die Zeitreihen von Wertpapierkursen betrachtet, sondern vielmehr die Performance von Investmentprofis, namentlich Investmentfonds und Pensionskassen. Denn aus einer unterstellten Nichtgegebenheit von Markteffizienz folgt, dass offenbar Chancen bestehen, besser als der Markt abzuschneiden. Sind Märkte – ökonomisch betrachtet – nicht hinreichend effizient, dann sollten professionelle Kapitalanleger in der Lage sein, besser als vergleichbare Marktindizes (Benchmarks) abzuschneiden. Um die Frage der Markteffizienz zu beantworten, reicht es folglich aus, die Ergebnisse professioneller Investmentanleger zu analysieren.

Wie sich bei empirischen Untersuchungen zur Anlageperformance herausgestellt hat, lässt sich die Nullhypothese einer 'Outperformance' der Investmentprofis eindeutig verwerfen.[1] Der Median der untersuchten Marktprofis liegt unterhalb der korrespondierenden Benchmarkergebnisse. Eine Normalverteilung der Ergebnisse um das Benchmarkresultat als Zentralwert liegt nicht vor. Hinzu kommt, dass die Ergebnisse wenig stationär sind. Auch Zeithorizonteffekte spielen hierbei eine Rolle. Es hat sich gezeigt, dass mit zunehmendem Investmenthorizont die Anzahl der besser als der Markt liegenden Investoren stetig zurückgeht. Fälschlicherweise argumentieren Kritiker der Markteffizienzhypothese oftmals mit den Ergebnissen weniger ausgewählter Investmentprofis, die aber als Ausnahmen zu qualifizieren sind, die die Regel bestätigen. Dabei wird übersehen, dass ein derartig positives Ergebnis im Vergleich zur Benchmark allein schon statistisch erwartbar ist.

2. Praktische Bedeutung von Kapitalmarkteffizienz

In den Modellen der Kapitalmarkttheorie nimmt die Annahme effizienter Märkte eine zentrale Rolle ein. Die Portfolio- und Kapitalmarkttheorie, die für die Bepreisung von Wertpapieren einen hohen Stellenwert besitzt, baut auf der Prämisse effizienter Kapitalmärkte auf.[2] Die Klärung der Frage nach der Markteffizienz erlaubt Rückschlüsse auf die Güte der genannten Theorien und Modelle.

Auch die praktischen Implikationen sind weitreichend. Auf effizienten Kapitalmärkten ist es z.B. theoretisch nutzlos, für die Beschaffung und Auswertung von Informationen über Wertpapiere Geld auszugeben, wie dies im Research-Bereich bei Banken und Brokern in großem Umfang der Fall ist. Zudem wäre die Suche nach über- und unterbewerteten Wertpapieren bei Vorliegen von Kapitalmarkteffizienz zwecklos, da falsch bewertete Anlagetitel auf effizienten Märkten nicht existieren können. Hingegen erhalten passive Anlagemanagementtechniken im Gegensatz zu auf 'Stock-Picking' und 'Timing' basierenden Strategien durch das Bestehen effizienter Märkte argumentatorische Unterstützung.

---

[1] Vgl. *Malkiel* (1995), S. 559ff. und *Kahn/Rudd* (1995), S. 43ff.

[2] Am Beispiel der multinationalen Portfoliodiversifikation zeigen Bode/van Echelpoel/Sievi, dass Marktteilnehmer häufig nicht den theoretisch begründeten und praktisch nachgewiesenen Erkenntnissen der Kapitalmarkttheorie folgen. Obwohl der Nutzen multinationaler Diversifikation seit langem bekannt ist, setzen sich die eigenen Wertpapierportefeuilles der deutschen Banken zu ca. 90% aus inländischen Anlagetiteln zusammen. Vgl. *Bode/van Echelpoel/Sievi* (1994), S. 202ff.

Unter der Hypothese der Kapitalmarkteffizienz lässt sich beispielsweise die in den sechziger und siebziger Jahren beobachtbare Tendenz der Unternehmen zur Diversifikation bzw. zur Bildung von Konglomeraten beurteilen. Sind nämlich Kapitalmärkte effizient, dann ist die Diversifizierung der Unternehmen aus Gründen der Risikoreduktion nicht erforderlich, da Anleger diese Art der Diversifikation (unter Berücksichtigung ihrer individuellen Risikoeinstellung) selber durch den Kauf der entsprechenden Aktien herbeiführen können.[1]

Offenbar steht die Theorie der effizienten Kapitalmärkte im Widerspruch zu einigen, in der Portfoliomanagementpraxis vorzufindenden Erscheinungen. Es lässt sich konstatieren, dass kaum ein theoretisches Konzept in der betroffenen Praxis auf soviel Widerstand und Unverständnis gestoßen ist.[2]

3. Markteffizienzforschung

a. Ziele

Im Rahmen der Markteffizienzforschung geht es in erster Linie nicht um die Frage, ob Kapitalmärkte vollkommen informationseffizient sind oder nicht. Vielmehr steht der Grad der Informationseffizienz im Mittelpunkt der Betrachtung. Dass Kapitalmärkte nicht vollkommen informationseffizient sind, wird auch von wissenschaftlicher Seite nicht bestritten. Schließlich ist die Hypothese der Informationseffizienz ein Modell, das ein ungefähres Abbild der Realität liefern soll.

Ziel der Erforschung der Markteffizienz ist es, herauszufinden, ob die Hypothese der Informationseffizienz von Kapitalmärkten eine brauchbare Arbeitshypothese darstellt. Darüber hinaus muss überprüft werden, ob sich das Modell für alle Anlagegattungen gleichermaßen eignet oder ob bedeutende Unterschiede auftreten. Ferner gilt es zu untersuchen, inwiefern die einzelnen Aktienmarktsegmente (an der Deutschen Börse z.B. Prime Standard, General Standard, XTF Exchange Traded Funds, Xetra Stars) unterschiedliche Grade von Informationseffizienz aufweisen.

b. Methodologische Problembereiche

Wertpapierkurse können theoretisch nur dann alle verfügbaren Informationen beinhalten, wenn die Ware 'Information' zum Nulltarif gehandelt wird. Aus der Nichtgegebenheit kostenloser Informationen in der Realität lässt sich entsprechend die Nichtexistenz informationseffizienter Märkte folgern.[3]

---

[1] Vgl. *LeRoy* (1989), S. 1584. Dies gilt insbesondere für Länder, in denen die Rechtsform der börsennotierten Aktiengesellschaft weit verbreitet ist. In diesem Zusammenhang sind vor allem anglo-amerikanische Länder zu nennen. Aufgrund der vergleichsweise geringen Anzahl börsennotierter Aktiengesellschaften in Deutschland verliert das Argument hierzulande an Gewicht.

[2] Vgl. *Kromschröder* (1984), S. 1077 und *Schredelseker* (1984), S. 44.

[3] Vgl. *Grossman/Stiglitz* (1980), S. 393ff.

Der Begriff der Informationseffizienz ist aber – wie oben bereits angedeutet – in der performanceorientierten Betrachtungsweise weiter zu fassen. Folgt man dieser Definition, so sind neben den Informationsbeschaffungs- und -auswertungskosten auch Transaktionskosten und Steuern ins Kalkül mit einzubeziehen. Um die Hypothese der Markteffizienz eindeutig zu widerlegen, muss daher eine Anlagestrategie entwickelt werden, die unter Berücksichtigung der genannten Aspekte eine risikoadjustierte Überrendite erwirtschaftet.[1]

Das Hauptproblem der Theorie effizienter Märkte besteht in der Notwendigkeit, verbundene Hypothesen (Joint-Hypothesis) zu untersuchen. Zur Feststellung, ob Überrenditen mittels einer Informationsauswertung erzielbar sind, bedarf es einer genauen Quantifizierung von Überrenditen. Da es sich gemäß der Kapitalmarkttheorie um risikoadjustierte Überrenditen handeln muss, ist im Rahmen empirischer Untersuchungen zunächst ein Modell zu bestimmen, das die adäquaten Überrenditen ermitteln kann. Dies erfordert u.a. die Festlegung einer allgemein akzeptierten Risikodefinition. Erst dann lässt sich überprüfen, ob eine Informationsauswertung gewinnbringend ist. Dieses Dilemma wird von Fama beschrieben:

"Thus, market efficiency per se is not testable. ... It is a disappointing fact that, because of the joint-hypothesis problem, precise inferences about the degree of market efficiency are likely to remain impossible."[2]

c. Aktueller Erkenntnisstand der Diskussion um die Markteffizienz

Frühe empirische Untersuchungen in den sechziger Jahren zum Thema Markteffizienz gelangen zu dem Ergebnis, dass dem amerikanischen Aktienmarkt Informationseffizienz zuzumessen sei.[3] Bis in die Mitte der siebziger Jahre finden sich eindeutige Bestätigungen der Theorie. Dies wird auch durch die folgende Feststellung Jensens unterstrichen:

"I believe there is no other proposition in economics which has more solid empirical evidence supporting it than the Efficient Market Hypothesis."[4]

Gegen Ende der siebziger, besonders aber seit Anfang der achtziger Jahre sind erhebliche Zweifel an der Gültigkeit der Hypothese von der Markteffizienz aufgetaucht. Hervorgerufen wurden diese Zweifel durch die Entdeckung sogenannter Kapitalmarktanomalien in empirischen Untersuchungen. Unter Kapitalmarktanomalien versteht man empirisch zu beobachtende Renditeentwicklungen, die im Widerspruch zu den Theorieaussagen der Kapitalmarkttheorie – und somit auch zur

---

[1] Vgl. *Shiller* (1988), S. 58f. Dabei kann die Berücksichtigung des Risikos z.B. auf der Basis des CAPM erfolgen.

[2] *Fama* (1991), S. 1575f.

[3] Dies gilt zumindest für die schwache und die halb-strenge Informationseffizienz. Einen Überblick über die Markteffizienz der europäischen Aktienmärkte findet sich bei *Hawawini/Jaquillat* (1993), S. 80ff. Dabei gelangen die Autoren zu dem Ergebnis, dass zumindest die großen europäischen Märkte halb-streng effizient sind.

[4] *Jensen* (1978), S. 95.

Theorie effizienter Märkte – stehen.[1] Kapitalmarktanomalien lassen sich in Saisonalitäten und Anomalien im engeren Sinn differenzieren. Von der Vielzahl der vermeintlichen Phänomene haben sich zunächst besonders der Januareffekt als Renditesaisonalität und der Kleinfirmeneffekt als Renditeanomalie als signifikant erwiesen. Zwischen beiden besteht allerdings eine positive Korrelation.[2] Auch das Minimum-Varianz-Portfolio kann in diesem Zusammenhang angeführt werden.[3]

Entscheidendes Gewicht kommt der Interpretation der beobachteten Anomalien zu. Entweder sind die auftretenden Erscheinungen im Rahmen von effizienten Märkten erklärbar, oder aber sie stehen in fundamentalem Widerspruch zu diesen. In der Literatur gibt es diesbezüglich keine einheitliche Meinung. Da das Auftreten einiger Anomalien nach ihrem Bekanntwerden nicht mehr beobachtbar ist bzw. stichhaltige Begründungen für bestimmte Anomalien gefunden wurden (z.B. fiskalischer Natur), erscheint eine Verwerfung der Hypothese von der Markteffizienz voreilig.[4] Dies um so mehr, als die Ergebnisse der empirischen Untersuchungen nicht widerspruchsfrei und zudem sensitiv hinsichtlich der betrachteten Untersuchungszeiträume sowie weiterer Modellierungsdetails sind.[5]

Dabei ist allerdings zu berücksichtigen, dass sich die Ergebnisse empirischer Untersuchungen nicht ohne weiteres mit den Ergebnissen unter realen Marktgegebenheiten vergleichen lassen. Dies wird auch anhand des untenstehenden Zitats von Fama unterstrichen. Dabei geht es um das sogenannte 'Value Line Enigma'.[6] Die von der Firma 'Value Line' in den USA herausgegebene Publikation 'Value Line Investment Survey' gruppiert amerikanische Aktien in fünf verschiedene Segmente ein. In der Gruppe Eins befinden sich jene Aktien, bei denen Value Line die höchste Wahrscheinlichkeit einer überdurchschnittlichen Performance des Marktes erwartet. Gemäß verschiedener diesbezüglicher empirischer Tests konnte nachgewiesen werden, dass sich die in Gruppe Eins befindlichen Aktien tatsächlich besser als andere Aktien niedrigerer Gruppen entwi-

---

[1] Vgl. *Tversky/Thaler* (1990), S. 201ff.

[2] Vgl. *Roll* (1983), S. 18ff. und Stock (1990), S. 518ff. Eine Analyse des deutschen Aktienmarktes hierzu findet sich bei *Beiker* (1993), S. 23ff. sowie bei *Oertmann* (1994), S. 229ff. Zu Saisonalitäten und Anomalien im allgemeinen vgl. *Frantzmann* (1989) und *Schnittke* (1989) und die dort angegebene Literatur. Zum sog. 'Closed-End Fund Puzzle' siehe *Lee/Shleifer/Thaler* (1991), S. 75ff. Zu weiteren Renditesaisonalitäten vgl. *Spiwoks* (2002), S. 131ff. und die dort angegebene umfangreiche Literatur.

[3] Vgl. *Kleeberg* (1995), S. 31ff.

[4] Der Kleinfirmeneffekt scheint z.B. kaum noch aufzutreten, vgl. *Kolb* (1992), S. 584. Der Januareffekt lässt sich mit der 'Tax-Loss-Selling'-Hypothese und mit dem Portfolio-Rebalancing-Ansatz gut begründen, vgl. *Reinganum* (1983), S. 89ff. und *Beiker* (1993), S. 459. Des weiteren wird mitunter vermutet, dass bei kleinen Firmen die Erfassung des Risikos in Form der Volatilität nicht ausreichend ist. Von Bedeutung könnte stattdessen eine Kennzahlen wie der sog. 'Free Float' sein. Einen ausführlichen Überblick über diesbezügliche Untersuchungen gibt *Beiker* (1993), S. 32ff.

[5] Vgl. *Beiker* (1993), S. 463.

[6] Zum 'Value Line Enigma' siehe *Huberman/Kandel* (1987), S. 577ff.; *Stickel* (1985), S. 121ff. und *Copeland/Mayers* (1982), S. 289.

ckeln.[1] Ein Vergleich der real erzielbaren Wertentwicklung mit entsprechenden empirischen, aus Simulationen gewonnenen Testergebnissen führt jedoch zu stark abweichenden Werten, wie folgendes Zitat verdeutlicht:

"Over the 6,5 years from 1984 to mid-1990, group 1 stocks earned 16.9% per year compared with 15,2% for the Wilshire 5000 Index. During the same period, Value Line Centurion Fund, which specializes in group 1 stocks, earned 12,7% per year – live testimony to the fact that there can be large gaps between simulated profits from private information and what is available in practice."[2]

Ähnliche Äußerungen finden sich auch bei Roll, der versucht hat, durch die Ausnutzung vermeintlicher Marktanomalien Überrenditen zu erzielen:

"I have attempted to exploit the so called year-end anomalies and a whole variety of strategies supposedly documented by academic research. And I have yet to make a nickel on any of these supposed market inefficiencies."[3]

Bei allen in der Vergangenheit beobachteten Kursanomalien muss auf deren ökonomische Signifikanz geachtet werden. Statistische Signifikanz ist oftmals nicht hinreichend, um von einer echten Anomalie zu sprechen. Erst wenn eine zukünftige ökonomische Ausnutzbarkeit der erkannten Anomalie gegeben ist, müssen Kapitalmarktanleger hellhörig werden.

Nachdem zunächst die Entdeckung einiger vermeintlicher Kursanomalien zu einer breiten Infragestellung der Markteffizienzhypothese geführt hatte, erwiesen sich die gefundenen Anomalien ganz überwiegend als nicht ökonomisch signifikant. Der Analysefokus wandte sich daher seit Mitte der achtziger Jahre der Rationalität des Anlageverhaltens der Marktteilnehmer zu. Um die Falsifikation der Markteffizienzhypothese nachweisen zu können, wurde das Verhalten und die Psychologie der Marktteilnehmer untersucht. Irrationalitäten, die sich in übertriebener Volatilität und in Abweichungen der Aktienkurse von deren inneren Werten zeigten, wurden zum Anlass genommen, die Effizienz der Märkte aus dieser Richtung in Frage zu stellen.

In diesem Zusammenhang haben insbesondere spekulative 'Bubbles' und überhöhte Volatilitäten an den Kapitalmärkten zur Infragestellung der Rationalität der Marktteilnehmer geführt.[4] Dabei wird nicht in erster Linie mit Überrenditen argumentiert, sondern mit Abweichungen zwischen den Marktkursen und den fundamental gerechtfertigt erscheinenden Kursen.

Entsprechend versteht man unter 'Bubbles' die temporären Abweichungen von Preisen für Anlageobjekte von ihren fundamentalen Werten. Zumeist handelt es sich dabei um Aktien, bei denen die fundamentale Werte mit Hilfe von Dividendendiskontierungsmodellen bestimmt werden.

---

[1] Vgl. *Stickel* (1985), S. 121ff. und *Copeland/Mayers* (1982), S. 289ff.
[2] *Fama* (1991), S. 1604f. Der Wilshire 5000 ist ein kapitalgewichteter Aktienindex, der die Wertentwicklung von fünftausend amerikanischen Aktiengesellschaften umfasst.
[3] *Roll* (1992), S. 30.
[4] Vgl. dazu den Überblick bei *Shiller* (1988), S. 56ff. Eine gute Einführung hierzu findet sich bei *Jüttner* (1987), S. 1ff.

Aber auch für andere Assetklassen, wie z.B. Währungen oder Commodities sind Bubbles denkbar. Dies gilt auch für überhöhte Volatilitäten, die auch als 'Excess Volatility' bezeichnet werden und sich auf die Schwankungen der fundamentalen Kurse im Vergleich zu den am Markt beobachtbaren Aktienkursen beziehen. Die Hypothese von der 'Excess Volatility' besagt, dass die Marktkurse permanent stärker schwanken, als dies durch die fundamentale Informationslage gerechtfertigt ist. Liegt Markteffizienz vor, dürften Wertpapierkurse nur in solchen Fällen schwanken, in denen neue relevante Informationen an den Markt gelangen.[1]

Immerhin wäre die Grundprämisse der Markteffizienz, der zufolge sich die Marktteilnehmer rational verhalten, falsifiziert, falls temporäre 'Bubbles' und permanent überhöhte Volatilitäten überzeugend nachgewiesen werden können. Hinsichtlich der Interpretation von 'Bubbles' und überhöhten Volatilitäten im Kontext der Forschung zur Effizienz von Kapitalmärkten besteht zur Zeit in der einschlägigen Literatur aber kein Konsens.[2] Gleichwohl ist festzustellen, dass sich in der Wissenschaft eine zunehmende Abkehr vom Paradigma der Markteffizienz abzeichnet. Die Kursexzesse an den Aktienbörsen seit Mitte der neunziger Jahre haben dazu ebenso beigetragen wie die Erkenntnisfortschritte auf dem Forschungsgebiet der „Behavioral Finance", auf die im folgenden Abschnitt eingegangen wird.[3]

III. Erklärungsansätze für Irrationalitäten auf Kapitalmärkten

1. Einführung in die Behavioral Finance

Anders als etwa auf dem Gebiet des Marketing haben psychologische, d.h. über die Rationalität hinausgehende Einflussfaktoren in der wissenschaftlichen Diskussion über die Preisbildung auf den Finanzmärkten lange Zeit eine nur geringe Rolle gespielt. Stattdessen steht im Kontext der neoklassischen Finanzierungstheorie das rational handelnde Individuum (Homo Oeconomicus) im Mittelpunkt kapitalmarkttheoretischer Modelle.[4] Allerdings wird auch in der Kapitalmarktforschung nicht geleugnet, dass psychodynamische Faktoren (z.B. Emotionen, Motivationen etc.) Einfluss auf die Kurse von Finanzierungstiteln und dabei vor allem auf Aktien besitzen.[5] Aus Gründen der einfacheren Modellbildung wird i.d.R. aber auf deren explizite Berücksichtigung verzichtet.[6]

Wenn psychodynamische bzw. behavioristische Komponenten einen wesentlich stärkeren Kurseinfluss auf Wertpapiere besitzen, als dies in den Modellen der Finanzierungs- und Kapitalmarkttheorie zum Ausdruck kommt, so hätte dies weitreichende Implikationen. Durch eine geschickte

---

[1] Vgl. *Bruns* (1994), S. 2; *Smith/Suchanek/Williams* (1988), S. 1119ff.

[2] Vgl. *Allen/Gorton* (1993), S. 813.

[3] Zum Stand der Diskussion um die Markteffizienz vgl. die eher populärwissenschaftlichen Bücher von *Haugen* (1999) und *Shiller* (2000).

[4] Vgl. *Menkhoff/Röckmann* (1994), S. 278.

[5] Vgl. *Roll* (1992), S. 29ff.

[6] Vgl. *Stöttner* (1992), S. 271. De Bondt/Thaler haben nachgewiesen, dass sich auch Wertpapieranalysten z.T. irrational verhalten, vgl. *De Bondt/Thaler* (1990), S. 52ff.

Investor-Relation-Strategie müsste dann z.B. eine positive Beeinflussung der Anleger möglich sein, die höhere Aktienkurse nach sich zieht. Die sich seit einiger Zeit in Deutschland vollziehende Diskussion um die Mehrung des Shareholder Value ist möglicherweise ein Indiz für die kurssteigernden Folgen derartiger Strategien.

Zu beobachten ist, dass seit einigen Jahren verhaltenswissenschaftliche Aspekte zunehmend Eingang in Ansätze zur Erklärung der Kursbewegungen an den Finanzmärkten finden. Hintergrund ist neben der in der Finanzpresse oftmals zur Erklärung angeführten Dynamik psychologischer Prozesse vor allem die kritische Analyse der Annahme eines rational handelnden Marktteilnehmers in den finanzierungstheoretischen Modellen. Gerade die ausschließliche Existenz von rational handelnden Marktteilnehmern wird dabei angezweifelt. So wird beispielsweise eine von emotionalen und kognitiven Faktoren begrenzte Rationalität unterstellt, so dass nicht ein nutzenmaximierendes, sondern ein an Anspruchsniveaus orientiertes Verhalten von Individuen angenommen wird.[1]

Das noch junge Forschungsgebiet „Behavioral Finance" geht ebenfalls von dem Grundgedanken des Strebens nach Optimalität aus, bezieht aber das Verhalten von Personen durch die Entwicklung entsprechender Modelle mit in die Überlegungen ein. Insofern wird auch von einer Erweiterung der Kapitalmarkttheorie um psychologische Erkenntnisse gesprochen. Analysiert werden im Rahmen dieser Forschungsansätze die Informationsaufnahme und -verarbeitung sowie die Bildung von Erwartungen und Entscheidungskriterien. Dabei erfolgt auch die Berücksichtigung des tatsächlichen Verhaltens der Marktteilnehmer. Insofern liegt das Ziel der Behavioral Finance sowohl in der Analyse und Erklärung des Verhaltens der Marktteilnehmer als auch in der theoretischen Ableitung von Aussagen über individuelle Investoren und Marktgrößen. Geschehnisse an den Finanzmärkten, die mit den traditionellen Methoden nicht erklärbar sind, sollen nunmehr durch die Verbindung von finanzierungstheoretischen und psychologischen Erkenntnissen begründet werden. Unterstellt wird dabei, dass Individuen nicht nur die Gewinnerzielung als Handelsmotiv haben und auch nicht über vollständige Informationen verfügen. Zudem können sie sich nur beschränkt rational verhalten, wobei sich die Beschränkungen neben motivationalen und emotionalen Limitierungen auch auf die kognitiven Kapazitäten im Hinblick auf die Informationsaufnahme und -verarbeitung beziehen.[2]

Angenommen wird, dass die Erkenntnisse der Behavioral Finance im Portfoliomanagement vor allem dann hilfreich sein können, wenn das Verhalten von individuellen Investoren bzw. Marktteilnehmern in bestimmten Situationen prognostiziert werden muss. Beispielsweise könnte die Berücksichtigung der individuellen Aversionen und Neigungen des Investors zu einer mehr auf die Anleger-Bedürfnisse zugeschnittenen Portfoliostrukturierung durch den Portfoliomanager führen.[3] So könnten z.B. Gefühle im Laufe der Zeit Einfluss auf die Risikotoleranz und die Port-

---

[1] Vgl. *Unser* (1999), S. 13f.; *Schäfer/Vater* (2002), S. 741f.; *Kahneman/Riepe* (1998).

[2] Vgl. *Unser* (1999), S. 2; *Schäfer/Vater* (2002), S. 740ff.; *Oehler* (2000), S. 718ff.; *Oehler* (2002), S. 848ff.; *Neher/Otterbach* (2001), S. 767ff.

[3] Vgl. *Schäfer/Vater* (2002), S. 748. In den USA werden die Erkenntnisse der Behavioral Finance bereits im Rahmen von Investmentfonds genutzt, wie z.B. beim Behavioral Value Fund, vgl. *Rudzio* (1999).

folioauswahl haben. In diesem Zusammenhang wird auch von der sog. emotionalen Zeitachse gesprochen.[1]

Im folgenden werden einige Erklärungsansätze zur Begründung von rational kaum erklärlichen Kapitalmarktanomalien aufgezeigt, wobei das Verhalten der Marktteilnehmer jeweils eine bedeutende Rolle spielt.

2. Fads und Fashions

Zur Begründung von rational kaum erklärlichen Kapitalmarktanomalien wird seit Mitte der achtziger Jahre häufig auf sog. 'Market-Fads' bzw. -'Fashions' verwiesen.[2] Unter den Begriffen 'Fads' und 'Fashions' sind Launen bzw. Modeströmungen des Marktes zu verstehen, bei denen die Kurse durch irrationales Verhalten der Investoren spekulativ verzerrt sind. 'Fads'- und 'Fashion'-Modelle gehen folglich davon aus, dass die Transaktionsentscheidungen der Marktteilnehmer mit der ökonomischen Realität unkorreliert sind.

Das Zurückführen von Kursabweichungen zwischen dem Marktkurs und dem fundamentalen Wert auf 'Fads' klingt intuitiv plausibel. 'Fads' und 'Bubbles' können identisch sein, falls steigende (fallende) Kurse zu einer irrationalen Hausse- (Baisse-) Laune unter den Marktteilnehmern führen.

Aus der Existenz von 'Fads' lassen sich keine direkten Handelsstrategien ableiten. Hierin könnte der Grund dafür bestehen, dass die gewinnbringende Ausnutzung von 'Fads' nicht in dem Umfang möglich ist, wie dies intuitiv zu erwarten wäre. Für die Beurteilung der Kapitalmarkteffizienz besitzt diese Aussage eine große Bedeutung, da Kritiker des 'Fads'-Ansatzes damit argumentieren, dass systematische Überrenditen mit diesem Ansatz nicht erzielbar seien.[3]

Problematisch an 'Fads'-Modellen ist zudem deren fehlende ökonometrische Beschreibbarkeit. Modelle, die - wie bei psychologischen Modellen nicht unüblich - lediglich auf nachvollziehbaren Plausibilitätsüberlegungen beruhen, entziehen sich zumeist einer empirischen Überprüfung. Es besteht daher eine Kontroverse darüber, welchen Wert derartige Modelle besitzen.

Die Bezeichnung 'Fads' wird von manchen Autoren als eine geschickte Bezeichnung für jenes Residuum bei Aktienkursen dargestellt, das bei Regressionsanalysen nicht irgendwelchen erklärenden Kursbestimmungsfaktoren zugeordnet werden kann.

"The central problem for fad models is overcoming this charge that they are just a catchy name for a residuum."[4]

---

[1] Vgl. *Shefrin* (2000), S. 134ff.
[2] Vgl. *Shiller* (1989), S. 9ff. und *Shiller* (1984), S. 29.
[3] Vgl. *Shiller* (1988), S. 58f. und *Roll* (1992), S. 30f.
[4] *Cochrane* (1991), S. 480.

3. Market Overreaction

Gemäß der Hypothese von der 'Market Overreaction' an Aktienmärkten kommt es infolge der Veröffentlichung neuer kursrelevanter Informationen zu einem 'Overshooting' bzw. übertriebenen Kursreaktionen seitens der Marktteilnehmer.[1] Dies wird beschrieben in folgender behavioristischer Aussage:

"... people show a tendency to 'overreact', i.e., they overweight recent information and underweight base rate data."[2]

Die Hypothese von der 'Market Overreaction' unterstellt, dass Aktienkurse temporär von ihren fundamentalen Werten abweichen. Zurückzuführen sind die temporären Abweichungen auf Wellen von Optimismus und Pessimismus.[3] Stimmungen können einen Herdentrieb ('Herding') auslösen, der das Eintreten von Überreaktionen beschleunigt.

Diese Hypothese kann zur Erklärung erhöhter Volatilität auf den Aktienmärkten beitragen. Mit 'Market Overreaction' lässt sich möglicherweise auch das in Crashs zu beobachtende Verhalten erklären, welches die Kurse auf ein scheinbar ungerechtfertigt niedriges Niveau fallen lässt.[4]

4. Mean Reversion

Die empirische Beobachtung, dass ökonomische Daten im allgemeinen und Aktienkurse im besonderen eine ausgeprägte Tendenz aufweisen, zu ihren längerfristigen Mittelwerten bzw. fundamentalen Werten zurückzukehren, wird als 'Mean Reversion' bezeichnet. Inhaltlich ist der 'Mean Reversion'-Prozess eng mit der These von der 'Market Overreaction' verwandt; denn als Begründung für den 'Mean Reversion'-Prozess wird die Umkehrung von Überreaktionen genannt. Aktuelle Daten – gleichgültig, ob positiv oder negativ – werden von den Investoren bei der Erstellung von Prognosen zu Lasten der langfristig wertbestimmenden Daten übergewichtet, und erst nach einer bestimmten Zeitspanne kehren die Kurse zu ihren fundamentalen Werten zurück.[5]

Wenn die These von der 'Mean Reversion' zutrifft, dann sind Aktienkurse zum Teil prognostizierbar, da sie keinem reinen Random Walk folgen. Dann können aus der 'Mean Reversion'-These Handlungsstrategien abgeleitet werden. Diese lassen sich mit der Handlungsregel 'Buy Losers, Sell Winners' charakterisieren. Infolgedessen sollen Portefeuilles, die aus Aktien mit einer 'Un-

---

[1] Vgl. *DeBondt/Thaler* (1985), S. 795. Das Problem des 'Overshooting' im Bereich von Währungen stellen *Fastrich/Hepp* (1991), S. 65f. dar.
[2] *DeBondt/Thaler* (1987), S. 557.
[3] Vgl. *Conrad/Kaul* (1993), S. 39. Als Begründung für 'Market Overreaction' geben *De Long/ Shleifer/Summers/Waldmann* (1990a), S. 394 'Positive Feedback' an.
[4] Vgl. *Stöttner* (1989), S. 157.
[5] Vgl. *DeBondt/Thaler* (1989), S. 190ff.

derperformance' in der Vergangenheit zusammengesetzt sind, sich positiver entwickeln als Portefeuilles, die aus Aktien bestehen, deren Vergangenheitsperformance überdurchschnittlich war.[1]

Zur Messung einer möglichen 'Mean Reversion' können Autokorrelationstests herangezogen werden. Mit deren Hilfe messen empirische Untersuchungen jeweils die Korrelation aufeinanderfolgender Aktienrenditen (serielle Korrelation). Insgesamt zeigen die Ergebnisse der empirischen Untersuchungen eine Tendenz zu positiver Autokorrelation bei kurzfristigen und negativer Autokorrelation bei längerfristigen Renditen auf.[2] Zur Einordnung von Mean-Reversion muss auf die konzeptionelle Nähe zu charttechnischen Methoden hingewiesen werden. Die Verwendung von Trendlinien, Trendkanälen und (gleitenden) Durchschnittslinien stellt einen andersnamigen Versuch dar, Preisschwankungen um Durchschnittswerte auszunutzen.

Die besondere Gefahr des Mean-Reversion-Ansatzes liegt, wie bei der Chartanalyse auch, in der fehlenden Theorieunterstützung. Für die Dauer einer Rückkehr zum Mittelwert gibt es allenfalls Messdaten der Vergangenheit. Schocks oder sog. Regime-Shifts können nicht prognostiziert werden. Gerade deren korrekte Prognose birgt die Chance hoher Überrenditen. Zudem lässt sich über die Höhe der Abweichungen vom Mittelwert keine fundierte Aussage treffen.

5. Noise

Der Terminus 'Noise' – zu deutsch 'Rauschen' – ist abzugrenzen gegen den Begriff der 'Information' und beschreibt eine nicht objektiv nachprüfbare Kurskomponente.[3] Diese sorgt für zufällige Schwankungen der erwarteten Aktienrenditen im Zeitablauf und setzt sich aus vielen - im einzelnen schwer zu identifizierenden und im Zeitablauf veränderlichen - Faktoren zusammen, die für Abweichungen zwischen dem Marktkurs und dem fundamentalen Wert verantwortlich sind.[4]

Die Marktteilnehmer auf Kapitalmärkten lassen sich unterscheiden in sogenannte 'Noise Trader' und 'Information-Investors' bzw. 'Smart Money-Investors'. Erstere folgen bei ihren Kauf- bzw. Verkaufsentscheidungen Stimmungen, Gerüchten und Marktlaunen. Daher fußen ihre Investitionsentscheidungen auf einer verzerrten Wahrscheinlichkeitsverteilung künftiger Renditen.[5] Die 'Smart Money-Investors' treffen ihre Transaktionsentscheidungen auf der Basis von Informatio-

---

[1] Siehe bezüglich empirischer Untersuchungen zur Mean-Reversion *DeBondt/Thaler* (1985), S. 799; *Shefrin/Statman* (1985), S. 777ff.; *Zarowin* (1990), S. 113ff.; *Stock* (1990), S. 518ff.; *Fama/French* (1988), S. 246; *Cutler/Poterba/Summers* (1990), S. 63ff.; *Cutler/Poterba/ Summers* (1991), S. 529; *Kim/Nelson/Startz* (1991), S. 516; *McQueen* (1992), S. 1ff.; *Schwert/Seguin* (1990), S. 1139.

[2] Vgl. *De Long/Shleifer/Summers/Waldmann* (1990a), S. 394 und *Poterba/Summers* (1988), S. 27ff. Dort sind auch empirische Untersuchungen für den deutschen Aktienmarkt durchgeführt worden, siehe S. 40f.

[3] Vgl. *Black* (1986), S. 529.

[4] Vgl. *Campbell/Kyle* (1993), S. 4. Ein mathematisches Modell zur Beschreibung von 'Noise' formulieren *De Long/Shleifer/Summers/Waldmann* (1990b), S. 703ff. Hierbei hängt die Preisverzerrung von der Anzahl der 'Noise-Trader' und der Risikoneigung der Marktteilnehmer ab.

[5] Vgl. *Menkhoff/Röckmann* (1994), S. 283.

nen. Dies deutet darauf hin, dass 'Smart Money Investors' im Gegensatz zu 'Noise Tradern' risikoavers eingestellt sind.[1] 'Noise Trader' neigen zudem zu Überreaktionen in die positive wie auch in die negative Richtung.

Auch die Anhänger der Technischen Analyse basieren ihre Entscheidungen nicht auf Überlegungen hinsichtlich des fundamentalen Wertes von Aktien. Vielmehr können Transaktionen, die infolge der Technischen Analyse durchgeführt werden, zu 'Noise' und damit zu einer zunehmenden Kursabweichung vom fundamentalen Wert führen, da derartige Strategien i.d.R. prozyklisch sind ('Trend Chasing'). Infolgedessen werden sie auch als 'Momentum-Strategies' im Gegensatz zu 'Value-Strategies' bezeichnet.[2]

Der Einfluss von 'Noise' auf Aktienkurse führt dazu, dass diese verzerrt (noisy) sind und folglich nur ein ungefähres Abbild ihres fundamentalen Wertes darstellen. Für das Funktionieren von Kapitalmärkten ist die Existenz von 'Noise' wichtig, da ansonsten kein Handel stattfinden würde. 'Noise Trader' sorgen durch ihre Transaktionen für Marktliquidität.[3]

Allerdings ist darauf hinzuweisen, dass 'Noise' für die Marktteilnehmer ein zusätzliches systematisches Risiko bedeutet und deshalb – je nach seinem Umfang – hohe volkswirtschaftliche Wohlfahrtskosten verursachen kann.[4]

Im Zusammenhang mit 'Bubbles' wird häufig die Frage aufgeworfen, ob nicht durch Arbitrageprozesse eine erkennbare Überbewertung eines Marktes sofort ausgeglichen wird. Arbitrageprozesse können lediglich auf friktionsfreien und effizienten Märkten die Entstehung von 'Bubbles' verhindern. Liegt 'Noise' vor, dann bildet Arbitrage nur einen unzureichenden Schutz vor Kursabweichungen vom fundamentalen Wert.[5]

Wie schon die Parabel vom Schönheitswettbewerb bei Keynes zeigt, können Investoren auf Märkten, auf denen 'Noise' existiert, Arbitragegewinne nicht aufgrund besserer Informationen bezüglich des fundamentalen Wertes, sondern nur dann erzielen, falls sie in der Lage sind, zu antizipieren, "what average opinion expects average opinion to be".[6] Ein gutes Beispiel für das

---

[1] Vgl. *Campbell/Kyle* (1993), S. 2.

[2] Vgl. *Hill/Jones* (1988), S. 29.

[3] Vgl. *Black* (1986), S. 529ff. Würden auf einem Markt hingegen ausschließlich 'Information Investors' existieren mit der Folge effizienter Preise, dann kommt es nicht zu Umsätzen, da Transaktionen auf der Basis von neuen Informationen keinen Gewinn versprechen; denn die Kurse reflektieren im Augenblick der Informationsbekanntgabe bereits die Information. Vgl. dazu insbesondere *Grossman/Stiglitz* (1979), S. 393ff.; *Schredelseker* (1984), S. 44ff. und *Schneider* (1993), S. 1429ff.

[4] Das durch 'Noise' induzierte Risiko ist nicht diversifizierbar, da es sich um ein Gesamtmarktrisiko handelt. Vgl. *De Long/Shleifer/Summers/Waldmann* (1989), S. 681ff. Ähnlich äußern sich auch *Menkhoff/Röckmann* (1994), S. 284.

[5] Vgl. *Girard/Gruber* (1993), S. 11f.

[6] *Keynes* (1936), S. 156.

Nichtfunktionieren des Arbitragearguments sind börsennotierte geschlossene Länderfonds. Diese notieren häufig deutlich unter- oder oberhalb ihrer inneren Werte.

Aktienkurse sind als Signale für den Wert eines Unternehmens (z.B. den Strom der zukünftigen Cash Flows) zu deuten. Auch wenn die Aktienkurse durch 'Noise' verzerrt sind, so sind sie nicht deshalb als Wert-Signale wertlos bzw. unbrauchbar.
Aus den Ausführungen lässt sich folgern, dass 'Noise' für Kursabweichungen von den fundamentalen Werten verantwortlich sein kann und so die Entstehung von 'Bubbles' wie auch eine erhöhte Volatilität unterstützt.[1] Einschränkend muss jedoch angemerkt werden, dass so manche Kursabweichung vom fundamentalen Wert, die in statistischen Tests als 'Bubble' erscheint, sich schließlich als 'Noise' erweist.

6. Positive Feedback

'Positive Feedback' entstammt massenpsychologischen Ursprüngen und kann als positive Rückkopplung verstanden werden. Häufig äußert sich 'Positive Feedback' in einem zeitweiligen Herdentrieb ('Herding') unter den Investoren oder zumindest einer Anzahl von Marktteilnehmern. Charakteristisch für 'Feedback-Trader' ist die Fundierung ihrer Transaktionsentscheidungen auf vergangene Kursentwicklungen anstatt auf fundamentale Daten.[2]

Ein Herdentrieb zeichnet sich durch gleichgerichtetes Verhalten einer Gruppe von Marktteilnehmern aus, wobei sowohl fundamentale als auch nichtfundamentale Gründe diesen Herdentrieb bewirken können. Die in einem Herdentrieb zum Vorschein kommende Homogenisierung von Anlagemeinungen wird möglicherweise von den bestehenden Entlohnungssystemen für Portfoliomanager verursacht oder zumindest begünstigt.[3] Ein existierender Performancedruck, wie er zumindest für institutionelle Vermögensanleger, wie z.B. Investmentfonds und Pensionskassen besteht, kann zu gleichgerichtetem Anlageverhalten beitragen, um nicht schlechter als die Konkurrenz dazustehen. Das Verhalten anderer Marktteilnehmer kann bestimmend für die Entscheidungen einzelner Investoren sein. Fundamentale Überlegungen spielen dabei zeitweilig eine unbedeutende Rolle.

Für die Existenz von 'Positive Feedback' lassen sich drei plausible Begründungen anführen:[4]

- Das menschliche Denken neigt zur Extrapolation von Trends der Vergangenheit.
- Komplexe Entscheidungssituationen werden häufig durch die Verwendung vereinfachter Methoden (z.B. die Nutzung von Kurscharts) bewältigt.
- Aufgrund massenpsychologischer Untersuchungen ist bekannt, dass sich der Mensch mit seinen Entscheidungen wohler fühlt, falls diese im Einklang mit dem Verhalten anderer Marktteilnehmer stehen.

---

[1] Vgl. *Menkhoff/Röckmann* (1994), S. 284f.
[2] Vgl. *Cutler/Poterba/Summers* (1990), S. 63.
[3] Vgl. *Wallich* (1979), S. 38.
[4] Vgl. *Menkhoff* (1992), S. 131.

'Positive Feedback' wird des öfteren als Ursache für diverse empirisch beobachtbare Preisabweichungsphänomene, wie sie z.B. im Rahmen von 'Bubbles' hervortreten, genannt.[1] Dies steht im Einklang mit den sich selbst erfüllenden Erwartungen, die für die Kursentwicklung im Rahmen von 'Bubbles' verantwortlich sind. Wie das obige Zitat gezeigt hat, vermag ein Herdentrieb unter völliger Vernachlässigung fundamentaler Bewertungskriterien Kurse maßgeblich zu beeinflussen.

Einem Herdentrieb kann durch eine 'Signalling'-Strategie Vorschub geleistet werden. Dabei veröffentlichen wichtige Marktteilnehmer ihre Anlagestrategie in der Hoffnung, dass weitere Marktteilnehmer dieser Strategie aufgrund des ausgesendeten Signals folgen. Auch der Börsencrash des Oktobers 1987 wurde maßgeblich durch 'Positive Feedback' beeinflusst.[2]

'Feedback'-Modelle erscheinen plausibel und können zur Erklärung scheinbar irrationaler Kursbewegungen beitragen. Dies gilt um so mehr, je kurzfristiger die Betrachtung ist. Allerdings scheinen 'Feedback'-Modelle derzeit noch nicht ausgereift zu sein, um einen allumfassenden Erklärungsansatz für das langfristige Verhalten von Investoren auf Kapitalmärkten zu bieten.[3]

7. Home Bias

Das Phänomen des „Home Bias", das auch als „Domestic Bias" bezeichnet wird, betrifft die internationale Portfoliodiversifikation. Anleger verhalten sich nach diesem Ansatz nicht wie rationale Entscheider und realisieren somit kein effizientes Portfolio im Sinne der Portfoliotheorie nach Markowitz. Vielmehr werden Investitionen in Wertpapiere des jeweiligen Heimatstandortes übergewichtet. Die Verzerrungen („Bias") treten daher aufgrund der Abweichung von der unter Effizienzgesichtspunkten optimalen Portfoliostruktur auf. Ein zu stark gewichtetes inländisches Aktienportfolio würde somit beispielsweise bei gleicher Renditeerwartung ein höheres Risiko aufweisen als ein international breit diversifiziertes Portfolio. Eine Studie aus dem Jahr 1991 dokumentiert dieses Anlegerverhalten. Die Ergebnisse werden in der folgenden Tabelle gezeigt:[4]

	USA	Japan	Großbritannien	Adj. Marktwert (Mrd. USD)
USA	93,8%	1,31%	5,9%	2.941,3
Japan	3,1%	98,11%	4,8%	1.632,9
Großbritannien	1,1%	0,19%	82,0%	849,8
Frankreich	0,5%	0,13%	3,2%	265,4
Deutschland	0,5%	0,13%	3,5%	235,8
Kanada	1,0%	0,12%	0,6%	233,5
Summe	100%	100%	100%	6.158,7

Tab. B.7: Internationale Gewichtung in Aktienportfolios

---

[1] Vgl. *Menkhoff/Röckmann* (1994), S. 286.

[2] Vgl. *Cochrane* (1991), S. 481 und *Jüttner* (1989), S. 477. Während des Oktober-Crashs kam es zu einer Art Kettenreaktion, die – ausgehend von dem US-amerikanischen Markt – alle bedeutenden Weltbörsenplätze in Mitleidenschaft gezogen hat.

[3] Vgl. *Shiller* (1990), S. 61.

[4] Vgl. *French/Poterba* (1991), S. 222; *Oehler* (2002), S. 865f.

Die Bedeutung des jeweiligen Aktienmarktes wird in der Tabelle durch die Marktkapitalisierung wiedergegeben. Somit müsste ein entsprechendes Portfolio, dass lediglich diese Märkte abdeckt, wie folgt gewichtet sein: 47,6% USA, 26,51% Japan, 13,80% Großbritannien, 4,31% Frankreich, 3,83% Deutschland und 3,79% Kanada. Ein Weltmarkt-Portfolio müsste darüber hinaus noch weitere Märkte beinhalten. Dennoch zeigen die in der Tabelle dargestellten Untersuchungsergebnisse, dass die Portfoliogewichtung der einzelnen Länder offensichtlich vor allem davon abhängt, in welchem Land diese Gewichtung vorgenommen wird. Der wesentliche Aktienanteil im Portfolio besteht jeweils aus Aktien des Heimatmarktes. Die internationale Diversifikation wird somit in nicht ausreichender Weise umgesetzt.

Auch spätere Studien konnten diese Ergebnisse bestätigen[1], wobei für den US-Markt auch ein „Home Bias at Home", d.h. regionale bzw. lokale Präferenzen der Anleger innerhalb eines Marktes, festgestellt werden konnten.[2]

Zur Erklärung des Home Bias werden u.a. Wechselkurse, Quellensteuer, zusätzliche Transaktionskosten bei Nutzung ausländischer Finanzplätze, Marktzugangsbeschränkungen, regulatorische Maßnahmen oder auch besondere politische und ökonomische Risiken herangezogen. Insbesondere aber wird das Argument angeführt, dass Anleger einen subjektiven Informations- und Kompetenzvorteil gegenüber inländischen Aktien empfinden. Dies kann auch damit zusammenhängen, dass die Qualität der zur Verfügung stehenden Informationen bei heimischen Aktien hochwertiger ist, so dass die Informationen von den Portfoliomanagern besser ausgewertet werden können. Darüber hinaus wird die Entwicklung der inländischen Aktien im Vergleich zu den ausländischen Aktien oftmals optimistischer bewertet.[3]

8. Informationswahrnehmungs-, -beurteilungs- und -speicherungsprozesse

Zur Erklärung des Kursverhaltens bei Aktien kann es fruchtbar sein, den Prozess der Informationsgewinnung bei Marktteilnehmern zu analysieren. Dabei steht z.B. die Frage im Vordergrund, wie zu erklären ist, dass über eine bestimmte Aktie zur Zeit besonders viel gesprochen wird, d.h., dass sie in Mode ist. Zu klären ist in diesem Zusammenhang ebenfalls, welche situativen Umweltbedingungen die Aufmerksamkeit von Anlegern bezüglich bestimmter Aktien ansteigen lassen. Angesichts des beschränkten menschlichen Aufnahmevermögens können einzelne Anleger nicht zur gleichen Zeit alle Aktien im Sinn haben. Daher ist die Art und Weise von Interesse, wie Anleger auf jene Titel aufmerksam geworden sind, über die sie sich derzeit eine Anlageeinschätzung bilden wollen.

Die psychologische Wahrnehmungsforschung kommt zu dem Ergebnis, dass Informationen von Personen dann besonders schnell aufgenommen werden, wenn die Informationen sich konsistent zu den bereits vorliegenden Einstellungen verhalten. Aufgrund dieser selektiven Wahrnehmung beansprucht die Aufnahme bzw. Verarbeitung von Informationen, die den eigenen Haltungen

---

[1] Vgl. *Oehler* (2002), S. 865 und die dort angegebene Literatur.
[2] Vgl. *Coval/Moskowitz* (1999), S. 2045ff.
[3] Vgl. *Coval/Moskowitz* (1999), S. 2046; *Oehler* (2002), S. 866; *Schäfer/Vater* (2002), S. 746.

widersprechen, oft mehr Zeit.[1] Die Informationswahrnehmung, die Informationsbeurteilung und die Informationsspeicherung sind als kognitive Prozesse einzustufen. Dabei ist die Verarbeitung von Informationen durch den Verstand angesprochen. Maßgeblich für die Anlageentscheidungen von Marktteilnehmern können Erlebnisse und Erfahrungen sein. Hier kommt es zunächst darauf an, wie ein Anleger Informationen aufnimmt. Ist ein Anleger leicht beeinflussbar, so wird er Informationen anders aufnehmen und verarbeiten, als wenn er weniger leicht beeinflussbar ist.[2]

Individuen besitzen einen natürlichen Spieltrieb ('Homo Ludens'). In der Kapitalmarkttheorie wird jedoch davon ausgegangen, dass Anlageentscheidungen von Investoren ausschließlich auf der Basis (ihnen bekannter) Nutzenfunktionen getroffen werden. Die Existenz eines Spieltriebes, der möglicherweise für manche Anleger die eigentliche Motivation zu einem Engagement an Kapitalmärkten darstellt, wird oftmals nicht hinreichend berücksichtigt.[3] Die Investition in Aktien ist nicht frei von Emotionen. Wie Studien zeigen, empfinden Anleger es als befriedigend und z.T. freudvoll, eigene Entscheidungen hinsichtlich der Aktienauswahl zu treffen.[4] Es ist deshalb denkbar, dass ein Teil der Investoren seine Entscheidungen nicht auf der Basis von Informationen trifft, die mit dem fundamentalen Wert eines Anlagetitels in Zusammenhang stehen.

"Individuals often do apparently stupid things. Economic theories that ignore this fact are often remarkably successful at explaining market – or aggregate – level phenomena."[5]

---

[1] Vgl. *Langfeldt* (1993), S. 211ff., *Oehler* (1991), S. 600.
[2] Vgl. *Bitz/Oehler* (1993), S. 376 u. S. 385ff. Die Beeinflussung von Aktienmarktteilnehmern durch andere Investoren haben *Shiller/Pound* (1989), S. 47ff. und *Lakonishok/Shleifer/Vishny* (1991) untersucht. Dabei kommen die Autoren zu dem Ergebnis, dass von einem starken Einfluss der Marktteilnehmer untereinander ausgegangen werden muss.
[3] Vgl. *Fischer/Koop/Müller* (1994), S. 15.
[4] Vgl. *Shiller* (1988), S. 62f. und die dort angegebenen Untersuchungen.
[5] *Cochrane* (1991), S. 483.

C. Ausrichtung des Portfoliomanagements

Investmentphilosophie, Investmentprozess und Investmentkultur sind Schlüsselbegriffe des professionellen Portfoliomanagements. Während die Investmentphilosophie über Ziele, Bedingungen und Objekte von Kapitalanlagen Aussagen trifft, fokussiert der Investmentprozess auf die Bestimmung organisatorischer Portfoliomanagementstrukturen und -abläufe. Die Investmentkultur beschreibt schließlich die gelebten Verhältnisse innerhalb einer Portfoliomanagementorganisation. In dieser Reihenfolge ist das Kapitel geordnet. Zunächst wird daher eine Darstellung der Gedanken zur Investmentphilosophie vorgenommen. Darauf aufbauend lassen sich verschiedenartige Elemente des Investmentprozesses darstellen, um anschließend Überlegungen zur Gestaltung von Investmentkulturen anzustellen. Abgeschlossen wird das Kapitel mit der Erörterung unterschiedlicher Investmentstile.

I. Investmentphilosophie

Die Investmentphilosophie ist der intellektuelle Überbau des Portfoliomanagements. Alle weiteren Aspekte des Portfoliomanagements sind aus der Investmentphilosophie abgeleitet. Zu nennen sind dabei vor allem die Investmentkultur und der Investmentprozess. Der Erfolg des institutionellen Portfoliomanagements hängt nicht zuletzt von der Kompatibilität dieser drei Elemente ab.

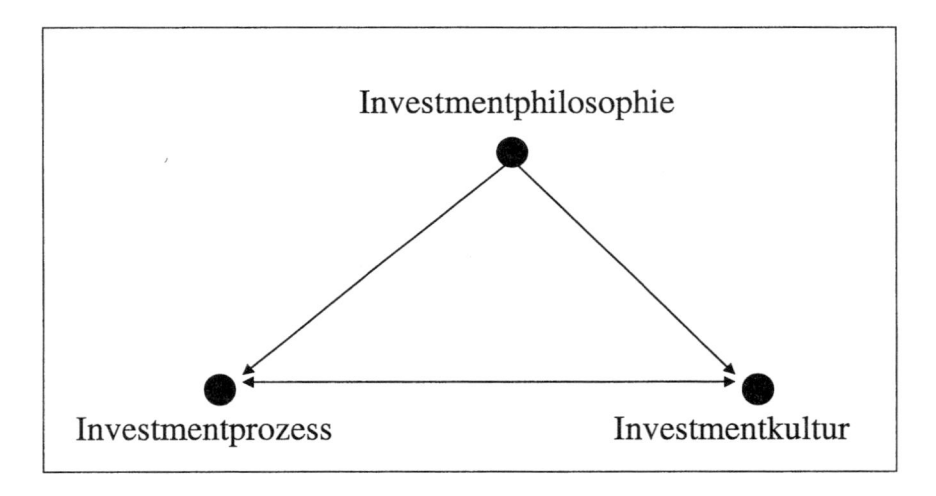

Abb. C.1: Investmentphilosophie als Überbau des institutionellen Portfoliomanagements

Daher muss fortwährend überprüft werden, ob die Strukturen und Tätigkeiten im Portfoliomanagement zu der gewählten Investmentphilosophie passen. Investmentphilosophie wird im folgenden verstanden als Grundsatzhaltung des Portfoliomanagers bzw. der Portfoliomanagementinstitution zu maßgeblichen theoretischen und praktischen Fragen des Investmentmanagements. Es ist festzuhalten, dass sich der Begriff Investmentphilosophie auf die Person des Portfoliomanagers bzw. der Portfoliomanagementinstitution bezieht. Drei wesentliche Fragen stehen im Vordergrund der Investmentphilosophie:

1. Welche Ziele werden mit der Kapitalanlage verfolgt?
2. Soll aktives oder passives Management betrieben werden?
3. Welche Anlagegattungen sind grundsätzlich attraktiv?

Der Festlegung geeigneter Ziele kommt im Rahmen der Investmentphilosophie herausragende Bedeutung zu.[1] Denn aus dem Anlageziel folgt der Zielerreichungspfad. Wenngleich eine Anzahl verschiedener Anlageziele benannt werden kann, muss zunächst geklärt werden, ob ein absolutes oder ein relatives Anlageziel verfolgt werden soll. In der Kapitalanlagepraxis werden relative Ziele festgelegt, indem z.B. ein gewählter Kapitalmarktindex hinsichtlich seiner Performance von dem betrachteten Portfolio in einem festgelegten Zeitraum übertroffen werden soll. Es handelt sich aufgrund des Bezugs auf eine andere Größe (z.B. den Kapitalmarktindex als Benchmark) um eine relative Zielsetzung. Aus dieser Zielsetzung folgt ein relativer Managementansatz, der die Abweichungen zwischen der Benchmark und dem Portfolio steuern muss.

Bei absoluter Zielsetzung, die beispielsweise in der Festlegung einer angestrebten Mindestverzinsung für ein Portfolio liegt, spielen relative Überlegungen keine Rolle. Aus dieser Zielsetzung folgt ein absoluter Managementansatz. Die Frage der Zielsetzung ist oft mit der Marktphase des Börsenzyklus verbunden. Während bei steigenden Märkten relative Anlageziele stärker berücksichtigt werden, steigt in der Baisse der Wunsch nach absoluten Anlagezielen. Bezüglich der Marktphasen sind die Anlageziele insofern in praxi oftmals asymmetrisch. Ein eher selten auftretender Fall dürfte die Kombination von passiver Investmentphilosophie und absoluter Anlagezielsetzung sein, wie sie im vierten Quadranten des folgenden Schaubilds dargestellt ist. In dem Schaubild wird beispielhaft ein Index als Benchmark unterstellt.

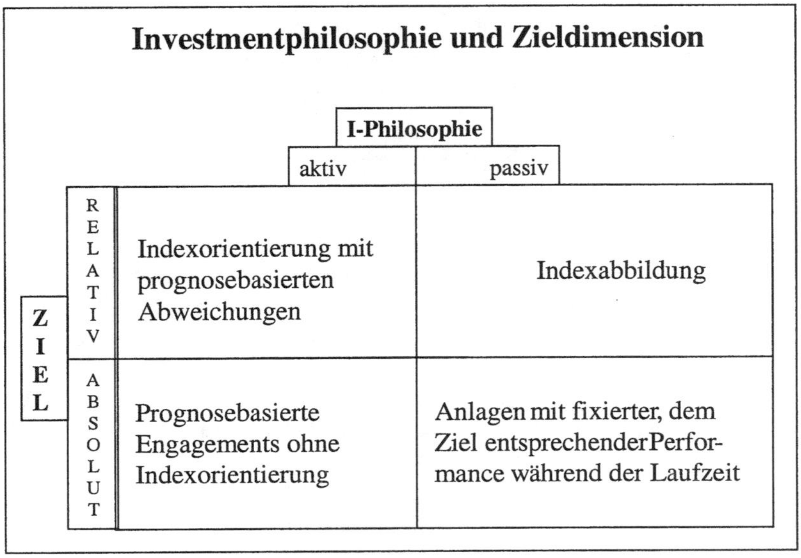

Investmentphilosophie und Zieldimension

		I-Philosophie	
		aktiv	passiv
ZIEL	RELATIV	Indexorientierung mit prognosebasierten Abweichungen	Indexabbildung
	ABSOLUT	Prognosebasierte Engagements ohne Indexorientierung	Anlagen mit fixierter, dem Ziel entsprechender Performance während der Laufzeit

Abb. C.2: Investmentphilosophie und Anlageziele

---

[1] Vgl. hierzu die Ausführungen des Kapitels A.

Die zentrale Frage der Investmentphilosophie ist die Frage nach der Markteffizienz. Damit ist hier und im weiteren die Informationsverarbeitungseffizienz von Kapitalmärkten gemeint. Aus der Grundsatzhaltung des Portfoliomanagers zur Frage der Markteffizienz ergeben sich für den Investmentprozess weitreichende Folgen. Die wichtigste Entscheidung ist diejenige für oder gegen aktives Management.

Wenngleich große Assetmanagementgesellschaften oftmals sowohl aktiv als auch passiv verwaltete Portfolios in ihrem Produktsortiment führen, erfordert die Leistungserstellung im Portfoliomanagement ein gänzlich verschiedenes Vorgehen. Das Anbieten sowohl von passiv als auch von aktiv verwalteten Portfolios geschieht vielfach aufgrund von Marketingerwägungen der betreffenden Gesellschaften. Gleichwohl besteht die Grundentscheidung jedes Assetmanagers in der Wahl eines passiven oder eines aktiven Anlageansatzes. Eine aktive Investmentphilosophie strebt die Erzielung überdurchschnittlicher Performance an, während im Rahmen der passiven Investmentphilosophie die Erzielung der jeweiligen Marktperformance angestrebt wird. Während die passive Investmentphilosophie das Eingehen von Abweichungsrisiken gegenüber der definierten Benchmark weitgehend ausschließt, besteht aktives Management gerade in der Inkaufnahme solcher Risiken zur Erzielung überdurchschnittlicher Performance.

Die Antwort auf die Frage nach der Markteffizienz kann sinnvoll nicht grundsätzlich, sondern nur markt- bzw. assetklassenspezifisch ausfallen. Denn es gilt sowohl theoretisch als auch praktisch als gesicherte Erkenntnis, dass der Grad an erreichter Markteffizienz an den Weltmärkten sich von lokalem Markt zu lokalem Markt bzw. von Assetklasse zu Assetklasse stark unterscheidet. Das Segment der 30 Dow Jones Werte an der New York Stock Exchange ist gewiss effizienter als z.B. der polnische Aktienmarkt. Neben anderen Einflussfaktoren liegt dies auch an der Verfügbarkeit derivativer Instrumente, die sich auf die einzelnen Dow Jones Titel beziehen.[1] Der Vergleich von Anleihen und Aktien im Hinblick auf die Markteffizienz ihrer jeweiligen Märkte lässt sich demgegenüber nicht zweifelsfrei beantworten. Es kommt auf das betrachtete Marktsegment an, in dem sich ein Anleger betätigen will. Grundsätzlich dürfte die Markteffizienz im festverzinslichen Bereich höher liegen als bei Aktien, da die zeitlich und betragsmäßig festgelegten Zins- und Tilgungszahlungen den möglichen Fehlbewertungen engere Grenzen als bei Aktien setzen.

Die Frage nach der Markteffizienz ist in zweifacher Weise auch vor dem Hintergrund des Zeithorizonts zu stellen. Denn Markteffizienz muss als dynamischer Prozess gedacht werden, der z.B. durch Fortschreibungen des Wertpapierrechts ständigen Änderungen und Neuerungen unterliegt.[2] Der Wettbewerb der Finanzdienstleister bleibt ebenfalls nicht ohne Konsequenzen für die Markteffizienz. Dabei gilt, dass mit zunehmender Zahl der am Markt teilnehmenden Wettbewerber die Markteffizienz ceteris paribus steigt. In Zeiten kursschwacher Finanzmärkte kommt es häufig zu Konsolidierungen unter Banken und Brokern. Mit abnehmender Anzahl der Anbieter dürfte auch das Niveau der Markteffizienz sinken. Außerdem tendieren Banken und Broker in Baissephasen zu Kostenreduzierungen durch die Verkleinerung der Analysespektren. Auf diese Weise kann es passieren, dass z.B. Aktien mit kleiner Marktkapitalisierung von nur wenigen Analysten verfolgt

---

[1] Als weitere Gründe sind z.B. Marktabdeckung durch Researcher und Portfoliomanager sowie gesetzliche Publizitäts- und Anlegerschutzbestimmungen anzuführen.

[2] Zu denken ist beispielsweise an die erhöhten Transparenzanforderungen durch das Wertpapierhandelsgesetz (WpHG).

werden. Entsprechend gering dürfte dann in diesen Marktsegmenten die Markteffizienz sein. Man könnte somit schlussfolgern, dass in Baissezeiten die Markteffizienz aus den genannten institutionellen Gründen geringer ist als in Haussezeiten. Dem steht jedoch gegenüber, dass in Haussezeiten der Börse viele schlecht informierte Anleger an den Markt drängen, während in Baissephasen die professionellen Anleger weitgehend unter sich sind.[1]

Es kann davon ausgegangen werden, dass Kapitalmarktteilnehmer ihre Informationsauswertung und Vorhersageausrichtung auf einen bestimmten Zeitbereich der Vergangenheit bzw. der Zukunft beziehen. Daher muss die Investmentphilosophie die Frage der Markteffizienz in Abhängigkeit der (Vorhersage-) Zeit beantworten. Die Wahl des Vorhersagehorizonts sollte zu den Einschätzungen der Markteffizienz im Zeitablauf kompatibel sein. Wählt ein Investor einen einjährigen Anlagehorizont mit entsprechender Einjahresvorhersage, dann ist damit implizit unterstellt, dass die diagnostizierte gegenwärtige Fehlbewertung im Verlauf eines Jahres abgebaut ist. Während eine Vielzahl von Modellen wie z.B. neuronale Netze, Trendfolgesysteme etc. versucht, kurzzeitige Kursineffizienzen an den Märkten auszunutzen, gehen fundamental orientierte Portfoliomanager implizit von Ineffizienzen im längerfristigen Bereich aus. Mithin unterstellen diese Marktakteure, dass sich kurz- bis mittelfristige Irrationalitäten an der Börse im Laufe der Zeit wieder einebnen.[2]

Es macht also einen gravierenden Unterschied, ob Investoren davon ausgehen, dass der Markt kurzfristig ineffizient und längerfristig effizient ist oder umgekehrt. Während in beiden Fällen aktives Management zur Ausnutzung der unterstellten Ineffizienzen betrieben werden sollte, werden sich der Anlagehorizont und der Anlagestil stark unterscheiden. Die Ausnutzung kurzfristiger Ineffizienzen erfordert eine entsprechend kurzfristige Handlungsweise, die viele Transaktionen bedingt. Diese wiederum verursachen Transaktionskosten und erfordern eine auf diesen Stil ausgerichtete Organisation des Portfoliomanagements.

Ähnlich wie bei Renditestruktur- und Volatilitätskurven kann auch für die Markteffizienz eine zweidimensionale Darstellung gewählt werden, die den Effizienzgrad von Kapitalmärkten in Abhängigkeit des Zeitablaufs darstellt. Im Unterschied zu Renditestruktur- und Volatilitätskurven handelt es sich jedoch um konjekturale Kurven, da die Markteffizienz nicht konkret bestimmbar ist.

---

[1] In der Regel gehen die Börsenumsätze in Baissephasen zurück.
[2] Allerdings ist zu bedenken, dass der Anlageerfolg der meisten professionellen Marktteilnehmer kurzfristig gemessen wird, so dass ein längerfristiges Agieren erschwert ist.

```
                    Effizienz-    ┌─────────────────────────────┐
                    grad          │ Markteffizienz im Zeitablauf │
                                  └─────────────────────────────┘
                    100% ─────────────────────────────── a
                                                          b
                                                          c
                                                          d
                    90%
                         Stunden  Tage  Monate  Jahre
                                                        Zeithorizont
```

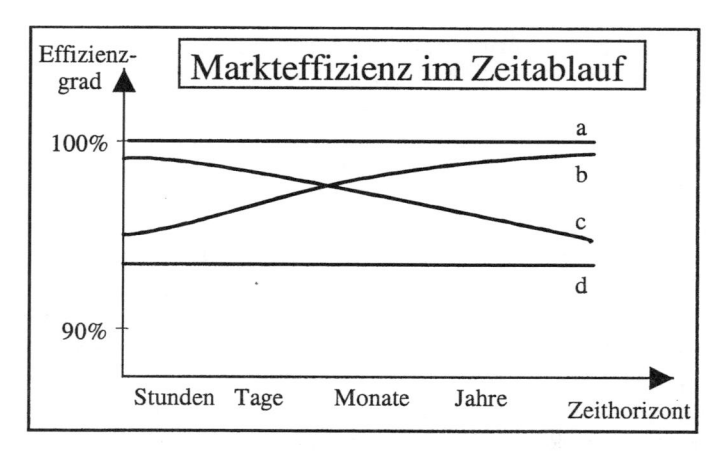

Abb. C.3: Markteffizienz im Zeitablauf

In Abbildung C.3 sind derartige Markteffizienzkurven dargestellt. Es werden vier verschiedene Szenarien für die Markteffizienz unterschieden. Szenario a kennzeichnet einen zu 100 Prozent effizienten und im Zeitablauf konstant effizient bleibenden Markt. Dieser Fall ist nur von theoretischem Interesse. Die Gerade d beschreibt ebenfalls ein zeitkonstantes Niveau der Markteffizienz. Die Höhe des Niveaus ist für die Darstellung hier nicht entscheidend. Szenario c weist auf ein im Zeitablauf abnehmendes Niveau der Markteffizienz hin. Vorhersagen zur Ausnutzung von Fehlbewertungen sind folglich um so angebrachter, je länger ihr Vorhersagezeithorizont ist. Der umgekehrte Fall ist in Szenario b dargestellt. In diesem Fall zeigen sich die Märkte allenfalls kurzfristig, d.h. in einer Frist von Minuten, Stunden und Tagen ineffizient. Bei einer unterstellten Richtigkeit dieses Szenarios bieten sich Kurzfristvorhersagen an.

Eine allgemeingültige Einschätzung bezüglich des Grades an vorliegender Markteffizienz ist schwer zu treffen, zumal keine Zeitkonstanz unterstellt werden kann. Immerhin kann gesagt werden, dass die Zweifel an der These effizienter Märkte in den letzten Jahre erheblich zugenommen haben.[1] Für das praktische Portfoliomanagement sollte trotzdem eine diesbezügliche Arbeitshypothese aufgestellt werden. Üblicherweise wird im aktiven Portfoliomanagement mit der impliziten Annahme gearbeitet, dass Märkte nicht effizient sind. Die Richtigkeit dieser Annahme kann durch die Erzielung einer signifikanten und dauerhaften überdurchschnittlichen Performance untermauert werden. Es stellt sich jedoch die Frage, ob nicht die eher selten anzutreffende Prämisse, nämlich dass Märkte effizient sind, eine klügere Ausgangshypothese darstellt. Insoweit könnte man von einer Beweislastumkehr sprechen, die ggf. zu disziplinierteren Investmententscheidungen im Sinne intensiverer Risikoabwägungen führt. Es darf an dieser Stelle nicht übersehen werden, dass die Entscheidung zugunsten eines aktiven Investmentansatzes oftmals aus Marketinggründen erfolgt. Denn aktives Management wird von den Anlegern wesentlich besser honoriert als passives Management. Allerdings ist auch der zu erbringende Aufwand beim aktiven Management um ein Vielfaches höher.

---

[1] Vgl. *Haugen* (1999) und *Shiller* (2000).

Die Beurteilung der grundsätzlichen Markt- bzw. Assetklassenattraktivität hängt von Prognosen der künftigen Performance verschiedener Assetklassen ab. Das Erstellen und Umsetzen von Prognosen ist der Kern des aktiven Managementansatzes, der wiederum seine theoretische Fundierung aus der Annahme nicht vollständiger Markteffizienz bezieht. Während jedoch beim passiven Management nur einmal und zwar grundsätzlich über die Zukunftsaussichten von Assetklassen nachgedacht werden muss, besteht das Wesen des aktiven Managements im fortlaufenden Erstellen, Überprüfen, Modifizieren, Revidieren von Portfolios durch Umsetzung von Prognosen in Transaktionen.[1]

Aus den investorspezifischen Antworten auf die dargestellten Fragen der Investmentphilosophie lassen sich praktische Implikationen für das Portfoliomanagement ableiten. Neben den bereits oben genannten Konsequenzen für den Anlagehorizont und den Anlagestil kann der Grad des aktiven Managements festgelegt werden. Beispielhaft sind diesbezügliche Optionen in Abbildung C.4 aufgeführt.

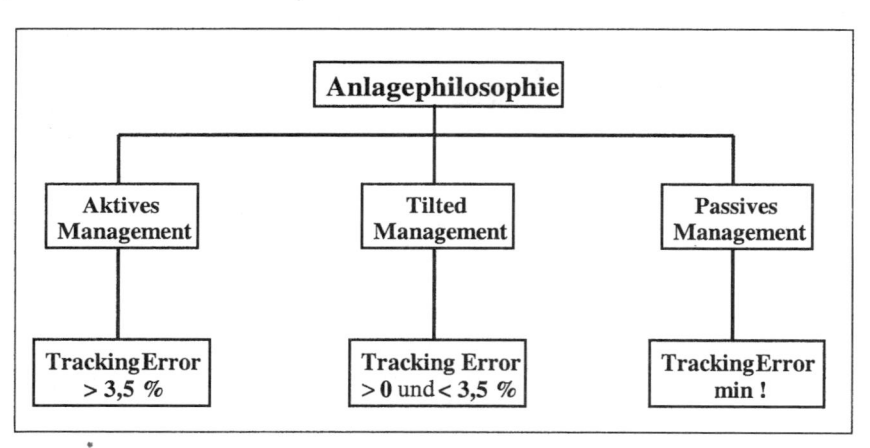

Abb. C.4: Anlagephilosophie und Tracking Error Festlegungen

Wird der Tracking Error als richtiges Maß der aktiven Abweichung eines Portfolios von seiner Benchmark akzeptiert, dann lassen sich die drei dargestellten Optionen entwickeln. Die Höhe des Tracking Errors ist letztlich vom Anleger festzulegen und für den Investmenterfolg maßgeblich. Anzumerken ist, dass mit dem Ansatz des 'Tilted Management' der Versuch eines Mittelwegs zwischen aktivem und passivem Management unternommen werden kann. 'Tilted Management' bedeutet – ausgehend von einer passiven Strategie – die systematische Abweichung von der gewählten Benchmark bei bestimmten Gelegenheiten und/oder in bezug auf einige ausgewählte ökonomische Faktoren. Aktive Portfoliowetten werden dabei nur in begrenztem und vor allem kontrolliertem Umfang eingegangen.

---

[1] Vgl. zur Portfoliorevision *Schmidt-von Rhein* (1996), S. 31ff.

1. Aktives Management

In den überwiegenden Fällen der Portfoliomanagementpraxis bildet aktives Management die anlagephilosophische Grundlage der Investmententscheidungen. Das Ziel des aktiven Managements besteht in der Erzielung einer Performance, die oberhalb der angestrebten Benchmarkperformance liegt. Insofern steht die risikoadjustierte aktive Rendite, verstanden als Differenz zwischen risikoadjustierter Portfolio- und Benchmarkrendite im Mittelpunkt aktiven Portfoliomanagements. Um Missverständnissen vorzubeugen, muss darauf hingewiesen werden, dass der Begriff 'aktives Management' sich nicht auf die Handlungshäufigkeit innerhalb eines Portfolios bezieht. Der Begriff 'aktiv' weist lediglich auf die bewusste (Rendite-Risiko-) Exposuredifferenz zur Benchmark hin. Das Wesen des aktiven Managements liegt im Treffen und Umsetzen von Vorhersagen.[1] Um diese Aussage nachzuvollziehen, ist es sinnvoll, über das Problem bzw. den Engpass des aktiven Investmentmanagementansatzes kurz nachzudenken. Wie Abbildung C.5 verdeutlicht, lassen sich im aktiven Portfoliomanagement zwei wesentliche Tätigkeitsschritte klar voneinander unterscheiden. Der erste und wichtigste Schritt – die Kursvorhersage – ist deshalb schwierig, weil es keine Algorithmen bzw. Wissenschaften zutreffender Kurs- bzw. Renditeprognosen gibt.[2] Wären Vorhersagen mit Treffsicherheit behaftet, so würde sich das Problem der Portfoliobildung gar nicht stellen, da ausschließlich in das höchst rentierliche Wertpapier investiert würde.

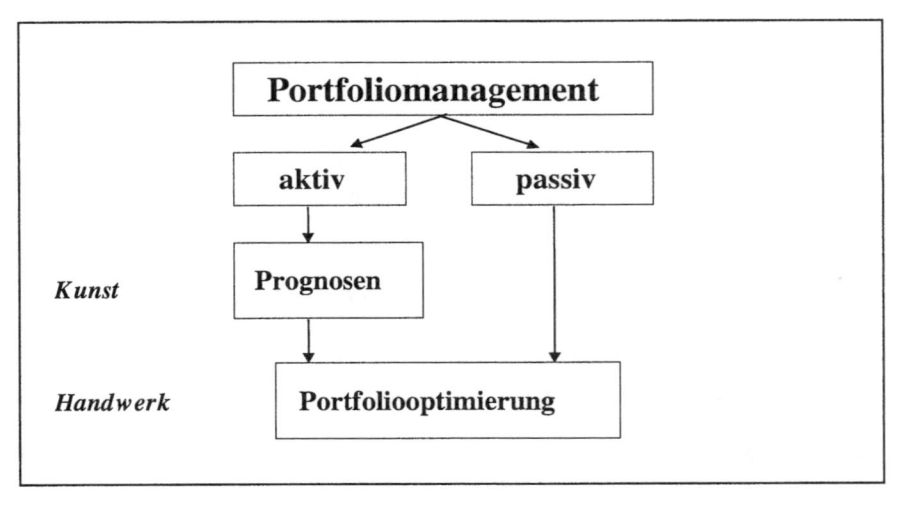

Abb. C.5: Prognosen als Engpass des aktiven Portfoliomanagements

---

[1] Vgl. *Grinold/Kahn* (1995), S. 217.

[2] Streng genommen müsste man von Prognostik im engeren Sinne sprechen, um eine sinnvolle Abgrenzung gegenüber der Statistik zu treffen. Sodann umfasst Prognostik im weiteren Sinne jedwede Form von Vorhersagen. Da es in der Portfoliomanagementpraxis jedoch üblich ist, die Begriffe Prognose und Vorhersage als Synonyme anzusehen, wird im weiteren ebenso verfahren.

Vorhersagen sind jedoch mit Unsicherheit behaftet. Eigenschaften wie Kreativität und Phantasie spielen bei Zukunftsvorhersagen eine Rolle. Die Bedeutung von Kreativität und Phantasie für die Erstellung von Kursvorhersagen weist eine Parallele zum künstlerischen Schaffen auf. Insofern ist der Satz nachvollziehbar, dass gute Prognosen die Kunst der Kapitalanlage sind.

Erst nachdem Kursprognosen erstellt sind, kann die Kombination derselben mittels der Portfoliooptimierung erfolgen. Ohne den Kreativität erfordernden Schritt der Prognoseerstellung ist der zweite Schritt der Prognoseverwertung in der Form der Portfoliobildung und -optimierung hinfällig. Daher sind treffende Kursvorhersagen der Engpass im aktiven Portfoliomanagement.

Im Gegensatz zur Vorhersageerstellung können die computergestützten Techniken der Portfoliooptimierung bzw. -konstruktion als handwerkliche Leistung verstanden werden. Die Fähigkeit treffende Kursvorhersagen abzugeben ist insofern auch das wichtigste Unterscheidungsmerkmal von Portfoliomanagementeinheiten bei Assetmanagementgesellschaften.[1] Demgegenüber können die vorhandenen Techniken zur Portfoliobildung und -optimierung, da sie auf wiederholbaren Algorithmen fußen, als Standardinstrumente angesehen werden, die potentiell allen Assetmanagementinstitutionen zur Verfügung stehen. Zu denken ist dabei besonders an das Portfolio-Selection-Modell von Markowitz und dessen Erweiterungen.[2]

In diesem Zusammenhang ist eine Relativierung des oben verwendeten Begriffs 'Optimierung' angebracht. Keineswegs darf der Terminus 'optimiert' mit 'optimal' im Sinne von nichtverbesserbar verwechselt werden. Optimieren lassen sich Portfolios nur bei gegebenen Datensituationen. Die im Rahmen der ökonometrisch / quantitativen Analysemethodik häufig anzutreffenden Optimierungsverfahren sind nur in der Lage, für eine bekannte Datenlage der Vergangenheit optimale Portfolios zu konstruieren. Da zukünftige Kapitalmarktdaten mit Unsicherheit behaftet sind, kann die Optimalität eines optimierten Portfolios nur ex post festgestellt werden. Eine Optimierung der Zukunft ist definitionsgemäß unmöglich. Allenfalls können Portfolios hinsichtlich gegebener Zukunftserwartungen und Nebenbedingungen optimiert werden. Hinzu kommt, dass Optimierungsmodelle hinsichtlich ihres Outputs sehr sensibel auf kleine Inputveränderungen bei den Renditeprognosen reagieren.[3] Insofern darf der Einsatz quantitativer Optimierungsalgorithmen dem Anwender nicht die Illusion vermitteln, die konstitutive Unsicherheit über künftige Wertpapierpreise ausschalten zu können. Hinzu kommt, dass Optimierungsverfahren nicht ohne Definition dessen auskommen, was unter Risiko zu verstehen ist. In der Investmentpraxis gibt es jedoch kein Risikomaß, dass allgemein als richtiges Risikomaß akzeptiert ist.

Organisatorisch wird der dargestellten Engpassbetrachtung in der Assetmanagementpraxis oftmals dadurch entsprochen, dass für die Prognoseerstellung Wertpapieranalysten und für die Portfoliozusammensetzung Portfoliomanager eingesetzt werden. Allerdings ist dies eine Frage des Investmentprozesses und der Investmentkultur, zu der später noch Stellung genommen wird.

---

[1] Zum Thema 'Güte von Renditeprognosen' vgl. *Spiwoks* (2002), S. 180ff.; *Black* (1993), S. 36ff.; *Dowen* (1989), S. 71ff. und *Elton/Gruber* (1987), S. 598ff.

[2] Siehe hierzu Abschnitt B.I. und *Farrell* (1997), S. 17ff.

[3] Vgl. zur Portfoliooptimierung und Inputformulierung *Black/Litterman* (1992), S. 28ff.

a. Kursvorhersagen – Prognosen

Da aktives Management auf der Annahme einer nicht gegebenen Markteffizienz beruht – zumindest in den anlagerelevanten Marktsegmenten, Zeitphasen und Ländern – muss über Methodiken nachgedacht werden, die eine performancesteigernde Ausnutzung der angenommenen Marktineffizienzen wahrscheinlich erscheinen lassen. Dazu bedarf es der Vorhersage zukünftiger Kursentwicklungen. Mit Hilfe von Prophetie, Prognostik und Statistik lassen sich drei grundsätzliche Wege zur Vorhersage zukünftiger Entwicklungen benennen. Für Kursvorhersagen im Rahmen des Portfoliomanagements eignen sich die Verfahren von Prognostik und Statistik.

Kennzeichen dieser Methodiken ist deren Rationalität. Prognosemodelle stellen daher stets auch Erklärungsmodelle dar.[1] Kursvorhersagen, die auf der Basis von Prognostik oder Statistik erstellt werden, sind für Dritte nachvollziehbar. Die wesentlichen Kennzeichen der drei genannten Vorhersagemethodiken lassen sich wie folgt beschreiben:

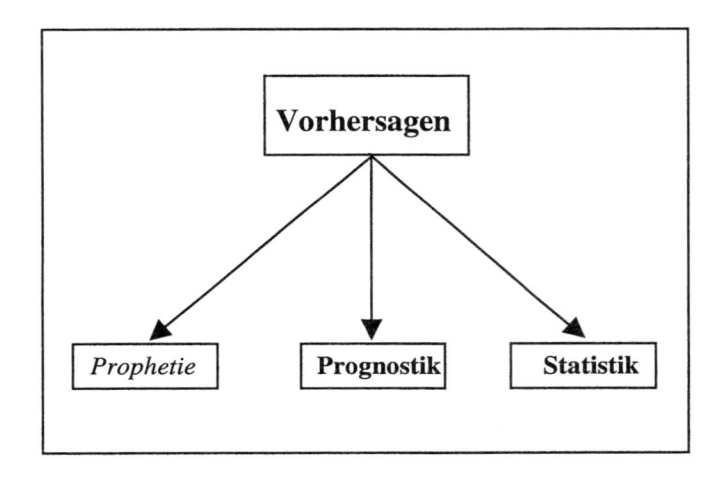

Abb. C.6: Grundsätzliche Vorhersagemethodiken

aa. Prophetie

Prophezeiungen werden von Propheten abgegeben, die am Kapitalmarkt zumeist als Börsen-Gurus bezeichnet werden. Um das Eintreffen ihrer Prophezeiungen für wahrscheinlich zu halten, müsste man diesen Personen Glauben schenken. Kennzeichen für Prophezeiungen ist das Fehlen von Nachprüfbarkeit der Vorhersage. Denn die Prophezeiung bedarf nicht der Anhaltspunkte der Erfahrung. Sodann sind Plausibilitätsüberprüfungen nicht möglich. Gegen eine Prophezeiung lässt sich folglich nicht argumentieren.[2]

---

[1] Vgl. *Wöhe* (1993), S. 40.

[2] Vgl. *Pieper* (1950), S. 35ff.

ab. Statistik

Die Statistik betrachtet die Kursverläufe der Vergangenheit als Stichproben von Zufallsereignissen. Durch die ökonometrische Auswertung von Stichproben lassen sich Aussagen über deren Verteilungsparameter gewinnen. Anhand der errechneten Verteilungsparameter und auf der Basis zu setzender Verteilungsannahmen für die Zukunft lassen sich dann Wahrscheinlichkeiten für zukünftige Kursverläufe bestimmen.[1]

ac. Prognostik

Die Prognostik bedient sich der kausalen Deduktion zur Vorhersage künftiger Kurse. Dabei gewinnt die ökonomisch / qualitative Prognostik ihre Anhaltspunkte ebenso aus der Vergangenheit wie die Statistik. Aber ihr Umgang mit diesen Erfahrungswerten verläuft gänzlich anders. Unter Zuhilfenahme von Kreativität und Phantasie werden Vorhersagen als schlüssige und für kundige Dritte nachvollziehbare Erkenntnisse über die Zukunft abgeleitet.

b. Prognosen im Portfoliomanagement

Der Kern des aktiven Portfoliomanagements besteht also in der Erarbeitung und Umsetzung von Prognosen. Über das Thema Prognosen lässt sich problemlos ein eigenes Buch schreiben, wenn man allein die verschiedenen Techniken und Anlageinstrumente bedenkt. Dies würde jedoch den Rahmen des vorliegenden Buches sprengen, so dass hier nur auf wesentliche Elemente von Prognosen eingegangen werden kann.

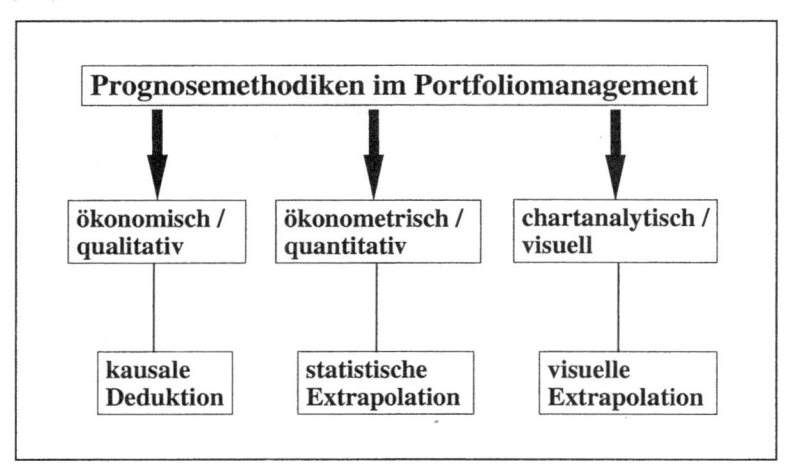

Abb. C.7: Prognosemethodiken im Portfoliomanagement

---

[1] In den letzten Jahren sind mehrere prominente Fälle bekannt geworden, wo die Anwendung statistischer Vorhersageverfahren versagt hat. Viele Versicherungsgesellschaften mussten in der Folge der Terroranschläge vom 11.09.2001 in New York feststellen, dass ihre Schadensprognosen viel zu gering angesetzt waren. Auch der Zusammenbruch des Hedge Fonds LTCM im Jahr 1998 fußte auf der Verwendung von finanzmathematischen Extrapolationsrechnungen, die sich durch das Auftreten der sog. Russland-Krise als falsch erwiesen.

ba. Ökonomisch / qualitative Prognosen

Die am häufigsten zur Anwendungen gelangende Prognosemethode besteht in der kausalen Deduktion von Kurs- und Marktentwicklungen. Diese Technik lässt sich auf sämtliche Anlagegattungen anwenden. Man könnte mit Berechtigung von der traditionellen Art und Weise des Prognostizierens sprechen. Dabei macht sich der Analyst bzw. der Portfoliomanager ein Bild über den künftigen Wert des Anlagegegenstandes, indem er Annahmen über die zugrunde liegenden Werttreiber setzt und auf dieser Basis einen fairen Wert kalkuliert. Dazu wird in aller Regel ein auf dem Prinzip des Barwertmodells beruhendes Bewertungsmodell verwendet.[1]

Zu den wertbestimmenden Annahmen, die – neben der Modellspezifikation – für die Berechnung des fairen Wertes entscheidend sind, gelangt der Analyst / Portfoliomanager durch intellektuelle Abwägung – d.h. Auswahl, Bewertung und Gewichtung – aller als potentiell wertbestimmend anzusehenden Faktoren. Relevant ist dabei die Gesamtschau der Dinge. Der Vergleich des ermittelten fairen Wertes mit dem Börsenkurs führt dann unter zusätzlicher Beachtung von Risikofaktoren und einer Sicherheitsmarge zur Prognose bzw. Handlungsempfehlung.

Wie sich zeigt, liegt der Schwerpunkt des ökonomisch / qualitativen Arbeitens auf der Interpretation von Informationen. Ohne bessere Informationen zu besitzen kann die richtigere Interpretation derselben Prognosevorteile verschaffen. Gerade in der Fähigkeit zur Interpretation von Informationen zeigt sich die Stärke des menschlichen Gehirns gegenüber algorithmischen Verfahren. Kreativität, Phantasie und Intuition spielen bei diesem Ansatz eine wichtige Rolle.

Während bei der Aktienprognose eher mikroökonomische Variablen dominieren, stehen bei der Prognose festverzinslicher Titel makroökonomische Faktoren im Vordergrund.[2] Die Schätzung der künftigen Zinsstrukturkurve erweist sich als neuralgischer Punkt der Prognose bei festverzinslichen Wertpapieren. Aufgrund der zentralen Rolle der Zinsstrukturkurve für die Anleihenbewertung und der daraus folgenden Beobachtungsintensität durch alle Marktteilnehmer dürfte diese Prognose besonders schwierig sein. Die Prognose fairer Aktienwerte wird hingegen durch die größere Vielzahl zu schätzender mikroökonomischer Einflussfaktoren erschwert.

bb. Ökonometrisch / quantitative Prognosen

In den vergangenen zwei Jahrzehnten hat die ökonometrisch /quantitative Prognose, die in der Portfoliomanagementpraxis zumeist unter dem Begriff quantitative Analyse firmiert, große Verbreitung gefunden. Die Popularisierung der Kapitalmarkttheorie hat dieser Prognoserichtung einen breiten Instrumentenkasten an die Hand gegeben. Besonders beim Thema Risikoeinschätzung wurden durch die quantitative Analyse wesentliche Beiträge zum professionellen Portfoliomanagement geleistet.

Bei der ökonometrisch / quantitativen Prognosemethode kommen die vielfältigen Verfahren der ökonometrischen Zeitreihenanalyse zur Anwendung. Die Verbreitung dieser Methodik in den

---

[1] Vgl. für die Wertbestimmung bei Anleihen *Steiner/Bruns* (2002), S. 140ff. und bei Aktien *ebenda*, S. 227ff.

[2] Bei Unternehmensanleihen kann dies angesichts der titelspezifischen Risiken durchaus anders sein.

letzten Jahren hängt u.a. mit der kostengünstigen Verfügbarkeit großer Computerkapazitäten zusammen. Die Vielzahl der zu berechnenden Kursindikatoren führt im Rahmen der ökonometrischen Tests (Back Testing) zu umfangreichen Rechenoperationen.[1] Ein unbestreitbarer Vorteil der quantitativen Analyse liegt in der Menge und Geschwindigkeit der verarbeitbaren Informationen. Gerade bei der Schätzung von Korrelationen zwischen den einzelnen Wertpapieren erweisen sich ökonometrisch / quantitative Verfahren als nützlich. Da Korrelationsdaten stabiler sind als Renditedaten, ist der Einsatz ökonometrischer Methoden zu ihrer Schätzung auch gängig.[2] Die Schätzung von Korrelationsdaten erfolgt zumeist mithilfe von Mehrfaktorenmodellen. Dabei wird der Zusammenhang zwischen den Wertpapierpreisen und ökonomischen Faktoren bzw. Indikatoren gemessen.

Zu den am häufigsten eingesetzten ökonometrisch / quantitativen Verfahren zählen Filtertechniken, neuronale Netze und sog. 'Screening'-Modelle, die eine Vielzahl von ökonomischen Einzelindikatoren verknüpfen.[3] Diese Techniken, sowie auch das von den Mehrfaktorenmodellen bekannte Faktor-Tilting, werden begrifflich in die Rubrik der aktiven quantitativen Managementtechniken eingeordnet. Vorteile der benannten Verfahren liegen in der Schnelligkeit der Informationsverarbeitung, dem großen Volumen an verarbeitbaren Daten, der disziplinierten Signalumsetzung (emotionsloses Handeln), der Konsistenz mit den aufgestellten Handelsregeln sowie der intersubjektiven Nachvollziehbarkeit. Ferner eignen sich ökonometrisch / quantitative Verfahren recht gut zur Prognose verschiedener quantitativer Risikokennzahlen.

Dem stehen Nachteile wie eine geringe Flexibilität, eine nicht gegebene Kreativität, eine vollkommene Vergangenheitsbasierung und die Gefahr von zu schlechter Qualität der verwendeten Zeitreihen aufgrund von Noise oder Strukturbrüchen gegenüber. Fehler bei der Modellspezifikation sind ebenfalls denkbar. Gerade bei Renditeprognosen reicht die Stabilität von Zeitreihen i.d.R. nicht aus, um mit Hilfe ökonometrisch / quantitativer Verfahren zu brauchbaren Schätzungen zu gelangen.[4] Zudem können Strukturbrüche, wie z.B. die fundamentalen Auswirkungen politisch-gesellschaftlicher Veränderungen in ökonometrisch / quantitativen Modellen nicht angemessen berücksichtigt werden, wenn es sich beispielsweise um sich in naher Zukunft abzeichnende Veränderungen handelt.

Das Aufkommen der noch jungen Forschungsdisziplin „Behavioral Finance" lenkt den Blick auch auf die Begrenzungen der quantitativen Analyse. Der rein rationale Charakter des ökonometrisch/ quantitativen Prognostizierens vermag dem menschlichen Einfluss auf die Wertpapierkurse kaum hinreichend Rechnung zu tragen.

---

[1] Detaillierte Beschreibungen ökonometrisch / quantitativer Prognosetechniken finden sich bei *Poddig* (1996) sowie *Poddig* (1999).

[2] Allerdings hat sich gezeigt, dass Korrelationen in Phasen besonders starker Marktbewegungen zunehmen und somit den Diversifikationseffekt gerade dann mindern, wenn Investoren seiner besonders bedürfen.

[3] Zum Einsatz künstlicher neuronaler Netze in der Finanzanalyse vgl. *Wittkemper* (1994).

[4] Vgl. *Black* (1993), S. 36ff. und *Sittampalam* (1993), S. 153f.

bc. Chartanalytisch / visuelle Prognosen

Eine dritte, in der Kapitalmarktpraxis durchaus weit verbreitete und zugleich kontroverse Prognosemethodik, besteht in der sog. Technische Analyse, die oftmals auch als charttechnische Analyse (kurz: Chartanalyse) bezeichnet wird. Das Wesen der Chartanalyse ist die visuelle Auswertung von Kurs- und Umsatzverläufen der Vergangenheit anhand von Charts. Die Chartanalyse reklamiert für sich, die Börsenpsychologie besser als andere Verfahren erfassen zu können, da sich selbige in den Kursen widerspiegele.

Das Einsatzgebiet der Charttechnik ist zumeist auf Timing-Entscheidungen begrenzt. Dort werden die Verfahren unterstützend zur Fundamentalanalyse eingesetzt. Die Bedeutung der Chartanalyse ist besonders bei solchen Anlageformen hoch, die sehr kurzfristige Schwankungen aufweisen. Erfahrungsgemäß findet die Chartanalyse bei Derivaten und im Währungsbereich relativ weite Verbreitung. Aufgrund der eher untergeordneten Stellung der Chartanalyse im institutionellen Portfoliomanagement soll hier jedoch nicht weiter auf diese Prognosemethodik eingegangen werden.[1]

bd. Prognosepragmatismus

Die bisherigen Darstellungen haben den Eindruck entstehen lassen, als bestünde ein striktes entweder / oder in der Frage der ökonometrisch / quantitativen, der ökonomisch / qualitativen und der charttechnisch / visuellen Prognosemethodiken. Alle drei Verfahren haben Vor- und Nachteile. Tatsächlich werden daher alle drei Methodiken komplementär im institutionellen Portfoliomanagement angewendet. Die beiden erstgenannten Verfahren überwiegen dabei deutlich.

Im Rahmen der ökonometrisch / quantitativen Prognosemethodik kann beispielsweise ein sog. 'qualitativer Overlay' die erhaltenen Vorhersagen auf Plausibilität und Konsistenz überprüfen. Bei der ökonomisch / qualitativen Prognosemethodik können ökonometrisch / quantitative Signale als Analyse-Input verwendet werden. Zudem lassen sich Risikokennzahlen recht gut mit Hilfe ökonometrisch / quantitativer Methoden schätzen. Ebenso können ökonometrisch / quantitative Verfahren wichtige Arbeitserleichterungen bei der Vorselektion (Screening) großer Wertpapieruniversen darstellen. Darüber hinaus verwenden auch ökonomisch / qualitativ ausgerichtete Portfoliomanager mitunter charttechnische Verfahren zur Bestimmung geeigneter Kauf- bzw. Verkaufszeitpunkte.

Das verbindende Element zwischen ökonometrisch / quantitativer und charttechnischer Analyse besteht in dem ausschließlichen Rückgriff auf vergangene Zeitreihen. Zudem basieren beide auf der gleichen Prämisse, nämlich der Prognostizierbarkeit zukünftiger Daten-, Kurs- und Renditeentwicklungen aus den Realisierungen der Vergangenheit. Da die ökonometrisch / quantitative Analyse z.T. viele einzelne Indikatoren – und zwar i.d.R. fundamentale Faktoren – in mathematisch aufwendiger Weise verknüpft, kann sie als deutlich anspruchsvoller gegenüber der rein visuellen Chartanalyse gelten. Es darf jedoch nicht übersehen werden, dass quantitative Analysemethoden sich letztlich auf gleicher theoretischer Grundlage mit der technischen Analyse befindet, wie aus dem folgenden Tableau zu ersehen ist.

---

[1] Eine kompakte Einführung zur Chartanalyse findet sich bei *Steiner/Bruns* (2002), S. 272ff.

Prognoseverfahren	Investmentphilosophie	Theoriefundierung[1]
charttechnisch / visuell	aktives Management	schwache Markteffizienz
ökonometrisch /quantitativ	aktives Management	schwache Markteffizienz
ökonomisch / qualitativ	aktives Management	halbstrenge Markteffizienz
konsensorisch / implizit	passives Management	strenge Markteffizienz

Tab. C.1: Investmentphilosophie und Theoriefundierung

Es kann ferner davon ausgegangen werden, dass Prognosen bei festverzinslichen Wertpapieren häufiger ökonometrisch / quantitativ ermittelt werden. Verantwortlich dafür ist zum einen der klare mathematische Zusammenhang zwischen den Preisen für festverzinsliche Titel und der Zinsstrukturkurve und zum anderen die starke volkswirtschaftliche Komponente der Zinsstrukturkurvenprognose. Die Vorhersage volkswirtschaftlicher Daten fußt ihrerseits zu einem nicht geringen Teil auf einer ökonometrischen Analyse.

Demgegenüber überwiegen bei der Aktienprognose jene Vorhersagemethoden, die der Heterogenität und Volatilität dieser Anlageklasse eher gerecht werden. Da es bei Aktien keinen mathematischen Kursbestimmungsfaktor wie die Zinsstrukturkurve bei festverzinslichen Titeln gibt, nehmen die titelspezifischen Gegebenheiten bei der Aktienprognose einen breiteren Raum ein.[2] Hierdurch und durch die zumeist wesentlich höhere Duration bei Aktien gewinnen ökonomisch / qualitative Einschätzungen einen größeren Raum bei der Aktienprognose.

Entscheidend bleibt letztlich die Frage, wie die Investmententscheidung zustande kommt. Angesichts der dynamischen Marktentwicklungen mit im Detail nicht wiederkehrenden Preisverläufen und dem daraus zu folgernden Resultat, dass es sich bei Kapitalmärkten nicht um mathematisch exakt bestimmbare naturgesetzliche Verläufe handelt, liegt eine Tendenz zugunsten der Vorherrschaft der ökonomisch / qualitativen Prognosemethodik nahe. Anders ausgedrückt ließe sich sagen, dass Portfoliomanagement – anders als etwa die Naturwissenschaften – mit einer Situation andauernder Unsicherheit bezüglich der Variablenausprägung und -gewichtung in der Zukunft konfrontiert ist. Rein ökonometrisch / quantitative und damit ausschließlich vergangenheitsorientierte Verfahren, die durch die scheinbar präzise Angabe errechneter Kursziele den Anschein von Objektivität erwecken, können nicht darüber hinwegtäuschen, dass Portfoliomanager bzw. Wertpapieranalysten subjektive Bewertungsentscheidungen treffen müssen. Eine Überquantifizierung

---

[1] Vgl. *Fama* (1970), S. 395ff.

[2] Es sei daran erinnert, dass die Kursentwicklung festverzinslicher Titel in theoretisch bestimmbaren engen Grenzen verläuft, was bei Aktien nicht der Fall ist.

des Prognoseprozesses birgt somit die Gefahr der Verschüttung menschlicher Kreativität als maßgeblicher Prognosequelle.¹ Die seit einigen Jahren populär gewordenen verhaltensorientierten Erklärungsansätze des Börsenverhaltens deuten insofern auf eine Rückbesinnung auf qualitative Prognoseelemente hin.

Für praktische Belange dürfte es am vernünftigsten sein, keine der genannten Prognosemethoden zu ignorieren. Denn allein schon der Umstand ihrer Befolgung durch viele Marktteilnehmer verleiht allen drei Verfahren Relevanz. Ein solcher pragmatischer Ansatz dürfte die größten Chancen auf treffende Prognosen eröffnen.

Durch den parallelen Einsatz aller genannten Verfahren lässt sich etwa überprüfen, ob Widerspruchsfreiheit zwischen den Kursvorhersagen vorliegt oder nicht. Dadurch lässt sich ggf. die Prognosequalität verbessern. Wird die ökonomisch / qualitative Prognose zur Bestimmung des fairen Wertes des Anlagegegenstandes und die ökonometrisch / quantitative Prognose für die Schätzung von Risikofaktoren eingesetzt, so kann durch die chartanalytisch / visuelle Prognose schließlich die zu treffende Timingentscheidung unterstützt werden.

Gleichwohl ist die kausale Deduktion letztlich die überzeugendste singuläre Prognosemethodik. Unter Beachtung der Ausprägungen in der Vergangenheit vermag sie die Stärken der Vernunft am ehesten mit den Fähigkeiten menschlicher Kreativität zu verbinden. Nur ist dabei zu beachten, dass der personale Einfluss bei dieser Prognosemethodik am höchsten ist. Für die Gestaltung der Investmentkultur und den Investmentprozess hat dies weitreichende Implikationen.

2. Passives Management

Die Nachbildung geeigneter Kapitalmarktindizes als Wertpapierportfolios wird als passives Management bzw. Indextracking bezeichnet. Die Entscheidung, passives Management zu betreiben, basiert zumeist auf der Überzeugung, dass Kapitalmärkte effizient sind.² Empirische Untersuchungen zur Outperformance von aktiv veranlagten Fonds bestärken diese Einschätzung ganz überwiegend. Zudem realisieren passive Investoren, dass relatives Management ein Nullsummenspiel ist.³ Zusätzlich ist der passive Portfoliomanagementansatz durch die Existenz der Theorie effizienter Märkte theoretisch fundiert.⁴ Ein weiterer Grund für die Anwendung passiver Portfoliomanagementtechniken, die allesamt quantitativ ausgerichtet sind, kann in der Nichtverfügbarkeit von Ressourcen liegen, die einen aktiven Managementansatz aussichtsreich erscheinen lassen. Dies gilt insbesondere für die Assetklasse Aktien, da angesichts der Vielzahl von zur Verfügung stehenden Werten für ein aktives Management ein großer Researchaufwand betrieben werden muss. Zunehmend muss dieses Argument auch für festverzinsliche Anlagen ins Feld geführt werden. Denn der Anteil der Unternehmensanleihen am gesamten Anleihenbestand nimmt seit Jahren zu.

---

[1] Vgl. *Gray* (1997), S. 5ff.

[2] Dabei wird Markteffizienz weniger an der Informationsverarbeitung als vielmehr anhand der Performance aktiv verwalteter Fonds gemessen. Vgl. Abschnitt B.II.1.b.

[3] Berücksichtigt man Transaktionskosten, dann ist relatives Management sogar weniger als ein Nullsummenspiel.

[4] Vgl. *Fama* (1970), S. 395ff. und *Fama* (1991), S. 1575ff.

Auch Risikoüberlegungen sind für Entscheidungen bezüglich einer passiven Investmentphilosophie bedeutsam. Denn das vorliegende Paradoxon der Investmentphilosophie besteht in der Erkenntnis, dass passives Management zum ersten äußerst kostengünstig ist, zum zweiten nur ein minimales relatives Risiko entstehen lässt und zum dritten eine Rendite gewährleistet, die – bei ex post Betrachtung – i.d.R. für einen Platz im oberen Quartil der meisten Rankinglisten qualifiziert. Demgegenüber ist aktives Portfoliomanagement deutlich aufwendiger, risikoreicher (bei Verwendung des Tracking Errors als Risikomaß) und oftmals inferior hinsichtlich der erzielten Renditen. Insofern ist die Klassifizierung einer passiven Investmentphilosophie als 'Risikomanagement' gegenüber einem in erster Linie an der erzielbaren Rendite orientierten aktiven Portfoliomanagement sachgerecht.

Ein weiterer Grund für passives Management besteht in der vorliegenden Theoriefundierung. Die empirisch zu beobachtenden Performanceergebnisse werden von der Theorie der Kapitalmarkteffizienz deutlich gestützt. Ähnlich wie bei vielen sog. 'Kapitalmarktanomalien' hat sich gezeigt, dass theoretisch erklärbare Phänomene nachhaltiger wirken als rein empirisch festgestellte Sachverhalte.[1]

Allerdings ist auf die Existenz des sog. 'Informationsparadoxons' hinzuweisen. Kapitalmärkte können nur dann effizient sein, wenn sich hinreichend viele Marktteilnehmer um die Verbreitung, Auswertung und Umsetzung von Informationen bemühen. Mit anderen Worten: Kapitalmarkteffizienz kann nur vorliegen, wenn genügend viele Marktteilnehmer nicht an deren Existenz glauben. Passives Portfoliomanagement verdankt seine überdurchschnittlichen Vergangenheitsergebnisse mithin dem Umstand, dass die Mehrheit der Akteure eine aktive Investmentphilosophie besitzt und praktiziert. Ändert sich dies, so könnte die Argumentationslage zugunsten eines passiven Portfoliomanagements tendenziell erodieren. Zugunsten des passiven Managements ließe sich ferner argumentieren, dass aktives Management in der Anlagepraxis aus Marketinggründen praktiziert wird, da sich mit ihm wesentlich höhere Gebühren erzielen lassen. Solange dies der Fall ist, wird aktives Management auch nicht aufhören, zu existieren, es sei denn, es finden sich keine Anleger mehr bereit, in aktive Mandate zu investieren. Insofern deutet die weite Verbreitung des aktiven Managements seinerseits auf eine Marktineffizienz hin.

Gleichwohl ist der Begriff „passives Management" insofern irreführend, als vom Investor eigene Entscheidungen von strategischer Bedeutung verlangt werden. Die Wahl der Assetklasse und einer zu den Anlagezielen passenden Benchmark muss letztlich vom Investor vorgenommen werden. Die Wertentwicklung des Portfolios ist nach erfolgter Benchmarkwahl an die Performance des gewählten Index gebunden. Angesichts der Vielzahl und Veränderlichkeit der zur Verfügung stehenden Indizes ist dies kein leichtes Unterfangen. Differenzen in der Indexgestaltung können einen signifikanten Einfluss auf die Indexperformance haben.

---

[1] Vgl. hierzu die ausführlichen Darstellungen im Kapitel B.

a. Indexauswahl

Für die Auswahl eines Aktienindex im Rahmen des passiven Portfoliomanagements sind zahlreiche Fragen zu beantworten. Eine Auswahl der wichtigsten Fragen soll im folgenden kurz besprochen werden.

Welche Art von Aktiengesellschaften soll in dem Index repräsentiert werden? Diese Frage bezieht sich auf das vorherrschende Profil der Indexgesellschaften. Ein Blue Chip Index wie der DAX weist offenbar andere Unternehmenscharakteristika auf als der TecDAX.

Welche internationale Streuung soll der Index aufweisen? Hierbei geht es um die regionale Reichweite der gewählten Benchmark. Ein nationaler Index wie der DAX ist stärker an die deutsche Wirtschaftsentwicklung gebunden als etwa der Euro STOXX 50 oder der MSCI World.

Welche Währungsimplikationen sind mit der Indexwahl verbunden? Aus der Indexwahl resultieren Währungsexposures, die von dem Investor akzeptiert bzw. erwogen werden müssen. Im Sinne eines Asset-Liability Managements gilt es dabei zu überprüfen, welche Währungsrisiken dabei auftreten können. Gegebenenfalls ist ein Hedging der Währungsrisiken anzustreben.

Welches Risikoprofil soll der Index aufweisen? Durch ein vergangenheitsorientiertes Kennzahlen-Screening kann der Anleger die Ausprägungen verschiedener Risikokennzahlen für alternative Indizes überprüfen und anschließend Präferenzen festlegen.

Wie repräsentativ soll der Index sein, bzw. wie viele Mitglieder soll er haben? Die Frage nach der Anzahl der Indexgesellschaften hat Konsequenzen für die Repräsentativität und technische Abbildbarkeit des Index.

Gibt es liquide Derivate, die sich auf den Index beziehen? Durch die Verwendung von Indexderivaten lässt sich das passive Management erheblich vereinfachen. Zudem wird die Durchführung von Baisse-Strategien durch Derivate möglich. Ebenso sind Hedgingtransaktionen vergleichsweise einfach durchführbar.

Welches Gewichtungsschema kommt zur Anwendung? Das Gewichtungsschema eines Aktienindex hat Konsequenzen für die Auswahl und Gewichtung der in ihm vertretenen Gesellschaften. Eine Gewichtung mit der Marktkapitalisierung des Eigenkapitals kommt zu anderen Ergebnissen als eine Gewichtung mit dem Grundkapital oder dem Marktwert des Free Float der Unternehmen.

Wie häufig wird der Index hinsichtlich der Zusammensetzung seiner Mitglieder und Gewichtung überprüft bzw. modifiziert? Die Häufigkeit der Indexanpassung hat Auswirkungen auf die Transaktionskosten und die Abbildbarkeit des Index und somit auf den Tracking Error.

Wie effizient soll der Index sein? Ein Aktienindex kann als Portfolio aufgefasst werden, das seinerseits hinsichtlich der Größen Rendite und Risiko hohe Effizienzgrade erreicht. Für Anleger, die im Rahmen ihres passiven Managements einen im Sinne der Portfoliotheorie relativ effizienten Aktienindex suchen, liegt die Analyse der zur Auswahl stehenden Indizes nach diesen Kriterien nahe.

b. Techniken der Indexabbildung

Im Rahmen des passiven Portfoliomanagements findet i.d.R. eine Konzentration auf kostenminimales Management statt. Ziel hierbei ist es, eine vorgegebene Benchmark kostengünstig und möglichst genau hinsichtlich ihres Rendite-Risiko-Profils abzubilden.[1] Die beiden genannten Zielsetzungen verhalten sich konfliktär zueinander. Daher muss ein Algorithmus verwendet werden, der den Trade Off zwischen Aufwand und Abbildungspräzision optimiert.

Auch in diesem Sinne ist der Begriff „passives Management" irreführend, denn Zu- und Abflüsse erfordern eine kontinuierliche Anpassung des Portfolios. Daher kann das Aktivitätsniveau des Portfoliomanagers bei passivem Management gegenüber einem aktiven Managementansatz durchaus hoch sein.

Anhand des DAX als Benchmark für ein deutsches Aktienportfolio soll das Problem genauer betrachtet werden. Eine präzise Benchmarkabbildung gelingt offenbar um so besser, je mehr der im DAX enthaltenen 30 Werte auch mit ihrer DAX-Gewichtung in das Portfolio genommen werden. Sieht man einmal von Ganzzahligkeitsproblemen, Transaktionskosten und Steuern ab, dann kann der Tracking Error auf Null minimiert werden, indem das komplette DAX-Portfolio gehalten wird. Da aber mit zunehmender Aktienanzahl im Portfolio auch die Transaktions-, Informations- und Dokumentationskosten ansteigen, kann es sinnvoll sein, von einer vollkommenen Nachbildung (full replication approach) des DAX abzusehen. Bei enger Auslegung des passiven Managementbegriffs erfüllt jedoch nur ein vollständiger Nachbildungsansatz die Kriterien des passiven Managements. Jede Abweichung von dem abzubildenden Index ist somit ein aktives Managementvorgehen.

In dem speziellen Fall des DAX haben in der Vergangenheit die Vorschriften des deutschen Gesetzes über Kapitalanlagegesellschaften (KAGG) die vollständige Nachbildung des DAX zusätzlich erschwert, da nicht mehr als 10% des Portfolios in einem Wert investiert sein dürfen. Dabei darf der Gesamtwert aller 5% übersteigenden Anteile 40% des Wertes des Sondervermögens nicht übersteigen.[2] Die Gewichtung der Deutsche Telekom Aktie im DAX lag beispielsweise zum Anfang des Jahres 2003 mit ca. 11,25% oberhalb dieser Grenze, so dass eine vollständige Replizierung bei institutionellen Portfolios nicht möglich war.[3] Kleinere nationale Märkte sind von diesem Problem sogar wesentlich gravierender betroffen. Man denke etwa an die Niederlande, wo die Royal Dutch-Aktie im FT-Niederlande-Index mit ca. einem Viertel gewichtet ist.[4] Erst mit der Einführung echter Indexfonds konnte dieses Problem gelöst werden. So sieht § 8c Abs. 3 KAGG die Überschreitung der o.g. Grenzen z.B. in den Fällen vor, in denen – bei Vorliegen weiterer Voraussetzungen – ein von der Bankaufsichtsbehörde anerkannter Wertpapierindex nachgebildet werden soll.

---

[1] Vgl. *Meyer/Padberg* (1995), S. 270.

[2] Vgl. § 8a KAGG.

[3] Durch die Aufnahme neuer Aktien kann es darüber hinaus zu Gewichtungsverschiebungen innerhalb des DAX kommen. Dies traf z.B. Ende 1996, Anfang 1997 zu, als die Aktie der Deutschen Telekom in den DAX aufgenommen wurde und infolgedessen die Gewichte der übrigen Werte reduziert wurden.

[4] Vgl. *Günther* (2002), S. 231.

In diesem Fall bietet sich ein 'sampling approach' als Verfahren des passiven Portfoliomanagements an. Hierbei wird der Tracking Error des zu bildenden Portfolios minimiert. Als Nebenbedingung wird die Anzahl der maximal im Portfolio enthaltenen Aktien formuliert. Für das Beispiel des DAX könnte der Zusammenhang zwischen Tracking Error (TE) und Kosten (K_T) folgendermaßen graphisch aussehen:

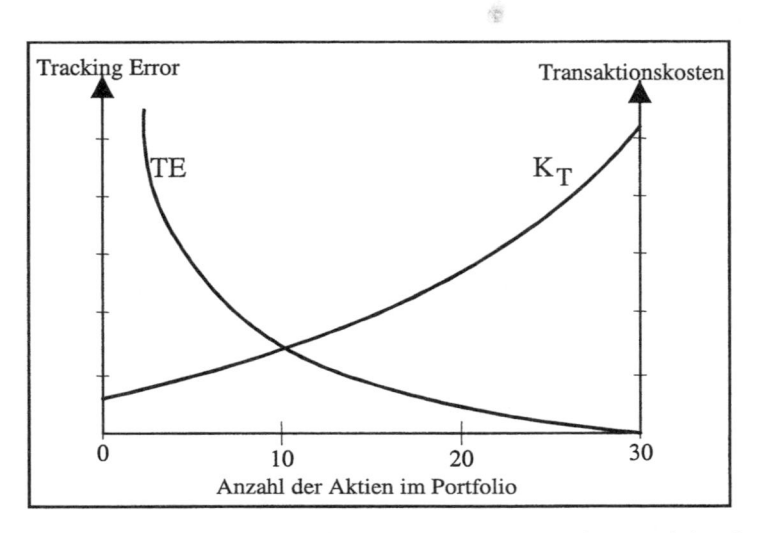

Abb. C.8: Gegensätzlicher Verlauf von Tracking Error und Transaktionskosten

Die sinnvolle Anzahl an DAX-Werten beträgt in Abbildung C.8 genau 10 und liegt im Schnittpunkt der beiden Kurven. Ab diesem Punkt führt eine weitere Verringerung des Tracking Errors zu einer überproportionalen Steigerung der Transaktionskosten, so dass der Gesamtnutzen sein Optimum erreicht. Der DAX sollte in diesem Fall folglich mit 10 Aktien abgebildet werden.

Schließlich sei noch auf ein weiteres praktisches Beispiel verwiesen, anhand dessen die ungefähre Dimension des Tracking Errors in Abhängigkeit der in das Portfolio aufzunehmenden Aktien bestimmt wird (Abbildung C.9). Wie zu erkennen ist, fällt das Ausmaß der Tracking Error-Reduzierung und damit auch der zusätzliche Nutzen der Diversifikation sehr rasch. Der FT-Europe Index, der aus 500 großen europäischen Aktiengesellschaften besteht, kann mit ca. 100 Titeln gut hinsichtlich seines Rendite-Risikoprofils nachgebildet werden. In diesem Fall beträgt der Tracking Error ca. 1%.

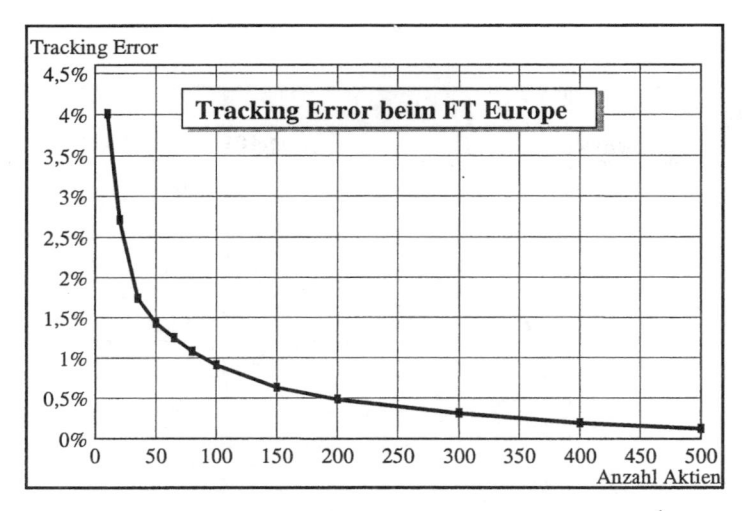

Abb. C.9: Tracking Error am Beispiel des FT Europe[1]

Der Aufwand des am DAX orientierten passiven Managements wurde in den letzten Jahren durch die vielen Indexanpassungen seitens der entsprechenden Indexanbieter beeinflusst. Veränderungen der Indexzusammensetzungen sowie deren Gewichtungsschemata führen stets zu Umschichtungsnotwendigkeiten bei passiven Portfolios. Da die Zeitpunkte der Indexumstellung und der Umstellungsbekanntmachung regelmäßig auseinanderfallen, resultiert aus Indexanpassungen für Indexmanager jeweils ein Tracking Error Risiko. Der Einsatz von Indexderivaten kann in diesen Fällen zur Verminderung dieses Effektes führen.

Die Vielzahl der erheblichen Indexanpassungen der letzten Jahre lässt den Begriff des passiven Managements insofern als fragwürdig erscheinen, als das Underlying – der Index – als dynamisches Anlagegut angesehen werden muss. Ein Blick auf das nachstehende Tableau belegt diese Indexdynamik am Beispiel des DAX. Zahlreiche Auswechselungen von Indexgesellschaften haben das Bild des Index im Laufe der Zeit deutlich verändert. Wichtigster Grund für Indexveränderungen waren Übernahmen und Fusionen von Indexgesellschaften in der Vergangenheit. Der Eindruck eines sogenannten Survivorship Bias, mit dem die Überzeichnung der Indexwertentwicklung aufgrund einer positiven Selektion der Indexgesellschaften im Zeitablauf gemeint ist, könnte sich bei der Betrachtung der dargestellten DAX-Komponenten aufdrängen.

---

[1] Vgl. *Kleeberg/Schlenger* (1994), S. 229ff.

31.12.1987		31.12.1994		31.12.1998	
Titel	Gewicht	Titel	Gewicht	Titel	Gewicht
Daimler Benz	11,92%	Allianz	11,92%	Allianz	9,72%
Allianz	8,41%	Daimler Benz	8,78%	SAP	7,85%
Siemens	8,37%	Siemens	8,04%	Daimler Benz	7,38%
Bayer	8,07%	Dt. Bank	7,71%	Dt. Bank	5,83%
BASF	6,95%	Veba	5,90%	Münchener Rück	5,19%
Höchst	6,86%	Bayer	5,58%	Mannesmann	4,72%
Dt. Bank	6,74%	RWE	5,35%	Bayer	4,53%
Veba	5,05%	Höchst	4,46%	Siemens	4,53%
RWE	4,55%	BASF	4,25%	Veba	4,45%
VW	3,30%	Dresdner Bank	4,08%	Dresdner Bank	3,94%
BMW	3,29%	Mannesmann	3,46%	RWE	3,94%
Dresdner Bank	2,98%	BMW	3,41%	VW	3,94%
Bayer. Hypo	2,45%	VW	3,20%	BASF	3,74%
Commerzbank	2,18%	Commerzbank	2,75%	Höchst	3,60%
Thyssen	1,60%	Viag	2,24%	Dt. Telekom	3,54%
Lufthansa	4,59%	Bayer. Hypo	2,19%	BMW	3,36%
Metro	1,59%	Bayer. Vereinsbank	2,08%	Bayer. Vereinsbank	2,53%
Bayer. Vereinsbank	1,53%	Thyssen	2,08%	Commerzbank	2,25%
Nixdorf	1,52%	Schering	4,56%	Viag	2,14%
Karstadt	1,51%	Preussag	1,54%	Bayer. Hypo	2,02%
Mannesmann	1,26%	MAN	1,50%	Metro	2,00%
Linde	1,22%	Linde	1,41%	Henkel	1,78%
Degussa	1,13%	Lufthansa	1,39%	Lufthansa	1,25%
Viag	1,02%	Karstadt	1,07%	Thyssen	1,12%
Schering	0,98%	Metro	1,02%	Schering	1,02%
MAN	0,92%	Degussa	0,90%	MAN	0,80%
Henkel	0,83%	Henkel	0,84%	Linde	0,79%
Feldmühle	0,82%	Continental	0,48%	Degussa	0,76%
Continental	0,81%	Metallgesellschaft	0,46%	Preussag	0,71%
Babcock	0,52%	Babcock	0,33%	Karstadt	0,58%

Tab. C.2: DAX-Mitglieder und Gewichtungen im Zeitablauf

31.12.2000		24.03.2003	
Titel	Gewicht	Titel	Gewicht
Dt. Telekom	13,60%	Dt. Telekom	11,26%
Siemens	10,40%	Siemens	11,19%
Allianz	10,23%	Dt. Bank	8,59%
SAP	6,80%	Daimler Chrysler	8,37%
Münchener Rück	6,69%	E.ON	8,36%
Daimler Benz	6,25%	SAP	6,78%
Dt. Bank	5,95%	BASF	6,51%
Infineon	5,49%	Allianz	4,84%
E.ON	4,20%	Bayer	4,02%
Bayer	3,31%	Münchener Rück	3,35%
Hypo-Vereinsbank	3,02%	RWE	3,32%
BASF	2,98%	VW	2,99%
Dresdner Bank	2,58%	BMW	2,82%
BMW	2,37%	Schering	2,26%
Commerzbank	2,13%	Thyssen-Krupp	1,43%
RWE	2,10%	Dt. Börse	1,40%
VW	1,81%	Hypo-Vereinsbank	1,28%
Metro	1,38%	Dt. Post	1,25%
Schering	1,29%	Henkel	1,24%
Lufthansa	1,02%	Adidas-Salomon	1,21%
Thyssen-Krupp	0,98%	Lufthansa	1,07%
Henkel	0,97%	Metro	0,99%
Epcos	0,80%	Altana	0,98%
Fresenius MC	0,73%	Infineon	0,94%
Preussag	0,73%	Linde	0,93%
Linde	0,56%	Commerzbank	0,92%
MAN	0,56%	Fresenius MC	0,52%
Degussa-Hüls	0,49%	TUI	0,51%
Karstadt-Quelle	0,37%	MAN	0,50%
Adidas-Salomon	0,29%	MLP	0,17%

Tab. C.2: DAX-Mitglieder und Gewichtungen im Zeitablauf (Fortsetzung)

Eine Möglichkeit der Renditeerhöhung bei passivem Management liegt in der Nutzung der Wertpapierleihe, bei der die im Portfolio befindlichen Aktien gegen Entgelt anderen Marktteilnehmern zur vorübergehenden Nutzung überlassen werden.[1] Neben anderen Marktteilnehmern nutzen bestimmte Hedge Fonds-Strategien die Wertpapierleihe intensiv, um die geliehenen Aktien im Rahmen von Baisse-Spekulationen zu verkaufen. Zum Erfolg führt dieses Vorgehen dann, wenn die Aktien in der Zukunft günstiger zurückgekauft werden können. Diese Art der Spekulation wird als Leerverkauf bezeichnet.

Die Anzahl der in Deutschland zum Vertrieb zugelassenen Indexfonds ist in den letzten Jahren stark angestiegen. Durch die Liberalisierungen des jüngsten Finanzmarktförderungsgesetzes und die Einführung börsengehandelter Indexfonds – sogenannter ETF (Exchange Traded Funds) – hat sich das Volumen passiver Fonds zuletzt deutlich ausgeweitet. Neben der leichten Handelbarkeit an der Börse haben insbesondere Kostenargumente für den Auftrieb bei diesen Fonds gesorgt.[2] In den USA wird diese Entwicklung dadurch versinnbildlicht, dass der größte Indexfonds des Landes, der Vanguard S&P 500 Indexfonds, der mit einer Full Replication-Strategie den S&P 500 nachbildet, inzwischen alle anderen Aktienfonds im Volumen übertrifft.

3. Grundsätzliche Attraktivität von Assetklassen

Eine weitere wichtige Frage der Investmentphilosophie ist jene nach der grundsätzlichen Attraktivität von Assetklassen. Kommt die Investmentphilosophie zu dem Ergebnis, dass bestimmte Assetklassen effizient sind, dann stellt sich dennoch die Frage, ob die erwartbaren strukturellen Renditen dieser Assetklasse bzw. des jeweiligen Marktes ein attraktives Investment darstellen. Für Investoren, die einen passiven Anlageansatz bevorzugen, ist die Beantwortung dieser Frage von herausgehobenem Interesse.

Eine Assetklasse besteht aus gleichartigen Vermögenswerten, die ein homogenes Rendite-Risikoprofils zueinander und ein heterogenes zu anderen Vermögenswerten aufweisen. Für die Klassifikation als eigenständige Assetklasse ist nicht die Verbriefung oder die Handelbarkeit ausschlaggebend, sondern das heterogene Performanceprofil im Vergleich zu anderen Assetklassen.

Zur Beschreibung der verschiedenen denkbaren Assetklassen ist eine Unterscheidung in standardisierte und nicht standardisierte Assets zweckmäßig. Denn die Portfoliomanagementpraxis hat gezeigt, dass sich der weit überwiegende Teil des institutionellen Portfoliomanagements auf standardisierte Anlageformen konzentriert.

a. Standardisierte Assets

Die für die Asset Allocation in Frage kommenden Anlagegattungen lassen sich bezüglich ihrer Handelbarkeit kategorisieren. Im Vordergrund des institutionellen Portfoliomanagements stehen die standardisierten Assetklassen. Mit der Standardisierung ist die Fungibilität der Vermögensgegenstände verbunden. Die Fungibilität erleichtert wiederum die Handelbarkeit. Erst die Handel-

---

[1] Vgl. zur Wertpapierleihe die Ausführungen in Kapitel E.VI.
[2] Vgl. *Groffmann/Weber* (1998), S. 536.

barkeit rückt eine Anlagegattung in das Blickfeld der Kapitalanleger. Zur systematischen Analyse der Anlagegattung ist ferner das Vorliegen von öffentlich zugänglichen Informationen bedeutsam. Schließlich bedarf der Handel einer gewissen Mindestliquidität, um Anleger anzulocken. Standardisierte Assets weisen in aller Regel eine höhere Liquidität auf als nicht standardisierte Assets. Gleichwohl spielen die Letztgenannten gerade im Bereich von gehobenen Privatkundenportfolios (high net worth individuals) durchaus eine Rolle. Die Berücksichtigung nicht standardisierter Assets in einem Portfolio hängt von dem Portfoliovolumen, dem Anlagehorizont und insbesondere von der Risikotoleranz des Anlegers ab.

Bei den standardisierten Assets stehen Wertpapieranlagen im Vordergrund. In erster Linie ist dabei an Aktien und Anleihen zu denken. Als typischerweise genannte dritte Komponente können Geldmarktanlagen angesehen werden, d.h. die Anlage liquider Mittel für einen fest vereinbarten Zeitraum als Termingeld oder als täglich verfügbare Anlage am Geldmarkt.[1] Alle drei genannten Assetklassen lassen sich auch mit Hilfe von Investmentfonds und Derivaten abbilden.

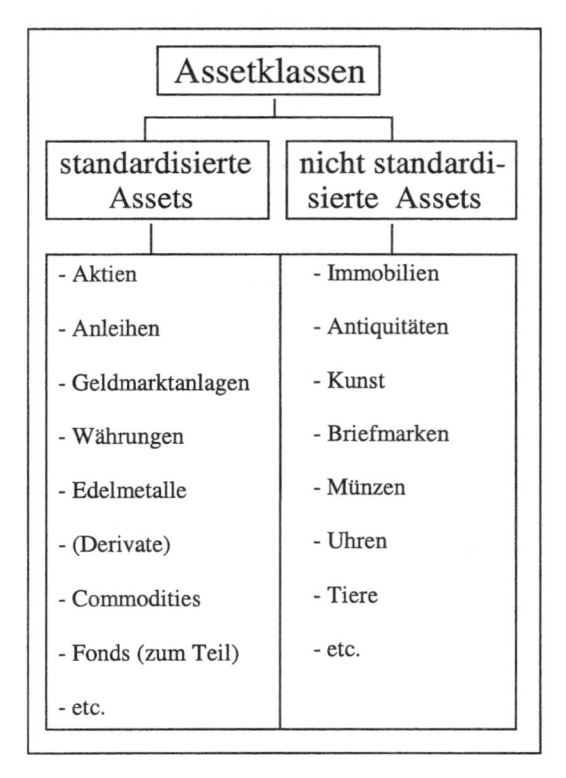

	Assetklassen	
	standardisierte Assets	nicht standardisierte Assets
	- Aktien	- Immobilien
	- Anleihen	- Antiquitäten
	- Geldmarktanlagen	- Kunst
	- Währungen	- Briefmarken
	- Edelmetalle	- Münzen
	- (Derivate)	- Uhren
	- Commodities	- Tiere
	- Fonds (zum Teil)	- etc.
	- etc.	

Abb. C.10: Potentielle Assetklassen

Derivate sind in der obigen Abbildung lediglich in Klammern gesetzt worden, da sie grundsätzlich nicht als Assetklasse charakterisiert werden können, aus praktischen Erwägungen heraus aber

---

[1] Vgl. *Tilley/Latainer* (1985), S. 33.

eine solche Einteilung sinnvoll erscheint. Diese Instrumente weisen Rendite-Risikoprofile auf, die sich auch mit den anderen Assetklassen bzw. mit Kombinationen aus diesen herstellen lassen. Insofern sind Derivate lediglich als Substitute und nicht als Assetklasse zu charakterisieren. Dennoch ist zu berücksichtigen, dass die Herstellung der Rendite-Risiko-Profile von Derivaten mit Hilfe anderer Assetklassen in der Praxis zum Teil recht kostenintensiv und zeitaufwendig ist. Eine schnellere, einfachere und billigere Abbildung der entsprechenden Profile ist über Derivate möglich. Diese Argumente sprechen grundsätzlich für eine Einordnung von Derivaten als eigenständige Assetklasse.

Dies gilt besonders für Derivate auf Commodities. Angesichts der problematischen Liefer- und Lagerbarkeit von Commodities können Portfoliomanager ein Exposure in diesen Märkten oftmals nur mittels des Einsatzes von Derivaten bewerkstelligen. Insofern stellen diese Instrumente bei exotischen Assets die einzige praktikable Möglichkeit dar, auf diesen Märkten Investments für Portfolios zu tätigen. Zudem gelingt durch den Einsatz von Derivaten die Transformation z.T. nicht standardisierter Assets in standardisierte Assets. Sofern es sich nämlich um börsengehandelte Futures und Optionen handelt, sind die Kontraktmerkmale genau spezifiziert.

Darüber hinaus spielen für die Asset Allocation auch Währungen und Waren (Commodities) eine Rolle, zumal wenn der Investmentscope über das eigene Referenzland hinausreicht. Während Währungen i.d.R. direkt am Devisenmarkt erworben werden, bietet sich auch bei Investments in Commodities das Zurückgreifen auf entsprechende derivative Instrumente an.

b. Nicht standardisierte Assets

Als nicht standardisierte Assets können solche Vermögensgegenstände klassifiziert werden, die aufgrund ihrer Produkteigenschaften als nicht austauschbare Einzelstücke anzusehen sind. Aufgrund der nicht gegebenen Fungibilität findet in nicht standardisierten Assets kein regelmäßiger Handel statt. Daher besteht das größte Problem dieser Assetklassen in der geringen Marktliquidität.

Die wichtigsten nicht standardisierten Assets sind Immobilien, Kunstwerke, Antiquitäten, Münzen, Briefmarken, Uhren und ggf. Tiere (z.B. Rennpferde). Am ehesten sind nicht standardisierte Assets mit der Assetklasse 'Commodities' zu vergleichen. Laufende Zahlungen in Form von Zinsen oder Dividenden fließen i.d.R. nicht, es sei denn, die Gegenstände werden Dritten zur Nutzung überlassen, wie dies etwa bei Immobilien in Form von Vermietungen der Fall ist.[1] Positive Renditen müssen sich nahezu vollständig aus dem Wertzuwachs der Vermögensgegenstände ergeben.

---

[1] In diesem Zusammenhang sollte der fundamentale Unterschied zwischen Mieteinnahmen bei Immobilien und beispielsweise Zinseinnahmen bei Anleihen bedacht werden. Während Mieteinnahmen nur bei Nutzungsüberlassung des erworbenen Gegenstandes (Immobilie) fließen, ergeben sich bei Anleihen Kuponzahlungen ohne die Überlassung der Anleihenutzung. Durch die Nutzungsüberlassung in Form der Wertpapierleihe können zusätzliche Erträge erzielt werden.

Dem Problem der geringen Liquidität nicht standardisierter Assets kann u.U. begegnet werden, indem diese in einem Fonds gehalten werden. Bei Immobilien ist dieses Vorgehen nicht unüblich. Offene Immobilienfonds können täglich vom Investor zum Nettoinventarwert zurückgegeben werden und können daher als liquide angesehen werden. Geschlossene Fondskonzepte existieren ebenfalls. Ein liquider Handel kann jedoch nur entstehen, wenn die geschlossenen Fonds an einer Börse notiert werden. Bei geschlossenen Fonds, die ihre Anlagepolitik auf nicht standardisierte Assetklassen konzentrieren, ist dies jedoch die Ausnahme.

Trotz der Problembereiche, die mit nicht standardisierten Assets verbunden sind, kann die Aufnahme dieser Anlageformen aus Gründen der Diversifikation sinnvoll sein, zumal die erwartbaren Korrelationen mit anderen Assetklassen niedrig sind. Bei großen institutionellen und privaten Vermögen ist eine breite Streuung, die neben den gängigen Assetklassen auch nicht standardisierte Assets berücksichtigt, nicht unüblich.

Die Klassifizierung von Anlagewerten als Assetklassen lässt sich exemplarisch bei Währungen aufzeigen. Streng genommen sind Währungen keine Assetklasse im eigentlichen Sinn.[1] Währungen lassen im Gegensatz etwa zu Aktien und Anleihen keine zukünftigen Cash Flows erwarten, so dass eine zukünftige Währungsrendite von Null anzunehmen ist.[2] Im Rahmen der Investmentphilosophie muss dann erwogen werden, ob ein Engagement in einem Anlagegegenstand, dessen Markt als effizient angesehen wird und der einen Erwartungswert für die Währungsrendite von Null aufweist, sinnvoll ist. Wie die Überlegungen zeigen, erscheinen Währungen nicht sui generis als attraktive Anlagegattung. Für die Investmentphilosophie ist daraus die Konsequenz zu ziehen, Zurückhaltung bei aktiven Währungswetten zu üben, da die Performance ausschließlich aus Kursbewegungen stammt.

In gleicher Weise muss für andere Anlagegattungen hinterfragt werden, wie attraktiv diese grundsätzlich sind. Dabei muss der Gefahr ausgewichen werden, die Kursentwicklungen der Vergangenheit zum Maßstab der Beurteilung zu machen. Allenfalls können vergangene Kursentwicklungen eine Indikation für Attraktivität sein. Die Fortschreibung vergangener Entwicklungen in die Zukunft kann zu großen Fehlallokationen führen.[3] Daher sind theoretische Überlegungen zur Assetklassenattraktivität prioritär anzustellen. Zurückhaltung ist oft angeraten bei Anlagegattun-

---

[1] Der Begriff Asset lässt sich treffend mit Vermögensgegenstand übersetzen. Bei Währungen bzw. Wechselkursen handelt es sich jedoch nur um eine Austauschrelation zwischen den Zahlungsmitteln zweier Währungsgebiete. Auch in den Begriffsrahmen des Kapitalmarktes passen Währungen bei enger Auslegung kaum, da sie weder Eigen- noch Fremdkapital darstellen.

[2] Die Vereinfachung besteht in der Vernachlässigung des sogenannten 'Siegel-Paradoxons'. Dieses zeigt auf, dass bei prozentualer Betrachtungsweise ein leicht positiver Währungsreturn zu erwarten ist. Vgl. *Siegel* (1972), S. 303ff. Ein praktisches Beispiel zum Siegel-Paradoxon findet sich bei *Gügi* (1995), S. 182.

[3] Zu denken ist beispielsweise an die erhebliche Aufstockung der Aktienquoten bei Versicherungsgesellschaften zulasten der Anleihegewichtungen in den 1990er Jahren. Das wesentliche Argument für diese Allokationsverschiebung lag in der Attraktivität der Aktienanlage in der Vergangenheit. Resultat dieser Fehleinschätzung war, dass etliche Versicherungen durch den Aktiencrash seit dem Jahr 2000 in finanzielle Bedrängnis gerieten.

gen, deren Renditen ausschließlich aus der Kursveränderung stammen. Dies betrifft zumeist reale Wirtschaftsgüter wie z.B. Rohstoffe.

II. Investmentprozess

Der Investmentprozess beschreibt die Organisation und den Ablauf des zielorientierten Treffens und Vollziehens von Kapitalanlageentscheidungen und deren Kontrolle. In chronologischer Reihenfolge charakterisiert er somit die Arbeitsabläufe im Portfoliomanagement. Ein grobes dreiteiliges Schema des Investmentprozesses findet sich in Abbildung C.11.

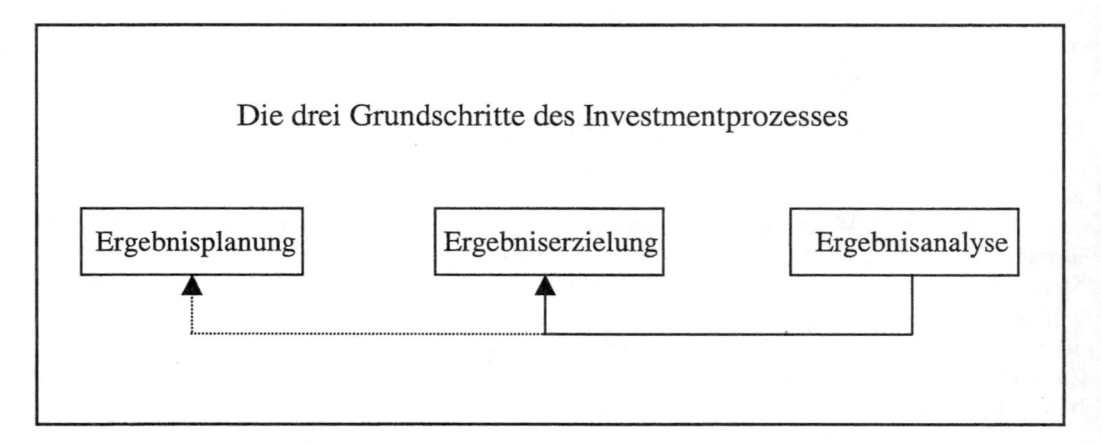

```
Die drei Grundschritte des Investmentprozesses

  Ergebnisplanung      Ergebniserzielung     Ergebnisanalyse
```

Abb. C.11: Schematische dreigliedrige Darstellung des Investmentprozesses

Entscheidende Bedeutung kommt dem mittleren Schritt der Ergebniserzielung zu. Hier können sich Assetmanagementgesellschaften besonders voneinander differenzieren. Unterstellt man, dass sich der Investor für einen aktiven Managementansatz entschieden hat, so ist eine weitere Differenzierung des Ergebniserzielungsschrittes geboten. In diesem Fall lässt sich der Investmentprozess als fünfstufigen Ablauf kennzeichnen. Bei der Verfolgung eines passiven Managementansatzes entfallen der zweite und dritte Schritt des dargestellten Investmentprozesses weitgehend.

Fünfstufiger Investmentprozess

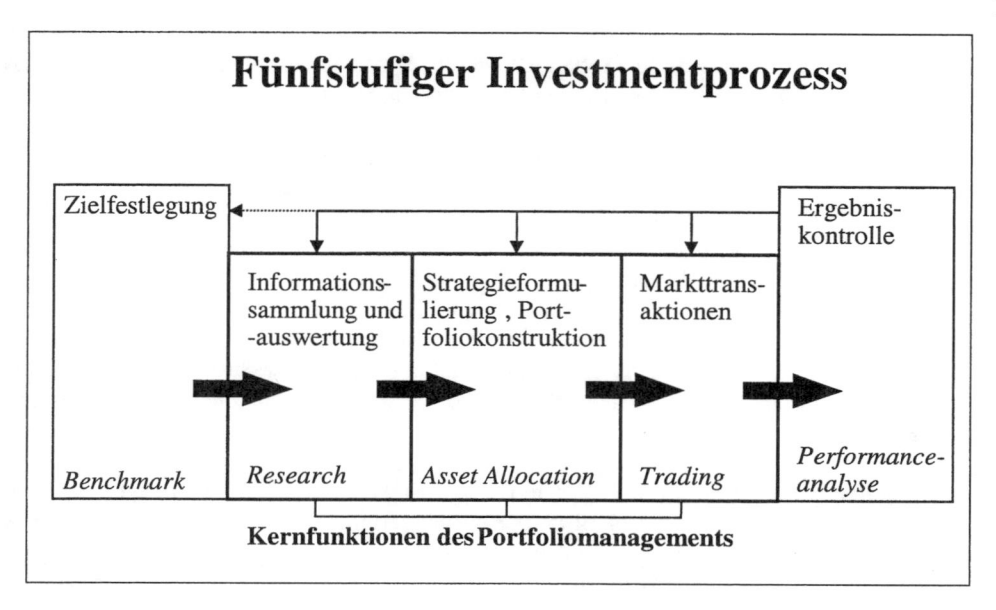

```
Zielfestlegung ◄┄┄┄┄┄┄┄┄┄┄┄┄┄┄┄┄┄┄┄┄┄┄┄┄  Ergebnis-
                                          kontrolle
        │ Informations-  │ Strategieformu- │ Markttrans- │
        │ sammlung und   │ lierung, Port-  │ aktionen    │
        │ -auswertung    │ foliokonstruktion│            │
  ➡️        ➡️              ➡️               ➡️            ➡️
Benchmark   Research      Asset Allocation  Trading     Performance-
                                                        analyse
            └──────── Kernfunktionen des Portfoliomanagements ────────┘
```

Abb. C.12: Fünfstufiger Investmentprozess[1]

Die in der obigen Graphik als Kernfunktionen gekennzeichneten Tätigkeiten sind organisatorisch im Portfoliomanagement anzusiedeln. Demgegenüber liegt die Zieldefinition, d.h. die Benchmarkfestlegung für die Portfolios, häufig in der Hand der Kunden. Diese werden bei Assetmanagementgesellschaften intern zumeist durch die Marketingabteilung vertreten. Auch die Performanceanalyse ist, um Interessenkonflikten aus dem Weg zu gehen, organisatorisch zumeist kein Bestandteil des Portfoliomanagements. Das Feedback der Ergebniskontrolle geht unmittelbar in die Kernfunktionen des Portfoliomanagements ein. Gegebenenfalls wird auch die Zielfestlegung von der Performanceanalyse tangiert.

1. Zielformulierung

Am Anfang des Investmentprozesses steht die Zielfestlegung. Wie in Kapital A dargestellt, sollte der Diskussion einzelner Zielvariablen die Transformation in eine i.d.R. marktorientierte Benchmark folgen. Von der Situation des Investors hängt es ab, welches Ziel für ihn geeignet ist. Während Pensionseinrichtungen und Versicherungsgesellschaften überwiegend auf Asset/Liability-Überlegungen fokussieren, zielen Kapitalanlagegesellschaften eher auf die Erzielung überdurchschnittlicher Performance gegenüber gängigen Kapitalmarktindizes ab. Privatinvestoren, sofern sie nicht als reine Spekulanten agieren, konzentrieren sich zumeist auf das Übertreffen der für sie geltenden Anlage-Opportunität. Diese besteht oftmals in einer Termingeldanlage.

Assetmanagementgesellschaften verwenden bei institutionellen Kunden auf die Festlegung geeigneter Anlageziele viel Aufmerksamkeit, da Ungenauigkeiten bei der Zieldefinition erfahrungsge-

---

[1] Der Aufbau der Graphik ist angelehnt an die Wertkettendarstellung von Porter. Vgl. *Porter* (1986), S. 72ff.

mäß im Fall von Zielverfehlungen zu Problemen führen. Eine Zielberatung kann dem Kunden dabei die Vielzahl der Möglichkeiten und deren Kombination transparent machen. Besonders der Zusammenhang und die Festlegung von Renditezielen und Risikolimiten muss kommuniziert werden. Damit das Portfoliomanagement zielorientiert arbeiten kann, ist es wünschenswert, die gewählten Ziele für einen längeren Zeitraum beizubehalten. Bei der Auswahl des Zieles ist daher mit Sorgfalt und Weitsicht vorzugehen. Die Darstellung verschiedener Zukunftsszenarien kann hierbei wichtige Hilfestellungen bieten. Letztlich muss es dem Investor überlassen sein, zu entscheiden, welches Anlageziel er anstrebt.

Wie wichtig eine gründliche Zielplanung für eine gedeihliche Kundenbeziehung ist, soll an einem kurzen Beispiel demonstriert werden. Anleger besitzen nicht selten die Erwartung, ihr Aktienportfolio werde eine durchschnittliche jährliche Rendite von 10% aufweisen. Zudem bekunden und glauben viele Investoren, sie seien langfristig ausgerichtet.

Bei einem Renditeerwartungswert von 10% (stetige Rendite), einer geplanten Anlagedauer von 10 Jahren und einer angenommenen Volatilität der normalverteilten, stetigen Renditen von 20% ergibt sich eine 68,27%ige Wahrscheinlichkeit dafür, dass die jährliche Durchschnittsrendite zwischen 3,68% und 16,32% liegen wird. Bei dieser Datenlage wird eine jährliche Durchschnittsrendite von nur 1% während der Anlagedauer mit einer Wahrscheinlichkeit von 7,74% unterschritten.

Man sieht also, dass die Orientierung von Anlegerzielen an Durchschnittswerten der Vergangenheit zu falschen Erwartungen führen kann. Eine Sensibilisierung der Anleger durch entsprechende Beispielrechnungen kann daher zur Vermeidung von Enttäuschungen führen. Das Übertreffen gesetzter Ziele ist demgegenüber unproblematisch.[1]

2. Research und Prognose

Dem Schritt der Zielformulierung folgt i.d.R. die Informationssammlung und -auswertung. Für Assetmanagementgesellschaften erweist sich dieser Arbeitsschritt als komplexes Problem. Da das Anlagespektrum dieser Gesellschaften aus Gründen des Marketing zumeist global ausgerichtet ist, ist eine Vielzahl von Märkten und Wertpapieren zu analysieren. Dies erfordert Teams von Analysten und Portfoliomanagern, die ihre Arbeitsergebnisse kommunizieren und dokumentieren müssen. Ab einer gewissen Teamgröße ist ein formaler Prozess des Informationsaustausches unerlässlich. Neben der Agenda muss z.B. festgelegt werden, in welcher Besetzung und Regelmäßigkeit Teamsitzungen stattfinden sollen. Es zeigt sich, dass die Festlegung eines Investmentprozesses wichtige personelle Dimensionen aufweist. Der Investmentprozess muss zu den handelnden Personen und deren Investmentphilosophien passen, um funktionieren zu können. Nicht zuletzt deshalb muss der Festlegung des Investmentprozesses höchste Priorität gegeben werden.

---

[1] Hier zeigt sich abermals der bisweilen asymmetrische Charakter von Anlagezielen. Es sei daran erinnert, dass das Risiko überwiegend als Abweichung von geplanten Ergebnissen gemessen wird.

Der Researchprozess mündet in der Erstellung von Prognosen für die betrachteten Märkte und Wertpapiere. Das Format der Prognosen muss, um für die Weiterverarbeitung geeignet zu sein, normiert werden. Beispielsweise muss entschieden werden, ob ordinale (z.B. überdurchschnittlich attraktiv, unterdurchschnittlich attraktiv) oder kardinale (z.B. 15% Total Return, 10% Total Return) Prognosen erstellt werden sollen. Für andere Prognosevariablen wie Korrelationen und Risikomasse gilt Ähnliches.

3. Strategieformulierung und Portfoliokonstruktion

Auf der Basis der gewonnenen Prognosen wird anschließend die Anlagestrategie formuliert. Im Rahmen des Investmentprozesses sind die Verantwortlichkeiten für die Entscheidungen und die daraus resultierende Performance festzulegen. Dabei spielen Risikoerwägungen eine wichtige Rolle. Unter Anlagestrategie wird das prognosebasierte und am Kapitalmarkt umzusetzende konkrete Resultat der Asset Allocation verstanden. Der Begriff der Asset Allocation ist hierbei weit zu interpretieren und umfasst auf der oberen Entscheidungsebene Anlagegattungen, Länder und Währungen. Dies schließt Optimierungsüberlegungen bezüglich der Portfoliokonstruktion mit ein.

Die Verdichtung der vorliegenden Prognosen zu einer Anlagestrategie mit anschließender Portfoliokonstruktion ist die Kernaufgabe eines Portfoliomanagers. Der Begriff Wertpapierprogrammentscheidung kennzeichnet diese Tätigkeit treffend. Während Research und Handel delegierbar sind, findet der Portfoliomanager seine Hauptzuständigkeit in der strategiegemäßen Zusammenstellung von Wertpapierdepots. Im Hinblick auf den Investmentprozess ist festzulegen, woher der Portfoliomanager die relevanten Prognosen erhält. Neben internen Quellen sind auch externe Bezugsquellen wie z.B. Broker bzw. die Wertpapieranalyseabteilungen von Banken vorstellbar. Ebenso ist denkbar, dass der Portfoliomanager in Personalunion auch für das Research und die Prognoseerstellung zuständig ist.

Bei personeller Trennung von Prognose und Portfoliokonstruktion dient der Portfoliomanager als zusätzlicher Qualitätsfilter für die ihm zugehenden Prognosen. Im Investmentprozess ist zu definieren, ob und in welchen Fällen der Portfoliomanager zur Umsetzung der Prognosen im Portfolio gezwungen wird. Insofern sind Freiheitsgrade für Portfoliomanager zu definieren, innerhalb derer sie agieren können.

Ferner ist festzulegen, in welcher Form und Häufigkeit Gremien in die Entscheidungen einbezogen werden sollen.

4. Wertpapierhandel

Die Umsetzung beschlossener Strategien in Kapitalmarkttransaktionen findet durch den Wertpapierhandel statt. Im Rahmen des Investmentprozesses muss die Rolle des Wertpapierhandels definiert werden. Dazu sind einige Fragen zu beantworten:

Was wird von dem Handel erwartet?
Welcher Personenkreis soll den Handel ausführen und ihn verantworten?
Wo soll der Handel innerhalb des Portfoliomanagements organisatorisch angesiedelt werden?

Werden vom Wertpapierhandel positive eigenständige Performancebeiträge erwartet, so erfordert dies ein anderes Maß an Professionalität als bei einer reinen Ausführungsfunktion für das Portfoliomanagement. Ist letzteres der Fall, dann käme dem Wertpapierhandel nur eine Hilfsfunktion innerhalb des Portfoliomanagements zu. Konsequenterweise steht dann die Entlastungsfunktion für den die Anlageentscheidungen treffenden Portfoliomanager im Vordergrund. Falls vom Wertpapierhandel ein eigenständiger Performancebeitrag erwartet wird, muss darüber entschieden werden, wie viel Handelsrisiko eingegangen werden soll und darf.[1]

Alternativ dazu könnte der Wertpapierhandel vom Portfoliomanager selber durchgeführt werden. In diesem Fall ist zu überlegen, ob der Portfoliomanager dadurch den Fokus auf seine Kernaufgabe – Strategiefestlegung und Portfoliokonstruktion – verliert. Wertpapierhandel und Portfoliomanagement sind sehr unterschiedliche Tätigkeiten. Während der Handel einen äußerst kurzfristigen Zeithorizont aufweist, wird das Portfoliomanagement eher durch mittel- bis längerfristige Zeithorizonte gekennzeichnet. Entsprechend müssen die Kulturen ausgestaltet sein. Werden beide Aufgaben von der gleichen Person ausgeführt, dann wird damit ein eher generalistischer Ansatz verfolgt. Demgegenüber sieht ein auf Spezialistentum aufbauender Investmentansatz die Trennung von Research und Prognose einerseits und Portfoliokonstruktion andererseits vor. Konsequenterweise müsste dann der Handel ebenfalls von darauf spezialisierten Mitarbeitern durchgeführt werden. Für die nachfolgend beschriebene Performanceanalyse bietet die klare Entscheidungszuordnung an Analysten, Portfoliomanager und Händler Vorteile.

5. Ergebnisanalyse und -Feedback

Die im Rahmen des Investmentprozesses zu betreibende Ergebnisanalyse folgt dem Ziel, den Investmentprozess zu durchleuchten und zu verbessern. Im Kapitel F wird das Thema Performanceanalyse ausführlich dargestellt und um weitere, hier nicht relevante Fragestellungen und Perspektiven erweitert. An dieser Stelle geht es ausschließlich um ein fortwährendes Lernen und Verbessern des Investmentprozesses durch ausgewählte Verfahren und Erkenntnisse der Performanceanalyse. Die verursachungsgemäße Beurteilung der erzielten Performance stellt den Mittelpunkt dieser Arbeit dar. Aus den Gründen für über- und unterdurchschnittliche Performance lassen sich Schlussfolgerungen für notwendige Modifikationen des Investmentprozesses ableiten. Insbesondere sind Erkenntnisse bezüglich der Güte des Research zu erwarten. Festgestellte Prognosefähigkeiten können z.B. zu einem gezielteren Zuschnitt der Arbeitsaufgaben im Portfoliomanagement führen.

Im Fall diagnostizierter Schwachstellen müssen Fragen der richtigen personellen Besetzung gestellt und beantwortet werden. Die Performanceanalyse im Rahmen des Investmentprozesses hat also die Aufgabe einer internen Stärken/Schwächen-Analyse. Dabei müssen alle Elemente des Investmentprozesses ständig kritisch hinterfragt werden. Zum Thema Kommunikation innerhalb des Portfoliomanagements lassen sich beispielsweise folgende Fragen stellen: Erfolgt die Umsetzung guter Prognosen in allen dafür infrage kommenden Portfolios? Wie sieht es mit der Homogenität der erzielten Performance aus und was besagt das über die Zusammenarbeit der Portfoliomanager? Konkret: Was sagt die unterschiedliche Performance ähnlich strukturierter Portfolios über die Kommunikation der Portfoliomanager aus?

---

[1] Vgl. *Grinold/Kahn* (1999), S. 191ff.

Im Spezialfondsmanagement sollte zudem ein Kundenfeedback zur Verbesserung des Investmentprozesses durchgeführt werden.

Schließlich muss die Performanceanalyse den Entscheidungsträgern im Portfoliomanagement Hinweise auf die Markteffizienz verschaffen. Daraus wiederum müssen Konsequenzen für das Risiko gezogen werden, welches bei der Anlage in bestimmten Marktsegmenten eingegangen werden soll.

III. Investmentkultur

Von Investmentkultur ist weniger oft die Rede als von Investmentphilosophie und -prozess. Daraus darf jedoch nicht geschlossen werden, dass die Investmentkultur weniger wichtig wäre als die beiden anderen Pfeiler des Portfoliomanagements. Mit Investmentkultur sind die praktizierten Formen und Mechanismen des Arbeitens innerhalb einer Portfoliomanagementorganisation gemeint. Die informellen Elemente der Investmentkultur spielen dabei eine herausgehobene Rolle. Es geht also um die gelebte, nicht um die auf Papier niedergeschriebene Kultur. Die personale Dimension der Investmentkultur ist unübersehbar. Mit Berechtigung könnte man von den weichen Faktoren des Portfoliomanagements sprechen.

Professionalität ist Kennzeichen einer guten Investmentkultur. Gründlichkeit, Engagement, Belehrbarkeit, Offenheit und Erfahrung sind Indikatoren für eine hohes Maß an Professionalität im Portfoliomanagement. Die Aus- und Weiterbildung der Portfoliomanager trägt zur Professionalität im Portfoliomanagement bei. Persönliche Eigenschaften wie Kommunikationsfähigkeit, Teamfähigkeit, Frustrationstoleranz und Kritikfähigkeit bilden das Fundament einer Investmentkultur. Letztlich muss sich die Professionalität jedoch am Anlageergebnis messen lassen. Das Dilemma der Beurteilung der Investmentkultur anhand der Performance besteht jedoch in der möglichen statistischen Insignifikanz der Ergebnisse.[1]

In Ermangelung hinreichend langer Beobachtungsphasen muss die Professionalität der Investmentkultur daher anhand anderer Kriterien überprüft werden. Die oben genannten Faktoren können deshalb als Professionalitätsindikatoren angesehen werden.

Die Verschiedenartigkeit von Assetmanagementgesellschaften zeigt sich am klarsten in der Investmentkultur. Unterschiede treten z.B. zwischen Pensionsfonds, Spezialfonds, Publikumsfonds, Versicherungsgesellschaften und Privatbankiers auf. In der Regel erklären sich die Unterschiede durch die verschiedenartigen Anlagezielsetzungen der Kunden. Auch die soziodemographischen Unterschiede der Kunden können ausschlaggebend für die entwickelten Investmentkulturen sein. Die Heterogenität der Investmentkulturen verschiedener Assetmanagementgesellschaften erklärt sich zudem aus unterschiedlichen gesetzlichen Rahmenbedingungen für die einzelnen Branchen. Des weiteren spielen länderspezifische Einflüsse eine Rolle bzgl. der Investmentkultur. Schließlich ist bedeutsam, ob eine Aktien- oder eine Bondkultur besteht.

---

[1] Zur Überprüfung der statistischen Signifikanz sowie zur Frage, welchen Zeitraum der Portfoliomanager benötigt, um sein Können signifikant unter Beweis zu stellen vgl. Kapitel F.III.1.

Im Abschnitt über aktives Management wurde dargestellt, warum die Fähigkeit zur Erstellung treffender Prognosen als Engpass dieses Ansatzes anzusehen ist. Gleichzeitig wurde darauf hingewiesen, dass Eigenschaften wie Kreativität und Phantasie der Prognoseerstellung dienlich sind. Folglich sollte die Investmentkultur ein Arbeitsklima schaffen, das Eigenschaften wie Kreativität und Phantasie fördert. Eine eher formalistische Investmentkultur wird dieses Ziel schwerlich erreichen können. Die Investmentkultur sollte also derart ausgestaltet sein, dass sie alles unternimmt, was die Erarbeitung treffender Prognosen fördert. Durch geeignete Anreizstrukturen lässt sich beispielsweise der Fokus auf Prognosefähigkeiten richten. Analysten und Portfoliomanager gehen bei der Abgabe von Prognosen ein persönliches Risiko ein. Die Investmentkultur sollte den Umgang mit unzutreffenden Prognosen bedenken, so dass keine falsche Risikoaversion der Betroffenen gegen die Abgabe von Prognosen entsteht.

Die Kommunikation von Informationen und Researchergebnissen stellt ein neuralgisches Element der Investmentkultur dar. Die Analysen und Prognosen der einzelnen Analysten bzw. Portfoliomanager beeinflussen die Arbeit anderer Portfoliomanager. Oftmals bauen die Prognosen aufeinander auf. Um eine stringente Gesamtstrategie zu entwickeln, müssen widersprüchliche Prognosen und deren Annahmen transparent gemacht werden. Hierzu sind Formate zu entwickeln, die jedem Mitglied des Portfoliomanagements Einblick in die Prognosen der anderen Teammitglieder ermöglicht. Es stellt sich somit die Frage der Dokumentation von Analysen und Prognosen. Standardisierte Formate bieten dabei den Vorteil leichter Orientierung für alle Teammitglieder. Möglicherweise werden die gewählten Standards jedoch nicht allen einzelnen Wertpapieren gerecht. Es gilt hier einen Weg zu finden, der einerseits einen schnellen Überblick über die vorliegenden Analysen und Prognosen liefert und andererseits die Portfoliomanager nicht zu Berichtschreibern macht. Die Zeitallokation der Portfoliomanager sollte so gut wie möglich auf den Engpass des Handelns gerichtet sein.

Typischerweise verwalten Assetmanagementgesellschaften Portfolios mit verschiedenen Assetklassen wie z.B. Aktien und Bonds. Während im Aktienportfoliomanagement eher ein mikroanalytischer Prognoseansatz dominiert, orientiert sich die Analyse der Kreditmärkte stärker an makroökonomischen Parametern. Dies kann zur Folge haben, dass sich jeweils eigene Subkulturen innerhalb des Portfoliomanagements bilden. Im Rahmen der Investmentkultur ist daher dafür zu sorgen, dass der Austausch zwischen Aktien- und Bondportfoliomanagern gefördert wird, um für beide Gruppen Nutzen zu stiften. Bei gemischten Portfolios kommt die Asset Allocation Entscheidung als eigenständige Portfoliomanagemententscheidung hinzu. Dabei ist sicher zu stellen, dass sowohl Aktien- als auch Rentenportfoliomanager ihren Prognoseinput an den Asset Allocation Portfoliomanager liefern.

Angesichts der Vielzahl an Märkten, Marktsegmenten und Einzeltiteln zeigt sich, dass Portfoliomanagement ein hochgradig arbeitsteiliger Prozess ist. Gleichzeitig weist die Tätigkeit des Portfoliomanagers starke persönliche Elemente auf. Die Steuerung dieser Balance von Zusammenarbeit und Individualismus ist der neuralgische Punkt der Investmentkultur.

IV. Investmentstil

Unter Investment- bzw. Anlagestil ist die Art und Weise zu verstehen, nach der ein Portfolio gemanagt wird. Dabei spielen Themen wie Anpassungshäufigkeit des Portfolios, Umschlagshäufigkeit, Entscheidungsfindungsmethodik und präferierte Anlagesegmente eine Rolle. Der Investmentstil bezieht sich im Gegensatz zur Investmentphilosophie auf Portfolios. Unter dem Dach einer einheitlichen Investmentphilosophie können verschiedene Anlagestile praktiziert werden.

In den letzten Jahren tendieren institutionelle Anleger zur Diversifizierung der Investmentstile bei den von ihnen vergebenen Mandaten. Es ist beispielsweise üblich, dass große Pensionskassen mehrere Portfoliomanagementmandate vergeben. Hiermit wird versucht, der Erkenntnis Rechnung zu tragen, dass Portfoliomanager i.d.R. Stärken auf speziellen Gebieten besitzen. So erzielen manche Portfoliomanager z.B. in bestimmten Marktphasen (Bull- oder Bearmarket) herausragende Resultate. Andere wiederum scheinen besondere Fähigkeiten in bestimmten Marktsegmenten (z.B. Small Caps) zu besitzen.

Im einzelnen lassen sich mehrere typische Investmentstile beschreiben. Zu denken ist dabei etwa an Zeithorizontfragen, Risikotoleranzen, Marktsegmente etc. Im folgenden werden die wesentlichen Optionen, die im Bereich des Investmentstils vorliegen, erörtert. Dabei ist zu bedenken, dass die einzelnen Investmentstile Interdependenzen mit anderen Investmentstilen aufweisen. Insofern wird sich ein Investmentstil in der Portfoliomanagementpraxis als Mischung mehrerer Stilelemente darstellen.

1. Long-Term versus Short-Term

Einer der maßgeblichen Aspekte des Investmentstils für ein Portfolio ist der gewählte Investmenthorizont. Die Festlegung eines Investmenthorizontes wird im allgemeinen der Antwort auf die Frage folgen, auf welchen Zeithorizont hin der Portfoliomanager die treffsichersten Prognosen abgeben kann. Hier unterscheiden sich Portfoliomanager erheblich. Während einige Portfoliomanager bessere Trefferquoten bei Kurzfristprognosen aufweisen, konzentrieren sich andere Portfoliomanager auf längerfristige Prognosen.

Eine grobe Einteilung des Investmenthorizontes lässt sich der Abbildung C.13 entnehmen.

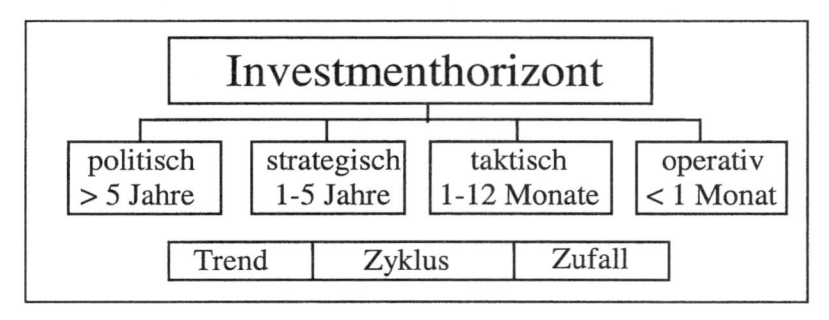

Abb. C.13: Investmenthorizont bei Wertpapierportfolios

Dabei werden zunächst vier zeitliche Einteilungen vorgenommen. Während Broker und Wertpapierhändler am kurzen Ende des Zeitspektrums operieren, sollten sich Portfoliomanager eher um mittel- und längerfristige Prognosehorizonte bemühen. Denn Markttrends weisen in aller Regel längere Verläufe auf, so dass ein entsprechender Investmenthorizont erforderlich ist, um einen Trend effektiv ausnutzen zu können. Insofern ist die Einteilung in Taktik und Strategie von Bedeutung. Gegebenenfalls kann außerdem die Zusatzkategorie 'Politik' gewählt werden. Pensionsfonds und Versicherungsgesellschaften sind z.B. für ihre ausgewiesene Langfristorientierung bekannt. Die konkrete Folge dieses Anlageverhaltens ist, dass aktuelle Kapitalmarktentwicklungen keinen Einfluss auf die Portfolioausrichtung haben. Man könnte hier von passivem Management im eigentlichen Wortsinn sprechen.

Der Investmenthorizont ist nicht unabhängig von der Assetklasse. Je nach Länge von Trends und je nach Einstellung zur Frage der Markteffizienzkurve können für verschiedene Anlagegattungen unterschiedliche Investmenthorizonte angebracht sein. Im allgemeinen kann man davon ausgehen, dass der Prognosehorizont bei Anleihen kürzer ist als bei Aktien. Denn die Rentenmärkte weisen eine größere Synchronität zur realen Wirtschaftsentwicklung auf als die Aktienmärkte. Bei letzteren ist der Umfang an preisbestimmenden Einflussfaktoren umfassender und aufgrund der unlimitierten Laufzeiten schwieriger zu prognostizieren. Ferner verkürzt sich die Restlaufzeit eines Anleihenportfolios automatisch, so dass zur Beibehaltung der gewünschten Portfoliocharakteristika häufige Adjustierungen erforderlich sind.

Eine Rolle spielt auch die gewählte Prognosemethodik, denn wenn beispielsweise ökonometrisch/quantitative Prognosemodelle eingesetzt werden, dann ergibt sich oftmals ein kürzerer Investmenthorizont. Dies hängt jedoch von den verwendeten Modellen ab und kann nicht generalisiert werden.

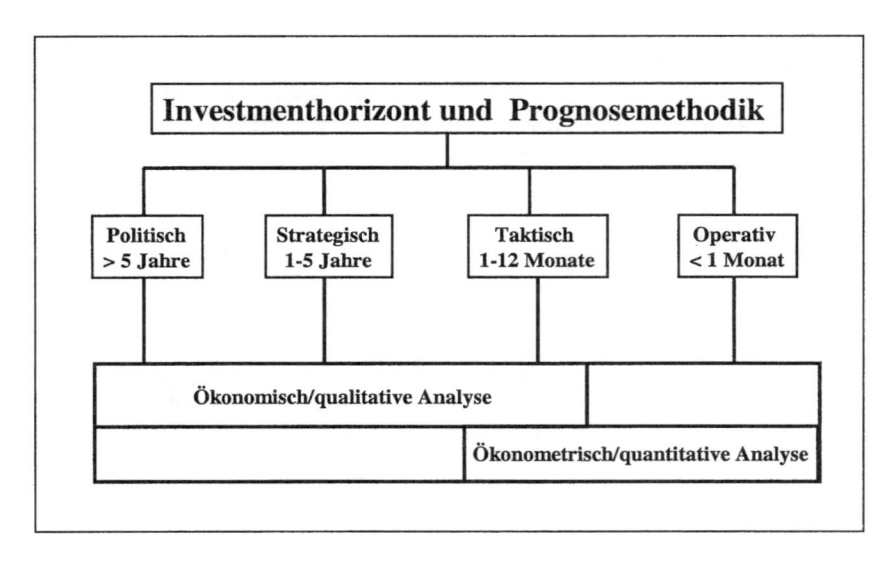

Abb. C.14: Investmenthorizont und Prognosemethodik

Wie aus Abbildung C.14 ersichtlich wird, decken ökonometrisch / quantitative Prognosen i.d.R. den taktisch / operativen Zeitbereich ab. Längerfristige Prognosen bleiben im wesentlichen einer ökonomisch / qualitativen Analyse vorbehalten.

2. Top-Down versus Bottom-Up

Eine weitere Frage des Investmentstils betrifft die Entscheidungsfindungsmethodik bei der Portfoliokonstruktion. Zwei grundsätzliche Methoden bieten sich an: zum einen der Top-Down-Ansatz, der Portfoliostrukturierung gemäß der Analysereihenfolge vornimmt und dabei von den großen Aggregaten zu den kleinen Betrachtungseinheiten übergeht; zum anderen der Bottom-Up-Ansatz, der über die Einzeltitelanalyse und -selektion zu einer Portfoliokonstruktion gelangt. Bei Verwendung eines reinen Top-Down-Ansatzes wird das Abweichungspotential des Portfoliomanagers auf die Bereiche der Assetklassen-, Länder-, Branchen- und Währungsselektion beschränkt. Die Umsetzung in Einzelwerte erfolgt passiv, so dass beispielsweise ein Länderaktienmarkt übergewichtet wird, jedoch die einzelnen Aktien möglichst genau den gewählten Länderindex abbilden. Im Rahmen eines reinen Top-Down-Ansatzes werden daher ausschließlich Makrowetten eingegangen. Sinnvoll ist ein solches Vorgehen insbesondere dann, wenn überdurchschnittliche Prognosefähigkeiten bei Makrovariablen vorliegen und zugleich die Ressourcen für die Abdeckung der vielen Einzeltitel nicht gegeben sind.

Umgekehrt hält sich ein reiner Bottom-Up-Ansatz, der keine Makrowetten eingehen will, an die Benchmarkvorgaben in den Fragen der Assetklassen-, Länder- und Währungsselektion. Innerhalb der einzelnen Länder und Branchen wird jedoch versucht, die besten Einzeltitel ausfindig zu machen und diese zulasten der diagnostizierten Underperformer überzugewichten. Somit konzentriert sich der Bottom-Up-Ansatz im wesentlichen auf titelspezifische Auswahlkriterien. Insofern ist der Begriff der Mikrowetten angebracht.[1] Ein solcher Ansatz erfordert größere Research- bzw. Prognosekapazitäten als ein an Makrovariablen orientierter Anlagestil.

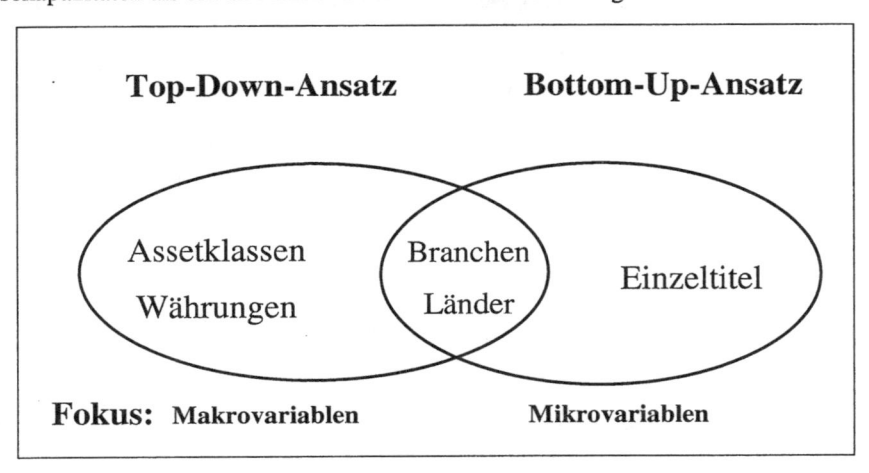

Abb. C.15: Top-Down- und Bottom-Up-Ansatz

---

[1] Vgl. *Sittampalam* (1993), S. 134f.

Neben den beiden genannten Extrema lassen sich auch Mischformen der Ansätze entwickeln, zumal bei Branchen- und Länderanalysen Überlappungen auftreten, wie die obige Graphik zeigt. Es kann sogar als weit verbreitet angenommen werden, dass die überwiegende Anzahl der Portfoliomanager sowohl Mikro- als auch Makrowetten eingeht. Nicht unberücksichtigt bleiben kann in diesem Zusammenhang der Risikoaspekt eines Vorgehens, das sich entweder an einem reinen Top-Down-Ansatz oder an einem reinen Bottom-Up-Ansatz orientiert. Denn Makrowetten sind in aller Regel weitreichender als Mikrowetten. Falsche Prognosen auf der Ebene der Länderallokation sind z.B. schwerer in ihren Performanceauswirkungen zu korrigieren als eine falsche Einzeltitelauswahl. Folglich bedarf es zum Treffen von Asset Allocation Entscheidungen besonders guter Prognosefähigkeiten, da einzelne Fehlentscheidungen mitunter erhebliche und kaum reversible Performancekonsequenzen nach sich ziehen. Der Grund hierfür liegt in der größeren Anzahl kleinerer Wetten bei Befolgung des Bottom-Up-Ansatzes. Dies führt zu einer Diversifikation des Prognoserisikos.

Es muss außerdem bedacht werden, dass die Verfolgung eines bestimmten Investmentstils marktphasenabhängig ist. In bestimmten Marktphasen orientieren sich Wertpapiere stärker an der Gesamtmarktentwicklung als dies in anderen Marktphasen der Fall ist.

Die Auffassungen über die Vorziehenswürdigkeit einer der beiden Ansätze gehen in der Portfoliomanagementpraxis weit auseinander. Zum Teil wird die Diskussion ideologisch geführt. Insgesamt scheint eine Tendenz zugunsten des Top-Down-Ansatzes vorzuliegen. Dies steht im Einklang mit der sog. 'Modern Portfolio Theory', die letztlich Grundlage des Top-Down-Ansatzes ist. Insbesondere empirische Mehrfaktorenmodelle liegen dem Top-Down-Ansatz zugrunde.

Die Argumentation zu Gunsten eines Top-Down-Investmentansatzes stützt sich im wesentlichen auf empirische Renditedekompositionen, die ihrerseits auf Modelle der Portfolio- und Kapitalmarkttheorie zurückgreifen. Zum Beleg der Überlegenheit des Asset Allocation Ansatzes gegenüber Selektions- bzw. Timingverfahren wird zumeist auf die empirischen Untersuchungen von Brinson/Hood/Beebower und Brinson/Singer/Beebower hingewiesen.[1] Allerdings sind die dortigen Ergebnisse methodisch umstritten.[2] Folglich lässt sich nicht grundsätzlich behaupten, dass die richtige Anlagegattungs- bzw. Länder- und Währungswahl performancerelevanter als die Auswahl von Einzeltiteln ist. Vielmehr lassen sich folgende Aussagen treffen: Die Performance eines Portfolios, das sich in seinem Anlagestil auf die Aktienselektion konzentriert, wird ganz überwiegend von der Güte der Selektionsentscheidungen bestimmt. Die Performance eines Portfolios, das nach Kriterien der Asset Allocation gestaltet wird, hängt von der Güte der Asset Allocation Entscheidungen ab.

Als zusätzliches Argument zugunsten eines Top-Down-Ansatzes lässt sich anführen, dass ein vom Umfang her kleineres Entscheidungsuniversum gegenüber dem Bottom-Up-Ansatz vorliegt. Insoweit ist der notwendige Analyseaufwand erheblich geringer und damit kostengünstiger. Dies trifft für Aktienportfolios zu, während bei Anleiheportfolios der Titelselektion nur eine geringe – wenn auch angesichts der Verbreitung von Unternehmensanleihen steigende – Bedeutung zu-

---

[1] Vgl. *Brinson/Hood/Beebower* (1986), S. 39ff. und *Brinson/Singer/Beebower* (1991), S. 40ff.
[2] Vgl. *Jahnke* (1997), S. 109ff.; *Nuttall/Nuttall* (1998) und *Nuttall/Jahnke/Ibbotson/Kaplan* (2000), S. 16ff.

kommt. Daher stellt sich die Frage nach dem angemessenen Investmentansatz in erster Linie bei Aktienanlagen. Auch in der einschlägigen Investmentliteratur lässt sich eine organisationelle Tendenz zugunsten eines Top-Down-Ansatzes feststellen, wie folgendes typische Zitat zeigt:

„...an international investment organization should be organized along primarily top-down lines, and its analysts should be specialized by country, and possibly by a few international sectors, such as oil stocks."[1]

Allerdings ist auch diese Auffassung nicht unumstritten. Das starke Aufkommen von sogenannten Hedge Fonds seit den neunziger Jahren deutet eine Renaissance des spezialisierten Mikroresearchs an. Die Kombination eines eng definierten Anlageuniversums mit sehr genauer Kenntnis der Anlageobjekte sowie die Personalunion von Analyst und Portfoliomanager scheint bei Hedge Fonds der wesentliche Erfolgsfaktor zu sein.

Die Ausgestaltung des Top-Down-Ansatzes lässt sich anhand der Abbildung C.16 nachvollziehen. Dabei stellt die globale Wirtschaftslage den Ausgangspunkt der Analysen dar. Im nächsten Schritt werden Währungsanalysen vorgenommen. Seit der Einführung des Euros hat dieser Analyseschritt allerdings an Gewicht verloren.

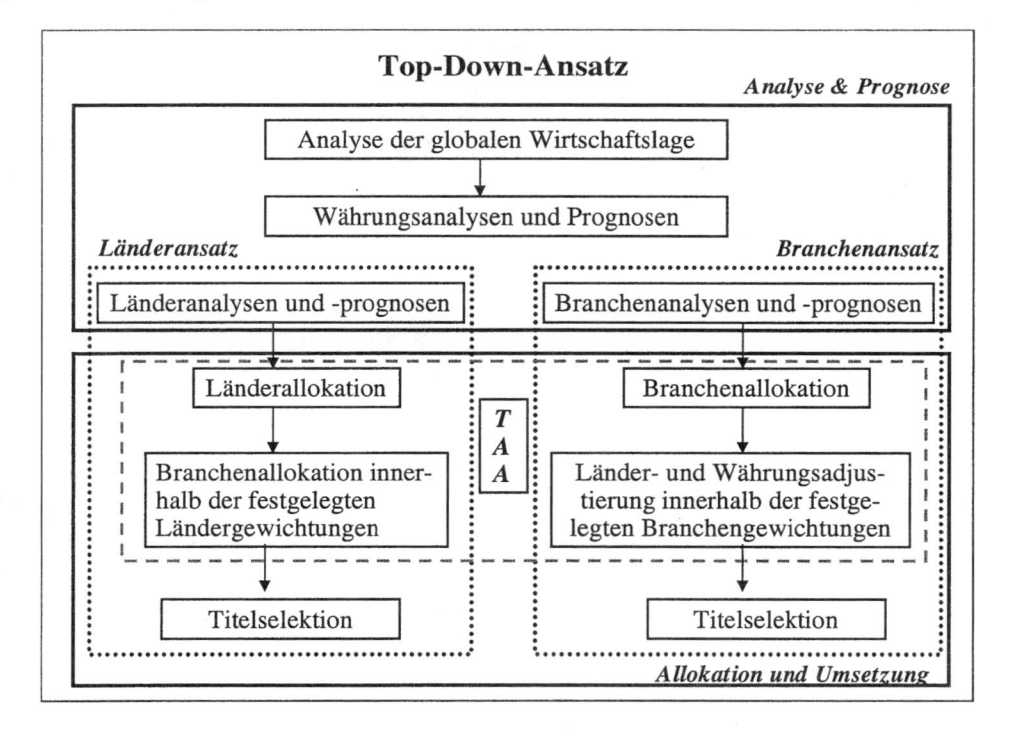

Abb. C.16: Top-Down Ansatz bei Aktienportfolios

---

[1] *Solnik* (1991), S. 43.

Der erste Abschnitt des Top-Down-Ansatzes – Analyse und Prognose – endet mit Prognosen für die betrachteten Regionen, Ländern und Branchen. Je nachdem, ob ein Länder- oder ein Branchenansatz verfolgt wird, verläuft der nächste Schritt des Top-Down-Prozesses unterschiedlich. Beim Länderansatz wird auf Basis der Prognosen zunächst eine Länder- und Währungsallokation festgelegt. Anschließend werden die Branchengewichte innerhalb der Länder definiert. Mitunter wird dieser Schritt übergangen und direkt von der Wertpapierselektion gefolgt. Demgegenüber steht beim Branchenansatz die Fokussierung auf Branchen im Vordergrund. Länderprognosen spielen allenfalls für Portfolioadjustierungen eine Rolle. Währungsallokationen werden als Portfolio-Overlay vorgenommen, falls die sich aus der Branchenallokation implizit ergebenen Währungsgewichte aktiv verändert werden sollen. Die Einzeltitelauswahl rundet den Prozess ab. Kurzfristige Anpassungen der Länder- bzw. Branchengewichte werden im Rahmen der sog. Tactical Asset Allocation (TAA) durchgeführt. Hierzu sind derivative Instrumente wie z.B. Indexfutures und -optionen gut geeignet.[1]

Auch bei Befolgung eines Bottom-Up-Ansatzes können Elemente der TAA zum Einsatz kommen. Diese bestehen in Länder-, Währungs- und Branchenoverlays. Ansonsten ist das Vorgehen jedoch gänzlich verschieden zum Top-Down-Ansatz angelegt, wie Abbildung C.17 demonstriert.

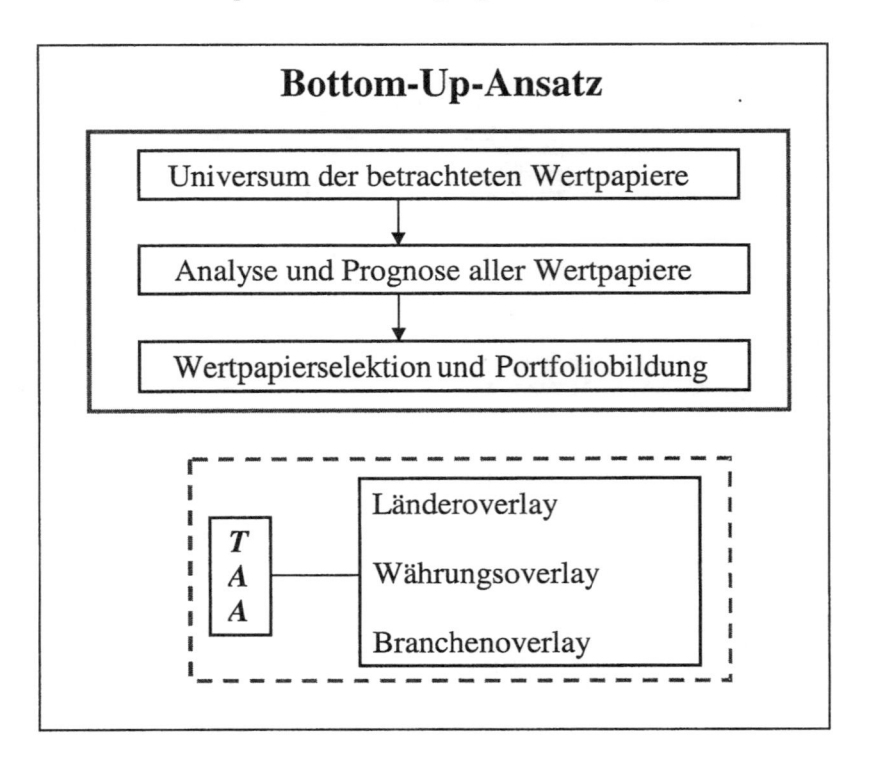

Abb. C.17: Bottom-Up-Ansatz bei Aktienportfolios

---

[1] Zur Beschreibung der TAA siehe *Farrell* (1997), S. 281ff.

Die Mikroanalyse der einzelnen Wertpapiere bildet den Kern des Bottom-Up-Ansatzes. Aus der Selektion der attraktivsten Einzeltitel ergeben sich implizit die Länder, Währungs- und Branchenstrukturen. Deren Adjustierung kann mittels der TAA vorgenommen werden.

Die Entscheidung für einen der beiden Ansätze besitzt direkte Folgen für die Umsetzung von Portfolioentscheidungen. Im Wertpapierhandel werden z.B. bei Verwendung eines Top-Down-Ansatzes die Methoden des Basket- bzw. Portfolio-Tradings häufig eingesetzt. Ziel dieser Handelsmethoden ist die möglichst transaktionskostengünstige Implementierung der strategischen Allokationsentscheidungen in dem Portfolio. Dies gelingt, indem ganze Portfolios bzw. Körbe von Einzelwerten auf einmal gehandelt werden. Derartige Körbe sind in der Regel diversifiziert und können daher, im Gegensatz zu Einzelwerten, kostengünstig von dem Handelspartner mittels gängiger Derivate gehedgt werden. Auf diese Weise lassen sich die Transaktionskosten auf einige Basispunkte reduzieren. Es ist eine organisatorische Frage des Investmentprozesses, ob der Handel der Wertpapiere von den Portfoliomanagern oder etwa von einem zentralen Handelstisch durchzuführen ist.

Dem Top-Down-Ansatz ist die Gefahr inhärent, dass bei einer Makrobetrachtung eines Landes ein falsches Bild von der Gewinndynamik der einzelnen Unternehmen entsteht. Beispielsweise können sich Unternehmen durch Kostensenkungen mitunter gesamtwirtschaftlichen Schwächephasen entziehen. Daher gelangt die Aggregation der Bottom-Up geschätzten Unternehmensgewinne mitunter zu anderen Einschätzungen für einen Aktienmarkt als ein rein an volkswirtschaftlichen Gesamtdaten (Makroanalysen) ausgerichtetes Top-Down-Verfahren. Aus diesem Grund sind zahlreiche Assetmanagementhäuser in den letzten Jahren dazu übergegangen, dem Länderansatz einen Branchenansatz vorzuziehen. Auf diese Weise wird zudem der wirtschaftlichen Integration der einzelnen Volkswirtschaften im Zuge der Globalisierung Rechnung getragen.

Insgesamt erscheint daher ein gemischter Ansatz, der sowohl Entscheidungen auf der Makroebene als auch Entscheidungen auf der Mikroebene berücksichtigt, grundsätzlich am sinnvollsten. Welche Marktwetten schließlich eingegangen werden sollen, kann dann von der Prognosekonfidenz abhängig gemacht werden. Ein 'Added Value' kann sowohl durch Makro- als auch durch Mikrowetten bei entsprechenden Prognosefähigkeiten erzielt werden. Dem Gesetz der großen Zahlen folgend ist es jedoch weniger risikoreich, viele kleinere Einzelwetten als einige wenige große Wetten einzugehen. In diesem Zusammenhang spricht man vom Gesetz des aktiven Managements.[1]

3. Timing versus Selektion

Eine der Hauptfragen im Bereich des Investmentstils betrifft den Bereich von Timing und Selektion. Wie ein einfacher Blick auf den Kurschart einer Anleihe, einer Aktie oder eines Indexes zeigt, eröffnen richtige Timingentscheidungen hohe Gewinnpotentiale. Mit nahezu jedem liquiden Anlagevehikel ließen sich bei perfekten Timingkenntnissen große Gewinne erzielen. Allerdings wird diese enorme Chance von dem beträchtlichen Risiko falscher Timingentscheidungen begleitet, sofern sie sich auf Gesamtmarktvariablen beziehen. Timingentscheidungen sind in diesem Fall gegenüber Wertpapierselektionsentscheidungen risikoreicher, da letztere stets nur einen

---

[1] Vgl. *Grinold/Kahn* (1995), S. 117 ff.

Anteil des diversifizierten Portfolios betreffen. Dies hat zur Folge, dass einzelne Fehlentscheidungen in der Wertpapierauswahl mit einer gewissen Wahrscheinlichkeit von anderen Selektionsentscheidungen ausgeglichen werden.

Das Diversifikationsprinzip funktioniert bei Timingentscheidungen hingegen nicht. Insofern ist eine Klassifizierung von Timingentscheidungen als 'risikoreich' angebracht. Ein Investmentstil, der sich allein auf Timingentscheidungen verlässt, sollte daher mit sehr guten Prognosefähigkeiten unterlegt sein. Timingstrategien basieren häufig auf technisch / quantitativen Modellen. Diese konzentrieren sich zumeist auf einen operativen bis taktischen Investmenthorizont. Insofern ist erklärlich, dass Timingstrategien häufig bei handelsorientierten Marktteilnehmern anzutreffen sind. Demgegenüber liegt der Fokus von Selektionsentscheidungen eher auf einem strategischen Investmenthorizont.

Grundsätzlich kann erwartet werden, dass Portfoliomanager, die über Timingfähigkeiten verfügen, bei ansteigenden Kursen den Anteil am Marktportfolio erhöhen, während sie bei sinkenden Kursen ihren Anteil verringern.[1] Diese Portfoliomanager werden dann in ansteigenden Marktphasen ein hohes Portfoliobeta realisieren, z.B. durch den Abbau von Liquidität oder den Tausch in Aktien mit einem hohen Beta, und in fallenden Marktphasen umgekehrt handeln.

Während bei Selektionsstrategien eine risikoadjustierte Selektionsrendite durch die Auswahl der besten Einzelwerte gegenüber der Benchmark im Vordergrund steht, konzentrieren sich Timingstrategien auf die Prognose des optimalen Zeitpunktes für einen Gesamtmarkteinstieg, d.h. sie beziehen sich auf die Einschätzung der Gesamtmarktentwicklung. Mithin steht die systematische Marktrendite im Mittelpunkt von Timingstrategien.

Inwieweit Portfoliomanager Timing- und/oder Selektionsfähigkeiten gezeigt haben, kann im nachhinein festgestellt werden. Zur formalen Ermittlung von Timing- und Selektionsfähigkeiten kann auf die an das Single-Index Modell bzw. Marktmodell angelehnte Renditeformel zurückgegriffen werden. Ausgangspunkt ist dabei im folgenden die lineare Regression der Überschussrenditen des Portfolios auf die Überschussrenditen der Benchmark. Als entsprechende Regressionsgleichung erhält man die folgende Formel:[2]

$$r_{PF_ü} = \alpha_{PF} + r_{BM_ü} \cdot \beta_{PF} + \varepsilon_{PF}$$

mit

$r_{PF_ü}$ = Überschussrendite des Portfolios,

α_{PF} = Regressionskonstante,

$r_{BM_ü}$ = Überschussrendite des Marktportfolios (Benchmark) = $r_{BM} - r_f$,

β_{PF} = Portfoliobeta = Portfoliosensitivität in bezug auf die Benchmark,

$r_{BM_ü} \cdot \beta_{PF}$ = systematische Wertpapierrendite und

ε_{PF} = Zufallsfehler (Störgröße der Regression) mit $E(\varepsilon_{PF}) = Cov(\varepsilon_{PF}; r_{BM_ü}) = 0$.

---

[1] Vgl. *Wittrock* (1995a), S. 89f.

[2] Vgl. z.B. *Wittrock* (1995a), S. 30f.

Nunmehr soll die Benchmark-Überschussrendite wie folgt unterteilt werden:[1] in eine langfristige bzw. durchschnittliche Komponente ($\bar{r}_{BM_0}$) und in kurzfristige Abweichungen von dieser langfristigen Komponenten (Δr_{BM_0}). Unter Berücksichtigung einer weiteren Umformung kann die Portfolio-Überschussrendite wie folgt dargestellt werden:

$$r_{PF_0} = \alpha_{PF} + (\beta_{PF} - 1) \cdot r_{BM_0} + r_{BM_0} + \varepsilon_{PF}$$

$$r_{PF_0} = \alpha_{PF} + (\beta_{PF} - 1) \cdot (\bar{r}_{BM_0} + \Delta r_{BM_0}) + r_{BM_0} + \varepsilon_{PF}$$

$$r_{PF_0} = \alpha_{PF} + (\beta_{PF} - 1) \cdot \bar{r}_{BM_0} + (\beta_{PF} - 1) \cdot \Delta r_{BM_0} + r_{BM_0} + \varepsilon_{PF} \ .$$

Diese einzelnen Komponenten der Portfolio-Überschussrendite lassen sich wie folgt interpretieren:[2]

α_{PF}:	Renditebeitrag aus aktiver Allokation (Über- und Untergewichtung von einzelnen Assetklassen) bzw. Selektion (Titelauswahl innerhalb einer Assetklasse)
$(\beta_{PF} - 1) \cdot \bar{r}_{BM_0}$:	Renditebeitrag aus passivem Benchmark- bzw. Markt-Timing
$(\beta_{PF} - 1) \cdot \Delta r_{BM_0}$:	Renditebeitrag aus aktivem Benchmark- bzw. Markt-Timing
r_{BM_0}:	Renditebeitrag der Benchmark bzw. des Marktes
ε_{PF}:	Renditebeitrag aus aktiver Selektion (Störgröße der Regression).

Der Renditebeitrag aus passivem Benchmark-Timing entsteht dadurch, dass der Portfoliomanager generell ein höheres oder geringeres aktives Risiko (d.h. $\beta_{PF} \neq 1$) gegenüber der Benchmark eingenommen hat. Obwohl in diesem Fall zwar ein aktives Beta (da $\beta_{PF} \neq 1$) vorliegt, wird das Beta nicht in Abhängigkeit von der künftigen Markteinschätzung festgelegt.

Wird das Portfoliobeta jedoch in Abhängigkeit von der Einschätzung des Portfoliomanagers im Hinblick auf eine kurzfristige Benchmark-Überschussrendite festgelegt, die von der langfristigen, durchschnittlichen Benchmark-Überschussrendite abweicht, so liegt ein aktives Benchmark-Timing vor.

Anhand des folgenden Beispiels sollen die vorstehenden Überlegungen verdeutlicht werden. Zugrunde gelegt werden soll zunächst ein Portfoliomanager, der über keine Selektionsfähigkeiten verfügt, d.h. der Wert für das Alpha aus der Regressionsgleichung ist Null. In diesem Fall entspricht der Verlauf der Regressionsgerade dem ex post-CAPM, d.h. – unter Vernachlässigung der Störgröße – entsprechen die Portfoliorenditen in den einzelnen Perioden genau den aus dem

---

[1] Vgl. *Ebertz/Scherer* (2002), S. 186f.
[2] Vgl. *Ebertz/Scherer* (2002), S. 187; *Wittrock* (2002), S. 965.

CAPM zu berechnenden Werten.[1] Angegeben sind in der folgenden Tabelle neben den Benchmark-Überschussrenditen auch die Betafaktoren in den einzelnen Perioden sowie die sich daraus ergebenden Portfolio-Überschussrenditen, wobei es sich wiederum um stetige Renditen handelt. Zusätzlich werden die Renditebeiträge aus passivem und aktivem Benchmark- bzw. Markt-Timing angegeben, wobei sich $\bar{r}_{BM_{ü}}$ zu 1,70% ergibt:

Periode	$r_{BM_{ü}}$	β_{PF}	$r_{PF_{ü}} = (r_{BM_{ü}} \cdot \beta_{PF})$	$(\beta_{PF} - 1) \cdot \bar{r}_{BM_{ü}}$	$(\beta_{PF} - 1) \cdot \Delta r_{BM_{ü}}$
1	3,50%	1,3	4,55%	0,51%	0,54%
2	4,50%	1,3	5,85%	0,51%	0,84%
3	7,50%	1,3	9,75%	0,51%	1,74%
4	-1,50%	0,7	-1,05%	-0,51%	0,96%
5	-8,50%	0,7	-5,95%	-0,51%	3,06%
6	-4,50%	0,7	-3,15%	-0,51%	1,86%
7	4,50%	1,3	5,85%	0,51%	0,84%
8	7,50%	1,3	9,75%	0,51%	1,74%
9	0,50%	0,7	0,35%	-0,51%	0,36%
10	3,50%	1,3	4,55%	0,51%	0,54%
μ	1,70%		3,05%	0,1020%	1,2480%

Tab. C.3: Beispiel zur Identifikation von Timingfähigkeiten

Die Differenz zwischen den Mittelwerten der Portfolio-Überschussrendite und der Benchmark-Überschussrendite lässt sich demnach auf einen Renditebeitrag aus passivem Benchmark-Timing in Höhe von 0,102% und einen Renditebeitrag aus aktivem Benchmark-Timing in Höhe von 1,248% zurückführen. Im übrigen ist auch direkt aus den Daten der Tabelle zu erkennen, dass der Portfoliomanager über insgesamt gute Timingfähigkeiten verfügt, da er immer in den Phasen, in denen die Benchmark-Überschussrendite oberhalb des Mittelwertes in Höhe von 1,70% lag, ein Beta von 1,3 realisierte, während er in den übrigen Phasen mit einem Beta unter 1 (hier jeweils immer 0,7) agierte.

Die Entwicklung der kumulierten Überschussrenditen in den einzelnen Perioden zeigt ebenfalls an, dass offenbar Timingfähigkeiten vorlagen. Dies lässt sich aus der folgenden grafischen Darstellung ablesen:

---

[1] Vgl. *Wittrock* (1995a), S. 81 und S. 36.

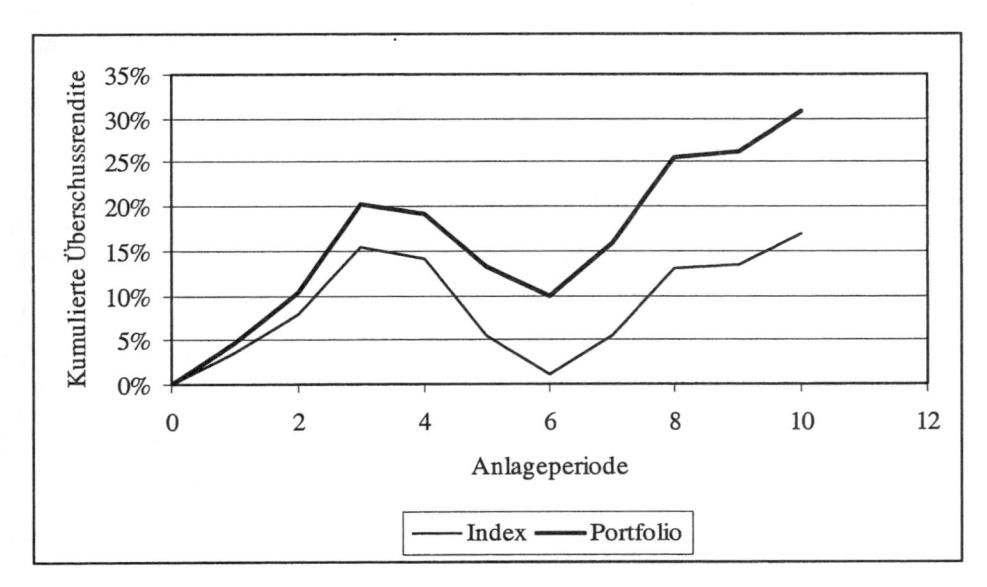

Abb. C.18: Beispiel zur Identifikation von Timingfähigkeiten

Wird in diesem Beispiel ein konstantes Beta in allen Perioden unterstellt von z.B. 0,7, so würde dies zu einem Mittelwert der Portfolio-Überschussrendite in Höhe 1,19% führen. Die Differenz zum Mittelwert der Benchmark-Überschussrendite (1,70%) in Höhe von -0,51% ist in diesem Fall allein auf den Renditebeitrag aus passivem Benchmark-Timing zurückzuführen, da die Summe der jeweiligen $\Delta r_{BM_{ü}}$ bei konstantem Beta gleich Null ist.

Anzumerken ist an dieser Stelle aber, dass in der obigen Darstellung ein positiver Renditebeitrag aus aktivem Benchmark-Timing auch dann entsteht, wenn bei positiver Benchmark-Überschussrendite, die aber unterhalb der langfristigen Benchmark-Überschussrendite ($\Delta r_{BM_{ü}}$) liegt, ein Beta unter 1 realisiert wird. Dies trifft in dem Beispiel auf die Periode 9 zu. Insofern wird das niedrige Beta dann positiv gesehen. Diese Sichtweise ist aber kritisch zu hinterfragen; denn insgesamt gesehen ist es immer dann sinnvoll, ein Beta oberhalb von 1 zu realisieren, wenn überhaupt eine positive Benchmark-Überschussrendite vorliegt, d.h. in der Periode 9 wäre ein Beta von 1,3 sinnvoller gewesen. Dies zeigt sich im übrigen in dem gesamten Timing-Beitrag, der nach der obigen Vorgehensweise negativ ist (-0,51% + 0,36%). Wäre hier ein Beta von 1,3 zugrunde gelegt worden, so hätte sich zwar ein Renditebeitrag aus aktivem Benchmark-Timing von -0,36% ergeben, der Renditebeitrag aus passivem Benchmark-Timing (+0,51%) würde diesen Wert aber überkompensieren. Zudem wäre dann insgesamt eine Portfolio-Überschussrendite von 3,08% erzielt worden. Die Beurteilung der Timingfähigkeit von Portfoliomanagern wäre daher in Abhängigkeit von der Benchmark-Überschussrendite sinnvoller; denn sobald dieser Wert positiv ist, sollte mit einem Beta über 1 agiert werden.

Ein Hauptproblem bei Timingstrategien ist offenbar der zeitlich unregelmäßige Prozess der Renditegenerierung. An den Kapitalmärkten finden große Wertveränderungen oftmals in nur wenigen

Zeitperioden statt, während die restliche Zeit von unterdurchschnittlichen Preisveränderungen geprägt ist. Ob die Phasen wesentlicher Preisveränderungen kurzfristig vorhersehbar sind, ist im Rahmen der Investmentphilosophie vor dem Hintergrund der Markteffizienzhypothese zu beantworten. Empirische Studien lassen die Bejahung dieser Frage zweifelhaft erscheinen.[1]

Wie schon bei der Kontroverse um den Bottom-Up- und den Top-Down-Ansatz lassen sich aus den beschriebenen Extrempositionen praxistaugliche Mittelwege ableiten. Eine ausschließliche Spezialisierung auf entweder Selektion oder Timing erscheint nicht angeraten, zumal methodische Fragen nicht vollkommen unabhängig von der Marktlage beantwortet werden können.

Die Festlegung des richtigen Timings erfolgt in der Portfoliomanagementpraxis zumeist mit Rückgriff auf das Instrumentarium der Chartanalyse bzw. auf die markttechnische Analyse. Investoren kommen nicht umhin, sich bezüglich der Bestimmung geeigneter Kauf- und Verkaufszeitpunkte für die einzelnen Anlagen ihrer Portfolios Gedanken zu machen. Insofern kann die Frage des Timings keinesfalls vollständig vernachlässigt werden. Im Falle nicht gegebener Timingfähigkeiten kann sich eine Strategie des 'cost-averaging' anbieten. Dabei wird die Position in einem Anlagetitel sukzessive und nicht ad hoc aufgebaut. Der Kauf bzw. Verkauf einer Assetklasse oder eines Einzeltitels in mehreren Tranchen führt dazu, dass ein von der jeweiligen Tagesverfassung unabhängiger Kurs erzielt wird. Es handelt sich dann um einen Durchschnittskurs.

4. Universell versus speziell

Im Zusammenhang mit dem Investmentstil steht die Frage nach dem Anlageuniversum, auf das sich ein Portfolio bezieht. Das Anlageuniversum kann sowohl nach Regionen als auch nach Anlageinstrumenten bzw. Assetklassen bestimmt werden. Zur Kennzeichnung des Anlageuniversums lässt sich der Begriff 'Investmentscope' verwenden. In Abbildung C.19 ist das denkbare Spektrum dargestellt.

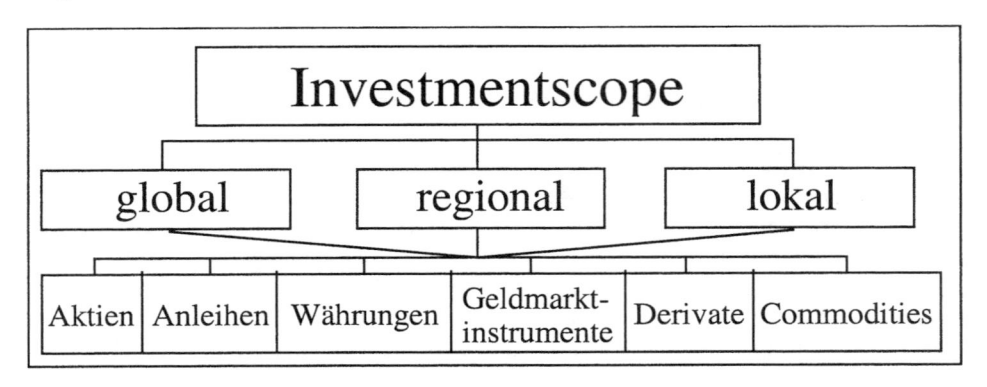

Abb. C.19: Investmentscope des Portfoliomanagements

---

[1] Vgl. *Admati/Bhattacharya/Pfleiderer/Ross* (1986), S. 715ff.; *Chang/Lewellen* (1984), S. 57ff.; *Henriksson* (1984), S. 73ff.; *Lee/Rahman* (1990), S. 261ff.; *Samuelson* (1989), S. 4ff.; *Steiner/Wittrock* (1994), S. 593ff.; *Vandell/Stevens* (1989), S. 38ff.; *Wittrock* (1995a), S. 55. und *Zimmermann/Zogg-Wetter* (1992), S. 133ff.

Eine Konzentration auf eine Assetklasse und/oder eine Region macht insbesondere dann Sinn, wenn die zu verteilenden Ressourcen zu knapp sind, um alle gebotenen Möglichkeiten auf einem hohen Qualitätsniveau abzudecken. Dies wird bei den meisten Portfoliomanagern der Fall sein, da die Vielzahl der Märkte und Instrumente eine Konzentration auf einige Segmente naheliegend erscheinen lässt.

Es stellt sich in diesem Zusammenhang die Frage nach der Spezialisierung des Portfoliomanagers. Gerade im Bereich gemischter Portfolios, die eine aus mehreren Assetklassen bestehende Benchmark aufweisen, tritt dieses Problem auf.

Das Argument der Marktkomplexität und der daraus ableitbaren Marktspezialisierung spricht z.B. für eine Betrachtung gemischter Aktien- und Anleiheportfolios als drei separate Portfolios: zum einen der Teilbereich Aktien, zum anderen der Teilbereich Anleihen und schließlich der Teilbereich Asset Allocation, der über die Aufteilung in Aktien, Anleihen und Geldmarkttitel befinden muss.

5. Value versus Growth

Eine der klassischen Fragen des Investmentstils bei Aktienportfolios und mithin der Unterscheidung von Portfoliomanagern besteht in dem Begriffspaar 'Value' und 'Growth'. Gelegentlich wird für den Begriff 'Value' der Begriff 'Yield' verwendet. Die Klassifizierung von Portfolios und Managern in die genannten Kategorien ist in den USA und in Großbritannien weit verbreitet.

Ein wertorientierter Anlagestil konzentriert sich auf Anlagen, die gemessen an den Marktdurchschnittswerten bestimmter Kennzahlen zu niedrig bewertet sind. Derlei Kennzahlen können z.B. das Kurs-Gewinn-Verhältnis (KGV), das Kurs-Buchwert-Verhältnis (KBV) oder die Dividendenrendite sein. Eine dem wertorientierten Investmentstil zugrundeliegende Prämisse betrifft die oftmals empirisch zu beobachtende Tendenz von Aktienkursen, längerfristig zu ihren durchschnittlichen Bewertungskennzahlen zurückzukehren. Dieser Prozess wird als 'Mean-Reversion' bezeichnet und konnte bei anderen Assetklassen ebenfalls festgestellt werden.[1]

Demgegenüber zeichnet sich ein wachstumsorientierter Investmentstil durch die Fokussierung auf Aktien überdurchschnittlich stark wachsender Gesellschaften aus. Da diese Titel in der Regel auch hoch bewertet sind, lautet die Grundannahme eines 'Growth'-Managers, dass die Bewertung durch die hohen längerfristigen Wachstumspotentiale gerechtfertigt ist.

Die Frage nach Value und Growth ist nicht unabhängig von anderen Elementen des Investmentstils zu beantworten. Wie sich gezeigt hat, befinden sich die echten Wachstumsaktien oftmals in der gleichen Branche oder sind zumindest in einigen wenigen Branchen konzentriert, so dass mit

---

[1] Vgl. *DeBondt/Thaler* (1985), S. 799; *Shefrin/Statman* (1985), S. 777ff.; *Zarowin* (1990), S. 113ff.; *Stock* (1990), S. 518ff.; *Fama/French* (1988), S. 246; *Cutler/Poterba/Summers* (1990), S. 63ff.; *Cutler/Poterba/Summers* (1991), S. 529; *Kim/Nelsen/Startz* (1991), S. 516; *McQueen* (1992), S. 1ff. und *Schwert/Seguin* (1990), S. 1139.

der Festlegung eines Stils gleichzeitig eine Branchenwette eingegangen wird.[1] Diese Frage tangiert wiederum die Top-Down / Bottom-Up Diskussion. Fragen des Investmenthorizonts und der Unternehmensgröße sind ebenfalls betroffen.

6. Small Cap versus Large Cap

Ebenso wie es Portfoliomanager gibt, die sich auf Value- oder Growth-Titel konzentrieren, existieren Spezialisten für bestimmte Größensegmente von Aktien. Größe wird dabei zumeist als Marktkapitalisierung gemessen. Beide Investmentstilentscheidungen sind nicht gänzlich unabhängig voneinander. Eine Vielzahl empirischer Untersuchungen hat gezeigt, dass echte Wachstumswerte eher im Bereich der sog. 'Small Caps' zu finden sind. Die Diskussion um überdurchschnittliche Renditen bei Kleinfirmen hat in den achtziger Jahren breiten Platz im einschlägigen Schrifttum eingenommen.[2]

Zumindest in Ländern mit mittlerer und kleinerer Marktkapitalisierung ist in den letzten Jahren jedoch ein Trend zu sog. 'Large Cap Stocks' erkennbar. Ein Grund hierfür stellt neben der größeren Liquidität, die gerade institutionellen Investoren ein Engagement überhaupt erst ermöglicht, die Verfügbarkeit von derivativen Instrumenten zum Hedging dar. Damit können erweiterte Möglichkeiten des Aktienhandels genutzt werden. Zu denken ist beispielsweise an Volatilitäts- und Downside-Strategien. Der sogenannte Market Impact, der die Kursveränderung einer Aktie aufgrund einer Order beschreibt, ist bei Large Caps im Vergleich zu Small Caps geringer. Außerdem eignen sich Large Caps aufgrund ihrer höheren Marktgängigkeit besser zur Durchführung von Basket Trades.

Allerdings dürfte es bei Large Caps schwerer sein, Informationsvorteile zu erwerben, da diese Aktien sehr intensiv beobachtet werden. Die geringere Markteffizienz bei Small Caps spricht somit für größere Chancen des aktiven Managements in diesem Segment.

Neben den genannten Spezialisierungen auf bestimmte größenabhängige Marktsegmente oder inhaltliche Eigenschaften wie Value und Growth lassen sich weitere denkbare Positionierungen im Bereich der Investmentstile bestimmen. Zu denken ist hierbei z.B. an sog. 'Turn-around'-Werte oder Portfolios, die sich auf potentielle 'Take-over'-Unternehmen, d.h. Übernahmekandidaten spezialisieren.

7. Aggressiv versus defensiv

Das Aggressivitätsniveau innerhalb von Portfolios kann ebenfalls kennzeichnend für einen Investmentstil sein. Dabei steht die Frage im Vordergrund, wie aggressiv bzw. defensiv vorliegende Prognosen in einem Portfolio umgesetzt werden. Als Maßstab für die Aggressivität von Aktienportfolios lassen sich die klassischen Risikomaße Volatilität, Korrelation, ß-Faktor und Tracking

---

[1] Zu denken ist beispielsweise an den Computer- und Biotechnologiesektor, in dem sich sehr viele Wachstumswerte befinden, während etwa in der Ölbranche i.d.R. ausschließlich 'Value'-Aktien vorzufinden sind.

[2] Vgl. *Roll* (1983), S. 18ff.; *Stock* (1990), S. 518ff.; *Beiker* (1993), S. 23ff.; *Oertmann* (1994), S. 229ff.; *Frantzmann* (1989) und *Schnittke* (1989).

Error heranziehen. Bei eher fundamentaler Betrachtung kann eine aggressive Strategie so definiert werden, dass ein Portfolio aus solchen Aktien eines Marktes gebildet wird, welche die höchsten erwarteten Zuwächse in der Größe 'Gewinn pro Aktie' erwarten lassen.

Hedge Fonds nutzen nicht selten einen Leverage, um gezielte Wetten mit großem Hebel einzugehen. Viele dieser Strategien sind insofern als aggressiv im Sinne von hochriskant einzuschätzen.

Im Anleihenbereich eignen sich die verschiedenen Durations- und Konvexitätsmaße zur Charakterisierung des vorliegenden Aggressivitätsniveaus. Darüber hinaus sind qualitative Daten wie z.B. Ratings unerlässlich. Es ist zu berücksichtigen, dass nur bei Bekanntheit einer Benchmark die Feststellung gelingen kann, ob ein Portfolio einem aggressiven oder einem defensiven Investmentstil folgt. Letztlich betrifft die Bestimmung des Aggressivitätsniveaus die vom Portfoliomanager aufzubringende Risikotoleranz.

8. Portfolio Insurance versus Buy and Hold

Neben den aufgezeigten Investmentstilen kann sich das Management von Portfolios auch im Hinblick auf mögliche Absicherungsstrategien unterscheiden. Strategien zur Absicherung sind besonders für Aktienportfolios relevant, bei denen die Gefahr unerwünschter Marktentwicklungen in besonderer Weise ausgeprägt ist. Insofern werden im folgenden Portfolio Insurance Strategien am Beispiel von Aktienportfolios dargestellt. Grundsätzlich können diese Strategien Absicherungen mit und/oder ohne Derivate beinhalten. Im folgenden wird auf mögliche Strategien unter Verzicht auf derivative Instrumente eingegangen. Die aufzuzeigenden Strategien können vergleichsweise einfach im Portfoliomanagement umgesetzt werden.[1]

Verglichen werden die dynamischen Absicherungsstrategien Constant Proportion Portfolio Insurance (CPPI) und Time-Invariant Portfolio Protection (TIPP) jeweils mit der sog. Buy and Hold-Strategie. Bei der Buy and Hold-Strategie wird die zu Anfang festgelegte Zusammensetzung des Portfolios während der Laufzeit nicht durch Portfolioumschichtungen verändert.

a. Stop-Loss-Strategie

Die Stop-Loss-Strategie kann als einfachste und wohl auch am meisten verbreitete Portfolio Insurance Strategie klassifiziert werden.[2] Zunächst erfolgt im Rahmen dieser Strategie eine Investition des gesamten Vermögens in Aktien, wobei gleichzeitig ein Portfoliomindestwert (Floor) zum Ende des Planungshorizontes festgelegt wird. Zur Bestimmung des aktuellen Wertes (Barwertes) des Floors kann auf die folgende Formel zurückgegriffen werden:

$$PV_t^{Floor} = F \cdot (1 + r_f)^{-(T-t)}$$

---

[1] Vgl. *Ebertz/Schlenger* (1995), S. 302f.; Portfolio Insurance Strategien können grundsätzlich auch auf Anleihenportfolios angewendet werden, vgl. *Black/Jones* (1987), S. 48. Zu Absicherungsstrategien mit Derivaten vgl. Kapitel E.

[2] Vgl. *Meyer-Bullerdiek* (1999), S. 182; *Steiner/Bruns* (2002), S. 403f. Die Stop-Loss-Strategie wird auch als *die* klassische Portfolio Insurance Strategie bezeichnet, vgl. *Bossert/Burzin* (2002), S. 136.

mit

PV_t^{Floor}	=	Present Value (Barwert) des Floors zum Zeitpunkt t,
F	=	Floor,
r_f	=	(konstanter) risikoloser Zins für den Zeitraum bis zum Planungshorizont und
T	=	gesamter Planungshorizont in Jahren.

In dem Fall, in dem der Wert des Aktienportfolios bis auf den Present Value des Floors fällt, muss entsprechend der Stop-Loss Regel das Portfolio veräußert werden. Der resultierende Verkaufserlös wird dann zum risikolosen Zins angelegt. Da nunmehr die risikolose Position bis zum Ende des Planungshorizontes beibehalten wird, ist sichergestellt, dass dann der Floor-Wert erreicht wird. Diese Vorgehensweise bedeutet auch, dass die Zusammensetzung des Portfolios höchstens einmal während des Planungshorizontes verändert wird, so dass auch von einer statischen Absicherungsstrategie gesprochen werden kann. Steigen anschließend wieder die Aktienkurse, so kann davon nicht mehr profitiert werden.

Charakteristisch für dynamische Absicherungsstrategien sind hingegen laufende Anpassungen der Portfoliostruktur aufgrund bestimmter Marktveränderungen im Zeitablauf. Auch für die Stop-Loss Strategie kann eine entsprechende Modifizierung vorgenommen werden, bei der auch nach der Unterschreitung des Floor-Barwertes noch an einer steigenden Kursentwicklung teilgenommen werden kann, d.h. der Endwert am Ende des Planungshorizontes kann trotz der zwischenzeitlichen Floor-Barwert-Unterschreitung noch oberhalb von 100% sein. Verbunden sind mit dieser modifizierten Stop-Loss-Strategie mehrere Umschichtungen zwischen Aktien und risikoloser Anlage.[1]

b. Constant Proportion Portfolio Insurance (CPPI)

Zu den dynamischen Portfolio Insurance Strategien zählt u.a. die CPPI-Strategie.[2] Im Rahmen dieser Strategie werden – wie auch bei der modifizierten Stop-Loss-Strategie – Portfolioumschichtungen zwischen Aktien und einer risikolosen festverzinslichen Anlage vorgenommen. Ziel ist die Garantie eines Portfoliomindestwertes bei gleichzeitiger Wahrnehmung von Kursgewinnchancen.

Als wesentliche Elemente der CPPI-Strategien lassen sich die folgenden identifizieren:[3]

- Floor (F) = Mindestwert des Portfolios, der möglichst während des Planungszeitraums nicht unterschritten werden soll
- Exposure (E) = Portfolioanteil, der in Aktien investiert wird
- Vermögen (V) = Gesamtanlagebetrag
- Cushion (C) = max. (V – F; 0)
- Multiplikator (M) = Ausdruck der Risikoneigung des Investors mit M > 1. Je höher M, desto risikofreudiger ist der Investor.

---

[1] Vgl. *Bird/Dennis/Tippet* (1988), S. 35ff.
[2] Vgl. *Black/Jones* (1987), S. 48ff. und *Black/Jones* (1988), S. 33ff.
[3] Vgl. *Bossert/Burzin* (2002), S. 139f.

Exposure und Cushion hängen in der folgenden Weise zusammen:

$$E = M \cdot C = M \cdot \max(V - F; 0).$$

Hieraus ergibt sich der folgende Zusammenhang:

$$\frac{1}{M} = \frac{V - F}{E} \quad \text{für } V - F \geq 0.$$

Der Kehrwert des Multiplikators gibt somit den Prozentsatz an, bis zu dem die Aktienposition an Wert verlieren darf, damit es nicht zu einer Floor-Unterschreitung kommt, die eine Portfolioanpassung zur Folge hätte.

Das folgende Beispiel zeigt die Funktionsweise der CPPI-Strategie auf. Zum Laufzeitbeginn soll ein Betrag in Höhe von 1 Mio EUR angelegt werden, wobei eine Portfoliountergrenze (Floor) von 850.000 EUR vereinbart wird. Der Multiplikator soll aufgrund der individuellen Risikoeinstellung des Anlegers 1,6 betragen. Das anfängliche Exposure lässt sich demnach wie folgt bestimmen:

$$E = M \cdot C = M \cdot \max(V - F; 0) = 1,6 \cdot \max(1.000.000\,\text{EUR} - 850.000\,\text{EUR}; 0) = 240.000\,\text{EUR}.$$

Infolgedessen teilt sich der Gesamtanlagebetrag zu Beginn der Laufzeit wie folgt auf: 240.000 EUR werden in Aktien und 760.000 EUR in eine sichere Festzinsanlage angelegt. In diesem Beispiel kann somit der Wert der Aktienposition um 62,5% (= 1/M) – d.h. um 150.000 EUR – auf 90.000 EUR sinken, ohne dass es zu einer Unterschreitung des Floors von 850.000 EUR kommt.

Nunmehr sei angenommen, dass der Aktienmarkt um 10% fällt. Dies führt zu einem neuen Wert der Aktienposition von 216.000 EUR. Werden die Festgeldzinsen vernachlässigt, so beträgt der Gesamtwert des Portfolios nunmehr 976.000 EUR (= 216.000 EUR + 760.000 EUR). Das Cushion beläuft sich auf 126.000 EUR. Daraus resultieren ein neues Aktien-Exposure (gesamte Aktienanlage) von 201.600 EUR und eine Festgeldanlage in Höhe von 774.400 EUR.

In der nachfolgenden Tabelle wird beispielhaft die Entwicklung des Wertes der CPPI-Strategie aufgezeigt, wobei Festgeldzinsen für die Zinsposition vernachlässigt werden. Um dies zu verdeutlichen, wird in der Tabelle das Festgeld durch eine (zinslose) Kasseposition ersetzt. Unterstellt wird dabei eine im Zeitablauf stetig fallende Aktienmarktentwicklung. Der Multiplikator M beträgt 1,6.

t	Wert Aktienindex	Floor	Vermögen	Cushion	Wert Aktienanlage (vor Umschichtung)	Wert Kasse (vor Umschichtung)	Exposure (= neue Aktienanlage)	Neue Anlage in Kasse
0	100%	850.000	1.000.000	150.000	240.000	760.000	240.000	760.000
1	90%	850.000	976.000	126.000	216.000	760.000	201.600	774.400
2	80%	850.000	953.600	103.600	179.200	774.400	165.760	787.840
3	70%	850.000	932.880	82.880	145.040	787.840	132.608	800.272
4	60%	850.000	913.936	63.936	113.664	800.272	102.298	811.638
5	50%	850.000	896.886	46.886	85.248	811.638	75.018	821.868
6	40%	850.000	881.883	31.883	60.015	821.868	51.012	830.870
7	30%	850.000	869.130	19.130	38.259	830.870	30.607	838.522
8	20%	850.000	858.927	8.927	20.405	838.522	14.283	844.644
9	10%	850.000	851.785	1.785	7.142	844.644	2.857	848.929
10	0%	850.000	848.929	0	0	848.929	0	848.929

Tab. C.4: CPPI-Strategie bei stetig fallender Aktienmarktentwicklung

Somit wird der Floor von 850.000 EUR nur knapp unterschritten. Hinzuweisen ist darauf, dass sich der Wert der Aktienposition (vor der Umschichtung) beispielsweise in t_2 (der Aktienindex ist auf 80% gefallen) wie folgt ergibt:

$$\frac{201.600\,\text{EUR}}{0,9} \cdot 0,8 = 179.200\,\text{EUR}.$$

Hieraus resultiert dann der Gesamtwert für das Portfolio in t_2 in Höhe von 953.600 EUR (= 179.200 EUR + 774.400 EUR), von dem nunmehr 165.760 EUR in Aktien und 787.400 EUR in die Kasseposition zu investieren sind.

Ein Vergleich zur Buy and Hold-Strategie zeigt, dass sich die CPPI-Strategie in dieser Situation einer stetigen Abwärtsbewegung im Aktienmarkt durchaus zur Absicherung eignen kann. Gleiches gilt auch für den fall kontinuierlich steigender Aktienkurse, da sich das Exposure dann immer mehr ausweitet und an der positiven Aktienmarktentwicklung mit einem höheren Aktienengagement partizipiert wird:[1]

---

[1] Zu Beginn der Buy and Hold-Strategie werden ebenfalls 240.000 EUR in Aktien und 760.000 EUR in eine (unverzinsliche) Kasseposition angelegt, wobei hier aber die Portfoliostruktur im Zeitablauf nicht verändert wird.

t	Aktien-index	Buy + Hold	CPPI
0	100%	1.000.000	1.000.000
1	90%	976.000	976.000
2	80%	952.000	953.600
3	70%	928.000	932.880
4	60%	904.000	913.936
5	50%	880.000	896.886
6	40%	856.000	881.883
usw.			

t	Aktien-index	Buy + Hold	CPPI
0	100%	1.000.000	1.000.000
1	110%	1.024.000	1.024.000
2	120%	1.048.000	1.049.309
3	130%	1.072.000	1.075.884
4	140%	1.096.000	1.103.685
5	150%	1.120.000	1.132.677
6	160%	1.144.000	1.162.829
usw.			

Tab. C.5: Vergleich Buy and Hold versus CPPI bei stetiger Aktienmarktentwicklung

In dem hier betrachteten Fall einer stetigen Aktienmarktentwicklung ergibt sich der folgende konvexe Kurvenverlauf der CPPI-Strategie im Vergleich zum linearen Verlauf der Buy and Hold-Strategie:

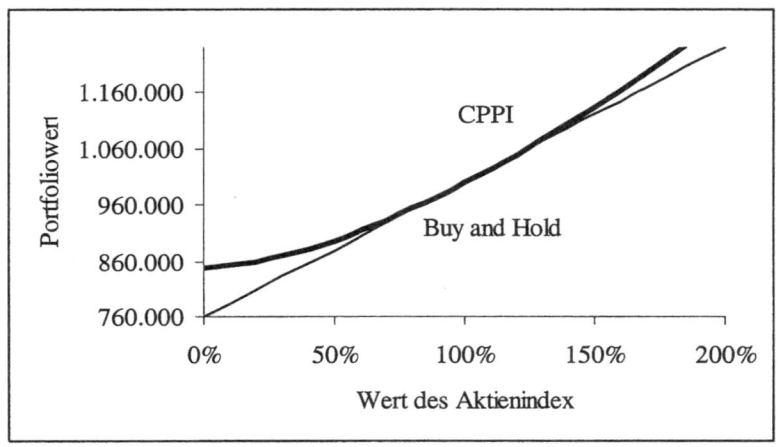

Abb. C.20: CPPI und Buy and Hold bei kontinuierlicher Aktienmarktentwicklung

In dem Fall, dass M weiter erhöht wird, verstärkt sich dieser Konvexitätseffekt.[1] Wird M = 1 gesetzt, so führen die CPPI-Strategie und die Buy and Hold-Strategie zu denselben Ergebnissen. In diesem Fall würden im obigen Beispiel zunächst 150.000 EUR in Aktien und 850.000 EUR (= Floor) in die Kasseposition investiert. Vor diesem Hintergrund lässt sich die Buy and Hold-Strategie als Spezialfall der CPPI interpretieren.[2]

---

[1] Vgl. *Bossert/Burzin* (2002), S. 144f.
[2] Vgl. *Steiner/Bruns* (2002), S. 415f.

Zu berücksichtigen ist allerdings, dass die in dem obigen Beispiel unterstellte kontinuierliche Aktienentwicklung nicht der Realität entspricht. Nunmehr soll die Abhängigkeit der CPPI-Wertentwicklung vom Verlauf der Aktienmarkt-Entwicklung, d.h. die Pfadabhängigkeit der CPPI-Strategie aufgezeigt werden.

Bei Annahme der gleichen Ausgangsdaten wie in dem obigen Beispiel (M = 1,6, Floor = 850.000 EUR, Vermögen = 1 Mio EUR) ergeben sich für die folgende Aktienmarkt-Entwicklung die in der Tabelle aufgeführten Werte:

t	Wert Aktienindex	Floor	Vermögen	Cushion	Wert Aktienanlage (vor Umschichtung)	Wert Kasse (vor Umschichtung)	Exposure (= neue Aktienanlage)	Neue Anlage in Kasse
0	100%	850.000	1.000.000	150.000	240.000	760.000	240.000	760.000
1	115%	850.000	1.036.000	186.000	276.000	760.000	297.600	738.400
2	140%	850.000	1.100.696	250.696	362.296	738.400	401.113	699.583
3	125%	850.000	1.057.719	207.719	358.137	699.583	332.351	725.368
4	90%	850.000	964.661	114.661	239.293	725.368	183.458	781.203

Tab. C.6: CPPI-Strategie bei nicht stetiger Aktienmarktentwicklung

In diesem Fall liegt der Wert der CPPI in t_4 (964.661 EUR) unterhalb des Wertes der Buy and Hold Strategie, die einen Wert von 976.000 EUR aufweisen würde. Somit kann also das Ergebnis der CPPI-Strategie – je nach Aktienkursentwicklung im Zeitablauf – auch unterhalb des Ergebnisses der Buy and Hold Strategie liegen. Darüber hinaus hängt das Ergebnis auch von der Häufigkeit der Anpassung ab.

Zu beachten sind bei Anwendung der CPPI Strategie auch die mit jeder Umschichtung verbundenen Transaktionskosten. Infolgedessen kann es sinnvoll sein, eine Toleranzgrenze festzulegen, bis zu deren Niveau keine Umschichtungen vorgenommen werden. Beispielsweise könnte festgesetzt werden, dass erst ab Kursveränderungen von ± 5% Umschichtungen erfolgen sollen.

Darüber hinaus ist zu beachten, dass – bei einem relativ geringen Multiplikator – für eine wirksame Beteiligung an steigenden Aktienkursen ein recht niedriger Floor festgelegt werden muss. Beispielsweise müsste im obigen Beispiel zunächst ein Floor von 687.500 EUR zugrunde gelegt werden, wenn bei einem Multiplikator von 1,6 ein (von der Risikogewichtung ausgeglichenes) Portfolio realisiert werden soll, dass zu 50% in Aktien und zu 50% in Anleihen investiert ist:

$$E = M \cdot (V - F) \quad \Leftrightarrow \quad F = V - \frac{E}{M} \quad ; \quad \text{jeweils für } V - F \geq 0$$

$$F = V - \frac{E}{M} = 1.000.000\,\text{EUR} - \frac{500.000\,\text{EUR}}{1,6} = 1.000.000\,\text{EUR} - 312.500\,\text{EUR} = 687.500\,\text{EUR}.$$

Ferner werden bei einem statischen, d.h. nicht veränderbaren Floor die während der Laufzeit erzielten Gewinne nicht abgesichert, so dass sich der prozentuale Anteil des Floors am Wert des Gesamtportfolios verringert. Dies führt wiederum zu einer verringerten prozentualen Absicherung bei steigenden Aktienkursen. Unterstellt wird somit eine Erhöhung der Risikobereitschaft des Anlegers, die aber grundsätzlich nicht zutrifft.

Als positiv zu werten ist die einfache Handhabbarkeit der CPPI-Strategie, da aufwendige mathematische Berechnungen nicht erforderlich sind und die Strategie leicht nachvollzogen werden kann.

c. Time-Invariant Portfolio Protection (TIPP)

Die sogenannte Time Invariant Portfolio Protection (TIPP) beinhaltet die Anpassung des Floors bei gestiegenen Aktienkursen.[1] Grundsätzlich handelt es sich hierbei ebenfalls um eine CPPI-Strategie, die aber insofern modifiziert ist, als dass aufgrund der Floor-Anpassung grundsätzlich jeweils der höchste während der Laufzeit erreichte Floorwert gesichert werden kann. Dazu wird der Floor als fester Prozentsatz des anzulegenden Vermögens festgelegt.

Die Vorgehensweise lässt sich wie folgt charakterisieren:[2]

(1) Ermittlung des Portfoliowertes (Aktien und Anleihen),
(2) Multiplikation des Portfoliowertes mit dem festgelegten Floor-Prozentsatz,
(3) Festlegung des neuen Floors (ein neuer Floorwert ergibt sich nur in dem Fall, dass das Ergebnis aus (2) größer ist als der bisherige Floor),
(4) Ermittlung des Cushion ($C = \max.(V - F; 0)$),
(5) Ermittlung des Exposures ($E = M \cdot C$) und
(6) Realisierung des Exposures durch Kauf oder Verkauf von Aktien.

Infolgedessen erfolgt bei fallenden Aktienkursen keine Anpassung des Floors. Sinnvoll kann die TIPP-Strategie grundsätzlich für Vermögensanlagen über längere bzw. zeitlich unbegrenzte Zeiträume sein aufgrund der stetigen Flooranpassungen an veränderte Marktverhältnisse.[3]

Zur Veranschaulichung soll wiederum auf das obige Beispiel zurückgegriffen werden (Portfolioanfangswert = 1 Mio EUR, M = 1,6), wobei der Floor-Prozentsatz mit 85% festgelegt werden soll. Entsprechend werden wiederum zunächst 240.000 EUR in Aktien und 760.000 EUR in eine sichere Festzinsanlage (hier: unverzinsliche Kassaposition) angelegt. Bei stetig fallender Aktienkursentwicklung ergeben sich dann bei der TIPP-Strategie die gleichen Werte wie bei der CPPI-Strategie, da es zu keiner Anpassung des Floors kommt.

Steigen allerdings die Aktienkurse kontinuierlich an, so führt dies zu den folgenden Flooranpassungen und damit Portfoliowerten:

---

[1] Vgl. *Estep/Kritzman* (1988), S. 38ff.
[2] Vgl. *Estep/Kritzman* (1988), S. 39.
[3] Vgl. *Brennan/Schwartz* (1988), S. 283f.

t	Wert Aktien-index	Floor	Vermögen	Cushion	Wert Aktienanlage (vor Umschichtung)	Wert Kasse (vor Umschichtung)	Exposure (= neue Aktienanlage)	Neue Anlage in Kasse
0	100%	850.000	1.000.000	150.000	240.000	760.000	240.000	760.000
1	110%	870.400	1.024.000	153.600	264.000	760.000	245.760	778.240
2	120%	889.391	1.046.342	156.951	268.102	778.240	251.122	795.220
3	130%	907.178	1.067.269	160.090	272.049	795.220	256.144	811.124
4	140%	923.926	1.086.972	163.046	275.848	811.124	260.873	826.099
5	150%	939.765	1.105.606	165.841	279.507	826.099	265.345	840.260
6	160%	954.801	1.123.296	168.494	283.035	840.260	269.591	853.705
7	170%	969.123	1.140.145	171.022	286.440	853.705	273.635	866.510
8	180%	982.805	1.156.241	173.436	289.731	866.510	277.498	878.743
9	190%	995.909	1.171.658	175.749	292.914	878.743	281.198	890.460
10	200%	1.008.489	1.186.458	177.969	295.998	890.460	284.750	901.708

Tab. C.7: TIPP-Strategie bei stetig steigender Aktienmarktentwicklung

Beispielsweise ergibt sich der neue Floor in t_1 wie folgt:

Neuer Floor in t_1 = 1.024.000 EUR · 0,85 = 870.400 EUR.

Hieraus resultieren ein Cushion von 153.600 EUR und ein Exposure 245.760 EUR. Da der Wert der Aktienposition aus t_0 in t_1 aber 264.000 EUR beträgt, müssen entsprechend Aktien verkauft werden, so dass mit weniger Aktien als z.B. bei der Buy and Hold-Strategie an der stetig positiven Aktienentwicklung partizipiert werden kann. Hier offenbart sich bereits ein wesentlicher Unterschied zur CPPI-Strategie, da sich in dem dortigen Beispiel die neue Aktienanlage auf 278.400 EUR erhöht und somit mit einem höheren Aktienanteil als bei der Buy and Hold-Strategie an der positiven Entwicklung teilgenommen werden kann. Daher ist die TIPP-Strategie bei einer solchen stetig steigenden Aktienkursentwicklung nicht sinnvoll, wie auch die folgende Tabelle verdeutlicht:

t	Aktienindex	Buy + Hold	CPPI	TIPP
0	100%	1.000.000	1.000.000	1.000.000
1	110%	1.024.000	1.024.000	1.024.000
2	120%	1.048.000	1.049.309	1.046.342
3	130%	1.072.000	1.075.884	1.067.269
4	140%	1.096.000	1.103.685	1.086.972
5	150%	1.120.000	1.132.677	1.105.606
6	160%	1.144.000	1.162.829	1.123.296
usw.				

Tab. C.8: Vergleich Buy and Hold, CPPI und TIPP bei stetiger Aktienmarktentwicklung

In dem hier betrachteten Fall einer stetigen Aktienmarktentwicklung ergibt sich der folgende Kurvenverlauf der TIPP-Strategie im Vergleich zum linearen Verlauf der Buy and Hold-Strategie:

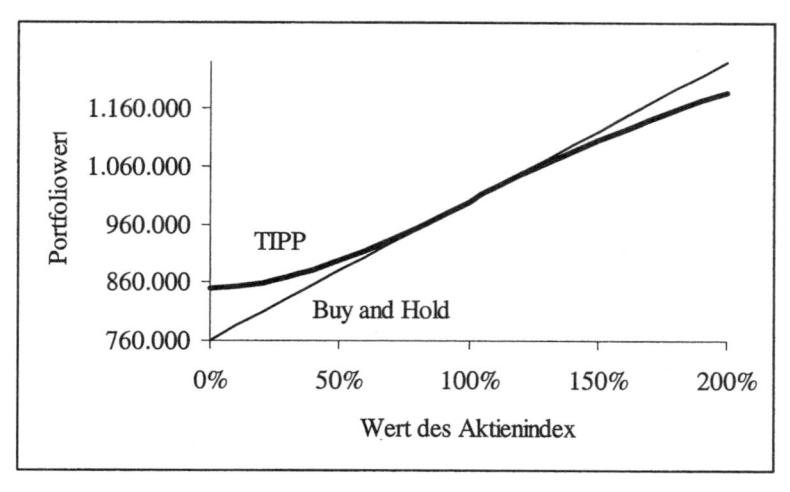

Abb. C.21: TIPP und Buy and Hold bei kontinuierlicher Aktienmarktentwicklung

Auch für die TIPP-Strategie gilt die für die CPPI-Strategie bereits aufgezeigte Pfadabhängigkeit, so dass das Ergebnis jeweils von der zwischenzeitlichen Entwicklung des Aktienindex abhängt.[1]

---

[1] Trotz der Anhebung des Floors kann die TIPP-Strategie in Abhängigkeit vom Startzeitpunkt zu positiven oder negativen Ergebnissen im Vergleich zu einem Aktienindex führen. Vgl. *Choie/Seff* (1989), S. 108.

Angenommen werden soll die gleiche Aktienkursentwicklung wie auch schon bei der CPPI-Strategie. Damit ergeben sich die folgenden Werte (M beträgt nach wie vor 1,6):

t	Wert Aktienindex	Floor	Vermögen	Cushion	Wert Aktienanlage (vor Umschichtung)	Wert Kasse (vor Umschichtung)	Exposure (= neue Aktienanlage)	Neue Anlage in Kasse
0	100%	850.000	1.000.000	150.000	240.000	760.000	240.000	760.000
1	115%	880.600	1.036.000	155.400	276.000	760.000	248.640	787.360
2	140%	926.544	1.090.052	163.508	302.692	787.360	261.613	828.440
3	125%	926.544	1.062.022	135.478	233.583	828.440	216.765	845.258
4	90%	926.544	1.001.328	74.784	156.071	845.258	119.654	881.674

Tab. C.9: TIPP-Strategie bei nicht stetiger Aktienmarktentwicklung

Während in diesem Fall in t_4 der Wert der CPPI-Strategie (964.661 EUR) unterhalb des Wertes der Buy and Hold-Strategie (976.000 EUR) lag, führt die TIPP-Strategie nun zu dem höchsten Wert (1.001.328 EUR). Dies ist auf den angestiegenen Floor und die damit relativ geringe neue Aktienanlage in t_3 zurückzuführen. Während gemäß der Buy and Hold-Strategie das neue Aktienexposure in t_3 300.000 EUR beträgt, beläuft sich die Aktieninvestition nach der CPPI-Strategie auf 332.351 EUR und nach der TIPP-Strategie auf 216.765 EUR. Der nachfolgende Aktienkursrückgang trifft somit die TIPP-Strategie am geringsten.

Die angeführten Beispiele beziehen sich auf Aktienportfolios. Grundsätzlich kann davon ausgegangen werden, dass die Bedeutung der Portfolioabsicherung für Aktien- im Vergleich zu Anleihenportfolios aufgrund der größeren Kursschwankungen höher einzustufen ist.

Zu beachten ist ferner, dass Absicherungsstrategien im Rahmen der Portfolio Insurance in den Fällen zu Umschichtungen führen, in denen sich die Marktpreise verändert haben. Damit reagieren diese Strategien nicht auf neu zur Verfügung stehende Informationen. Wird von den Marktteilnehmern erkannt, dass beispielsweise die Kursveränderungen bestimmter Aktien lediglich auf Absicherungsstrategien zurückzuführen sind, so kann nicht davon ausgegangen werden, dass die Marktteilnehmer hieraus Rückschlüsse ziehen im Hinblick auf veränderte Markttrends oder neue fundamentale Informationen.

D. Marktdimension des Portfoliomanagements

Nachdem in den bisherigen Kapiteln Ziele und Ausrichtung des Portfoliomanagements erörtert worden sind, wird nunmehr der Schritt zu den Kapitalmärkten vollzogen. Die Kapitalmärkte stellen den Ort einer jeden Strategieumsetzung dar. Ziel des Kapitels ist es, einen kurzen Überblick über die wichtigsten Marktparameter und -instrumente zu geben. Dem deutschen Kapitalmarkt wird dabei besonderes Augenmerk geschenkt. Zunächst werden die derzeitigen Größenverhältnisse an den Finanzmärkten der Welt dargestellt. Anschließend werden wichtige Märkte und Instrumente etwas näher beleuchtet. Dabei stehen Aktien, Anleihen und Derivative im Vordergrund. Der regionale Schwerpunkt dieses Kapitels liegt auf den europäischen Märkten.

I. Die 'Triade' als regionaler Kernbereich der Finanzmärkte

Gemessen an der Größe ihrer Finanzmärkte wird die Anlagewelt durch die Triade Europa, Nordamerika und Japan dominiert. Anhand von Marktindizes lässt sich ein rascher Überblick über die Größenverhältnisse gewinnen. Der im professionellen Aktienportfoliomanagement gängige Morgan Stanley Capital Index (MSCI) gibt einen ersten Eindruck von den Größenverhältnissen an den weltweiten Aktienmärkten. Mit großem Abstand liegen die US-Aktienmärkte in der Ländergewichtung mit einem Wert von deutlich über 50% vor Großbritannien und Japan.

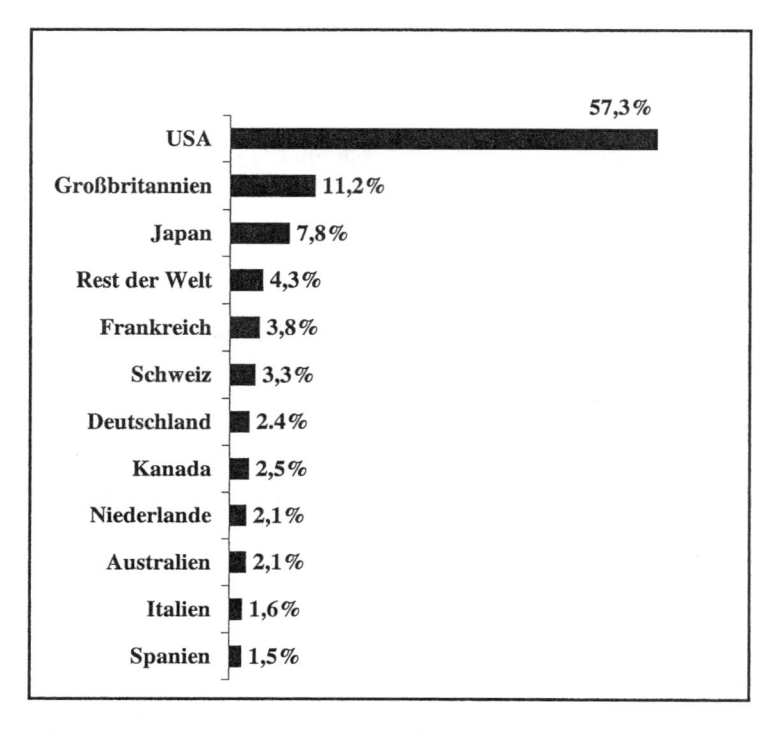

USA	57,3%
Großbritannien	11,2%
Japan	7,8%
Rest der Welt	4,3%
Frankreich	3,8%
Schweiz	3,3%
Deutschland	2,4%
Kanada	2,5%
Niederlande	2,1%
Australien	2,1%
Italien	1,6%
Spanien	1,5%

Abb. D.1: Länderaufteilung des MSCI Welt Aktienindex (Stand 24.04.2003)

Würde jedoch ein anderes Gewichtungsschemata verwandt, so könnte sich das Bild erheblich ändern. Bei einer Ländergewichtung auf der Basis der volkswirtschaftlichen Bedeutung gemessen am Bruttosozialprodukt (BSP), käme folgende Aufteilung zum Tragen:

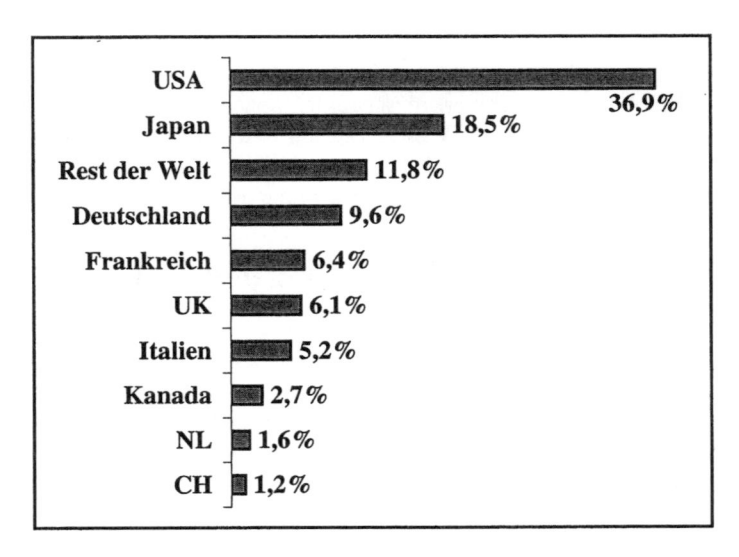

USA	36,9%
Japan	18,5%
Rest der Welt	11,8%
Deutschland	9,6%
Frankreich	6,4%
UK	6,1%
Italien	5,2%
Kanada	2,7%
NL	1,6%
CH	1,2%

Abb. D.2: Länderaufteilung des MSCI Welt Aktienindex nach BSP-Gewichtung
(Stand 30.06.1998)

Die Wahl des Gewichtungsschemas spielt also für die Indexgewichtungen eine mitentscheidende Rolle.[1] Zudem unterliegen die Ländergewichtungen der Indizes aufgrund der Aktienkurs- und Währungsdynamik fortwährenden Schwankungen. So lag beispielsweise das Ländergewicht Japans gegen Ende der 1980er Jahre über derjenigen der Vereinigten Staaten.

Vergleicht man die Regionen der Triade miteinander, so zeigt sich auch hier eine deutliche Dominanz Nordamerikas und Europas. Selbst unter Verwendung einer am Bruttosozialprodukt angelehnten Gewichtung kommt Asien nur auf ein Gewicht von ca. 20%. Immerhin leben in Asien aber knapp zwei Drittel der Erdbevölkerung.

Zu ganz ähnlichen Resultaten gelangt man bei Betrachtung der Anleihenmärkte der Welt. Im Unterschied zur Aktienseite spielt dort jedoch die Länderperspektive eine geringere Rolle. Statt dessen bietet sich eine Einordnung in Währungsregionen und Schuldnerklassen an. Anhand der in der folgenden Graphik dargestellten Größenverhältnisse bei Auslandsanleihen lässt sich ein guter Einblick in die Bedeutung der einzelnen Währungsregionen gewinnen.

---

[1] Denkbar wären auch Gewichtungen nach der Marktkapitalisierung, dem Grundkapital, dem Umsatz, der Mitarbeiteranzahl etc. Es zeigt sich also, dass Kapitalmarktindizes nur einen Ausschnitt der Wirklichkeit darstellen. Die derzeit vorherrschende Gewichtung mit der Marktkapitalisierung (Eigenkapital) des Free Floats dient in erster Linie den Bedürfnissen großer Kapitalsammelstellen.

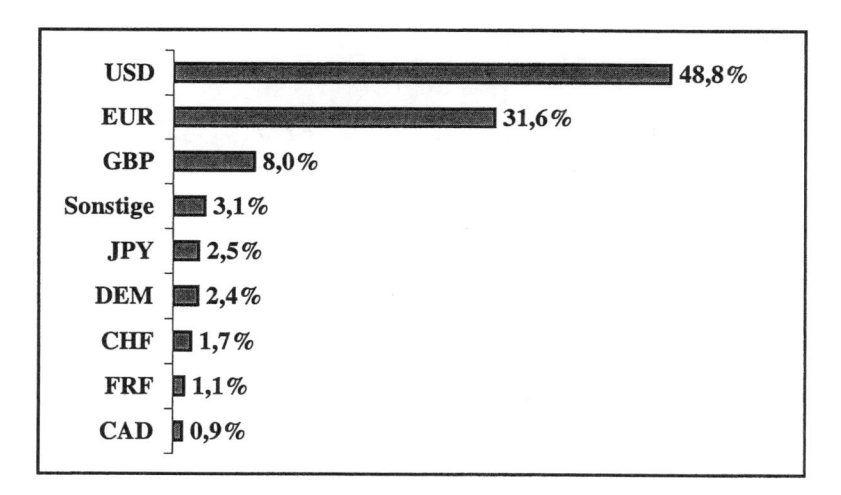

USD	48,8%
EUR	31,6%
GBP	8,0%
Sonstige	3,1%
JPY	2,5%
DEM	2,4%
CHF	1,7%
FRF	1,1%
CAD	0,9%

Abb. D.3: Währungsaufteilung bei Auslandsanleihen laut ISMA (International Securities Markets Association), Stand 31.12.2002

In US-Dollar begebene Anleihen dominieren den Markt. Seit seiner Einführung gewinnt jedoch der Euro zunehmend Marktanteile als internationale Emissionswährung. Die jeweils noch in den vorherigen Landeswährungen begebenen Anleihen europäischer Schuldner werden sukzessiv durch EUR-denominierte Titel ersetzt. Bei Staatsanleihen sind die USA vor Japan und Deutschland der mit Abstand wichtigste Einzelemittent.

1. Die Anlagemärkte Europas

a. Aktien in Europa und in Deutschland

Analog zu dem obigen Vorgehen wird zunächst anhand der Betrachtung eines gesamteuropäischen Aktienindexes – des MSCI Europa – die gegenwärtige Ländergewichtung nachvollzogen. Bei der Betrachtung von Abbildung D.4 fällt das große Gewicht Großbritanniens auf. Es erklärt sich z.T. durch die hohe Gewichtung der Weltunternehmen BP, Vodafone und HSBC. Schwergewichte dieser Größenordnung fehlen derzeit in anderen europäischen Ländern. Besonders gravierend wirkt sich dies auf die Ländergewichtung Deutschlands aus, da die meisten europäischen Großunternehmen, die nicht börsennotiert sind, von dort stammen. Hierzu zählen Firmen wie Rewe, Edeka, Bosch, Aldi, Haniel, Bertelsmann, Heraeus, Boehringer Ingelheim und andere.

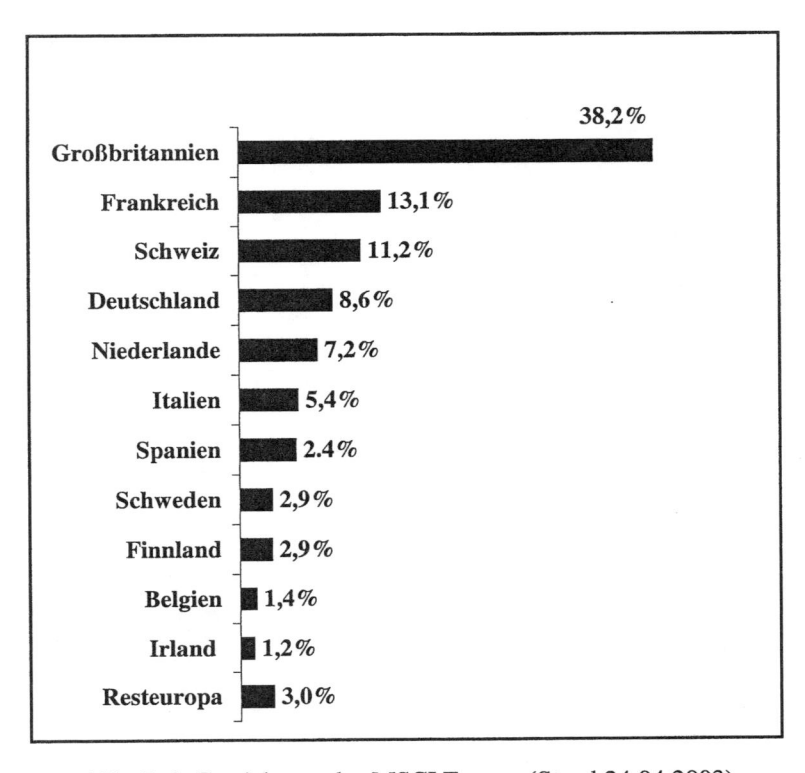

Land	Gewichtung
Großbritannien	38,2%
Frankreich	13,1%
Schweiz	11,2%
Deutschland	8,6%
Niederlande	7,2%
Italien	5,4%
Spanien	2.4%
Schweden	2,9%
Finnland	2,9%
Belgien	1,4%
Irland	1,2%
Resteuropa	3,0%

Abb. D.4: Gewichtung des MSCI Europa (Stand 24.04.2003)

Der deutsche Aktienmarkt besitzt gemäß der Graphik ein Ländergewicht von gut 8% gegenüber einem fast 25%igem Anteil am europäischen Bruttosozialprodukt. Ursächlich für die deutlichen Gewichtungsunterschiede zwischen Aktienmarktgewichtung und Wirtschaftsleistung eines Landes sind besonders die unterschiedlichen Steuer-, Rechts,- und Pensionssysteme sowie der Reifegrad der Aktienkulturen in den jeweiligen Ländern. Während z.B. in der Schweiz die Rechtsform der börsennotierten Aktiengesellschaft sehr weit verbreitet ist, dominieren in Deutschland die in Privatbesitz gehaltenen GmbH-Rechtsformen. In Deutschland notieren nur ca. 15% der in der Rechtsform der Aktiengesellschaft geführten Unternehmen an einer Börse.

Ferner ist die Eigenkapitalfinanzierung gegenüber der Fremdkapitalfinanzierung oftmals steuerlich benachteiligt, so dass der Anreiz zur Aufnahme von Eigenkapital an der Börse geschmälert wird.

Neben haftungsrechtlichen und steuerlichen Aspekten können auch Mentalitätsunterschiede der Anleger ursächlich für die heterogene Aktienmarktstruktur in Europa sein. Shareholder Value-Überlegungen mögen ebenfalls bedeutsam für die unterschiedliche Aktienmarktgröße in den einzelnen Ländern sein. Seit der Einführung des Euro und entsprechender Aktienindizes gibt es Anzeichen für das Entstehen einer kontinentaleuropäischen Aktienkultur. Diese könnte auch maßgeblich durch die geplante oder bereits im Gang befindliche Ergänzung bzw. Umstellung der Altersvorsorgesysteme von sog. 'defined benefits' zu sog. 'defined contributions' begünstigt werden. Letztgenannte ergänzen ein generationenbasiertes bzw. steuerfinanziertes Umlagesystem durch ein kapitalmarktorientiertes Ansparverfahren (Prinzip der Kapitaldeckung), wie es in einigen angelsächsischen Ländern bereits praktiziert wird.

Der Börsenhandel wird dominiert vom Standort Frankfurt. Der Großteil des Aktienhandels in Deutschland wird mittlerweile über die elektronische Handelsplattform XETRA abgewickelt, die der Deutsche Börse AG gehört.

Bei Betrachtung der Struktur des deutschen Börsenhandels fällt der hohe Umsatzanteil der großen DAX-Werte auf. Insofern ist die Feststellung angebracht, dass der deutsche Aktienmarkt ein recht hohes Maß an Konzentration auf wenige Werte aufweist. Insgesamt spielen an der deutschen Börse die Branchen Versicherungen, Automobile, Banken, Chemie, Elektronik und Versorgung – gemessen an Börsenumsatz und Marktkapitalisierung – die wichtigste Rolle. Eine weitere Besonderheit des deutschen Aktienmarktes liegt in der hohen Festbesitzquote bzw. dem daraus resultierenden international niedrigen 'Free Float'. Immerhin haben mehrere deutsche Banken und Versicherungen angekündigt, ihre deutschen Industriebeteiligungen abzubauen und statt dessen eine stärkere europäische Diversifikation zu betreiben.

Wenngleich an den Börsenplätzen Europas z.T. sehr unterschiedliche Usancen für den Handel vorherrschen, ist diesbezüglich ein klarer Konvergenztrend erkennbar. Dieser Trend findet seine Ursache nicht zuletzt in der Konzentration der europäischen Börsen und Settlementsysteme. Unterschiede betreffen beispielsweise die zeitliche Abwicklung von Börsengeschäften. In den letzten Jahren erfolgte eine weitgehende Angleichung der internationalen Usancen in Richtung T+3 als Standard. Damit wird ausgesagt, dass der Zahl- und Lieferungstag des betreffenden Wertpapiers drei Bankarbeitstage nach dem Handelstag liegt. In Deutschland ist hingegen eine zweitägige Valuta gängig.

An den einzelnen internationalen Börsen werden unterschiedliche Kennnummern für Wertpapiere verwendet. Für die Abwicklung von Transaktionen (Settlement) ist die eindeutige Identifikation von Wertpapieren unerlässlich. Die bekanntesten Code-Nummern lauten CUSIP, SEDOL, ISIN, WPKN und Valoren-Nummer. Das Akronym CUSIP steht für Committee on Uniform Securities Identification Procedures und besteht aus acht Ziffern zuzüglich einer Prüfziffer. Die CUSIP-Nummern werden vor allem für nordamerikanische Wertpapiere benutzt. Die Londoner Börse verwendet bevorzugt SEDOL-Nummern. Das Akronym steht für Stock Exchange Daily Official List und verwendet eine siebenstellige Zahl. Die ISIN-Nummer (International Securities Identification Number) ist für grenzüberschreitende Transaktionen entwickelt worden und zeigt in einem Zweibuchstaben-Präfix zunächst das Herkunftsland des Wertpapiers an. Künftig soll die ISIN zum europäischen und ggf. weltweiten Standard werden. Damit wird die in Deutschland gebräuchliche sechsstellige Wert-Papier-Kenn-Nummer (WPKN) obsolet. Die i.d.R. sechsstelligen Valoren-Nummern werden von dem Börseninformationsanbieter Telekurs vergeben und als offizielle Identifikationsnummern in der Schweiz verwandt. Weitere nationale Kennnummern existieren.

In den einzelnen Ländern fallen bei Aktientransaktionen unterschiedliche Gebühren und Steuern (z.B. Stempelsteuer) an. In Deutschland gibt es z.B. eine Maklercourtage, die bei allen über die Börse (Parkett) abgewickelten Transaktionen fällig wird. Oftmals sind die Gebühren nach der

Ordergröße gestaffelt. Für ausländische Investoren gibt es in einigen Ländern Sonder- und Ausnahmeregelungen. Auch die Arten des Börsenhandels unterscheiden sich. Während die meisten europäischen Börsen nach dem Auktionsverfahren (Open Outcry) organisiert sind, ist in einigen Ländern eine Zunahme von Computerhandelssystemen auf Market Maker Basis zu beobachten.[1] Das deutsche Xetra-System zählt zu dieser Kategorie von Handelsplattformen. Computerbörsen weisen i.d.R. geringere Transaktionskosten auf. Allerdings ist der Durchbruch der Computerbörsen auf dem Bereich der Small- und Mid-Caps noch nicht vollständig gelungen, da in diesem Segment nicht selten die Liquidität gering ist.

Im März 2003 ist die Indexfamilie für deutsche Aktien von der Deutsche Börse AG neu konfiguriert worden, wobei mehrere verschiedene Aktienindizes vorliegen. Mitglieder dieser Indizes sind verpflichtet, die Transparenzanforderung des Prime Standards zu erfüllen. Die wichtigsten Anforderungen lauten:[2]

- Quartalsberichterstattung,
- Anwendung internationaler Rechnungslegungsstandards
  (International Financial Reporting Standards, IFRS oder US-GAAP),
- Veröffentlichung eines Unternehmenskalenders mit den wichtigsten Terminen,
- Durchführung mindestens einer Analystenkonferenz pro Jahr und
- Ad-hoc Mitteilungen und laufende Berichterstattung in englischer Sprache.

Unterschieden wird im Hinblick auf die Zusammensetzung der Indizes zwischen All Share-Indizes (inkl. Branchenindizes) und Auswahlindizes. Für die All Share-Indizes (inkl. Branchenindizes) gilt, dass sie sämtliche in dem jeweiligen Marktsegment bzw. Sektor gelisteten Aktien enthalten. Somit liegt also keine Beschränkung auf eine bestimmte Anzahl von Werten vor. Zu den All Share-Indizes zählen der Prime All Share, der Technology All Share, der Classic All Share und der CDAX. Darüber hinaus erfolgt noch die Berechnung von 18 Sektorindizes im Prime-Segment und der darunter liegenden 62 Industriegruppen.

Zur Abbildung gewisser Teilbereiche aus den Segmenten werden Auswahlindizes berechnet. Für diese Indizes sind jeweils eine bestimmte Anzahl an Werten festgelegt. Zu den Auswahlindizes der Deutschen Börse zählen der DAX, der MDAX, der SDAX, der TecDAX, der NEMAX 50 sowie der HDAX und der Midcap Market Index.[3] Die Anpassung der Indizes erfolgt planmäßig nur zu den Verfallsterminen des DAX-Futures. Um in einen Auswahlindex aufgenommen zu werden bzw. darin verbleiben zu können, müssen die entsprechenden Unternehmen bestimmte Voraussetzungen erfüllen, die sich je nach Index unterscheiden können. Für alle Aktiengattungen gelten aber die folgenden Voraussetzungen:

---

[1] Die zunehmende Bedeutung der Nasdaq und alternativer Handelsplattformen, wie z.B. Instinet in den USA bestätigt diesen Trend.

[2] Vgl. hierzu und im folgenden die Veröffentlichungen der Deutsche Börse AG auf www.exchange.de.

[3] Hierfür und für die folgenden Ausführungen zu den Indizes gilt jeweils der Stand 24.03.2003.

- Listing im Prime Standard,
- Fortlaufender Handel in Xetra und
- Höhe des Mindest-Freefloat = 5%.

Während sich im DAX Unternehmen sämtlicher Branchen befinden können, müssen die Unternehmen des MDAX und des SDAX aus einem Sektor bzw. einer Industriegruppe kommen, die zu dem sog. klassischen Bereich gehören. Hingegen gilt für den TecDAX und den NEMAX 50, dass die darin enthaltenen Gesellschaften aus den Sektoren kommen, die als technologisch eingruppiert werden. Darüber hinaus wird noch gefordert, dass die Unternehmen des DAX ihren Sitz in Deutschland haben, während dies für die übrigen Auswahlindizes nicht gilt. Neben diesen Grundvoraussetzungen sind weitere Kriterien zu beachten.

Im folgenden soll kurz auf die Auswahlindizes eingegangen werden. Der DAX ist der Bluechip-Index der Deutschen Börse. Er enthält die 30 größten und umsatzstärksten deutschen Werte, die im Prime Standard zugelassen sind. Die Indexzusammensetzung wird regulär einmal jährlich überprüft und mit Wirkung zum September angepasst.

Der MDAX wurde im März 2003 auf 50 Titel reduziert und umfasst jene Unternehmen, die nicht im DAX geführt werden und nicht dem von der Deutsche Börse AG definierten Technologiebereich (TecDAX) zuzurechnen sind. Insofern ist der MDAX der Auswahlindex für Midcaps. Die Indexzusammensetzung wird regulär halbjährlich überprüft und mit Wirkung zum März bzw. September angepasst.

Am 24.03.2003 wurde der TecDAX neu eingeführt, der ein modifizierter Nachfolger für den NEMAX 50 ist. Der TecDAX ist der Auswahlindex der größten und liquidesten Technologiewerte des Prime-Segments unterhalb des DAX. Er enthält die 30 Werte, die von der Größe her den DAX-Werten folgen. Entsprechend den o.g. Voraussetzungen können sich Unternehmen für den Auswahlindex TecDAX qualifizieren, wenn sie eine Zulassung zum Prime Standard besitzen und fortlaufend auf Xetra gehandelt werden. Wie bei allen anderen Auswahlindizes – mit Ausnahme des DAX – können auch ausländische Unternehmen im TecDAX enthalten sein. Die Indexzusammensetzung wird regulär halbjährlich überprüft und mit Wirkung zum März bzw. September angepasst.

Noch bis Ende 2004 bleibt der NEMAX 50 bestehen, der nach Wegfall des Neuen Marktes nunmehr über Branchen definiert wird und sich aus den 50 größten Technologiewerten aus dem Prime Segment unterhalb des DAX zusammensetzt. Die Indexzusammensetzung wird regulär quartalsweise überprüft und mit Wirkung zum März, Juni etc. angepasst.

Im SDAX finden sich 50 außerhalb der obigen Indizes verzeichneten Unternehmen klassischer Branchen wieder. Hierbei handelt es sich um die folgenden 50 Werte aus dem Prime-Segment unterhalb des MDAX. Die reguläre Anpassung erfolgt beim SDAX quartalsweise.

Schließlich zählen noch der HDAX und der Midcap Market Index zu den Auswahlindizes. Der HDAX setzt sich aus den 30 DAX-Werten, den 50 MDAX-Werten und den 30 TecDAX-Werten zusammen. Er umfasst damit sämtliche Branchen des Prime Standards. Diesem Index ähnelt der vor allem als Benchmark dienende Midcap Market Index, der die 50 MDAX-Werte und die 30 TecDAX-Werte umfasst.

Zu berücksichtigen ist, dass für die nicht vierteljährlich angepassten Auswahlindizes DAX, MDAX, TecDAX (und infolgedessen auch für HDAX und Midcap Market Index) zusätzliche Regelungen für unterjährige Veränderungen vorliegen, die allerdings nur in Ausnahmefällen zum Tragen kommen.

Neben den Auswahlindizes werden noch All Share-Indizes und Branchenindizes an der Deutschen Börse berechnet. Der Prime All Share umfasst sämtliche Werte, die im Prime Standard gelistet sind. Darüber hinaus bilden sämtliche Prime Standard-Werte aus den technologischen Sektoren unterhalb des DAX den Technology All Share-Index. Die klassischen Werte aus dem Prime-Segment unterhalb des DAX werden im Classic All Share-Index erfasst. Schließlich gehört zu den All Share-Indizes noch der CDAX, der sich aus allen deutschen Unternehmen des Prime und des General Standard zusammensetzt. Er ist damit der breiteste Index der DAX-Familie und kann zur Performancemessung des gesamten deutschen Aktienmarktes herangezogen werden.

Die Branchenindizes der Deutschen Börse werden ausschließlich für das Prime-Segment berechnet. Zu den 18 Prime-Sektoren zählen beispielsweise Automobile, Banks, Basic Resources, Chemicals etc. Die darunter fallenden 62 Industriegruppen lauten z.B. Auto Parts & Equipment, Automobile Manufacturers (beide Prime-Sektor Automobile) oder Credit Banks, Mortgage Banks (beide Prime-Sektor Banks).

Als Exot unter den Indizes kann der VDAX bezeichnet werden, bei dem es sich nicht um einen Aktienindex handelt. Der 1994 eingeführte VDAX wird unter Zuhilfenahme der Black-Scholes-Formel zur Optionspreisermittlung berechnet. Er beschreibt die vom Terminmarkt erwartete Schwankungsbreite des DAX. Diese implizite Volatilität bezieht sich beim VDAX auf eine konstante Restlaufzeit von 45 Tagen und wird aus den Preisen von DAX-Optionen ermittelt. Die Angabe der Volatilität erfolgt in Prozent pro Jahr. Um die erwartete Volatilität für den DAX innerhalb der nächsten 45 Tage in Punkten zu erhalten, ist eine entsprechende Umrechnung vorzunehmen:

$$\text{Erwartete Schwankungsbreite des DAX} = \text{VDAX (\% p.a.)} \cdot \sqrt{\frac{45 \text{ Tage}}{365 \text{ Tage}}} \cdot \text{DAX (in Punkten)}.$$

So ergibt sich bei einem Wert für den DAX-Volatilitätsindex von 30 und einem DAX-Stand von 3.000 Punkten eine erwartete Schwankungsbreite von 316 Punkten. Die Marktteilnehmer erwarten also den DAX mit hoher Wahrscheinlichkeit in den kommenden 45 Tagen innerhalb des Bereiches von 2.684 und 3.316 Punkten. Die gleiche Volatilität bei unterschiedlichen DAX-Ständen impliziert differierende Schwankungsbreiten in Punkten.

b. Anleihen in Europa und Deutschland

ba. Deutschland

Der deutsche Rentenmarkt ist der mit Abstand größte Markt für festverzinsliche Wertpapiere in Europa. Durch die Einführung des Euro ist die Eurozone als Währungsgebiet zum zweitgrößten Staatsanleihemarkt hinter den USA und vor Japan mutiert. Deutschland, dessen Bonität mit einem Triple-A Rating bewertet wird, ist der größte Emittent von Staatsanleihen innerhalb Europas. Der Handel mit Anleihen vollzieht sich in Deutschland zum größten Teil außerbörslich.

Neben dem Bund, der Staatsanleihen emittiert, treten die Bundesländer und Gebietskörperschaften sowie im Staatsbesitz befindliche Einrichtungen, wie z.B. die Kreditanstalt für Wiederaufbau (KfW) als öffentliche Emittenten am deutschen Markt auf. Die früheren Sondervermögen des Bundes Bahn und Post befinden sich mittlerweile in privater Rechtsform und sind nach der Privatisierung nicht mehr zu den öffentlichen Emittenten zu zählen.

Der Markt für Pfandbriefe als klassisches Refinanzierungsmittel der Hypothekenbanken ist eine deutsche Besonderheit und stellt mittlerweile das größte Segment des deutschen Rentenmarktes dar.[1] Wenn auch das kumulierte Volumen des Pfandbriefmarktes sehr hoch ist, so darf nicht übersehen werden, dass sich das Marktvolumen auf eine Vielzahl von Emittenten und eine noch weitaus größere Anzahl von Emissionen verteilt. Daher besteht die Problematik des Pfandbriefmarktes in der oftmals geringen Liquidität einzelner Emissionen. Dennoch besitzt der Pfandbriefmarkt eine hohe Attraktivität, da Pfandbriefe mit besonderen Eigenschaften und Privilegien versehen sind, die andere festverzinsliche Anlagen so nicht aufweisen. Neben der Mündelsicherheit sowie der Lombard- und Deckungsstockfähigkeit werden Pfandbriefe bei der Anrechnung von Wertgrenzen bei Investmentfonds, Pensionsfonds und Versicherungen bevorzugt behandelt. Außerdem besitzen sie ein Konkursvorrecht. Zudem gibt es in Deutschland mit dem Gesetz über die Pfandbriefe und verwandten Schuldverschreibungen öffentlich-rechtlicher Kreditanstalten ein eigenes Gesetz für Pfandbriefe.

Zur weiteren Förderung des deutschen Pfandbriefmarktes wurden im April 1995 mit dem Kursindex PEX und dem Performanceindex PEXP eigens Pfandbriefindizes kreiert, die die Wertentwicklung dieses wichtigen Marktsegmentes auf der Basis eines Notional-Bond Konzeptes, vergleichbar dem REX, abbilden.

Dem Segment der Pfandbriefe und öffentlichen Anleihen folgen als drittwichtigster Bereich am deutschen Rentenmarkt die Bankschuldverschreibungen. International begebene Unternehmensanleihen (Corporate Bonds) gewinnen in den letzten Jahren zunehmend Marktanteile am Gesamtmarkt für festverzinsliche Wertpapiere. Die Einführung des Euro hat diese Entwicklung maßgeblich gefördert. Außerdem schreitet die Verbreitung von sog. Asset Backed Securities (ABS) voran. Zumeist werden dabei Forderungen verbrieft und somit handelbar gemacht. Ein breites Spektrum derivativer Instrumente sowie auch Wertpapierleihetransaktionen, Forwards und Repogeschäfte, die sich auf die vorgenannten Typen festverzinslicher Wertpapiere beziehen, sind am deutschen Zinsmarkt erhältlich und gängig.

---

[1] Vgl. *VDH* (1999), S. 1.

Die überwiegend zur Deutsche Börse AG gehörende Handelsplattform Eurex betreibt das Geschäft mit Derivaten in Deutschland und Europa. Die Eurex hat sich, gemessen am Handelsvolumen, mittlerweile zur größten Terminbörse der Welt entwickelt. An ihr werden derzeit mehrere verschiedene Futures auf Euro-Zinsinstrumente gehandelt.[1]

Die drei wichtigsten öffentlichen Anleiheformen sind Bundesanleihen, Bundesobligationen und Bundesschatzanweisungen. Bundesanleihen (Bunds) weisen i.d.R. eine Ursprungslaufzeit von 10 Jahren auf. Längere Laufzeiten sind eine Ausnahme. Die Begebung der Anleihen erfolgt im Tenderverfahren. Abgesehen von Floating Rate Notes (FRN's), deren vierteljährliche Verzinsung seit der Einführung des Euro zum 01. Januar 1999 an den Euribor gebunden ist, sind Bundesanleihen mit einem jährlichen Kupon ausgestattet. Die jährlichen Zinszahlungen erfolgen entweder am 4. Januar oder am 4. Juli. Am Ende der Laufzeit findet die Rückzahlung zum Nominalwert statt. Die Emissionsvolumina können recht unterschiedlich sein. Seit 1997 können bestimmte 10- und 30-jährige Bundesanleihen auch gestrippt werden. Hiermit ist die Trennung der Kapital- und Zinsansprüche gemeint. Zwecks des Stripping ist der separate Handel dieser Ansprüche.

Den mittleren Laufzeitenbereich deckt der Bund mit der Emission von Bundesobligationen (Bobls) ab. Sie weisen bei Emission eine Laufzeit von 5 Jahren auf und sind ebenfalls mit einem jährlichen Kupon ausgestattet. Die in fortlaufenden Serien aufgelegten Bobls können erst nach ihrer Börseneinführung von Banken und ausländischen Investoren erworben werden.

Einem regelmäßigen Emissionskalender folgend werden Bundesschatzanweisungen emittiert, die in den Handel an den deutschen Wertpapierbörsen eingeführt werden. Sie sind mit einer Ursprungslaufzeit von zwei Jahren ausgestattet und werden im Tenderverfahren begeben. Diese Emissionen finden in einem vierteljährlichen Rhythmus statt.

Neben den genannten drei Anleiheformen bestehen weitere Zinsinstrumente, die vom Bund in monatlichen Ausgaben emittiert werden. Finanzierungsschätze des Bundes besitzen eine Ursprungslaufzeit von ca. einem oder ca. zwei Jahren und werden als Abzinsungspapiere an Nichtbanken verkauft. Ein Sekundärmarkt besteht für diese Bundesfinanzierungsschätze nicht. Das Gleiche gilt für Bundesschatzbriefe, die in den Typen A und B begeben werden. Typ A besitzt eine Laufzeit von sechs Jahren und Typ B von sieben Jahren. Bundesschatzbriefe zahlen im Zeitablauf steigende Jahreskupons.

Schuldscheindarlehen ergänzen das vom Bund bzw. von den Ländern und sonstigen staatlichen Organisationen begebene Anleihespektrum. Der Vorteil von Schuldscheinen liegt in der individuellen Ausgestaltung von Kupon und Laufzeit. Zudem brauchen Kursverluste aufgrund der mangelnden Börsenfähigkeit – anders als bei Anleihen – nicht abgeschrieben zu werden. Dafür ist der Sekundärmarkt allerdings relativ illiquide, so dass diese Titel regelmäßig bis zur Tilgung gehalten werden. Sie eignen sich insofern überwiegend für Buy and Hold-Strategien.

Den kürzeren Laufzeitenbereich deckt der Bund mit der Emission von sog. U-Schätzen (Unverzinsliche Schatzanweisungen) ab, die als Diskontpapiere begeben werden. Ihre Ursprungslaufzeit beträgt sechs Monate. Ein liquider Sekundärmarkt für U-Schätze besteht nicht.

---

[1] Zu den einzelnen an der Eurex gehandelten Instrumenten vgl. Kapitel E.

Zur kurzfristigen Finanzierung des Bundes können Bundeskassenscheine begeben werden, die auch als Bund cash management bills oder cash bills bezeichnet werden. Hierbei handelt es sich um Diskontpapiere. Sie weisen i.d.R. eine Laufzeit von einem Monat auf, wobei aber auch kürzere und längere Laufzeiten bis unter einem Jahr möglich sind.[1]

Neben den öffentlichen Anleihen spielen die von Banken begebenen festverzinslichen Wertpapiere eine bedeutende Rolle am deutschen Rentenmarkt. Dies gilt in erster Linie für Pfandbriefe und in zweiter Linie für Kommunalobligationen. Erstgenannte sind hypothekarisch gesicherte Schuldverschreibungen, während Letztgenannte zur Finanzierung der Kommunen begeben werden und von diesen besichert sind. Das Segment der Pfandbriefe und Kommunalobligationen wird – wie oben bereits deutlich wurde – vornehmlich von Hypotheken- und Landesbanken bedient. Pfandbriefe und Kommunalobligationen unterliegen den strengen Vorschriften des Hypothekenbankgesetzes und besitzen insofern eine gute Bonität. I.d.R. weisen die Emissionen eine Laufzeit zwischen fünf und zehn Jahren auf.

Im Bereich der Geldmarktinstrumente hat sich in den letzten Jahren in Deutschland viel bewegt. Neue Instrumente wie Commercial Paper, Swaps, Floater, Certificates of Deposits etc. gehören mittlerweile zum gängigen Bestand der Geldmärkte. Die Zulassung echter Geldmarktfonds durch das zweite Finanzmarktförderungsgesetz von 1994 hat daran maßgeblichen Anteil, da es die Nachfrage nach derlei Instrumenten erheblich gefördert hat.

Als Geldmarktinstrumente werden gemeinhin solche festverzinslichen Anlageformen bezeichnet, deren Laufzeit nicht länger als ein Jahr beträgt. Sinnvoller als diese formale Definition von Geldmarktinstrumenten ist jedoch die wirtschaftliche Betrachtungsweise. Demnach sind als Geldmarktinstrumente solche Anlageformen zu klassifizieren, deren Preisverhalten der Kursreagibilität maximal einjähriger Anlagen entspricht. Variabel verzinsliche Anleihe (Floating Rate Notes, FRN's oder kurz: Floater) zählen demzufolge zu den Geldmarktinstrumenten, obwohl ihre Laufzeit i.d.R. der von längerfristigen Anleihen entspricht.

Charakteristisch für Geldmarktinstrumente ist deren geringes Marktzinsänderungsrisiko. Kurzlaufende Geldmarktinstrumente erstklassiger Emittenten, d.h. von Emittenten mit einer Top-Bonität, gelten daher vielfach als risikolose Anlageformen.[2]

bb. Wichtige Eurolandmärkte

Der zweitgrößte Markt für Staatsanleihen im Euroland nach dem deutschen Markt findet sich in Frankreich. Frankreich emittiert drei verschiedene Arten von Anleihen: Obligations Assimilables de Trésor (OAT's), Bons du Trésor à Taux Fixe et à Intérêt Annuel (BTAN's) und Bons du Trésor à Taux Fixe et à Intérêt Precompté (BTF's). OAT's sind langlaufende Anleihen, deren Laufzeit bis zu 30 Jahren reichen kann. Bei BTAN's handelt es sich um Anleihen des mittelfristigen Laufzeitenbereichs der französischen Renditestrukturkurve. Ihre Emissionslaufzeit liegt

---

[1] Zu den Bundeswertpapieren vgl. *Deutsche Bundesbank* (2000), S. 34ff.
[2] Risikolose Anlagen spielen in vielen Modellen der Kapitalmarkttheorie ebenso wie auch in der Optionspreistheorie eine große Rolle.

zwischen zwei und fünf Jahren. Der Geldmarktbereich bis zu einem Jahr wird durch die BTF's abgedeckt.

Der italienische Anleihemarkt zählt zu den großen Bondmärkten Europas. Längerlaufende italienische Staatsanleihen – BTPs (Buoni del Tesoro Poliennnali) werden mit Ursprungslaufzeiten bis zu 30 Jahren und halbjährlichen Kupons ausgestattet.[1] Traditionell bevorzugt die italienische Notenbank kürzerlaufende Anleihen. Im Geldmarktbereich werden BOTs (Buoni Ordinari del Tesoro) begeben. Die Laufzeit dieser Diskontpapiere beträgt bis zu 12 Monaten. Ein beträchtliches Volumen weisen FRN's am italienischen Staatsanleihemarkt auf. Diese als CCTs (Certificati di Credito del Tesoro a Cedola Variable) bezeichneten Papiere werden i.d.R. mit einer Ursprungslaufzeit von 7 Jahren begeben und verfügen über einen halbjährlichen Kupon. Während die erste Kuponhöhe fixiert ist, richten sich die anderen zukünftigen Kupons nach der Verzinsung der BOTs. Seit der Einführung des Euro orientieren sich die Kupons am Euribor-Satz. Der Handel in italienischen Staatsanleihen vollzieht sich mittels eines computerisierten Market Maker Systems (Mercato Telematico). Market Maker sind durch verbindliche Vorgaben verpflichtet, für eine hinreichende Marktliquidität zu sorgen.

In Spanien werden zur Budgetfinanzierung vornehmlich die drei Instrumente Treasury Bills (Letras del Tesoro), Bonos (Bonos del Estado) und Obligaciones (Obligaciones del Estado) eingesetzt. Treasury Bills, die noch den größten Anteil an der Staatsfinanzierung haben, besitzen eine Ursprungslaufzeit bis zu 18 Monaten, werden jedoch zumeist als 3, 6 oder 12 monatige Papiere begeben. Bonos sind bis zu siebenjährige Kuponanleihen, die mit einem jährlichen Zins versehen sind. Auch hier sind die regelmäßig gewählten Laufzeiten mit 3 bis 5 Jahren kürzer als die maximal möglichen. Grundsätzlich entsprechen sich Bonos und Obligaciones, wobei letztere keinen fixierten Laufzeitbereich aufweisen.

bc. Großbritannien

Der Markt für britische Staatsanleihen – Gilts – gehört zu den größeren Märkten Europas und stellt wegen seiner Nichtzugehörigkeit zum Euro eine Besonderheit dar. Die Bank von England, die im Auftrag des Schatzkanzlers für die Emission von Staatsanleihen sorgt, absorbiert ca. 66% der aufzunehmenden Gelder durch die Begebung von Gilts. Dem Giltmarkt liegt eine Einteilung in Kurzläufer (bis zu 7 Jahren), mittelfristige Gilts (7 bis 15 Jahre) und Langläufer (länger als 15 Jahre) zugrunde. Insofern gehört der britische Bondmarkt zu den Anleihemärkten, die eine überwiegend längere Emissionslaufzeitstruktur aufweisen. Gilts sind mit halbjährlichen Kupons ausgestattet.

Eine Besonderheit des britischen Anleihemarktes besteht in der Verfügbarkeit sog. Index-linked Gilts seit 1981. Die Kupons und der Rückzahlungswert im Tilgungszeitpunkt dieser Papiere werden an den Konsumentenpreisindex der Lebenshaltung angepasst. Insofern verfügen die Index-linked Gilts über einen Inflationsschutz. Preisschwankungen dieser Gilts, die oftmals mit sehr langen Laufzeiten ausgestattet sind, reflektieren daher in erster Linie Veränderungen des Realzinsniveaus.

---

[1] Eine besondere Marktkonvention bei BTPs besteht in der Quotierung der Anleihen auf jährlicher Kuponbasis.

Die darüber hinaus noch existierenden Formen britischer Staatsanleihen treten hinsichtlich ihrer Bedeutung gegenüber den Gilts und den Index-linked Gilts in den Hintergrund. Es handelt sich dabei um Emissionen ohne festgelegten Tilgungstermin (Undated issues), Gilts mit vorzeitigem Kündigungsrecht des Gläubigers (Optional redemption gilts), FRN's und sog. 'Convertible Gilts', die ein Umtauschrecht in eine längere Laufzeit beinhalten.

Auch im Bereich der Geldmarktpapiere weist der britische Markt ein breites Spektrum auf. Er umfasst T-Bills, Bankers Acceptances (BAs), CDs und CPs. T-Bills, für die ein liquider Markt besteht, werden von der Bank of England als Diskontpapiere begeben. BAs dienen i.d.R. der Warenhandelsfinanzierung und werden am Sekundärmarkt gehandelt, sofern die Schuldner erstklassig sind. Ähnliches gilt für CDs, CPs und ECPs (Euro Commercial Papers).

bd. Exkurs: Usancen der Effektivzinsberechnung

Festverzinsliche Wertpapiere stellen, gemessen am Marktvolumen, die weltweit gewichtigste handelbare Assetklasse dar. Dies gilt besonders auch für Europa, zumal den meisten kontinentaleuropäischen Ländern eine sog. Bond-Kultur nachgesagt wird. Der theoretische Wert von Anleihen lässt sich bei Kenntnis der preisbestimmenden Variablen (Marktzinsniveau, Zinsstrukturkurve, Zins- und Tilgungszeitpunkt, Kuponhöhe) mit Hilfe finanzmathematischer Methoden (Barwertverfahren) berechnen. Hierzu ist es wichtig zu wissen, mit welchen Usancen an den einzelnen nationalen Bondmärkten gerechnet wird.

Zur Ermittlung des effektiven Zinses einer Anleiheinvestition sind verschiedene Methoden der Effektivzinsberechnung entwickelt worden. Auf der Basis der sog. 'Internen Zinsfußmethode' haben sich einige dynamische Effektivzinsverfahren herausgebildet, die zu unterschiedlichen Ergebnissen kommen, wenn unterjährige Zahlungen geleistet werden und / oder sogenannte 'gebrochene' Laufzeiten, z.B. über 1,25 oder 1,5 Jahre vorliegen. Als wichtigste Methode für die Kapitalmärkte kann die Berechnung des 'internationalen' Effektivzinses nach der International Securities Markets Association (ISMA) angesehen werden. Die ISMA-Methode arbeitet mit exponentieller Verzinsung, d.h. mit einer Zinseszinsrechnung auch im unterjährigen Bereich. Dabei erfolgt die Zinsverrechnung quasi täglich, so dass die für einen Tag angefallenen Zinsen – unabhängig davon, ob eine Zahlung erfolgt oder nicht – täglich kapitalisiert werden und am folgenden Tag entsprechend mitverzinst werden.[1]

Darüber hinaus haben sich hinsichtlich der Zinsberechnung auf den nationalen und internationalen Kapitalmärkten unterschiedliche Marktkonventionen herausgebildet, wobei sich die wesentlichen Unterschiede beziehen auf die

- Häufigkeit der Zinszahlungen,
- Zinstagezählung und die
- Stückzinsberechnung.

In der Schweiz wird beispielsweise das Jahr zumeist mit 360 Tagen und der Monat mit 30 Tagen gezählt. Dagegen werden in Euroland und an einigen internationalen Märkten die Tage eines

---

[1] Vgl. *Schierenbeck* (2001a), S. 133.

Jahres und / oder einer Teilperiode genau ausgezählt, d.h. es werden die tatsächlichen Tage ('Actual') zugrunde gelegt. Als Varianten, die am Geld- und Kapitalmarkt auftreten, kommen die folgenden vor:

- 30/360,
- Actual/360,
- Actual/365 und
- Actual/Actual.

Zunächst sollen verschiedene Methoden der Ermittlung der Zinszahlungen vorgestellt werden:

(1) Annual Bond Basis

Entsprechend der Annual Bond Basis wird das Jahr mit 360 Tagen bzw. 12 Monaten à 30 Tage gezählt. Der Kupon einer Anleihe, die auf dieser Zinsberechnungsmethode basiert, wird jährlich an bestimmten festen Terminen ausgezahlt.

(2) Annual Money Market

Nach der Annual Money Market-Methode erfolgt die Zinsberechnung auf einer Actual/360 Basis. Beispielsweise entspricht eine Annual Money Market Rate von 4 % für 100 Mio. USD in einem Nichtschaltjahr einer jährlichen Zinszahlung von 4% · 365/360 · USD 100 Mio. = 4,0556 Mio. USD.

(3) Semi-Annual Bond Basis

Wie bei der Annual Bond Basis-Methode wird auch auf Semi-Annual Bond Basis das Jahr mit 360 Tagen bzw. 12 Monaten à 30 Tage gezählt. Entsprechend würden bei einer halbjährlichen Zinszahlung von 4 % auf 100 Mio. USD pro Periode 2 Mio. USD gezahlt. Für die Semi-Annual Bond Basis Methode wird in dem Fall, dass der Zinszahlungstag kein Bankarbeitstag ist, wie folgt vorgegangen: Wenn beispielsweise der Zahltag auf einen Samstag fällt, so ist der anschließende Montag der tatsächliche Zahltag. Entsprechend wird das halbe Jahr zu 182 Tagen berechnet.

(4) Semi-Annual Money Market

Bei der Semi-Annual Money Market-Methode wird auf der Basis von Actual/360 gerechnet. Beispielsweise würde ein halbjährlicher Zins von 4 % für die Periode vom 20. Januar bis zum 20. Juli auf einen Nominalwert von 100 Mio. USD einen Zins von 2,0111 Mio. USD erbringen (181 Tage). Im Unterschied zur Semi-Annual Bond Basis-Methode werden hier die Monate nicht mit 30 Tagen berechnet, sondern genau entsprechend der tatsächlichen Tage.

Im folgenden werden die verschiedenen Konventionen, die sich auf den internationalen Märkten im Hinblick auf die Zinstagezählung herausgebildet haben, für die wichtigsten Märkte für Staatsanleihen dargestellt:

Land	Methode	Coupon
Euroland	Actual/Actual	jährlich/halbjährlich
Schweiz	30/360	jährlich
Großbritannien	Actual/Actual	halbjährlich
Japan	Actual/Actual	halbjährlich
USA	Actual/Actual	halbjährlich
Australien	Actual/Actual	halbjährlich

Tab. D.1: Internationale Berechnungsusancen bei Staatsanleihen

Neben diesen Konventionen ist noch zu berücksichtigen, dass die Abwicklung von Wertpapiertransaktionen auf verschiedenen Märkten eine unterschiedliche Zeitdauer in Anspruch nehmen kann. Wenngleich es Harmonisierungsbestrebungen der ISMA gibt, diese Zeitdauer weltweit auf drei Tage festzulegen, so gibt es jedoch an vielen nationalen Kapitalmärkten – wie auch bei den Aktienmärkten – unterschiedliche Usancen. So findet man z.B. auf dem amerikanischen Markt noch ein sogenanntes 'Corporate Settlement' von sieben Tagen vor. Im internationalen Maßstab ungewöhnlich ist auch das in Deutschland übliche zweitägige Settlement, während sich ein dreitägiges Settlement mehr und mehr als internationaler Standard etabliert.

be. Exkurs: Anleihe-Rating

Von großer und nach wie vor zunehmender Bedeutung für die Einschätzung der Preiswürdigkeit einer Anleihe ist die Bonität des Emittenten. Internationale Ratingagenturen haben sich zur Aufgabe gestellt, die Wahrscheinlichkeit und das potentielle Ausmaß von Zins- und Tilgungsausfällen bei festverzinslichen Wertpapieren anhand von Ratingsymbolen zu klassifizieren.[1] Die bekanntesten Rating-Agenturen sind Moody's, Standard & Poor's und Fitch. Anhand des folgenden Tableaus kann die Einschätzung von Anleihen anhand von Ratingsymbolen nachvollzogen werden.

---

[1] Zum Rating vgl. insbesondere *Heinke* (1998), S. 7ff. und *Steiner/Heinke* (1996), S. 579ff.

Bonitätsbewertung	Rating-Symbol	
	Moody's	S&P
Sehr gute Anleihen:		
Beste Qualität, geringstes Ausfallrisiko.	Aaa	AAA
Hohe Qualität, aber etwas größeres Risiko	Aa1	AA+
als die Spitzengruppe.	Aa2	AA
	Aa3	AA-
Gute Anleihen:		
Gute Qualität, viele gute Investmentattribute, aber auch	A1	A+
Elemente, die sich bei veränderter Wirtschaftsentwicklung	A2	A
negativ auswirken können.	A3	A-
Mittlere Qualität, dabei mangelnder Schutz gegen	Baa1	BBB+
die Einflüsse einer sich verändernden Wirtschafts-	Baa2	BBB
entwicklung.	Baa3	BBB-
Spekulative Qualität:		
Spekulative Anlage, nur mässige Deckung für Zins-	Ba1	BB+
und Tilgungsleistungen.	Ba2	BB
	Ba3	BB-
Sehr spekulativ, generell fehlende Charakteristika	B1	B+
eines sicheren Investments, langfristige	B2	B
Zinszahlungserwartung gering	B3	B-
Junk Bonds:		
Niedrigste Qualität, geringster Anlegerschutz. In	Caa	CCC
Zahlungsverzug oder indirekte Gefahr des Verzugs.	Ca	CC
	C	C

Tab. D.2: Ratingsymbole der Agenturen Moody's und Standard and Poor's

Emittenten, die ein Rating von mindestens Baa3 bzw. BBB- aufweisen, können für sich die Klassifizierung 'Investment Grade' beanspruchen. Dies ist insofern von Bedeutung, als viele institutionelle Portfoliomanager oftmals Vorgaben haben, in Anleihen zu investieren, die in die Kategorie Investment Grade einzuordnen sind.

Das Rating spielt infolgedessen für das Portfoliomanagement im Anleihenbereich eine wichtige und mitunter sogar zentrale Rolle. Empirisch konnte gezeigt werden, dass zwischen dem Ausfall eines Schuldners und dem ihm zugehörigen Rating-Symbol ein enger Zusammenhang besteht. Dies wird auch durch die folgende Abbildung unterstrichen, die auf der Basis einer Untersuchung der amerikanischen Ratinggesellschaft Moody's Investors Service erstellt wurde:[1]

---

[1] Vgl. *Moody's* (1995), S. 19.

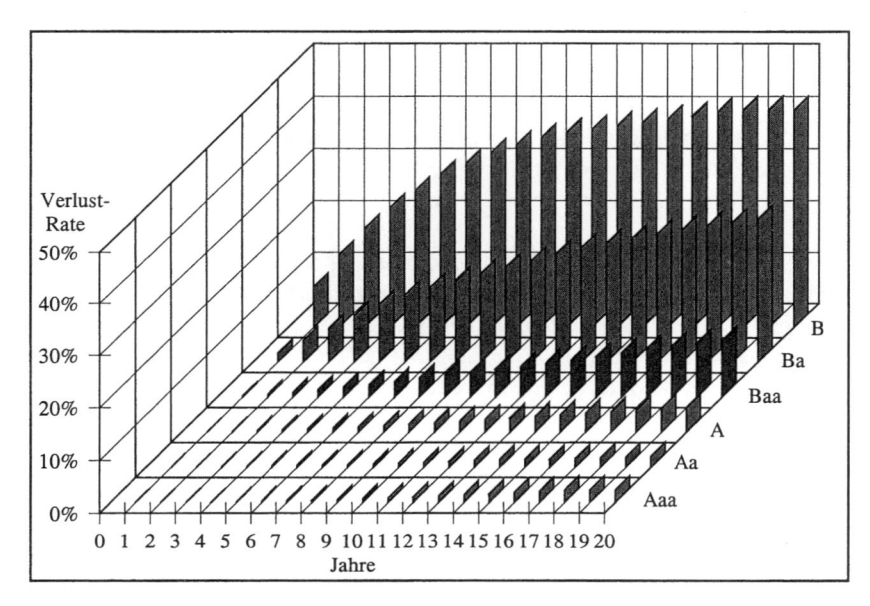

Abb. D.5: Durchschnittliche kumulierte Verlustraten in Abhängigkeit der Rating-Kategorie

Die Abbildung beschreibt die durchschnittlichen Verlustraten von amerikanischen Corporate Bonds im Gesamtzeitraum zwischen 1970 bis 1994. Emittenten, die von Moody's im Jahr eins mit einem Spitzenrating von Aaa benotet wurden, wiesen selbst nach zwanzig Jahren eine durchschnittliche Verlustrate von nur 2,3% auf. Dabei ist die Verlustrate definiert als Produkt aus der Eintrittswahrscheinlichkeit und der Höhe eines Bondausfalls. Je niedriger das Rating in der Ausgangssituation war, desto höher ist mit der Zeit der durchschnittliche Wertverlust.

Allerdings hat auch die Kritik an den Ratingagenturen und deren Macht in den vergangen Jahren zugenommen. In einigen prominenten Fällen, wie z.B. Enron, Worldcom etc. kam es zu Ausfällen, ohne dass die Anleihen rechtzeitig auf Schrott-Status (Junk Bonds) heruntergestuft wurden.

c. Futures und Optionen

In Europa haben derivative Instrumente in den letzten Jahren eine große Verbreitung gefunden. Zum Ende der achtziger Jahre und besonders zu Beginn der neunziger Jahre sind viele Terminbörsen in Europa entstanden. Damit wurde einem Trend gefolgt, der in den frühen achtziger Jahren seinen Ursprung in den USA hatte. Seither sind die weltweiten Umsätze mit Optionen und Futures sehr dynamisch gewachsen. Mittlerweile gibt es innerhalb einzelner Länder mehrere Aktienindizes, auf die Futures gehandelt werden können. Wenngleich die nationalen Futures noch den Großteil des Handels auf sich ziehen, ist eine Tendenz zur Europäisierung erkennbar. Mittlerweile verfügen nahezu alle größeren europäischen Aktien- und Bondmärkte über entsprechende Terminkontrakte. Während auf der Bondseite eine größere Vielfalt von Kontrakten besteht, gibt es pro Land i.d.R. mindestens einen Aktienindexfuturekontrakt.

Seit 1990 wird an der Deutschen Terminbörse bzw. der Eurex mit dem DAX-Future ein Aktienindexfuture auf den Deutschen Aktienindex (DAX) gehandelt. Gemessen am Underlying- und am Handelsvolumen ist der DAX-Future inzwischen der größte Aktienindexfuturekontrakt in Europa.[1] Das Pendant zum DAX-Future für den Euro-Raum besteht im Dow Jones Euro STOXX 50-Future, der ebenfalls an der Eurex gehandelt wird. Auch ein gesamteuropäischer Index Futures, der Dow Jones STOXX 50 Future wird an der Eurex gehandelt.

Im Anleihebereich ist, gemessen am Handelsvolumen und am Open Interest, der Euro-Bund-Future der mit Abstand wichtigste europäische Terminkontrakt. Ähnliche Kontraktmerkmale wie für den Euro-Bund-Future gelten für den Euro-Bobl-Future, der das mittlere Laufzeitsegment der deutschen Zinsstrukturkurve abdeckt. Der kurzfristige Laufzeitbereich wird von den Euribor-Futures und vom Eimonats-Eonia-Future abgedeckt.

2. Die Anlagemärkte Nordamerikas

a. Aktien

Der US-amerikanische Aktienmarkt ist mit ca. 11 Billionen US-Dollar Marktkapitalisierung der mit Abstand größte singuläre Markt für Eigenkapital in der Welt. Die Vielzahl an verfügbaren Marktindizes und Terminkontrakten wird von keinem anderen Aktienmarkt der Welt auch nur annähernd erreicht. Der bekannteste Index ist der Dow Jones Industrial Average-Index (DJIA), der die Wertentwicklung von 30 der wichtigsten und größten US-Aktiengesellschaften misst. Die Besonderheit des Dow Jones Index gegenüber anderen amerikanischen Marktbarometern liegt in seinem Gewichtungsschema, das sich an den absoluten Kursen und nicht an der Marktkapitalisierung der einzelnen im Index vertretenen Gesellschaften orientiert.

Dow Jones Industrial Average		
3 M	EASTMAN KODAK	INTL PAPER CO
ALCOA	EXXON CORP	JOHNSON & JOHNSON
ALTRIA	GENERAL ELEC CO	J P MORGAN & CO
AMER EXPRESS CO	GENERAL MOTORS	MCDONALDS CORP
AT & T	GOODYEAR TIRE	MICROSOFT
BOEING CO	HEWLETT-PACKARD	MERCK & CO
CATERPILLAR INC	HOME DEPOT	PROCTER & GAMBLE
CITIGROUP INC.	HONEYWELL	UNITED TECH CP
COCA COLA CO	IBM	WAL MART
DU PONT CO	INTEL	WALT DISNEY CO

Tab. D.3: Indexzusammensetzung des Dow Jones Industrial Average, Stand: 31.05.2003

---

[1] Zu den Kontraktspezifikationen ausgewählter Futurekontrakte vgl. Kapitel E.II.

Der für das Portfoliomanagement bedeutendste US-Index ist jedoch der S&P 500. Er misst die Wertentwicklung von 500 großen und wichtigen Aktiengesellschaften in Nordamerika. Der S&P 500 wird wegen seiner Repräsentativität (Diversifikation) und der Verfügbarkeit liquider Derivate häufig als Benchmark für die Wertentwicklung des amerikanischen Marktes herangezogen.

Auch im Rahmen wissenschaftlicher Untersuchungen dient der S&P 500 vielfach als Proxy für den US-Aktienmarkt; denn er repräsentiert einen Großteil der Marktkapitalisierung Amerikas.[1] Zu seiner weiten Akzeptanz und Verbreitung trägt auch die schon erwähnte Verfügbarkeit von derivativen Produkten bei. In Chicago werden Optionen und Futures auf den S&P 500 gehandelt. Auch im OTC-Bereich dominiert der S&P 500 als zumeist verwendetes Underlying.

Gemessen am mengen- und wertmäßigen Handelsvolumen steht der Freiverkehrsmarkt NASDAQ der New York Stock Exchange (NYSE), an der ca. 3.000 Unternehmen gehandelt werden, inzwischen nicht mehr nach. Der wichtigste Unterschied zwischen beiden Märkten besteht im Handelssystem. Während an der NYSE das sog. Open Outcry System dominiert, handelt es sich bei NASDAQ um ein elektronisches Handelssystem.

Einen geeigneten Maßstab für die Wertentwicklung kleinerer Unternehmen (Small Caps) in den USA stellt der Russel 2000 Index dar. Dabei handelt es sich um einen marktwertgewichteten Kursindex, der die Wertentwicklung amerikanischer Aktiengesellschaften in einer bestimmten Kapitalisierungsbandbreite abdeckt. Die jährliche Größenüberprüfung des Russel 2000 findet jeweils im Juni statt.

Der amerikanische Aktienhandel wird von dem Handelsplatz New York mit seinen drei Handelsplätzen NYSE, NASDAQ und AMEX dominiert. Den Regionalbörsen in Chicago, San Francisco und Philadelphia kommt demgegenüber nur eine recht geringe, oftmals regionale Bedeutung zu.

Im Vergleich mit den USA ist der kanadische Aktienmarkt relativ klein. Charakteristisch für den kanadischen Aktienmarkt ist die große Anzahl an Rohstoffgesellschaften, die in den einzelnen Marktindizes vertreten sind. Der Handelsplatz Toronto verfügt über das größte Handelsvolumen in Kanada. Große kanadische Aktiengesellschaften sind zumeist auch in New York gelistet.

b. Anleihen

Der US-Anleihenmarkt ist der größte nationale Anleihenmarkt der Welt. Dies gilt ebenso für dessen Teilmärkte. Zu nennen sind hier beispielsweise der Markt für Unternehmensanleihen (Corporate Bonds) oder für Asset Backed Securities. Neben seiner Größe zeichnet sich der US-Anleihenmarkt besonders durch seine Liquidität, Effizienz und Bonität aus. Die amerikanische Notenbank – FED (Federal Reserve Board) – emittiert zwei verschiedene Arten von festverzinslichen Wertpapieren: Kuponanleihen und abgezinste Papiere. Letztere weisen eine Restlaufzeit von zumeist maximal einem Jahr aus. Diese 'Bills' genannten Papiere werden unter Pari begeben und am Laufzeitende zu Pari zurückgezahlt. Im Gegensatz dazu werden die Kuponanleihen, die halbjährliche Zinszahlungen aufweisen, mittels eines Auktionsverfahrens zu Kursen um die

---

[1] Vgl. *Standard & Poor's* (1995), S. 6.

100% versteigert. Anleihen mit einer Laufzeit zwischen 2 und 10 Jahren werden als 'Notes' bezeichnet, während länger laufende Titel 'Bonds' genannt werden.

Der separate Handel von Zinskupons ist bei amerikanischen Staatsanleihen schon seit langem möglich. Diese Zerobonds werden als STRIPS (Separate Trading of Registered Interest and Principal Securities) bezeichnet. Somit ist es Investoren möglich, langlaufende Nullkuponanleihen zu erwerben, die nicht separat von der FED als Ausführende des Treasury Departments emittiert werden. Von den (kontinental-) europäischen Rentenmärkten unterscheidet sich der US-Bondmarkt nicht nur hinsichtlich seiner Marktbreite und -tiefe, sondern auch im Hinblick auf die Kuponzahlung und Preisquotierung. In den USA sind halbjährliche Zinszahlungen bei Kuponanleihen üblich. Die Kurse werden nicht in Prozent, sondern in Zweiunddreißigstel und gegebenenfalls in Vierundsechzigstel quotiert

Zur großen Liquidität des US-Anleihenmarktes trägt neben den genannten Faktoren auch das Bestehen eines hochliquiden Repo-Marktes bei. Dieser wird nicht nur von den Investoren und Händlern genutzt, sondern auch von der FED für Offenmarkttransaktionen in Anspruch genommen. Nicht minder wichtig für die Marktliquidität ist auch die Verfügbarkeit liquider Derivatemärkte, die sich auf Staatsanleihen als Underlying beziehen. Futures und Optionen werden insbesondere am Chicago Board of Trade (CBoT) und an der Chicago Mercantile Exchange (CME) auf nahezu alle Laufzeitsegmente der Renditestrukturkurve gehandelt.

Neben den Staatsanleihen existiert noch eine Anzahl weiterer wichtiger staatlicher oder halbstaatlicher Emittenten am US-Rentenmarkt. Dabei handelt es sich um Emissionen einzelner Bundesstaaten, Kommunen (Municipals), Gebietskörperschaften (Counties) sowie weiterer halbstaatlicher Einrichtungen (Agencies), wie z.B. Studentenwerke. Ein wesentlicher Unterschied zu Staatsanleihen besteht z.B. in der Steuerbefreiung für Kommunalanleihen. Agencies können auch in anderen Währungen als dem US-Dollar emittieren sowie sog. Medium-Term-Notes-Programme (MTN's) auflegen. Derartige MTN's erlauben die fortwährende Emission von Schuldverschreibung unter sehr flexiblen Bedingungen.

Darüber hinaus verfügen die Vereinigten Staaten über einen großen und liquiden Markt für Corporate Bonds. Hypothekenanleihen (Mortgage Linked Bonds) und handelbare verbriefte Forderungen (Asset Backed Securities) runden das breite Spektrum des US-Anleihenmarktes ab. Im kurzfristigen Laufzeitsegment dominieren Commercial Paper (CP) den Corporate Bond Markt. Commercial Paper haben selten eine längere Laufzeit als ein Jahr und sind – analog zu den T-Bills – als Diskontpapiere konstruiert. Vergleiche zwischen T-Bills und CP's zeigen, dass die Staatspapiere einen liquideren Markt aufweisen.

Der US-Geldmarkt bietet neben Fed Funds, T-Bills und CP's zusätzlich handelbare Bankeinlagenzertifikate (Certificates of Deposit, CD's). CD's werden nicht auf abgezinster Basis gehandelt und unterscheiden sich dadurch von den T-Bills und den CP's. Je nach Bonität der emittierenden Unternehmung bei CP's bzw. der Bank bei CD's weisen diese Instrumente einen positiven Renditespread zu T-Bills auf. Ähnliches gilt auch für die sog. 'Banker's Acceptances' (BA's), die als handelbare Wechsel angesehen werden können, welche auf eine Bank gezogen sind. Vom Volumen her ist der Markt für BA's jedoch relativ unbedeutend. Wichtiger sind hingegen die sog. 'Eurodollars', die als USD-Einlagen bei außerhalb der USA angesiedelten Banken definiert sind.

Diese Einlagen unterliegen nicht den mitunter strengen Regularien der US-Aufsichtsbehörden und sind somit kostengünstiger. Daher liegen die Zinssätze für Eurodollars i.d.R. oberhalb der Sätze für inländische CD's. Im Gefolge des Eurodollar-Marktes hat sich auch ein Euro Commercial Paper Markt (ECP) herausgebildet.

Der kanadische Bond Markt ist ähnlich strukturiert wie der US-Bond Markt. Sein Laufzeitspektrum reicht ebenfalls von 3 Monaten bis zu 30 Jahren. Es werden diskontierte Geldmarkttitel begeben, die auf Renditebasis gehandelt werden. Die emittierten Kuponanleihen sind mit halbjährlicher Zinszahlungsweise ausgestattet. Gemessen an der volkswirtschaftlichen Größe des Landes besitzt Kanada einen sehr liquiden Anleihenmarkt. Hierzu trägt auch der bestehende Repo-Markt und die Verfügbarkeit von Bond-Derivaten bei. Hinzu kommen die von den kanadischen Provinzregierungen und Kommunen (Municipals) begebenen Anleihen, die einen Gesamtanteil von ca. einem Viertel ausmachen. Am kanadischen Bondmarkt dominieren lange Ursprungslaufzeiten die Marktstruktur, wenngleich das Segment der zehnjährigen Anleihen zunehmend Benchmark-Funktion besitzt. In den letzten Jahren hat sich ein kanadischer Markt für High Yield Bonds entwickelt, der sich an der Entwicklung des entsprechenden US-Segmentes orientiert. Eine Besonderheit des kanadischen Anleihenmarktes liegt in dem Handel, der sich ausschließlich am OTC-Markt, d.h. nicht an einer Börse vollzieht. Ein Quellensteuerproblem für ausländische Investoren besteht i.d.R. nicht, sofern ein Doppelbesteuerungsabkommen zwischen den Ländern vorliegt.

c. Futures und Optionen

Die nordamerikanischen Kapitalmärkte weisen nicht nur – gemessen an der Marktkapitalisierung – große Aktien- und Bondmärkte auf, sondern verfügen auch über eine Vielzahl an derivativen Instrumenten. Besonders in den USA existiert sowohl im Aktienbereich als auch im Bondsektor eine große Palette an verfügbaren Terminmarktinstrumenten. Dabei ist in erster Linie an Futures und Optionen zu denken, die an den großen Terminbörsen gehandelt werden. Neben den börsenmäßig gehandelten Kontrakten existiert eine große Anzahl von Derivaten, die im Interbankenhandel (OTC) angeboten werden. Aufgrund der nichtgegebenen Standardisierung der OTC gehandelten Kontrakte beschränken sich die weiteren Ausführungen auf börsengehandelte Termininstrumente.

Was Aktienindexterminkontrakte angeht, so werden die mit Abstand höchsten Handelsvolumina mit dem S&P 500 Futurekontrakt an der Mercantile Exchange in Chicago (CME) erzielt. Grund ist die weite Verbreitung des S&P 500 als international akzeptiertem Benchmarkindex für den US-Aktienmarkt. Nicht zuletzt aufgrund seiner marktabdeckenden Breite wird der S&P 500 Futurekontrakt zur Absicherung und zur Exposureadjustierung bei US-Aktienportfolios eingesetzt.

Das Marktsegment der mittelgroßen amerikanischen Aktiengesellschaften wird ebenfalls durch ein Mitglied aus der Indexfamilie von Standard & Poor's abgedeckt. Dabei handelt es sich um den S&P 400 MidCap Index. Die Kontraktmerkmale des entsprechenden Futures entsprechen weitgehend denen des S&P 500-Futures.

Darüber hinaus wird auch ein Future auf den Dow Jones Industrial Average am CBoT gehandelt. Ein äußerst marktbreiter Aktienindexfuture wird mit dem NYSE Composite Kontrakt an der New York Futures Exchange (NYFE) gehandelt. Dieser Aktienindex umfasst alle an der New York Stock Exchange (NYSE) gelisteten Unternehmen.

Das Spektrum der Aktienindexfuturekontrakte in den USA umfasst darüber hinaus noch weitere Indizes, wie z.B. den Russel 2000 Index, der aktuell knapp 2000 amerikanische Aktien in ihrer Wertentwicklung abbildet und damit ebenfalls als sehr marktbreit anzusehen ist. Des weiteren existieren seit 1995 Futures auf eigens von dem amerikanischen Softwarehaus BARRA konstruierten Subindizes von S&P, die sich zum einen auf ein Universum von 'Growth'-Aktien und zum anderen auf 'Value'-Aktien beziehen. Derlei Indizes werden nicht selten von sog. Style-Investoren im Portfoliomanagement verwendet.

Gemessen am täglichen Handelsvolumen und am Open Interest übersteigt der Umsatz in Bond-Futures jenen in Aktienindexkontrakten deutlich. In den USA existieren Futures für alle Laufzeitsegmente der Zinsstrukturkurve. Der bedeutendste Bond-Futurekontrakt in den USA war lange Zeit der US-Long Bond Futures (T-Bond-Future) mit einer Mindestlaufzeit der in den Kontrakt lieferbaren US-Staatsanleihen von 15 Jahren. Gehandelt wird der Kontrakt am Chicago Board of Trade (CBoT). Dieser Kontrakt wurde in seiner Bedeutung inzwischen von dem T-Note Future abgelöst. Eine Besonderheit in bezug auf die Lieferbedingungen bei physischer Andienung besteht bei den meisten amerikanischen Bond-Futures in der Existenz einer Wild Card Option, die dem zur Lieferung Verpflichteten für einen bestimmten Zeitraum nach der Feststellung des Settlementpreises die Auswahl zwischen verschiedenen lieferfähigen Anleihen gestattet. Für den T-Note-Future gelten ähnliche Kontraktspezifikationen wie für den T-Bond-Future.

Im Gegensatz zu den meisten anderen Bondmärkten der Welt sind in den USA auch Futures auf 5- und 2-jährige Staatsanleihen verfügbar. Sie unterscheiden sich von den länger laufenden Kontrakten im Laufzeitbereich der lieferbaren Anleihen und in der Tick-Größe.

Das kurze Ende der Zinsstrukturkurve – der Geldmarktbereich – wird durch den Euro-Dollar-Futurekontrakt am International Monetary Market (IMM) an der Chicago Mercantile Exchange abgedeckt.

Die im gleichen Segment der Zinsstrukturkurve anzusiedelnden 3-Monats T-Bill-Futures und die Fed-Funds-Futures weisen gegenüber dem Eurodollar-Future nur ein vergleichsweise geringes Umsatzvolumen auf. Es ist darauf hinzuweisen, dass Geldmarktfutures gegenüber Bond-Futures zwei Besonderheiten aufweisen. Zum einen erfolgt i.d.R. ein Barausgleich am Erfüllungstag, da eine physische Andienung nicht möglich ist und zum anderen werden Geldmarktfutures abweichend zu Bond-Futures in der Notation 100 minus Zinssatz gelistet. Daher erfolgt die Preisstellung nicht in Zweiunddreißigstel bzw. Vierundsechzigstel, wie dies bei den amerikanischen Bond-Futures der Fall ist. Zu der ersten Regel bilden T-Bill- und Fed-Funds-Futures jedoch eine Ausnahme, da hier ein physische Lieferung möglich ist.

Neben den genannten Kontrakten existieren weitere Futures auf Zinsinstrumente, die allerdings als relativ unbedeutend einzustufen sind. Dabei ist z.B. an den Municipal Bond-Index zu denken, der sich auf steuerreduzierte Anleihen von Gebietskörperschaften in den USA bezieht. Aufgrund der einheitlichen Bonität spielen die auf US-Staatsanleihen bezogenen Futures jedoch eine wesentlich größere Rolle am US-Bondmarkt.

Die bisherigen Ausführungen über Futurekontrakte in den USA haben einen Eindruck über die Größe des Terminmarktes vermittelt. Allerdings wird die Vielzahl der Futurekontrakte von der Menge an zur Verfügung stehenden Optionskontrakten noch deutlich übertroffen. Auf nahezu alle gängigen Futurekontrakte – Aktienindizes und Bonds – werden in den USA Optionen gehandelt. Der wichtigste Optionskontrakt auf Aktienindexfutures ist die S&P 500 Futuresoption, die an der CME gehandelt wird. Vom Volumen her bedeutender sind indessen die Optionen auf Kassaindizes. Dieser Marktbereich wird dominiert von Optionen auf den S&P 500 und den S&P 100 Aktienindex. Neben Optionen auf Aktienindizes und einzelne amerikanische Aktiengesellschaften haben sich in den letzten Jahren auch Optionen auf Branchenindizes etablieren können.

Im Bondbereich zählen die Optionen auf Staatsanleihenfutures zu den wichtigsten Kontrakten. Insbesondere die Optionen auf den US-Long Bond Future nehmen, gemessen am Handelsvolumen, weltweit eine exponierte Stellung ein. Es folgen Optionen auf den zehnjährigen, den fünfjährigen und den zweijährigen Bond-Futurekontrakt. Äußerst lebhaft ist auch der Handel in Optionen auf amerikanische Geldmarktfutures.

3. Die Anlagemärkte Asiens und Australiens

Der mit Abstand größte Aktienmarkt Asiens ist – trotz zwanzigjähriger Baisse – der japanische Markt. Von Bedeutung sind ferner Südkorea, Taiwan, Australien, Hong Kong und Singapur. Stetig wichtiger wird China, dass aufgrund seines Öffnungsprozesses zunehmend attraktiv für Kapitalanleger wird.

Im Bereich festverzinslicher Titel ist die Dominanz Japans noch größer als im Aktienbereich. Sieht man von dem gesamten Euroland-Bondmarkt einmal ab, ist der japanische Anleihenmarkt hinter den USA der zweitgrößte Rentenmarkt der Welt. Den größten Teil der japanischen Government Bonds (JGBs) stellen langlaufende Staatsanleihen dar. Diese Anleihen werden i.d.R. mit einer Ursprungslaufzeit von 10 Jahren ausgestattet. Da Japan als Long-Bond-Markt gilt, sind längere Laufzeiten bis zu 30 Jahren nicht ungewöhnlich. Die nominal unterstellte Futurelaufzeit beträgt 20 Jahre. Der mittlere Laufzeitbereich weist Emissionslaufzeiten von bis zu 5 Jahren auf. Im Geldmarktsegment werden 90 bzw. 180 tägige T-Bills begeben. Zusätzlich werden am japanischen Geldmarkt CPs und CDs gehandelt. Terminmärkte decken zudem mit entsprechenden Kontrakten den gesamten Laufzeitbereich der japanischen Zinsstrukturkurve ab. Ferner besitzt Japan einen hochliquiden Repo Markt.

Für Bondinvestoren ist nicht zuletzt aus Diversifikationsgründen auch Australien interessant. Der Staat Australien begibt zur Finanzierung von Haushaltsdefiziten T-Bonds und T-Notes. Diese sind mit halbjährlichen Kupons ausgestattet. Ähnlich wie am UK-Markt werden auch Index-linked Anleihen emittiert. Eine bedeutende Rolle nehmen am australischen Rentenmarkt die

Semi Government Bonds ein, die von den Territorialregierungen begeben werden. Futures auf Staatsanleihen werden an der Sydney Futures Exchange gehandelt.

Im einzelnen werden an dieser Börse, die zu den ältesten Terminbörsen der Welt zählt, Financial Futures Kontrakte auf 90-Tage Bills sowie 3- und 10-jährige Staatsanleihen gehandelt. Daneben existieren liquide OTC-Märkte für Swaps, Repos und FRAs.

Aktienindexfuturekontrakte existieren in Japan, Hong Kong, Malaysia, Australien und Neuseeland. Der bekannteste Futurekontrakt dürfte der Nikkei 225-Future sein, der parallel an verschiedenen Börsen gehandelt wird. Als erste bot 1986 die Terminbörse in Singapur (SIMEX) einen Futurekontrakt auf den Nikkei-Index an. Der Nikkei-Index ist ein mit den jeweiligen Kursen gewichteter Index – ähnlich wie der Dow Jones Index in den USA –, der sich auf 225 große Aktiengesellschaften der ersten Handelssektion der Tokyo Stock Exchange bezieht.

Auf den Nikkei 225 beziehen sich auch Optionskontrakte. Zu nennen ist hier der Nikkei 225 Optionskontrakt in Osaka. Dieser Optionskontrakt wurde 1989 eingeführt und war das erste börsengehandelte Optionsprodukt, das sich auf den japanischen Aktienmarkt bezog.

Mit dem TOPIX-Future besteht ein zweiter Aktienindexfuturekontrakt, der sich auf einen japanischen Aktienindex bezieht. Im Gegensatz zum Nikkei handelt es sich beim TOPIX (Tokyo Price Index) um einen mit der Marktkapitalisierung der im Index vertretenen Aktiengesellschaften gewichteten Index, der alle Werte der ersten Sektion der Tokyo Stock Exchange umfasst. Gehandelt wird der Kontrakt in Tokio.
Der in Hong Kong gehandelte Hang Seng-Future bezieht sich auf den zur Zeit 33 Werte umfassenden Hang Seng Index. Dieser Index deckt ca. 70% der Marktkapitalisierung aller an der Stock Exchange of Hong Kong gelisteten Aktien ab.

An der Sydney Futures Exchange wird der SFE SPI 200 Futures gehandelt, der sich auf den S&P/ASX 200 Index bezieht. Dieser Index repräsentiert ca. 90% der Marktkapitalisierung des australischen Marktes.

Neben Aktienindexfutures existieren in Asien und Australien auch einige Terminkontrakte auf Zinsinstrumente. Zwar entspricht die Anzahl der gehandelten Instrumente nicht der Anzahl europäischer und amerikanischer Kontrakte, die großen Märkte weisen jedoch eine hinreichend große Zahl von Instrumenten auf.

II. Die Emerging Markets als Randbereich der Finanzmärkte

Innerhalb der letzten Jahrzehnte hat die internationale Aufmerksamkeit für Aktien- und Bondmärkte in Schwellen- und Entwicklungsländern stark geschwankt.

Zunächst suchten Anleger nach neuen Investitionschancen, zumal in den 1980er Jahren z.T. spektakuläre Kursentwicklungen aus den Emerging Markets berichtet wurden. Die zunehmende Akzeptanz der Portfoliotheorie in der Portfoliomanagementpraxis hat anschließend zur stärkeren Beachtung der Emerging Markets aus Diversifikationsgründen geführt. Erst die zahlreichen Krisen (Mexiko, Asien, Russland, Argentinien etc.) während der 1990er Jahre haben die Euphorie deutlich gebremst. Allein China kann sich heute noch großer Wachstumsphantasien erfreuen. Ob diese angesichts unterentwickelter Rechtssysteme und weiterer gravierender Probleme berechtigt sind, muss sich noch zeigen.

Um Emerging Markts von Developed Markets sachgerecht unterscheiden zu können, bietet es sich an, zunächst eine Begriffsdefinition vorzunehmen. Zweckmäßig zur Charakterisierung von Emerging Countries ist eine Definition der International Finance Corporation (IFC), die auch einen bekannten Emerging Market-Index berechnet. Die IFC ist eine Tochtergesellschaft der Weltbank und stuft solche Länder als Emerging Countries ein, in denen das Bruttoinlandsprodukt pro Kopf der Bevölkerung unterhalb von ca. 8.000 USD liegt.[1] Damit aus einem Emerging Country ein Emerging Market wird, muss zudem in dem jeweiligen Land ein öffentlicher Kapitalmarkt (Aktien- und Rentenmarkt) bestehen. Zudem ist kennzeichnend für Emerging Markets, dass sie nicht im Morgan Stanley Capital Index (MSCI) oder im Financial Times Actuaries Index (FT-Index) berücksichtigt werden.[2] Letztgenannte Indexanbieter haben inzwischen eigene Emerging Markets Indizes kreiert.

Die Kapitalmärkte Mittel- und Südamerikas sind mit gut 20 % im IFC-Index gewichtet. Gemessen an der Marktgröße sind insbesondere Mexiko und Brasilien in dieser Region von hoher Bedeutung. Viele der großen lokalen Aktiengesellschaften in den einzelnen Ländern werden an den Börsen in den USA als ADRs (American Depository Receipts) oder Global Depository Receipts gehandelt. Mitunter ist das Handelsvolumen dort sogar deutlich höher als an der entsprechenden Heimatbörse. Das größte Gewicht am IFC Index besitzen die Emerging Markets in Asien mit knapp 50 %.

Der Versuch einer regionalen Aufteilung der Emerging Markets führt i.d.R. zu vier Blöcken. Als weitgehend etabliert können die Märkte Asiens und Lateinamerikas angesehen werden, zumal hier schon langjährige Markterfahrungen vorliegen. Seit dem Zusammenbruch des Sozialismus in Osteuropa haben sich auch in den ehemals sozialistischen Staaten Aktien- und Bondmärkte entwickelt und stellen einen eigenen Block dar. Schließlich besitzen einige Länder des afrikanischen Kontinents Kapitalmärkte, so dass Afrika einen vierten Emerging Markets Block darstellt.

Inzwischen gibt es in einzelnen Ländern der Emerging Markets Terminbörsen, an denen Finanzterminkontrakte gehandelt werden. Zu denken ist dabei etwa an die Bolsa De Mercadorias y Futuros in Brasilien, wo neben Warenterminkontrakten auch Futures auf den BOVESPA Aktienindex gehandelt werden. Dieser Index bildet die Wertentwicklung von zur Zeit 53 brasilianischen Gesellschaften ab, die an der Sao Paulo Stock Exchange notiert sind. Aktienindexoptionen auf den BOVESPA können in Brasilien ebenfalls gehandelt werden.

Auch in Afrika gibt es eine Terminbörse. An der South African Futures Exchange werden unter anderem Aktienindex- und Bondfutures gehandelt. Ohnehin ist Südafrika der größte Finanzmarkt Afrikas.

---

[1] Vgl. *Heri* (1993), S. 401ff.
[2] Vgl. *Divecha/Drach/Stefek* (1992), S. 42.

Mit Ausnahme Malaysias existieren in den Emerging Markets Asiens keine Terminbörsen, an denen Finanzterminkontrakte gehandelt werden. In Malaysia existiert mit dem Kuala Lumpur Capital Index Future ein Aktienindexterminkontrakt.

III. Währungen

Währungen zählen zu den umsatzstärksten Investmentformen der Welt. Anders als bei Anleihen und Aktien, bei denen viele verschiedene Titel und Emissionen vorhanden sind, gibt es seit der Einführung des Euro nur eine recht geringe Anzahl liquider Investmentwährungen. Dies macht Währungstransaktionen zum einen sehr überschaubar und zum anderen volumenintensiv, da sie sich auf wenige Währungen konzentrieren. Das Volumen des weltweiten täglichen Devisenhandels liegt jenseits der 1 Billionen US-Dollar Marke. Zählt man das Derivatevolumen in Währungen hinzu, so ergeben sich weit höhere Beträge. Der größte Handelsplatz für US-Dollar und weitere Währungen ist London gefolgt von New York und Tokio.

Die wichtigsten Währungen der Welt sind der US-Dollar, der Euro und der Japanische Yen. Obwohl der US-Dollar unangefochten die Weltreservewährung Nummer eins darstellt, nehmen international die in Euro gehaltenen Währungsreserven zu. Wie empirische Untersuchungen gezeigt haben, lassen sich mit Hilfe von Clusteranalysen Währungsblöcke identifizieren.[1] Dabei lässt sich neben einem sog. Dollar-Block auch die Existenz eines Euro-Blocks (vormals D-Mark-Block) nachweisen. Zum Dollar-Block gehören USD, AUD, CAD, SGD, NZD und HKD. Weniger eindeutig sind die Zusammenhänge zwischen dem Japanischen Yen und weiteren asiatischen Währungen.

Für Portfoliomanager ist die Kenntnis der Existenz von Währungsblöcken wichtig, da hierdurch Hedgingoperationen erleichtert werden. Durch die Konzentration auf die jeweils liquideste Währung eines Blocks lassen sich u.U. hinreichend gute Hedgingergebnisse auch für andere Währungen des Blocks erzielen. Zudem gibt es nicht für alle Weltwährungen liquide Derivate. Vielmehr beschränkt sich die Liquidität auf wenige wichtige Kontrakte.

An den Terminbörsen in Chicago und Philadelphia findet der größte Handel in Währungsderivaten statt, wobei Chicago den Bereich der Währungsfutures dominiert und Philadelphia im Bereich von Währungsoptionen eine gute Marktposition besitzt. Das an den Terminbörsen gehandelte Volumen dürfte jedoch von dem unter Banken (OTC) gehandelten Volumen in Form von Forwards und Swaps noch deutlich übertroffen werden.

Ein ähnliches Bild ergibt sich bei Währungsoptionen, die sich entweder auf Währungsfutures oder auf Kassapreise (Spot) beziehen. Der deutlichste Unterschied beider Kontrakte liegt in der Optionsart. Während Future-Optionen i.d.R. als amerikanische Optionen ausgestattet sind, können Spot-Optionen häufig nur am Verfalltag ausgeübt werden.

---

[1] Vgl. *Drummen/Zimmermann* (1992), S. 94f.

IV. Commodities

Einen in den letzten Jahren wachsenden und dennoch eher spekulativen Randbereich des Portfolio Managements nehmen sog. Commodities ein. Aufgrund der geringen Korrelation mit anderen Assetklassen kann die Investition in Finanzanlagen, deren Wertentwicklung von der Preisentwicklung bei Rohstoffen abhängt, interessant sein.[1] Im Vordergrund stehen dabei Rohstoffindizes und Edelmetalle, die zu den sog. 'Financial Commodities' gezählt werden. Aber auch Waren, wie Rohstoffe und Halbfertigmaterialien können sich zur Portfoliobeimischung eignen. Dies nicht zuletzt aufgrund der z.T. erheblichen Preisschwankungen, die an den organisierten Warenmärkten festzustellen sind. Zudem sind die Korrelationen zwischen Commodities und den gängigen Finanzanlageformen wie Aktien und Anleihen i.d.R. sehr gering und evtl. sogar negativ. Die Zielsetzung einer Anlage in Commodities besteht jedoch nicht primär in der Reduktion von Risiken im Portfoliozusammenhang, sondern in der Partizipation an Wertsteigerungen. Da ähnlich wie bei Währungen keine laufende Rendite durch ein Engagement in Commodities erzielbar ist, müssen positive Renditen ihren Grund in Preissteigerungen haben.

Ein Engagement in Commodities erfolgt nahezu ausschließlich durch den Einsatz von derivativen Instrumenten. Ausnahmen stellen bisweilen physische Investitionen in Gold, Silber, Platin und weitere bestimmte Edelmetalle da. Der Grund für die Verwendung derivativer Instrumente als Substitute für die Commodities liegt in ihrer Standardisierung und insbesondere einfachen und damit kostengünstigen Verwahrungsmöglichkeit.

Zum Handel mit Commodities eignen sich jene Waren am besten, die einen liquiden Futures- bzw. Optionsmarkt aufweisen. Indikativ für die Struktur der Commodity-Märkte ist die Unterteilung des Commodity Research Bureau Index (CRB-Index), zumal er auf der Preisentwicklung der entsprechenden Futurekontrakte basiert. Der CRB-Index nimmt eine Aufteilung in Fleisch, Edelmetalle, Agrarprodukte, Getreide/Ölsaat, Industriegüter und Energie vor. Diesen sechs Gruppierungen werden die einzelnen 17 Waren und Materialien zugeordnet.

Warengruppen	Waren
Fleisch	Lebende Schweine, Lebende Rinder
Edelmetalle	Gold, Platin, Silber
Agrarprodukte	Kaffee, Kakao, Zucker, Orangensaftkonzentrat
Getreide/Ölsaat	Mais, Sojabohnen, Weizen
Industriegüter	Baumwolle, Kupfer
Energie	Rohöl, Heizöl, Erdgas

Tab. D.4: Indexeinteilung des CRB-Index (Stand: 31.05.2003)

Als Handelsgegenstand ist der CRB-Index geeignet, da an der New York Futures Exchange (NYFE) Futures und Optionen auf diesen Index gehandelt werden. Es können daher sowohl in

---

[1] Vgl. *Rudolf/Zimmermann/Zogg-Wetter* (1993), S. 341 ff.

den einzelnen Indexkomponenten als auch in dem Index selber mittels derivativer Instrumente Engagements eingegangen werden.

Ähnliches gilt für den Goldman Sachs Commodity Index (GSCI), der ebenfalls verschiedene Rohstoffe abbildet und an der Chicago Mercantile Exchange mittels Futurekontrakten und Optionen gehandelt wird. Seine Zusammensetzung hat folgendes Aussehen:

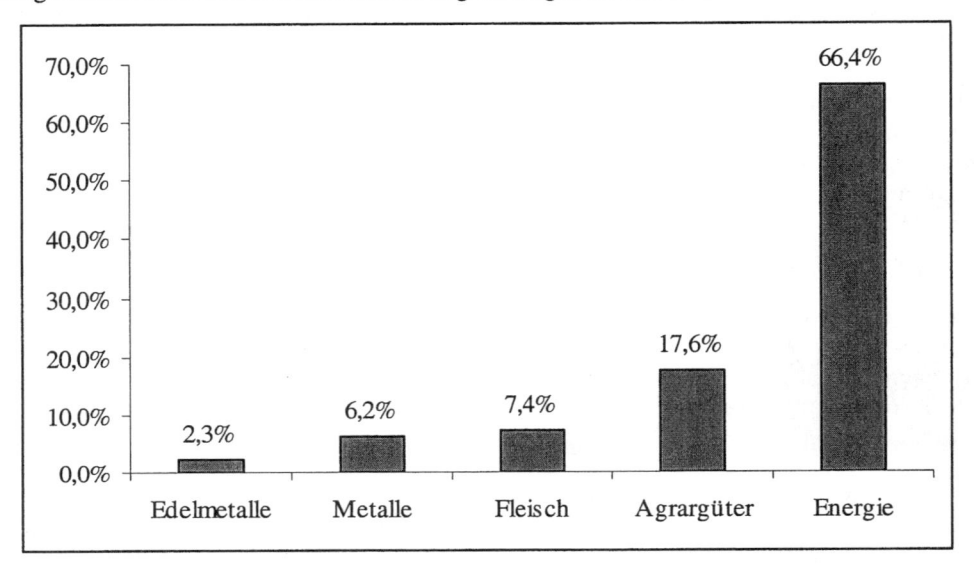

Abb. D.6: Indexkategorien des GSCI (Stand: 16.05.2003)

Der Hauptunterschied beider Indizes besteht in Gewichtungsabweichungen und in der Verfügbarkeit handelbarer Instrumente auf die Indizes selber. Da der GSCI nach den realen Verbrauchsmengen der im Index enthaltenen Rohstoffe gewichtet ist, vermittelt er ein realistischeres Bild über die aggregierten Preisentwicklungen bei Warenmärkten. Die Konsequenz ist eine sehr hohe Gewichtung der Energierohstoffe und insbesondere Rohöl. Darüber hinaus steht der GSCI auch als Performanceindex zur Verfügung, was auf seinen Einsatz als Anlageobjekt hindeutet.

Was die jeweiligen Futurekontrakte angeht, so weisen sowohl der CRB- als auch der GSCI-Kontrakt einen Tick-Wert von 25 US-Dollar auf. Die Kontraktgröße ist jedoch unterschiedlich, da beim CRB-Indexfuture der Stand des CRB-Index mit 500 US-Dollar multipliziert wird. Der entsprechende Multiplikator beim GSCI-Indexfuture beträgt lediglich 250 US-Dollar. Über die verschiedenen Tick-Größen (0,05 beim CRB und 0,1 beim GSCI) wird der gleiche Tick-Wert hergestellt.

Da aus Lagerhaltungsgründen der physische Erwerb von Commodities i.d.R. nicht für Finanzinvestoren attraktiv ist, bedarf es offenbar eines Terminmarktes, um standardisierte Mengen und Qualitäten vordefinierter Rohstoffe und -produkte (oder Rohstoffindizes) auch für Finanzinvestoren attraktiv zu machen.

Die Anfänge des Warenterminhandels können in Deutschland auf die zweite Hälfte des 19. Jahrhunderts zurückdatiert werden.[1] Im Jahre 1896 wurde das Börsengesetz eingeführt, da der Handel durch zahlreiche Spekulationen und unseriöse Praktiken geprägt war. Infolgedessen wurden sämtliche Termingeschäfte an deutschen Börsen in Getreide und Erzeugnissen der Getreidemüllerei verboten. Allerdings waren und sind im Ausland abgeschlossene oder zu erfüllende Termingeschäfte dieser Art weiterhin erlaubt. In Deutschland wurden bis 1914 Warentermingeschäfte in Berlin, Bremen, Danzig, Hamburg, Köln, Leipzig, Magdeburg und Mannheim getätigt. Die Hamburger Kaffeeterminbörse nahm nach der New York Coffee, Sugar & Cocoa Exchange den zweiten Platz in der Welt ein.[2]

In Deutschland wurde im April 1998 eine Warenterminbörse (WTB) in Hannover eröffnet.[3] Die Etablierung dieser Börse bleibt abzuwarten.

In den USA existieren mehrere Terminbörsen, an denen rund 100 verschiedene Waren aller Art gehandelt werden. Nicht wenige dieser Kontrakte weisen eine hohe Liquidität auf. In Europa sind im Hinblick auf den Agrarbereich bislang nur die Terminbörsen in Amsterdam, London und Lille von Bedeutung.

Die wichtigsten Börsen im Commodity Bereich finden sich in den USA und Großbritannien an den Börsenplätzen New York, Chicago und London. Der gesamte Commodity Exchange-Sektor ist aufgrund des sich verschärfenden Wettbewerbs durch Kooperationen und Fusionen stark geprägt.

Zu den umsatzstärkste Termininstrumenten im Commodity-Bereich zählen Energie- und Metallkontrakte. Verfügbar sind oftmals sowohl Futures als auch Optionen. In den einzelnen Ländern werden zumeist jene Kontrakte gehandelt, die hinsichtlich ihrer Standardisierung und Qualität den lokalen Erfordernissen entsprechen. Während folglich an der IPE in London Futures und Optionen auf Nordseeöl der Qualität 'Brent' gehandelt werden, handelt man in New York an der NYMEX (New York Mercantile Exchange) 'Crude Oil'-Kontrakte, die sich auf amerikanische Ölsorten konzentrieren. Die größeren Terminmarktumsätze in Energierohstoffen werden in New York getätigt, wo zusätzlich zu den Rohölkontrakten noch Kontrakte auf verschiedene Erdgassorten sowie Heizöl und Benzin gehandelt werden. Hinsichtlich der jeweiligen Kontraktspezifikationen ist es wichtig festzuhalten, dass die Größen der Underlyings nicht in metrischen Einheiten angegeben werden, sondern in regionalspezifischen Gewichtsmaßen, wie z.B. Gallonen und Barrels. Die Größendefinition von Maßeinheiten, wie z.B. Gallonen kann darüber hinaus von Land zu Land unterschiedlich sein.

---

[1] Für einen Überblick über die Geschichte des Warenterminhandels vgl. von Arnim (1979), S. 5ff.
[2] Vgl. *Bröker* (1994), S. 26.
[3] Zur Diskussion um die Einführung einer deutschen Warenterminbörse vgl. *Meyer/Meyer* (1994), S. 458ff.; *Hartmann/Meyer-Bullerdiek* (1996), S. 724ff. sowie *Gommlich/Meyer-Bullerdiek/Tieftrunk* (2000), S. 324ff.

Im Handel mit Metallen und Edelmetallen weist die New Yorker COMEX die größten Handelsvolumina auf. Besonders lebhaft werden Kontrakte auf Gold, Silber und Kupfer gehandelt. Ergänzt wird das Spektrum durch Futures auf Platin und Palladium. Diese Kontrakte werden allerdings an der New Yorker NYMEX gehandelt. Neben den Futurekontrakten werden zusätzlich Optionen auf die genannten Metallfutures an den jeweiligen Warenterminbörsen angeboten. Auch bei den Optionen sind die Volumina in Silber- und Goldkontrakten am höchsten.

Die bedeutendsten Futures- und Optionskontrakte im Nahrungsmittelbereich werden am New York Board of Trade (NYBOT) gehandelt, die vormals CSCE (Coffee Sugar and Cocoa Exchange) hieß. Insbesondere in den Zucker-, Kakao- und Rohkaffeekontrakten findet ein lebhafter Umsatz statt. Auch in London werden Terminkontrakte auf Zucker, Kakao und Kaffee gehandelt. Für diese Waren steht außerdem ein liquider Optionsmarkt zur Verfügung. Neben den Kontrakten auf die genannten Nahrungsmittel existieren an verschiedenen Warenterminbörsen zudem Handelsmöglichkeiten in Milch-, Schrimps-, Käse-, Kartoffel-, Erbsen- und Orangensaftfutures.

Der Bereich der Getreidekontrakte wird in regionaler Hinsicht von den Terminbörsen in Chicago dominiert. Am Chicago Board of Trade werden große Umsätze in Mais-, Sojabohnen-, Hafer- und Weizenfutures getätigt. Darüber hinaus besteht ein Terminmarktangebot in Flachs-, Bohnen-, Roggen-, Gerste-, Reis- und Rapsfutures. Optionen auf die genannten Underlyings sind ebenfalls verfügbar.

Eine ähnliche Dominanz wie bei Getreidesorten weist der Handelsplatz Chicago bei Fleischkontrakten auf. An der Chicago Mercantile Exchange findet unter anderem ein liquider Handel in Kontrakten auf lebende Rinder, lebende Schweine und Schweinebäuche statt.

In den Ländern der Welt, die über eine besonders starke Stellung in der Erzeugung bestimmter Rohmaterialien verfügen, findet man oftmals Warenterminbörsen, die sich auf diese landesspezifisch wichtigen Erzeugnisse spezialisiert haben. Ein Beispiel hierfür ist die Sydney Futures Exchange, an der ein Terminkontrakt auf Schafswolle gehandelt wird. Ein ähnliches Beispiel trifft auf Singapur zu, wo Kontrakte auf Gummi angeboten werden.

In den letzten Jahren etablieren sich zunehmend auch Elektrizitätsterminmärkte. Im Vergleich zu den sonstigen Commodities weist Strom jedoch einige Besonderheiten auf:[1]

- Es ist eine Kuppelprodukt bestehend aus einer Erzeugungs- und einer Transportleistung.
- Aufgrund von Netzengpässen und steigenden Übertragungsverlusten bei zunehmenden Distanzen ist eine gewisse regionale Leistungsgebundenheit gegeben. Preisunterschiede und -volatilitäten können durch Arbitragegeschäfte nicht wirkungsvoll eingedämmt werden.
- Da Strom nicht gespeichert werden kann, ist die Stromerzeugung stets der aktuellen Nachfrage anzupassen.
- Die Stromerzeugung basiert auf unterschiedlichen Primärenergieträgern, wie z.B. Gas, Kohle, Kernkraft, Wind, Wasser oder Öl. Abweichende Preisentwicklungen bei diesen Gütern, können zeitlich und regional differierende Stromerzeugungspreise zur Folge haben.

---

[1] Vgl. *Schäfer/Rodt* (1999), S. 548.

Aufgrund dieser Eigenschaften weisen Strompreise hohe Volatilitäten auf, die bei Elektrizitäts-Optionen zu relativ hohen Prämien führen können. Bedeutender sind Future- und Forward-Kontrakte.

Ein Strom-Future ist ein standardisierter Terminkontrakt auf Strom. Er legt fest,[1]

- eine standardisierte Menge und Qualität Strom
- zu einem festgelegten Preis
- zu einem festgelegten, standardisierten Zeitpunkt
- zu liefern (Verkauf des Futures) oder abzunehmen (Kauf des Futures).

Bereits 1990 wurde an der norwegischen Nord Pool der erste Forward-Kontrakt gehandelt, der Börsenhandel mit Futurekontrakten wurde 1993 aufgenommen. 1996 erfolgte eine Ausweitung auf das schwedische Gebiet. Die Future-Kontrakte sehen einen täglichen Gewinn- und Verlustausgeich (Barausgleich) vor. Sie sind auf eine Lieferrate von 1 MW festgelegt, so dass z.B. ein 1-Wochen-Kontrakt 168 MWh umfasst. Seit dem 01.01.1999 hat auch die Electricity Exchange in Helsinki die Handelsabwicklung und das Produktspektrum der Nord Pool übernommen.

Seit März 1996 werden auch an der NYMEX Stromkontrakte gehandelt. Der Handel mit Elektrizitäts-Futures und -Futures-Optionen wurde an der CBoT im September 1998 aufgenommen. Als Lieferorte stehen hier das Commonwealth Edison- und das Tennessee Valley Authority-System zur Verfügung.

---

[1] Vgl. *Deutsche Börse AG* (1999), S. 3.

E. Zeitgemäße Instrumente des professionellen Portfoliomanagements: Derivate

Bei derivativen Finanztiteln handelt es sich um Finanzinstrumente, die aus anderen Finanzprodukten (Basiswerten oder Underlyings) abgeleitet sind und deren Preise entsprechend von den Preisen des Underlyings abhängen. Dazu zählen Termingeschäfte wie Forwards, Futures, Optionen oder Swaps. Die zugrundeliegenden Werte können beispielsweise Devisen, Aktien, festverzinsliche Titel oder Indizes sein. Auch kann das Underlying selbst wiederum ein derivatives Instrument sein, wie z.B. eine Option auf eine Option (sogenannte Compound Option). Unterschieden wird zwischen börsengehandelten und OTC-Termingeschäften. Während die von Banken oder Wertpapierbörsen 'over the counter' emittierten und vertriebenen Finanzderivate vielfältige Möglichkeiten von maßgeschneiderten Lösungen bieten, sind die an den Börsen gehandelten Derivate in verschiedener Art und Weise standardisiert. Durch eine weitgehende Standardisierung kann die Vielfalt und Komplexität einzelner Transaktionen an den Terminbörsen im Gegensatz zu den OTC-Märkten vermindert werden. Auf diese Weise wird an den Terminbörsen in Verbindung mit der Marktorganisation in Form einer Computerbörse und dem Market-Maker-System eine Beschleunigung des Vertragsabschlusses und vor allem eine verbesserte Liquidität erreicht.[1]

Die zunehmende Nutzung derivativer Instrumente gehört zu den bestimmenden Trends im Portfoliomanagement. Für den vermehrten Einsatz derivativer Instrumente sprechen wichtige Argumente. Mit Hilfe von Derivaten lassen sich Zahlungsströme bzw. Cash Flow Strukturen konstruieren, die bei alleiniger Verwendung originärer Instrumente nicht oder nur zu sehr hohen Kosten darstellbar wären. Derivate Anlageformen, die sich auf marktgehandelte Kassainstrumente beziehen und nach den Prinzipien der Duplikation und Arbitragefreiheit bepreist werden, reduzieren die Kosten des Portfoliomanagements signifikant. Durch den Einsatz von Derivaten lassen sich erhebliche Gebührenreduktionen herbeiführen. Allein dieser Faktor stellt die weitere zukünftige Verbreitung von Derivaten im Portfoliomanagement sicher. Neben den geringeren Transaktionskosten aufgrund der an Computerbörsen tendenziell geringeren Abwicklungskosten sind auch die Informationskosten häufig geringer, da an vielen Terminbörsen die Clearingstelle das Erfüllungsrisiko übernimmt und eine hohe Markttransparenz vorliegt.

Neben Kostenargumenten sprechen noch weitere Argumente für den Einsatz von Derivaten. Die i.d.R. hohe Marktliquidität bei börsengehandelten Derivaten sorgt für faire Preise und einen nur geringen Market Impact, der die Kursveränderungen eines Finanzinstruments aufgrund einer Order beschreibt, bei Auftragsausführungen. Die Handelszeiten für börsengehandelte Derivate sind oftmals länger als bei Kassainstrumenten, zumal wenn sich der Handel an elektronischen Börsen (z.B. Globex) vollzieht.

Derivate Instrumente können sehr flexibel kombiniert werden. Neben der Möglichkeit auf fallende Märkte zu spekulieren versetzen sie Investoren in den Stand, asymmetrische Performanceprofile zu konstruieren. Zusätzlich zu direktionalen Anlagestrategien ermöglicht ein gezielter Einsatz von Derivaten auch eine genaue Steuerung des Anlagerisikos.

---

[1] Vgl. *Meyer/Wittrock* (1993), S. 92.

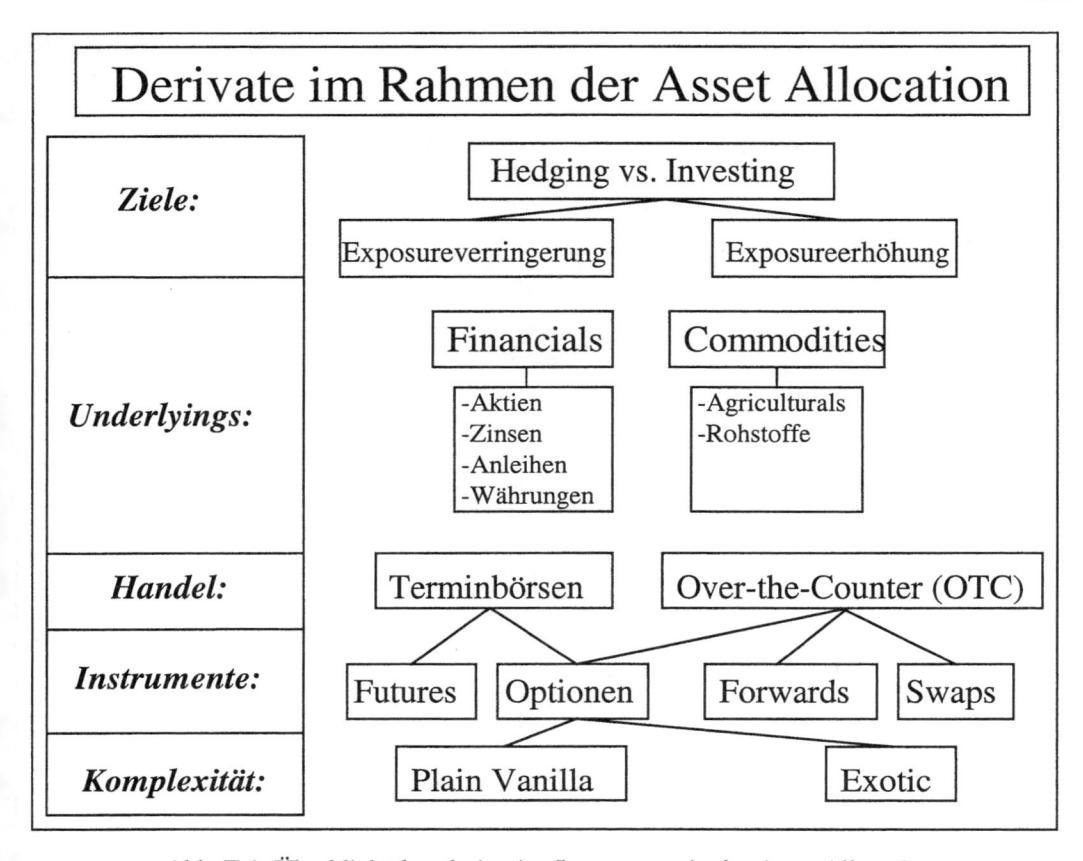

```
┌─────────────────────────────────────────────────────────────────────┐
│              Derivate im Rahmen der Asset Allocation                │
├──────────────┬──────────────────────────────────────────────────────┤
│              │              Hedging vs. Investing                   │
│   Ziele:     │         ┌──────────┴──────────┐                      │
│              │   Exposureverringerung    Exposureerhöhung           │
├──────────────┼──────────────────────────────────────────────────────┤
│              │        Financials         Commodities                │
│              │      -Aktien            -Agriculturals               │
│ Underlyings: │      -Zinsen            -Rohstoffe                   │
│              │      -Anleihen                                       │
│              │      -Währungen                                      │
├──────────────┼──────────────────────────────────────────────────────┤
│   Handel:    │      Terminbörsen       Over-the-Counter (OTC)       │
├──────────────┼──────────────────────────────────────────────────────┤
│ Instrumente: │   Futures   Optionen    Forwards      Swaps          │
├──────────────┼──────────────────────────────────────────────────────┤
│ Komplexität: │        Plain Vanilla              Exotic             │
└──────────────┴──────────────────────────────────────────────────────┘
```

Abb. E.1: Überblick über derivative Instrumente in der Asset Allocation

Die Strukturen bzw. die Verwendungsmöglichkeiten von einigen Derivaten können eine Klassifikation als eigenständige Assetklasse möglich erscheinen lassen. Allerdings sind Derivate lediglich als Substitute für bestimmte Assetklassen anzusehen. Entsprechend bilden sie Rendite-Risikoprofile ab, die grundsätzlich auch mit den zugrundeliegenden Finanztiteln oder einer Kombination daraus zu erreichen sind.[1] Vor diesem Hintergrund ist eine Einordnung von Derivaten als Assetklasse kaum zu rechtfertigen, es sei denn, es werden Rendite-Risikoprofile konstruiert, die nicht oder nur unter sehr hohen Kosten mit den zugrunde liegenden Assetklassen abzubilden sind.

Termingeschäfte lassen sich allgemein durch das zeitliche Auseinanderfallen von Vertragsabschluss und Vertragserfüllung charakterisieren, wobei der Preis des jeweiligen Handelsobjektes bereits bei Geschäftsabschluss festgesetzt wird. Abzusehen ist dabei von der an vielen Märkten üblichen valutenmäßigen Frist von zwei Tagen, die für Kassageschäfte zwischen Vertragsabschluss und -erfüllung gilt. Sobald aber diese Frist überschritten ist, wird beispielsweise für be-

---

[1] Zur Diskussion um die Einordnung von Derivaten als Assetklasse vgl. die Ausführungen in Kapitel C.I.3.a.

stimmte Währungskombinationen im Devisenbereich bereits ab einem Erfüllungstermin, der drei Tage nach dem Vertragsabschluss liegt, von einem (kurzfristigen) Devisentermingeschäft gesprochen.[1]

Unterschieden werden unbedingte und bedingte Termingeschäfte, wobei unbedingte (fixe) Termingeschäfte von den Vertragspartnern zu den vereinbarten Konditionen und Zeitpunkten erfüllt werden müssen. Während bei unbedingten Termingeschäften eine solche Pflicht besteht (die im übrigen mit einem unbegrenzten Risiko und einer unbegrenzten Chance verbunden ist), hängt die Erfüllung bedingter Termingeschäfte von einer Bedingung ab, nämlich von der Ausübung des Wahlrechts durch den Käufer. Eine Pflicht besteht hierbei für den Verkäufer, der im Falle der Ausübung den vereinbarten Gegenstand zu liefern bzw. abzunehmen hat, falls eine Lieferung vorgesehen ist. Für den Käufer besteht daher ein begrenztes Risiko bei einer unbegrenzten Chance.

Derivative Finanzinstrumente können wie folgt systematisiert werden:

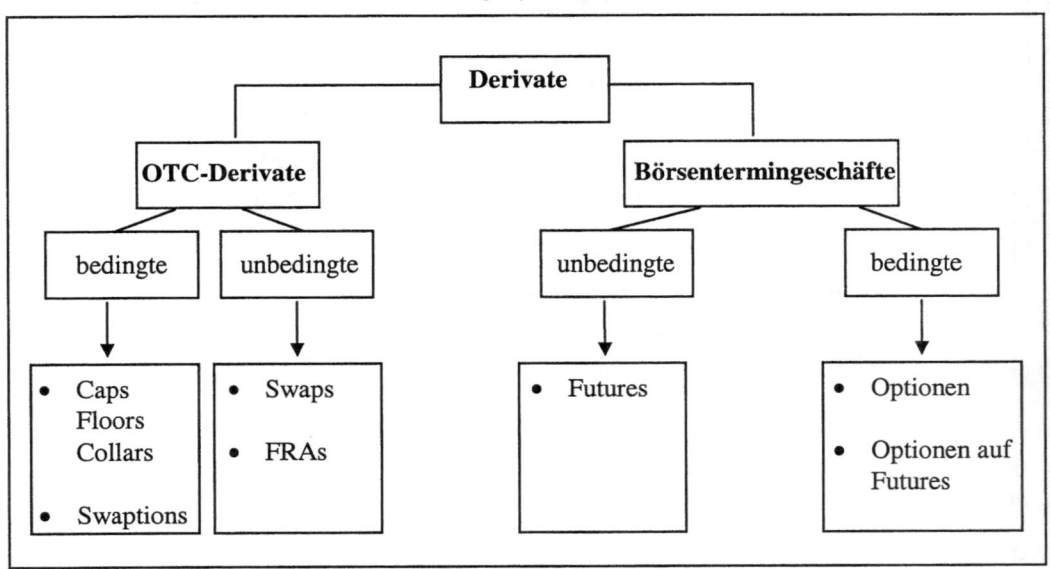

```
                           Derivate
                 ┌────────────┴────────────┐
           OTC-Derivate              Börsentermingeschäfte
          ┌─────┴─────┐              ┌─────┴─────┐
       bedingte    unbedingte     unbedingte    bedingte
          │           │              │             │
          ▼           ▼              ▼             ▼
     • Caps       • Swaps        • Futures    • Optionen
       Floors
       Collars    • FRAs                      • Optionen auf
                                                Futures
     • Swaptions
```

Abb. E.2: Systematisierung derivativer Finanzinstrumente

---

[1] Vgl. *Martin* (2001), S. 133.

I. Portfoliomanagement mit Optionen

1. Bewertung von 'Plain Vanilla' Optionen

Optionen gewähren als bedingte Termingeschäfte dem Käufer das Recht, während einer bestimmten Laufzeit (amerikanische Option) bzw. zu einem bestimmten Zeitpunkt (europäische Option) eine bestimmte Menge eines Basisobjekts zu einem bestimmten Preis (Basispreis) zu kaufen (Call) bzw. zu verkaufen (Put). Der Verkäufer der Option hat die Pflicht, im Falle der Ausübung die entsprechende Menge des Basisobjektes zum Basispreis zu verkaufen (im Falle eines Calls) bzw. abzukaufen (im Falle eines Puts).

Optionen an Terminbörsen wurden erstmals in den USA im Jahre 1983 an der Chicago Board Options Exchange gehandelt. Dabei handelte es sich um Aktienindexoptionen auf den S&P 100 und den S&P 500. Im selben Jahr wurde auch eine Option auf den S&P 500 Future eingeführt. In Europa wurden Optionen an Terminbörsen zum ersten Mal in London eingeführt (Option auf den FT-SE 100), wobei es sich zunächst um eine amerikanische Option handelt. Später wurden auch europäische Optionen auf den FT-SE 100 gehandelt. Als zweite europäische Börse führte in 1986 die Terminbörse in Stockholm Aktienindexoptionen ein. Auch an der Eurex werden mittlerweile neben verschiedenen Aktienindexoptionen (wie z.B. DAX® Option, TECDAX® Option, SMI® Option, Dow Jones Global Titans 50^{SM} Index-Option, Dow Jones STOXX^{SM} 50 Option, Dow Jones Euro STOXX^{SM} 50 Option oder Dow Jones Euro STOXX^{SM} Sector Index Options) zahlreiche weitere Optionen auf andere Basiswerte gehandelt.

Grundsätzlich lässt sich der Preis bzw. die Prämie einer Option in die beiden Komponenten 'innerer Wert' und 'Zeitwert' unterteilen.[1] Der innere Wert eines Calls ergibt sich aus der Differenz zwischen dem aktuellen Kurs des Basiswertes und dem Basispreis (bzw. umgekehrt beim Put). Eine Option, die einen inneren Wert besitzt, wird als in-the-money-Option bezeichnet. Entsprechen sich der Basispreis und der aktuelle Kurs des Basiswertes, so handelt es sich um eine at-the-money-Option. Andernfalls liegt eine out-of-the-money-Option vor. Der Zeitwert stellt die Differenz zwischen dem Marktpreis der Option und dem inneren Wert dar und wird vom Käufer für die Chance einer gewinnbringenden Kursentwicklung des Basiswertes gezahlt.

Zur Verdeutlichung soll dieser Zusammenhang am Beispiel eines Calls aufgezeigt werden: Zugrunde liegt ein Aktien-Call mit einem Basispreis von 47 €. Für den Call ergeben sich nach dem noch vorzustellenden Bewertungsverfahren von Black und Scholes die folgenden Werte:[2]

---

[1] Der Begriff der Optionsprämie wird in der Literatur unterschiedlich definiert. Während darunter in Deutschland vornehmlich der gesamte Optionspreis verstanden wird, ist mit der Optionsprämie im amerikanischen Sprachgebrauch vor allem das Aufgeld einer Option gemeint, d.h. der Mehrpreis, der im Vergleich zum direkten Kauf des Basisobjektes zu bezahlen wäre, wenn das Basisobjekt über die Option erworben würde.

[2] Hierbei werden folgende Daten unterstellt: Restlaufzeit der Option = 0,5 Jahre, stetige risikolose Rendite = 3,5%, Volatilität der Aktie = 16%.

Aktienkurs (€)	Call-Optionspreis (€)	Innerer Wert des Calls (€)	Zeitwert des Calls (€)
43	0,81	0,00	0,81
45	1,52	0,00	1,52
47	2,53	0,00	2,53
48	3,15	1,00	2,15
50	4,59	3,00	1,59
53	7,12	6,00	1,12

Tab. E.1: Innerer Wert und Zeitwert eines Calls

Hingewiesen werden sollte an dieser Stelle darauf, dass der Zeitwert auch negativ sein kann. Dies kann z.B. für weit im Geld liegende Put-Optionen gelten, die sich auf Märkte mit relativ geringer Volatilität beziehen und deren Ausübung erst am Ende der Laufzeit möglich ist (europäische Optionen). Im Gegensatz dazu könnte der Inhaber einer amerikanischen Option bei Ausübung den erhaltenen inneren Wert sofort anlegen und dafür Zinserträge vereinnahmen. Eine solche Anlage des inneren Wertes ist jedoch bei europäischen Optionen nicht möglich.

Der Preis einer Option hängt im wesentlichen von der Kursentwicklung bzw. dem aktuellen Kurs des zugrundeliegenden Basiswertes ab. Darüber hinaus lassen sich aber noch weitere Einflussgrößen auf die Höhe des Optionspreises identifizieren:

- Basispreis,
- Volatilität des Basiswertes,
- Restlaufzeit der Option,
- Zinsniveau und
- allgemeine Börsentendenz.

Zusätzlich sind bei Aktienoptionen noch Dividendenzahlungen zu berücksichtigen, die einen negativen (positiven) Einfluss auf den Wert eines Calls (Puts) ausüben. Handelt es sich um den DAX als Underlying, der einen Performance-Index darstellt, so brauchen Dividendenzahlungen bei der Optionspreisermittlung nicht berücksichtigt zu werden; denn ein Performanceindex beinhaltet die Wiederanlage der Dividendenzahlungen der im Index enthaltenen Aktien. Allerdings ist bei Performanceindizes zu berücksichtigen, dass steuerliche Aspekte zu unterschiedlichen Dividendenerträgen bei Marktteilnehmern führen können, was im Index möglicherweise nicht berücksichtigt werden kann.[1]

Die theoretischen Ober- und Untergrenzen des Optionspreises werden bestimmt durch den aktuellen Kurs des Basiswertes und durch den Basispreis. Bei einem Call ist die Untergrenze durch den inneren Wert der Option gegeben, während der aktuelle Kurs des Basiswertes die Obergrenze darstellt. Steigt dieser an, so erhöht sich der innere Wert eines Calls (vorausgesetzt, er ist größer als Null). Falls der innere Wert trotz des Anstiegs des Basiswertes weiterhin bei Null verbleibt, lässt sich beim Call trotzdem ein Wertanstieg beobachten, da der Zeitwert sich erhöht.

---

[1] Vgl. *Janßen/Rudolph* (1992), S. 25 f.

Am Verfalltag entspricht der Optionswert dem inneren Wert, so dass dann keine Zeitprämie mehr vorhanden ist.

Ein wichtiger Einflussfaktor auf den Optionspreis ist die erwartete Volatilität des Basispreises innerhalb der Optionslaufzeit. Die Volatilität stellt – wie bereits in Kapitel A ausführlich erläutert wurde – ein Maß für die Höhe und die Häufigkeit der Kurs- bzw. Renditeschwankungen des Basiswertes um den Mittelwert dar und kann durch die Varianz σ^2 oder die Standardabweichung σ gemessen werden. In den Fällen, in denen der Basiswert eine hohe Volatilität aufweist und damit das Erreichen der Gewinnzone wahrscheinlicher ist als bei Werten mit geringer Volatilität, liegt der Optionspreis höher. In diesem Fall hat der Optionsverkäufer ein größeres Ausübungsrisiko, das er durch eine entsprechend höhere Zeitprämie entgolten haben möchte. Die Problematik in der Praxis ergibt sich daraus, dass die zukünftige Volatilität nicht bekannt ist und aus Vergangenheitsdaten geschätzt werden muss.[1]

Darüber hinaus ist zu beachten, dass der Optionspreis bei sonst gleichen Bedingungen um so höher liegt, je größer die Restlaufzeit der Option ist; denn bei langen Laufzeiten ist das Kursentwicklungspotential größer und damit auch das Ausübungsrisiko des Stillhalters, so dass wiederum eine höhere Zeitprämie verlangt wird. Diese Prämie nimmt zum Ende der Laufzeit ab – allerdings nicht in einer linearen Weise. Dabei steht die Rate, mit der die Option an Zeitwert verliert, in einer Beziehung zur Quadratwurzel der verbleibenden Zeit.

Weiterhin wird der Optionspreis noch vom Zinsniveau beeinflusst. Da der Basispreis erst zum Zeitpunkt der Ausübung vom Käufer eines Calls bzw. dem Verkäufer eines Puts zu zahlen ist, kann dieser Betrag bis zu diesem Zeitpunkt noch verzinslich angelegt werden. Entsprechend führen ceteris paribus höhere Zinssätze theoretisch zu höheren Call- und niedrigeren Put-Preisen.

Schließlich beeinflusst auch die allgemeine Börsentendenz den Optionspreis. So weisen in Haussephasen Calls einen relativ höheren Wert auf als in Baissephasen; denn bei dieser Börsentendenz erhöht sich für den Call-Käufer die Gewinnchance und für den Verkäufer das Verlustrisiko. Bei Puts verhält sich dieser Zusammenhang in umgekehrter Weise.

Die exakte Bestimmung eines korrekten, fairen Preises für eine Option kann mit Hilfe von verschiedenen Optionsbewertungsmodellen vorgenommen werden, von denen in der Praxis am häufigsten das Modell von Black & Scholes zur Bewertung einer europäischen Kaufoption auf Aktien angewandt wird.[2] Das Black & Scholes-Modell basiert auf mehreren Annahmen, wie z.B. der Unterstellung, dass Aktienkurse einem stetigen Zufallspfad (sog. geometrische Brownsche Bewegung) folgen und ihre Renditen lognormalverteilt sind.[3] Das Modell ist durch einen relativ

---

[1] Entsprechend kommen hier komplexere Verfahren zum Einsatz, wie z.B. das GARCH-Modell, vgl. *Mayhew* (1995), S. 8ff. sowie die Ausführungen in Kapitel A.

[2] Vgl. *Black/Scholes* (1973), S. 673ff.

[3] Der Begriff 'lognormalverteilte Renditen' deutet darauf hin, dass es sich um logarithmierte Renditen handelt, die normalverteilt sind. Im übrigen konnte in empirischen Untersuchungen gezeigt werden, dass logarithmierte Renditen eher einer Normalverteilung unterliegen als diskrete Renditen. Vgl. *Meyer* (1994a), S. 10f. und die dort angegebene Literatur.

komplexen Aufbau gekennzeichnet. Es beruht auf dem Gedanken eines risikolosen Arbitrageportfolios, wobei das Duplikationsprinzip eine konstante Volatilität und Arbitragefreiheit unterstellt. An dieser Stelle soll lediglich seine grundlegende Struktur kurz zusammengefasst werden.

Aus den Annahmen des Black & Scholes-Modells ergibt sich, dass der Optionspreis im wesentlichen von den beiden Faktoren Aktienkurs und Restlaufzeit der Option abhängt. Entsprechend kann für den Preis eines Calls der folgende Ausdruck abgeleitet werden:[1]

$$C = K \cdot N(d_1^{Call}) - B \cdot e^{-r_f \cdot t} \cdot N(d_2^{Call})$$

mit

$$d_1^{Call} = \frac{\ln \frac{K}{B} + (r_f + 0{,}5 \cdot \sigma^2) \cdot t}{\sigma \cdot \sqrt{t}}$$

$$d_2^{Call} = \frac{\ln \frac{K}{B} + (r_f - 0{,}5 \cdot \sigma^2) \cdot t}{\sigma \cdot \sqrt{t}}$$

$$d_2^{Call} = d_1^{Call} - \sigma \cdot \sqrt{t}$$

C	=	Callpreis,
K	=	Aktienkurs,
B	=	Basispreis,
r_f	=	risikoloser Zinssatz p.a. (hierbei handelt es sich um die stetige Rendite),
e	=	Euler'sche Zahl = 2,718281828,
$N(d_i)$	=	Flächeninhalt unter der Verteilungsdichtefunktion der Standardnormalverteilung,
σ	=	erwartete Volatilität des Aktienkurses p.a.,
t	=	Restlaufzeit des Calls in Jahren und
ln	=	natürlicher Logarithmus.

Die Werte von $N(d_i)$ können aus den Wertetabellen für die Verteilungsfunktion der Standardnormalverteilung abgelesen werden.[2] Der Ausdruck $N(d_1)$ wird auch als Options-Delta bezeichnet. In der Praxis können sich allerdings von dem so ermittelten Fair Value aufgrund der vorgenommenen Annahmen Abweichungen ergeben. Hier ist insbesondere der sogenannte 'Smile-Effekt' bei out-of-the-money Puts zu erwähnen.[3]

---

[1] Vgl. *Steiner/Bruns* (2002), S. 346ff.

[2] Zu den Werten der Normalverteilung vgl. die Tabelle im Anhang.

[3] Mit dem Smile-Effekt wird die empirische Beobachtung bezeichnet, nach der der Wert von Optionen (insbesondere Verkaufs-Optionen), die weit aus dem Geld sind, deutlich größer ist als der Wert, den das Black & Scholes Modell anzeigt, vgl. auch Kapitel A.

Der Wert eines (europäischen) Puts (P) kann mit Hilfe der Black & Scholes-Formel wie folgt bestimmt werden:

$$P = B \cdot e^{-r_f \cdot t} \cdot N(d_2^{Put}) - K \cdot N(d_1^{Put})$$

mit

$$d_1^{Put} = \frac{\ln \frac{B}{K} - (r_f + 0{,}5 \cdot \sigma^2) \cdot t}{\sigma \cdot \sqrt{t}}$$

$$d_2^{Put} = \frac{\ln \frac{B}{K} - (r_f - 0{,}5 \cdot \sigma^2) \cdot t}{\sigma \cdot \sqrt{t}}$$

$$d_2^{Put} = d_1^{Put} + \sigma \cdot \sqrt{t} \quad .$$

Durch die Verwendung der Put-Call-Parität lässt sich ebenfalls der Wert des Puts bei Bekanntheit des Callpreises errechnen. Dies kann durch die Bildung eines entsprechenden Arbitrageportfolios gezeigt werden. Im Gegensatz zu dem auf ähnlichen Annahmen wie das Black & Scholes-Modell basierenden Binomialmodell muss die Barwertbildung des Basispreises im Rahmen des Black & Scholes-Modells durch die Verwendung einer kontinuierlichen Abzinsungsrate erfolgen.[1] Für den Putpreis ergibt sich deshalb allgemein:

$$P = C + B \cdot e^{-r_f \cdot t} - K \quad .$$

Für den Fall, dass die Differenz zwischen den Marktpreisen von Call und Put kleiner als die rechnerische Differenz ist, kann auf eine Überbewertung des Puts bzw. eine Unterbewertung des Calls geschlossen werden.

Die Black-Scholes-Optionspreise ergeben sich beispielsweise für einen Aktien-Call mit einem Basispreis von 47 € bei einer Restlaufzeit von 0,5 Jahren, einem stetigen risikolosen Zins von 3,5% und einer Aktienvolatilität von 16% wie folgt, wobei die Optionspreisentwicklung in Abhängigkeit von der Aktienkursentwicklung dargestellt ist (Angaben in €):

---

[1] Die Vorgehensweise zur Ermittlung der Put-Call-Parität entspricht der im Rahmen des Binomialmodells. Zum Binomialmodell vgl. *Steiner/Bruns* (2002), S. 324ff.

Aktienkurs	25,00	30,00	35,00	40,00	43,00	45,00	47,00
Call-Preis	0,000000	0,000067	0,010585	0,235266	0,806969	1,518339	2,534566

Aktienkurs	48,00	50,00	52,00	54,00	57,00	60,00	65,00
Call-Preis	3,154075	4,589359	6,235936	8,030709	10,886458	13,836302	18,817543

Tab. E.2: Call-Preise nach Black & Scholes

Grafisch kann die Entwicklung wie folgt dargestellt werden, wobei deutlich wird, dass der innere Wert des Calls der Preisuntergrenze entspricht.

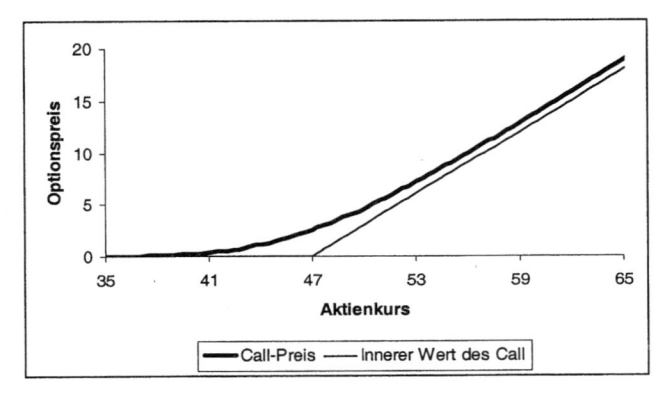

Abb. E.3: Entwicklung des Call-Preises in Abhängigkeit von der Aktienkursentwicklung

Überträgt man die o.g. Beispieldaten auf einen Put, so lassen sich folgende Black-Scholes-Optionspreise ableiten:

Aktienkurs	25,00	30,00	35,00	40,00	43,00	45,00	47,00
Put-Preis	21,184655	16,184723	11,195240	6,419921	3,991624	2,702994	1,719221

Aktienkurs	48,00	50,00	52,00	54,00	57,00	60,00	65,00
Put-Preis	1,338731	0,774014	0,420591	0,215364	0,071113	0,020957	0,002198

Tab. E.3: Put-Preise nach Black & Scholes

Auch diese Optionspreisentwicklung lässt sich grafisch darstellen. Zu erkennen ist, dass der Put-Preis bei stark fallenden Aktienkursen sogar unter dem inneren Wert des Put liegt, worauf oben bereits hingewiesen wurde.

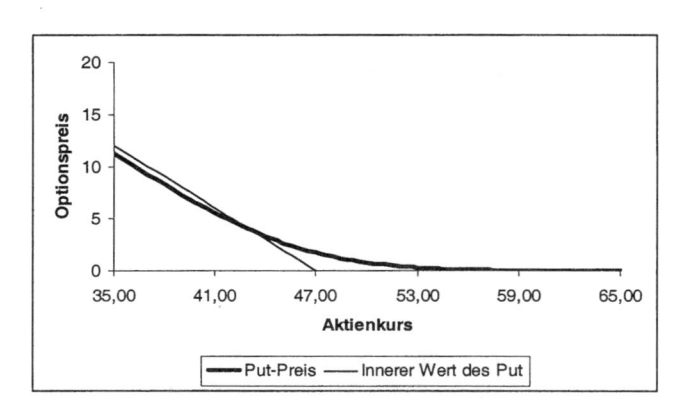

Abb. E.4: Entwicklung des Put-Preises in Abhängigkeit von der Aktienkursentwicklung

Das von Black & Scholes entwickelte Modell ist mittlerweile weit verbreitet und wird an vielen Terminbörsen von den Marktteilnehmern zur Optionsbewertung genutzt. Dabei ist zu berücksichtigen, dass – im Gegensatz zu amerikanischen Calls – bei amerikanischen Puts eine vorzeitige Ausübung anstatt einer Glattstellung an der Börse lohnend sein kann. Infolgedessen sind für diese Optionen lediglich Preisuntergrenzen mit Hilfe dieses Modells zu ermitteln. Daher ist die Preisbestimmung von amerikanischen Puts mit Hilfe des Binomial-Modells von Cox/Ross/Rubinstein sinnvoller, da es eine schrittweise Überprüfung des Ausübungswertes des Puts ermöglicht und damit die Möglichkeit einer vorteilhaften Ausübung bei der Preisermittlung berücksichtigt wird.[1]

2. 'Griechische Variablen'

Fünf Variablen determinieren die Optionspreise im Black & Scholes-Modell. Dies sind die Aktienkursvolatilität, die Restlaufzeit der Option, der Aktienkurs im Bewertungszeitpunkt, das Niveau des als risikolos anzusehenden Zinssatzes und schließlich die Höhe des Basispreises. Bezüglich dieser Variablen lassen sich Sensitivitätskennzahlen bilden, die anzeigen, wie stark der Optionspreis bei Konstanz aller anderen Variablen auf Veränderungen der betrachteten Variablen reagiert. Als Bezeichnung für diese Sensitivitätskennzahlen hat sich der Begriff 'griechische Variablen' durchgesetzt, da jeder Kennzahl ein Buchstabe des griechischen Alphabetes zugeordnet wird. Die Darstellung der griechischen Variablen erfolgt in alphabetischer Reihenfolge, die nicht unbedingt der Bedeutungsreihenfolge entspricht.

---

[1] Vgl. *Cox/Ross/Rubinstein* (1979), S. 229ff.; *Steiner/Wittrock* (1993), S. 713 f.

a. Options-Delta

Die Sensitivität des Optionspreises bezüglich einer Veränderung des Aktienkurses wird durch den Delta-Wert ausgedrückt. Der numerische Wert ergibt sich aus der ersten Ableitung der Kurve im Optionspreis-Aktienkurs-Diagramm und kann als Quotient der zugrundeliegenden Aktien- und Optionspreisveränderungen dargestellt werden. Für Kaufoptionen gilt:

$$\text{Delta}(C) = \frac{\delta C}{\delta K} = N(d_1^{Call}) \ .$$

Der Delta-Wert bei Calls liegt stets zwischen Null und eins. Er gibt z.B. an, um wie viel EUR sich der Call-Preis erhöht, wenn der Aktienkurs um 1 EUR ansteigt.[1] Zu berücksichtigen ist hierbei allerdings, dass sich das Delta auf infinitesimal kleine Veränderungen des Aktienkurses bezieht, so dass die Genauigkeit bei größeren Aktienkurssprüngen abnimmt. Darüber hinaus gibt der Delta Wert noch an, wie viele Aktien benötigt werden, um die Preisveränderung der Option genau zu neutralisieren.

Für den Aktien-Call aus dem obigen Beispiel können folgende Delta-Werte nach Black-Scholes in Abhängigkeit vom Aktienkurs ermittelt werden:

Aktienkurs	25,00	30,00	35,00	40,00	43,00	45,00	47,00
Optionsdelta	0,000000	0,000086	0,008323	0,112341	0,282665	0,431283	0,583653

Aktienkurs	48,00	50,00	52,00	54,00	57,00	60,00	65,00
Optionsdelta	0,654440	0,775821	0,865381	0,924840	0,972336	0,991098	0,998955

Tab. E.4: Delta-Werte für einen Call nach Black & Scholes

Steigt der Aktienkurs beispielsweise beim Stand von 43 € z.B. um 0,1 € auf 43,10 €, so wird aufgrund des Delta-Wertes von 0,282665 unterstellt, dass der Preis des Calls um 0,0282665 € (= 0,282665 · 0,1 €) von 0,806969 € auf 0,83523565 € ansteigt. Hinzuweisen ist an dieser Stelle aber darauf, dass der tatsächliche Call-Preis entsprechend der Black-Scholes-Formel einen Wert von 0,83558458 € annimmt, setzt man 43,10 € als Aktienkurswert in die Formel ein. Der Unterschied ist darauf zurückzuführen, dass sich das Delta lediglich auf eine infinitesimal kleine Aktienkurs-Änderung bezieht und die hier unterstellte Änderung von 0,1 € entsprechend höher ist. Die Entwicklung des Deltas für das zugrunde liegende Beispiel zeigt die folgende Abbildung:

---

[1] Vgl. *Steinbrenner* (1996), S. 300.

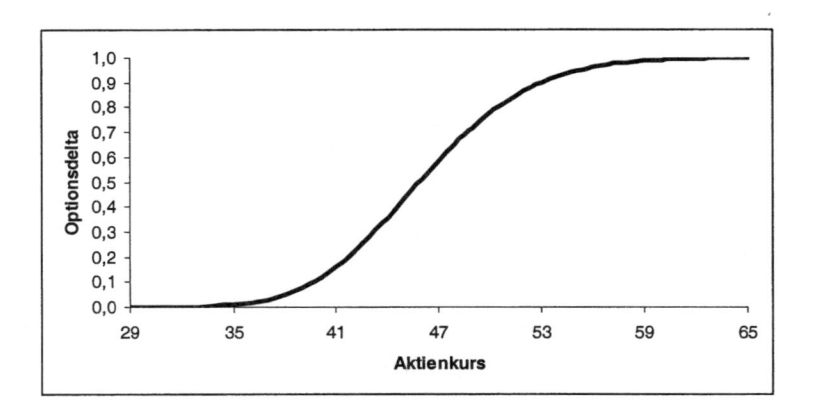

Abb. E.5: Entwicklung des Call-Deltas in Abhängigkeit von der Aktienkursentwicklung

Der Delta-Wert eines Puts lautet entsprechend der Black-Scholes-Formel:

$$\text{Delta}(P) = \frac{\delta P}{\delta K} = -N(d_1^{Put}) \ .$$

Für einen Put mit den obigen Beispieldaten sind die entsprechenden Werte in der folgenden Tabelle aufgeführt:

Aktienkurs	25,00	30,00	35,00	40,00	43,00	45,00	47,00
Optionsdelta	-1,000000	-0,999914	-0,991677	-0,887659	-0,717335	-0,568717	-0,416347

Aktienkurs	48,00	50,00	52,00	54,00	57,00	60,00	65,00
Optionsdelta	-0,345560	-0,224179	-0,134619	-0,075160	-0,027664	-0,008902	-0,001045

Tab. E.5: Delta-Werte für einen Put nach Black & Scholes

Wie erkennbar ist, liegen die Werte des Put-Deltas zwischen -1 und Null. Steigt der Aktienkurs beispielsweise beim Stand von 43 € z.B. um 0,1 € auf 43,10 €, so wird aufgrund des Delta-Wertes von -0,717335 unterstellt, dass der Preis des Puts um 0,0717335 € (= -0,717335 · 0,1 €) von 3,991624 € auf 3,91989073 € fällt. Der tatsächliche Put-Preis entsprechend der Black-Scholes-Formel würde einen Wert von 3,92023965 € anzeigen, falls man 43,10 € als Aktienkurswert in die Formel einsetzt. Der Unterschied ist wiederum darauf zurückzuführen, dass sich das Delta lediglich auf eine infinitesimal kleine Aktienkurs-Änderung bezieht. Die Entwicklung des Put-Deltas im zugrunde liegende Beispiel zeigt die nachfolgende Abbildung:

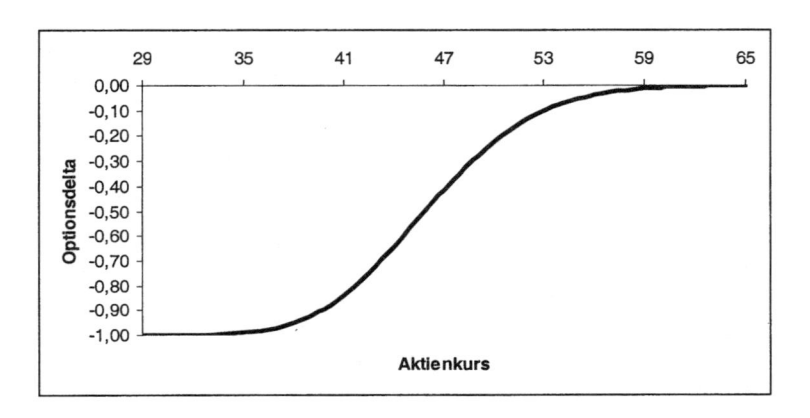

Abb. E.6: Entwicklung des Put-Deltas in Abhängigkeit von der Aktienkursentwicklung

Im Black & Scholes-Modell entsprechen sich bei einem Delta-Wert von ungefähr 0,5 beim Call bzw. ungefähr -0,5 beim Put Basispreis und Aktienkurs ungefähr. In diesem Fall handelt es sich um Optionen, die am Geld bzw. 'at-the-money' notieren.

Die Delta-Werte bei at-the-money-Optionen ändern sich am schnellsten. Bei deep-in-the-money-Calls liegen die Delta-Werte nahe eins, während sie bei deep-out-of-the-money-Calls nahe Null liegen.[1] Das Optionsdelta hängt keineswegs nur vom Aktienkurs ab. Auch die anderen Inputvariablen des Black & Scholes-Modells nehmen Einfluss auf den Verlauf der Delta-Kurve.

b. Options-Gamma

Eine weitere Kennzahl, der Gamma-Wert von Optionen gibt die Sensitivität des Options-Deltas bezüglich der Aktienkursveränderungen an. Im Bereich von am Geld liegenden Optionen kann eine hohe Delta-Elastizität festgestellt werden. Mathematisch drückt die Kennzahl Gamma das Verhältnis zwischen der Veränderung des Options-Deltas und der Veränderung des Aktienkurses aus. Da der Gamma-Wert für Calls und Puts identisch ist, ergibt sich:

$$\text{Gamma}(C) = \text{Gamma}(P) = \frac{\delta \text{Delta}(C)}{\delta K} = \frac{\delta \text{Delta}(P)}{\delta K} \ .$$

Für das Options-Gamma des Black & Scholes-Modells gilt folgende Überlegung: Da Gamma die Veränderung des Options-Deltas beschreibt, muss es sich um die zweite Ableitung der Black & Scholes-Funktion nach dem Aktienkurs handeln. Insofern kann Gamma auch als Delta-Wert des Options-Deltas interpretiert werden.[2] Auf entsprechende Maße im Zusammenhang mit der Risikoanalyse von Anleihen bezogen, entsprechen Delta grundsätzlich der Duration und Gamma der

---

[1] Vgl. *Cox/Rubinstein* (1985), S. 222.
[2] Vgl. *Lingner* (1991), S. 111.

Konvexität. Der entsprechende mathematische Ausdruck im Rahmen des Black & Scholes-Modells (ohne Dividenden) lautet:[1]

$$\text{Gamma}(C) = \frac{N'(d_1^{Call})}{K \cdot \sigma \cdot \sqrt{t}} = \text{Gamma}(P) = \frac{N'(d_1^{Put})}{K \cdot \sigma \cdot \sqrt{t}}$$

mit

$$N'(d_1^{Call}) = \frac{e^{\left(\frac{-(d_1^{Call})^2}{2}\right)}}{\sqrt{2 \cdot \pi}} \quad , \quad N'(d_1^{Put}) = \frac{e^{\left(\frac{-(d_1^{Put})^2}{2}\right)}}{\sqrt{2 \cdot \pi}} \quad .$$

N'(d_1) stellt dabei den Funktionswert und nicht den Flächeninhalt der Standardnormalverteilungsdichte an der Stelle d_1 dar.[2]

Für einen Call bzw. auch einen Put mit den obigen Beispieldaten sind die Gamma-Werte in der folgenden Tabelle abzulesen:

Aktienkurs	25,00	30,00	35,00	40,00	43,00	45,00	47,00
Optionsgamma	0,000000	0,000101	0,005731	0,042182	0,069511	0,077194	0,073370

Aktienkurs	48,00	50,00	52,00	54,00	57,00	60,00	65,00
Optionsgamma	0,067886	0,052908	0,036834	0,023208	0,009863	0,003547	0,000477

Tab. E.6: Gamma-Werte für einen Call bzw. einen Put nach Black & Scholes

Die entsprechende Grafik zeigt die folgende Abbildung:

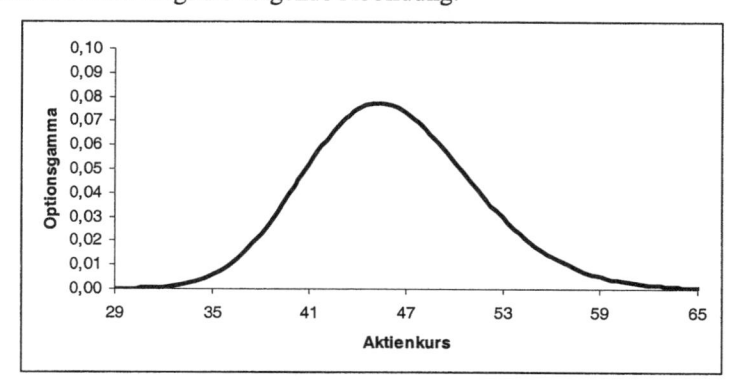

Abb. E.7: Entwicklung des Options-Gammas in Abhängigkeit von der Aktienkursentwicklung

---

[1] Vgl. *Deutsch* (2001), S. 197.
[2] Zu den Werten der Normalverteilung vgl. die Tabelle im Anhang.

Steigt der Aktienkurs beispielsweise um 0,1 € von 43 € auf 43,10 €, so wird unterstellt, dass sich der Delta-Wert der Call-Option um 0,0069511 von 0,282665 auf 0,28961569 erhöht. Der Delta-Wert der Put-Option wird entsprechend bei einer unterstellten Aktienkursänderung um 0,10 € auf − 0,71038431 (= − 0,717335 + 0,0069511) geschätzt. Die tatsächlichen Delta-Werte bei Einsetzen von 43,10 € als Aktienkurs in die Black-Scholes-Formel weichen wiederum geringfügig davon ab (Call-Delta = 0,28964828, Put-Delta = − 0,710352).

c. Options-Omega

Als weitere Sensitivitätskennzahl ist das Options-Omega als Maß für die Elastizität des Optionspreises in bezug auf Veränderungen des Aktienkurses bekannt. Mitunter wird für Omega auch der Begriff Leverage-Faktor oder Hebel verwendet.[1] Inhaltlich stellt Omega das prozentuale Wertänderungsverhältnis zwischen Option und Aktie dar. Somit wird mit Omega der Prozentsatz angegeben, um den sich der Optionswert verändert, wenn sich der Aktienkurs um 1% verändert. Die mathematische Berechnung erfolgt, indem die prozentuale Veränderung des Optionspreises zu der prozentualen Veränderung des Aktienkurses ins Verhältnis gesetzt wird. Für das Call-Omega gilt:

$$\text{Omega}(C) = \frac{\delta C / C}{\delta K / K} \quad .$$

Das Put-Omega lautet entsprechend:

$$\text{Omega}(P) = \frac{\delta P / P}{\delta K / K} \quad .$$

Gemäß der Schreibweise des Black & Scholes-Modells (ohne Dividenden) kann unter Verwendung des Options-Deltas für das Omega der Kaufoption geschrieben werden:

$$\text{Omega}(C) = N\left(d_1^{Call}\right) \cdot \frac{K}{C} \quad .$$

Das Put-Omega lautet:

$$\text{Omega}(P) = -N\left(d_1^{Put}\right) \cdot \frac{K}{P} \quad .$$

Werden auch hier wiederum die Daten des obigen Beispiels zugrunde gelegt (Basispreis = 47 €, Restlaufzeit der Option = 0,5 Jahre; $r_{f,stetig}$ = 3,5%; Volatilität der Aktie = 16%), so können folgende Werte für das Call-Omega nach Black & Scholes abgeleitet werden:

---

[1] Vgl. *Steinbrenner* (1996), S. 307.

Aktienkurs	25,00	30,00	35,00	40,00	43,00	45,00	47,00
Optionsomega	52,009143	38,266721	27,520975	19,100170	15,062007	12,782201	10,823035

Aktienkurs	48,00	50,00	52,00	54,00	57,00	60,00	65,00
Optionsomega	9,959534	8,452388	7,216209	6,218797	5,091018	4,297816	3,450614

Tab. E.7: Omega-Werte für einen Call nach Black & Scholes

Steigt der Aktienkurs in diesem Beispiel beim Stand von 43 € z.B. um 0,01% auf 43,0043 €, so wird aufgrund des Omega-Wertes unterstellt, dass der Call-Preis um 0,15062% von 0,806969 € auf 0,80818465 € steigt. Auch hier zeigt sich wiederum, dass diese Sensitivitätskennzahl sich ebenfalls auf nur infinitesimal kleine Änderungen des Aktienkurses bezieht, da bei Einsetzen von 43,0043 € als Aktienkurswert in die Black-Scholes-Formel ein Preis von 0,80818531 € errechnet wird. Deutlicher wird dieser Unterschied dann, wenn eine Aktienkurssteigerung um 1% auf 43,43 € unterstellt wird. Dann nämlich würde das Omega eine Call-Preissteigerung um 15,062% auf 0,92851495 € unterstellen, während sich der Preis gemäß Black-Scholes-Formel auf 0,93502613 € belaufen würde, falls man 43,43 € als Kurswert in die Formel einsetzen würde.

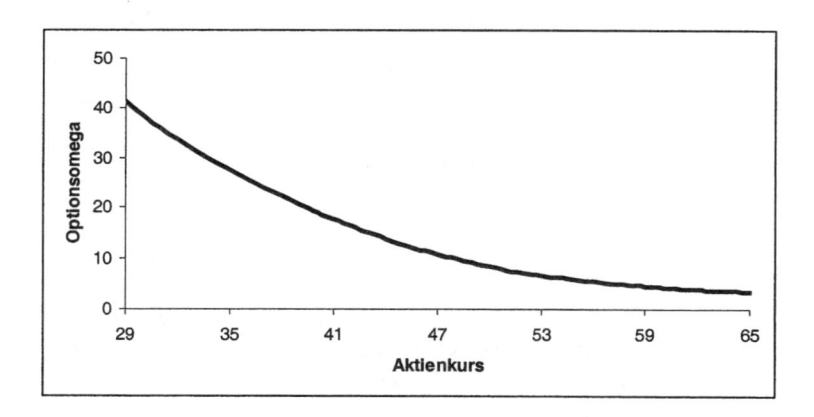

Abb. E.8: Entwicklung des Call-Omegas in Abhängigkeit von der Aktienkursentwicklung

Für den entsprechenden Put ergeben sich die folgenden Omega-Werte:

Aktienkurs	25,00	30,00	35,00	40,00	43,00	45,00	47,00
Optionsomega	-1,180099	-1,853440	-3,100308	-5,530656	-7,727537	-9,468122	-11,38207

Aktienkurs	48,00	50,00	52,00	54,00	57,00	60,00	65,00
Optionsomega	-12,39001	-14,48159	-16,64366	-18,84555	-22,17363	-25,48713	-30,90279

Tab. E.8: Omega-Werte für einen Put nach Black & Scholes

Fällt der Aktienkurs in diesem Beispiel beim Stand von 43 € z.B. um 1% auf 42,57 €, so wird aufgrund des Omega-Wertes unterstellt, dass der Put-Preis um 7,727537% von 3,991624 € auf 4,30007852 € steigt. Setzt man hingegen den Aktienkurswert von 42,57 € in die Black-Scholes-Formel ein, so erhält man einen Put-Preis von 4,30641267 €. Der Unterschied ist wiederum auf die beim Call erläuterten Gründe zurückzuführen.

Die Entwicklung des Put-Omegas in Abhängigkeit von der Aktienkursentwicklung wird in der folgenden Abbildung gezeigt:

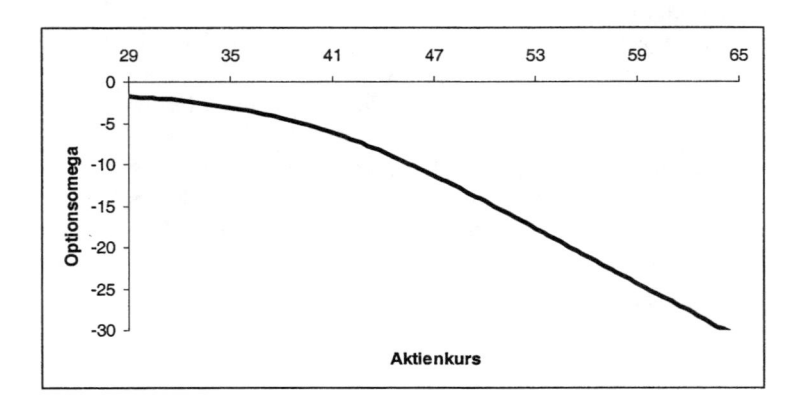

Abb. E.9: Entwicklung des Put-Omegas in Abhängigkeit von der Aktienkursentwicklung

d. Options-Rho

Das Options-Rho drückt die Sensitivität des Optionspreises in bezug auf Veränderungen des risikolosen Zinssatzes aus. Es erfasst die absolute Veränderung des Optionswertes, wenn sich der risikolose Zinssatz um eine Einheit (z.B. 1%-Punkt) ändert. Mathematisch wird das Options-Rho aus dem Verhältnis der Veränderung der Option zur Veränderung des risikolosen Zinssatzes dargestellt. Für das Rho eines Calls bedeutet dies:

$$\text{Rho}(C) = \frac{\delta C}{\delta r_f} \quad .$$

Der Wert von Rho (C) ist stets größer oder gleich Null. Beim Put-Rho ist dies umgekehrt, d.h. das Put-Rho ist immer kleiner oder gleich Null:

$$\text{Rho}(P) = \frac{\delta P}{\delta r_f} \quad .$$

Innerhalb des Black & Scholes-Modells (ohne Dividenden) ist Rho anhand der partiellen Ableitung der Bewertungsformel nach dem risikolosen Zinssatz r_f zu ermitteln. Es ergeben sich die Ausdrücke

$$\text{Rho}(C) = t \cdot B \cdot e^{-r_f \cdot t} \cdot N(d_2^{\text{Call}})$$

$$\text{Rho}(P) = -t \cdot B \cdot e^{-r_f \cdot t} \cdot N(d_2^{\text{Put}}).$$

Mitunter wird dieser Wert noch durch 100 dividiert, wenn sich die Betrachtung auf den risikolosen Zins als Prozentgröße beziehen soll.

Die Bedeutung des risikolosen Zinssatzes für den Optionswert nimmt mit abnehmender Restlaufzeit immer mehr ab. Zunehmend ist die Bedeutung des Rho hingegen bei steigenden Aktienkursen, da dann die Kapitalbindung im risikolosen Arbitrageportfolio anwächst und die Zinskomponente an Bedeutung gewinnt.[1] Folglich ist bei Optionen, die im Geld liegen (in-the-money), der Rho-Wert größer als bei Optionen, die aus dem Geld liegen (out-of-the-money).

Deutlich wird dies auch anhand des obigen Beispiel-Calls, für den sich die folgenden Rho-Werte nach Black & Scholes bei unterschiedlichen Aktienkursen ergeben:

Aktienkurs	25,00	30,00	35,00	40,00	43,00	45,00	47,00
Options-Rho	0,000000	0,001257	0,140359	2,129180	5,673803	8,944690	12,448566

Aktienkurs	48,00	50,00	52,00	54,00	57,00	60,00	65,00
Options-Rho	14,129523	17,100842	19,381942	20,955318	22,268349	22,814786	23,057265

Tab. E.9: Rho-Werte für einen Call nach Black & Scholes

Entsprechend diesen Werten würde beispielsweise bei einem Aktienkurs von 43 € ein Anstieg des Calls um 0,005674 € (= 5,674 · 0,001 €) unterstellt, wenn der risikolose Zins um 0,1%-Punkte auf 3,6% ansteigen würde. Als neuer Call-Preis ergibt sich dann 0,812643 € (= 0,806969 € + 0,005674 €). Setzt man 3,6% als stetigen r_f in die Black-Scholes-Formel ein, so weicht hier wiederum – wenn auch in geringem Ausmaß – der ermittelte Preis (0,81265772 €) ab, was auch hier darauf zurückzuführen ist, dass sich die Sensitivitätskennzahl auf eine infinitesimal kleine Änderung bezieht. Steigt nämlich der risikolose Zins bei einem Aktienkurs von 43 € z.B. um 1%-Punkt auf 4,5%, so würde ein neuer Call-Preis von 0,863707 € (= 0,806969 € + 5,674 · 0,01 €) unterstellt, während der Black-Scholes-Preis bei Einsetzen von 4,5% als stetiger r_f in die Formel 0,86518351 € betragen würde.

---

[1] Zum risikolosen Arbitrageportfolio vgl. *Steiner/Bruns* (2002), S. 324ff.

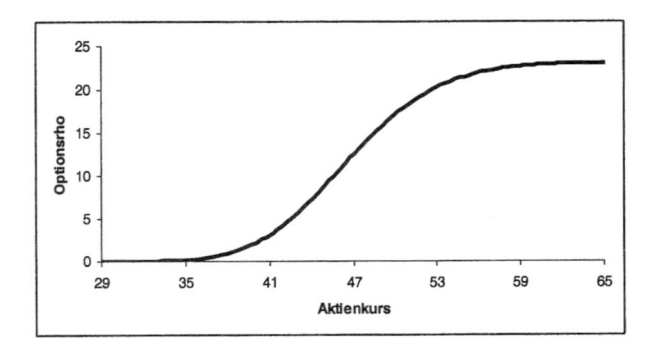

Abb. E.10: Entwicklung des Call-Rhos in Abhängigkeit von der Aktienkursentwicklung

Für den Beispiel-Put können folgende Rho-Werte nach Black & Scholes bei unterschiedlichen Aktienkursen angegeben werden:

Aktienkurs	25,00	30,00	35,00	40,00	43,00	45,00	47,00
Options-Rho	-23,09233	-23,09107	-22,95197	-20,96315	-17,41852	-14,14764	-10,64376

Aktienkurs	48,00	50,00	52,00	54,00	57,00	60,00	65,00
Options-Rho	-8,962805	-5,991486	-3,710385	-2,137009	-0,823978	-0,277541	-0,035062

Tab. E.10: Rho-Werte für einen Call nach Black & Scholes

Wenn der risikolose Zins um 0,1%-Punkte auf 3,6% ansteigen würde, wird entsprechend dem Rho-Wert von -17,41852 (Aktienkurs = 43 €) ein Put-Wert von 3,974206 € (= 3,991624 € − 17,4185 · 0,001 €) unterstellt. Der Preis aus der Black-Scholes-Formel bei Einsatz von 3,6% für r_f führt zu einem Wert von 3,97422624 €. Bei einem Anstieg des risikolosen Zinses (Aktienkurs = 43 €), um 1%-Punkt auf 4,5% würde Rho einen Putpreis von 3,817439 € (= 3,991624 € − 17,4185 · 0,01 €) unterstellen, wohingegen der Black-Scholes-Wert bei Einsetzen von $r_f = 4,5\%$ in die Formel 3,81949165 € betragen würde.

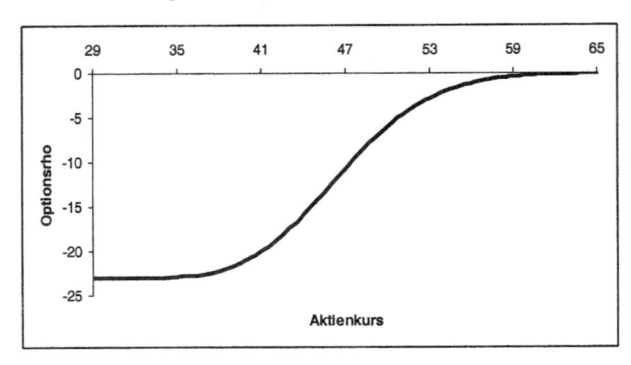

Abb. E.11: Entwicklung des Put-Rhos in Abhängigkeit von der Aktienkursentwicklung

e. Options-Theta

Der Theta-Wert einer Option misst die Sensitivität des Optionspreises bezüglich der Veränderung der Optionsrestlaufzeit. Mit dieser Kennzahl wird die die absolute Veränderung des Optionswertes erfasst, wenn sich die Restlaufzeit der Option um eine Einheit (z.B. 1 Tag (→ Tagestheta) oder 1 Woche (→ Wochentheta)) verringert. Damit kann das Options-Theta als Maß für den Zeitwertverfall von Optionen angesehen werden. Für das Call-Theta ergibt sich der folgende mathematische Ausdruck:[1]

$$\text{Theta}(C) = -\frac{\delta C}{\delta t} \;.$$

Das Put-Theta lautet:

$$\text{Theta}(P) = -\frac{\delta P}{\delta t} \;.$$

In der Terminologie des Black & Scholes-Modells (ohne Dividenden) stellt das Options-Theta die partielle Ableitung der Optionspreisformel nach der Restlaufzeit dar. Beim Call lautet der Theta-Wert entsprechend:

$$\text{Theta}(C) = -\frac{K \cdot N'(d_1^{Call}) \cdot \sigma}{2 \cdot \sqrt{t}} - B \cdot r_f \cdot e^{-r_f \cdot t} \cdot N(d_2^{Call})$$

$$\text{mit} \quad N'(d_1^{Call}) = \frac{e^{\left(\frac{-(d_1^{Call})^2}{2}\right)}}{\sqrt{2 \cdot \pi}} \;.$$

Analog dazu ergibt sich das Put-Theta zu:[2]

$$\text{Theta}(P) = -\frac{K \cdot N'(d_1^{Put}) \cdot \sigma}{2 \cdot \sqrt{t}} + B \cdot r_f \cdot e^{-r_f \cdot t} \cdot N(d_2^{Put})$$

$$\text{mit} \quad N'(d_1^{Put}) = \frac{e^{\left(\frac{-(d_1^{Put})^2}{2}\right)}}{\sqrt{2 \cdot \pi}} \;.$$

---

[1] Da die Ableitung einen positiven Wert erbringt, wird die Formel mit einem Minuszeichen versehen, denn die Restlaufzeit einer Option kann nicht ansteigen, sondern nur geringer werden.

[2] Vgl. *Deutsch* (2001), S. 197.

Soll beispielsweise das Tagestheta ermittelt werden, so muss der sich aus den vorstehenden Formeln ergebende Wert noch durch 360 dividiert werden (für den Fall, dass die Zinstagekonvention von einem Jahr mit 360 Tagen ausgeht).

Wie bereits bekannt, nimmt der Zeitwertverfall bei Annäherung an den Ausübungszeitpunkt stark zu. Ohne dass sich die sonstigen Daten der Option ändern, verliert eine Option deshalb gegen Ende der Laufzeit stärker an Wert als vorher, was stets die Stillhalter von Optionen begünstigt.

In Abhängigkeit vom Aktienkurs können für den Beispiel-Call die folgenden Theta- und Tagestheta-Werte (hier: Division von Theta durch 360) berechnet werden:

Aktienkurs	25,00	30,00	35,00	40,00	43,00	45,00	47,00
Optionstheta	-0,000001	-0,001254	-0,099694	-1,012920	-2,042307	-2,627005	-2,945943
Tagestheta	0,000000	-0,000003	-0,000277	-0,002814	-0,005673	-0,007297	-0,008183

Aktienkurs	48,00	50,00	52,00	54,00	57,00	60,00	65,00
Optionstheta	-2,991112	-2,890107	-2,631596	-2,333100	-1,968977	-1,760459	-1,639789
Tagestheta	-0,008309	-0,008028	-0,007310	-0,006481	-0,005469	-0,004890	-0,004555

Tab. E.11: Theta- und Tagestheta-Werte für einen Call nach Black & Scholes

Beispielsweise besagt der Tagestheta-Wert von -0,005673 für einen Aktienkurs von 43 €, dass der Call-Preis um 0,005673 € von 0,806969 € auf 0,80129612 € (= 0,806969 € – 0,005673 €) sinkt, wenn sich die Restlaufzeit der Option um einen Tag von 180 Tagen auf 179 Tage verringert. Wird direkt in die Black-Scholes-Formel eine Restlaufzeit von 179 Tagen eingesetzt, so weicht auch hier aus den bekannten Gründen der Call-Preis wiederum leicht ab. Er beträgt in diesem Fall 0,80129506 €.

Die Abhängigkeit des Call-Tagesthetas von der Aktienkursentwicklung wird in der folgenden Abbildung gezeigt:

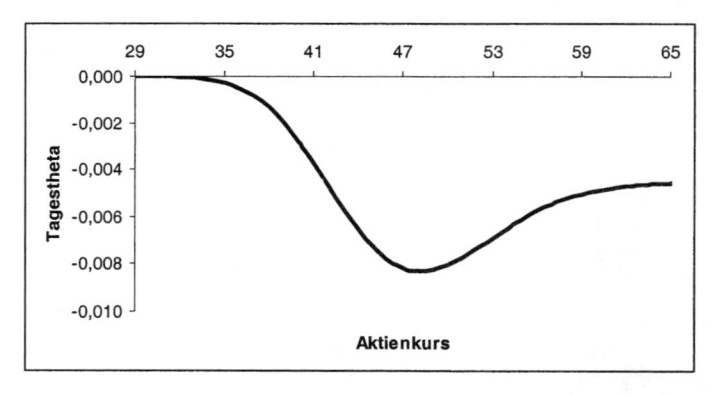

Abb. E.12: Entwicklung des Call-Tagesthetas in Abhängigkeit von der Aktienkursentwicklung

Für den Beispiel-Put gelten die folgenden Werte:

Aktienkurs	25,00	30,00	35,00	40,00	43,00	45,00	47,00
Optionstheta	1,616462	1,615209	1,516769	0,603542	-0,425845	-1,010542	-1,329480
Tagestheta	0,004490	0,004487	0,004213	0,001677	-0,001183	-0,002807	-0,003693

Aktienkurs	48,00	50,00	52,00	54,00	57,00	60,00	65,00
Optionstheta	-1,374649	-1,273644	-1,015133	-0,716637	-0,352514	-0,143997	-0,023326
Tagestheta	-0,003818	-0,003538	-0,002820	-0,001991	-0,000979	-0,000400	-0,000065

Tab. E.12: Theta- und Tagestheta-Werte für einen Put nach Black & Scholes

Bei einem Aktienkurs von 43 € besagt demnach der Wert von -0,001183, dass der Put-Preis bei einer Verkürzung der Restlaufzeit um 1 Tag auf 3,99044137 € sinkt (= 3,991624 € – 0,001183 €). Der Preis gemäß Black-Scholes-Formel beläuft sich bei einer Restlaufzeit von 179 Tagen auf 3,99044053 €.

Der Verlauf des Put-Tagesthetas in Abhängigkeit vom Aktienkurs stellt sich wie folgt dar:

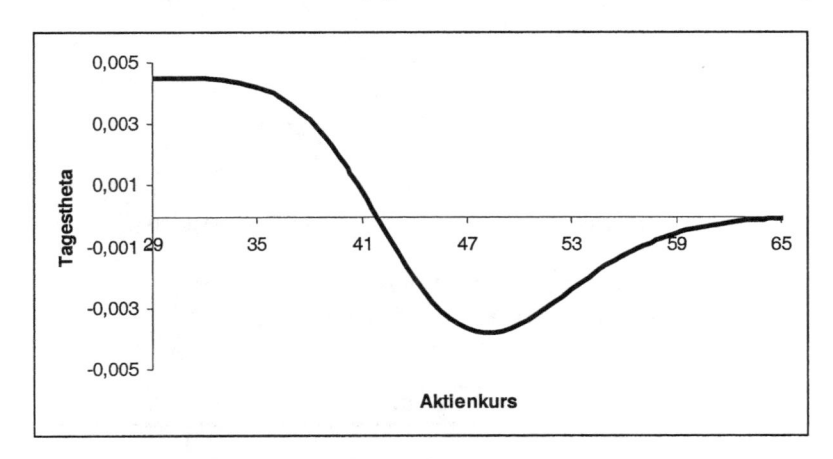

Abb. E.13: Entwicklung des Put-Tagesthetas in Abhängigkeit von der Aktienkursentwicklung

f. Options-Vega

Den größten Einfluss auf den Optionspreis besitzt neben dem Kurs des Underlyings – zumindest bei am Geld liegenden Optionen – die Volatilität des Underlyings. Anhand des Options-Vegas wird die Sensitivität des Optionspreises hinsichtlich einer Veränderung der Volatilität gemessen. Erfasst wird dabei die absolute Veränderung des Optionswertes, wenn sich die Volatilität um eine Einheit (z.B. 1%-Punkt) verändert. Somit gibt Vega die Veränderungen des Optionspreises in Abhängigkeit infinitesimal kleiner Volatilitätsveränderungen an. Letztere wirken sich gleichartig auf Call- und Putoptionen aus. Eine steigende Volatilität führt c.p. zu steigenden Optionspreisen und umgekehrt. Für das Call-Vega kann geschrieben werden:

$$\text{Vega}(C) = \frac{\delta C}{\delta \sigma} \ .$$

Der Ausdruck beim Put-Vega lautet:

$$\text{Vega}(P) = \frac{\delta P}{\delta \sigma} \ .$$

Innerhalb des Modellrahmens des Black & Scholes-Modells (ohne Dividenden) führt die Bildung der partiellen Ableitung der Optionspreisformel nach der Volatilität zur Bestimmung des Options-Vegas. Da Call- und Put-Vega identisch sind – eine steigende Volatilität daher sowohl den Call- als auch den Put-Wert erhöht – berechnet sich Vega nach der Formel:

$$\text{Vega}(C) = \text{Vega}(P) = K \cdot N'(d_1^{Call}) \cdot \sqrt{t} = K \cdot N'(d_1^{Put}) \cdot \sqrt{t}$$

mit

$$N'(d_1^{Call}) = \frac{e^{\left(\frac{-(d_1^{Call})^2}{2}\right)}}{\sqrt{2 \cdot \pi}} \ , \quad N'(d_1^{Put}) = \frac{e^{\left(\frac{-(d_1^{Put})^2}{2}\right)}}{\sqrt{2 \cdot \pi}} \ .$$

Die größten Werte nimmt das Options-Vega bei at-the-money notierenden Optionen an.

Abschließend soll auch bei dieser Sensitivitätskennzahl das obige Beispiel herangezogen werden (Basispreis = 47 €, Restlaufzeit der Option = 0,5 Jahre, $r_{f,stetig}$ = 3,5%, Volatilität der Aktie = 16%). Für das Vega sowohl eines Calls als auch eines Puts ergeben sich nach Black & Scholes die folgenden Werte:

Aktienkurs	25,00	30,00	35,00	40,00	43,00	45,00	47,00
Optionsvega	0,000004	0,007287	0,561678	5,399237	10,282133	12,505479	12,965897

Aktienkurs	48,00	50,00	52,00	54,00	57,00	60,00	65,00
Optionsvega	12,512786	10,581547	7,967876	5,413922	2,563701	1,021403	0,161129

Tab. E.13: Vega-Werte für einen Call bzw. einen Put nach Black & Scholes

Erhöht sich bei einem Aktienkurs von 43 € beispielsweise die Volatilität um 0,1%-Punkte von 16% auf 16,1%, so unterstellt der Vega-Wert von 10,282133, dass der Call-Preis um 0,010282 € (= 10,282 € · 0,001 €) von 0,806969 € auf 0,817251329 € ansteigt. Der Preis bei Einsetzen einer Volatilität von 16,1% in das Black-Scholes-Modell beträgt in diesem Fall 0,817264033 €.

Auch der Wert eines Puts erhöht sich entsprechend des Aussagegehaltes des Vegas in diesem Fall um 0,010282 € von 3,991624 € auf 4,0019064 €. Schließlich machen auch hier der nach dem Black-Scholes-Modell unter Einsetzen einer Volatilität von 16,1% errechnete Put-Preis von 4,00191911 € und die damit verbundene Abweichung vom mit Hilfe des Options-Vegas bestimmten Preis wiederum deutlich, dass sich auch diese Sensitivitätskennzahl nur auf infinitesimal kleine Änderungen bezieht.

Die Entwicklung des Vegas in Abhängigkeit vom Aktienkurs zeigt die nachfolgende Abbildung.

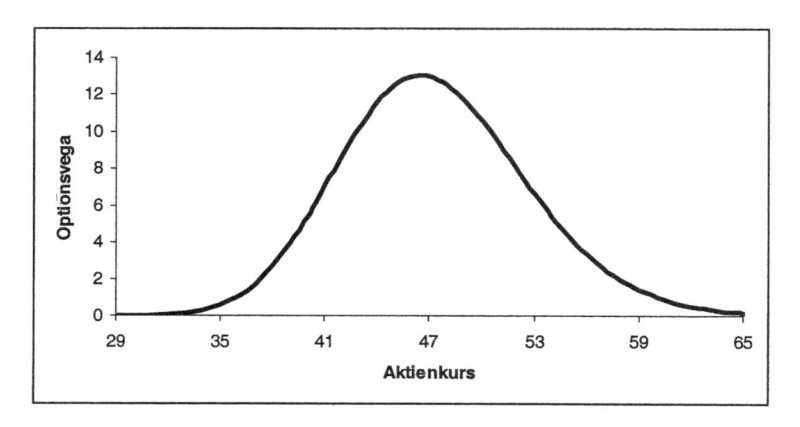

Abb. E.14: Entwicklung des Options-Vegas in Abhängigkeit von der Aktienkursentwicklung

g. Gesamtüberblick über die Wirkung der verschiedenen Sensitivitätskennzahlen

Im folgenden soll anhand des obigen Beispiels ein Gesamtüberblick über die Wirkung der verschiedenen Sensitivitätskennzahlen gegeben werden. Ausgangspunkt ist jeweils eine Call- und eine Put-Option auf Aktien mit einem Basispreis von 47 €, einer Restlaufzeit der Option von 0,5 Jahren, einem stetigen risikolosen Zinssatz ($r_{f,stetig}$) von 3,5% sowie einer Aktienvolatilität von 16%. Die jeweiligen Werte der Sensitivitätskennzahlen für einen Call können der folgenden Tabelle entnommen werden:

Aktienkurs	25,00	35,00	43,00	47,00	54,00	60,00	65,00
Optionsdelta	0,000000	0,008323	0,282665	0,583653	0,924840	0,991098	0,998955
Gamma	0,000000	0,005731	0,069511	0,073370	0,023208	0,003547	0,000477
Optionsomega	52,009143	27,520975	15,062007	10,823035	6,218797	4,297816	3,450614
Options-Rho	0,000000	0,140359	5,673803	12,448566	20,955318	22,814786	23,057265
Optionstheta	-0,000001	-0,099694	-2,042307	-2,945943	-2,333100	-1,760459	-1,639789
Tagestheta	0,000000	-0,000277	-0,005673	-0,008183	-0,006481	-0,004890	-0,004555
Optionsvega	0,000004	0,561678	10,282133	12,965897	5,413922	1,021403	0,161129

Tab. E.14: Werte der 'griechischen Variablen' für einen Call nach Black & Scholes

Für den entsprechenden Put ergeben sich die folgenden Werte:

Aktienkurs	25,00	35,00	43,00	47,00	54,00	60,00	65,00
Optionsdelta	-1,000000	-0,991677	-0,717335	-0,416347	-0,075160	-0,008902	-0,001045
Gamma	0,000000	0,005731	0,069511	0,073370	0,023208	0,003547	0,000477
Optionsomega	-1,180099	-3,100308	-7,727537	-11,38207	-18,84555	-25,48713	-30,90279
Options-Rho	-23,09233	-22,95197	-17,41852	-10,64376	-2,137009	-0,277541	-0,035062
Optionstheta	1,616462	1,516769	-0,425845	-1,329480	-0,716637	-0,143997	-0,023326
Tagestheta	0,004490	0,004213	-0,001183	-0,003693	-0,001991	-0,000400	-0,000065
Optionsvega	0,000004	0,561678	10,282133	12,965897	5,413922	1,021403	0,161129

Tab. E.15: Werte der 'griechischen Variablen' für einen Put nach Black & Scholes

Im folgenden sollen die Auswirkungen unterschiedlicher Restlaufzeiten auf die Sensitivitätskennzahlen näher betrachtet werden. Dazu wird ebenfalls das obige Beispiel herangezogen, wobei sich die Betrachtung nunmehr auf den Fall bezieht, dass der aktuelle Aktienkurs dem Basispreis von 47 € entspricht. Die entsprechenden Werte für einen Call bzw. einen Put zeigen die beiden folgenden Tabellen:

Aktienkurs	47	47	47	47	47	47
Rest-LFZ (Tage)	180	120	60	30	5	1
Optionsdelta	0,58365	0,56847	0,54854	0,53436	0,51404	0,50628
Optionsgamma	0,07337	0,09053	0,12898	0,18309	0,44987	1,00644
Optionsomega	10,82303	13,30790	18,92155	26,86488	66,19057	148,34553
Options-Rho	12,44857	8,23682	4,06978	2,01502	0,33049	0,06565
Optionstheta	-2,94594	-3,42462	-4,50172	-6,02325	-13,55306	-29,28463
Tagestheta	-0,00818	-0,00951	-0,01250	-0,01673	-0,03765	-0,08135
Optionsvega	12,96590	10,66564	7,59805	5,39265	2,20837	0,98810

Tab. E.16: Werte der 'griechischen Variablen' für einen Call bei abnehmender Restlaufzeit

Aktienkurs	47	47	47	47	47	47
Rest-LFZ (Tage)	180	120	60	30	5	1
Optionsdelta	-0,41635	-0,43153	-0,45146	-0,46564	-0,48596	-0,49372
Optionsgamma	0,07337	0,09053	0,12898	0,18309	0,44987	1,00644
Optionsomega	-11,38207	-13,86751	-19,48174	-27,42535	-66,75127	-148,9063
Options-Rho	-10,64376	-7,24813	-3,71799	-1,89024	-0,32197	-0,06489
Optionstheta	-1,32948	-1,79870	-2,86629	-4,38304	-11,90886	-27,63979
Tagestheta	-0,00369	-0,00500	-0,00796	-0,01218	-0,03308	-0,07678
Optionsvega	12,96590	10,66564	7,59805	5,39265	2,20837	0,98810

Tab. E.17: Werte der 'griechischen Variablen' für einen Put bei abnehmender Restlaufzeit

Mit zunehmender Länge der Optionsrestlaufzeit nehmen bei Calls die Werte für Delta, Rho und Vega zu, während die Gamma- und Theta-Werte betragsmäßig abnehmen. Beispielsweise geht im Hinblick auf Vega eine Erhöhung der Optionsrestlaufzeit mit einem Bedeutungsgewinn der Volatilität für den Optionspreis einher. Dies gilt sowohl für Calls als auch für Puts, da sich die Vega-Werte entsprechen. Insoweit steht dieser Effekt in einem umgekehrten Verhältnis zur Bedeutung des Options-Thetas, das mit zunehmender Restlaufzeit an Bedeutung für den Optionspreis verliert.

Während z.B. bei einer Restlaufzeit von 60 Tagen (s. Beispiel) der Callpreis (bzw. der Zeitwert) 0,0125 € verliert, wenn sich die Restlaufzeit um einen Tag verringert, so beträgt der entsprechende Wertverlust bei einer erhöhten Restlaufzeit von 180 Tagen nur noch 0,00818 €. Hingegen nehmen der Einfluss des Aktienkurses (Delta) und des risikolosen Zinses (Rho) mit zunehmender Restlaufzeit der Calls zu.

Vergleicht man die Ergebnisse für Puts und Calls, so erkennt man zunächst, dass eine Erhöhung der den Sensitivitätskennzahlen jeweils zugrundeliegenden Größen nur in bezug auf Gamma und Vega zu steigenden Putpreisen führen, während dies bei Calls grundsätzlich für alle Sensitivitätskennzahlen gilt.[1] So verringert sich z.B. bei einer Restlaufzeit von 180 Tagen der Putpreis um 0,41635 €, wenn der Aktienkurs um 1 € ansteigt (siehe Delta). Während bei Calls eine zunehmende Restlaufzeit der Option eine Erhöhung des Deltas zur Folge hat, gilt dies – in absoluten Zahlen betrachtet – nicht für Puts. Bei einer längeren Restlaufzeit verliert entsprechend der Anstieg des zugrundeliegenden Basiswertes beim Put an Bedeutung. Auch Gamma (also die Veränderung des Deltas) hat – wie auch bei Calls – mit zunehmender Restlaufzeit einen immer geringer werdenden Einfluss auf den Wert eines Puts. Dagegen steigt die Wirkung von Veränderungen des risikolosen Zinses. Dies gilt auch für Puts, jedoch bedeutet hier der Anstieg des risikolosen Zinssatzes eine Verringerung des Put-Wertes.

Nunmehr ist von Interesse, wie sich unterschiedliche Volatilitäten auf die Sensitivitätskennzahlen auswirken. Die in der nachstehenden Tabelle enthaltenen Zahlen beziehen sich ebenfalls auf das obige Beispiel, wobei wiederum der aktuelle Aktienkurs dem Basispreis von 47 € entsprechen soll, während hier jeweils von einer Restlaufzeit von 180 Tagen ausgegangen wird. Die entsprechenden Werte für einen Call bzw. einen Put zeigen die beiden folgenden Tabellen:

---

[1] Dabei ist wiederum zu beachten, dass beim Theta jeweils von einer Verringerung der zugrundeliegenden Größe (Restlaufzeit der Option) ausgegangen wird.

Aktienkurs	47	47	47	47	47	47
Volatilität	5%	15%	16%	17%	25%	40%
Optionsdelta	0,69590	0,58629	0,58365	0,58148	0,57432	0,58055
Optionsgamma	0,21052	0,07815	0,07337	0,06913	0,04718	0,02940
Optionsomega	28,59800	11,45775	10,82303	10,25770	7,28501	4,82289
Options-Rho	15,78187	12,57543	12,44857	12,33266	11,64388	10,81408
Optionstheta	-1,68602	-2,82234	-2,94594	-3,07005	-4,07200	-5,95190
Tagestheta	-0,00468	-0,00784	-0,00818	-0,00853	-0,01131	-0,01653
Optionsvega	11,62583	12,94705	12,96590	12,98094	13,02772	12,98729

Tab. E.18: Werte der 'griechischen Variablen' für einen Call bei unterschiedlicher Volatilität

Aktienkurs	47	47	47	47	47	47
Volatilität	5%	15%	16%	17%	25%	40%
Optionsdelta	-0,30410	-0,41371	-0,41635	-0,41852	-0,42568	-0,41945
Optionsgamma	0,21052	0,07815	0,07337	0,06913	0,04718	0,02940
Optionsomega	-43,52827	-12,23168	-11,38207	-10,63863	-6,92297	-4,07135
Options-Rho	-7,31046	-10,51689	-10,64376	-10,75967	-11,44845	-12,27824
Optionstheta	-0,06956	-1,20588	-1,32948	-1,45358	-2,45554	-4,33544
Tagestheta	-0,00019	-0,00335	-0,00369	-0,00404	-0,00682	-0,01204
Optionsvega	11,62583	12,94705	12,96590	12,98094	13,02772	12,98729

Tab. E.19: Werte der 'griechischen Variablen' für einen Put bei unterschiedlicher Volatilität

Mit zunehmender Volatilität der zugrunde liegenden Aktie nehmen beim Call zunächst sämtliche Werte (als absolute Zahlen betrachtet) mit Ausnahme von Vega und Theta ab. Allerdings ergibt sich bei der Entwicklung einer Volatilität von 25% bis 40% für Delta eine Zunahme und für Vega eine Abnahme des Wertes. Bei Puts hingegen nehmen – bei Betrachtung der absoluten Beträge ohne Vorzeichen – lediglich Gamma und Omega ab. Alle anderen Kennzahlenwerte steigen. Ausnahme ist auch hier wieder die Volatilitätsentwicklung von 25% auf 40% bei Delta und Vega.

In den bisherigen Überlegungen wurde jeweils immer nur die Betrachtung der Veränderung des Optionswertes vorgenommen, wenn sich lediglich ein einziger Parameter ändert. Bezieht man mehrere, sich gleichzeitig verändernde Parameter in die Betrachtung der Reaktion des Optionswertes mit ein, so erhöht sich die Komplexität erheblich. Dies kann aber als der in der Praxis übliche Fall bezeichnet werden. Erforderlich ist entsprechend die Bildung von persönlichen Szenarien seitens des Investors.[1]

---

[1] Vgl. hierzu und zu den nachfolgenden Ausführungen insbesondere *Steinbrenner* (1996), S. 318ff.

Zur Verdeutlichung wird auf das obige Beispiel zurückgegriffen, wobei sich die Betrachtung lediglich auf Calls beziehen soll. Unterschieden werden jeweils Calls am Geld, aus dem Geld und im Geld.

Option	Aktienkurs	Restlaufzeit in Tagen	$r_{f,stetig}$	Volatilität	Optionspreis nach Black-Scholes
Call am Geld	47,00	180	3,50%	16,00%	2,534566
Call aus dem Geld	40,00	180	3,50%	16,00%	0,235266
Call im Geld	55,00	180	3,50%	16,00%	8,966213

Tab. E.20: Beispieldaten im Rahmen der Änderungen mehrerer Sensitivitätskennzahlen

Die entsprechenden Sensitivitätskennzahlen lassen sich wie folgt bestimmen:

Option	Delta	Gamma	Omega	Rho	Tagestheta	Vega
Call am Geld	0,58365	0,07337	10,82303	12,44857	-0,00818	12,96590
Call aus dem Geld	0,11234	0,04218	19,10017	2,12918	-0,00281	5,39924
Call im Geld	0,94527	0,01781	5,79839	21,51170	-0,00610	4,30977

Tab. E.21: Werte der ‚griechischen Variablen' im Rahmen der Änderungen mehrerer Sensitivitätskennzahlen

Nunmehr sollen die nachfolgenden Szenarien unterstellt werden:

- Δ Aktienkurs = - 1 € => neuer Aktienkurs = 46 € bzw. 39 € bzw. 54 €
- Δ $r_{f,stetig}$ = - 0,2%-Punkte => neuer $r_{f,stetig}$ = 3,3%
- Δ Rest-LFZ = - 3 Tage => neue Restlaufzeit = 177 Tage
- Δ Volatilität = - 2%-Punkte => neue Volatilität = 14%

Werden zunächst die isoliert voneinander eintretenden Veränderungen des Optionswertes ermittelt, so ergibt sich folgendes Bild:[1]

---

[1] Hierbei ist zu beachten, dass Omega hier nicht berücksichtigt wird, da es genau die gleiche Auswirkung auf den Optionspreis wie das Delta beschreibt. In diesem Beispiel führt eine Verringerung des Aktienkurses um beispielsweise 2,1277% (= 1/47) beim Call am Geld zu einer Verringerung des Optionspreises um 23,0277% (= 10,82303 · 2,1277%) bzw. um 0,58365 € (= 23,0277% · 2,534566 €). Anders dargestellt ergibt sich für diesen Call der Omega-Wert aus dem Deltawert wie folgt:

$$\text{Omega}(C) = N(d_1^{Call}) \cdot \frac{K}{C} = 0,58365 \cdot \frac{47\,€}{2,534566\,€} = 10,82303.$$

Option	Summe der separaten Einzelwirkungen
Call am Geld	= - 0,58365 - 12,4486 · 0,002 - 0,00818 · 3 - 12,9659 · 0,02 = - 0,89242 €
Call aus dem Geld	= - 0,11234 - 2,12918 · 0,002 - 0,00281 · 3 - 5,39924 · 0,02 = - 0,23302 €
Call im Geld	= - 0,94527 - 21,5117 · 0,002 - 0,00610 · 3 - 4,30977 · 0,02 = - 1,09278 €

Tab. E.22: Bestimmung der Summe der separaten Einzelwirkungen

Hieraus können die folgenden aufgrund der Sensitivitätskennzahlen unterstellten Optionspreise abgeleitet werden:

Option	unterstellter neuer B/S-Optionspreis
Call am Geld	1,642148
Call aus dem Geld	0,002242
Call im Geld	7,873433

Tab. E.23: Bestimmung der unterstellten neuen Optionspreise

Zum Vergleich wird nunmehr der Optionspreis ermittelt für den Fall, dass die neuen Werte für die o.g. Parameter direkt in die Black-Scholes-Formel eingesetzt werden, wobei dann unterstellt wird, dass sich die Parameter tatsächlich entsprechend den neuen Werten verändert haben. Die Ergebnisse stehen in der folgenden Tabelle:

Option	tatsächlicher neuer B/S-Optionspreis
Call am Geld	1,686356
Call aus dem Geld	0,069837
Call im Geld	7,875937

Tab. E.24: Tatsächliche neue Optionspreise nach Black-Scholes

Die z.T. recht deutlichen Abweichungen sind u.a. auch darauf zurückzuführen, dass bei den tatsächlichen neuen Optionspreisen die Veränderung der einzelnen Parameter nicht isoliert, sondern simultan erfolgt.[1]

Soll der prozentuale Einfluss der jeweiligen Parameter auf die gesamte Veränderung des Optionspreises bestimmt werden, so können die Werte aus Tabelle E.22 in Beziehung gesetzt werden zur gesamten, unterstellten Veränderung des Optionspreises bzw. zur Summe der separaten Einzelwirkungen. Diese Vorgehensweise führt zu den folgenden Ergebnissen:

---

[1] Vgl. *Steinbrenner* (1996), S. 320.

Option	Δ Aktienkurs	Δ Restlaufzeit	Δ Volatilität	Δ $r_{f,stetig}$	Gesamt
Call am Geld	65,40%	2,75%	29,06%	2,79%	100,00%
Call aus dem Geld	48,21%	3,62%	46,34%	1,83%	100,00%
Call im Geld	86,50%	1,67%	7,89%	3,94%	100,00%

Tab. E.25: Einfluss der Parameter auf die Optionspreisveränderung

Beispielsweise kann für den Call am Geld in diesem speziellen Beispiel der Einfluss der Aktienkursveränderung (die hier lediglich 1 € ausgemacht hat) auf die gesamte unterstellte Veränderung des Optionspreises mit 65,40% angegeben werden. Dieser Wert ergibt sich durch folgende Rechnung:

$$65,40\% = \frac{-0,58365}{-0,89242} \; .$$

Der Einfluss der Volatilität ergibt sich analog in diesem Beispiel zu

$$\frac{(-0,02 \cdot 12,96590)}{-0,89242} = \frac{-0,25932}{-0,89242} = 29,06\% \; .$$

Schließlich kann darauf hingewiesen werden, dass die Sensitivitätsanalyse eine wesentliche Bedeutung bei der Auswahl des jeweiligen Optionsrechts hat. So wird ein Marktteilnehmer hinsichtlich seiner persönlichen Erwartungen bzw. Befürchtungen das für ihn günstigste Optionsrecht auswählen.

Die Bedeutung der Optionsbewertung und des Einflusses der jeweiligen Preiskomponenten auf die Optionspreisentwicklung ist vor allem für den erfolgreichen Einsatz von Optionen von Bedeutung, da dieser Erfolg besonders auch von einer fairen Bewertung und der korrekten Kalkulation möglicher Preisveränderungen abhängt.

3. Tradingstrategien mit Optionen

Optionsstrategien lassen sich in einfache und kombinierte Strategien unterteilen. Erstere zeichnen sich durch ein isoliertes Geschäft aus, bei dem nur eine Option ge- oder verkauft wird. Letztere hingegen sind jeweils aus mehreren Optionen zusammengesetzt. Bevor anschließend die einzelnen Strategien kurz (vor allem graphisch) vorgestellt werden, wird in Abbildung E.15 ein Überblick über die betrachteten Strategien gegeben, die entsprechend den erwarteten Entwicklungen der Preise und Volatilitäten der zugrunde liegenden Basiswerte systematisiert werden:

		Preis		
		steigend	neutral	fallend
Volatilität	steigend	Long Call Call Backspread Call Spread	Long Straddle Long Strangle Short Butterfly	Long Put Put Backspread Put Spread
	neutral	Call Spread	Arbitrage Spread	Put Spread Collar Hedge
	fallend	Short Put Reverse Collar	Short Straddle Short Strangle Long Butterfly	Short Call

Abb. E.15: Kurs- und volatilitätsorientierte Optionsstrategien

Wie in Abbildung E.15 dargestellt ist, können im Hinblick auf die erwarteten Entwicklungen der Volatilität und der Preise der zugrunde liegenden Basiswerte verschiedene Strategien empfohlen werden. Geht man jeweils von steigenden, neutralen und fallenden Entwicklungen aus, so lassen sich die Strategien in neun Bereiche unterteilen.

Mit Hilfe von Graphiken lassen sich die aus den Optionspositionen resultierenden Zahlungsverläufe im Verfallszeitpunkt in Abhängigkeit vom Kurs des Basiswertes am besten darstellen, so dass das jeweilige Chance/Risiko-Profil gut zu erkennen ist. Dick ausgezogene Linien stellen jeweils die Wertverlaufslinie der Gesamtoptionsposition dar. Die dünnen, nicht durchgängig gezeichneten Linien symbolisieren den Verlauf der einzelnen Optionen. Unterschiedliche Schraffierungen deuten jeweils auf Gewinn- bzw. Verlustbereiche hin. Dabei stellt eine von links unten nach rechts oben linierte Schraffierung einen Gewinnbereich dar. Ein Verlustbereich ist durch eine von rechts unten nach links oben linierte Schraffierung erkenntlich. Bei karierten Schraffierungen befindet sich die Position jeweils in einer Teilerfolgszone. An Punkten werden nur Basispreise in die Abbildungen aufgenommen. Ein Break-Even-Punkt ergibt sich jeweils als Schnittpunkt der dick ausgezogenen Linie mit der Abszisse. Es ist darauf hinzuweisen, dass im Fall einer Strategieumsetzung in der Realität weitere Gesichtspunkte berücksichtigt werden müssen. Dazu zählen insbesondere Marginverpflichtungen, Steuern, Transaktionskosten und ähnliches.

a. Einfache Tradingstrategien

Als einfache Tradingstrategien können Long und Short Call- sowie Long- und Short Put-Strategien unterschieden werden. Die Optionsstrategie Long Call sieht den Kauf einer Kaufoption vor. Steigt der Kurs des Basiswertes während der Optionslaufzeit, so nimmt grundsätzlich auch der Wert eines Calls zu, wobei allerdings zu berücksichtigen ist, dass der Zeitwert abnimmt. Dem negativen Zeitwerteffekt steht aber ein positiver Volatilitätseffekt gegenüber. Eine zunehmende Volatilität des Basiswertes erhöht c. p. den Wert der Optionsposition. In dem 'Hockeystick'-Diagramm auf der linken Seite der Abbildung E.16 ist die Zahlungsstruktur einer Long Call Strategie abgetragen. Dabei wird deutlich, dass das Verlustrisiko auf den Betrag der gezahlten Optionsprämie begrenzt ist, während die Gewinnmöglichkeiten eines Long Call unlimitiert sind.

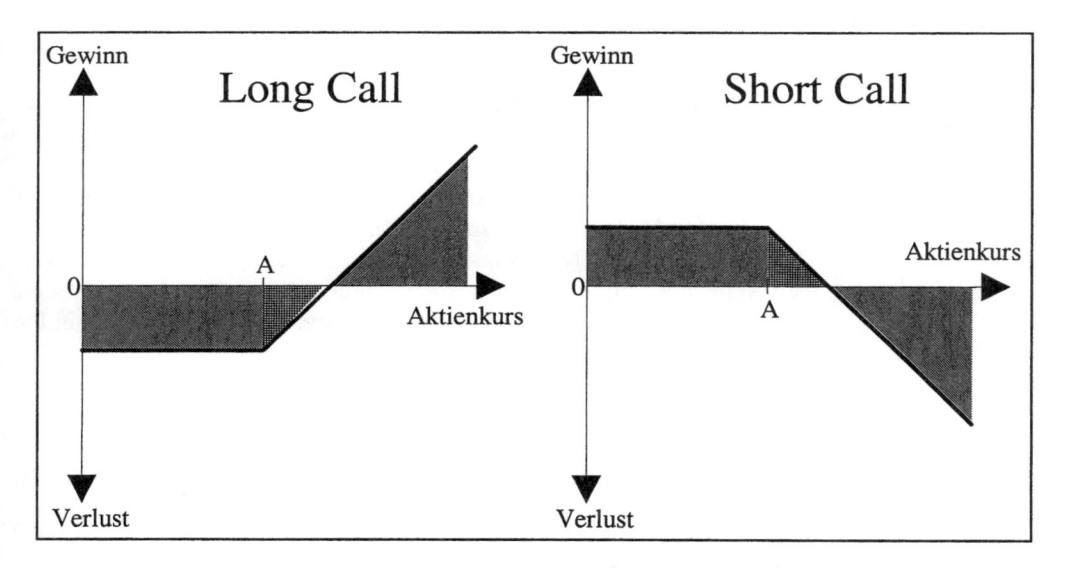

Abb. E.16: Long und Short Call

Anhand eines einfachen Beispiels soll der Verlauf verdeutlicht werden. Betrachtet werden soll eine Option, die sich – wie die standardmäßig an der Eurex gehandelten Optionen – auf 100 Aktien beziehen soll, d.h. ein Optionskontrakt umfasst 100 Aktien.[1] Zu beachten ist hierbei, dass sich die veröffentlichten Optionspreise (z.B. auf dem Handelsbildschirm) zumeist nur auf eine Aktie beziehen. Betrachtet wird ein Aktien-Call mit einem Basispreis von 47 € bei einer Optionsprämie von 2,53 €. Da sich dieser Wert auf eine Aktie bezieht, beläuft sich die Optionsprämie pro Kontrakt somit auf 253 €. Betrachtet man die folgenden möglichen Szenarien, d.h. die Kurse

---

[1] Zu beachten ist, dass sich an der Eurex nicht alle gehandelten Optionen auf 100 Aktien beziehen. Beispielsweise beziehen sich im Bereich der Aktienoptionen auf deutsche Basistitel die folgenden Optionen lediglich auf 10 Aktien: Allianz, Münchener Rückversicherung, Porsche und SAP (Stand: September 2002).

des Basisobjektes am letzten Handelstag der Option, so entsprechen die Ergebnisse grundsätzlich dem in der Abbildung gezeigten Verlauf (Angaben jeweils in EUR).

Kurs des Basiswertes am letzten Handelstag	gezahlte Optionsprämie	Wert eines Long-Call-Kontraktes	Gesamtwert
41,00	-253	0	-253
44,00	-253	0	-253
47,00	-253	0	-253
49,53	-253	253	0
52,00	-253	500	247
56,00	-253	900	647
65,00	-253	1.800	1.547

Tab. E.26: Szenarien am letzten Handelstag und entsprechende Werte einer Long-Call-Position

Für den Short Call ergeben sich die gleichen absoluten Gesamtwerte, jedoch mit umgekehrten Vorzeichen.

Die Long Call Strategie eignet sich sowohl zu spekulativen Zwecken, als auch für alternative Anwendungen. Zu denken ist dabei z.B. an Diversifikationsmöglichkeiten oder die Fixierung eines Einstiegskurses. Ferner kann eine Hebelerhöhung im Portfolio erfolgen oder der Kapitaleinsatz einer bestehenden Aktienposition verringert werden. Abschließend sei erwähnt, dass ein Long Call auch synthetisch gebildet werden kann, indem der Basiswert und gleichzeitig ein Put darauf gekauft werden.

Wird eine Kaufoption verkauft, dann handelt es sich um einen Short Call. Das Zahlungsverlaufsdiagramm verhält sich spiegelbildlich zur Long Call Strategie, wenn die Abszisse als Spiegelachse verwendet wird. Wie in dem rechten Diagramm von Abb. E.16 zu erkennen ist, ist der maximale Gewinn auf die vereinnahmte Optionsprämie beschränkt. Hingegen sind die Verlustmöglichkeiten beim Short Call praktisch unbegrenzt. Die Anwendung der Short Call Strategie empfiehlt sich bei einer stagnierenden bis leicht sinkenden Kurserwartung.

Je nach Ausprägung der Markterwartung ist der Basispreis festzulegen. Der Basispreis kann um so niedriger festgelegt werden, je deutlicher der zu erwartende Kursverlust ist. Dem Verkäufer kommt der Zeiteffekt zugute, denn die vereinnahmte Prämie beinhaltet neben dem inneren Wert der Option auch den Zeitwert. Dieser wird sich mit zunehmender Verringerung der Restlaufzeit abbauen. Demgegenüber steigert eine anziehende Volatilität des Underlyings die Gefahr einer Call-Ausübung. Insofern kann von einem negativen Volatilitätseffekt der Short Call Strategie gesprochen werden.

Neben spekulativen Gründen eignet sich die Short Call Strategie auch für andere Zwecke. Besonders häufig wird die Short Call Strategie angewendet von Investoren, die bereits über eine entsprechende Aktienposition verfügen.[1] Durch das Schreiben (Verkaufen) von Calls auf die im

---

[1] Vgl. *Welcker/Kloy/Schindler* (1992), S. 73.

Portfolio befindlichen Aktien soll die Portfoliorendite aufgebessert werden. Es kann auch so argumentiert werden, dass durch die Vereinnahmung der Optionsprämie der Einstandspreis der im Portfolio befindlichen Aktien verringert werden kann. Alternativ lässt sich die Short Call Strategie als Verankerung eines Verkaufslimits verstehen. Übersteigt der Aktienkurs den festgelegten Basiswert, dann ist mit einer Optionsausübung zu rechnen. Damit hat der Stillhalter sein Verkaufslimit erreicht und zudem noch eine Prämie erzielt.

Synthetisch kann die Short Call Strategie betrieben werden, indem die entsprechende Aktie leerverkauft wird und zusätzlich ein Put darauf geschrieben wird.

Bei der Erwartung fallender bis stark fallender Aktienkurse bietet sich die Long Put Strategie an. Deshalb handelt es sich beim Long Put um eine Baisse Strategie. Aus dem linken Diagramm in Abb. E.17 ist der Wertverlauf der Strategie ersichtlich. Die Gewinnmöglichkeit beim Long Put ist praktisch unbegrenzt. Allerdings ist zu beachten, dass der Kurs des Basiswertes nicht niedriger als Null sein kann. Die Festlegung des Basispreises A erfolgt in Anlehnung an die Kurserwartung des Basiswertes. Je stärker das erwartete Absinken des Kurses ist, desto niedriger kann der Basispreis liegen. Mit einem niedrigen Basispreis ist ein entsprechend geringer Optionspreis verbunden. Folglich führt ein sehr niedriger Basispreis zu einem großen Hebel, der eine hohe prozentuale Partizipation an sinkenden Kursen erwarten lässt.

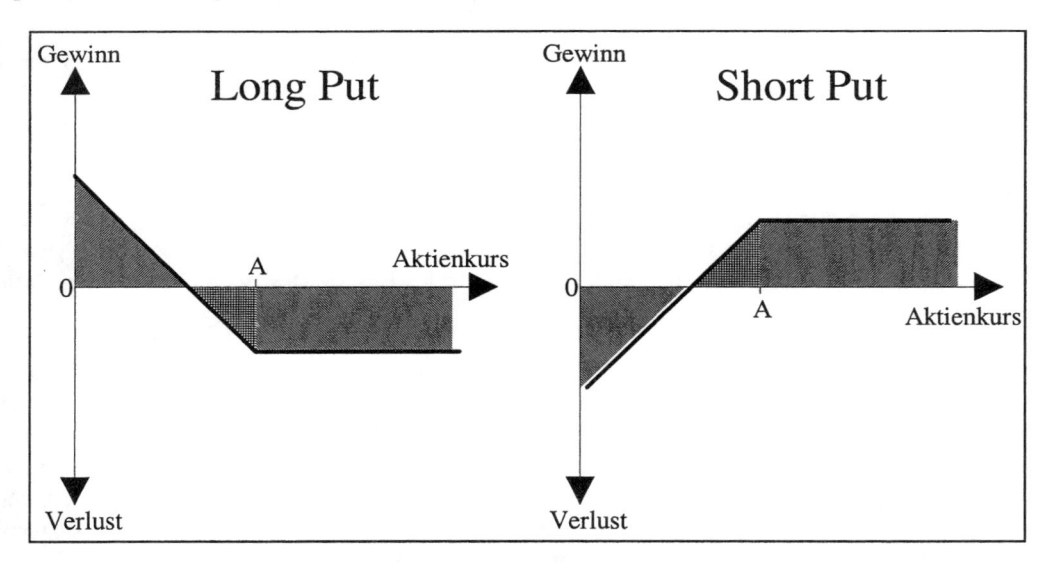

Abb. E.17: Long und Short Put

Auch bei den Put-Grundpositionen soll ein einfaches Beispiel zur Verdeutlichung herangezogen werden. Betrachtet wird eine Put-Option mit einem Basispreis von 47 €, wobei sich ein Kontrakt wiederum auf 100 Aktien bezieht. Die Optionsprämie beträgt 1,72 €. Da sich dieser Wert auf eine Aktie bezieht, beläuft sich die Optionsprämie pro Kontrakt somit auf 172 €. Die Ergebnisse der möglichen Szenarien am letzten Handelstag der Option zeigt die folgende Tabelle (Angaben jeweils in EUR):

Kurs des Basiswertes am letzten Handelstag	gezahlte Optionsprämie	Wert eines Long-Put-Kontraktes	Gesamtwert
25,00	-172	2.200	2.028
35,00	-172	1.200	1.028
40,00	-172	700	528
45,28	-172	172	0
47,00	-172	0	-172
50,00	-172	0	-172
54,00	-172	0	-172

Tab. E.27: Szenarien am letzten Handelstag und entsprechende Werte einer Long-Put-Position

Für den Short Put ergeben sich die gleichen absoluten Gesamtwerte, jedoch mit umgekehrten Vorzeichen.

Häufig erfolgt ein Put-Kauf nicht aus spekulativen Gründen, sondern aus einem Absicherungsmotiv heraus. Bestehende Aktienpositionen lassen sich durch einen Long Put gegen Kursverluste absichern. Dabei kann durch Variation des Basispreises den Portfolioanforderungen des Investors entsprochen werden. Bedeutsam ist auch die mit einem Long Put verbundene Absicht, bestehende Aktiengewinne, die innerhalb einer bestimmten Frist angefallen sind, innerhalb derer die Gewinne zu versteuern sind, auf diese Weise abzusichern, um die Gewinne nach Ablauf der Frist steuerfrei realisieren zu können.

Als gekaufte Option unterliegt der Long Put einem negativen Zeiteffekt, da sich die Zeitprämie mit abnehmender Restlaufzeit verringert. Dies führt zu einer geringeren Ausübungschance des Puts. Umgekehrt erhöht eine steigende Volatilität des Aktienkurses den Wert des Puts. Synthetisch lässt sich ein Long Put durch einen Leerverkauf des Basiswertes bei gleichzeitigem Kauf eines Calls auf den Basiswert konstruieren.

Aus Abb. E.17 wird deutlich, dass ein Short Put das spiegelbildliche Pendant zum Long Put darstellt. Dem Put-Verkauf liegt die Erwartung eines leicht steigenden Kurses des Basiswertes zugrunde. Zwar zählt der Short Put deshalb zur Gruppe der Hausse-Strategien, von einer aggressiven Hausse-Strategie kann aber keineswegs gesprochen werden. Das Gewinnpotential ist beim Short Put auf die vereinnahmte Prämie beschränkt. Kurssteigerungen der Aktie werden nicht mitgemacht. Allerdings ist das Verlustpotential nur insofern begrenzt, als der Kurs des Basiswertes nicht unter Null fallen kann. Fallende Kuse bewirken aber ein Abgleiten der Short Put Position in den Verlustbereich. Bei einem unterhalb des Basispreises A liegenden Kurs befindet sich die Position zunächst in der karierten Teilgewinnzone. Ab dem Schnittpunkt der Wertverlaufslinie mit der Abszisse beginnt die Verlustzone.

Die Short Put Strategie findet vornehmlich aus Gründen der Renditesteigerung Anwendung. Durch die Einnahme der Putprämie lässt sich bei entsprechender Markterwartung die Rendite einer bestehenden Position erhöhen. Zudem eignet sich die Short Put Strategie zur Substitution eines Kauflimits. Durch die Wahl des Basispreises wird das Limit determiniert, da bei einem

Unterschreiten des Limits mit einer Aktienandienung gerechnet werden muss. Wird das Limit nicht erreicht, so verbleibt dem Put Verkäufer zumindest die Optionsprämie, die seinen Einstiegskurs verringert.

Wie bei jeder Stillhalterstrategie ergibt sich beim Short Put ein positiver Zeiteffekt, da mit sich verringernder Restlaufzeit der Zeitwert der Option sinkt. Diese Zeitwertverringerung trägt der Optionskäufer. Bezüglich des Volatilitätseffekts ergibt sich ein umgekehrtes Bild, da eine zunehmende Volatilität zu einem höheren Putwert führt, der zu Lasten des Putverkäufers geht. Je mehr die Volatilität steigt, desto wahrscheinlicher wird es, dass der geschriebene Put ins Geld kommt. Somit wird auch die Putausübung mit steigender Volatilität wahrscheinlicher.

Durch einen Aktienkauf bei gleichzeitigem Verkauf eines entsprechenden Calls lässt sich die Short Put Position nachbilden.

Zusammenfassend weisen die vier dargestellten Grundstrategien die in der folgenden Tabelle wiedergegebenen Charakteristika auf.

Options-Strategie	Strategietyp	Kurserwartung für Basiswert	Volatilitätseffekt	Zeiteffekt	Gewinnpotential	Verlustpotential
Long Call	Directional	↑ stark steigend	positiv	negativ	unlimitiert	limitiert
Short Call	Directional	↘ leicht fallend	negativ	positiv	limitiert	unlimitiert
Long Put	Directional	↓ stark fallend	positiv	negativ	unlimitiert	limitiert
Short Put	Directional	↗ leicht steigend	negativ	positiv	limitiert	unlimitiert

Tab. E.28: Optionscharakteristika der einfachen Tradingstrategien

b. Kombinierte Tradingstrategien

An Terminbörsen kann die Möglichkeit zur Ausführung von kombinierten Optionsstrategien bestehen. Von kombinierten Strategien wird gesprochen, falls gleichzeitig Calls oder Puts ge- oder verkauft werden und gleichzeitig Calls und Puts auf dieselbe Aktie ge- oder verkauft werden. Solche kombinierten Optionsstrategien sind standardisiert und können als Strategien in das Handelssystem der jeweiligen Terminbörse eingegeben werden. Der große Vorteil einer derartigen kombinierten Ausführung liegt in der Ausführungssicherheit. Es besteht somit nicht die Gefahr, dass ein Teil des Auftrags nicht oder erst später ausgeführt wird. Als mögliche Kombinationspositionen kommen bestimmte Spreads, Straddles, Strangles, Conversions und Reversals in Frage.[1] Im folgenden werden zahlreiche Kombinationsstrategien dargestellt, die z.T. auch als Kombinationsmöglichkeiten in die jeweiligen Terminbörsen-Systeme eingegeben werden kön-

---

[1] Vgl. *Pilz* (1991), S. 132ff.

nen.[1] In diesem Fall empfiehlt sich zur Konstruktion der gewünschten Position eine separate Durchführung der notwendigen Einzeltransaktionen.

ba. Die Erzeugung synthetischer Futures mit Optionen

Durch die Kombination von Optionen lassen sich auch synthetische Futurespositionen auf Aktien und Aktienindizes bilden. Durch den gleichzeitigen Kauf eines Calls mit dem Basispreis A und den Verkauf eines Puts mit dem Basispreis A kann ein Long Future synthetisch konstruiert werden, wie in Abbildung E.18 gezeigt wird.

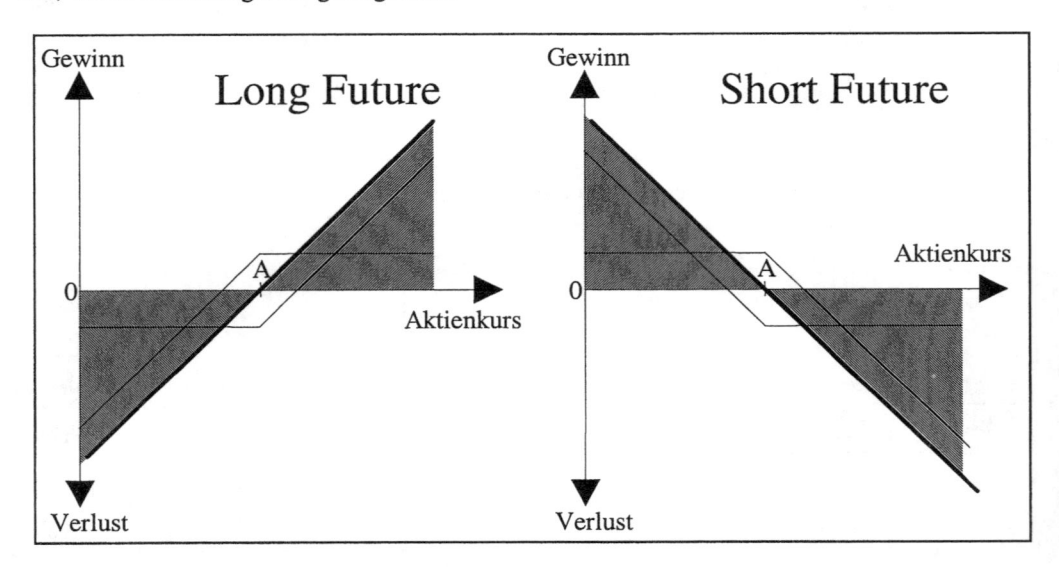

Abb. E.18: Long und Short Future

Der Vorteil eines synthetischen Long Futures liegt in dem geringen Kapitaleinsatz, der zum Eingehen einer Aktienposition erforderlich ist. Die mit dem gekauften Call verbundenen Kosten werden durch die Einnahme der Optionsprämie aus dem Putverkauf gesenkt, so dass ein im Vergleich zur direkten Aktienanlage kleinerer Mitteleinsatz verbleibt.

Für einen Investor, der in sechs Monaten einen größeren Betrag erhält und heute schon in eine bestimmte Aktie einsteigen möchte, kann sich ein synthetischer Long Future durchaus anbieten.

Wichtiger als der synthetische Long Future dürfte ein Short Future auf Aktien sein. Durch den Aufbau einer Short Futureposition lassen sich Aktien leer verkaufen. Dabei wird ein Put mit dem Basispreis A gekauft und zugleich ein Call mit dem gleichen Basispreis verkauft.

Wie aus dem Wertverlaufsdiagramm erkennbar ist, werden synthetische Futures weder von einem Zeit- noch von einem Volatilitätseffekt tangiert. Denn bei einer Kauf- und einer Verkaufpo-

---

[1] Vgl. z.B. *Loistl* (1992), S. 326f.

sition neutralisieren sich die jeweils bei den einzelnen Optionen auftretenden Zeit- und Volatilitätseffekte. Dies gilt allerdings nur, falls jeweils at-the-money Optionen gehandelt werden. Dies vereinfacht die Überwachung der Strategie, da keine Gefahren von sich ändernden Restlaufzeiten und Volatilitäten ausgehen.

Als weitere Variante können sogenannte Split Strike Futures synthetisch mit Optionen konstruiert werden. Durch die Wahl verschiedener Basispreise erhalten die Strategien eine neutrale Wertverlaufszone zwischen den gewählten Basispreisen, in der die jeweilige Position keinem Kursrisiko ausgesetzt ist. Die maximalen Gewinn- und Verlustmöglichkeiten sind jeweils unbegrenzt. Die entsprechenden Kurvenverläufe sind in Abbildung E.19 dargestellt.

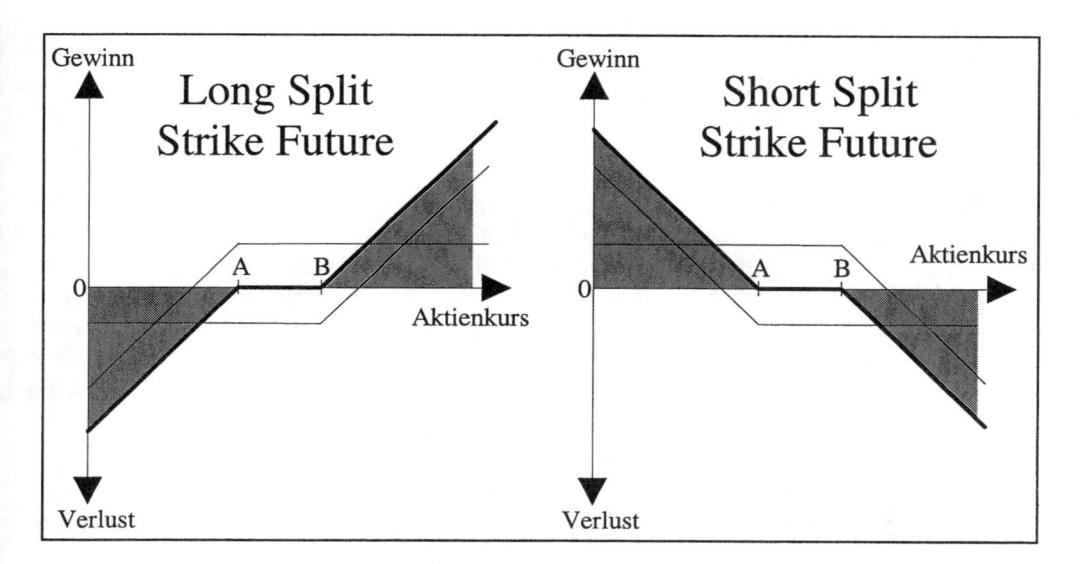

Abb. E.19: Long und Short Split Strike Futures

Im Gegensatz zu den oben dargestellten Short Futures ergibt sich ein Zeiteffekt, der von der Höhe des Aktienkurses und der Lage der Basispreise abhängt. Dieser Zeiteffekt kann sowohl positiv, als auch negativ sein. Die Wirkung einer steigenden Volatilität ist - wie bei den synthetischen Futurespositionen - auch hier neutral.

bb. Spread-Strategien mit Optionen

Spreads sind die am meisten vorkommenden Optionskombinationen. Ihr Grundprinzip ist, dass entweder nur Calls oder nur Puts in der Kombination vorkommen. Dabei wird jeweils eine Option gekauft, während die andere Option zeitgleich verkauft wird. Im Hinblick auf die Volatilität verhalten sich die Positionen jeweils nahezu neutral, da eine verkaufte mit einer gekauften Option kombiniert ist. Die auftretenden Einzeleffekte kompensieren sich dabei. Da dies bei Spreads allgemein so ist, sind viele Spreads recht insensitiv in bezug auf Volatilitätsveränderungen.

Innerhalb der Spreads lassen sich weitere Differenzierungen vornehmen. Es gibt Spreads, bei denen sich lediglich die Basispreise unterscheiden. Dabei handelt es sich um Vertical- bzw. Price-Spreads. Differieren stattdessen nicht die Basispreise, sondern die Laufzeiten der kombinierten Einzeloptionen, dann spricht man von Horizontal- oder Time-Spreads. Besitzen die gewählten Spreadkombinationen sowohl unterschiedliche Basispreise, als auch verschiedene Restlaufzeiten, so handelt es sich um Diagonal-Spreads. Diese Spreadstrategien werden im folgenden kurz dargestellt.

Ein sogenannter Bull-Price-Spread kann durch den Kauf eines Calls mit Basispreis A bei gleichzeitigem Verkauf eines Calls mit Basispreis B erzeugt werden. Dasselbe Ergebnis lässt sich – wie in Abbildung E.20 dargestellt – auch durch den Kauf eines Puts mit dem Basispreis A und dem gleichzeitigen Verkauf eines Puts mit dem Basispreis B erzielen. Schließlich kann ein Bull-Price-Spread auch synthetisch erzeugt werden. Dies geschieht entweder durch den Kauf des Basiswertes bei gleichzeitigem Kauf eines Puts mit Basispreis A und gleichzeitigem Verkauf eines Calls mit Basispreis B, oder durch den Leerverkauf des Basiswertes bei gleichzeitigem Erwerb eines Calls mit Basispreis A und gleichzeitigem Verkauf eines Puts mit Basispreis B.

Charakteristisch für einen Bear-Price-Spread ist der Verkauf der Option mit dem geringeren Basispreis und der Kauf der Option mit dem höheren Basispreis. Werden Calls zur Positionsbildung benutzt (siehe Abbildung E.20), so wird ein Call mit Basispreis A verkauft und gleichzeitig ein Call mit Basispreis B gekauft. Auf synthetische Weise lässt sich ein Bear-Price-Spread bilden, indem der Basiswert gekauft wird und gleichzeitig ein Call mit Basispreis A verkauft, sowie ein Put mit Basispreis B gekauft wird. Die zweite synthetische Möglichkeit zur Bildung eines Bear-Price-Spread besteht im Leerverkauf des Basiswertes bei gleichzeitigem Callkauf mit Basispreis B und Putverkauf mit Basispreis A.

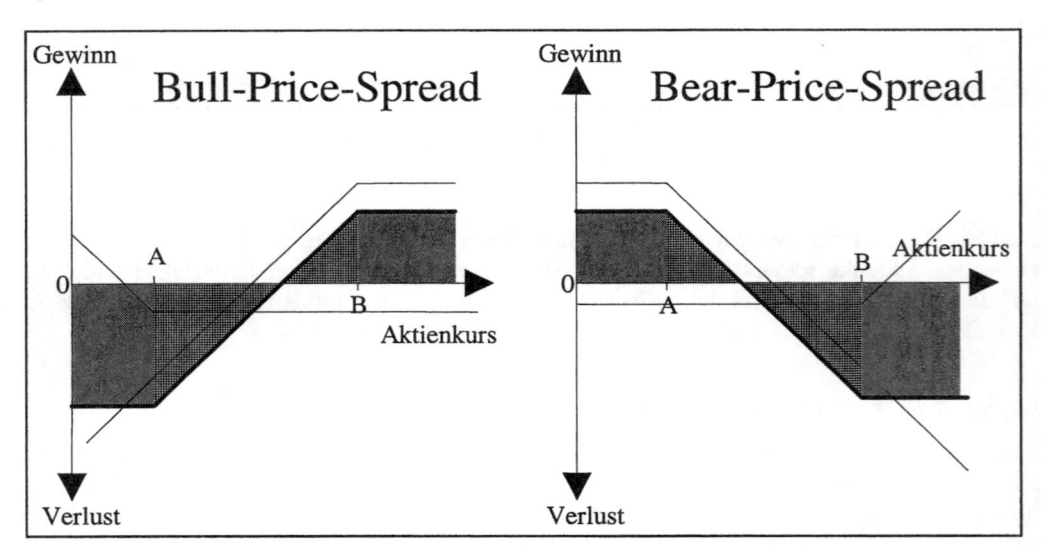

Abb. E.20: Bull- und Bear-Price-Spread

Darüber hinaus können sogenannte Butterflies erzeugt werden. Die Gewinn- und Verlustmöglichkeiten sind aus Abbildung E.21 erkennbar. Die Konstruktion eines Long Butterfly kann auf mehrfache Weise erfolgen. Die erste Möglichkeit besteht im Kauf eines Calls mit Basispreis A, dem gleichzeitigen Verkauf von zwei Calls mit Basispreis B und dem gleichzeitigen Kauf eines Calls mit Basispreis C (vgl. Abbildung E.21). Bei Verwendung von Puts werden ein Put mit Basispreis A gekauft, zwei Puts mit Basispreis B geschrieben und ein Put mit Basispreis C gekauft. Insgesamt müssen dementsprechend drei Optionen gehandelt werden, was bei den Transaktionskosten negativ zu Buche schlägt. Es ist darauf hinzuweisen, dass die Differenz zwischen A und B derjenigen zwischen B und C entsprechen muss.

Ein Long Butterfly kann auch als Kombination aus einem Bull-Price-Spread mit einem Bear-Price-Spread gebildet werden. Da Price-Spreads sowohl mit Calls als auch mit Puts zu erzeugen sind, ergeben sich zwei Konstruktionsmöglichkeiten. Der Bull-Price-Spread wird durch den Kauf eines Calls mit dem Basispreis A und dem gleichzeitigen Verkauf eines Calls mit Basispreis B konstruiert, während beim Bear-Price-Spread ein Call mit Basispreis B verkauft und ein Call mit Basispreis C gekauft wird.

Das Spiegelbild zum Long Butterfly stellt der Short Butterfly dar. Mittels dieser Optionsstrategie versuchen Anleger, von starken Kursveränderungen des Underlyings zu profitieren. Folglich liegt dem Short Butterfly die Erwartung einer steigenden Volatilität zugrunde. Zur Positionsgenerierung bedarf es, wie im rechten Diagramm von Abbildung E.21 dargestellt, des Verkaufs eines Calls mit Basispreis A, des gleichzeitigen Kaufs von zwei Calls mit Basispreis B und des gleichzeitigen Verkaufs eines Calls mit Basispreis C. Alternativ kann ein Short Butterfly auch durch einen verkauften Put mit Basispreis A, zwei gleichzeitig gekauften Puts mit Basispreis B und einem gleichzeitig verkauften Put mit Basispreis C konstruiert werden. In der Summe wird stets die gleiche Menge an Optionen gekauft wie verkauft.

Analog zum Long Butterfly lässt sich durch die Kombination eines Bear-Price-Spread mit einem Bull-Price-Spread ein Short Butterfly erzeugen. Der Unterschied zum Long Butterfly besteht darin, dass beim Short Butterfly der Bear-Price-Spread die Basispreise A und B und der Bull-Price-Spread die Basispreise B und C aufweist.

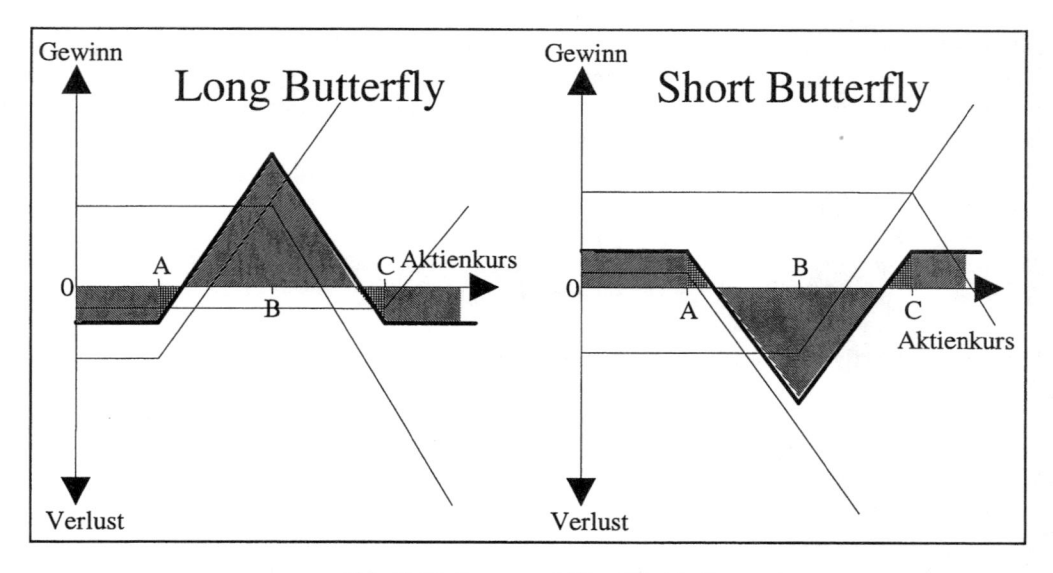

Abb. E.21: Long und Short Butterfly

Als weitere Spread-Strategie gilt der sogenannte Condor. Dabei charakterisiert nicht ein Punkt, sondern ein Bereich die maximalen Gewinnmöglichkeiten. Entsprechend dem Diagramm der Abbildung E.22 erfolgt die Erzeugung eines Long Condor, indem ein Call mit Basispreis A gekauft, gleichzeitig ein Call mit Basispreis B verkauft, gleichzeitig ein weiterer Call mit Basispreis C verkauft und schließlich ein Call mit Basispreis D gekauft werden. Insgesamt sind folglich vier verschiedene Optionspositionen eingegangen worden. Grundsätzlich gilt beim Long Condor, dass die beiden mittleren Basispreisoptionen verkauft und die Optionen mit den außen liegenden Basispreisen gekauft werden. Die Abstände der Basispreise zueinander müssen gleich sein, um eine symmetrische Position zu konstruieren. Unter Verwendung von Puts hätte ein Put mit Basispreis A gekauft werden müssen, zugleich ein Put mit Basispreis B verkauft, ein weiterer Put mit Basispreis C verkauft und schließlich ein Put mit Basispreis D gekauft werden müssen. Analog der Konstruktion eines Long Butterfly lässt sich der Long Condor auch durch die Kombination von Spreads erzeugen.

Ein Short Condor lässt sich mit Hilfe von Calls konstruieren, indem ein Call mit Basispreis A verkauft, ein Call mit Basispreis B gekauft, ein Call mit Basispreis C gekauft und schließlich ein Call mit Basispreis D geschrieben wird. Werden Puts zum Aufbau einer Short Condor Position eingesetzt, so muss ein Put mit Basispreis A verkauft, ein Put mit Basispreis B gekauft, ein Put mit Basispreis C gekauft und ein Put mit Basispreis D verkauft werden. Daneben kann auch durch die Kombination von Spreads ein Short Condor konstruiert werden.

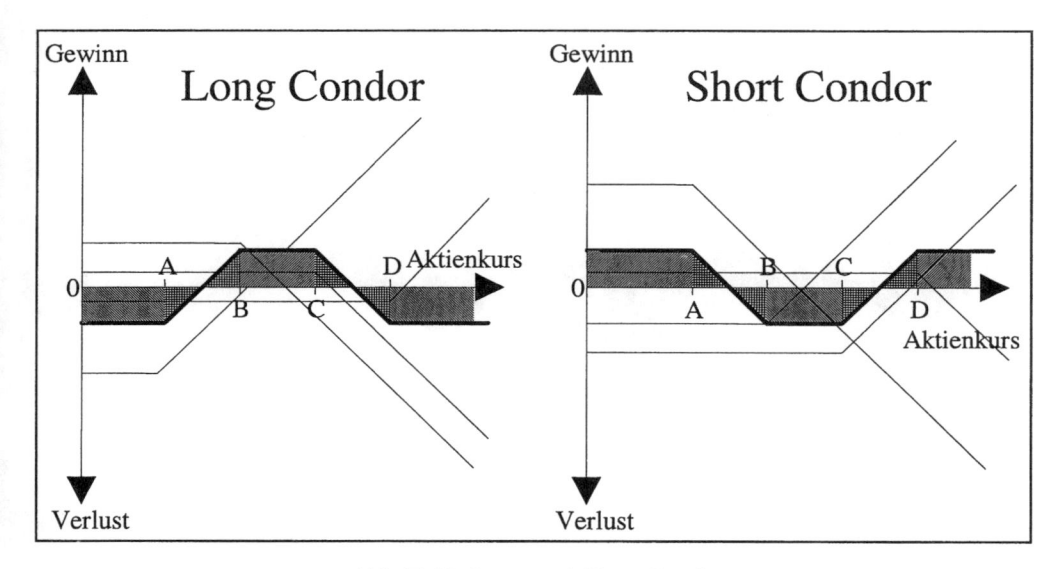

Abb. E.22: Long und Short Condor

Eine weitere Variante der Spread-Strategien mit Optionen stellen die sogenannten Ratio-Spreads dar. Dabei differiert die Anzahl von ge- und verkauften Optionen.

Die Durchführung eines Ratio-Spreads geschieht mit Hilfe einer gekauften Option mit Basispreis A und mehreren geschriebenen Optionen mit Basispreis B. In bezug auf das Verhältnis der gekauften Calls zu den verkauften Calls (Spread Ratio) gilt, dass stets mehr Optionen geschrieben als gekauft werden. In Abbildung E.23 wird ein Ratio-Call-Spread durch den Verkauf von drei Calls dargestellt.

Beim Ratio-Put-Spread geht der Investor von leicht fallenden Kursen und einer sinkenden Volatilität des Basiswertes aus. Der Positionsaufbau erfolgt wiederum durch den Kauf der wertvolleren Option bei gleichzeitigem Verkauf mehrerer geringwertigerer Optionen. Da im Gegensatz zu Calls Verkaufsoptionen einen höheren Wert annehmen, je höher der Basispreis ist, wird ein Put mit dem Basispreis B gekauft. Gleichzeitig werden mehrere Puts mit Basispreis A verkauft. Die Anzahl der zu verkaufenden Puts wird mittels der Spread-Ratio bestimmt.

Im Hinblick auf den Volatilitätseffekt kann festgestellt werden, dass dieser bei Ratio Spreads im Ganzen negativ ist, da mehr Optionen geschrieben als gekauft werden.

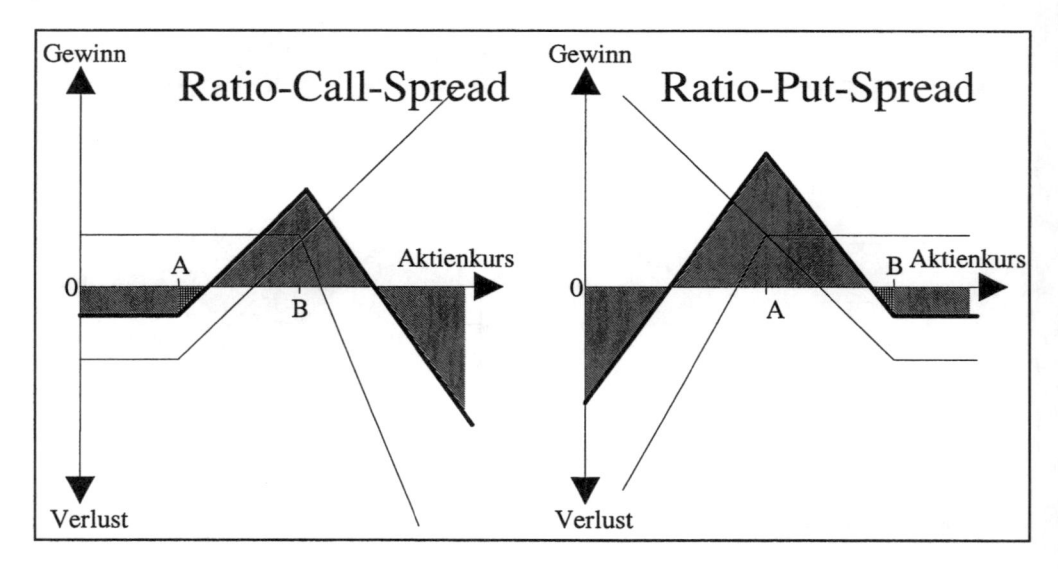

Abb. E.23: Ratio-Call- und Ratio-Put-Spread

Geht man bei Ratio-Spreads in umgekehrter Weise vor, so lassen sich sogenannte Ratio-Back-Spreads konstruieren. Dabei wird jeweils die wertvollere Option verkauft anstatt gekauft. Die weniger wertvollen Optionen werden demgegenüber in größerer Anzahl gekauft. Somit werden stets mehr Optionen gekauft als geschrieben. Ein Call-Ratio-Back-Spread wird beispielsweise konstruiert, indem ein Call mit Basispreis A verkauft wird und mehrere Calls mit Basispreis B gekauft werden.

Fallende Kurse bei steigender Volatilität sind die Erwartungshaltung bezüglich des Basiswertes, der einer Optionsstrategie mit Put-Ratio-Back-Spreads zugrunde liegt. Zum Positionsaufbau werden der teurere Put verkauft und gleichzeitig die Puts mit dem niedrigeren Basispreis gekauft. Konkret folgt daraus der Kauf von mehreren Puts mit Basispreis A und das gleichzeitige Schreiben eines Puts mit Basispreis B.

In der Summe besteht beim Ratio-Back-Spread ein positiver Volatilitätseffekt, da mehr Optionen gekauft als verkauft werden. Eine Volatilitätserhöhung steigert deshalb den Wert der gekauften Optionen. Dies überkompensiert die Wertminderung der Short Position. Je mehr Optionen pro verkaufter Option gekauft werden, desto stärker profitiert die Gesamtstrategie von einer steigenden Volatilität.

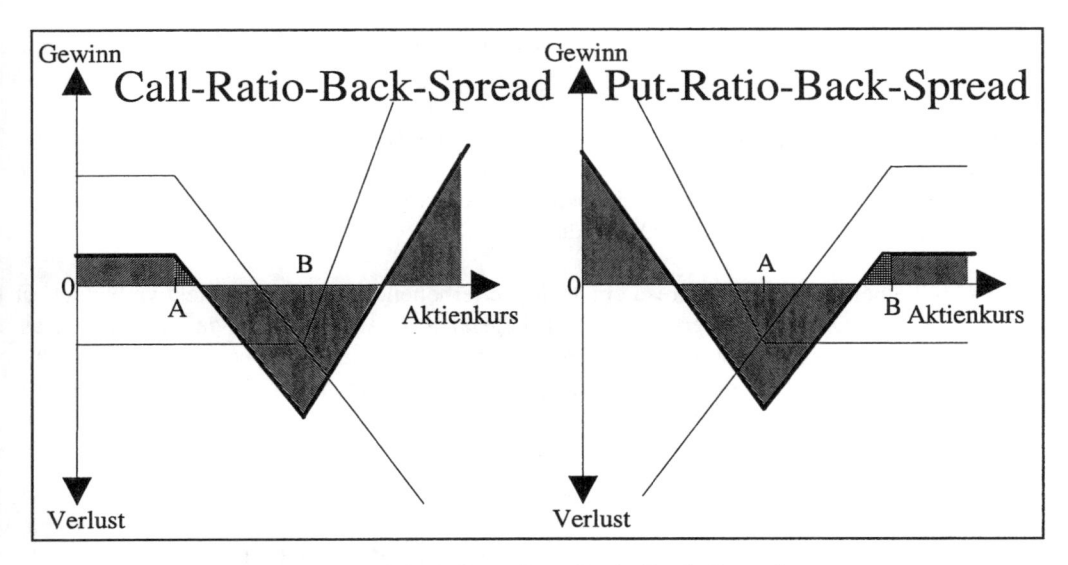

Abb. E.24: Call- und Put-Ratio-Back-Spread

Im Gegensatz zu den bisher vorgestellten Optionsstrategien werden bei Horizontal-Spreads Optionen mit verschiedenen Laufzeiten eingesetzt. Aus diesem Grund finden auch die Ausdrücke 'Time-Spread' oder 'Calendar-Spread' Verwendung.

Time-Spreads profitieren von der Tatsache, dass sich der Zeitwertverfall einer Option bei abnehmender Restlaufzeit beschleunigt. In Abbildung E.25 wird darauf verzichtet, die einzelnen Optionen in Form einer gestrichelten Linien in das Wertverlaufsdiagramm einzuzeichnen. Notwendig wäre bei Time-Spreads nämlich eine weitere Achse, die zu einer dreidimensionalen Darstellung führen würde. Da eine solche Zeitachse aber die Anschaulichkeit beeinträchtigen würde, bleibt es bei dem bisher verwendeten Darstellungstyp.

Die Ausnutzung einer unterschiedlichen Zeitwertverfallintensität bei in naher Zukunft stabilen bis unveränderten Kursen des Basiswertes ist das Ziel eines Long Time-Spreads. Dazu wird eine Option mit kürzerer Laufzeit verkauft und zugleich eine Option mit längerer Laufzeit und gleichem Basispreis gekauft. Dies kann sowohl mit Calls als auch mit Puts geschehen, da beide dieselben Zeiteffekte aufweisen. In der Regel entspricht der Basispreis dabei ungefähr dem aktuellen Kurs des Underlying. In diesem Fall lässt sich von einem Neutral-Time-Spread sprechen. Von einem Bull-Time-Spread wird gesprochen, falls der Basispreis oberhalb des aktuellen Kurses liegt. Diese Strategie empfiehlt sich bei der Erwartung steigender Kurse. Umgekehrt spricht man von einem Bear-Time-Spread, wenn der Basispreis unterhalb des momentanen Kurses liegt.

Ein Long Time-Spread mit Calls entsteht durch den Verkauf eines Calls mit kürzerer Laufzeit bei gleichzeitigem Kauf eines Calls mit längerer Laufzeit. Die Basispreise sind dabei identisch. Der Investor hofft, dass der kürzere Call unausgeübt verfällt. Am Verfallszeitpunkt des kürzer laufenden Calls besitzt der gekaufte Call noch einen Zeitwert. Zur Sicherung dieses Zeitwerts, und damit keine offene Position entsteht, wird der gekaufte Call i.d.R. mit Verfall des geschriebenen Calls glattgestellt.

Bei Short Time-Spreads, die auch als Reverse-Time-Spreads bekannt sind, kaufen die Anleger die kürzere und schreiben die längerlaufende Option. Werden Calls zum Aufbau einer solchen Position verwendet, so wird – bei Gleichheit der Basispreise – ein länger laufender Call geschrieben und ein kürzer laufender Call gekauft.

Während mit einem Long Time-Spread ein leicht werterhöhender Volatilitätseffekt verbunden ist (die lang laufende Option profitiert stärker von steigenden Volatilitätswerten des Basiswertes als die kürzer laufende Option), ist der Short Time-Spread durch einen leicht negativen Volatilitätseffekt gekennzeichnet; denn der Wert der länger laufenden Option profitiert etwas stärker von einer steigenden Volatilität.[1]

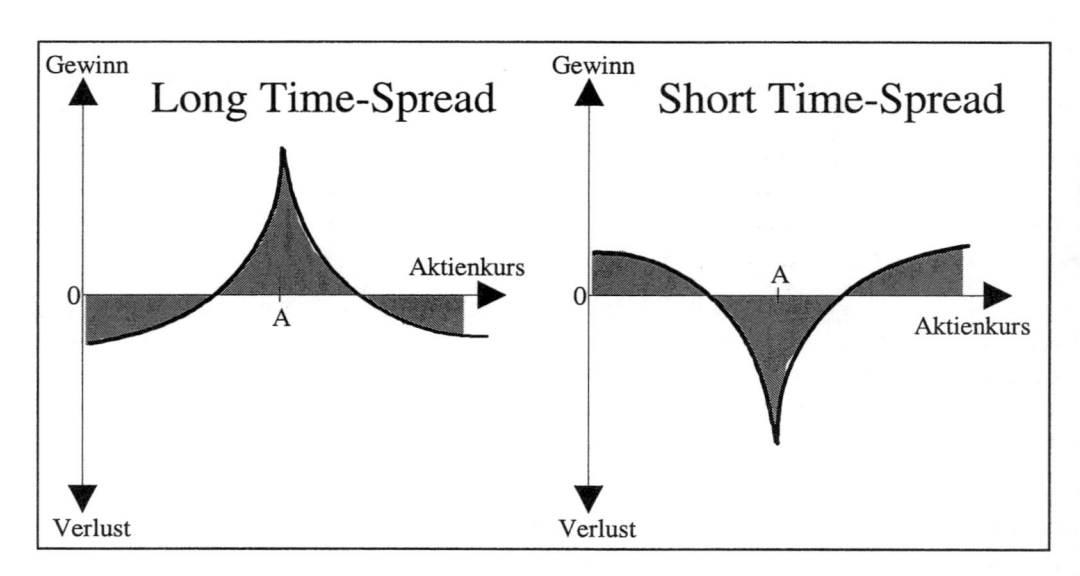

Abb. E.25: Long und Short Time-Spread

Neben Vertical- und Horizontal-Spreads besteht noch eine dritte Möglichkeit, Spreads zu konstruieren. Diese liegt in der Kombination beider vorgenannten Spread-Varianten. Bei Diagonal-Spreads werden im Vergleich zu den bisher dargestellten Spreads unterschiedliche Basispreise und verschiedene Optionslaufzeiten verwendet. Bei einem Bull-Diagonal-Spread besitzt die geschriebene Option grundsätzlich den höheren Basispreis und die kürzere Restlaufzeit. Entsprechend weist die gekaufte Option den niedrigeren Basispreis und die längere Restlaufzeit auf.

---

[1] Vgl. die Ausführungen zu den 'griechischen Variablen' in diesem Kapitel. sowie die Tabellen E.15 bis E.18.

Analog zum Bull-Diagonal-Spread besitzt auch beim Bear-Diagonal-Spread die gekaufte Option die längere Restlaufzeit. Lediglich die Basispreise werden ausgewechselt, so dass die gekaufte Option stets den höheren Basispreis besitzt. Wiederum kann die Position sowohl mit Calls als auch mit Puts konstruiert werden.

Werden Calls verwendet, dann wird ein gekaufter Call mit Basispreis B und längerer Restlaufzeit mit einem zugleich verkauften Call mit Basispreis A und einer kürzeren Restlaufzeit kombiniert. Alternativ kann ein Put mit Basispreis B und längerer Restlaufzeit gekauft werden und zugleich ein Put mit Basispreis A und kürzerer Restlaufzeit geschrieben werden.

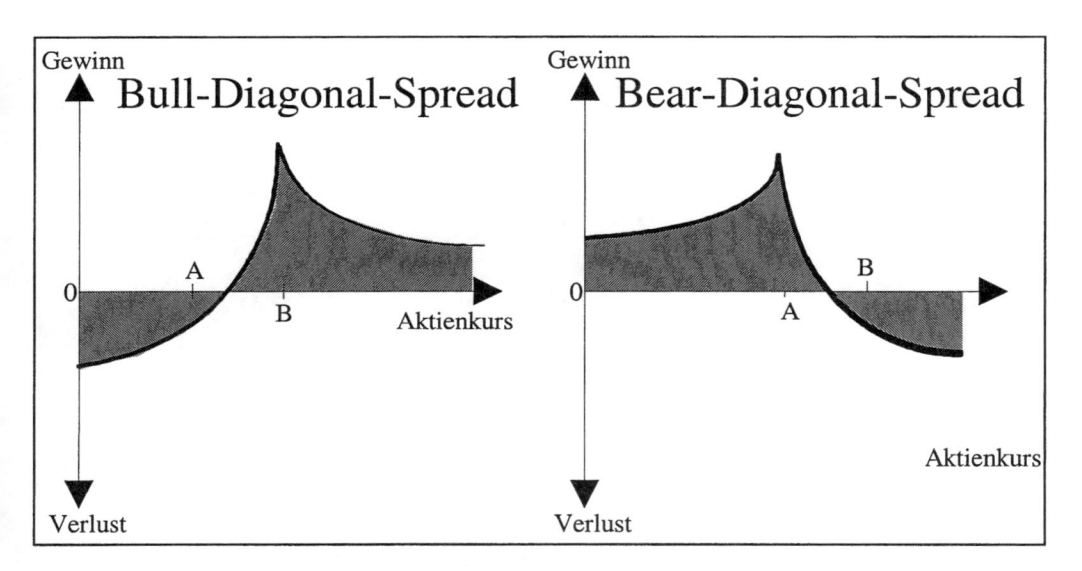

Abb. E.26: Bull- und Bear-Diagonal-Spread

bc. Straddle-Strategien mit Optionen

Die Bildung von Straddle-Positionen erfolgt im Gegensatz zu den bisher dargestellten Strategien aus der Erwartung einer bestimmten Volatilitätsentwicklung des Basiswertes. Die Richtung der Marktentwicklung spielt dabei keine Rolle. Straddle-Positionen bestehen immer aus Calls und Puts. Entweder werden beide gekauft oder aber verkauft.

Dem Long Straddle liegt die Erwartung einer steigenden Volatilität zugrunde, die zu großen Kursveränderungen führt. Dabei spielt es keine Rolle, ob der Basiswert im Kurs steigt oder fällt. Lediglich die Kursveränderung ist wichtig. Durch den Kauf eines Calls und gleichzeitigen Kauf eines Puts mit demselben Basispreis lässt sich die Long Straddle Position konstruieren.

Mit Hilfe eines Short Straddle kann auf eine sinkende Volatilität des Basiswertes spekuliert werden. Dabei werden ein Call und ein Put mit demselben Basispreis gleichzeitig verkauft. Bewegt sich der Kurs des Basiswertes während der Optionslaufzeit kaum vom Basispreis weg, so ergibt sich ein maximaler Gewinn. Dieser besteht in der Vereinnahmung zweier Optionsprämien. Gegenüber einem Long Straddle ist beim Short Straddle allerdings ein unbegrenztes Verlustpotential gegeben, wie aus Abbildung E.27 deutlich wird.

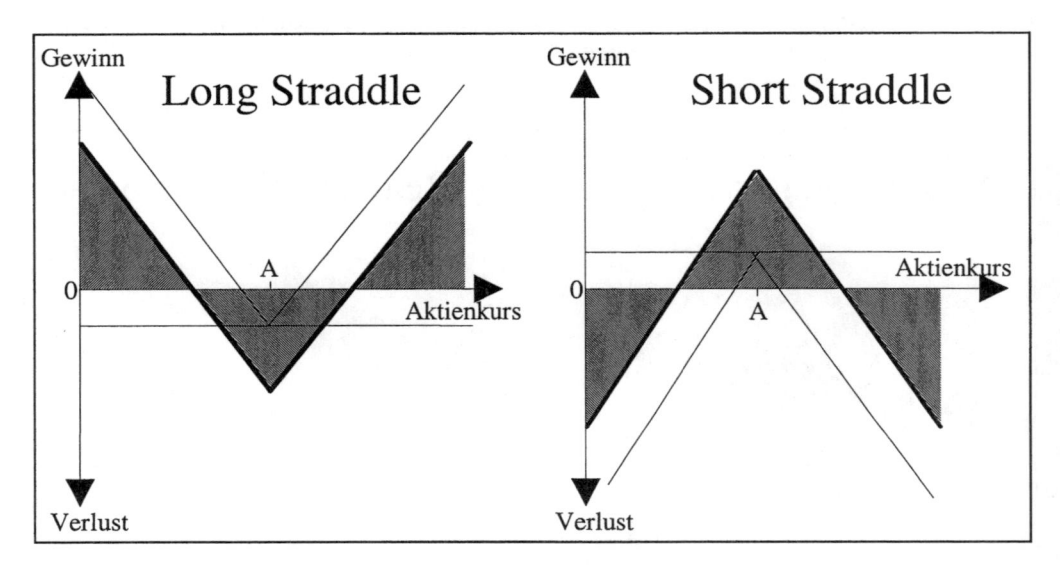

Abb. E.27: Long und Short Straddle

Eng verwandt mit einem Straddle ist ein sogenannter Strangle. Die strategische Zielrichtung ist sogar identisch, lediglich das Ausmaß der erwarteten Kursveränderung des Basiswertes differiert. Eine Long Strangle-Position kann erzeugt werden, indem ein Call mit Basispreis B und zugleich ein Put mit Basispreis A gekauft werden. Ein Short Strangle lässt sich aus einem verkauften Put mit Basispreis A und einem zugleich verkauften Call mit Basispreis B erzeugen.

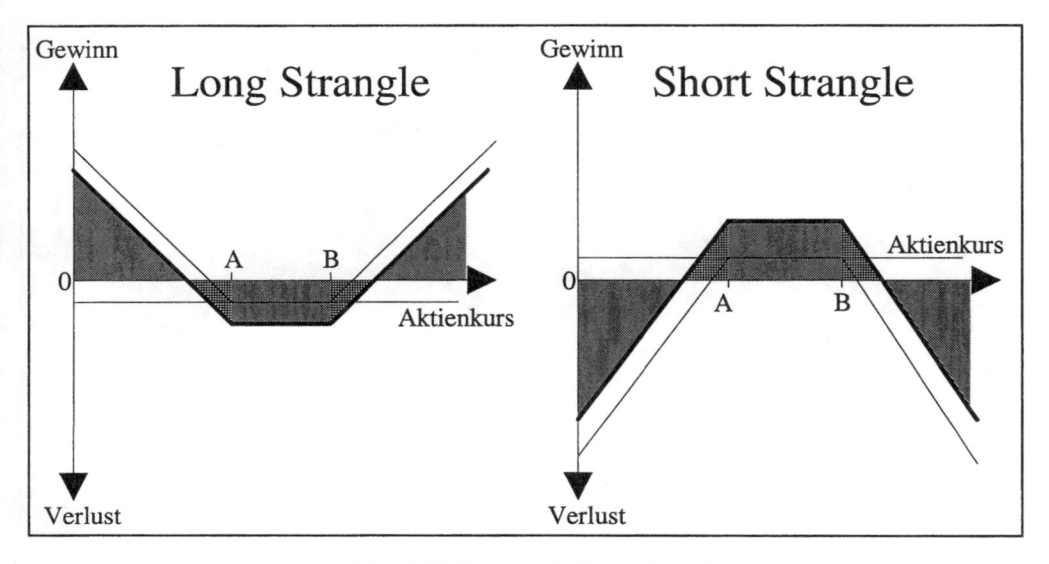

Abb. E.28: Long und Short Strangle

Als weitere, den Straddles ähnliche Variante können Calls und Puts mit gleichem Basispreis im Rahmen von Straps kombiniert werden. Beide Strategien unterscheiden sich nur hinsichtlich des Mengenverhältnisses von Calls und Puts. Während bei Straddles ein symmetrisches Verhältnis von 1:1 besteht, kommt es bei Straps zur mengenmäßigen Übergewichtung der Calls. Üblicherweise werden dabei pro Put zwei Calls gehandelt. Somit entsteht ein Call/Put-Verhältnis von 2:1, das zu einem steileren Wertverlauf oberhalb des Basispreises führt. Andere Mengenverhältnisse sind auch möglich.

Beim Long Strap werden beispielsweise zwei Calls mit Basispreis A gekauft und zugleich ein Put mit demselben Basispreis gekauft. Hingegen verhält sich ein Put Strap spiegelbildlich zum Long Strap, so dass zur Konstruktion z.B. zwei Calls mit Basispreis A verkauft werden und zugleich ein Put mit dem gleichen Basispreis geschrieben wird.

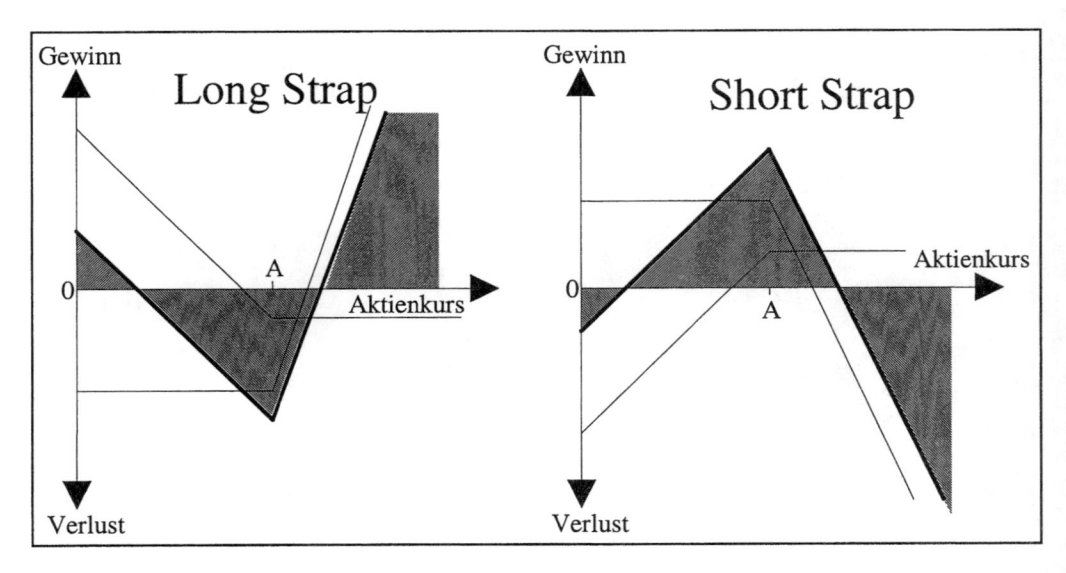

Abb. E.29: Long und Short Strap

Das Verhältnis bei Straps kann auch umgekehrt werden, wobei es sich dann um sogenannte Strips handelt. Während bei Straps ein Übergewicht an Calls besteht, ist für Strips die Übergewichtung von Puts charakteristisch. Üblicherweise werden dabei pro Call zwei Puts gehandelt. Somit entsteht ein Put/Call-Verhältnis von 2:1. Die entsprechenden Diagramme sind in Abbildung E.30 gezeigt.

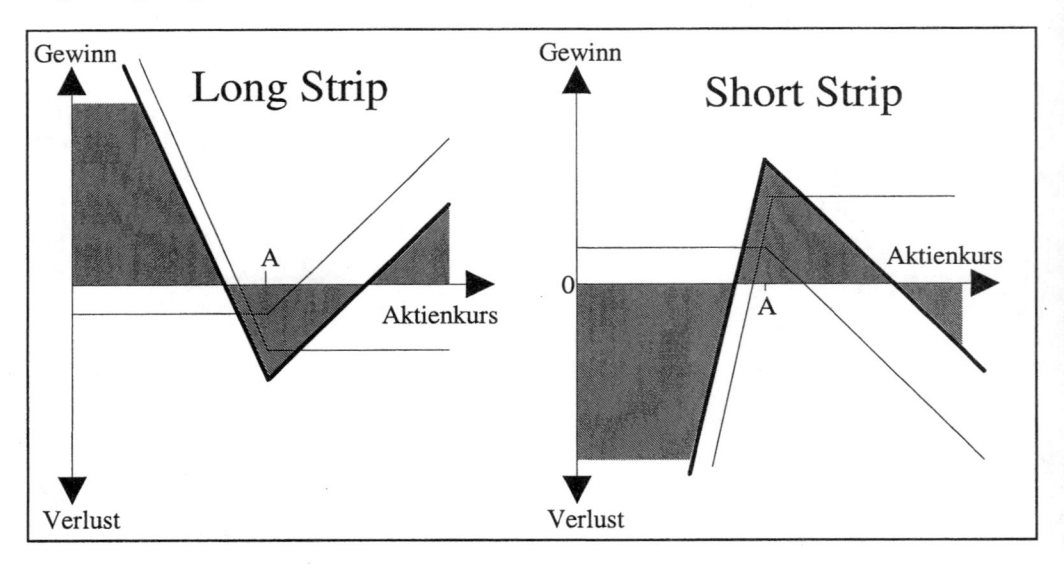

Abb. E.30: Long und Short Strip

Zusammenfassend ergibt sich für die dargestellten kombinierten Optionshandelsstrategien die in der folgenden Tabelle wiedergegebene synoptische Darstellung.

Optionsstrategie	Strategie-typ	Primäre Markterwartung	Volatilitätseffekt	Zeiteffekt	Gewinn-potential	Verlust-potential
Synth. Long Futures	Directional	↑ steigender Kurs	neutral	neutral	unlimitiert	unlimitiert
Synth. Short Futures	Directional	↓ fallender Kurs	neutral	neutral	unlimitiert	unlimitiert
Long Split Strike Futures	Directional	↑ steigender Kurs	neutral	unbestimmt	unlimitiert	unlimitiert
Short Split Strike Futures	Directional	↓ fallender Kurs	neutral	unbestimmt	unlimitiert	unlimitiert
Bull-Price-Spread	Directional	↗ leicht steigender Kurs	neutral	unbestimmt	limitiert	limitiert
Bear-Price-Spread	Directional	↘ leicht fallender Kurs	neutral	unbestimmt	limitiert	limitiert
Long Butterfly	Precision	→ unveränderter Kurs	neutral	unbestimmt	limitiert	limitiert
Short Butterfly	Precision	↑↓ volatiler Kurs	neutral	unbestimmt	limitiert	limitiert
Long Condor	Precision	→ unveränderter Kurs	neutral	unbestimmt	limitiert	limitiert
Short Condor	Precision	↑↓ stark volatiler Kurs	neutral	unbestimmt	limitiert	limitiert
Ratio-Call-Spread	Precision	↗ sinkende Volatilität	negativ	unbestimmt	limitiert	unlimitiert
Ratio-Put-Spread	Precision	↘ sinkende Volatilität	negativ	unbestimmt	limitiert	unlimitiert
Call-Ratio-Back-Spread	Precision	↗ steigende Volatilität	positiv	unbestimmt	unlimitiert	limitiert
Put-Ratio-Back-Spread	Precision	↘ steigende Volatilität	positiv	unbestimmt	unlimitiert	limitiert
Long Time-Spread	Precision	→ unveränderter Kurs	positiv	positiv	limitiert	limitiert
Short Time-Spread	Precision	↑↓ volatiler Kurs	negativ	negativ	limitiert	limitiert
Bull-Diagonal-Spread	Directional	↑ steigender Kurs	positiv	positiv	limitiert	limitiert
Bear-Diagonal-Spread	Directional	↓ fallender Kurs	positiv	positiv	limitiert	limitiert
Long Straddle	Precision	↑↓ volatiler Kurs	positiv	negativ	unlimitiert	limitiert
Short Straddle	Precision	→ unveränderter Kurs	negativ	positiv	limitiert	unlimitiert
Long Strangle	Precision	↑↓ stark volatiler Kurs	positiv	negativ	unlimitiert	limitiert
Short Strangle	Precision	→ unveränderter Kurs	negativ	positiv	limitiert	unlimitiert
Long Strap	Precision	↗ steigende Volatilität	positiv	negativ	unlimitiert	limitiert
Short Strap	Precision	→ sinkende Volatilität	negativ	positiv	limitiert	unlimitiert
Long Strip	Precision	→ steigende Volatilität	positiv	negativ	unlimitiert	limitiert
Short Strip	Precision	→ sinkende Volatilität	negativ	positiv	limitiert	unlimitiert

Tab. E.29: Charakteristika von kombinierten Optionsstrategien

4. Absicherungsstrategien mit Optionen

Im Bereich von Optionen werden im wesentlichen drei Arten von Absicherungs- bzw. Hedging-Strategien unterschieden. Alle drei im folgenden darzustellenden Strategien planen die Absicherung einer bestehenden Aktienposition gegenüber Kursverlusten. Somit findet ein Hedging gegen das Gesamtrisiko einer Aktienanlage statt. Davon abweichend ist es auch möglich, lediglich das Residualrisiko abzusichern. Insofern lassen sich Hedging-Strategien weiter differenzieren. Solcherlei Hedge-Operationen bleiben hier allerdings ausgeklammert.[1] Die folgenden Ausführungen beziehen sich nicht allein auf die Aktienoptionen an der Eurex, sondern auch auf die DAX-Option.

a. 1:1 Fixed-Hedge

Wie der Begriff Fixed-Hedge bereits vermuten lässt, steht eine Fixierung im Vordergrund dieser Hedging-Variante. Fixiert wird das Verhältnis von gekauften Puts zu gehaltenen Aktien. Es wird folglich pro gehaltener Aktie eine bestimmte Anzahl an Puts zu Sicherung gekauft. Das gewählte Mengenverhältnis wird bis zum Verfalltag der Puts beibehalten, es sei denn, die Position wird aus irgendwelchen Gründen zuvor liquidiert. Bei Zugrundelegen der Nominalwertmethode zur Bestimmung der Anzahl einzusetzender Puts beträgt das gewählte Verhältnis 1:1. Diese Art des Hedging soll dazu führen, dass die Verluste auf der Aktienseite durch den Gewinn der Puts ausgeglichen werden.

Das Hedging-Ziel beim 1:1 Fixed-Hedge wird nur im Fall eines steigenden Aktienkurses oder einer Optionsausübung am Verfalltag erreicht. Bei einem so fixierten Mengenverhältnis muss bedacht werden, dass sich Aktien und Optionen nicht im gleichen absoluten Umfang bewegen. Zwar steigen Optionen aufgrund ihres Hebels prozentual schneller als ihre Basiswerte, für die Absolutbeträge gilt dies aber in aller Regel nicht. Lediglich, wenn Optionen tief im Geld befindlich sind, können parallele absolute Kursbewegungen beobachtet und erwartet werden. Ein 1:1 Fixed-Hedge erbringt deshalb während der Optionslaufzeit nur unbefriedigende Absicherungsergebnisse, es sei denn, zur Absicherung werden tief im Geld liegende Puts verwendet. Da aber die am Geld notierenden Optionen stets die liquidesten Kontrakte darstellen, wird hier ein Problem dieses Fixed-Hedge augenscheinlich.

aa. Protective Put Strategie zur Absicherung einzelner Aktien

Im Rahmen einer sog. Protective Put Strategie werden Put-Optionen zur Absicherung von Aktienpositionen eingesetzt, wobei die damit verfolgte Strategie vor allem darauf ausgerichtet ist, die Aktienpositionen gegen Kursverluste abzusichern, gleichzeitig aber die Chance zu erhalten, an positiven Kursentwicklungen teilzuhaben. Zunächst soll diese Strategie beispielhaft für die Absicherung einer einzelnen Aktie aufgezeigt werden, wobei hier ein 1:1 Fixed Hedge unterstellt werden soll.

---

[1] Zum Hedging des Volatilitäts- bzw. Vega-Risikos siehe *Whaley* (1991), S. 81ff.

Dem Beispiel liegt eine im Bestand befindliche Position zugrunde, die aus 4.000 Aktien lediglich einer Gesellschaft besteht. Der aktuelle Aktienkurs beläuft sich auf 47 €, so dass sich ein Gesamtwert der Aktienposition von 188.000 € ergibt. Bis zum Verfalltag der Option soll eine Absicherung gegen fallende Aktienkurse vorgenommen werden. Entsprechend werden bei einer Kontraktgröße von 100 Aktien pro Kontrakt insgesamt 40 Put-Kontrakte gekauft. Der Optionspreis beläuft sich auf 1,72 €, d.h. pro Kontrakt beträgt der Preis 172 €. Insgesamt ergibt sich daraus ein Aufwand bei Optionskauf in Höhe von 6.880 €.

Für den Planungshorizont, der hier dem Verfalltag der Option entsprechen soll, werden in der nachfolgenden Tabelle für ausgewählte Szenarien (mögliche Aktienkurse) die entsprechenden Absicherungserfolge dargestellt.

Aktienkurs	Gesamtwert Aktien	Erfolg Aktienposition	Wert eines Long-Put-Kontraktes	Gesamtwert Long-Put-Position	Gesamterfolg Aktien + Put (inkl. Optionspreis)
40,00	160.000	-28.000	700	28.000	-6.880
43,00	172.000	-16.000	400	16.000	-6.880
45,00	180.000	-8.000	200	8.000	-6.880
47,00	188.000	0	0	0	-6.880
48,72	194.880	6.880	0	0	0
49,00	196.000	8.000	0	0	1.120
50,00	200.000	12.000	0	0	5.120
52,00	208.000	20.000	0	0	13.120

Tab. E.30: Ergebnisse der Protective Put Strategie für eine Einzelaktie (1:1 Fixed Hedge)

Die folgende Abbildung zeigt den Gesamterfolg der Protective Put Strategie in Abhängigkeit vom Aktienkurs am Verfalltag der Option:

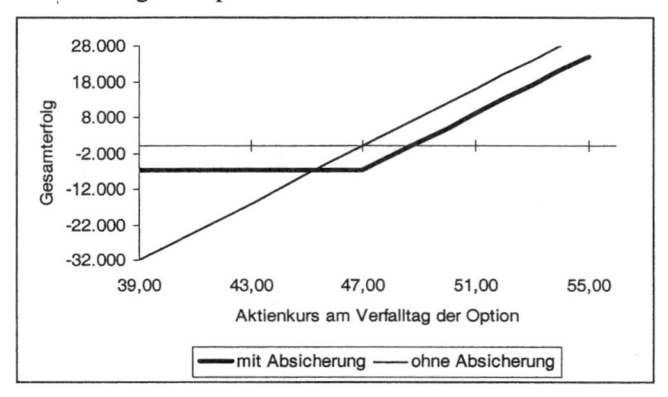

Abb. E.31: Protective Put Strategie für eine Einzelaktie (1:1 Fixed Hedge)

Für die Aktienposition mit Absicherung ergibt sich ein Break-Even-Aktienkurs von 48,72 €, d.h. bei darüber hinaus steigenden Aktienkursen liegt die Gesamtposition im Gewinn, wenngleich der Gewinn in diesem Fall aufgrund der gezahlten Optionsprämie von 1,72 € nicht so hoch ist, als wenn keine Absicherung vorgenommen worden wäre.

Falls dem Aktieninhaber in diesem Beispiel die Absicherungskosten zu hoch sind, könnte er beispielsweise den Kauf von Put-Optionen mit einem niedrigeren Basispreis von z.B. 44 € in Erwägung ziehen. Der Optionspreis ist dann etwas geringer und soll in diesem Beispiel 0,68 € betragen. Entsprechend verringert sich der gesamte Aufwand für den Optionskauf auf 2.720 € (= 40 Kontrakte · 68 € pro Kontrakt). Zu beachten ist allerdings, dass in diesem Fall Zahlungen aus der Put-Option auch erst ab einem Aktienkurs von unter 44 € erfolgen.

Die folgende Tabelle zeigt die entsprechenden Absicherungserfolge für (fast) die gleichen Szenarien des obigen Beispiels:

Aktienkurs	Gesamtwert Aktien	Erfolg Aktienposition	Wert eines Long-Put-Kontraktes	Gesamtwert Long-Put-Position	Gesamterfolg Aktien + Put inkl. Optionspreis
40,00	160.000	-28.000	400	16.000	-14.720
43,00	172.000	-16.000	100	4.000	-14.720
44,00	176.000	-12.000	0	0	-14.720
47,00	188.000	0	0	0	-2.720
47,68	190.720	2.720	0	0	0
49,00	196.000	8.000	0	0	5.280
50,00	200.000	12.000	0	0	9.280
52,00	208.000	20.000	0	0	17.280

Tab. E.31: Ergebnisse der Protective Put Strategie für eine Einzelaktie bei geringerem Basispreis (1:1 Fixed Hedge)

Wie auch in Tabelle E.30 ist in Tabelle E.31 zu beachten, dass beim Gesamterfolg noch die gezahlte Optionsprämie berücksichtigt ist. Deutlich wird, dass der Hedger in diesem Falle die möglichen Aktienkursrückgänge bis 44 € selbst tragen muss. Steigen die Aktienkurse an, so liegt sein Break-Even-Aktienkurs schon bei 47,68 €. Dies wird auch in der folgenden Abbildung gezeigt:

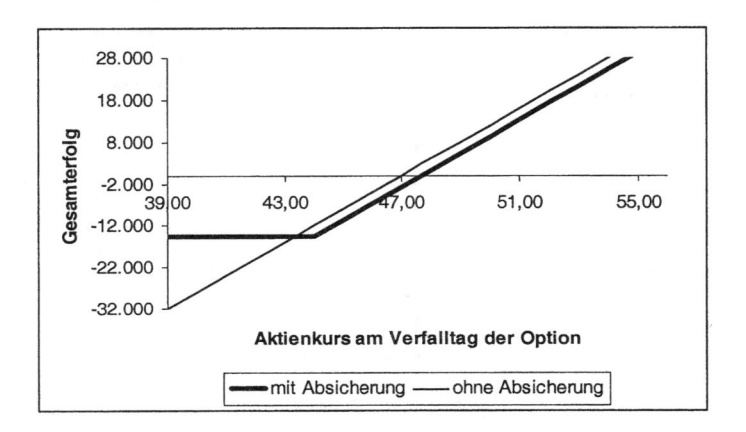

Abb. E.32: Protective Put Strategie für eine Einzelaktie bei geringerem Basispreis
(1:1 Fixed Hedge)

Eine in diesem Zusammenhang häufig genannte Strategie ist die sogenannte Covered Call Writing Strategie.[1] Dabei handelt es sich um eine Short Call Strategie, wobei die Marktteilnehmer bereits über die entsprechende Aktienposition verfügen. Hierbei handelt es sich aber nicht um eine Absicherungsstrategie, sondern lediglich um eine Verbesserung der Rendite des Aktienportfolios. Gleichwohl ist ein Vergleich beider Strategien von Interesse und soll anhand des obigen Beispiels vorgenommen werden.

Hinter der Covered Call Writing Strategie steht die Erwartung kaum steigender, sondern eher leicht fallender oder gleich bleibender Aktienkurse. Fallen die Aktienkurse, so wird der Call nicht ausgeübt und der Aktieninhaber behält seine Aktien. Bei nur leichten Aktienkursverlusten kann die erhaltene Optionsprämie die Verluste möglicherweise noch ausgleichen. Dies ist bei stark fallenden Aktienkursen allerdings nicht mehr gegeben, so dass von einer Absicherung gegen deutlich fallende Aktienkurse nicht die Rede sein kann. Bei steigenden Aktienkursen wird der Call ausgeübt, so dass der Aktieninhaber seine Aktien liefern muss. Der Preis, den der Aktieninhaber für die über den Call verkauften Aktien insgesamt erhält, ergibt sich aus dem Call-Basispreis und der erhaltenen Optionsprämie.

Verkauft in dem obigen Beispiel der Aktieninhaber 40 Call-Kontrakte (anstelle der Protective Put Strategie) bei einem Optionspreis von 2,53 € (bezieht sich auf nur 1 Aktie), so erhält er aus dem Optionsverkauf einen Betrag von 10.120 € (= 40 Kontrakte · 253 € pro Kontrakt).

Für die nachfolgenden Szenarien ergeben sich damit am Verfalltag der Option die folgenden Gesamterfolge:

---

[1] Zum Begriff des Covered Call Writing vgl. *Schäfer* (1995), S. 53.

Aktienkurs	Gesamtwert Aktien	Erfolg Aktienposition	Wert eines Short-Call-Kontraktes	Gesamtwert Short-Call-Position	Gesamterfolg Aktien + Call (inkl. Optionspreis)
30,00	120.000	-68.000			-57.880
40,00	160.000	-28.000	0	0	-17.880
43,00	172.000	-16.000	0	0	-5.880
44,47	177.880	-10.120	0	0	0
45,00	180.000	-8.000	0	0	2.120
47,00	188.000	0	0	0	10.120
49,00	196.000	8.000	-200	-8.000	10.120
52,00	208.000	20.000	-500	-20.000	10.120

Tab. E.32: Ergebnisse der Covered Call Writing Strategie für eine Einzelaktie

Die folgende Abbildung zeigt den Gesamterfolg dieser Covered Call Writing (CCW) Strategie in Abhängigkeit von der Aktienkursentwicklung am Verfalltag der Option:

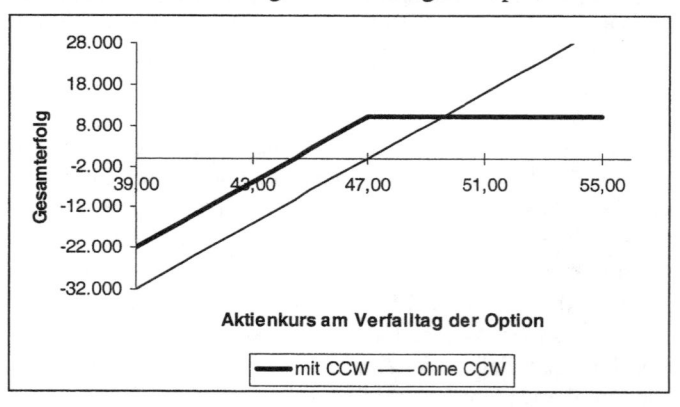

Abb. E.33: Covered Call Writing Strategie für eine Einzelaktie

Auch die Abbildung zeigt, dass bei stark fallenden Aktienkursen kein Ausgleich der Kursverluste durch die erhaltene Optionsprämie stattfindet. Insgesamt wird auch bei konstanten oder steigenden Aktienkursen der Gewinn auf die erhaltene Optionsprämie beschränkt.

Zum Vergleich der Protective Put (PP) Strategie mit der Covered Call Writing (CCW) Strategie kann die folgende Tabelle für das obige Beispiel herangezogen werden:

Aktienkurs	Erfolg mit PP	Erfolg mit CCW	Aktienerfolg ohne Absicherung
40,00	-6.880	-17.880	-28.000
42,75	-6.880	-6.880	-17.000
44,47	-6.880	0	-10.120
45,00	-6.880	2.120	-8.000
47,00	-6.880	10.120	0
48,72	0	10.120	6.880
49,00	1.120	10.120	8.000
51,25	10.120	10.120	17.000
52,00	13.120	10.120	20.000
55,00	25.120	10.120	32.000

Tab. E.33: Vergleich von PP- und CCW-Strategie

Die entsprechende Abbildung soll wiederum zur Veranschaulichung dienen:

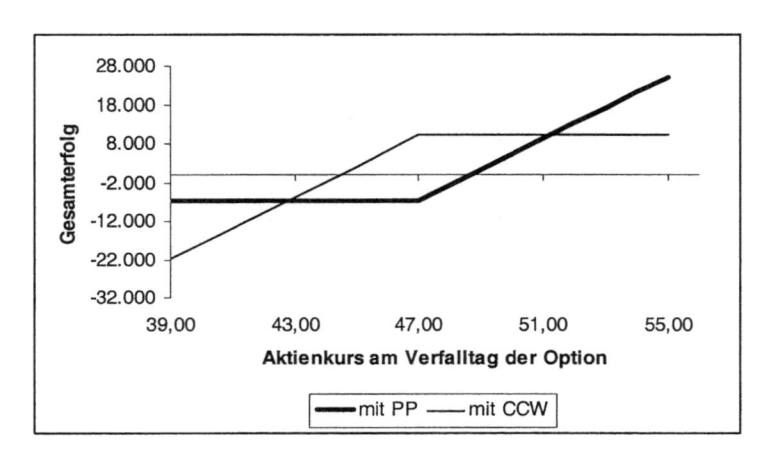

Abb. E.34: Vergleich von PP- und CCW-Strategie

Falls der Aktienkurs am Verfalltag genau bei 47 € liegt, ergibt sich bei der PP-Strategie ein Verlust je Aktie in Höhe des Optionspreises von 1,72 €, während die CCW-Strategie zu einem Gewinn je Aktie von 2,53 € (Vereinnahmung der Optionsprämie) führt. Insofern ist die CCW-Strategie bei konstantem Aktienkurs um 4,25 € (= 2,53 € + 1,72 €) besser als die PP-Strategie. Dieser Wert kann auch für einen Vorteilhaftigkeitsvergleich herangezogen werden. So ist die PP-

Strategie vorteilhafter als die CCW-Strategie, wenn der Aktienkurs über 51,25 € (= 47 € + 4,25 €) ansteigt oder unter 42,75 € (= 47 € - 4,25 €) fällt.

ab. Protective Put Strategie zur Absicherung von Portfolios (Portfolio Insurance)

Portfolio Insurance Konzepte beziehen sich – im Gegensatz zu den oben erläuterten Optionshandelsstrategien – regelmäßig auf Portfolios und nicht nur auf Einzelwerte. Das Ziel besteht dabei in der Teilnahme an steigenden Marktbewegungen bei gleichzeitiger Verlustbegrenzung im Fall sinkender Kurse. Da Portfolio Insurance-Konzepte einen wirksamen Schutz vor systematischen Kapitalmarktrisiken bieten können, stellen sie ein interessantes Instrument im Rahmen der Gesamtanlagekonzeption für Portfolios dar. Der Portfolio Insurance liegen Überlegungen einer asymmetrischen Renditeverteilung zugrunde, wie sie in Abbildung E.35 dargestellt werden.[1]

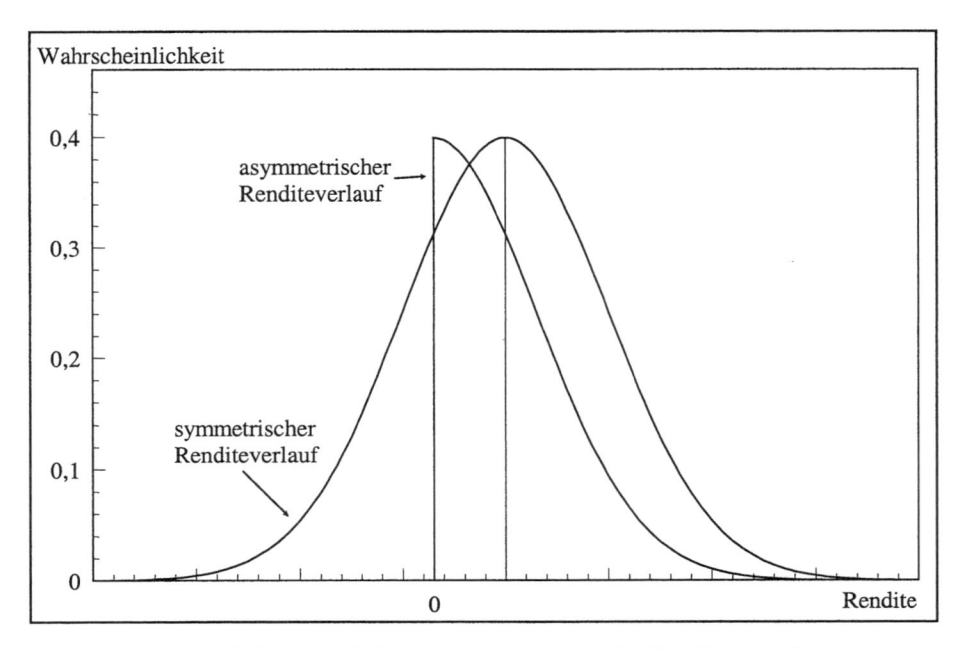

Abb. E.35: Symmetrische versus asymmetrische Renditeverteilung

Wie aus der Graphik einerseits zu erkennen ist, liegt die Verteilungsuntergrenze im dargestellten Fall der asymmetrischen Renditeverteilung bei Null, während bei der symmetrischen Verteilung eine negative Rendite möglich ist. Andererseits reichen die unter der asymmetrischen Verteilung möglichen positiven Renditen nicht an die maximal möglichen Renditen der Normalverteilung heran. Dies gilt zumindest für Portfolio Insurance Strategien, die auf der Verwendung von Optionen basieren.

---

[1] Vgl. die Erläuterungen zu den asymmetrischen Risikomaßen in Kapitel A.

Hinsichtlich der zu betrachtenden Portfolios lassen sich solche mit zinsinduzierten Risiken und solche mit Preisrisiken unterscheiden. Bei Portfolios mit zinsinduzierten Risiken ist an Anleiheportfolios zu denken, die in erster Linie dem Zinsänderungsrisiko ausgesetzt sind.[1] Preisrisiken in Form von Marktpreisänderungen dominieren i.d.R. bei Aktien- und Optionsscheinportfolios.[2] Der bedeutendste Anwendungsbereich für Portfolio Insurance Techniken liegt bei Aktienportfolios, da die Gefahr und besonders das Ausmaß unerwünschter Marktentwicklungen bei Aktien besonders ausgeprägt ist.

Neben sogenannten Stop-Loss-, Constant-Proportion Portfolio Insurance- (CPPI-) und Time-Invariant Portfolio Protection- (TIPP-) Strategien kommen vor allem Strategien mit Optionen in Betracht.[3] Dabei ist die Verwendung von Puts zur Portfolioabsicherung gegen mögliche Kursverluste als Basismöglichkeit der Implementierung einer Portfolio Insurance Strategie anzusehen. Die im vorangegangenen Abschnitt am Beispiel einer Einzelaktie bereits vorgestellte Protective Put Strategie führt zu einem schon im Anlagezeitpunkt bekannten Portfolio-Mindestwert während der gesamten Anlageperiode. Dieser besteht in Höhe des Basispreises abzüglich des Optionspreises und der mit dem Put-Kauf verbundenen Transaktionskosten. Im Fall eines am Verfalltag unter dem Basispreis liegenden Portfoliowerts wird der Put-Kontrakt ausgeübt. Die Implikationen einer solchen Strategie sind graphisch in Abbildung E.36 dargestellt. Dabei entspricht der mit V bezeichnete Punkt dem Einstiegskurs der Aktienanlage und dem Basispreis des Puts.

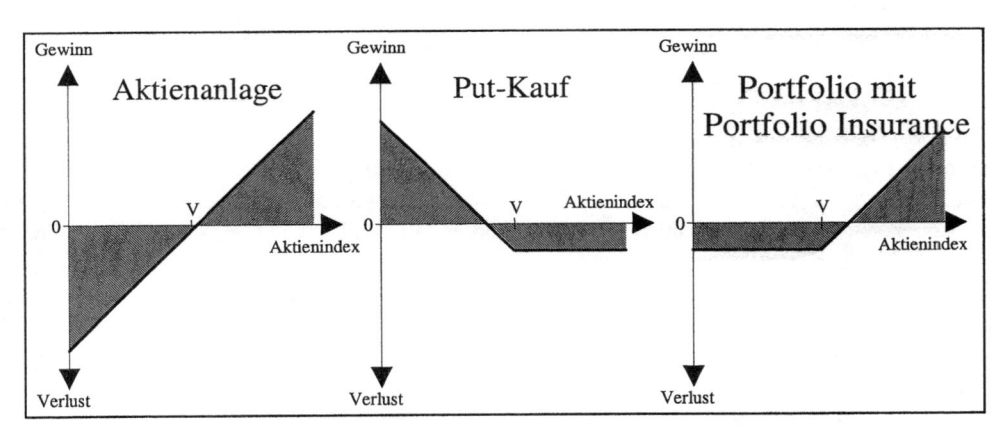

Abb. E.36: Portfolio Insurance mit einem Protective Put

Grundsätzlich bestehen zwei Alternativen bezüglich der Portfolio Insurance mit Puts. Zum einen können Index-Puts erworben werden, die von der Gesamtmarktentwicklung (Index) abhängen. Ein solcher Fall ist in der obigen Graphik dargestellt. Diese Absicherungsvariante ist nur sinnvoll, wenn das gehaltene Portfolio in seiner Zusammensetzung und Gewichtung ungefähr dem

---

[1] Vgl. *Bühler* (1993), S. 73.
[2] Die Implementierung einer Portfolio Insurance Strategie für Optionsscheinportfolios zeigt *Zwirner* (1992), S. B5f.
[3] Zu den Portfolio-Insurance-Methoden ohne Derivate vgl. Kapitel C.IV.8.

Index entspricht, auf den sich der Put bezieht. Liegt keine entsprechende Übereinstimmung von Index und Portfolio vor, dann kann ein Tracking Error entstehen.

Zum anderen kann der Kauf von Puts für jede einzelne im Portfolio gehaltene Aktie betrachtet werden (vgl. den vorherigen Abschnitt). Diese Strategie kann u. U. zu erheblichen Unterschieden in der Portfolioperformance im Vergleich zur Strategie mit Index-Puts führen.[1] Denn ein Portfolio aus Optionen weist nicht die Eigenschaften eines Aktienportfolios auf. Voraussetzung für den Einsatz dieses Konzeptes ist das Vorhandensein von Optionen auf die im Portfolio gehaltenen Aktien. Zudem erfordert der Kauf einzelner Aktien-Puts mehr Zeitaufwand und höhere Transaktionskosten. Da Indizes aufgrund ihres Diversifikationsgrades weniger schwanken als Aktien, sind Indexoptionen i.d.R. kostengünstiger als Optionen auf einzelne Aktien.

Beiden Strategien gemeinsam ist das Laufzeitproblem. Der Planungshorizont für das zu managende Portfolio ist i.d.R. länger als die Laufzeit von Index- bzw. Aktienoptionen. Um das Portfolio dauerhaft gegen unerwünschte Marktentwicklungen abzusichern, müssen nach dem Auslaufen der alten Optionen neue Kontrakte erworben werden. Dieser Vorgang wird als 'Rolling Hedge' bezeichnet, da die entsprechenden Optionen bei Verfall in die nächste Optionsposition hinübergerollt (roll over) werden. Allerdings verliert dieses Problem etwas an Bedeutung, da an den Terminbörsen auch Long-Term Options gehandelt werden, die eine Laufzeit von mehreren Jahren besitzen können.[2]

Anhand eines Beispiels wird im folgenden die Implementierung einer Portfolio Insurance Strategie mit Protective Puts veranschaulicht.[3] Dabei wird von einem Portfolio im Wert von 4.200.000,- EUR ausgegangen, das in seiner Zusammensetzung und Gewichtung dem Deutschen Aktienindex (DAX) entspricht. Das Portfolio-Beta besitzt folglich den Wert eins. Der Planungszeitraum beträgt alternativ 6 Monate und 18 Monate. Für jeden der beiden Fälle werden zwei verschiedenartige Kursentwicklungen des DAX unterstellt, wobei der DAX-Stand zu Beginn mit 7.000 Punkten angenommen wird. Somit werden insgesamt vier Fälle betrachtet. Von Transaktionskosten wird abstrahiert. Im Fall eines Planungshorizonts von sechs Monaten wird ein sechsmonatiger DAX-Put mit Basispreis 7.000 gekauft. Im Fall eines Planungshorizonts von 18 Monaten soll ein Rolling Hedge durchgeführt werden. Dies geschieht in diesem Beispiel mit drei sechsmonatigen DAX-Verkaufsoptionen.

Die Anzahl der zu kaufenden Puts ergibt sich allgemein zu

$$\frac{\text{Portfoliowert (in EUR)}}{\text{Indexstand} \cdot 5 \text{ EUR}} \cdot \text{Beta}_{\text{Portfolio}} \cdot$$

---

[1] Vgl. *Zurack* (1989), S. 108ff.
[2] An der Eurex werden beispielsweise Aktienoptionen auf deutsche Basistitel mit Laufzeiten bis zu 60 Monaten gehandelt.
[3] Vgl. *Beilner* (1989), S. 418.

Daraus folgt für die Beispieldaten: $\dfrac{4.200.000 \text{ EUR}}{7.000 \cdot 5 \text{ EUR}} \cdot 1 = 120$.

Dabei wird unterstellt, dass der Kontraktgegenwert des DAX-Put dem fünffachen Indexstand entspricht, d.h. 5 EUR pro Indexpunkt. Es sollen nun 120 Puts gekauft werden. Mit Hilfe der Black-Scholes-Formel ergibt sich bei den angenommenen Inputdaten (Basispreis = 7.000, σ = 18%, stetiger r_f = 3,5%, t = 0,5) ein Putpreis von 295,- EUR, der zur Ermittlung des Kontraktgegenwertes noch mit 5 EUR zu multiplizieren ist. In dem Beispiel wird unterstellt, dass der Gesamtaufwand für den Put, der in t_0 zu leisten ist, vom Portfoliowert abgezogen wird und somit für eine Anlage nicht mehr zur Verfügung steht. Das Portfolio soll aber weiterhin in seiner Struktur dem DAX entsprechen. Folgendes Tableau gibt die anfallenden Zahlungsströme wieder:

	t_0	$t_{6 \text{ Monate}}$
DAX	7.000	8.400
Portfolio-Wert (ohne Put)	4.200.000 EUR	5.040.000 EUR
Put-Wert	295 EUR	0
Wert der Put-Position	177.000 EUR*	0
Portfolio-Wert abzüglich Put	4.023.000 EUR	---
Portfolio-Wert in $t_{6 \text{ Monate}}$	---	4.827.600 EUR**
* = 295 · 120 · 5; damit belaufen sich die Kosten der Absicherung in Abhängigkeit vom eingesetzten Portfoliowert in Höhe von 4.200.000 EUR auf 4,21%.		
** = 4.023.000 · 1,20, da auch der DAX um 20% gestiegen ist.		

Tab. E.34: Protective Put bei sechsmonatigem Planungshorizont und steigendem DAX

In diesem Fall errechnet sich für $t_{6 \text{ Monate}}$ eine Gesamtrendite von 14,94% auf den Ausgangsbetrag von 4.200.000 EUR. Ohne Portfolio Insurance hätte die Rendite 20% betragen. Die Portfolio Insurance hat damit die Gesamtrendite um 5,06 %-Punkte vermindert. Bei fallendem DAX ergeben sich folgende Werte:

	t_0	$t_{6\text{ Monate}}$
DAX	7.000	5.600
Portfolio-Wert (ohne Put)	4.200.000 EUR	3.360.000 EUR
Put-Wert	295 EUR	1.400 EUR*
Wert der Put-Position	177.000 EUR	840.000 EUR**
Portfolio-Wert abzüglich Put	4.023.000 EUR	---
Portfolio-Wert in $t_{6\text{ Monate}}$	---	4.058.400 EUR***
*	= 7.000 – 5.600	
**	= 1.400 · 120 · 5	
***	= 4.023.000 EUR · 0,80 + 840.000 EUR (der DAX fiel ebenfalls um 20%)	

Tab. E.35: Protective Put bei sechsmonatigem Planungshorizont und fallendem DAX

Die Rendite des abgesicherten Portfolios beträgt in diesem Fall -3,37%, bezogen auf 4.200.000 EUR. Bei Verzicht auf die Portfolio Insurance hätte die Rendite allerdings -20% betragen.

Im folgenden wird der Planungshorizont von 1,5 Jahren betrachtet. Nach Ablauf der ersten Optionsfrist von sechs Monaten wird eine neue sechsmonatige Option erworben. Nach wiederum sechs Monaten wird schließlich ein weiterer sechsmonatiger Put gekauft, so dass insgesamt 18 Monate abgesichert sind. Es werden jeweils at-the-money-Puts gekauft. Die verwendeten Put-Preise entsprechen näherungsweise den Black & Scholes Optionspreisen.[1] Ferner wird unterstellt, dass Zahlungen für die Put-Käufe wiederum zu Lasten des Portfolios erfolgen. Zu berücksichtigen ist dabei im Falle ansteigender Aktienkurse, dass die Put-Positionen am Verfalltag jeweils keinen Wert mehr haben, da der DAX-Stand jeweils über dem Basispreis des DAX-Put liegt.

---

[1] Inputdaten der Optionsbewertung jeweils: $\sigma = 18\%$, stetiger $r_f = 3,5\%$, t = 0,5, Basispreise = 7.000, 8.400, 9.240 bzw. 7.000, 5.600, 5.040.

	t_0	$t_{6\text{ Monate}}$	$t_{12\text{ Monate}}$	$t_{18\text{ Monate}}$
DAX-Stand	7.000	8.400	9.240	9.702
Portfolio-Wert ohne Put	4.200.000	5.040.000	5.544.000	5.821.200
Portfolio-Wert vor Kauf neuer Puts	4.200.000	4.827.600	5.086.455	5.116.130
Anzahl neu zu kaufender Puts	120	114,942857	110,096429	---
Anzahl neu zu kaufender Puts (gerundet)	120	115	110	---
Optionspreis der neu zu kaufenden Puts	295	354	389	---
Wert der neu zu kaufenden Puts	177.000	203.550	213.950	---
Optionspreis der fälligen Puts	---	0	0	0
Wert der fälligen Put-Position	---	0	0	0
Portfolio-Wert nach Put-Kauf	4.023.000	4.624.050	4.872.505	---

Tab. E.36: Protective Put bei 18-monatigem Planungshorizont und steigendem DAX

Bezieht man den Portfolio-Wert unter Berücksichtigung von Put-Transaktionen am Ende des Betrachtungszeitraums auf das eingesetzte Anfangskapital von 4.200.000, so ergibt sich eine Rendite dieses mittels Portfolio Insurance abgesicherten Portfolios von 21,81% (auf 18 Monate gerechnet) ergeben. Ein ungesichertes Portfolio hätte eine Rendite von 38,60% erzielt. Bei sinkendem DAX sieht das Tableau wie folgt aus:

	t_0	$t_{6\text{ Monate}}$	$t_{12\text{ Monate}}$	$t_{18\text{ Monate}}$
DAX-Stand	7.000	5.600	5.040	4.788
Portfolio-Wert ohne Put	4.200.000	3.360.000	3.024.000	2.872.800
Portfolio-Wert vor Kauf neuer Puts	4.200.000	4.058.400	3.904.570	3.748.557
Anzahl neu zu kaufender Puts	120	144,942857	154,943254	---
Anzahl neu zu kaufender Puts (gerundet)	120	145	155	---
Optionspreis der neu zu kaufenden Puts	295	236	212	---
Wert der neu zu kaufenden Puts	177.000	171.100	164.300	---
Optionspreis der fälligen Puts	---	1.400	560	252
Wert der fälligen Put-Position	---	840.000	406.000	195.300
Portfolio-Wert nach Put-Kauf	4.023.000	3.887.300	3.740.270	---

Tab. E.37: Protective Put bei 18-monatigem Planungshorizont und fallendem DAX

Die Gesamtrendite für die 18 Monate beträgt mit Portfolio Insurance -10,75% (3.748.557 / 4.200.000 - 1). Demgegenüber hätte ein ungesichertes Portfolio einen Verlust von 31,60% aufzuweisen. Die Ergebnisse sind der unten stehenden Gesamtübersicht zu entnehmen.

	6 Monate		18 Monate	
DAX-Entwicklung	+ 20%	- 20%	+ 38,6%	- 31,6%
Mit Portfolio Insurance	+ 14,94%	- 3,37%	+ 21,81%	- 10,75%
Ohne Portfolio Insurance	+ 20%	- 20%	+ 38,6%	- 31,6%

Tab. E.38: Zusammenfassung der Ergebnisse der Protective Put-Strategie.

Insgesamt ist dem Ergebnistableau zu entnehmen, dass durch eine Portfolio Insurance Strategie mit Protective Puts eine wirksame 'downside protection' bei gleichzeitiger 'upside participation' gewährleistet ist.

Ein Vorteil einer Portfolio Insurance Strategie mit Protective Puts liegt in der im Planungszeitpunkt gegebenen Bekanntheit der Transaktionskosten. Damit ist auch der Portfoliomindestwert im Planungszeitpunkt genau bekannt. Dies gilt allerdings nur, wenn kein Rolling Hedge durchgeführt werden muss. Denn in diesem Fall hängen die Transaktionskosten, und somit das Absicherungsergebnis, von der Entwicklung des Aktienmarktes ab. Ansonsten bedarf die Strategie keiner Revision während der Laufzeit.[1]

Hinsichtlich des Absicherungsumfanges können verschiedene Abstufungen je nach Risikotoleranz des Anlegers vorgenommen werden. Im einfachsten Fall des Protective Put ist ein Full Coverage vorgesehen, d.h. der gesamte Portfoliowert wird durch einen Put-Kauf abgesichert. Zudem kann durch die Wahl des Basispreises im Fall der Absicherung mit Index-Puts eine den individuellen Vorstellungen gemäße Portfoliowertuntergrenze festgelegt werden.

Dennoch ist die Protective Put Strategie nicht problemlos. Die an Optionsmärkten gehandelten Optionen eignen sich oft nicht uneingeschränkt zur Verwendung im Rahmen einer Portfolio Insurance Strategie. Mehrere Gründe sprechen gegen ihre Verwendung:[2] Zunächst entsprechen die Optionslaufzeiten häufig nicht dem Planungshorizont einer Portfolio Insurance Strategie, da sie oftmals nur relativ kurze Laufzeiten aufweisen.[3] Darüber hinaus handelt es sich bei gehandelten Optionen i.d.R. um amerikanische Optionen, die i.a. teurer sind als die benötigten europäischen Optionen. Ferner bestehen an manchen Optionsbörsen Positionslimite, so dass keine vo-

---

[1] Vgl. *Leland* (1988), S. 81.
[2] Vgl. *O'Brien* (1988), S. 40f.
[3] An der Eurex sind mittlerweile allerdings auch Optionen auf Aktien und auf den DAX mit einer Laufzeit von bis zu 60 Monaten verfügbar.

lumenkongruente Absicherung gewährleistet ist.[1] Schließlich führt die Kontraktstandardisierung zu Basispreisen, die oft nicht den gewünschten Werten entsprechen.

ac. Portfolio Insurance mit Calls

Auch unter Verwendung von Kaufoptionen lässt sich Portfolio Insurance betreiben. Dazu werden Long Calls mit Festzinsanlagen kombiniert. Im Ergebnis lässt sich daraus das gleiche Gewinn-/Verlustdiagramm konstruieren, wie beim Protective Put.[2] Werden als Festzinsanlage z.B. Zerobonds mit einer dem Planungszeitraum entsprechenden Restlaufzeit gewählt, so bildet der Tilgungsbetrag der Zerobonds am Ende des Planungszeitraums den Portfoliomindestwert. Die Möglichkeit, an zwischenzeitlich gestiegenen Aktienkursen zu partizipieren, wird gleichzeitig durch den Erwerb von Calls gewährleistet. Dabei können sowohl Aktienindex-Calls, als auch Calls auf einzelne Aktien erworben werden. Sollte der Planungshorizont des Portfolios länger sein als die maximale Laufzeit der Calls, so muss ein Rolling Hedge durchgeführt werden. Die Vorgehensweise entspricht derjenigen beim Protective Put. In Abbildung E.37 sind die zugehörigen Wertverlaufslinien der einzelnen Transaktionen dargestellt.

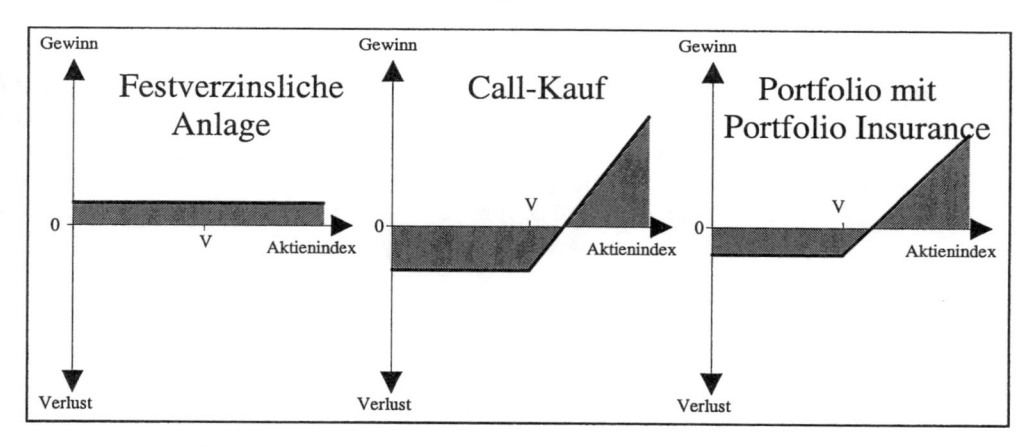

Abb. E.37: Portfolio Insurance mit Calls und einer Festzinsanlage

Bei einem Ausgangsbetrag von 1.000.000,- EUR, einem Zinssatz von 5% und einem Planungshorizont von zwölf Monaten, müssen unter Vernachlässigung von Transaktionskosten genau 952.380,95 EUR (= 1.000.000 / 1,05) in einen Zerobond investiert werden, um einen Portfolioendwert von 1.000.000,- EUR in zwölf Monaten zu gewährleisten. Der Restbetrag von 47.619,05 EUR wird in Index-Calls mit zwölfmonatiger Restlaufzeit angelegt. Im ungünstigsten Fall verfallen die Calls in zwölf Monaten, wenn der Aktienindex nicht oberhalb des Basispreises liegt. Es verbleibt somit der Portfoliowert von 1.000.000,- EUR. Im günstigeren Fall übersteigt der Aktienindex im Verfallzeitpunkt den Basispreis, so dass die Calls ausgeübt werden und den Portfolioendwert über 1.000.000,- EUR anheben. Um c.p. einen größeren Gewinn als bei einer reinen

---

[1] Vgl. *Gastineau* (1988), S. 308.
[2] Vgl. *O'Brien* (1988), S. 42 und *Leland* (1980), S. 583f.

Festzinsanlage von 1.000.000,- EUR zu erzielen, muss der Erlös aus der Optionsposition nach einem Jahr mindestens 50.000,-- EUR (= 1.000.000 · 0,05) erreichen.

Die dargestellte Strategie ist auch unter der Bezeichnung 90/10-Strategie bekannt. Damit ist die Portfolioaufteilung zu 90% auf die risikolose Anlage (Festzinsanlage) und zu 10% auf die risikobehaftete Anlage (Calls) gemeint.[1] Das Aufteilungsverhältnis von 90 zu 10 Prozent muss nicht genau eingehalten werden, sondern kann gemäß den individuellen Vorstellungen des Investors festgelegt werden. Der im Ausgangszeitpunkt in die Festzinsanlage (FA) zu investierende Betrag entspricht dem Barwert des Floors F, wobei F mit dem risikolosen Zinssatz r_f für den betrachteten Zeitraum t abgezinst wird [$FA_t = F \cdot (1 + r_f)^{-t}$].

Die mit den Kontraktspezifikationen zusammenhängenden Probleme, die bereits beim Protective Put dargestellt wurden, treffen in gleicher Weise auch für die Portfolio Insurance Strategie mit Calls zu.

b. Delta-Hedging

Zur Angleichung des im Rahmen eines 1:1 Fixed-Hedge ermittelten Mengenverhältnisses an die tatsächliche Optionssensitivität kann der Delta-Faktor der Option herangezogen werden. Da der Deltawert die Änderung des Optionspreises im Verhältnis zur Kursveränderung des Basiswertes darstellt, kann die Anzahl der benötigten Optionskontrakte mit Hilfe der folgenden Formel berechnet werden, wobei es sich um den Einsatz von Put-Optionen zum Zwecke der Absicherung handelt:[2]

$$\text{Anzahl der benötigten Optionskontrakte} = \frac{\text{Anzahl der Aktien im Portfolio}}{\text{Anzahl der Aktien pro Kontrakt}} \cdot \frac{1}{-\text{Optionsdelta}}.$$

Für das Hedging mit Call-Optionen gilt entsprechend:

$$\text{Anzahl der benötigten Optionskontrakte} = \frac{\text{Anzahl der Aktien im Portfolio}}{\text{Anzahl der Aktien pro Kontrakt}} \cdot \frac{1}{\text{Optionsdelta}}.$$

Da das Mengenverhältnis in diesem Fall zwar das Optionsdelta berücksichtigt, dennoch aber zu Beginn der Absicherungsperiode festgelegt wird und bis zur Auflösung der Hedge-Position am Ende des Planungshorizontes nicht verändert wird, kann hier grundsätzlich ebenfalls von einem Fixed-Hedge gesprochen werden, der auch als Fixed-Delta-Hedge bezeichnet werden kann.[3]

Zur Veranschaulichung soll wiederum auf das obige Beispiel zurückgegriffen werden. Im Portfolio befinden sich 4.000 Aktien eines Titels, wobei der Aktienkurs 47 € beträgt. Mithin ergibt sich

---

[1] Vgl. *Zurack* (1989), S. 112; *Tilley/Latainer* (1985), S. 33f.
[2] Vgl. *Doerks/Meyer* (1995), S. 804.
[3] Vgl. *Schierenbeck* (2001b), S. 247.

ein Gesamtwert für die Aktienposition von 188.000 €. Zur Absicherung wird wiederum die Protective Put Strategie eingesetzt (Basispreis des Puts = 47 €, Put-Optionspreis = 1,72 €, Preis pro Optionskontrakt = 172 €). Das Put-Delta soll sich in diesem Fall auf -0,41635 belaufen, so dass sich die Anzahl zu kaufender Kontrakte wie folgt ergibt:

$$\text{Anzahl zu kaufender Put-Kontrakte} = \frac{4.000}{100} \cdot \frac{1}{-(-0,41635)} = 96,07302 = 96 \text{ Kontrakte}.$$

Betrachtet werden soll nun – anders als bei der obigen Betrachtungsweise – die Situation ein Tag nach dem Put-Kauf. Hierzu ergeben sich die folgenden Daten, wobei bei den Optionspreisen unterstellt wird, dass sämtliche Einflussfaktoren auf den Optionspreis mit Ausnahme der Restlaufzeit (die sich um einen Tag verringert) konstant bleiben:

Gesamtwert Aktien 1 Tag später	Erfolg Aktienposition	Optionspreis	Wert eines Optionskontraktes	Gesamtwert Optionsposition	Gesamterfolg
220.000	32.000	0,15	15	1.440	16.928
208.000	20.000	0,42	42	4.032	7.520
200.000	12.000	0,77	77	7.392	2.880
192.000	4.000	1,34	134	12.864	352
188.000	0	1,72	172	16.512	0
184.000	-4.000	2,17	217	20.832	320
176.000	-12.000	3,31	331	31.776	3.264
168.000	-20.000	4,74	474	45.504	8.992
160.000	-28.000	6,42	642	61.632	17.120
152.000	-36.000	8,27	827	79.392	26.880
140.000	-48.000	11,20	1.120	107.520	43.008

Tab. E.39: Ergebnisse der PP-Strategie (Fixed-Delta-Hedge)

Beispielsweise ergibt sich der Gesamtwert der Optionsposition von 1.440 € bei einem Aktien-Gesamtwert von 220.000 € durch Multiplikation der 96 Kontrakte mit 15 € pro Kontrakt. Der Gesamterfolg beläuft sich in diesem Fall auf 16.928,00 € [= 32.000 € + 1.440 € – 16.512 €], wobei es sich bei den 16.512 € (= 96 Kontrakte · 172 € pro Kontrakt) um die gezahlte Optionsprämie handelt.

Auffällig ist zunächst einmal, dass der Gesamterfolg immer größer oder gleich Null ist. Bei einem Anstieg des Wertes der Aktienposition auf z.B. 220.000 € würde sich allerdings bei einem 1:1 Fixed-Hedge ein Gesamterfolg von 25.720,00 € ergeben [= 32.000 € + 15 € pro Kontrakt · 40 Kontrakte – 6.880 €], wobei es sich bei den 6.880 € (= 40 Kontrakte · 172 € pro Kontrakt) wiederum um die gezahlte Optionsprämie handelt. Offenbar ist in dem Fall eines Anstiegs der Aktienkurse die Absicherung zu umfangreich. Der Grund dafür liegt in dem Deltawert von -0,41635, der zu einer sehr hohen Put-Anzahl führt. Ein 1:1 Hedge bzw. gar kein Hedge wäre in diesem Fall besser gewesen, was natürlich erst im nachhinein feststellbar ist.

Im Falle sinkender Aktienkurse ist die Fixed-Delta-Hedge-Strategie jedoch weitaus erfolgreicher als ein 1:1 Fixed Hedge. Wird allerdings von dem Hedging-Ziel ausgegangen, dass die abzusichernde und die absichernde Position möglichst wertmäßig gleiche, aber entgegengesetzte Wertentwicklungen aufweisen, so sollte auch die Veränderung des Deltas bei veränderten Basiswert-Kursen mit in die Überlegungen einbezogen werden. Somit wird sich in diesen Fällen auch die Anzahl einzusetzender Kontrakte mit dem Delta verändern. Erfolgt eine entsprechende Anpassung der absichernden Optionsposition, so kann von einem Dynamischen-Delta-Hedge gesprochen werden.[1] Diese dynamische Hedging-Alternative soll im Gegensatz zur statischen Vorgehensweise beim Fixed-Hedge dafür sorgen, dass auch während der Laufzeit die Gesamtposition stets kongruent abgesichert ist.

Wie bereits angedeutet, wird im Grundsatz beim Dynamischen-Delta-Hedging die Anzahl der pro Aktie gekauften Puts ständig anhand des Deltawerts der Option angepasst. Auf diese Weise ist sichergestellt, dass zu jeder Zeit ein Kursverlust bei der Aktie durch einen gleich hohen absoluten Kursgewinn des Puts ausgeglichen wird. In diesem Fall wird auch von Deltaneutralität der Gesamtposition gesprochen. Da mit sich veränderndem Aktienkurs auch der Deltawert variiert, bedarf es zur Durchführung des Dynamischen Delta-Hedgings einer theoretisch stetigen Positionsveränderung. Die jeweils zu haltende Anzahl an Kontrakten ergibt sich im Falle des Einsatzes von Put-Optionen wie beim statischen Fixed-Delta-Hedge zu:

$$\text{Anzahl der benötigten Optionskontrakte} = \frac{\text{Anzahl der Aktien im Portfolio}}{\text{Anzahl der Aktien pro Kontrakt}} \cdot \frac{1}{-\text{Optionsdelta}}.$$

Für das Hedging mit Call-Optionen gilt wiederum:

$$\text{Anzahl der benötigten Optionskontrakte} = \frac{\text{Anzahl der Aktien im Portfolio}}{\text{Anzahl der Aktien pro Kontrakt}} \cdot \frac{1}{\text{Optionsdelta}}.$$

Offenbar entspricht die Formel beim Dynamischen-Delta-Hedging jener beim Fixed-Hedge. Allerdings ist darauf zu achten, dass im Unterschied zum Fixed-Hedge beim Dynamischen-Delta-Hedging eine ständige Neuberechnung der optimalen Kontraktanzahl erforderlich ist.

Zur Verdeutlichung dieser Strategie wird wiederum auf das obige Beispiel zurückgegriffen, wobei zunächst von einer kontinuierlich fallenden Aktienkursentwicklung ausgegangen werden soll. Dabei soll es sich jeweils um die Aktienkurse der kommenden Tage handeln, d.h. im Verlauf nimmt die Restlaufzeit der Option von 180 Tagen (beim Aktienkurs von 47 €) auf 174 Tage (beim Aktienkurs von 35 €) ab. Die Ergebnisse können den beiden nachfolgenden Tabellen ent-

---

[1] Vgl. *Schierenbeck* (2001b), S. 248.

nommen werden, wobei unterstellt wird, dass im Anschluss an die aufgeführten Aktienkursänderungen jeweils eine Anpassung der Kontraktanzahl erfolgt:

Aktienkurs-Entwicklung	Optionspreis	Wert eines Options-kontraktes	Put-Delta	Anzahl Kontrakte	Kauf (+) / Verkauf (-) Kontrakte
47,00	1,72	172	-0,41635	96	96
46,00	2,17	217	-0,49201	81	-15
44,00	3,31	331	-0,64661	61	-20
42,00	4,74	474	-0,78614	50	-11
40,00	6,43	643	-0,89115	44	-6
38,00	8,28	828	-0,95517	41	-3
35,00	11,22	1.122	-0,99271	40	-1

Tab. E.40: Ergebnisse der PP-Strategie (Dynamisches-Delta-Hedging) bei kontinuierlich fallenden Aktienkursen, Teil 1

Aktienkurs-Entwicklung	Cash Flow aus Kauf / Verkauf Kontrakte	kumulierter Cash Flow Options-position	Wert der noch vorhandenen Options-position	Erfolg Aktien-position	Gesamterfolg
47,00	-16.512	-16.512	16.512	0	0
46,00	3.255 *	-13.257	17.577 **	-4.000	320 ***
44,00	6.620 ****	-6.637	20.191 *****	-12.000	1.554 ******
42,00	5.214	-1.423	23.700	-20.000	2.277
40,00	3.858	2.435	28.292	-28.000	2.727
38,00	2.484	4.919	33.948	-36.000	2.867
35,00	1.122	6.041	44.880	-48.000	2.921

*	3.255 € = 15 verkaufte Kontrakte · 217 €/Kontrakt
**	17.577 € = 81 Kontrakte · 217 €/Kontrakt
***	320 € = - 4.000 € + 17.577 € - 13.257 €
****	6.620 € = 20 verkaufte Kontrakte · 331 €/Kontrakte
*****	20.191 € = 61 Kontrakte · 331 €/Kontrakt
******	1.554 € = - 12.000 € + 20.191 € - 6.637 €

Tab. E.41: Ergebnisse der PP-Strategie (Dynamisches-Delta-Hedging), bei kontinuierlich fallenden Aktienkursen, Teil 2

Für den Fall kontinuierlich gestiegener Aktienkurse finden sich die Ergebnisse des Dynamischen-Delta-Hedgings in den beiden folgenden Tabellen wieder, wobei wiederum davon ausgegangen wird, dass im Anschluss an die aufgeführten Aktienkursänderungen jeweils eine Anpassung der Kontraktanzahl erfolgt:

Aktienkurs-Entwicklung	Optionspreis	Wert eines Optionskontraktes	Put-Delta	Anzahl Kontrakte	Kauf (+) / Verkauf (-) Kontrakte
47,00	1,72	172	-0,41635	96	96
48,00	1,33	133	-0,34559	115	19
50,00	0,77	77	-0,22361	178	63
52,00	0,41	41	-0,13337	299	121
54,00	0,21	21	-0,07354	543	244
56,00	0,10	10	-0,03763	1.062	519
60,00	0,02	2	-0,00813	4.920	3.858

Tab. E.42: Ergebnisse der PP-Strategie (Dynamisches-Delta-Hedging), bei kontinuierlich steigenden Aktienkursen, Teil 1

Aktienkurs-Entwicklung	Cash Flow aus Kauf / Verkauf Kontrakte	kumulierter Cash Flow Optionsposition	Wert der noch vorhandenen Optionsposition	Erfolg Aktienposition	Gesamterfolg
47,00	-16.512	-16.512	16.512	0	0
48,00	-2.527	-19.039	15.295	4.000	256
50,00	-4.851	-23.890	13.706	12.000	1.816
52,00	-4.961	-28.851	12.259	20.000	3.408
54,00	-5.124	-33.975	11.403	28.000	5.428
56,00	-5.190	-39.165	10.620	36.000	7.455
60,00	-7.716	-46.881	9.840	52.000	14.959

Tab. E.43: Ergebnisse der PP-Strategie (Dynamisches-Delta-Hedging), bei kontinuierlich steigenden Aktienkursen, Teil 2

Beim Dynamischen-Delta-Hedging ergeben sich allerdings zwei gravierende Probleme: Zum einen sind Umschichtungen bzw. Mengenanpassungen immer mit Transaktionskosten verbunden, so dass ein solches Delta-Hedging sehr kostspielig sein kann. Dies wird auch anhand des Beispiels deutlich, da die Transaktionskosten für diese Absicherungsstrategie angesichts der relativ hohen Umschichtungserfordernisse deutlich ins Gewicht fallen dürften.

Zum anderen sind die Kontraktgrößen standardisiert. Ein aufgrund des Deltawerts berechneter Optionsanteil wird häufig ungerade sein und nicht mit der handelbaren Kontraktgröße übereinstimmen. Dies betrifft insbesondere volumensmäßig kleinere Portfolios. Würde im obigen Beispiel das Portfolio nicht 4.000, sondern nur 400 Aktien umfassen, so würde sich beim Delta-Hedging zum Absicherungsbeginn eine Kontraktzahl von 9,607 ergeben. Einzusetzen wären in diesem Fall entweder 9 oder 10 Put-Kontrakte. Somit besteht dann keine exakte Übereinstimmung zwischen Absicherungs- und Kontraktvolumen.

Hinzu kommt noch, dass ein Delta-Hedging keinen Schutz gegen volatilitäts- oder zeitwertinduzierte Preisminderungen des Puts bietet. Die gehedgte Gesamtposition sieht sich somit einem sicheren Zeitwertverlust entgegen. Um diesem Problem auszuweichen, empfiehlt es sich, nicht nur Long Optionen zum Hedging zu verwenden, sondern auch mit Short Optionen zu operieren. Auf diese Weise lassen sich negative Zeitwert- und Volatilitätseinflüsse reduzieren bzw. ausschalten, denn es kommt zu Kompensationseffekten.

Schließlich muss beachtet werden, dass in diesen Beispielen der Deltawert anhand des Black & Scholes-Modells ermittelt wird und insoweit dessen Probleme in sich trägt. Als derartig inhärentes Problem kann z.B. die Güte der Volatilitätsschätzung angesehen werden.

c. Gamma-Hedging

Insbesondere das Problem der häufigen Positionsanpassungen erweist sich beim Dynamischen-Delta-Hedging als Nachteil. Eine Positionsanpassung erfolgte dabei stets im Anschluss an Veränderungen des Deltawerts. Um dieses Problem zu lösen, wird Gamma-Hedging betrieben. Wie bekannt, beschreibt der aus dem Black & Scholes-Modell herrührende Gammawert die Veränderung des Deltawerts. Gamma gibt somit Aufschluss darüber, bei welcher Preiskonstellation sich der Deltawert sehr stark verändert bzw. wie stabil der Deltawert ist. Ziel des Gamma-Hedgings ist es, die sog. Gammaneutralität zu erzeugen. Diese ist gegeben, wenn bei kleinen Preisänderungen der Aktie der Deltawert nahezu unverändert bleibt. Dass sich gammaneutrale Positionen bilden lassen, wird deutlich, wenn man sich die folgenden Charakteristika vor Augen führt:[1]

(a) Der Deltawert einer Aktie beträgt immer eins.
(b) Der Gammawert einer Aktie beträgt immer Null.
(c) Gammawertänderungen verhalten sich bei Long und Short Optionen genau gegenläufig.

Aus den drei genannten Punkten ergibt sich, dass eine Aktienposition durch die Hinzunahme einer gekauften und einer geschriebenen Option unempfindlich gegen Kursänderungen der Aktie gemacht werden kann. Zudem ist eine solche Position vor dem Zeit- und Volatilitätseffekt geschützt, da die Einzeleffekte sich kompensieren.

Allerdings unterliegt auch die Gammaneutralität einigen Gefahren. Starke Kursveränderungen führen auch hier zu einer Anpassungsnotwendigkeit, so dass vollständige Gammaneutralität in der Realität kaum zu erreichen ist. Außerdem beruht auch das Konzept der Gammaneutralität auf

---

[1] Vgl. *Lingner* (1991), S. 72.

dem Black & Scholes-Modell, so dass die Validität des Modells Voraussetzung für eine erfolgversprechende Anwendung des Gamma-Hedgings ist.

Auch zum Gamma-Hedging wird wiederum auf das obige Beispiel zurückgegriffen. Der Gesamtwert der Aktienposition beträgt demnach zum Absicherungsbeginn 188.000 €. Transaktionskosten sollen wiederum keine Berücksichtigung finden. Der Aufbau einer gammaneutralen Hedgeposition erfolgt im Beispiel durch die Kombination von Long Puts und Short Calls.

Eingesetzt wird ein Put mit einem Basispreis von 47 € und einem Put-Preis (bezogen auf eine Aktie) von 1,72 €, wobei sich ein Kontrakt auf 100 Aktien bezieht. Gleichzeitig erfolgt der Verkauf von Calls, die ebenfalls einen Basispreis von 47 € haben. Der Preis eines Calls beträgt 2,53 € (bezogen auf eine Aktie). Die jeweiligen Summen der Delta-Werte beider Optionspositionen (Long Put und Short Call) ergeben in diesem Fall stets einen Wert von minus eins. Das negative Delta des Short Calls sollte nicht verwundern, denn eine Kurserhöhung des Basiswertes führt zu einer Positionsverschlechterung des Call-Schreibers. Da nun das Delta der Gesamtposition über die Laufzeit konstant ist, bedarf es keiner Anpassung des Mengenverhältnisses der Optionen. Einem unveränderten Deltawert bei sich verändernden Kursen des Basiswertes muss ein Gammawert von Null zugrunde liegen.

Insofern werden in diesem Fall 40 Put-Kontrakte gekauft und 40 Call-Kontrakte verkauft. Entsprechend beläuft sich der Gesamtaufwand für den Put-Kauf auf 6.880 € (= 40 Kontrakte · 172 € pro Kontrakt). Der Erlös aus dem Verkauf des Calls beträgt 10.120 € (= 40 Kontrakte · 253 € pro Kontrakt). Hinzuweisen ist darauf, dass in diesem Beispiel – wie auch in den obigen Betrachtungen – zur Optionsbewertung immer das Black-Scholes-Modell herangezogen wird.

Betrachtet werden sollen die nachfolgenden Szenarien genau ein Tag nach Abschluss der Optionsgeschäfte. Dabei beziehen sich die einzelnen Optionsdaten auf eine Restlaufzeit von t = 0,4972222 (= 179 Tage/360 Tage) bei Konstanz der übrigen, auf den Optionspreis wirkenden Parameter:

Aktienkurs 1 Tag später	Gesamtwert Aktien	Put-Preis	Wert eines Put-Kontraktes	Long-Put-Delta	Kauf Anzahl Put-Kontrakte
35,00	140.000	11,20	1.120	-0,99185	40
38,00	152.000	8,27	827	-0,95287	40
40,00	160.000	6,42	642	-0,88853	40
42,00	168.000	4,74	474	-0,78415	40
44,00	176.000	3,31	331	-0,64578	40
46,00	184.000	2,17	217	-0,49201	40
47,00	188.000	1,72	172	-0,41658	40

Tab. E.44: Gamma-Hedging einer Aktienposition bei gesunkenen Aktienkursen – 1 Tag nach der Hedging-Transaktion, Teil 1

Aktienkurs 1 Tag später	Call-Preis	Wert eines Call-Kontraktes	Short-Call-Delta	Verkauf Anzahl Call-Kontrakte	Long-Put Delta + Short Call Delta
35,00	0,01	1	-0,00815	40	-1,00000
38,00	0,08	8	-0,04713	40	-1,00000
40,00	0,23	23	-0,11147	40	-1,00000
42,00	0,55	55	-0,21585	40	-1,00000
44,00	1,12	112	-0,35422	40	-1,00000
46,00	1,98	198	-0,50799	40	-1,00000
47,00	2,53	253	-0,58342	40	-1,00000

Tab. E.45: Gamma-Hedging einer Aktienposition bei gesunkenen Aktienkursen – 1 Tag nach der Hedging-Transaktion, Teil 2

Aus den Zahlen der Tabelle kann geschlossen werden, dass der Wert für Gamma hier immer gleich Null ist, da der Deltawert der Gesamtposition stets bei minus eins liegt.

Aktienkurs 1 Tag später	Gesamtwert Put-Position	Gesamtwert Call-Position	Gesamterfolg Optionen	Gesamterfolg Aktienposition	Gesamterfolg
35,00	44.800	-40	48.000	-48.000	0
38,00	33.080	-320	36.000	-36.000	0
40,00	25.680	-920	28.000	-28.000	0
42,00	18.960	-2.200	20.000	-20.000	0
44,00	13.240	-4.480	12.000	-12.000	0
46,00	8.680	-7.920	4.000	-4.000	0
47,00	6.880	-10.120	0	0	0

Tab. E.46: Gamma-Hedging einer Aktienposition bei gesunkenen Aktienkursen – 1 Tag nach der Hedging-Transaktion, Teil 3

Hierbei ergibt sich der Gesamterfolg Optionen jeweils aus der Glattstellung der beiden Optionspositionen sowie der gezahlten Put-Prämie und der erhaltenen Call-Prämie. Beispielsweise kann der Gesamterfolg Optionen im ersten Szenario (Aktienkurs = 35 €) und im letzten Szenario (Aktienkurs = 47 €) folgendermaßen ermittelt werden:

Szenario 1:

Gesamtwert Put-Position (Put-Verkauf) = 40 Kontrakte · 1.120 €/Kontrakt = 44.800 €,
Gesamtwert Call-Position (Call-Kauf) = -40 Kontrakte · 1 €/Kontrakt = -40 €,
Gesamterfolg Optionen = 44.800 € - 40 € + 10.120 € - 6.880 € = 48.000 €.

Szenario 7:

Gesamtwert Put-Position (Put-Verkauf) = 40 Kontrakte · 172 €/Kontrakt = 6.880 €,
Gesamtwert Call-Position (Call-Kauf) = -40 Kontrakte · 253 €/Kontrakt = -10.120 €,
Gesamterfolg Optionen = 6.880 € - 10.120 € + 10.120 € - 6.880 € = 0 €.

Für Aktienkurse, die einen Tag später über 47 € liegen, ergeben sich die folgenden Ergebnisse:

Aktienkurs 1 Tag später	Gesamtwert Aktien	Put-Preis	Wert eines Put-Kontraktes	Long-Put-Delta	Kauf Anzahl Put-Kontrakte
47,00	188.000	1,72	172	-0,41658	40
48,00	192.000	1,33	133	-0,34559	40
50,00	200.000	0,77	77	-0,22390	40
52,00	208.000	0,42	42	-0,13421	40
54,00	216.000	0,21	21	-0,07476	40
56,00	224.000	0,10	10	-0,03890	40
60,00	240.000	0,02	2	-0,00877	40

Tab. E.47: Gamma-Hedging einer Aktienposition bei gestiegenen Aktienkursen – 1 Tag nach der Hedging-Transaktion, Teil 1

Aktienkurs 1 Tag später	Call-Preis	Wert eines Call-Kontraktes	Short-Call-Delta	Verkauf Anzahl Call-Kontrakte	Long-Put Delta + Short Call Delta
47,00	2,53	253	-0,58342	40	-1,00000
48,00	3,15	315	-0,65441	40	-1,00000
50,00	4,58	458	-0,77610	40	-1,00000
52,00	6,23	623	-0,86579	40	-1,00000
54,00	8,02	802	-0,92524	40	-1,00000
56,00	9,91	991	-0,96110	40	-1,00000
60,00	13,83	1.383	-0,99123	40	-1,00000

Tab. E.48: Gamma-Hedging einer Aktienposition bei gestiegenen Aktienkursen – 1 Tag nach der Hedging-Transaktion, Teil 2

Auch bei dieser Konstellation ist der Gamma-Wert immer gleich Null ist, da der gesamte Deltawert wiederum konstant bei -1,0 liegt.

Aktienkurs 1 Tag später	Gesamtwert Put-Position	Gesamtwert Call-Position	Gesamterfolg Optionen	Gesamterfolg Aktienposition	Gesamterfolg
47,00	6.880	-10.120	0	0	0
48,00	5.320	-12.600	-4.040	4.000	-40
50,00	3.080	-18.320	-12.000	12.000	0
52,00	1.680	-24.920	-20.000	20.000	0
54,00	840	-32.080	-28.000	28.000	0
56,00	400	-39.640	-36.000	36.000	0
60,00	80	-55.320	-52.000	52.000	0

Tab. E.49: Gamma-Hedging einer Aktienposition bei gestiegenen Aktienkursen – 1 Tag nach der Hedging-Transaktion, Teil 3

Wie aus der letzten Tabelle erkennbar, muss der Gesamterfolg ein Tag nach der Absicherungstransaktion nicht gleich Null sein. Der Erfolg hängt dabei vor allem von der Höhe der Optionspreise ab. Würde in dem Fall, dass der Aktienkurs bei 48 € liegt, beispielsweise der Put-Preis nicht bei 1,33 €, sondern bei 1,34 € liegen, so würde sich auch in diesem Fall ein Gesamterfolg von Null ergeben.

Von Interesse ist nunmehr, wie sich eine abnehmende Restlaufzeit auf den Gesamterfolg dieser Strategie auswirkt. Unterstellt man, dass die übrigen Parameter, wie Volatilität und stetiger risikoloser Zins konstant bleiben, so ergeben sich bei einer Restlaufzeit von nur noch einem Vierteljahr (t = 0,25) die folgenden Werte:

Aktienkurs ¼ Jahr später	Gesamtwert Aktien	Put-Preis	Long-Put-Delta	Call-Preis	Short-Call-Delta
35,00	140.000	11,59	-0,99980	0,00	-0,00020
38,00	152.000	8,60	-0,99392	0,01	-0,00608
40,00	160.000	6,63	-0,96901	0,04	-0,03099
42,00	168.000	4,75	-0,89555	0,16	-0,10445
44,00	176.000	3,09	-0,75019	0,50	-0,24981
46,00	184.000	1,79	-0,54754	1,20	-0,45246
47,00	188.000	1,30	-0,44063	1,71	-0,55937

Tab. E.50: Gamma-Hedging einer Aktienposition bei gesunkenen Aktienkursen – ¼ Jahr nach der Hedging-Transaktion, Teil 1

Aktienkurs ¼ Jahr später	Gesamtwert Put-Position	Gesamtwert Call-Position	Gesamterfolg Optionen	Gesamterfolg Aktienposition	Gesamterfolg
35,00	46.360	0	49.600	-48.000	1.600
38,00	34.400	-40	37.600	-36.000	1.600
40,00	26.520	-160	29.600	-28.000	1.600
42,00	19.000	-640	21.600	-20.000	1.600
44,00	12.360	-2.000	13.600	-12.000	1.600
46,00	7.160	-4.800	5.600	-4.000	1.600
47,00	5.200	-6.840	1.600	0	1.600

Tab. E.51: Gamma-Hedging einer Aktienposition bei gesunkenen Aktienkursen – ¼ Jahr nach der Hedging-Transaktion, Teil 2

Aktienkurs ¼ Jahr später	Gesamtwert Aktien	Put-Preis	Long-Put-Delta	Call-Preis	Short-Call-Delta
47,00	188.000	1,30	-0,44063	1,71	-0,55937
48,00	192.000	0,91	-0,33997	2,32	-0,66003
50,00	200.000	0,40	-0,17805	3,81	-0,82195
52,00	208.000	0,15	-0,07882	5,56	-0,92118
54,00	216.000	0,05	-0,02973	7,46	-0,97027
56,00	224.000	0,01	-0,00966	9,42	-0,99034
60,00	240.000	0,00	-0,00068	13,41	-0,99932

Tab. E.52: Gamma-Hedging einer Aktienposition bei gestiegenen Aktienkursen – ¼ Jahr nach der Hedging-Transaktion, Teil 1

Aktienkurs ¼ Jahr später	Gesamtwert Put-Position	Gesamtwert Call-Position	Gesamterfolg Optionen	Gesamterfolg Aktienposition	Gesamterfolg
47,00	5.200	-6.840	1.600	0	1.600
48,00	3.640	-9.280	-2.400	4.000	1.600
50,00	1.600	-15.240	-10.400	12.000	1.600
52,00	600	-22.240	-18.400	20.000	1.600
54,00	200	-29.840	-26.400	28.000	1.600
56,00	40	-37.680	-34.400	36.000	1.600
60,00	0	-53.640	-50.400	52.000	1.600

Tab. E.53: Gamma-Hedging einer Aktienposition bei gestiegenen Aktienkursen – ¼ Jahr nach der Hedging-Transaktion, Teil 2

Beträgt die Restlaufzeit nur noch 1 Tag, so beläuft sich der Erfolg auf 3.240 €, was der Differenz zwischen der vereinnahmten Call-Prämie von 10.120 € und dem gezahlten Put-Preis in Höhe von 6.880 € entspricht.

5. Arbitragestrategien mit Optionen

Im Gegensatz zu den oben diskutierten Optionsstrategien liegt Arbitragestrategien keine Markterwartung bezüglich der Kursentwicklung oder der Volatilitätsentwicklung des Underlyings zugrunde. Stattdessen zielen Arbitragestrategien auf die Ausnutzung von Preisungleichgewichten zwischen dem Kassa- und dem Optionsmarkt. Alternativ kann auch versucht werden, Preisungleichgewichte innerhalb des Optionsmarkts zu arbitrieren. Ein auftretendes Preisungleichgewicht wird durch den Eingang der jeweiligen Gegenposition gewinnbringend ausgenutzt. Die folgenden drei Strategien verdeutlichen die Anwendung von Arbitrageprozessen bei Optionspositionen.

Conversion

Die Conversion Strategie bietet sich an, wenn der Basiswert im Vergleich zu seinem synthetischen Pendant ungleich bewertet ist. Durchgeführt wird die Strategie, indem der Basiswert gekauft wird und der synthetische Basiswert verkauft wird. Gewinnbringend ist die Strategie offenbar nur, wenn der synthetische Aktienverkauf auch nach Transaktionskosten teurer ist, als der physische Aktienkauf. Ansonsten lohnt sich Arbitrage im Rahmen dieser Strategie nicht. Wie bekannt, lässt sich eine zum Aktienkauf konträre Position durch den Kauf eines Puts und den gleichzeitigen Verkauf eines Calls generieren. Der mit einer Conversion verbundene Wertverlauf ist in Abb. E.38 dargestellt.

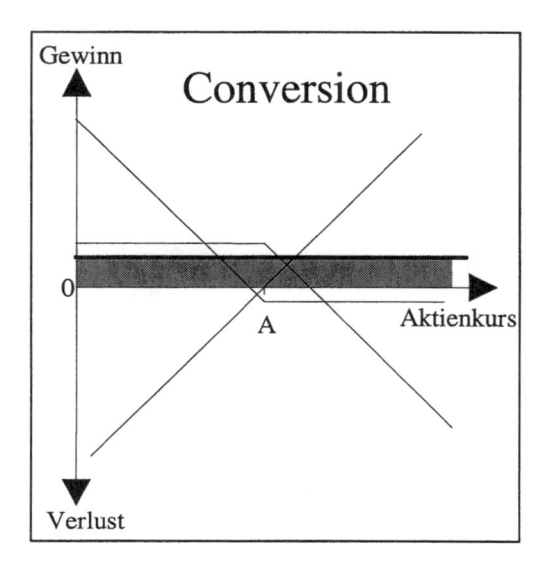

Abb. E.38: Conversion

In der Summe geht der Investor kein Exposure mit der Conversion-Strategie ein. Es handelt sich um eine geschlossene Position. Ein Risiko besteht für den Investor nicht. Von Zeit- und Volatilitätseffekten bleibt die Strategie unberührt, da eine Positionsbewertung üblicherweise nur zum Verfallszeitpunkt erfolgt. Sinnvoll ist eine Conversion-Strategie lediglich bei Erkennen eines Preisungleichgewichts zwischen Kassa- und Terminmarkt. Für Privatanleger ist die Strategie ungeeignet, da Preisungleichgewichte sehr schnell erkannt werden müssen und oft nur gewinnbringend genutzt werden können, wenn niedrige Transaktionskosten anfallen. Arbitragestrategien bleiben deshalb im wesentlichen institutionellen Investoren vorbehalten.

Reversal

Wie die Namensgebung Reversal impliziert, handelt es sich dabei um die Umkehrung der Conversion-Strategie. Mithin wird der Basiswert leerverkauft und auf synthetische Weise gleichzeitig am Terminmarkt gekauft. Dies ist durch den Kauf eines Calls und den gleichzeitigen Verkauf eines Puts mit dem jeweiligen Basispreis A möglich. Um Gewinn abzuwerfen, muss der verkaufte Basiswert nach Transaktionskosten teurer sein, als der gekaufte synthetische Basiswert. Der mit Hilfe eines Reversals erzielbare Gewinn entspricht vom Verlauf her jenem der Conversion. Die einzelnen Transaktionen sind in Abb. E.39 dargestellt.

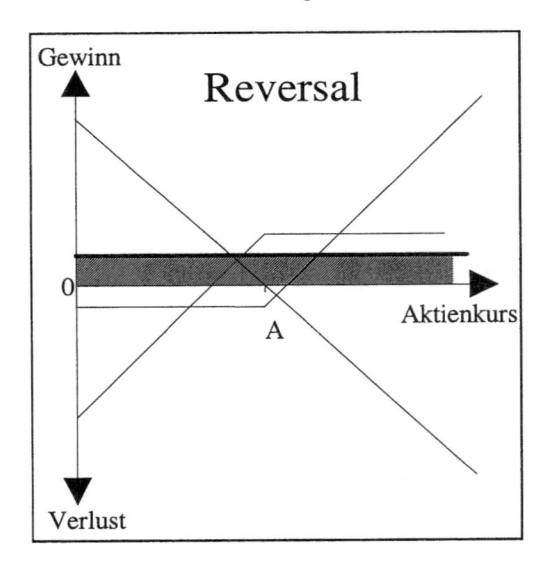

Abb. E.39: Reversal

Die Durchführung eines Reversals kommt für Privatanleger i.d.R. aus den oben genannten Gründen nicht in Frage.

Box

Auch die Box-Strategie dient zur Erzielung von Arbitragegewinnen. Allerdings geht es dabei nicht um Preisungleichgewichte zwischen Kassa- und Optionsmarkt, sondern um Preisungleichgewichte innerhalb des Optionsmarktes.

Die Bildung einer Box-Position erfolgt durch Kombination einer Conversion und eines Reversal. Da sich die effektiven Aktienpositionen gegenseitig aufheben, verbleiben schließlich jeweils die synthetischen Positionen. Charakteristisch für eine Box ist nun, dass die synthetischen Positionen unterschiedliche Basispreise besitzen. Mithin besitzt die Conversion z.B. den Basispreis A, während das Reversal den Basispreis B aufweist. Wie daraus zu erkennen ist, besteht die Box somit aus einem Bull-Price-Spread und einem Bear-Price-Spread. Je nachdem wie der Spread generiert wird, lässt sich zwischen einer Long Box und einer Short Box unterscheiden. Bei einer Long Box wird ein Bull-Price-Spread und ein Bear-Price-Spread gekauft. Im einzelnen ergeben sich dabei folgende Operationen: Long Call A, Short Call B, Long Put B und Short Put A. Das Gewinnprofil samt Positionszusammensetzung ist in Abbildung E.40 wiedergegeben.

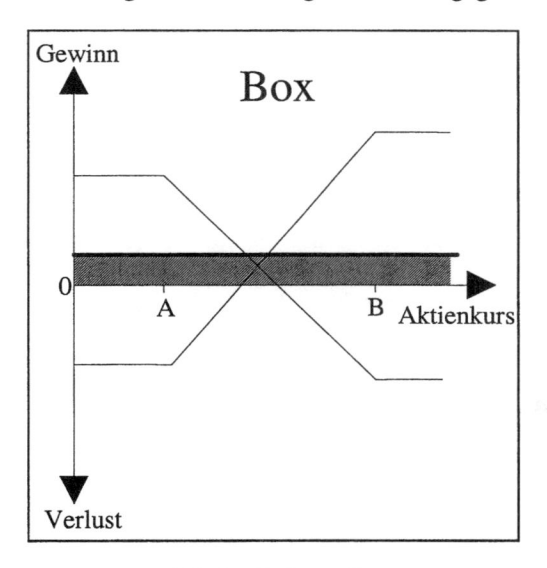

Abb. E.40: Long Box

Der schraffierte Bereich stellt dabei den risikolosen Positionsgewinn dar. Ein solcher Gewinn kann nur bei einer Fehlbepreisung mindestens einer der genannten Optionen entstehen. Für institutionelle Anleger bietet sich hier die Gelegenheit zur Erzielung eines risikolosen Arbitragegewinns. Die synoptische Darstellung der erläuterten Arbitragestrategien ist Tab. E.54 zu entnehmen.

Optionsstrategie	Kurserwartung für Basiswert	Volatilitätseffekt	Zeiteffekt	Gewinnpotential	Verlustpotential
Conversion	→neutral	neutral	Neutral	limitiert	n.v.
Reversal	→neutral	neutral	neutral	limitiert	n.v.
Box	→neutral	neutral	neutral	limitiert	n.v.

Tab. E.54: Charakteristika von optionsbasierten Arbitragestrategien

6. Der Einsatz von Zinsoptionen

a. Caps

Im OTC-Bereich haben sich zahlreiche Zinsoptionen herausgebildet, von denen die wichtigsten Grundinstrumente in diesem Abschnitt vorgestellt werden, wobei zunächst auf Caps eingegangen wird. Bei einem Cap handelt es sich um eine Zinsobergrenze bezogen auf einen bestimmten Referenzzinssatz (z.B. 6-M-Euribor). Zugrunde liegt ein fiktiver Kapitalbetrag und eine vorab festgelegte Laufzeit. Falls der Referenzzins an festgelegten Terminen (Roll-over) während der Laufzeit die vertraglich festgelegte Zinsobergrenze (Basispreis oder Strike Price) übersteigt, kommt es zu einer Ausgleichszahlung. Dabei erhält der Cap-Käufer die Differenz zwischen Referenzzins und Strike Price, bezogen auf den Nominalbetrag, vom Cap-Verkäufer. Im Falle eines unter dem Basispreis liegenden Referenzzinsatzes kommt es nicht zur Ausübung des Caps, der dann wertlos verfällt. Für das Cap-Optionsrecht zahlt der Käufer eine Prämie, die in dem Fall der Nichtausübung – abgesehen von Transaktionskosten – seinen maximalen Verlust darstellt. Zu den Vertragsbestandteilen einer Cap-Vereinbarung gehören demnach die Laufzeit, die Zinsobergrenze (Cap), der Referenzzinssatz sowie der zugrunde liegende Nominalbetrag. Ein Cap kann entsprechend auch als Call-Option auf den Referenzzins bezeichnet werden. Die Valutierung erfolgt i.d.R. zwei Geschäftstage nach dem Vertragsabschluss.

Die Ausgleichszahlung findet nachschüssig am Ende der jeweiligen Zinsperiode unter Berücksichtigung der genauen Anzahl der Tage (Act/360-Basis) statt. Die entsprechende Berechnungsformel lautet:[1]

$$\text{Ausgleichszahlung} = \text{Kapitalbetrag} \cdot \max\{(\text{Referenzzinssatz} - \text{Zinsobergrenze}), 0\} \cdot \frac{\text{Tage}}{360}.$$

Aufgrund der nachschüssigen Zahlung des Ausgleichs ergibt sich eine zeitliche Differenz zwischen der Ausübung und der Auszahlung der Option. Die Ausübung erfolgt zum Fixing-Termin, an dem die Differenz zwischen Referenzzinssatz und Zinsobergrenze festgestellt wird. Dieses Fixing findet i.d.R. zwei Geschäftstage vor Beginn der jeweils zu sichernden Zinsperiode statt.

---

[1] Vgl. *Hauser* (1999), S. 198.

Die Auszahlung der Option erfolgt jedoch erst später, d.h. am Ende der zugrunde liegenden Zinsperiode.

Ein Cap wird oftmals in Verbindung mit einer variablen Finanzierung herangezogen, so dass die Möglichkeit besteht, variable Zinsaufwendungen für eine bestimmte Zeit in feste Zinsaufwendungen zu transformieren. Wenngleich Caps den Kunden als Paket angeboten werden können, so stellen sie doch vom Finanzierungs- oder Geldanlagegeschäft losgelöst gehandelte Transaktionen dar. Auch ist grundsätzlich eine Veräußerung erworbener Caps während ihrer Laufzeit möglich.[1]

Genau genommen handelt es sich bei einem Cap um eine Serie von Optionen (Caplets) auf Geldmarktzinssätze mit zunehmend längerer Vorlaufzeit. Jedes einzelne Caplet stellt dabei eine isolierte Zinsoption für eine bestimmte Absicherungsperiode dar.

Die vom Käufer zu zahlende Cap-Prämie ist i.d.R. einmalig bei Vertragsabschluss vom Käufer zu zahlen. Allerdings ist auch eine Annualisierung der Prämie möglich, d.h. die Prämie wird in diesem Fall anteilig jährlich gezahlt. In diesen Fällen kann auch vereinbart werden, dass während der Laufzeit der noch ausstehende Prämienbetrag in einem Betrag gezahlt werden kann. Die für die einzelnen Caplets zu zahlenden Preise werden auf Basis der Forward-Zinskurve festgelegt. Falls die jeweilige Forward Rate für eine Absicherungsperiode oberhalb des Basispreises des Cap liegt, weist das Caplet einen inneren Wert auf. Dieser innere Wert könnte in dem Fall, dass die in t_0 kalkulierte Forward Rate zu Beginn der (künftigen) Absicherungsperiode auch tatsächlich dem dann heranzuziehenden Referenzzinssatz entspricht, tatsächlich realisiert werden.[2] Die Laufzeit von Caps kann zwischen 1 und 10 Jahren liegen, wobei der Handelsschwerpunkt bei 1 bis 5 Jahren liegen dürfte.

Das folgende Beispiel soll der Veranschaulichung dienen: Ein variabel verzinslicher Kredit über 700.000 € (Zinssatz = 6-Monats-Euribor) soll für die folgenden 4 Jahre gegen Zinsschwankungen mit Hilfe eines Caps in Höhe des aktuellen 6-Monats-Euribors von 2,95% abgesichert werden. Der Preis des Caps beträgt (stark vereinfacht) 0,12% s.a. (s.a. = semi annual, d.h. halbjährliche Zahlung). Entsprechend wird ein Cap für 4 Jahre zu 2,95% gegen 6-M-Euribor gekauft, was einem Kauf von 7 einzelnen Optionen entspricht. Dabei bezieht sich das 1. Caplet auf die in 6 Monaten beginnende 6-Monats-Periode, während sich das 2. Caplet auf die in 12 Monaten beginnende 6-Monats-Periode bezieht usw. Das 7. Caplet betrifft schließlich die in 42 Monaten beginnende 6-Monats-Periode. Für die erste Periode ist der 6-M-Euribor bereits bekannt, so dass sich eine Absicherung erübrigt. Die folgende Tabelle zeigt die Ergebnisse dieser Transaktionen auf, wobei in der 2. Spalte jeweils die zu Beginn der Periode festgestellten Euribor-Sätze aufgeführt sind, die erst am Ende der jeweiligen Periode zu Zinszahlungen führen.[3]

---

[1] Vgl. zu diesem und zu den folgenden Abschnitten insbesondere *Heidorn* (2000), S. 183; *Deutsch* (2001), S. 60 und S. 320ff.; *Eller* (1999), S. 24; *Scharpf/Luz* (1996), S. 473ff.
[2] Vgl. *o.V.* (2003).
[3] Vgl. auch das Beispiel bei *Heidorn* (2000), S. 183ff.

Zeit in Monaten	Angenommene 6-M-Euribor-Sätze	Kreditzins-zahlungen (€)	Cap-Prämie (€)	Ausgleichs-zahlungen (€)	Gesamte Zahlungen (€)
t_0	2,95%				0
t_6	2,85%	-10.325	-840	0	-11.165
t_{12}	3,20%	-9.975	-840	0	-10.815
t_{18}	3,40%	-11.200	-840	875	-11.165
t_{24}	2,70%	-11.900	-840	1.575	-11.165
t_{30}	2,95%	-9.450	-840	0	-10.290
t_{36}	4,10%	-10.325	-840	0	-11.165
t_{42}	3,50%	-14.350	-840	4.025	-11.165
t_{48}		-12.250		1.925	-10.325

Tab. E.55: Funktionsweise eines Cap

Wie aus der Tabelle ersichtlich, werden die Finanzierungskosten nach oben auf 11.165 € (inkl. Cap-Prämie) begrenzt, was einem Zinssatz von 3,19% p.a. entspricht. Gleichzeitig hat der Cap-Käufer aber noch die Chance, von Zinssenkungen zu profitieren.

In der folgenden Abbildung sind die halbjährlichen Finanzierungskosten dieses Beispiels in Abhängigkeit von dem 6-M-Euribor-Zins aufgeführt, wobei die Fälle „mit Cap" und „ohne Cap" unterschieden werden.

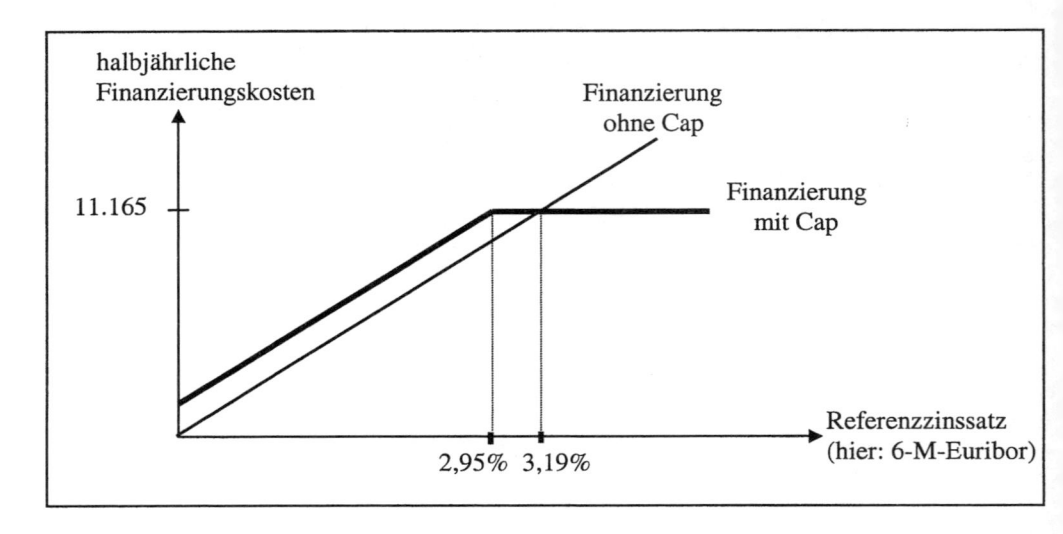

Abb. E.41: Profil eines Caps

In diesem Beispiel wurde ein vereinfachter Caplet-Preis von 0,12% s.a. unterstellt. Nunmehr soll anhand des Modells von Black eine realistischere Bewertung von Caps vorgenommen werden.[1] Dieses Modell, bei dem Caps als Portfolio aus mehreren Caplets angesehen werden, hat sich am Markt etabliert und führt für jedes Caplet zu den folgenden Bewertungsformeln:[2]

$$C = NW \cdot \frac{\text{LFZ des Caplets in Tagen}}{360} \cdot e^{(-r_{GesamtLFZ} \cdot t_{GesamtLFZ})} \cdot (FR \cdot N(d_1) - CapRate \cdot N(d_2))$$

mit

NW	=	Nominalwert,
$r_{GesamtLFZ}$	=	Nullkuponzinssatz für die Gesamt-LFZ (Vorlaufzeit + Caplet-Laufzeit),
$t_{GesamtLFZ}$	=	(Vorlaufzeit + Caplet-Laufzeit in Tagen) / 360,
FR	=	Forward Rate für den Zeitraum Ende Vorlaufzeit bis Ende Caplet-Laufzeit,
CapRate	=	Strike Price des Cap,

$$d_1 = \frac{\ln\left(\frac{FR}{CapRate}\right) + 0,5 \cdot \sigma^2 \cdot t_{Vorlaufzeit}}{\sigma \cdot \sqrt{t_{Vorlaufzeit}}},$$

$$d_2 = d_1 - \sigma \cdot \sqrt{t_{Vorlaufzeit}},$$

σ = Standardabweichung der Forward Rate und

$N(d_i)$ = .Flächeninhalt unter der Verteilungsdichtefunktion der Standardnormalverteilung.

Hierbei ist zu beachten, dass es sich bei den Zinssätzen entsprechend dem Black-Modell um stetige Zinssätze handeln sollte.[3]

Die Cap-Bewertung soll nunmehr konkret an einem Beispiel aufgezeigt werden. Zugrunde liegen die folgende aktuelle Nullkuponkurve (Zero Curve) und die daraus abgeleiteten Forward Rates als Ausgangsbasis:[4]

---

[1] Vgl. *Black* (1976), S. 167ff.
[2] Vgl. *Heinzel/Knobloch/Lorenz* (2002), S. 144ff., *o.V.* (2002), *Hauser* (1999), S. 201ff.
[3] Vgl. *Martin* (2001), S. 398.
[4] Vgl. dazu auch die Darstellung bei *Deutsch* (2001), S. 26.

Lauf-zeit (Jahre)	Null-kupon-Rendite	Forward Rates (Angaben in %)										
		für	1 Jahr	2 Jahre	3 Jahre	4 Jahre	5 Jahre	6 Jahre	7 Jahre	8 Jahre	9 Jahre	10 Jahre
1	3,00%	in										
2	3,30%	1 Jahr	3,601	3,901	4,068	4,252	4,442	4,635	4,716	4,802	4,891	4,927
3	3,60%	2 Jahren	4,203	4,302	4,469	4,653	4,843	4,903	4,974	5,053	5,075	
4	3,80%	3 Jahren	4,402	4,603	4,803	5,004	5,044	5,104	5,175	5,185		
5	4,00%	4 Jahren	4,804	5,005	5,205	5,205	5,244	5,304	5,297			
6	4,20%	5 Jahren	5,206	5,407	5,339	5,355	5,405	5,379				
7	4,40%	6 Jahren	5,608	5,405	5,405	5,455	5,414					
8	4,50%	7 Jahren	5,203	5,303	5,403	5,365						
9	4,60%	8 Jahren	5,403	5,504	5,420							
10	4,70%	9 Jahren	5,604	5,428								
11	4,75%	10 Jahren	5,251									

Tab. E.56: Beispiel zur Cap-Bewertung: Forward Rates als Ausgangsbasis

Beispielsweise ergeben sich die Forward Rates, die in einem Jahr für zwei bzw. drei weitere Jahre gelten, wie folgt:[1]

$$3,901\% = \sqrt[2]{\frac{[1+0,036]^3}{[1+0,030]^1}} - 1 \quad \text{bzw.} \quad 4,068\% = \sqrt[3]{\frac{[1+0,038]^4}{[1+0,030]^1}} - 1 \;.$$

Die Forward Rates, die in zwei Jahren für ein bzw. drei weitere Jahre gelten, lassen sich in der folgenden Weise bestimmen:

$$4,203\% = \frac{[1+0,036]^3}{[1+0,033]^2} - 1 = \sqrt[1]{\frac{[1+0,036]^3}{[1+0,033]^2}} - 1, \quad \text{bzw.} \quad 4,469\% = \sqrt[3]{\frac{[1+0,040]^5}{[1+0,033]^2}} - 1 \;.$$

Bewertet werden soll ein 10-jähriger Cap mit einer 1-jährigen Vorlaufzeit, d.h. das 1. Caplet beginnt nach 1 Jahr (t_1) und endet nach einem weiteren Jahr (t_2), das 2. Caplet beginnt nach 2 Jahren (t_2) und endet nach einem weiteren Jahr (t_3) usw. Das letzte bzw. 9. Caplet beginnt nach 9 Jahren (t_9) und endet nach einem weiteren Jahr (t_{10}).

Wie bereits oben aufgezeigt, hat ein Caplet einen inneren Wert, wenn die Forward Rate für die jeweilige Absicherungsperiode größer ist als die Zinsobergrenze. Zusätzlich ist ein Zeitwert zu

---

[1] Diese Vorgehensweise zur Berechnung der Forward Rates ist in diesem Fall nur deswegen möglich, weil es sich bei den zugrunde liegenden Zinssätzen um Nullkupons handelt. Vgl. dazu insbesondere *Meyer-Bullerdiek* (2003), S. 304f.

berücksichtigen als Entgelt für die Unsicherheit bzgl. der tatsächlichen Entwicklung des Referenzzinses in der Zukunft. Je länger die Restlaufzeit und je höher die Zins-Volatilitäten sind, desto größer ist die entsprechende Unsicherheit. Letztere nimmt in den Fällen ab, in denen die Forward Rate weit unter oder über dem Basispreis des Cap liegt; denn in diesen Fällen ist die Optionsausübung sehr unwahrscheinlich bzw. wahrscheinlich.

In dem vorliegenden Beispiel soll der Basispreis des Cap (Cap-Rate) bei 5% liegen. Zugrunde liegt ein Nominalvolumen von 500.000 €. Zur Cap-Bewertung werden darüber hinaus noch Angaben zu den Volatilitäten der Forward Rates benötigt, deren angenommene Werte in der untenstehenden Tabelle abzulesen sind. Die jeweiligen Zinssätze für die Gesamtlaufzeit ($r_{GesamtLFZ}$) können der o.g. Nullkuponkurve entnommen werden, wobei es sich bei den dortigen Angaben um diskrete Zinssätze handelt. Der Einfachheit halber werden in dem untenstehenden Beispiel diese diskreten Zinssätze herangezogen, obwohl entsprechend dem Black-Modell stetige Renditen zugrunde gelegt werden müssten.

Somit ergeben sich die folgenden Ergebnisse:

Vorlaufzeit in Tagen (t)	360	720	1080	1440	1800
Nullkuponsatz für die gesamte Laufzeit	3,30%	3,60%	3,80%	4,00%	4,20%
Volatilität der Forward Rate	16%	18%	19%	20%	19%
Aktuelle Forward Rate für die Caplet-Laufzeit	3,6009%	4,2026%	4,4023%	4,8039%	5,2058%
Vorlaufzeit in Jahren (360 Tage pro Jahr)	1,00	2,00	3,00	4,00	5,00
d_1	-1,971634	-0,555199	-0,222299	0,099955	0,307359
d_2	-2,131634	-0,809758	-0,551389	-0,300045	-0,117494
Standardnormalverteilung $N(d_1)$	0,024326	0,289379	0,412041	0,539810	0,620715
Standardnormalverteilung $N(d_2)$	0,016518	0,209040	0,290684	0,382072	0,453234
Laufzeit des Caplets in Jahren	1,00	1,00	1,00	1,00	1,00
Gesamtlaufzeit in Jahren	2,00	3,00	4,00	5,00	6,00
Fair-Value des Caplets	23,41	767,25	1.548,40	2.795,21	3.750,73

Tab. E.57: Beispiel zur Cap-Bewertung, Teil 1

Vorlaufzeit in Tagen (t)	2.160	2.520	2.880	3.240
Nullkuponsatz für die gesamte Laufzeit	4,40%	4,50%	4,60%	4,70%
Volatilität der Forward Rate	18%	19%	20%	18%
Aktuelle Forward Rate für die Caplet-Laufzeit	5,6081%	5,2027%	5,4035%	5,6043%
Vorlaufzeit in Jahren (360 Tage pro Jahr)	6,00	7,00	8,00	9,00
d_1	0,480762	0,330395	0,420022	0,481294
d_2	0,039854	-0,172297	-0,145664	-0,058706
Standardnormalverteilung $N(d_1)$	0,684657	0,629449	0,662765	0,684846
Standardnormalverteilung $N(d_2)$	0,515895	0,431602	0,442093	0,476593
Laufzeit des Caplets in Jahren	1,00	1,00	1,00	1,00
Gesamtlaufzeit in Jahren	7,00	8,00	9,00	10,00
Fair-Value des Caplets	4.630,48	3.895,89	4.530,35	4.547,29

Tab. E.58: Beispiel zur Cap-Bewertung, Teil 2

Zur Ermittlung des gesamten Cap-Preises können die Fair Values der einzelnen Caplets aufsummiert werden:

23,41 + 767,25 + 1.548,40 + 2.795,21 + 3.750,73 + 4.630,48 + 3.895,89 + 4.530,35 + 4.547,29

= 26.489,01 € = aktueller Fair Value des Cap.

Auffällig ist der relativ hohe Preis des Caplets, das eine Vorlaufzeit von 6 Jahren aufweist. Zurückzuführen ist dieser Preis auf die relativ hohe Forward Rate für diesen Zeitraum, so dass ein entsprechend hoher innerer Wert zu der dargestellten Caplet-Prämie führt.[1]

b. Floors

Ein Floor stellt als Zinsuntergrenze das Gegenstück zum Cap dar und kann entsprechend zur Absicherung gegen fallende Zinsen eingesetzt werden. Da es sich beim Floor um die Vereinbarung einer Zinsuntergrenze für eine variabel verzinsliche Anlage handelt, erhält der Floor-Käufer in dem Fall Ausgleichszahlungen vom Floor-Verkäufer, wenn der Referenzzinssatz den Basispreis unterschreitet.

---

[1] Die über die Nachrichtensysteme veröffentlichten Quotierungen von Caps und Floors können sowohl in Prozent des Nominalwertes als auch in impliziten Volatilitäten für das Bewertungsmodell von Black erfolgen. Vgl. *Bohn* (2002), S. 172.

Die folgende Abbildung zeigt die Abhängigkeit der Rendite einer variabel verzinslichen Anlage vom Referenzzinssatz für den Fall, dass ein Floor mit einem Basispreis von 2,95% gekauft worden ist, wobei hier zunächst wiederum von einem vereinfachten Floor-Preis von 0,24% p.a. ausgegangen wird.

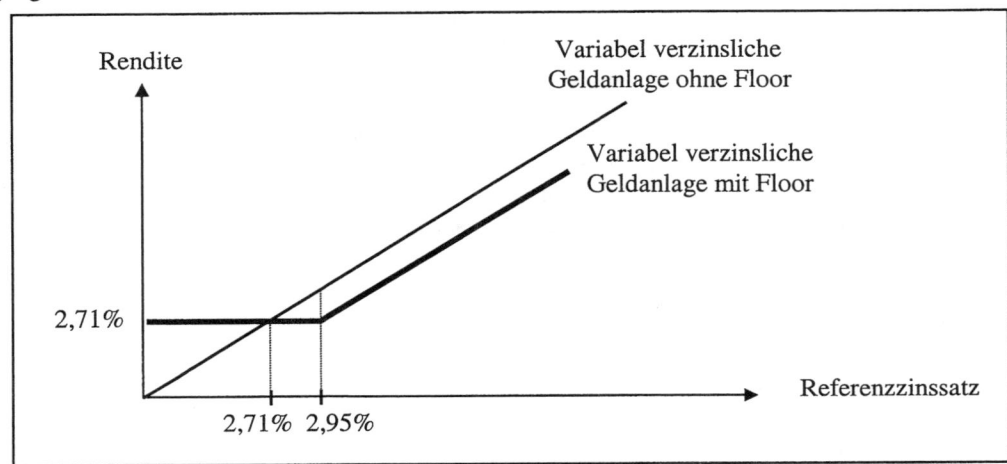

Abb. E.42: Profil eines Floors

Auch zur Floor-Bewertung kann das Modell von Black herangezogen werden. Entsprechend der Bewertungsformel kann der Floor-Preis wie folgt berechnet werden:[1]

$$P = NW \cdot \frac{\text{LFZ des Floorlets in Tagen}}{360} \cdot e^{(-r_{GesamtLFZ} \cdot t_{GesamtLFZ})} \cdot (\text{FloorRate} \cdot N(-d_2) - FR \cdot N(-d_1))$$

mit

NW = Nominalwert,
$r_{GesamtLFZ}$ = Nullkuponzinssatz für die Gesamt-Laufzeit (Vorlaufzeit + Floorlet-Laufzeit),
$t_{GesamtLFZ}$ = (Vorlaufzeit + Floorlet-Laufzeit in Tagen) / 360,
FR = Forward Rate für den Zeitraum Ende Vorlaufzeit bis Ende Floorlet-Laufzeit,
FloorRate = Strike Price des Floors,

$$d_1 = \frac{\ln\left(\frac{FR}{\text{FloorRate}}\right) + 0,5 \cdot \sigma^2 \cdot t_{Vorlaufzeit}}{\sigma \sqrt{t_{Vorlaufzeit}}}, \quad d_2 = d_1 - \sigma \sqrt{t_{Vorlaufzeit}},$$

σ = Standardabweichung der Forward Rate und

$N(d_i)$ = Flächeninhalt unter der Verteilungsdichtefunktion der Standardnormalverteilung.

---

[1] Vgl. *Hauser* (1999), S. 203.

Hierbei ist wiederum zu beachten, dass es sich bei den Zinssätzen entsprechend dem Black-Modell um stetige Zinssätze handeln sollte.[1]

Ein Floorlet hat einen inneren Wert, wenn die Forward Rate für die jeweilige Absicherungsperiode kleiner ist als der Basispreis des Floors. Entsprechend nimmt der Zeitwert eines Floors ab, wenn die Forward Rate weit unter oder über dem Basispreis des Floors liegt, da in diesen Fällen die Optionsausübung sehr wahrscheinlich bzw. unwahrscheinlich ist.

Auch ein Floor soll im folgenden beispielhaft bewertet werden, wobei auch hier wiederum aus Vereinfachungsgründen nicht die (eigentlich notwendigen) stetigen Zinssätze, sondern diskrete Zinssätze verwendet werden. Die Zero Curve mit den daraus abgeleiteten Forward Rates soll der im obigen Cap-Beispiel zugrunde gelegten entsprechen.

Der Basispreis des zu bewertenden Floors (Floor-Rate) beläuft sich auf 4,0% bei einem zugrunde liegenden Nominalvolumen von wiederum 500.000 €.

Somit ergeben sich die folgenden Ergebnisse:

Vorlaufzeit in Tagen (t)	360	720	1080	1440	1800
Nullkuponsatz für die gesamte Laufzeit	3,30%	3,60%	3,80%	4,%	4,20%
Volatilität der Forward Rate	16%	18%	19%	20%	19%
Aktuelle Forward Rate für die Floorlet-Laufzeit	3,6009%	4,2026%	4,4023%	4,8039%	5,2058%
Vorlaufzeit in Jahren (360 Tage pro Jahr)	1,00	2,00	3,00	4,00	5,00
d_1	-0,576986	0,321391	0,455764	0,657814	0,832585
d_2	-0,736986	0,066833	0,126674	0,257814	0,407732
Standardnormalverteilung $N(d_1)$	0,718026	0,373957	0,324280	0,255329	0,202539
Standardnormalverteilung $N(d_2)$	0,769435	0,473357	0,449599	0,398275	0,341735
Laufzeit des Floorlets in Jahren	1,00	1,00	1,00	1,00	1,00
Gesamtlaufzeit in Jahren	2,00	3,00	4,00	5,00	6,00
Fair-Value des Floorlets	2.303,91	1.444,42	1.592,62	1.500,48	1.214,70

Tab. E.59: Beispiel zur Floor-Bewertung, Teil 1

---

[1] Vgl. *Martin* (2001), S. 398.

Vorlaufzeit in Tagen (t)	2.160	2.520	2.880	3.240
Nullkuponsatz für die gesamte Laufzeit	4,40%	4,50%	4,60%	4,70%
Volatilität der Forward Rate	18%	19%	20%	18%
Aktuelle Forward Rate für die Floorlet-Laufzeit	5,6081%	5,2027%	5,4035%	5,6043%
Vorlaufzeit in Jahren (360 Tage pro Jahr)	6,00	7,00	8,00	9,00
d1	0,986862	0,774292	0,814488	0,894522
d2	0,545953	0,271599	0,248802	0,354522
Standardnormalverteilung N(d1)	0,161855	0,219379	0,207683	0,185521
Standardnormalverteilung N(d2)	0,292549	0,392965	0,401757	0,361474
Laufzeit des Floorlets in Jahren	1,00	1,000000	1,000000	1,000000
Gesamtlaufzeit in Jahren	7,00	8,000000	9,000000	10,000000
Fair-Value des Floorlets	964,57	1.501,75	1.602,34	1.269,31

Tab. E.60: Beispiel zur Floor-Bewertung, Teil 2

Zur Ermittlung des gesamten Floor-Preises können die Fair Values der einzelnen Floorlets aufsummiert werden:

2.303,91 + 1.444,42 + 1.592,62 + 1.500,48 + 1.214,70 + 964,57 + 1.501,75 + 1.602,34 + 1.269,31 = 13.394,09 € = aktueller Fair Value des Floors.

Auffällig ist der relativ niedrige Preis des Floorlets, das eine Vorlaufzeit von 6 Jahren aufweist. Zurückzuführen ist dieser Preis auf die relativ hohe Forward Rate, bei der die Wahrscheinlichkeit einer Ausübung der Option abnimmt, so dass der Zeitwert sinkt.

c. Collars

Caps und Floors können auch miteinander kombiniert werden. Im Ergebnis wird dann von einem Collar gesprochen. Beispielsweise setzt sich eine Long Collar Position aus einem Long Cap und einem gleichzeitigen Short Floor zusammen. Eine solche Position führt dazu, dass der Käufer des Collars für den Fall, dass der Referenzzins die Zinsobergrenze überschreitet, eine Ausgleichszahlung erhält, während er im Fall des Unterschreitens der Zinsuntergrenze selbst eine Ausgleichszahlung an den Verkäufer des Collars leisten muss. Grundsätzlich geht der Käufer von steigenden Zinsen aus und hält das Unterschreiten der Zinsuntergrenze für unwahrscheinlich. Somit kann er die Kosten des Cap-Kaufs durch die erhaltene Prämie aus dem Floor-Verkauf senken.

Das Profil eines Collars kann wie folgt dargestellt werden:

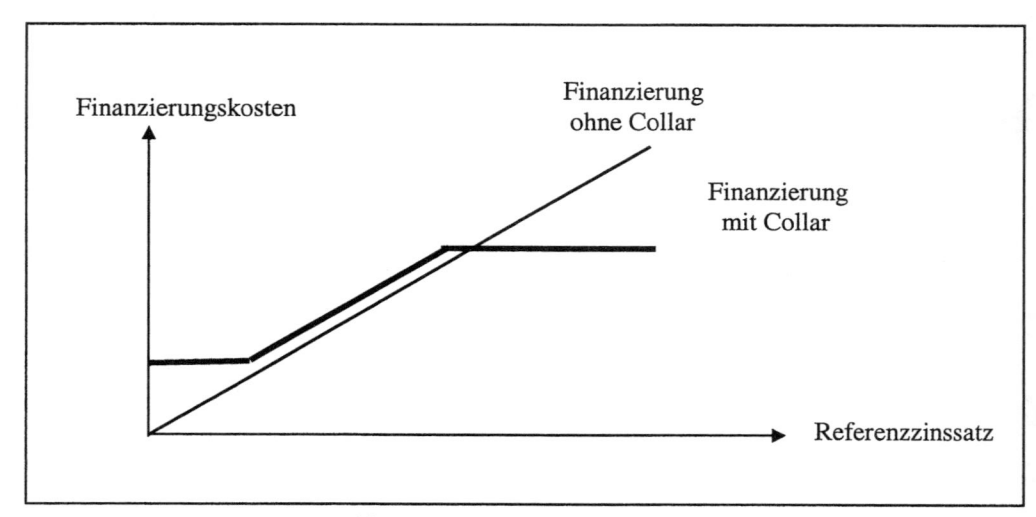

Abb. E.43: Profil eines Collars

Bezogen auf das obige Beispiel, kann der Preis für einen Long Collar mit einer Cap Rate von 5,00% (Long Cap) und einer Floor Rate von 4,00% (Short Floor) sowie einer Gesamtlaufzeit von 10 Jahren bei einer 1-jährigen Vorlaufzeit in der folgenden Weise bestimmt werden, wobei insgesamt 9 Caplets und Floorlets mit einer jeweiligen Laufzeit von 1 Jahr zugrunde liegen.

	Caplet 1	Caplet 2	Caplet 3	Caplet 4	Caplet 5
Aufwand	-23,41	-767,25	-1.548,40	-2.795,21	-3.750,73
	Floorlet 1	Floorlet 2	Floorlet 3	Floorlet 4	Floorlet 5
Erlös	2.303,91	1.444,42	1.592,62	1.500,48	1.214,70
Gesamt	2.280,50	677,17	44,22	-1.294,73	-2.536,04

	Caplet 6	Caplet 7	Caplet 8	Caplet 9	SUMME
Aufwand	-4.630,48	-3.895,89	-4.530,35	-4.547,29	-26.489,01
	Floorlet 6	Floorlet 7	Floorlet 8	Floorlet 9	
Erlös	964,57	1.501,75	1.602,34	1.269,31	13.394,09
Gesamt	-3.665,92	-2.394,14	-2.928,00	-3.277,98	-13.094,92

Tab. E.61: Beispiel zur Collar-Bewertung

Der aktuelle Preis dieses Long Collars beläuft sich somit auf 13.094,92 €. Insofern kann in diesem Beispiel der Aufwand für den Cap-Kauf durch den gleichzeitigen Verkauf des Floors um über die Hälfte reduziert werden.

d. Optionen auf Zins-Futures an der Eurex

Bei einer Option auf Zins-Futures handelt es sich um ein zweifach derivatives Instrument, da auch das Underlying ein Derivat ist. Der Optionsinhaber erwirbt mit der Option das Recht, zum Basispreis eine Long-Position (im Falle eines Calls) oder eine Short-Position (im Falle eines Puts) im zugrunde liegenden Future einzugehen. Der Verkäufer erhält die entsprechenden Gegenpositionen, d.h. im Falle der Call-Ausübung eine Short-Future-Position und im Falle einer Put-Ausübung eine Long-Future-Position. Im Falle der Ausübung durch den Optionskäufer erfolgt an der Terminbörse die Einbuchung der entsprechenden Futuresposition beim Käufer und der Gegenposition beim Verkäufer der Option. Im Vergleich zur Lieferung von z.B. Aktien bei Aktienoptionen kann davon ausgegangen werden, dass eine Einbuchung günstiger ist.

Charakteristisch für die Optionen auf Zins-Futures an der Eurex ist das sog. Future-style-Verfahren. So muss der Optionskäufer beim Optionskauf keine Optionsprämie zahlen. Vielmehr leistet er Zahlungen im Rahmen des täglichen Gewinn- und Verlustausgleichs (Variation Margin). Im Vergleich zur klassischen Option kann davon ausgegangen werden, dass die Optionsprämie bei Optionen auf Zins-Futures etwas höher liegt, da der Optionsverkäufer auf die sofortige Gutschrift der gesamten Prämie verzichtet. Insofern erhält er auch keine Zinseinnahmen aus der Anlage der Prämie.

Wird die Option ausgeübt oder verfällt sie, so ist der Optionskäufer zur Zahlung der noch nicht bezahlten Prämie verpflichtet. Falls der Optionspreis am Ende der Laufzeit bei Null steht, so hat der Optionskäufer aufgrund des täglichen Gewinn- und Verlustausgleichs nach und nach die gesamte Prämie an den Verkäufer gezahlt.

Das folgende Beispiel soll das Future-style-Verfahren bei Optionen auf Zins-Futures verdeutlichen: Ein Marktteilnehmer erwirbt am Tag 1 20 Call-Optionen auf den Euro-Bund-Future mit einem Basispreis von 102,00%. Der Optionspreis bei Kauf beträgt 1,7%. Die Option soll bereits nach 4 Tagen ausgeübt werden. Dies ist bei der Option auf den Euro-Bund-Future der Fall, da es sich um eine amerikanische Option handelt. Der Euro-Bund-Future soll am 4. Tag bei 103,95% notieren. Die Optionsposition soll die folgende Entwicklung genommen haben, wobei zu berücksichtigen ist, dass ein sogenannter Tick in diesem Fall einen Wert von 10 € hat:

Tag	Optionspreis[1]	Differenz in Ticks	Variation Margin in €	Kontosaldo in € (ohne Additional Margin)
1	1,70%			
1 (Tagesende)	1,90%	20	4.000	4.000
2	1,80%	-10	-2.000	2.000
3	2,10%	30	6.000	8.000
4	2,30%	20	4.000	12.000
Glattstellungserfolg				**12.000**

Tab. E.62: Future-Style-Verfahren bei Optionen auf den Euro-Bund-Future

---

[1] Die %-Sätze beziehen sich auf den Underlying-Nominalwert des Futures in Höhe von 100.000 €.

Entsprechend hat sich auf dem Margin-Konto ein Betrag von 12.000 € angesammelt. Da nunmehr die Option ausgeübt wird, muss der Optionskäufer die noch nicht bezahlte Optionsprämie zahlen. Bei einem Optionspreis von 2,30% würde dies zu einer Zahlung von 46.000 € führen, wie die folgende Rechnung zeigt:

$$\frac{(0\% - 2{,}30\%)}{0{,}01\%} \cdot 10 \frac{\text{€}}{\text{Tick}} \cdot 20 \text{ Kontrakte} = -230 \text{ Ticks} \cdot 10 \frac{\text{€}}{\text{Tick}} \cdot 20 = -46.000 \text{ €}.$$

Da aber auf dem Margin-Konto ein Betrag von 12.000 € gutgeschrieben worden ist, zahlt der Optionsinhaber bei Ausübung per saldo einen Betrag von 34.000 € (= 46.000 € - 12.000 €). Gleichzeitig wird eine Long Euro-Bund-Future Position für ihn eingebucht, wobei für diese Position eine Variation Margin von 39.000 € vorliegt:

$$\frac{(103{,}95\% - 102{,}00\%)}{0{,}01\%} \cdot 10 \frac{\text{€}}{\text{Tick}} \cdot 20 \text{ Kontrakte} = 195 \text{ Ticks} \cdot 10 \frac{\text{€}}{\text{Tick}} \cdot 20 = 39.000 \text{ €}.$$

Damit ergibt sich aufgrund der positiven Entwicklung des Euro-Bund-Futures in diesem Fall ein Gesamterfolg, falls auch die Future-Position glattgestellt wird, von 5.000 € (= 12.000 – 46.000 + 39.000).

Zu berücksichtigen ist in der Praxis jedoch noch die Hinterlegung von Sicherheitsleistungen durch Käufer und Verkäufer in Form einer Additional Margin, die in Abhängigkeit von einer angenommenen maximalen Schwankung des Basiswertes und daraus abgeleiteter Optionspreise bis zum folgenden Tag berechnet wird. In dem obigen Beispiel müsste sie noch berücksichtigt werden, da evtl. für die Futuresposition eine zusätzliche Additional Margin erforderlich wird.

Eingesetzt werden können Optionen auf Zins-Futures beispielsweise zur Absicherung von Zinspositionen im Portfolio gegen steigende Marktzinsen. Gleichzeitig eröffnet eine Optionsposition im Gegensatz zur Futureposition die Möglichkeit, an günstigen Zinsentwicklungen teilzuhaben. Falls beispielsweise das Marktzinsniveau sinkt und der abzusichernde Bestand an Anleihen Kursgewinne verzeichnen kann, so würde eine Option auf eine Short Euro Bund Future Position nicht ausgeübt. Allerdings wird der Kursgewinn bei den Anleihen durch die gezahlte Optionsprämie verringert.

7. Der Einsatz von Devisenoptionen

Devisenoptionen, die auch als FX Optionen[1] bezeichnet werden können, wurden erstmals im Jahr 1982 an der Philadelphia Stock Exchange gehandelt. Nachdem diese Instrumente zunächst an Terminbörsen gehandelt wurden, werden Devisenoptionen mittlerweile vor allem am OTC-Markt gehandelt, was damit zusammenhängt, dass die FX Spot Märkte weltweit in den elektronischen Handel übergingen.[2]

---

[1] FX steht für Forex bzw. Foreign Exchange.
[2] Vgl. *Flavell* (2002), S. 323.

Der Inhaber einer Devisenoption hat das Recht, einen bestimmten Fremdwährungsbetrag zu einem bestimmten Termin zum Basispreis zu kaufen bzw. zu verkaufen. Grundsätzlich besteht eine Devisenoption aus zwei einzelnen Optionen. So beinhaltet eine Euro FX Call-Option, die an einer amerikanischen Terminbörse gehandelt wird, einerseits das Recht, die Währung Euro zu einem bestimmten Basispreis (z.B. 1,05 USD) zu kaufen, und andererseits das Recht, die Währung USD zu verkaufen. Mithin handelt es sich also in diesem Fall um ein USD-Put/EUR-Call. Bei dieser Option würde nur in dem Fall eine Ausübung stattfinden, wenn der USD unter den Basispreis von 1,05 USD pro EUR fallen würde.[1]

Die Bewertung von Devisenoptionen erfolgt üblicherweise mit Hilfe des „Garman-Kohlhagen-Modells" als Erweiterung des Black-Scholes-Modells. Anders als z.B. bei Aktienoptionen wird bei der Bewertung von Devisenoptionen entsprechend berücksichtigt, dass der Optionspreis von den beiden risikolosen Zinssätzen der jeweiligen Währungen abhängt. Entsprechend kann der Preis für europäische Call- und Put-Optionen wie folgt ermittelt werden:[2]

$$C = K \cdot e^{-r_{Aus} \cdot t} \cdot N(d_1) - B \cdot e^{-r_{Inl} \cdot t} \cdot N(d_2), \quad P = -K \cdot e^{-r_{Aus} \cdot t} \cdot N(-d_1) + B \cdot e^{-r_{Inl} \cdot t} \cdot N(-d_2)$$

mit

$$d_1 = \frac{\ln \frac{K}{B} + (r_{Inl} - r_{Aus} + 0,5 \cdot \sigma^2) \cdot t}{\sigma \cdot \sqrt{t}}$$

$$d_2 = d_1 - \sigma \cdot \sqrt{t}$$

C	=	Callpreis,
P	=	Putpreis,
K	=	Devisenkassakurs,
B	=	Basispreis,
r_{Aus}	=	ausländischer risikoloser Zinssatz p.a. bis zur Fälligkeit der Option (stetige Rendite),
r_{Inl}	=	inländischer risikoloser Zinssatz p.a. bis zur Fälligkeit der Option (stetige Rendite),
e	=	Euler'sche Zahl = 2,718281828,
$N(d_i)$	=	Flächeninhalt unter der Verteilungsdichtefunktion der Standardnormalverteilung,
σ	=	erwartete Volatilität des Aktienkurses p.a.,
t	=	Restlaufzeit des Calls in Jahren und
ln	=	natürlicher Logarithmus.

---

[1] Vgl. *Avenarius* (1999), S. 392.
[2] Vgl. *Garman/Kohlhagen* (1983), S. 231ff.; *Flavell* (2002), S. 320f.; *Heinzel/Knobloch/Lorenz* (2002), S. 203f.

Die Kontraktspezifikationen von Devisenoptionen sehen beispielsweise an der Philadelphia Stock Exchange für den Euro-Kontrakt ein Volumen von 62.500 EUR vor. Die Notierung erfolgt dabei in US-Cents pro Einheit Fremdwährung. Beträgt beispielsweise der Optionspreis einer solchen Option (Basispreis = 1,05 USD/EUR) 1,76 US-Cent pro EUR, so würde ein Kontrakt 1.100 USD (= 0,0176 USD/EUR · 62.500 EUR) kosten. Der Käufer dieses Kontraktes hat damit das Recht zum Kauf von 62.500 EUR gegen Zahlung von 65.625 USD (= 0,0176 USD/EUR · 62.500 EUR) erworben.[1]

Im Hinblick auf die Einsatzmöglichkeiten von Devisenoptionen soll hier auf die Möglichkeiten der Absicherung von Devisenpositionen eingegangen werden. Zur Absicherung gegen einen steigenden EUR-Kurs (bzw. fallenden USD-Kurs) können entsprechende EUR/USD-Call-Optionen eingesetzt werden. Gegen einen fallenden EUR-Kurs wird die entsprechende Put-Option herangezogen.

Das folgende Beispiel zeigt die Absicherungswirkung auf. Am 14.1.2020 soll eine Forderung in Höhe von 10 Mio USD gegen Kursverluste des USD (bzw. Kursgewinne des EUR) abgesichert werden. Der aktuelle Devisenkurs EUR/USD beträgt 1,0526 USD, d.h. 1 EUR kostet 1,0526 USD. Umgekehrt entspricht damit 1 USD einem Preis von 0,950028501 EUR. Zur Absicherung sollen EUR/USD Call-Optionen mit einer Laufzeit von 3 Monaten, einem Kontraktvolumen von 62.500 EUR und einem Basispreis von 1,05 USD/EUR gekauft werden. Die Anzahl einzusetzender Kontrakte soll hier nach dem einfachen Nominalwertprinzip ermittelt werden, wobei ein 1:1 Fixed-Hedge unterstellt wird. Entsprechend werden 152 Kontrakte eingesetzt:

$$\frac{\text{Nennwert Kassaposition}}{\text{Nennwert Optionsposition}} = \frac{9.500.285,01 \text{ EUR}}{62.500 \text{ EUR}} = 152,00456 = 152 \text{ Kontrakte} \quad .$$

Der Optionspreis, der in diesem Beispiel willkürlich gewählt ist, soll 1,76 US-Cent pro EUR betragen. Hieraus ergibt sich ein gesamter Kapitaleinsatz für die Optionsposition von 167.200 USD (= 0,0176 USD/EUR · 62.500 EUR · 152) bzw. 158.844,77 EUR (= 167.200 USD · 0,950028501 EUR/USD).

Am 4.2.2020, d.h. 21 Tage später, soll der Devisenkurs EUR/USD bei 1,0695 liegen, d.h. 1 EUR entspricht 1,0695 USD bzw. 1 USD entspricht 0,935016363 EUR. Da keine weiteren USD-Kursverluste erwartet werden, soll die Optionsposition wieder glattgestellt werden. Der Optionspreis, der wiederum willkürlich gewählt ist, steht mittlerweile bei 3,45 US-Cent/EUR. Aus diesen Angaben lassen sich folgende Ergebnisse ableiten:

Erfolg der USD-Forderung
= 10 Mio USD · (0,935016 EUR/USD − 0.950029 EUR/USD) = − 150.121,38 EUR .

Erlös aus der Optionsposition
= 0,0345 USD/EUR · 62.500 EUR · 152 = 327.750 USD
= 327.750 USD · 0,935016363 EUR/USD = 306.451,61 EUR .

---

[1] Vgl. *Hull* (2003), S. 276.

Zur Bestimmung des Gesamterfolges aus beiden Positionen ist noch die gezahlte Optionsprämie zu berücksichtigen:

Gesamterfolg am 04.02.2020
= - 150.121,38 EUR + (306.451,61 EUR – 158.844,77 EUR) = - 2.514,53 EUR .

Der negative Gesamterfolg kann verschiedene Ursachen haben. So ist er z.T. darauf zurückzuführen, dass der USD gefallen ist und somit die gezahlte Optionsprämie von 167.200 USD noch relativ mehr EUR entsprachen als der Optionserlös in Höhe von 327.750 USD. Darüber hinaus entspricht auch der Optionspreis möglicherweise nicht dem fairen Preis. Auch die Anzahl der einzusetzenden Kontrakte kann noch durch das Optionsdelta korrigiert werden, so dass mehr Kontrakte zur Absicherung eingesetzt worden wären.[1]

8. Der Einsatz exotischer Optionsvarianten

Der Einsatz sogenannter exotischer Optionen hat beim Anwender im wesentlichen einen Einzelfallcharakter. Während Investoren ein sehr spezifisches, aber genau definiertes Einzelrisiko suchen, fragen Schuldner aufgrund ihrer unterschiedlichsten Zins- und Währungspositionen maßgeschneiderte Antworten auf ein spezifisches Portfolio von Risiken nach. Für diese Anforderungen sind vor allem in den angelsächsischen Ländern zahlreiche Produkte entwickelt worden. Die Ausprägungen des Optionselements in bedingten Auszahlungen sind dabei Gegenstand aller möglichen Varianten und Kombinationen.

Im folgenden sollen einige wichtige Varianten dieser Exotic Options näher erläutert werden. Dabei liegt die Intention vor allem darauf, die Flexibilität sowie die Einsatzmöglichkeiten dieser Instrumente aufzuzeigen. Grundsätzlich lassen sich die vorgestellten Optionsformen im Devisen-, Aktien- und Zinsmanagement einsetzen. Der Schwerpunkt ihres Einsatzes liegt bei den im folgenden zunächst erläuterten Optionen im Devisen- und Aktienmanagement:

- Barrier Options,
- Cliquet Options,
- Ratchet Options,
- Compound Options,
- 'As you like it' Options,
- Average Rate Options,
- Basket Options,
- Binary Options,
- Contingent Premium Options,
- Lookback Options,
- Range Options,
- Power Options,
- Exploding Options und
- Low Exercise Price Options (LEPOs).

---

[1] Vgl. z.B. *Schierenbeck* (2001b), S. 217f.

Anschließend wird auf Optionsvarianten eingegangen, die sich vornehmlich im Zinsmanagement einsetzen lassen:

- Barrier Caps und Floors
- Contingent Premium Caps und Floors.

a. Exotische Optionen im Devisen- und Aktienmanagement

aa. Barrier Options

Barrier Options haben im Vergleich zu herkömmlichen Optionen einen zusätzlichen Bestimmungsparameter bzw. eine weitere 'Grenze', die sogenannte 'Barrier' oder 'Trigger', bei deren Erreichen sich der Optionscharakter verändert. Wird diese Grenze erreicht, verliert die Option entweder ihre Wirkung ('Knock-Out'-Option), oder sie wird erst mit Erreichen der Grenze wirksam ('Knock-In'-Option). Besteht die Option bei Fälligkeit, so kann der Inhaber diese wie eine herkömmliche Option ausüben.

Der Vorteil dieser Instrumente besteht in der – im Vergleich zu klassischen Optionen – niedrigeren Optionsprämie, wobei die Größe dieses Vorteils von dem Basispreis (Strike), von der Art der Option (Knock-In bzw. Knock-Out) und von der Wahl der Barrier abhängt. Grundsätzlich gilt, dass der Abstand zwischen dem Wert einer Knock-In-Option und dem Wert einer Standardoption um so geringer wird, je mehr sich der aktuelle Kassakurs der Barrier annähert. Dabei erhöht sich die Wahrscheinlichkeit, dass die Option wirksam wird. Die folgende Grafik zeigt sowohl die preisliche Entwicklung einer Standardoption (USD Call / EUR Put, Basispreis bzw. Strike: 1,00), als auch die einer Knock-In-Option (Barrier von 0,95):

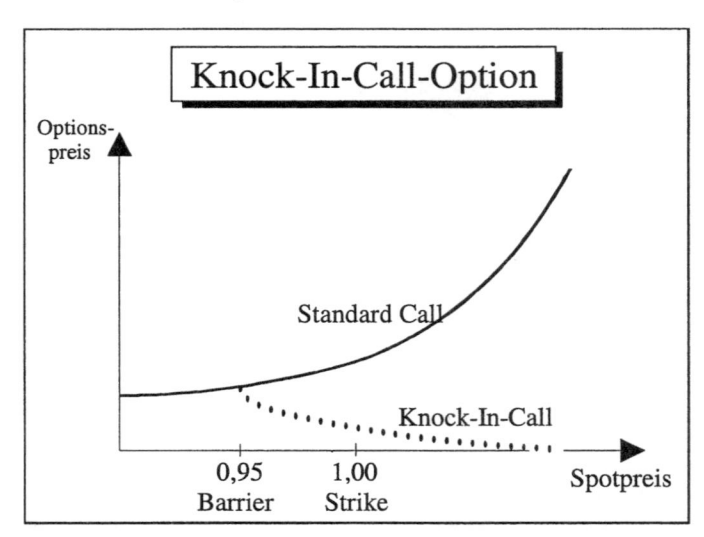

Abb. E.44: Preisentwicklung einer Knock-In-Call-Option auf EUR/USD

Bei dieser Variante der Knock-In-Option liegt die Barrier unterhalb des aktuellen Spot Preises. Der Inhaber der Knock-In-Option kann diese nicht ausüben, solange die Option nicht auf dem Barrier-Niveau gehandelt wird. Eine solche Option ist für Hedging-Strategien nicht sehr geeignet, weil der Hedger ohne Schutz beginnt und auf das Erreichen der Barrier warten muss, bevor sein Hedge aktiviert wird.

Darüber hinaus gilt eine weitere Variante der Knock-In-Option, die sogenannte Reverse Knock-In-Option als hochspekulative Option. Die preisliche Entwicklung dieser Option, deren Barrier oberhalb des Spot-Preises liegt, kann wie folgt dargestellt werden:

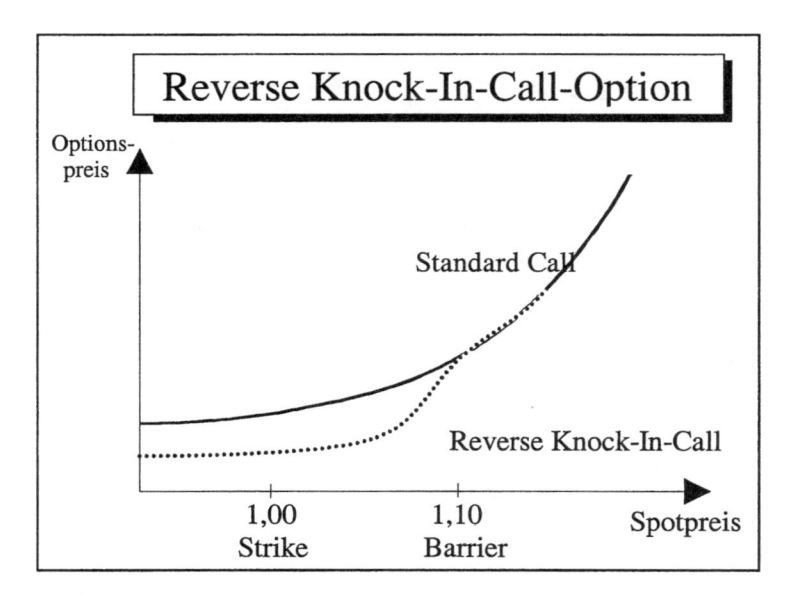

Abb. E.45: Preisentwicklung einer Reverse Knock-In-Call-Option auf EUR/USD

Auffallend sind die großen Preisveränderungen, sobald der Spot-Preis in die Nähe der Barrier kommt. Nach Erreichen der Barrier von 1,10 entsprechen sich die Optionspreise der Reverse Knock-In- und der herkömmlichen Call-Option. Reverse Knock-In-Calls werden vor allem dann eingesetzt, wenn davon ausgegangen wird, dass es zu einem sehr starken Anstieg des Wechselkurses kommt. In einem solchen Fall kann eine Option mit einem Basispreis von 1,00 relativ günstig erworben werden. Sollte die Barrier jedoch nicht erreicht werden, so müsste der Käufer möglicherweise sogar einen Wechselkurs von 1,099 in Kauf nehmen. Diese Grenze spiegelt sozusagen seinen Worst Case wider.

In der folgenden Abbildung wird die Preisentwicklung bei einer Knock-Out-Option gezeigt. Dabei gelten die gleichen Bedingungen wie bei der Knock-In-Option (USD Call / EUR Put, Basispreis: 1,00, Barrier von 0,95). Damit verliert die Option also ihre Wirkung bei Erreichen eines Wechselkurses von 0,95.

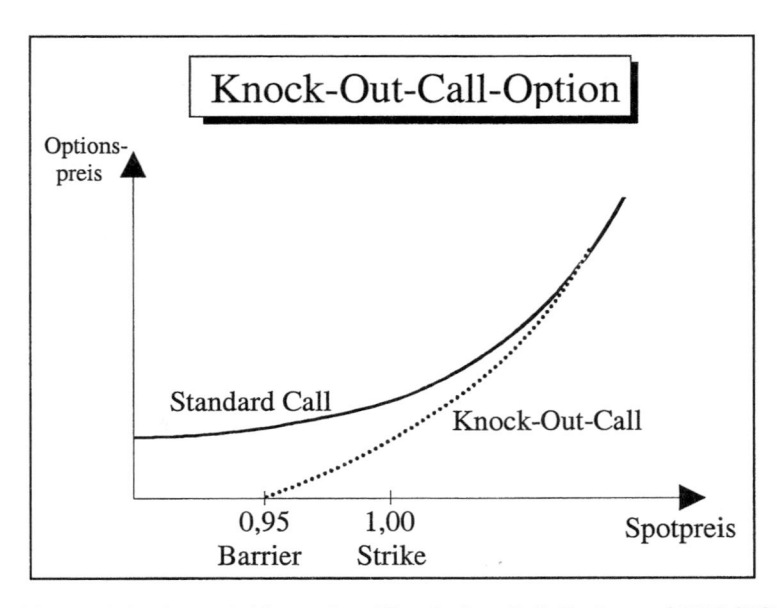

Abb. E.46: Preisentwicklung einer Knock-Out-Call-Option auf EUR/USD

Entsprechend der in der Grafik gezeigten Variante der Knock-Out-Option liegt die Barrier unterhalb des aktuellen Spot-Kurses.[1] Gleichzeitig liegt sie im Beispiel auch unterhalb des Basispreises, d.h. aus-dem-Geld. Wird die Barrier erreicht, d.h. fällt der Dollar auf das Niveau von EUR 0,95 bzw. darunter, so verfällt die Option wertlos, d.h. ihr Wert ist Null. Hätte der Hedger dagegen eine klassische Option gekauft, so hätte diese immer noch einen – wenn auch relativ geringen – Zeitwert. Bei einem Niveau von EUR 0,95 könnte der Hedger jedoch sofort ein neues Termingeschäft abschließen. Welche Strategie insgesamt die bessere ist, hängt auch davon ab, wann die Barrier erreicht wird. Ist dies erst am Ende der Laufzeit der Fall, so wird der Abschluss eines neuen Termingeschäfts hinfällig. In diesem Fall ist die Absicherung über die Barrier Option günstiger gewesen als der Abschluss einer herkömmlichen Option, für die eine höhere Prämie zu zahlen ist.

Eine weitere Variante der Knock-Out-Option ist die Reverse Knock-Out-Option. Hierbei liegt die Barrier weit im Geld, d.h. die Option verfällt in dem Fall, in dem ein Kurs erreicht wird, bei dessen Überschreiten eine klassische Option immer weiter Prämie und eine entsprechend höhere Kursabsicherung aufbauen würde. Da bei Überschreiten der Barrier die Kurssicherung wegfällt und somit das Grundgeschäft nur zu dem schlechteren Kurs als den ursprünglichen Terminkurs abgeschlossen werden kann, eignen sich Reverse Knock-Out-Options nicht zur Kurssicherung von Devisenpositionen. Jedoch werden sie von denjenigen Marktteilnehmern zur Absicherung eingesetzt, die davon ausgehen, dass es zwar eine Wechselkurserhöhung gibt, diese aber nicht so stark ausfallen wird, dass die Barrier erreicht wird. Die Preisentwicklung einer solchen Reverse Knock-Out-Option stellt die folgende Grafik dar:

---

[1] Vgl. *Hull* (2003), S. 439f.

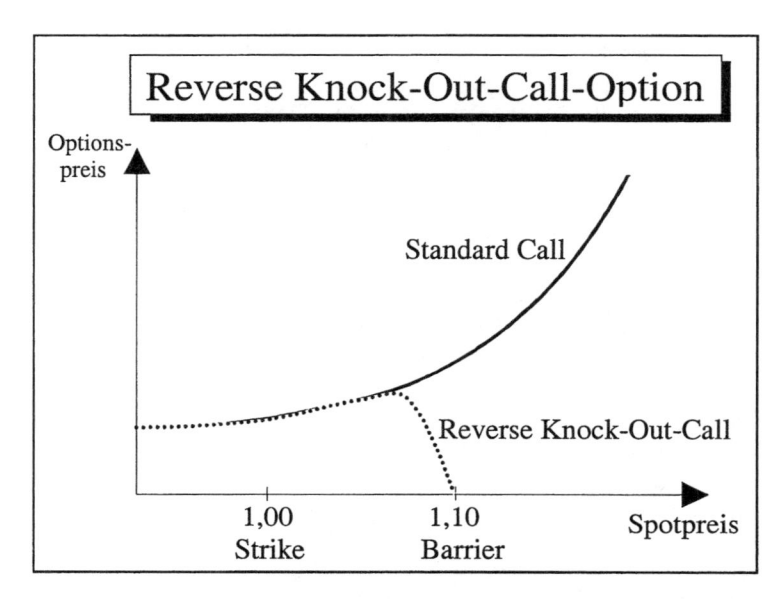

Abb. E.47: Preisentwicklung einer Reverse Knock-Out-Call-Option auf EUR/USD

Für einen USD Put läge die Barrier unterhalb des Spot-Preises und unterhalb des Basispreises. Trotz ihres spekulativen Charakters setzen viele Unternehmen diese vermeintlich preiswerten Optionen zur Kurssicherung ein.[1] Beispielsweise wird ein gekaufter USD Put mit einem Basispreis von 1 EUR und einer Barrier von 0,90 EUR wertlos, wenn der USD unter 0,90 EUR/USD fällt. Sowohl Käufer als auch Verkäufer sollten sich der hohen Wertveränderung der Option in der Nähe der Barrier bewusst sein. Zudem sind diese Optionen auch nur schwer (und entsprechend teuer) zu hedgen. Daher liegen die Bid-Offer Spreads bei diesen Optionen auch relativ weit auseinander. Grundsätzlich gilt für Knock-Out-Optionen, dass sie – im Vergleich zu herkömmlichen Optionen – um so billiger werden, je höher die Volatilität der Kurse ist, da in diesem Fall die Wahrscheinlichkeit, dass die Barrier erreicht wird und damit die Option wertlos wird, zunimmt.

Knock-In- und Knock-Out-Optionen lassen sich auch synthetisch herstellen. Wird beispielsweise eine klassische europäische Option gekauft und gleichzeitig eine Knock-Out-Option verkauft, die die gleichen Konditionen aufweist, nur zusätzlich mit einer Barrier ausgestattet ist, so ist damit synthetisch eine Knock-In-Option gekauft worden mit der entsprechenden Barrier. Wird anstelle der Knock-Out- eine Knock-In-Option verkauft, so kann dies mit dem Kauf einer synthetischen Knock-Out-Option gleichgesetzt werden.[2]

Auch eine Kombination von Calls und Puts ist denkbar. Beispielsweise könnte ein Hedger, der eine USD Long Position absichern möchte, einen 1,05 (EUR pro USD) Put kaufen und gleich-

---

[1] Vgl. *Höfner/Klein* (1995), S. 180.
[2] Vgl. *Hull* (1993), S. 419. Vgl. dazu auch *Hull* (2003), S. 447ff.

zeitig einen Reverse Knock-In-Call mit einem Basispreis von ebenfalls 1,05 und einer Barrier von 1,12 verkaufen. Eine solche Kombination kann auch als Knock-In-Forward bezeichnet werden.[1] Dadurch verbilligt sich der Put. Gegenüber einem Terminverkauf z.B. zu 1,0550 stellt sich der Knock-In-Forward um 50 Basispunkte schlechter. Dafür besteht aber die Möglichkeit, bis zum Erreichen der Barrier von 1,12 an einem günstigeren Wechselkurs zu partizipieren. Wird die Barrier erreicht, so kommt allerdings die verkaufte Kaufoption zum Tragen, und der Hedger kann von der für ihn günstigen Wechselkursentwicklung nicht mehr profitieren. Dennoch ist er nach wie vor nach unten hin durch den Put abgesichert.

Im Vergleich zu herkömmlichen Optionen unterscheidet sich das Risikoprofil von Barrier Options auch beim Stillhalter. Dessen Risiko ist abhängig von seiner Delta-Position; denn diese wird nach und nach aufgebaut, um im Falle der Ausübung den Verlust aus der Option mit Gewinnen aus der Delta-Position ausgleichen zu können.[2] Dabei ist zu beachten, dass die Delta-Position in der Nähe der Barrier erheblich größer ist als die einer herkömmlichen Option. Wenn kein Verlust entstehen soll, muss z.B. bei einer Knock-Out-Option die vorhandene Delta-Position genau zum Barrier-Kurs aufgelöst werden. Damit Verlusten durch Kurssprünge bei der Auflösung eines Hedges vermieden werden können, sind liquide Märkte erforderlich.

Die Barrier werden in der Praxis meist an psychologisch wichtigen Marken gesetzt (z.B. Resistance- und Support-Level). Dadurch soll die Wahrscheinlichkeit eines Knock-Ins oder Knock-Outs reduziert werden. Durch die zahlreichen Möglichkeiten der Barrierenfestsetzung und Kombination von Optionen lassen sich individuelle Risiko- und Ertragsprofile entwickeln, die es dem Anwender ermöglichen, seine eigenen Erwartungen direkt in einem Produkt abzubilden.

Knock-In- und Knock-Out-Optionen können noch mit einem sogenannten Rebate versehen sein. Hierbei handelt es sich um einen feststehenden Geldbetrag, der dem Käufer einer Knock-Out-Option im Falle eines Knock-Outs gezahlt wird. Umgekehrt würde der Käufer einer Knock-In-Option diesen Betrag erhalten in dem Fall, dass die Knock-In-Grenze nicht erreicht wurde. Der Rebate könnte beispielsweise der vom Käufer gezahlten Prämie entsprechen.[3]

Dies ist besonders dann interessant, wenn die Barrier bei dem Knock-Out-Call im obigen Beispiel oberhalb des Strike liegt, z.B. bei 1,15. Falls die Barrier während der Optionslaufzeit nicht erreicht wird, entsprechen sich bei Fälligkeit der Option die inneren Werte der Barrier Option und eines gewöhnlichen Calls mit einem Basispreis von 1,00. Sollte aber der Knock-Out-Fall eintreten, so würde die Barrier-Option verfallen, obwohl die Option kurz vor Erreichen der Barrier einen inneren Wert von fast 0,15 hatte. Der durch den Knock-Out verpasste Gewinn könnte durch einen Rebate zum Teil wieder aufgefangen werden.

---

[1] Vgl. *Winter* (1995), S. 216.
[2] Vgl. *Höfner/Klein* (1995), S. 182.
[3] Vgl. *Willnow* (1996), S. 100f.

ab. Cliquet Options

Eine Cliquet Option besteht aus mehreren zu unterschiedlichen Zeiten gültigen Kaufoptionen. Es handelt sich dabei um die Aneinanderreihung von zukünftig startenden Optionen. Beispielsweise wird am 15. Dezember ein USD Cliquet Call / EUR Put erworben, deren erste Option (Basispreis = Kassakurs vom 15. Dezember) am 15. Januar fällig wird. Anschließend folgt eine weitere Option – ebenfalls mit einer Laufzeit von einem Monat –, die mit einem Basispreis in Höhe des aktuellen Kurses am 15. Januar ausgestattet wird. Danach schließt sich eine dritte Option mit der gleichen Laufzeit und dem Basispreis in Höhe des Kurses am 15. Februar an.

Die USD-Kurse seien am 15. Dezember 1,00, am 15. Januar 1,05, am 15. Februar 0,95 und am 15. März wieder 1,00. Am 15. Januar wird die erste Option fällig. Der innere Wert in Höhe von 0,05 EUR wird zu diesem Zeitpunkt realisiert und bleibt bis zum Ende der Laufzeit der Cliquet Option erhalten. Als neuer Basispreis ergibt sich der aktuelle Kassakurs (1,05). Am 15. Februar verfällt die zweite Option wertlos, da der aktuelle Kassapreis (0,95) unterhalb des Basispreises (1,05) liegt. Für die dritte Option ergibt sich hingegen am 15. März wieder ein innerer Wert in Höhe von 0,05 EUR. Insgesamt zahlt die Cliquet Option damit am 15. März einen Betrag von 0,10 EUR aus. Dagegen hätte eine Drei-Monats-Option mit einem Basispreis von 1,00 am 15. März keinen Wert gehabt.[1] Die folgende Grafik verdeutlicht das Prinzip einer Cliquet Option:

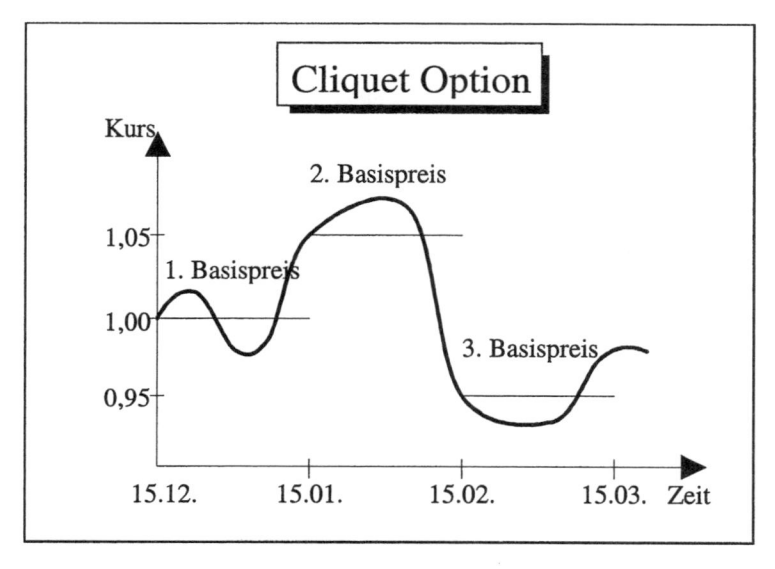

Abb. E.48: Cliquet Option auf EUR/USD

Die Cliquet Option hat die zwischenzeitlichen inneren Werte, die zu bestimmten Zeitpunkten während der Laufzeit anfallen, festgeschrieben. Dabei wird allerdings der Zeitwert einer her-

---

[1] Vgl. *Winter* (1995), S. 217.

kömmlichen Option aufgegeben; denn – bezogen auf das Beispiel – am 15. Januar hätte eine herkömmliche Option mit einer Restlaufzeit von zwei Monaten und einem Basispreis von 1,00 einen höheren Wert als nur den inneren Wert gehabt. Dieser Zeitwert aber geht bei der Cliquet Option verloren. Allerdings sind die Zeitwerte bei Optionen, die im Geld sind, auch relativ gering, so dass dieser Nachteil nicht so sehr ins Gewicht fällt. Gleichzeitig ist aber zu bedenken, dass zahlreiche Unternehmen aufgrund interner Absicherungsrichtlinien nicht einfach durch den Verkauf der Option eine abgesicherte Position wieder öffnen können. Insofern würde die Zeitwertproblematik hier nur eine untergeordnete Rolle spielen.

ac. Ratchet Options

Ähnlich wie bei einer Cliquet Option wird auch bei einer Ratchet Option während der Laufzeit der Basispreis aufgrund des Verlaufs der Kassakurse verändert. Der Unterschied zur Cliquet Option besteht darin, dass bei der Ratchet Option nicht der Basispreis am Ende einer bestimmten Periode auf der Grundlage des dann geltenden Kassakurses festgelegt wird, sondern bereits von vornherein bestimmte Barrieren determiniert werden. Werden diese Barrieren während der Laufzeit erreicht, so erhöht sich der Basispreis entsprechend. Insofern kann es also – anders als bei der Cliquet Option – nur Erhöhungen des Basispreises geben. Davon können mehrere während der Laufzeit der Option zum Tragen kommen. In diesen Fällen verliert der Käufer den bis dahin aufgelaufenen inneren Wert der Option. Aufgrund dessen ist diese Option auch im Vergleich zur Cliquet Option und zu herkömmlichen Optionen wesentlich billiger.[1]

Bezogen auf das obige Beispiel sei der Basispreis einer Call Ratchet Option mit einer Laufzeit von drei Monaten zu Beginn der Laufzeit am 15. Dezember wiederum 1,00. Gleichzeitig werden Barrieren im Abstand von 0,10 nach oben festgelegt. Wird zu irgendeinem Zeitpunkt während der Laufzeit der Kurs von 1,10 erreicht, so ist dies der dann gültige Basispreis. Sollte der USD noch weiter bis auf 1,20 ansteigen, so gilt dies als neue Barriere. Steht der USD am 15. März bei 1,15, so würde diese Option wertlos verfallen, obwohl der anfängliche Basispreis bei 1,00 festgelegt war. Damit eignen sich Ratchet Options kaum zu Absicherungszwecken, es sei denn, der Hedger geht von Kurssteigerungen in nur begrenztem Umfang (bis zur ersten Barrier) aus. In Anlehnung an das obige Beispiel zeigt Abbildung E.49 die Entwicklung der Basispreise für eine Ratchet Option:

---

[1] Vgl. *Winter* (1995), S. 218.

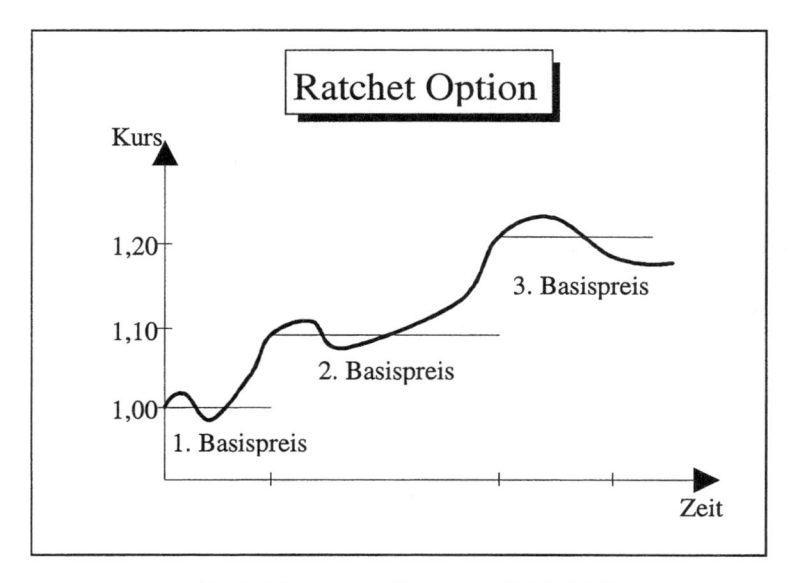

Abb. E.49: Ratchet Option auf EUR/USD

ad. Compound Options

Mit dem Kauf einer Compound Option erwirbt der Käufer das Recht, während einer bestimmten Laufzeit, eine vorher definierte Option ('Underlying Option') für eine bestimmte Prämie zu kaufen oder zu verkaufen. Eine solche Option ist vor allem dann interessant, wenn noch nicht klar ist, ob überhaupt eine Absicherung vorgenommen werden soll oder nicht. Dies gilt beispielsweise für die Angebotsabgabe in Fremdwährung durch einen Industriekunden. Je nachdem, wie wahrscheinlich der Zuschlag für das Angebot eingeschätzt wird, kann der Hedger sich schon von vornherein durch den Erwerb von mehr oder weniger Compound Options ein gewisses Kursniveau sichern. Dabei ist allerdings zu berücksichtigen, dass für den Fall des Zuschlages und damit auch der Ausübung der Compound Option eine zweite Prämie, nämlich für die Underlying Option anfällt. Falls allerdings die Option nicht benötigt wird, so hat der Hedger für eine mögliche Absicherung eine geringere Prämie gezahlt, als wenn er gleich die Underlying Option gekauft hätte.

Beim Kauf einer Compound Option werden die folgenden Parameter festgelegt:

- Compound Option: - Call oder Put auf die Underlying Option
  - Basispreis (Preis der Underlying Option)
  - Verfalltag (zeitlich vor dem Verfalltag der Underlying Option)

- Underlying Option: - Call-Währung / Put-Währung
  - Basispreis
  - Nominalvolumen
  - Verfalltag (zeitlich nach dem Verfalltag der Compound Option).

Unabhängig davon, ob die Compound Option für eine Absicherung benötigt wird oder nicht, wird sie immer dann ausgeübt, wenn der Preis der Underlying Option höher ist als der Basispreis, der der Compound Option zugrunde liegt; denn in diesem Fall könnte die bezogene Option direkt wieder verkauft werden, so dass ein Gewinn erzielbar wäre.

ae. 'As you like it' Options

Bei dieser Optionsvariante hat der Käufer die Wahl, nach einer bestimmten Periode zu wählen, ob er einen Call oder einen Put mit einem bestimmten Basispreis haben möchte. 'As you like it' Options sind damit für denjenigen interessant, der einen großen Kurssprung erwartet, nur noch nicht weiß, in welche Richtung. Eine Alternative wäre ein Straddle, der aber im Vergleich zur 'As you like it' Option teurer ist; denn bei letzterer wird ein bestimmter Tag nach dem Kauf der Option festgelegt, an dem sich der Käufer für einen Call oder einen Put entscheiden muss. Danach hat er nur noch eine Position im Bestand. So kann der Entscheidungstag z.B. zwei Wochen nach Kauf der Option bei einer Gesamtrestlaufzeit von drei Monaten sein. Anschließend hat der Käufer eine herkömmliche Option mit einer Restlaufzeit von elf Wochen. Bei den festgelegten Puts und Calls müssen die Basispreise nicht übereinstimmen. Mit dem Recht auf Bezug einer bestimmten, noch nicht festgelegten Option bekommen 'As you like it' Options den Charakter von Compound Options.

af. Average Rate Options

Average Rate Options können z.B. zur Absicherung gegen Währungsrisiken einer Serie von Cash Flows eingesetzt werden, deren Höhe und zeitlicher Anfall zumindest einigermaßen gut prognostiziert werden kann. Sie werden auch als Asian Options bezeichnet.[1] An den jeweiligen Zahlungsterminen der Cash Flows, die zwischen zwei vorher festgelegten Zeitpunkten liegen, werden beispielsweise die amtlichen Mittelkurse des USD als Referenzkurs ermittelt (Fixing) und daraus am Ende das arithmetische Mittel gebildet. Nach Vergleich dieses Durchschnittskurses mit dem Basispreis der Average Rate Option erhält der Käufer nachträglich eine Kompensationszahlung, wenn der Durchschnittskurs den Basispreis überschreitet (bei einem Call) oder unterschreitet (bei einem Put).[2] Dabei ist zu beachten, dass die Mittelkurse öffentlich zugänglich sind und von einer verlässlichen Informationsquelle stammen.

Wenn sich beispielsweise bei einer USD Call / EUR Put Average Rate Option mit einem Basispreis von 1,00, einem Nominalwert von USD 10 Mio und Fixings in EUR (d.h. EUR pro USD) für die entsprechende Laufzeit ein Durchschnittskurs von 1,0250 errechnet, so kann die Kompensationszahlung (Settlement) wie folgt berechnet werden:

(1,0250 - 1,0000) EUR/USD · USD 10 Mio = EUR 250.000.

Falls die durchschnittlichen Kurse in USD (d.h. USD pro EUR) ermittelt worden wären, so würde der durchschnittliche Kurs etwa bei 0,9756 (= 1/1,025) liegen, und die Ausgleichszahlung hätte sich belaufen auf:

---

[1] Vgl. *Hull* (2003), S. 443ff.
[2] Vgl. *Höfner/Klein* (1995), S. 180.

(1/1,000 - 1/1,025) USD/EUR · EUR 10 Mio = USD 243.902.

Dabei ist zu beachten, dass diese beiden Optionen nicht äquivalent zueinander sind; denn der USD-Wert der Kompensationszahlung von EUR 250.000 kann ein ganz anderer sein als die USD 243.902. Dies hängt vom letzten Kurs der Gesamtperiode ab, da der Durchschnittskurs von 1,0250 nicht dem Kurs am letzten Tag entsprechen muss.

Die Preisschwankungen einer Average Rate Option sollten – verglichen mit herkömmlichen Optionen – im Zeitablauf abnehmen, da sich der Durchschnittskurs beispielsweise nach einem Drittel der Laufzeit nicht mehr sehr stark verändern wird. Aus diesem Grund ist in den Preis für die Restlaufzeit eine geringere Volatilität einzukalkulieren.

Zur Festlegung des Preises einer Average Rate Option werden die folgenden Daten benötigt:

- Call-Währung / Put-Währung,
- Basispreis,
- Verfalltag,
- Erster und letzter Tag der Ermittlung der Referenzkurse (Fixing),
- Häufigkeit des Fixings,
- Informationsquelle und Zeit des Fixings und
- Nominalvolumen.

Zusammengefasst ermöglichen Average Rate Optionen die Absicherung des gesamten Cash Flows z.B. eines Jahres mit einem einzigen Geschäft. Gleichzeitig sind sie vor dem Hintergrund der im Zeitablauf relativ geringeren Preisschwankungen weniger riskant als herkömmliche Optionen.

ag. Basket Options

Der Kauf einer Basket Option beinhaltet das Recht, einen Korb von Währungen gegen eine Basiswährung zu tauschen. Diese Option kann vor allem zur Absicherung eines sich aus zahlreichen verschiedenen Währungspositionen zusammengesetzten Portfolios dienen. Gleichzeitig kann das aufwendige Management einer komplexen Multi-Währungs-Hedging-Strategie vermieden werden, da nur eine Optionsform gekauft wird. Darüber hinaus kann die Absicherung auch sehr viel billiger sein, als wenn jede Währungsposition einzeln abgesichert würde. Denn wenn die einzelnen Währungen nicht sehr hoch miteinander korreliert sind, so besteht die Wahrscheinlichkeit, dass die Entwicklung von Währung A durch die einer anderen Währung B kompensiert wird. Im Ergebnis fällt die Nettopreisveränderung dann relativ gering aus. Damit ist eine solche Basket Option, die sich auf nicht sehr hoch korrelierte Währungen bezieht, weniger von der aktuellen Kursentwicklung der einzelnen Währungen abhängig als klassische Optionen, die sich jeweils auf die einzelnen Währungspositionen beziehen. Dies spiegelt sich entsprechend auch in geringeren Prämien und damit geringeren Hedging-Kosten wider.

Beispielsweise sollen die folgenden zukünftigen Währungseingänge abgesichert werden:

- USD   2.000.000
- GBP   1.000.000
- SFR   3.000.000
- JPY   200.000.000

Für diese Eingänge soll ein umgerechneter Betrag von EUR 7.000.000 budgetiert werden. Daher wird eine Basket Put Option gekauft, die die nicht sehr hoch korrelierten Währungen USD, GBP, SFR und JPY umfasst, wobei die Basiswährung der EUR ist. Diese Basket Option garantiert dem Käufer / Hedger einen Mindest-EUR-Wert seiner Währungseingänge.

ah. Binary Options

Dem Erwerber einer Binary Option (auch Digital Option genannt) steht ein vorher festgelegter Betrag zu, falls der Kassapreis bei Verfall der Option über (Call) bzw. unter (Put) einem ganz bestimmten Niveau liegt (Basispreis). Andernfalls erhält er nichts. Bei einem 'Cash or nothing' Call kann beispielsweise zu Beginn festgelegt werden, dass der Käufer einer USD Call / EUR Put Binary Option mit einem Basispreis von 1,09 bei einem aktuellen Kurs von 1,00 das dreifache seiner eingesetzten Prämie zurückerhält, wenn die Option bei Verfall den Basispreis erreichen sollte. Als Variante kann hierbei die One-Touch-Binary Option genannt werden, bei der der Käufer eines Calls den festgelegten Betrag bereits dann erhält, sobald der Basispreis während der Laufzeit erreicht worden ist. Damit ist diese Option auch erheblich teurer als ein gewöhnlicher 'Cash or nothing' Call.

Eine weitere Variante der Binary Option ist die sogenannte 'Asset or nothing' Option. Hierbei wird ebenfalls nichts gezahlt, wenn der Kurs am Verfalltag der Option unterhalb des Basispreises liegt (beim Call). Andernfalls aber wird der Wert des zugrunde liegenden Assets (z.B. der zugrunde liegenden Aktie) gezahlt.[1]

Die folgende Grafik zeigt den Optionspreis-Vergleich zwischen einem herkömmlichen (Standard) Call und einem Binary Call, wobei ein fester Payout vereinbart worden ist, wenn der Strike von 1,00 EUR/USD erreicht worden ist. Dabei handelt es sich jeweils um europäische Optionen, so dass bei einer Restlaufzeit von beispielsweise noch zwei Wochen die Optionen erst nach Ablauf dieser zwei Wochen ausgeübt werden können. Aus diesem Grund nähert sich auch der Optionspreis des Binary Calls mit zunehmendem Spotpreis an den maximalen Pay Out an.

---

[1]   Vgl. *Hull* (2003), S. 441.

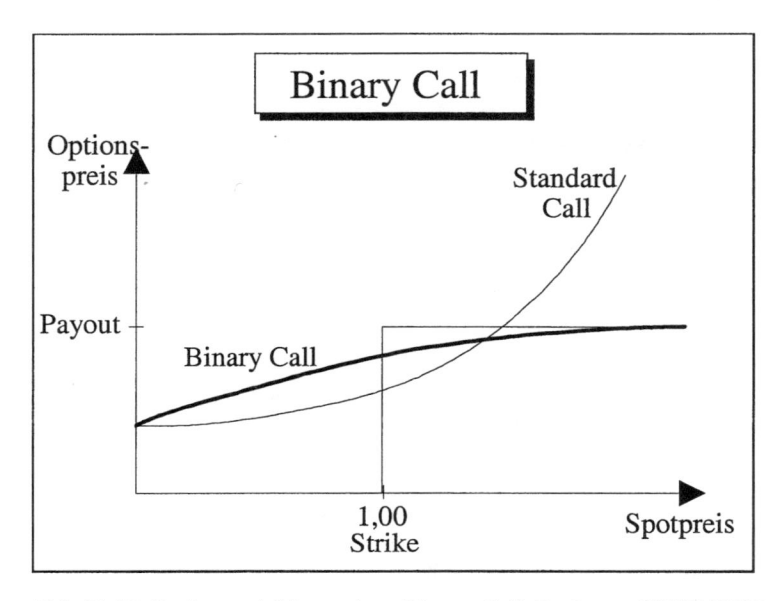

Abb. E.50: Preisentwicklung einer Binary Call Option auf EUR/USD

ai. Contingent Premium Options

Eine Contingent Premium Option ermöglicht dem Käufer eine Absicherung wie bei einer herkömmlichen Option mit dem Unterschied, dass zu Laufzeitbeginn keine Prämie zu zahlen ist. Die Zahlung der Prämie ist abhängig davon, ob die Option bei Fälligkeit im oder aus dem Geld liegt. Nur wenn sie im Geld liegt, wird auch die gesamte vereinbarte Prämie fällig. Diese ist dann aber erheblich höher als die einer Standardoption. Wäre beispielsweise für einen USD Call / EUR Put bei einem Basispreis von 1,05 und einer Laufzeit von drei Monaten eine Prämie von 0,03 EUR (herkömmliche europäische Option) zu zahlen, so könnte die entsprechende Contingent Premium Option eine (abhängige) Prämie von 0,06 EUR haben. Verfällt die Option bei einem Wechselkurs, der höher als 1,05 liegt, so ist die gesamte Prämie von 0,06 EUR zu zahlen. Liegt die Option bei Fälligkeit jedoch am oder aus dem Geld, so hat der Käufer grundsätzlich von der Schutzwirkung profitiert (obwohl er sie nicht gebraucht hat), ohne dafür zu bezahlen.

aj. Look Back Options

Der Payoff von Look Back Optionen hängt von dem höchsten bzw. niedrigsten Preis des Underlyings während einer bestimmten Periode (Look Back Period) ab. Bei einem Look Back Call wird am Ende der Periode der Basispreis mit dem niedrigsten Stand des Underlyings (Best Buy Call) festgelegt, während der Basispreis von Look Back Puts den höchsten Kurs (Best Sell Put) widerspiegelt. Damit ergibt sich der Payoff für einen Look Back Call als

$\max (0, P_T - P_{min})$

mit

P_T = Kurs des Underlyings am letzten Tag der Periode und
P_{min} = niedrigster Kurs des Underlyings in der Periode.

Der Payoff von Look Back Puts kann dargestellt werden als

$$\max(0, P_{max} - P_T)$$

mit

P_{max} = höchster Kurs des Underlyings in der Periode.

Damit geben Look Back Calls dem Investor das Recht, das Underlying zum niedrigsten Kurs der Periode zu erwerben, während Look Back Puts dem Inhaber das Recht einräumen, das Underlying zum höchsten Kurs der Periode zu veräußern.

Look Back Optionen können vor allem von solchen Portfoliomanagern eingesetzt werden, die ein bestimmtes Mindestmaß an Performance erreichen müssen, z.B. im Vergleich zu einem bestimmten Index. Allerdings sind sie im Vergleich zu Standard Optionen relativ teuer, da der Basispreis erst am Ende der Laufzeit entsprechend den Vorstellungen des Optionskäufers festgelegt wird.

ak. Range Options

Eine Range Option beinhaltet das Recht, für jeden Handelstag während der Optionslaufzeit, an dem das zugrundeliegende Objekt unterhalb einer bestimmten Bandbreite notiert, eine festgelegte Zahlung zu erhalten. Die Option hat damit den Charakter einer Zinszahlung. Diese Optionsform ist auch am Optionsscheinmarkt unter anderen Begriffen bekannt geworden, wie z.B. Hamster oder Bandbreiten-Optionsscheine.[1] Beispielsweise könnte eine Range Option auf den DAX so ausgestaltet sein, dass der Käufer für die Optionslaufzeit von sechs Monaten pro Handelstag 1 EUR erhält, wenn sich der DAX in der Bandbreite zwischen 5.800 und 6.200 befindet. Bei 125 Handelstagen würden ihm damit maximal 125 EUR ausgezahlt.

al. Power Options

Power Optionen sind dadurch charakterisiert, dass die maximale Rückzahlung bei Fälligkeit der Option nicht nur den inneren Wert der Option ausmacht, sondern dieser beispielsweise quadriert oder sogar höher potenziert wird. Diese Option kann auch als Squared Option bezeichnet werden und ist vor allem für Spekulanten geeignet. Da der Käufer bei vorteilhaftem Kursverlauf nunmehr eine deutlich höhere Zahlung erwarten kann, muss er für die Option auch eine höhere Prämie zahlen.[2]

---

[1] Vgl. *Willnow* (1996), S. 123f.
[2] Vgl. *Willnow* (1996), S. 120f.

am. Exploding Options

Bei einer Exploding Option handelt es sich um eine Option, die automatisch ausgeübt wird, sobald sie mit einem vorher bestimmten Betrag in-the-money ist, d.h. wenn das Underlying bei einem bestimmten Wert (Explosions-Preis) oberhalb (Call) bzw. unterhalb (Put) des Strike Preises notiert. Entsprechend fällt der Zeitwert der Exploding Option sehr stark, je mehr sich der Kurs des Underlyings dem Explosions-Preis nähert. Im Vergleich zu einer herkömmlichen Option ist eine Exploding Option relativ billig, was für einige Investoren von Interesse sein kann. Zudem kommt es nur dann zu einer 'Explosion', d.h. Ausübung, wenn die Option sowieso schon einen inneren Wert aufweist.

Je geringer der Explosions-Preis ist, desto geringer ist auch der Wert eines Calls; denn eine Explosion wäre in diesem Fall nicht sehr vorteilhaft, da weitere Kurssteigerungen nicht mehr ausgenutzt werden können. Ist der Explosions-Preis jedoch relativ hoch, so nähert sich der Preis der Exploding Option dem einer herkömmlichen Option.

an. LEPOs

Bei den sogenannten LEPOs (Low Exercise Price Options) handelt es sich um Optionen, die wirtschaftlich als Ersatz für Aktien gelten können.[1] Der Unterschied zu klassischen Optionen liegt im geringen Basispreis. So haben z.B. die an der Schweizer Terminbörse SOFFEX eingeführten und die später auch an der EUREX gehandelten LEPOs einen Basispreis von einem SFR bzw. einem EUR. Für das Recht des Käufers, die Aktie zu einem Preis von einem SFR bzw. einem EUR zu erwerben, zahlt er schon jetzt den aktuellen Wert der Aktie an den Verkäufer. Da diese Option deep-in-the-money ist, bewegt sich auch der Preis der Option in Höhe des inneren Wertes. Das Delta der Option ist damit gleich eins. Der Vorteil für die Marktteilnehmer liegt vor allem darin, dass mit Hilfe von LEPOs Short-Positionen aufgebaut werden können und somit eine Umgehung der Beschränkungen des Aktienleerverkaufs bei gleichzeitiger Nutzung der vergleichsweise niedrigen Transaktionskosten der Optionen erreicht wird. Die Transaktionskosten können deshalb relativ niedrig gehalten werden, da mit dem Aktienkauf verbundene Steuern, wie z.B. die Stempelsteuer in der Schweiz, beim Kauf von LEPOs nicht anfallen.

Für den Verkäufer entfällt das Risiko der vorzeitigen Ausübung, da es sich bei LEPOs um europäische Optionen handelt, die nur am Ende der Laufzeit ausgeübt werden können. Sollten Kapitalveränderungen zwischenzeitlich anfallen, so findet ein Barausgleich des Bezugsrechtes statt, so dass der Ausübungspreis nicht verändert zu werden braucht.

Voraussetzung für einen erfolgreichen Handel ist ein homogener Markt mit einer hohen Markttransparenz und einer hohen Liquidität, so dass schnell und sicher Positionen eingegangen und wieder aufgelöst werden können.

Bei den hier vorgestellten exotischen Optionsvarianten handelt es sich jeweils um sehr spekulative Formen. Sie sind daher im Rahmen des Portfoliomanagements nur in Einzelfällen und nach genauer Überprüfung einzusetzen. Das gilt auch für die folgenden, eher dem Zinsmanagement zuzuordnenden exotischen Optionsvarianten.

---

[1] Vgl. *Köpf* (1992), S. 8ff.

b. Exotische Optionen im Zinsmanagement

ba. Barrier Caps und Barrier Floors

Traditionelle Caps und Floors stellen eine Serie von Optionen auf einen zu vereinbarenden Geldmarktzins dar, wobei es sich hierbei z.B. um den 3- bzw. 6-Monats Libor oder Euribor handeln kann, der zu Beginn einer jeden Periode festgestellt wird. Abhängig von der Strike-Höhe erfolgt eine Ausgleichszahlung oder nicht. Bei positiver Zinsstrukturkurve und einer gleichzeitig hohen Volatilität sind Caps relativ teuer. Aus diesem Grunde führten Überlegungen zu einer Weiterentwicklung im Zinsmanagement, indem Barriertechniken zur Reduzierung der Optionsprämien entwickelt wurden. Wie oben bereits beschrieben, können auch bei Barrier Caps und Barrier Floors Knock-Out- und Knock-In-Optionen unterschieden werden.

Ein sogenannter Up and Out Cap verliert seine Wirkung, wenn die Zinsen so hoch gestiegen sind, dass die Barrier erreicht worden ist. Das Risikoprofil eines Up and Out Caps kann wie folgt dargestellt werden:

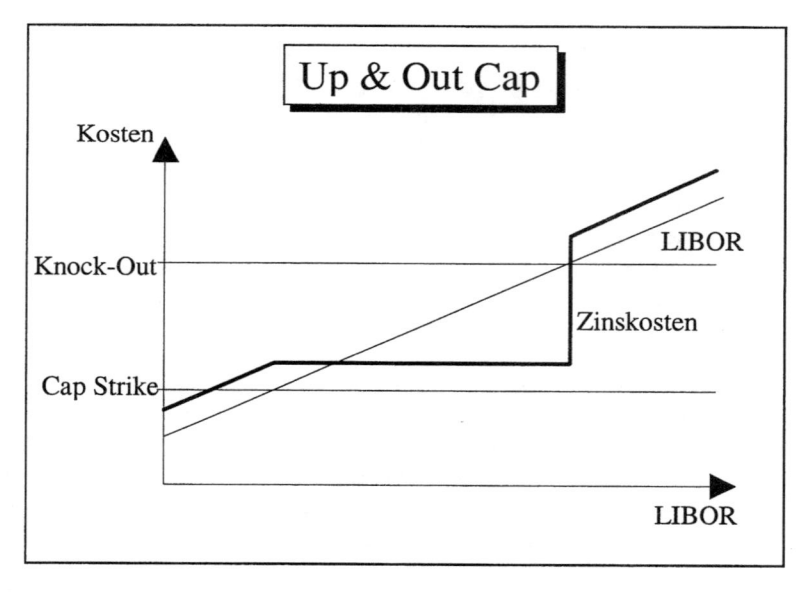

Abb. E.51: Risikoprofil eines Up and Out Caps

Für den Käufer eines Up and Out Caps liefert dieses Instrument einen Schutz gegen steigende Zinsen bis zum Erreichen der Knock-Out-Grenze. Falls nach Erreichen dieser Grenze eine erneute Absicherung vorgenommen werden soll, so ist diese bei einer nunmehr höheren Volatilität und einem höheren Zinsniveau wahrscheinlich kostenintensiver als die ursprüngliche Prämieneinsparung gegenüber dem traditionellen Cap. Der Käufer eines Up and Out Caps sieht zwar die Gefahr steigender Zinsen, ein Anstieg auf die Höhe der Barrier wird aber für unwahrscheinlich gehalten. Als wesentliches Motiv für den Kauf dieses Instruments kann die Prämieneinsparung gegenüber dem Standard Cap angesehen werden. Die Preisentwicklung eines Up and Out Caps im Vergleich zum Standard Cap ist in der folgenden Grafik dargestellt:

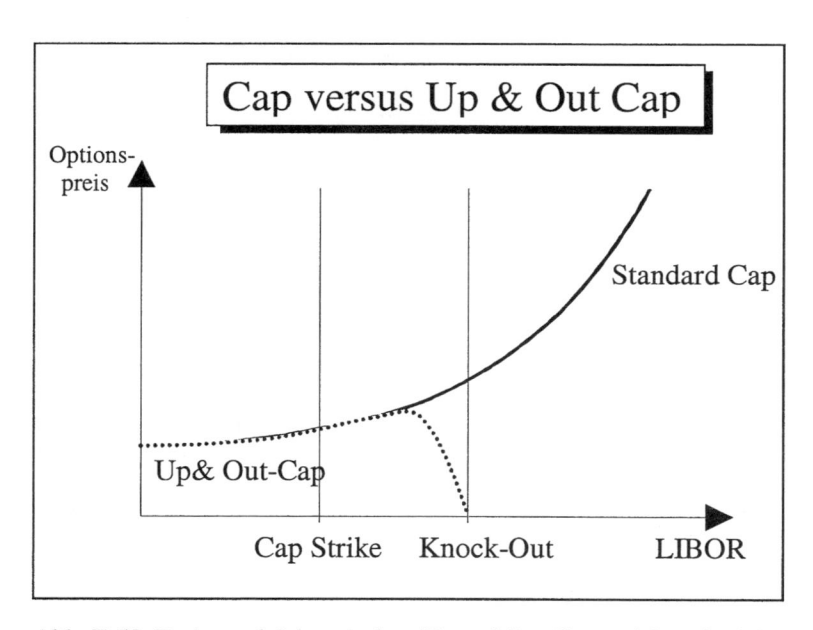

Abb. E.52: Preisvergleich zwischen Up and Out Cap und Standard Cap

Wie die Grafik zeigt, stimmen die Preise von Standard Cap und Up and Out Cap lange Zeit fast überein. Je mehr sich aber der Libor auf die Barrier zu bewegt, desto mehr verliert der Up and Out Cap an Wert, da die Wahrscheinlichkeit, dass die Barrier erreicht wird, deutlich zunimmt. Dieser Zusammenhang gilt vor allem für sogenannte Path Dependent Knock-Out-Optionen; denn hierbei gilt, dass die Option ihre Wirkung für die gesamte Restlaufzeit verliert, wenn der Referenzzinssatz an einem beliebigen Tag während der Laufzeit der Option die vereinbarte Knock-Out-Grenze überschreitet (beim Cap) bzw. unterschreitet (beim Floor).

Dagegen verliert eine Path Independent Knock-Out-Option ihre Wirkung nur für die jeweilige Periode zwischen zwei Fixings des Referenzzinssatzes (z.B. 3-Monats-Libor), und dieser Verlust der Option ergibt sich auch nur dann, wenn beim Fixing die vereinbarte Knock-Out-

Grenze erreicht wird. Damit bezieht sich das Optionsverlustrisiko bei Path Independent Optionen nur auf die jeweilige Periode, während es bei Path Dependent Optionen die gesamte Restlaufzeit betrifft. Entsprechend liegt der Preis für Path Independent Knock-Out-Optionen oberhalb des Preises für Path Dependent Knock-Out-Optionen. Bei Knock-In-Optionen gilt der umgekehrte Zusammenhang.

Die folgende Grafik zeigt die Ausgleichszahlungen bei Path Dependent Up and Out Caps in Abhängigkeit von der Libor-Entwicklung im Zeitablauf. Dabei wird ein Drei-Monats-Libor zugrunde gelegt, dessen Fixings am 10.01., 10.04., 10.07. und 10.10. stattfinden. In der Grafik wird unterstellt, dass die Ausgleichszahlung direkt zum Zeitpunkt der Feststellung der positiven Differenz zwischen Libor und Cap Strike erfolgt. Obwohl die Ausgleichszahlungen – wie beim gewöhnlichen Cap (s.o.) – nachschüssig gezahlt werden dürften, soll auch in den danach folgenden Abbildungen und Erläuterungen die Darstellung analog zur Erläuterung des Path Dependent Up and Out Caps erfolgen.

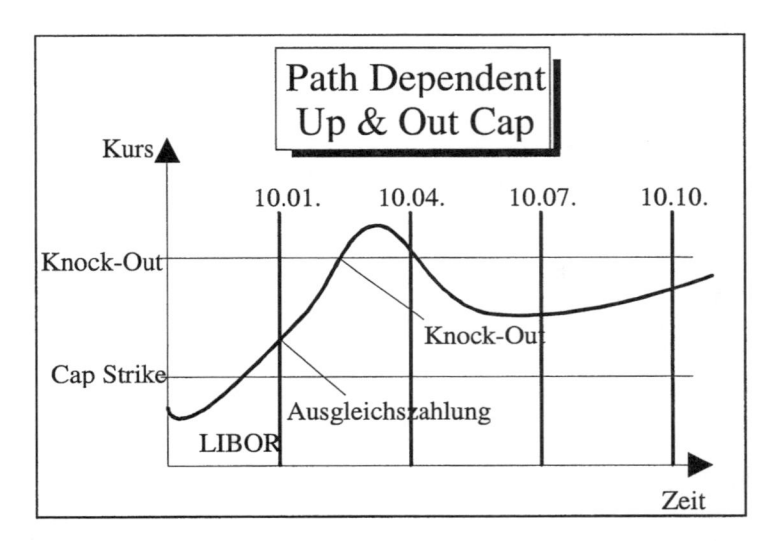

Abb. E.53: Profil eines Path Dependent Up and Out Caps in Abhängigkeit von der Libor-Entwicklung im Zeitablauf

Wie die Grafik zeigt, erfolgt beim 2. Fixing eine Ausgleichszahlung, da der Libor oberhalb des Cap Strikes liegt und die Knock-Out-Grenze noch nicht erreicht ist. Dies ist aber in der 3. Periode erfolgt, so dass die Option ihren Wert verliert und anschließend für die gesamte Restlaufzeit keine Ausgleichszahlungen mehr stattfinden.

Anders verhält es sich bei Path Independent Up and Out Caps, wie die folgende Grafik verdeutlicht:

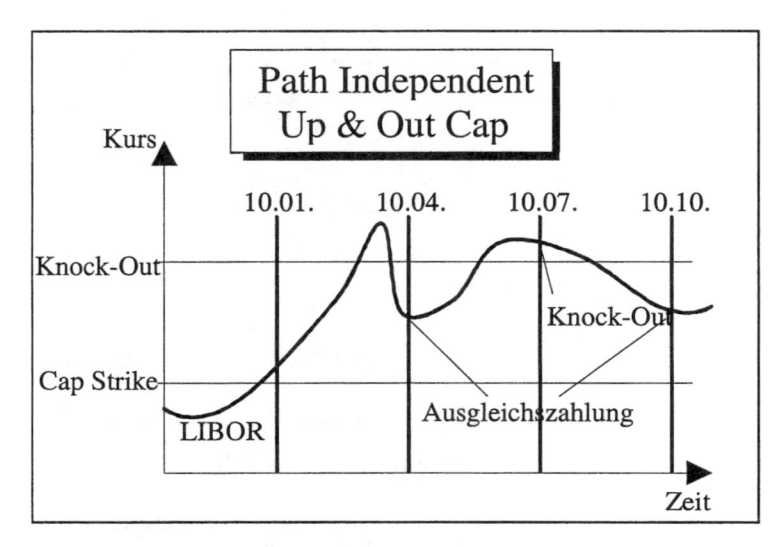

Abb. E.54: Profil eines Path Independent Up and Out Caps in Abhängigkeit von der Libor-Entwicklung im Zeitablauf

Der Libor erreicht zwar in der dritten Periode die Knock-Out-Grenze, allerdings liegt er beim folgenden Fixing wieder darunter. Daher bleibt die Option weiterhin erhalten, und es kommt wiederum zu einer Ausgleichszahlung. Beim anschließenden Fixing liegt der Libor jedoch oberhalb der Barrier. Aus diesem Grunde verliert die Option ihre Wirkung – aber nur für die folgende Periode. Liegt der Libor anschließend wieder unterhalb der Barrier, so erhält die Option ihre Wirkung zurück.

Das Motiv der Prämieneinsparung gegenüber dem traditionellen Cap gilt auch für den Käufer eines Up and In Cap. Hierbei erhält der Cap erst dann seine Wirkung, wenn der Referenzzinssatz (z.B. Libor) die Knock-In-Grenze erreicht. Damit ist das Risiko des Käufers auf eine Zinssteigerung bis knapp unter diese Grenze limitiert. Der Käufer erwartet aber, dass der Referenzzinssatz kaum zwischen dem Cap Strike und der Knock-In-Grenze liegt. Bewegt sich dieser Zins jedoch lange Zeit innerhalb dieser Bandbreite, so kann davon ausgegangen werden, dass die ursprüngliche Kosteneinsparung aufgrund der – im Vergleich zum traditionellen Cap – niedrigeren Prämienzahlung durch erhöhte Zinskosten überkompensiert wird. Das Risikoprofil eines solchen Up and In Caps gibt die folgende Abbildung wieder:

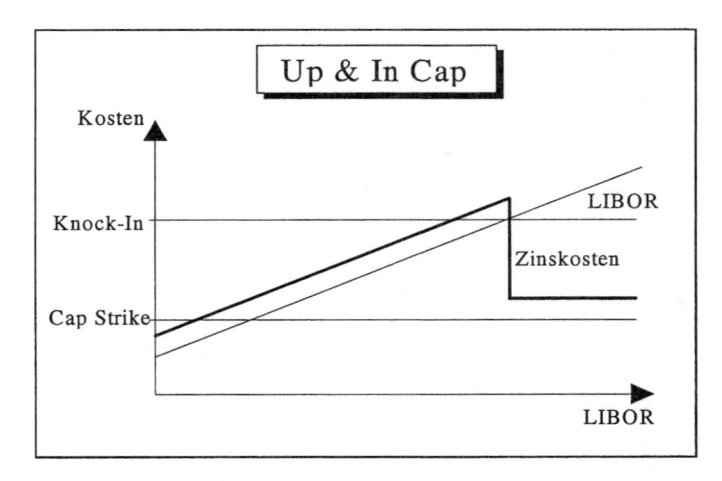

Abb. E.55: Risikoprofil eines Up and In Caps

Auch bei Up and In Caps lassen sich Path Dependent und Path Independent Optionen unterscheiden. Bei Path Dependent Up and In Caps erhält die Option ihre Wirkung für die gesamte Restlaufzeit, wenn der Referenzzinssatz an einem beliebigen Tag während der Laufzeit der Option die vereinbarte Knock-In-Grenze überschreitet (beim Cap) bzw. unterschreitet (beim Floor), während eine Path Independent Knock-In-Option ihre Wirkung erst dann erhält, wenn beim Fixing die vereinbarte Knock-In-Grenze erreicht wird. Diese Wirkung gilt dann nur für die kommende Periode. Analog zu Up and Out Caps können auch für Up and In Caps in entsprechender Weise Grafiken erstellt werden. Dabei wird wiederum ein Drei-Monats-Libor mit Fixings am 10.01., 10.04., 10.07. und 10.10. zugrunde gelegt.

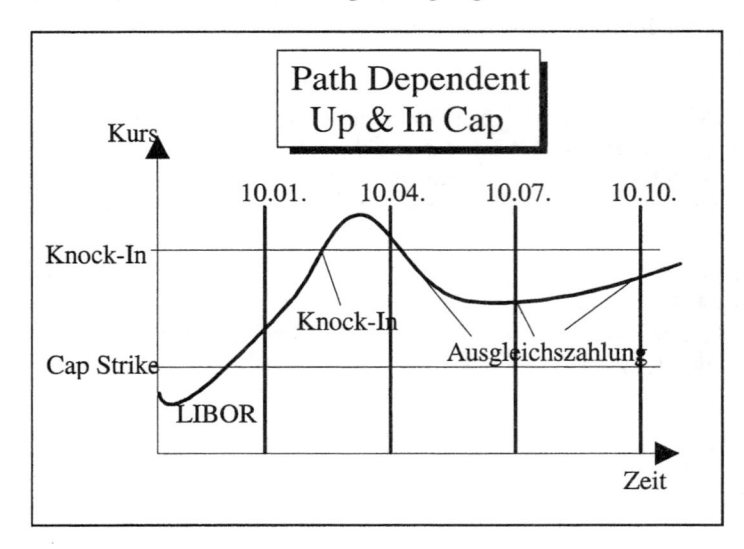

Abb. E.56: Profil eines Path Dependent Up and In Caps in Abhängigkeit von der Libor-Entwicklung im Zeitablauf

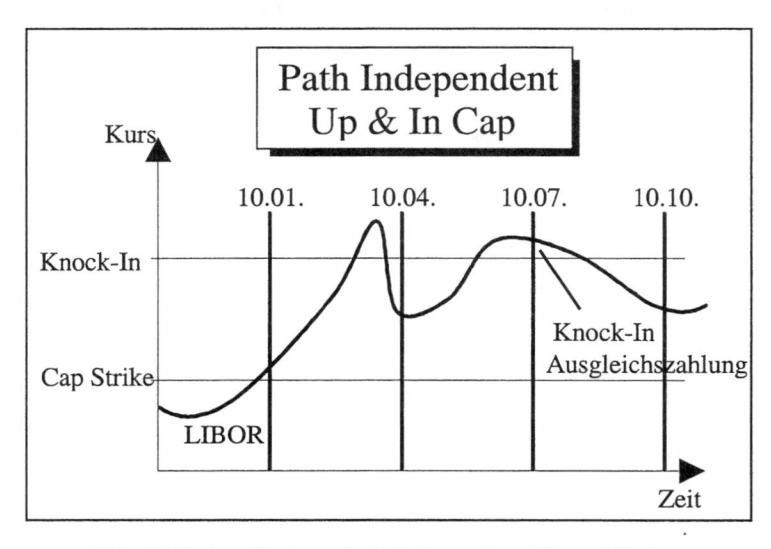

Abb. E.57: Profil eines Path Independent Up and In Caps
in Abhängigkeit von der Libor-Entwicklung im Zeitablauf

Wie die Grafik verdeutlicht, beginnt beim Path Independent Up and In Cap die Wirkung des Caps erst beim vierten Fixing, da zu diesem Zeitpunkt die Knock-In-Grenze überschritten ist. Daher fällt die Ausgleichszahlung auch erst dann an.

Neben Up and Out und Up and In Caps können auch Down and Out Caps konstruiert werden. Wird beispielsweise in einer Hochzinsphase allgemein mit sinkenden Zinsen gerechnet, wobei ein weiterer Zinsanstieg jedoch nicht auszuschließen ist, so kauft beispielsweise ein Marktteilnehmer einen Cap bei 10%, dessen Wirkung dann erlischt, wenn der Libor kleiner oder gleich 7% ist. Damit können die Kosten für die Absicherung im Vergleich zum Kauf eines Standard Caps gering gehalten werden, ohne dass der Käufer einem Rückschlag ausgeliefert ist. Sinkt das Zinsniveau tatsächlich, so wird der Cap voraussichtlich auch nicht mehr benötigt.

Darüber hinaus können auch Floors mit bestimmten Barrier-Grenzen ausgestattet werden. Will sich beispielsweise ein Investor gegen sinkende Zinsen absichern, wobei ein Absinken unter eine bestimmte Barrier für unwahrscheinlich gehalten wird, so kauft er einen Down and Out Floor. Dadurch lässt sich die Optionsprämie gegenüber einem Standard Floor reduzieren. Dies gilt auch für einen Up and Out Floor. Werden z.B. allgemein steigende Zinsen erwartet, so kann sich ein Floater-Investor, der dennoch sinkende Zinsen nicht ausschließen möchte, relativ kostengünstig durch den Kauf eines Floors absichern, dessen Wirkung aber bei einer Barrier, die oberhalb des Strikes liegt, erlischt.

Ein weiteres Produkt, der Down and In Floor, wird interessant in einer Hochzinsphase, wenn sich Investoren gegen sinkende Zinsen absichern möchten. Zur Reduzierung der Prämie erhält der Investor seinen Absicherungsschutz erst bei einem Libor, der unterhalb des Floor Strikes liegt. Möglicherweise erwartet der Investor, dass der Bereich zwischen dem Strike und der Barrier in der erwarteten Zinssenkungsphase schnell durchlaufen wird. Für einen Path Independent Down and In Floor kann das Profil unter Berücksichtigung eines Drei-Monats-Libors mit den oben genannten Fixing-Terminen wie folgt dargestellt werden:

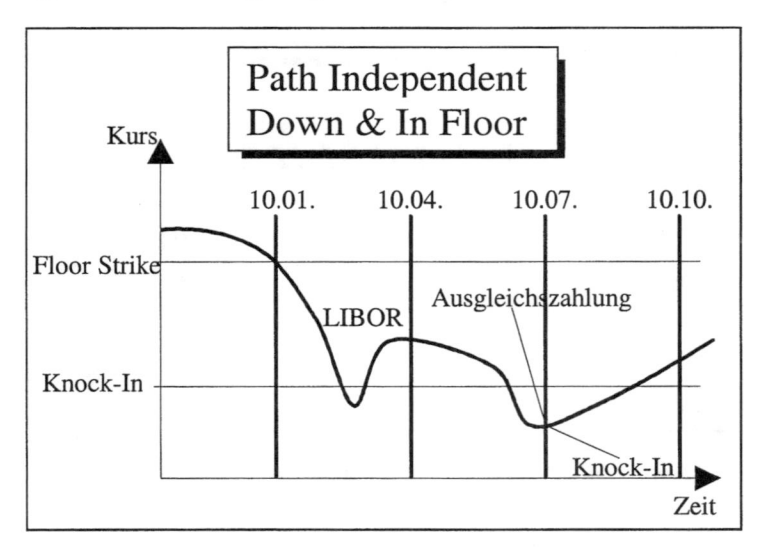

Abb. E.58: Profil eines Path Independent Down and In Floors in Abhängigkeit von der Libor-Entwicklung im Zeitablauf

Festzuhalten bleibt, dass die Reduzierung der Optionsprämie im Vergleich zu Standard Caps und Floors als wichtigstes Motiv der Anwendung von Barrier Caps and Floors angesehen werden kann.

bb. Contingent Premium Caps und Floors

Bei Contingent Premium Caps und Floors erwirbt der Käufer zwar einen Cap bzw. Floor, die Prämienzahlung erfolgt aber erst dann, wenn der Referenzzinssatz den Strike der Option erreicht. Die Höhe der Prämie wird bereits bei Abschluss der Transaktion vereinbart. Bei Path Independent Optionen fällt entsprechend die Prämienzahlung immer dann an, wenn der Strike der Option beim Fixing über- (beim Cap) bzw. unterschritten (beim Floor) wird. Eine Upfront Prämie wird damit im Gegensatz zu Standard Caps und Floors nicht fällig. Da die Existenz des Caps bzw. Floors zu jedem Zeitpunkt gesichert ist, hat der Käufer bei Nichterreichen des Strikes der Option eine kostenlose Absicherung erhalten, die allerdings in diesem Fall auch nicht erforderlich gewesen ist. Die vereinbarte Prämie ist aufgrund der Möglichkeit, dass der Käufer eine kostenlose Absicherung erreicht, höher als die Prämie eines vergleichbaren Standard Caps oder Floors. Nur muss bei Contingent Premium Caps and Floors die Prämie nicht zu Beginn der Transaktion gezahlt werden. Beispielhaft wird das Profil eines Contingent Premium Caps unter Berücksichtigung der oben angeführten Fixing-Termine in der folgenden Grafik dargestellt:

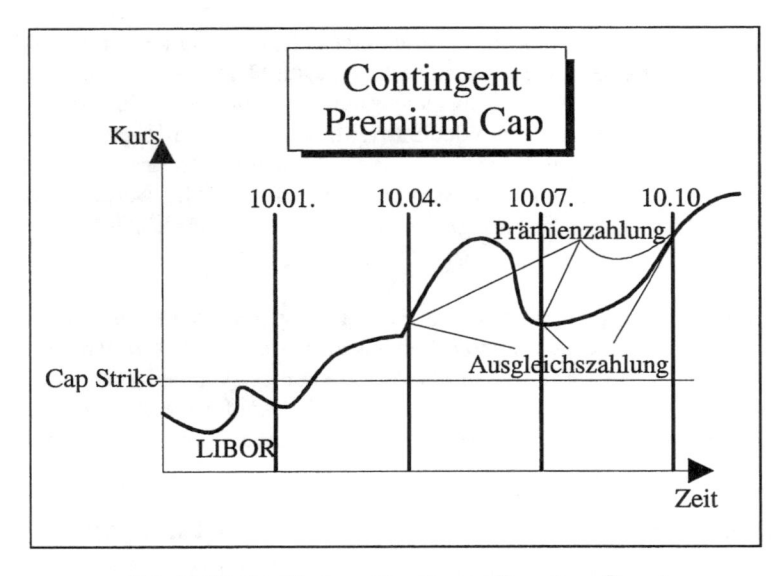

Abb. E.59: Profil eines Contingent Premium Caps in
Abhängigkeit von der Libor-Entwicklung im Zeitablauf

Contingent Premium Caps können darüber hinaus noch mit einer Barrier ausgestattet werden. In diesem Fall wird die Prämie erst dann fällig, wenn die Barrier erreicht wird. Das entsprechende Profil eines Contingent Premium Barrier Caps ergibt sich in der folgenden Weise:

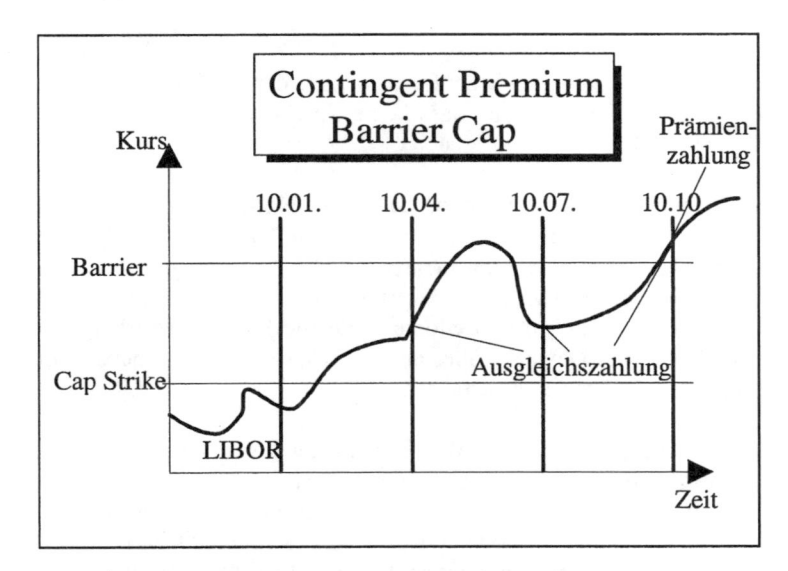

Abb. E.60: Profil eines Contingent Premium Barrier Caps
in Abhängigkeit von der Libor-Entwicklung im Zeitablauf

Aus der Grafik wird ersichtlich, dass die Prämie erst bei Erreichen der Barrier fällig wird. Bis dahin hat der Käufer eine kostenlose Absicherung gegen steigende Zinsen. Obwohl er keine Prämie gezahlt hat, erhält der Käufer Ausgleichszahlungen in den Fällen, in denen der Libor oberhalb des Cap Strikes, aber unterhalb der Barrier liegt. Wird allerdings die Barrier durchbrochen, so wird eine Prämienzahlung fällig, die insgesamt höher ist als eine Prämie, die bei Beginn der Transaktion für einen vergleichbaren Standard Cap hätte gezahlt werden müssen. Der Prämienaufwand wird um so höher, je häufiger der Libor die Premium Barrier zum Fixing-Termin erreicht.

In Abbildung E.60 ist von einer konstanten Barrier ausgegangen worden. Diese kann jedoch auch so gestaltet werden, dass sie kontinuierlich ansteigt. Steigt in diesem Fall der Referenzzinssatz langsamer als in der Forwardkurve impliziert, so kann es eventuell auch hier zu keinen Prämienzahlungen kommen, so dass auch in diesem Fall der Käufer die Absicherung umsonst bekommen hat. Beispielsweise könnte ein solcher Contingent Premium Barrier Cap wie folgt strukturiert sein:[1]

Solange der Libor die folgenden Barrieren nicht überschreitet, wird keine Prämie fällig:

Jahr 0-1: ab 5,00%, linear ansteigend bis 5,50%,
Jahr 1-2: ab 5,50%, linear ansteigend bis 6,00%,
Jahr 2-3: ab 6,00%, linear ansteigend bis 6,50%,
Jahr 3-4: ab 6,50%, linear ansteigend bis 7,00%,
Jahr 4-5: ab 7,00%, linear ansteigend bis 7,50%.

Durchbricht der Libor im Zeitablauf eine dieser Barrieren, so wird eine Prämie für die Restlaufzeit des Caps fällig.

Insgesamt gesehen kann festgehalten werden, dass sich der Vorteil von Contingent Premium Caps and Floors vor allem daraus ergibt, dass keine Up Front Prämie fällig und eine kostenlose Absicherung möglich wird.

Zusammenfassend kann festgestellt werden, dass eine Nachbildung des Zahlungsprofils von exotischen Optionen durch Kombinationen von Plain-Vanilla-Optionen oder von Plain-Vanilla-Optionen mit dem jeweiligen Underlying nicht möglich ist. Als Ergänzung zum bisherigen Instrumentarium hat damit die Entwicklung exotischer Optionen auch eine wichtige Lücke geschlossen und entsprechend eine große Bedeutung für die Finanzwelt erlangt. Dies gilt bislang vor allem für den Handel mit Devisen. Aber auch im Zins- und Aktienbereich dürften diese Instrumente eine zunehmende Bedeutung erfahren.

Die aufgezeigten Instrumente werden von den Banken ständig weiterentwickelt, und es entstehen wiederum neue Formen von exotischen Optionen. Diese komplexer werden Produkte werden häufig für die Kunden maßgeschneidert angeboten. Entsprechend haben die Banken auch Modelle zur Bewertung von exotischen Optionen entwickelt. Ein wichtiges Modell ist dabei das Binomial-Modell. Allerdings sind dazu vergleichsweise hohe Rechnerkapazitäten erforderlich. Die

---

[1] Vgl. *Winter* (1995), S. 222.

Komplexität der Rechenvorgänge wird insbesondere durch die zusätzliche Berücksichtigung von Dividenden bei Aktien noch erhöht.

Als weiteres mögliches Modell kann in diesem Zusammenhang die Monte Carlo Simulation genannt werden. Auf der Grundlage von Zufallszahlen werden dabei im Rahmen der Optionsbewertung für zahlreiche mögliche Entwicklungen die jeweiligen theoretischen Optionspreise bestimmt, wobei der mittlere Wert mit dem Handelspreis vergleichbar ist. Die Zufallszahlen können mit Hilfe eines Computers erzeugt werden. Damit ist – anders als bei historischen Simulationen – der Preis von den Vergangenheitsdaten nicht so stark beeinflusst. Allerdings ist diese Methode sehr aufwendig.[1]

9. Der Einsatz von Optionsscheinen

Bei Optionsscheinen, die auch als Warrants bezeichnet werden, handelt es sich um verbriefte Optionen, d.h. sie werden – anders als die an Terminbörsen gehandelten Optionen – als Wertpapiere an einer Wertpapierbörse gehandelt. Wie auch Optionen, beinhalten Optionsscheine das Recht, eine festgelegte Menge eines bestimmten Basiswertes (z.B. Aktien, Anleihen, Indizes oder Währungen) zu einem bestimmten Termin (europäischer Typ) oder bis zu einem bestimmten Termin (amerikanischer Typ) zu kaufen oder zu verkaufen. Hinzuweisen ist darauf, dass die Möglichkeit der Ausübung auch weiter beschränkt sein kann, z.B., dass eine Ausübung während der Optionslaufzeit nur innerhalb bestimmter Zeiträume möglich ist.

Im Falle einer Optionsausübung kann – wie bei den Optionen – in Abhängigkeit von den Emissionsbedingungen auch ein Barausgleich erfolgen, wenn die Abnahme oder Lieferung des Basiswertes nicht möglich bzw. nicht vorgesehen ist. In diesen Fällen wird bei Ausübung lediglich die Differenz zwischen dem Basispreis und dem aktuellen Marktwert des Underlyings gezahlt. Die Anzahl der Einheiten des Underlyings, die zur Ermittlung des Barausgleichs herangezogen werden, wird durch das Optionsverhältnis (bzw. Bezugsverhältnis) festgelegt. Im Falle einer tatsächlichen Lieferung, zeigt dieses Verhältnis die Anzahl der Einheiten an, die der Optionsinhaber bei Ausübung beziehen oder liefern kann.

Verschiedene Optionsscheine können – wie auch Optionen – anhand von Kennzahlen miteinander verglichen werden. Ein solcher Vergleich bietet sich jedoch nur an, wenn die Optionsscheine in weiten Teilen gleich ausgestattet sind. Neben dem inneren Wert und dem Zeitwert werden in der Praxis die Kennzahlen Aufgeld und Hebel herangezogen.[2]

Die Kennzahl Aufgeld wird ermittelt, indem einerseits die Kosten des Erwerbs des Basiswertes über den Optionsschein, d.h. durch Optionsschein-Kauf und die sofortige Optionsausübung, berechnet werden. Andererseits werden zeitgleich die Kosten für den direkten Kauf des Basiswertes ermittelt. Die positive Differenz zwischen beiden Alternativen bezeichnet das Aufgeld. Es lässt sich für einen Call anhand der folgenden Formel bestimmen:

---

[1] Vgl. *Willnow* (1996), S. 91ff. Zur Monte-Carlo-Simulation vgl. *Schierenbeck* (2001b), S. 87ff.
[2] Vgl. *DZ Bank* (2002), S. 10ff.

$$\text{Aufgeld}_{\text{Call}} = \frac{B + C \cdot V - K}{K}$$

mit

B = Basispreis,
C = Callpreis,
V = Optionsverhältnis = Anzahl Optionsscheine pro Anzahl Basiswert und
K = Kassakurs (z.B. aktueller Aktienkurs, falls der Basiswert eine Aktie ist).

Für einen Put gilt entsprechend:

$$\text{Aufgeld}_{\text{Put}} = \frac{K + P \cdot V - B}{K}$$

mit

P = Putpreis.

Der so ermittelte Wert für das Aufgeld gibt den Prozentsatz an, um den der Kurs des Basiswertes ansteigen muss, damit der Optionsscheinkäufer im Gewinnbereich liegt. Für Vergleiche mit identisch ausgestatteten Optionsscheinen ist es sinnvoll, das Aufgeld auf ein Jahr zu beziehen.

Das folgende Beispiel eines Call-Optionsscheins zeigt die Ermittlung des Aufgeldes: Betrachtet wird ein Optionsschein auf eine Aktie mit einem Basispreis von 30 € und einer Restlaufzeit von 8 Monaten. Die Optionsprämie beläuft sich auf 0,50 € bei einem Optionsverhältnis von 10 (d.h. 10 Optionsscheine je Aktie). Der aktuelle Aktienkurs liegt bei 33 €. Hieraus ergibt sich das folgende Aufgeld:

$$\text{Aufgeld}_{\text{Call}} = \frac{B + C \cdot V - K}{K} = \frac{30 + 0{,}5 \cdot 10 - 33}{33} = 6{,}06\%.$$

Entsprechend beträgt das jährliche Aufgeld 9,09% (= 6,06% · 12/8).

Der Käufer des Optionsscheins würde in diesem Beispiel am Laufzeitende nur in dem Fall einen Gewinn erzielen, wenn der Aktienkurs dann über 35 € notieren würde; denn er bezahlt durch Ausübung des Optionsscheins insgesamt 35 € (= 30 € + 10 · 0,5 €) für den Bezug einer Aktie über den Optionsschein.

Der Hebel als weitere Kennzahl ermittelt sich in seiner einfachen Form (Gearing) wie folgt:

$$\text{Gearing}_{\text{Call}} = \frac{K}{C \cdot V} = \frac{33}{0{,}5 \cdot 10} = 6{,}6.$$

Diese zwar häufig verwendete Kennzahl sagt allerdings lediglich aus, dass der aktuelle Kassakurs der Aktie in diesem Fall um das 6,6-fache größer ist als der Kurs des Optionsscheins. Somit deutet diese Zahl darauf hin, dass schon mit einem relativ geringen Kapitaleinsatz ein überproportionaler Gewinn erzielbar ist. Es kann hier keineswegs darauf geschlossen werden, dass der Optionsschein um 6,6% an Wert gewinnt, wenn sich der Aktienkurs um 1% erhöht. Dies ist nur in dem theoretischen Fall einer Preissensitivität von genau eins möglich.

Diese Preissensitivität kann aber mit Hilfe des Optionsdeltas ermittelt werden. Infolgedessen lässt sich ein theoretischer Hebel ableiten, der auch als Leverage bezeichnet wird, indem der einfache Hebel (Gearing) mit dem Optionsdelta multipliziert wird:

$$\text{Leverage}_{\text{Call}} = \text{Gearing}_{\text{Call}} \cdot \text{Delta} = 6{,}60 \cdot 0{,}8 = 5{,}28.$$

Unterstellt wird hierbei, dass eine Veränderung des Aktienkurses um 1% eine Veränderung des Optionsscheinkurses um 5,28% nach sich zieht.[1]

Nur ist bei dieser Kennzahl zu beachten, dass mit Hilfe des Delta-Wertes korrekte Optionspreise nur bei infinitesimal kleinen Aktienkursveränderungen abgeschätzt werden können. Würde beispielsweise der Aktienkurs um 1 € auf 34 € ansteigen, so müsste dies – falls mit Hilfe des Deltas der Optionspreis korrekt geschätzt würde (bei Konstanz der übrigen, den Optionspreis bestimmenden Parameter) – zu einem neuen Optionspreis von 0,058 € führen (= 0,05 + 0,8/10). Damit hat sich der Aktienkurs um 3,03% erhöht, während sich der Preis des Optionsscheins um 16,00% erhöht hat. Wird der Wert von 16,00% durch 3,03% dividiert, so erhält man wiederum den theoretischen Hebel von 5,28. Allerdings kann davon ausgegangen werden, dass entsprechend dem Black-Scholes-Modell der tatsächliche Optionspreis von 0,058 € abweichen wird, wie oben im Rahmen der Darstellung der ‚griechischen Variablen' gezeigt wird.

Traditionell erfolgt die Begebung von Optionsscheinen im Zusammenhang mit der Emission von Optionsanleihen, wobei die Optionsscheine abgetrennt und separat gehandelt werden. Mittlerweile werden aber auch zahlreiche Optionsscheine eigenständig – d.h. ohne in Verbindung mit einer Anleihenemission zu stehen – ausgegeben. Sie werden entsprechend auch als „Naked Warrants" bezeichnet und werden vor allem von Banken und Wertpapierhandelshäusern emittiert.

Darüber hinaus kommen auch Covered Warrants, d.h. gedeckte Optionsscheine, vor. In diesem Fall befinden sich die Basiswerte in einem gesondert gehaltenen Deckungsbestand des Emittenten. Allerdings kann auf den Deckungsbestand auch verzichtet werden, wenn die Emittenten sicherstellen, dass die Lieferansprüche aus der Ausübung der Optionsscheine auch tatsächlich erfüllt werden können. Bei den Covered Warrants können sich also die Emittenten des Basiswertes und der Optionsscheine unterscheiden. In den Fällen, in denen eine physische Lieferung des Basiswertes nicht vorgesehen ist, kann auch ein Barausgleich erfolgen.

---

[1] Vgl. *DZ Bank* (2002), S. 15. Damit entspricht der Leverage dem Omega einer Option.

II. Portfoliomanagement mit Financial Futures

1. Grundlagen von Financial Futures

Während Forwards als traditionelle, zwischen einzelnen Vertragspartnern individuell ausgehandelte Termingeschäfte gelten und daher nicht an einer Börse gehandelt werden, handelt es sich bei Futures um standardisierte Verträge, die an einer Börse handelbar sind. Financial Futures beinhalten die vertragliche Vereinbarung, eine standardisierte Menge bzw. einen standardisierten Wert eines bestimmten Finanzinstruments zu einem im voraus festgelegten Preis an einem in der Zukunft liegenden standardisierten Erfüllungstermin zu liefern (Verkäufer des Futures) bzw. abzunehmen (Käufer des Futures). Als einzige variable Elemente des Vertrages verbleiben lediglich der Preis bzw. Kurs sowie die Anzahl an Kontrakten für die Lieferung des zugrunde liegenden Basisinstruments.

Die Standardisierung, d.h. die Vorgabe der wichtigen Details, wie Fälligkeit, Qualität und Quantität des zugrunde liegenden Instruments (Underlyings) sowie der Handels- und Abwicklungsbedingungen erfolgt durch die Terminbörse in Form von Kontraktspezifikationen. Die Standardisierung kann zu einer hohen Bekanntheit und Akzeptanz der Produkte führen, da den Marktteilnehmern ein einheitliches Produkt zur Verfügung steht. Dies fördert zudem die Liquidität des Produktes, was wiederum relativ faire Preise nach sich ziehen sollte, bei denen die Geld-Brief-Spannen vergleichsweise gering ausfallen. Auf dieser Grundlage wiederum kann sich ein funktionierender Sekundärhandel entwickeln, so dass eine jederzeitige Glattstellung der jeweiligen Positionen, d.h. die Aufhebung der Verpflichtung vor Fristablauf durch ein Gegengeschäft zu relativ fairen Preisen möglich wird. Förderlich ist in diesem Zusammenhang auch die hohe Markttransparenz an der Terminbörse, da die Preise veröffentlicht werden.

Als Kontraktformen lassen sich – je nach Handelsobjekt – Finanzterminkontrakte auf Zinstitel, Aktienindizes und Fremdwährungen unterscheiden.[1] Während eine physische Andienung bei Aktienindexfutures und Futures auf kurzfristige Zinstitel nicht möglich ist, kann die Erfüllung der Verpflichtung aus dem Kontrakt bei Futures auf langfristige Zinstitel durch die Lieferung eines entsprechenden Finanzinstruments vollzogen werden. Dabei spielt es keine Rolle, ob das zugrundeliegende Instrument (Underlying) in der entsprechenden Ausstattung real existiert.

Futures sind im Gegensatz zu Forwards nicht auf die Erfüllung des Vertrages angelegt. Die Marktteilnehmer beabsichtigen vielmehr, das Futures-Engagement vor Fristablauf durch eine Glattstellung der Position zu beenden. Die Auflösung vor Vertragsende wird durch den zentralisierten Handel an einer Börse gewährleistet.

Neben der jederzeitigen Handelbarkeit gilt als weitere Voraussetzung für den erfolgreichen Einsatz von Financial Futures, dass das Erfüllungsrisiko der einzelnen Transaktionen möglichst ausgeschlossen werden kann. Beispielsweise gibt an der Eurex die Clearingstelle als Vertrags-

---

[1] Terminkontrakte in Fremdwährungen (Currency Futures) waren die ersten Finanzterminkontrakte, die 1972 kurz nach dem endgültigen Scheitern des Bretton-Woods-Systems fester Wechselkurse am International Monetary Market der Chicago Mercantile Exchange (CME) eingeführt wurden, vgl. *Powers* (1981), S. 663f.

partner eine Erfüllungsgarantie. Dies ist allerdings nur möglich, weil sie von den Börsenteilnehmern, d.h. sowohl von den Käufern als auch den Verkäufern von Futurepositionen die Hinterlegung von Sicherheiten verlangt; denn auf beiden Seiten besteht ein unlimitiertes Verlustrisiko.

Die zu hinterlegenden Sicherheiten werden auch als Margins bezeichnet. An der Eurex handelt es sich bei dem Margin-System um das sog. Risk Based Margining der Eurex Clearing AG, das das Verfahren der Bemessung, Berechnung und Abwicklung von Sicherheitsleistungen enthält.

Die Sicherheitsleistungen sind für offene Terminkontrakt-Positionen zu hinterlegen. Ziel ist die Abdeckung der aus den Kontrakten möglicherweise entstandenen Risiken, damit eine schnelle Glattstellung sämtlicher offenen Positionen eines Clearing-Mitgliedes ermöglicht wird. Da die Sicherheitsleistungen die Schwankungen eines Tages abdecken sollen, muss die Höhe der Margins jeden Tag für jedes Mitglied neu festgelegt werden.[1]

Im folgenden werden die wichtigsten Marginarten kurz vorgestellt:

Variation Margin

An der Terminbörse werden einige Produkte nach dem sog. Mark-to-Market-Verfahren abgerechnet, d.h. börsentäglich werden die Gewinne und Verluste aus offenen Positionen erfasst. Dies gilt z.B. an der Eurex für Futures und für Optionen auf Futures. Die Gewinne und Verluste werden entsprechend von der Eurex Clearing AG verbucht. Die Variation Margin dient dazu, die durch Kursveränderungen entstandenen Gewinne und Verluste täglich in bar auszugleichen.

Das Mark-to-Market-Verfahren führt für den Inhaber einer Long-Position dazu, dass er in dem Fall eines gegenüber dem Vortag gestiegenen Kurses eine Gutschrift in Höhe dieser Preisdifferenz erhält. Hingegen hat der Inhaber der entsprechenden Short-Position eine Zahlung in Höhe der Preisdifferenz zu leisten.

Das folgende Beispiel soll das Verfahren der Variation Margin verdeutlichen: Der Marktteilnehmer A geht am Morgen des 7.7.2014 eine Long-Position im Euro-Bund-Future ein zum Kurs von 110,00%. Die nachfolgende Tabelle zeigt die unterstellte Kursentwicklung an den kommenden Tagen, wobei zu beachten ist, dass es sich jeweils um den Tagesendkurs handelt.[2] Die für das Eingehen dieser Position zunächst als anfängliche Sicherheitsleistung zu hinterlegende Additional Margin soll an dieser Stelle vernachlässigt werden.[3]

---

[1] Vgl. dazu sowie zu den folgenden Ausführungen *Eurex* (2002a), S. 12ff. und *Eurex* (2002b), S. 5ff.
[2] Der tägliche Abrechnungspreis, den die Eurex täglich bei Handelsschluss festlegt und der als Berechnungsgrundlage für Gewinne und Verluste dient, wird auch als Daily Settlement Price bezeichnet.
[3] Bei *Eurex* (2002a), S. 28, wird in einem Beispiel mit einer Additional-Margin von 1.600 € pro Kontrakt bei einer Non-Spread-Position des Euro-Bund-Futures gerechnet, wobei darauf hingewiesen wird, dass die Margin-Parameter pro Margin-Klasse von der Eurex Clearing AG bei Bedarf angepasst und veröffentlicht werden.

Datum	Daily Settlement Price	Differenz in Ticks	Variation Margin in €	Kontosaldo in € (ohne Additional Margin)
Montag, 07.07.2014	110,23%	23	230	230
Dienstag, 08.07.2014	110,95%	72	720	950
Mittwoch, 09.07.2014	110,40%	-55	-550	400
Donnerstag, 10.07.2014	109,28%	-112	-1.120	-720
Freitag, 11.07.2014	109,20%	-8	-80	-800
:	:	:	:	:
:	:	:	:	:
Donnerstag, 04.09.2014	106,80%	:	:	-3.200
Freitag, 05.09.2014	106,90%	10	100	-3.100
Montag, 08.09.2014	106,00%	-90	-900	-4.000

Tab. E.63: Bestimmung der Variation Margin beim Euro-Bund-Future an der Eurex

So bedeutet der Anstieg des Kurses am 07.07.2014 von 110,00% (Kaufkurs) auf 110,23% eine positive Differenz von 23 Ticks bzw. 230 €.[1]

In dem Beispiel wird die Futureposition bis zum letzten Handelstag des September-Kontrakts gehalten. Am Ende steht damit auf dem Margin-Konto ein negativer Saldo. Wird erst am letzten Handelstag glattgestellt, wo würde sich der Gesamtverlust der Long-Position auf 4.000 € belaufen. Der nach einer Glattstellung erforderliche Barausgleich des Kontos erfolgt jeweils am darauffolgenden Tag. Wird nicht glattgestellt, so muss der Verkäufer eines Euro-Bund-Futures eine bestimmte Anleihe an den Future-Käufer liefern.

Additional Margin

Wie in dem Beispiel bereits angedeutet, fällt an der Eurex bei Optionsgeschäften inkl. Optionen auf Futures sowie bei sog. Non-Spread-Future-Positionen, d.h. bei nicht kompensierbaren Futurepositionen eine sog. Additional Margin an. Sie dient zur Abdeckung der bis zum nächsten Tag zusätzlich anfallenden möglichen Glattstellungskosten. Hierbei handelt es sich um die maximal möglichen Glattstellungskosten eines Kontos am jeweils nächsten Börsentag unter der Annahme der ungünstigsten möglichen Preisentwicklung der im Konto enthaltenen Positionen, d.h. des Worst Case Loss. Insofern soll mit Hilfe der Additional Margin das Kursrisiko, das bis zum

---

[1] 1 Tick beim Euro-Bund-Future entspricht 0,01% vom zugrunde liegenden Nominalwert in Höhe von 100.000 €, was zu einem Tickwert von 10 € führt. Dies ergibt sich aus den Kontraktspezifikationen des Euro-Bund-Futures, die noch vorzustellen sind.

folgenden Börsentag besteht, abgedeckt werden. Die Additional Margin kann zudem auch in bestimmten Wertpapieren hinterlegt werden, was zu einer geringeren Liquiditätsbindung führt.[1]

Premium Margin

Bei Optionsgeschäften, die dem sog. „Traditional Style Premium Posting" unterliegen und deren Optionsprämie beim Optionskauf in voller Höhe gezahlt werden muss, wird an der Eurex eine Premium Margin erhoben. Dies gilt an der Eurex nicht für Optionen auf Futures, deren Margin-Berechnung nach dem Future-Style-Verfahren („Futures Style Premium Posting") erfolgt und für die die Variation Margin zu berücksichtigen ist. Die Premium Margin soll die Verluste abdecken, die bei heutiger Glattstellung des Stillhalters entstehen würden, und muss somit vom Stillhalter einer Optionsposition hinterlegt werden. Sobald der potentielle Glattstellungsverlust ansteigt, muss der Stillhalter die Premium Margin entsprechend auffüllen (Nachschusspflicht). Insofern werden mit der Premium Margin damit die Gewinne oder Verluste, die innerhalb eines Tages aus Kursschwankungen entstanden sind, in Form von Sicherheitsleistungen bei der Eurex Clearing AG hinterlegt. Eine Hinterlegung von Premium Margins durch den Käufer einer klassischen Option ist nicht erforderlich; denn er ist mit dem Optionskauf keine Verpflichtung eingegangen, sondern hat mit der Optionspreis-Zahlung das Recht zur Ausübung der Option erworben.

Futures Spread Margin

In bestimmten Fällen ist eine gegenseitige Verrechnung von Long- und Short-Positionen möglich, wenn es sich um gleiche Kontraktlaufzeiten handelt. Dieses sog. Netting gilt für solche Future-Positionen eines Kontos, die sich auf das gleiche Underlying beziehen. Zunächst erfolgt dabei eine Saldierung sämtlicher Long- und Short-Positionen eines Fälligkeitsmonats. Liegt im Ergebnis beispielsweise ein Überhang an Long-Positionen vor, so verbleibt eine Netto-Long-Position. Andernfalls liegt eine Netto-Short-Position vor.

Weichen die Kontraktlaufzeiten bei gleichem Underlying voneinander ab, so kann anschließend das sog. Spreading, d.h. die Bildung von Spreads zwischen Long- und Short-Positionen mit unterschiedlichen Fälligkeiten, vorgenommen werden. Gegenübergestellt werden dabei je eine Long- und eine Short-Position, wobei beide Positionen unterschiedliche Fälligkeitsmonate aufweisen. Ein Beispiel für das Spreading wäre eine Short-Position Euro-Bund-Future März gegen eine Long-Position Euro-Bund-Future Juni. In diesem Fall stehen sich die Kursrisiken zwar nicht exakt gegenüber, können sich aber weitgehend ausgleichen. Während kompensierbare Positionen auch als Spreads bezeichnet werden, werden nicht-kompensierbare Positionen Non-Spreads genannt.

Das Restrisiko, das aufgrund der mit den unterschiedlichen Kontraktfälligkeiten verbundenen ungleichen Preisentwicklungen – trotz gleicher Underlyings – verbleibt, soll durch die Futures Spread Margin bis zum nachfolgenden Börsentag abgedeckt werden. Der entsprechende Spread-Margin-Satz wird dann anstelle der Additional Margin für die Spread-Positionen erhoben, wobei die vergleichbare Additional Margin aufgrund des höheren Risikos der Positionen wesentlich höher liegt.

---

[1] Vgl. *Eurex* (2002a), S. 29.

a. Zinsfutures

Der Handel mit Zinsterminkontrakten wurde erstmals 1975 am Chicago Board of Trade aufgenommen. Der dort eingeführte U.S. Treasury Bond Future basiert mittlerweile auf einem US-Treasury Bond im Nominalwert von 100.000 USD und einem Nominalzins von 6%. Lieferbar sind bei Kontraktfälligkeit U.S. Treasury Bonds mit einer Mindestrestlaufzeit von 15 Jahren zu Beginn des Liefermonats.

In der Folgezeit entwickelten auch andere Börsen zahlreiche neue Zinsfutures, und es kam zu einem zunehmenden Wettbewerb auf den internationalen Terminmärkten. Im DM-Bereich begann der Handel mit Zinsfutures an der LIFFE am 29. September 1988, als Bundesanleihen auf Termin (Bund-Futures) als langfristige Zinsterminkontrakte gehandelt wurden. An der Deutschen Terminbörse (DTB), der heutigen Eurex, werden Bund-Futures erst seit dem 23. November 1990 gehandelt. Ein Euro-Bund-Future an der Eurex verpflichtet zur Lieferung bzw. zum Empfang einer idealtypischen Bundesanleihe mit einem Kupon von 6% und einem Nominalwert von 100.000 EUR. Die Restlaufzeit der zu liefernden Bundesanleihe kann zwischen 8,5 und 10,5 Jahren liegen. Das Mindestemissionsvolumen der lieferbaren Anleihen muss 2 Mrd. EUR betragen.

Zusammengefasst lauten die Kontraktspezifikationen des Euro-Bund-Futures an der Eurex wie folgt:

Merkmal	Euro-Bund-Future
Basiswert	idealtypische Bundesanleihe
Kontraktwert	100.000 €
Zins	6 %
Laufzeitbereich der lieferbaren Anleihen	8,5 - 10,5 Jahre
Lieferbare Papiere	Bundesanleihen mit einem Mindestemissionsvolumen von 2 Mrd. €
Notierung	in % vom Nominalwert
Tick-Größe und –Wert	0,01% bzw. 10 €
Maximale Laufzeit	9 Monate
Liefermonate	die jeweils nächsten 3 Quartalsmonate des Zyklus März, Juni, September, Dezember
Liefertag	10. Kalendertag des Liefermonats (oder folgender Börsentag)
Letzter Handelstag	Zweiter Börsentag vor dem Liefertag

Tab. E.64: Kontraktspezifikationen des Euro-Bund-Futures an der Eurex (Stand: 16.04.2003)

Seit dem 4. Oktober 1991 wird an der DTB bzw. Eurex zusätzlich ein Future auf eine idealtypische mittelfristige Schuldverschreibung des Bundes gehandelt, der Bobl-Future, heute Euro-Bobl-Future. Der Unterschied zum langfristigen Euro-Bund-Future besteht darin, dass beim Euro-Bobl-Future Bundesanleihen und Bundesobligationen mit einer Restlaufzeit von 4,5 bis 5,5 Jahren lieferbar sind.

Am 11. März 1994 wurden an der DTB unter dem Namen Buxl-Futures Zinsterminkontrakte auf Bundesanleihen mit einer Restlaufzeit von 15 bis 30 Jahren eingeführt. Vergleichbar dem Treasury Bond Future in den USA sollte den Marktteilnehmern ermöglicht werden, den langen Laufzeitbereich der DM-Zinsstrukturkurve gegen Zinsänderungsrisiken abzusichern. Zudem wurden auch Trading- und Arbitragemöglichkeiten zwischen den verschiedenen Zinsfutures in Betracht gezogen. Die Kontraktspezifikationen entsprachen denen des Bund-Futures mit Ausnahme der Restlaufzeit der zu liefernden Anleihen. Nach etwa 1,5 Jahren musste der Handel in Buxl-Futures allerdings vor dem Hintergrund geringer Umsätze wieder eingestellt werden, da sich insbesondere die Erwartung der DTB nicht erfüllt hat, dass der Bund fortlaufend 30jährige Anleihen emittieren würde. An der Eurex ist allerdings wieder ein Euro-Buxl-Future verfügbar. Lieferbar sind Schuldverschreibungen des Bundes mit einer Restlaufzeit von 20 bis 30,5 Jahren. Anders als bei den Euro-Bund-Futures muss das Mindestemissionsvolumen der lieferbaren Anleihen 5 Mrd. EUR betragen.

Die DTB hat in ihrer Produktpalette auch den Laufzeitbereich von 1,75 bis 2,25 Jahren durch Einführung des Schatz-Futures am 7. März 1997 abgedeckt. Dabei entsprechen die Kontraktspezifikationen weitgehend denen von Bund- und Bobl-Future. So beträgt der Kontraktwert bei dem Euro-Schatz-Future an der Eurex ebenfalls 100.000 EUR. Als lieferbare Papiere kommen Bundesschatzanweisungen, Bundesobligationen, Bundesanleihen oder börsennotierte, von der Bundesrepublik Deutschland uneingeschränkt und unmittelbar garantierte Schuldverschreibungen der Treuhandanstalt in Frage, die zum Lieferzeitpunkt eine Restlaufzeit von 1,75 bis 2,25 Jahren aufweisen. Das Mindestemissionsvolumen liegt auch hier bei 2 Mrd. EUR.

Bei Euro-Buxl-, Euro-Bund-, Euro-Bobl- und Euro-Schatz-Futures hat der Verkäufer des Futures als Inhaber der Short Position am Liefertag die Pflicht, aus den lieferbaren Anleihen eine Anleihe seiner Wahl auszuwählen, um seiner Lieferverpflichtung nachzukommen. Dieses Recht wird auch als Seller's Option bezeichnet. Da die lieferbaren Anleihen in der Regel verschiedene Laufzeiten und unterschiedliche Kupons haben, die von 6 % abweichen, wurde ein Preisfaktoren- bzw. Konversionsfaktorensystem entwickelt, das diese Unterschiede ausgleichen soll. Die Konversionsfaktoren geben entsprechend an, bei welchem Kurs der Anleihe die Rendite am Liefertag 6% betragen würde.[1] An der Eurex werden die Konversionsfaktoren für Bundesanleihen in EUR in der folgenden Weise berechnet:[2]

$$KF = \frac{1}{1,06^f} \cdot \left[c \cdot \frac{NCD_{1\,Jahr} - LCD}{act_2} + \frac{c}{0,06} \cdot \left(1,06 - \frac{1}{1,06^n}\right) + \frac{1}{1,06^n} \right] - c \cdot \left(\frac{NCD_{1\,Jahr} - LCD}{act_2} - \frac{NCD_{1\,Jahr} - DD}{act_1} \right)$$

---

[1] Vgl. *Samorajski/Phelps* (1990), S. 59; *Schneeweis/Hill/Philipp* (1983), S. 340.
[2] Vgl. *Eurex* (2003b).

mit:
- c = Kupon,
- DD = Delivery Date (Bezugszeitpunkt),
- LCD = Last Coupon Date (letzter Kupontermin vor dem Liefertag),
- NCD = Next Coupon Date,
- $NCD_{1\,Jahr}$ = 1 Jahr vor dem Next Coupon Date,
- $NCD_{2\,Jahre}$ = 2 Jahre vor dem Next Coupon Date,
- n = ganze Jahre von NCD bis zur Endfälligkeit der Anleihe,

$$act_1 = \begin{pmatrix} NCD - NCD_{1\,Jahr}, & \text{falls } (NCD_{1\,Jahr} - DD) < 0 \\ NCD_{1\,Jahr} - NCD_{2\,Jahre}, & \text{falls } (NCD_{1\,Jahr} - DD) \geq 0 \end{pmatrix}$$

$$act_2 = \begin{pmatrix} NCD - NCD_{1\,Jahr}, & \text{falls } (NCD_{1\,Jahr} - LCD) < 0 \\ NCD_{1\,Jahr} - NCD_{2\,Jahre}, & \text{falls } (NCD_{1\,Jahr} - LCD) \geq 0 \end{pmatrix}$$

$$f = 1 + \frac{NCD_{1\,Jahr} - DD}{act_1}.$$

Beispielsweise konnte am 05.03.2003 für die in den Euro-Bund-Future Juni 2003 lieferbare Bundesanleihe mit einem Kupon von 5,00% und der Fälligkeit 04.07.2012 der folgende Konversionsfaktor berechnet werden:

- DD = 10.03.2003 (Montag)
- LCD = 04.07.2002 (Donnerstag)
- NCD = 04.07.2003 (Freitag)
- $NCD_{1\,Jahr}$ = 04.07.2002 (Donnerstag)
- $NCD_{2\,Jahre}$ = 04.07.2001 (Mittwoch)
- n = 9

$$KF = \frac{1}{1,06^{0,317808}} \cdot \left[0,05 \cdot \frac{0}{365} + \frac{0,05}{0,06} \cdot \left(1,06 - \frac{1}{1,06^9}\right) + \frac{1}{1,06^9} \right] - 0,05 \cdot \left(\frac{0}{365} - \frac{-249}{365}\right) = 0,92985613.$$

Für den Liefertag 10.06.2003 (Dienstag) ergibt sich entsprechend ein Konversionsfaktor von 0,93151560.

Bei der Ermittlung der Konversionsfaktoren wird allerdings eine flache Zinsstrukturkurve auf einem 6% - Niveau für den jeweiligen Laufzeitenbereich (beim Euro-Bund-Future 8,5 bis 10,5 Jahre) unterstellt. Nur in dieser Situation sind sämtliche lieferbaren Anleihen gleich vorteilhaft, da eine Proportionalität von Marktpreis und Konversionsfaktor vorliegt. Ergeben sich am Markt jedoch Unterschiede in der Zinsstruktur, oder weichen die Renditen vom 6% - Niveau ab, so ist immer eine Anleihe lieferoptimal. Dabei handelt es sich um die sogenannte Cheapest-to-Deliver-Anleihe (CTD-Anleihe).

Die Berechnung der CTD-Anleihe erfolgt durch einen Vergleich der Kosten des Kaufs der Anleihe am Markt mit dem Andienungsbetrag, den der Verkäufer des Futures bei Lieferung der Anleihe dem Käufer des Futures in Rechnung stellt:

$$(\text{EDSP} \cdot \text{KF} \cdot 100.000 \text{ EUR}) + \text{aufgelaufene Stückzinsen}$$
$$./. \; P_K \cdot 100.000 \text{ EUR} + \text{aufgelaufene Stückzinsen}$$

$$= \text{Differenzbetrag}$$

mit

EDSP = Exchange Delivery Settlement Price = P_F = Preis des Futures und
P_K = Preis der lieferbaren (Kassa-) Anleihe.

Da sich beide Beträge auf dieselbe Anleihe beziehen und sich damit die Stückzinsen entsprechen, ergibt sich ein Differenzbetrag von $(P_F \cdot \text{KF} \cdot 100.000 \text{ EUR} - P_K \cdot 100.000 \text{ EUR})$. Dieser Differenzbetrag wird noch durch 100.000 EUR dividiert. Das Ergebnis wird für jede lieferbare Anleihe berechnet. Diejenige Anleihe, die dabei den positivsten Betrag aufweist, ist die CTD-Anleihe.

Die CTD-Anleihe kann nicht nur am Liefertag des Futures ermittelt werden, sondern auch zu jedem Zeitpunkt vor dem Liefertag. Dazu wird ein Verkauf des Futures und ein Kauf der entsprechenden Anzahl an Anleihen simuliert mit der Absicht, die Anleihen bis zum Liefertag zu halten und dann in den Kontrakt zu liefern. Diejenige Anleihe, die dabei den größten Ertrag einbringt, ist die CTD-Anleihe. Kann durch eine solche Transaktion eine Rendite erzielt werden, die oberhalb des aktuellen Marktzinssatzes liegt, so setzen Arbitragetransaktionen ein. Aufgrund der damit verbundenen Möglichkeit, risikolose Gewinne zu erzielen, wird laufend die CTD-Anleihe berechnet, die in der Praxis auch wechseln kann.

Das folgende Beispiel zeigt die Ermittlung einer solchen Anleihe. Der Euro-Bund-Future September 2018, der am 10.09.2018 fällig wird, soll am 05.07.2018 einen Kurs von 110,80% aufweisen. Lieferbar seien am 10.09.2018 die folgenden Bundesanleihen:

Anleihe	Kupon	letzter Kupontermin	Restlaufzeit (Jahre)	Preis$_K$*	KF	Preis$_F$ · KF	Differenz
1	5,75%	04.01.2018	9	109,090%	0,983013	108,918%	-0,1722%
2	6,25%	04.07.2018	9,5	113,290%	1,017061	112,690%	-0,5997%
3	6,50%	04.01.2018	10	115,830%	1,036007	114,790%	-1,0404%
*	Hierbei handelt es sich um den Clean Price, d.h. ohne Stückzinsen						

Tab. E.65: Ermittlung der CTD-Anleihe

Nach diesem Beispiel ist am 05.07.2018 die 5,75% Bundesanleihe mit der Fälligkeit 04.07.2027 die aktuelle CTD-Anleihe, da die Differenz hier am positivsten ist. Eine Ermittlung der CTD-Anleihe ist auch über den Quotienten aus dem Anleihenkurs und dem Konversionsfaktor möglich. In diesem Fall deutet der niedrigste Werte auf die CTD-Anleihe:

Anleihe	Kupon	letzter Kupontermin	Restlaufzeit (Jahre)	$Preis_K$*	KF	$Preis_K$ / KF
1	5,75%	04.01.2018	9	109,090%	0,983013	1,109752
2	6,25%	04.07.2018	9,5	113,290%	1,017061	1,113896
3	6,50%	04.01.2018	10	115,830%	1,036007	1,118042
*	Hierbei handelt es sich um den Clean Price, d.h. ohne Stückzinsen					

Tab. E.66: Alternative Ermittlung der CTD-Anleihe

Anstelle der aktuellen Anleihepreise können aber auch die Forwardpreise der Anleihen mit dem Produkt aus Futurepreis und Konversionsfaktor verglichen werden. Die Forwardpreise ergeben sich, indem zum aktuellen Preis die Kosten für die Finanzierung des Anleihekaufpreises, der dem Dirty Price entspricht (d.h. Kurs plus Stückzinsen), hinzuaddiert werden und die Erträge der Anleihe abgezogen werden, jeweils für die Zeit bis zum 10. September 2018. Unter Berücksichtigung eines kurzfristigen Refinanzierungszinssatzes von 4,0% gelangt man zu den folgenden Werten für die obigen Anleihen:

Anleihe	$Dirty\ Price_K$ am 05.07.2018	Finanzierungskosten bis 10.09.2018	Kuponerträge bis 10.09.2018	Forward-$Preis_K$
1	111,957%	0,833%	1,055%	108,868%*
2	113,307%	0,844%	1,147%	112,986%
3	119,071%	0,886%	1,193%	115,523%
*	108,86798% = 109,090% + 0,83346% − 1,05548%			

Tab. E.67: Ermittlung der CTD-Anleihe auf der Basis von Forwardpreisen, Teil 1

Anleihe	Forward-$Preis_K$	KF	$Preis_F \cdot KF$	Differenz
1	108,868%	0,983013	108,918%	0,050%
2	112,986%	1,017061	112,690%	−0,296%
3	115,523%	1,036007	114,790%	−0,734%

Tab. E.68: Ermittlung der CTD-Anleihe auf der Basis von Forwardpreisen, Teil 2

Da die Differenz auch in diesem Fall voraussichtlich bei der 5,75% Bundesanleihe mit der Fälligkeit 04.07.2027 zum Liefertag am positivsten sein wird, wird davon ausgegangen, dass es sich hierbei um die lieferoptimale Anleihe handeln wird. Die Ermittlung auf der Basis von Forwardpreisen erscheint grundsätzlich korrekter, da sich in diesem Fall der Vergleich auf den gleichen Zeitpunkt (hier: per Termin 10. September 2018) bezieht.

In der Praxis wird häufig auf den sogenannten impliziten Pensionszinssatz (Implied Repo Rate, IRR) zur Ermittlung der CTD-Anleihe zurückgegriffen. Die IRR gibt an, welche Finanzierungskosten des Anleihekaufs bei dem aktuellen Futurepreis unterstellt werden für das Halten dieser Anleiheposition bis zur Fälligkeit des Futures. Sie stellt die Repo Rate dar, mit der der Future zum aktuellen Zeitpunkt bewertet wird.[1] Dabei sind auch die Kuponerträge aus der Anleihe bis zur Fälligkeit des Futures zu berücksichtigen.

Der implizite Pensionszinssatz lässt sich für die CTD-Anleihe z.B. wie folgt ermitteln, wobei im Rahmen der Stückzinsermittlung auf die Zinstagezählung Actual/Actual zurückgegriffen und hier unterstellt wird, dass kein Schaltjahr vorliegt:

$$IRR_{CTD} = \frac{P_F \cdot KF_{CTD} + K_{CTD} \cdot \frac{T}{365} - P_{CTD}}{(P_{CTD} + SZ)} \cdot \frac{360}{T}$$

mit

P_F = Preis des Futures,
P_{CTD} = Preis der lieferbaren (Kassa-) Anleihe,
KF_{CTD} = Konversionsfaktor der CTD-Anleihe,
K_{CTD} = Kupon der CTD-Anleihe,
T = Anzahl der Tage bis zur Fälligkeit des Futures bei Lieferung (hier: vom 05.07.2018 bis zum 10.09.2018) und
SZ = Stückzinsen der lieferbaren Anleihe vom letzten Kuponzahlungstermin bis zum aktuellen Tag (hier: vom 04.01.2018 bis zum 05.07.2018).

Für die obige CTD-Anleihe ergibt sich damit der folgende Wert:

$$IRR_{CTD} = \frac{110{,}80\% \cdot 0{,}983013 + 5{,}750\% \cdot \frac{67}{365} - 109{,}090\%}{\left(109{,}090\% + 5{,}750\% \cdot \frac{183}{365}\right)} \cdot \frac{360}{67} = 4{,}2391\%.$$

Damit wird durch die IRR die Höhe des prozentualen Gewinns für den Fall angegeben, dass die Anleihe gekauft wird, der Future verkauft wird und die Anleihe am Liefertag in den Future geliefert wird. Bei derjenigen Anleihe, die bei dieser Transaktion den maximalen Gewinn abwirft, handelt es sich um die CTD-Anleihe. Sie weist die höchste IRR auf.

---

[1] Zur Repo Rate vgl. Abschnitt V. in diesem Kapitel.

Im obigen Beispiel ergeben sich für die anderen beiden lieferbaren Anleihen IRR-Werte von 2,5966% für Anleihe 2 und von 0,6893% für Anleihe 3.

Nicht zu verwechseln ist die IRR mit der Implied Forward Yield (IFY), d.h. der impliziten Forward-Rendite des Futures. Zur Ermittlung der IFY wird das Produkt aus dem Futurekurs und dem Konversionsfaktor der CTD-Anleihe als Preis der Anleihe genommen und als Valutatag der Fälligkeitstag des Futures gesetzt. Die Rendite für die dann geltende Restlaufzeit ist die implizite Forward-Rendite des Futures. Insofern deutet sie auf die bei Future-Fälligkeit erwartete Marktrendite der CTD-Anleihe hin.

Grundsätzlich ist bei der CTD-Ermittlung zu beachten, dass der Konversionsfaktor ein Zinsniveau von 6% unterstellt. Deshalb werden die Kursunterschiede der einzelnen Anleihen nur in dem Fall, dass alle Anleihen eine Rendite von 6% aufweisen, auch korrekt ausgeglichen. Andernfalls tritt eine Verzerrung auf. So werden bei einer Marktrendite, die über 6% liegt, tendenziell Anleihen mit Kupons unter 6% bevorzugt; denn diese werden bei der Andienung durch die Konversionsfaktorformel tendenziell überbewertet. Damit wird der Future-Verkäufer in dieser Situation Anleihen mit einem möglichst niedrigen Kupon liefern, da diese Anleihen durch den Konversionsfaktor zu hoch angerechnet werden. Der Future-Käufer hingegen zahlt aufgrund des für ihn ungünstigen Austauschverhältnisses eher zuviel.[1] Im Falle eines unter 6% liegenden Zinsniveaus haben Anleihen mit einem möglichst hohen Kupon eher die Chance, die CTD-Anleihe zu sein.

Neben diesem Kuponeffekt kann auch noch ein Laufzeiteffekt festgestellt werden, da auch die jeweiligen Laufzeiten der Anleihen die Ermittlung der CTD-Anleihe beeinflussen. So gilt für ein Marktzinsniveau von über 6%, dass von Anleihen mit gleichem Kupon und gleicher Marktrendite die Anleihe am günstigsten zu liefern ist, die die längste Laufzeit aufweist. Bei einem Zinsniveau unter 6% handelt es sich bei der Anleihe mit der kürzesten Laufzeit tendenziell um die CTD-Anleihe.

Zusammenfassend gilt: Bei einer Marktrendite, die über 6% liegt, wird die Anleihe mit dem niedrigsten Kupon und der längsten Laufzeit tendenziell für die Lieferung bevorzugt. Diese Anleihe weist auch die höchste Duration auf. Renditen unter 6% führen dazu, dass Anleihen mit kurzer Laufzeit und hohem Kupon grundsätzlich vorteilhafter sind.[2] Infolgedessen ist in diesem Fall voraussichtlich die Anleihe mit der geringsten Duration die CTD-Anleihe. Insofern kann auch durch die Berechnung der Duration der lieferbaren Anleihen die CTD-Anleihe bestimmt werden. Dabei ist aber darauf hinzuweisen, dass die Duration nur dann korrekte Ergebnisse liefert, wenn die Anleihen mit der gleichen Rendite rentieren und sich die Renditen lediglich parallel verschieben. Aus diesem Grund ist die CTD-Ermittlung auf der Basis der IRR genauer.

In dem obigen Beispiel erfolgt die Lieferung erst in 67 Tagen. Daher kann noch nicht mit Sicherheit festgestellt werden, dass die zum aktuellen Zeitpunkt (05.07.2018) ermittelte CTD-

---

[1] Vgl. *Diwald* (1994), S. 167.
[2] Der Beweis wurde von Kilcollin geführt, vgl. *Kilcollin* (1982), S. 1186ff. Diese Aussagen konnten auch in Simulationsstudien bestätigt werden, vgl. *Meisner/Labuszewski* (1984), S. 570ff.

Anleihe zum Fälligkeitstag auch tatsächlich die lieferoptimale Anleihe sein wird. Anbieten würde sich die Berechnung der Wahrscheinlichkeiten, mit denen die einzelnen Anleihen zur CTD-Anleihe werden. Gleichzeitig lassen sich auch sogenannte Switch-Analysen durchführen, wobei berechnet wird, inwieweit sich die Zinsstrukturkurve verändern muss, damit eine Anleihe zur CTD-Anleihe wird. Darüber hinaus kann auch die Neuemission einer lieferbaren Anleihen zu einem Wechsel der CTD-Anleihe führen. Dies gilt besonders für Bundesobligationen, so dass davon ausgegangen werden kann, dass beim Euro-Bobl-Future die CTD-Anleihe häufiger wechselt als beim Euro-Bund-Future.

Die Bestimmung der CTD-Anleihe ist von großer praktischer Bedeutung, da sich der Kurs des Futures am Kurs der Cheapest-to-Deliver orientiert. Bei einem Wechsel der CTD-Anleihe kann es zu Sprüngen im Futurekurs kommen, da diesem Kontrakt nunmehr eine andere Anleihe zugrunde liegt. Ein darauf nicht vorbereiteter Portfoliomanager kann dadurch möglicherweise Verluste erleiden.

Neben den Futures auf mittel- und langfristige Zinstitel werden an der Eurex auch Futures auf kurzfristige Zinstitel gehandelt, die auch als Geldmarkt-Futures bezeichnet werden können. Die Einführung von Geldmarkt-Futures erfolgte in Deutschland mit dem Fibor-Future am 18. März 1994. Der Fibor Future konnte sich allerdings gegen die an der Londoner Terminbörse LIFFE gehandelten Geldmarktfutures nicht durchsetzen. Das wesentliche Unterscheidungsmerkmal zwischen dem an der LIFFE gehandelten Euro-DM-Future und dem Fibor-Future bestand in dem zugrunde gelegten Referenzzinssatz, bei dem es sich an der LIFFE um den Libor handelte.[1] Darüber hinaus lag die Anzahl der Verfalltage an der LIFFE höher als beim Fibor-Future. Zudem konnten Euro-DM-Futures länger gehandelt werden.[2] Am 12. November 1996 erfolgte an der DTB die Einführung des Einmonats-Euromark-Futures und etwa zwei Monate später, am 14. Januar 1997 die Einführung des Dreimonats-Euromark-Futures. Von Seiten der DTB war dies ein wichtiger Schritt im Hinblick auf die Einführung der gemeinsamen Euro-Währung ab 1999. Hierdurch wurde frühzeitig am deutschen Markt Präsenz mit einem allgemein anerkannten Produkt am kurzen Ende der Zinsstrukturkurve gezeigt. Diese Produkte werden nicht mehr gehandelt. Dafür aber werden heute an der Eurex Einmonats-Euribor-Futures und Dreimonats-Euribor-Futures gehandelt.[3] Darüber hinaus wurde am 27. Januar 2003 ein Eimonats-Eonia-Future eingeführt, dessen Basiswert der Durchschnittszinssatz aller effektiven Zinssätze für Tagesgeld in Euro (Eonia) darstellt, die während der Laufzeit von einem Kalendermonat durch die Europäische Zentralbank ermittelt worden sind.

Euribor-Futures basieren auf einer fiktiven Termineinlage in Euro mit einer bestimmten Laufzeit (1 bzw. 3 Monate) im Nennwert von 3 Mio EUR (bei einer Einmonats-Einlage) bzw. 1 Mio EUR (bei einer Dreimonats-Einlage). Anders als bei Euro-Bund- oder Euro-Bobl-Futures ist beim Euribor-Future eine Andienung bzw. Lieferung des Underlyings bei Kontraktfälligkeit nicht möglich. Entsprechend erfolgt die Abwicklung der noch nicht glattgestellten Positionen durch einen Barausgleich (Cash Settlement).

---

[1] Fibor stand für Frankfurt Interbank Offered Rate, Libor steht für London Interbank Offered Rate.
[2] Vgl. *Meyer/Wittrock* (1994), S. 169.
[3] Euribor steht für Euro Interbank Offered Rate.

Die Kontraktspezifikationen des Dreimonats-Euribor-Futures an der Eurex lauten wie folgt:

Merkmal	Dreimonats-Euribor-Future
Basiswert	3-M-Euribor für Termingelder in EUR
Kontraktwert	1.000.000 €
Settlement	Erfüllung durch Barausgleich, fällig am 1. Börsentag nach dem letzten Handelstag
Notierung	100 minus Zinssatz (in % auf drei Dezimalstellen)
Tick-Größe und -Wert	0,005% bzw. 12,50 EUR
Verfallmonate	Die nächsten 12 Quartalsmonate aus dem Zyklus März, Juni, September und Dezember
Maximale Laufzeit	36 Monate
Letzter Handelstag	2 Börsentage vor dem 3. Mittwoch des jeweiligen Erfüllungsmonates

Tab. E.69: Kontraktspezifikationen des Dreimonats-Euribor-Futures an der Eurex (Stand: 16.04.2003)

Neben den o.g. Unterschieden zwischen dem 1-Monats- und dem 3-Monats-Euribor-Future unterscheiden sich beide Kontrakte noch hinsichtlich der Verfallmonate. Hierbei handelt es sich beim 1-M-Euribor-Future um die folgenden 6 Kalendermonate, so dass die längste Laufzeit 6 Monate beträgt.

Die Tick-Werte ergeben sich jeweils wie folgt:

$$\text{Tickwert}_{1-M-Euribor-Future} = \frac{0,005}{100} \cdot \frac{30 \text{ Tage}}{360 \text{ Tage}} \cdot 3.000.000 \ € = 12,50 \ €,$$

$$\text{Tickwert}_{3-M-Euribor-Future} = \frac{0,005}{100} \cdot \frac{90 \text{ Tage}}{360 \text{ Tage}} \cdot 1.000.000 \ € = 12,50 \ €.$$

Bei der Berechnung des Tickwertes ist zu beachten, dass die Abrechnung des Futures auf einer Tageskalkulation von 30/360 bzw. 90/360 basiert, während für die quotierten Zinssätze häufig die tatsächlichen Tage (Actual/360) zugrunde gelegt werden. Dies ist bei der Berechnung des fairen Preises (Fair Value) eines Futures oder der Hedge Ratio zu berücksichtigen.

Die Grundlage für den Barausgleich stellt der im Kassamarkt angebotene Euro Interbank Offered Rate (Euribor) für 1- bzw. 3-Monats-Termingelder dar. Die Bezeichnung „Offered Rate" deutet darauf hin, dass es sich beim Euribor um einen Zinssatz handelt, zu dem die Banken Gelder für eine bestimmte Periode verleihen würden. Der Euribor wird täglich aus den Meldungen zahlreicher bonitätsmäßig erstklassiger, repräsentativer Banken berechnet, wobei als Basis für die Zinsberechnung Actual/360 gilt. Die Quotierungen erfolgen für die Standardlaufzeiten des kurzfristigen Bereichs, d.h. bis zu einer Laufzeit von 12 Monaten.

Liegen Laufzeiten vor, für die keine Euribor-Quotierungen abgegeben werden, so kann der entsprechende Zinssatz mit Hilfe der linearen Interpolation ermittelt werden.[1]

$$r_1 = r_{1_u} + \frac{r_{1^o} - r_{1_u}}{t_{1^o} - t_{1_u}} \cdot (t_1 - t_{1_u})$$

mit

t_1 = Laufzeit der zu berechnenden Periode in Tagen,
t_{1_u} = Laufzeit des Euribors für die kürzere Laufzeit („untere" Laufzeit),
t_{1^o} = Laufzeit des Euribors für die längere Laufzeit („obere" Laufzeit),
r_{1_u} = Euribor-Satz für die kürzere Laufzeit und
r_{1^o} = Euribor-Satz für die längere Laufzeit.

Soll beispielsweise der Zinssatz für die Zeit vom 14.03.2025 bis zum 23.04.2025, d.h. für 40 Tage ermittelt werden, so kann dieser bei einem 1-M-Euribor (Laufzeit: 31 Tage) von 3,00% (= r_{1_u}) und einem 2-M-Euribor (Laufzeit: 61 Tage) von 3,20% (= r_{1^o}) wie folgt bestimmt werden:

$$r_1 = 0{,}03 + \frac{0{,}032 - 0{,}03}{61 - 31} \cdot (40 - 31) = 0{,}0306 = 3{,}06\% \ .$$

Die lineare Interpolation kann auch mit Hilfe der folgenden Formel ermittelt werden, die zum gleichen Ergebnis führt:

$$r_1 = \frac{t_{1^o} - t_1}{t_{1^o} - t_{1_u}} \cdot r_{1_u} + \frac{t_1 - t_{1_u}}{t_{1^o} - t_{1_u}} \cdot r_{1^o} \ = \ \frac{61 - 40}{61 - 31} \cdot 0{,}03 + \frac{40 - 31}{61 - 31} \cdot 0{,}032 = 3{,}06\% \ .$$

Beim Euribor handelt es sich um einen Briefsatz. Die Geldsätze notieren entsprechend geringer, wobei oftmals von einer Marge von 12,5 Basispunkten zwischen Geld und Brief ausgegangen wird, wenngleich diese Marge für Quotierungen in sehr liquiden Währungen oftmals geringer ist. Insofern lässt sich eine Kassa-Zinsstrukturkurve für die Geld-Notierung, die auch als Euribid bezeichnet werden kann, und eine Kassa-Zinsstrukturkurve für die Brief-Notierung, d.h. den Euribor abbilden.

Die Preisermittlung des Euribor-Futures erfolgt – wie üblicherweise bei Futures auf Geldmarktzinssätze – in Prozent auf drei Dezimalstellen auf der Basis 100 abzüglich gehandeltem Zinssatz.

---

[1] Darüber hinaus können auch andere Interpolations-Verfahren zur Anwendung kommen, die entsprechend zu anderen Ergebnissen führen. Bei der linearen Interpolation handelt es sich um ein einfaches Verfahren, vgl. *Flavell* (2002), S. 14ff.

Bei diesem Zinssatz handelt es sich um die Forward Rate, die sich auf die dem Future unterliegende Zinsperiode bezieht. Falls diese Forward Rate z.B. bei 4% liegt, notiert der Euribor-Future bei 96,000.

Wie bereits erwähnt, wurde die Palette der Geldmarkt-Futures noch um den Einmonats-Eonia-Future erweitert. Die Kontraktspezifikationen lauten:

Merkmal	Einmonats-Eonia-Future
Basiswert	der Durchschnittszinssatz aller effektiven Zinssätze für Tagesgeld in Euro (Eonia), die während der Laufzeit von einem Kalendermonat durch die Europäische Zentralbank ermittelt worden sind
Kontraktwert	3.000.000 €
Settlement	Erfüllung durch Barausgleich, fällig am 1. Börsentag nach dem letzten Handelstag
Notierung	100 minus Zinssatz (in % auf drei Dezimalstellen)
Tick-Größe und -Wert	0,005% bzw. 12,50 EUR
Verfallmonate	Laufender Kalendermonat zuzüglich der folgenden 11 Kalendermonate
Maximale Laufzeit	12 Monate
Letzter Handelstag	Letzter Börsentag des jeweiligen Erfüllungsmonates

Tab. E.70: Kontraktspezifikationen des Einmonats-Eonia-Futures an der Eurex
(Stand: 16.04.2003)

Bei dem Eonia als Basiszins handelt es sich um den Referenzzinssatz für Tagesgeld im Interbankengeschäft. Eonia steht für Euro Overnight Index Average. Dieser Zinssatz wurde am 4. Januar 1999 eingeführt und wird für zahlreiche Aktivitäten im europäischen Geldmarktgeschäft der Banken als Basiszins herangezogen. Darüber hinaus bildet er für zahlreiche Derivate im OTC-Bereich das Underlying. So basiert der Swapmarkt im kurzfristigen Zinsbereich fast nur auf dem Referenzsatz Eonia.

Begründet wurde die Einführung des Einmonats-Eonia-Futures u.a. mit dem besonders im kurzfristigen Bereich starken Wachstum des Swap-Marktes. Mit Hilfe dieses Instruments sollen Banken und institutionelle Investoren eine Möglichkeit zur kurzfristigen Absicherung von Zinsrisiken erhalten. Vor allem in den letzten Tagen vor dem Mindestreservetermin (d.h. bis zum 23. Kalendertag eines Monats) und am Monatsultimo sind die Schwankungen im Tagesgeldbereich besonders hoch, so dass ein entsprechender Absicherungsbedarf bestehen sollte.

In die Ermittlung des Monatsdurchschnittssatzes, der dem Schlussabrechnungspreis an der Eurex am letzten Handelstag zugrunde liegt, fließen sämtliche Eonia-Zinssätze ein, die vom ersten bis zum letzten Kalendertag einschließlich in dem dem Future unterliegenden Kalendermonat von der Europäischen Zentralbank berechnet wurden. Formal wird der durchschnittliche Eonia-Satz wie folgt ermittelt, wobei der Zinseszinseffekt berücksichtigt wird:[1]

$$r_{Durchschnitt}^{Eonia} = \left[\prod_{i=erster\,Tag}^{letzter\,Tag} \left(1 + r_i^{Eonia} \cdot \frac{T_i}{360}\right) - 1 \right] \cdot \frac{360}{T_n}$$

mit

erster Tag	=	erster Kalendertag in dem jeweiligen Kontraktmonat,
letzter Tag	=	letzter Tag des 1-M-Eonia-Future Front Months, an dem ein Eonia-Zinssatz berechnet wird,
r_i^{Eonia}	=	Eonia-Referenzzinssatz an dem jeweiligen Tag und
T_i	=	Anzahl der Kalendertage, für die der jeweilige r_i^{Eonia} gilt (gewöhnlich immer nur 1 Tag, an Samstagen sowie Sonn- und Feiertagen mehr Tage).

b. Aktienindexfutures

Der Handel mit Aktienindexfutures wurde erstmals 1982 am Kansas City Board of Trade aufgenommen. Als Basisobjekt fungierte der Value Line Composite Index. Infolge des großen Anlegerinteresses wurde mit dem Handel in Aktienindexfutures an vielen weiteren Börsen begonnen. Bei dem Underlying (d.h. dem Gegenstand des Futures) handelt es sich jeweils um einen spezifizierten Aktienindex, also um einen abstrakten, nicht lieferbaren Basiswert. Ein Aktienindex basiert auf einem hypothetischen Portfolio und bildet zum Berichtszeitpunkt die Kursbewegung dieses Aktienportfolios bezogen auf einen Basiszeitpunkt anhand eines einzigen Wertes ab.[2]

Ein Aktienindex-Future beinhaltet die vertragliche Vereinbarung, einen standardisierten Wert des zugrundeliegenden Aktienindex (z.B. 25 € pro Indexpunkt) zu einem im voraus ausgehandelten Preis des Index-Futures an einem späteren standardisierten Erfüllungstag zu kaufen bzw. zu verkaufen. Der dem DAX-Future zugrunde liegende Index ist der Deutsche Aktienindex (DAX).

Der DAX wurde beginnend am 11. Januar 1988 als nach dem Grundkapital gewichteter Index unter Berücksichtigung von Abschlägen bei Dividenden- und Kapitalmaßnahmen berechnet. Als Bezugstermin wurden die Schlusskurse des Jahresultimo 1987 gewählt und die Basis auf 1000 Indexpunkte festgesetzt. Die 30 an der Börse notierten Aktiengesellschaften, die sich als Standardwerte (Blue Chips) im DAX befinden, weisen einen wesentlichen Teil der Marktkapitalisierung und des Börsenumsatzes auf. Die ursprüngliche Zusammensetzung des DAX hat sich inzwischen mehrfach geändert, da einige Gesellschaften ausgetauscht wurden.

Als Real-Time-Index wird der DAX alle 15 Sekunden während der amtlichen Börsenzeit neu ermittelt und veröffentlicht. Berechnungsgrundlage ist die Indexformel nach Laspeyres. Die Zusammensetzung und Gewichtung des DAX wird jeweils jährlich durch entsprechende Verket-

---

[1] Vgl. *Eurex* (2003a).
[2] Vgl. *Bleymüller* (1966), S. 15ff.

tungs- und Korrekturfaktoren neu angepasst. Der DAX wurde als sogenannter Perfomanceindex konstruiert. Dieses Konzept impliziert, dass über die auch für Kursindizes geltende Bereinigung um Erträge aus Bezugsrechten und Sonderzahlungen hinaus noch eine Bereinigung des Indexes um Dividenden- und Bonuszahlungen erfolgt, d.h. diese Erträge werden wieder in die jeweilige Aktie des Index-Portfolios angelegt. Somit bewirken die Ausschüttungen im Gegensatz zum Kursindex keinen Rückgang des Indexes.[1]

Beim DAX handelt es sich offenbar um ein synthetisches Finanzinstrument, das bei Fälligkeit des DAX-Futures nicht geliefert werden kann. Daher erfolgt zum Zeitpunkt der Andienung ein Barausgleich (Cash Settlement). Dieser Betrag berechnet sich als Differenz aus dem Settlementkurs des Futures am Vortag des letzten Handelstages und dem letzten Settlementkurs (bei Kontraktfälligkeit), der grundsätzlich mit dem Stand des DAX übereinstimmt, multipliziert mit dem Kontraktwert. Letzterer beträgt beim DAX-Future 25 EUR pro Indexpunkt des DAX. Zusammenfassend können die Kontraktspezifikationen des DAX-Futures an der Eurex der folgenden Tabelle entnommen werden:

Merkmal	DAX-Future
Basiswert	Deutscher Aktienindex (DAX)
Kontraktwert	25 € pro Indexpunkt des DAX
Erfüllung	durch Barausgleich (Grundlage: Schlussabrechnungspreis), fällig am ersten Börsentag nach dem letzten Handelstag
Notierung	in Punkten auf 1 Dezimalstelle, z.B. 3.450,5
Tick-Größe und –Wert	0,5 Punkte bzw. 12,5 €
Maximale Laufzeit	9 Monate
Verfallmonate	die jeweils nächsten 3 Quartalsmonate des Zyklus März, Juni, September, Dezember
Letzter Handelstag	3. Freitag des jeweiligen Verfallmonats (oder davor liegender Börsentag)

Tab. E.71: Kontraktspezifikationen des DAX-Futures an der Eurex (Stand: 16.04.2003)

Neben dem DAX-Future werden an der Eurex noch der TECDAX Future (Kontraktwert = 10 EUR pro Indexpunkt), der Dow Jones STOXX 50 Futures, der Dow Jones Euro STOXX 50

---

[1] Eine solche Bereinigung ist gerade in Deutschland vor dem Hintergrund der saisonal stark gebündelten jährlichen Dividendenzahlungen von Bedeutung. Bei überwiegend Quartalsrenditen tritt dieses Problem nicht in dieser Form auf.

Futures (jeweils Kontraktwert = 10 EUR pro Indexpunkt), der Dow Jones Global Titans 50 Index-Futures (Kontraktwert = 100 EUR pro Indexpunkt), der SMI-Future (Kontraktwert = 10 SFR pro Indexpunkt), der HEX25-Future (Kontraktwert = 10 EUR pro Indexpunkt) sowie verschiedene Dow Jones STOXX Sektor Index-Futures und verschiedene Dow Jones Euro STOXX Sektor Index-Futures gehandelt.[1]

Wie bei den Zins-Futures an der Eurex erfolgt auch beim DAX-Future die Variation-Margin-Zahlung auf Basis des täglichen Gewinn- und Verlustausgleichs, wie das folgende Beispiel verdeutlichen soll: Marktteilnehmer A geht am Tag 1 eine Long-Position im DAX-Future (Kurs: 4.100) ein, wobei hier wiederum von der Additional Margin abgesehen werden soll, die beim DAX-Future jedoch wesentlich höher liegt als beim Euro-Bund-Future.[2] Die Futureposition soll nach 4 Tagen glattgestellt werden.

Tag	Daily Settlement Price	Differenz in Punkten	Variation Margin (in €)	Kontosaldo in € (ohne Additional Margin)
1	4.100,00			
1 (Ende des Tages)	4.220,00	120,00	3.000	3.000
2	4.475,00	255,00	6.375	9.375
3	4.320,00	-155,00	-3.875	5.500
4	4.050,00	-270,00	-6.750	-1.250
Glattstellungserfolg				**-1.250**

Tab. E.72: Variation Margin beim DAX-Future

Insgesamt ergibt sich damit bei Glattstellung ein Verlust in Höhe von 1.250 €. Dieser Betrag entspricht dem Produkt aus 50 Indexpunkten und 25 EUR pro Indexpunkt.

---

[1] Stand: April 2003.
[2] Im März 2003 betrug die Margin beim DAX-Future an der Eurex 360 Points bzw. 9.000 EUR, während die Spread Rates mit 250 EUR für den Back-Month- und auch den Spot-Month-Kontrakt wesentlich geringer waren. Zum Vergleich: Additional Margin beim Euro-Bund-Future an der Eurex = 1,6 Points = 1.600 EUR (für Non-Spread-Positionen), Spread Rates: 160 EUR für den Back-Month- und 400 EUR für den Spot-Month-Kontrakt. Vgl. *Eurex* (2003b).

c. Devisen-Futures

Devisen-Futures, die auch als Currency Futures oder FX Futures (FX steht für Forex bzw. Foreign Exchange) bezeichnet werden, wurden erstmals im Jahre 1972 am International Money Market (IMM) der Chicago Mercantile Exchange (CME) gehandelt. Sie stellen damit die ersten Financial Futures überhaupt dar.[1]

Bei dieser standardisierten Form des Devisentermingeschäfts verpflichtet sich der Käufer (Verkäufer) eines Devisen-Futures, einen standardisierten Fremdwährungsbetrag zu einem bestimmten Termin, d.h. bei Fälligkeit des Futures, abzunehmen (zu liefern). Zu einer tatsächlichen Lieferung der Fremdwährungen kommt es allerdings nur in sehr wenigen Fällen. Stattdessen erfolgt üblicherweise vor Fälligkeit eine Glattstellung der Kontrakte. Wie auch z.B. bei Zins-Futures findet auch bei Devisen-Futures ein täglicher Gewinn- und Verlustausgleich statt.

Im Vergleich zu Zins-Futures ist das Volumen gehandelter Devisen-Futures jedoch relativ gering, da der Devisenmarkt in erster Linie den OTC-Bereich betrifft, d.h. das unter Banken (OTC) gehandelten Volumen in Form von Forwards und Swaps ist höher.[2]

Zu den wichtigsten, an der Chicago Mercantile Exchange (CME) gehandelten Devisen-Futures zählt der Euro FX Future Kontrakt, dessen Notierung in USD pro EUR erfolgt. Bei einem zugrunde liegenden Nominalvolumen von 125.000 EUR pro Kontrakt liegt der Tick-Wert damit bei 12,50 USD pro Kontrakt (= 125.000 EUR · 0,0001 USD/EUR).

Die Kontraktspezifikationen des Euro FX Futures an der CME können wie folgt angegeben werden:[3]

Merkmal	Euro FX Future
Basiswert	EUR/USD-Wechselkurs
Kontraktwert	125.000 EUR
Lieferung	Effektive Lieferung
Notierung	In USD pro EUR (4 Nachkommastellen)
Tick-Größe und –Wert	0,0001 USD pro EUR = 12,50 USD pro Kontrakt
Liefermonate	Die folgenden sechs Quartalsmonate aus dem Zyklus März, Juni, September und Dezember
Letzter Handelstag	2 Börsentage vor dem 3. Mittwoch des Liefermonats

Tab. E.73: Kontraktspezifikationen der Euro FX Futures an der CME

---

[1] Vgl. *Büschgen* (1997), S. 323.
[2] Vgl. *Martin* (2001), S. 155f.
[3] Vgl. *Beike/Barckow* (2002), S. 103.

Die Notierung von Euro FX Futures könnte beispielsweise wie folgt lauten (wobei es sich hier um willkürlich gewählte Preise handelt):

Fälligkeit	Settlement-Preis
März 2010	1,0750
Juni 2010	1,0714
September 2010	1,0686
Dezember 2010	1,0660
März 2011	1,0645
Juni 2011	1,0633

Tab. E.74: Beispiel für die Notierung von Euro FX Futures

Es kann vermutet werden, dass der wesentliche Handel im nächstfälligen Kontrakt (Nearby-Future) stattfindet, d.h. in dem Beispiel im März-Future 2010. Auch die Anzahl der noch offenen, d.h. der noch nicht durch ein Gegengeschäft geschlossenen bzw. glattgestellten Positionen (Open Interest) wird im nächstfälligen Future sicherlich am höchsten sein, wenngleich zum Laufzeitende hin davon ausgegangen werden kann, dass das Open Interest aufgrund von Glattstellungsaktivitäten sinken wird.

d. Futures auf Exchange Traded Funds (EXTF Futures)

Im November 2002 wurden an der Eurex Futures (und auch Optionen) auf Exchange Traded Funds (ETFs) eingeführt. Während Optionen auf ETF bereits in den USA erfolgreich gehandelt werden, wurden Futures auf ETFs weltweit erstmals an der Eurex angeboten.

ETFs sind Fonds, die an einer Börse gehandelt werden. Das entsprechende Marktsegment der Deutschen Börse lautet XTF Exchange Traded Funds. Die Einführung von ETFs erfolgte an der Deutschen Börse im April 2000, wobei zunächst nur Indexfonds gehandelt wurden. Im November 2000 wurden dann auch aktiv gemanagte Aktienfonds an der Börse gehandelt. Dabei erfolgt eine fortlaufende Preisfeststellung, ohne dass ein Ausgabeaufschlag anfällt. Für den Anleger entstehen lediglich die üblichen Transaktionskosten für Aktienkäufe und -verkäufe. ETFs können auf Xetra oder im maklergestützten Handel gehandelt werden, wobei die Umsätze in XTF Exchange Traded Funds im wesentlichen über Xetra laufen. Informationen über Umsätze und die aktuellen Werte der Fonds stellt die Deutsche Börse bereit.[1]

---

[1] Vgl. *Deutsche Börse* (2001), S. 4ff. und *Deutsche Börse* (2002), S. 1.

Die entsprechenden Options- und Future-Kontrakte wurden zunächst auf führende europäische ETFs aufgelegt. Die Kontraktspezifikationen der EXTF Futures an der Eurex lauten wie folgt:

Merkmal	EXTF Futures an der Eurex
Basiswert	Verschiedene Exchange Traded Funds (ETFs)
Kontraktwert	100 Anteile des jeweiligen Fonds
Settlement	Lieferung von 100 Anteilen des jeweiligen Fonds
Tick-Größe und –Wert	0,01 EUR bzw. 0,01 SFR
Liefermonate	Die folgenden 3 Quartalsmonate aus dem Zyklus März, Juni, September und Dezember
Maximale Laufzeit	9 Monate
Letzter Handelstag	3. Freitag des Verfallmonats
Liefertag	2 Börsentage (bzw. 3 Börsentage bei einem bestimmten Fonds) nach dem letzten Handelstag

Tab. E.75: Kontraktspezifikationen der EXTF Futures an der Eurex (Stand: 16.04.2003)

e. Zinsswap-Futures

Im März 2001 wurden an der Londoner Terminbörse LIFFE sogenannte Swapnote-Futures eingeführt, die auf bestimmten Swapsätzen in EUR basieren (2-Jahres- 5-Jahres- und 10-Jahres-Swapsätze). Ein Swapnote Future stellt eine Vereinbarung auf den Abschluss eines Swapgeschäfts zu einem bestimmten, in der Zukunft liegenden Termin dar.

Insofern handelt es sich bei Swapnote-Futures im Prinzip um Futures auf standardisierte Forward Swaps, deren Vorlaufzeit am Fälligkeitstag des Futures endet. Die Erfüllung der Terminvereinbarung erfolgt durch Barausgleich zum Laufzeitbeginn des zugrunde liegenden Swaps. Die Kontraktspezifikationen lauten wie folgt:[1]

---

[1] Vgl. *Flavell* (2002), S. 358f., *BIZ* (2001), S. 35f.

Merkmal	Swapnote-Futures
Underlying	Swap mit einer Laufzeit von 2, 5 bzw. 10 Jahren, dessen Laufzeit am Liefertag beginnt
Nominalwert des Underlyings	100.000 EUR
Nominalzins	6% auf der Basis 30/360
Erfüllung	Erfüllung durch Barausgleich
Liefermonate	März, Juni, September, Dezember
Liefertag	3. Mittwoch des jeweiligen Liefermonats
Letzter Handelstag	Zwei Börsentage vor dem 3. Mittwoch des jeweiligen Liefermonats
Tick-Größe und –Wert	0,01% von 100.000 EUR, d.h. 1 Tick = 10 EUR
Notierung	in %

Tab. E.76: Kontraktspezifikationen des Swapnote-Futures an der LIFFE

Mit diesen Kontraktspezifikationen ähneln die Swapnote-Futures z.B. den Euro-Bund-Futures in vielerlei Hinsicht. Der Preis des Swapnote-Futures orientiert sich somit an der aktuellen Swapkurve, wobei die Preisermittlung wie bei einer Festzinsanleihe erfolgt (Present Value Konzept), d.h. die entsprechenden jährlichen Festzinszahlungen von 6% (auf 30/360 Basis) des Nominalwertes sowie der Nominalwert am Ende der Laufzeit werden abgezinst.

Hintergrund einer recht positiven Aufnahme dieses Produktes kann zum einen die verringerte Bedeutung der Staatsanleihenmärkte als Basis für die Preisermittlung von festverzinslichen Anleihen sein. Zum anderen kann davon ausgegangen werden, dass Swapnote-Futures nicht so anfällig für Handels-Engpässe sind wie Futures auf Staatsanleihen sind; denn das Volumen des auf EUR lautenden Swapmarktes ist weit höher als das Volumen der umlaufenden, in die Staatsanleihen-Futures (z.B. Euro-Bund-Future) zu liefernden Staatsanleihen. Darüber hinaus konnte beobachtet werden, dass Marktteilnehmer zunehmend lieber auf Referenzwerte des privaten Sektors für Hedging-Transaktionen zurückgreifen als auf Staatspapiere. Auch hat die Bedeutung von Zinsswaps an den US-Finanzmärkten zugenommen. Ferner haben sich auch die Schuldenverwaltungsstellen einiger europäischer Länder für den Einsatz von Zinsswaps bei der Verwaltung der Staatsschulden entschieden.[1]

Auch am Chicago Board of Trade (CBOT) wurden im Oktober 2001 Futures auf Zinsswaps eingeführt, die sich auf den Referenzzinssatz der ISDA[2] für 10-jährige USD-Zinsswaps beziehen. Mit einem Swap-Future können nicht staatliche Positionen möglicherweise wirksam abgesichert

---

[1] Vgl. *BIZ* (2001), S. 35f.
[2] ISDA steht für International Swaps and Derivatives Association.

werden. Die wesentlichen Kontraktspezifikationen des 10-Jahres-Zinsswap-Futures an der CBOT lauten wie folgt:[1]

Merkmal	Zinsswap-Futures
Underlying	Swap mit einer Laufzeit von 10 Jahren, bei dem ein Festzins von 6% p.a. (halbjährliche Zinszahlungen) gegen 3-M-Libor getauscht wird
Nominalwert des Underlyings	100.000 USD
Nominalzins	6% p.a. (halbjährliche Zinszahlungen) gegen 3-M-Libor
Erfüllung	Erfüllung durch Barausgleich
Liefermonate	Die folgenden 3 Quartalsmonate aus dem Zyklus März, Juni, September und Dezember
Tick-Größe und –Wert	(1/32)% von 100.000 USD, d.h. 1 Tick = 31,25 USD
Notierung	In Punkten und 32tel eines Punktes, wobei ein Punkt = 1.000 USD

Tab. E.77: Kontraktspezifikationen des Zinsswap-Futures am CBOT

Am letzten Handelstag wird die Höhe des Barausgleichs mit Hilfe der folgenden Formel bestimmt:

$$\text{Endgültiger Abrechnungswert} = 100.000 \text{ USD} \cdot \frac{\frac{0{,}06}{r} + \left(1 - \frac{0{,}06}{r}\right)}{\left(1 + \frac{r}{2}\right)^{20}}$$

mit

r = ISDA-Referenzzinssatz für einen 10-jährigen USD Zinsswap.

Darüber hinaus wurden im April 2002 auch an der Chicago Mercantile Exchange (CME) Futures auf Zinsswaps eingeführt. Als wesentlicher Unterschied zu den an der LIFFE und am CBOT gehandelten Swap-Futures ist die Angabe der Preise im IMM-Format[2]. Somit erfolgt die Notierung – wie im übrigen auch bei Geldmarkt-Futures – in der Form 100 abzüglich Swapsatz. Ferner wurden im Juni 2002 am CBOT ein Swap-Future auf 5-jährige Swapsätze und an der LIFFE Swapnote-Futures auf 2-, 5- und 10-jährige Swapsätze auf USD-Basis eingeführt, die im Unterschied zu den USD-Kontrakten an den US-Börsen auf jährlichen (anstelle der halbjährlichen) Zinsgutschriften basieren.[3]

---

[1] Vgl. *BIZ* (2002a), S. 43ff.
[2] IMM steht für International Monetary Market.
[3] Vgl. *BIZ* (2002c), S. 39.

2. Bewertung von Financial Futures

a. Grundlagen

Die enge Beziehung des Futuresmarktes zum Kassamarkt kommt im Kursverlauf von Future- und zugehörigem Kassainstrument zum Ausdruck. Zwar unterscheiden sich die jeweiligen Kurse während der Laufzeit, ihre Veränderungen im Zeitablauf verlaufen aber im allgemeinen in ähnlicher Weise. Die bestehende Differenz zwischen dem Preis des dem Terminkontrakt zugrunde liegenden Instruments (beim Euro-Bund-Future der Kurs der Kassamarktanleihe) und dem Preis des jeweiligen Terminkontraktes (beim Euro-Bund-Future der um den Konversionsfaktor bereinigte Futurepreis) wird als Basis bezeichnet. Man unterscheidet zwischen theoretischer Basis und der sogenannten Wertbasis oder Value Basis, die auch als Netto Basis bzw. Net Basis bezeichnet wird. Letztere ergibt sich aus der tatsächlichen, am Markt zu beobachtenden Basis (Brutto Basis bzw. Gross Basis) abzüglich der theoretischen Basis. Bei dieser handelt es sich um die Basis, die ein theoretisch korrekt bewerteter Future aufweist.

Für den Euro-Bund-Future ergibt sich damit beispielsweise die Brutto Basis – bezogen auf die CTD-Anleihe – wie folgt:

$$B_B = P_{CTD} - P_F \cdot KF_{CTD}$$

mit

B_B = Brutto Basis,
P_{CTD} = Preis des Underlyings (hier: CTD-Anleihe),
P_F = aktueller Preis des Futures und
KF_{CTD} = Konversionsfaktor der CTD-Anleihe.

Die Netto Basis für den Euro-Bund-Future lässt sich durch die Subtraktion der theoretischen Basis, die auch als Carry Basis (oder kurz: Carry) bezeichnet wird, von der Brutto Basis bestimmen, wobei die Carry Basis den sog. Cost of Carry (allerdings mit umgekehrten Vorzeichen) entspricht:[1]

$$B_B = B_N + Carry \iff B_N = B_B - Carry = B_B + \text{Cost of Carry} = \text{Netto Basis (Value Basis)}$$

$$\Rightarrow B_N = B_B + \left[(P_{CTD} + SZ) \cdot \left(r_{FF} \cdot \frac{T}{360} \right) - K_{CTD} \cdot \frac{T}{365} \right]$$

---

[1] Vgl. dazu auch *Bohn/Meyer-Bullerdiek* (1996a), S. 346 sowie *Martin* (2001), S. 115.

mit

B_N = Netto Basis,
SZ = Stückzinsen der Kassamarktanleihe bis zum aktuellen Tag,
r_{ff} = Repo Rate, d.h. Zinssatz für die Fremdfinanzierung der Kassamarktanleihe. Dieser entspricht dem Zinssatz für die Mittelbeschaffung gegen Lieferung der Kassamarktanleihe im Rahmen eines Repurchase Agreements ('Repos'),
K_{CTD} = Kupon der CTD-Anleihe und
T = Laufzeit bis zur Fälligkeit des Futures in Tagen. Dabei wird beim Kupon auf Actual/Actual Basis gerechnet (in der obigen Formel wird von einem Jahr mit 365 Tagen ausgegangen), während für die Repo Rate die Basis Actual/360 zugrunde gelegt wird.

Die oben bereits dargestellte Implied Repo Rate der Anleihe lässt sich aus der Formel für die Netto Basis berechnen, indem die Formel gleich Null gesetzt und nach r_{ff} aufgelöst wird.

Die Carry Basis entspricht damit der Differenz zwischen dem Preis der CTD-Anleihe und dem Produkt aus dem Fair Value des Futures und dem Konversionsfaktor der CTD-Anleihe; denn in diesem Fall ist die Netto Basis gleich Null:

$$\text{Carry Basis} = P_{CTD} - P_F^{FV} \cdot KF_{CTD} \ .$$

mit

P_F^{FV} = Fair Value des Futures.

Die Brutto Basis verändert sich während der Laufzeit des Kontraktes und konvergiert bis zur Fälligkeit des Futures gegen Null. Am Fälligkeitstag stimmen Kassa- und theoretisch korrekter Futurekurs (Fair Value) überein, so dass zu diesem Zeitpunkt gilt:

$$B_B = P_{CTD} - P_F^{FV} \cdot KF_{CTD} = 0 \quad <=> \quad P_F^{FV} \cdot KF_{CTD} = P_{CTD} \ .$$

An den Märkten ist häufig eine nicht kontinuierliche Abnahme der Basis festzustellen. Dies deutet auf Preisverzerrungen bzw. Abweichungen von dem theoretisch richtigen Preis eines Futures hin und bedeutet für ein Portfolio, das auch Futures beinhaltet, ein Zusatzrisiko, das sogenannte Basisrisiko.

Für den Fall, dass der Futurepreis unterhalb des Kassapreises liegt, kann davon ausgegangen werden, dass der Futurepreis im Vergleich zum Kassapreis über die Laufzeit ansteigen wird. Dieses Verhalten bezeichnet man als Backwardation. Im umgekehrten Fall, d.h. der Futurepreis liegt oberhalb des Kassapreises, spricht man von einer Contango-Situation.[1] Eine theoretische Erklärung für diese Preisentwicklungen liefert insbesondere der sogenannte Cost-of-Carry-Ansatz.

---

[1] Vgl. *Duffie* (1989), S. 98ff.

b. Die Bewertung von Euro-Bund- und DAX-Futures mit dem Cost-of-Carry-Ansatz

In der Praxis wird zur Bewertung von Financial Futures vor allem der auf Arbitragebeziehungen basierende Cost-of-Carry-Ansatz herangezogen. Dieser Ansatz dient der Ermittlung des sogenannten fairen Preises (Fair Value) eines Futures. Die Cost of Carry ergeben sich aus dem Halten einer der Futureposition entsprechenden Kassaposition. Falls keine Arbitrage möglich ist, weisen einerseits der Kauf eines Futures und Bezug des Underlyings bei Fälligkeit (Alternative 1) und andererseits der bereits zum aktuellen Zeitpunkt vorgenommene, fremdfinanzierte Kauf des Underlyings (Alternative 2) bei Fälligkeit des Futures identische Positionen auf, so dass auch die gesamten Zahlungen bis zu diesem Zeitpunkt übereinstimmen. Daraus lässt sich folgern, dass sich die Kosten beider Alternativen zum Fälligkeitszeitpunkt entsprechen müssen. Insofern können die Finanzierungskosten und Erträge aus dem Halten der Position bis zum Fälligkeitszeitpunkt wie folgt in die Berechnung des Fair Value einfließen:[1]

$$P_F = P_K + \text{Finanzierungskosten} - \text{Erträge} = P_K + \text{CoC}$$

mit

CoC = Cost of Carry = Finanzierungskosten − Erträge.

Insofern befinden sich Kassa- und Terminmarkt genau dann im Gleichgewicht, wenn die Basis betragsmäßig den Cost of Carry (CoC) entspricht. In Abhängigkeit vom Underlying des Futures (Zinsinstrument oder Aktienindex) ergeben sich unterschiedliche Cost of Carry, deren Ermittlung am Beispiel von Euro-Bund- und DAX-Futures im folgenden erläutert wird.

ba. Die Bewertung von Euro-Bund-Futures

Da bei Euro-Bund-Futures das Underlying selbst nicht lieferbar ist, erfolgt bei der Ermittlung des Fair Values ein Rückgriff auf die Cheapest-to-Deliver-Anleihe. Wie oben bereits deutlich wurde, entsprechen sich bei Fälligkeit des Futures theoretisch der Preis der CTD-Anleihe und das Produkt aus Futurepreis und dem Konversionsfaktor der CTD-Anleihe:

$$P_F^{FV} \cdot KF_{CTD} = P_{CTD}$$

mit

P_F^{FV} = Fair Value des Futures,
KF_{CTD} = Konversionsfaktor der CTD-Anleihe und
P_{CTD} = Preis der CTD-Anleihe.

---

[1] Vgl. *Martin* (2001), S. 115. In der Literatur erfolgt die Darstellung der Cost of Carry – was das Vorzeichen betrifft – uneinheitlich. Hier soll der aufgezeigten Betrachtungsweise gefolgt werden.

Vor Fälligkeit des Euro-Bund-Futures sind noch die Cost of Carry zu berücksichtigen, so dass der Fair Value für einen Euro-Bund-Future lautet:[1]

$$P_F^{FV} \cdot KF_{CTD} = P_{CTD} + CoC \quad \Leftrightarrow \quad P_F^{FV} = \frac{P_{CTD} + CoC}{KF_{CTD}}$$

mit

CoC = absoluter Wert der Cost of Carry.

In Abhängigkeit von der Zinsstruktur liegt der Futurepreis unterhalb oder oberhalb des um den Konversionsfaktor bereinigten Preises der CTD-Anleihe. Bei normaler Zinsstruktur übersteigen die Zinserträge aus der (langfristigen) CTD-Anleihe grundsätzlich die (kurzfristigen) Finanzierungs- bzw. Opportunitätskosten für das Halten der Position bis zur Fälligkeit des Futures. In diesem Fall erbringt das Halten der Kassaposition einen Nettoertrag, so dass der faire Futurepreis unterhalb des bereinigten Preises der CTD-Anleihe liegt. Die Höhe der Cost of Carry wird wie folgt berechnet:

$$CoC = \text{Finanzierungskosten} - \text{Zuflüsse aus CTD Anleihe} = \left[(P_{CTD} + SZ) \cdot \left(r_{FF} \cdot \frac{T}{360}\right)\right] - \left[K_{CTD} \cdot \frac{T}{365}\right]$$

mit

SZ = Stückzinsen der CTD-Anleihe bis zum aktuellen Tag,
r_{FF} = Zinssatz für die Fremdfinanzierung der CTD-Position,
T = Laufzeit des Futures bis zur Fälligkeit[2] und
K_{CTD} = Kupon der CTD-Anleihe (absoluter Wert).

Daraus ergibt sich dann die Formel für den Fair Value eines Zinsfutures:

$$P_F^{FV} = \frac{P_{CTD} + \left[(P_{CTD} + SZ) \cdot \left(r_{FF} \cdot \frac{T}{360}\right)\right] - \left[K_{CTD} \cdot \frac{T}{365}\right]}{KF_{CTD}}.$$

In dieser Formel entspricht der Zähler dem Forwardpreis der CTD-Anleihe. Theoretisch stimmt er mit dem Produkt aus Futurepreis und Konversionsfaktor überein. Der Zinssatz für die Fremdfinanzierung der CTD-Position stimmt mit der Repo Rate überein.

---

[1] Die Vorgehensweise der Bewertung von Euro-Bund-Futures gilt gleichermaßen auch z.B. für Euro Bobl Futures.
[2] Hierbei ist wiederum zu berücksichtigen, dass nach der Euro-Methode beim Kupon die Act/Act-Basis zugrunde gelegt wird.

Mit Hilfe dieser Formel können Abweichungen des Fair Values des Futures von seinem tatsächlichen Marktpreis erfasst werden. Dies ist auch möglich mit Hilfe der Implied Repo Rate. Übersteigt diese den tatsächlichen Finanzierungs- bzw. Opportunitätskostensatz (r_{FF}), so liegt offensichtlich eine Fehlbewertung in Form einer Überbewertung des Futures vor.

Wie der Cost-of-Carry-Ansatz zeigt, kommt der CTD-Anleihe für die Ermittlung des Futurepreises eine entscheidende Bedeutung zu. Ein Wechsel dieser Anleihe könnte entsprechende Kurssprünge des Futures zur Folge haben.

bb. Die Bewertung von DAX-Futures

Auch bei der Bewertung von Aktienindexfutures werden im Rahmen des Cost-of-Carry-Ansatzes die Finanzierungskosten des Aufbaus einer entsprechenden Kassaposition und die Erträge aus dieser Position berücksichtigt. Die Erträge aus dem Aktienbestand fließen dann in die Berechnungen mit ein, wenn es sich bei dem zugrundeliegenden Aktienindex um einen Kursindex handelt. Die Cost of Carry ergeben sich in diesem Fall zu:

$$CoC = (r_{FF} - d) \cdot P_I \cdot \frac{T}{360}$$

mit

d = Dividendensatz auf die Kassaposition p.a.,
P_I = Preis des dem Future zugrundeliegenden Aktienindexes und
r_{FF} = kurzfristiger Fremdfinanzierungszinssatz p.a.

Somit ergibt sich für den fairen Futurepreis entsprechend der Formel der Ausdruck

$$P_F^{FV} = P_I \cdot \left[1 + (r_{FF} - d) \cdot \frac{T}{360}\right] \quad .$$

Bei dieser Formel wird unterstellt, dass die Höhe der Dividendenzahlungen zum Zeitpunkt der Future-Bewertung bereits bekannt ist. Daneben wird angenommen, dass die Dividende gleichmäßig über das ganze Jahr verteilt ausgeschüttet wird. Bei Indizes, die aus relativ wenig Titeln zusammengesetzt sind, können jedoch Verzerrungen auftreten, wenn sich die Dividendenausschüttungen auf einen bestimmten kurzen Zeitraum des Jahres konzentrieren. In diesem Fall sollten nur diejenigen Dividendenzahlungen berücksichtigt werden, die bis zur Fälligkeit des Futures zu erwarten sind. Darüber hinaus wird von einer zwischenzeitlichen Anlage gezahlter Dividenden bei diesem Modell abstrahiert.[1]

Falls es sich bei dem zugrundeliegenden Aktienindex um einen Performanceindex handelt, wie z.B. dem DAX, so erfolgt keine Berücksichtigung von Dividendenzahlungen bei der Futurepreis-

---

[1] In diesem Fall würde sich die Dividende um den Aufzinsungsfaktor (1 + r_{FF}) erhöhen, vgl. *Hanson/Kopprasch* (1989), S. 112.

Berechnung. Damit fällt die Größe d in den angeführten Formeln weg, so dass der faire Preis des DAX-Futures wie folgt ausgedrückt wird:

$$P_F^{FV} = P_I \cdot \left(1 + r_{FF} \cdot \frac{T}{360}\right) \quad .$$

Bei Anwendung des Cost-of-Carry-Ansatzes zur Bewertung von Aktienindexfutures ist zu beachten, dass der Aufbau einer Kassaposition, die in ihrer Zusammensetzung genau dem Index entspricht, in der Praxis kaum möglich ist. Vielmehr kann lediglich eine annähernde Korrelation zwischen dem Aktienportfolio und dem Index erreicht werden. Ein derartiges Aktienpaket erfordert darüber hinaus eine ständige Umschichtung, da das dem Index zugrundeliegende Portfolio regelmäßig im Hinblick auf die Aktualität der einzelnen Gewichtungsfaktoren angepasst wird. Zudem kann in der Praxis der Kauf bzw. Verkauf von Aktien am Kassamarkt teilweise nur zu Kursen abgewickelt werden, die von den Notierungen abweichen, welche als Basis für die Index-Berechnung dienen; denn eine simultane Durchführung dieser und der Future-Transaktionen ist kaum realisierbar. Dabei liegt das Problem insbesondere in einer möglicherweise geringen Liquidität eines oder mehrerer Titel des Indexes. Diese aufgezeigten Schwierigkeiten haben ein um so größeres Gewicht, je mehr Aktien im Index enthalten sind. So ist eine Nachbildung beim DAX, der nur aus 30 Titeln besteht, einfacher als z.B. die Nachbildung des S & P 500 mit 500 amerikanischen Aktien.

Weiterhin sind in dem Bewertungsmodell auch steuerliche Aspekte zu berücksichtigen, wenn z.B. trotz unterschiedlicher Nachsteuer-Dividendenerträge bei Anlegern eine einheitliche Dividendenbereinigung im zugrunde liegenden Index vorgenommen wird.[1]

bc. Grenzen des Cost-of-Carry-Ansatzes

In der Praxis wird zur Bewertung von Futures auf langfristige Zinstitel und Aktienindizes der vorgestellte Cost-of-Carry-Ansatz am häufigsten verwendet. Allerdings ergeben sich oft Abweichungen des theoretischen Futurepreises von seinem Marktpreis. Zurückgeführt werden kann dies grundsätzlich auf die Einflüsse von Erwartungen der Marktteilnehmer, Tagesereignissen, Angebots- und Nachfragestrukturen am Markt und der Marktliquidität auf die Preisbildung der Futures.

Neben Marktunvollkommenheiten kann als weitere Ursache für Abweichungen vom Fair Value die Vernachlässigung des Mark-to-Market bei der Futurepreisberechnung sein. Das Mark-to-Market bewirkt, dass der tatsächliche Futurepreis grundsätzlich unterhalb des nach dem obigen Verfahren ermittelten Fair Values liegt. Dies kann in der folgenden Weise begründet werden. Bei einem Anstieg des Zinsniveaus fallen i.d.R. z.B. die Euro-Bund-Future-Preise. In diesem Fall muss der Käufer des Futures die Zahlungen, die er bei sinkenden Future-Preisen aufgrund der täglichen Abrechnung zu leisten hat, zu höheren Zinsen finanzieren. Im umgekehrten Fall können die erhaltenen (täglichen) Zahlungen bei steigenden Future-Preisen nur zu niedrigeren Zinssätzen wieder angelegt werden. Entsprechend ist der Future-Verkäufer bereit, einen etwas niedrigeren Future-Preis zu akzeptieren, da er im Falle steigender Zinsen seine Erträge zu einem höheren

---

[1] Vgl. *Janßen/Rudolph* (1992), S. 25f.

Zins anlegen kann, und im umgekehrten Fall Verlustpositionen nur zu geringeren Zinssätzen finanzieren muss.

Darüber hinaus kann am Cost-of-Carry-Ansatz kritisiert werden, dass von Transaktionskosten und der Möglichkeit der Wertpapierleihe abgesehen wird. Für die Bewertung von Futures sind die bei Arbitragetransaktionen anfallenden Transaktionskosten von Bedeutung. Während der Käufer eines Futures einen um die Transaktionskosten verringerten Fair Value fordert, verlangt der Verkäufer die Erhöhung des fairen Futurepreises um die Transaktionskosten. Dabei sind die Marktteilnehmer mit den niedrigsten Transaktionskosten als erste in der Lage, Arbitrage-Strategien durchzuführen. Hier kommen insbesondere Arbitrageure in Frage, die eine sogenannte Quasi-Arbitrage durchführen, d.h. die die mit der Arbitrage-Transaktion verbundenen Positionen bereits im Bestand halten.[1] Ein Verkauf von Futures kann beispielsweise in diesem Fall schon bei einem geringeren Future-Preis zu Gewinnen führen, als dies für die übrigen Marktteilnehmer gilt. Der Future-Preis wird sich daher innerhalb einer durch die Höhe der Transaktionskosten bestimmten Schwankungsbreite bewegen, innerhalb derer sich Arbitragemöglichkeiten, d.h. das Ausnutzen von Fehlbewertungen, nicht lohnen.

Des weiteren wird die Möglichkeit des Verleihs der im Bestand befindlichen Wertpapiere im vorgestellten Cost-of-Carry-Ansatz nicht berücksichtigt.[2] Durch den Verleih der Papiere für die Restlaufzeit des Futures wird ein zusätzlicher Ertrag eingenommen, der die Cost of Carry vermindert.

Schließlich wird beim Cost-of-Carry-Ansatz speziell bei Euro-Bund-Futures nicht berücksichtigt, dass dem Futures-Verkäufer das Recht zusteht, unterschiedliche Anleihen zur Lieferung auszuwählen. Dieses zusätzliche Recht wird als Seller's Option bezeichnet. Das Recht kann sich dann auszahlen, wenn beispielsweise ein Portfoliomanager die CTD-Anleihe gekauft und gleichzeitig einen Euro-Bund-Future verkauft hat, und er beabsichtigt, diese Gesamtposition bis zur Fälligkeit des Futures zu halten. Der Erfolg aus dieser Transaktion steht bei Abschluss fest. Sollte aber bis zur Fälligkeit der Preis der im Bestand befindlichen Anleihe relativ zum Future ansteigen, so wird möglicherweise eine andere Anleihe relativ billiger und damit zur CTD-Anleihe werden. Der Portfoliomanager kann nun seine im Vergleich zur neuen CTD-Anleihe überbewertete Anleihe am Kassamarkt veräußern und die neue CTD-Anleihe erwerben, die schließlich in den Future geliefert wird. Insgesamt führt diese Transaktion zu einem zusätzlichen Gewinn für den Portfoliomanager.

Im Hinblick auf die Fair-Value-Ermittlung des Futures ist dieses Lieferwahlrecht des Verkäufers dem Käufer zu entgelten. Aus theoretischer Sicht ist daher eine systematische, negative Korrektur des Futurepreises zu erwarten.

Zahlreiche Futures auf mittel- und langfristige Zinstitel (z.B. an der Eurex) besitzen diese sogenannte Qualitätsoption. Daneben kommt als weitere Variante der Seller's Option bei einigen Futures, wie z.B. dem US Treasury Bond Future, noch eine Zeitoption hinzu. Sie gibt dem Verkäufer das Recht, den Lieferzeitpunkt selbst zu bestimmen. Die Lieferung kann dabei an jedem

---

[1] Vgl. *Kolb* (1988), S. 225.
[2] Zur Wertpapierleihe vgl. Abschnitt VI. dieses Kapitels.

Tag des Liefermonats erfolgen. Je nachdem, wie hoch die Finanzierungskosten im Vergleich zu den Erträgen aus der Kassaposition sind, wird der Future-Verkäufer die Lieferung am Anfang oder am Ende des Monats vornehmen.

Darüber hinaus ist beim US Treasury Bond Future noch zu beachten, dass der achte Tag vor Ende des Fälligkeitsmonats der letzte Handelstag des Futures ist. Damit bildet der Settlementkurs dieses Tages die Grundlage für den Andienungsbetrag der noch offenen Futurepositionen. Während der Andienungsbetrag von diesem Tag an feststeht, kann die Lieferung aber noch bis zum Ende des Monats erfolgen. Dieses Recht des Verkäufers kann als End-of-Month Option bezeichnet werden. In den verbleibenden Tagen können noch erhebliche Schwankungen in den Kursen der lieferbaren Anleihen auftreten. Ein Portfoliomanager wird zwar – um keine ungedeckte Shortposition zu haben – die entsprechende Anzahl der CTD-Anleihe im Depot haben. Dennoch kann es noch zu einem Wechsel in der CTD-Anleihe kommen. In diesem Fall ist es sinnvoll, die im Depot befindliche Anleihe gegen die neue CTD-Anleihe zu tauschen. Dieses teilweise als Zeitoption und teilweise als Qualitätsoption zu charakterisierende Recht wird auch als Switch Option bezeichnet.

Schließlich kann auch noch auf eine mögliche, sog. Wild Card Option hingewiesen werden, die u.U. einen wesentlich größeren Wert als die angeführten Zeitoptionen haben kann. Eine solche Option kommt dann zum Tragen, wenn der Verkäufer nach Festlegung des Settlementpreises noch Zeit hat (z.B. einige Stunden), sich zu entscheiden, ob er liefert oder nicht. Entsprechend kann noch von einer günstigen Entwicklung der Kassapreise nach Festlegung des Settlementpreises profitiert werden. Sollten z.B. die Bondpreise nach einem Zinsanstieg in der Wild Card Periode fallen, so kann sich der Future-Verkäufer noch günstig eindecken und damit einen zusätzlichen Gewinn aufgrund des feststehenden Settlementpreises erzielen. Zudem hat innerhalb der Wild Card Periode auch die Qualitätsoption ihre Gültigkeit.

Diese Lieferoptionen sind bei der Berechnung des Fair Value vor allem von amerikanischen Zinsfutures zu berücksichtigen.[1]

c. Die Bewertung von Geldmarkt-Futures

Im folgenden soll die Bewertung von Geldmarkt-Futures am Beispiel des Dreimonats-Euribor-Futures aufgezeigt werden. Das Prinzip ist dabei auch auf andere Geldmarkt-Futures übertragbar und soll hier exemplarisch dargelegt werden. Beim Euribor-Future handelt es sich im Grunde um ein standardisiertes Forward Rate Agreement. Als Preis eines Dreimonats-Futures ergibt sich 100 abzüglich dem 3-Monats Forward-Zinssatz, gültig für den Zeitpunkt des Liefertages des Futures. Zur exakten Bewertung ist dabei auf die Sätze der Nullkuponstrukturkurve zurückzugreifen.[2]

Der theoretisch korrekte Preis eines Geldmarkt-Futures wird zunächst anhand der in den Geldmarktsätzen implizierten, „theoretischen" Forward-Zinssätze ermittelt. Diese Forward-Zinssätze ergeben sich durch die synthetische Konstruktion einer zukünftigen Geldanlage oder -aufnahme entsprechend den Kontraktspezifikationen aus den Kassasätzen. Der synthetische Forward-

---

[1] Vgl. *Steiner/Meyer/Luttermann* (1994), S. 332ff.
[2] Zur Ermittlung von Nullkupons vgl. *Meyer-Bullerdiek* (2003), S. 298ff.

Zinssatz, der auch als Forward-Forward-Satz bezeichnet wird, kann aus den jeweiligen Opportunitätskosten bestimmt werden.

Als allgemeine Formel für die Ermittlung des für einen Dreimonats-Future gültigen 3-Monats-Forward-Zinssatzes ergibt sich:

$$\left(1 + r_{lang} \cdot \frac{T_{lang}}{360}\right) = \left(1 + r_{kurz} \cdot \frac{T_{kurz}}{360}\right) \cdot \left(1 + r_{FR} \cdot \frac{90}{360}\right), \text{ wobei } T_{lang} = T_{kurz} + 90 \text{ Tage}$$

mit

r_{lang} = Nullkupon für den langen Zeitraum,
r_{kurz} = Nullkupon für den kurzen Zeitraum,
T_{lang} = Anzahl der Tage für den langen Zeitraum,
T_{kurz} = Anzahl der Tage für den kurzen Zeitraum und
r_{FR} = impliziter Forward-Zinssatz des Futures.

Dabei bezieht sich der lange Zeitraum auf die Periode vom aktuellen Tag bis zum Ende des dem Future unterliegenden Geschäfts. Hingegen bezeichnet der kurze Zeitraum die Periode bis zur Fälligkeit des Futures. Dieser Zeitraum ist im Falle eines Dreimonats-Futures um genau 90 Tage geringer als die lange Laufzeit, da dem Future eine Interbankeinlage mit einer Laufzeit von drei Monaten zugrunde liegt.

Aufgelöst nach r_{FR} kommt man zu dem folgenden Ausdruck:

$$r_{FR} = \left(\frac{1 + r_{lang} \cdot \frac{T_{lang}}{360}}{1 + r_{kurz} \cdot \frac{T_{kurz}}{360}} - 1\right) \cdot \frac{360}{90}.$$

Soll beispielsweise eine Kreditaufnahme für genau 90 Tage, die am Fälligkeitstag des Futures beginnt, zum aktuellen Zeitpunkt synthetisch hergestellt werden, so lässt sich dies durch eine Kreditaufnahme zum aktuellen Zeitpunkt für den gesamten Zeitraum bis zum Ende der Kreditlaufzeit zum entsprechenden Euribor bei einer gleichzeitigen Geldanlage bis zur Fälligkeit des Futures zum Euribid (Euro Interbank Bid Rate) bewerkstelligen. Bei letzterem handelt es sich um den Zinssatz, zu dem europäische Banken bereit sind, Einlagengelder hereinzunehmen. Der synthetische Forward-Forward-Briefsatz kann dann entsprechend der obigen Formel wie folgt berechnet werden:[1]

---

[1] Vgl. *Bohn/Meyer-Bullerdiek* (1997), S. 480.

$$\text{Forward} - \text{Forward}_{\text{Brief}} = \left[\frac{1 + r_{\text{Euribor,lang}} \cdot \dfrac{\text{Tage}_{\text{lang}}}{360}}{1 + r_{\text{Euribid,kurz}} \cdot \dfrac{\text{Tage}_{\text{kurz}}}{360}} - 1\right] \cdot \frac{360}{90}$$

mit

$r_{\text{Euribor,lang}}$ = Euribor für den langen Zeitraum und
$r_{\text{Euribid,kurz}}$ = Euribid für den kurzen Zeitraum.

Analog kann der Forward-Forward-Geldsatz für eine Termineinlage bestimmt werden, indem eine Geldanlage für den gesamten Zeitraum bis zum Laufzeitende der synthetischen Termineinlage zu Euribid und eine Kreditaufnahme vom aktuellen Zeitpunkt bis zur Fälligkeit des Futures getätigt werden. Die folgende Formel zeigt das Ergebnis:

$$\text{Forward} - \text{Forward}_{\text{Geld}} = \left[\frac{1 + r_{\text{Euribid,lang}} \cdot \dfrac{\text{Tage}_{\text{lang}}}{360}}{1 + r_{\text{Euribor,kurz}} \cdot \dfrac{\text{Tage}_{\text{kurz}}}{360}} - 1\right] \cdot \frac{360}{90} \quad .$$

Hat beispielsweise der Future eine Restlaufzeit von 75 Tagen, so ergibt sich daraus bei einem Euribor-Satz von 4% für 165 Tage und einem Euribid-Satz von 3,5% für 75 Tage der folgende implizite Forward-Forward$_{\text{Brief}}$:

$$\text{Forward} - \text{Forward}_{\text{Brief}} = \left(\frac{1 + 0{,}04 \cdot \dfrac{165}{360}}{1 + 0{,}035 \cdot \dfrac{75}{360}} - 1\right) \cdot \frac{360}{90} = 4{,}385\% \quad .$$

Zu beachten ist hierbei, dass bei der allgemeinen Berechnung unterjähriger Forward Rates eine exakte Tageszählung erfolgt und die Geldmarktzinssätze auf der Basis von Actual/360 bzw. in einigen Ländern auf der Grundlage Actual/365 berechnet werden. Dagegen umfasst der Forward-Forward-Satz des Futures stets einen Zeitraum von 90 Tagen.

Im Beispiel wird offenbar für die in 75 Tagen beginnende 90-Tage-Periode vom Geldmarkt ein Forward-Forward-Briefsatz von 4,385% erwartet. Unterstellt man eine Geld-Briefspanne von 1/8 Prozent bzw. 12,5 Basispunkten, so betragen in diesem Beispiel der Euribid für 165 Tage 3,875% und der Euribor für 75 Tage 3,625%. Somit gilt für den Forward-Forward-Geldsatz:

$$\text{Forward} - \text{Forward}_{\text{Geld}} = \left[\frac{1 + 0{,}03875 \cdot \dfrac{165}{360}}{1 + 0{,}03625 \cdot \dfrac{75}{360}} - 1\right] \cdot \frac{360}{90} = 4{,}053\% \quad .$$

Falls aus den Forward-Forward-Sätzen, die sowohl auf Basis des Euribor als auch des Euribid berechnet werden können, auf den theoretischen Futurekurs geschlossen werden soll, der sich auf den Euribor der betrachteten Periode bezieht, so werden dazu drei Methoden vorgeschlagen:[1]

(1) Einsatz der Euribor-Sätze bei der Berechnung der Forward-Forward-Sätze:

$$\text{Forward} - \text{Forward} = \left[\frac{1 + 0{,}04 \cdot \frac{165}{360}}{1 + 0{,}03625 \cdot \frac{75}{360}} - 1 \right] \cdot \frac{360}{90} = 4{,}280\% \ .$$

(2) Einsatz der Eurimean-Sätze (= Mittelkurse zwischen Euribor und Euribid) und anschließende Addition der hälftigen normalen Geld-Brief-Spanne (hier in diesem Beispiel 1/16 Prozent bzw. 6,25 Basispunkte) des Kassamarktes zu dem erhaltenen Ergebnis,

$$\text{Forward} - \text{Forward} = \left[\frac{1 + 0{,}039375 \cdot \frac{165}{360}}{1 + 0{,}035625 \cdot \frac{75}{360}} - 1 \right] \cdot \frac{360}{90} + 0{,}0625\% = 4{,}2187\% + 0{,}0625\% = 4{,}281\% \ .$$

(3) Einsatz des Durchschnitts von Forward-Forward-Geld- und Forward-Forward-Briefsätzen und anschließende Addition der hälftigen normalen Geld-Brief-Spanne des Kassamarktes zu dem erhaltenen Ergebnis.

$$\text{Forward} - \text{Forward} = \frac{4{,}052727\% + 4{,}384695\%}{2} + 0{,}0625\% = 4{,}2187\% + 0{,}0625\% = 4{,}281\% \ .$$

Alle drei Methoden führen zu fast gleichen Ergebnissen. Auf Basis der ersten Methode ergibt sich entsprechend der Notierungsweise des 3-M-Euribor-Futures der folgende Fair Value:

$P_F = 100\% - r_{FR} = 95{,}720\%$.

Werden hingegen zur Berechnung sowohl Euribid als auch Euribor herangezogen (Methoden 2 und 3), so bilden diese beiden Zinssätze die Eckpunkte des Arbitragekorridors. Dieser kann aufgrund der Spreads zwischen Euribor und Euribid vergleichsweise groß sein. Daher kommt es in der Praxis nur sehr selten vor, dass sich der Kurs des Euribor-Futures außerhalb des Arbitragekorridors befindet. Vielmehr liegt der Kurs meist ziemlich nahe am theoretischen Fair Value.[2]

Eine Überprüfung des Fair Values kann mit Hilfe der sogenannten Strip Rate erfolgen. Diese lässt sich aus der Kombination von mehreren Futures ermitteln. Durch den Kauf der entspre-

---

[1] Vgl. *Bohn/Meyer-Bullerdiek* (1997), S. 480.
[2] Vgl. *Bohn/Meyer-Bullerdiek* (1997), S. 480f.

chenden Kontrakte bzw. durch den Kauf eines Future-Strips können die in den Futures impliziten Forward-Zinssätze gesichert werden. Das folgende Beispiel soll der Veranschaulichung dienen:[1]

Future-Monat	Futurepreis	impliziter Zins	Tage bis zur Fälligkeit des nächsten Kontrakts
Juni 2021	96,50	3,50%	90
September 2021	96,25	3,75%	92
Dezember 2021	96,10	3,90%	92
März 2022	96,00	4,00%	91
Juni 2022	95,85	4,15%	91
September 2022	95,80	4,20%	92

Tab. E.78: Future-Strip

Weiterhin wird angenommen, dass der Fälligkeitstag des ersten Kontraktes (Juni 2021) 60 Tage vom aktuellen Zeitpunkt entfernt liegt. Der Spot-Zinssatz für 60 Tage betrage 3,40%. Daraus kann die einjährige Strip Rate wie folgt berechnet werden:

$$\left(1+0,034\cdot\frac{60}{360}\right)\cdot\left(1+0,035\cdot\frac{90}{360}\right)\cdot\left(1+0,0375\cdot\frac{92}{360}\right)\cdot\left(1+0,039\cdot\frac{92}{360}\right)\cdot\left(1+0,04\cdot\frac{31}{360}\right)=1,038$$

Zunächst erfolgt eine Anlage für 60 Tage zu einem Zinssatz von 3,4%. Bei Fälligkeit des Juni 2021 Futures wird der Betrag aus der 60 Tage Anlage inkl. Zinsen für 3,5% angelegt usw. Insgesamt ergibt sich aus diesem Geschäft eine Strip Rate als annualisierter Zinssatz in Höhe von rund 3,8%. Entspricht dieser Satz nicht dem Nullkupon für den gleichen Zeitraum, so können grundsätzlich Arbitragetransaktionen einsetzen. Hierbei ist jedoch zu beachten, dass die letzte Periode im Beispiel lediglich 31 Tage beträgt, während aber durch den Kauf des März 2022 Kontraktes ein 3-Monats-Zins abgesichert wird. Damit besteht für diese Periode das Risiko, dass sich bei Fälligkeit des März 2022 Kontraktes der 3-Monats-Zinssatz und der 31-Tage-Zinssatz nicht entsprechen. Eine Sicherung der Strip Rate ist ohne Risiko nur möglich, wenn der Zeitraum der letzten Periode mit dem Zeitraum des dem Future zugrundeliegenden Zinssatzes übereinstimmt.

d. Die Bewertung von Devisen-Futures

Grundlage der Bewertung von Devisen-Futures ist die Bestimmung des Terminkurses bei Outright-Geschäften, die auch als Devisentermingeschäft bezeichnet werden. Hierbei erfolgt eine Vereinbarung zwischen zwei Marktteilnehmern, die gegenseitig verkauften Devisen zu einem späteren Termin (d.h. mehr als 2 Bankarbeitstage später) zu erfüllen.

---

[1] Vgl. auch *Diwald* (1994), S. 230.

Der Devisen-Terminkurs (DTK) wird bei überjährigen Devisen-Forwards aufgrund von Arbitrageüberlegungen in der nachfolgenden Weise ermittelt, wobei in dem nachfolgenden Beispiel die Referenzwährung der USD und die Denominationswährung der EUR sein soll:[1]

$$DTK = \frac{(1+\text{Nullkupon}_{USD})^n}{(1+\text{Nullkupon}_{EUR})^n} \cdot DKK$$

mit

n	=	Laufzeit des Devisentermingeschäfts,
Nullkupon$_{USD}$	=	Nullkupon-Zinssatz im USD-Bereich für die Laufzeit n und
DKK	=	Devisen-Kassakurs.

Damit ist der Terminkurs auf die unterschiedlichen Zinssätze in den jeweiligen Währungen zurückzuführen. Die so errechneten Terminkurse müssen keineswegs mit den tatsächlichen Spotkursen am Termintag, d.h. bei Fälligkeit des Termingeschäfts, übereinstimmen. Infolgedessen stellen die errechneten Terminkurse auch keine Prognosewerte für diesen Zeitpunkt dar.

Beispielhaft soll der Terminkurs auf Basis der folgenden Marktkonditionen für eine Laufzeit von 2 Jahren ermittelt werden, wobei ein Devisen-Kassakurs von 1,0526 USD pro EUR zugrunde gelegt werden soll:

Fälligkeit in Jahren	EUR Zinssätze	EUR Nullkupons	EUR-ZAF*
1	3,0000%	3,0000%	97,087379%
2	3,5000%	3,5088%	93,335209%
Fälligkeit in Jahren	USD Zinssätze	USD Nullkupons	USD-ZAF
1	2,0000%	2,0000%	98,039216%
2	2,3000%	2,3035%	95,547505%
*	ZAF = Zerobondabzinsfaktor		

Tab. E.79: Zinsstruktur in USD und EUR als Basis der überjährigen Terminkursbestimmung

Hieraus ergibt sich der folgende Devisen-Terminkurs:

$$DTK = \frac{(1+\text{Nullkupon}_{USD})^2}{(1+\text{Nullkupon}_{EUR})^2} \cdot DKK = \frac{(1+0,023035)^2}{(1+0,035088)^2} \cdot 1,0526 \text{ USD / EUR} = 1,028228 \text{ USD/EUR}$$

Dieser Wert kann auch mit Hilfe der Zerobondabzinsfaktoren in den jeweiligen Währungen ermittelt werden:

---

[1] Vgl. *Schierenbeck* (2001b), S. 189ff. In diesem Fall wird der USD auch als Terms Currency und der EUR auch als Base Currency bezeichnet. Vgl. *Martin* (2001), S. 138.

$$\text{DTK} = \frac{\text{ZAF}_{\text{EUR}}}{\text{ZAF}_{\text{USD}}} \cdot \text{DKK} = \frac{93{,}335209\%}{95{,}547505\%} \cdot 1{,}0526 \text{ USD / EUR} = 1{,}028228 \text{ USD/EUR}.$$

Der ermittelte Kurs würde dem Preis eines Devisen-Futures entsprechen, der eine zweijährige Laufzeit aufweist, wobei allerdings – wie auch bei anderen Futures – noch eine Bereinigung um mögliche Finanzierungskosten aufgrund der Sicherheitsleistungen in Form einer Initial Margin oder auch um die mit dem täglichen Gewinn- und Verlustausgleich verbundenen Finanzierungskosten vorzunehmen ist.[1]

Die Vorgehensweise zur Bewertung von unterjährigen Devisen-Futures entspricht grundsätzlich der obigen Vorgehensweise. Der Devisen-Terminkurs (DTK) wird bei unterjährigen Devisen-Forwards ebenfalls aufgrund von Arbitrageüberlegungen ermittelt, wobei wiederum die Referenzwährung der USD und die Denominationswährung der EUR sein soll:[2]

$$\text{DTK} = \frac{1 + \text{Nullkupon}_{\text{USD}} \cdot \frac{\text{Tage}}{360}}{1 + \text{Nullkupon}_{\text{EUR}} \cdot \frac{\text{Tage}}{360}} \cdot \text{DKK}$$

Beispielhaft soll der Terminkurs am 14.01.2020 auf Basis der folgenden Marktkonditionen für eine Laufzeit von 162 Tagen bis zum 24.06.2020 ermittelt werden, wobei wiederum ein Devisen-Kassakurs von 1,0526 USD pro EUR zugrunde gelegt werden soll:

Fälligkeit	EUR Zinssätze	EUR Nullkupons	EUR-ZAF*
24.06.2020	2,8000%	2,8000%	0,98755678
Fälligkeit	USD Zinssätze	USD Nullkupons	USD-ZAF
24.06.2020	1,9000%	1,9000%	0,99152248
*	ZAF = Zerobondabzinsfaktor		

Tab. E.80: Zinsstruktur in USD und EUR als Basis der unterjährigen Terminkursbestimmung

Hieraus lässt sich der folgende Devisen-Terminkurs ableiten:

$$\text{DTK} = \frac{1 + \text{Nullkupon}_{\text{USD}} \cdot \frac{\text{Tage}}{360}}{1 + \text{Nullkupon}_{\text{EUR}} \cdot \frac{\text{Tage}}{360}} \cdot \text{DKK} = \frac{1 + 0{,}019 \cdot \frac{162}{360}}{1 + 0{,}028 \cdot \frac{162}{360}} \cdot 1{,}0526 \text{ USD / EUR} = 1{,}04839 \text{ USD/EUR}$$

---

[1] Vgl. *Martin* (2001), S. 156.
[2] In diesem Beispiel soll unterstellt werden, dass die Usance der jeweiligen Währung ein Jahr mit 360 Tagen vorsieht. Vgl. *Schierenbeck* (2001b), S. 189ff.

Dieser Wert kann wiederum mit Hilfe der Zerobondabzinsfaktoren in den jeweiligen Währungen ermittelt werden:

$$DTK = \frac{ZAF_{EUR}}{ZAF_{USD}} \cdot DKK = \frac{98,755678\%}{99,152248\%} \cdot 1,0526 \text{ USD/EUR} = 1,04839 \text{ USD/EUR}.$$

Der ermittelte Kurs entspricht auch hier dem Preis eines Devisen-Futures mit einer Restlaufzeit von in diesem Fall 162 Tagen, wobei hier wiederum die o.g. möglichen zusätzlichen Finanzierungskosten noch zu berücksichtigen sind.

3. Trading-Strategien mit Futures

Trading-Strategien werden in Erwartung bestimmter Markt- bzw. Kursentwicklungen angewendet. Dem Trading von Positionen liegen deshalb i.d.R. spekulative Motive zugrunde. Dabei soll vor allem die Hebelwirkung, die durch den relativ geringen Einschuss zu Beginn einer Futuretransaktion entsteht, genutzt werden. Charakteristisch ist, dass die Investoren in diesen Fällen offene Positionen einnehmen und somit ein Risiko bewusst tragen. Dieses Risiko lässt sich teilweise dadurch begrenzen, dass schon bei Eingehen der Position eine Stop Order erteilt wird. Falls beispielsweise eine Long Futureposition mit einer gleichzeitigen Stop Sell Order eingegangen worden ist und der Futurepreis auf den vorher festgelegten Kurs fällt, werden die Kontrakte zu dem Zeitpunkt bestens verkauft. Darüber hinaus ist zu beachten, dass Futurekontrakte eine relativ kurze Laufzeit haben. Die Kontraktliquidität ist häufig nur in den kurzen Fälligkeiten zufriedenstellend. Deshalb sind auf Futurekontrakten basierende Tradingstrategien stets kurzfristiger Natur.

Neben diesen Long- und Short-Positionen als eher spekulative Formen des Trading kommen sowohl bei Zins- als auch bei Aktienindexfutures vor allem Spread Trading-Strategien vor.

a. Spread Trading mit Zinsfutures

Bei einem Spread handelt es sich – auf Futuresmärkte bezogen – um den gleichzeitigen Kauf und Verkauf von verschiedenen Kontrakten. Diese können sich sowohl in der Fälligkeit als auch in den Kontraktspezifikationen unterscheiden. Beispielsweise kann sich die Betrachtung auf die Preisdifferenz zwischen dem 3-M-Euribor Future September und dem 3-M-Euribor Future Dezember richten. In diesem Fall geht es um die Differenz zwischen dem Kurs des Nearby- bzw. Front Month-Futures (Future mit dem früheren Verfalltermin) und dem Kurs des Deferred-Futures (Future mit dem späteren Verfalltermin), der die gleichen Kontraktspezifikationen aufweist. Ein Spread kann sich aber auch auf die Preisdifferenz zwischen Kontrakten beziehen, die zwar einen unterschiedlichen Basiswert aufweisen, dennoch aber vergleichbar sind, wie z.B. die Preisdifferenz zwischen einem an der Eurex gehandelten Euro-Bund-Future und dem CONF-Future, der ebenfalls an der Eurex gehandelt wird und sich auf eine fiktive langfristige Anleihe der Schweizerischen Eidgenossenschaft mit einem Kupon von 6% bezieht.

Ein Spread wird vor dem Hintergrund einer ganz bestimmten Meinung eingegangen, nämlich, wenn davon ausgegangen wird, dass sich das Preisverhältnis und/oder das Renditeverhältnis zwischen den Kontrakten verändern wird. In welche Richtung sich die Märkte dabei entwickeln, spielt keine Rolle. Vielmehr stehen die Veränderungen der Kontrakte im Verhältnis zueinander im Mittelpunkt.

Um zwischenzeitlich keine ungedeckten Positionen zu haben, geben die Marktteilnehmer beide Seiten des Spreads gleichzeitig in den Markt, wobei auch von Legs gesprochen werden kann.[1] Beispielsweise beinhaltet Leg 1 den Kauf eines Futures, während Leg 2 den Verkauf eines anderen Futures betrifft. Zur Umgehung des Risikos einer kurzzeitigen offenen Position bieten Terminbörsen auch die Möglichkeit an, bestimmte Arten von Spreads als solche zu handeln. Damit braucht nur noch angegeben zu werden, zu welchem Preis der Spread als Preisdifferenz zwischen den beiden Kontrakten gekauft oder verkauft werden soll. Von den Terminbörsen erhalten die Marktteilnehmer anschließend aber eine Bestätigung über die Preise der Einzeltransaktionen. Das Eingehen eines solchen Spreads ist kostengünstiger als der separate Aufbau der Einzelpositionen; denn anstelle von Gebühren für den Kauf und Verkauf der Kontrakte wird lediglich eine einfache Spread-Gebühr verlangt.

Beim Spread Trading lassen sich verschiedene Formen unterscheiden. Im folgenden werden Intrakontrakt und Interkontrakt Spread Trading-Strategien unterschieden.

aa. Intrakontrakt Spread Trading

Beim sogenannten Intrakontrakt Spread Trading sollen Preisbewegungen innerhalb eines bestimmten Kontrakts ausgenutzt werden. Zu diesem Zweck werden Positionen mit unterschiedlichen Fälligkeiten in einem Kontrakt aufgebaut. Beispielsweise wird der Euro-Bund-Future mit der Fälligkeit Juni 2021 gekauft und gleichzeitig der Euro-Bund-Future mit Verfalltermin September 2021 verkauft. Eine solche Transaktion wird auch als Calendar Spread oder Time Spread bezeichnet.

Vom Kauf eines Spreads spricht man, wenn der Kontrakt mit dem früheren Verfalltermin (z.B. Nearby Kontrakt) gekauft wird und gleichzeitig der Kontrakt mit der späteren Fälligkeit (Deferred Kontrakt) verkauft wird. Wird der Nearby Kontrakt bei gleichzeitigem Kauf des Deferred Kontrakts verkauft, so handelt es sich um den Verkauf eines Spreads. Als problematisch könnte sich aber erweisen, dass bei Futures auf langfristige Zinstitel in den späteren Fälligkeiten relativ wenig Liquidität vorliegt, da der wesentliche Handel zumeist lediglich im Nearby-Kontrakt stattfindet. Eine Ausnahme bildet jedoch der einige wenige Wochen umfassende Zeitraum vor der Fälligkeit des Nearby-Kontrakts, da in dieser Zeit viele Marktteilnehmer ihre Futureposition in den nachfolgenden Liefermonat überrollen mit der Folge, dass sowohl der Nearby- als auch der Deferred-Kontrakt recht liquide sind.

Das folgende Beispiel zeigt das Intrakontrakt Spread Trading am Beispiel des Euro-Bund-Futures auf. Am Markt liegen die folgenden Kurse vor (Angaben in %):

---

[1] Vgl. *Martin* (2001), S. 142ff.

Kontrakt	Bid	Ask
Juni 2021	98,40	98,45
September 2021	98,00	98,05

Tab. E.81: Intrakontrakt Spread Trading, Teil 1

Für den Fall, dass keine Möglichkeit besteht, den Calendar Spread direkt mittels einer entsprechenden Einrichtung zu handeln, die an einer Terminbörse angeboten wird (z.B. Calendar Spread Facility), kann bei dieser Kurskonstellation der Spread nur indirekt zu 0,45% bzw. zum Preis von 45 Basispunkten (Bp) gekauft werden. Dieser Preis wird aus der Differenz zwischen dem Ask-Kurs des Juni-Kontraktes und dem Bid-Kurs des September-Kontraktes ermittelt.

$$\text{Spread} = \frac{(98,45\% - 98,00\%)}{0,01\%} = 45 \text{ Ticks}.$$

Ein Verkauf kann entsprechend zu 35 Bp (98,40% - 98,05%) erfolgen. Bei separatem Kauf und Verkauf der Futures kommt somit für Geld und Brief des Spreads das Ergebnis 35 zu 45 Bp heraus.

Nach einem Monat ergeben sich die folgenden Kurse (Angaben in %):

Kontrakt	Bid	Ask
Juni 2021	98,65	98,70
September 2021	98,45	98,50

Tab. E.82: Intrakontrakt Spread Trading, Teil 2

Somit steht der Spread mittlerweile bei 15 Bp zu 25 Bp. Ist der Spread also vorher zu 35 Bp verkauft worden, so kann er nunmehr zu 25 Bp zurückgekauft werden. Diese Differenz entspricht einer Veränderung von 10 Ticks und bei einem Tickwert von 10 EUR einem Gewinn von 100 EUR pro Kontrakt. Der Gewinn ist aufgrund des Spread-Verkaufs bei einem sich verringernden Spread entstanden. Er ergibt sich auch aus der Berechnung der einzelnen Positionen, die hierfür erforderlich waren:

Verkauf Juni Kontrakt zu 98,40%
Kauf September Kontrakt zu 98,05%
Verkauf September Kontrakt zu 98,45%
Kauf Juni Kontrakt zu 98,70%.

Im Hinblick auf den Juni Kontrakt berechnet sich ein Verlust von 30 Ticks, während mit dem September Kontrakt ein Gewinn von 40 Ticks erzielt wurde. Der Gesamtgewinn beträgt also 10 Ticks bzw. 100 EUR.

Die Geld-Brief-Spanne kann allerdings durch eine entsprechende Einrichtung an der Terminbörse verringert werden. So soll für das Beispiel ein Spread beim Verkauf von 39 Bp zu 41 Bp und beim Kauf von 19 Bp zu 21 Bp unterstellt werden. Somit kann der Spread zu 39 Bp verkauft und zu 21 Bp zurückgekauft werden, was einem Gesamtgewinn von 39 Bp – 21 Bp = 18 Ticks und damit einem Wert von 180 EUR entspricht.[1]

Die Verringerung des Spreads kann auf eine Fehlbewertung entweder des Juni oder des September Kontraktes zu Beginn der Transaktion zurückzuführen sein. In diesem Fall ist der Verkäufer des Spreads davon ausgegangen, dass sich die Futurekurse wieder ihrem Fair Value nähern. Ein Verlustrisiko besteht für den Fall, dass die Erwartungen hinsichtlich der Spread-Entwicklung nicht eintreten. Von der Richtung der Marktentwicklung ist die Spread-Strategie unabhängig.

Ein Spread-Kauf wirkt sich positiv aus, wenn sich der Spread vergrößert bzw. ausweitet. Eine solche Erwartung könnte sich beispielsweise ergeben, wenn die Anzahl noch nicht glattgestellter Short-Positionen im Nearby-Kontrakt, z.B. Euro-Bund-Future Juni, relativ hoch ist und davon ausgegangen wird, dass zur Umgehung der Lieferverpflichtungen viele Futureverkäufer noch den Euro-Bund-Future Juni zurückkaufen werden, was zu einem ceteris paribus zu einem Preisanstieg im Juni-Kontrakt führen würde. Wird darüber hinaus davon ausgegangen, dass in diesem Fall die glattstellenden Marktteilnehmer den Deferred-Kontrakt, d.h. den Euro-Bund-Future September verkaufen (um weiterhin eine Short-Position im Future erhalten), so führt dies ceteris paribus tendenziell zu einer Preissenkung im September-Kontrakt. Bei allgemein steigenden (sinkenden) Euro-Bund-Future-Kursen kann damit erwartet werden, dass der Kurs des Juni-Futures stärker ansteigt (weniger sinkt) als der Kurs des September-Futures.

Zur Verdeutlichung soll das folgende Beispiel herangezogen werden: Der Briefkurs des Euro-Bund-Futures Juni liegt zum aktuellen Zeitpunkt bei 110,00%, während der Geldkurs des September-Futures bei 109,40% liegt. Insofern beträgt der Spread – bezogen auf einen Spread-Kauf – derzeit 60 Ticks:

$$\text{Spread} = \frac{(110{,}00\% - 109{,}40\%)}{0{,}01\%} = 60 \text{ Ticks}.$$

Der Marktteilnehmer entscheidet sich für den Kauf eines Spreads über 200 Kontrakte, d.h. er kauft 200 Juni-Kontrakte und verkauft gleichzeitig 200 September-Kontrakte. Nach einigen Tagen beträgt der Geldkurs des Juni-Futures (der immer noch der Nearby-Kontrakt ist) 111,00% bei einem Briefkurs des September-Futures von 110,15%. Der Spread bei einem Spread-Verkauf beläuft sich damit auf 85 Ticks:

---

[1] Vgl. *Bohn/Meyer-Bullerdiek* (1996b), S. 539.

$$\text{Spread} = \frac{(111{,}00\% - 110{,}15\%)}{0{,}01\%} = 85 \text{ Ticks}.$$

Werden die Positionen zu diesem Zeitpunkt wieder glattgestellt (d.h. Verkauf Juni-Future, Kauf September-Future), so ergibt sich ein Gesamtgewinn von 50.000 EUR, der wie folgt ermittelt wird:

$$\text{Gewinn Juni-Future} = 100 \text{ Ticks} \cdot 10 \frac{\text{€}}{\text{Tick}} \cdot 200 = 200.000 \text{ €},$$

$$\text{Verlust September-Future} = -75 \text{ Ticks} \cdot 10 \frac{\text{€}}{\text{Tick}} \cdot 200 = -150.000 \text{ €}.$$

Entsprechend ergibt sich ein Gesamtergebnis von 50.000 € (= 200.000 € – 150.000 €). Dieser Gesamtgewinn kann auch direkt über die Spreads berechnet werden:

$$\text{Gesamtgewinn} = (85 \text{ Ticks} - 60 \text{ Ticks}) \cdot 10 \frac{\text{€}}{\text{Tick}} \cdot 200 = 50.000 \text{ €}.$$

Beim Intrakontrakt Spread unterscheidet man zwischen Preis Spread und Rendite Spread. Während ein Preis Spread im Verhältnis von eins zu eins aufgebaut wird und damit die absolute Veränderung der Preise zueinander im Mittelpunkt steht, werden beim Rendite Spread auch die unterschiedlichen Preissensitivitäten der Kontrakte auf die Veränderungen der Renditen berücksichtigt.

Für den Fall, dass beide Kontrakte dieselbe CTD-Anleihe haben, verändert sich das Verhältnis der Kontrakte zueinander nur aufgrund einer Veränderung der jeweiligen kurzfristigen Finanzierungszinssätze; denn der Kassapreis der zugrundeliegenden Anleihe und das Verhältnis der Kuponerträge ändern sich nicht. Infolgedessen werden der implizite kurzfristige Zinssatz bis zur Fälligkeit des Nearby Kontrakts und der bis zur Fälligkeit des Deferred Kontrakts gegeneinander gestellt. Insofern liegt eine Spekulation auf den 3-Monats-Forward-Satz vor, der sich implizit aus den beiden Kontrakten ergibt und ab dem Liefertag des Nearby Futures gilt. Bei fairer Bewertung beider Kontrakte entspricht der implizite Forward-Satz dem entsprechenden Satz des Dreimonats-Futures, so dass auch dieser anstelle des Spreads gehandelt werden könnte.

Liegen jedoch beiden Kontrakten unterschiedliche CTD-Anleihen zugrunde, so müssen noch die unterschiedlichen Preissensitivitäten der beiden Anleihen berücksichtigt werden. Hierzu kann auf die sogenannte Dollar Duration zurückgegriffen werden. Bei der Dollar Duration handelt es sich um eine Maßzahl für die Preisreagibilität einer Anleihe, die die absolute Kursänderung einer Anleihe, ausgedrückt z.B. in USD oder EUR für eine absolute Veränderung der Rendite angibt. Sie wird berechnet als Produkt aus der modifizierten Duration und dem Dirty Price einer Anleihe.[1] In der Praxis wird sie auch als 'Risk' bezeichnet:

---

[1] Bei dem Dirty Price handelt es sich um den aktuellen Kurs (Clean Price) einer Anleihe zuzüglich der aufgelaufenen Stückzinsen. Zur Duration vgl. auch Kapitel A.

$$\text{Dollar Duration} = \text{Risk} = \frac{D^{mod} \cdot \text{Dirty Price}}{100} \;.$$

Für die Sensitivität bzw. die Dollar Duration eines Zinsfutures ('Futures Risk') kann das 'Risk' bzw. die Dollar Duration der Cheapest-to-Deliver-Anleihe zugrunde gelegt werden. Sie lässt sich durch Berücksichtigung des Konversionsfaktors der CTD-Anleihe wie folgt ermitteln:

$$\text{Dollar Duration des Futures} = \frac{\text{Dollar Duration}_{CTD}}{KF_{CTD}} \;.$$

Für die Berechnung der Spread Ratio können die Dollar Durationen der beiden Kontrakte ins Verhältnis gesetzt werden:

$$\text{Spread Ratio} = \frac{\text{Dollar Duration}_{\text{Future A}}}{\text{Dollar Duration}_{\text{Future B}}} \;.$$

Neben Intrakontrakt Spreads können auch Interkontrakt Spreads zur Anwendung kommen, die im folgenden behandelt werden.

ab. Interkontrakt Spread Trading

Das sogenannte Interkontrakt Spread Trading, das auch als Product Spread bezeichnet werden kann, zielt auf die Ausnutzung von Preisbewegungen zwischen zwei Futures mit unterschiedlichen Kontraktspezifikationen. Wie bei den Intrakontrakt Spreads können bei Interkontrakt Spreads neben Preis Spreads auch Rendite Spreads vorkommen. Letztere können sich auf solche Spreads beziehen, die auf die Veränderung der Renditestruktur in einem bestimmten Markt abzielen (z.B. Euro-Bund-Future Juni gegen Euro-Bobl-Future Juni). Daneben lassen sich aber auch Spreads konstruieren, die von der Veränderung des Renditeverhältnisses zwischen verschiedenen Märkten profitieren (z.B. Euro-Bund-Future Juni gegen CONF-Future Juni).

Zur Berücksichtigung der unterschiedlichen Preissensitivitäten der verschiedenen Futures soll wiederum auf die Duration als Kennzahl für die Reagibilität zurückgegriffen werden. Ohne den Dirty Price mit einzubeziehen, kann die entsprechende Spread Ratio zwischen Euro-Bund- und Euro-Bobl-Futures wie folgt ausgedrückt werden:

$$\text{Spread Ratio} = \frac{\text{Duration}_{\text{Euro-Bund-Future}}}{\text{Duration}_{\text{Euro-Bobl-Future}}}$$

mit

$$\text{Duration eines Futures} = \frac{\text{Duration}_{CTD}}{KF_{CTD}} \;.$$

Aufgrund der längeren Laufzeit der zugrunde liegenden CTD-Anleihe ist die Duration eines Euro-Bund-Futures höher als die Duration eines Euro-Bobl-Futures, so dass bei einer Parallelverschiebung der Renditestrukturkurve der Euro-Bund-Future stärker reagiert als der Euro-Bobl-Future. Geht man beispielsweise in diesem Fall von einer Spread Ratio von 5:3 aus, so müssen – um das Zinsänderungsrisiko möglichst einigermaßen auszugleichen – Euro-Bobl-Futures im Verhältnis 5:3 gegen Euro-Bund-Futures gekauft bzw. verkauft werden.

Im Rahmen des Spread-Trading wird nun versucht, Gewinne aufgrund der relativen Zunahme bzw. Abnahme der Renditen zu erzielen. Beispielsweise erfolgt die Spekulation auf die Differenz von 0,3%-Punkten zwischen einem erwarteten Renditerückgang um 0,7%-Punkte im langfristigen Laufzeitbereich und um 1%-Punkt im mittelfristigen Laufzeitbereich.

In Abhängigkeit von der Erwartung bezüglich der Spread-Entwicklung lassen sich verschiedene Positionen in diesem Fall unterscheiden:

Erwartete Rendite-Entwicklung	Auswirkung auf den Rendite-Spread	Strategie
Rendite im mittelfristigen Bereich fällt stärker bzw. steigt weniger an als die Rendite im langfristigen Bereich	Rendite-Spread ↑	Kauf von Euro-Bobl-Futures und Verkauf von Euro-Bund-Futures
Rendite im mittelfristigen Bereich steigt stärker bzw. fällt weniger stark als die Rendite im langfristigen Bereich	Rendite-Spread ↓	Kauf von Euro-Bund-Futures und Verkauf von Euro-Bobl-Futures

Tab. E.83: Positionen in Abhängigkeit von der Entwicklung des Renditespreads

Das folgende Beispiel soll der Veranschaulichung dienen. Die aktuellen Notierungen betragen 107,97% beim Euro-Bobl-Future, was einer Rendite von 4,20% entsprechen soll, und 110,19% beim Euro-Bund-Future (Rendite soll hier 4,70% betragen). Damit ergibt sich ein Renditespread von 50 Basispunkten und ein Preis-Spread von 222 Ticks:

$$\text{Rendite-Spread} = \frac{(4,70\% - 4,20\%)}{0,01\%} = 50 \text{ Basispunkte}$$

$$\text{Preis-Spread} = \frac{(110,19\% - 107,97\%)}{0,01\%} = 222 \text{ Ticks}.$$

Erwartet wird, dass die Rendite im mittelfristigen Laufzeitbereich stärker fällt als die Rendite im langfristigen Bereich, d.h. dass der Rendite-Spread zwischen diesen Laufzeiten positiver wird. Entsprechend sollen bei einer unterstellten Spread Ratio von 5:3 insgesamt 50 Euro-Bobl-Futures gekauft und gleichzeitig 30 Euro-Bund-Futures verkauft werden.

Einen Monat später ist die erwartete Renditeentwicklung tatsächlich eingetreten, und der Euro-Bobl-Future notiert bei 111,77% (Rendite = 3,40%), während der Euro-Bund-Future bei 112,72% (Rendite = 4,40%) notiert. Entsprechend hat sich der Renditespread um 50 Basispunkte auf 100 Basispunkte erhöht. Gleichzeitig beträgt der Preis-Spread nunmehr nur noch 95 Ticks:

$$\text{Rendite-Spread} = \frac{(4,40\% - 3,40\%)}{0,01\%} = 100 \text{ Basispunkte},$$

$$\text{Preis-Spread} = \frac{(112,72\% - 111,77\%)}{0,01\%} = 95 \text{ Ticks}.$$

Die absoluten Preisdifferenzen ergeben sich wie folgt:

$$\text{Kurserhöhung Euro-Bobl-Future} = \frac{(111,77\% - 107,97\%)}{0,01\%} = 380 \text{ Ticks},$$

$$\text{Kurserhöhung Euro-Bund-Future} = \frac{(112,72\% - 110,19\%)}{0,01\%} = 253 \text{ Ticks}.$$

Die Positionen sollen nunmehr glattgestellt werden. Damit ergeben sich die folgenden Ergebnisse:

$$\text{Erfolg Long Euro-Bobl-Future-Position} = 380 \text{ Ticks} \cdot 10 \frac{\text{€}}{\text{Tick}} \cdot 50 = 190.000 \text{ €} \quad \text{(Gewinn)},$$

$$\text{Erfolg Short Euro-Bund-Future-Position} = -253 \text{ Ticks} \cdot 10 \frac{\text{€}}{\text{Tick}} \cdot 30 = -75.900 \text{ €} \quad \text{(Verlust)}.$$

Insgesamt resultiert hieraus ein Gesamtgewinn von 114.100 €. Hinzuweisen ist darauf, dass sich in diesem Fall das Gesamtergebnis nicht über eine einfache Differenz der Preis-Spreads bestimmen lässt, da die Futures in unterschiedlicher Anzahl gehandelt werden.

Durch das breite Spektrum gehandelter Zinsfutures wird es den Marktteilnehmern möglich, Renditespreads zu realisieren, d.h. sie können sowohl Zinsbewegungen eines bestimmten Landes handeln als auch die relativen Zinsbewegungen verschiedener, durch die Terminkontrakte abgedeckter Volkswirtschaften und Märkte ausnutzen. An der Terminbörse lassen sich durch Kombinationen der verschiedenen Kontrakte zahlreiche Spreads realisieren.

Zur Beurteilung eines Spreads kommt es – wie in dem Beispiel gezeigt – auf die relative Preisveränderung zwischen den Kontrakten an und nicht auf die absolute Preisänderung. Dazu ist ein Vergleich der Zinsen zwischen verschiedenen Ländern erforderlich. Zusätzlich sind die Kontraktgrößen und die unterschiedlichen Währungen, in denen die Kontrakte denominiert sind, sowie die Kurssensitivität des Terminkontrakts bezüglich Renditeveränderungen zu berücksichtigen. Diese Faktoren spielen insbesondere bei einem Cross Currency Spread eine Rolle.

Bei einem Cross Currency Spread wird das Ziel verfolgt, von den relativen Rendite- und Zinsveränderungen zwischen zwei Ländern zu profitieren. Eine entsprechende Position soll von Parallelbewegungen im internationalen Rendite- und Zinsniveau nicht beeinflusst werden; denn das Renditeverhältnis verschiebt sich nicht, wenn sich die Renditen in zwei Märkten z.B. parallel um einen Prozentpunkt ändern. Ein Rendite-Spread sollte dies berücksichtigen, indem bei einer Parallelverschiebung kein Gewinn oder Verlust auftritt. Allerdings verändert sich in diesem Fall das Preisverhältnis zwischen den Kontrakten, wenn beide Kontrakte unterschiedliche Preisreagibilitäten aufweisen. Dieser Aspekt ist bei der Berechnung der Spread Ratio zu berücksichtigen.

Grundsätzlich wird ein Marktteilnehmer, der mit einer Verringerung des Spreads zwischen zwei Futurepositionen rechnet, den Kontrakt mit der höheren Rendite kaufen und den mit der niedrigeren Rendite verkaufen. Bemisst sich beispielsweise die implizite Rendite eines Euro-Bund-Futures an der Eurex zu 7% und die eines Gilt-Futures an der Liffe zu 9%, so sollte bei Erwartung eines sinkenden Spreads (z.B. implizite Rendite des Bund-Futures wird bei 6% gesehen, die des Gilt-Kontraktes bei 7%) der Gilt-Kontrakt gekauft werden. Bei Eintritt der Erwartungen sollten die Kursgewinne in der Gilt-Position relativ höher sein als die Kursverluste beim Bund-Kontrakt.

Soll die Bund-Futureposition gegen Parallelverschiebungen der Renditen durch den Aufbau einer Gegenposition in Gilt-Futures abgesichert werden, so sind zur Berechnung des Absicherungsverhältnisses bzw. der Spread Ratio die Faktoren

(1) relative Kurssensitivität der beiden Terminkontrakte bezüglich Renditeveränderungen,
(2) relative Kontraktgröße der Terminkontrakte,
(3) Wechselkurs zwischen den Währungen, in denen die beiden Terminkontrakte denominiert sind,

zu berücksichtigen.

Für die Ermittlung des ersten Faktors kann auf die Dollar Duration des Futures zurückgegriffen werden. Die relative Kurssensitivität zweier Kontrakte ermittelt sich dann aus der Division der jeweiligen Dollar Durations. Beträgt beispielsweise die Dollar Duration des Gilt-Futures 5,5 und die des Bund-Futures 6, so ergibt sich ein Faktor von 0,917.

Der zweite Faktor (relative Kontraktgröße der Terminkontrakte), der bei der Berechnung des Absicherungsverhältnisses zu berücksichtigen ist, wird durch Division der jeweiligen Kontraktgrößen berücksichtigt. Beispielsweise beträgt die Kontraktgröße beim Gilt-Kontrakt 100.000 GBP und beim Bund-Future 100.000 EUR. In das Absicherungsverhältnis Bund/Gilt geht entsprechend der Wert 1,0 GBP/EUR ein.

Zur Berücksichtigung des dritten Faktors (Wechselkurs zwischen den Währungen, in denen die beiden Terminkontrakte denominiert sind) werden die beiden anderen Faktoren mit dem entsprechenden Wechselkurs multipliziert, z.B. 1,50 EUR/GBP.

Das Absicherungsverhältnis bzw. die Spread Ratio ergibt sich allgemein in der folgenden Form:

$$\text{Spread Ratio} = \frac{\text{Dollar Duration}_{\text{Future A}}}{\text{Dollar Duration}_{\text{Future B}}} \cdot \frac{\text{Nominalwert}_{\text{Future A}}}{\text{Nominalwert}_{\text{Future B}}} \cdot \text{Wechselkurs}_{\text{Curr.B/Curr.A}}$$

mit

Curr._A = Währung A.

Für die Beispieldaten kann die folgende Spread Ratio berechnet werden:

$$\text{Spread Ratio} = \frac{\text{Anzahl Bund-Futures}}{\text{Anzahl Gilt-Futures}} = 0{,}917 \cdot 1{,}0 \frac{\text{GBP}}{\text{EUR}} \cdot 1{,}50 \frac{\text{EUR}}{\text{GBP}} = 1{,}3755 \, .$$

Zu beachten ist allerdings, dass mit diesem Absicherungsverhältnis keine vollkommene Absicherung gegen Parallelverschiebungen des Renditeniveaus erreicht wird, da insbesondere beim ersten Faktor Ungenauigkeiten auftreten können aufgrund von Basisveränderungen und der Konvexität, die durch die Dollar Duration nicht berücksichtigt wird. Darüber hinaus verändern sich die Werte für die Faktoren, z.B. weil die Wechselkurse schwanken, die Dollar Durationen der CTD-Anleihen sich verändern oder sich die CTD-Anleihen selbst ändern. Eine neue CTD-Anleihe besitzt in aller Regel nicht nur eine andere Dollar Duration, sondern auch einen anderen Konversionsfaktor. Vor diesem Hintergrund ist eine ständige Überprüfung der Bond-Spread-Position erforderlich.

In Anlehnung an das obige Beispiel beschließt ein Portfoliomanager – bei einer impliziten Rendite des Bundkontrakts von 7% und des Giltkontrakts von 9% – 138 Bundkontrakte zu verkaufen und 100 Giltkontrakte zu kaufen. Damit rechnet er also mit einer Verringerung der Renditedifferenz von 2%. Gleichen sich die Renditen auf dasselbe Niveau an (z.B. auf 7%), so hat der Händler beim Bundkontrakt – abgesehen von Basisveränderungen – den gleichen Wert, während er beim Giltkontrakt einen hohen Kursgewinn verzeichnen kann.

Steht die Ausnutzung einer unterschiedlichen Kursentwicklung in verschiedenen Marktsegmenten im Vordergrund, so wird eine Kassaposition mit einer Futureposition kombiniert. Rechnet ein Investor beispielsweise kurzfristig mit einer sich verringernden Renditedifferenz zwischen Pfandbriefen und Bundesanleihen und liegen die Renditen der Pfandbriefe oberhalb der Renditen der Bundesanleihen, so kann er eine Position in Pfandbriefen aufbauen und gleichzeitig Bund-Futures veräußern. Bei Eintritt seiner Prognose werden entweder die Pfandbriefe relativ zum Bund-Future im Kurs zulegen, die Bund-Futures relativ zu den Pfandbriefen an Wert verlieren, oder gleichzeitig die Pfandbriefe steigen und die Bund-Futures im Wert sinken. Analog kann eine solche Strategie auch mit Industrieanleihen durchgeführt werden.

Darüber hinaus lässt sich mit Zinsfutures auf kurzfristige Zinstitel (z.B. Dreimonats-Euribor-Future) eine Cross Currency-Zinsdifferenzposition aufbauen. Für den Handel der Differenz zwischen den kurzfristigen Zinsen zweier Währungen (z.B. EUR und GBP) ist in diesem Fall die Berechnung der Spread Ratio erheblich einfacher als die Berechnung der Spread Ratio für Futures auf langfristige Zinstitel. Aufgrund der Quotierung als 100 minus dem annualisierten 3-

Monats-Forward-Zinssatz, haben diese Geldmarkt-Futures jeweils die gleiche Preissensitivität gegenüber Zinsänderungen. So ändert sich beispielsweise der Kurs des Futures um 40 Ticks, wenn sich der 3-Monats-Forward-Zins um 40 Basispunkte verändert. Da sich dieser Zins auf einen Zeitraum von drei Monaten bezieht, beträgt die wertmäßige Änderung des Futures ¼ der Zinsänderung, also im Beispiel 10 Basispunkte. Die Sensitivität von Geldmarkt-Futurespositionen auf Renditeänderungen beläuft sich somit auf 0,25. Da sie in diesem Beispiel für beide Futures gleich ist, braucht sie bei der Ermittlung der Spread Ratio nicht berücksichtigt zu werden.

Allgemein wird die Spread Ratio für einen Interkontrakt Spread von Futures auf kurzfristige Underlyings in der folgenden Weise bestimmt:

$$\text{Spread Ratio} = \frac{\text{Nominalwert}_{\text{Future A}}}{\text{Nominalwert}_{\text{Future B}}} \cdot \text{Wechselkurs}_{\text{Curr.B/Curr.A}} .$$

Beispielhaft soll die Spread Ratio für den Einsatz von 3-M-Euribor-Futures an der Eurex und 3-M-Sterling-Futures an der Liffe betrachtet werden. Da das Verhältnis der Kontraktgrößen 500.000 GBP / 1.000.000 EUR = 0,5 GBP/EUR beträgt, ergibt sich bei einem Wechselkurs von 1,50 EUR/GBP die Spread Ratio wie folgt:

$$\text{Spread Ratio} = \frac{\text{Anzahl Euribor} - \text{Futures}}{\text{Anzahl Sterling} - \text{Futures}} = 0,5\frac{\text{GBP}}{\text{EUR}} \cdot 1,50\frac{\text{EUR}}{\text{GBP}} = 0,75 .$$

Bei der Erwartung, dass sich die Zinsdifferenz zwischen dem Euribor-Future und dem Sterling-Future vergrößert, wird der Kontrakt mit dem höheren impliziten Zinssatz verkauft und der andere Kontrakt gekauft. Notiert beispielsweise der Euribor-Future bei 95 (impliziter Zins = 5%) und der Sterling-Future bei 93, so wird letzterer in diesem Fall verkauft.

Auch im Hinblick auf eine bestimmte Erwartung bezüglich der Renditedifferenz zwischen langfristigen und kurzfristigen Zinsen besteht eine Spread-Möglichkeit mit Zinsfutures: der Aufbau von Renditestruktur-Spreads. Bei diesem sogenannten Renditekurvenhandel muss die Position ebenfalls so gestaltet werden, dass sie gegen Parallelbewegungen der Renditekurve immunisiert ist. Somit kann nur die Vergrößerung bzw. Verkleinerung der Renditedifferenz die Position beeinflussen. Bei der Ermittlung der Spread Ratio ist in diesem Fall zu beachten, dass die Sensitivität von Dreimonats-Futurepositionen auf Renditeänderungen 0,25 beträgt. Sie wird durch den folgenden Ausdruck bestimmt:

$$\text{Spread Ratio} = \frac{\text{Nominalwert}_{\text{Future}_{\text{langfristig}}}}{\text{Nominalwert}_{\text{Future}_{\text{kurzfristig}}}} \cdot \frac{\text{Dollar Duration}_{\text{Future}_{\text{langfristig}}}}{0,25} .$$

Für den Einsatz von Euribor-Futures und Bund-Futures erhält man unter Berücksichtigung der Kurssensitivität eines Bund-Futures (Dollar Duration) von beispielsweise 6 die folgende Spread Ratio:

$$\text{Spread Ratio} = \frac{\text{Anzahl Dreimonats} - \text{Euribor} - \text{Futures}}{\text{Anzahl Bund} - \text{Futures}} = \frac{100.000 \text{ EUR}}{1.000.000 \text{ EUR}} \cdot \frac{6}{0,25} = 2,4 \quad .$$

Bei Erwartung einer Vergrößerung der Renditedifferenz wird – entsprechend dem obigen Beispiel – der 3-M-Euribor-Future gekauft (implizite Rendite = 5%) und der Euro-Bund-Future verkauft (implizite Rendite = 7%). Das Verhältnis beträgt dabei 2,4:1. Grundsätzlich kann damit durch den Aufbau einer Position bestehend aus Bund-Futures und Dreimonats-Euribor-Futures von einer Veränderung des Renditeverhältnisses zwischen dem 3-Monats-Forward-Zinssatz und den Zinssätzen im zehnjährigen Bereich profitiert werden. Dabei wird allerdings der mittelfristige Zinsbereich ausgeklammert.

Auch zwischen dem Einmonats- und dem Dreimonats-Euribor-Future kann ein Interkontrakt Spreading erfolgreich sein. Wird beispielsweise angenommen, dass die Zinsen im sehr kurzfristigen Bereich stärker fallen als im etwas längerfristigen Bereich, so kann dies zu einem stärkeren Anstieg des 1-M-Euribor-Futures im Vergleich zum 3-M-Euribor-Future führen. Zu beachten ist hier aber, dass den Kursen der Euribor-Futures jeweils die Forward Rates zugrunde liegen, d.h. für eine erfolgreiche Spread-Strategie ist die Entwicklung der Forward Rates entscheidend.

Das folgende Beispiel soll diesen Zusammenhang verdeutlichen: Am 17. August liegen die folgenden Daten vor:

Referenzzins	Laufzeit in Tagen	Zinssatz
Euribor	30	3,600%
Euribor	60	3,750%
Euribor	120	4,000%

Tab. E.84: Zinsstruktur als Ausgangsbasis für den Geldmarkt-Future-Interkontrakt Spread

Hieraus errechnet sich eine Forward Rate für die in 30 Tagen beginnende 1-Monats-Periode (30 Tage) von 3,888%:

$$r_{FR} = \left(\frac{1 + r_2 \cdot \frac{t_2}{360}}{1 + r_1 \cdot \frac{t_1}{360}} - 1 \right) \cdot \frac{360}{(t_2 - t_1)} = \left(\frac{1 + 0,0375 \cdot \frac{60}{360}}{1 + 0,036 \cdot \frac{30}{360}} - 1 \right) \cdot \frac{360}{30} = 3,888\%$$

mit

t_1 = Anzahl der Tage bis zur Future-Fälligkeit und
t_2 = Anzahl der Tage bis zum Ende des dem Future unterliegenden Geschäfts.

Die Forward Rate für die in 30 Tagen beginnende 3-Monats-Periode (90 Tage) beträgt in diesem Beispiel 4,121%:

$$r_{FR} = \left(\frac{1+r_2 \cdot \frac{t_2}{360}}{1+r_1 \cdot \frac{t_1}{360}} - 1\right) \cdot \frac{360}{(t_2-t_1)} = \left(\frac{1+0{,}040 \cdot \frac{120}{360}}{1+0{,}036 \cdot \frac{30}{360}} - 1\right) \cdot \frac{360}{90} = 4{,}121\% \, .$$

Am 17. August sollen folgende Notierungen der Euribor-Futures vorliegen, wobei ein Bid-Ask-Spread von 2 Basispunkten unterstellt werden soll:

	Mittelkurs	Bid	Ask
1-M-Euribor-Future	96,112%	96,102%	96,122%
3-M-Euribor-Future	95,879%	95,869%	95,889%

Tab. E.85: Futurekurse als Ausgangsbasis für den Geldmarkt-Future-Interkontrakt Spread

Nunmehr soll angenommen werden, dass die Renditen im sehr kurzfristigen Bereich stärker fallen als im etwas längerfristigen Bereich bei gleichzeitiger Annahme eines stärkeren Kursanstiegs des 1-M-Euribor-Futures im Vergleich zum 3-M-Euribor-Future. Infolgedessen soll ein Spread gekauft werden, d.h. Kauf des 1-M-Euribor-Futures bei gleichzeitigem Verkauf des 3-M-Euribor-Futures. Eingesetzt werden sollen jeweils 200 Kontrakte.

	Kurs	Anzahl Kontrakte
Leg 1: Long 1-M-Euribor-Future	96,122%	200
Leg 2: Short 3-M-Euribor-Future	95,869%	200

Tab. E.86: Einzugehende Geldmarkt-Future-Interkontrakt Spread-Position

Der Spread beträgt entsprechend 50,6 Ticks:

$$\text{Spread} = \frac{(96{,}122\% - 95{,}869\%)}{0{,}005 \frac{\%}{\text{Tick}}} = 50{,}6 \text{ Ticks}$$

10 Tage später, am 27. August haben sich die Renditen entsprechend der Erwartung verändert, wie die folgenden Daten zeigen:

Referenzzins	Laufzeit in Tagen	Δ Basispunkte gegenüber dem in t_0 relevanten Zinssatz	Zinssatz
Euribor	20	-35	3,250%
Euribor	50	-20	3,550%
Euribor	110	-5	3,950%

Tab. E.87: Veränderung der Zinssätze bei Auflösung der Interkontrakt Spread-Position

Hieraus resultiert eine Forward Rate für die nunmehr in 20 Tagen beginnende 1-Monats-Periode (30 Tage) von 3,743%:

$$r_{FR} = \left(\frac{1+0,055 \cdot \frac{50}{360}}{1+0,0325 \cdot \frac{20}{360}} - 1 \right) \cdot \frac{360}{30} = 3,743\% \ .$$

Die Forward Rate für die in 20 Tagen beginnende 3-Monats-Periode (90 Tage) lautet:

$$r_{FR} = \left(\frac{1+0,0395 \cdot \frac{110}{360}}{1+0,0325 \cdot \frac{20}{360}} - 1 \right) \cdot \frac{360}{90} = 4,098\% \ .$$

Am 27. August liegen die folgenden Notierungen der Euribor-Futures vor, wobei wiederum ein Bid-Ask-Spread von 2 Basispunkten unterstellt werden soll:

	Mittelkurs	Bid	Ask
1-M-Euribor-Future	96,257%	96,247%	96,267%
3-M-Euribor-Future	95,902%	95,892%	95,912%

Tab. E.88: Futurekurse bei Auflösung der Geldmarkt-Future-Interkontrakt Spread-Position

Die Glattstellung der Spread-Position erfolgt demnach zu den nachfolgenden Kursen:

	Kurs	Anzahl Kontrakte
Leg 1: Short 1-M-Euribor-Future (Glattstellung)	96,247%	200
Leg 2: Long 3-M-Euribor-Future (Glattstellung)	95,912%	200

Tab. E.89: Glattstellung der Geldmarkt-Future-Interkontrakt Spread-Position

Der Spread beläuft sich nunmehr auf 67 Ticks und hat sich damit – wie erwartet – erhöht:

$$\text{Spread} = \frac{(96{,}247\% - 95{,}912\%)}{0{,}005 \frac{\%}{\text{Tick}}} = 67 \text{ Ticks}$$

Dies führt zu einem Gesamtgewinn von 41.000 EUR:

$$(67 \text{ Ticks} - 50{,}6 \text{ Ticks}) \cdot 12{,}5 \frac{\text{€}}{\text{Tick}} \cdot 200 = 41.000 \text{ €}.$$

Alternativ kann dieser Gesamtgewinns am 27. August auch in der folgenden Weise bestimmt werden:

	1-M-Euribor-Future	3-M-Euribor-Future
Kaufkurs	96,122%	95,912%
Verkaufskurs	96,247%	95,869%
Differenz in Ticks	25	-8,6
Tickwert (€ pro Tick)	12,50	12,50
Anzahl Kontrakte	200	200
Einzelerfolg (€)	**62.500**	**-21.500**

Tab. E.90: Erfolg der Geldmarkt-Future-Interkontrakt Spread-Position

In der Summe führt dies wiederum zu dem Gesamtgewinn von 41.000 €.

Abschließend sei darauf hingewiesen, dass mit Spread-Positionen zwar meist nur relativ geringe Spekulationsgewinne entstehen können (wenn die Spekulation aufgeht), gleichzeitig aber auch das Risiko im Vergleich zu Non-Spread-Positionen relativ gering ist. In dem obigen Beispiel würde bei einer einzelnen Long-Position im 1-M-Euribor ein hohes Zinsänderungsrisiko bestehen, wenn nämlich die Marktzinsen (1-M-Forward Rates) steigen würden. Da aber gleichzeitig eine Short-Position im 3-M-Euribor-Future eingegangen wurde, kann dieses Risiko zumindest gemildert werden, da bei steigenden 3-M-Forward Rates bei dieser Position ein Gewinn entsteht. Falls die Positionen jedoch volumensmäßig sehr groß werden, kann insgesamt das Risiko auch bei Spread-Positionen außerordentlich hoch sein, so dass die Vorgabe von Limiten bezüglich der Spread-Positionen sinnvoll erscheint.

Zu berücksichtigen ist schließlich noch, dass grundsätzlich bei Spread-Transaktionen das Basisrisiko zu beachten ist, das darin besteht, dass der Future den Bewegungen der zugrundeliegenden Anleihen nicht in der gleichen Weise folgt. In diesen Fällen könnte ein Portfoliomanager, der eine Spread-Position aufgebaut hat, zwar in der Markteinschätzung richtig liegen, trotzdem aber aufgrund des Basisrisikos einen Verlust erleiden.

ac. Basis Trading

Bei einem Basis Trade handelt es sich um einen simultanen Austausch von Kassamarktanleihen und der entsprechenden Anzahl von Futures, der zwischen zwei Marktteilnehmern vereinbart wird. Als Basis wird dabei allgemein – wie oben dargestellt – die Brutto Basis als Differenz aus dem Kurs der Kassamarktanleihe, d.h. der CTD-Anleihe und dem um den Konversionsfaktor adjustierten Zinsfuturekurs verstanden.[1]

So wird also – wie im übrigen auch bei Arbitrage-Strategien – ein gleichzeitiger Kauf bzw. Verkauf von Futures und den zugrundeliegenden Anleihen vorgenommen.[2] Während aber bei Arbitrage-Transaktionen die Positionen mit der Absicht eingegangen werden, sie bis zur Fälligkeit des Futures zu halten, wird die Position beim Basis Trade zumeist schon vor dem Liefertag aufgelöst. Insofern besteht bei einem Trade für den Marktteilnehmer die Möglichkeit, auf eine kurzfristige Fehlbewertung des Futures und eine baldige Adjustierung zu spekulieren. Erfolgt diese, so kann der Basis Trade in kurzer Zeit wieder aufgelöst werden. Damit kann also mit einem Basis Trade darauf spekuliert werden, dass sich die Basis z.B. aufgrund von Veränderungen der Zinsstrukturkurve kurzfristig verändert.

Grundsätzlich wird von einem Kauf der Basis ('Long the Basis') gesprochen, wenn Anleihen gekauft und Futures verkauft werden. Erwartet wird hierbei, dass die Basis positiver wird, d.h. dass der Preis der Kassamarktanleihe im Vergleich zum (um den Konversionsfaktor bereinigten) Futurepreis stärker ansteigt bzw. in geringerem Maße fällt als die Preise anderer Anleihen, die ebenfalls in den Future lieferbar sind. In diesen Fällen kommt es häufig zu einem Wechsel der CTD-Anleihe.

Beispielsweise könnte ein Basis-Käufer eine Leitzinserhöhung durch die Zentralbank (betrifft also vor allem den kurzfristigen Zinsbereich) und eine damit einhergehende flachere zukünftige Zinsstrukturkurve erwarten. Falls die betrachtete Anleihe eine höhere Duration als die CTD aufweist, kann davon ausgegangen werden, dass diese Anleihe im Vergleich zum Future (bzw. zur CTD) weniger an Wert verliert. Folglich wird die Basis gekauft.

---

[1] Vgl. *Bohn/Meyer-Bullerdiek* (1996a), S. 346.
[2] Zu Arbitragetransaktionen vgl. Abschnitt II.4. dieses Kapitels.

Umgekehrt handelt es sich bei einem Leerverkauf der Anleihen und einem gleichzeitigen Kauf der Futures um einen Verkauf der Basis ('Short the Basis'). Bei einer Short the Basis-Strategie kann profitiert werden, wenn die Basis negativer wird. Dies ist gleichbedeutend mit einer relativen Verringerung des Kassakurses (CTD-Anleihe) gegenüber dem um den Konversionsfaktor adjustierten Kurs des Futures.

Grundsätzlich kann neben den Arbitragemöglichkeiten und den eher spekulativen Gründen auch die Umschichtung des Exposures von einer bestehenden Kassamarktposition in eine Futuresposition oder umgekehrt ein Motiv für einen Basis Trade darstellen. Beispielsweise entsteht bei einer Long Kassaposition und einem Verkauf der Basis ('Short the Basis'), d.h. Verkauf der Kassaposition und Kauf der Futuresposition, insgesamt eine Long Futuresposition. Hierbei fließen dem Marktteilnehmer aufgrund des Verkaufs der Kassaposition liquide Mittel zu.

Zur Anwendung von Basis Trading-Strategien kann die Entwicklung der Implied Repo Rate (IRR) einen Hinweis auf die Richtung der Basisentwicklung geben. So bedeutet eine Verringerung der IRR eine Verringerung des Futurepreises im Vergleich zum Preis der Kassaposition und damit auch eine positivere Basis. Zu berücksichtigen ist aber, dass es aufgrund der Basiskonvergenz zu einem Abbau der Basis kommt, auch wenn sich die IRR nicht verändert. Daher muss immer auch der Zeitraum betrachtet werden, in dem sich die IRR ändert.

Die Komponenten eines Basis Trades sind u.a. der Futurepreis, der Preis der Kassamarktanleihe und die anzuwendende Hedge Ratio. Der Preis der Kassamarktanleihe kann in der folgenden Weise berechnet werden:

$$P_K = P_{F_v} \cdot KF + B_{B_v}$$

mit

P_{F_v} = vereinbarter tatsächlicher Preis des Futures und
B_{B_v} = vereinbarte Brutto Basis.

Die Hedge Ratio (HR), d.h. das für die Absicherung der Anleihen notwendige Gewichtungsverhältnis zwischen dem einzusetzenden Future und der Kassamarktanleihe, stellt einen wichtigen Bestandteil eines Basis Trades dar. Bei einem Basis Trade können vor allem die – später noch zu erläuternden – Verfahren „Konversionsfaktormethode" und „durationbasierte Methode" angewendet werden.

Anhand des folgenden Beispiels kann der gewinnbringende Einsatz eines Basis Trades aufgezeigt werden.[1] Den Ausgangspunkt bilden die willkürlich gewählten Marktpreise am 05.07.2018. In der untenstehenden Tabelle sind die Anleihen aufgelistet, die zu diesem Zeitpunkt in den September 2018 Euro-Bund-Future lieferbar sind. Bei der erstgenannten Bundesanleihe mit

---

[1] Vgl. *Bohn/Meyer-Bullerdiek* (1996a), S. 348f.

einem Kupon von 5,75% handelt es sich um die aktuelle CTD-Anleihe, die sowohl die höchste Implied Repo Rate als auch den niedrigsten konvertierten Forward-Preis aufweist.[1]

Liefertag des Futures sei der 10. September 2018, der aktuelle Zeitpunkt (Settlement) sei der 05.07.2018. Der Futurepreis am Markt beträgt 110,80%. Die folgenden Werte lassen sich auf dieser Basis ableiten, wobei der risikolose Zinssatz für die Zeit vom 05.07.2018 bis 10.09.2018 einheitlich 4,0% p.a. betragen soll:

Laufzeit (Jahre)	Kupon	Letzter Kupon	P_K	KF	SZ	BB	Carry	NB	IRR
9	5,75%	04.01.18	109,09%	0,98301	2,867%	0,172%	0,222%	-0,050%	4,239%
9,5	6,25%	04.07.18	113,29%	1,01706	0,017%	0,600%	0,304%	0,296%	2,597%
10	6,50%	04.01.18	115,83%	1,03601	3,241%	1,040%	0,307%	0,734%	0,689%

Tab. E.91: Bestimmung der CTD-Anleihe zu Beginn des Basis Trades

mit

KF	=	Konversionsfaktor,
P_K	=	Kurs der Anleihe,
SZ	=	Stückzinsen für die Zeit vom letzten Kupontermin bis zum 05.07.2018,
BB	=	Brutto Basis,
Carry	=	Erträge aus der Anleihe abzüglich Finanzierungskosten bis zur Futurefälligkeit,
NB	=	Netto Basis und
IRR	=	Implied Repo Rate.

Im folgenden wird ein Marktteilnehmer betrachtet, der für die kommende Zeit mit einer Erhöhung der Bruttobasis rechnet, da er von einem Rückgang der Überbewertung des Futures (der theoretische Fair Value beträgt 110,749%) ausgeht.

Dazu sei angenommen, dass der Marktteilnehmer am 05.07.2018 die Brutto Basis der aktuellen CTD-Anleihe (Laufzeit: 9 Jahre) bei einem Kurs von 0,1722% kauft. Dies ist gleichbedeutend mit dem Kauf der Anleihe zu 109,09% und dem gleichzeitigen Verkauf von 0,98301 Future-Kontrakten (entsprechend dem Konversionsfaktor), wobei somit ein Kurswert der Futuresposition am 05.07.2018 in Höhe von 108,9178% (= 110,80% · 0,98301) unterstellt wird. Dabei ist in diesem Beispiel zu berücksichtigen, dass hier aus Gründen der Genauigkeit mit sämtlichen Nachkommastellen des Konversionsfaktors gerechnet wird.

---

[1] Die Berechnung des konvertierten Forwardpreises erfolgt durch Division des Forwardpreises durch den Konversionsfaktor.

Für den Fall, dass die Erwartungen des Marktteilnehmers nach einer Woche (Settlement: 12. August 2018) tatsächlich eingetroffen sind, wird in der untenstehenden Tabelle das entsprechende Ergebnis dargestellt. Entsprechend dem dargestellten Marktszenario seien die Geldmarktzinsen um 0,40%-Punkte gestiegen bei einem leichten Anstieg der langfristigen Zinsen, was sich in entsprechenden leichten Kursverlusten der Anleihen widerspiegelt. Die Erhöhung der kurzfristigen Zinsen wirkt sich zunächst negativ auf die Basis-Trade-Position aus, da der Future hierdurch relativ teurer wird. Im Beispiel soll aber nun unterstellt werden, dass der Future unterhalb seines neuen Fair Value (110,061%) notiert. Der Futurekurs soll nunmehr 109,96% betragen:

Laufzeit (Jahre)	Kupon	Letzter Kupon	P_K	KF	SZ	BB	Carry	NB	IRR
9	5,75%	04.01.18	108,32%	0,98301	2,977%	0,228%	0,129%	0,099%	3,867%
9,5	6,25%	04.07.18	112,47%	1,01706	0,137%	0,634%	0,202%	0,432%	2,096%
10	6,50%	04.01.18	114,96%	1,03601	3,366%	1,041%	0,201%	0,840%	0,141%

Tab. E.92: Marktszenario zum Ende des Basis Trades

Die CTD-Anleihe ist weiterhin die erstgenannte Anleihe mit einem Kupon von 5,75%, da die IRR nach wie vor hier am höchsten ist. Der Preis der CTD-Anleihe ist leicht gesunken. Die Brutto Basis hat sich nunmehr auf 0,2279% erhöht.

Damit kann der Marktteilnehmer einen Ertrag in Höhe von 0,0557% erzielen, wenn die zu 0,1722% gekaufte Basis nun zu 0,2279% verkauft wird. Dieses Ergebnis kann auch über eine Einzelbetrachtung dargestellt werden, wobei zu beachten ist, dass die Anzahl einzusetzender Futures entsprechend dem Konversionsfaktor bestimmt wird:

05.07.18	Kauf 1 CTD	Verkauf von 0,98301 Futures	Gesamt
	-109,0900%	108,9178% (= 110,80% · 0,98301)	-0,1722%
12.07.18	Verkauf 1 CTD	Kauf von 0,98301 Futures	
	108,3200%	-108,0921% (= 109,96% · 0,98301)	0,2279%
Erfolg	-0,7700%	0,8257%	0,0557%

Tab. E.93: Ergebnis des Basis Trades

Hierbei ist zunächst zu berücksichtigen, dass der in der Spalte „Gesamt" aufgeführte Betrag am 05.07.2018 nicht als Zahlungsstrom vorliegt, da bei Futures – abgesehen von den Sicherheitsleistungen – bei Eingehen der Position keine Zahlungen anfallen. Der angegebene Wert deutet nur auf die Basis hin.

Darüber hinaus ist bei diesem Ergebnis aber noch zu berücksichtigen, dass das Halten der CTD-Anleihe noch Finanzierungskosten und Kuponerträge – in diesem Fall für 7 Tage – nach sich zieht. Bei Finanzierungskosten in Höhe von 0,0871% und Kuponerträgen in Höhe von 0,1103% ergeben sich damit noch Carry von 0,0232%, die dem Erfolg noch zuzurechnen sind, so dass in diesem Fall ein Gesamterfolg von 0,0789% entstehen würde, wobei allerdings auch noch die hier vernachlässigten Transaktionskosten mit einbezogen werden müssten.

Ein Basis Trade kann auch einige Risiken beinhalten.[1] Einerseits kann sich der Portfoliomanager in seiner Markteinschätzung geirrt haben. Andererseits besteht ein besonderes Risiko beim Verkauf der Basis: das sogenannte 'Short Squeeze'. Die im Rahmen der Short the Basis-Strategie leerverkaufte Anleihe muss bei Glattstellung zurückgekauft werden. Möglicherweise aber haben viele Marktteilnehmer eine Short Position in derselben Anleihe und müssen sich zur gleichen Zeit ebenfalls eindecken, oder die Anleihe weist eine nur geringe Liquidität auf, weil sie bei bestimmten Marktteilnehmern fest platziert ist. In diesen Fällen kann es dazu kommen, dass das Volumen der Positionen, die am Markt frei verfügbar sind, geringer ist als das Volumen der Positionen, die eingedeckt werden müssen. Dann spricht man von einem Short Squeeze. In der Folge können die Anleihenpreise und damit die Brutto und Netto Basis deutlich ansteigen. Theoretisch besteht bei einer Short the Basis-Strategie ein unbegrenztes Risiko, da bei einem Short Squeeze auch eine negative Implied Repo Rate vorkommen kann. Hingegen ist bei einer Long the Basis-Strategie das Risiko insofern begrenzt, als dass am Liefertag die sich im Bestand befindliche Anleihe in den Future geliefert werden kann.

Beim Short the Basis Trade verpflichtet sich der Leerverkäufer beispielsweise zur Lieferung einer Bundesanleihe im Nominalwert von 10 Mio EUR zum Preis von 98,30% bei gleichzeitigem Kauf einer entsprechenden Zahl von Bund-Future-Kontrakten zum Kurs von 98,00% von der Gegenpartei. Ziel ist offenbar die Vereinnahmung des Spreads in Höhe von 0,30%, wobei noch der Konversionsfaktor mit berücksichtigt werden muss. Die Futuretransaktion wird über die Terminbörse abgewickelt. Für den Erfolg des Basis Trades ist es erforderlich, dass sowohl die Menge als auch der abgeschlossene Futurespreis für beide Partner identisch sind. In der Praxis ist dies jedoch nicht ohne weiteres möglich; denn hierbei besteht das Risiko, dass der Future-Kauf- und -Verkaufsauftrag der beiden am Basis Trade beteiligten Parteien nicht gegeneinander ausgeführt wird, sondern nur einer der beiden Aufträge gegen den Auftrag eines Dritten zur Ausführung kommt. Eine Garantie der Ausführung der Futures zum Preis, der zwischen den beiden Parteien des Basis Trades vereinbart worden ist, ist daher nicht gegeben.

Um dieses Ausführungsrisiko zu beseitigen, wurde zunächst von der LIFFE die sogenannte Basis Trading Facility (BTF) entwickelt.[2] Dabei erhalten die beiden beteiligten Parteien die Möglichkeit des Austausches der gewünschten Menge an Futures zu einem bestimmten Preis. Als Anwender der BTF kommen neben Market Makern und Arbitrageuren auch institutionelle Investoren in Frage. Die LIFFE hat Ende Juni 1995 die BTF eingeführt.[3]

Auch in Deutschland wurde am 11. März 1996 der Regelbetrieb in der Basis Trading Funktionalität aufgenommen. Mit dieser Funktionalität wird es den Börsenteilnehmern ermöglicht, außerbörslich abgeschlossene Geschäfte in Kapitalmarkt-Futures der Eurex, denen gleichzeitig ein

---

[1] Vgl. *Diwald* (1994), S. 359.
[2] Vgl. *LIFFE* (1995).
[3] Vgl. zur BTF auch *Davey* (1995), S. 2.

Kassageschäft in festverzinslichen Anleihen gegenübersteht, an der Börse auszuführen. Die Abwicklung der hierdurch entstehenden Futurespositionen erfolgt bei der Eurex Clearing AG wie bei den an der Börse gehandelten Futures. Am 3. März 2003 wurde das OTC-Basis-Trading auch auf ausgewählte Euro-Anleihen erweitert, wobei es sich um liquide Staatspapiere der Europäischen Währungsunion handelt, die damit nicht zu den lieferbaren Anleihen in den Future zählen. Da bis zu diesem Zeitpunkt lediglich deutsche Staatsanleihen für das Basis-Trading zugelassen waren, konnte durch diesen Schritt die Flexibilität in der Ausgestaltung der Basis-Trade-Transaktionen in Kombination mit den Euro-Bund-, Euro-Bobl- und Euro-Schatz-Futures vergrößert werden. Zu berücksichtigen ist dabei, dass nur Anleihen mit einer Restlaufzeit von mindestens einem Jahr und einem Emissionsvolumen von mindestens zwei Milliarden EUR zugelassen sind.[1]

b. Trading mit Aktienindexfutures

Mit Aktienindexfutures können institutionelle Investoren, Portfoliomanager und Händler an der Grundtendenz des Aktienmarktes partizipieren. Damit bietet ein Aktienindexfuture eine Alternative zu dem Engagement in ein stark diversifiziertes Portefeuille. Die Vorteile liegen vor allem in der geringeren Kapitalbindung, den niedrigeren Transaktionskosten sowie den erweiterten Handelszeiten. Beispielsweise müsste bei einem DAX-Stand von 4.000 Punkten ein Kapital in Höhe von 100.000 € aufgewendet werden, um das dem DAX entsprechende Portfolio im gleichen Umfang wie den entsprechenden DAX-Future zu erhalten, da der DAX-Future einen Wert von 25 € pro Punkt aufweist. Beim Kauf des DAX-Futures ist aber nur ein Kapitaleinsatz in Höhe der Margin erforderlich, der wesentlich geringer ist als der notwendige Kapitaleinsatz für ein entsprechendes Kassageschäft. Dadurch ergibt sich ein sehr großer Hebel, der seinerseits hohe prozentuale Renditen ermöglicht.

Darüber hinaus lässt sich mit einem Aktienindexfuture in einer Transaktion ein faktisch gut diversifiziertes Portefeuille erwerben, wozu am Kassamarkt beispielsweise beim DAX 30 einzelne Transaktionen notwendig wären. Während der Kauf eines solchen Baskets am Kassamarkt relativ viel Zeit erfordert, können über eine Futuretransaktion große Volumina schnell erworben werden.

Der Marktteilnehmer kann mit einem Aktienindexfuture auch von einer Baisse am Aktienmarkt profitieren, indem er eine Short-Position eingeht, d.h. Futures verkauft. Dies ist zwar am Kassamarkt über die Wertpapierleihe in Deutschland auch möglich, jedoch spricht das Argument der Schnelligkeit der Transaktionsausübung auch in diesem Fall für den Einsatz von Futures.

Eine besondere Form des Trading besteht in der Ausnutzung von Preisungleichgewichten innerhalb des Terminmarktes. Treten Fehlbewertungen z.B. bei den DAX-Futures mit unterschiedlichen Fälligkeiten auf, so lassen sich durch Spread-Strategien bei Eintritt der unterstellten Erwartungen Gewinne erwirtschaften. Charakteristisch ist dabei die Unabhängigkeit der Gewinne von der Marktrichtung.

---

[1] Vgl. *Deutsche Börse AG* (2003).

Diese Art des Spread Trading wird auch als Calendar Spreading bezeichnet. Beispielsweise kann durch den gleichzeitigen Kauf und Verkauf von DAX-Kontrakten mit verschiedenen Verfallterminen ein Gewinn erzielt werden, wenn sich der Spread zwischen den jeweiligen Futurekursen verringert.

Das folgende Beispiel soll der Veranschaulichung dienen:[1]

t_0: DAX-Stand: 4.200 Punkte

Kontraktfälligkeit	März	Juni	Sept.
Futurepreis	4.225	4.267	4.310
Fair Value	4.223	4.264	4.300
theoret. Basis	23	64	100
Auf-/Abschlag	2	3	10
Gesamtbasis	25	67	110

Tab. E.94: Spread Trading mit DAX-Futures: Ausgangsbasis

t_1: DAX-Stand: 4.100 Punkte

Kontraktfälligkeit	März	Juni	Sept.
Futurepreis	4.120	4.160	4.200
Fair Value	4.119	4.158	4.193
theoret. Basis	19	58	93
Auf-/Abschlag	1	2	7
Gesamtbasis	20	60	100

Tab. E.95: Spread Trading mit DAX-Futures: Situation in t_1

In t_0 ist die größte Differenz zwischen den Auf- bzw. Abschlägen der März- und September-Kontrakte zu beobachten. Diese Differenz in Höhe von 85 (= 110 – 25) lässt sich bei Erwartung einer Spread-Verringerung durch das Spread Trading ausnutzen, indem ein September-Kontrakt verkauft und ein März-Kontrakt gekauft wird. Da sich die Differenz für den Trader positiv entwickelt hat [t_1: 80 (= 100 – 20)], wird die Position in t_1 durch die Glattstellung der Kontrakte aufgelöst. In dem Beispiel beträgt der Gewinn aus dieser Transaktion 125 EUR (der Verkauf eines Spreads zu 85 und der Kauf eines Spreads zu 80 ergeben 5 DAX-Punkte Gewinn, d.h. 125

---

[1] Vgl. dazu auch *WestLB* (1990), S. 47f.

EUR Gewinn). Davon sind 75 EUR auf die Veränderung der jeweiligen Differenz der theoretischen Basis und 50 EUR auf den stärkeren Abbau des Aufschlages auf die theoretische Basis des September-Kontrakts zurückzuführen.

Bei diesem Calendar Spread werden die Positionen glattgestellt, wenn sich die Futurekurse zugunsten des Spread Traders entwickelt haben. Da das Risiko der Marktänderung durch die Kombination von einem Kauf und einem Verkauf von Futures zu einem großen Teil neutralisiert wird, handelt es sich beim Spread Trading um ein Geschäft mit begrenztem Risiko.

Allerdings verbleibt das Risiko, dass sich die Basisdifferenz zwischen den unterschiedlichen Kontrakten in eine andere als die prognostizierte Richtung entwickelt. Kommt es im vorliegenden Beispiel zu einer Vergrößerung des Spreads, so ergeben sich Verluste. Geht der Investor jedoch von einem sich vergrößernden Spread in der Zukunft aus, so wird er die umgekehrten Transaktionen durchführen.

Neben der dargestellten Spreadstrategie können auch weitere Spreadstrategien angewendet werden. Beispielsweise werden beim sog. Butterfly Spread zwei einfache Spreads kombiniert. Dies geschieht z.B. durch den Kauf des März-Kontrakts, den gleichzeitigen Verkauf von zwei überbewerteten Juni-Kontrakten und den gleichzeitigen Kauf des September-Kontrakts.

Eine weitere Anwendungsmöglichkeit, die auch unter Trading gefasst werden kann, besteht darin, dass ein Investor, der bereits über ein Aktienportfolio verfügt, mit Hilfe von Aktienindexfutures den Beta-Faktor seines Portfolios seinen Erwartungen anpassen kann. Unterstellt man beispielsweise einen ß-Faktor des bestehenden Aktienportfolios von 0,9, und soll das Portfoliobeta auf 1,1 angehoben werden, so kann dies durch die Hinzunahme von DAX-Futures in das Portfolio erreicht werden.

Die Anzahl einzusetzender Futures bestimmt sich dabei entsprechend der Formel

$$\text{Kontraktanzahl} = \frac{\text{Portfoliowert}}{\text{Indexstand} \cdot 25} \cdot (\text{Soll ß-Faktor} - \text{Ist ß-Faktor}) \ .$$

Die Erhöhung des Portfoliobetas mit Hilfe des DAX-Futures ist relativ kostengünstig im Vergleich zu einer Umschichtung des Portfolios zugunsten von Aktien mit einem hohen ß-Faktor. Die Kosten bei letzteren Transaktionen werden sehr viel stärker ins Gewicht fallen.

4. Arbitragestrategien mit Futures

Unter Arbitrage versteht man das Ausnutzen von Preisungleichgewichten zur Erzielung eines risikolosen Gewinns (Free Lunch). Beispielsweise kann in dem Fall, dass der gleiche Terminkontrakt an zwei verschiedenen Terminbörsen gehandelt wird, bei Preisunterschieden eine Arbitrage zwischen dem an der einen Terminbörse gehandelten und dem an der anderen Terminbörse gehandelten Future vorgenommen werden, wobei an dem Ort mit dem niedrigeren Preis gekauft und an dem anderen Ort verkauft wird. Aufgrund der hohen Transparenz der heutigen Märkte kann allerdings davon ausgegangen werden, dass diese Form der Differenzarbitrage nur noch selten anzutreffen ist. Darüber hinaus kann bei Terminkontrakten häufiger eine Form der Arbitrage erfolgen, bei der Kursungleichgewichte zwischen dem Kontrakt und dem Underlying ausgenutzt werden.

Bei Überbewertung eines Futures am Markt führen die Marktteilnehmer die sogenannte Cash-and-Carry-Arbitrage aus, d.h. sie kaufen den zugrundeliegenden Gegenstand bzw. bei einem Index-Future das zugrundeliegende Portefeuille (Cash) und halten dieses bis zum Fälligkeitstag (Carry). Gleichzeitig verkaufen sie den entsprechenden Future. Am Fälligkeitstag wird das Kassainstrument in den Future geliefert bzw. die Differenz ausgeglichen. Wenn der Future überbewertet ist, so bedeutet dies, dass die Gesamtkosten für die Cash Position (Kaufpreis zuzüglich Nettofinanzierungskosten) geringer sind als der Erlös, der am Liefertag aufgrund des anfänglich überhöhten Futurepreises insgesamt angefallen ist.

Umgekehrt verhalten sich die Marktteilnehmer bei einer Unterbewertung des Futures, d.h. das Kassainstrument wird leerverkauft und der entsprechende Future gleichzeitig gekauft. Diese Transaktion wird als Reverse-Cash-and-Carry-Arbitrage bezeichnet.[1]

a. Arbitrage mit Bund- und Bobl-Futures

Im folgenden soll beispielhaft eine Cash-and-Carry-Arbitrage mit Bund-Futures gezeigt werden. Es ergeben sich zum aktuellen Zeitpunkt die folgenden Marktdaten:

Kurs des Nearby-Euro-Bund-Futures	106,50%
Laufzeit bis zur Future-Fälligkeit	80 Tage
Kupon der CTD-Anleihe	5%
Dirty Price der CTD-Anleihe	100,32%
Stückzinsen für 146 Tage (5%·146/365)	2,00%
Clean Price der CTD-Anleihe	98,32%
Konversionsfaktor der CTD-Anleihe (vereinfacht)	0,93
Geldmarktzins (Repo Rate) für 80 Tage	3,50%
Nominalwert der CTD-Anleihe	10.000.000 €

Tab. E.96: Cash-and-Carry-Arbitrage mit Euro-Bund-Futures

Aus diesen Angaben ergibt sich nach der Formel

$$P_F^{FV} = \frac{P_{CTD} + \left[(P_{CTD} + SZ) \cdot \left(r_{FF} \cdot \frac{T}{360}\right)\right] - \left[K_{CTD} \cdot \frac{T}{365}\right]}{KF_{CTD}}$$

---

[1] Vgl. *Fitzgerald* (1983), S. 139ff.; *Beilner/Mathes* (1990), S. 391f.

ein theoretischer Futurekurs (Fair Value des Futures, P_F^{FV}) von

$$P_F^{FV} = \frac{98{,}32\% + \left[(98{,}32\% + 2{,}0\%) \cdot \left(3{,}5\% \cdot \frac{80}{360}\right)\right] - \left(5\% \cdot \frac{80}{365}\right)}{0{,}93} = 105{,}381050\%.$$

Da der theoretische Fair Value des Futures unterhalb des tatsächlichen Kurses liegt, kann eine Cash-and-Carry-Arbitrage sinnvoll sein. Entsprechend kauft der Arbitrageur die CTD-Anleihe im Nominalwert von 10 Mio € und verkauft gleichzeitig 93 Euro-Bund-Futures (entsprechend dem Konversionsfaktor, wobei die noch vorzustellende durationbasierte Hedge-Ratio-Methode die Grundlage der Berechnung darstellt).

Damit ergeben sich in t_0 die folgenden zahlungswirksamen Vorgänge:

Kauf der Anleihen (Clean Price):	− 9.832.000
Stückzinsen:	− 200.000
Kreditaufnahme:	+ 10.032.000
Gesamter Zahlungsstrom:	0

Für den Future-Verkauf fallen keine Zahlungen an, wenn man – wie in dem Beispiel – davon ausgeht, dass die Marginverpflichtungen in Form von Wertpapieren hinterlegt werden können.

Zum Termin der Future-Fälligkeit sollen die folgenden beiden Szenarien unterschieden werden:[1]

(1) Der Futurekurs steht bei Fälligkeit bei 118,27956989%. Der Marktteilnehmer liefert 93 Anleihen à 100.000 EUR Nominalwert in den Future und verkauft die übrigen Anleihen zum Marktpreis in Höhe von 110%.

(2) Der Futurekurs steht bei Fälligkeit bei 102,15053763%. Der Marktteilnehmer liefert 93 Anleihen à 100.000 EUR Nominalwert in den Future und verkauft die übrigen Anleihen zum Marktpreis in Höhe von 95%.

Im ersten Szenario wird am Liefertag dem Futurekäufer der folgende Betrag in Rechnung gestellt:

$$\text{Betrag} = 93 \cdot P_F \cdot KF \cdot 100.000\,€ + \text{Stückzinsen} = 93 \cdot P_F \cdot KF \cdot 100.000\,€ + \left(93 \cdot 100.000\,€ \cdot 0{,}05 \cdot \frac{226}{365}\right)$$

$$= 10.230.000\,€ + 287.917{,}81\,€ = 10.517.917{,}81\,€.$$

---

[1] Die Angabe des Futurekurses mit derart vielen Nachkommastellen wird hier nur vorgenommen, um ein möglichst genaues Ergebnis zu erzielen.

Der Erlös aus dem Verkauf der übrigen 7 Anleihen ergibt einen Betrag von:

$$\text{Betrag} = 7 \cdot P_K \cdot 100.000€ + \left(7 \cdot 100.000€ \cdot 0,05 \cdot \frac{226}{365}\right) = 770.000€ + 21.671,23€ = 791.671,23€ \;.$$

Damit kann ein Gesamterlös aus dem Anleihenverkauf in Höhe von 11.309.589,04 € erzielt werden. Darüber hinaus ist der in t_0 aufgenommene Kredit noch zu tilgen:

Kredittilgung:	= − 10.032.000,00 €
Kreditzinsen: 10.032.000 € · 0,035 · 80/360	= − 78.026,67 €
Gesamt:	= − 10.110.026,67 €

Schließlich ist auch noch der Kontostand auf dem Margin-Konto aufgrund des täglichen Gewinn- und Verlustausgleichs mit in die Überlegungen einzubeziehen. Hier hat sich in diesem Fall ein Kontostand von insgesamt − 1.095.500 ergeben (= 93 · (106,50% − 118,279570%) · 100.000 €).

Diese Ergebnisse lassen sich zum Gesamtzahlungsstrom bei Fälligkeit des Futures zusammenfassen, wobei von möglichen Finanzierungszinsen auf dem Margin-Konto abgesehen werden soll:

Erlös Anleihenposition:	+ 11.309.589,04 €
Kredittilgung inkl. Zinsen:	− 10.110.026,67 €
Marginkonto:	− 1.095.500,00 €
Gesamt:	= + 104.062,37 €

Das erhaltene Ergebnis entspricht damit genau der Differenz zwischen Fair Value und Marktpreis des Futures bezogen auf 93 Kontrakte:

Arbitrage-Gewinn = 93 · (106,50% − 105,38104974%) · 100.000 € = 104.062,37 €.

Auch das zweite Szenario (Futurekurs bei Fälligkeit = 102,15053763%, Anleihenkurs = 95%) führt zu diesem Ergebnis, wie die folgenden Berechnungen zeigen:

- Betrag, der dem Futurekäufer am Liefertag in Rechnung gestellt wird:

$$\text{Betrag} = 93 \cdot P_F \cdot KF \cdot 100.000€ + \left(93 \cdot 100.000€ \cdot 0,05 \cdot \frac{226}{365}\right)$$
$$= 8.835.000€ + 287.917,81€ = 9.122.917,81€$$

- Erlös aus dem Verkauf der übrigen 7 Anleihen:

$$\text{Betrag} = 7 \cdot P_K \cdot 100.000€ + \left(7 \cdot 100.000€ \cdot 0,05 \cdot \frac{226}{365}\right) = 665.000€ + 21.671,23€ = 686.671,23€$$

- Gesamter Kontosaldo auf dem Margin-Konto bei Future-Fälligkeit:

  93 · (106,50% − 102,15053763%) · 100.000 € = 404.500,00 €

- Gesamtergebnis: Erlös Anleihenposition: + 9.122.917,81 €
  Kredittilgung: − 10.110.026,67 €
  Marginkonto: +   404.500,00 €

  Gesamt: = +   104.062,37 €

Wie zu erkennen ist, entsprechen sich die Ergebnisse. Die im Anschluss an die anfängliche Cash-and-Carry-Arbitrage-Transaktion vorliegende Marktentwicklung hat somit keinen Einfluss auf das Ergebnis.

Ob sich eine Cash-and-Carry-Arbitrage lohnt, kann auch mit Hilfe der IRR festgestellt werden. Nach der Formel

$$\text{IRR} = \frac{P_F \cdot KF_{CTD} + K_{CTD} \cdot \dfrac{T}{365} - P_{CTD}}{(P_{CTD} + SZ)} \cdot \frac{360}{T}$$

beträgt die IRR bei einem Futurekurs von 106,50 in t_0 8,1679%. Da dieser Wert oberhalb der aktuellen Repo Rate von 3,5% liegt, kann durch eine Cash-and-Carry-Arbitrage ein risikoloser Gewinn erzielt werden.

Bei einer Unterbewertung des Bund-Futures wird eine sogenannte Reverse-Cash-and-Carry-Arbitrage durchgeführt. Sie lohnt sich dann, wenn die IRR kleiner ist als die aktuelle Repo Rate. Auch hierbei entspricht die Anzahl einzusetzender Futures dem Konversionsfaktor der CTD-Anleihe für den relevanten Fälligkeitsmonat des Futures.

Zu beachten sind aber bei Arbitrage-Transaktionen die damit verbundenen Transaktionskosten, die in dem obigen Beispiel vernachlässigt wurden.

b. Arbitrage mit Geldmarkt-Futures

Eine Cash-and-Carry- bzw. eine Reverse-Cash-and-Carry-Arbitrage sind mit Geldmarkt-Futures, wie z.B. dem Dreimonats-Euribor-Future nicht möglich, da keine physische Lieferung erfolgen kann. Es kann aber eine Arbitrage zwischen dem Future und dem entsprechenden Nullkupon durchgeführt werden, wenn eine Fehlbewertung vorliegt.

Ausgehend von dem obigen Beispiel, bei dem ein Forward-Satz (Briefsatz) von 4,385% für einen Dreimonats-Euribor-Future und ein Forward-Satz von 4,280% auf Basis des Euribors ermittelt worden sind, ergibt sich ein Futurepreis von 95,720%.[1] Hierbei handelt es sich um einen

---

[1] Vgl. Abschnitt II.2.c. dieses Kapitels.

Mittelsatz. Werden aber Geld- und Briefkurse für die Nullkupons in die Bewertungsformel eingesetzt, so ergibt sich eine Spanne zwischen dem Forward-Satz (Geld) und dem entsprechenden Briefsatz von 4,053% zu 4,385%. Tatsächlich ist die Geld-Brief-Spanne bei den Futurekurs aber geringer. Beispielsweise würde sich – ausgehend von dem mittleren Futurekurs in Höhe von 95,720% – bei einem Bid-Ask-Spread von 6 Basispunkten eine Kursspanne von 95,69% zu 95,75% ergeben.

Falls die Marktteilnehmer nur auf den Geld- und Briefkursen der zugrundeliegenden Zinssätze handeln können, so handelt es sich bei den beiden Futurekursen um eine Bandbreite, innerhalb derer eine Arbitrage nicht möglich ist. Besteht aber die Möglichkeit, Zinssätze zu handeln, die in der Mitte zwischen Geld und Brief liegen, so kann der Futurekurs von 95,72% als Grundlage für Arbitrageüberlegungen dienen.

Beläuft sich die aktuelle Marktnotierung des Dreimonats-Euribor-Futures z.B. auf 95,46%, so kann diese Unterbewertung dadurch ausgenutzt werden, dass der Euribor-Future gekauft wird und gleichzeitig in Anlehnung an das obige Beispiel eine Anlage in Höhe von 1 Mio € für 75 Tage zu 3,5% und eine Kreditaufnahme ebenfalls in Höhe von 1 Mio € zum Zinssatz von 4,0% für 165 Tage vorgenommen werden. Als Ergebnis sollte sich pro Euribor-Future ein Arbitragegewinn von 52 Ticks · 12,50 €/Tick = 650 € ergeben, da sich die Differenz zwischen tatsächlichem Kurs und dem Fair Value auf genau 52 Ticks (95,72% - 95,46%) beläuft. Der Arbitragegewinn wird für den Zeitpunkt in 165 Tagen angegeben, da es sich hierbei um das Ende der Arbitragetransaktion handelt. Das Prinzip dieser Arbitrage wird in der folgenden Abbildung verdeutlicht:

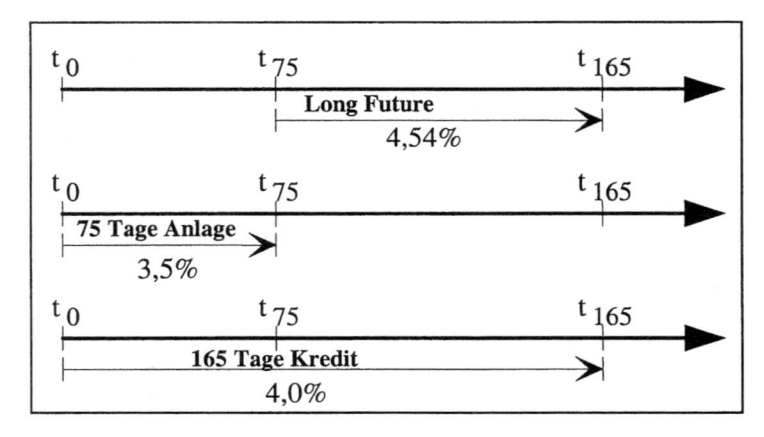

Abb. E.61: Prinzip der Future-Forward Arbitrage

Die Abbildung stellt den Fall eines zu geringen Futurekurses dar, d.h. die Anlage in t_{75} über den Future erbringt eine höhere Rendite (4,54%) als die aufgrund der Marktgegebenheiten mögliche Rendite (4,385%). Auch für den Fall eines zu hohen Futurekurses kann eine entsprechende Arbitragetransaktion durchgeführt werden. Dabei wird anstatt der Long Futureposition eine Short Futureposition bei einer Kreditaufnahme für 75 Tage und einer Anlage für 165 Tage vorgenommen.

c. Arbitrage mit DAX-Futures

Wie z.B. bei Euro-Bund- und Euro-Bobl-Futures können auch bei Fehlbewertungen des DAX-Futures entsprechende Arbitragetransaktionen durchgeführt werden. Allerdings ist der Aufbau der Cash-Position bei einer Cash-and-Carry-Arbitrage sehr problematisch, da exakte DAX-Portfolios kaum zu konstruieren sind. Lediglich mit sogenannten Index-Baskets, die aus nur wenigen hochliquiden DAX-Werten bestehen und den DAX in ihrer Zusammensetzung sehr gut nachzubilden vermögen, kann eine Cash-and-Carry-Arbitrage erfolgversprechend sein. Bei Leerverkäufen von DAX-Portfolios im Rahmen einer Reverse-Cash-and-Carry-Arbitrage kann auf die Wertpapierleihe zurückgegriffen werden. Eine solche Transaktion wird durchgeführt, wenn der DAX-Future, gemessen an seinem Fair Value, am Markt zu niedrig bewertet wird.

Das folgende Beispiel zeigt eine Cash-and-Carry-Arbitrage. Der Schlussstand des DAX beläuft sich am 20. Juni auf 5.400. Zur gleichen Zeit notiert der DAX-Future mit Verfall 18. September mit 5.500. Sein theoretisch richtiger Wert beträgt aber bei einem angenommenen Dreimonatszins von 4% lediglich 5.454:

$$P_F^{FV} = 5.400 + 5.400 \cdot 0{,}04 \cdot \frac{90}{360} = 5.454.$$

Aufgrund dieser Überbewertung werden das DAX-Portfolio gekauft und gleichzeitig der DAX-Future verkauft. Der Kapitaleinsatz soll für das DAX-Portfolio 135.000 EUR (= 5.400 Indexpunkte · 25 EUR pro Indexpunkt) betragen. Damit ergibt sich – unabhängig von der DAX-Entwicklung – ein Arbitragegewinn von 1.150 EUR, wie die folgende Tabelle zeigt. Dabei ist zu beachten, dass der Wert eines DAX-Futures dem 25fachen der Futurenotierung beträgt.

18. September (Verfalltermin)	DAX = 5.700 DAX-Future = 5.700	DAX = 5.300 DAX-Future = 5.300
Kassaerfolg	+ 7.500 EUR*	- 2.500 EUR
Futureerfolg	- 5.000 EUR**	+ 5.000 EUR
Zinsaufwand	- 1.350 EUR***	- 1.350 EUR
Gesamterfolg	+ 1.150 EUR	+ 1.150 EUR
*	= (5.700 – 5.400) · 25 EUR	
**	= (5.500 – 5.700) · 25 EUR	
***	= 135.000 EUR · 0,04 · 90/360	

Tab. E.97: Cash-and-Carry-Arbitrage mit DAX-Futures

Wie schon bei den Arbitragestrategien mit Bund- und Bobl-Futures gezeigt wurde, kann auch bei der Überprüfung auf Abitragemöglichkeiten beim DAX-Future auf die Implied Repo Rate (IRR) zurückgegriffen werden. Ihre Berechnung ist hierbei sehr einfach, da keine Dividendenerträge berücksichtigt werden müssen. Für das obige Beispiel gelangt man unter Verwendung der Formel

$$IRR = \left(\frac{P_F - P_I}{P_I}\right) \cdot \frac{360}{T} = \left(\frac{P_F}{P_I} - 1\right) \cdot \frac{360}{T}$$

mit

T = Restlaufzeit des Futures,
P_F = Stand des Aktienindex-Futures und
P_I = Stand des Aktienindex

zu folgendem Ergebnis:

$$IRR = \left(\frac{5.500}{5.400} - 1\right) \cdot \frac{360}{90} = 7{,}41\%\,.$$

Da dieser Wert oberhalb des Finanzierungssatzes (Repo Rate) von 4% liegt, ist eine Cash-and-Carry-Arbitrage möglich. Insgesamt gesehen sind den Möglichkeiten zur Arbitrage in der Praxis einige Grenzen gesetzt. Vor allem die damit verbundenen Transaktionskosten lassen Arbitrage lediglich für gewisse Gruppen institutioneller Marktteilnehmer lukrativ erscheinen. Auch die notwendigen Marktvolumina sind i.d.R. bei Privatanlegern nicht groß genug, um Arbitragetransaktionen durchzuführen.

5. Hedging mit Futures

a. Grundlagen und Systematisierungsansätze

Unter Hedging mit Futures wird die Absicherung einer bestehenden oder noch aufzubauenden Position gegen unerwünschte Marktentwicklungen durch das Eingehen einer adäquaten Gegenposition verstanden. Dabei besteht das Ziel, die Gewinne der einen Position durch die Verluste der anderen Position zu kompensieren. Diese als traditionell bezeichnete Sichtweise des Hedging ist durch die Zielsetzung charakterisiert, das Risiko einer Kassaposition zu minimieren.[1]

Hedging-Strategien lassen sich grundsätzlich in die folgenden Arten differenzieren:

Handelt es sich bei der abzusichernden Position um einen bereits im Bestand des Hedgers befindlichen Kassatitel, so spricht man von einem Cash Hedge, andernfalls liegt ein 'Anticipatory Hedge' vor. Weiterhin lässt sich eine Differenzierung in Abhängigkeit davon vornehmen, ob die Dauer der Hedge-Periode zum Absicherungszeitpunkt bereits genau bekannt ist (sog. Strong Hedge) oder nicht (Weak Hedge). Im letzteren Fall ist das Ziel des Hedgers die erfolgreiche Absicherung zu jedem Zeitpunkt, z.B. auf einer täglichen bzw. wöchentlichen Grundlage, wobei das genaue Hedge-Ende variieren kann. Infolgedessen wird der Strong Hedge auch als Spezialfall des Weak Hedge angesehen.

---

[1] Vgl. *Berger* (1990), S. 28.

Wird ein Cash Hedge zur Absicherung einer Wertpapierposition durchgeführt, so handelt es sich um einen Short Hedge, bei dem Futures verkauft werden. Werden hingegen zukünftige Käufe von Wertpapieren durch einen Anticipatory Hedge abgesichert, so wird ein Long Hedge (Kauf von Futures) vorgenommen, da eine Absicherung gegen das Risiko steigender Kurse erfolgen soll.

Darüber hinaus kann eine weitere Differenzierung von Hedging-Strategien vorgenommen werden im Hinblick darauf, ob eine weitgehende Übereinstimmung der abzusichernden Kassaposition mit dem einzusetzenden Future vorliegt. Stimmen beide überein, spricht man von einem Pure Hedge. In diesem Fall ist von einer hohen Korrelation zwischen Futurepreis- und Kassapreisentwicklung auszugehen. Weichen die beiden Finanztitel hinsichtlich der wesentlichen Ausstattungsmerkmale, wie z.B. bei Anleihen die Restlaufzeit, Kuponhöhe und Bonität des Emittenten, stark voneinander ab, so handelt es sich um einen Cross Hedge. Diese Definition lässt sich insofern abwandeln, als dass beim Hedging mit Zinsfutures erst dann ein Cross Hedge vorliegt, wenn die abzusichernde Anleihe nicht in den Future lieferbar ist. Beim Hedging mit Aktienindexfutures ergibt sich in jedem Fall, in dem ein mit dem zugrundeliegenden Index nicht übereinstimmendes Portefeuille abgesichert werden soll, ein Cross Hedge.

Schließlich lassen sich zur Absicherung mehrerer Einzelpositionen mit unterschiedlicher Restlaufzeit, verschiedene Hedging-Strategien unterscheiden. Wird nur eine Terminposition zur Deckung des gesamten Absicherungsbedarfs eingegangen, so handelt es sich um die einfachste Form des Hedgings, einen One-off-Hedge. In diesem Fall wird ein Fälligkeitstermin gewählt, der hinter dem Ende der letzten offenen Kassaposition liegt. Die Futureposition wird entsprechend den Fälligkeiten der Kassatitel angepasst. Dagegen erfolgt bei einem Strip-Hedge zu Beginn der Hedging-Transaktion eine Anpassung der Futures-Fälligkeiten an die Absicherungszeiträume der einzelnen Kassapositionen. Auch in diesem Fall werden für die jeweiligen Positionen Futures eingesetzt, die erst nach der jeweiligen Hedge-Laufzeit fällig werden.

Bei einem sogenannten Rolling-Strip-Hedge werden nur die nächstfälligen Futures zu Hedging-Zwecken eingesetzt. Zunächst wird die gesamte abzusichernde Position mit dem Nearby Future abgesichert. Bei Eintritt der ersten Veränderung der gesamten Kassaposition nach einem Future-Fälligkeitstermin wird die Hedge-Position aufgelöst und die gesamte offene Position erneut mit dem Nearby Future gehedgt. Eine weitere Form des Hedging, der Rolling-Hedge, sichert zunächst nicht die gesamte Kassaposition ab, sondern nur diejenigen Teilbeträge der Kassaposition, die vor der Fälligkeit des Nearby Futures aufgelöst werden. Zum Auflösungszeitpunkt erfolgt die Glattstellung der Futureposition und die Absicherung des nächsten Teilbetrages mit dem dann aktuellen Nearby Future.

Abschließend sei noch auf einen sogenannten Perfect Hedge verwiesen. Von einem solchen wird häufig gesprochen, wenn ein vollkommener Ausgleich zwischen der Wertentwicklung der Kassa- und der Terminposition erreicht worden ist. Ein derartiges Ergebnis ist in der Praxis aber kaum zu erzielen, da sich Kassa- und Futureposition i.d.R. unterschiedlich entwickeln.

Am Beginn einer Hedging-Transaktion steht ihre sorgfältige Planung. Zunächst gehört dazu die Festlegung der Hedge-Zielsetzung und die Bestimmung der zu hedgenden Kassapositionen. Darüber hinaus erfolgt in dieser Phase die Auswahl des Terminkontraktes mit einer passenden

Fälligkeit sowie die Bestimmung der entsprechend der Zielsetzung optimalen Hedge Ratio. Schließlich ist noch die Ermittlung des Finanzierungsbedarfs von Bedeutung, um Vorkehrungen für ausreichende Liquiditätsreserven zu treffen, da zwischenzeitliche Zahlungen aufgrund des Marking-to-Market von Futures fällig werden können.

Von diesen Elementen kommt für den Erfolg einer Hedging-Maßnahme vor allem der Ermittlung der Hedge Ratio eine zentrale Bedeutung zu. Die Hedge Ratio entspricht dem zu Beginn der Hedging-Transaktion zu bestimmenden Gewichtungsverhältnis zwischen dem absichernden und dem abzusichernden Instrument. Mit Hilfe dieses Gewichtungsverhältnisses kann die Anzahl der einzusetzenden Futures bestimmt werden. Sie ergibt sich für Zinsfutures wie folgt:

$$q = HR \cdot \frac{\text{Nominalwert der Kassaposition}}{\text{Nominalwert der Futuresposition}}$$

mit

q = Anzahl einzusetzender Futures und
HR = Hedge Ratio.

Für Aktienindexfutures ergibt sich q aus dem Ausdruck

$$q = HR \cdot \frac{\text{Kurswert der Kassaposition}}{\text{Kurswert des Indexes}}.$$

b. Hedging mit Zinsfutures

Hedging kann als das am meisten verbreitete Motiv zur Anwendung von Zinsfutures charakterisiert werden. Besitzer von Anleihen wollen sich gegen das Zinsänderungsrisiko absichern. Investoren, die in der Zukunft eine Zinsanlage tätigen wollen, versuchen sich das aktuelle Zinsniveau zu sichern.

Sollen beispielsweise langfristige Bundesanleihen im Bestand gegen Zinssteigerungen abgesichert werden, so kann dies mit Hilfe eines Short Hedges durch den Verkauf von Euro-Bund-Futures erfolgen. Der dabei zu erwartende Ertrag der abgesicherten Position entspricht – sofern es sich bei der abzusichernden Anleihe um die CTD-Anleihe handelt – der Geldmarktverzinsung, da die Gesamtposition (Long CTD und Short Bund-Future) grundsätzlich risikolos ist. Eine Short-Future-Position entspricht prinzipiell einer CTD-Short-Position und einer gleichzeitigen Long-Position im Geldmarkt, da die aus dem Verkauf der CTD erhaltenen Gelder bis zur Fälligkeit des Futures am Geldmarkt angelegt werden können. Im Ergebnis ergibt sich daher aus Long CTD und Short Bund-Future in der Summe eine Long-Position im Geldmarkt.[1]

---

[1] Vgl. *Eller* (1999), S. 374.

Zu beachten ist beim Hedging das Basisrisiko, wobei zunächst das Brutto-Basisrisiko betrachtet wird. Der Ertrag des Hedgings ist u.a. abhängig von der Entwicklung der Brutto-Basis. So wirkt sich eine sich verstärkende Basis positiv für den Hedger aus, da dieser Fall beispielsweise dann vorliegt, wenn bei konstantem Anleihepreis der Futurepreis fallen würde:

$$B_B = P_{CTD} - P_F \cdot KF_{CTD} \quad \uparrow$$

mit

B_B = Brutto Basis.

Umgekehrt wirkt sich eine sich abschwächende Basis negativ auf den Erfolg eines Short Hedges aus.

Die Ursachen für das Brutto-Basisrisiko z.B. beim Hedging der CTD-Anleihe lassen sich in erwartete und unerwartete Ursachen aufteilen. Erwartet werden kann insbesondere die Verringerung der Carry, da sich die Restlaufzeit des Futures kontinuierlich verringert. Insofern wird sich auch die Basis verringern. Allerdings können auch unerwartete Veränderungen der Carry auftreten, z.B. aufgrund von Veränderungen der Repo Rate oder aufgrund eines Wechsels der CTD-Anleihe. Darüber hinaus kann sich die Brutto Basis unerwarteterweise ändern, weil sich die Netto Basis verändert. So würde beispielsweise ein Future-Verkauf bei einer positiven Netto Basis (was gleichbedeutend mit einem unterbewerteten Future ist) zu einem relativ geringeren Hedge-Erfolg führen, wenn bei Glattstellung der Position der Future wieder korrekt oder sogar zu hoch bewertet ist. Letzteres würde dann zu einer negativen Netto Basis führen.

Darüber hinaus ist noch das Cross Hedge Basisrisiko zu beachten, das immer dann entsteht, wenn die abzusichernde Anleihe nicht der CTD-Anleihe entspricht. Die Cross-Hedge-Basis kann wie folgt ausgedrückt werden:[1]

$$\text{Cross-Hedge-Basis} = \underbrace{P_{CTD} - P_F \cdot KF_{CTD}}_{\text{Brutto-Basis}} + \underbrace{P_K - P_{CTD}}_{\text{K-CTD-Basis}} = P_K - P_F \cdot KF_{CTD}$$

mit

P_K = Preis der abzusichernden Anleihe,
P_{CTD} = Preis der CTD-Anleihe und
P_F = Preis des Futures.

Als Ursachen für die Veränderung der Kassaanleihe-CTD-Basis (K-CTD-Basis) lassen sich mögliche Unterschiede in den Laufzeiten der Anleihen (z.B. Kassaanleihe = Bundesanleihe mit einer Restlaufzeit von 8 Jahren bei einer Restlaufzeit der CTD-Anleihe von 9,5 Jahren) oder auch unterschiedliche Emittenten und damit Bonitäten (z.B. Kassaanleihe = Corporate Bond gegenüber einer Bundesanleihe als CTD) identifizieren. Darüber hinaus kann auch die Liquidität in beiden Anleihen unterschiedlich sein.

---

[1] Vgl. *Eller* (1999), S. 377f.

Der Absicherungserfolg von Hedging-Maßnahmen wird maßgeblich durch die Hedge Ratio determiniert. Die verschiedenen Verfahren zur Ermittlung der Hedge Ratio bei Zinsfutures werden im folgenden dargestellt.

Nominalwertmethode

Entsprechend der mit Rücksicht auf den geringen Berechnungsaufwand auch als naive Methode bezeichneten Nominalwertmethode wird von einem Hedger ausgegangen, der Futurepositionen in gleichem Umfang, aber mit umgekehrten Vorzeichen zu den abzusichernden Kassapositionen aufbaut. Ziel ist die gegenseitige Kompensation der Gewinne und Verluste, wobei unterstellt wird, dass die zum Beginn der Hedge-Periode ermittelte Hedge Ratio auf der Basis der Wertäquivalenz zwischen beiden Positionen zur Erreichung dieses Ziels ausreicht. Die Hedge Ratio (HR) nimmt in diesem Fall immer den absoluten Wert eins an. Bei Shortpositionen wird dieser Wert mit einem negativen Vorzeichen versehen, das auf den Verkauf der Futures hindeutet, andernfalls liegt eine Long Position vor.

Eine vollständige Absicherung mit Hilfe dieses Verfahrens kann allerdings nicht erwartet werden, weil eine konstante Basis unterstellt wird. Da eine Parallelentwicklung von Kassa- und Futurekursen eher unwahrscheinlich ist, führt die Nominalwertmethode im allgemeinen nicht zu einer vollständigen Risikoabsicherung. Vielmehr besteht lediglich die Möglichkeit, das Risiko zu reduzieren. Aufgrund seiner Einfachheit findet dieses Verfahren zur Bestimmung der Hedge Ratio in der Praxis häufig Anwendung. In empirischen Untersuchungen wird es insbesondere zu Vergleichszwecken mit anderen Hedge-Ratio-Verfahren eingesetzt.

Kurswertmethode

Ähnlich wie die Nominalwertmethode zählt auch die Kurswertmethode zu den einfachen Hedge-Ratio-Verfahren. Dabei wird die Hedge Ratio direkt aus dem Verhältnis zwischen den Kurswerten der Kassa- (P_{Kt_0}) und der Terminposition (P_{Ft_0}) abgeleitet:

$$HR = -\frac{P_{Kt_0}}{P_{Ft_0}} \ .$$

Damit erfolgt gegenüber der Nominalwertmethode insofern eine Verbesserung, als dass die Annahme identischer Preise aufgegeben wird. Jedoch kann aufgrund der Basiskonvergenz für die Realität nicht unterstellt werden, dass die aktuellen Preisverhältnisse von Kassa- und Futureinstrument konstant bleiben bzw. einen geeigneten Maßstab für das Verhältnis möglicher Preisveränderungen von Kassa- und Futuretitel darstellen. Positiv zu bewerten ist allerdings, dass dieses Verfahren nur mit einem geringen Berechnungsaufwand für die Hedge Ratio verbunden ist.

Konversionsfaktormethode

Eine weitere, zu den einfachen Verfahren zählende Methode der Hedge-Ratio-Ermittlung beruht auf Konversionsfaktoren, die daneben auch im Rahmen der Ermittlung der Cheapest-to-Deliver-Anleihe benötigt werden, um die bei Fälligkeit des Futures jeweils lieferbaren Anleihen und das Underlying des Zinsfutures renditemäßig vergleichbar zu machen. Damit lassen sich Konversionsfaktoren als ein Maß für die unterschiedliche Preisreagibilität der beiden Instrumente interpretieren. Aus diesem Grund erfolgte eine Übertragung des Konversionsfaktorsystems auch auf das Hedging. Das abzusichernde Kassainstrument wird dabei an das Underlying des Futures angepasst. Infolgedessen beruht die Absicherung in diesem Fall auf dem Konversionsfaktor der zu hedgenden Anleihe. Die Hedge Ratio entspricht dabei diesem mit einem negativen Vorzeichen versehenen Konversionsfaktor und kann entsprechend beschrieben werden als

$$HR = -KF_K$$

mit

KF_K = Konversionsfaktor des abzusichernden Kassainstruments.

Als Verbesserung gegenüber der Nominalwertmethode werden bei der Konversionsfaktormethode die unterschiedlichen Preisreagibilitäten von Kassa- und Futureinstrument zumindest berücksichtigt, so dass auch die Möglichkeit eines Cross Hedges mit in die Überlegungen einbezogen wird. Allerdings wird dabei unterstellt, dass diese Reagibilitäten in korrekter Form durch den Konversionsfaktor abgebildet werden können.

Dem Vorteil des geringen Berechnungsaufwandes bei diesem Hedge-Ratio-Verfahren steht allerdings der Nachteil der Unterstellung einer flachen Zinsstrukturkurve in Höhe der Nominalverzinsung des Underlyings gegenüber. Daher führt dieses Verfahren aus theoretischer Sicht nur dann zu akzeptablen Ergebnissen, wenn auch eine entsprechende flache Zinsstruktur am Markt beobachtet werden kann. Andernfalls weichen die Kursentwicklungen von Anleihen mit verschiedenen Laufzeiten und Nominalverzinsungen bei einer gegebenen Marktzinsänderung teilweise deutlich voneinander ab.

Durationbasierte Methode

In den oben vorgestellten Verfahren wird die unterschiedliche Preisreagibilität von Kassa- und Futureposition nicht ausreichend berücksichtigt. Infolgedessen wurde zur Erfassung dieser Preisreagibilitäten auch die Berücksichtigung der Duration bei der Hedge-Ratio-Berechnung vorgeschlagen.

Aus der Interpretation der Duration als Elastizitätskennzahl kann die Eignung dieser Kennzahl als Maß für zinsänderungsbedingte Kurswertänderungen von festverzinslichen Wertpapieren abgeleitet werden. Der Vorteil der Verwendung der Duration zur Abschätzung von Kursänderungsrisiken gegenüber einer finanzmathematischen Barwertermittlung für verschiedene Zinsszenarien besteht in der Zusammenfassung derjenigen Determinanten zu einer Größe, von denen das Ausmaß der Kurswertänderung bei einer gegebenen Marktzinsänderung abhängt. Dazu zählen insbesondere die Kuponhöhe, die Restlaufzeit und das aktuelle Zinsniveau. Darüber hinaus ist die Duration in dieser Form vergleichsweise einfach zu berechnen. Als Nachteil der Duration als Maß für zinsänderungsbedingte Kurswertrisiken ist die Annahme einer flachen Zinsstrukturkurve zu nennen, die im Falle einer Zinsänderung parallel verschoben wird. Zusätzlich wird unterstellt, dass lediglich eine einmalige infinitesimal kleine Zinsänderung erfolgt.

Für einen Future selbst kann grundsätzlich keine Duration ermittelt werden, da der Future als solches keine Anleihe darstellt, sondern lediglich das Underlying repräsentiert. Infolgedessen hat ein Future selbst auch keinen tatsächlichen Wert, da sein Kauf/Verkauf, abgesehen von Margin-Zahlungen nicht mit Ausgaben verbunden ist. Allerdings wird häufig die Duration des Underlyings bzw. der CTD-Anleihe verwendet, da sich der Futurepreis auch als Barwert des Zahlungsstroms des Underlyings bzw. der CTD-Anleihe interpretieren lässt. In diesem Fall ist bei der Hedge-Ratio-Ermittlung zusätzlich noch der entsprechende Konversionsfaktor zu berücksichtigen, um die Cheapest-to-Deliver-Anleihe und das Underlying vergleichbar zu machen.

Wird darüber hinaus eine konstante Renditespanne zwischen dem Kassainstrument und dem Future unterstellt, d.h. von gleichen Erwartungswerten der Zinsänderungen Δr_K und Δr_F ausgegangen, so lässt sich die Hedge Ratio in der folgenden Weise berechnen:

$$HR = -\frac{D_K \cdot P_K \cdot (1+r_F)}{D_F \cdot P_F \cdot (1+r_K)} .$$

mit

D_K, D_F = (erwartete) Duration der abzusichernden Anleihe bzw. des Futures,
r_K, r_F = Umlaufrendite der abzusichernden Anleihe bzw. des Futures und
P_K, P_F = Preis der abzusichernden Anleihe bzw. des Futures.

Darüber hinaus kann noch der erwartete Zusammenhang zwischen der Rendite des abzusichernden Kassatitels und der des Futures in der Formel berücksichtigt werden. Er lässt sich über eine Regression bestimmen. Dabei stellt der sogenannte relative Zinsvolatilitätsfaktor bzw. das Rendite- oder Yield-Beta als Regressionskoeffizient die Steigung der Regression dar und kann als ß$_Y$ bezeichnet werden:

$$E(\Delta r_K) = ß_Y \cdot E(\Delta r_F) + e$$

mit

$E(\Delta r_K)$ = Erwartungswert von Δr_K,
ß$_Y$ = Yield-Beta und
e = Residualgröße der Regression.

Damit wird die Annahme einer während der Absicherungsperiode konstanten Spanne zwischen den Renditen des abzusichernden Kassa- und denen des Futureinstruments aufgegeben. Um den

Zusammenhang zwischen dem Kassainstrument und der CTD-Anleihe herzustellen, ist entsprechend das Yield-Beta dieser lieferoptimalen Anleihe zu ermitteln. Unter Berücksichtigung dieser Aspekte kann die Hedge Ratio wie folgt dargestellt werden:

$$HR = -\frac{D_K^{mod} \cdot P_K}{D_F^{mod} \cdot P_F} \cdot ß_Y$$

mit

D^{mod} = (erwartete) modifizierte Duration.

Im Hinblick darauf, dass der Future selbst grundsätzlich keine Duration besitzt und lediglich die CTD-Anleihe als das den Futurepreis bestimmende Instrument einem Zinsänderungsrisiko ausgesetzt ist, lässt sich die Hedge Ratio wie folgt berechnen:

$$HR = -\frac{D_K^{mod} \cdot P_K}{D_{CTD}^{mod} \cdot P_{CTD}} \cdot ß_{YCTD} \cdot KF_{CTD}$$

mit

D_{CTD}^{mod} = (erwartete) modifizierte Duration der CTD-Anleihe,
P_{CTD} = Preis der CTD-Anleihe,
$ß_{YCTD}$ = Yield-Beta der CTD-Anleihe und
KF_{CTD} = Konversionsfaktor der CTD-Anleihe.

Werden in die Formeln jeweils die Dirty Prices eingesetzt, d.h. die Kurse der Anleihen inklusive der aufgelaufenen Stückzinsen, so kann beispielsweise die letzte Formel auch mit Hilfe der Dollar Duration ausgedrückt werden:

$$HR = -\frac{DollarDuration_{Anleihe\,K}}{DollarDuration_{CTD-Anleihe}} \cdot ß_{YCTD} \cdot KF_{CTD}.$$

Darüber hinaus kann auch die Konvexität als erste Ableitung der Duration in die Formel für die Hedge Ratio integriert werden:[1]

$$HR = -\frac{0,5 \cdot C_K \cdot (\Delta r)^2 - D_K^{mod} \cdot \Delta r}{0,5 \cdot C_{CTD} \cdot (\Delta r)^2 - D_{CTD}^{mod} \cdot \Delta r} \cdot ß_{YCTD} \cdot KF_{CTD} \ .$$

mit

C = Konvexität.

---

[1] Zur Konvexität vgl. Kapitel A.

Gegenüber der obigen Formel erfolgt die Berechnung der Hedge Ratio aufgrund der Berücksichtigung der Konvexität in einer etwas genaueren Weise. Dennoch spielt die Konvexität erst bei größeren Renditeveränderungen eine Rolle, so dass bei kleineren Veränderungen die Abschätzung mit der Dollar Duration hinreichend präzise sein dürfte.

Basis Point Value-Methode

In der Praxis wird häufig die Basis Point Value-Methode zur Bestimmung der Hedge Ratio verwendet. Der Basis Point Value (BPV) zeigt die absolute Wertänderung des Anleihekurses (ΔP) bei Veränderung des Zinsniveaus (Δr) um einen Basispunkt (0,01%) an.

Die entsprechende Hedge Ratio ermittelt sich dann wie folgt, wobei hier wiederum der Konversionsfaktor und das Yield Beta der CTD-Anleihe berücksichtigt werden:

$$HR = -\frac{BPV_K}{BPV_{CTD}} \cdot \beta_{YCTD} \cdot KF_{CTD}$$

mit

BPV_K = Basis Point Value der abzusichernden Kassaanleihe und
BPV_{CTD} = Basis Point Value der CTD-Anleihe.

Während beim durationbasierten Ansatz die minimale Veränderung der Rendite betrachtet wird, geht es bei der Basis Point Value-Methode um die Renditeänderung von einem Basispunkt. Wird zur Abschätzung der Preisveränderung auf die Durationskennzahl zurückgegriffen, so entsprechen sich die Hedge Ratios nach der BPV- und der durationsbasierten Methode.

Regressionskoeffizienten-Methode

Als weitere Hedge Ratio wird der Regressionskoeffizient einer linearen Kleinste-Quadrate-Einfachregression angeführt, wobei die Wertveränderungen der Kassaposition die abhängige (Regressand) und die Wertveränderungen der Futureposition die unabhängige Variable (Regressor) darstellen.

Im Vergleich zur Korrelationsanalyse, die den Grad des Zusammenhangs zwischen zwei Merkmalen untersucht, versucht die Regressionsanalyse, diese Zusammenhänge näher zu spezifizieren. Sie unterstellt dabei eine eindeutige Richtung des Zusammenhangs zwischen den Variablen.

Bei der Regressionsanalyse stellt sich die Frage, welcher Anteil einer Gesamtabweichung, d.h. der Abweichung des tatsächlichen Wertes vom Mittelwert der abhängigen Variablen, durch die unabhängige Variable erklärt werden kann und welcher Anteil als unerklärtes Residuum verbleibt. Das Ziel besteht in der Ermittlung einer linearen Funktion, die einen möglichst großen Teil der Gesamtabweichungen erklärt. Die eindeutige Festlegung einer optimalen Regressionsgeraden ist durch die Minimierung der Summe der Quadrate der einfachen Abweichungen möglich. Aus diesem Grund wird diese Methode als Methode der Kleinste-Quadrate-Regression (OLS – Ordinary Least Squares) bezeichnet. Die Regressionsgleichung für die Wertveränderung der Kassaposition kann wie folgt ausgedrückt werden:

$$\Delta P_K = a + b \cdot \Delta P_F + e$$

mit

ΔP_K	=	Wertveränderung der Kassaposition,
ΔP_F	=	Wertveränderung der Futureposition,
a	=	absolutes Glied der Regressionsfunktion / Regressionskonstante,
b	=	Regressionskoeffizient (Steigung der Geraden) und
e	=	Residualgröße als Abweichung der tatsächlichen von den errechneten Werten.

Der Regressionskoeffizient stellt in der Gleichung die Hedge Ratio dar. Diese wird hier aus den Daten einer vergangenen Periode bestimmt. Für eine zukünftige Periode kann der ermittelte Wert nur dann der optimalen Hedge Ratio entsprechen, wenn der ausgewählte Future bei der Regression der tatsächlichen (zukünftigen) Werte die maximale Korrelation mit der Kassaposition aufweist und die künftigen Werte für ΔP_K und ΔP_F im gleichen Verhältnis wie in der vergangenen Periode miteinander verbunden sind. Entsprechend ist für die Qualität der zum Hedge-Beginn ermittelten Hedge Ratio erforderlich, dass die vergangenen Werte von ΔP_K und ΔP_F gute Schätzwerte für die künftige Periode darstellen.

Erfolgversprechend ist vor allem, die Stichprobe auf der Basis der Kassa- und Futurekurse unmittelbar vor dem Hedge-Beginn durchzuführen. Gleichzeitig sollte der zeitliche Stichprobenumfang der voraussichtlichen Absicherungsdauer in etwa entsprechen.[1]

Als problematisch kann sich erweisen, dass die entsprechenden Zeitreihen z.B. aufgrund der Ausgabe neuer Futures oder der Investition in eine neu emittierte Anleihe nicht verfügbar sind. Beim Hedging mit Zinsfutures stellt zudem die zum Fälligkeitszeitpunkt lieferoptimale Anleihe das eigentlich relevante Termininstrument dar, das in der Regression zu verwenden wäre. Da die CTD-Anleihe aber beim Abschluss eines Futuregeschäfts noch nicht endgültig bekannt ist, kann diesbezüglich lediglich eine Annahme getroffen werden.

Laufzeitmethode zur Absicherung mit Futures auf kurzfristige Zinstitel

Auch bei einem Hedge mit Futures auf kurzfristige Zinstitel geht es um das Ziel, die Wertveränderungen der Kassaposition durch die Wertveränderungen der Futureposition auszugleichen. Dabei ist vor allem auf die Laufzeitunterschiede zwischen dem abzusichernden Zins und dem Zins, der dem jeweiligen Future zugrunde liegt, abzustellen. Beispielsweise ist eine Position, die eine Laufzeit von drei Monaten hat, unempfindlicher gegenüber Zinsänderungen als eine Sechsmonatsposition. Die Zinsreagibilität verhält sich in diesen Fällen in linearer Weise zu der Zeitpe-

---

[1] Vgl. *Berger* (1990), S. 412.

riode, die der jeweilige Zinssatz umfasst. Auf das Konzept der Duration übertragen, entspricht die Duration von kurzfristigen, unterjährigen Geldmarkteinlagen – wie bei Zerobonds – der Laufzeit. Unter Berücksichtigung dieser Aspekte ergibt sich die Hedge Ratio wie folgt:

$$HR = \frac{\text{Laufzeit}_{\text{abzusichernder Zins}}}{\text{Laufzeit}_{\text{Zins des Futures}}}.$$

Zur Berechnung der Anzahl einzusetzender Futures ist die optimale Hedge Ratio noch mit dem Quotienten aus den Nominalwerten zu multiplizieren.

Abschließend soll ein Beispiel die Vorgehensweise beim Hedging mit Euro-Bund-Futures aufzeigen. Ein Portfoliomanager hält am 05.10.2012 eine Bundesanleihe mit einer Restlaufzeit von 9 Jahren, einem Nominalzins von 7% und einem Nominalwert von 20 Mio € im Bestand. Die Anleihe notiert bei 103,33%, ihre Modified Duration beläuft sich auf 6,58. Für die kommenden 4 Monate werden Zinssteigerungen befürchtet. Der Euro-Bund-Future März 2013 notiert bei 96,20%. Darüber hinaus liegen die folgenden Angaben vor:

- D_{CTD}^{mod} = 7,28
- P_{CTD} = 96,41%
- $ß_{YCTD}$ = 1,0356
- KF_{CTD} = 0,99957.

Zur Absicherung sind entsprechend Euro-Bund-Futures zu verkaufen. Ihre Anzahl kann wie folgt ermittelt werden, wobei hier auf die nächsthöhere ganze Zahl aufgerundet werden soll (Over-Hedge):[1]

$$q = HR \cdot \frac{\text{No min alwert der Kassaposition}}{\text{No min alwert der Futuresposition}} = HR \cdot \frac{20.000.000\,€}{100.000\,€} = HR \cdot 200$$

$$HR = -\frac{D_K^{mod} \cdot P_K}{D_{CTD}^{mod} \cdot P_{CTD}} \cdot ß_{YCTD} \cdot KF_{CTD} = -\frac{6,58 \cdot 103,33\%}{7,28 \cdot 96,41\%} \cdot 1,0356 \cdot 0,99957 = -1,002776.$$

Entsprechend werden am 05.10.2012 insgesamt 201 Kontrakte verkauft (q = - 200,56).

Wird in diesem Beispiel die Basis Point Value-Methode zur Bestimmung der Hedge Ratio herangezogen, so sind zunächst die Basis Point Values der abzusichernden Anleihe und der CTD-Anleihe zu bestimmen. Steigt beispielsweise die Marktrendite um 0,01%-Punkte, d.h. um einen Basispunkt, so ergibt sich für die abzusichernde Anleihe ein neuer Kurs von 103,2601%. Wird davon der aktuelle Kurs in Höhe von 103,3281% abgezogen, ergibt sich ein Basis Point Value

---

[1] Hierbei wird unterstellt, dass die Restlaufzeiten der abzusichernden Kassaanleihe und der CTD-Anleihe genau 9 bzw. 10 Jahre sein sollen, so dass sich Clean Price und Dirty Price entsprechen.

von -0,0680%. Der Basis Point Value der CTD-Anleihe beläuft sich entsprechend auf -0,0702% (= 96,3354% − 96,4056%). Hieraus resultiert die folgende Hedge Ratio:

$$HR = -\frac{BPV_K}{BPV_{CTD}} \cdot \text{ß}_{YCTD} \cdot KF_{CTD} = -\frac{-0,0680\%}{-0,0702\%} \cdot 1,0356 \cdot 0,99957 = -1,0027139.$$

Die hieraus resultierende Anzahl zu verkaufender Futures in Höhe von 201 Kontrakten entspricht der Vorgehensweise nach dem durationbasierten Ansatz.

Nach einem starken Zinsanstieg notiert 4 Monate später der Euro-Bund-Future März 2013 bei 86,50% und die Anleihe im Portfolio bei 93,91%. Unter Vernachlässigung von Transaktionskosten und Sicherheitsleistungen entsteht bei Glattstellung der Position zu diesem Zeitpunkt das folgende Gesamtergebnis:

Im Anleihen-Portfolio hat sich in dem betrachteten Zeitraum ein Verlust in Höhe von 1.884.000 € ergeben [= (93,91% − 103,33%) · 20.000.000 €]. Dieser negative Wert wird durch die Futureposition mehr als ausgeglichen, da sich die gesamte Variation Margin aus der Futureposition auf + 1.949.700 € beläuft [= (96,20% − 86,50%) · 100.000 € · 201]. Werden noch die Stückzinsen der Kassaposition für 4 Monate in Höhe von 466.667 € mit einbezogen, so ergibt sich in diesem Fall ein Gesamtgewinn von 532.367 €.

c. Hedging mit Aktienindexfutures

Aktienindexfutures können zur Absicherung gegen das nicht diversifizierbare (also das systematische) Risiko eines Aktienportefeuilles eingesetzt werden. Voraussetzung dafür ist, dass es sich bei dem dem Future unterliegenden Aktienindex um einen guten Schätzwert für das Marktportefeuille handelt. Die wesentliche Frage ist auch hier, in welchem Umfang Aktienindexfutures eingesetzt werden sollen.

Auch hier kann – wie bei Zinsfutures – die Hedge Ratio über eine Regression zwischen den Aktienportefeuille- und den Futurepreisänderungen geschätzt werden. Damit ergibt sich als Hedge Ratio das Beta des Aktienportefeuilles im Verhältnis zum Future. Die Stärke des linearen Zusammenhangs zwischen beiden wird ebenfalls durch den Korrelationskoeffizienten gemessen. Bei keiner exakten linearen Beziehung kommt es allerdings zu Schwankungen des Betas im Zeitablauf.

Das Betarisiko besteht zum einen aus dem Schätzrisiko. Zum anderen beinhaltet es das Risiko, das daraus entsteht, dass zwischen dem zu hedgenden Portefeuille und dem Future keine Korrelation von eins besteht. Während ersteres sich evtl. durch anspruchsvollere Verfahren der Betaschätzung reduzieren lässt, ist letzteres auf die verbleibenden Einzelrisiken in einem nicht vollständig diversifizierten Portefeuille zurückzuführen.

Darüber hinaus wird in der Literatur eine Hedge Ratio angegeben, die sich aus dem Produkt aus dem Beta des Portefeuilles in Relation zum Index (dem Underlying des Futures) und dem Beta dieses Indexes in Relation zum Terminkontrakt ergibt:[1]

$$HR = -\beta_{PI} \cdot \beta_{IF}$$

mit

β_{PI} = Beta des Portefeuilles in Relation zum Index und
β_{IF} = Beta des Indexes in Relation zum Terminkontrakt.

Auch nach dieser Methode können letztlich nur Portefeuilles, die eine hohe Korrelation mit dem jeweiligen Underlying des Indexfutures aufweisen, erfolgreich abgesichert werden. Für einzelne Aktien ist die Absicherung mit Optionen auf die jeweilige Aktie besser geeignet.

Anhand eines Beispiels soll die Vorgehensweise bei der Absicherung eines Aktienportfolios mit Hilfe des DAX-Futures aufgezeigt werden: Ein Portfoliomanager hält in t_0 das folgende Aktienportfolio im Bestand:

DAX-Aktie	Anzahl	Kurs	Beta
A	80.000	25	1,2
B	70.000	30	0,8
C	100.000	15	0,6
D	60.000	40	0,7

Tab. E.98: Ausgangsdaten zum Beispiel-Hedging mit DAX-Futures

Da er für die nächste Zeit mit fallenden Kursen rechnet, gleichzeitig aber ein direkter Verkauf des Aktienportfolios nicht in Frage kommt, möchte er sein Portfolio durch den Verkauf von DAX-Futures für die kommenden 2 Monate vor Kursverlusten schützen. Der Deutsche Aktienindex (DAX) steht in t_0 bei 4.100. Der in 3 Monaten fällige DAX-Future notiert zu 4.150. Als Hedge Ratio soll der Betafaktor des Aktienportfolios herangezogen werden. Das Portfolio-Beta kann wie folgt bestimmt werden:

Aktie	Anzahl	Kurs	Wert	Beta	Gewichtung	Beta gewichtet
A	80.000	25	2.000.000	1,2	25,00%	0,3000
B	70.000	30	2.100.000	0,8	26,25%	0,2100
C	100.000	15	1.500.000	0,6	18,75%	0,1125
D	60.000	40	2.400.000	0,7	30,00%	0,2100
Gesamt			8.000.000			0,8325

Tab. E.99: Bestimmung des Portfolio-Betas

---

[1] Vgl. *Fabozzi/Peters* (1989), S. 216. Zur Herleitung vgl. *Meyer* (1994b), S. 423ff.

Bei einem Portfolio-Beta von 0,8325 beträgt die Anzahl zu verkaufender DAX-Futures 65 Kontrakte (Over-Hedge aufgrund der Aufrundung):

$$q = \frac{\text{abzusichernder Betrag}}{\text{Indexstand} \cdot \text{Indexmultiplikator}} \cdot \beta = \frac{8.000.000 \text{ EUR}}{4.100 \cdot 25 \text{ EUR}} \cdot 0,8325 = 64,9756098.$$

Nunmehr soll der Portfoliowert zwei Monate später nur noch 7.326.000 € betragen, so dass sich ein Verlust von 674.000 € ergeben hat. Auch der Kurs des DAX-Futures sei gefallen und betrage nunmehr 3.710. Da der Portfoliomanager nicht mehr mit weiteren Kursverlusten rechnet, entscheidet er sich für die Glattstellung der Futuresposition. Die gesamte Variation Margin beträgt zu diesem Zeitpunkt + 715.000 € [= (4.150 - 3.710) · 65 · 25 €]. Als Gesamtergebnis aus der Hedge-Transaktion resultiert damit – unter Vernachlässigung von Transaktionskosten und Sicherheitsleistungen – ein Gewinn von + 41.000 €. Dies entspricht einer Verzinsung von

$$\frac{41.000 \text{ EUR}}{8.000.000 \text{ EUR}} \cdot \frac{12 \text{ Monate}}{2 \text{ Monate}} = 3,0750\% \text{ p.a.}$$

Dieses Beispiel lässt sich auch auf andere Aktienindex-Futures übertragen.

d. Hedging mit Devisen-Futures

Devisen-Futures können zur Absicherung von Währungsbeträgen herangezogen werden. Mit Hilfe des folgenden Beispiels soll das Hedging mit Devisen-Futures aufgezeigt werden: Abgesichert werden soll am 14.01.2020 eine USD-Forderung in Höhe von 10 Mio USD gegen Kursverluste des USD gegenüber dem EUR. Der aktuelle Devisen-Kassakurs beläuft sich auf 1,0526 USD/EUR. Entsprechend sollen EUR/USD-Futures gekauft werden, die einen Nominalwert von 125.000 EUR aufweisen und in USD notieren. In diesem Falle würde ein gegenüber dem USD ansteigender EUR-Kurs zu Gewinnen in der Futureposition führen, während die abzusichernde Position an Wert verliert. Die Notierung des am 17.03.2020 fälligen Futures beläuft sich auf 1,05095 USD/EUR und ergibt sich auf der Basis der aktuellen Zinsstruktur:[1]

$$\frac{1 + \text{Nullkupon}_{USD} \cdot \frac{63}{360}}{1 + \text{Nullkupon}_{EUR} \cdot \frac{63}{360}} \cdot DKK = \frac{1 + 0,017 \cdot \frac{63}{360}}{1 + 0,026 \cdot \frac{63}{360}} \cdot 1,0526 \text{ USD/EUR} = 1,050950 \text{ USD/EUR}.$$

Die Anzahl zu kaufender Kontrakte ergibt sich wie folgt, wobei hier das einfache Nominalwertprinzip herangezogen werden soll:[2]

---

[1] Vgl. Abschnitt II.2.d. in diesem Kapitel.
[2] Vgl. *Schierenbeck* (2001b), S. 216.

$$\frac{\text{Nominalwert Kassaposition}}{\text{Nominalwert Futuresposition}} = \frac{9.500.285,01\,\text{EUR}}{125.000\,\text{EUR}} = 76,0022801 = 76\,\text{Kontrakte}$$

mit

$$\text{Nominalwert Kassaposition} = \frac{10.000.000\,\text{USD}}{1,0526\,\text{USD/EUR}} = 9.500.285,01\,\text{EUR}.$$

21 Tage später, am 04.02.2020 sei der Devisen-Kassakurs auf 1,0695 USD/EUR angestiegen. Damit beträgt der Wert der Kassaposition nunmehr nur noch

$$\text{Nominalwert Kassaposition} = \frac{10.000.000\,\text{USD}}{1,0695\,\text{USD/EUR}} = 9.350.163,63\,\text{EUR}.$$

Die USD-Position hat somit einen Wertverlust in Höhe von 150.121,38 € erlitten. Der Futurekurs am 04.02.2020 beträgt bei leicht gesunkenen Zinssätzen

$$\frac{1 + 0,0165 \cdot \frac{42}{360}}{1 + 0,0255 \cdot \frac{42}{360}} \cdot 1,0695\,\text{USD / EUR} = 1,068380\,\text{USD/EUR}.$$

Bis zu diesem Zeitpunkt hat sich auf dem Margin-Konto der Futureposition damit ein Kontosaldo von insgesamt

76 · 125.000 EUR · (1,068380 USD/EUR − 1,050950 USD/EUR) = 165.591,57 USD

ergeben. Umgerechnet zum aktuellen Devisenkurs führt dies zu einem Wert von 154.830,83 € (= 165.591,57 USD / 1,0695 USD/EUR). Hierbei ist allerdings zu berücksichtigen, dass die Erträge üblicherweise im Laufe der Zeit angefallen sind und damit die Umrechnung zu den jeweiligen Devisenkursen an den Tagen der Marginkonto-Gutschriften herangezogen werden müssten. Wird dennoch der Gewinn von 154.830,83 € zugrunde gelegt, ergibt sich ein Gesamtgewinn von

- 150.121,38 EUR + 154.830,83 EUR = 4.709,45 EUR.

Hingewiesen werden kann darauf, dass dieser Erfolg u.a. dadurch entsteht, dass die EUR-Zinsen oberhalb der USD-Zinsen liegen und somit für die USD-Forderung weniger Zinserträge vereinnahmt werden können, als wenn der Betrag in EUR angelegt worden wäre, obwohl die USD-Forderung vollständig gegen Wertverluste gegenüber dem EUR abgesichert worden ist und damit grundsätzlich einer EUR-Position entspricht. Weiterhin ist bei dieser Absicherungs-Transaktion zu berücksichtigen, dass die Kontraktanzahl nicht exakt dem mathematischen Ergebnis entsprach, sondern gerundet wurde.

e. Portfoliotheoretische Überlegungen beim Hedging mit Financial Futures

Die oben beschriebene traditionelle Sichtweise des Hedgings ist durch die Zielsetzung charakterisiert, das Risiko einer Kassaposition zu minimieren. Nutzenerwartungen der einzelnen Marktteilnehmer unter gleichzeitiger Berücksichtigung von Erträgen der gesamten, aus Futures und Kassainstrumenten bestehenden Position werden dabei nicht einbezogen. Vor diesem Hintergrund lassen sich auch portfoliotheoretische Überlegungen auf das Hedging mit Futures übertragen. Dabei kann das Ziel verfolgt werden, durch die Hinzufügung von Futures in ein Portefeuille dessen Varianz zu minimieren bzw. das Portefeuille optimal unter Risiko- und Ertragsgesichtspunkten zu gestalten.[1]

Ausgangspunkt ist die Überlegung, dass Investoren aus den gleichen Risiko-Ertrags-Erwägungen heraus Terminkontrakte in ein Portefeuille einbeziehen wie auch andere Wertpapieranlagen. Somit werden die Marktteilnehmer die Entscheidungen über die Einbeziehung von Futures ebenfalls aufgrund des erwarteten Ertrages und des Ertragsrisikos, das als Varianz der Erträge gemessen wird, treffen. In Abweichung von der Portfoliotheorie von Markowitz werden Kassa- und Futurepositionen allerdings nicht als gegenseitig substituierbar angesehen. Vielmehr wird die Anzahl der Kassatitel als Konstante vorgegeben. Damit entscheidet der Investor gemäß seinen Erwartungen lediglich über die Höhe der Futureposition in Relation zur vorgegebenen Kassaposition.[2] Gewählt wird grundsätzlich die Anzahl einzusetzender Futures, die den Erwartungsnutzen des Marktteilnehmers maximiert.

Durch den Varianzminimierungsansatz kann die Hedge Ratio analytisch aus der Zielsetzung der Minimierung der Varianz des gesamten, aus Kassa- und Futurepositionen bestehenden Portfolios, abgeleitet werden.[3] Bei diesem Ansatz handelt es sich um einen speziellen Fall der Portfoliotheorie; denn die Ausgangsposition ist ein Marktteilnehmer, der das Portfolio mit der geringsten Varianz wünscht. Die Erzielung eines bestimmten Ertrages wird dabei nicht berücksichtigt. Vor dem Hintergrund kapitalmarkttheoretischer Überlegungen kann in diesem Fall nicht davon ausgegangen werden, den erwarteten Ertrag der Kassaposition zu erreichen, da sich das erwartete Risiko der gesamten Position gegenüber dem der Kassaposition verringert und dementsprechend eine geringere Rendite zu erwarten ist.

Auch in Anlehnung an die Sharpe-Ratio wurden Hedging-Ansätze entwickelt.[4] Unterstellt wird, dass die Investoren die Möglichkeit haben, verschiedene Anlage-Kombinationen aus einem risikobehafteten Kassatitel, einer risikofreien Anlage und einem Future vorzunehmen. Der Umfang dieser Positionen wird dabei simultan festgelegt. Im Rahmen einer Optimierungsstrategie besteht das Ziel in der Maximierung der Sharpe-Ratio. Aus dieser Zielsetzung kann auch die Anzahl einzusetzender Futures abgeleitet werden.[5]

---

[1] Vgl. *Meyer-Bullerdiek* (1998), S. 718ff.
[2] Vgl. *Johnson* (1960), S. 142ff.; *Lypny* (1988), S. 704.
[3] Zur analytischen Herleitung vgl. *Meyer* (1994a), S. 110ff.
[4] Vgl. *Nelson/Collins* (1985), S. 45ff.
[5] Auf der Basis ähnlicher Zielvorstellungen wie der Ansatz auf der Grundlage der Sharpe-Ratio ist auch ein weiterer Ansatz entwickelt worden. Vgl. *Howard/D'Antonio* (1984), S. 101ff., *Howard/D'Antonio* (1986), S. 25ff.

III. Portfoliomanagement mit Forward Rate Agreements (FRAs)

1. Grundlagen von Forward Rate Agreements

Die außerbörslich gehandelten Forward Rate Agreements (FRAs) zählen neben den börsennotierten Zinsfutures ebenfalls zu den unbedingten Zinstermingeschäften. Nach den Zinsswaps und den Zinsoptionen stellen FRAs das drittgrößte Segment im (außerbörslichen) OTC-Markt für derivative Zinsprodukte dar. Das Volumen weltweit ausstehender FRA-Nominalwerte betrug Ende Dezember 2002 insgesamt 8.792 Milliarden USD.[1]

Bei einem FRA handelt es sich um eine individuelle, nicht standardisierte und damit nicht börsenfähige Vereinbarung zwischen zwei Marktteilnehmern über eine Zinsfestschreibung auf eine fiktive Einlage für eine in der Zukunft liegende Zinsperiode, die als Contract Period bezeichnet werden kann.[2] Die Vereinbarung bezieht sich auf einen Nominalwert, wobei der Betrag aber nicht ausgetauscht wird. Es erfolgt also keine effektive Anlage bzw. Kreditgewährung, so dass beim Abschluss eines FRAs keine Angaben über tatsächlich eingegangene Geldgeschäfte gemacht werden müssen. Entsprechend beinhaltet ein FRA eine beiderseitige vertragliche Verpflichtung zu einer Zinsausgleichszahlung zwischen dem vereinbarten FRA-Zinssatz und dem am Referenztag gültigen Marktzinssatz für ein Geldgeschäft, das der Laufzeit und dem Nominalbetrag des FRAs entspricht. Zwischen Käufer und Verkäufer werden beim Abschluss des FRA-Vertrages Vereinbarungen getroffen über Währung, Nominalbetrag, Referenzzinssatz, FRA-Zinssatz, Beginn und Ende der Contract Period sowie den Tag des FRA-Fixings. Grafisch kann der zeitliche Ablauf eines FRAs wie folgt dargestellt werden:

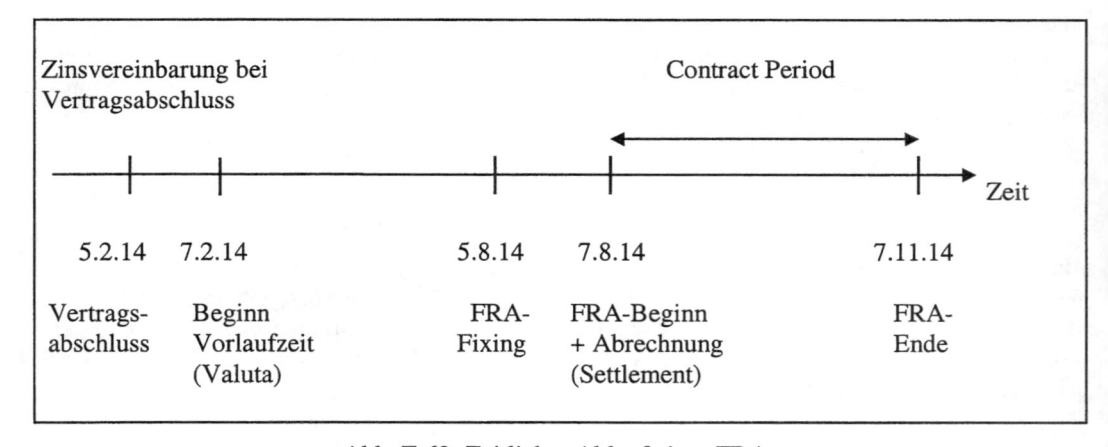

Abb. E.62: Zeitlicher Ablauf eines FRAs

---

[1] Hierbei handelt es sich nur um Kontrakte in einer einzigen Währung. Die ausstehenden Nominalbeträge von Zinsswaps beliefen sich weltweit per Ende Dezember 2002 auf 79.161 Mrd. USD und von OTC-Zinsoptionen auf 13.746 Mrd. USD. Vgl. *BIZ* (2003), S. 37.

[2] Vgl. *Maier* (1988), S. 475.

So schreibt beispielsweise ein 6-9 Monats-FRA (kann auch als 6x9-FRA ausgedrückt werden) den Zins fest, der in 6 Monaten für eine 3-Monats-Einlage gezahlt werden muss, wobei die Vorlaufzeit in der Abbildung mit einer Valuta von 2 Geschäftstagen beginnt. In dem Vertrag wird vorgesehen, dass zu Beginn der Contract Period die Differenz zwischen dem vertraglich festgeschriebenen Zinssatz (FRA- oder Contract Rate) und dem dann aktuellen Referenzzinssatz auf die fiktive Einlage (z.B. Euribor) festgestellt wird. Dieses Fixing findet gewöhnlich zwei Bankarbeitstage vor Beginn der Contract Period statt, kann jedoch auch am gleichen Tag („same day") vorgenommen werden (z.B. im Sterling-Markt).

Liegt der Referenzzinssatz über dem FRA-Satz, so erhält der Käufer des FRAs (Long-Position) die Ausgleichszahlung; liegt er unter dem festgeschriebenen Niveau, erfolgt die Zahlung an den Verkäufer (Short-Position) des Kontrakts.

Zu Beginn der Contract Period wird die Differenz zwischen dem Fixing-Satz, d.h. dem dann aktuellen Referenzzinssatz, und dem FRA-Satz abgezinst (mit dem Fixing-Satz) und bar abgerechnet. Diese Abzinsung ist erforderlich, da die sog. Ausgleichszahlung bereits zu Beginn der Contract Period erfolgt, während üblicherweise bei Geldaufnahmen bzw. -anlagen die Zinsen erst am Ende der Laufzeit, d.h. nachschüssig gezahlt werden. Durch den Barausgleich werden kostenintensive Liquiditätsbewegungen vermieden und Informationskosten zur Beurteilung und Überwachung der Bonität der Kontraktpartner reduziert.

Der Abrechnungsbetrag (Settlement Sum) ergibt sich in der folgenden Form. Dabei gibt das Vorzeichen die Geldflussrichtung aus Käuferperspektive an:

$$A = NW \cdot \frac{(\text{Re ferenzzinssatz} - r_{FR}) \cdot \frac{\text{Tage}_{FRA}}{360}}{1 + \text{Re ferenzzinssatz} \cdot \frac{\text{Tage}_{FRA}}{360}}$$

mit

A = Abrechnungsbetrag,
NW = Nominalwert und
r_{FR} = Forward Rate bzw. FRA-Satz.

Sollte der Referenzzins unter den Kontraktzins (r_{FR}) fallen, liegt ein negatives Vorzeichen der Ausgleichszahlung vor. Die Berechnung der Ausgleichszahlung wird anhand des folgenden Beispiels aufgezeigt. Im Hinblick auf das Absicherungsmotiv strebt der Käufer eines FRAs eine Absicherung gegen steigende Zinsen an, während sich der Verkäufer gegen fallende Zinsen schützen will.

Beispiel:

FRA-Satz (r_{FR}): 4%
Tage$_{FRA}$: 91
Nennwert: 10.000.000 EUR
Euribor (= Referenzzins) am Zinsfeststellungstag (FRA-Fixing): 4,5%

$$\text{Abrechnungsbetrag} = A = 10.000.000 \text{ EUR} \cdot \frac{(0,045 - 0,040) \cdot \frac{91}{360}}{1 + 0,045 \cdot \frac{91}{360}}$$

$$= 12.496,74 \text{ EUR}$$

Da der Absicherungsbetrag ein positives Vorzeichen aufweist, steht er dem Käufer zu und ist vom Verkäufer des FRAs zu zahlen.

2. Bestimmung der Forward Rate

Die Forward Rate bzw. der FRA-Satz (r_{FR}) ergibt sich für die unterjährige Bestimmung durch die folgende Rechnung:[1]

$$\left[1 + r_1 \cdot \frac{t_1}{360}\right] \cdot \left[1 + r_{FR} \cdot \frac{t_{FR}}{360}\right] = \left[1 + r_2 \cdot \frac{t_2}{360}\right], \text{ wobei } t_2 = t_1 + t_{FR}$$

$$\Leftrightarrow r_{FR} = \left(\frac{1 + r_2 \cdot \frac{t_2}{360}}{1 + r_1 \cdot \frac{t_1}{360}} - 1\right) \cdot \frac{360}{t_{FR}}$$

mit

r_1 = Zinssatz für die kurze Laufzeit, z.B. für 6 Monate (z.B. 182 Tage),
r_2 = Zinssatz für die lange Laufzeit, z.B. für 9 Monate (z.B. 273 Tage),
t_1 = Anzahl der Tage der kurzen Laufzeit, z.B. 6 Monate (z.B. 182 Tage),
t_2 = Anzahl der Tage der langen Laufzeit, z.B. 9 Monate (z.B. 273 Tage) und
t_{FR} = Anzahl der Tage der Contract Period, z.B. 3 Monate (z.B. 91 Tage).

---

[1] Zur Ermittlung von Forward Rates im überjährigen Bereich vgl. *Meyer-Bullerdiek* (2003), S. 298ff.

Falls beispielsweise der 6-M-Euribor (r_1) bei 3,50% und der 9-M-Euribor bei 3,60% liegen, würde sich die folgende Forward Rate ergeben:

$$r_{FR} = \left(\frac{1 + 0{,}036 \cdot \frac{273}{360}}{1 + 0{,}035 \cdot \frac{182}{360}} - 1 \right) \cdot \frac{360}{91} = 3{,}73393\% = \text{FRA-Satz} .$$

Bei dieser Vorgehensweise sind Geld- und Briefkurse noch nicht mit einbezogen. Wird allerdings in der obigen Formel ein Bid-Ask-Spread von 4 Basispunkten beim Euribor berücksichtigt, so kann bei einem 6-M-Euribid von 3,46% und einem 9-M-Euribor von 3,60% der folgende Briefsatz der Forward Rate bestimmt werden, der praktisch die Zinsobergrenze darstellt:

$$r_{FR}^{Brief} = \left(\frac{1 + \text{Euribor}_{9M} \cdot \frac{273}{360}}{1 + \text{Euribid}_{6M} \cdot \frac{182}{360}} - 1 \right) \cdot \frac{360}{91} = \left(\frac{1 + 0{,}036 \cdot \frac{273}{360}}{1 + 0{,}0346 \cdot \frac{182}{360}} - 1 \right) \cdot \frac{360}{91} = 3{,}813297\% .$$

Die entsprechende Zinsuntergrenze, d.h. der Geldsatz der Forward Rate beläuft sich bei einem 6-M-Euribor von 3,50% und einem 9-M-Euribid von 3,56% auf

$$r_{FR}^{Geld} = \left(\frac{1 + \text{Euribid}_{9M} \cdot \frac{273}{360}}{1 + \text{Euribor}_{6M} \cdot \frac{182}{360}} - 1 \right) \cdot \frac{360}{91} = \left(\frac{1 + 0{,}0356 \cdot \frac{273}{360}}{1 + 0{,}035 \cdot \frac{182}{360}} - 1 \right) \cdot \frac{360}{91} = 3{,}616017\% .$$

Demnach müsste die Quotierung 3,62% – 3,81% lauten, damit keine risikolosen Gewinne im Rahmen einer Arbitrage-Transaktion erzielt werden können. Bei der Größe dieser Spanne erscheint eine Orientierung an den Kursen der jeweiligen Futures auf kurzfristige Zinstitel sinnvoller (z.B. 3-M-Euribor-Future). Berücksichtigt man bei dem oben berechneten FRA-Satz von 3,73%, der auf Basis des Euribor berechnet worden ist, den unterstellten Bid-Ask-Spread von 4 Basispunkten, so kann dies zu der Quotierung von 3,69% – 3,73% führen.

Allerdings lässt sich über den Mittelwert aus Geld-Forward Rate und Brief Forward Rate der gleiche (im Nachkommastellenbereich allerdings leicht abweichende) Wert bestimmen: Der Mittelwert beträgt in diesem Fall 3,714657% [= 0,5 · (3,616017% + 3,813297%)], der im übrigen fast genau übereinstimmt mit der Forward Rate, die sich auf Basis der Eurimean-Sätze von 3,48% (6 Monate) und 3,58% (9 Monate) ergibt. Bei einem Bid-Ask-Spread von 4 Basispunkten führt dies wiederum zur FRA-Quotierung von 3,69% – 3,73%.

Als problematisch kann sich in der Praxis grundsätzlich erweisen, dass nur für bestimmte Laufzeiten Euribor-Zinssätze vorliegen. Für die anderen, eher ungebräuchlichen Laufzeiten kann aber wiederum die lineare Interpolation herangezogen werden, so dass die Forward Rate mit Hilfe der folgenden Formel bestimmt wird:

$$r_{FR} = \left[\frac{1 + \left(r_{2_u} + \frac{r_{2°} - r_{2_u}}{t_{2°} - t_{2_u}} \cdot (t_2 - t_{2_u}) \right) \cdot \frac{t_2}{360}}{1 + \left(r_{1_u} + \frac{r_{1°} - r_{1_u}}{t_{1°} - t_{1_u}} \cdot (t_1 - t_{1_u}) \right) \cdot \frac{t_1}{360}} - 1 \right] \cdot \frac{360}{t_{FR}}$$

mit

t_1 = Vorlaufzeit bis zum Beginn der Contract Period in Tagen,
t_2 = Gesamtlaufzeit in Tagen, d.h. $t_1 + t_{FR}$,
t_{1_u} = Laufzeit des Euribors für die kürzere Laufzeit („untere" Laufzeit) – bezogen auf den Beginn der Contract Period,
$t_1°$ = Laufzeit des Euribors für die längere Laufzeit („obere" Laufzeit) – bezogen auf den Beginn der Contract Period,
r_{1_u} = Euribor-Satz für die kürzere Laufzeit – bezogen auf den Beginn der Contract Period,
$r_1°$ = Euribor-Satz für die längere Laufzeit – bezogen auf den Beginn der Contract Period.

Anhand des nachfolgenden Beispiels soll die Bestimmung der Forward Rate auf Basis der Euribor-Sätze aufgezeigt werden:

	Datum	Symbol	Anzahl Tage
aktueller Tag	20.10.2014	t_0	0
Beginn der Contract Period	05.02.2015	t_1	108
Laufzeit 3-M-Euribor	20.01.2015	t_{1_u}	92
Laufzeit 4-M-Euribor	20.02.2015	$t_1°$	123
3-M-Euribor	3,00%	r_{1_u}	---
4-M-Euribor	3,10%	$r_1°$	---
Laufzeit der Contract Period	05.02.2015 bis 05.05.2015	t_{FR}	89
Ende der Contract Period	05.05.2015	t_2	197
Laufzeit 6-M-Euribor	20.04.2015	t_{2_u}	182
Laufzeit 7-M-Euribor	20.05.2015	$t_2°$	212
6-M-Euribor	3,30%	r_{2_u}	---
7-M-Euribor	3,40%	$r_2°$	---
Usance Zinstageberechnung	Actual/360		---

Tab. E.100: Bestimmung der Forward Rate bei ungebräuchlichen Laufzeiten

Die Forward Rate beträgt entsprechend der obigen Formel 3,678%:

$$r_{FR} = \left[\frac{1+\left(0,033+\dfrac{0,034-0,033}{212-182}\cdot(197-182)\right)\cdot\dfrac{197}{360}}{1+\left(0,030+\dfrac{0,031-0,030}{123-92}\cdot(108-92)\right)\cdot\dfrac{108}{360}}-1\right]\cdot\dfrac{360}{89}=3,678412\%.$$

In dieser Formel stehen in den Klammerausdrücken im Zähler und im Nenner jeweils die interpolierten Euribor-Sätze für die Gesamtlaufzeit (3,35%) bzw. für die Vorlaufzeit (3,0516%). Somit führt auch deren direkte Verwendung zur Forward Rate:

$$r_{FR} = \left(\frac{1+r_2\cdot\dfrac{t_2}{360}}{1+r_1\cdot\dfrac{t_1}{360}}-1\right)\cdot\dfrac{360}{t_{FR}} = \left(\frac{1+0,0335000\cdot\dfrac{197}{360}}{1+0,0305161\cdot\dfrac{108}{360}}-1\right)\cdot\dfrac{360}{89}=3,678412\%.$$

3. Quotierung von FRAs

Aufgrund der Möglichkeit der individuellen Ausgestaltung bieten FRAs den Marktteilnehmern in bezug auf den Betrag und die Laufzeit eine große Flexibilität. Bei FRA-Gesamtlaufzeiten von 2 bis zu 24 Monaten können die Vorlaufzeiten von FRAs von 1 Monat bis zu 23 Monaten (beim 1-M-Euribor als Referenzzins) bzw. bis zu 12 Monaten (beim 12-M-Euribor als Referenzzins) betragen.[1]

Die höchste Liquidität liegt im Laufzeitbereich bis zu einem Jahr, wobei auch gebrochene Laufzeiten vorkommen können, bei denen die Vorlaufzeiten bis zur Fälligkeit der jeweiligen Geldmarkt-Futures andauern. In diesen Fällen entsprechen sich grundsätzlich die Contract Period und die dem Future unterliegende Zinsperiode, wobei allerdings noch auf mögliche Differenzen bzgl. der Tagezählung hinzuweisen ist; denn die dem Future unterliegende Zinsperiode umfasst regelmäßig 90 Tage, während bei der Contract Period die tatsächliche Anzahl der Tage herangezogen wird.

In den gängigen Laufzeiten werden FRA-Sätze von FRA-Anbietern wie z.B. Banken oder Broker quotiert, wobei Geld- und Briefkurse angegeben werden. Die folgende Tabelle zeigt beispielhafte FRA-Quotierungen (in % p.a), wobei die Sätze willkürlich gewählt sind:

---

[1] FRAs können aber auch noch längere Gesamtlaufzeiten aufweisen. Vgl. *Beike/Barckow* (2002), S. 21.

	FRA-Laufzeit (Länge der Contract Period)						
3 Monate		6 Monate		9 Monate		12 Monate	
Laufzeit	Geld-Brief	Laufzeit	Geld-Brief	Laufzeit	Geld-Brief	Laufzeit	Geld-Brief
1x4	3,30-3,34	1x7	3,45-3,49	1x10	3,80-3,84	1x13	3,90-3,94
2x5	3,40-3,44	2x8	3,65-3,69	2x11	3,85-3,89	2x14	4,00-4,04
3x6	3,60-3,64	3x9	3,75-3,79	3x12	3,90-3,94	6x18	4,40-4,44
4x7	3,70-3,74	4x10	3,85-3,89	4x13	3,95-3,99	12x24	4,80-4,84
5x8	3,80-3,84	5x11	4,05-4,09	5x14	4,00-4,04		
6x9	3,90-3,94	6x12	4,15-4,19				
9x12	4,20-4,24	12x18	4,55-4,59				

Tab. E.101: Quotierungen von FRAs

Beispielsweise wäre demnach für einen Portfoliomanager, der sich mit Hilfe eines 6x9 FRA gegen fallende Zinsen absichern möchte, der Geldsatz in Höhe von 3,90% als FRA-Satz heranzuziehen, da er ein FRA verkaufen möchte. Damit kann er sich das aktuelle Zinsniveau für in 6 Monaten anzulegendes Kapital (Laufzeit 3 Monate) sichern.

Allerdings besteht bezüglich der z.B. über das Internet genannten Sätze keine Gewähr für den Abschluss zu diesen Konditionen. Vielmehr ist die tatsächliche Festlegung der FRA-Sätze abhängig von der Bonität des Kontrahenten, von der aktuellen Marktsituation sowie von dem zugrundeliegenden Volumen.[1]

Wegen der fehlenden Standardisierung bieten FRAs den Marktteilnehmern ein hohes Maß an Flexibilität. Allerdings ist aufgrund der individuellen Vertragsgestaltung die Handelbarkeit der Instrumente auf dem Sekundärmarkt eingeschränkt. Problematisch ist vor allem die Herauslösung aus bestehenden Verträgen und den damit eingegangenen Verpflichtungen durch Veräußerung, da ein Partner mit genau jenen Interessen gefunden werden muss, die dem ausgehandelten Vertrag entsprechen. Möglich ist aber die vorzeitige Beendigung des FRA-Geschäfts gegen Zahlung eines Ausgleichsbetrags („Close Out") .

Als weiteres Handelshemmnis erweist sich die direkte Beziehung der Vertragspartner. Dadurch wird die Übertragbarkeit von eingegangenen Verpflichtungen auf Dritte eingeschränkt. Eine Veräußerung ist entsprechend an die Zustimmung der Gegenpartei gebunden, da diese einen neuen Vertragspartner erhält und damit eine potentielle Verschlechterung ihrer Risikoposition im Hinblick auf das Kredit- bzw. Bonitätsrisiko einhergehen könnte. Dennoch ist mit Zustimmung des bisherigen FRA-Partners eine Abtretung des FRAs mit allen Rechten und Pflichten an einen Dritten möglich („Assignment").[2]

Schließlich ist die wirtschaftliche Neutralisation eines FRAs auch durch die Vereinbarung eines zusätzlichen, gegenüber dem ursprünglichen FRA entgegengesetzten FRAs möglich („Gegenge-

---

[1] Vgl. *Beike/Barckow* (2002), S. 22.
[2] Vgl. *o.V* (2000), S. 31.

schäft"). Beispielsweise kann ein vor einem Monat eingegangener 6x9 FRA-Kauf nunmehr durch den Kauf eines 5x8 FRA glattgestellt werden, wobei allerdings zu berücksichtigen ist, dass sich die FRA-Partner unterscheiden können.

Im Falle der Auflösung einer FRA-Position ist in jedem Falle eine aktuelle Bewertung des FRAs zur Ermittlung des Marktwertes sinnvoll.

4. Bewertung von Forward Rate Agreements

Bei Vertragsabschluss beläuft sich der Wert eines Forward Rate Agreements – bei Unterstellung eines Abschlusses zu marktgerechten Konditionen – auf Null, da zu diesem Zeitpunkt kein Austausch von Zahlungen zwischen den Vertragsparteien stattfindet. Während der Laufzeit sind – anders als z.B. bei Optionen oder Futures – auch keine unmittelbaren Kurse von bereits eingegangenen FRAs erhältlich.[1]

Die Bewertung eines FRAs kann durch eine simulierte Glattstellung erfolgen, bei der ein zusätzliches FRA eingegangen wird mit einer gegenüber dem ursprünglichen FRA entgegengesetzten Position. Der Marktwert entspricht dann dem Betrag, zu dem das ursprüngliche Geschäft glattgestellt werden könnte.

Entsprechend ergibt sich der Marktwert eines in der Vergangenheit abgeschlossenen FRAs aus der (auf den aktuellen Tag abgezinsten) Differenz zwischen dem aktuellen FRA-Satz, der die gleiche Contract Period wie das ursprüngliche FRA abdeckt, und dem Zinssatz des ursprünglichen FRAs. Grafisch kann die Vorgehensweise wie folgt verdeutlicht werden, wobei die Bewertung zum Glattstellungszeitpunkt erfolgen soll:

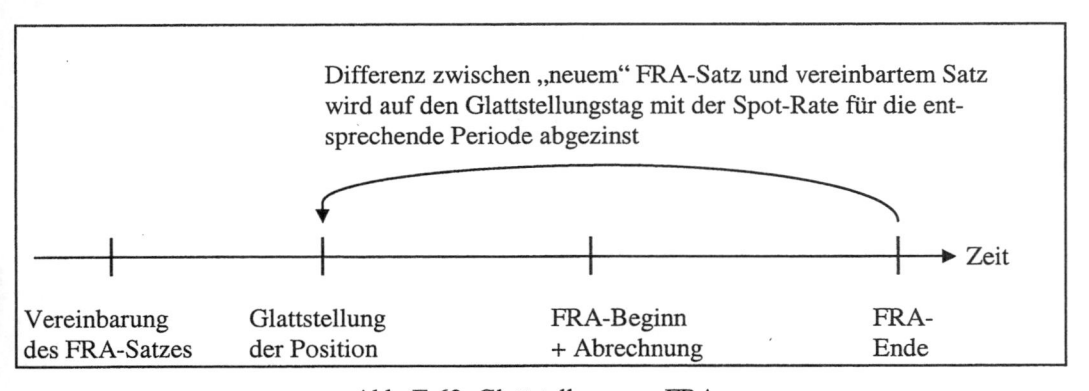

Abb. E.63: Glattstellung von FRAs

Die Berechnung des fairen Preises für dieses FRA erfolgt entsprechend der folgenden Formel, wobei als Referenzzins der Euribor fungiert. Dabei ist zu berücksichtigen, dass der Käufer des FRAs die entsprechende Zahlung erhält, wenn der Wert mit einem positiven Vorzeichen versehen ist:

---

[1] Vgl. *Scharpf/Lux* (1996), S. 452ff.

$$FV = NW \cdot \frac{(r_{FR,GT} - r_{FR,VT}) \cdot \frac{t_{FRA}}{360}}{1 + Euribor_{FRA-Ende} \cdot \frac{t_{FRA-Ende}}{360}}$$

$$= NW \cdot \left[\frac{(r_{FR,GT} - r_{FR,VT}) \cdot \frac{t_{FRA}}{360}}{1 + r_{FR,GT} \cdot \frac{t_{FRA}}{360}} \right] \cdot \frac{1}{1 + Euribor_{FRA-Beginn} \cdot \frac{t_{FRA-Beginn}}{360}}$$

mit

FV	=	Fair Value des FRAs,
NW	=	Nominalwert,
$r_{FR,GT}$	=	"neuer" FRA-Satz am Glattstellungs-Tag,
$r_{FR,VT}$	=	ursprünglicher FRA-Satz am Vereinbarungs-Tag,
$Euribor_{FRA-Ende}$	=	Euribor für die Zeit von der Glattstellung bis zum FRA-Ende,
$Euribor_{FRA-Beginn}$	=	Euribor für die Zeit von der Glattstellung bis zum FRA-Beginn,
t_{FRA}	=	Anzahl der Tage der FRA-Laufzeit,
$t_{FRA-Ende}$	=	Anzahl der Tage von der Glattstellung bis zum FRA-Ende und
$t_{FRA-Beginn}$	=	Anzahl der Tage von der Glattstellung bis zum FRA-Beginn.

Ausgehend von dem obigen Beispiel soll eine vorzeitige Auflösung der FRA-Vereinbarung bereits 105 Tage vor Beginn (= 196 Tage vor Ende) der FRA-Periode erfolgen, d.h. zu dem obigen FRA wird ein fiktives FRA herangezogen mit einer Vorlaufzeit von 105 Tagen und einer Contract Period von ebenfalls 91 Tagen. Um ein genaues Ergebnis zu erhalten, werden bei der Berechnung sämtliche Nachkommastellen mit einbezogen:

$Euribor_{FRA-Beginn}$: 3,45%, $Euribor_{FRA-Ende}$: 3,51%, $r_{FR,VT}$: 3,733930%, $r_{FR,GT}$: 3,543574%

t_{FRA}: 91, $t_{FRA-Beginn}$: 105, $t_{FRA-Ende}$: 196,   Nennwert: 5.000.000 EUR

$$\text{Fair Value} = 5.000.000\,\text{€} \cdot \frac{(0{,}03543574 - 0{,}0373393) \cdot \frac{91}{360}}{1 + 0{,}0351 \cdot \frac{196}{360}} = -2.360{,}78\,\text{€}$$

$$= 5.000.000\,\text{€} \cdot \left[\frac{(0{,}03543574 - 0{,}0373393) \cdot \frac{91}{360}}{1 + 0{,}03543574 \cdot \frac{91}{360}} \right] \cdot \frac{1}{1 + 0{,}0345 \cdot \frac{105}{360}} = -\frac{2.384{,}5370}{1{,}0100625} = -2.360{,}78\,\text{€}.$$

Diesen Betrag würde der Verkäufer bei Glattstellung erhalten.

Da die Forward Rate für die Contract Period gesunken ist, hat der das FRA am Glattstellungstag kaufende Marktteilnehmer die Zahlung zu leisten. Im umgekehrten Fall hätte der FRA-Verkäufer bei Glattstellung die Ausgleichszahlung zu erbringen.

5. Einsatz von Forward Rate Agreements im Portfoliomanagement

Grundsätzliche Einsatzmöglichkeiten von FRAs betreffen die Absicherung des kurzfristigen Finanzierungszinses und des kurzfristigen Wiederanlagezinses sowie die mehr-periodische Absicherung durch einen FRA-Strip. Neben diesen Absicherungsstrategien können auch Arbitragetransaktionen bei Fehlbewertungen beispielsweise zwischen FRAs und Futures sowie zwischen FRAs und dem Geldmarkt durchgeführt werden. Diese Anwendungsmöglichkeiten sind vor allem für Geldmarktfonds von Bedeutung.

Das folgende Beispiel soll die Möglichkeit der Absicherung mit Hilfe von FRAs aufzeigen: Ein Portfoliomanager hat in seinem Portfolio eine Floating Rate Note (FRN), die mit einem Zinssatz von 6-M-Euribor ausgestattet ist und eine Restlaufzeit von 5 Jahren aufweist. Der Nominalwert beläuft sich auf 2 Mio EUR. Da der Portfoliomanager befürchtet, dass das Zinsniveau sinkt, möchte er die nächste Zinsfestlegung, die in 4 Monaten erfolgt, absichern. Entsprechend wird der Verkauf eines 4x10 FRAs vorgenommen, wobei es sich bei dem Referenzzinssatz um den Euribor handelt (Vorlaufzeit = 121 Tage, Gesamtlaufzeit inkl. Contract Period: 303 Tage).

Bei einem aktuellen 4-M-Euribor von 3,70% und einem 10-M-Euribor von 4,00% ergibt sich der folgende FRA-Satz:

$$r_{FR} = \left[\left(\frac{1+0,0400 \cdot \frac{303}{360}}{1+0,0370 \cdot \frac{121}{360}}\right) - 1\right] \cdot \frac{360}{303-121} = 4,147867\%.$$

Unterschieden werden zwei Fälle. Im Fall A beläuft sich der 6-M-Euribor zu Beginn der Contract Period auf 3,5%. Da dieser Wert geringer ist als der vereinbarte FRA-Satz, erhält der Portfoliomanager als FRA-Verkäufer eine Ausgleichszahlung in Höhe von 6.436,76 EUR:

$$A = 2.000.000\,€ \cdot \frac{(0,035-0,04147867) \cdot \frac{182}{360}}{1+0,035 \cdot \frac{182}{360}} = -6.436,76\,€.$$

Nach weiteren 6 Monaten können – unter Vernachlässigung der Geld-Brief-Spanne – der Gesamterfolg und die entsprechende Verzinsung der Gesamtposition wie folgt angegeben werden, wobei unterstellt wird, dass die Ausgleichszahlung zum 6-M-Euribor angelegt werden kann.

$$2.000.000\,€ \cdot 0,035 \cdot \frac{182}{360} + 6.436,76\,€ \cdot \left(1+0,035 \cdot \frac{182}{360}\right) = 35.388,89 + 6.550,66 = 41.939,55\,€$$

Rendite = $\dfrac{41.939{,}55}{2.000.000} \cdot \dfrac{360}{182} = 4{,}147867\%$.

Die Rendite entspricht damit dem vereinbarten FRA-Satz, wobei allerdings zu berücksichtigen ist, dass in diesem Beispiel von der Geld-Brief-Spanne abgesehen wird, so dass hier unterstellt wird, dass sich Geldanlage- und Geldaufnahmezins entsprechen. Gleiches gilt auch für den Fall B, bei dem der 6-M-Euribor zu Beginn der Contract Period mit 4,25% über dem FRA-Satz liegt:

$$A = 2.000.000\,€ \cdot \dfrac{(0{,}0425 - 0{,}04147867) \cdot \dfrac{182}{360}}{1 + 0{,}0425 \cdot \dfrac{182}{360}} = 1.010{,}95\,€.$$

Entsprechend hat der Portfoliomanager in diesem Fall eine Zahlung in Höhe von 1.010,95 € zu leisten.

Unterstellt man eine Refinanzierung der Ausgleichszahlung zum 6-M-Euribor, gelangt man wiederum zu dem gleichen Gesamterfolg und damit auch zu der gleichen Gesamtverzinsung wie im Fall A:

$$2.000.000\,€ \cdot 0{,}0425 \cdot \dfrac{182}{360} - 1.010{,}95\,€ \cdot \left(1 + 0{,}0425 \cdot \dfrac{182}{360}\right) = 42.972{,}22 - 1.032{,}68 = 41.939{,}55\,€.$$

Damit ist gezeigt, dass – unabhängig von der tatsächlichen Zinsentwicklung – der FRA-Satz gesichert werden kann, wobei allerdings die Berücksichtigung von Geld- und Briefkursen zu leichten Abweichungen führen würde.

Darüber hinaus soll in einem weiteren Beispiel die Absicherung eines kurzfristigen Wiederanlagezinses mit FRAs vorgestellt werden. Für das kommende Jahr befürchtet ein Portfoliomanager fallende Zinsen, die sich negativ auf das Zinsergebnis seiner Floating Rate Note (FRN) auswirken könnten. Die FRN wird bei einer Restlaufzeit von 1 Jahr mit 3-M-Euribor verzinst. Entsprechend soll mit dem Verkauf einer Serie von zeitlich hintereinandergeschalteten FRAs (FRA-Strip oder FRA-Kette) eine mehrperiodische Absicherung für das kommende Jahr vorgenommen werden. Dazu liegen folgende Daten vor:

	Zinssätze	Anzahl der Tage in den jeweiligen Perioden
Aktueller 3-Monats-Euribor	4,00%	90
3x6 Monats FRA-Satz	4,10%	91
6x9 Monats FRA-Satz	4,20%	92
9x12 Monats FRA-Satz	4,30%	92

Tab. E.102: FRA-Strip

Der Portfoliomanager kann sich nunmehr einen Zinssatz für das ganze Jahr in Höhe von 4,275% sichern:

$$\left(1+0,04\cdot\frac{90}{360}\right)\cdot\left(1+0,041\cdot\frac{91}{360}\right)\cdot\left(1+0,042\cdot\frac{92}{360}\right)\cdot\left(1+0,043\cdot\frac{92}{360}\right)-1=4,275\% \quad.$$

Damit hätte ein zu Beginn des Jahres eingesetztes Kapital von 100 € nach einem Jahr einen Wert von 104,275 €. Der Zinssatz von 4,275% als Jahreszins würde daher der Zinsusance Actual/Actual entsprechen. Dieser Satz kann folgendermaßen in die Usance Actual/360 transferiert werden, wobei unterstellt wird, dass kein Schaltjahr vorliegt und das Jahr mit 365 Tagen angegeben werden kann:

$$4,275\% \cdot \frac{360}{365} = 4,216\% \quad.$$

Grafisch kann diese Transaktion wie folgt dargestellt werden:

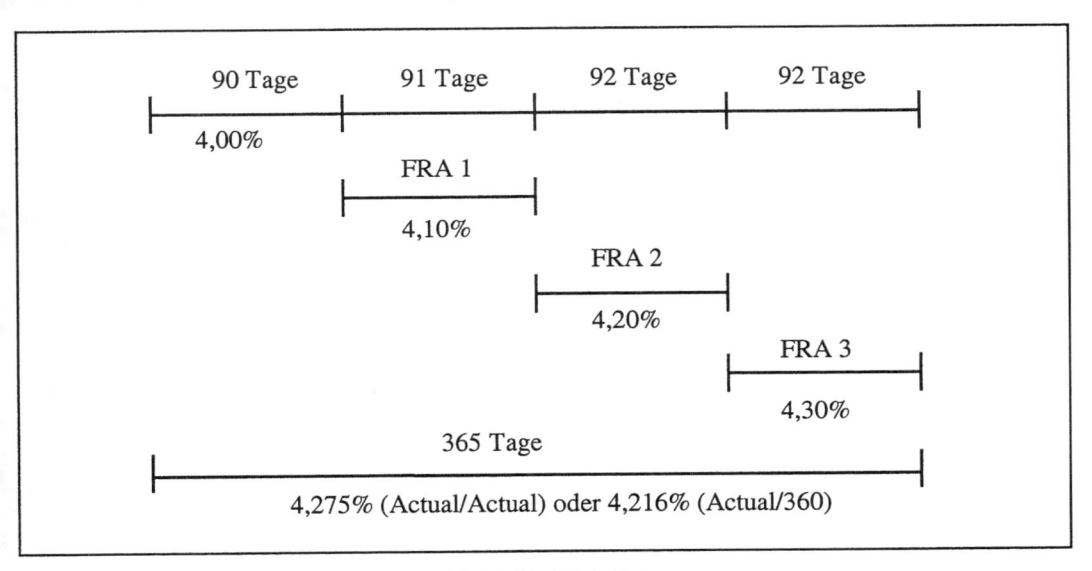

```
    90 Tage       91 Tage       92 Tage       92 Tage
  |------------|------------|------------|------------|
     4,00%
                    FRA 1
                |------------|
                    4,10%
                                 FRA 2
                             |------------|
                                 4,20%
                                              FRA 3
                                          |------------|
                                              4,30%
                         365 Tage
  |-------------------------------------------------|
        4,275% (Actual/Actual) oder 4,216% (Actual/360)
```

Abb. E.64: FRA-Strip

Neben der Sicherung einer Anlage zum variablen Zins oder einer zukünftigen Mittelanlage gegen Zinssenkungen durch den Verkauf von FRAs können FRAs auch im Rahmen der Spekulation eingesetzt werden, wobei jedoch das Marktpreisrisiko zu beachten ist. So wirkt sich ein steigender Referenzzins negativ für den FRA-Verkäufer aus.

Weitere Risiken bei FRAs sind das Adressenausfallrisiko und das Liquiditätsrisiko. Das Adressenausfallrisiko betrifft das Kontrahentenrisiko (Bonitätsrisiko), das beide Vertragspartner haben. Da keine Kapitalbeträge getauscht werden, besteht das Risiko in der Nichterfüllung der

Ausgleichszahlung am Settlement-Tag. Dieses Risiko kann mit Hilfe der aktuellen Marktbewertung des FRAs quantifiziert werden. Das Liquiditätsrisiko drückt sich darin aus, dass die FRA-Position möglicherweise nicht oder nicht zu einem fairen Marktpreis aufgelöst oder glattgestellt werden kann.

Als weiteres Einsatzgebiet von FRAs können auch die Swap-Märkte genannt werden. Hier ist die Nutzung von FRAs im Rahmen des Managements der Floating-Seite einer Zinsswap-Position möglich. Auf den Einsatz von Swaps wird im folgenden Kapitel eingegangen.

Darüber hinaus können FRAs auch bei Währungstermingeschäften genutzt werden. Teilnehmer am Währungsterminmarkt sind im wesentlichen an Bewegungen des USD im Vergleich zu anderen Währungen interessiert. Falls die Terminkurse der Währungen nicht 'korrekt' bewertet sind, so können über FRAs Arbitragegewinne erzielt werden. Diese Art der Arbitrage kann auch zur Erhöhung der Liquidität von FRAs beitragen.

IV. Portfoliomanagement mit Swaps

1. Grundlagen von Swaps

Swapmärkte zählen zu den umsatzstärksten derivativen Finanzmärkten. Als Swap wird die Vereinbarung des Austausches von Zahlungen zu festgelegten Zeitpunkten auf einen bestimmten Kapitalbetrag (Notional Principal Amount) bezeichnet. Ein Austausch der zugrundeliegenden Kapitalbeträge erfolgt dabei nicht in jedem Fall. Als Hauptvarianten von Swap-Geschäften kommen Zins- und Währungsswaps in Frage. Swaps können sowohl zur Arbitrage (Ausnutzen von komparativen Kostenvorteilen an den internationalen Finanzmärkten) als auch zum aktiven Risikomanagement eingesetzt werden.

Entsprechend haben sich mittlerweile auch die interessierten Nutzergruppen ausgeweitet. Neben Marktteilnehmern, die durch Swap-Transaktionen bei Anleihenemissionen günstigere Refinanzierungsbedingungen erzielen wollen, werden Swaps vor allem von Banken genutzt, beispielsweise zur aktiven Gestaltung der Zinsbindungs- bzw. Zinselastizitätsbilanzen mit Hilfe von Zinsswaps. Die Banken sind zum größten Anwender von Zinsswaps geworden. Auch für eine weitere Gruppe wird das Produkt Swap zunehmend interessanter. So können auch institutionelle Anleger wie Versicherungen und Pensionskassen Swaps zum Hedging und zur Ertragsverbesserung ihres Anlageportfolios nutzen. Vom Hedge einzelner Positionen entwickelte sich das Management der Swaps immer mehr zum Portfoliomanagement.

a. Zinsswaps

Bei einem reinen Zinsswap vereinbaren zwei Parteien, für eine bestimmte Zeit auf unterschiedlicher Zinsbasis berechnete Zinszahlungsströme auszutauschen. Die Beträge, auf die die Zinsen berechnet bzw. gezahlt werden, sind für beide Zinszahlungsströme betrags- und währungsmäßig gleich, so dass ein Austausch der zugrundeliegenden Kapitalbeträge unterbleiben kann. An den festgelegten Terminen werden also lediglich die Zinszahlungen transferiert. Als Sonderform des

Zinsswaps gilt der sogenannte Basisswap, bei dem variable Zinszahlungen ausgetauscht werden, die auf unterschiedlichen Referenzzinssätzen basieren.

Häufig handelt es sich um die Umwandlung einer zinsvariablen Verbindlichkeit in eine zinsfixe Verbindlichkeit und vice versa. Eine Vertragspartei (Fixed Rate Payer) zahlt einen Festsatz (Swapsatz) und empfängt dafür vom Floating Rate Payer einen variablen Zinssatz, der an einen Referenzzins gebunden ist. Gebräuchlich sind hierbei der Libor oder im Euro-Bereich auch der Euribor, jeweils für verschiedene Zeiträume (z.B. drei oder sechs Monate).

Zu unterscheiden ist zwischen einem Payer Swap und einem Receiver Swap. Bei einem Payer Swap werden zinsfixe Mittel gezahlt gegen Erhalt zinsvariabler Zahlungen. Insofern profitiert der Käufer eines Payer Swaps von steigenden Marktzinsen. Soll eine Absicherung gegen steigende Zinsen erfolgen, so ist dies daher mit Hilfe eines Payer Swaps möglich. Hingegen werden bei einem Receiver Swap zinsvariable Mittel gezahlt gegen Erhalt zinsfixer Zahlungen. Entsprechend profitiert der Käufer eines Receiver Swaps von fallenden Marktzinsen.

Das folgende Beispiel zeigt die Vorteilhaftigkeit von Zinsswaps im Rahmen von Anleihenemissions-Geschäften auf.[1] Diese Vorteile werden – wie üblicherweise zur Erläuterung von Swapgeschäften – aus Sicht von zwei Emittenten beschrieben. Dabei ist die Zinsbasis der von den beiden Vertragsparteien vorgenommenen Grundgeschäfte genau entgegengesetzt zu der angestrebten Basis. Letztere wird erst durch den Zinsswap realisiert.

	Bank A	Bank B	Zinsdifferenz
Zinsvariable Mittelbeschaffung zu	Euribor + 0,35%	Euribor + 1,05%	0,70%
Zinsfixe Mittelbeschaffung zu	3,8%	5,4%	1,60%
Zielfinanzierung:	variabel	fix	

Tab. E.103: Ausgangsposition der Swap-Transaktion, Beispiel 1

Bank B hat gegenüber Bank A bei einer zinsvariablen Mittelbeschaffung einen relativ kleineren Nachteil als bei der zinsfixen Mittelbeschaffung. Sie nimmt variable Mittel zu Euribor + 1,05% auf, obwohl sie aber eine zinsfixe Mittelbeschaffung anstrebt. Das entsprechende Swap-Geschäft kann wie folgt dargestellt werden:

---

[1] Vgl. *Perridon/Steiner* (2002), S. 318f.

```
          3,8% + Marge
Zinszahlung  ┌──────┐ ←──────────────── ┌──────┐   Zinszahlung
←──────────  │Bank A│                    │Bank B│  ──────────────→
   3,8%      └──────┘ ────────────────→ └──────┘   Euribor + 1,05%
                       Euribor + 0,35%
```

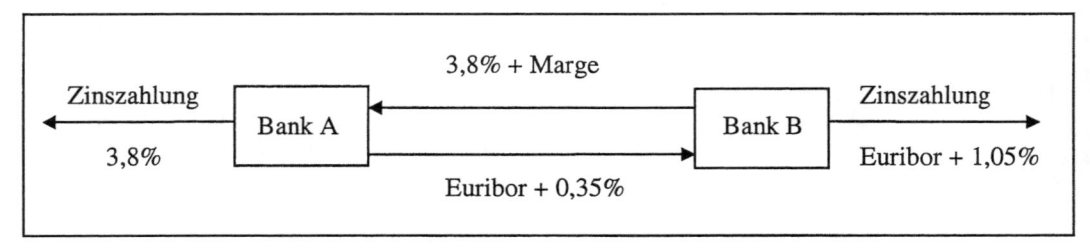

Abb. E.65: Swap-Transaktion im Emissionsgeschäft, Beispiel 1

Da die Differenz der beiden Zinsdifferenzen 0,9% (= 1,6% - 0,7%) beträgt, muss – damit beide Marktteilnehmer einen Vorteil durch die Swap-Transaktion haben – die Marge zwischen 0% und 0,9% liegen. Wird die Marge gleichmäßig auf beide Swap-Partner aufgeteilt, so ergibt sich als Ergebnis dieser Transaktion die folgende Vorteilhaftigkeitsrechnung:

	Bank A	Bank B
Kreditkosten	- 3,8%	- (Euribor + 1,05%)
Swap Inflow	+ 4,25%	+ Euribor + 0,35%
Swap Outflow	- (Euribor + 0,35%)	- 4,25%
Nettokosten	- (Euribor - 0,10%)	- 4,95%
Alternative	- (Euribor + 0,35)%	- 5,40%
Zinsvorteil	+ 0,45%	+ 0,45%

Tab. E.104: Vorteilhaftigkeitsrechnung der Swap-Transaktion, Beispiel 1

Somit können beide Banken einen Zinsvorteil aus der Swap-Transaktion erzielen. Diese Vorteile sind um so größer, je höher die Bonitäts- bzw. Standing-Unterschiede zwischen den Swap-Partnern sind und entsprechend auch die Unterschiede in den Zinskonditionen, die diese am Markt erlangen können. Bei festverzinslichen Anlagen mit längeren Laufzeiten berücksichtigen die Kapitalanleger die Bonitätsunterschiede stärker als bei zinsvariablen Anlagen. Eine Bonitätsherabstufung bei festverzinslichen Anleihen würde sich deutlicher auf den Kurs auswirken aufgrund der künftigen, konstanten Festzinszahlungen. Hingegen ist bei zinsvariablen Anleihen der Ausstieg zu den Zinsanpassungsterminen jeweils kurzfristig ohne größere Kursverluste möglich.

Während die unterschiedlichen Bonitätseinschätzungen vor allem das Kreditrisiko bzw. das Adressenausfallrisiko betreffen, beziehen sich die Standing-Unterschiede zwischen zwei bonitätsmäßig gleichen Partnern insbesondere auf unterschiedliche Marktzugangsmöglichkeiten der beteiligten Vertragsparteien auf den jeweiligen Märkten. Gründe dafür sind u.a. eine bisherige starke Inanspruchnahme eines bestimmten Kapitalmarktes oder ein geringer Bekanntheitsgrad auf fremden Märkten.[1]

Die Erzielung des aufgezeigten Vorteils durch die Swap-Transaktion ist dann möglich, wenn von der Bonität her bessere Unternehmen mit Unternehmen schlechterer Bonität Swaps eingehen. Dabei ist auch zu berücksichtigen, dass der Swap-Partner mit der guten Bonität bei dem Swap nicht die gleichen Risiken eingeht, wie z.B. ein Anleihen-Investor; denn beim Swap führt – anders als beim Ausfall eines Anleihen-Emittenten – das Risiko, dass der Swap-Partner ausfällt, nicht zum Verlust des zugrunde liegenden Nominalbetrags. Vielmehr besteht das Ausfallrisiko darin, dass sich die Marktkonditionen nach dem Ausfall in einer für den Swappartner ungünstigen Weise entwickelt haben. In diesen Fällen können die nach dem Ausfall offenen Zins-Positionen nicht zu den ursprünglich erwarteten Zinssätzen, sondern nur zu den dann aktuellen, evtl. ungünstigeren Marktkonditionen geschlossen werden.

Grundsätzlich hängt die Aufteilung des Vorteils von der Verhandlungsmacht der jeweiligen Partner ab. Dabei kann davon ausgegangen werden, dass sicherlich der Swappartner mit der besseren Bonität auch die größere Verhandlungsmacht hat. Darüber hinaus wird – falls Banken als Swappartner zwischengeschaltet sind und bei den Swaps das jeweilige Kreditrisiko übernehmen – ein Teil des gesamten Swap-Vorteils als Provision an die Bank abzuführen sein.[2]

Mit Hilfe eines Swap-Geschäftes können Swap-Partner also ihren Vorsprung gegenüber anderen Marktteilnehmern bezüglich der Bonität oder des Standings gewinnbringend vermarkten. Gleichzeitig können aber auch bonitäts- und standingmäßig schlechter gestellte Partner in den Genuss erstklassiger Konditionen kommen, die sonst für sie nicht erreichbar wären. Damit sind die Vorteile des einen Partners für den jeweils anderen Partner von Interesse.

Ein weiteres Beispiel soll die Vorteilhaftigkeit genauer aufzeigen, wobei „Bp" für Basispunkte und „Bunds" für Renditen von Bundesanleihen steht:[3]

	Unternehmen C	Unternehmen D	Zinsdifferenz
Zinsvariable Mittelbeschaffung zu	Euribor + 15 Bp	Euribor + 55 Bp	*40 Bp*
Zinsfixe Mittelbeschaffung zu	Bunds + 62 Bp	Bunds + 126 Bp	*64 Bp*
Zinsdifferenz	*47 Bp*	*71 Bp*	*24 Bp*

Tab. E.105: Ausgangsposition der Swap-Transaktion, Beispiel 2

---

[1] Vgl. *Nabben* (1990), S. 14; *Perridon/Steiner* (2002), S. 318; *Rudolph* (1995), S. 11.
[2] Vgl. *Flavell* (2002), S. 41.
[3] 1 Bp = 0,01%.

Unternehmen C wünscht zinsvariable Mittel, während Unternehmen D zinsfixe Mittel anstrebt. Wenn kein Swap eingegangen wird, entstehen gesamte Zinskosten in der folgenden Höhe:

Euribor + 15 Bp + Bunds + 126 Bp = Euribor + Bunds + 141 Bp.

Falls aber Unternehmen C zinsfixe Mittel und D zinsvariable Mittel aufnimmt, so belaufen sich die gesamten Zinskosten auf:

Bunds + 62 Bp + Euribor + 55 Bp = Euribor + Bunds + 117 Bp.

In diesem Fall wären die Gesamtkosten um 24 Bp geringer. Diese Differenz soll nun mit Hilfe einer Swap-Transaktion genutzt werden, wobei sich wiederum die Frage nach der Marge stellt:

```
                          Bunds + Marge
      Bunds + 62 Bp   ┌──────────────┐◄──────────┌──────────────┐   Euribor + 55 Bp
    ◄─────────────────│ Unternehmen C │           │ Unternehmen D │─────────────────►
                      └──────────────┘──────────►└──────────────┘
                                         Euribor
```

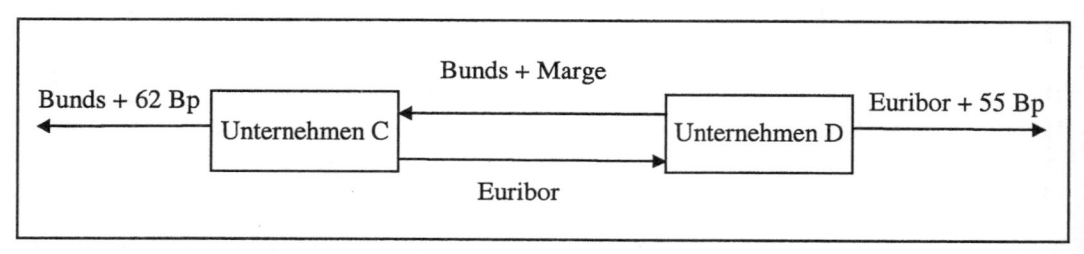

Abb. E.66: Swap-Transaktion im Emissionsgeschäft, Beispiel 2

Damit der Swap für beide Marktteilnehmer attraktiv ist, muss die Marge zwischen 47 Bp und 71 Bp liegen, was sich auch aus Tabelle E.105 ergibt. Soll beispielsweise der Swap-Vorteil im Verhältnis von 2:1 zwischen C und D aufgeteilt werden, so ergibt sich eine Marge von:

47 Bp + 2/3 · 24 Bp = 63 Bp = 71 Bp - 1/3 · 24 Bp.

Das Ergebnis kann der folgenden Tabelle entnommen werden:

	Unternehmen C	Unternehmen D
Kreditkosten	- (Bunds + 62 Bp)	- (Euribor + 55 Bp)
Swap Inflow	+ Bunds + 63 Bp	+ Euribor
Swap Outflow	- Euribor	- (Bunds + 63 Bp)
Nettokosten	- (Euribor – 1 Bp)*	- (Bunds + 118 Bp)**
Alternative	- (Euribor + 15 Bp)	- (Bunds + 126 Bp)
Zinsvorteil	16 Bp	8 Bp
*	- (Euribor + 62 Bp – Marge)	
**	- (Bunds + 55 Bp + Marge)	

Tab. E.106: Vorteilhaftigkeitsrechnung der Swap-Transaktion, Beispiel 2

Zur Ermittlung der komparativen Vorteile durch Swaps kann auch eine Matrix gebildet werden, wobei sich wiederum die Höhe des gesamten Vorteils in dem Unterschiedsbetrag zwischen der Differenz der Festzinszahlungen und der Differenz der variablen Zinszahlungen ausdrückt. Dabei gilt – wie auch in den obigen Beispielen –, dass die Differenz der Festzinszahlungen regelmäßig höher ist als die Differenz der variablen Zinszahlungen:

Swap-Gesamtvorteil
= (Festzins$_{\text{gute Bonität}}$ − Festzins$_{\text{schlechte Bonität}}$) − (variabler Zins$_{\text{gute Bonität}}$ − variabler Zins$_{\text{schlechte Bonität}}$)

Das folgende Beispiel zeigt diese Zusammenhänge auf. Zunächst sind die Finanzierungskosten verschiedener Institutionen aufgeführt, wobei die Spreads über Euribor (E) bzw. über Bundesanleihe-Renditen (B) willkürlich gewählt sind:[1]

Mittel-beschaffung	Staat	Banken	Finanz-unternehmen	Unternehmen mit guter Bonität	Unternehmen mit schlechter Bonität
variabel	E − 15 Bp	E	E + 7 Bp	E + 15 Bp	E + 55 Bp
fix	B	B + 30 Bp	B + 41 Bp	B + 62 Bp	B + 126 Bp

Tab. E.107: Im Beispiel angenommene Finanzierungskosten verschiedener Emittenten

Aus diesen Angaben lassen sich die jeweiligen Gesamtvorteile durch das Eingehen von Swaps zwischen den jeweiligen Partnern ermitteln, wobei die Vorteile in Basispunkten angegeben sind. Im Rahmen einer Swap-Vereinbarung sind diese Gesamtvorteile noch zwischen den Beteiligten aufzuteilen:

	Staat	Banken	Finanz-unternehmen	Unternehmen mit guter Bonität	Unternehmen mit schlechter Bonität
Staat	---	15 Bp	19 Bp	32 Bp	56 Bp
Banken		---	4 Bp	17 Bp	41 Bp*
Finanz-unternehmen			---	13 Bp	37 Bp
Unternehmen mit guter Bonität				---	24 Bp
Unternehmen mit schlechter Bonität					---
*	= (Festzins$_{\text{schlechte Bonität}}$ − Festzins$_{\text{gute Bonität}}$) − (variabler Zins$_{\text{schlechte Bonität}}$ − variabler Zins$_{\text{gute Bonität}}$) = (B + 126 − (B + 30)) − (E + 55 − E) = 96 − 55 = 41				

Tab. E.108: Kostenvorteile durch das Eingehen von Swaps

---

[1] Vgl. *Flavell* (2002), S. 40f.

Aus der Tabelle ergibt sich beispielsweise, dass eine Swap-Vereinbarung zwischen Banken und Unternehmen mit schlechter Bonität zu einem gesamten Swap-Vorteil von 41 Basispunkten führt, der entsprechend aufzuteilen ist.

Die angeführten Beispiele der Erzielung komparativer Kostenvorteile durch ein Swap-Geschäft zählen zu den typischen Beispielen zur Erläuterung der Motivation derartiger Transaktionen im internationalen Emissionsgeschäft der frühen Swapjahre. Mittlerweile sind jedoch weitere Motive des Einsatzes von Zinsswaps hinzugekommen. Dazu gehören die Erhöhung von Zinserlösen einer Geldanlage oder auch die Verringerung von Zinsänderungsrisiken sowie bei Banken die Steigerung der Handelserträge.

Einmal eingegangene Swap-Geschäfte können auch wieder aufgelöst werden, obwohl sie über Laufzeiten bis zu 10 Jahren abgeschlossen werden. Einerseits kann die Aufhebung der Swap-Position durch den Abschluss eines Gegenswaps – also eines Swaps mit genau den entgegengesetzten Zahlungsströmen – erfolgen. Diese Transaktion wird als Reverse Swap bezeichnet, wobei die Laufzeit der Restlaufzeit des ursprünglichen Swap-Geschäfts entspricht. Handelt es sich beispielsweise bei dem ursprünglichen Swap-Geschäft um einen Payer-Swap, so ist jetzt entsprechend ein Receiver-Swap einzugehen.

Andererseits besteht aber auch die Möglichkeit, einen Swap durch eine einmalige Zahlung vorzeitig aufzulösen (Close Out). Diese Einmalzahlung setzt sich aus

- den aufgelaufenen Stückzinsen der variablen und der festen Zinszahlungsseite vom letzten Zahltag bis zum Auflösungstag,
- dem Barwert der Zinsdifferenz zwischen dem vereinbarten Festsatz und dem aktuellen Marktzins eines Swaps gleicher Fälligkeit sowie
- dem Barwert der Zinsdifferenz zwischen dem Satz beispielsweise des letzten Euribor-Fixings und dem am Auflösungstag aktuellen Euribor für den verbleibenden Rest der Euribor-Periode

zusammen.

b. Kombinierte Währungs- und Zinsswaps

Während bei Zinsswaps die Währungen beider Positionen übereinstimmen, werden beim Währungsswap (Currency Swap) Positionen in unterschiedlichen Währungen getauscht. Beim reinen Währungsswap sind die getauschten Positionen beide festverzinsliche Mittel oder beide variabel verzinsliche Mittel mit der gleichen Zinsbasis. Neben den Zinszahlungen werden dabei auch die Kapitalbeträge berücksichtigt, die üblicherweise zu Beginn der Laufzeit der Swap-Vereinbarung zum aktuellen Kassakurs getauscht werden. Am Ende der Laufzeit werden die Kapitalbeträge auf Basis des ursprünglichen Wechselkurses wieder zurückgetauscht. Die Swap-Parteien sind daher vor möglichen Wechselkursschwankungen geschützt. Auf den Tausch der Kapitalbeträge beim Abschluss kann verzichtet werden, wenn der vereinbarte Wechselkurs dem aktuellen Devisenkassakurs entspricht.

Der Unterschied zum Devisenswap als Kombination von Kassa- und Termingeschäften liegt darin, dass bei Devisenswaps – wie weiter unten noch dargestellt – Termin- und Kassakurs voneinander abweichen können. Die Differenz der beiden Kurse, die beim Devisenswap als Swapsatz bezeichnet wird, weist beim Währungsswap jedoch den Wert Null auf; denn hier werden die Verzinsungsdifferenzen zwischen den einbezogenen Währungen über die Zinszahlungen in früheren Stufen abgegolten. Während beim Devisenswap keine Zinszahlungen in der Zwischenzeit ausgetauscht werden, ist dies beim Währungsswap der Fall. Die Zahlungen werden dabei in unterschiedlichen Währungen geleistet, so dass die Zinsbeträge meist nicht verrechnet werden, wenn die Zinszahlungen der beiden Partner auf denselben Zeitpunkt fallen.

Ökonomisch gesehen entspricht ein solcher Währungsswap einem Bündel von Devisentermingeschäften, das um das anfängliche Kassageschäft erweitert wurde. Der Grund für die Entwicklung und Etablierung von Währungsswapgeschäften waren – wie auch bei den Zinsswaps – vorhandene Arbitragepotentiale, die dadurch auftraten, dass sich inländische Unternehmen typischerweise in ihrem Heimatmarkt günstiger verschulden können als ausländische Unternehmen. Beispielsweise lässt sich die direkte USD Geldaufnahme eines deutschen Unternehmens durch eine Euro-Geldaufnahme in Verbindung mit einem EUR/USD-Währungsswap substituieren.

Ein Währungsswap kann mit einem Zinsswap kombiniert werden, wenn variable gegen fixe Zinszahlungen getauscht werden. Damit besteht ein solcher Swap aus den beiden Elementen

- Austausch der Zinszahlungen, z.B. 6% Festzins in USD gegen 3-Monats-Euribor in EUR und
- Devisenkassageschäft in Verbindung mit einem gleichzeitigen Devisentermingeschäft (Forward) bei gleichen Kursen.

In der Praxis wird manchmal der Anfangstausch und eventuell auch der Schlusstausch ausgespart, wobei es sich in diesen Fällen i.d.R. um Swaps in Verbindung mit bestehenden Positionen oder der direkten Beschaffung am Kassamarkt handelt. Unterscheiden kann man nach der Art der Zinsberechnung:[1]

- *Fixed-to-Fixed Currency Swaps* (Austausch von Festsatzverbindlichkeiten oder –forderungen),
- *Floating-to-Floating Currency Swaps* (Austausch von Verbindlichkeiten oder Forderungen auf variabler Basis) und
- *Cross Currency Interest Rate Swap* bzw. *Fixed-to-Floating Currency Swap* (Austausch von fest- und variabel verzinslichen Positionen).

c. Weitere Swap-Kombinationen und -Strukturen

Seit den ersten Swap-Transaktionen erfolgte eine ständige Weiterentwicklung dieses Finanzinstruments. Einige dieser Swap-Formen sollen hier kurz vorgestellt werden:[2]

---

[1] Vgl. *Das* (1994), S. 77, *Martin* (2001), S. 263.
[2] Vgl. z.B. *Lassak* (1988), S. 25ff., *o.V.* (2000), S. 45ff.

- *Zerobond-Swaps*

Bei dieser Variante des Zinsswaps handelt es sich bei der Festsatzverbindlichkeit um einen Zerobond. Der Swap-Partner, der die Zahlungen aus dem Zerobond schuldet, wird hierbei aufgrund des höheren Risikos (es fallen zwischenzeitlich keine fixen Zinszahlungen an) eine erstklassige Bonität aufweisen müssen. Darüber hinaus kann auch die Bürgschaft eines Dritten für die Rückzahlung gefordert werden. Aufgrund der geringen Standardisierung dieses Swaps haben sich wiederum viele Varianten herausgebildet.

- *Optionsschein-Swaps*

Mit Hilfe eines Optionsschein-Swaps können Bezugsrechte auf neue Festsatzmittel in variabel verzinsliche Mittel getauscht werden. Das Risiko, das mit der Emission unerwünschter Festsatzmittel verbunden ist (bei Ausübung der Bezugsrechte), kann durch den Swap abgesichert werden. Auch hier lassen sich wiederum zahlreiche Varianten bilden, die das Risiko aus der Ausübung der Bezugsrechte verringern können.

- *Commercial Paper-Swaps*

Commercial Paper werden zumeist im Rahmen eines Programms emittiert. Bei diesem Programm handelt es sich um eine Rahmenvereinbarung zur Emission kurzfristiger Teilschuldverschreibungen mit Laufzeiten von 7 Tagen bis zu 2 Jahren, wobei der Schwerpunkt bei 7 Tagen bis 3 Monaten liegt. Die Emission der einzelnen Tranchen erfolgt dabei auf diskontierter Basis, so dass periodische Zinszahlungen nicht zu leisten sind. Sollen die aufgenommenen variablen Mittel nunmehr in eine Festsatzposition geswappt werden, so werden fixe Zinsen gegen beispielsweise 6-Monats-Libor gezahlt. Hierbei verbleibt allerdings ein gewisses Restrisiko; denn die Laufzeiten des Referenzzinssatzes und des einzelnen Commercial Papers werden kaum übereinstimmen.

- *Cocktail-Swaps*

Bei einem Cocktail-Swap handelt es sich um die Verknüpfung aller Grundformen (Zins-, Währungs-, kombinierter Zins- und Währungsswap) mit verschiedenen Partnern und Währungen. Durch die damit stark zunehmende Komplexität der Transaktion ist man eher in der Lage, ganz spezielle Zielsetzungen der Marktteilnehmer zu erfüllen.[1]

- *Aktienindex-Swaps*

Im Rahmen eines Aktienindex-Swaps werden Zahlungen auf der Grundlage eines festgelegten Nominalbetrages ausgetauscht, die zum einen von einem variablen Zinssatz, wie dem Euribor und zum anderen von der Entwicklung eines bestimmten Aktienindex abhängen. Während die Höhe der Zahlungen des einen Swap-Partners auf dem variablen Zinssatz zuzüglich der Index-Wertminderungen beruhen, erfolgt die Ermittlung der Zahlungen des anderen Swap-Partners auf Basis der Index-Wertsteigerungen.

---

[1] Vgl. *Nabben* (1990), S. 32.

- *EONIA-Swaps*

Mit dem EONIA-Swap (EONIA = Euro Overnight Index Average) ist auch ein Geldmarkt-Swap im Euro-Bereich entwickelt worden. Wie auch beim Kuponswap erfolgt hierbei der Tausch eines festen Zinssatzes (Swapsatz) gegen einen variablen Zinssatz, den EONIA-Satz. Der EONIA ist ein täglich von der Europäischen Zentralbank ermittelter Tagesgeldzinssatz. Bei dem EONIA-Satz des Swaps handelt es sich um den Durchschnittswert der einzelnen während der Swap-Laufzeit festgestellten täglichen Sätze, wobei auch der Zinseszinseffekt berücksichtigt wird. Damit kann die Höhe der variablen Zinszahlung erst am Ende der Swap-Laufzeit festgestellt werden.[1] Bei einem EONIA-Swap kann die Laufzeit des Swaps in einer Bandbreite zwischen (theoretisch) 2 Tagen (in der Praxis eher ab einer Woche) und 24 Monaten frei festgelegt werden. Der größte Umsatz liegt im Laufzeitbereich bis zu drei Monaten.[2]

EONIA-Swaps können zur Verringerung von Transaktionskosten aufgrund einer gegenüber dem Kassa-Markt geringeren Geld-Brief-Spanne und einer vergleichsweise geringen Transaktionshäufigkeit verwendet werden. Ferner können aber auch Arbitrage-Transaktionen und das Hedging von Geldmarktpositionen sowie auch das Eingehen offener Positionen als Motiv für den Einsatz von EONIA-Swaps herangezogen werden.[3]

Darüber hinaus haben sich insbesondere Swap-Strukturen herausgebildet, die auch als Swaps der zweiten Generation bezeichnet werden können. Diese Varianten wurden vor allem konstruiert, weil die einfachste Form, der Plain Vanilla Swap, nicht immer den speziellen Bedürfnissen eines Unternehmens entspricht. Zu den Swapstrukturen der zweiten Generation zählen:

- *Tilgungsswap*: Zahlungsstruktur wie beim festverzinslichen Tilgungskredit,
- *Annuitätensswap*: Spezielle Variante des Tilgungsswaps, wobei die Kapitalstruktur einem Annuitätendarlehen entspricht,
- *Roller Coaster Swap* Veränderung des Nominalbetrages über die Swaplaufzeit. Sinkt der Nominalwert sukzessiv über die Swap-Laufzeit, so wird von einem *Amortisationsswap* oder auch *Step-down-Swap* gesprochen. Steigt der Nominalbetrag über die Swaplaufzeit nach einem vereinbarten Schema, so kann dies als *Step-up-Swap* bezeichnet werden.
- *Forward Swap*: Beginn der vereinbarten Zahlungen erst nach einer Vorlaufzeit, so dass schon jetzt ein Festzins für eine in der Zukunft liegende Finanzierung oder Anlage gesichert werden kann,
- *Extendable Swap*: Prolongierbarer Swap, der das Recht bietet, einen bestehenden Swap bei Endfälligkeit zu gleichen Konditionen zu verlängern,
- *Callable Swap*: Swap mit vorzeitigem Kündigungsrecht des Festzinsempfängers, ohne dass daraus eine Zahlung resultiert, und
- *Puttable Swap*: Kündigungsrecht des Festzinszahlers.

---

[1] Zum Eonia-Satz bzw. 1-M-Eonia-Future an der Eurex vgl. Abschnitt II.1.a in diesem Kapitel.
[2] Vgl. *Neubacher* (2001).
[3] Vgl. *Deutsche Morgan Grenfell, Deutsche Bank AG* (1996), S. 1ff., *Brinitzer/Sörries* (1996), S. 438ff.

2. Handel mit Swaps

Die ersten Swap-Verträge waren noch individuell auf die beteiligten Partner als „swap end user" zugeschnitten. Banken spielten oftmals lediglich eine beratende Rolle, da die beteiligten Swap-Partner zumeist eine sehr gute Bonität aufwiesen und daher gern direkt miteinander die Swap-Transaktionen aushandelten. Die Swap-Dokumentation war dabei zumeist auf die jeweilige einzelne Transaktion bezogen. Insgesamt handelte es sich damit lediglich um einen Primärmarkt für Swaps.[1]

Seit Mitte der 1980er Jahre wurde die Standardisierung von Swap-Kontrakten vorangetrieben. Ziel war die Beschleunigung des Vertragsabschlusses und der Dokumentation. Standardisierungsvorschläge wurden vor allem von der International Swap Dealers Association (ISDA) in New York und der British Bankers' Association (BBA) in London veröffentlicht. Während die ISDA ein Kompendium von einheitlichen Begriffen, Definitionen und Regelungen für USD-Zinsswap-Geschäfte (und später auch Währungsswaps) erstellte, wurden von der BBA konkrete Musterverträge vorgegeben, die von den Teilnehmern auf dem Swapmarkt als Grundlage für die eigenen Swap-Abschlüsse genutzt werden konnten. Hierauf ging später auch die ISDA ein, indem sie selbst einen Mustervertrag entwarf, das „Interest Rate and Currency Exchange Agreement". Letztlich ermöglichte diese Standardisierung eine Vereinheitlichung der Rechtsgrundlage der Swap-Verträge und führte damit zu einer vereinfachten Abwicklung.

In dieser Phase kam den Banken eine zunehmende Bedeutung bei den Swap-Transaktionen zu, da die Swap-Partner nunmehr beide direkt Swaps mit einer Bank abschlossen, die zwischengeschaltet war. Entsprechend übernahmen die Banken das mit dem Swap verbundene Ausfallrisiko, ohne jedoch das Marktrisiko einzugehen. Letzteres war durch den Gegenswap abgesichert.

Seitdem entwickelte sich aus dem ursprünglichen Primärmarkt ein Sekundärmarkt für Swap-Geschäfte, so dass die Swapbedingungen nicht mehr individuell zwischen zwei Partnern ausgehandelt werden müssen. Die Banken stellen mittlerweile Swap-Konditionen auf Anfrage, so dass der gleichzeitige Abschluss von Swap-Transaktionen mit zahlreichen, unterschiedlichen Swap-Partnern ermöglicht wird. Hierbei entstehen offene Swap-Positionen in den Büchern der Banken, die wiederum ein erhöhtes Marktrisiko für die Banken bedeuten. Zur Absicherung dieser durch Swap-Transaktionen verursachten Risiken werden Instrumente des jeweils äquivalenten und vor allem liquiden Staatsanleihen-Marktes eingesetzt, wie z.B. Geldmarkt-Futures zur Absicherung von Geldmarkt-Swaps.

Anzumerken ist in diesem Zusammenhang, dass oftmals von „Swap-Handel" gesprochen wird, obwohl die abgeschlossenen Swaps eigentlich keine kurzfristigen Handelsgeschäfte darstellen, sondern eher Transaktionen, die ein langfristiges Ausfallrisiko begründen. Erfolgt zwischenzeitlich kein Close out, so steht das Ausfallrisiko noch bis zum Laufzeitende in den Büchern der Bank. Zwar kann das Marktrisiko offener Swap-Positionen durch einen spiegelbildlichen Swap minimiert werden, der ursprüngliche Swap (und damit das Ausfallrisiko) bleibt aber weiterhin in den Büchern der Bank bestehen.[2]

---

[1] Zur Entwicklung der Swap-Märkte vgl. insbesondere *Das* (1994), S. 17ff.
[2] Vgl. *Flavell* (2002), S. 9f.

Die offenen Swap-Positionen können in Verbindung mit Zins- und Wechselkursschwankungen auch die Möglichkeit der Spekulation eröffnen. Banken gehen dabei untereinander Swaps ein, wobei das Motiv zum Teil lediglich der Aufbau einer offenen Position ist, sieht man einmal von den Fällen ab, in denen Swaps mit Nicht-Banken mangels eines am Markt vorhandenen entsprechenden Gegenswaps nicht sofort geschlossen werden können.[1] Dabei werden vor allem Zinsswaps eingesetzt. Bei Erwartung steigender Zinsen werden offene Positionen durch Fixed-Rate-Payer Swaps aufgebaut, während die Bank bei Erwartung fallender Zinsen zu einem Floating-Rate-Payer wird. Nach Eintritt der jeweils erwarteten Zinsänderung werden die offenen Positionen durch einen spiegelbildlichen Swap geschlossen.

Neben Zinsswaps können auch Währungsswaps zu Spekulationszwecken genutzt werden. So kann beispielsweise mit einem Fixed-to-Fixed Currency Swap auf Veränderungen der jeweiligen Zinsniveaus spekuliert werden. Offene Positionen bei Währungsswaps werden jedoch von Banken kaum bewusst aufgebaut, vielmehr entstehen sie eher zwangsläufig aus Kundengeschäften. Begründet werden kann dies einerseits damit, dass bei Währungsswaps im Vergleich zu Zinsswaps mehr Größen für die Zukunft prognostiziert werden müssen: die Zinsentwicklungen in den jeweiligen Währungen sowie die Wechselkursentwicklung zwischen den beiden Swap-Abschlüssen. Andererseits ist das Marktvolumen bei Zinsswaps wesentlich größer, wie die nachfolgende Übersicht zeigt.

Die weltweite Entwicklung der Swap-Märkte kann an der Entwicklung der Nominalbeträge offener Swap-Kontrakte veranschaulicht werden, wobei sich die Tabelle auf die Märkte für außerbörsliche (OTC) Derivate bezieht:[2]

	Ende Dez. 1998	Ende Dez. 2000	Ende Dez. 2002
Währungsswaps	2.253	3.194	4.509
Zinsswaps	36.262	48.768	79.161
FRAs	5.756	6.423	8.792
Zinsoptionen	7.997	9.476	13.746

Tab. E.109: Ausstehende Nominalbeträge von OTC-Derivaten in Mrd. USD
(um Doppelzählungen bereinigt)

3. Quotierung von Swaps

Mit zunehmender Marktgröße und Liquidität haben sich am Swapmarkt bestimmte Konventionen herausgebildet, die zur Vereinfachung der Abschlüsse beitragen sollen. So wird i.d.R. beim Abschluss eines Zinsswaps nur der für die ganze Laufzeit gültige Festsatz vereinbart. Dieser Festsatz wird im EUR-Bereich üblicherweise einmal jährlich nach der Zinsberechnungsmethode

---

[1] Vgl. *Nabben* (1990), S. 122.
[2] Vgl. *BIZ* (2000), S. 27; *BIZ* (2002b), S. 40; *BIZ* (2003), S. 37.

30/360 – d.h. anders als im EUR-Anleihenmarkt, bei dem die Konvention Actual/Actual lautet – gezahlt.[1] Den variablen Zinszahlungen wird oftmals der 3-Monats-Euribor zugrunde gelegt. Die Berechnungsmethode ist hierbei Actual/360.

Dabei ist zu beachten, dass die Swap-Sätze i.d.R. höher als die Zinssätze des zugrundeliegenden Staatsanleihen-Marktes notieren. Dies ist darauf zurückzuführen, dass die Bonität am Swap-Markt als Interbanken-Markt i.d.R. etwas geringer ist als die Bonität von Staatsanleihen. Darüber hinaus kann der Swap-Spread auch von der aktuellen Marktsituation abhängen. So kann davon ausgegangen werden, dass sich bei niedrigem Zinsniveau und gleichzeitiger Erwartung steigender Zinsen der Swap-Spread ausweiten wird; denn in diesem Fall würden die meisten Swap-Partner die Zahlung fester Zinsen gegen Erhalt variabler Zinsen bevorzugen. Dies führt dann zu einer hohen Nachfrage nach Payer Swaps, was wiederum einen Swap Market Maker dazu veranlassen wird, den Swap-Satz anzuheben. Umgekehrt wird sich bei hohem Zinsniveau und gleichzeitiger Erwartung fallender Zinsen der Swap-Spread entsprechend verringern.[2]

USD-Swaps werden per Konvention auf der Basis von Spreads über dem entsprechenden US Treasury Bond quotiert und veröffentlicht.[3] Während für US Treasury Bonds (T-Bonds) die Zinstagezählung Actual/Actual gilt, werden USD-Swaps oftmals auf Actual/360 Basis quotiert. Darüber hinaus ist in diesem Zusammenhang zu berücksichtigen, dass die Quotierung der USD-Swaps zumeist jährlich erfolgt, während die Zinszahlungen bei den T-Bonds halbjährlich erfolgen. Soll beispielsweise eine Quotierung für einen 5-jährigen Swap von 56 Bp über der T-Bond-Rendite von 6,23% in die entsprechende Swap Rate umgewandelt werden, so ergibt sich der nachfolgende Wert, wobei unterstellt wird, dass das Jahr 365 Tage hat:

$$\text{Swap Rate}_{5\,\text{Jahre}} = \left[(1+0{,}5\cdot(\text{Bondrendite}+\text{Spread}))^2 - 1\right]\cdot\frac{360}{365}$$

$$= \left[\left(1+0{,}5\cdot\left(0{,}0623+\frac{56}{10.000}\right)\right)^2 - 1\right]\cdot\frac{360}{365} = 6{,}8107\%.$$

Bei der so ermittelten Swap Rate handelt es sich damit um einen jährlichen Zins auf der Basis Actual/360. Dieser Zinssatz betrifft die feste Seite des Swaps gegen entsprechende variable Zinszahlungen, z.B. auf Libor-Basis.

USD-Swap Rate-Quotierungen können sich aber auch auf halbjährliche Zinszahlungen beziehen. In diesem Fall ergibt sich in dem Beispiel ein Zinssatz von 6,79%. Dieser Satz ist anschließend in eine halbjährliche Actual/360 Basis zu transferieren, so dass die Swap-Rate lautet:

---

[1] Die Konvention der Tageszählung dient zur Berechnung der aufgelaufenen Zinsen, vor allem zur Umrechnung der jährlichen Zinsen auf tägliche. Während im Nenner die Tage pro Jahr stehen, gibt der Zähler die Anzahl der Tage eines Monats an. Dabei bedeutet „Actual", dass die tatsächliche Anzahl der Kalendertage angegeben wird.

[2] Vgl. *Flavell* (2002), S. 45f.

[3] Vgl. *Martin* (2001), S. 203.

$$6{,}79\% \cdot \frac{360}{365} = 6{,}697\%\,.$$

Allerdings kann es auch vorkommen, dass USD-Swap Rates auf 30/360-Basis bei halbjährlichen Zinszahlungen quotiert werden. Dann ergäbe sich in diesem Beispiel eine Swap Rate von 6,79%.

Festzuhalten bleibt, dass die Swap-Rates in USD in unterschiedlichen Formaten angegeben werden können (Actual/360, 30/360, Actual/365 etc.), so dass genau zu prüfen ist, welches Format jeweils benötigt wird. Die Konvention im EUR-Swapmarkt bezieht sich i.d.R. auf eine jährliche Zinszahlung bei einer Zinstagezählung von 30/360.

Die Quotierung von Swaps erfolgt bei vielen Währungen durch die Angabe von absoluten Zinssätzen. In der folgenden Tabelle sind beispielsweise Swap-Indikationen für EUR-Swaps vom 17.03.2003 aufgeführt (dabei beinhalten die Quotierungen die jeweiligen Bid-Offer-Kurse in % bei einer jährlichen Zinszahlung auf 30/360 Basis gegen den 6-M-Euribor), wobei auch Swaps, die erst nach einer bestimmten Vorlaufzeit beginnen (Forward Swaps) aufgeführt sind:[1]

Vorlaufzeit (Jahre) \\ Swap-Laufzeit (Jahre)	0	0,5	1	2
2	2.64 - 2.69	2.84 - 2.89	3.15 - 3.20	3.77 - 3.82
3	2.92 - 2.97	3.16 - 3.21	3.44 - 3.49	4.00 - 4.05
4	3.19 - 3.24	3.41 - 3.46	3.68 - 3.73	4.18 - 4.23
5	3.42 - 3.47	3.65 - 3.70	3.88 - 3.93	4.33 - 4.38
6	3.62 - 3.67	3.83 - 3.88	4.05 - 4.10	4.47 - 4.52
7	3.80 - 3.85	4.00 - 4.05	4.20 - 4.25	4.58 - 4.63
8	3.95 - 4.00	4.13 - 4.18	4.33 - 4.38	4.68 - 4.73
9	4.09 - 4.14	4.26 - 4.31	4.43 - 4.48	4.75 - 4.80
10	4.20 - 4.25	4.35 - 4.40	4.52 - 4.57	4.83 - 4.88

Tab. E.110: Indikationen von Swapsätzen

Dabei zeigt die Quotierung 3,42% - 3,47% für einen 5-jährigen Swap (ohne Vorlaufzeit) an, dass der Anbieter (in diesem Fall eine Bank) bereit ist, eine Payer-Swap-Position zum Zinssatz von 3,42% und eine Receiver-Swap-Position zu 3,47% einzugehen.[2]

Auch in bezug auf die Terminologie haben sich bestimmte Konventionen herausgebildet, von denen die wichtigsten hier genannt werden sollen. Zunächst wird ein Swap, dessen Anfangswert Null ist, als Par Swap bezeichnet. Dagegen werden Swaps, die nicht zu par gepreist werden, Off-Market Swaps genannt. Sie werden entsprechend nicht anhand der aktuellen Marktzinsen gepreist, sondern in Anlehnung an sogenannte Off-Market Preise.

---

[1] Hierbei handelt es sich nur um einen Ausschnitt der gesamten veröffentlichten Indikationen. Vgl. *Deutsche Bank* (2003).
[2] Vgl. *Beike/Barckow* (2002), S. 39.

Die Swap-Partei, die den variablen Zinssatz zahlt bzw. den festen Zinssatz erhält, wird als Floating Rate Payer bezeichnet, der einen Swap verkauft hat. Entsprechend ist er short in einem Swap und long im Bond-Markt. Er hat sozusagen den festen Zinssatz verkauft. Insofern lässt sich ein (verkaufter) Par Swap durch den geldmarktfinanzierten Kauf einer gesamtfälligen Anleihe synthetisch herstellen. Dagegen ist der Festzinszahler (Fixed Rate Payer), der Käufer eines Swaps, long im Swap und short im Bond-Markt. Er hat entsprechend der obigen Terminologie den festen Zinssatz gekauft.

Als Standard-Swap hat sich der sogenannte Generic Interest Rate Swap oder auch Plain Vanilla Swap herausgebildet, der als Vergleichsmaßstab für Zinsswaps verwendet wird. Der Generic Swap wird als Ausgangspunkt zur Analyse von Swaps genutzt. Auch die veröffentlichten Quotes der Broker beziehen sich im wesentlichen auf Generic Swaps. Diese Preise gelten als Standard bzw. Basis für die Preise anderer Swap-Konstruktionen, z.B. eines Swaps mit einem verspäteten (delayed) Start. Was im einzelnen als Generic Swap zu bezeichnen ist, hängt von den Marktkonventionen ab und kann sich mit der Entwicklung der Märkte sehr schnell ändern.

Grob können als Charakteristika eines Generic Interest Rate Swaps die folgenden Punkte identifiziert werden:[1]

Laufzeit	1-30 Jahre, max. Laufzeit je nach Währung auch kürzer (im USD-Markt aber bis 30 Jahre); die maximale Laufzeit hängt auch davon ab, wie eng der Bid-Offer-Spread ist
Effektives Datum	Normalerweise 2 Geschäftstage nach dem Handelsdatum (Trade Date, an dem die Parteien den Swap abschließen), aber abhängig von den Konventionen in dem jeweiligen Markt (GBP z.B. „same day"). Festlegung des effektiven Datums (= Startzeitpunkt für die Zinsberechnung) in der Weise, dass die ersten Zinszahlungen über volle Zinsperioden abgerechnet werden
Erster Zahlungstermin (Settlement Date)	Effektives Datum
Bewertungstermin	Handelsdatum
Nominalbetrag (Principal Amount)	„Bullet", d.h. der Nominalbetrag bleibt konstant während der Laufzeit des Swaps; nicht amortisierend
Nominalwert	10 Mio - 50 Mio USD im USD-Markt wird als Standard angesehen. Dennoch kann die Höhe des Nominalwertes von Währung zu Währung variieren; bei höheren Nominalwerten können sich die Bid-Offer Spreads ausweiten
Fester Zinssatz	Aktueller Marktzins (=> Generic Swap = „Spot Swap")

---

[1] Vgl. *Flavell* (2002), S. 35ff.; *Das* (1994), S. 191f.

Tageszählung der festen Zinszahlungen	zumeist Orientierung am entsprechenden Anleihemarkt mit Ausnahmen: Konvention für US Treasury Bonds: Actual/Actual, Swaps aber meist Actual/360, EUR-Konvention: Bonds: Actual/Actual, Swaps aber 30/360
Zahlungshäufigkeit des festen Zinssatzes	Entweder halbjährlich oder jährlich, je nach der Usance im entsprechenden Anleihemarkt (Ausnahme: z.B. USD-Swaps werden meist jährlich quotiert, während für die US Treasury Bonds eine halbjährliche Zinszahlung gilt)
Variabler Referenzzins	Angemessener Geldmarktindex: Euribor flat oder Libor flat, d.h. kein Spread
Tageszählung der variablen Zinszahlungen	zumeist Orientierung am entsprechenden Markt: Konvention für USD, EUR: Actual/360
Unregelmäßige Zahlungen	Keine, d.h. ein 6-M-Euribor als variable Swapzahlung bedeutet, dass alle 6 Monate der entsprechende 6-M-Euribor neu gefixt wird und die Zahlungen 6 Monate später erfolgen
Erste Zinszahlung	aktueller Marktsatz des variablen Referenzzinssatzes

Tab. E.111: Charakteristika eines Generic Interest Rate Swaps

Ein solcher Generic Swap kann als Grundlage für die Swap-Bewertung herangezogen werden, die im folgenden erläutert wird, wobei zunächst jedoch Geldmarkt-Zinsswaps betrachtet werden.

4. Bewertung von Swaps

a. Bewertung von Geldmarkt-Zinsswaps

Geldmarkt-Zinsswaps decken grundsätzlich den kurzfristigen Laufzeitenbereich bis zu einem Jahr ab.[1] Mehr als ein Drittel des gesamten Zinsswap-Marktes betrifft diesen Laufzeitbereich. Zur Bewertung und auch zur Absicherung des Risikos der künftigen variablen Zinszahlungen können Geldmarkt-Futures eingesetzt werden. Da i.d.R. die Cash Flows von Swap und Future nicht zu den gleichen Zeitpunkten stattfinden, ist eine Abdiskontierung erforderlich, wodurch beide Cash Flows vergleichbar gemacht werden können.

Anhand des folgenden Beispiels soll die Bewertung von Geldmarkt-Zinsswaps aufgezeigt werden: Am 12.01.2010 wird ein Receiver Swap eingegangen im Nominalwert von 20 Mio EUR und mit einer Laufzeit von einem Jahr. Der Swap ist so gestaltet, dass der 3-M-Euribor gezahlt werden soll (Actual/360) gegen Erhalt einer festen Zinszahlung nach einem Jahr, die im folgen-

---

[1] Am Eonia-Swap-Markt können hingegen die Laufzeiten z.B. bis zu zwei Jahren betragen, vgl. *Neubacher* (2001).

den ermittelt werden soll. Nach dem ersten Euribor-Fixing am 12.01.2010 soll die Swap-Laufzeit zwei Tage später, am 14.01.2010, beginnen.[1]

Am Markt sollen zum Start-Zeitpunkt die folgenden Marktzinsen für die jeweiligen Laufzeiten angenommen werden:

Laufzeit	Fälligkeit	Anzahl Tage	Zinssatz	Diskontfaktoren
1 Monat	15.02.2010 [2]	32	4,85%	0,995707395
3 Monate	14.04.2010	90	5,00%	0,987654321
6 Monate	14.07.2010	181	5,30%	0,974044422
9 Monate	14.10.2010	273	5,50%	0,959961602
12 Monate	14.01.2011	365	5,70%	0,945365738

Tab. E.112: Angenommene Marktzinsen zur Bewertung eines Geldmarkt-Zinsswaps

Hierbei ergibt sich beispielsweise der Diskontfaktor (bzw. Zerobondabzinsfaktor, ZAF) für die Laufzeit 1 Monat wie folgt:

$$ZAF_t = DF_t = \frac{1}{1 + r_t \cdot \frac{Tage_t}{360}} \quad \Rightarrow \quad DF_{14.1.10-15.2.10} = \frac{1}{1 + 0{,}0485 \cdot \frac{32}{360}} = 0{,}995707395.$$

Im folgenden sollen die künftigen (zum Swap-Beginn noch nicht bekannten) variablen Zinszahlungen in den Swap auf Basis der aktuellen Kurse des 3-M-Euribor-Futures geschätzt werden. Hierzu sollen am 14.01.2010 die folgenden Angaben vorliegen:[3]

---

[1] Die hier unterstellte Differenz von zwei Tagen zwischen der Swap-Vereinbarung und dem Swap-Beginn ist die normale Konvention z.B. im EUR oder im USD-Markt. Anders ist z.B. die Konvention im GBP (normalerweise "same day").

[2] Die 14.02.2010 ist ein Samstag, so dass in dem Beispiel der Montag als folgender Börsentag herangezogen wird.

[3] Beim Fälligkeitstag wird hier jeweils der Dienstag nach dem Montag als letzter Handelstag des jeweiligen Euribor-Futures unterstellt, da der Barausgleich am ersten Börsentag nach dem letzten Handelstag fällig wird. Zurückgegriffen wird damit auf die derzeit geltenden Kontraktspezifikationen im Jahr 2003.

Fälligkeitsmonat	Fälligkeitstag	Anzahl Tage	aktueller Kurs	implizite Forward Rate
März 2010	16.03.2010	61	94,55%	5,45%
Juni 2010	15.06.2010	152	94,35%	5,65%
September 2010	14.09.2010	243	94,05%	5,95%
Dezember 2010	14.12.2010	334	94,00%	6,00%
März 2011	15.03.2011	425	93,90%	6,10%

Tab. E.113: Unterstellte Geldmarkt-Future-Kurse zur Bewertung eines Geldmarkt-Zinsswaps

Da die Swap-Zahlungstermine mit den Fälligkeiten der jeweiligen Futures nicht übereinstimmen, ist eine Anpassung der impliziten Forward Rates erforderlich, wobei hier wiederum die lineare Interpolation herangezogen werden soll, deren allgemeine Formel lautet:

$$r_1 = r_{1_u} + \frac{r_{1^o} - r_{1_u}}{t_{1^o} - t_{1_u}} \cdot (t_1 - t_{1_u})$$

mit

t_1 = LFZ der zu berechnenden Periode in Tagen,
t_{1_u} = Laufzeit der impliziten Forward Rate für die kürzere Laufzeit („untere" Laufzeit),
t_{1^o} = Laufzeit der impliziten Forward Rate für die längere Laufzeit („obere" Laufzeit),
r_{1_u} = implizite Forward Rate für die kürzere Laufzeit und
r_{1^o} = implizite Forward Rate für die längere Laufzeit.

Für die Forward Rate (= unterstellter künftiger 3-M-Euribor-Satz), die sich auf die Swapzahlungsperiode vom 14.04.2010 bis 14.07.2010 bezieht, kann damit aus den impliziten Forward Rates der Futures der folgende Wert abgeleitet werden:

$$r_{14.4.10-14.7.10} = 0{,}0545 + \frac{0{,}0565 - 0{,}0545}{152 - 61} \cdot (90 - 61) = 5{,}513736\%$$

Analog erhält man die übrigen Forward Rates:

$$r_{14.7.10-14.10.10} = 0{,}0565 + \frac{0{,}0595 - 0{,}0565}{243 - 152} \cdot (181 - 152) = 5{,}745604\%$$

$$r_{14.10.10-14.1.11} = 0{,}0595 + \frac{0{,}0600 - 0{,}0595}{334 - 243} \cdot (273 - 243) = 5{,}966484\%.$$

Aus diesen 3-Monats-Forward Rates können entsprechend die Swap-Diskontfaktoren zur Abzinsung der Zahlungen berechnet werden, die zu den Terminen 14.04.2010, 14.07.2010, 14.10.2010 und 14.01.2011 in den Swap erfolgen sollen. Dabei ist der folgende Zusammenhang zwischen verschiedenen Diskontfaktoren zu berücksichtigen:

Diskontfaktor (für t_1 bis t_3) = Diskontfaktor (für t_1 bis t_2) · Diskontfaktor (für t_2 bis t_3).

Hieraus resultieren die entsprechenden Werte für die Diskontfaktoren:

$$DF_{14.1.10-14.4.10} = \frac{1}{1+0{,}05 \cdot \frac{90}{360}} = 0{,}98765432$$

$$DF_{14.1.10-14.7.10} = \frac{1}{1+0{,}05513736 \cdot \frac{91}{360}} \cdot 0{,}98765432 = 0{,}97407811$$

$$DF_{14.1.10-14.10.10} = \frac{1}{1+0{,}05745604 \cdot \frac{92}{360}} \cdot 0{,}97407811 = 0{,}95998248$$

$$DF_{14.1.10-14.1.11} = \frac{1}{1+0{,}05966484 \cdot \frac{92}{360}} \cdot 0{,}95998248 = 0{,}94556481$$

Hingewiesen werden kann an dieser Stelle darauf, dass eine Abzinsung grundsätzlich auch mit Hilfe von Diskontfaktoren auf Basis der aktuellen Marktzinsen am 14.01.2010 vorgenommen werden könnte. Da aber in dem hier aufgezeigten Modell zur Abschätzung der künftigen variablen Swapzahlungen die Kurse der Geldmarkt-Futures herangezogen wurden, erscheint eine Abdiskontierung auch nur mit solchen Diskontfaktoren sinnvoll, die auf den Futurekursen basieren. Da Geldmarkt-Futures zudem zur Absicherung der variablen Swapzahlungen eingesetzt werden können, soll auch die Bewertung in diesem Beispiel auf der Basis der Futurekurse erfolgen.

Mit Hilfe der ermittelten Werte kann der Barwert der variablen Swapzahlungen ermittelt werden:

Swap-Termine	unterstellte künftige 3-M-Euribor-Sätze	Cash Flow variable Swap-Zahlungen	Diskontfaktoren	Barwert Cash Flow variable Swap-Zahlungen
14.01.2010	5,000000%			
14.04.2010	5,513736%	-250.000,00	0,987654321	-246.913,58
14.07.2010	5,745604%	-278.750,00	0,974078107	-271.524,27
14.10.2010	5,966484%	-293.664,22	0,959982482	-281.912,51
14.01.2011		-304.953,60	0,945564812	-288.353,40

Tab. E.114: Bestimmung der Barwerte zur Bewertung eines Geldmarkt-Zinsswaps

Hierbei wird z.B. die Zahlung am 14.07.2010 in Höhe von 278.750,00 EUR auf Basis des für die Zeit vom 14.04.2010 bis 14.07.2010 (91 Tage) unterstellten künftigen 3-M-Euribor-Satzes von 5,513736% berechnet.

Der Present Value der variablen Swap-Zahlungen beträgt damit - 1.088.703,76 (= − 246.913,58 − 271.524,27 − 281.912,51 − 288.353,40). Damit der Swap fair gepreist ist, muss der Present Value der fixen Swap-Zahlungen den gleichen absoluten Barwert aufweisen, d.h. er muss ebenfalls 1.088.703,76 EUR betragen, was einem Endwert von 1.151.379,31 per 14.01.2011 (auf Actual/360-Basis) entspricht. Es gilt daher für die Festzinszahlung am 14.01.2011:

$$r_{fix,Swap} \cdot \frac{365}{360} \cdot 20.000.000 = \frac{1.088.703,76}{0,9455648 1 2} = 1.151.379,31$$

$$r_{fix,Swap} = \frac{1.151.379,31}{20.000.000} \cdot \frac{360}{365} = 5,678035\%$$

Auf 30/360 Basis ergibt sich damit ein Festzins von

$$r_{fix,Swap} = 5,678035\% \cdot \frac{365}{360} = 5,7569\% \ .$$

Zur Überprüfung der Richtigkeit dieses Zinssatzes kann neben dem Barwertvergleich auch ein Endwertvergleich der variablen und festen Zinszahlungen vorgenommen werden, wobei hier angenommen werden soll, dass die variablen Zahlungen in den Swap jeweils immer für 3 Monate zu Euribor flat refinanziert werden. Damit wird beispielsweise die variable Zahlung am 14.04.2010 entsprechend zu einem Zinssatz von 5,513736% (= unterstellter 3-M-Euribor-Satz am 14.04.2010) am Geldmarkt aufgenommen, wobei die Zinszahlung erst am 14.07.2010 erfolgt. Die jeweiligen Cash Flows der variablen Swapzahlungen inkl. Refinanzierungszinsen stellen sich dann wie folgt dar:

Cash Flow am 14.07.2010: - 278.750,00 (Swap) - 3.484,38 (Zinsen) = - 282.234,38

(mit $r_{Re\ finanzieru\ ng\ 14.4.10-14.7.10} = -250.000 \cdot 5,513736\% \cdot \frac{91}{360} = -3.484,38$)

Cash Flow am 14.10.2010: - 293.664,22 (Swap) - 7.814,91 (Zinsen) = - 301.479,13

(mit $r_{Re\ finanzieru\ ng\ 14.7.10-14.10.10} = (-250.000 - 282.234,38) \cdot 5,745604\% \cdot \frac{92}{360} = -7.814,91$)

Cash Flow am 14.01.2011: - 304.953,60 (Swap) - 12.712,20 (Zinsen) = - 317.665,80

($r_{Re\ finanz.14.10.10-14.1.11} = (-250.000 - 282.234,38 - 301.479,13) \cdot 5,966484\% \cdot \frac{92}{360} = -12.712,20$).

Der gesamte Cash Flow der variablen Swapseite inkl. Refinanzierungszinsen beläuft sich damit am 14.01.2011 auf - 250.000,00 - 282.234,38 - 301.479,13 - 317.665,80 = -1.151.379,31 und entspricht somit vom Betrag her dem Endwert der festen Zinszahlungen.

b. Bewertung von Plain Vanilla Zinsswaps

Die Bewertung von Swaps spielt eine besondere Rolle, wenn Swaps vorzeitig aufgelöst werden sollen oder das Risiko ermittelt werden soll, das aus einer vorzeitigen Beendigung eines Swaps aufgrund des Ausfalls eines Partners entsteht.

Ausgehend von einem Par Swap wird der Zinsswap als Austausch zweier hypothetischer Wertpapiere betrachtet, die zu Beginn der Laufzeit zu pari bewertet sind und am Ende zu 100% zurückgezahlt werden. Entsprechend heben sich die Anfangsinvestitionen und die Rückzahlungen gegenseitig auf, so dass keine Ausgleichszahlungen erforderlich werden. Während der Laufzeit des Swaps wird die variabel verzinsliche Position zumeist bei einem Wert von etwa 100% notieren, da alle drei oder sechs Monate eine Zinsanpassung erfolgt. Dagegen können sich Zinsänderungen bei der Festzinsposition aufgrund der fehlenden Zinsanpassung sehr viel stärker auf die Kursentwicklung auswirken. Infolgedessen beschränkt sich die Bewertung von Swaps vor allem auf die Ermittlung des Wertes der Festzinsposition. Der jeweils aktuelle Wert kann auf der Basis der Kapitalwertmethode ermittelt werden. Zur korrekten Bewertung sollte dabei für die Bestimmung der Diskontfaktoren die Nullkuponstrukturkurve bzw. Zerocurve zugrunde gelegt werden.[1]

Zu Beginn des Swaps entsprechen sich die Barwerte der festen und der variablen Swapzahlungen. Werden Anfangsinvestition und Rückzahlung am Ende der Laufzeit mit in die Betrachtung einbezogen, so betragen die Kapitalwerte der festen und der variablen Seite zum Swap-Beginn jeweils gleich Null. Im folgenden soll die Bewertung von Zinsswaps sowohl bei Abschluss des Swapgeschäfts als auch während der Swap-Laufzeit aufgezeigt werden.

ba. Bewertung von Plain Vanilla Zinsswaps bei Abschluss des Swapgeschäfts

Die Bestimmung der Barwerte der variablen und festen Zinszahlungen soll anhand eines Beispiels für den US-Swap-Markt aufgezeigt werden. Dazu liegen zu Beginn des Swaps am 14.01.2010 die folgenden Swap Rates am Markt vor, wobei hier unterstellt werden soll, dass die Zinsbasis der Swap Rates – wie auch im kurzfristigen Bereich – jeweils Actual/360 ist:

---

[1] Vgl. z.B. Lassak (1988), S. 99ff.

Fälligkeitsdatum	Anzahl Tage zwischen den jeweiligen Fälligkeitsterminen	Swap Rate
14.04.2010	90	5,0000%
14.07.2010	91	5,3000%
14.10.2010	92	5,5000%
14.01.2011	92	5,7000%
16.01.2012	367	6,3100%
14.01.2013	364	6,5500%
14.01.2014	365	6,7100%
14.01.2015	365	6,8100%

Tab. E.115: Angenommene Swap Rates zur Bewertung eines Plain Vanilla Zinsswaps

Zur Bestimmung der zugehörigen Diskontfaktoren im kurzfristigen Bereich bis zu einem Jahr soll im folgenden – anders als oben bei der Bewertung der Geldmarkt-Zinsswaps dargestellt – auf die Diskontfaktoren, die aus den Swap Rates abgeleitet werden können, zurückgegriffen werden.[1] Dies führt z.B. für die Laufzeit 1 Jahr zu dem folgenden Diskontfaktor (DF_1):

$$DF_1 = \frac{1}{1 + r_t \cdot \frac{Tage_t}{360}} = \frac{1}{1 + 0{,}057 \cdot \frac{365}{360}} = 0{,}94536574 \; .$$

Die Ermittlung der Diskontfaktoren für die nächsten jährlichen Swap Rates soll mit Hilfe des Bootstrapping-Verfahrens vorgenommen werden.[2] Dazu wird zunächst der Diskontfaktor für die Laufzeit 2 Jahre (DF_2) mit Hilfe des DF_1 bestimmt, wobei gelten muss, dass der Barwert eines neu abzuschließenden 2-jährigen Swaps inkl. Nominalbetrag-Zahlungen ebenfalls Null sein muss:

---

[1] Andernfalls müssten Future-Kurse entsprechend der künftigen variablen Swapzahlungen in den kommenden 5 Jahren vorliegen, wovon derzeit bei Geldmarkt-Futures nicht ausgegangen werden kann.

[2] Vgl. *Flavell* (2002), S. 51ff. Zu beachten ist in diesem Beispiel, dass hier auch für die jährlichen Swapzahlungen die Zinsbasis Actual/360 unterstellt wird. Zum Bootstrapping-Verfahren zur Bestimmung einer Nullkuponkurve vgl. auch *Meyer-Bullerdiek* (2003), S. 301f. Die in dem dortigen Beitrag ermittelten Nullkuponsätze können anschließend in Zerobondabzinsfaktoren umgerechnet werden, die dann den hier ermittelten Diskontfaktoren entsprechen, wobei in dem dortigen Beitrag unterstellt wird, dass der Wert für Tage/(Tage pro Jahr) jeweils eins ist.

$$-1 + 0{,}0631 \cdot \frac{365}{360} \cdot DF_1 + \left(1 + 0{,}0631 \cdot \frac{367}{360}\right) \cdot DF_2 = 0$$

$$\Leftrightarrow\ DF_2 = \frac{1 - 0{,}0631 \cdot \frac{365}{360} \cdot DF_1}{1 + 0{,}0631 \cdot \frac{367}{360}} = \frac{1 - 0{,}0631 \cdot \frac{365}{360} \cdot 0{,}94536574}{1 + 0{,}0631 \cdot \frac{367}{360}} = 0{,}88273525\ .$$

Auch der entsprechende Barwert eines 3-jährigen Swaps muss Null sein:

$$-1 + 0{,}0655 \cdot \frac{365}{360} \cdot DF_1 + 0{,}0655 \cdot \frac{367}{360} \cdot DF_2 + \left(1 + 0{,}0655 \cdot \frac{364}{360}\right) \cdot DF_3 = 0$$

$$\Leftrightarrow\ DF_3 = \frac{1 - 0{,}0655 \cdot \frac{365}{360} \cdot DF_1 - 0{,}0655 \cdot \frac{367}{360} \cdot DF_2}{1 + 0{,}0655 \cdot \frac{364}{360}} = 0{,}82372184$$

In analoger Weise können auch die übrigen Diskontfaktoren bestimmt werden, so dass sich folgende Tabelle ergibt:

Fälligkeitsdatum	Swap Rate	Diskontfaktoren
14.04.2010	5,0000%	0,98765432
14.07.2010	5,3000%	0,97404442
14.10.2010	5,5000%	0,95996160
14.01.2011	5,7000%	0,94536574
16.01.2012	6,3100%	0,88273525
14.01.2013	6,5500%	0,82372184
14.01.2014	6,7100%	0,76722032
14.01.2015	6,8100%	0,71442322

Tab. E.116: Angenommene Swap Rates und DFs zur Bewertung eines Plain Vanilla Zinsswaps

Auf der Basis dieser Angaben soll ein am 14.01.2010 beginnender Receiver Swap im Nominalwert von 50 Mio USD mit einer Laufzeit von 5 Jahren bewertet werden, wobei der Referenzzinssatz für die variablen Zahlungen der 3-M-Libor (aktueller Zins: 5%) sein soll. Der Festzins entspricht der 5-jährigen Swap Rate und beträgt somit 6,81% (Actual/360-Basis). Daraus resultiert die folgende Struktur des Swaps:

Swap-Zahlungstermine	Anzahl Tage	Cash Flow feste Swapzahlungen	Cash Flow variable Swapzahlungen
14.01.2010			
14.04.2010	90		-625.000,00
14.07.2010	91		- (Libor · 50 Mio USD)
14.10.2010	92		- (Libor · 50 Mio USD)
14.01.2011	92	3.452.291,67	- (Libor · 50 Mio USD)
14.04.2011	90		- (Libor · 50 Mio USD)
14.07.2011	91		- (Libor · 50 Mio USD)
14.10.2011	92		- (Libor · 50 Mio USD)
16.01.2012	94	3.471.208,33	- (Libor · 50 Mio USD)
16.04.2012	91		- (Libor · 50 Mio USD)
16.07.2012	91		- (Libor · 50 Mio USD)
15.10.2012	91		- (Libor · 50 Mio USD)
14.01.2013	91	3.442.833,33	- (Libor · 50 Mio USD)
15.04.2013	91		- (Libor · 50 Mio USD)
15.07.2013	91		- (Libor · 50 Mio USD)
14.10.2013	91		- (Libor · 50 Mio USD)
14.01.2014	92	3.452.291,67	- (Libor · 50 Mio USD)
14.04.2014	90		- (Libor · 50 Mio USD)
14.07.2014	91		- (Libor · 50 Mio USD)
14.10.2014	92		- (Libor · 50 Mio USD)
14.01.2015	92	3.452.291,67	- (Libor · 50 Mio USD)

Tab. E.117: Swap-Struktur des Beispiel-Plain-Vanilla-Zinsswaps

Zur Abschätzung der künftigen variablen Swapzahlungen wird die aktuelle Swap-Kurve herangezogen. Dazu ist zunächst noch die Berechnung der noch fehlenden, vierteljährlichen Diskontfaktoren (zur Abzinsung der variablen Zinszahlungen) erforderlich, bevor im Anschluss daran die Forward Rates bestimmt werden können.

Zur Berechnung dieser vierteljährlichen Diskontfaktoren soll hier wiederum auf die lineare Interpolation zurückgegriffen werden, wobei auch andere Varianten möglich sind, die zu abweichenden Ergebnissen führen:[1]

$$DF_1 = DF_{1_u} + \frac{DF_{1^o} - DF_{1_u}}{t_{1^o} - t_{1_u}} \cdot (t_1 - t_{1_u})$$

---

[1] Vgl. *Flavell* (2002), S. 55ff.

mit

t_1	=	LFZ der zu berechnenden Periode in Tagen,
t_{1_u}	=	„Laufzeit" des Diskontfaktors für die kürzere Laufzeit („untere" Laufzeit),
t_1^o	=	„Laufzeit" des Diskontfaktors für die längere Laufzeit („obere" Laufzeit),
DF_{1_u}	=	Diskontfaktor für die kürzere Laufzeit und
DF_1^o	=	Diskontfaktor für die längere Laufzeit.

Damit führt die lineare Interpolation beispielsweise für die Zahlungen am 14.04.2011 und am 14.07.2011 zu dem folgenden Diskontfaktor

$$DF_{14.04.2011} = 0{,}94536574 + \frac{0{,}88273525 - 0{,}94536574}{367 - 0} \cdot (90 - 0) = 0{,}93000676$$

$$DF_{14.07.2011} = 0{,}94536574 + \frac{0{,}88273525 - 0{,}94536574}{367 - 0} \cdot (181 - 0) = 0{,}91447713 .$$

Mit Hilfe der so für alle Swapzahlungen zu ermittelnden Diskontfaktoren können schließlich die Forward Rates (FR) und damit die angenommenen künftigen variablen Swapzahlungen wie folgt berechnet werden:

$$FR_{t_x - t_{x+1}} = \left(\frac{DF_{t_x}}{DF_{t_{x+1}}} - 1 \right) \cdot \frac{360}{Tage_{t_{x+1} - t_x}} .$$

Beispielsweise beträgt die Forward Rate für die Zeit vom 14.04.2010 (t_x) bis zum 14.07.2010 (t_{x+1})

$$= FR_{14.04.2010 - 14.07.2010} = \left(\frac{0{,}98765432}{0{,}97404442} - 1 \right) \cdot \frac{360}{91} = 5{,}5276\% .$$

Die anschließende Berechnung der angenommenen, künftigen variablen Swapzahlung am 14.07.2010 führt zu einem Wert von

$$50.000.000 \cdot 0{,}055276 \cdot \frac{91}{360} = 698.628{,}26 .$$

Die Zahlen für die gesamte Swapstruktur können der folgenden Tabelle entnommen werden:

Swap-Zahlungstermine	Diskontfaktoren	Forward Rates	Cash Flow feste Swapzahlungen	Cash Flow variable Swapzahlungen
14.01.2010	1,00000000	5,0000%		
14.04.2010	0,98765432	5,5276%		-625.000,00
14.07.2010	0,97404442	5,7405%		-698.628,26
14.10.2010	0,95996160	6,0415%		-733.509,56
14.01.2011	0,94536574	6,6060%	3.452.291,67	-771.969,12
14.04.2011	0,93000676	6,7181%		-825.745,33
14.07.2011	0,91447713	6,8355%		-849.098,87
14.10.2011	0,89877685	6,9597%		-873.425,11
16.01.2012	0,88273525	6,7242%	3.471.208,33	-908.630,07
16.04.2012	0,86798190	6,8405%		-849.865,30
16.07.2012	0,85322854	6,9608%		-864.560,50
15.10.2012	0,83847519	7,0855%		-879.772,83
14.01.2013	0,82372184	6,8830%	3.442.833,33	-895.530,10
15.04.2013	0,80963516	7,0049%		-869.940,03
15.07.2013	0,79554848	7,1312%		-885.343,95
14.10.2013	0,78146179	7,2636%		-901.303,22
14.01.2014	0,76722032	6,9045%	3.452.291,67	-928.121,89
14.04.2014	0,75420185	7,0271%		-863.062,13
14.07.2014	0,74103874	7,1556%		-888.152,67
14.10.2014	0,72773098	7,2889%		-914.332,40
14.01.2015	0,71442322		3.452.291,67	-931.363,92

Tab. E.118: Swap-Struktur inkl. variabler Zahlungen des Beispiel-Plain-Vanilla-Zinsswaps

Werden im nächsten Schritt die jeweiligen Cash Flows mit den entsprechenden Diskontfaktoren multipliziert, erhält man die jeweiligen Barwerte. Aufsummiert führt dies zu einem Barwert der festen Swapzahlungen von 14.278.838,86, der vom Betrag her exakt dem Barwert der variablen Swapzahlungen entspricht – wie zu erwarten war.

Würde man in diesem Beispiel – wie bei dem Cash Flow einer Anleihe – eine Rückzahlung des Kapitalbetrags am 14.1.2015 mit in die Berechnung einbeziehen, so würde der Barwert der gesamten Rückflüsse 50 Mio USD betragen (= 14.278.838,86 + 50.000.000 · 0,71442322). Dies gilt analog für die variable Seite des Swaps. Zu beachten ist bei diesem Beispiel der Swap-Bewertung, dass in der Praxis die Diskontfaktoren und damit die Barwerte von der hier gewählten Vorgehensweise abweichen können, wenn eine andere Methode der Interpolation herangezogen wird.

bb. Bewertung von Plain Vanilla Zinsswaps während der Swap-Laufzeit

Während der Laufzeit eines Zinsswaps ist dessen aktueller Marktwert u.a. im Rahmen des Risiko Managements der Banken, die als Swappartner fungieren, oder in den Fällen, in denen Swap-Positionen z.B. durch ein Close Out glattgestellt werden sollen, von Bedeutung. Zur Berechnung des aktuellen Marktwertes sind zunächst die Diskontfaktoren auf Basis der aktuellen Swapkurve zu ermitteln, bevor anschließend mit Hilfe der Interpolation die Bestimmung der zu den Terminen der Swap-Zahlungen passenden Diskontfaktoren erfolgt. Nunmehr können die zinsfixen und zinsvariablen Swapzahlungen mit Hilfe der neuen Diskontfaktoren abgezinst werden, wobei die variablen Swapzahlungen allerdings wiederum neu geschätzt werden müssen.[1]

Die Bewertung soll anhand des obigen Beispiels eines Receiver Swaps im Nominalwert von 50 Mio USD erfolgen („erhalte 6,81%, zahle 3-M-Libor"). Am 25.02.2010, dem Bewertungstag, liegen die nachfolgenden Swap Rates und Diskontfaktoren vor, wobei letztere für die Fälligkeitstermine 25.02.2011, 27.02.2012, 25.02.2013, 25.02.2014 und 25.02.2015 – wie oben gezeigt – auch hier durch Bootstrapping berechnet werden. Die Diskontfaktoren im kurzfristigen Bereich bis ein Jahr werden dabei zunächst wieder nach der Formel

$$DF_t = \frac{1}{1 + r_t \cdot \frac{Tage_t}{360}}$$

abgeleitet, wobei $Tage_t$ sich in dieser Formel auf die Anzahl der Tage seit dem 25.02.2010 bezieht.

Fälligkeitsdatum	Tage	Swap Rates	Diskontfaktoren
25.02.2010			1,00000000
25.03.2010	28	4,0000%	0,99689854
25.05.2010	61	4,2000%	0,98972337
25.08.2010	92	4,3000%	0,97883806
25.11.2010	92	4,3500%	0,96806593
25.02.2011	92	4,4000%	0,95729405
27.02.2012	367	4,7000%	0,91074495
25.02.2013	364	4,9000%	0,86413383
25.02.2014	365	5,0000%	0,81980166
25.02.2015	365	5,1000%	0,77606849

Tab. E.119: Angenommene Swap-Rates zur Bewertung eines Plain-Vanilla-Zinsswaps nach Swap-Beginn

---

[1] Hierbei stellt sich wiederum das Problem, dass in der Praxis unterschiedliche Formen der Interpolation vorliegen und somit auch unterschiedliche Werte für die gleiche Transaktion ermittelt werden.

Aus diesen Werten lassen sich nunmehr die vierteljährlichen Diskontfaktoren ableiten, die zu den Fälligkeiten des am 14.01.2010 eingegangenen und zu bewertenden Swaps passen. Dazu soll hier wiederum der Einfachheit halber auf die lineare Interpolation zurückgegriffen werden. Beispielsweise ergeben sich demnach die Diskontfaktoren für die Zahlungen am 14.04.2011 und am 14.07.2011 wie folgt:[1]

$$DF_{14.04.2011} = 0{,}95729405 + \frac{0{,}91074495 - 0{,}95729405}{732 - 365} \cdot (413 - 365) = 0{,}95120588$$

$$DF_{14.07.2011} = 0{,}95729405 + \frac{0{,}91074495 - 0{,}95729405}{732 - 365} \cdot (504 - 365) = 0{,}93966374.$$

Für die Daten des Beispiels ergeben sich damit per 25.02.2010 die in der nachfolgenden Tabelle aufgeführten Werte, wobei zu beachten ist, dass die Zinstagezählung Actual/360 sowohl bei den kurzfristigen als auch bei den langfristigen Swap Rates zugrunde liegt.

Swap-Zahlungstermine	Diskontfaktoren	Forward Rates	Cash Flow variabel	Cash Flow fest
25.02.2010	1,00000000			
14.04.2010	0,99454602	4,318151%	-625.000,00	
14.07.2010	0,98380744	4,353004%	-545.766,36	
14.10.2010	0,97298364	4,380667%	-556.217,12	
14.01.2011	0,96221164	4,628130%	-559.751,93	3.452.291,67
14.04.2011	0,95120588	4,859317%	-578.516,27	
14.07.2011	0,93966374	4,920421%	-614.163,74	
14.10.2011	0,92799475	4,984460%	-628.720,40	
16.01.2012	0,91607209	5,074451%	-650.748,90	3.471.208,33
16.04.2012	0,90447037	5,163306%	-641.354,27	
16.07.2012	0,89281759	5,231587%	-652.584,56	
15.10.2012	0,88116481	5,301699%	-661.214,52	
14.01.2013	0,86951204	5,222734%	-670.075,80	3.442.833,33
15.04.2013	0,85818239	5,161533%	-660.095,56	
15.07.2013	0,84712971	5,229767%	-652.360,41	
14.10.2013	0,83607703	5,300609%	-660.984,41	
14.01.2014	0,82490290	5,332568%	-677.300,06	3.452.291,67
14.04.2014	0,81405045	5,370634%	-666.570,97	
14.07.2014	0,80314711	5,445371%	-678.788,44	
14.10.2014	0,79212395	5,522218%	-695.797,44	
14.01.2015	0,78110080		-705.616,77	3.452.291,67

Tab. E.120: Cash Flows des zu bewertenden Plain-Vanilla-Zinsswaps nach Swap-Beginn

---

[1] Vom 25.02.2010 sind es 365 Tage bis 25.02.2011, 413 Tage bis 14.04.2011, 504 Tage bis 14.07.2011 und 732 Tage bis 27.02.2012.

Mit Hilfe der ermittelten Diskontfaktoren kann die Bewertung der zinsfixen und zinsvariablen Swapzahlungen erfolgen. Die Tabelle zeigt bereits die künftigen variablen Zinszahlungen des Swaps, die wiederum mit Hilfe von Forward Rates geschätzt werden. Beispielsweise ergibt sich entsprechend der oben dargestellten Vorgehensweise der Wert für die Forward Rate, die sich auf die Periode vom 16.04.2012 bis zum 16.07.2012 bezieht, wie folgt:

$$FR_{t_x - t_{x+1}} = \left(\frac{DF_{t_x}}{DF_{t_{x+1}}} - 1 \right) \cdot \frac{360}{Tage_{t_{x+1} - t_x}}$$

$$\Rightarrow \text{z.B. } FR_{16.4.12 - 16.7.12} = \left(\frac{0{,}90447037}{0{,}89281759} - 1 \right) \cdot \frac{360}{872 - 781} = 5{,}163306\%.$$

Die aus den Forward Rates abgeleiteten variablen Swapzahlungen sind ebenfalls in der Tabelle aufgeführt.

Werden die jeweiligen Cash Flows mit den zugehörigen Diskontfaktoren abgezinst, so ergibt sich ein Barwert für die variablen Swap-Zahlungen von -11.293.852,67 USD und für die festen Swap-Zahlungen von 15.039.690,51 USD. Insgesamt hat der Swap am 25.02.2010 somit einen Netto-Barwert von 3.745.837,83 USD. Dieser könnte bei Auflösung des Swaps realisiert werden.

In diesem Fall beträgt der Dirty Price der fixen Swap-Seite 54.092.789,37 USD:

$$PV_{Dirty} = 15.039.690{,}51 + 50.000.000 \cdot 0{,}78110080 = 54.092.789{,}37.$$

Nach Abzug der Stückzinsen beläuft sich damit der Clean Price der fixen Swap-Seite auf

$$PV_{Clean} = 54.092.789{,}37 - 50.000.000 \cdot 6{,}81\% \cdot \frac{42}{360} = 53.695.539{,}37.$$

Auch für die variable Swap-Seite können Dirty Price und Clean Price bestimmt werden:

$$PV_{Dirty} = -11.293.852{,}67 + 50.000.000 \cdot 0{,}78110080 = 50.346.951{,}54$$

$$PV_{Clean} = 50.346.951{,}54 - 50.000.000 \cdot 5{,}00\% \cdot \frac{42}{360} = 50.055.284{,}87.$$

Der leichte Kursanstieg der variablen Position über 100% ist auf das leicht gesunkene Zinsniveau und die Tatsache, dass die nächste Zinsanpassung erst in 48 Tagen erfolgt (am 14.04.2010), zurückzuführen.

Zu berücksichtigen ist bei der hier dargestellten Vorgehensweise, dass die Werte für den Swap bei anderen Formen der Interpolation von dem oben ermittelten Wert abweichen.[1]

---

[1] Zur exponentiellen Interpolation im Rahmen der Swap-Bewertung vgl. z.B. *Heinzel/Knobloch/Lorenz* (2002), S. 125ff.

c. Bewertung von Non-Generic Zinsswaps

ca. Bewertung von Delayed-Start Swaps bei Abschluss des Swapgeschäfts

Neben Generic Swaps (Plain Vanilla Swaps) lassen sich auch Non-Generic Swaps bewerten. Hierbei handelt es sich um Swap-Transaktionen, die eher auf die individuellen Bedürfnisse der jeweiligen Swappartner zugeschnitten werden können.

Beispielsweise handelt es sich bei einer Swap-Transaktion mit einem verzögerten Start (Delayed-Start Swaps) um einen Non-Generic Swap. Ein typisches Beispiel ist die Emission einer Anleihe, die geswappt werden soll. Die Dokumentation und andere Formalitäten können nach dem Launch Day (Emissionstag) bis zu einem Monat Zeit in Anspruch nehmen. Der Swap soll dann zum gleichen Zeitpunkt wie die Valutierung der Anleihe beginnen. Die Bewertung eines Delayed-Start Swaps spiegelt grundsätzlich das entsprechende Hedging-Instrument und den Verlauf der Zinsstrukturkurve wider.

Anhand des obigen Beispiels soll der Wert eines solchen Delays aufgezeigt werden:

Am 14.01.2010 wird bei dem obigen 5-jährigen Receiver Swaps nunmehr festgelegt, dass der Zinslauf erst am 15.02.2010 beginnt. Damit stellt sich die Frage des Delay-Wertes. Die folgenden Daten sind hierzu heranzuziehen:

5-Jahres Swap-Rate:	6,81%	Actual/360,
5-Jahres-T-Bond-Rendite:	6,23%	Actual/360,
1-Monats Money Market Rate:	4,85%	Actual/360.

Der Marktteilnehmer erhält somit 6,81% gegen Zahlung des 3-Monats-Libor und ist damit vor allem bei den festen Zinsen einem Zinsänderungsrisiko bis zum 15.02.2010 ausgesetzt. Um sich gegen steigende Zinsen (und damit einem fallenden Wert des Swaps) abzusichern, könnten T-Bonds verkauft werden. Unter der Annahme, dass die Hedge Ratio eins sei, würden somit T-Bonds im gleichen Nominalwert wie der Swap verkauft. Die Erlöse aus dem Verkauf können für einen Monat zum Zinssatz von 4,85% angelegt werden. Da der Marktteilnehmer allerdings auf die Erträge aus den Staatsanleihen verzichtet (6,23%), erleidet er aus dieser Transaktion für den Monat einen Verlust in Höhe von 1,38%-Punkten p.a. Dieser Satz ist auf einen Monat (im Beispiel 32 Tage) umzurechnen, so dass sich ein Verlust von 1,38% · 32/360 = 0,122667% ergibt. Zur groben Bestimmung der jährlichen Belastung kann der Annuitätenfaktor (ANF) herangezogen werden:

$$\text{ANF}_{i=0,0681}^{n=5} = \frac{(1,0681)^5 \cdot 0,0681}{(1,0681)^5 - 1} = 0,24265124 \,.$$

Die jährliche Belastung wird durch durch Multiplikation des ANF mit 0,122667% bestimmt und ergibt sich zu 0,029765%. Somit müssen also fast 3 Basispunkte bei der Swap-Rate berücksichtigt werden, da es sich hierbei um effektive Kosten des Marktteilnehmers handelt.

Umgekehrt würde sich die Situation darstellen, wenn der Marktteilnehmer Fixed-Rate Zahler wäre. In diesem Fall hätten zur Absicherung (gegen fallende Zinsen) T-Bonds gekauft werden müssen, was dann einen entsprechenden positiven Effekt nach sich ziehen würde. Der Delay würde dann zu einem jährlichen Gewinn von fast 3 Basispunkten führen.

Im Grund handelt es sich bei dem hier aufgezeigten Delayed-Start Swap um einen Forward Swap. Die exakte Bewertung einer solchen Swap-Transaktion wird im folgenden Abschnitt aufgezeigt.

cb. Bewertung von Forward Swaps bei Abschluss des Swapgeschäfts

Im folgenden soll die Bewertung am Beispiel eines Forward Swaps aufgezeigt werden. Ein solcher Swap ist dadurch gekennzeichnet, dass die Laufzeit einen zukünftigen Zeitraum betrifft und damit erst im Anschluss an eine bestimmte Vorlaufzeit beginnt.[1] Im folgenden soll ein Forward Swap mit einer Vorlaufzeit von einem Jahr und einer Laufzeit von (dann noch) drei Jahren (d.h. die Gesamtlaufzeit beträgt vier Jahre) untersucht werden. In Anlehnung an das obige Beispiel soll es sich wiederum um einen Receiver Swap im Nominalwert von 50 Mio USD handeln, der am 14.01.2010 zu bewerten ist. Den variablen Swap-Zahlungen liegt der 3-M-Libor zugrunde, während der Festzins zum aktuellen Zeitpunkt noch zu bestimmen ist. Für beide Zinsseiten soll wiederum die Konvention Actual/360 gelten.

Zunächst einmal muss der Barwert der fixen Swapseite (inkl. Nominalbetrag-Zahlungen) zum Zeitpunkt 14.01.2010 wiederum Null sein. Wird dazu die Zahlungsreihe einer Anleihe unterstellt, die in einem Jahr mit einer Auszahlung (Investition) beginnt und nach zwischenzeitlichen Festzinszahlungen am Laufzeitende zurückgezahlt wird, so kann der Barwert formal in der folgenden Weise ausgedrückt werden:

$$\text{Barwert} = -1 \cdot DF_1 + r \cdot \frac{367}{360} \cdot DF_2 + r \cdot \frac{364}{360} \cdot DF_3 + r \cdot \frac{365}{360} \cdot DF_4 + 1 \cdot DF_4 = 0$$

mit

r = Festzinssatz des Forward Swaps.

Die Diskontfaktoren haben die folgenden, oben bereits abgeleiteten Werte:

Swap-Zahlungstermine	Anzahl Tage	Diskontfaktoren
14.01.2010		1
14.01.2011	365	0,94536574
16.01.2012	367	0,88273525
14.01.2013	364	0,82372184
14.01.2014	365	0,76722032

Tab. E.121: Angenommene Diskontfaktoren am 14.01.2010

---

[1] Vgl. *Deutsch* (2001), S. 305ff.

Mit Hilfe dieser Daten kann der Festzins des Forward Swaps aus der obigen Formel bestimmt werden:

$$r = \frac{DF_1 - DF_4}{\left(\frac{367}{360} \cdot DF_2 + \frac{364}{360} \cdot DF_3 + \frac{365}{360} \cdot DF_4\right)} = 7{,}095590\%$$

mit

DF_1 = Diskontfaktor per 14.01.2011, DF_2 = Diskontfaktor per 16.01.2012,
DF_3 = Diskontfaktor per 14.01.2013, DF_4 = Diskontfaktor per 14.01.2014.

Da die Forward Rates und damit auch die angenommenen künftigen variablen Swapzahlungen dem obigen Beispiel des Generic Swaps entsprechen, kann damit die Swap-Struktur direkt dargestellt werden:

Die Zahlen für die gesamte Swapstruktur können der folgenden Tabelle entnommen werden:

Swap-Zahlungstermine	Diskontfaktoren	Forward Rates	Cash Flow feste Swapzahlungen	Cash Flow variable Swapzahlungen
14.01.2010	1,00000000	5,0000%		
14.04.2010	0,98765432	5,5276%		
14.07.2010	0,97404442	5,7405%		
14.10.2010	0,95996160	6,0415%		
14.01.2011	0,94536574	6,6060%	3.452.291,67	
14.04.2011	0,93000676	6,7181%		-825.745,33
14.07.2011	0,91447713	6,8355%		-849.098,87
14.10.2011	0,89877685	6,9597%		-873.425,11
16.01.2012	0,88273525	6,7242%	3.471.208,33	-908.630,07
16.04.2012	0,86798190	6,8405%		-849.865,30
16.07.2012	0,85322854	6,9608%		-864.560,50
15.10.2012	0,83847519	7,0855%		-879.772,83
14.01.2013	0,82372184	6,8830%	3.442.833,33	-895.530,10
15.04.2013	0,80963516	7,0049%		-869.940,03
15.07.2013	0,79554848	7,1312%		-885.343,95
14.10.2013	0,78146179	7,2636%		-901.303,22
14.01.2014	0,76722032	6,9045%	3.452.291,67	-928.121,89

Tab. E.122: Swap-Struktur inkl. variabler Zahlungen des Forward Swaps

Hierbei entspricht der Present Value der variablen Zahlungen mit 8.907.271,15 dem Present Value der fixen Zahlungen. Addiert man zu diesem Wert die mit dem Diskontfaktor vom 14.01.2014 zu multiplizierende Tilgung, so ergibt sich ein Wert von

$8.907.271{,}15 + 50.000.000 \cdot 0{,}76722032 = 47.268.286{,}92$.

Dieser Wert ist identisch mit dem Barwert des Anlagebetrages von 50 Mio USD am 14.01.2011:

$$PV_{14.01.2010} = \frac{50.000.000}{\left(1 + 0{,}057 \cdot \frac{365}{360}\right)} = 50.000.000 \cdot 0{,}94536574 = 47.268.286{,}92 \, .$$

cc. Bewertung eines Amortisationsswaps bei Abschluss des Swapgeschäfts

Typisch für Rollercoaster Swaps, zu denen auch Amortisationsswaps zu zählen sind, ist die Veränderung des Nominalbetrages über die Swaplaufzeit. In dem Fall, dass der der Nominalwert sukzessiv über die Swap-Laufzeit sinkt, wird von einem Amortisationsswap gesprochen. Hierbei werden die Veränderungen des Nominalwertes grundsätzlich bereits zu Beginn der Swap-Transaktion festgelegt.[1]

Die Bewertung eines Amortisationsswaps soll wiederum anhand eines Beispiels erfolgen. Dazu soll ein Receiver Swap (variable Zahlungen auf Basis des 3-M-Libors) mit einer Laufzeit von 4 Jahren am 14.01.2010 bewertet werden, dessen Nominalwert sich in der folgenden Weise entwickelt:

- 50,0 Mio USD für das 1. Jahr = Nominalwert in t_0 = NW_0
- 37,5 Mio USD für das 2. Jahr = Nominalwert in t_1 = NW_1
- 25,0 Mio USD für das 3. Jahr = Nominalwert in t_2 = NW_2
- 12,5 Mio USD für das 4. Jahr = Nominalwert in t_3 = NW_3

Der Festzinssatz r (Basis: Actual/360) kann mit Hilfe der folgenden Formel bestimmt werden, wobei wiederum davon auszugehen ist, dass der Barwert des Swaps (inkl. Nominalbetrag-Zahlungen) zum Swap-Beginn Null betragen muss:

$$-NW_0 + NW_0 \cdot DF_1 + NW_0 \cdot r \cdot \frac{365}{360} \cdot DF_1 - NW_1 \cdot DF_1 + NW_1 \cdot DF_2 + NW_1 \cdot r \cdot \frac{367}{360} \cdot DF_2$$
$$-NW_2 \cdot DF_2 + NW_2 \cdot DF_3 + NW_2 \cdot r \cdot \frac{364}{360} \cdot DF_3 - NW_3 \cdot DF_3 + NW_3 \cdot DF_4 + NW_3 \cdot r \cdot \frac{365}{360} \cdot DF_4 = 0$$

Aus dieser Formel lässt sich der Festzins bestimmen:

$$r = \frac{NW_0 - NW_0 \cdot DF_1 + NW_1 \cdot DF_1 - NW_1 \cdot DF_2 + NW_2 \cdot DF_2 - NW_2 \cdot DF_3 + NW_3 \cdot DF_3 - NW_3 \cdot DF_4}{NW_0 \cdot \frac{365}{360} \cdot DF_1 + NW_1 \cdot \frac{367}{360} \cdot DF_2 + NW_2 \cdot \frac{364}{360} \cdot DF_3 + NW_3 \cdot \frac{365}{360} \cdot DF_4}$$

---

[1] Zu Rollercoaster Swaps vgl. *Flavell* (2002), S. 72ff.

mit

$NW_0 = 50{,}0$ Mio USD, $\quad DF_1 = 0{,}94536574 =$ Diskontfaktor per 14.01.2011,
$NW_1 = 37{,}5$ Mio USD, $\quad DF_2 = 0{,}88273525 =$ Diskontfaktor per 16.01.2012,
$NW_2 = 25{,}0$ Mio USD, $\quad DF_3 = 0{,}82372184 =$ Diskontfaktor per 14.01.2013,
$NW_3 = 12{,}5$ Mio USD, $\quad DF_4 = 0{,}76722032 =$ Diskontfaktor per 14.01.2014.

Hieraus resultiert ein Festzinssatz r von 6,471394%.

Unter Berücksichtigung der schon aus den vorherigen Beispielen bekannten Daten am 14.01.2010 lassen sich die folgenden Werte ableiten:

Swap-Zah-lungstermine	Nominalwert	Cash Flow feste Swapzahlungen	Cash Flow variable Swapzahlungen	Diskont-faktoren
14.01.2010	50.000.000			1,00000000
14.04.2010	50.000.000		-625.000,00	0,98765432
14.07.2010	50.000.000		-698.628,26	0,97404442
14.10.2010	50.000.000		-733.509,56	0,95996160
14.01.2011	37.500.000	3.280.637,08	-771.969,12	0,94536574
14.04.2011	37.500.000		-619.308,99	0,93000676
14.07.2011	37.500.000		-636.824,15	0,91447713
14.10.2011	37.500.000		-655.068,83	0,89877685
16.01.2012	25.000.000	2.473.959,88	-681.472,55	0,88273525
16.04.2012	25.000.000		-424.932,65	0,86798190
16.07.2012	25.000.000		-432.280,25	0,85322854
15.10.2012	25.000.000		-439.886,42	0,83847519
14.01.2013	12.500.000	1.635.824,51	-447.765,05	0,82372184
15.04.2013	12.500.000		-217.485,01	0,80963516
15.07.2013	12.500.000		-221.335,99	0,79554848
14.10.2013	12.500.000		-225.325,81	0,78146179
14.01.2014		820.159,27	-232.030,47	0,76722032

Tab. E.123: Swap-Struktur inkl. variabler Zahlungen des Amortisationsswaps

Der entsprechende Present Value der variablen Swapzahlungen ist wiederum gleich dem Present Value der festen Zahlungen und beträgt 7.261.960,72.

cd. Bewertung eines Step-up-/Step-down-Swaps bei Abschluss des Swapgeschäfts

Auch Step-up-Swaps zählen zu den Rollercoaster Swaps, wobei hier – anders als bei den Amortisationsswaps – der Nominalbetrag über die Swaplaufzeit nach einem vereinbarten Schema ansteigt. Im folgenden soll der Nominalbetrag zunächst ansteigen (Step up) und zum Schluss wieder sinken (Step down).

Auf der Grundlage des obigen Beispiels soll ein Receiver Swap (variable Zahlungen auf Basis des 3-M-Libors) mit einer Laufzeit von 4 Jahren am 14.01.2010 bewertet werden, dessen Nominalwert sich in der folgenden Weise entwickelt:

- 15 Mio USD für das 1. Jahr = Nominalwert in t_0 = NW_0
- 30 Mio USD für das 2. Jahr = Nominalwert in t_1 = NW_1
- 70 Mio USD für das 3. Jahr = Nominalwert in t_2 = NW_2
- 40 Mio USD für das 4. Jahr = Nominalwert in t_3 = NW_3

Mit Hilfe der obigen Formel ergibt sich in diesem Fall ein Festzinssatz r von 6,949600%, so dass in dem Beispiel am 14.01.2010 die nachfolgende Tabelle gilt:

Swap-Zahlungstermine	Nominalwert	Cash Flow feste Swapzahlungen	Cash Flow variable Swapzahlungen	Diskontfaktoren
14.01.2010	15.000.000			1,00000000
14.04.2010	15.000.000		-187.500,00	0,98765432
14.07.2010	15.000.000		-209.588,48	0,97404442
14.10.2010	15.000.000		-220.052,87	0,95996160
14.01.2011	30.000.000	1.056.918,33	-231.590,74	0,94536574
14.04.2011	30.000.000		-495.447,20	0,93000676
14.07.2011	30.000.000		-509.459,32	0,91447713
14.10.2011	30.000.000		-524.055,07	0,89877685
16.01.2012	70.000.000	2.125.419,33	-545.178,04	0,88273525
16.04.2012	70.000.000		-1.189.811,42	0,86798190
16.07.2012	70.000.000		-1.210.384,70	0,85322854
15.10.2012	70.000.000		-1.231.681,97	0,83847519
14.01.2013	40.000.000	4.918.772,44	-1.253.742,13	0,82372184
15.04.2013	40.000.000		-695.952,03	0,80963516
15.07.2013	40.000.000		-708.275,16	0,79554848
14.10.2013	40.000.000		-721.042,58	0,78146179
14.01.2014		2.818.448,88	-742.497,51	0,76722032

Tab. E.124: Swap-Struktur inkl. variabler Zahlungen des Step-up-/Step-down-Swaps

Auch in diesem Beispiel entsprechen sich betragsmäßig die Barwerte der variablen und der festen Swapzahlungen. Sie betragen jeweils 9.089.428,45 USD.

ce. Bewertung von Non-Generic Zinsswaps während der Swap-Laufzeit

Wie schon bei der Bewertung von Generic bzw. Plain Vanilla Swaps gezeigt, soll nunmehr ebenfalls am 25.02.2010 die Bewertung des im vorhergehenden Abschnitt dargestellten Step-up-/Step-down-Swaps bei veränderter Zinsstruktur vorgenommen werden. Die bei der Generic-Swap-Bewertung ermittelten Diskontfaktoren, die zu den jeweiligen Swap-Zahlungsterminen passen, sollen auch hier zur Bewertung der zinsfixen und zinsvariablen Swapzahlungen herangezogen werden.

Die aus den Forward Rates abgeleiteten variablen Swapzahlungen zeigt die folgende Tabelle:

Swap-Zahlungstermine	Nominalwert	Forward Rates	Cash Flow variabel	Cash Flow fest	Diskontfaktoren
25.02.2010	15.000.000	5,000000%			1,00000000
14.04.2010	15.000.000	4,318151%	-187.500,00		0,99454602
14.07.2010	15.000.000	4,353004%	-163.729,91		0,98380744
14.10.2010	15.000.000	4,380667%	-166.865,14		0,97298364
14.01.2011	30.000.000	4,628130%	-167.925,58	1.056.918,33	0,96221164
14.04.2011	30.000.000	4,859317%	-347.109,76		0,95120588
14.07.2011	30.000.000	4,920421%	-368.498,24		0,93966374
14.10.2011	30.000.000	4,984460%	-377.232,24		0,92799475
16.01.2012	70.000.000	5,074451%	-390.449,34	2.125.419,33	0,91607209
16.04.2012	70.000.000	5,163306%	-897.895,98		0,90447037
16.07.2012	70.000.000	5,231587%	-913.618,38		0,89281759
15.10.2012	70.000.000	5,301699%	-925.700,33		0,88116481
14.01.2013	40.000.000	5,222734%	-938.106,12	4.918.772,44	0,86951204
15.04.2013	40.000.000	5,161533%	-528.076,45		0,85818239
15.07.2013	40.000.000	5,229767%	-521.888,33		0,84712971
14.10.2013	40.000.000	5,300609%	-528.787,53		0,83607703
14.01.2014			-541.840,05	2.818.448,88	0,82490290

Tab. E.125: Cash Flows des zu bewertenden Roller Coaster Swaps nach Swap-Beginn

Nach Multiplikation der jeweiligen Cash Flows mit den zugehörigen Diskontfaktoren wird für die variablen Swapzahlungen ein Barwert von -7.099.249,19 USD und für die festen Swapzahlungen ein Barwert von 9.565.894,94 USD berechnet. Insgesamt hat der Swap am 25.02.2010 somit einen Netto-Barwert von 2.466.645,74 USD. Dieser könnte bei Auflösung des Swaps realisiert werden.

d. Bewertung von Plain Vanilla Währungsswaps

Durch Währungsswaps wird beispielsweise eine Kapitalaufnahme in Fremdwährungen ermöglicht, und zwar unabhängig von der eigentlich benötigten Währung. Insofern kann der Finanzierungsvorteil der Heimatwährung in eine Fremdwährung transferiert werden. Darüber hinaus können mit Währungsswaps offene Währungspositionen geschlossen und damit abgesichert werden. Zu berücksichtigen ist dabei, dass während der Swaplaufzeit die jeweiligen Zinszahlungen erfolgen und am Laufzeit-Ende die Nominalbeträge zu dem ursprünglich vereinbarten Devisenkurs zurückgetauscht werden.

Plain Vanilla Währungsswaps, die auch als Generic Currency Swap bezeichnet werden können, weisen bestimmte Charakteristika auf, die in der nachfolgenden Tabelle aufgeführt sind, wobei es sich dabei um einen Währungsswap „Festzins in Fremdwährung gegen USD-Libor" handelt, der für die Quotierung und Bewertung der meisten Währungsswaps herangezogen werden kann.[1]

Laufzeit	1-15 Jahre
Effektives Datum	Normalerweise 2 Geschäftstage nach dem Handelsdatum (Trade Date), aber abhängig von den Konventionen in dem jeweiligen Markt. Festlegung des effektiven Datums (= Startzeitpunkt für die Zinsberechnung) in der Weise, dass die ersten Zinszahlungen über volle Zinsperioden abgerechnet werden
Erster Zahlungstermin (Settlement Date)	Effektives Datum
Devisenkurs	Devisenkurs per effektivem Datum
Bewertungstermin	Handelsdatum
Nominalbetrag der Fremdwährung	USD-Nominalwert multipliziert mit dem Devisenkurs
Fester Zinssatz (Fremdwährung)	Aktueller Marktzins in der jeweiligen Währung
Tageszählung der festen Zinszahlungen	abhängig von der Konvention des jeweiligen Marktes
Zahlungshäufigkeit des festen Zinssatzes	vierteljährlich, halbjährlich oder jährlich, je nach der Usance im entsprechenden Markt
Variabler Referenzzins	3-Monats- oder 6-Monats-USD-Libor flat, d.h. ohne Spread
Tageszählung der variablen Zinszahlungen	zumeist Orientierung am entsprechenden Markt (beispielsweise für USD: Actual/360)
Unregelmäßige Zahlungen	Keine, d.h. ein 6-M-USD-Libor als variable Swapzahlung bedeutet, dass alle 6 Monate der entsprechende 6-M-USD-Libor neu gefixt wird und die Zahlungen 6 Monate später erfolgen
Erste Zinszahlung	aktueller Marktsatz des variablen Referenzzinssatzes

Tab. E.126: Charakteristika eines Generic Currency Swaps

In diesem Beispiel kann ein Receiver Swap angesehen werden als Kauf einer Festzinsanleihe in Fremdwährung und Kreditaufnahme in USD zu USD-Libor.

---

[1] Vgl. *Das* (1994), S. 193.

da. Bewertung eines Fixed-to-Fixed Currency Swaps bei Abschluss des Swapgeschäfts

Die Bewertung eines Fixed-to-Fixed Currency Swaps bei Abschluss des Geschäfts soll den dadurch erzielbaren Arbitrage-Gewinn aufzeigen. Dies wird an dem folgenden Beispiel demonstriert: Ausgangspunkt ist ein Unternehmen in Euroland, das für eine Laufzeit von 5 Jahren 20 Mio EUR benötigt und dafür einen festen Zins zahlen möchte. Das Unternehmen könnte sich auch am SFR-Markt refinanzieren, wobei der Festzinssatz 6,9% für 5 Jahre beträgt. Die Konditionen für EUR-Kredite, die das Unternehmen am 15.01.2014 erhalten könnte, stehen für verschiedene Laufzeiten in der folgenden Tabelle, wobei hier der Einfachheit halber nach der Methode 30/360 gerechnet werden soll:

Fälligkeit	EUR-Zinssätze für das Unternehmen	Diskontfaktoren
15.01.2014		1,00000000
15.01.2015	6,00000%	0,94339623
15.01.2016	6,50000%	0,88138896
15.01.2017	7,10000%	0,81273600
15.01.2018	7,90000%	0,73367546
15.01.2019	9,10000%	0,63539973

Tab. E.127: EUR-Konditionen zu Beginn des Währungsswaps

Dabei sind die Diskontfaktoren wiederum nach dem Bootstrapping-Verfahren beispielsweise für die ersten drei Diskontfaktoren in der folgenden Weise ermittelt worden:

$$DF_1 = \frac{1}{1+r_t \cdot \frac{Tage_t}{360}} = \frac{1}{1+0{,}06 \cdot \frac{360}{360}} = 0{,}94339623$$

$$DF_2 = \frac{1-0{,}065 \cdot \frac{360}{360} \cdot DF_1}{1+0{,}065 \cdot \frac{360}{360}} = \frac{1-0{,}065 \cdot \frac{360}{360} \cdot 0{,}94339623}{1+0{,}065 \cdot \frac{360}{360}} = 0{,}88138896$$

$$DF_3 = \frac{1-0{,}071 \cdot \frac{360}{360} \cdot DF_1 - 0{,}071 \cdot \frac{360}{360} \cdot DF_2}{1+0{,}071 \cdot \frac{360}{360}} = 0{,}81273600 \; .$$

Das Unternehmen soll zum einen die Möglichkeit haben, sich durch Aufnahme eines EUR-Kredits zu 9,10% zu refinanzieren. Zum anderen könnte es aber auch eine festverzinsliche SFR-Anleihe zu 6,9% emittieren und diese Anleihe in EUR swappen.

Der Devisenkurs am 15.01.2014 lautet: 1 EUR = 1,50 SFR. Zusätzlich sind jeweils die Swap Rates im EUR- und im SFR-Markt angegeben (Basis jeweils 30/360):

Fälligkeit	EUR-Swap Rates	EUR-Diskontfaktoren	SFR-Swap Rates	SFR-Diskontfaktoren
15.01.2014		1,00000000		1,00000000
15.01.2015	5,00000%	0,95238095	4,00000%	0,96153846
15.01.2016	5,40000%	0,89997289	4,30000%	0,91913120
15.01.2017	5,90000%	0,84108699	4,80000%	0,86806093
15.01.2018	6,60000%	0,77132543	5,30000%	0,81131745
15.01.2019	7,50000%	0,68850468	5,50000%	0,76227238

Tab. E.128: Swap Rates zu Beginn des Währungsswaps

Aus diesen Daten kann nun die Vorteilhaftigkeit des Währungsswaps bestimmt werden. Unterstellt wird dabei, dass das Unternehmen einen SFR-Kredit in Höhe von 30 Mio SFR (= 1,5 SFR/EUR · 20 Mio EUR) zu 6,9% aufnimmt. Gleichzeitig vereinbart es mit einer Bank einen Währungsswap, bei dem es am 15.01.2014 zunächst in den Swap 30 Mio SFR gegen Erhalt von 20 Mio EUR zahlt. Zu den Zinsterminen muss das Unternehmen jeweils 7,5% auf 20 Mio EUR zahlen (Swap Outflow) und erhält dafür 5,5% auf 30 Mio SFR (Swap Inflow). Am Laufzeitende, d.h. am 15.01.2019, erhält das Unternehmen aus dem Swap 30 Mio SFR gegen Zahlung von 20 Mio EUR. Die Zinszahlungen sind in der folgenden Abbildung gezeigt:

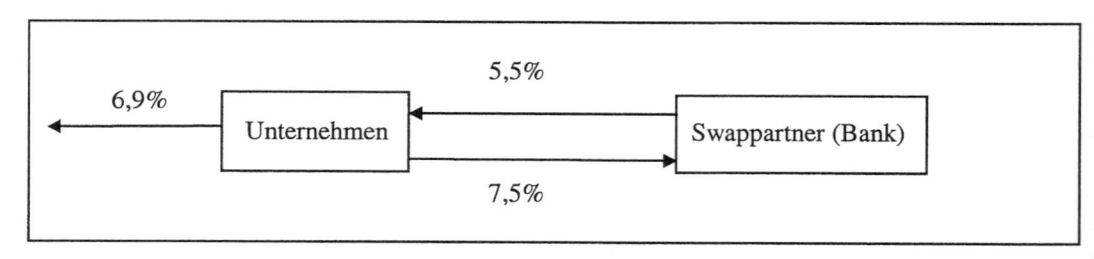

```
         6,9%          5,5%
   ←────────── [Unternehmen] ←────────── [Swappartner (Bank)]
                         ──────────→
                            7,5%
```

Abb. E.67: Währungsswap

Die einfache Vorteilhaftigkeitsbetrachtung führt damit zu folgendem Ergebnis:

Kreditkosten	- 6,90%	(SFR)
Swap Inflow	+ 5,50%	(SFR)
Swap Outflow	- 7,50%	(EUR)
Nettokosten	- 8,90%	
Alternative	- 9,10%	(EUR)
Zinsvorteil	+ 0,20%	(EUR)

Tab. E.129: Einfache Vorteilhaftigkeitsrechnung zu Beginn des Währungsswaps

Zu beachten ist hierbei, dass der SFR-Nettozins (- 1,4%) zu den Zinsterminen jeweils in EUR getauscht werden muss. Zur Abschätzung des Devisenkurses für die kommenden Zinszahlungen kann ein einfach zu bestimmender Konversionsfaktor (KF) herangezogen werden:[1]

$$\text{Einfacher KF} = \frac{1+\text{EUR Swap Rate}}{1+\text{SFR Swap Rate}} = \frac{1+0,075}{1+0,055} = 1,01895735.$$

Damit wird für die Zinszahlungen der folgende Devisenkurs unterstellt:

$$1 \text{ EUR} = \frac{1,50 \text{ SFR}}{1,01895735} = 1,47209302 \text{ SFR}.$$

Mit Hilfe dieses Konversionsfaktors können die oben ermittelten Nettokosten bzw. der Zinsvorteil des Swaps noch korrigiert werden:

Nettokosten = (- 6,90% + 5,50%) · 1,01895735 – 7,50% = - 8,92654%.

Diese Nettokosten entsprechen dem Zinssatz für die aus SFR-Anleihe und Swap konstruierte (synthetische) EUR-Anleihe, so dass sich ein Zinsvorteil („New Issue Arbitrage, NIA") von - 8,92654% + 9,10% = 0,17346% ergibt.

Im nächsten Schritt soll nun der Barwert dieser New Issue Arbitrage berechnet werden. Dazu können in den beiden folgenden Tabellen zunächst die relevanten Zahlungen bei Nutzung des einfachen Konversionsfaktors dargestellt werden:

Fälligkeit	SFR Kredit Cash Flow	SFR Swap Inflow	SFR Netto Cash Flow
15.01.2014	30.000.000	-30.000.000	0
15.01.2015	-2.070.000 *	1.650.000 **	-420.000 ***
15.01.2016	-2.070.000	1.650.000	-420.000
15.01.2017	-2.070.000	1.650.000	-420.000
15.01.2018	-2.070.000	1.650.000	-420.000
15.01.2019	-32.070.000	31.650.000	-420.000
*	$-30.000.000 \text{ SFR} \cdot 6,90\% \cdot \frac{360}{360} = -2.070.000 \text{ SFR}$		
**	$30.000.000 \text{ SFR} \cdot 5,50\% \cdot \frac{360}{360} = 1.650.000 \text{ SFR}$		
***	- 2.070.000 SFR + 1.650.000 SFR = - 420.000 SFR		

Tab. E.130: SFR Cash Flows im Rahmen des Währungsswaps

---

[1] Vgl. *Martin* (2001), S. 285f.

Fälligkeit	EUR Swap Outflow	EUR Netto Cash Flow	Alternative: EUR Cash Flow
15.01.2014	20.000.000	20.000.000	20.000.000
15.01.2015	-1.500.000	-1.785.308 *	-1.820.000
15.01.2016	-1.500.000	-1.785.308	-1.820.000
15.01.2017	-1.500.000	-1.785.308	-1.820.000
15.01.2018	-1.500.000	-1.785.308	-1.820.000
15.01.2019	-21.500.000	-21.785.308	-21.820.000
*	$\dfrac{-420.000 \text{ SFR}}{1,47209302 \text{ SFR/EUR}} - 1.500.000 \text{ EUR} = -1.785.308 \text{ EUR}$		

Tab. E.131: EUR Cash Flows im Rahmen des Währungsswaps

Die Abzinsung des SFR Swap Inflows mit den SFR-Swap-Diskontfaktoren führt zu einem Present Value von Null. Werden die EUR Swap Outflows mit den EUR-Swap-Diskontfaktoren abgezinst, so führt dies ebenfalls zu einem Present Value von Null.

Zur Bestimmung des Barwertes der New Issue Arbitrage können die EUR Netto Cash Flows und die Cash Flows der alternativen EUR-Kreditaufnahme mit den Diskontfaktoren abgezinst werden, die aus den EUR-Kreditzinssätzen für das Unternehmen abgeleitet werden:

Fälligkeit	Diskontfaktoren	EUR Netto Cash Flow	Alternative: EUR Cash Flow
15.01.2014	1,00000000	20.000.000	20.000.000
15.01.2015	0,94339623	-1.785.308	-1.820.000
15.01.2016	0,88138896	-1.785.308	-1.820.000
15.01.2017	0,81273600	-1.785.308	-1.820.000
15.01.2018	0,73367546	-1.785.308	-1.820.000
15.01.2019	0,63539973	-21.785.308	-21.820.000

Tab. E.132: Vergleich zwischen EUR Netto Cash Flow und Alternative

Der Barwert des EUR Netto Cash Flows beträgt dann 138.996,61 EUR. Dieser Wert entspricht dem Present Value der New Issue Arbitrage, da der Barwert der Alternative erwartungsgemäß Null ist. Die Rendite als interner Zinsfuß des EUR Netto Cash Flows beträgt 8,92654% p.a. gegenüber dem internen Zinsfuß von 9,100% p.a. des EUR Cash Flows als Alternative. Damit ergibt sich wiederum die oben bereits ermittelte New Issue Arbitrage von 0,17346% p.a. (= 9,100% - 8,92654%).

db. Bewertung eines Fixed-to-Fixed Currency Swaps während der Swap-Laufzeit

Nunmehr soll eine Bewertung des obigen Währungsswaps während der Swap-Laufzeit erfolgen. Zunächst ist zu dem Beispiel noch zu ergänzen, dass bei dem Währungsswap zwar die wichtigsten Parameter der beiden Swapseiten übereinstimmen (Nominalwert, Zinstermine, Fälligkeitstermine). Dennoch entsteht aber ein Währungsrisiko bezüglich der Netto-SFR-Zahlung zu jedem Zinstermin. Dabei sind zudem die unterschiedlichen Kupons der jeweiligen Festzinspositionen zu beachten, so dass sich bei entsprechend verschiedenen Durationen Veränderungen der Marktzinsen auch unterschiedlich auf die Preise auswirken.

Der obige Währungsswap soll nunmehr exakt ein Jahr nach Swap-Beginn, d.h. am 15.01.2015 bewertet werden, wobei die Bewertung direkt nach Zahlung der Swap- und Kreditzahlungen per 15.01.2015 erfolgen soll. Der Devisenkurs soll nunmehr betragen: 1 EUR = 1,40 SFR. Am Markt liegen die folgenden neuen Swap-Rates vor (EUR-Swap Rates sind gesunken, SFR-Swap Rates sind gestiegen):

Fälligkeit	EUR-Swap Rates	EUR-Diskontfaktoren	SFR-Swap Rates	SFR-Diskontfaktoren
15.01.2015		1,00000000		1,00000000
15.01.2016	3,50000%	0,96618357	4,50000%	0,95693780
15.01.2017	3,90000%	0,92619715	4,80000%	0,91036926
15.01.2018	4,40000%	0,87809890	5,30000%	0,85568160
15.01.2019	5,10000%	0,81703667	5,80000%	0,79590421

Tab. E.133: Swap Rates ein Jahr nach Beginn des Währungsswaps

Für den neuen einfachen Konversionsfaktor ergibt sich:

$$\text{Einfacher KF} = \frac{1 + \text{EUR Swap Rate}}{1 + \text{SFR Swap Rate}} = \frac{1 + 0{,}051}{1 + 0{,}058} = 0{,}99338374 \ .$$

Damit wird für die kommenden Zinszahlungen der folgende Devisenkurs unterstellt:

$$1 \text{ EUR} = \frac{1{,}40 \text{ SFR}}{0{,}99338374} = 1{,}40932445 \text{ SFR} \ .$$

Zur Bestimmung des Netto-Barwertes des Währungsswaps am 15.01.2015 werden sowohl der SFR Swap Inflow als auch der EUR Outflow bewertet.

Fälligkeit	SFR Swap Inflow	SFR-Diskontfaktoren	EUR Swap Outflow	EUR-Diskontfaktoren
15.01.2015		1,00000000		1,00000000
15.01.2016	1.650.000	0,95693780	-1.500.000	0,96618357
15.01.2017	1.650.000	0,91036926	-1.500.000	0,92619715
15.01.2018	1.650.000	0,85568160	-1.500.000	0,87809890
15.01.2019	31.650.000	0,79590421	-21.500.000	0,81703667

Tab. E.134: Bewertung des Swap In- und Outflows ein Jahr nach Beginn des Währungsswaps

Der Barwert des SFR Swap Inflows beträgt hierbei 29.683.299,64 SFR, was bei dem am 15.01.2015 geltenden Devisenkurs 21.202.356,89 EUR entspricht. Hingegen beläuft sich der Barwert des EUR Swap Outflows auf -21.722.008 EUR. Der Netto-Barwert des Swaps beträgt somit -519.651 EUR.

5. Portfoliomanagement mit Asset Swaps

a. Fixed Income Swaps

Der Einsatz von Swaps im Aktivmanagement hat an Bedeutung gewonnen. Als Einsatzmotive lassen sich dabei sowohl Absicherungsüberlegungen als auch zusätzliche Renditesteigerungen (Yield Enhancement) identifizieren. Es handelt sich bei diesen Swap-Transaktionen um den Tausch von Aktiva (Assets) und/oder den daraus resultierenden Zinszahlungen. Infolgedessen werden sie auch als Asset Swaps bezeichnet.

Asset Swaps sind vor allem durch den Tausch von Staatsschulden bekannt geworden. Dabei werden zweifelhafte Kredite gegen zweifelhafte Kredite eines anderen Schuldners getauscht in der Hoffnung, dass nicht beide Schuldnerländer gleichzeitig ihre Zahlungen einstellen. Das Ziel der Banken besteht in diesen Fällen darin, das Kreditportefeuille breiter zu streuen, so dass sich das Risiko für die einzelne Bank verringert. Die Swap-Preise von Länderkrediten ergeben sich entsprechend der Beurteilung der jeweiligen Bonität und werden in Prozent des Nominalbetrages ausgedrückt.

Daneben werden Asset Swaps vor allem im aktiven Zinsmanagement von Rentenportefeuilles eingesetzt. Das folgende Beispiel zeigt, wie sich ein Portfoliomanager durch den Abschluss eines Zinsswaps gegen stark steigende Zinsen absichern kann:

Der Portfoliomanager hält eine mit nominal 6% s.a. (s.a. = semi annual, d.h. halbjährliche Zinszahlung) verzinsliche Anleihe über 10 Mio USD (Kurswert: 100%) im Bestand, die eine Restlaufzeit von 3 Jahren hat. Zur Absicherung gegen steigende Zinsen und den damit verbundenen Kursverlust schließt er einen Zinsswap über ebenfalls 10 Mio USD mit Swap-Partner A ab, aus dem er variable Zinsen in Höhe des USD-6-Monats-Libor erhält und 6% halbjährlich jeweils zum gleichen Zeitpunkt wie die Anleihe zahlt.

Nach einem Jahr sei die Rendite für Wertpapiere mit einer Restlaufzeit von 2 Jahren und einer vergleichbaren Bonität auf 8% s.a. gestiegen. Die Anleihe hat damit einen Kurswert von 96,37%. Der Portfoliomanager geht nunmehr von einem Ende der Zinssteigerungsphase aus. Er schließt daher einen zweiten Zinsswap mit Swap-Partner B ab: Gegen Zahlung von USD-6-Monats-Libor erhält er 8% s.a. für die Laufzeit von zwei Jahren.

Sein Gesamtvorteil durch die beiden Zinsswaps gegenüber der ursprünglichen Situation beläuft sich damit nach einem Jahr für die nächsten zwei Jahre auf 2% s.a., wie die folgende Grafik verdeutlicht:

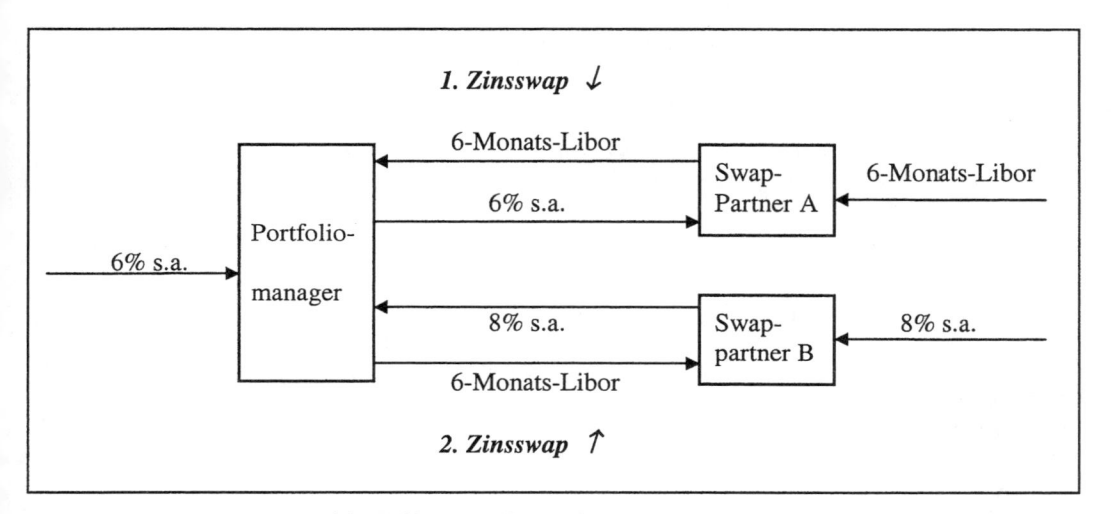

```
                            1. Zinsswap ↓

                           6-Monats-Libor
                     ◄─────────────────────── Swap-      6-Monats-Libor
                                              Partner A ◄───────────────
                            6% s.a.
                     ───────────────────────►
         Portfolio-
 6% s.a.
────────►  manager
                            8% s.a.
                     ───────────────────────► Swap-         8% s.a.
                                              partner B ◄───────────────
                           6-Monats-Libor
                     ◄───────────────────────

                            2. Zinsswap ↑
```

Abb. E.68: Asset Swaps im Zinsmanagement

Nach dem ersten Jahr braucht die Anleihe trotz gestiegener Zinsen nicht auf den niedrigeren Börsenkurs abgewertet zu werden. Für dieses Jahr hat der Portfoliomanager ein variabel verzinsliches (synthetisches) Wertpapier, aus dem er eine Verzinsung in Höhe des jeweiligen 6-Monats-Libor erhält.

In diesem Beispiel sind das Wertpapier und die Zinsswaps bezüglich Betrag und Laufzeit sowie idealerweise auch in bezug auf die einzelnen Festzinszahlungszeitpunkte individuell aufeinander abgestimmt. Der erste Zinsswap wurde eigens abgeschlossen, um sich gegen steigende Zinsen abzusichern, während der zweite Zinsswap das gestiegene Zinsniveau gegen fallende Zinsen sichert. Als Ergebnis dieser Transaktion ergibt sich folgende Rechnung nach einem Jahr für die restlichen zwei Jahre (der Ertrag des ersten Jahres hängt von dem jeweiligen 6-Monats-Libor ab):

	Portfoliomanager
Erträge aus Anleihe	+ 6,00%
1. Swap Inflow	+ 6-Monats-Libor
1. Swap Outflow	− 6,00%
2. Swap Inflow	+ 8,00%
2. Swap Outflow	− 6-Monats-Libor
Nettoertrag	+ 8,00%
Alternative	+ 6,00%
Zinsvorteil	+ 2,00%

Tab. E.135: Ergebnis des Asset Swaps

Zu beachten ist allerdings bei Asset Swaps, dass ein Portfoliomanager, der eine solche Transaktion durchführt, nunmehr ein Kreditrisiko gegenüber zwei Marktteilnehmern hat: gegenüber dem Anleiheemittenten und gegenüber dem Swap-Partner.

Als weiteres Einsatzmotiv von Asset Swaps kann die Renditeverbesserung durch die Konstruktion synthetischer Wertpapiere genannt werden. Dabei versuchen die Investoren, vom (Swap-) Markt unterbewertete Wertpapiere zu identifizieren und durch Swap-Transaktionen diesen Renditevorteil auf das von ihnen gewünschte Wertpapier zu übertragen. Beispielsweise kann eine USD Festzinsanleihe mit Hilfe von Asset Swaps dargestellt werden über:[1]

- den Kauf einer USD-FRN und einem anschließenden variabel / fixen Zinsswap,
- den Kauf einer zinsfixen EUR-Anleihe und einem anschließenden fix / fixen Währungsswap oder
- den Kauf einer EUR-FRN und einem anschließenden variabel / fixen Währungsswap.

Falls daher ein unterbewertetes Asset nicht direkt den Ausstattungswünschen des Investors entspricht, so kann trotzdem das gewünschte Papier synthetisch mit Hilfe verschiedener Asset Swaps nachgebildet werden, so dass zusätzliche Renditeverbesserungen im Vergleich zum direkten Kauf über mehrere Perioden erreicht werden können. Diese Renditeverbesserungen ergeben sich durch die Differenz zwischen der Effektivverzinsung der gewünschten Anleihe und der Rendite aus dem Swap. Zu beachten ist, dass die zu vergleichenden Anlagen derselben Risikoklasse angehören bzw. beide Anlagen (tatsächliche und synthetische Anleihe) denselben Diversifikationseffekt innerhalb des Anlageportefeuilles haben.

Beispielhaft soll die Strukturierung einer synthetischen Floating Rate Note (FRN) mit Hilfe eines Asset Swaps aufgezeigt werden. Ausgangspunkt ist ein Investor, der einen 6% USD-Bond (Zinsberechnungsmethode Actual/Actual, halbjährliche Zinszahlungen) mit einer Restlaufzeit von 3

---

[1] Vgl. z.B. *Perridon/Steiner* (2002), S. 323.

Jahren kauft. Das aktuelle Zinsniveau beläuft sich auf 7% p.a. Zur Berechnung des Niveaus, bei dem dieser Bond in eine FRN geswappt werden könnte, muss diese Rendite mit der entsprechenden Offered-Seite der Swap-Rates verglichen werden. Unter der Annahme, dass der potentielle Swap-Partner die gleichen Preise wie im Markt quotiert, können die folgenden Zinssätze zugrunde gelegt werden:

Laufzeit	US-Treasury-Rendite (semi-annual)	Swap Spread
3	6,35	30-35
4	6,40	33-38
5	6,45	34-39
6	6,50	37-44

Tab. E.136: USD-Swap Spreads

Als relevante Swap-Rate ergibt sich ein Satz von 6,35% + 0,35% = 6,70% s.a., wobei zu berücksichtigen ist, dass sich hier dieser Satz – anders als die bei USD-Swaps meist übliche Konvention von Actual/360 auf jährlicher Basis – auf die Zinstagebasis Actual/Actual bei halbjährlicher Zinszahlung bezieht. Dies entspricht der Zinstagezählung bei den Treasury Bonds. Dabei wird die Offered-Seite des Swap Spreads zugrunde gelegt, weil dies das Niveau ist, bei dem der Swap-Partner bereit ist, fixe Zinszahlungen gegen Libor flat zu erhalten.

Zum Vergleich mit der obenstehenden Rendite müssen aber beide Werte noch auf die gleiche Grundlage gestellt werden; denn bei den 6,70% handelt es sich um eine Rendite auf halbjährlicher Basis (r_s), während der obige Zinssatz (7%) für jährliche Zahlungen (r_a) gilt. Die Umrechnung der 7% p.a. in eine halbjährliche Rendite (s.a.) erfolgt in dieser Weise:

$$(1 + r_a) = \left(1 + \frac{r_s}{2}\right)^2$$

$$r_s = 2 \cdot \left(\sqrt{1 + r_a} - 1\right) \quad ; \quad r_s = 2 \cdot \left(\sqrt{1 + 0{,}07} - 1\right) = 6{,}88\ \%$$

Die entsprechende halbjährliche Rendite des Bonds von 6,88% s.a. (Actual/Actual) bedeutet eine um 18 Basispunkte höhere Rendite als der angebotene Swap-Spread. Damit ergibt sich also eine Rendite von Libor + 18 Bp. Diese über den Asset Swap realisierte Rendite ist zu vergleichen mit der Rendite von variabel verzinslichen Anleihen von Emittenten mit vergleichbarer Bonität und ähnlichem Standing. Graphisch lässt sich dieser Asset Swap wie folgt darstellen:

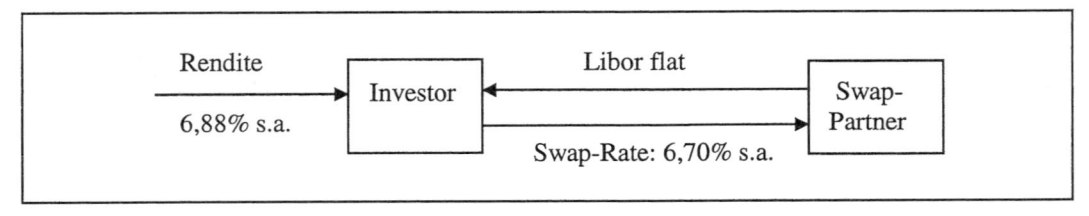

```
         Rendite              Libor flat
      ───────────→  ┌────────┐ ←───────────  ┌─────────┐
      6,88% s.a.    │Investor│                │  Swap-  │
                    │        │ ──────────→    │ Partner │
                    └────────┘ Swap-Rate:     └─────────┘
                               6,70% s.a.
```

Abb. E.69: USD Asset Swap

Der Asset Swap und das Ausmaß des zusätzlichen Ertrages gegenüber der alternativen Direktanlage hängen von den Möglichkeiten der Arbitrage zwischen Bondmarkt und Swapmarkt ab. Solche „Fenster" für eine erfolgversprechende Arbitrage eröffnen sich immer dann, wenn sich Bond- und Swapmarkt nicht gleichgerichtet oder unterschiedlich schnell entwickeln.

Soll allerdings im obigen Beispiel die festverzinsliche Anleihe vorzeitig verkauft werden, so entsteht eine offene Swap-Position, die wieder zu schließen ist. Die Verluste bzw. Gewinne bei Verkauf der Wertpapiere und Schließen der Swap-Position entsprechen grundsätzlich den Verlusten und Gewinnen der Anleiheform, die synthetisch erzeugt wurde. Problematisch dürfte sich allerdings in diesem Zusammenhang die geringere Liquidität der Asset Swaps gegenüber dem direkten Investment auswirken. Soll das gesamte Package verkauft werden, so kann dies einige Probleme mit sich führen. Zunächst muss ein Käufer gefunden werden, der nicht nur die Bonität der Bonds, sondern auch die des Swap-Partners akzeptieren kann. Zudem kann sich der Swap-Spread am Markt verändert haben, so dass auch die Bedingungen des Swaps (Terms and Conditions) verändert werden müssen. Darüber hinaus können auch administrative Probleme auftreten, nämlich dann, wenn die beteiligten Parteien beispielsweise untereinander keine ausreichenden Swap-Linien oder Master Agreements haben. Bei Auflösung der Swap-Position sind neben den administrativen auch weitere Kosten zu berücksichtigen, wie z.B. der Bid-Offer-Spread.

b. Equity Swaps

Bei einem Equity Swap handelt es sich – wie auch bei einem Zinsswap – um den zukünftigen Austausch von Zahlungsströmen. Im Gegensatz zu einem Zinsswap basieren die Zahlungen aber nicht nur auf Zinsen. Vielmehr ist zumindest ein Zahlungsstrom an einen Aktienindex oder an eine Aktienperformance gekoppelt. Entsprechend zahlt der sogenannte Performance-Zahler an den Zinszahler die Performance auf den Nominalbetrag des Aktien-Underlyings, während er die Zinszahlungen auf den Nominalbetrag erhält. Ist die Performance allerdings negativ, so ist der Zinszahler verpflichtet, diese zusätzlich an den Performance-Zahler zu leisten. In der folgenden Abbildung wird ein solcher Equity Swap dargestellt. Darüber hinaus können Equity Swaps auch als Austausch der Performance einer Aktie gegen die einer anderen Aktie konstruiert werden.

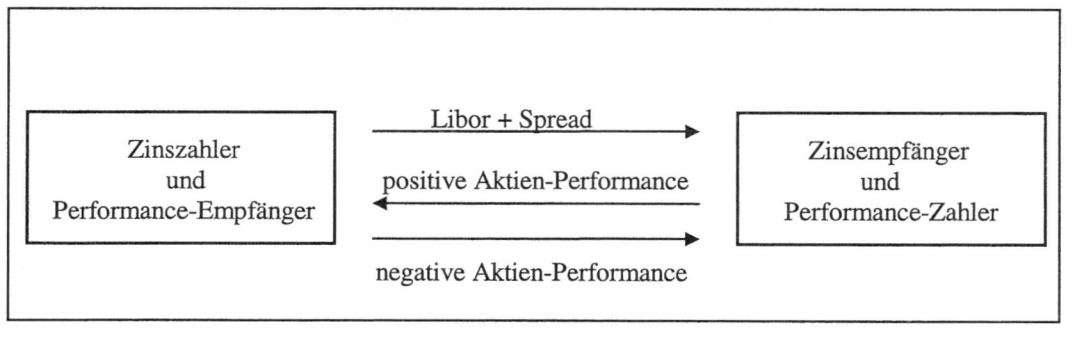

```
┌─────────────────────────────────────────────────────────────────────┐
│                                                                     │
│  ┌──────────────────┐      Libor + Spread        ┌──────────────────┐│
│  │   Zinszahler     │ ──────────────────────▶    │  Zinsempfänger   ││
│  │      und         │  positive Aktien-Performance│       und        ││
│  │Performance-      │ ◀──────────────────────    │ Performance-     ││
│  │  Empfänger       │ ──────────────────────▶    │   Zahler         ││
│  └──────────────────┘  negative Aktien-Performance└──────────────────┘│
│                                                                     │
└─────────────────────────────────────────────────────────────────────┘
```

Abb. E.70: Equity Swap

Im Rahmen des Equity Swaps finden die Zahlungen zu ganz bestimmten Terminen, den sogenannten Reset-Terminen statt, die üblicherweise auf vierteljährlicher, halbjährlicher oder jährlicher Basis festgelegt werden. Bei den Zinszahlungen kann es sich um feste oder variable Zinsen handeln. Letztere sind meist an einen Referenzzins gekoppelt, wie z.B. an den entsprechenden Libor.

Grundsätzlich kann jedes Aktienportfolio als Underlying für die Performance-Berechnung dienen. Ausgewählt werden vor allem solche Aktienportfolios, die in ihrer Zusammensetzung einem Aktienindex entsprechen und somit den jeweiligen Markt zu einem großen Teil abdecken. Aber auch eine einzelne Aktie kann grundsätzlich als Underlying in Frage kommen. In diesem Fall kann beispielsweise ein Portfoliomanager, der die entsprechende Aktie im Bestand hat, das Performancerisiko der Aktie gegen eine Zinszahlung tauschen. Für die Laufzeit des Swaps ist damit die Aktienposition gegen Kursänderungen abgesichert. Obwohl der Portfoliomanager nur noch Zinsempfänger ist, stehen ihm als Eigentümer der Aktie aber weiterhin alle damit verbundenen Rechte zu. Üblicherweise bezieht sich ein Equity Swap jedoch auf einen Aktienindex.

Basis für die Zahlungsströme eines Equity Swaps ist der Nennwert bzw. Notional. Hierbei kann es sich sowohl um das Aktienportfolio bzw. den Aktienindex multipliziert mit einer bestimmten Zahl (z.B. DAX multipliziert mit 10.000) oder um einen fixen Betrag handeln (z.B. 12 Mio EUR).[1] Bei letzterer Variante verändert sich die Anzahl Aktien, die dem Swap zugrunde gelegt worden ist, je nach Performanceentwicklung. Ist der Nennwert dagegen variabel, d.h. wird er z.B. als Vielfaches eines Indexes definiert, so ist das Hedging für den Performance-Zahler einfacher, da zur Absicherung lediglich in entsprechendem Umfang Aktien gekauft werden müssen, während andernfalls die Anzahl der Aktien laufend angepasst werden müsste.

Die Swap-Perioden bei Equity Swaps belaufen sich meist auf drei oder sechs Monate. Grundsätzlich sind auch andere Periodenlängen möglich, bis hin zu nur einer Periode, die dann mit der Swap-Laufzeit übereinstimmt. Entsprechend den Swap-Perioden erfolgt eine Anpassung des Nominalbetrages an den jeweils vorherrschenden Wert der Aktienposition. Von dem für die jeweilige Periode festgelegten Nominalbetrag hängt auch die Zinszahlung des Performance-

---

[1] Vgl. *Campenhausen von* (1994), S. 259.

Empfängers ab. Als Swap-Laufzeiten kommt vor allem der Bereich von einem bis zu vier Jahren in Betracht, wobei zu berücksichtigen ist, dass grundsätzlich auch Laufzeiten von wenigen Wochen bis zu 10 Jahren möglich sind.

Mit Hilfe von Equity Swaps lassen sich diversifizierte Portfolios einfach und kostengünstig in einer Transaktion nachbilden, wobei der Performance-Empfänger ein Rendite-Risiko-Profil erhält, das dem fremdfinanzierten Aktienportfolio entspricht, welches dem Swap zugrunde liegt. Handelt es sich bei dem Underlying um einen Aktienindex, so erhält der Performance-Empfänger genau die festgestellte Performance des Aktienindexes. Dadurch kann der Tracking Error vermieden werden; denn eine exakte Nachbildung des Indexes durch den Aufbau eines entsprechenden Portfolios ist in der Praxis kaum möglich bzw. zu aufwendig. Gleichzeitig lässt sich eine Investition in einen Gesamtmarkt tätigen, so dass detaillierte Marktkenntnisse zu bestimmten Aktien nicht erforderlich sind.

Portfoliomanager, die in Anleihen investiert sind, können ohne eine Veräußerung der Anleihen das Performanceprofil von Aktienportfolios durch Equity Swaps erhalten. Dadurch lassen sich Transaktionskosten, die bei der Umschichtung sowohl auf der Anleihen- als auch der Aktienseite anfallen würden, vermeiden. Bei einem solchen Equity Swap ist der Portfoliomanager Zinszahler und Performance-Empfänger. In diesem Fall könnte eventuell auch eine sogenannte Outperformance-Strategie erfolgreich umgesetzt werden. Zahlt der Portfoliomanager an den Kontraktpartner beispielsweise Euribor abzüglich eines Spreads von 20 Basispunkten gegen den Empfang der DAX-Performance, so kann möglicherweise eine Gesamtperformance erzielt werden, die über der DAX-Performance liegt. Dies gilt für den Fall, dass das Bonitätsrisiko der im Bestand befindlichen Anleihen relativ hoch ist, so dass die Anleihen eine vergleichsweise hohe Rendite abwerfen, während in den Swap nur Euribor minus 20 Basispunkte gezahlt werden müssen.

Auch bei einer Investition in einen ausländischen Markt kann ein Portfoliomanager durch einen Equity Swap Transaktionskosten für die Direktinvestitionen sparen. Falls beispielsweise eine Bank im Hinblick auf die Clearing- und Custody-Kosten geringere Aufwendungen hat, als der Swappartner, so können diese Vorteile der Bank zum Teil an den Swappartner weitergegeben werden. Insofern kann letzterer eine kostengünstige internationale Diversifikation erreichen. Gleichzeitig ist auch der Verwaltungsaufwand geringer als bei einer Direktinvestition, da im Rahmen eines Equity Swaps keine Dividendenzahlungen anfallen und diese somit auch nicht laufend reinvestiert werden müssen.

Darüber hinaus lässt sich das Wechselkursrisiko bei einer Investition in ausländische Aktien durch einen Equity Swap ausschalten. Beispielsweise kann ein ausländischer Anleger die Performance des DAX erhalten, ohne dass Wechselkursänderungen während der Swap-Laufzeit die Performance beeinträchtigen. Bei diesem sogenannten Hedged Quanto Equity Swap werden die anfallenden Zahlungen zu dem bei Abschluss des Swaps festgelegten Wechselkurs abgerechnet. Dagegen verbleibt bei einem Unhedged Quanto Equity Swap das Wechselkursrisiko beim Empfänger der Performance, da in diesem Fall die Zahlungen zu dem am Reset-Termin vorherrschenden Wechselkurs erfolgen. Grundsätzlich werden bei Quanto Equity Swaps alle Zahlungen in Fremdwährung durchgeführt. So werden die Zinszahlungen auf der Grundlage des Zinssatzes der verwendeten Währung berechnet. Dagegen werden bei Plain Vanilla Equity Swaps die Zinsen / Performance in der Währung des Underlyings gezahlt. Letztere sowie die Hedged Quanto Equity Swaps (jeweils mit variablem Nominalbetrag) kommen in der Praxis relativ häufig vor.

Equity Swaps weisen aber auch einige Nachteile auf. So gehen beide Parteien ein Counterparty-Risiko ein, da der jeweils andere Partner ausfallen kann. Zudem findet bei Equity Swaps nur ein außerbörslicher Handel (Over-the-Counter, OTC) und damit kein Börsenhandel statt, so dass es sich nicht um einen sehr transparenten Markt handelt. Aufgrund der mangelnden Liquidität des Sekundärmarktes für diese Swaps, kann das Geschäft nur entweder durch Glattstellung zwischen den beiden ursprünglichen Parteien oder durch Abschluss eines Gegengeschäftes aufgelöst werden. Diese Möglichkeiten sind jeweils mit Transaktionskosten verbunden.[1] Hinzu kommt für Banken als Performancezahler, dass bei der Absicherung der Swapposition durch den Kauf der entsprechenden Aktien Eigenmittel gebunden werden.

6. Hedging und Management von Swap-Portfolios

Das Management von Swap-Portfolios betrifft insbesondere das Management der mit diesen Transaktionen verbundenen Risiken. Als Risiken im Zusammenhang mit Swapgeschäften können neben anderen vor allem die folgenden identifiziert werden:

- *Bonitätsrisiko*
  (Die vereinbarten Zahlungen werden vom Swap-Partner nicht oder nur teilweise geleistet.)
- *Marktrisiko*
  (Die kurzfristigen Marktzinsen entwickeln sich anders als erwartet, was somit eine ungünstige Entwicklung der variablen Swapzahlungen nach sich ziehen kann. Darüber hinaus kann als Marktrisiko auch das Risiko bezeichnet werden, dass nach dem Ausfall eines Partners bei dem notwendigen Neuabschluss des Swap-Geschäftes aufgrund der Zins- und Währungsentwicklung nur ungünstigere Konditionen realisiert werden können.)
- *Mismatch-Risiko*
  (Die Konditionen von zwei Swap-Transaktionen entsprechen sich nicht exakt, sondern divergieren bezüglich Betragshöhe, Laufzeit, Referenzzins oder Timing.)

Als Folge des Bonitäts- bzw. Ausfallrisikos des Swappartners kann das Marktrisiko relevant werden, da möglicherweise nach dem Ausfall eines Partners nur noch ungünstigere Konditionen erzielt werden können. Infolgedessen sollten Swapvereinbarungen mit Partnern einwandfreier Bonität abgeschlossen werden.

a. Hedging von Geldmarkt-Zinsswaps mit Geldmarkt-Futures

Geldmarkt-Futures können zur Absicherung des Risikos der zukünftigen und damit unsicheren variablen Zinszahlungen in einen Geldmarkt-Swap eingesetzt werden. Dies soll an dem o.g. Beispiel aufgezeigt werden, wobei ein Receiver Swap im Nominalwert von 20 Mio EUR und mit einer Laufzeit von einem Jahr am 14.01.2010 beginnt. Der Swap ist so gestaltet, dass der 3-M-Euribor gezahlt werden soll (Actual/360) gegen Erhalt einer festen Zinszahlung in Höhe von

---

[1] Vgl. *Campenhausen von* (1994), S. 263.

5,678035% (Actual/360). Nunmehr soll eine Absicherung gegen steigende 3-Monats-Zinsen mit Hilfe des 3-M-Euribor-Futures unterstellt werden, der einen Nominalwert von 1 Mio EUR aufweist und bei dem ein Basispunkt einen Wert von 25 EUR hat.

Zunächst muss die Anzahl der zu verkaufenden 3-M-Euribor-Future-Kontrakte ermittelt werden.[1] Dazu sind zunächst für die Swap-Zinsfestsetzung per 14.04.2010 März-Kontrakte (Fälligkeit: 16.03.2010) und Juni-Kontrakte (Fälligkeit: 15.06.2010) einzusetzen.[2] Zwischen dem 16.3.2010 und dem 14.04.2010 liegen 29 Tage, 62 Tage zwischen dem 14.04.2010 und dem 15.06.2010 und somit 91 Tage zwischen dem 16.03.2010 und dem 15.6.2010. Die Anzahl einzusetzender März- und Juni-Kontrakte ergibt sich dann wie folgt:

$$\text{Anzahl März-Kontrakte} = \frac{20.000.000}{1.000.000} \cdot \frac{62}{91} = 13{,}626374$$

$$\text{Anzahl Juni-Kontrakte} = \frac{20.000.000}{1.000.000} \cdot \frac{29}{91} = 6{,}373626.$$

Da der März-Kontrakt zeitlich näher zum Swap-Zinsfestsetzung-Termin (14.04.2010) fällig wird als der Juni-Kontrakt, wird er auch höher gewichtet.

In analoger Weise ergeben sich für die Swap-Zinsfestsetzungen per 14.7.2010 und per 14.10.2010 die Anzahl einzusetzender Juni- und September-Kontrakte (Fälligkeit: 14.9.2010) bzw. September- und Dezember-Kontrakte (Fälligkeit: 14.12.2010):

$$\text{Anzahl Juni-Kontrakte} = \frac{20.000.000}{1.000.000} \cdot \frac{62}{91} = 13{,}626374$$

$$\text{Anzahl September-Kontrakte} = \frac{20.000.000}{1.000.000} \cdot \frac{29}{91} = 6{,}373626$$

$$\text{Anzahl September-Kontrakte} = \frac{20.000.000}{1.000.000} \cdot \frac{61}{91} = 13{,}406593$$

$$\text{Anzahl Dezember-Kontrakte} = \frac{20.000.000}{1.000.000} \cdot \frac{30}{91} = 6{,}593407.$$

Insgesamt sind damit die folgenden Anzahlen an 3-M-Euribor-Future-Kontrakten zu verkaufen:[3]

---

[1] Zur Vorgehensweise vgl. insbesondere *Flavell* (2002), S. 16ff.
[2] Unterstellt wird hier jeweils der Dienstag nach dem letzten Handelstag (Montag vor dem 3. Mittwoch des Fälligkeitsmonats) als Fälligkeitstag des jeweiligen Euribor-Futures, da der Barausgleich am ersten Börsentag nach dem letzten Handelstag fällig wird. Zurückgegriffen wird damit auf die derzeit, d.h. in 2003, geltenden Kontraktspezifikationen.
[3] Zum Zwecke der höheren Genauigkeit wird hier mit sämtlichen Nachkommastellen bei der Anzahl der zu verkaufenden Kontrakte gerechnet

Fälligkeit der Future-Kontrakte	Anzahl zu verkaufender Future-Kontrakte
März 2010	13,626374
Juni 2010	20,000000
September 2010	19,780220
Dezember 2010	6,593407

Tab. E.137: Einzusetzende Futures zum Hedging von Geldmarkt-Swaps

Im folgenden soll der Absicherungserfolg ermittelt werden bei einem angenommenen Anstieg der Zinssätze in folgenden Laufzeitbereichen unmittelbar nach der Absicherungstransaktion, d.h. noch am 14.01.2010:[1]

angenommener Δ Futurepreis in Bp	Fälligkeit des Futures	Neuer Futurepreis	Neue implizite Forward Rate
-30	16.03.2010	94,25%	5,75%
-60	15.06.2010	93,75%	6,25%
-80	14.09.2010	93,25%	6,75%
-70	14.12.2010	93,30%	6,70%

Tab. E.138: Veränderung der Marktzinssätze nach Verkauf der Geldmarkt-Futures

Hieraus ergeben sich die folgenden Werte, wobei die Bestimmung der neuen angenommenen künftigen 3-M-Euribors als implizite Forward Rates wiederum mit Hilfe der linearen Interpolation ermittelt werden:

Swap-Termine	Neue unterstellte künftige 3-M-Euribor-Sätze	Neuer Cash Flow variable Swap-Zahlungen	Alter Cash Flow variable Swap-Zahlungen	Δ Cash Flow variable Swap-Zahlungen	Diskontfaktoren
14.01.2010	5,000000%				
14.04.2010	5,909341%	-250.000,00	-250.000,00	0,00	0,987654321
14.07.2010	6,409341%	-298.750,00	-278.750,00	-20.000,00	0,974078107
14.10.2010	6,733516%	-327.588,52	-293.664,22	-33.924,30	0,959982482
14.01.2011		-344.157,51	-304.953,60	-39.203,91	0,945564812

Tab. E.139: Veränderung des Cash Flows der variablen Swapzahlungen nach Veränderung der Marktzinssätze

Werden die Veränderung des Cash Flows der variablen Swapzahlungen mit den jeweiligen Diskontfaktoren abgezinst, so ergibt sich in der Summe ein Barwertverlust von 89.118,13 EUR, der allerdings durch die erhaltene Variation Margin aus der Futureposition wieder ausgeglichen wird. Diese Variation Margin-Zahlung wird sofort nach Zinsanstieg bzw. Futurepreisverände-

---

[1] Vgl. auch die Zahlen des obigen, im Rahmen der Bewertung von Geldmarkt-Swaps dargestellten Beispiels in Kapitel E.IV.4.a.

rung und damit am 14.01.2010 fällig, so dass ein Vergleich mit dem Barwert der Veränderung der variablen Swapzahlungen am Tag der Zinsänderung sinnvoll ist:

Swap-Termine	abdiskontierte Δ Cash Flow variable Swap-Zahlungen	Future	Variation Margin Futureposition
14.01.2010			
14.04.2010	0,00	März 2010	10.219,78 *
14.07.2010	-19.481,56	Juni 2010	30.000,00 **
14.10.2010	-32.566,73	September 2010	39.560,44
14.01.2011	-37.069,84	Dezember 2010	11.538,46
SUMME	**-89.118,13**		**91.318,68**
*	10.219,78 € = 13,626374 Kontrakte · 30 Bp · 25 €/Bp		
**	30.000 € = 20 Kontrakte · 60 Bp · 25 €/Bp		

Tab. E.140: Erfolg der Absicherung von Geldmarkt-Swaps mit Hilfe von Geldmarkt-Futures

Die gesamte Variation Margin und die Summe der abdiskontierten Δ Cash Flow variable Swap-Zahlungen stimmen hier nicht genau überein. Da die Summe der Variation Margins höher ist, liegt in diesem Fall offenbar ein Overhedge vor.[1]

b. Hedging von Forward Swaps mit Geldmarkt-Futures

Auch Forward Swaps können mit Hilfe von Geldmarkt-Futures abgesichert werden. Bei einem Forward-Zinsswap lassen sich die variablen Zinszahlungen der Swap-Position ebenfalls schon zum aktuellen Zeitpunkt bestimmen. Hierzu wird wiederum auf die entsprechende Forward Rate zurückgegriffen. Diese variablen Zahlungen sollen nunmehr durch den Verkauf von Euribor-Futures gegen steigende Zinssätze abgesichert werden.[2]

Das folgende Beispiel verdeutlicht die Vorgehensweise: Am 20.12.2024 geht ein Marktteilnehmer einen Forward Swap im Nominalwert von 30 Mill. EUR mit einer Vorlaufzeit bis zum 16.03.2027 und einer Swap-Laufzeit bis zum 14.03.2028 ein. Zum aktuellen Zeitpunkt werden die folgenden Kurse des 3-M-Euribor-Futures unterstellt:[3]

---

[1] Vgl. *Flavell* (2002), S. 24.
[2] Vgl. hierzu und zu den folgenden Ausführungen *Bohn/Meyer-Bullerdiek* (1997), S. 482ff.
[3] Angegeben sind die Fälligkeitstage der nächsten 12 Quartalsmonate des Euribor-Futures (vom 18.03.2025 bis 14.12.2027). Auch in diesem Beispiel wird als Fälligkeitstag jeweils der Dienstag nach dem letzten Handelstag (Montag vor dem 3. Mittwoch des Fälligkeitsmonats) des jeweiligen Euribor-Futures herangezogen, da der Barausgleich am ersten Börsentag nach dem letzten Handelstag fällig wird. Zurückgegriffen wird damit auf die derzeit, d.h. in 2003, geltenden Kontraktspezifikationen.

Zeitpunkte	Tage	Futurepreis	implizite Forward Rate	Diskontfaktoren
20.12.2024			4,20%	1,000000
18.03.2025	88	95,77%	4,23%	0,989838
17.06.2025	91	95,74%	4,26%	0,979366
16.09.2025	91	95,62%	4,38%	0,968932
16.12.2025	91	95,52%	4,48%	0,958322
17.03.2026	91	95,37%	4,63%	0,947591
16.06.2026	91	95,17%	4,83%	0,936629
15.09.2026	91	94,94%	5,06%	0,925331
15.12.2026	91	94,64%	5,36%	0,913645
16.03.2027	91	94,27%	5,73%	0,901432
15.06.2027	91	93,95%	6,05%	0,888562
14.09.2027	91	93,74%	6,26%	0,875178
14.12.2027	91	93,55%	6,45%	0,861545
14.03.2028	91			0,847723

Tab. E.141: Hedging eines Forward Swaps: Ausgangssituation

Die Forward Rate für die Periode vom 17.06.2025 bis zum 16.09.2025 beträgt beispielsweise 4,26%. Der Diskontfaktor per 16.09.2025 berechnet sich dann wie folgt:

$$DF_{20.12.24-16.9.25} = \frac{1}{1+0,0426 \cdot \frac{91}{360}} \cdot 0,979366 = 0,968932.$$

Nunmehr soll speziell der Forward Swap betrachtet werden, dessen Barwert per 16.03.2027 (Beginn der Swap-Laufzeit) mit Hilfe der folgenden Tabelle bestimmt werden kann:

Fälligkeit des Futures	Diskontfaktoren	implizite Forward Rate	angenommene variable Swapzahlungen
16.03.2027	1,000000	5,73%	
15.06.2027	0,985723	6,05%	434.525,00 *
14.09.2027	0,970875	6,26%	458.791,67
14.12.2027	0,955751	6,45%	474.716,67
14.03.2028	0,940419		489.125,00
*	30.000.000 · 0,0573 · 91/360		

Tab. E.142: Variable Swapzahlungen des abzusichernden Forward Swaps: Ausgangssituation

Der Barwert der angenommenen variablen Swapzahlungen per 16.03.2027 beläuft sich unter Berücksichtigung der Diskontfaktoren auf 1.787.443,76 EUR. Werden die Werte hingegen mit den Diskontfaktoren der vorherigen Tabelle abgezinst, so erhält man den Barwert per 20.12.2024 in Höhe von 1.611.258,93 EUR. Der Endwert per 14.03.2028 beträgt 1.900.689,62 EUR, wobei berücksichtigt ist, dass die angenommenen variablen Swapzahlungen jeweils verzinst werden müssen. Wird der Endwert auf den 20.12.2024 abgezinst, so ergibt sich wiederum der Barwert von 1.611.258,93 EUR (= 1.900.689,62 EUR · 0,847723).

Im folgenden soll ein Verkauf von 3-M-Euribor-Futures zur Absicherung der variablen Swapzahlungen gegen ansteigende Zinsen vorgenommen werden. Die Bestimmung der Hedge Ratio soll mit Hilfe der Barwertveränderung nach einer Forward-Rate-Erhöhung um 1 Basispunkt in sämtlichen Laufzeiten erfolgen. Dies führt zu den folgenden beiden Tabellen:

Zeitpunkte	Tage	Futurepreis	implizite Forward Rate	Diskontfaktoren
20.12.2024			4,21%	1,000000
18.03.2025	88	95,76%	4,24%	0,989814
17.06.2025	91	95,73%	4,27%	0,979318
16.09.2025	91	95,61%	4,39%	0,968860
16.12.2025	91	95,51%	4,49%	0,958227
17.03.2026	91	95,36%	4,64%	0,947473
16.06.2026	91	95,16%	4,84%	0,936489
15.09.2026	91	94,93%	5,07%	0,925170
15.12.2026	91	94,63%	5,37%	0,913463
16.03.2027	91	94,26%	5,74%	0,901230
15.06.2027	91	93,94%	6,06%	0,888341
14.09.2027	91	93,73%	6,27%	0,874938
14.12.2027	91	93,54%	6,46%	0,861287
14.03.2028	91			0,847449

Tab. E.143: Hedging eines Forward Swaps: Zinserhöhung um 1 Basispunkt

Fälligkeit des Futures	Diskontfaktoren	implizite Forward Rate	angenommene variable Swapzahlungen
16.03.2027	1,000000	5,74%	
15.06.2027	0,985698	6,06%	435.283,33 *
14.09.2027	0,970827	6,27%	459.550,00
14.12.2027	0,955680	6,46%	475.475,00
14.03.2028	0,940325		489.883,33
*	30.000.000 · 0,0574 · 91/360		

Tab. E.144: Variable Swapzahlungen des abzusichernden Forward Swaps: Zinserhöhung um 1 Basispunkt

Aus diesen Angaben ergibt sich per 14.03.2028 ein neuer Endwert der variablen Swapzahlungen von 1.903.866,10 EUR. Der betrachtete Endwert hat sich also gegenüber dem geplanten Endwert von 1.900.689,62 EUR um 3.176,48 EUR erhöht. Nach Multiplikation dieser Endwertdifferenz mit dem neuen Diskontfaktor von 0,847449 ergibt sich eine Barwerterhöhung der variablen Swapzahlungen von 2.691,90 EUR. Um diesen Betrag verringert sich damit der Swap-Barwert für den Marktteilnehmer, wenn sich die Zinssätze in diesem Beispiel um 1 Bp erhöhen.

Diese Differenz der Barwerte wird nunmehr zur Hedge-Ratio-Bestimmung genutzt, indem sie noch durch 25 EUR (als Veränderung des Futurewertes bei Zinsänderungen um 1 Bp) dividiert wird. Entsprechend sind 107,676055 Dreimonats-Euribor-Kontrakte zu verkaufen, wobei hier wiederum aus Gründen der Genauigkeit mit sämtlichen Nachkommastellen gerechnet werden soll.

Im folgenden sollen die Hedge-Ergebnisse verschiedener Szenarien bestimmt werden. Hierbei werden jeweils die Differenz des Barwertes der Swap-Seite und des Barwertes der Forwardzinszahlungen bei einer Veränderung sämtlicher impliziter Forward Rates um bestimmte Basispunktsätze betrachtet und den Erfolgen der Futureposition gegenübergestellt. Dabei ist allerdings zu berücksichtigen, dass die Future-Wertveränderung sofort auf dem Margin-Konto gutgeschrieben wird, während die möglichen Wertgewinne der Swap-Position noch nicht realisiert sind. Die entsprechenden Ergebnisse zeigt die nachfolgende Tabelle:

Zinsänderung in Bp	Δ Barwert Swap	Δ Short Future	Hedge-Ergebnis (in EUR)	Hedge-Ergebnis (in Bp)
50	-132.721,38	134.595,07	1.873,69	0,624564168
40	-106.481,14	107.676,05	1.194,91	0,398304374
30	-80.089,60	80.757,04	667,44	0,22247935
20	-53.546,05	53.838,03	291,98	0,097327262
10	-26.849,75	26.919,01	69,26	0,023087364
0	0,00	0,00	0,00	0
-10	27.003,93	-26.919,01	84,92	0,028306609
-20	54.162,78	-53.838,03	324,75	0,108249733
-30	81.477,26	-80.757,04	720,22	0,240073018
-40	108.948,12	-107.676,05	1.272,06	0,424021224
-50	136.576,09	-134.595,07	1.981,02	0,660340224

Tab. E.145: Ergebnis der Absicherung eines Forward Swaps mit Geldmarkt-Futures

Dabei kann festgestellt werden, dass die Verringerung des Barwertes der betrachteten Receiver Swap Position bei einer Zinserhöhung geringer ausfällt als die Barwerterhöhung bei einer entsprechenden Zinssenkung, während dies bei der Futureposition symmetrisch ist. Das Hedge-Ergebnis kann auch grafisch dargestellt werden:

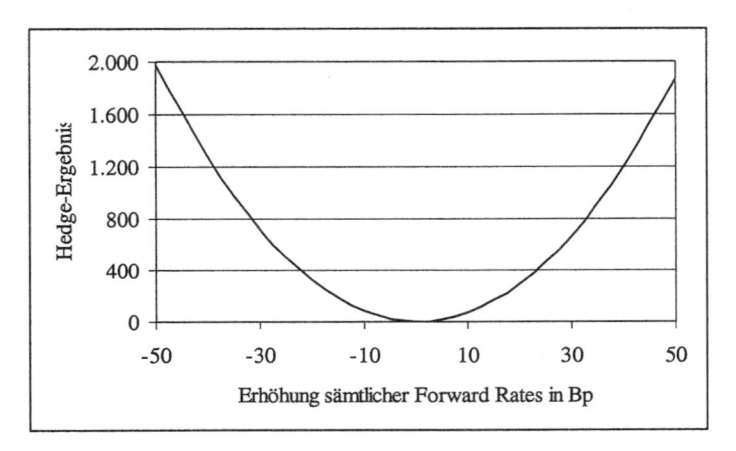

Abb. E.71: Ergebnis der Absicherung eines Forward Swaps mit Geldmarkt-Futures

Anhand der Form der Kurve kann der Konvexitätseffekt erkannt werden. Die Konvexität stellt die Veränderungen von Anleihenkursen und -durationen in Abhängigkeit einer Marktzinsveränderung dar. Dabei weist die Short Futures Position keine Konvexität auf, da der absolute Betrag der Wertveränderung sowohl bei sinkenden als auch bei steigenden Zinsen jeweils den gleichen Wert annimmt. Hingegen kann bei dem Receiver Swap eine Konvexität festgestellt werden. Damit kann der Verlauf der Kurve erklärt werden.

Insofern können in dem obigen Beispiel einer mit Geldmarkt-Futures abgesicherten Receiver Swap Position risikolose Gewinne erzielt werden. In der Praxis würde dieses „Free Lunch" jedoch durch Arbitragetransaktionen genutzt werden, bis sich ein exakter Ausgleich der Swap-Verluste und Future-Gewinne einstellen würde. Damit es zu diesem exakten Ausgleich kommt, müssten die Swapzahlungen mit leicht erhöhten Zinssätzen abgezinst werden. Entsprechend dürften die aus den Futures abgeleiteten Forward Rates (Futures Rates) etwas höher als die jeweiligen Forward Rates aus der Zinsstrukturkurve sein, d.h. die Geldmarkt-Futures sollten im Preis etwas niedriger notieren als die theoretischen, durch Kassasätze implizierten Kurse.[1]

c. Hedging des Mismatch-Risikos bei Zinsswaps

Ein Mismatch-Risiko entsteht vor allem dann, wenn eine offene Swap-Position eingegangen wird, die nicht oder nicht perfekt gesichert ist. Wird beispielsweise ein 20 Mio USD 5-Jahres-Swap mit einem 10 Mio USD 5-Jahres-Swap gesichert, so besteht eine offene 10 Mio USD 5-Jahres-Position. Falls ein 20 Mio USD 5-Jahres-Swap mit einem 20 Mio USD 10-Jahres-Swap gesichert wird, so bedeutet dies eine höhere Preisvolatilität der längeren Position und eine offene 5-Jahres-Position, die in 5 Jahren beginnt. Dabei wird die Festzinsseite der Swap-Position wie eine entsprechende festverzinsliche Anleihe auf Marktzinsänderungen reagieren, während – wie im Rahmen der Swap-Bewertung dargestellt – die variabel verzinsliche Seite weniger zinssensitiv ist.

---

[1] Vgl. *Bohn/Meyer-Bullerdiek* (1997), S. 484.

Im folgenden Beispiel besteht bei einer Zinsswap-Position ein Mismatch-Risiko, das wie folgt quantifiziert werden kann: Ein Portfoliomanager hat eine Zinsswap-Position im Nominalwert von 10 Mio USD, aus der er für drei Jahre einen festen Zins in Höhe von 5% zahlt (gegen Libor). Die Gegenposition weist den gleichen Nominalwert auf, wobei der Portfoliomanager für fünf Jahre 5,5% erhält (gegen Libor). Diese Position wird solange profitabel sein, wie die Zweijahres-Swap-Rate als Nullkuponrendite in drei Jahren unterhalb von 6,3781% bleibt. Diese implizierte Forward Swap Rate als Nullkuponrendite ermittelt sich aus der folgenden Swap- und der entsprechenden Nullkuponstrukturkurve in t_0 wie folgt:

Laufzeit (Jahre)	Swap Rate	Entsprechende Nullkuponrendite
1	4,0000%	4,0000%
2	4,5000%	4,5113%
3	5,0000%	5,0341%
4	5,2500%	5,2976%
5	5,5000%	5,5697%

Tab. E.146: Swap Rates und entsprechende Nullkuponsätze, Ausgangssituation

$$r_{t_{1/2}} = \left(\frac{(1+r_2)^{t_2}}{(1+r_1)^{t_1}}\right)^{\left(\frac{1}{t_2-t_1}\right)} - 1$$

$$r_{3/5,Swap} = \sqrt[2]{\frac{(1+0,05697)^5}{(1+0,050341)^3}} - 1 = 6,3781\% \ .$$

Bei dem erhaltenen Wert handelt es sich um den Nullkuponsatz der sich aus der aktuellen Swap-Kurve ergibt. Das Risiko besteht vor allem darin, dass das Zinsniveau nach 3 Jahren erheblich gestiegen ist bzw. ein Forward Swap nur zu ungünstigeren Konditionen abgeschlossen werden kann.

Stimmen die Nominalwerte in diesem Beispiel nicht überein und soll die dreijährige Zinsswap-Position (Swap 1) durch den fünfjährigen Gegenswap (Swap 2) abgesichert werden, so kann der erforderliche Nominalwert des Gegenswaps durch das Gleichsetzen der jeweiligen Barwerte ermittelt werden.

Bei der obigen Swap-Kurve ergeben sich die folgenden Barwerte der jeweiligen Festzinszahlungen der Zinsswaps, wobei zum Swap-Beginn die gesamten Swappositionen (inkl. variabler Zinszahlungen) einen Netto-Barwert von Null aufweisen:

	Restlaufzeit	Kupon	Barwert
Swap 1	3	5%	13,70033% *
Swap 2	5	5,5%	23,73867%
*	\multicolumn{3}{c}{$\frac{0,05}{(1+0,04)} + \frac{0,05}{(1+0,045113)^2} + \frac{0,05}{(1+0,050341)^3} = 13,70033\%$}	

Tab. E.147: Barwerte der Festzins-Zahlungen der beiden Zinsswaps, Ausgangssituation

Um eine 3-jährige Swap-Position im Nominalwert von 10 Mio USD abzusichern, sollte der 5-jährige Gegenswap einen Nominalwert von 5.771.316 USD aufweisen. Dieser Wert ergibt sich aus dem Quotienten der Barwerte multipliziert mit 10 Mio USD. In diesem Fall betragen die Barwerte beider Festzinszahlungen jeweils 1.370.033 USD.

Steigt beispielsweise das Zinsniveau unmittelbar nach Abschluss der beiden Swaps in t_0 auf das nachfolgende Niveau an, so ergeben sich entsprechend neue Barwerte:

Laufzeit (Jahre)	Swap Rate	Entsprechende Nullkuponrendite
1	4,5000%	4,5000%
2	4,8000%	4,8072%
3	5,3000%	5,3326%
4	5,5000%	5,5427%
5	5,6000%	5,6469%

Tab. E.148: Swap Rates und entsprechende Nullkuponsätze unmittelbar nach Swap-Beginn

	Restlaufzeit	Kupon	Barwert
Swap 1	3	5%	13,61494%
Swap 2	5	5,5%	23,58802%
*	\multicolumn{3}{c}{$\frac{0,05}{(1+0,045)} + \frac{0,05}{(1+0,048072)^2} + \frac{0,05}{(1+0,053326)^3} = 13,61494\%$}	

Tab. E.149: Barwerte der Festzins-Zahlungen der beiden Zinsswaps unmittelbar nach Swap-Beginn

In diesem Fall können die folgenden USD-Barwerte abgeleitet werden:

Swap 1:   10.000.000 USD · 13,61494% = 1.361.494 USD,
Swap 2:   5.771.316 USD · 23,58802% = 1.361.339 USD.

Beide Barwerte haben sich damit in etwa in der gleichen Weise verringert. Der Barwertverlust von Swap 2 (Receiver Swap) kann in diesem Beispiel durch einen entsprechenden Barwertgewinn von Swap 1 (Payer Swap) fast ganz ausgeglichen werden. Die Differenz wird in Abhängigkeit von der neuen Zinsstruktur mehr oder weniger groß sein. So beeinflussen beispielsweise die 4- und 5-jährigen Swap-Rate-Veränderungen zwar den Barwert des 5-jährigen Swaps, nicht aber den Barwert des 3-jährigen Swaps.

7. Der Einsatz von Swaptions im Portfoliomanagement

Swap-Optionen (Swaptions) wurden erstmals Mitte der achtziger Jahre in den USA im Zusammenhang mit der Emission von Callable Bonds strukturiert und gehandelt. Seitdem hat der Markt für Swaptions sowohl in den USA als auch in Europa ein beeindruckendes Wachstum erfahren. In Deutschland begann der Aufschwung der Swaptions mit der Wiedervereinigung, als größere Beträge am Kapitalmarkt mobilisiert wurden. Dabei wurden zahlreiche kündbare Schuldverschreibungen des Bundes begeben, die teilweise bei Daueremittenten und Hypothekenbanken platziert wurden. Diese Institute begaben wiederum eigene Papiere zur Refinanzierung, die aber unkündbar waren. Durch den Verkauf des Kündigungsrechtes aus den Schuldverschreibungen des Bundes sollte ein Renditevorsprung erzielt werden. Allerdings bestand das Problem, dass ein Kündigungsrecht nicht einfach von einem Papier getrennt werden kann und somit auch nicht zu veräußern ist. Durch das Schreiben von entsprechenden Swaptions konnten die Daueremittenten, die die kündbaren Anleihen im Portfolio hatten, allerdings die angestrebte Renditeverbesserung realisieren.[1]

Bei einer Swaption erhält der Käufer das Recht, an einem zukünftigen Datum einen vorab vereinbarten Swap einzugehen, wobei es sich zumeist um einen Zinsswap handelt. Die Struktur des Swaps wird damit bereits beim Kauf festgelegt. Beispielsweise müsste ein Swap-Partner, der einen Zinsswap eingegangen ist, bei dem er variable Zinsen zahlt, bei steigenden Zinsen mit Verlusten rechnen. Hätte er eine Swaption auf diesen Zinsswap gekauft, so bräuchte er diese nicht auszuüben und damit nicht in den Zinsswap einzutreten. Damit beinhalten Swaptions das Recht, bei Verfall in einem Swap entweder die festen Zinsen zu empfangen (Receiver Swaption bzw. Call) oder zu zahlen (Payer Swaption bzw. Put).[2] Bei Ausübung kann allerdings anstelle des Eintritts in den zugrundeliegenden Swap auch ein Cash-Settlement erfolgen, so dass der Wert des Swaps berechnet und bar ausbezahlt wird. Falls ein Cash-Settlement vorgesehen ist, so wird dies bereits beim Kauf der Option festgelegt.

Allgemein können die Payoff-Diagramme von Swaptions in der folgenden Weise dargestellt werden. Dabei wird deutlich, dass sich ein synthetischer Payer Swap durch die Kombination

---

[1] Vgl. *Flach/Ufer* (1994), S. 558.
[2] Vgl. *Heintze/Planta* (1992), S. 328.

einer Short Receiver Swaption mit einer Long Payer Swaption herstellen lässt. Umgekehrt kann ein synthetischer Receiver Swap durch eine Long Receiver Swaption und eine Short Payer Swaption konstruiert werden.

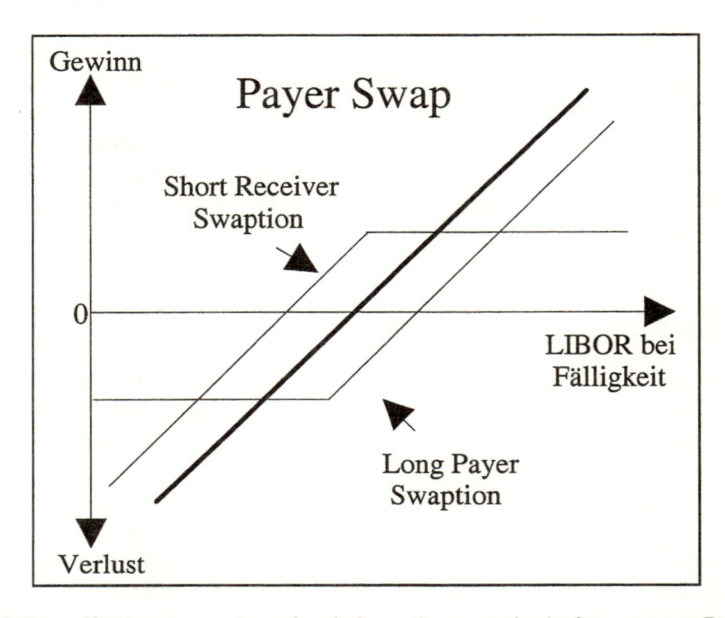

Abb. E.72: Payoff-Diagramm eines durch Swaptions synthetisch erzeugten Payer Swaps

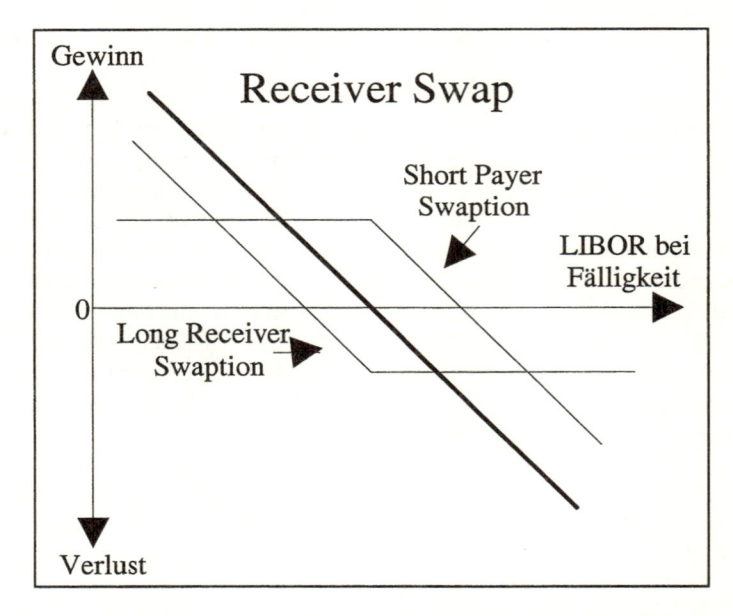

Abb. E.73: Payoff-Diagramm eines durch Swaptions synthetisch erzeugten Receiver Swaps

Swaptions sind in den wichtigsten Währungen erhältlich und werden im Interbankenmarkt gehandelt. Aufgrund dessen, dass ein relativ liquider Markt für Swaptions besteht, bieten diese Instrumente eine hohe Flexibilität zur marktnahen und kostengünstigen Optimierung von Finanz- und Renditestrukturen. Während Swaptions dem Käufer die Möglichkeit bieten, die Entscheidung über den Abschluss eines Swaps auf später zu verschieben – bei Sicherung der aktuellen Konditionen – hat sich der Verkäufer bereit erklärt, bei Ausübung durch den Käufer in den Swap einzutreten. Dafür erhält er eine Prämie, die u.U. die Rendite seiner Zinsposition steigern kann.

Im Rahmen des Portfoliomanagements können Swaptions z.B. zur Absicherung eines Portfolios mit frühzeitig seitens des Emittenten kündbaren Anleihen (Callable Bond) dienen. Bei gefallenen Zinsen ist davon auszugehen, dass beispielsweise ein 10-jähriger Callable Bond, der nach 7 Jahren seitens des Emittenten gekündigt werden kann, auch gekündigt wird und zu pari zurückgezahlt wird, obwohl Anleihen mit vergleichbarem Kupon und 3 Jahren Restlaufzeit weit über pari stehen. Der Investor kann seine liquiden Mittel in diesem Fall nur noch zu geringeren Zinssätzen reinvestieren. Hat er aber eine Receiver Swaption auf einen 7-jährigen (Forward-Start) Swap mit einer Laufzeit von 3 Jahren gekauft, so kann er sich gegen den entsprechenden Verlust absichern, indem er die Swaption ausübt. In diesem Fall erhält er eine Barabgeltung, die den Verlust aus den gesunkenen Zinsen ausgleichen soll. Im umgekehrten Fall gestiegener Zinsen werden der Emittent sein Kündigungsrecht und der Investor seine Option nicht ausüben, so dass letztere wertlos verfällt.

Damit die Absicherung möglichst effizient ist, ist eine hohe Korrelation zwischen den Swapsätzen und der jeweiligen Anleihenrendite erforderlich. Würde im obigen Beispiel die Bondrendite mehr als der entsprechende Swapsatz fallen, so kann der Verlust aus der nunmehr geringeren Wiederanlagerendite nicht durch den Wert der Swaption aufgefangen werden. Dieses Risiko sollte dem Käufer einer Receiver Swaption bewusst sein.

Ein weiteres Einsatzmotiv von Swaptions ist die Renditesteigerung durch das Schreiben (Verkauf) von Swaptions. Beispielsweise kann ein Portfoliomanager das Zinsänderungsrisiko seines Anleihenportfolio bei Erwartung steigender Zinsen durch den Verkauf von Receiver Swaptions zumindest mindern, ohne die Zusammensetzung seines Portfolios zu verändern. Bei gestiegenen Zinsen wird die Swaption nicht ausgeübt, so dass die erhaltene Optionsprämie teilweise den Verlust aus den Anleihen ausgleichen kann. Um eine möglichst effiziente Absicherung zu erreichen, sollte bei einem Delta von beispielsweise 0,5 der doppelte Nominalbetrag in der Swaption festgelegt werden, wobei ab einem bestimmten Punkt bei weiter steigenden Zinsen die Absicherung angepasst werden sollte (Dynamic Hedging). Zur Absicherung gegen längerfristig höhere Zinsen wäre allerdings der Kauf einer Payer Swaption sinnvoll, wobei wiederum zu berücksichtigen ist, dass sich Swapsätze und Anleihenrenditen nicht notwendigerweise parallel bewegen. Bei einem breit gestreuten Anleihenportefeuille wird dieses Problem allerdings weniger ins Gewicht fallen, da die Swaption eine Art Marktdurchschnitt (Swapsatz) widerspiegelt.[1]

---

[1] Vgl. *Heintze/Planta* (1992), S. 333f.

Die Bewertung von Swaptions kann mit Hilfe der bekannten traditionellen Optionsbewertungsmethoden vorgenommen werden.[1] Als wichtigste Komponenten des Swaption-Preises kommen in Frage:

- das Festzinsniveau des Swaps,
- die Swap-Laufzeit,
- Zahlungen bei Ausübung der Option sowie
- die verbleibende Zeit bis zur Ausübung.

Je höher beispielsweise das Festzinsniveau des Swaps ist, desto höher ist der Wert eines Puttable Swaps (Swap mit Kündigungsrecht des Fixed Rate Payers) und um so geringer ist der Wert, in den Swap einzutreten. Das Recht einer Payer Swaption, (bereits vereinbarte) feste Zinsen in einem Swap zu zahlen, gewinnt entsprechend an Wert, wenn das Zinsniveau am Markt steigt. Unabhängig davon, ob es sich um eine Payer oder Receiver Swaption handelt, erhöht sich der Optionspreis mit zunehmender Laufzeit des Swaps; denn Swaps mit langen Laufzeiten sind erheblich zinssensitiver als Swaps mit kurzen Laufzeiten. Je höher darüber hinaus die Zahlungen bei Ausübung der Option sind, desto geringer ist entsprechend der Preis einer Swaption.

Die Länge der verbleibenden Zeit bis zur Ausübung kann unterschiedliche Auswirkungen auf den Wert einer Swaption haben. Grundsätzlich erhöht sich die Prämie bei längerer Laufzeit der Option. Bleibt allerdings die Fälligkeit des Swaps konstant, d.h. verringert sich damit die Swap-Laufzeit, so hat dies wiederum einen wertverringernden Einfluss auf die Swaption. Im Extremfall, in dem Ausübungstag und Swap-Fälligkeit zusammenfallen, hat die Option einen theoretischen Wert von Null.

Zur Ermittlung des Preises einer Swaption müssen zunächst die Forward Swap Rates ermittelt werden, bevor anschließend der Preis der Swaption bestimmt werden kann. Hierzu müssen die in die Bewertungsmodelle einfließenden Parameter bekannt sein, wie beispielsweise die Volatilität der Zinssätze. Der innere Wert einer Long Receiver Swaption wird z.B. bestimmt, indem die aktuelle Swap Rate von der Forward Swap Rate subtrahiert wird.

V. Portfoliomanagement mit Devisentermingeschäften

1. Grundlagen von Devisentermingeschäften

Die Grundlage von Devisengeschäften stellen die Wechselkurse dar, die sowohl direkt (Preisnotierung) als auch indirekt (Mengennotierung) notiert werden können. Bei der direkten Notierung stellt sich die Frage danach, wie viel Inlandswährung für eine Einheit Fremdwährung zu zahlen sind, z.B. (in Euroland) 1 USD = 0,9500 EUR. Hingegen führt der reziproke Wert zur indirekten Notierung, bei der nach der Anzahl an Einheiten Fremdwährung gefragt wird, die für eine Einheit Inlandswährung zu zahlen sind, z.B. (in Euroland) 1 EUR = 1,0526 USD. Die indirekte Notierung wurde mit Beginn der Europäischen Währungsunion in 1999 in Euroland eingeführt.

---

[1] Für einen Überblick über Optionspreismodelle vgl. *Schäfer* (1995), S. 81ff. Zur Bewertung von Swaptions mit Hilfe des Black-Modells vgl. *Heinzel/Knobloch/Lorenz* (2002). S. 134ff.

In den USA werden die meisten Devisenkurse gegen den USD quotiert, wobei auch weitere Cross Rates, wie z.B. EUR/JP¥ oder EUR/GBP an Bedeutung gewonnen haben.[1]

Der gesamte Devisenhandel kann in den Devisenkassahandel (Devisenspotgeschäft) und den Devisenterminhandel unterteilt werden. Letzter bezieht sich auf den Handel mit Devisenforwards, wie Outright Forwards oder Devisenswaps und auf den Handel mit Währungsswaps, Devisenfutures und Devisenoptionen.[2]

Grundsätzlich werden Short-Term Forward FX Transaktionen von den Long-Term Forward FX Transaktionen (LTFX) unterschieden. FX steht dabei für Forex bzw. Foreign Exchange. Bei ersteren handelt es sich um kurzfristige Devisentermingeschäfte. Forward FX Geschäfte beinhalten gewöhnlich die physische Lieferung des zugrundeliegenden Betrags zum Erfüllungszeitpunkt, wobei aber im Falle des Fälligwerdens von mehr als einer FX Transaktion in der gleichen Währung die Betrachtung nur des Netto Cash Flows möglich ist.[3]

Hingegen handelt es sich bei den LTFX Transaktionen um längerfristige Devisentermingeschäfte, deren Erfüllung z.B. mehr als 6 Monate nach Abschluss erfolgt.[4] Das Marktvolumen ist hierbei jedoch geringer als bei Short-Term Forward FX Transaktionen.

Zur Bestimmung des Preises von LTFX Transaktionen müssen die Nullkuponkurven der jeweilig beteiligten Währungen herangezogen werden. Bei Devisen-Forwards kann der Terminkurs mit Hilfe einer Nachbildung der Cash-Flow-Struktur des Devisentermingeschäfts (Outright-Geschäfts) durch eine Kombination aus zwei Geld- bzw. Kapitalmarktgeschäften und einem Devisenkassageschäft erfolgen. Im folgenden Beispiel soll ein Termingeschäft nachgebildet werden, bei dem in den USA eine amerikanische Bank am 14.01.2020 ein Outright-Geschäft abschließt mit der Verpflichtung, in 162 Tagen, d.h. am 24.06.2020 insgesamt 10 Mio EUR gegen Erhalt von USD zu zahlen. Die Konditionen am Markt stellen sich am 14.01.2020 wie folgt dar:

Devisen-Kassakurs: 1 EUR = 1,0526 USD

Fälligkeit	EUR Zinssatz	EUR Nullkupon	EUR-ZAF*
24.06.2020	2,8000%	2,8000%	0,98755678
Fälligkeit	USD Zinssatz	USD Nullkupon	USD-ZAF
24.06.2020	1,9000%	1,9000%	0,99152248
*	ZAF = Zerobondabzinsfaktor		

Tab. E.150: Zinsstruktur in USD und EUR als Basis der unterjährigen Terminkursbestimmung

---

[1] Vgl. *Martin* (2001), S. 131.
[2] Vgl. *Schierenbeck* (2001b), S. 185ff.
[3] Vgl. *Martin* (2001), S. 133f.
[4] Vgl. *Martin* (2001), S. 144.

Wird die Cash-Flow-Struktur des o.g. Devisentermingeschäfts durch eine Kombination aus zwei Geldmarktgeschäften (Zinsberechnungsbasis jeweils Actual/360) und einem Devisenkassageschäft nachgebildet, so ergibt sich das folgende Ergebnis:

Datum	EUR	USD
14.01.2020	9.875.567,85 *	- 10.395.022,71 **
24.06.2020	- 10.000.000,00	10.483.900,16 ***
*	$\dfrac{10.000.000}{\left(1+0,028 \cdot \dfrac{162}{360}\right)} = 10.000.000 \cdot 0,98755678$	
**	- 9.875.567,85 EUR · 1,0526 USD/EUR	
***	$10.395.022,71 \cdot \left(1+0,019 \cdot \dfrac{162}{360}\right) = \dfrac{10.395.022,71}{0,99152248}$	

Tab. E.151: Nachbildung eines Devisentermingeschäfts

Hierbei wird die Aufnahme eines Kredites am 14.01.2020 in Höhe von 9.875.567,85 EUR unterstellt, der in 162 Tagen inkl. Zinsen zurückgezahlt werden muss. Die erhaltenen EUR werden am 14.01.2020 sofort am Markt verkauft, wofür die Bank 10.395.022,71 USD erhält. Dieser Betrag wird wiederum für 162 Tage zu einem Zinssatz von 1,90% angelegt. Am 24.06.2020 ist der EUR-Kredit inkl. Zinsen in Höhe von 10 Mio EUR zurückzuzahlen, während die Bank aus der USD-Geldanlage einen Betrag von 10.483.900,16 USD erhält. Somit wird praktisch am 24.06.2020 ein Kauf von USD gegen Zahlung von EUR unterstellt. Der entsprechende Kurs am 24.06.2020 beläuft sich somit auf 1,0484 USD/EUR.

Dieser Devisen-Terminkurs (DTK) kann bei einem Devisen-Kassakurs (DKK) von 1,0526 USD/EUR auch direkt aus den Marktkonditionen abgeleitet werden:

$$DTK = \frac{1+\text{Nullkupon}_{USD} \cdot \dfrac{\text{Tage}}{360}}{1+\text{Nullkupon}_{EUR} \cdot \dfrac{\text{Tage}}{360}} \cdot DKK = \frac{1+0,019 \cdot \dfrac{162}{360}}{1+0,028 \cdot \dfrac{162}{360}} \cdot 1,0526 \,\frac{USD}{EUR} = 1,04839 \,\frac{USD}{EUR}.$$

In diesem Fall wird der USD als Terms Currency bezeichnet, während der EUR als Base Currency fungiert.

Hinzuweisen ist darauf, dass die Differenz zwischen Terminkurs und Kassakurs lediglich auf die unterschiedlichen Zinssätze in den jeweiligen Währungen zurückzuführen ist. Daher handelt es sich bei dem Terminkurs nicht um einen Prognosewert für den tatsächlichen Spotkurs an dem Fälligkeitstag des Termingeschäfts.

Nunmehr sollen bei der Ermittlung der Terminkurse auch die Bid-Offer-Spreads berücksichtigt werden. Beispielsweise soll die obige Quotierung des EUR-Zinses für 162 Tage lauten: 2,76% – 2,80%, während der entsprechende USD-Zins mit 1,90% – 1,94% gehandelt werden soll. Bei einem Devisen-Kassakurs von 1,0526 – 1,0536 USD/EUR ergibt sich ein Geld-Terminkurs (Terminkurs$_{Bid}$ = Terminkurs$_{Geld}$) von:[1]

$$\frac{1+\text{Nullkupon}_{Bid,USD} \cdot \frac{\text{Tage}}{360}}{1+\text{Nullkupon}_{Offer,EUR} \cdot \frac{\text{Tage}}{360}} \cdot \text{DKK}_{Bid} = \frac{1+0,019 \cdot \frac{162}{360}}{1+0,028 \cdot \frac{162}{360}} \cdot 1,0526 \frac{\text{USD}}{\text{EUR}} = 1,0484 \frac{\text{USD}}{\text{EUR}}.$$

Der entsprechende Brief-Terminkurs (Terminkurs$_{Offer}$ = Terminkurs$_{Brief}$) lautet:

$$\frac{1+\text{Nullkupon}_{Offer,USD} \cdot \frac{\text{Tage}}{360}}{1+\text{Nullkupon}_{Bid,EUR} \cdot \frac{\text{Tage}}{360}} \cdot \text{DKK}_{Offer} = \frac{1+0,0194 \cdot \frac{162}{360}}{1+0,0276 \cdot \frac{162}{360}} \cdot 1,0536 \frac{\text{USD}}{\text{EUR}} = 1,0498 \frac{\text{USD}}{\text{EUR}}.$$

2. FX Quotierungen von Spot Rates und Forward Points

Bei der Quotierung von Devisen-Terminkursen kann die Differenz zwischen Terminkurs und Kassakurs (Swapsatz) in Forward Points (können in der Praxis auch als Swappunkte oder Swapstellen bezeichnet werden) ausgedrückt werden.[2] Das folgende willkürlich gewählte Beispiel zeigt eine solche Notierung auf, wobei die Angaben der Kurse jeweils in USD pro Fremdwährung erfolgen:

Währung	Spot	1 Monat	3 Monate	6 Monate
EUR	1,0545 – 55	1,0533 – 42	1,0512 – 21	1,0488 – 04
GBP	1,6075 – 85	1,6052 – 54	1,6032 – 44	1,5984 – 01
SFR	0,7525 – 35	0,7504 – 16	0,7481 – 95	0,7446 – 63
100 JPY	0,8615 – 25	0,8631 – 45	0,8639 – 55	0,8673 – 98

Tab. E.152: Quotierungen von Fremdwährungen in USD (Terminkurse)

Werden Forward Points herangezogen, so können die Quotierungen in der folgenden Weise dargestellt werden:

---

[1] Vgl. *Martin* (2001), S. 138 uns S. 142ff.
[2] Vgl. *Martin* (2001), S. 134f.

Währung	Spot	1 Monat	3 Monate	6 Monate
EUR	1,0545 – 55	12/3	33/24	57/41
GBP	1,6075 – 85	23/21	43/31	91/74
SFR	0,7525 – 35	21/9	44/30	79/62
100 JPY	0,8615 – 25	16/30	24/40	58/83

Tab. E.153: Quotierungen von Fremdwährungen in USD (Forward Points)

Hierbei wird beispielsweise die EUR-Quotierung für einen Monat von 12/3 in der nachfolgenden Weise berechnet (Bid-Preis = 1,0533 USD/EUR, Offer-Preis = 1,0542 USD/EUR), wobei zu beachten ist, dass diese Berechnungsweise nur bei Terminkursen gilt, die unterhalb des Kassakurses liegen:

(Spot Bid-Preis – 1,0533) · 10.000 = (1,0545 – 1,0533) · 10.000 = 12 Forward Points (FP)
(Spot Bid-Preis – 1,0542) · 10.000 = (1,0545 – 1,0542) · 10.000 = 3 Forward Points (FP).

In diesem Fall ist der Bid-Wert für die Forward Points (12 FP) größer als der Offer-Wert (3 FP). Daher sind die Forward Points vom Spotkurs abzuziehen, was dazu führt, dass die Terminkurse geringer sind als die Spotkurse. Im umgekehrten Fall müssen die Forward Points zum Spotkurs hinzuaddiert werden. Insofern können die Forward Points somit als Premium (Forward Point Bid < Forward Point Offer) oder als Discount (Forward Point Bid > Forward Point Offer) fungieren.

Für 100 JPY wird die Quotierung für 6 Monate von 58/83 beispielsweise in der nachfolgenden Weise berechnet (Bid-Preis = 0,8673 USD/100JPY, Offer-Preis = 0,8698 USD/100JPY), wobei hier zu beachten ist, dass diese Berechnungsweise nur bei Terminkursen gilt, die oberhalb des Kassakurses liegen:

(0,8673 – Spot Bid-Preis) · 10.000 = (0,8673 – 0,8615) · 10.000 = 58 Forward Points (FP)
(0,8698 – Spot Bid-Preis) · 10.000 = (0,8698 – 0,8615) · 10.000 = 83 Forward Points (FP).

Die Quotierung mit Hilfe von Forward Points erscheint sinnvoll, da die quotierten Werte nicht so häufig geändert zu werden brauchen wie beispielsweise die entsprechenden Terminkurse. Letztere würden sich nicht nur bei Änderungen in den Marktzinsen der jeweiligen zugrunde liegenden Währungen verändern, sondern auch bei jeder Änderung des Devisenkassakurses. Insofern brauchen die Forward Points, die sich im wesentlichen bei Änderungen in den zugrunde liegenden Zinssätzen verändern, nicht so häufig geändert zu werden.

3. Devisenswapgeschäft (FX Swaps)

a. Spot-Forward Devisenswap und Forward-Forward Devisenswap

Die nicht mit den Währungsswaps zu verwechselnden Devisenswapgeschäfte können auch als FX Swaps bezeichnet werden. Unterschieden wird dabei zwischen Spot-Forward Devisenswaps und Forward-Forward-Devisenswaps.[1] Spot-Forward Devisenswaps setzen sich aus einem Kassakauf (-verkauf) und Terminverkauf (-kauf) zusammen. Beispielsweise sollen in Anlehnung an das obige Beispiel in t_0 10 Mio EUR gegen Zahlung von 10.526.000 USD gekauft werden, wobei gleichzeitig ein Devisenterminverkauf nach einem Jahr vereinbart wird. Auf Basis der dem obigen Beispiel entnommenen aktuellen Marktkonditionen ergibt sich ein Terminkurs per t_1 von

$$\frac{(1+ \text{Nullkupon}_{USD})}{(1+ \text{Nullkupon}_{EUR})} \cdot DKK = \frac{1+0,02}{1+0,03} \cdot 1,0526 \frac{USD}{EUR} = 1,042381 \frac{USD}{EUR}.$$

Die mit diesen Transaktionen verbundenen Zahlungsströme können der folgenden Tabelle entnommen werden:

Fälligkeit in Jahren	EUR	USD
0	10.000.000	- 10.526.000
1	- 10.000.000	10.423.805,83 *
*	10.000.000 · 1,042380583	

Tab. E.154: Zahlungsströme beim Spot-Forward Devisenswap

Der hieraus resultierende Swapsatz kann wie folgt bestimmt werden:

Swapsatz = Terminkurs – Kassakurs = 1,042381 $/€ - 1,0526 $/€ = - 0,010219 $/€.

Eine andere Möglichkeit der Berechnung ist die folgende:

$$\text{Swapsatz} = \left(\frac{ZAF_{EUR}}{ZAF_{USD}} - 1\right) \cdot DKK = \left(\frac{0,97087379}{0,98039216} - 1\right) \cdot 1,0526 \frac{USD}{EUR} = -0,010219 \frac{USD}{EUR}.$$

Demgegenüber handelt es sich bei einem Forward-Forward Devisenswap um eine Kombination aus zwei einzelnen Devisentermingeschäften, die jeweils eine unterschiedliche Laufzeit aufweisen. Bezogen auf das obige Beispiel sollen die folgenden beiden Termingeschäfte in t_0 abgeschlossen werden:

---

[1] Vgl. *Martin* (2001), S. 142; *Schierenbeck* (2001b), S. 192ff.; FX steht wiederum für Forex bzw. Foreign Exchange.

(1) Kauf von 10 Mio EUR per t_1 gegen Zahlung von 10.423.805,83 USD (Terminkurs per t_1 = 1,042381 \$/€)

(2) Verkauf von 10 Mio EUR per t_2 gegen Erhalt von 10.282.282,20 USD (Terminkurs per t_2 = 1,028228 \$/€)

Damit ergibt sich die folgende Zahlungsstruktur:

Fälligkeit in Jahren	EUR	USD
0		
1	10.000.000	- 10.423.805,83
2	- 10.000.000	10.282.282,20 *
*	10.000.000 EUR · 1,02822822 USD/EUR	

Tab. E.155: Zahlungsströme beim Forward-Forward Devisenswap

Der hieraus resultierende Swapsatz kann wie folgt bestimmt werden:

Swapsatz = Terminkurs per t_2 – Terminkurs per t_1 = 1,0282 \$/€ – 1,04238 \$/€ = -0,014152 \$/€.

Auch mit Hilfe der jeweiligen Zerobondabzinsfaktoren kann der Swapsatz wiederum ermittelt werden:

Swapsatz

$$= \left(\frac{ZAF_{€, 2\,Jahre}}{ZAF_{\$, 2\,Jahre}} - \frac{ZAF_{€, 1\,Jahr}}{ZAF_{\$, 1\,Jahr}} \right) \cdot DKK = \left(\frac{0{,}93335209}{0{,}95547505} - \frac{0{,}97087379}{0{,}98039216} \right) \cdot 1{,}0625 \frac{\$}{€} = -0{,}014152 \frac{\$}{€}$$

Die folgende Tabelle zeigt die jeweiligen Swapsätze zusammenfassend auf:

Fälligkeit	Swapsätze eines Spot-Forward-Devisenswaps	Swapsätze eines Forward-Forward-Devisenswaps
0		
1	-0,010219	-0,010219
2	-0,024372 *	-0,014152
*	1,028228 \$/€ – 1,0526 \$/€	

Tab. E.156: Swapsätze beim Spot- und beim Forward-Forward Devisenswap

Für den Fall, dass es sich bei dem ersten Währungstausch um einen Devisenkauf handelt – wie im obigen Beispiel –, wird von einem Buy-and-sell-Swap gesprochen. Andernfalls liegt ein Sell-and-buy-Swap vor.

Die Höhe des Swapsatzes wird insbesondere durch die Differenz zwischen den Zinssätzen in den jeweiligen Währungen bestimmt. In dem Fall, dass $r_{Inland} > r_{Ausland}$, sollte der Terminkurs (ausgedrückt in Inlandswährung pro Fremdwährung) oberhalb des Kassakurses liegen, d.h. der Swapsatz ist positiv, so dass die Fremdwährung mit einem sog. Report notiert. Falls $r_{Inland} < r_{Ausland}$, folgt daraus, dass der Terminkurs unterhalb des Kassakurses liegen sollte, wobei der Swapsatz negativ ist und die Fremdwährung infolgedessen mit einem Deport (Discount) notiert.

b. Absicherung des Swapsatzrisikos

Unter dem Swapsatzrisiko wird die Gefahr verstanden, dass sich – aus Sicht von t_0 – „der Swapsatz in der Weise verändert, dass sich der Erfolg einer nachträglichen Schließung der offenen Terminposition verschlechtert."[1] Dieses Risiko entsteht in den Fällen, in denen Devisenterminpositionen – bezogen auf die Laufzeit – nicht übereinstimmen. Anhand des obigen Beispiels soll dieses Risiko aufgezeigt werden. In t_0 liegen demnach die folgenden Devisenmarktkonditionen vor:

	USD/EUR
Kassakurs in t_0	1,052600
Terminkurs in t_0 per t_1	1,042381
Swapsatz t_0 bis t_1	-0,010219
Terminkurs in t_0 per t_2	1,028228
impliziter Swapsatz t_1 bis t_2	-0,014152

Tab. E.157: Swapsätze und Terminkurse im Ausgangsbeispiel

Betrachtet werden soll ein US-Marktteilnehmer, der in t_0 insgesamt Verbindlichkeiten von 10 Mio EUR mit der Fälligkeit t_1 und Forderungen von 10 Mio EUR mit der Fälligkeit t_2 aufweist. Zunächst kann festgestellt werden, dass sich beide Positionen betragsmäßig ausgleichen, so dass im laufenden Jahr ein Kursrisiko nicht mehr schlagend werden kann. Es verbleibt aber ein Swapsatzrisiko, da sich die Positionen in zeitlicher Hinsicht nicht entsprechen.

Zur Absicherung dieses Swapsatzrisikos lassen sich in t_0 zwei Möglichkeiten identifizieren:

(1) Abschluss von zwei Termingeschäften zur Absicherung der offenen Devisenposition von t_1 bis t_2

 Hierzu würden 10 Mio EUR per t_1 zum Kurs von 1,042381 \$/€ gekauft und per t_2 10 Mio EUR zum Kurs von 1,028228 \$/€ verkauft. Daraus resultiert ein Verlust in Höhe von 141.523,62 USD.

---

[1] Schierenbeck (2001b), S. 203.

(2) Abschluss eines Forward-Forward-Devisenswap anstelle der 2 Termingeschäfte

Entsprechend würde ein Buy-and-sell-Swap für die Zeit von t_1 bis t_2 über 10 Mio EUR abgeschlossen. Bei einem impliziten Swapsatz für diesen Swap von -0,014152 \$/€ ergibt sich damit ebenfalls ein Verlust in Höhe von 141.523,62 USD.

Durch diese Absicherungstransaktionen kann die Position nunmehr auch zeitlich geschlossen werden. Der dabei entstandene Verlust ist darauf zurückzuführen, dass der Zinsertrag aus der EUR-Forderung insgesamt höher ist als die Zinsaufwendungen für die einjährige EUR-Verbindlichkeit und eine daran anschließende einjährige USD-Verbindlichkeit. Wenn diese Positionen gegen Währungsschwankungen abgesichert sind, können sie auch mit Forderungen und Verbindlichkeiten in USD verglichen werden und müssten somit entsprechende Zinserträge bzw. –aufwendungen erbringen; d.h. dabei wären die (in diesem Beispiel) niedrigen USD-Zinsen zugrunde zu legen. Dieser Zusammenhang kann wie folgt verdeutlicht werden:

Zeitpunkt		Verbindlichkeit	Forderung
t_1	Zinsaufwand in EUR	- 300.000 EUR	
	Zinsaufwand in USD	- 312.714,17 USD *	
t_2	Zinsaufwand in USD	- 279.989,49 USD **	
	Zinsertrag in EUR		+ 714.070,35 EUR***
	Zinsertrag in USD		+ 734.227,29 USD****
t_2	**Gesamterfolg**		**141.523,62 USD*******
*	300.000 EUR · 1,042381 USD/EUR		
**	(10.300.000 EUR · 1,042381 USD/EUR) · 2,6078% mit 2,6078% = USD-Forward Rate von t_1 nach t_2: $\frac{(1+0,023035)^2}{(1+0,02)} - 1 = 2,6078\%$		
***	$10.000.000 \text{ EUR} \cdot (1+0,035088)^2 - 10.000.000 \text{ EUR}$		
****	714.070,35 EUR · 1,028228 USD/EUR		
*****	734.227,29 USD – 312.714,17 USD – 279.989,49 USD		

Tab. E.158: Zinserfolg bei abgesicherten Devisenkursen

Wie die Tabelle zeigt, entspricht der Zinserfolg bei abgesicherten Devisenkursen dem bei der Absicherungstransaktion entstehenden Verlust. Hierbei wird allerdings unterstellt, dass in t_1 und t_2 die in t_0 errechneten Terminkurse ebenfalls für die Zinszahlungen gelten. Diese sind aber tatsächlich nicht abgesichert worden, da sich die Devisentermingeschäfte lediglich auf die Tilgungsbeträge bezogen. Dieses Beispiel kann insofern auch nur zur Verdeutlichung der Entstehung des oben ermittelten Absicherungsaufwandes von 141.523,62 USD herangezogen werden.

Wird erst nach einem Jahr, d.h. in t_1 eine Absicherung – und zwar dann mit einem Spot-Forward-Devisenswap – vorgenommen, so kann ein veränderter impliziter Swapsatz zu entsprechenden Verlusten führen, wie das folgende Beispiel zeigt: In t_1 sollen die folgenden Marktkonditionen gelten: Der EUR steht nach wie vor bei 1,0526 USD/EUR. Jedoch hat sich der implizite Swapsatz verändert und liegt jetzt bei -0,02 USD/EUR, d.h. der Terminkurs per t_2 beläuft sich auf 1,0326 USD/EUR.

Dadurch würde im Vergleich zu einer Glattstellung in t_0 ein negatives Ergebnis entstehen:

	t_1	t_2
Kassakurs bzw. Terminkurs	1,0526 USD/EUR	1,0326 USD/EUR
Glattstellung in t_1	-10.526.000,00 USD	10.326.000,00 USD
Vergleich mit Glattstellung in t_0	-10.423.805,83 USD	10.282.282,20 USD
Differenz	-102.194,17 USD	43.717,80 USD

Tab. E.159: Ergebnis der Positionsschließung in t_1 bei verändertem impliziten Swapsatz

Der Verkauf per t_2 würde zwar einen Mehrertrag von 43.717,80 USD gegenüber der Schließung der Position in t_0 ergeben. Aber der Kauf in t_1 führt zu einem Verlust von 102.194,17 USD gegenüber einer Absicherung bereits in t_0. Insgesamt beträgt damit die Differenz zu einem in t_0 kontrahierten Forward-Forward-Devisenswap -58.476,38 USD. In der Veränderung des impliziten Swapsatzes kommt das Swapsatz-Risiko zum Ausdruck.

VI. Repurchase Agreements (Repo-Geschäfte) und Wertpapierleihe

1. Überblick

Wertpapierpensionsgeschäfte (Repurchase Agreements, Repos) beinhalten allgemein die zumeist an Geldgeschäfte gekoppelte, befristete Übertragung von Wertpapierbeständen. Sie werden vor allem zur Liquiditätssteuerung durchgeführt, indem Gelder gegen Wertpapiere als Sicherheit am Markt aufgenommen bzw. angelegt werden. Eng verwandt mit den Repo-Geschäften ist die Wertpapierleihe, wobei sich beide Geschäften im wesentlichen in der zivilrechtlichen Struktur unterscheiden. Während es sich nach deutschem Recht bei Repo-Geschäften entsprechend der herrschenden Meinung um Kauf- bzw. Rückkaufgeschäfte handelt, kann die Wertpapierleihe zivilrechtlich als Sachdarlehen aufgefasst werden.[1]

Sowohl Repo-Geschäfte als auch Wertpapierdarlehen haben eine zunehmende Bedeutung erlangt. So finden sich in vielen europäischen Ländern etablierte und liquide Wertpapierdarlehens- und Repo-Märkte, die vor dem Hintergrund der Globalisierung der Kapitalmärkte und des Wachstums im grenzüberschreitenden Wertpapierhandel durch eine starke Nachfrageseite ge-

---

[1] Vgl. *Prahl* (1995), Sp. 2023.

kennzeichnet sind. Von Bedeutung sind die Märkte vor allem für die Steuerung der Liquidität, für die Erfüllung von Lieferverpflichtungen und für die Umsetzung von komplexen Anlage- und Absicherungsstrategien. Auch die Nutzung von Wertpapierdarlehen im Portfoliomanagement hat vor dem Hintergrund der gesetzlichen Lockerungen im Hinblick auf die Überlassung von Wertpapieren für Kapitalanlagegesellschaften und Versicherungen einen höheren Stellenwert erhalten. Darüber hinaus spielt die Möglichkeit, zusätzliche Erträge durch diese Geschäfte zu erzielen, in diesem Zusammenhang eine wichtige Rolle.[1]

2. Repo-Geschäfte

a. Grundlagen des Repo-Geschäfts

Traditionell wurde das Repo-Geschäft als Wertpapierpensionsgeschäft von Banken eher unter dem Gesichtspunkt der Erhöhung der Liquidität betrieben. Auch die Europäische Zentralbank setzt Wertpapierpensionsgeschäfte als Mittel der geldpolitischen Feinsteuerung ein und deckt damit durch die Ausreichung von Liquidität einen großen Teil des Refinanzierungsbedarfs der Kreditinstitute ab. Mittlerweile kann der Repo-Markt als gute Alternative zur unbesicherten Kreditgewährung und zur Emission kurzfristiger Wertpapiere bezeichnet werden.[2]

Im Rahmen eines Wertpapierpensions- oder Repo-Geschäftes werden vom Pensionsgeber (Repo-Verkäufer) Wertpapiere gegen Zahlung eines vereinbarten Betrages auf den Pensionsnehmer (Repo-Käufer) übertragen. Die Besonderheit gegenüber einem 'normalen' Verkauf von Wertpapieren besteht bei einem Repo-Geschäft darin, dass der Käufer bzw. der Pensionsnehmer

- verpflichtet ist, die gleiche Anzahl und Art von Wertpapieren zu einem bestimmten späteren Zeitpunkt an den Pensionsgeber zurückzuübertragen (echtes Pensionsgeschäft) oder

- berechtigt, aber nicht verpflichtet ist zur Rückgabe der Wertpapiere an den Pensionsgeber (unechtes Pensionsgeschäft).

Die Grundstruktur eines Wertpapierpensionsgeschäfts lässt sich graphisch wie folgt darstellen:

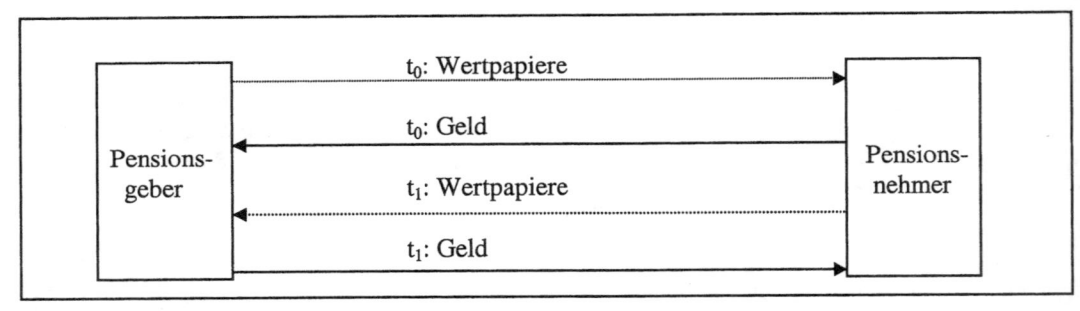

Pensions-geber	t_0: Wertpapiere →	Pensions-nehmer
	t_0: Geld ←	
	t_1: Wertpapiere ←	
	t_1: Geld →	

Abb. E.74: Ablauf eines Wertpapierpensionsgeschäftes

---

[1] Vgl. *Deutsche Morgan Grenfell, Deutsche Bank AG* (1997), S. 1, *EZB* (2002), S. 61ff.
[2] Vgl. *EZB* (2002), S. 61.

Wirtschaftlich gesehen, entspricht ein echtes Wertpapierpensionsgeschäft für den Pensionsgeber einem Kassaverkauf und einem gleichzeitigen Terminrückkauf von Wertpapieren bzw. einer Geldaufnahme, die mit Wertpapieren unterlegt ist. Hingegen stellt ein echtes Pensionsgeschäft für den Pensionsnehmer einen Kassakauf und Terminverkauf von Wertpapieren bzw. eine durch Wertpapiere abgesicherte Geldanlage dar.[1] Daher können der Pensionsgeber auch als Kreditnehmer und der Pensionsnehmer als Kreditgeber bezeichnet werden.

Aus zivilrechtlicher Sicht wird der Pensionsnehmer nach herrschender Meinung während der Pensionsfrist rechtlicher Eigentümer der Wertpapiere. Infolgedessen können die im Zusammenhang mit dem Wertpapierpensionsgeschäft erfolgenden Zahlungen als Erfüllungsleistungen und nicht als Sicherheitsleistungen qualifiziert werden. Sobald der Kaufpreis / Rückkaufpreis vollständig gezahlt ist, geht mit der Lieferung / Rücklieferung von Wertpapieren an die jeweils andere Partei das unbeschränkte Eigentum und die uneingeschränkte Verfügungsbefugnis an den gelieferten Wertpapieren über. Dabei ist allerdings zu berücksichtigen, dass die aus den Wertpapieren entstehenden Erträge, wie z.B. Zinszahlungen bei Anleihen weiterhin dem Pensionsgeber zustehen. Daher muss der Pensionsnehmer den Gegenwert der geleisteten Zahlungen an den Pensionsgeber weiterleiten. Darüber hinaus muss der Verkäufer auch die Kursschwankungen der verpensionierten Wertpapiere tragen, da es sich bei dem Pensionsgeschäft um eine zeitlich befristete Transaktion handelt.

Gegenüber echten Wertpapierpensionsgeschäften kommen in der Praxis unechte Wertpapierpensionsgeschäfte immer seltener vor. Wirtschaftlich gesehen, hat der Pensionsgeber bei diesen Geschäften die Wertpapiere zum Kassa-Zeitpunkt veräußert und parallel dazu eine Option zum Rückkauf geschrieben. Entsprechend hat der Pensionsnehmer sowohl die Wertpapiere als auch gleichzeitig eine Verkaufsoption erworben. Daher richtet sich das Pricing nach den für Optionen entwickelten Bewertungsmodellen.

Neben dem individuell vereinbarten Rückgaberecht erwirbt auch bei unechten Pensionsgeschäften der Pensionsnehmer rechtliches Volleigentum an den Wertpapieren. Darüber hinaus erhält er zusätzlich – anders als bei echten Wertpapierpensionsgeschäften – auch noch das wirtschaftliche Eigentum. Folglich sind die Wertpapiere in seiner Bilanz zu aktivieren. Hingegen verbleiben bei echten Pensionsgeschäften die an den Pensionsgeber weitergegebenen Wertpapiere – wirtschaftlich gesehen – im Bestand des Pensionsgebers, so dass dieser die Papiere auch zu aktivieren hat.

Ähnlich wie bei den echten Pensionsgeschäften als klassische Repo-Geschäfte wird auch bei sogenannten Sell/Buy-Back-Geschäften zwischen denselben Parteien eine Vereinbarung getroffen, Wertpapiere per Kasse zu verkaufen und per Termin zurückzukaufen. Anders als beim Repo-Geschäft werden hierbei die beiden Geschäfte rechtlich selbständig vereinbart und fungieren damit nicht als Teile eines standardisierten einheitlichen Gesamtgeschäfts. Auch werden sie technisch als getrennte Geschäfte abgewickelt. Dennoch ist hierbei ein enger zeitlicher Zusammenhang gegeben, und es finden individuelle Absprachen der beteiligten Parteien statt.[2] Als weiterer Unterschied zu den Repo-Geschäften ist bei undokumentierten Sell/Buy-Back-Geschäften die nicht stattfindende tägliche Neubewertung zu Marktpreisen und die Nichtzahlung

---

[1] Vgl. *Prahl* (1995), Sp. 2024.
[2] Vgl. *Deutsche Morgan Grenfell, Deutsche Bank AG* (1997), S. 4f.

eines Einschusses bei der Eröffnung zu nennen. Darüber hinaus wird bei Sell/Buy-Back-Geschäften der Reposatz aus der Differenz zwischen Terminkurs und Kassakurs des Wertpapiers berechnet.[1]

b. Zahlungsströme beim Repo-Geschäft

Zu Beginn der Repo-Transaktion wird ein Kaufpreis für die Wertpapiere vereinbart, der dem aktuellen Marktpreis und zusätzlich evtl. aufgelaufener Stückzinsen entspricht. Der Rückkaufpreis bei einem Repo-Geschäft kann aus dem Kaufpreis und einem Zinsbetrag, dem ein um etwaige Risikozuschläge ergänzter Geldmarktzins für die Pensionsdauer (Repo Rate oder Pensionssatz) zugrunde liegt, ermittelt werden. In dem folgenden Beispiel ist die Bestimmung der Zahlungsflüsse exemplarisch dargestellt:

Dem Pensionsnehmer werden vom Pensionsgeber Anleihen mit einem Kupon von 6% im Nominalwert von 10 Mio. EUR geliefert, die der Pensionsgeber 7 Tage später bei einer Repo Rate von 4% zurückerhält. Der Anleihekurs liegt bei 102%, Stückzinsen sind für 50 Tage zu berücksichtigen.

Bei dem Verkauf seiner Wertpapiere an den Pensionsnehmer erhält der Pensionsgeber den folgenden Betrag:

10.000.000 EUR · 102% + 82.191,78 EUR Stückzinsen = 10.282.191,78 EUR
(Berechnung der Stückzinsen für 50 Tage: 10.000.000 · 6% · 50/365 = 82.191,78).

Für diesen (Kredit-)Betrag, der vom Pensionsnehmer zur Verfügung gestellt wird, zahlt der Pensionsgeber bei einer Laufzeit der Repo-Transaktion von 7 Tagen Zinsen in Höhe von:

10.282.191,78 EUR · 4% · 7/360 = 7.997,26 EUR.

Aus den zur Verfügung gestellten Mitteln sind vom Pensionsgeber nach 7 Tagen an den Pensionsnehmer rückzahlbar:

10.282.191,78 EUR + 7.997,26 EUR = 10.290.189,04 EUR.

Hierbei zahlt der Pensionsgeber keine Stückzinsen für die Dauer des Repo-Geschäfts (7 Tage), da ihm die Stückzinsen während der Pensionslaufzeit weiterhin zustehen. Somit wird also weiterhin vom Preis inkl. Stückzinsen in Höhe von 10.282.191,78 EUR ausgegangen und nicht von 10.293.698,63 EUR. Letzterer Betrag würde sich ergeben, wenn für 57 Tage Stückzinsen zu berücksichtigen wären.

---

[1] Vgl. *EZB* (2002), S. 63.

Der Pensionsgeber erhält durch eine Repo-Transaktion einen günstigen Kredit gegen die Stellung von Sicherheiten in Form von Wertpapieren. Diese Wertpapiere hält er praktisch die ganze Zeit über im Bestand, da ihm auch die Stückzinsen nach wie vor zustehen; als ob keine Transaktionen vorgenommen worden wären.

Falls der Pensionsgeber die erhaltenen Mittel für die Dauer des Repo-Geschäftes am Terminmarkt z.B. zu 4,25% anlegt, so erhält er hieraus einen Ertrag von

$$10.282.191,78 \cdot 0,0425 \cdot \frac{7}{360} = 8.497,09$$

und damit einen Rückzahlungsbetrag von

10.282.191,78 EUR + 8.497,09 EUR = 10.290.688,87 EUR.

Insgesamt fließt in diesem Fall damit zu Beginn der Repo-Transaktion ein Zahlungsstrom von Null (Einzahlung vom Pensionsnehmer, Auszahlung für das Termingeld jeweils in Höhe von 10.282.191,78 EUR). Bei Fälligkeit des Repo-Geschäfts ergibt sich insgesamt eine positive Einzahlung in Höhe von 10.290.688,87 EUR − 10.290.189,04 EUR = 499,83 EUR. Dieser Ertrag lässt sich auch durch die Differenzbildung zwischen Repo Rate und Termingeldzins ermitteln:

$$10.282.191,78 \cdot (0,0425 - 0,04) \cdot \frac{7}{360} = 499,83 \ .$$

Das gleiche Ergebnis dieser Transaktion kann auch mit einer Sell/Buy-Back-Transaktion erzielt werden. Wie beim Repo-Geschäft ergibt sich der Kaufpreis wiederum aus dem Marktpreis zuzüglich evtl. aufgelaufener Stückzinsen. Der Rückkaufpreis lässt sich mit Hilfe des Kassapreises inkl. Stückzinsen und der vereinbarten Repo Rate ermitteln. Anders als beim Repo-Geschäft stehen die auf die Wertpapiere anfallenden Erträge, wie z.B. Zinsen, nicht dem Verkäufer zu, so dass entsprechend der Terminkaufpreis verringert wird.[1]

Bezogen auf das Beispiel ergibt sich damit zu Beginn der Transaktion beim Wertpapierverkäufer wiederum eine Einzahlung in Höhe von 10.282.191,78 EUR. Der Terminkaufpreis bei Fälligkeit des Sell/Buy-Back-Geschäfts kann auch als Forwardpreis ($P_{Forward}$) bezeichnet werden und ergibt sich wie folgt:[2]

$$P_{Forward} = P_K + (P_K + SZ) \cdot r_{Repo} \cdot \frac{T}{360} - K \cdot \frac{T}{365}$$

mit

---

[1] Vgl. *Deutsche Morgan Grenfell, Deutsche Bank AG* (1997), S. 5.
[2] Vgl. *Bohn* (1998), S. 781.

P_K = aktueller Marktpreis der Kassamarktanleihe,
SZ = Stückzinsen,
r_{Repo} = Repo Rate,
K = Kupon und
T = Anzahl der Tage.

Hierbei ist zu berücksichtigen, dass die Tage bei den Refinanzierungskosten (Repo Rate) nach Geldmarktkonvention auf der Basis Act/360 und die zwischenzeitlich anfallenden Erträge (Kupon) auf der Basis Actual/Actual zugrunde gelegt worden sind, wobei ein Jahr mit 365 Tagen unterstellt wird. Entsprechend berechnet sich der Forwardpreis wie folgt:

$$P_{Forward} = 102\% + (102\% + 0{,}8219178\%) \cdot 0{,}04 \cdot \frac{7}{360} - 0{,}06 \cdot \frac{7}{365} = 101{,}964904\% \ .$$

Der Auszahlungsbetrag des ursprünglichen Wertpapierverkäufers, der bei Ende der Sell/Buy-Back-Transaktion zurückzuzahlen ist, kann damit unter Berücksichtigung der Stückzinsen wie folgt bestimmt werden:

$$\text{Auszahlungsbetrag} = \left(101{,}964904\% + 0{,}06 \cdot \frac{57}{365}\right) \cdot 10.000.000 \text{ EUR} = 10.290.189{,}04 \text{ EUR} \ .$$

Die Stückzinsen betragen hier 93.698,63 EUR. Dieser Auszahlungsbetrag entspricht genau dem Betrag, den der Pensionsgeber nach Ende der Repo-Transaktion an den Pensionsnehmer zurückzuzahlen hat. Falls der Verkäufer beim Sell/Buy-Back-Geschäfts anfangs den zur Verfügung gestellten Betrag ebenfalls als Termineinlage zum Zinssatz von 4,25% angelegt hätte, so ergäbe sich der gleiche Gewinn (EUR 499,83).

Das Beispiel zeigt, dass beide Geschäfte zum gleichen wirtschaftlichen Ergebnis führen.

Zu beachten ist aber, dass bei dem klassischen Repo-Geschäft – im Gegensatz zu Sell/Buy-Back-Transaktionen während der Repo-Laufzeit die offenen Forderungen und Verpflichtungen zwischen den beiden beteiligten Marktteilnehmern täglich neu bewertet werden (Marking-to-Market). Durch dieses Verfahren sollen die Wertveränderungen der als Sicherheit fungierenden Wertpapiere ausgeglichen werden. Dabei kann es auch zu einem Ausgleich in Form einer Variation Margin kommen, wenn der Wert der Wertpapiere eine bestimmte Sicherheitsmarge (Initial Margin oder Haircut) unterschreitet.[1]

Die Höhe der Pensionssätze (Repo Rate) ist im wesentlichen von den Geldmarktsätzen abhängig. Im allgemeinen kann davon ausgegangen werden, dass die Pensionssätze unterhalb der Geldmarktsätze liegen werden, da es sich bei den Pensionsgeschäften im Gegensatz zu Geldmarkttransaktionen um eine Mittelaufnahme handelt, die besichert ist.

---

[1] Vgl. *Csoport* (2001), S. 38ff. Zum Vergleich zwischen klassischen Repo-Geschäften und Sell/Buy-Back-Transaktionen vgl. auch *Choudry* (2002), S. 94ff. sowie S. 103.

Darüber hinaus beeinflussen auch einzelne geschäftsbezogene Faktoren den Pensionszinssatz, dessen Höhe von Transaktion zu Transaktion variieren kann. Demnach liegt kein einheitlicher Satz vor. Folgende Faktoren können auf die Höhe des Pensionszinssatzes einwirken:

Faktor	Auswirkung auf die Höhe des Pensionszinssatzes
Qualität und Liquidität des Wertpapiers	Der Pensionssatz ist um so geringer, je besser die Bonität des Wertpapieremittenten und je höher die Liquidität des Wertpapiers ist, da das Wertpapier als Sicherheit im letzteren Fall leicht zu einem fairen Preis veräußert werden kann.
Bonität des Pensionsgebers	Grundsätzlich ist der Pensionszins um so geringer, je höher die Bonität des Pensionsgebers ist, wobei sicherlich die Bedeutung der Bonität des Wertpapieremittenten höher einzuschätzen ist.
Laufzeit des Geschäfts	Die Länge der Laufzeit beeinflusst die Höhe des Pensionssatzes je nach Verlauf der Geldmarkt-Zinsstrukturkurve.
Geldmarkt-Zinsniveau	Der Pensionszinssatz hängt insbesondere vom jeweiligen Zinsniveau am Geldmarkt ab.
Lieferverpflichtung	Für dem Fall, dass das Wertpapier an den Pensionsnehmer geliefert werden muss (Delivery Repo), liegt der Pensionssatz niedriger, als wenn das Wertpapier bei der Bank des Pensionsgebers als Sicherheit deponiert wird.
Nachfrage nach dem Wertpapier	Wird das entsprechende Wertpapier stark nachgefragt bei einem nur geringen Angebot, dann liegt der Pensionssatz ebenfalls relativ niedrig aufgrund dessen, dass der Pensionsnehmer auch bereit ist, Geldmittel zu einem geringeren Satz zu verleihen, um die Wertpapiere zu bekommen.

Tab. E.160: Faktoren, die den Pensionszinssatz beeinflussen

In der Höhe der Repo Rate spiegeln sich somit auch die mit der Repo-Transaktion verbundenen Risiken wieder, die neben rechtlichen und operationalen Risiken insbesondere auch sicherheitsspezifische Risiken betreffen, wie Markt-, Ausfall- und Liquiditätsrisiken. Das Marktrisiko bezieht sich auf die Kursschwankungen der als Sicherheit fungierenden Wertpapiere, während das Kreditrisiko die Bonität des Wertpapieremittenten betrifft. Fällt ein Geschäftspartner aus, kann das Liquiditätsrisiko schlagend werden, das an der Leichtigkeit der Verwertung der Sicherheiten gemessen werden kann.[1]

---

[1] Vgl. *EZB* (2002), S. 64.

c. Formen der Abwicklung von Repo-Geschäften

Die Handelsusancen und Vertragsgestaltungen im Repo-Markt sind mittlerweile weitgehend standardisiert worden. So wurden standardisierte Rahmenverträge vereinbart, wobei z.B. der Bundesverband deutscher Banken, die International Securities Lending Association (ISLA) und die Public Securities Association (PSA) mitgewirkt haben.[1]

Bei Repo-Transaktionen werden verschiedene Abwicklungsformen unterschieden, wie z.B. Hold-in-Custody Repo, Delivery Repo (Bilateral Repo), Triparty Repo und Fourparty Repo. Beim Hold-In-Custody-Repo werden die Wertpapiere nicht an den Pensionsnehmer geliefert, sondern verbleiben beim Pensionsgeber bzw. dessen Depotbank. Damit können die Liefergebühren eingespart werden, so dass diese Abwicklungsform relativ kostengünstig ist. Jedoch hat der Pensionsnehmer einen Nachteil, wenn es zur Insolvenz des Pensionsgebers kommen sollte, da er keine direkte Kontrolle über die Wertpapiere hat und daher in einem solchen Fall entsprechende rechtliche Schritte durchführen muss. Allerdings könnte die verhältnismäßig geringe Besicherungsqualität der Wertpapiere in diesem Fall durch eine erhöhte Repo Rate zumindest teilweise wieder ausgeglichen werden, da auch der Pensionsgeber bereit sein wird, einen höheren Kreditzins zu zahlen; denn er kann Abwicklungskosten und -probleme vermeiden.[2]

Anders als beim Hold-in-Custody Repo werden im Rahmen eines Delivery Repos (wird auch als Bilateral Repo bezeichnet) die Wertpapiere an den Pensionsnehmer geliefert, der entsprechend während der Repo-Laufzeit über die Wertpapiere frei verfügen kann. Dabei sind Pensionsgeber und -nehmer für die Überwachung der Transaktion und der Sicherheiten sowie die tägliche Bewertung der Sicherheiten während der Repo-Laufzeit verantwortlich.

Die Abwicklung kann auch auf der Basis eines Triparty Repos erfolgen, das sowohl die Sicherheit eines Delivery Repos als auch die Bequemlichkeit eines Hold-In-Custody-Repos aufweist. Dabei wird die Überwachung der Transaktionen und der Sicherheiten sowie die tägliche Bewertung der Sicherheiten durch eine neutrale dritte Partei, wie z.B. eine Depotbank oder Clearingorganisation als Custodian übernommen, die auch die Verwahrung der Wertpapiere für den Pensionsnehmer während der Repo-Laufzeit übernimmt. Wird der Pensionsgeber insolvent, so kann der Pensionsnehmer sofortigen Zugriff auf die Wertpapiere nehmen. Wie beim Hold-In-Custody-Repo erhält der Pensionsgeber die Zins- und Dividendenzahlungen, die während der Repo-Laufzeit anfallen.

Schließlich kann die Abwicklung auch noch über ein Fourparty Repo erfolgen. Anders als beim Triparty Repo werden hierbei die Abwicklungsfunktionen nicht auf nur einen Custodian übertragen, der für beide Parteien zuständig ist, sondern auf zwei Custodians. Dabei fungiert i.d.R. der Custodian des Pensionsgebers als Triparty Agent, während der Custodian des Pensionsnehmers die Funktion eines Subcustodians übernimmt.[3]

---

[1] Vgl. *Deutsche Morgan Grenfell, Deutsche Bank AG* (1997), S. 1.
[2] Vgl. *Csoport* (2001), S. 49ff.
[3] Vgl. *Csoport* (2001), S. 55.

Zur Erleichterung der Abwicklung von Repos und auch von Wertpapierleihgeschäften wurde das Collateral Management entwickelt, das vor allem institutionellen Anlegern die Erwirtschaftung von Zusatzerträgen auf ruhende Wertpapierbestände ohne großen Aufwand in ihrem jeweiligen Back-Office ermöglichen kann. Für den Fall, dass dem Kunden ein Collateral Management von seiner Bank angeboten wird, kann dies die Vereinbarung und die Verwaltung der gestellten Wertpapiere als Sicherheiten beinhalten. Damit wird Kunden ein direkter Zugang zu den verschiedenen Marktteilnehmern im Repo-Markt verschafft.[1]

In den letzten Jahren haben auch elektronische Handelsplattformen am Repo-Markt an Bedeutung gewonnen. So wurde Mitte 1999 an der Eurex das Eurex Repo-System für den Schweizer Franken Repo-Markt eingeführt. Dabei fungiert die Eurex Clearing AG jeweils als Gegenpartei zwischen Käufer und Verkäufer. Insofern kann die Erfüllung der getätigten Geschäfte und auch die Anonymität garantiert werden.[2]

d. Anwendungsmöglichkeiten von Repos

Repo-Transaktionen lassen sich u.a. sowohl zur Liquiditätsbeschaffung als auch zur Beschaffung von Wertpapieren einsetzen. Unterschieden werden können daher liquiditätsinduzierte (cash driven) und wertpapierinduzierte (securities-driven) Einsatzgebiete.

Das liquiditätsinduzierte Marktsegment betrifft die Aufnahme bzw. Gewährung von Kassenkrediten, die durch Wertpapiere besichert sind. Dabei werden i.d.R. ein oder mehrere Wertpapiere als sog. General Collateral (GC) herangezogen, die zu einem bestimmten, nach Art und Emittentenbonität abgegrenzten Sicherheitenkorb gehören. Ein solcher GC-Basket kann z.B. sämtliche Staatsanleihen des Euroraums oder auch alle Unternehmensanleihen eines bestimmten Rentenindex umfassen.[3]

Das wertpapierinduzierte Marktsegment betrifft die Aufnahme bzw. Gewährung von Krediten in Form von Wertpapieren. Hierbei fungieren nun die liquiden Mittel als Sicherheit. In diesem Segment finden sich vor allem stark nachgefragte Wertpapiere, so dass die Repo Rate niedriger liegt als die Repo Rate für General Collateral. Für eine gewisse Zeit können diese Wertpapiere als sog. Specials bezeichnet werden. Solche Specials können vom Pensionsnehmer beispielsweise zur Erfüllung von Lieferverpflichtungen aus einer Short Position im Futures-Markt benötigt werden. Für den Pensionsgeber besteht die Möglichkeit der Finanzierung seiner gekauften Specials. Möglicherweise sollen aber auch die zu einem geringen Zinssatz erhaltenen liquiden Mittel kurzfristig z.B. zur Repo Rate für General Collateral wieder angelegt werden. Hierdurch lässt sich – wie oben bereits gezeigt – ein zusätzlicher Ertrag erzielen, so dass von einer Optimierung des Wertpapierportfolios gesprochen werden kann.[4]

---

[1] Vgl. *Deutsche Morgan Grenfell, Deutsche Bank AG* (1997), S. 1ff.
[2] Vgl. *Eurex* (2000), S. 1ff.
[3] Vgl. *EZB* (2002), S. 65f.
[4] Vgl. *EZB* (2002), S. 66.

Schließlich können Repos auch zur Erzielung risikoloser Gewinne im Rahmen von Arbitrage-Transaktionen genutzt werden. Beispielsweise lassen sich Repo-Geschäfte zur Sicherung eines bestimmten Spreads anwenden. Dies soll anhand des folgenden Beispiels aufgezeigt werden:

Beginn der Transaktion in t_0:

```
                    Pensionsnehmer                      Pensionsgeber
                                      Händler
    ┌──────┐   Wertpapiere   ┌──────┐   Wertpapiere   ┌──────┐
    │ Bank │ ──────────────► │      │ ──────────────► │ Bank │
    │  A   │                 │      │                 │  B   │
    │      │ ◄────────────── │      │ ◄────────────── │      │
    └──────┘      Geld       └──────┘      Geld       └──────┘
```

Ende der Transaktion in $t_0 + 8$ Tagen:

```
                    Pensionsnehmer                      Pensionsgeber
                                      Händler
    ┌──────┐   Wertpapiere   ┌──────┐   Wertpapiere   ┌──────┐
    │ Bank │ ◄────────────── │      │ ◄────────────── │ Bank │
    │  A   │                 │      │                 │  B   │
    │      │ ──────────────► │      │ ──────────────► │      │
    └──────┘ Geld + 3,9% Zinsen    Geld + 3,7% Zinsen └──────┘
```

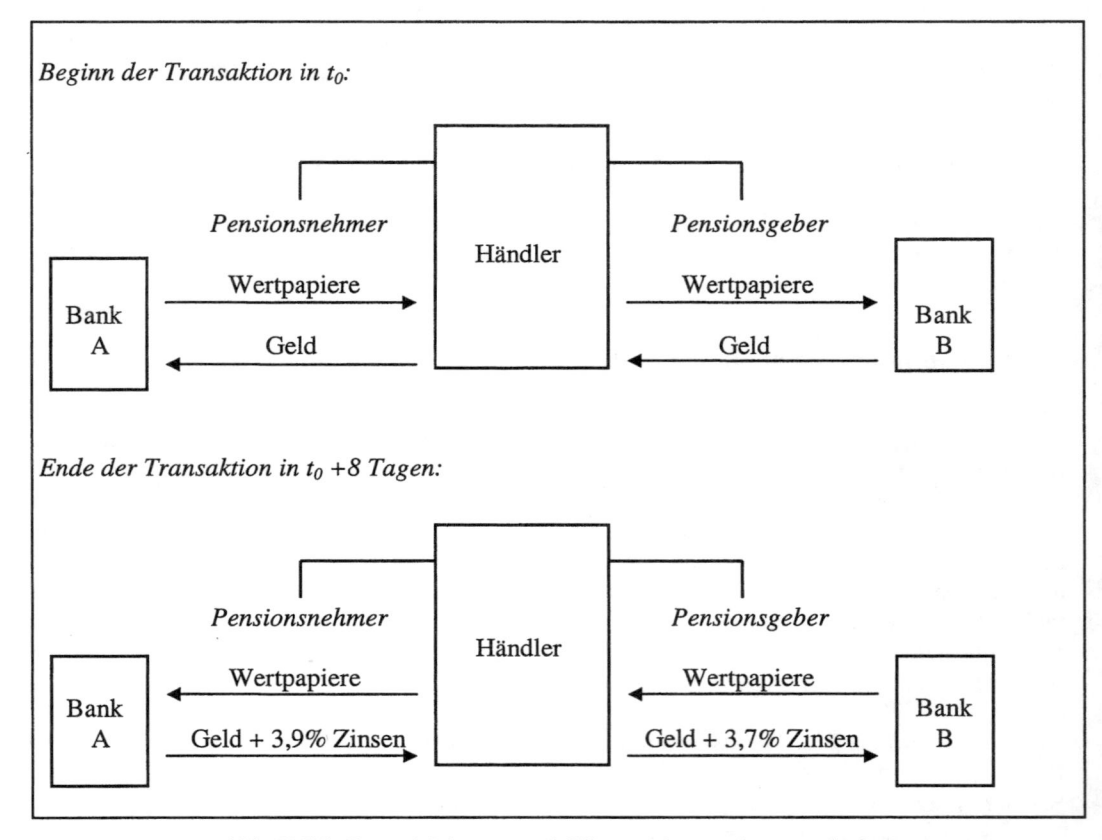

Abb. E.75: Spreadsicherung mit Wertpapierpensionsgeschäften

Ein Händler verkauft Wertpapiere z.B. an die Bank B mit einer Rückkaufvereinbarung nach 8 Tagen (Repo). Gleichzeitig führt er eine umgekehrte Transaktion (Reverse Repo) mit der Bank A durch, d.h. Kauf der gleichen Wertpapiere und späterer Rückverkauf ebenfalls nach 8 Tagen. Somit leiht sich der Händler Mittel von der Bank B und verleiht die erhaltenen Mittel gleichzeitig an die Bank A. Für den Fall, dass der Zins für das Repo-Geschäft bei 3,7% und der Zins für das Reverse Repo bei 3,9% liegt, kann sich der Händler einen Spread von 0,2% (20 Basispunkten) sichern. Die unterschiedliche Höhe der jeweiligen Repo-Sätze in diesem Beispiel kann möglicherweise auf Markteineffizienzen zurückgeführt werden.

Darüber hinaus lassen sich Arbitragegewinne auch aus der unterschiedlichen preislichen Bewertung von Repos und Finanzderivaten erzielen.[1]

---

[1] Vgl. *Csoport* (2001), S. 81ff. sowie *Bohn* (1998), S. 786ff.

e. Diversifizierung der Sicherheiten

Der Korb der Staatsanleihen, die als Sicherheiten im Rahmen von Repo-Transaktionen dienen, ist zunehmend weiter gefasst worden. Mittlerweile werden die meisten Staatsanleihen des Euroraums als Collateral akzeptiert. Auch der im März 2002 eingeführte Eurepo-Index konnte diese Entwicklung noch unterstützen. Bei dem Eurepo handelt es sich um den Zinssatz, zu dem bonitätsmäßig erstklassige Banken untereinander Finanzmittel in EUR gegen Eurepo-General Collateral zur Verfügung stellen. Zu den allgemeinen Eurepo-Sicherheiten zählen sämtliche auf EUR lautende Staatsanleihen und kurzfristige Staatspapiere, die von den Regierungen im Euro-Währungsgebiet begeben oder garantiert sind. Der Eurepo-Index ist der Durchschnitt der von den zum Eurepo-Panel gehörenden Banken gemeldeten Eurepo-Sätze für eine bestimmte Regellaufzeit.

Während bei dem Großteil der Repo-Geschäfte Staatsanleihen als Sicherheiten herangezogen werden, kann allerdings am Markt eine zunehmende Diversifizierung der Sicherheiten beobachtet werden. So kommen mittlerweile auch Pfandbriefe, Unternehmensanleihen und auch Dividendenwerte in Betracht. Mit einem zunehmenden Volumen an refinanzierungsfähigen Sicherheiten nimmt auch die Größe des Repo-Marktes zu.[1]

3. Wertpapierleihe

a. Grundlagen

Juristisch gesehen, handelt es sich bei der Wertpapierleihe, die auch als Securities Lending bezeichnet wird, in Deutschland um ein entgeltliches Sachdarlehen (i.S. des § 607 BGB) über börsengehandelte Wertpapiere. Dabei wird vom Verleiher (Lender) das Eigentum an den Wertpapieren darlehensweise an den Entleiher (Borrower) für eine bestimmte Zeitdauer übertragen. Dafür erhält der Lender ein laufzeitabhängiges Leihentgelt.[2] Der Entleiher ist verpflichtet, Wertpapiere mit gleicher Ausstattung zurückzuliefern. Hingegen erwirbt der Verleiher einen Rückgewähranspruch und bekommt vom Entleiher unabhängig vom aktuellen Kurs Titel gleicher Art, Güte und Menge zurückerstattet.

Der Entleiher kann die erhaltenen Wertpapiere nach seinen Bedürfnissen verwenden. So kann er sie beispielsweise weiterverleihen, verkaufen oder verpfänden, wobei der Verleiher weiterhin das Kursrisiko trägt. Fallen Zins- und Dividendenzahlungen während der Dauer des Darlehens an, so steht dem Verleiher eine Kompensationszahlung zu.

b. Abwicklung der Wertpapierleihe

Neben organisierten Leihsystemen sind vor allem die internationalen und nationalen Großbanken im Verleihgeschäft tätig. Sie vermitteln bilaterale Leihgeschäfte als Agent (Kommissionsgeschäft) und / oder offerieren sogenannte Pool-Modelle, in denen sie als Principal auftreten (Di-

---

[1] Vgl. *EZB* (2002), S. 69.
[2] Vgl. *Häuselmann* (1995), Sp. 2014.

rektgeschäft). Verleihwillige Kunden bringen ihre Wertpapierbestände in diese Pools ein. Als erste Clearinggesellschaft führte Euroclear im Jahr 1975 ein Programm zur Leihe international gehandelter Wertpapiere ein.

Das vom Entleiher zu zahlende Leihentgelt (Loan Fee) wird bei Geschäftsabschluss vereinbart und ist abhängig von Volumen, Laufzeit sowie Angebot und Nachfrage in der jeweiligen Gattung. Bemessungsgrundlage für die Berechnung ist der aktuelle Marktwert der entliehenen Wertpapiere; bei festverzinslichen Wertpapieren inklusive aufgelaufener Stückzinsen. Wahlweise kann ein Festkurs oder eine tägliche Anpassung zwischen den Parteien vereinbart werden. Entgeltpflichtig ist die gesamte Laufzeit des Wertpapierdarlehens vom Liefertag an. Bei der Einstellung der zu verleihenden Titel in einen Pool (Profit-Sharing-Verfahren) werden die Verleiher anteilig an den jeweiligen Lendings in den von ihnen eingebrachten Wertpapieren beteiligt. Als nutzungsunabhängige Bereitstellungsgebühr erhalten die Verleiher, die ihre Wertpapiere in den Pool einstellen, eine sogenannte Base Fee.

Grundsätzlich sollte das Leihentgelt sich aus der Differenz zwischen dem Geldmarktsatz und der entsprechenden Repo Rate für die Anleihe ergeben. In diesem Fall wird der Wertpapierbesitzer Interesse daran haben, sein Wertpapier zu verleihen. Andernfalls würde er es im Rahmen eines Repo-Geschäfts einsetzen. Demnach müsste die Leihgebühr in dem obigen Beispiel genau 0,25% betragen, d.h. einen absoluten Betrag von

$$10.282.191{,}78\,\text{EUR} \cdot 0{,}0025 \cdot \frac{7}{360} = 499{,}83\,\text{EUR}$$

ausmachen.

Falls allerdings eine Anleihe eine besonders hohe Nachfrage erfährt bei einem vergleichsweise geringen Angebot (diese Anleihe kann auch als „special" bezeichnet werden[1]), so verringert sich die Repo Rate, und die Leihgebühr erhöht sich. Im obigen Beispiel könnte die Repo Rate eventuell nur noch 3,75% betragen, so dass sich ein Ertrag und damit eine Wertpapierleihgebühr von

$$10.282.191{,}78\,\text{EUR} \cdot (0{,}0425 - 0{,}0375) \cdot \frac{7}{360} = 999{,}66\,\text{EUR}$$

ergeben könnte.

c. Motivation und Anwendungsmöglichkeiten

Das Hauptmotiv für den Verleiher besteht darin, dass die vereinnahmten Verleihentgelte einen attraktiven Zusatzertrag darstellen können. Selbst ohne erfolgte Leihe kann es schon zur Renditeverbesserung kommen, wenn die Wertpapiere für einen Pool gegen eine Base Fee bereitgestellt werden. Auch lassen sich die Depotgebühren senken, da verliehene Wertpapiere nicht zum gebührenpflichtigen Bestand zählen. Darüber hinaus können die erhaltenen Barsicherheiten als

---

[1] Vgl. *Bohn* (1998), S. 779ff.

Sicherheit für eine eigene Entleihtransaktion verwendet werden, wobei sich möglicherweise Arbitrage-Transaktionen aus den unterschiedlichen Sätzen für das Ver- und Entleihen durchführen lassen.

Als Verleiher kommen grundsätzlich Versicherungen, Pensionskassen, Fondsgesellschaften, Banken und in- und ausländische Privat- bzw. Firmenkunden in Frage. Gerade für das Portfoliomanagement von Fonds, in denen viele Papiere aufgrund einer Buy and Hold-Strategie für einen längeren Zeitraum liegen, stellt die Wertpapierleihe eine attraktive Möglichkeit dar, zusätzliche Erträge zu erwirtschaften.

Als Entleiher kommen vor allem die Wertpapierhandelsabteilungen in- und ausländischer Banken und Broker in Betracht. Sie können die Wertpapierleihe zur Durchführung von Leerverkäufen nutzen. Damit ist es insbesondere möglich, Arbitragemöglichkeiten zwischen Termin- und Kassamarkt auszunutzen. Beispielsweise können Unterbewertungen bei Futures, d.h. der Futurepreis ist im Vergleich zum Fair Value zu niedrig, durch den Leerverkauf des Underlyings und den gleichzeitigen Kauf des Futures ausgenutzt werden. Dabei handelt es sich um eine Reverse Cash and Carry Arbitrage. Auch bei Optionen und Optionsscheinen können ungerechtfertigte Preisunterschiede durch Arbitragetransaktionen ausgenutzt werden. Falls beispielsweise Puts im Vergleich zu Calls zu hoch bewertet sind, kann der Arbitrageur Puts verkaufen und sich gleichzeitig gegen das darin liegende Kursrisiko mit dem Kauf von synthetischen Puts absichern. Letzteres lässt sich durch den Kauf von Calls bei gleichzeitigem Leerverkauf des Basiswertes realisieren.

Darüber hinaus können durch Wertpapierleih-Geschäfte Abwicklungsschwierigkeiten bei der Erfüllung der Lieferverpflichtungen vermieden werden. Beispielsweise ist es den am Wertpapierhandel beteiligten Häusern ohne die Wertpapierleihe oftmals nicht möglich, ihre Lieferverpflichtungen aus Kassaverkäufen fristgerecht zu erfüllen. So müssen Transaktionen, die an einer deutschen Börse getätigt werden, am 2. Börsentag nach Abschluss beliefert und im Gegenzug bezahlt werden. Ist es aber dem Verkäufer nicht möglich, die verkauften Titel dem Käufer anzudienen – z.B. weil wiederum ein weiterer Kontrahent nicht rechtzeitig liefert –, kommt es wegen der ausbleibenden Lieferung auch nicht zu einer Bezahlung. Dem Verkäufer entstehen dadurch Opportunitätskosten in Form des Zinses auf den ansonsten bei Lieferung erhaltenen Cash Flow. Als Beispiele hierfür können sogenannte Cross-Border-Geschäfte mit unterschiedlicher Valutierung angeführt werden. In den Fällen, in denen Wertpapiere z.B. mit einer Valuta von 7 Tagen erworben und beim Durchhandeln (Back-to-Back-Trading) sofort an einer deutschen Wertpapierbörse (2 Tage) weiterverkauft werden, kommt die Wertpapierleihe zum Zuge; denn der Händler kann sich die entsprechenden Titel bis zur Lieferung des Anschaffungsgegenstandes leihen, hiermit seinen Verkauf beliefern und den so erhaltenen Gegenwert in zinsbringende Anlagen investieren.

d. Die Berücksichtigung von Sicherheiten

Der Entleiher muss in Höhe des Marktwertes der entliehenen Wertpapiere (inkl. der angefallenen Stückzinsen) ein Collateral hinterlegen, d.h. Sicherheiten bestellen. Hierfür kommen grundsätzlich Kontoguthaben, Bankgarantien und Wertpapiere in Betracht. Zur Absicherung gegen das Kreditrisiko des Entleihers kann die Besicherung zum Barwert erfolgen (mark-to-market). Etwaige Kursschwankungen können durch eine zusätzliche Sicherheitsmargin in Abhängigkeit von der Art der verliehenen Wertpapiere bzw. der bestellten Sicherheiten abgesichert werden. Dabei stellen Barsicherheiten (Cash Collateral) die beste Sicherheit dar.

In den Fällen, in denen es sich bei den Sicherheiten um Geld handelt, das der Entleiher bei Weitergabe der Wertpapiere an einen Käufer von diesem erhält, kommt diese Form der Wertpapierleihe einem Wertpapierpensionsgeschäft recht nahe. In der folgenden Abbildung werden die mit Wertpapierleihe-Geschäften verbundenen Transaktionen wiedergegeben:[1]

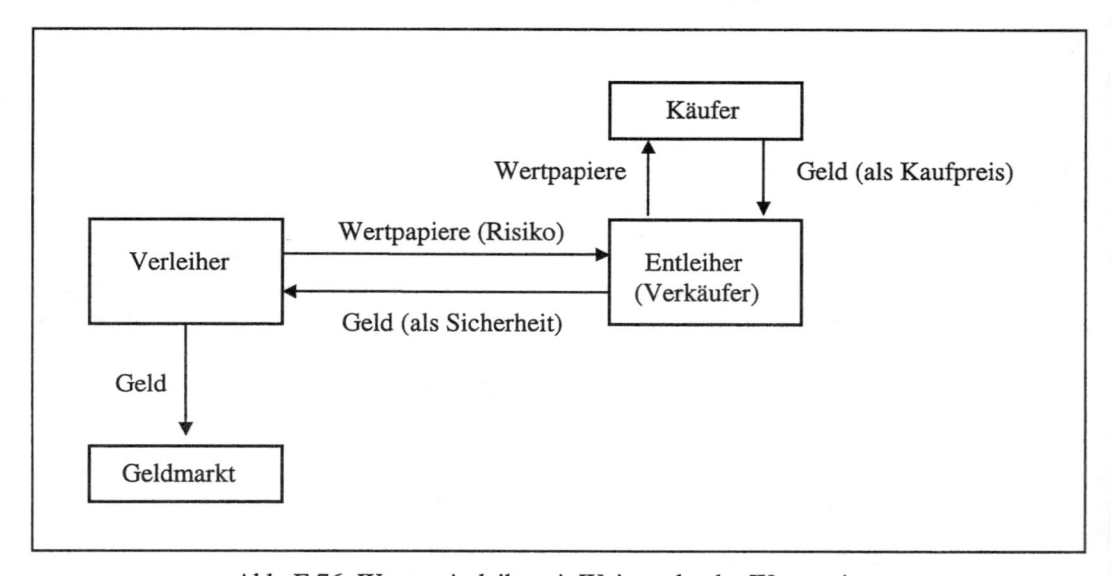

Abb. E.76: Wertpapierleihe mit Weitergabe der Wertpapiere

Problematisch könnte sowohl für den Entleiher von Wertpapieren als auch für den Pensionsnehmer bei Repo-Transaktionen der Fall werden, in dem nicht genügend Liquidität im Markt für die bestimmte Anleihe vorhanden ist. So würden sich beispielsweise potentielle Verkäufer zunächst zurückhalten, wenn bekannt ist, dass sich Investoren mit der entsprechenden Anleihe eindecken müssen, um ihren Rückübertragungspflichten nachzukommen. Das damit verbundene Risiko des Entleihers bzw. Pensionsnehmers, einen zu hohen Einstandskurs zahlen zu müssen, kann vor allem bei wenig liquiden Anleihen auftreten. Schon aus diesem Grund werden Repos grundsätzlich nur mit Anleihen durchgeführt, die ein sehr hohes Emissionsvolumen aufweisen.

---

[1] Vgl. *Beck* (1993), S. 95.

F. Ziel-Controlling: Performanceanalyse

I. Grundlagen der Performanceanalyse

1. Einführende Überlegungen

Im Investmentprozess steht die Performanceanalyse – chronologisch betrachtet – ganz am Ende. Dies bedeutet aber nicht, dass Performanceanalyse minder wichtig ist als andere Teile des Investmentprozesses. Denn eine sachgerechte Performanceanalyse besitzt für die Formulierung von Portfoliozielen eine große Bedeutung. Aus den Ergebnissen der Performanceanalyse lassen sich beispielsweise Folgerungen für den Investmentstil ziehen. Insofern kann die Performanceanalyse, die aus Performancemessung und -attribution besteht, als Ziel-Controlling des Investmentprozesses angesehen werden.

Performanceanalyse

Ziel
Beurteilung der
- Portfolioqualität
- Portfoliomanagementqualität
- Qualität der Portfoliomanagementinstitution

Perspektive
- intern
- extern

Umfang und Schwerpunkt
- Performancemessung
- Performanceattribution
- Performancemessung und -attribution

Methodik
- quantitativ
- qualitativ

Objekt
- Spezialfonds
- Publikumsfonds
- Versicherungsportfolio
- separate account
- etc.

Zeitraum
- kurzfristig (max. 1 Jahr)
- mittelfristig (1 bis 5 Jahre)
- langfristig (> 5 Jahre)

Ergebnisdarstellung
- graphisch
- mathematisch
- verbal

Abb. F.1: Elemente der Performanceanalyse

Die Ergebnisse der Performanceanalyse können für Änderungen der Anlagestrategie bzw. deren Umsetzung genutzt werden und damit zur Steuerung des Investmentprozesses im Hinblick auf die optimale Formulierung, Umsetzung und Erzielung der jeweiligen Ziele beitragen. Damit übernimmt die Performanceanalyse auch eine Steuerungsfunktion im Rahmen des Portfoliomanagements. Insofern kann sie als Führungsinstrument bezeichnet werden hinsichtlich einer effizienteren Allokation der Ressourcen im Investmentprozess. Beispielsweise könnte bei einer Asset Management-Einheit ermittelt werden, dass die erreichten Aktienrenditen im wesentlichen auf die strategische Asset Allocation zurückzuführen sind, während aber über 70% der Overheadkosten für die Beschaffung und Analyse von Information im Rahmen der Fundamentalanalyse bzw. Bewertung einzelner Titel anfallen. In diesem Fall kann eine Reorganisation sinnvoll sein.[1]

Zudem darf die Bedeutung von Performance als Wettbewerbskriterium zwischen Dienstleistern der Asset Management-Industrie in seiner Wichtigkeit nicht unterschätzt werden. Von den Investoren werden immer häufiger sogenannte Track Records der Portfolios bzw. Portfoliomanager gefordert. Dabei handelt es sich um die Darstellung der jeweiligen Performanceentwicklung in der Vergangenheit. Allein schon vor diesem Hintergrund besitzt die Performanceanalyse nicht nur für Portfolio-, sondern beispielsweise auch für Marketingmanager eine wichtige Bedeutung. Obwohl für viele Investoren die vergangenen Ergebnisse sehr wichtig bzw. zumindest bedingt wichtig sind,[2] erscheint grundsätzlich eine reine Vergangenheitsbetrachtung nicht ausreichend; vielmehr sollte die Performanceanalyse in der Lage sein, Rückschlüsse auf künftige Ergebnisse zu ermöglichen. Um dies auf der Basis von Vergangenheitsdaten zu bewerkstelligen, ist eine gewisse Konstanz der Performance erforderlich. Andernfalls können Anlageentscheidungen, die nur auf der Grundlage von Performanceergebnissen getroffen werden, nicht sinnvoll sein. Dies ist auch zu bedenken, wenn die Performancewerte verschiedener Investmentfonds veröffentlicht werden und dabei zudem eine Rangfolge aufgestellt wird.[3]

Die aufgezeigte verstärkte Orientierung der Investoren an der Performance ihrer Anlagen wird sich auf ihre Entscheidungen bezüglich der Mandatsvergabe auswirken und damit den Wettbewerbsdruck unter den Asset Management-Anbietern bzw. den dort agierenden Portfoliomanagern verschärfen. Infolgedessen gewinnt der erzielte Anlageerfolg zur internen Beurteilung der Manager und – damit auch verbunden – zur Festlegung einer leistungsgerechten Entlohnung an Bedeutung. Eine angemessene Entlohnung der Portfoliomanager, die neben qualitativen Leistungsaspekten auch den quantitativen Leistungsaspekt, d.h. den gemessenen Anlageerfolg umfasst, wird zu einem wesentlichen Erfolgsfaktor für die jeweilige Asset Management-Gesellschaft.[4]

Für die Gesellschaft selbst bedeutet eine kontinuierlich gute Performance die Chance, weitere Mandate von den einzelnen Kunden zu erhalten; denn oftmals vergeben Anleger ihre zur Verfügung stehenden Geldvermögen an verschiedene Asset Manager, wobei der Erfolgreichste später mit einer erhöhten „Zuteilung" rechnen darf. Werden darüber hinaus sog. Outperformance Fees

---

[1] Vgl. *Zimmermann et. al.* (1996), S. 5ff.
[2] Vgl. *Broschinski* (1995), S. 650ff.
[3] Vgl. *Wittrock* (1996a), S. 246.
[4] Vgl. *Raulin* (1998), S. 995f.

zwischen den Vertragsparteien vereinbart, so erhält der Asset Manager bei einer nachhaltig höheren Performance als die vorher festgelegte Meßlatte eine Extraprämie, die in Abhängigkeit von der Höhe dieser Outperformance festgelegt wird. Basis für deren Bestimmung ist die Performanceanalyse.

Mit im Vergleich zu den Wettbewerbern guten Performanceergebnissen bieten sich zudem Möglichkeiten, dies durch eine geeignete Kommunikationsstrategie auch nach außen zu dokumentieren, wobei allerdings zu berücksichtigen ist, dass die Performance nicht überbewertet werden darf, da auch weitere Kriterien, wie z.B. der Investmentprozess, der Investmentstil, die Anlageerfahrungen der Portfoliomanager oder auch der Markenname der Produkte bzw. der Asset Management-Gesellschaft als Ganzes zu beachten sind.

Bei den vorstehenden Überlegungen ist noch zu berücksichtigen, dass auch die Wissenschaft dazu beigetragen hat, dass die Anleger ihre Erwartungen bezüglich der Leistungsfähigkeit von Portfoliomanagern überdenken. So führen die Ergebnisse zahlreicher Untersuchungen zur Performance von Investmentfonds und zur Kapitalmarkteffizienz dazu, dass vor dem Hintergrund einer relativ hohen Effizienz nur mit einer relativ geringen Wahrscheinlichkeit erwartet werden kann, dass die Portfoliomanager durch aktives Portfoliomanagement den jeweiligen Aktienmarkt outperformen können. Die Performance wird weniger durch tägliche Umschichtungen des Portfolios (taktische Asset Allocation) als vielmehr durch die strategische Asset Allocation, also die langfristig orientierte Auswahl der Assetklassen, Währungen oder Anlagemärkte bestimmt. Vor dem Hintergrund dieser veränderten Erwartungshaltung der Anleger und der Skepsis gegenüber den Outperformern erhält eine systematische Performanceanalyse zunehmende Aufmerksamkeit.[1]

Auch bei dennoch bestehenden Ineffizienzen auf den Kapitalmärkten bleibt fraglich, ob die Portfoliomanager in der Lage sind, diese in eine entsprechende Performance umwandeln zu können. Die Performanceanalyse muss in diesen Fällen herausfinden, ob die jeweiligen outperformenden Portfoliomanager dabei nachhaltig größere Fähigkeiten aufweisen als die übrigen.[2]

2. Performance-Begriff

Sowohl in der Praxis des Portfoliomanagements als auch in der Theorie lassen sich unterschiedliche Definitionen des Begriffs „Performance" identifizieren. Allgemein wird unter Performance oftmals die erzielte Rendite einer Finanzanlage verstanden und zwar im Vergleich zu einer Benchmark.[3] Eine dementsprechende Definition lautet beispielsweise wie folgt: „Unter 'Performance' versteht man die Abweichung der Rendite auf einer Vermögensanlage von einem zugrunde gelegten Vergleichsportfolio, dem sog. *Benchmark*. Letzteres ergibt sich aus der Definition einer Anlage*strategie*."[4] Die Performance kann auch als Beurteilung der Qualität der Anlageentscheidungen eines Portfoliomanagers aufgefasst werden.[5]

---

[1] Vgl. *Zimmermann et. al.* (1996), S. 16 und die dort angegebene Literatur.
[2] Vgl. *Wittrock* (1995a), S. 10 und die dort angegebene Literatur.
[3] Vgl. z.B. *Reichling/Vetter* (1995), S. 676.
[4] *Zimmermann et. al.* (1996), S. 4.
[5] Vgl. *Roßbach* (1991), S. 13.

Wird allerdings nur auf die Rendite abgestellt, so ist eine eingehende Beurteilung der Portfoliomanagement-Leistung nicht möglich, da die Ursachen des Erfolges nicht ermittelt werden können. Hierzu ist infolgedessen auch das eingegangene Risiko mit zu berücksichtigen, mit dem die Rendite erzielt worden ist. Infolgedessen kann die Performance angesehen werden als „leistungsbedingte Differenz der Renditen eines Portfolios und einer Benchmark bei gleichem Risiko"[1].

Insofern verbergen sich hinter dem Begriff 'Performance' zumindest zwei Komponenten, die eine hinreichende Quantifizierung von Performance ermöglichen. In der überwiegenden Anzahl der Fälle wird dabei die Rendite eines Portfolios als zentraler Performancebestandteil und damit als zentrales Ziel des Portfoliomanagements angesehen. Hinzu kommt entsprechend der o.g. Definition von Wittrock als zweite Komponente das Risiko eines Portfolios.

Im Hinblick auf die Unterscheidung zwischen Performancemessung und -attribution lässt sich eine vereinfachende Zuordnung in Handwerk und Kunst vornehmen. Während die Performancemessung unter Zuhilfenahme vieler verschiedener und zum Teil ausgefeilter Methoden die objektivierbaren Portfolioergebnisse im Hinblick auf die vorgegebenen Ziele analysiert und sich dabei einer Vergangenheitsanalyse bedient, versucht die Performanceattribution die Ergebnisse in Hinsicht auf ihre Erfolgsquellen und ihre Verursachung (und Verursacher) zu interpretieren. Was die Performanceattribution bisweilen zur Kunst werden lässt, ist die Notwendigkeit qualitativer Kriterien als Ergänzung zu rein quantitativen Maßgrößen. Um Performance richtig interpretieren und zuordnen zu können, bedarf es nämlich langer Zeitreihen konsistenter Performancedaten. Da derartig lange Zeitreihen jedoch eher selten vorliegen, bedarf es zusätzlicher qualitativer Merkmale, um zu gesicherten Schlüssen bezüglich der Performance zu gelangen. Trotz der Notwendigkeit qualitativer Beurteilungskriterien stehen quantitative Meßmethoden im Vordergrund der Performanceanalyse.

Als besonders schwierig erweist sich die Performanceanalyse, wenn mehrere Portfoliomanager für ein Portfolio verantwortlich sind. In diesem Fall hat eine Performancezerlegung zu erfolgen. Ein aktiv zu managendes gemischtes Portfolio, das z.B. eine Benchmark zusammengesetzt aus 50% DAX und 50% REX (jeweils total return) besitzt, kann in drei separat zu bewertende Teile zerlegt werden. Zum einen in den Aktienteil des gemischten Portfolios (Balanced Portfolio), der wie ein eigenes Portfolio zu behandeln ist. Zum anderen in den Rententeil, der ebenfalls als separate Einheit zu analysieren ist. Schließlich kann die Assetklassengewichtung als eigenständige und von dem Aktien- und Rententeil unabhängige Entscheidungsebene klassifiziert werden. Im Rahmen der Performanceattribution sind die relativen Performancebeiträge der einzelnen Entscheidungen (Aktien, Anleihen und Asset Allocation) den jeweils verantwortlichen Portfoliomanagern zuzuordnen.

Der typische Verlauf der Entscheidungsfindung im institutionellen Portfoliomanagement geht von einer Anlagepolitik bzw. -strategie des jeweiligen Investmenthauses aus. In welchem Maße die einzelnen Portfoliomanager an diese Hausmeinung gebunden sind, differiert von Institution zu Institution. Verantwortlich kann der Portfoliomanager jedoch nur für eigene Entscheidungen

---

[1] *Wittrock* (1995a), S. 2.

gemacht werden. Jener Teil der Performance, der nicht auf Entscheidungen des Portfoliomanagers beruht, sollte zur Beurteilung des Portfoliomanagers entsprechend korrigiert werden.

Ähnliches gilt auch für Transaktionskosten. Da in der realen Anlagewelt Transaktionskosten und Gebühren existieren, die zumeist nicht von dem Portfoliomanager zu beeinflussen sind, sollte bereits bei der Benchmarkvereinbarung über deren Einfluss auf die relative Performance gesprochen werden. Auch diesen Aspekt hat eine anspruchsvolle Performanceanalyse zu berücksichtigen.

3. Externe versus interne Performance-Analyse

Grundsätzlich kann zwischen externer und interner Performanceanalyse unterschieden werden.[1] Während die Sicht der Investoren bei der externen Analyse die Grundlage bildet, erfolgt die interne Performanceanalyse insbesondere aus Sicht der Assetmanagement-Gesellschaften. Einen Überblick über die verschiedenen Aspekte im Rahmen einer Performanceanalyse gibt die folgende Abbildung:

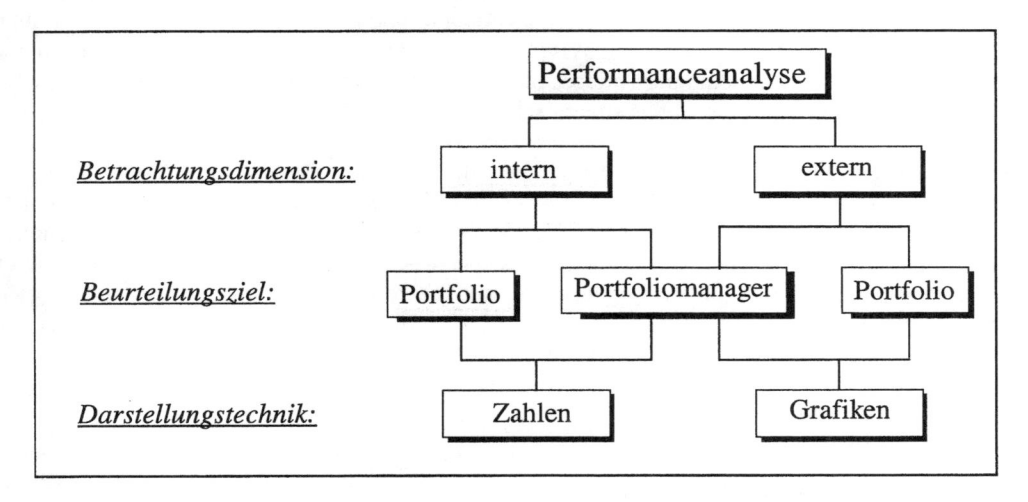

Abb. F.2: Interne und externe Performanceanalyse

Die externe Performanceanalyse dient u.a. dazu, die Qualität der Fondsmanager aus Anlegersicht zu beurteilen und zu überprüfen, ob die Management-Provision gerechtfertigt ist. Dazu stehen dem Analysten lediglich extern zugängliche Daten zur Verfügung, wie z.B. die Renditezeitreihen der Fonds und die halbjährlich veröffentlichten Portfoliogewichte. Zudem kann nur eine verallgemeinerte, d.h. nicht auf den einzelnen Anleger bezogene Benchmark ermittelt werden, die der generellen Anlagepolitik entspricht. Ermittelt werden insbesondere Performancemaße, die auf

---

[1] Vgl. *Wittrock* (2002), S. 956ff.

kapitalmarkttheoretischen Modellen basieren und einen Zusammenhang zwischen dem eingegangenen Risiko und der Rendite erzeugen.

Im Rahmen der internen Performanceanalyse erfolgt eine eingehendere Untersuchung der Erfolgs- und Risikoquellen sowie des Investmentstils. Diese Analyse ist erforderlich zur genaueren Beurteilung der eigenen Portfoliomanager durch die Gesellschaft. Aber auch institutionelle Anleger wünschen zunehmend eine tiefergehende Performanceanalyse. Eine solche Analyse sollte insbesondere in der Lage sein, die Fähigkeiten des Portfoliomanagers allgemein und/oder in bezug auf bestimmte Assets (z.B. europäische Aktien) herauszuarbeiten und die Konsequenz bzw. Disziplin bei der Umsetzung des verfolgten Investmentstils zu überprüfen. Auch die Prognosefähigkeit des Portfoliomanagers sollte möglichst ermittelt werden können. Eine tiefergehende, interne Performanceanalyse kann im übrigen auch von Performancemessungsgesellschaften geliefert werden, die eine unabhängige Analyse auf der Basis interner Daten durchführen.

Die für die interne Analyse zur Verfügung stehenden Daten umfassen vor allem die jeweiligen Strukturen, Gewichte und Zeitpunkte der Umschichtungen der Portfolios. Für bestimmte Verfahren der internen Performanceanalyse sind u.a. auch Prognosen der Portfoliomanager erforderlich. Sie sind allerdings nur selten verfügbar.[1] Ferner kann die Benchmark einfacher und genauer als bei einer externen Analyse bestimmt werden, da Anleger und Manager eng miteinander kommunizieren und gemeinsam die strategische Asset Allocation bzw. Anlagepolitik exakt festlegen und ggf. ändern. Entsprechend kann der Anleger nicht nur die Leistung des Portfoliomanagers genau beurteilen, sondern auch seine eigene strategische Ausrichtung des Portfolios.

Die Qualität der Performanceanalyse hängt vor allem von der Qualität der verwendeten und aufbereiteten Daten ab.[2] Dies gilt besonders für den Vergleich zwischen Portfolio und Benchmark bzw. auch zwischen verschiedenen Portfolios. So sollten die Daten zeitgleich erhoben werden und auch die gleichen Quellen verwendet werden. Bei nicht vorhandenen Marktwerten (z.B. im OTC-Bereich) ist die Verwendung gleicher theoretischer Bewertungsmodelle erforderlich.

II. Performancemessung

Die Performancemessung befasst sich mit der Berechnung und quantitativen Analyse von Anlageergebnissen der Vergangenheit. Sie besteht zum größten Teil aus angewandter Finanzmathematik und -statistik. Anspruchsvolle Methoden der Performancemessung bedienen sich zudem kapitalmarkttheoretischer Grundlagen, wie z.B. der Portfoliotheorie.

Ein potentielles Problem der Performancemessung ist die Zeitpunktbezogenheit von Messergebnissen. Wenn die Performance stets in bezug auf bestimmte fixierte Zeitpunkte beurteilt wird, wie z.B. das Ende des Kalenderjahres, dann ist die Bedeutung von zufälligen Marktpreisniveauausprägungen zu den Zeitpunkten relativ groß. Zur Vermeidung dieses Problems können rollierende Zeiträume eingesetzt werden. Sie ermöglichen eine Performancebeurteilung, die unabhän-

---

[1] Vgl. *Wittrock* (2002), S. 970.
[2] Vgl. *Pieper* (2002), S. 1002f.

gig von fixierten Zeitpunkten ist. Die Wahl des angemessenen rollierenden Zeitraums hängt von dem Zeithorizont des Investmentstils ab. Während Investmententscheidungen, die auf der Basis charttechnischer Analysen getroffen worden sind, in relativ kurzer Frist aufgegangen sein sollten, kann bei einem qualitativ-fundamentalen Investmentstil der rollierende Zeitraum möglicherweise 12-24 Monate betragen.

1. Renditebestimmung

a. Total Return

Performancemessung hat vor dem Hintergrund bekannter Investmentziele abzulaufen. Ist für ein Portfolio ein operationales Performanceziel vorgegeben, dann können die erreichten Resultate im Hinblick auf die Zielerreichung mit dem Instrumentarium der Performancemessung untersucht werden. Um die Vergleichbarkeit der Resultate sicherzustellen, ist zunächst darauf zu achten, dass die gleichen Renditedefinitionen zugrunde gelegt werden. So stellt sich im Rahmen der Performanceanalyse insbesondere erstens die Frage, ob es sich um diskrete oder logarithmierte Renditen handelt, und zweitens, ob die Renditen zeitgewichtet oder wertgewichtet ermittelt worden sind.

Ausgangspunkt ist die Rendite, die sich auf die gesamte betrachtete Periode bezieht und damit als Total Return bezeichnet werden kann. Sie lässt sich wie folgt ermitteln:

$$r_{Total} = \frac{K_t - K_0 + Z_{0,t}}{K_0} = \frac{K_t + Z_{0,t}}{K_0} - 1$$

mit

r_{Total} = Total-Rendite (Total Return),
K_0 = Kurs des Wertpapiers zum Zeitpunkt t_0 (Anfangszeitpunkt)
K_t = Kurs des Wertpapiers zum Zeitpunkt t und
$Z_{0,t}$ = Rückflusszahlungen aus dem Wertpapier für die Zeit von t_0 bis t (z.B. Aktiendividende).

Hierbei werden allerdings die aus zwischenzeitlichen Zahlungen resultierenden Zinseszinseffekte nicht berücksichtigt. Darüber hinaus wird die Länge des Zeitraums nicht in die Betrachtung einbezogen, da es sich um eine Rendite für die gesamte Anlageperiode handelt.

Für die Ermittlung des Total Return müssen Marktwerte zugrunde gelegt werden, da nur mit diesen Kursen (anstelle von z.B. Anschaffungs- oder Niederstwerten) eine sinnvolle und am Markt orientierte Kontrolle der erzielten Performance möglich ist. Problematisch wird die sachgerechte Performanceermittlung allerdings, wenn die Marktwerte aufgrund mangelnder Liquidität im jeweiligen Sekundärmarkt nicht zu ermitteln sind und möglicherweise auch nicht zu schätzen sind. Dies könnte beispielsweise bei kaum gehandelten Nebenwerten der Fall sein. In diesen Fällen ist die Leistungskontrolle des Portfoliomanagers nicht möglich. Insofern sollte von vornherein darauf geachtet werden, dass möglichst in Anlagen investiert wird, die auf liquiden Märkten gehandelt werden.

Im Rahmen der Analyse von Renditen lassen sich zunächst zwei Renditearten im Hinblick auf ihre Berechnung und ihre Eigenschaften unterscheiden. Dabei handelt es sich um die diskrete und die stetige Rendite.

b. Diskrete versus stetige Renditen

Bei der diskreten Rendite, die auch als geometrische Verzinsung bezeichnet werden kann, wird die relative Vermögensveränderung analog zur Definition der Total-Rendite ermittelt:[1]

$$r_{t_{diskret}} = \frac{K_t + Z_{0,t}}{K_0} - 1 = \frac{V_t}{V_0} - 1$$

mit

V_t = Vermögenswert zum Zeitpunkt t.

Hierbei handelt es sich um die relative Wertveränderung des eingesetzten Kapitals, die einmalig zum Ende der betrachteten Periode stattfindet. Werden mehrere Perioden betrachtet, so wird unterstellt, dass die Rückflüsse in den einzelnen Perioden wieder zum geometrischen Zins angelegt werden.

Beispielhaft kann die Total-Rendite für eine Aktie ermittelt werden, die in t_0 einen Kurs von 200 aufwies und bei zwischenzeitlichen Dividendenzahlungen in Höhe von 10 (die annahmegemäß erst am Ende der Betrachtungsperiode in t angefallen sind) zum Zeitpunkt t zu einem Kurs von 245 notiert. Die Rendite beträgt somit:

$$r_{Total} = \frac{245 + 10}{200} - 1 = 0{,}275 = 27{,}5\%\,.$$

Im folgenden soll nun die gesamte Periode auf mehrere Einzelperioden aufgeteilt werden. Falls es sich bei den Einzelperioden um Jahre handelt, so lässt sich die annualisierte diskrete Rendite aus der Rendite der Gesamtperiode wie folgt ermitteln:

$$V_t = V_0 \cdot \left(1 + r_{annualisiert_{diskret}}\right)^t \quad \Longleftrightarrow \quad r_{annualisiert_{diskret}} = \sqrt[t]{\frac{V_t}{V_0}} - 1$$

mit

t = Anzahl der Jahre.

---

[1] Vgl. *Meyer* (1994a), S. 10.

Falls die Gesamtperiode im oben angeführten Beispiel insgesamt 4 Jahre umfasst, so ergibt sich daraus eine annualisierte diskrete Rendite von:

$$r_{annualisiert_{diskret}} = \sqrt[4]{\frac{245+10}{200}} - 1 = 0{,}062619 = 6{,}2619\%\,.$$

Nunmehr soll die annualisierte diskrete Rendite für den Fall bestimmt werden, dass mehrere unterjährige diskrete Renditen vorliegen. Dies kann in der folgenden Weise erfolgen:

$$r_{annualisiert_{diskret}} = \left(\prod_{t=1}^{n}\left(1 + r_{t_{diskret}}\right)\right)^{\frac{T}{n}} - 1$$

mit

t	= einzelne unterjährige Perioden,
n	= Anzahl der in die Berechnung eingehenden unterjährigen Perioden und
T	= Gesamtzahl der unterjährigen Perioden in einem Jahr.

Beispielsweise ergibt sich bei Verwendung von Monatsrenditen die folgende Formel:

$$r_{annualisiert_{diskret}} = \left(\prod_{t=1}^{n}\left(1 + r_{t_{diskret}}\right)\right)^{\frac{12}{n}} - 1\,.$$

Soll aus mehreren diskreten Renditen die durchschnittliche Rendite ermittelt werden, so kann dies analog in der folgenden Weise erfolgen:

$$\bar{r}_{diskret} = \left(\prod_{t=1}^{n}\left(1 + r_{t_{diskret}}\right)\right)^{\frac{1}{n}} - 1\,.$$

Das anschließende Beispiel verdeutlicht diese Zusammenhänge. In den Monaten 1 bis 7 wurden die folgenden diskreten Renditewerte erzielt:

Monat	1	2	3	4	5	6	7
diskrete Rendite	5%	3%	-4%	1%	6%	3%	9%
1 + diskrete Rendite	1,05	1,03	0,96	1,01	1,06	1,03	1,09
kumul. diskrete Rendite	5%	8,15%	3,824%	4,862%	11,154%	14,489%	24,793%

Tab. F.1: Diskrete Renditen

Die entsprechende annualisierte Rendite beläuft sich auf

$$r_{annual\cdot diskret} = \left(\prod_{t=1}^{n}(1+r_{t_{diskret}})\right)^{\frac{12}{7}} - 1 = [(1{,}05)\cdot(1{,}03)\cdot\ldots\cdot(1{,}09)]^{\frac{12}{7}} - 1 = 1{,}2479^{\frac{12}{7}} - 1 = 46{,}18\%.$$

Die durchschnittliche diskrete Monatsrendite beträgt:

$$\bar{r}_{diskret} = \left(\prod_{t=1}^{n}(1+r_{t_{diskret}})\right)^{\frac{1}{n}} - 1 = [(1{,}05)\cdot(1{,}03)\cdot\ldots\cdot(1{,}09)]^{\frac{1}{7}} - 1 = 1{,}2479^{\frac{1}{7}} - 1 = 3{,}2146\%.$$

Bei der Verwendung diskreter Renditen ergibt sich das Problem, dass die Veränderung der kumulierten diskreten Rendite der Periode t von der kumulierten diskreten Rendite der vorherigen Periode abhängt. Allgemein berechnet sich die kumulierte diskrete Rendite als

$$r_{t,\,kumuliert_{diskret}} = \left(1+r_{t_{diskret}}\right)\cdot\left(1+r_{t-1,\,kumuliert_{diskret}}\right) - 1$$

$$= r_{t_{diskret}} + r_{t-1,\,kumuliert_{diskret}} + r_{t_{diskret}}\cdot r_{t-1,\,kumuliert_{diskret}}.$$

Die Abhängigkeit wird am letzten Teil der Formel sichtbar. So setzt sich z.B. die in Tab. F.1 aufgeführte kumulierte diskrete Rendite in Periode 4 aus den Teilen

$$r_{t_{diskret}} = 1{,}0\%\,;\quad r_{t-1,\,kumuliert_{diskret}} = 3{,}824\%\,;\quad r_{t_{diskret}}\cdot r_{t-1,\,kumuliert_{diskret}} = 0{,}03824\%$$

zusammen. In der Summe ergibt sich ein Wert von 4,86224%. Die Erhöhung der kumulierten Rendite gegenüber der Vorperiode beläuft sich damit auf 1,03824%.

Hingegen können bei der Verwendung stetiger Renditen die kumulierten Werte durch Addition der Einzelwerte ermittelt werden, wie noch zu zeigen sein wird. Eine Abhängigkeit von der Höhe der vorherigen kumulierten stetigen Rendite ist hierbei nicht gegeben.

Bei einer stetigen Verzinsung erfolgt eine laufende oder kontinuierliche Verzinsung des Kapitals während der betrachteten Periode. Infolgedessen werden die Zeiträume der Verzinsung hierbei innerhalb der Periode beliebig klein bzw. im Grenzfall unendlich klein, so dass umgekehrt die Anzahl dieser Zeiträume im Grenzfall unendlich groß wird.

Der Vermögenswert zum Zeitpunkt t kann dann aus dem Vermögenswert zum Zeitpunkt t_0 wie folgt abgeleitet werden:

$$V_t = V_0 \cdot e^{r_{t_{stetig}}}$$

mit

e = Eulersche Zahl = 2,71828....

Hieraus kann die stetige Rendite in der folgenden Weise berechnet werden:

$$r_{t_{stetig}} = \ln\left(\frac{V_t}{V_0}\right) = \ln(V_t) - \ln(V_0)$$

mit

ln = natürlicher Logarithmus.

Beide Renditeformen, d.h. die diskrete und die stetige Rendite lassen sich folgendermaßen ineinander überführen:

$$r_{t_{diskret}} = e^{r_{t_{stetig}}} - 1 \;,$$

$$r_{t_{stetig}} = \ln(1 + r_{t_{diskret}}) \;.$$

Ökonomisch betrachtet drücken beide Renditearten denselben durchschnittlichen Ertrag der Anlage aus. Sie unterscheiden sich lediglich im Hinblick auf die zugrunde liegende Form der Verzinsung.[1] Bei der stetigen Rendite wird ein kontinuierlicher Zinseszinseffekt mit einbezogen, der dazu führt dass die stetige Rendite stets kleiner (d.h. negativer) ist als die entsprechende diskrete Rendite. Beispielsweise ergeben sich die folgenden diskreten und stetigen Renditen:

diskrete Rendite	stetige Rendite
- 100%	- ∞
- 75%	- 138,63%
- 25%	- 28,77%
0%	0,00%
25%	22,31%
75%	55,96%
100%	69,31%
200%	109,86%

stetige Rendite	diskrete Rendite
- 100%	- 63,21%
- 75%	- 52,76%
- 25%	- 22,12%
0%	0,00%
25%	28,40%
75%	111,70%
100%	171,83%
200%	638,91%

Tab. F.2: Beispiele zur Umrechnung von diskreten in stetige Renditen und umgekehrt

---

[1] Vgl. *Zimmermann et. al.* (1996), S. 33.

Wie die Beispiele zeigen, nimmt mit zunehmender Höhe der positiven oder negativen diskreten Renditen der Unterschied zu den stetigen Renditen zu. Im Vergleich zu diskreten Renditen haben stetige Renditen den Vorteil, dass Einperiodenrenditen einfacher in Mehrperiodenrenditen umgerechnet werden können. So lässt sich die stetige Rendite für eine gesamte Periode durch Aufsummierung der stetigen Renditen der einzelnen Perioden ermitteln:

$$r_{Gesamtperiode_{stetig}} = \sum_{t=1}^{n} r_{t_{stetig}} = r_{1_{stetig}} + r_{2_{stetig}} + ... + r_{n_{stetig}}.$$

Umgekehrt kann nun aus der stetigen Rendite für die Gesamtperiode in einfacher Weise die durchschnittliche stetige Rendite berechnet werden:

$$\bar{r}_{stetig} = \frac{1}{n} \cdot \sum_{t=1}^{n} r_{t_{stetig}} = \frac{r_{1_{stetig}} + r_{2_{stetig}} + ... + r_{n_{stetig}}}{n}.$$

Liegen beispielsweise 4 Jahresrenditen vor, so kann die annualisierte stetige Rendite entsprechend durch einfache Durchschnittsbildung bestimmt werden:

$$r_{annualisiert_{stetig}} = \frac{r_{1_{stetig}} + r_{2_{stetig}} + r_{3_{stetig}} + r_{4_{stetig}}}{4} = \frac{\ln(V_4) - \ln(V_0)}{4}$$

mit V_4 = Vermögenswert nach 4 Jahren.

Für das obige Beispiel (Tab. F.1) ergeben sich die folgenden Werte:

Monat	1	2	3	4	5	6	7
stetige Rendite	4,879%	2,956%	-4,082%	0,995%	5,827%	2,956%	8,618%
kumul. stet. Rendite	4,879%	7,835%	3,753%	4,748%	10,575%	13,531%	22,148%

Tab. F.3: Stetige Renditen

Die durchschnittliche stetige Rendite, bei der es sich im Beispiel um die durchschnittliche Monatsrendite handelt, beträgt

$$\bar{r}_{stetig} = \frac{1}{n} \cdot \sum_{t}^{n} r_{t_{stetig}} = \frac{22,148\%}{7} = 3,1640\% = \ln(1 + \bar{r}_{diskret}) = \ln(1 + 0,032146).$$

Für die annualisierte stetige Rendite ergibt sich:

$$r_{annualisiert_{stetig}} = \frac{12}{n} \cdot \sum_{t}^{n} r_{t_{stetig}} = \frac{12}{7} \cdot 22,148\% = 37,9685\% = \ln(1 + 0,4618).$$

Betrachtet man beispielsweise wiederum die kumulierte stetige Rendite in Periode 4, so kann sie einfach durch Hinzuaddieren der stetigen Rendite zur kumulierten stetigen Rendite der Vorperiode ermittelt werden:

4,748% = 3,753% + 0,995%.

Insofern liegt hier keine Abhängigkeit der Veränderung der kumulierten stetigen Rendite von der kumulierten stetigen Rendite der vorhergehenden Periode vor.

Im Rahmen der Performanceanalyse ist zunächst zu entscheiden, mit welcher Rendite sie durchgeführt werden soll. Beide Renditen lassen sich schnell mit der entsprechenden Software ermitteln.

Werden bei der Analyse allerdings statistische Methoden angewendet, so sind stetige Renditen vorzuziehen, da sie wesentliche Eigenschaften enthalten, die für die Anwendung zahlreicher statistischer Verfahren und Modelle vorausgesetzt werden müssen. Beispielsweise sind stetige Renditen eher symmetrisch verteilt, während bei diskreten Renditen eher eine rechtsschiefe Verteilung vorliegt, die nicht der häufig angenommenen Normalverteilung der Renditen entspricht. Insofern eignen sich stetige Renditen z.B. besser für empirische Untersuchungen und dürften dementsprechend im Rahmen der externen Performancemessung vorwiegend verwendet werden.[1]

Allerdings kann nach dem zentralen Grenzwertsatz der Statistik bei einer großen Anzahl an Beobachtungswerten davon ausgegangen werden, dass die Verteilungsfunktion gegen eine Standardnormalverteilung konvergiert. Eine Faustregel besagt, dass für die Verwendung der Normalverteilungsannahme die Anzahl an Beobachtungen größer als 30 sein muss, wobei allerdings die Unabhängigkeit der einzelnen Werte (z.B. Monatsrenditen) voneinander und deren identische Verteilung gefordert werden muss.[2]

Aufgrund der etwas schwierigeren Interpretationsfähigkeit der stetigen Rendite ziehen viele Praktiker diskrete Renditen vor. Für die Performanceanalyse, die oftmals mit statistischen Methoden erfolgt, sollte aber dennoch die stetige Rendite herangezogen werden. Für eine praxisgerechte Interpretation lassen sich – wie gezeigt – stetige Renditen problemlos in diskrete Werte transformieren.

c. Wertgewichtete Rendite

Bei der Renditeberechnung treten insbesondere dann Probleme auf, wenn innerhalb der Betrachtungsperiode Kapitalflüsse (z.B. Einlagen oder Entnahmen) stattfinden. Dies gilt vor allem für in Deutschland aufgelegte Investmentfonds, bei denen das Portfoliomanagement entsprechend dem Open-end-Prinzip nach § 11 Abs. 2 KAGG weder für die Höhe noch für den Zeitpunkt der Kapitalzu- und -abflüsse verantwortlich ist, da dies allein der Anteilsinhaber bestimmt. In diesem Fall

---

[1] Vgl. dazu auch *Beiker* (1993), S. 12 und die dort angegebene Literatur; *Poddig/Dichtl/Petersmeier* (2001), S. 105.

[2] Vgl. *Poddig/Dichtl/Petersmeier* (2001), S. 89f. und S. 105.

ist ein einfacher Vergleich zwischen Portfolioanfangs- und -endwert nicht geeignet; vielmehr müssen für ein unverzerrtes Bild über die erwirtschaftete Rendite die Kapitalströme mit in die Betrachtung einbezogen werden. Im Hinblick auf die Berücksichtigung der Kapitalflüsse lassen sich wert- und zeitgewichtete Renditeberechnungen unterscheiden. Dabei ist die Entscheidung für eine dieser beiden Renditen davon abhängig, ob der Zeitpunkt der Kapitalab- oder -zuflüsse bei der Renditeberechnung berücksichtigt werden soll. In diesem Zusammenhang stellt sich die Frage, inwieweit der Portfoliomanager auf die Kapitalflüsse Einfluss ausüben kann.

Die wert- oder geldgewichtete Rendite entspricht dem internen Zinsfuß in der Investitionsrechnung bzw. der Modified BAI-Methode, die auch nach den AIMR Performance Presentation Standards zur Renditeberechnung zugelassen ist.[1] Sie gewichtet die erzielte Rendite mit den jeweiligen Kapitalvolumina (Money weighted Rate of Return). Dabei werden die zwischenzeitlichen Ein- und Auszahlungen auf das Ausgangsdatum abgezinst und gehen mit ihrem Barwert in die Renditeberechnung ein. Liegen "gebrochene" Periodenlaufzeiten vor, so wird zur Abzinsung der genaue Zeitanteil in Abhängigkeit von der Gesamtperiodendauer (z.B. 0,25 bei einer Gesamtdauer von 360 Tagen und einem Kapitalfluss nach 90 Tagen) herangezogen.

Bei dem Berechnungsverfahren zur Bestimmung der wertgewichteten Rendite finden Veränderungen des eingesetzten Kapitals während der Laufzeit Berücksichtigung. Insofern handelt es sich bei der wertgewichteten Rendite um eine im Hinblick auf die Kapitalflüsse gemittelte Rendite. Dabei wird die Wiederanlage zwischenzeitlicher Zahlungen zum internen Zinsfuß unterstellt. Dieser entspricht grundsätzlich der geometrischen Rendite und stellt denjenigen Zinsfuß dar, bei dem der Kapitalwert als Barwert aller Ein- und Auszahlungen den Wert Null annimmt:

$$C = -a_0 + \sum_{t=1}^{n} \frac{d_t}{(1 + r_{IZF})^t} = 0$$

mit

C = Kapitalwert,
a_0 = Auszahlung zum Zeitpunkt 0,
d_t = Einzahlungsüberschuss zum Zeitpunkt t und
r_{IZF} = Interner Zinsfuß.

Die Berechnung kann bei Betrachtung von lediglich zwei Perioden mit Hilfe der Lösungsformel einer quadratischen Gleichung erfolgen. Darüber hinaus kann die lineare Interpolation als Näherungsverfahren herangezogen werden. Der interne Zinsfuß ergibt sich dabei durch Ermittlung der Kapitalwerte für zwei Beispielzinssätze und anschließendes Einsetzen in die folgende Formel:[2]

$$r_{IZF} = r_1 - C_1 \cdot \frac{r_2 - r_1}{C_2 - C_1}.$$

---

[1] Vgl. *Pieper* (1998), S. 988f.; BAI steht für Bank Administration Institute; AIMR steht für Association for Investment Management and Research.

[2] Vgl. *Perridon/Steiner* (2002), S. 65f.

Das folgende Beispiel soll der Veranschaulichung dieses Verfahrens dienen. Zu Beginn der Periode wurden 1.000.000 EUR angelegt. In den ersten 3 Monaten konnte mit dem jeweils zur Verfügung stehenden Kapital eine Rendite von -20%, in den folgenden 9 Monaten von +90% erzielt werden. Zunächst soll davon ausgegangen werden, dass weder ein Abfluss noch ein Zufluss von Kapital während des Jahres erfolgt ist. Die Kapitalwertformel ergibt sich zu:

$$C = -a_0 + \sum_{t=1}^{n} \frac{d_t}{(1+r_{IZF})^t} = -1.000.000 + \frac{1.000.000 \cdot 0,8 \cdot 1,9}{(1+r_{IZF})^1} = -1.000.000 + \frac{1.520.000}{(1+r_{IZF})^1} = 0.$$

In diesem Fall ist die Bestimmung des internen Zinsfußes einfach, so dass die lineare Interpolation nicht angewendet zu werden braucht. Der interne Zinsfuß wird wie folgt bestimmt:

$$0 = -1.000.000 + \frac{1.520.000}{(1+r_{IZF})^1} \iff (1+r_{IZF}) = \frac{1.520.000}{1.000.000} \iff r_{IZF} = 0,52 = 52\%.$$

Nunmehr soll angenommen werden, dass nach 3 Monaten in dem von Portfoliomanager A verwalteten Portfolio eine Einzahlung in das Portfolio in Höhe von 100.000 EUR und bei Portfoliomanager B eine Entnahme aus dem Portfolio in Höhe von 100.000 EUR durch den jeweiligen Anleger erfolgen. Beide Portfoliomanager haben in die gleichen Werte investiert. Die folgende Tabelle zeigt die entsprechenden Daten:

Datum	Kurswert A	Kapitalfluss A	Kurswert B	Kapitalfluss B
01.01.00	1.000.000		1.000.000	
31.03.00	800.000		800.000	
31.03.00	900.000*	100.000	700.000*	-100.000
31.12.00	1.710.000		1.330.000	

* inkl. Kapitalfluss

Tab. F.4: Beispiel zur wertgewichteten Rendite

Die Kapitalwertformel für Portfoliomanager A lautet:

$$C_A = -1.000.000 - \frac{100.000}{(1+r_{IZF})^{0,25}} + \frac{1.710.000}{(1+r_{IZF})^1} = 0$$

Hierbei ergibt sich der Wert von 1.710.000 EUR wie folgt:

$$[1.000.000 \cdot (1-0,20) + 100.000] \cdot (1+0,90) = 1.710.0000.$$

Mit Hilfe der linearen Interpolation kann nun der interne Zinsfuß ermittelt werden. Wird für r_1 ein Wert von 50% und für r_2 60% eingesetzt, so erhält man für C_1 = 49.639,80 und C_2 = -20.163,97 sowie für den internen Zinsfuß:

$$r_{IZF} \approx 0{,}5 - 49.639{,}80 \cdot \frac{0{,}6 - 0{,}5}{-20.163{,}97 - 49.639{,}80} = 57{,}1113\%.$$

Werden daraufhin die Zinssätze r_1 und r_2 genauer gewählt (z.B. 56,9% bzw. 57%), so ergibt sich ein noch genauerer Wert für den internen Zinsfuß usw.:

$$r_{IZF} \approx 0{,}569 - 516{,}22 \cdot \frac{0{,}57 - 0{,}569}{-163{,}73 - 516{,}22} = 56{,}9759\%.$$

Die Kapitalwertformel für Portfoliomanager B lautet:

$$C_B = -1.000.000 + \frac{100.000}{(1 + r_{IZF})^{0{,}25}} + \frac{1.330.000}{(1 + r_{IZF})^1} = 0.$$

Hieraus ergibt sich ein interner Zinsfuß bzw. die wertgewichtete Rendite von 46,3027%.

Diese Ergebnisse machen deutlich, dass die wertgewichtete Rendite von den vorgenommenen Kapitalflüssen abhängt. Entsprechend erfolgt die Berechnung der Rendite auf Basis des gesamten Kapitals, über das der Portfoliomanager verfügen kann, wobei die Verweildauer im Portfolio berücksichtigt wird.

Unzulässig ist in diesem Beispiel die Aussage, dass Portfoliomanager A besser ist als Portfoliomanager B; denn beide Manager haben mit dem ihnen zur Verfügung gestellten Kapital jeweils in den einzelnen Perioden die gleichen Renditen erzielt (-20% und +90%). Für A ergibt sich gegenüber B eine höhere Rendite, da nach 3 Monaten Kapital zugeflossen ist und mit einem höheren Kapitalbetrag an der positiven Marktentwicklung teilgenommen wurde. Bei B verhält sich der Sachverhalt entsprechend umgekehrt.

Die höhere Rendite bei A kann dementsprechend nicht auf eine bessere Managementleistung zurückgeführt werden. Dies würde nur dann gelten, wenn der Portfoliomanager den Kapitalfluss beeinflusst hätte, z.B. weil er aufgrund einer ihm übertragenen Verantwortung für das Timing über die Zeitpunkte der Kapitalzu- und -abflüsse bestimmen kann. Hiervon ist beispielsweise bei offenen, in Deutschland aufgelegten Publikumsfonds allerdings nicht auszugehen.

Festzuhalten bleibt, dass sich die wertgewichtete Rendite zum Zweck des Vergleichs von verschiedenen Portfoliomanagern grundsätzlich nicht eignet. Sie ist jedoch dann sinnvoll, wenn die Kapitalflüsse durch das Management beeinflusst werden und entsprechend eine Leistung des Managers darstellen. Ein solcher Fall kann im Rahmen einer Vermögensverwaltung für Privatkunden auftreten, wenn der Kunde z.B. zu einem stärkeren Engagement am Kapitalmarkt angehalten wird.

d. Zeitgewichtete Rendite

da. Grundlegende Vorgehensweise

Im Gegensatz zur wertgewichteten Rendite besteht bei der zeitgewichteten Rendite (Time weighted Rate of Return) keine Abhängigkeit von den zwischenzeitlichen Kapitalflüssen. Grundlage ihrer Berechnung ist die geometrische Verzinsung. Zur Bestimmung der zeitgewichteten Rendite wird die gesamte Periode in einzelne Berechnungsperioden unterteilt, deren Anzahl und Dauer von den Kapitalflüssen abhängen. Sobald ein Kapitalzu- oder -abfluss stattfindet, beginnt eine neue (einzelne) Berechnungsperiode. Dadurch lassen sich die Auswirkungen der zwischenzeitlichen Kapitalflüsse beseitigen.

Die Ermittlung der Rendite für die gesamte Periode erfolgt durch multiplikative Verknüpfung der Einzelrenditen in der folgenden Weise:

$$r_{zeitgewichtet_{diskret}} = \prod_{t=1}^{m+1}\left(1+r_{t_{diskret}}\right) = \left(1+r_{1_{diskret}}\right)\cdot\left(1+r_{1_{diskret}}\right)\cdot\ldots\cdot\left(1+r_{m+1_{diskret}}\right)$$

mit m = Anzahl der Kapitalflüsse; daraus ergeben sich m+1 einzelne Berechnungsperioden.

Soll hieraus eine durchschnittliche zeitgewichtete Rendite berechnet werden, wird die Anzahl der festen Teilperioden (n, z.B. Monate) hinzugezogen. Somit ergibt sie sich wie folgt:

$$\bar{r}_{zeitgewichtet_{diskret}} = \left(\prod_{t=1}^{m+1}\left(1+r_{t_{diskret}}\right)\right)^{\frac{1}{n}} - 1 .$$

Anders als bei der durchschnittlichen diskreten Verzinsung, wie sie oben dargestellt wurde, kann bei der durchschnittlichen zeitgewichteten Rendite die Anzahl der festen Teilperioden (z.B. n = 10 bei Betrachtung von 10 Monatsrenditen) von der Anzahl der einzelnen Berechnungsperioden abweichen, die z.B. bei täglichen Kapitalflüssen jeweils nur einen Tag umfassen.[1]

In dem obigen Beispiel (Tabelle F.4) ergeben sich die folgenden zeitgewichteten Renditen, die sich auf den gesamten Zeitraum, d.h. in diesem Fall 1 Jahr beziehen:

Portfolio A:

$$r_{zeitgewichtet_{diskret}} = \left(1 - \frac{200.000}{1.000.000}\right)\cdot\left(1+\frac{810.000}{900.000}\right) - 1 = (1-0{,}2)\cdot(1+0{,}9) - 1 = 52\%$$

oder anders berechnet:

$$r_{zeitgewichtet_{diskret}} = \left(\frac{800.000}{1.000.000}\right)\cdot\left(\frac{1.710.000}{900.000}\right) - 1 = 0{,}8 \cdot 1{,}9 - 1 = 52\%$$

---

[1] Vgl. *Poddig/Dichtl/Petersmeier* (2001), S. 116f.

Portfolio B:

$$r_{zeitgewichtet_{diskret}} = \left(1 - \frac{200.000}{1.000.000}\right) \cdot \left(1 + \frac{630.000}{700.000}\right) - 1 = (1 - 0,2) \cdot (1 + 0,9) - 1 = 52\%$$

bzw.

$$r_{zeitgewichtet_{diskret}} = \left(\frac{800.000}{1.000.000}\right) \cdot \left(\frac{1.330.000}{700.000}\right) - 1 = 0,8 \cdot 1,9 - 1 = 52\%.$$

Wie dieses Beispiel verdeutlicht, wird die zeitgewichtete Rendite durch die Kapitalbewegungen nicht beeinflusst. Damit führt diese Berechnungsmethode bei identisch verwalteten Portfolios, bei denen jedoch unterschiedliche Kapitalflüsse stattfinden, auch zu derselben Rendite. Insofern wird die zeitgewichtete Rendite nur vom Portfoliomanager verantwortet und dokumentiert entsprechend die Leistung des Managers.

Die zeitgewichtete Rendite ist aber u.U. dem Anleger kaum zu erklären, wie die beiden folgenden Beispiele zeigen:

Datum	Kurswert Portfolio A	Kapitalfluss Portfolio A	Kurswert Portfolio B	Kapitalfluss Portfolio B
01.01.00	100.000		100.000	
31.03.00	65.000		40.000	
31.03.00	50.000*	-15.000	50.000*	+10.000
31.12.00	85.000		125.000	

* inkl. Kapitalfluss

Tab. F.5: Beispiele zur wert- und zeitgewichteten Rendite

Für das Portfolio A erhält man eine zeitgewichtete Rendite von 10,5%. Ein Anleger hätte vermutlich Schwierigkeiten, diese Rendite nachzuvollziehen, da er insgesamt 85.000 EUR investiert hat (inkl. Kapitalfluss) und am 31.12.00 der Kurswert ebenfalls 85.000 EUR beträgt. Die wertgewichtete Rendite beträgt entsprechend 0%.

Portfolio B führt zu einer wertgewichteten Rendite von 13,97%, während in diesem Fall aber eine zeitgewichtete Rendite von 0% ausgewiesen wird. Auch dies ist für einen Anleger sicherlich nicht immer unmittelbar einsichtig, da er mehr Kapital zurückerhält (125.000 EUR) als er insgesamt investiert hat (110.000 EUR).

Problematisch bei der Anwendung der zeitgewichteten Rendite ist die Notwendigkeit, dass die Portfoliobewertung jeweils zum Stichtag des Kapitalflusses zu erfolgen hat, da die jeweiligen Marktwerte für die Berechnung herangezogen werden müssen. Eine Ermittlung der Marktwerte bei jeder Kapitalbewegung ist aber in der Praxis häufig nicht zu realisieren, besonders dann, wenn tägliche Portfoliobewertungen nicht durchgeführt werden bzw. nicht durchgeführt werden können. Bei zahlreichen Kapitalflüssen wäre die oben gezeigte Vorgehensweise zur Berechnung der zeitgewichteten Rendite für viele Vermögensverwalter zu aufwendig. Entsprechend erfolgt mit Ausnahme der Publikumsfonds (tägliche Bewertung) zumeist eine monatliche Portfoliobewertung.

Vor diesem Hintergrund wurden Näherungsverfahren entwickelt, bei denen die Rendite zwar nicht exakt berechnet wird, die aber dennoch z.T. von Performance Presentation Standards anerkannt sein können.

db. Dietz- und Modified Dietz-Methode als Näherungsverfahren

Zunächst soll die originäre Dietz-Methode vorgestellt werden.[1] Bei diesem Verfahren erfolgt die Renditeberechnung nicht mehr bei jedem Kapitalfluss. Vielmehr wird angenommen, dass sämtliche Kapitalflüsse zur Mitte der Bewertungsperiode anfallen bzw. je zur Hälfte am Anfang und am Ende der Periode. Dementsprechend wird die gesamte Periode in gleichgroße Berechnungsperioden unterteilt, die jeweils eine konstante Reinvestitionsrendite aufweisen. Insofern ergibt sich die Rendite als

$$r_{i\,Dietz} = \frac{V_{T_i} - V_{0_i} - \sum_{j=1}^{J} e_{i_j} + \sum_{j=1}^{J} a_{i_j}}{V_{0_i} + 0{,}5 \cdot \sum_{j=1}^{J} e_{i_j} - a_{i_j}} = \frac{V_{T_i} - V_{0_i} - \sum_{j=1}^{J} e_{i_j} + \sum_{j=1}^{J} a_{i_j}}{V_{0_i} + 0{,}5 \cdot \text{Nettokapitalfluss}} = \frac{V_{T_i} - V_{0_i} - \text{Nettokapitalfluss}}{V_{0_i} + 0{,}5 \cdot \text{Nettokapitalfluss}}$$

mit

$r_{i\,Dietz}$ = Rendite der Teilperiode i nach der originären Dietz-Methode,
V_{T_i} = Vermögenswert am Ende der Teilperiode i,
V_{0_i} = Vermögenswert zu Beginn der Teilperiode i,
e_{i_j} = j-ter Zufluss (Einzahlung) in der Teilperiode i und
a_{i_j} = j-te Entnahme (Auszahlung) in der Teilperiode i.

Die Formel wird mitunter auch wie folgt ausgedrückt:

$$r_{i\,Dietz} = \frac{V_{T_i} - 0{,}5 \cdot \text{Nettokap.fluss}}{V_{0_i} + 0{,}5 \cdot \text{Nettokap.fluss}} - \frac{V_{0_i} + 0{,}5 \cdot \text{Nettokap.fluss}}{V_{0_i} + 0{,}5 \cdot \text{Nettokap.fluss}} = \frac{V_{T_i} - 0{,}5 \cdot \text{Nettokapitalfluss}}{V_{0_i} + 0{,}5 \cdot \text{Nettokapitalfluss}} - 1.$$

Da sich die originäre Dietz-Methode noch als zu ungenau erweist, ist die modifizierte Dietz-Methode entwickelt worden, die z.B. auch nach den DVFA-Performance Presentation Standards als Renditeberechnungsmethode anerkannt ist.[2] Im Unterschied zum originären Dietz-Verfahren werden die Kapitalflüsse exakt mit der zeitlichen Dauer ihrer Wirksamkeit gewichtet:

---

[1] Vgl. *Dietz/Kirschman* (1990), S. 12ff., *Pieper* (2002), S. 1018f.
[2] Vgl. *DVFA* (2000), S. 20f.

$$r_{i\,Dietz}^{modifiziert} = \frac{V_{T_i} - V_{0_i} - \sum_{j=1}^{J} e_{i_j} + \sum_{j=1}^{J} a_{i_j}}{V_{0_i} + \sum_{j=1}^{J} g_{i_j} \cdot e_{i_j} - \sum_{j=1}^{J} g_{i_j} \cdot a_{i_j}}$$

mit

$r_{i\,Dietz}^{modifiziert}$ = Rendite der Teilperiode i nach der modifizierten Dietz-Methode,

g_{i_j} = zeitlicher Anteil von der j-ten Mittelbewegung bis zum Ende der Teilperiode i

$$g_{i_j} = \frac{T_i - t_{i_j}}{T_i}$$

mit: T_i = Anzahl der Tage innerhalb der Periode i und
t_{i_j} = Anzahl der Tage innerhalb der Periode i bis zum Zeitpunkt j der Mittelbewegung.

Während sich der Zähler der Formel als "Nettowertzuwachs" interpretieren lässt, kann der Nenner der Formel als "mittleres eingesetztes Kapital" aufgefasst werden.[1]

In dem folgenden Beispiel wird der Unterschied zwischen beiden Näherungsverfahren dargestellt. Ausgangspunkt ist eine Periode von 30 Tagen. Der Vermögensanfangswert beträgt 1.000.000 EUR, der Vermögensendwert 1.075.000 EUR. Nach 12 Tagen erfolgt ein Mittelzufluss von 100.000 EUR, nach weiteren 6 Tagen eine Entnahme von 80.000 EUR. Eine zwischenzeitliche Ermittlung des Portfoliowertes findet nicht statt. Zur Berechnung der Rendite kann die folgende Hilfstabelle dienen:

Anzahl Tage	g_{i_j}	e_{i_j}	$g_{i_j} \cdot e_{i_j}$	a_{i_j}	$g_{i_j} \cdot a_{i_j}$
1	0,96666667		0		0
12	0,6	100.000	60.000		0
18	0,4		0	80.000	32.000
30	0		0		0
	Summe	100.000	60.000	80.000	32.000

Tab. F.6: Beispiel zur modifizierten Dietz-Methode

Hieraus ergibt sich für die monatliche Rendite:

---

[1] Vgl. *Wittrock/Fischer/Lilla* (1998), S. 609.

$$r_{i\,Dietz}^{\text{modifiziert}} = \frac{1.075.000 - 1.000.000 - 100.000 + 80.000}{1.000.000 + 60.000 - 32.000} = 5{,}3502\%$$

$$r_{i\,Dietz} = \frac{1.075.000 - 1.000.000 - 100.000 + 80.000}{1.000.000 + 0{,}5 \cdot (100.000 - 80.000)} = 5{,}4455\%\,.$$

Der Wert für $r_{i\,Dietz}$ ist in diesem Beispiel höher, da unterstellt wird, dass die Zahlungen zur Periodenmitte anfallen. Tatsächlich wurde der Vermögensendwert von 1.075.000 EUR aber erreicht durch eine Einzahlung, die der Auszahlung um einige Tage vorausging und somit früher zur Erwirtschaftung des Vermögensendwertes zur Verfügung stand. Entsprechend fällt bei einer genaueren Berücksichtigung der Kapitalflüsse in diesem Beispiel die Rendite geringer aus.

dc. BVI-Methode

Bei der Renditerechnung, die vom Bundesverband der Deutschen Investmentgesellschaften angewendet wird (BVI-Methode) und auch als Anteilswert- oder unit value-Methode bezeichnet werden kann, wird eine zeitgenaue Verrechnung der Ausschüttungen vorgenommen, indem von einer Wiederanlage der Ausschüttungen ausgegangen wird.[1] Die Ausschüttung führt zu einer entsprechenden Erhöhung der Fondsanteile. Die um die Ausschüttungen korrigierte Anzahl der Anteile am Ende der Betrachtungsperiode kann mit Hilfe des Korrekturfaktors y berechnet werden:[2]

$$y = \prod_{t=1}^{n} \left(1 + \frac{\text{Ausschüttung pro Anteil in t}}{\text{Anteilswert nach Ausschüttung in t}}\right).$$

Unter Berücksichtigung dieses Korrekturfaktors lässt sich die annualisierte Rendite nach BVI wie folgt berechnen:

$$r_{BVI_{\text{annualisiert}}} = \sqrt[n]{\frac{\text{Anteilswert}_{t_n} \cdot y}{\text{Anteilswert}_{t_0}}} - 1$$

mit

t_n = Zeitpunkt am Ende der Betrachtung und
t_0 = Zeitpunkt zu Beginn der Betrachtung.

Die Vorgehensweise kann an einem einfachen Beispiel nachvollzogen werden. Zunächst seien folgende Ausgangsdaten angenommen:

---

[1] Vgl. *Wittrock* (1995), S. 19f.
[2] Vgl. in diesem Zusammenhang auch *Doerks* (1992), S. 239.

	Anteilswert	Anzahl Anteile*	Kapitalfluss	Δ Anzahl Anteile	Gesamtwert*
01.01.00	250	100			25.000
30.06.00	175	100	7000	40	17.500
31.12.00	200	140	-10.000	-50	28.000
30.06.01	280	90	5600	20	25.200
31.12.01	350	110			38.500

* vor Kauf / Verkauf von Anteilen

Tab. F.7: Beispiel zur BVI-Methode

Werden keine Ausschüttungen seitens des Fonds vorgenommen, so ergibt sich die annualisierte BVI-Rendite entsprechend der zeitgewichteten Methode wie folgt:

$$r_{BVI_{annualisiert}} = \sqrt[n]{\frac{Anteilswert_{t_n} \cdot y}{Anteilswert_{t_0}}} - 1 = \sqrt[2]{\frac{350 \cdot 1}{250}} - 1 = 18{,}3216\%$$

oder anders ausgerechnet: $r_{BVI_{annualisiert}} \sqrt[2]{\frac{175}{250} \cdot \frac{200}{175} \cdot \frac{280}{200} \cdot \frac{350}{280}} - 1 = \sqrt[2]{\frac{350}{250}} - 1 = 18{,}3216\%$.

Alternativ lässt sich diese Rendite auch durch eine reine Betrachtung des Gesamtwertes bestimmen:

$$r_{BVI_{annualisiert}} \sqrt[2]{\frac{17.500}{25.000} \cdot \frac{28.000}{24.500} \cdot \frac{25.200}{18.000} \cdot \frac{38.500}{30.800}} - 1 = \sqrt[2]{1{,}40} - 1 = 18{,}3216\%.$$

Im folgenden sollen nun Ausschüttungen berücksichtigt werden. Sie belaufen sich am 30.06.00 auf 10 EUR und am 30.06.01 auf 12 EUR. Am 30.06.00 notiert der Fonds nach Ausschüttung somit bei 165, so dass sich bei einer Wiederanlage des Ausschüttungsbetrages neue Anteile von 10/165 = 0,60606 pro altem Anteil ergeben, die zu einem Korrekturfaktor von 1,060606 führen. Vom Kauf / Verkauf neuer Anteile am Markt wird hierbei abstrahiert. Analog wird bei der Ausschüttung am 30.06.01 verfahren, so dass sich der gesamte Korrekturfaktor wie folgt ergibt:

$$y = \prod_{t=1}^{n} \left(1 + \frac{Ausschüttung\ pro\ Anteil\ in\ t}{Anteilswert\ nach\ Ausschüttung\ in\ t}\right)$$

$$= \left(1 + \frac{10}{165}\right) \cdot \left(1 + \frac{12}{268}\right) = 1{,}060606 \cdot 1{,}044776 = 1{,}108096\ .$$

Die annualisierte BVI-Rendite beläuft sich somit in diesem Beispiel auf

$$r_{BVI_{annualisiert}} = \sqrt[n]{\frac{Anteilswert_{t_n} \cdot y}{Anteilswert_{t_0}}} - 1 = \sqrt[2]{\frac{350 \cdot 1{,}108096}{250}} - 1 = 24{,}5526\%.$$

Insgesamt gesehen lassen sich verschiedene Verfahren der Renditebestimmung unterscheiden. Dabei ist bei veröffentlichten Zahlen genau zu prüfen, welche Methode den Renditen zugrunde liegt.

2. Berücksichtigung des Risikos

Die Rendite eines Portfolios sollte nicht alleiniger Maßstab zur Portfoliobeurteilung sein. Zwar zählt im Rückblicksvergleich nur die Rendite; denn bei Vergangenheitsbetrachtungen liegt keine Unsicherheit bezüglich der Renditerealisationen vor; ex ante betrachtet spielt das einzugehende Risiko jedoch eine große Rolle. Es entspricht zudem der Erfahrungswelt im Portfoliomanagement, dass Kapitalanleger in ihrer überwiegenden Mehrzahl risikoavers und nicht risikoneutral oder gar risikofreudig eingestellt sind. Diese Beobachtung steht im Einklang mit der Gültigkeit des in den Wirtschaftswissenschaften weithin akzeptierten Rationalprinzips. Zur Verdeutlichung dieses Sachverhaltes wird ein Beispiel betrachtet. Das in Abbildung F.3 dargestellte Diagramm zeigt die Renditen zweier Portfolios A und B zu einem in der Zukunft liegenden – aber nicht näher bestimmten – Zeitpunkt.

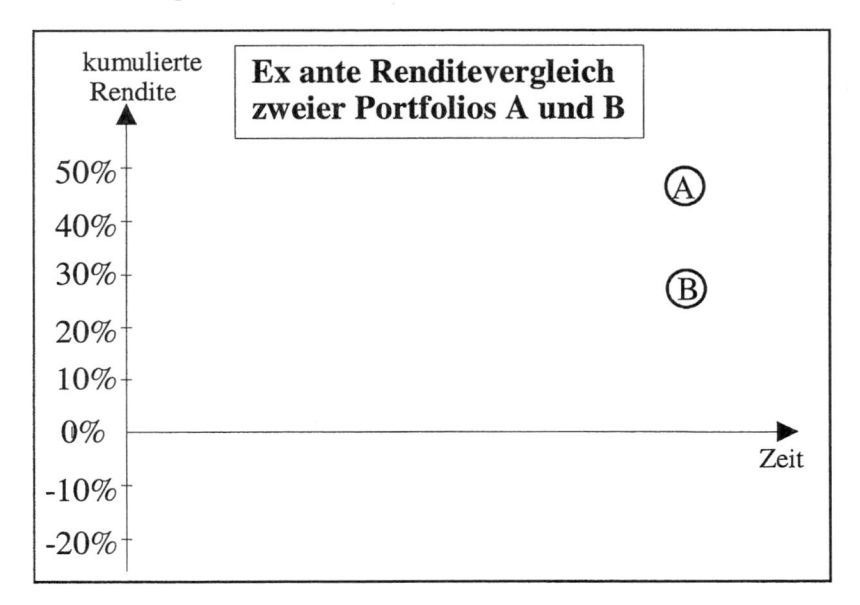

Abb. F.3: Vergleich zukünftiger Portfoliorenditen

Obwohl der visuelle Eindruck die Überlegenheit des Portfolios A nahe legt, ist ein solcher Schluss im Sinne der Performancemessung nicht angebracht. Denn eingangs des Kapitels A war Performance definiert als risikoadjustierte Rendite. Offenbar muss neben der erwarteten Rendite auch das mit ihrem Eintreten verbundene Risiko in Erwägung gezogen werden. Daher ist die Kenntnis des Entstehungsprozesses der Rendite, wie er in Abbildung F.4 gezeigt wird, für die Performancebeurteilung unerlässlich.

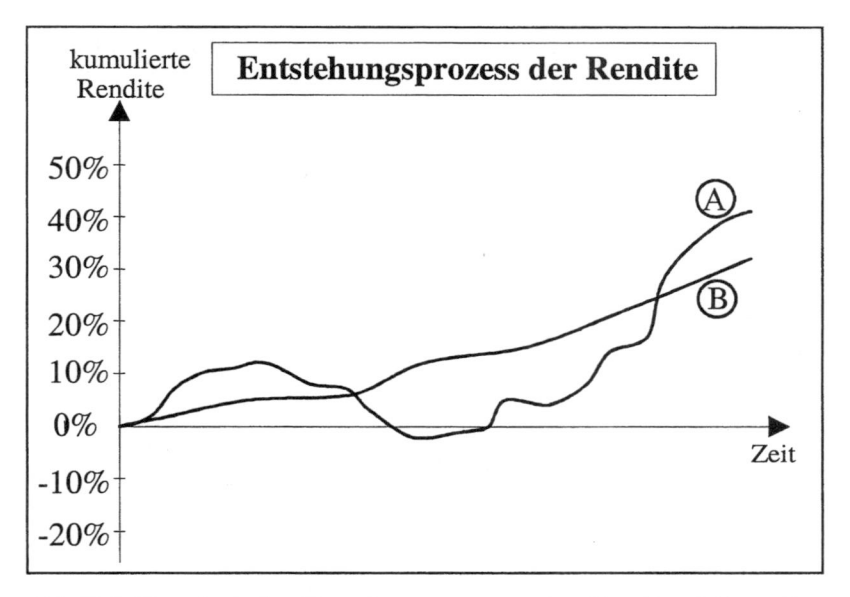

Abb. F.4: Hypothetischer Entstehungsprozess zukünftiger Portfoliorenditen

Wie aus der Graphik erkennbar ist, verläuft die Renditeentwicklung von Portfolio A wesentlich volatiler als die von Portfolio B. Auf eine Vorteilhaftigkeit von A kann daher bei Unterstellung eines risikoscheuen Anlegers nicht von vornherein geschlossen werden. Das Ergebnis der visuellen Performanceanalyse hängt offenbar maßgeblich von dem Betrachtungszeitpunkt ab.

Um zu einer gesicherten Aussage bezüglich der Rangfolge (Ranking) der beiden Portfolios zu kommen, müssen die Fragen nach der Rendite, dem Risiko und dem Zeitbezug quantifiziert sein. Nimmt man darüber hinaus die Portfolioliquidität als drittes zentrales Ziel des 'magischen Zieldreiecks' hinzu, dann bietet sich eine dreidimensionale Darstellung an. Dies wird in der Portfoliomanagementpraxis überwiegend nicht gemacht, da unterstellt wird, dass die Portfolios gleichermaßen liquide sind. Bei Wertpapierportfolios dürfte diese Annahme i.d.R. erfüllt sein. Gleichwohl müssen auch hierbei Portfolios mit Small Caps von denen mit Large Caps unterschieden werden.

Nicht nur im Bereich von Renditen ist es wichtig, vor dem Performancemessungsprozess eine Berechnungsmethodik für die Portfoliozielgrößen festgelegt zu haben. Risikokonzeptionen werden tendenziell kontroverser diskutiert als Renditeberechnungsmethoden. Unterschiedliche Risikodefinitionen führen u.U. zu unterschiedlichen Ergebnissen in der Performanceanalyse. Es ist deshalb unerlässlich, sich bei der Zielfestlegung für ein Portfolio über den zugrunde gelegten Risikobegriff Klarheit zu verschaffen. Die zur Verfügung stehende Auswahl von Risikobegriffen ist zahlreich. Während theoretisch nahezu alle Risikomaße in die Performancemessung einfließen können, beschränkt sich die Portfoliomanagementpraxis neben der Renditemessung weitgehend auf das 2. bis 4. Moment einer Wahrscheinlichkeitsverteilung.[1] Dass die Validität der Resultate der Performancemessung in Wissenschaft und Praxis z.T. umstritten ist, liegt vor allem in der Kontroverse um den richtigen Risikobegriff begründet.

Der zunehmende Einsatz von derivativen Finanzmarktinstrumenten im professionellen Portfoliomanagement erschwert die Risikomessung zusätzlich. Asymmetrische Performanceprofile, wie sie z.B. bei Portfolio-Insurance-Konzeptionen üblich sind, bedürfen genauer Risikobeschreibungen.

Wie bereits im Eingangskapitel beschrieben, lassen sich unterschiedliche Arten von Benchmarks als Portfolioziele bestimmen. Hat der Investor dem Portfoliomanager eine Benchmark vorgegeben, die an bestimmte Kapitalmarktsegmente gebunden ist, dann steht die relative Performance des Portfolios im Vergleich zu dem vorgegebenen Kapitalmarktsegment im Betrachtungsvordergrund. Liegt hingegen eine performanceorientierte Benchmark zugrunde, dann steht für den Investor eher die absolute Performance im Vordergrund. Die Performancemessung hat dies zu berücksichtigen.

Die relative Performancemessung gewinnt in den letzten Jahren zunehmend an Gewicht, da die Vereinbarung klarer marktorientierter Portfolioziele in Form von Benchmarks inzwischen als Industriestandard im Portfoliomanagement angesehen werden kann. Da im Portfoliomanagement überwiegend eine aktive Investmentphilosophie anzutreffen ist, besteht die vorherrschende Zielsetzung in der Erwirtschaftung einer positiven aktiven Rendite ($r_{PF_a} = r_{PF_0} - r_{BM_0}$).[2] Wie die Darstellung der relativen Performance in einem Chart erfolgen kann, zeigt Abbildung F.5.

---

[1] Siehe hierzu die Ausführungen in Kapitel A.
[2] Ein Grund für das deutliche Überwiegen aktiver Investmentansätze im institutionellen Portfoliomanagement ist auch die Möglichkeit zur Durchsetzung höherer Management-Gebühren. Die Margen im passiven Portfoliomanagement sind ungleich geringer.

Relative Performancemessung

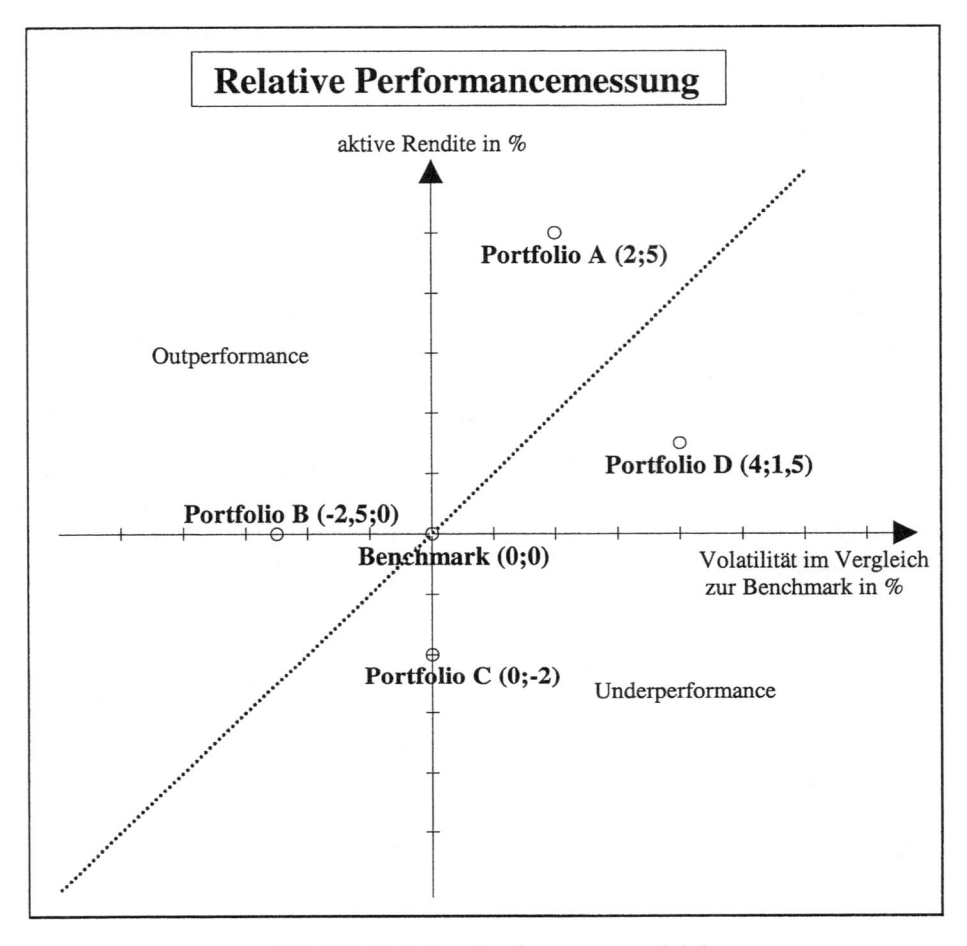

[Diagramm: Koordinatensystem mit aktiver Rendite in % (Ordinate) und Volatilität im Vergleich zur Benchmark in % (Abszisse). Gestrichelte 45-Grad-Linie. Eingezeichnete Punkte: Portfolio A (2;5), Portfolio B (-2,5;0), Portfolio D (4;1,5), Portfolio C (0;-2), Benchmark (0;0). Beschriftungen: Outperformance (oben links), Underperformance (unten rechts).]

Abb. F.5: Relativer Performancevergleich

Auf der Abszisse ist als Risikomaß die Volatilität im Vergleich zur Benchmark abgetragen. Alternativ könnte beispielsweise auch der ß-Faktor verwendet werden. Die Ordinate beschreibt die Höhe der aktiven Rendite. Portfolios, die links der gestrichelten 45-Grad Linie liegen, sind als Outperformer zu klassifizieren et vice versa. Die numerischen Werte in Klammern geben die genaue Performanceposition des jeweiligen Portfolios an. Portfolio A weist z.B. eine zusätzliche Volatilität von 2 Prozentpunkten und eine aktive Rendite von 5 Prozentpunkten gegenüber der Benchmark auf.

Im Vergleich mit der relativen Performancemessung liegt der Ursprung des Koordinatensystems bei absoluter Performancebetrachtung in Höhe des risikolosen Zinses. Da hierbei die absolute Volatilität, die nicht negativ sein kann, als Abszisse dient, gibt es keinen 2. und 3. Quadranten. Auf der Ordinate wird im Unterschied zur relativen Performancemessung die Überschuss- oder gegebenenfalls die Gesamtrendite dargestellt. Üblich ist die Verwendung von Überschussrenditen. Für die konkrete Wahl der Darstellungsform ist die Zielsetzung des Portfolios ausschlaggebend.

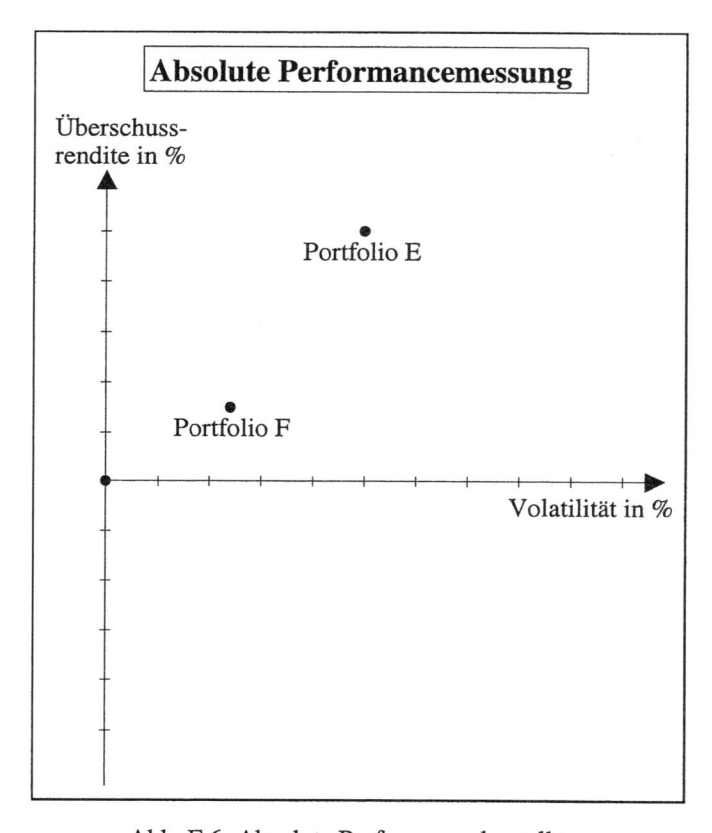

Abb. F.6: Absolute Performancedarstellung

Eine Aussage bezüglich des Rankings der zwei in Abbildung F.6 eingezeichneten Portfolios E und F lässt sich auf risikoadjustierter Basis nicht visuell durchführen.

Die Performancemessung und -attribution konzentriert sich überwiegend auf das Portfolio und dessen realisierte Rendite- und Risikokennzahlen. Damit stehen Marktgrößen im Betrachtungsmittelpunkt. Die letztlich zu optimierende Zielgröße aus Sicht des Investors ist jedoch dessen individueller Nutzen. Es stellt sich daher die Frage, welchen Nutzen das Portfolio dem Investor gestiftet hat.

Der Grund für die allenfalls marginale Betrachtung des Nutzens im Rahmen der Performanceanalyse liegt auf der Hand. Nutzengrößen sind individuell und damit schwerlich objektivierbar. Für Anleger, die in der Lage sind, ihre Rendite-Risikopräferenzen hinreichend genau zu quantifizieren, können sich aus einer Nutzenanalyse wertvolle Erkenntnisse gewinnen lassen.

3. Klassische Performancemaße

a. Sharpe-Ratio

Im Rahmen der relativen Performancemessung werden die erzielten Portfolioergebnisse mit den Resultaten einer vorgegebenen Benchmark verglichen. Ziel dieses Vorgehens ist die Beantwortung der Frage, ob das Portfolio in einem gegebenen Zeitraum die festgelegte Benchmark risikoadjustiert übertroffen hat. Mit Hilfe der Sharpe- und der Treynor-Ratio lässt sich die gestellte Frage beantworten.

Die in der Portfoliomanagementpraxis weit verbreitete Sharpe-Ratio wurde vom Nobelpreisträger für Wirtschaftswissenschaften 1990, William F. Sharpe, entwickelt.[1] Sie setzt die erzielte Portfolioüberschussrendite ins Verhältnis zur Volatilität und damit zum Gesamtrisiko des Portfolios:

$$SR_{PF} = \frac{\bar{r}_{PF} - r_f}{\sigma_{PF}}$$

mit

$\bar{r}_{PF}$ = durchschnittliche Portfoliorendite.

Zu interpretieren ist die Sharpe-Ratio (SR) als Überschussrendite, die pro Einheit an übernommener Volatilität erzielt wurde. Angestrebt wird ein möglichst hoher SR-Wert. Wird ein Portfolio mit seiner Benchmark oder einem anderen Portfolio verglichen, dann lässt sich mit Hilfe der Sharpe-Ratio eine Reihenfolge festlegen.

Beispielsweise konnten bei einem risikolosen Zinssatz von 4% für die beiden Portfolios A und B die folgenden Werte ermittelt werden:

A: $\bar{r}_{PF}$ = 12%, σ_{PF} = 20%
B: $\bar{r}_{PF}$ = 6%, σ_{PF} = 12%

Für die beiden Sharpe-Ratios ergeben sich somit die folgenden Werte:

$$SR_A = \frac{12\% - 4\%}{20\%} = 0,4$$

$$SR_B = \frac{6\% - 4\%}{12\%} = 0,167.$$

---

[1] Vgl. *Sharpe* (1966), S. 119ff.

Entsprechend hat auf Basis der Sharpe-Ratio Portfolio A besser abgeschnitten als Portfolio B. Dies lässt sich auch grafisch zeigen:

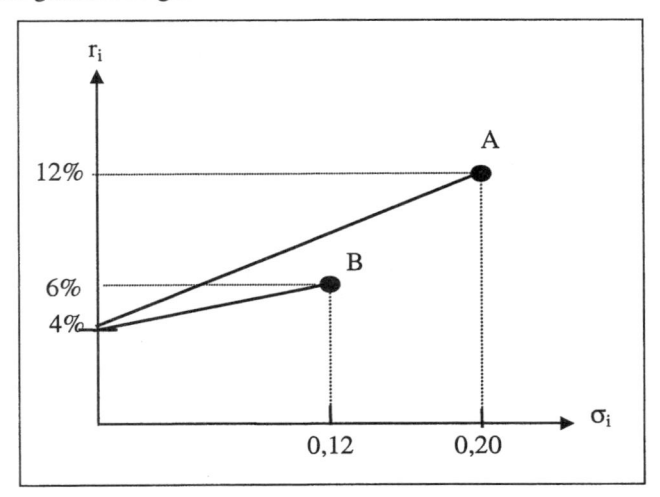

Abb. F.7: Sharpe-Ratio

Die Anwendung der Sharpe-Ratio zur Messung der risikobereinigten Performance ist allerdings aus Sicht des Investors nur dann sinnvoll, wenn dieser sein Kapital ausschließlich in das zu bewertende Vermögen investiert hat; denn in diesem Fall ist nur das Gesamtrisiko das für ihn relevante Risiko.

Zu klären ist zunächst die Wahl des risikolosen Zinses. So bietet es sich an, eine Auswahl entsprechend dem Renditeintervall vorzunehmen. Bei Verwendung von Monatsrenditen sind somit die monatlichen Geldmarktsätze für Einmonatsgelder heranzuziehen und zwar die Sätze am Ende des Vormonats. Diese Zinssätze sind vom Portfoliomanager auch tatsächlich erzielbar und damit sicher gewesen. Befinden sich im Portfolio mehrere Währungen, so erscheint zur sachgerechten Beurteilung des Portfoliomanagers die Wahl des lokalen Geldmarktsatzes sinnvoll, da der Portfoliomanager zu diesem Satz überschüssige Liquidität anlegen kann. Vergleicht der Investor verschiedene Portfolios miteinander, so sollte er seinen relevanten Geldmarktsatz heranziehen. In empirischen Untersuchungen konnten jedoch keine besonderen Ergebnisunterschiede bei Einsatz verschiedener risikoloser Zinssätze festgestellt werden.[1]

Als problematisch erweisen sich bei Verwendung der Sharpe-Ratio die Fälle, bei denen $\bar{r}_{PF}$ kleiner als r_F ist, da dann die Überschussrendite negativ wird. So würden z.B. die folgenden beiden Portfolios als gleich gut (bzw. schlecht) bewertet, obwohl Portfolio A eine betragsmäßig höhere negative Überschussrendite bei zudem höherem Risiko aufweist als Portfolio B:

Portfolio A: $\dfrac{0\% - 6\%}{30\%} = -0{,}2$; Portfolio B: $\dfrac{2\% - 6\%}{20\%} = -0{,}2$.

---

[1] Vgl. *Wittrock* (1995), S. 216ff.; *Beiker* (1993), S. 361ff.

Ebenso fraglich ist die Interpretation des Ergebnisses, wenn Portfolio A eine Portfoliorendite von ebenfalls 2% erzielt hätte:

Portfolio A: $\dfrac{2\% - 6\%}{30\%} = -0{,}1333$; Portfolio B: $\dfrac{2\% - 6\%}{20\%} = -0{,}2$

Trotz des höheren eingegangenen Risikos wird Portfolio A in diesem Fall besser beurteilt.

Als weiterer Kritikpunkt an der Anwendung der Sharpe-Ratio kann die in der Praxis häufig nicht angegebene Signifikanz der Ergebnisse angeführt werden. Für dieses Maß ist ein entsprechender Signifikanztest entwickelt worden.[1] Hierbei wird die Nullhypothese überprüft, dass die Differenz zweier Ratios Null beträgt. Erst wenn die Nullhypothese auf einem als ausreichend angesehenen Signifikanzniveau abgelehnt werden kann, sollten Rankingbeurteilungen auf der Basis der Sharpe-Ratio erfolgen. Um mit diesem Test gesicherte Aussagen zu erhalten, ist eine relativ große Stichprobengröße erforderlich. Auch können große Unterschiede in den Standardabweichungen der zu vergleichenden Portfolios die Macht dieses Tests verringern. In einer empirischen Untersuchung konnte gezeigt werden, dass im Vergleich zur gewählten Benchmark eine Signifikanz der Differenz zwischen der Sharpe-Ratio des jeweiligen Fonds und der Benchmark zumeist nicht vorliegt.[2]

Ferner wird der Diversifikationsaspekt bei der Sharpe-Ratio nicht berücksichtigt. So würden zwei Portfolios mit gleicher $\bar{r}_{PF}$ und gleicher σ_{PF}, die aber unterschiedlich gut diversifiziert sind, gleich bewertet. Für einen rationalen Investor wäre aber das besser diversifizierte Portfolio von höherem Nutzen, da es weniger unsystematische Risiken aufweist.

Darüber hinaus kann das unsystematische Risiko im Rahmen einer Gesamt-Portfolio-Betrachtung zumindest teilweise für den Investor unbedeutend sein.[3] Dies trifft z.B. auf den Fall zu, dass die Ergebnisse einzelner Portfolio-Bestandteile relativ zueinander beurteilt werden sollen. Beispielsweise ist bei dem Vergleich zwischen den Resultaten deutscher Aktien und französischer Aktien in einem Euroland-Aktien-Portfolio nur der Beitrag der beiden Einzelportfolios zum Gesamtrisiko des Euroland-Aktien-Portfolios für die Beurteilung von Bedeutung; denn mit dem Gesamt-Portfolio liegt ein diversifiziertes Portfolio vor, so dass für die Bewertung lediglich das systematische Risiko ausschlaggebend ist. Infolgedessen kann in diesem Fall das unsystematische Risiko vernachlässigt werden. Auf diesen Überlegungen basiert die in folgenden dargestellte Treynor-Ratio.

---

[1] Vgl. *Wittrock* (1995a), S. 77 und die dort angegebene Literatur.
[2] Vgl. *Wittrock* (1995a), S. 340f.
[3] Vgl. *Garz/Günther/Moriabadi* (1997), S. 218.

b. Treynor-Ratio

Mit der Treynor-Ratio steht eine weitere – ebenfalls einparametrische – Kennzahl zum Vergleich mehrerer Portfolios zur Verfügung.[1] Im Unterschied zur Sharpe-Ratio verwendet die Treynor-Ratio als Risikomaß den ß-Faktor, der das systematische Risiko eines Portfolios misst:

$$TR_{PF} = \frac{\bar{r}_{PF} - r_f}{ß_{PF}}.$$

Anders als bei der Sharpe-Ratio ist die Verwendung der Treynor-Ratio dann eher angebracht, wenn das zu beurteilende Portfolio nur ein Teil eines größeren, gut diversifizierten Gesamt-Portfolios ist bzw. selber gut diversifiziert ist. Andernfalls lägen unterschiedliche Gesamtrisiken vor. Dann würden Portfolios mit einem identischen systematischen Risiko – obwohl unterschiedlich diversifiziert – gleich bewertet. Ein geringerer Diversifikationsgrad bedeutet aber ein größeres unsystematisches Risiko, das entsprechend der Kapitalmarkttheorie aber nicht entgolten wird. In diesem Fall ist eine Gesamtrisikobetrachtung wiederum sinnvoller. Folglich sollten grundsätzlich sowohl ein unterschiedlicher Diversifikationsgrad als auch der Gesamt-Portfolio-Zusammenhang bei der Performancemessung Berücksichtigung finden. Entsprechend kann die gleichzeitige, ergänzende Verwendung von Sharpe- und Treynor-Ratio sinnvoll sein.

Sowohl die Sharpe-Ratio als auch die Treynor-Ratio basieren auf Modellen der Kapitalmarkttheorie. Damit hängt ihre Validität jeweils von der Gültigkeit der dort verwendeten Annahmen ab. Allerdings unterliegt die Sharpe-Ratio nicht der Kritik von Roll am CAPM, der die empirische Überprüfbarkeit aufgrund des nicht vorhandenen Marktportfolios in Frage stellt. Denn das Marktportfolio bzw. der als Proxy verwendete Index ist für das Ranking der Portfolios nicht erforderlich.[2]

Darüber hinaus werden die Risikomaße als im Zeitablauf konstant angesehen bzw. ein Durchschnittsrisiko betrachtet. Anhand der Sharpe- und Treynor-Ratio ist eine Aussage bezüglich der Unterscheidung in Wertpapierselektions- und Timingfähigkeiten nicht möglich.

Ferner hängen die Ergebnisse der Treynor-Ratio von der Benchmarkwahl ab. Dies macht deutlich, wie wichtig die Ex ante-Festlegung einer verbindlichen Benchmark im Rahmen der Portfoliozielsetzung ist. Für die Performancemessung ist bedeutsam, dass die Benchmark zumindest effizient ist.

---

[1] Vgl. *Treynor* (1965), S. 63ff.
[2] Vgl. *Roll* (1977), S. 129ff.; *Roll* (1978), S. 1060f.; *Wittrock* (1995a), S. 37; *Wittrock* (2002), S. 973.

c. Jensen-Alpha

Das sog. Jensen-Alpha (α_J) kann als klassisches Maß zur Bestimmung von Wertpapierselektionsfähigkeiten von Portfoliomanagern bezeichnet werden.[1] Es basiert auf dem CAPM und misst jenen Teil der Gesamtrendite eines Portfolios, der nicht mit der Rendite der vorspezifizierten Benchmark korreliert ist. Zur Messung des Jensen-Alphas bedient man sich einer linearen Regression, wobei die Überschussrenditen des zu beurteilenden Portfolios auf die Überschussrenditen der Benchmark regressiert werden.

$$\alpha_J = r_{PF_{ü}} - r_{BM_{ü}} \cdot \beta_{PF} - \varepsilon_{PF}$$

mit

$r_{PF_{ü}}$	= gemessene Portfolio-Überschussrendite,
$r_{BM_{ü}}$	= gemessene Überschussrendite des Benchmarkportfolios,
β_{PF}	= Sensitivität der Portfolio-Überschussrenditen in bezug auf die Überschussrendite der Benchmark und
ε_{PF}	= Stochastischer Störterm der Regressionsgleichung mit $E(\varepsilon_{PF}) = 0$, $COV(\varepsilon_{PF}; r_{BM}) = 0$ und $COV(\varepsilon_{PF_t}; \varepsilon_{PF_{t-1}}) = 0$.

Die Verwendung von Überschussrenditen impliziert, dass die Benchmark-Überschussrenditen den Ursprung des Koordinatensystems darstellen. Bei Vorliegen positiver Selektionsfähigkeiten des Portfoliomanagers wird die Regressionsgerade der realisierten Portfoliorenditen oberhalb des Nullpunktes verlaufen. In diesem Fall stellt das Jensen-Alpha, wie in Abbildung F.8 dargestellt, den Ordinatenabschnitt zwischen dem Nullpunkt und der Portfolioregressionsgeraden dar. Die statistische Signifikanz des Jensen-Alphas kann mit Hilfe eines sog. t-Tests überprüft werden.

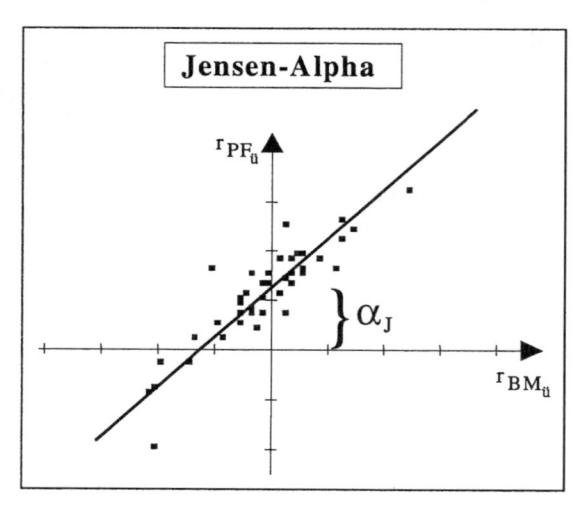

Abb. F.8: Regressionsgerade des Jensen-Alphas

---

[1] Vgl. *Jensen* (1968), S. 389ff.

Liegen statistisch signifikante Werte für das Jensen-Alpha vor, dann lässt sich mit seiner Hilfe beurteilen, ob ein Portfoliomanager Wertpapierselektionsqualitäten besitzt. Von Dybvig/Ross wurde nachgewiesen, dass ein positives Jensen-Alpha immer auch eine superiore Sharpe-Ratio impliziert. Der Umkehrschluss trifft allerdings nicht immer zu.[1]

Das Jensen-Alpha kann auch wie folgt dargestellt werden, wobei die folgende Formel der obigen mit Ausnahme der Berücksichtigung des stochastischen Störterms entspricht:

$$\alpha_J = r_{PF} - \underbrace{[r_f + (r_m - r_f) \cdot \beta_{PF}]}_{r_i \text{ nach dem CAPM}} \quad .$$

Beispielsweise kann auf Basis des CAPM bei einer Marktrendite (r_m) von 9%, einem risikolosen Zinssatz (r_f) von 4% und einem Portfoliobeta von 1,25 eine Rendite von 10,25% erwartet werden. Falls die Portfoliorendite (r_{PF}) in diesem Fall 12% betragen würde, so liegt ein positiver Wert für das Jensen-Alpha in Höhe von 1,75% vor.

Darüber hinaus ist zu beachten, dass der Wert für das Jensen-Alpha auch von der Wahl der zugrunde gelegten Benchmark abhängt. Dies soll das folgende Beispiel veranschaulichen. Angegeben sind die Entwicklungen der logarithmierten Renditen von zwei Portfolios und zwei verschiedenen Aktienindizes sowie die jeweilige mittlere Rendite und die Standardabweichung der Renditen:

	A	B	Index 1	Index 2
1	10,0%	9,0%	8,0%	7,40%
2	8,0%	9,0%	6,1%	6,60%
3	-3,0%	-9,0%	-1,0%	-3,90%
4	5,0%	1,0%	1,9%	2,90%
5	-5,0%	2,0%	-2,0%	0,00%
6	-4,0%	-8,0%	-1,0%	-5,90%
7	7,0%	4,0%	10,0%	5,00%
8	21,0%	20,0%	15,0%	14,90%
9	9,0%	8,0%	7,0%	9,00%
10	-3,0%	7,0%	-4,0%	4,00%
μ	4,5000%	4,3000%	4,0000%	4,0000%
σ	8,2765%	8,5381%	6,1538%	6,1532%

Tab. F.8: Beispiel zu den klassischen Performancemaßen

---

[1] Vgl. *Dybvig/Ross* (1985), S. 401ff.

Wird Aktienindex 1 als Vergleichsmaßstab (Benchmark) herangezogen, so ergeben sich für die beiden Portfolios die folgenden Werte:

	A	B	Index 1
Korrelation	0,9496	0,7144	1,0000
r_f	3,0000%	3,0000%	3,0000%
Betafaktor	1,2772	0,9911	1,0000
Sharpe-Ratio	0,1812	0,1523	0,1625
Treynor-Ratio	1,1744%	1,3116%	1,0000%
Jensen-Alpha	0,2228%	0,3089%	0,0000%

Tab. F.9: Ergebnisse der klassischen Performancemaße mit Index 1

Wird jedoch der Aktienindex 2 herangezogen, so verändern sich die Werte für die Treynor-Ratio und das Jensen-Alpha, obwohl der Index insgesamt fast die gleichen Charakteristika aufweist. So beläuft sich μ bei beiden Indizes auf 4,0%, und $\sigma_{Index\ 1}$ (6,1538%) weicht nur minimal von $\sigma_{Index\ 2}$ ab (6,1532%).

	A	B	Index 2
Korrelation	0,9022	0,9669	1,0000
r_f	3,0000%	3,0000%	3,0000%
Betafaktor	1,2135	1,3417	1,0000
Sharpe-Ratio	0,1812	0,1523	0,1625
Treynor-Ratio	1,2361%	0,9689%	1,0000%
Jensen-Alpha	0,2865%	-0,0417%	0,0000%

Tab. F.10: Ergebnisse der klassischen Performancemaße mit Index 2

Bei Portfolio A ergibt sich bei Verwendung von Index 2 ein geringerer Betafaktor, was zu einer erhöhten Treynor-Ratio und zu einem höheren Jensen-Alpha führt. Hingegen hat sich der Betafaktor für Portfolio B erheblich erhöht. Hierdurch sinkt das Jensen-Alpha sogar in den negativen Bereich. Entsprechend verändert sich auch die Rangfolge der Portfolios. Wird Aktienindex 1 zugrunde gelegt, ist bezüglich Treynor-Ratio und Jensen-Alpha Portfolio B jeweils besser, bei Aktienindex 2 als Benchmark verhält sich dies umgekehrt. Die Rangfolge bezüglich der Sharpe-Ratio ändert sich nicht, da die Benchmark keinen Einfluss auf dieses Ergebnis nimmt.

Das größte Problem des Jensen-Alphas besteht in seiner Formulierung als absolutes Performancemaß. Die Jensen-Alphas verschiedener Portfolios sind streng genommen nicht miteinander vergleichbar, da eine Risikoberücksichtigung nicht stattfindet. Für den Investor ist jedoch die

Information bedeutsam, wie viel Risiko für die Erzielung des Jensen-Alphas zusätzlich in Kauf genommen wurde.

Außerdem beruht die Konzeption des Jensen-Alphas auf der Annahme eines konstanten Portfoliobetas im Zeitablauf bzw. im Untersuchungszeitraum der Regression. Diese Prämisse ist nur erfüllt, wenn keinerlei Timingaktivitäten des Portfoliomanagers vorliegen. Andernfalls ist das Jensen-Alpha durch Performancebeiträge, die dem Timing zuzuordnen sind, verzerrt.[1] Eine weitere Voraussetzung für die Validität des Jensen-Alphas ist die Mittelwert-Varianz-Effizienz der verwendeten Benchmark.

4. Weitere Performancemaße

a. Treynor/Black-Appraisal Ratio und Information-Ratio

Das neben der Sharpe-Ratio und dem Jensen-Alpha am weitesten in der Portfoliomanagementpraxis verbreitete Maß zur Messung von Performance ist die sogenannte Information-Ratio (IR), die 1973 – im Jahr ihrer Entwicklung durch Treynor und Black – als 'Appraisal Ratio' bezeichnet wurde. Hierbei handelt es sich um ein standardisiertes Jensen-Alpha. Indem der per Regression gewonnene Jensen-Alphawert durch die Volatilität des stochastischen Störterms der o.g., zur Bestimmung des Jensen-Alphas dargestellten Regressionsgleichung dividiert wird, lässt sich das Problem der nicht gegebenen Vergleichbarkeit verschiedener Jensen-Alphas lösen.[2]

$$\text{Treynor/Black Ratio} = \text{Appraisal Ratio} = \frac{\alpha_{PF}}{\sigma_{\varepsilon_{PF}}}.$$

Mit Hilfe dieser Formel soll auch das portfoliospezifische bzw. unsystematische Risiko berücksichtigt werden, das in der Volatilität des Störterms zum Ausdruck kommt. Grundsätzlich gilt, dass eine Abweichung von der Benchmark einen geringeren Diversifikationsgrad nach sich zieht und somit ein geringerer Diversifikationsgrad auch nur dann akzeptiert werden sollte, wenn private Informationen genutzt werden können. Dieser Zusammenhang wird durch die sog. Information-Ratio berücksichtigt.

Die Information-Ratio eines Portfolios wird in analoger Weise definiert, basiert aber nicht auf dem CAPM. Sie kann allgemein als annualisierte Residualrendite divitert durch das annualisierte Residualrisiko formuliert werden:[3]

---

[1] Vgl. *Grinblatt/Titman* (1989), S. 395. Betafaktoren von Portfolios sind gegenüber den Betafaktoren einzelner Aktien relativ stabil. Wie empirische Untersuchungen gezeigt haben, unterliegen aber auch Portfoliobetas im Zeitablauf Schwankungen. Vgl. *Wittrock* (1995a), S. 85.

[2] Vgl. *Treynor/Black* (1973), S. 66ff.; *Spremann* (2000), S. 278.

[3] Vgl. *Wittrock* (1995a), S. 82f.; *Fischer* (2000), S. 277f. und 283f.; *Ebertz/Scherer* (2002), S. 195.

$$IR_{PF} = \frac{\alpha_{PF}}{\sigma_{\alpha_{PF}}}$$

mit

IR_{PF} = an das Jensen-Alpha angelehnte Information-Ratio eines Portfolios.

Da die Benchmark definitionsgemäß eine IR_{BM} von Null aufweist, indizieren Werte, die signifikant größer Null sind, eine Outperformance des Portfoliomanagers et vice versa. Das Residualrisiko kann nicht negativ werden, so dass es eines positiven Alphas bedarf, um eine positive IR zu erzielen. Für die Portfoliomanagementpraxis kann als Richtwert bei Unterstellung hinreichend langer Messperioden davon ausgegangen werden, dass IR-Werte von über 0,15 nur von maximal einem Viertel aller Portfoliomanager erreicht werden.

In Anlehnung an die obige Formel wird die Information-Ratio häufig auch wie folgt definiert:[1]

$$IR = \frac{r_{PF} - r_{BM}}{\text{Tracking Error}_{PF}} = \frac{r_a}{\sigma_{r_a}} \ .$$

Insofern wird die aktive Rendite auf das damit eingegangene aktive Risiko bezogen, das als Tracking Error des Portfolios gemessen wird. Je geringer beispielsweise bei gleichbleibender positiver aktiver Rendite der Tracking Error ist, um so höher ist der Wert für die Information-Ratio. Mit dieser Kennzahl können Portfolios in eine entsprechende Rangfolge gebracht werden, wobei allerdings die Ergebnisse bei negativen aktiven Renditen kaum zu interpretieren sein dürften. In der Praxis wird eine Information-Ratio oberhalb von 0,5 als relativ hoch eingestuft.[2]

Für die erwartete Information-Ratio als zu maximierende Zielgröße im aktiven Portfoliomanagement ergibt sich die ex-ante-Form der obigen Formel:

$$IR_{\text{ex ante}} = \frac{E(r_{PF} - r_{BM})}{\text{Tracking Error}_{PF}} = \frac{E(r_a)}{\sigma_{r_a}} \ .$$

Die Formel zeigt, dass eine Abweichung von der Benchmark nur dann gerechtfertigt ist, wenn das eingegangene Risiko durch die prognostizierte aktive Rendite überkompensiert wird. Hieran offenbart sich die sensible Problematik aktiven Portfoliomanagements. Durch das Eingehen aktiver Wetten nimmt, zumindest bei Vorliegen einer effizienten Benchmark, das Portfoliorisiko zu, da ein positiver Tracking Error entsteht. Zusätzlich verursacht das Eingehen aktiver Wetten Transaktionskosten, die – im Gegensatz zu der angestrebten positiven Residualrendite – sicher

---

[1] Vgl. z.B. *Fischer* (2000), S. 283; *Münstermann* (2000), S. 114.
[2] Vgl. *Münstermann* (2000), S. 114; gefordert wird auch, dass Anleger bei der Auswahl des Portfoliomanagers die Information-Ratio als einzige ausschlaggebende Größe heranziehen sollten, vgl. *Loistl/Petrag* (2002), S. 125.

sind. Insofern bedarf es guter Prognoseeigenschaften des Portfoliomanagers, um nicht nur den sofort beim Eingehen der aktiven Position entstehenden Risiko- und Transaktionskostenmalus zu kompensieren, sondern zusätzlich noch eine positive aktive Rendite zu erzielen. Nur in diesem Fall ergibt sich eine positive Information-Ratio.

Als Maß für die Güte der Prognosefähigkeit von Portfoliomanagern kann der sog. Information-Coefficient (IC) herangezogen werden. Liegt der IC oberhalb von Null, dann bietet es sich an, viele aktive Wetten einzugehen. Hierdurch lässt sich die Information-Ratio (IR) erhöhen, da der approximative Zusammenhang

$$IR = IC \cdot \sqrt{\text{Anzahl der eingegangenen aktiven Wetten (Prognosen)}}$$

gilt. Es handelt sich hierbei um das sogenannte 'Law of active management'.[1] Wie anhand der Inputdaten zu erkennen ist, können solche Berechnungen der IR nicht auf der Basis externer Informationen geleistet werden.

Deutlich wird, dass sich das mit den Prognosen verbundene Erfolgspotential mit zunehmenden Prognosefähigkeiten und/oder zunehmender Anzahl an Prognosen erhöht. Entsprechend lässt sich beispielsweise eine relativ gering ausgeprägte Prognosegüte durch eine höhere Anzahl an Prognosen kompensieren. Zu bedenken ist aber, dass mit zunehmender Anzahl an Prognosen die durchschnittliche Prognosegüte aufgrund des begrenzten Researchpotentials der Analysten eher abnehmen wird. Auch ist anzunehmen, dass bei einer großen Zahl von Prognosen Informationen mehrfach verwendet werden und somit die geforderte Unabhängigkeit der Prognosen nicht mehr gewährleistet ist.[2]

Während bei einer reinen Timingstrategie nur relativ wenige Prognosen abgegeben werden (z.B. für jeden Monat, d.h. zwölf Prognosen pro Jahr), erhöht sich die erforderliche Anzahl an Prognosen im Rahmen der taktischen Asset Allocation und besonders bei der Aktienselektion. Ein reiner Stockpicker, der zwölf Prognosen pro Jahr für jede der beispielsweise 50 Aktien seines Anlageuniversums abgeben muss, würde eine entsprechend höhere Information-Ratio erzielen als der reine Markttimer, auch wenn dieser aufgrund der Konzentration auf nur einen Prognosegegenstand einen höheren IC (z.B. 0,03) aufweisen wird als der Stockpicker (z.B. 0,01), der seine (begrenzten) Researchkapazitäten für erheblich mehr Prognosen nutzen muss:

$$IR_{\text{Markttimer}} = 0{,}03 \cdot \sqrt{12} = 0{,}1039 \quad \text{und} \quad IR_{\text{Stockpicker}} = 0{,}01 \cdot \sqrt{12 \cdot 50} = 0{,}2449\,.$$

Entsprechend hat der Stockpicker in diesem Fall von vornherein größere Erfolgschancen als der Markttimer.

---

[1] Vgl. *Grinold/Kahn* (1995), S. 118ff.
[2] Vgl. *Kleeberg/Schlenger* (2002), S. 263ff.

b. LPM-Performancemaße und Sortino-Ratio

Ähnlich wie bei der Berechnung der Sharpe-Ratio lässt sich auch mit Hilfe von Lower Partial Moment (LPM) - Maßen eine Performance bestimmen. Für die beiden ersten Momente können folgende Performancemaße definiert werden:[1]

$$LPM_1 - \text{Performancemaß} = \frac{\bar{r}_{PF} - r_f}{LPM_1},$$

$$LPM_2 - \text{Performancemaß} = \frac{\bar{r}_{PF} - r_f}{\sqrt{LPM_2}}.$$

Der Unterschied zur Sharpe-Ratio besteht bei diesen beiden Maßen lediglich darin, dass die Überschussrendite nicht auf die Standardabweichung, sondern auf die Ausfallerwartung bzw. Ausfallvolatilität bezogen wird.

Wird anstelle des risikolosen Zinssatzes die vorgegebene Mindestrendite (r_{min}) in die Formel eingesetzt, so liegt die sog. Sortino-Ratio vor:[2]

$$\text{Sortino-Ratio} = \frac{\bar{r}_{PF} - r_{min}}{\sqrt{LPM_2}}.$$

Durch die Vorgabe der Mindestrendite wird im Prinzip ein Bezugspunkt für den Anleger festgelegt, ab dem ein Risiko empfunden wird. Bei keiner Unterschreitung dieser Vorgabe würde eine Anlage als risikofrei aufgefasst.[3]

c. Differential Return

Ein dem Jensen-Alpha sehr ähnliches Maß ist der Differential Return. Anders als beim Jensen-Alpha wird beim Differential Return die Volatilität als Risikomaß herangezogen. Der Betrachtung liegt somit die Kapitalmarktlinie (und nicht die Wertpapierlinie) zugrunde. Entsprechend ergibt sich:[4]

$$\text{Differential Return} = r_{PF} - \underbrace{\left[r_f + \frac{r_{BM} - r_f}{\sigma_{BM}} \cdot \sigma_{PF} \right]}_{r_i \text{ nach der Kapitalmarkttheorie}}.$$

---

[1] Vgl. *Wittrock* (1995a), S. 132ff. Zu den LPM vgl. Kapitel A.
[2] Vgl. *Sortino/Price* (1994), S. 62, *Fischer* (2000), S. 284.
[3] Vgl. *Schmidt-von Rhein* (1996), S. 456.
[4] Vgl. *Fischer* (2000), S. 278.

Für das obige Beispiel zu den klassischen Performancemaßen lassen sich bei Verwendung von Index 1 als Benchmark die folgenden Werte ableiten:

	A	B	Index 1
Differential Return	0,1551%	-0,0875%	0,0000%

Tab. F.11: Differential Return bei Verwendung von Index 1

Dabei ergibt sich beispielsweise der Wert für Portfolio A wie folgt:

$$\text{Differential Return} = 4{,}5\% - \underbrace{\left[3\% + \frac{4\% - 3\%}{6{,}1538\%} \cdot 8{,}2765\%\right]}_{r_i \text{ nach der Kapitalmarkttheorie}} = 4{,}5\% - 4{,}3449\% = 0{,}1551\%.$$

Auffällig ist hierbei, dass sich eine andere Rangfolge als beim Jensen-Alpha ergibt. Portfolio A wird nunmehr besser beurteilt als Portfolio B, was auch schon durch die Sharpe-Ratio angezeigt wird, die sich ebenfalls auf das Gesamtrisiko bezieht.

Wird Index 2 als Benchmark herangezogen, so führt dies zu folgenden Werten:

	A	B	Index 1
Differential Return	0,1549%	-0,0876%	0,0000%

Tab. F.12: Differential Return bei Verwendung von Index 2

Diese Werte ähneln den Werten bei Verwendung von Index 1 sehr stark. Dies ist darauf zurückzuführen, dass sich r_f, r_{PF}, r_{BM} und σ_{PF} nicht und σ_{BM} nur in sehr geringem Maße verändert haben.

d. Risk-Adjusted Performance sowie Market Risk-Adjusted Performance

Um sowohl ein Ranking als auch einen Vergleich von Portfolio- und Benchmarkrendite gleichzeitig darstellen zu können, wurde die sog. Risk-Adjusted Performance entwickelt, die wie folgt bestimmt werden kann:[1]

$$\text{Risk-Adjusted Performance} = r_f + \frac{\overline{r}_{PF} - r_f}{\sigma_{PF}} \cdot \sigma_{BM} = r_f + SR_{PF} \cdot \sigma_{BM}.$$

Die Verwendung dieses Performancemaßes führt beim Vergleich verschiedener Portfolios auch jeweils zur gleichen Rangfolge wie die Sharpe-Ratio (SR), wobei die herangezogene Benchmark

---

[1] Vgl. *Modigliani/Modigliani* (1997), S. 47; *Fischer* (2000), S. 280ff.

keine Rolle spielt. Gleichzeitig wird ein Bezug zu einem gemeinsamen Risikoniveau vorgenommen.

Wird anstelle des Gesamtrisikos das systematische Risiko herangezogen, so führt dies zur sog. Market Risk-Adjusted Performance, wobei berücksichtigt wird, dass $ß_{BM} = 1$:

$$\text{Market Risk-Adjusted Performance} = r_f + \frac{\bar{r}_{PF} - r_f}{ß_{PF}} \cdot ß_{BM} = r_f + TR_{PF}.$$

Für das obige Beispiel zu den klassischen Performancemaßen lassen sich bei Verwendung von Index 1 als Benchmark die folgenden Werte ableiten:

	A	B	Index 1
Risk-Adjusted Performance	4,1153%	3,9370%	4,0000%
Market Risk-Adjusted Performance	4,1744%	4,3116%	4,0000%

Tab. F.13: Risk-Adjusted Performance bei Verwendung von Index 1

Wird Index 2 als Benchmark herangezogen, so führt dies zu folgenden Werten:

	A	B	Index 1
Risk-Adjusted Performance	4,1152%	3,9369%	4,0000%
Market Risk-Adjusted Performance	4,2361%	3,9689%	4,0000%

Tab. F.14: Risk-Adjusted Performance bei Verwendung von Index 1

Während sich die Risk-Adjusted Performance bei Verwendung von Aktienindex 1 oder 2 kaum unterscheidet, können diesbezüglich deutliche Unterschied bei der Market Risk-Adjusted Performance erkannt werden. Auch die Reihenfolge ändert sich in diesem Fall, wobei auf die Begründung bei der Betrachtung von Jensen-Alpha und Treynor-Ratio verwiesen werden kann.

e. Treynor-Mazuy-Maß

Das Treynor-Mazuy-Maß basiert auf der Erwartung, dass Portfoliomanager, die über Timingfähigkeiten verfügen, bei ansteigenden Kursen den Anteil am Marktportfolio erhöhen, während sie bei sinkenden Kursen ihren Anteil verringern.[1]

Timingfähigkeiten beziehen sich im Gegensatz zur Wertpapierselektionsfähigkeit auf die Einschätzung der Gesamtmarktentwicklung. Mithin steht die systematische Marktrendite, deren zeitliche Entstehung nicht gleichverteilt ist, wie ein Blick auf Aktienindizes zeigt, im Mittelpunkt von Timingstrategien. Besitzt ein Portfoliomanager Timingfähigkeiten, dann wird er in anstei-

---

[1] Vgl. *Wittrock* (1995a), S. 89ff.

genden Marktphasen ein hohes Portfoliobeta realisieren, z.B. durch den Abbau von Liquidität oder den Tausch in Aktien mit einem hohen Beta, und in fallenden Marktphasen umgekehrt handeln.

Zur mathematisch-statistischen Isolierung von Timingqualitäten kann die Verwendung quadratischer Regressionen herangezogen werden.[1] Diese besitzen z.B. die Form

$$r_{PF\ddot{u}} = \alpha_{PF}^{T/M} + \beta_{PF} \cdot r_{BM\ddot{u}} + \gamma_{PF} \cdot r_{BM\ddot{u}}^2 + \varepsilon_{PF}$$

mit

$\alpha_{PF}^{T/M}$ = Absolutwert der Regression,
γ_{PF} = Regressionskoeffizient des nichtlinearen Gliedes der Regression und
ε_{PF} = Stochastischer Störterm der Regressionsgleichung mit
$E(\varepsilon_{PF}) = 0$, $COV(\varepsilon_{PF}; R_{BM}) = 0$ und $COV(\varepsilon_{PFt}; \varepsilon_{PFt-1}) = 0$.

Die Überschussrendite des Portfolios setzt sich neben dem Marktbeitrag und der eventuellen Selektionsfähigkeit auch aus einem Timingbeitrag zusammen, falls der Koeffizient γ_{PF}-Werte ungleich Null annimmt. Anstatt einer Geraden, wie beim Jensen-Alpha, beschreibt die quadratische Regressionsfunktion eine Kurve. Wie aus Abbildung F.9 zu ersehen ist, stellt die eingezeichnete Kurve den Trend der Renditerealisationen genauer dar.

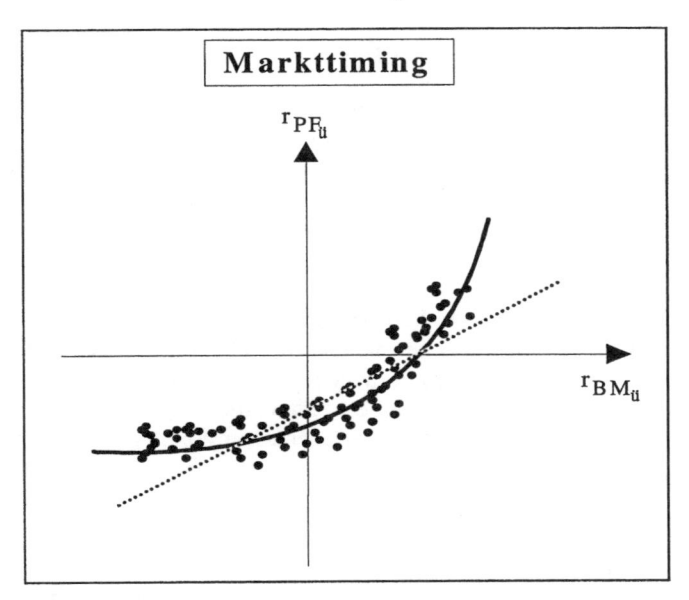

Abb. F.9: Quadratische Regression zur Identifizierung von Timingfähigkeiten

---

[1] Vgl. *Treynor/Mazuy* (1966), S. 134.

Die gestrichelte Linie entspricht einer linearen Regression. Wie zu erkennen ist, eignet sich die Gerade nicht zur hinreichend genauen Beschreibung der Punktwolke. Die fett eingezeichnete Kurve ist hingegen in der Lage, die vorliegenden Timingqualitäten aufzudecken.

Offenbar entspricht die Regressionsfunktion der Regression des Jensen-Alphas, wenn γ_{PF} gleich Null ist. In diesem Fall kann keinerlei Timingfähigkeit nachgewiesen werden. Negative γ_{PF}-Werte weisen darauf hin, dass zwar Timing-Qualitäten des Portfoliomanagers bestehen, jedoch antizyklisches Verhalten vorliegt. Mit anderen Worten: Bei steigendem Gesamtmarkt weist das Portfolio einen ß-Faktor von unter eins auf, während es bei sinkendem Gesamtmarkt ein Portfoliobeta von über eins besitzt.

Der Verlauf der quadratischen Regression kann in Abbildung F.9 Verzerrungen des Jensen-Alphas nachweisen. So werden in diesem Fall das Jensen-Alpha und damit die Selektionsfähigkeiten bei Anwendung einer linearen Regression zu positiv eingeschätzt. Tatsächlich sind die Selektionsfähigkeiten aber aufgrund der positiven Timingfähigkeiten geringer.

Insgesamt ist festzuhalten, dass die Messung von Timingfähigkeiten kompliziert und z.T. auch umstritten ist.[1] Allerdings konnte eine umfangreiche empirische Untersuchung zahlreicher deutscher Fonds keine Timingfähigkeiten der Portfoliomanager nachweisen. Fraglich bleibt entsprechend, ob angesichts hoher mit Timingaktivitäten verbundener Transaktionskosten der Aufwand für Timingstrategien gerechtfertigt ist.[2]

III. Performanceattribution

Im Rahmen einer transparenten Berichterstattung (Reporting) bzgl. der Leistungen des Portfoliomanagements kommt der Performanceattribution eine zunehmende Bedeutung zu. Während sie sich bei institutionellen Anlegern bereits als Bestandteil der Performance-Berichterstattung etabliert hat, ist eine Attribution als Teil der Performanceanalyse im Private Banking bislang nur vereinzelt anzutreffen. Zu erwarten ist aber, dass auch für diesen Bereich eine aussagekräftige Performanceattribution an Bedeutung gewinnen wird.[3]

Die Zielsetzung der Performanceattribution besteht in der Aufschlüsselung und Zuordnung der im Rahmen der Performancemessung gewonnenen Ergebnisse. Insofern kann die Attribution auch als Management-Informations-System dienen. Während sich im Rahmen der Performancemessung die Frage stellt: „How well did we do?", lautet die Frage bei der Attribution: „How did we do well?" Gegenüber einer reinen Performancemessung bietet eine Performanceattribution damit den Vorteil, Informationen über Stärken und Schwächen im Investmentstil und im Portfo-

---

[1] Siehe z.B. *Samuelson* (1989), S. 4ff. und *Lee/Rahman* (1991), S. 80ff. Zu weiteren Verfahren der Identifikation von Timingfähigkeiten vgl. *Wittrock* (1995a), S. 89ff.

[2] Vgl. *Wittrock* (1995a), S. 363f. und S. 475.

[3] Vgl. *Buhl/Schneider/Tretter* (2000) S. 318.

liomanagementprozess zu liefern. Diese Informationen können sowohl für den Anleger als auch für das Portfoliomanagement hilfreich sein.[1]

Zwei Fragen stehen im Mittelpunkt der Performanceattribution:

- Handelt es sich bei der erzielten Performance um Können oder um Zufall (Glück)?
- In welchem Bereich besitzen Portfoliomanager die größten Prognosefähigkeiten? Insbesondere: Wo liegen die Stärken und Schwächen der Portfoliomanager?

Diese Fragen tangieren die Fähigkeiten von Portfoliomanagern. Die Attribution kann der Leistungskontrolle und auch als Grundlage für die Entlohnung von Portfoliomanagern dienen. Dabei sind neben der angewandten Methode der Performancemessung auch die Verantwortlichkeiten und Entscheidungsstrukturen zu berücksichtigen. Insbesondere die ausgewählten Rendite- und Risikomaße sind für die Beurteilung der Managerleistung von Bedeutung. Daher muss bereits bei der Zielformulierung für ein Portfolio dieser Punkt geklärt werden.

Grundlage einer sachgerechten Attribution ist eine ordnungsgemäße Performancemessung, die auf die Verwendung von Marktwerten einschließlich Stückzinsen und Dividendenforderungen abzielt sowie regelmäßig (zumeist monatlich) durchgeführt wird. Wie im Rahmen der Darstellung der Sharpe-Ratio schon angemerkt, ist auf eine statistische Signifikanz der Ergebnisse zu achten, die durch einen hinreichend langen Datenerhebungszeitraum erreicht werden kann.[2]

Nach Durchführung einer ordnungsgemäßen Performancemessung kann im Rahmen der Attribution die Rendite zielgerichtet auf die bestehenden Verantwortungsstrukturen zerlegt bzw. aufgeteilt werden. Dabei wird sowohl auf quantitative als auch auf qualitative Methoden zurückgegriffen.

1. Können oder Glück

Zur Beurteilung von Portfoliomanagern ist insbesondere die Frage von Bedeutung, ob sie in der Lage sind, auch künftig eine konstant gute Performance zu erwirtschaften (Können), oder ob ein gutes vergangenes Ergebnis zufällig erreicht worden ist (Glück). Entsprechend erwartet man von der Performanceattribution die Beantwortung der Frage, ob Können oder Glück zu einer guten Performance geführt hat. Diese Frage ist für die Beurteilung von Portfoliomanagern bedeutsam, erlaubt sie doch Rückschlüsse auf die Notwendigkeit von Investmentstiländerungen. Denn wenn Können in Form von Selektions- und / oder Timingfähigkeiten vorliegt, kann mit Einschränkungen mit einer Persistenz dieser Fähigkeiten gerechnet werden.[3] Dies ist bei reinem Glück nicht der Fall, da Glück als reines Zufallsmoment zu definieren ist, das zumindest ex ante einem Random Walk folgt.

---

[1] Vgl. *Pieper* (2002), S. 1003 und die dort angegebene Literatur sowie *Buhl/Schneider/Tretter* (2000) S. 319.
[2] Vgl. *Pieper* (2002), S. 1006.
[3] Eine solche Persistenz wird als 'Hot Hand'-Phänomen bezeichnet und ist in der Literatur nicht unumstritten. Vgl. *Malkiel* (1995), S. 559ff. und *Kahn/Rudd* (1995), S. 43ff.

Auf Basis der Zerlegung der Rendite auf verschiedene Verantwortungsbereiche wird eine Stärken- und Schwächenanalyse durchgeführt. Sofern die gewonnenen Ergebnisse der Renditedekomposition statistisch signifikant sind, kann eine Konzentration des Portfoliomanagementprozesses auf gefundene Stärken (z.B. Wertpapierselektion) erfolgen, wobei implizit angenommen wird, dass die Vergangenheitsergebnisse indikativ für die zukünftigen Resultate sind.

Inwiefern die Extrapolation einer superioren Vergangenheitsperformance in die Zukunft gerechtfertigt ist, lässt sich mittels einer Längsschnittregression beantworten. Dabei wird die Performance der ersten Periode auf die Performance der zweiten Periode mit Hilfe des Ausdrucks

Performance (2) = a + b · Performance (1)

regressiert.[1] Im Falle einer signifikant positiven Steigung der Regressionsfunktion (b > 0) bei entsprechend hoher Korrelation liegt Persistenz der Anlageergebnisse vor.

Die Messung von Portfoliomanagementfähigkeiten kann auch anhand des oben bereits genannten Information-Coefficient (IC) vorgenommen werden. Dieser Koeffizient ist ein Maß für die Güte der Prognosefähigkeit von Portfoliomanagern. Er misst die Korrelation zwischen prognostizierten Renditen und ihren späteren Realisationen. Eine positive Korrelation kann als Vorliegen überdurchschnittlicher Prognosefähigkeiten gedeutet werden. Nimmt IC den Wert Null an, so liegen keine Prognosefähigkeiten vor. Die Prognosen sind dann eher zufällig. Entsprechend ist für einen solchen Portfoliomanager davon auszugehen, dass er in etwa 50% der Fälle eine richtige Prognose abliefert. Dies trifft sicherlich auf den durchschnittlichen Portfoliomanager zu, der nicht besser als der Markt abschneidet.

Der Information-Coefficient sollte auf einer gewichteten Korrelation basieren. Als Gewichtungsfaktor dient die anhand der Prognose eingetretene Vermögensveränderung. Eine richtige Prognose, die – bei gleichem Volumen einzusetzenden Geldes – zu einem Gewinn von 1.000 EUR führt, muss höher gewichtet werden, als eine Prognose, die zu einem Gewinn von 100 EUR führt. Es kann daher sein, dass die Anzahl der richtigen Prognosen eines Portfoliomanagers unterhalb von 50% (50% entspricht einem IC von 0) liegt, jedoch die finanziellen Folgen der Prognosen positiv sind, da die zutreffenden Prognosen gewinnbringender sind. Ein gewichteter und statistisch signifikanter IC-Wert in Höhe von 0,1 ist folglich zu deuten als nicht zufällige Fähigkeit des Portfoliomanagers in der Vergangenheit, gewinnbringende Prognosen abzugeben.

Für die praktische Anwendung können folgende Werte des IC als Anhaltspunkt für die Beurteilung der Prognosefähigkeit herangezogen werden:[2]

---

[1] Vgl. *Kahn/Rudd* (1995), S. 45ff.
[2] Vgl. *Kleeberg/Schlenger* (1998), S. 575f. und *Kleeberg/Schlenger* (2002), S. 263.

IC	Prognosefähigkeit
> 0,1	sehr hoch (evtl. Insiderinformationen)
0,07	hoch
0,05	relativ hoch
0,02	gering, aber noch positiv
0	keine

Tab. F.15: Zusammenhang zwischen Information-Coefficient und Prognosefähigkeit

Im Rahmen der Unterscheidung von Können und Glück muss auch das mit der Performanceattribution verbundene Zuordnungsproblem berücksichtigt werden, das sich in der folgenden Darstellung zeigt, in der vier Fälle unterschieden werden:

Fall	1	2	3	4
Investmentanalyse:	Richtig	Falsch	Falsch	Richtig
Performanceergebnis:	Gut	Gut	Schlecht	Schlecht

Tab. F.16: Mögliche Performancefolgen von Investmententscheidungen[1]

Wünschenswert ist nur der erste Fall, in dem eine richtige Analyse in Form von sachgerechter Informationsauswertung zu einer guten Performance führt. Die Aufgabe der Performanceattribution besteht in der Isolierung dieses Falles. Längsschnittanalysen, in denen Portfolios hinsichtlich ihrer Entwicklung im Zeitablauf untersucht werden und die zum Standardinstrumentarium der Performanceattribution gehören, liefern Aufschluss über die Frage nach Glück und Können. Die folgenden zwei Abbildungen verdeutlichen exemplarisch den Unterschied.

---

[1] Vgl. *Sittampalam* (1993), S. 30.

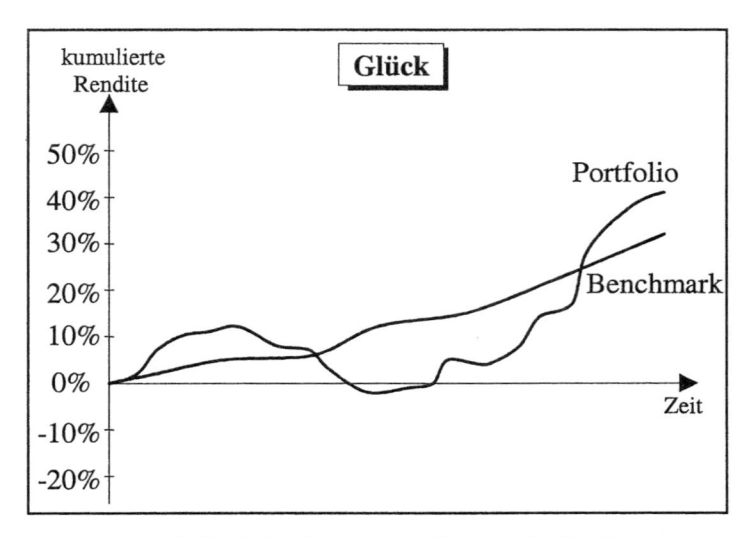

Abb. F.10: Performanceattribution als Glück

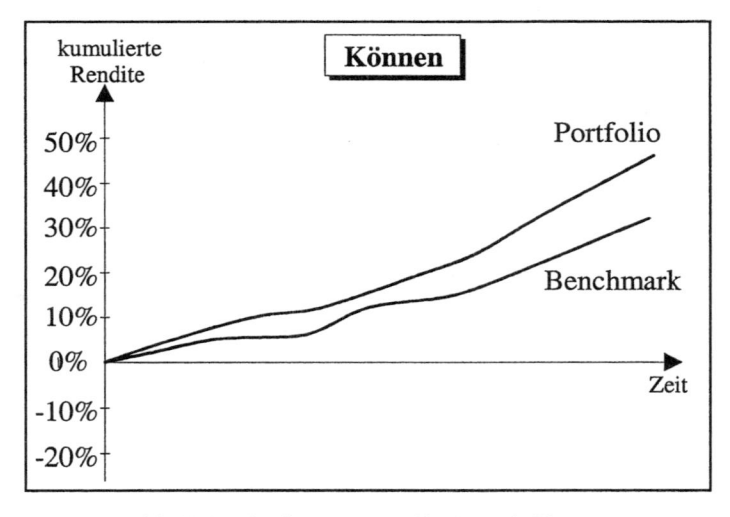

Abb. F.11: Performanceattribution als Können

Während in Abbildung F.10 zufällig eine gute Rendite im Betrachtungsendpunkt ausgewiesen wird, liegt in Abbildung F.11 die Rendite kontinuierlich oberhalb der Benchmark. Zudem sind die Renditeschwankungen in der zweiten Graphik deutlich geringer. Dies hat zur Folge, dass unabhängig vom gewählten Zeitpunkt eine superiore Performance ausgewiesen werden kann. Bei einem genügend langen Betrachtungszeitraum und statistisch signifikanten Überrenditen kann deshalb auf Können geschlossen werden.

Zur objektiven Beurteilung, ob Zufall vorliegt oder nicht, können statistische Methoden herangezogen werden. So beträgt die Wahrscheinlichkeit einer rein zufälligen Outperformance (bzw.

Underperformance) des Portfoliomanagers 50%. Folglich würde eine zufällige, viermalige Outperformance in Folge eine Wahrscheinlichkeit von 6,25% (= 0,5 · 0,5 · 0,5 · 0,5) aufweisen. Eine dreimalige Outperformance in vier Jahren würde schon mit einer Wahrscheinlichkeit von 25% auftreten:

Situation	Outperformance ?				Wahrscheinlichkeit
I	ja	ja	ja	nein	6,25%
II	ja	ja	nein	ja	6,25%
III	ja	nein	ja	ja	6,25%
IV	nein	ja	ja	ja	6,25%
SUMME					25,0%

Tab. F.17: Wahrscheinlichkeit einer Outperformance, Beispiel 1

Da in diesem Fall die Voraussetzungen für ein sog. Bernoulli-Experiment vorliegen, kann auch die Wahrscheinlichkeitsfunktion der Binomialverteilung herangezogen werden, die zu dem gleichen Ergebnis führt.[1] Formal lässt sich der Wert auch wie folgt bestimmen:[2]

$$\binom{m}{k} \cdot P(\text{Outperformance})^m = \frac{m!}{k! \cdot (m-k)!} \cdot P(\text{Outperformance})^m = \frac{24}{6 \cdot (4-3)!} \cdot 0{,}5^4 = 0{,}25 \,.$$

mit

m = Gesamtzahl der Versuche,
k = Anzahl Outperformance ($k \leq m$) und
P (Outperformance) = Wahrscheinlichkeit einer Outperformance.

Wird das Beispiel ausgedehnt auf eine Betrachtung von beispielsweise 12 Jahren, so ergibt sich für die Wahrscheinlichkeit, dass ein Portfoliomanager zufällig in 10 von 12 Jahren eine Outperformance erzielt, der folgende Wert:

$$\binom{m}{k} \cdot P(\text{Outperformance})^m = \frac{m!}{k! \cdot (m-k)!} \cdot P(\text{Outperformance})^m = \frac{479.001.600}{3.628.800 \cdot 2} \cdot 0{,}5^{12} = 0{,}01611.$$

Damit tritt eine 10malige, rein zufällig erzielte Outperformance in 12 Versuchen (hier = Jahren) mit einer Wahrscheinlichkeit von 1,611% auf, eine 9malige Outperformance würde schon mit 5,37% Wahrscheinlichkeit erzielbar sein.

---

[1] Vgl. *Schmid/Stark* (1977), S. 119.
[2] Zur Vorgehensweise vgl. z.B. *Bleymüller/Gehlert/Gülicher* (1991), S. 51f.

Versuche	12	12	12	12	12
Anzahl Outperformance	12	11	10	9	8
P(Outperformance)	0,00024414	0,00292969	0,01611328	0,05371094	0,12084961

Tab. F.18: Wahrscheinlichkeit einer Outperformance, Beispiel 2

Nunmehr soll überprüft werden, mit welcher Wahrscheinlichkeit bei 12 Versuchen (hier = in 12 Jahren) höchstens eine 9malige Outperformance zu erwarten ist:

P (Anzahl Outperformance $\leq$ 9) = 1 – P (Anzahl Outperformance > 9)

= 1 - 0,00024414 - 0,00292969 - 0,01611328 = 0,98071289.

Bei diesem Beispiel wird bislang nur ein Portfoliomanager betrachtet. In diesem Fall kann mit einer Wahrscheinlichkeit von 1,928711% (= 1 - 0,98071289) erwartet werden, dass der Manager bei 12 Versuchen mindestens eine jeweils zufällig eingetretene 10malige Outperformance erzielt.

Im folgenden soll das Beispiel ausgedehnt werden. Betrachtet wird nunmehr die Frage, wie hoch die Wahrscheinlichkeit bei mehreren (n $\geq$ 1 vielen) Portfoliomanagern ist, dass bei m Versuchen mindestens eine jeweils zufällig eintretende k-malige Outperformance erzielt wird. Aus der Wahrscheinlichkeitsrechnung kann dazu die folgende Formel herangezogen werden, wobei angenommen wird, dass die Portfoliomanager ihre Entscheidungen unabhängig voneinander treffen:[1]

$$P(x_1 \cup x_2 \cup ... \cup x_n) = 1 - P(\overline{x_1 \cup x_2 \cup ... \cup x_n}) = 1 - P(\overline{x_1} \cap \overline{x_2} \cap ... \cap \overline{x_n}) = 1 - P(\overline{x_1}) \cdot ... \cdot P(\overline{x_n})$$

mit

$P(x_i)$ = (hier) Wahrscheinlichkeit der Erzielung mindestens einer k-maligen Outperformance durch den i-ten Portfoliomanager (1 $\leq$ i $\leq$ n)

$P(\overline{x_i})$ = (hier) Wahrscheinlichkeit der Erzielung maximal einer (k-1)-maligen Outperformance durch den i-ten Portfoliomanager (1 $\leq$ i $\leq$ n).

Daraus resultiert für das obige Beispiel (m = 12 und k = 10):

$$P(x_1 \cup x_2 \cup ... \cup x_n) = 1 - P(\overline{x_1}) \cdot ... \cdot P(\overline{x_n}) = 1 - 0,98071289 \cdot ... \cdot 0,98071289 = 1 - 0,98071289^n$$

Entsprechend können die nachfolgenden Werte abgeleitet werden:

---

[1] Vgl. *Bleymüller/Gehlert/Gülicher* (1991), S. 52ff.

Anzahl Portfoliomanager	(Mindest-) Anzahl zufälliger Outperformance bei 12 Versuchen				
	12 von 12	11 von 12	10 von 12	9 von 12	8 von 12
1	0,0244%	0,3174%	1,9287%	7,2998%	19,3848%
25	0,6086%	7,6396%	38,5464%	84,9680%	99,5425%
50	1,2134%	14,6956%	62,2346%	97,7404%	99,9979%
100	2,4121%	27,2315%	85,7377%	99,9489%	100,0000%
200	4,7661%	47,0475%	97,9659%	100,0000%	100,0000%
400	9,3050%	71,9603%	99,9586%	100,0000%	100,0000%

Tab. F.19: Wahrscheinlichkeit einer zufälligen Outperformance in Abhängigkeit von der Anzahl Portfoliomanager

Festgestellt werden kann beispielsweise, dass von 200 Portfoliomanagern mit einer Wahrscheinlichkeit von 97,97% erwartet werden kann, dass mindestens ein Manager eine zufällige, mindestens 10malige Outperformance in 12 Versuchen (bzw. Jahren) erzielt.

Mit Hilfe eines t-Tests kann die Zufälligkeit des Erfolges objektiv analysiert werden.[1] Dazu kann ein Zweistichprobentest für die Differenz zweier arithmetischer Mittel bei abhängigen Stichproben herangezogen werden. Hierzu wird angenommen, dass die Stichproben normalverteilten Grundgesamtheiten entstammen bzw. aufgrund ihrer Größe nach dem zentralen Grenzwertsatz der Statistik normalverteilt sind. Darüber hinaus müssen die Varianz der Mittelwertdifferenz bzw. die Varianzen der Grundgesamtheiten bekannt sein oder zumindest hinreichend sicher aus den Stichprobenvarianzen geschätzt werden können. In diesem Fall ist die Prüfgröße mit df = n - 1 Freiheitsgraden student- (t-) verteilt:[2]

$$t = \frac{\overline{D}_n - \mu}{\sigma_D} \cdot \sqrt{n}$$

mit

$\overline{D}_n$ = durchschnittliche Differenz der n Messwertpaare,
σ_D = Standardabweichung der paarweisen Differenzen,
n = Stichprobenumfang und
μ = Erwartungswert der Differenz.

Die n Differenzen werden als eine Stichprobe von n unabhängigen Werten betrachtet. Bei Normalverteilung der einzelnen Messwertpaare ist deren Differenz ebenfalls normalverteilt. Für die

---

[1] Vgl. im folgenden auch *Garz/Günther/Moriabadi* (1997), S. 228ff.
[2] Vgl. *Meyer* (1994a), S. 259ff.; *Bleymüller/Gehlert/Gülicher* (1991), S. 115.

unbekannte Varianz kann die aus der Stichprobe ermittelte Varianz σ^2_D als Schätzgröße dienen. Die Schätzfunktion für die Varianz lautet:[1]

$$\sigma^2_D = \frac{1}{n-1} \cdot \sum_{j=1}^{n} (D_j - \overline{D}_n)^2$$

mit

D_j = j-te Differenz der Meßwertpaare.

Nunmehr kann zunächst die zu testende Nullhypothese formuliert werden, d.h. $\mu = 0$. Zusätzlich wird eine Alternativhypothese herangezogen. Diese würde bei einem zweiseitigen Test mit $\mu \neq 0$ angegeben, d.h. die Alternativhypothese deckt Abweichungen in beide Richtungen ab. Lautet die Alternativhypothese $\mu > 0$, so handelt es sich um einen einseitigen Test. In diesem Fall wird lediglich der positive Wertebereich durch die Alternativhypothese abgedeckt. Demnach erfolgt eine Ablehnung der Nullhypothese bei einem zweiseitigen Test erst bei größeren Differenzen als bei einem einseitigen Test.

Schließlich wird mit Bestimmung des Konfidenz- bzw. Signifikanzniveaus $1 - \alpha$ der Annahme- und Ablehnungsbereich der Nullhypothese festgelegt, wobei α die Irrtumswahrscheinlichkeit ausdrückt, also die Wahrscheinlichkeit, dass die Ablehnung der Nullhypothese ein Irrtum ist. Liegt ein einseitiger Test zugrunde, so muss α nicht mehr auf beide Seiten der Verteilung aufgeteilt werden. Üblicherweise werden Signifikanzniveaus von z.B. 95% und 99% zugrunde gelegt. Entsprechend können die kritischen Werte der student- (t-) Verteilung mit n-1 Freiheitsgraden ermittelt werden. Liegt der berechnete t-Wert (Wert der Prüfgröße) bei einem einseitigen Test oberhalb des kritischen Wertes, so ist die Nullhypothese abzulehnen.

Soll beispielsweise überprüft werden, ob die in den vergangenen 80 Monate erzielte durchschnittliche aktive Rendite von 0,4% pro Monat bei einer Standardabweichung (Tracking Error) von 2,0% pro Monat zufällig oder systematisch ist, so kann in die Prüfgröße für $\overline{D}_n$ der Wert 0,4% und für σ_D der Wert 2,0% eingesetzt werden. Für μ ergibt sich Null, da die Nullhypothese lautet: $E(r_a) = \mu = 0$ bei der Alternativhypothese $E(r_a) = \mu > 0$:

$$t = \frac{\overline{r}_a - E(r_a)}{\sigma_{r_a}} \cdot \sqrt{n} = \frac{0,4\% - 0\%}{2,0\%} \cdot \sqrt{80} = 1,7889.$$

Bei einem einseitigen Test und einem Signifikanzniveau von 95% ergibt sich aus der Tabelle der Studentverteilung für 79 Freiheitsgrade ein kritischer Wert t_c von 1,664 und bei einem Signifikanzniveau von 99% von 2,374. Damit ist die Nullhypothese bei $\alpha = 5\%$ abzulehnen. Mit anderen Worten: die erzielte Outperformance kann nur mit 5% Wahrscheinlichkeit auf Glück zurück-

---

[1] Vgl. *Meyer* (1994a), S. 259, *Bleymüller/Gehlert/Gülicher* (1991), S. 115f.

geführt werden, so dass eine statistisch signifikante Outperformance vorliegt. Auf einem 99% Signifikanzniveau liegt jedoch keine signifikante Outperformance vor.

Für die Portfoliomanagementpraxis ist u.a. auch die Frage von Interesse, welchen Zeitraum der Portfoliomanager benötigt, um sein Können unter Beweis zu stellen. Dies kann durch einfache Auflösung der obigen Formel nach n ermittelt werden. Für das Beispiel ergeben sich hierfür bei einem Signifikanzniveau von 95% 70 Monate und bei einem Signifikanzniveau von 99% 141 Monate:

$$1 - \alpha = 95\%: n = \left(\frac{t \cdot \sigma_{r_a}}{\bar{r}_a - E(r_a)}\right)^2 = \left(\frac{1{,}664 \cdot 2{,}0\%}{0{,}4\% - 0\%}\right)^2 = 69{,}22 = 70 \text{ Monate}$$

und bei einem Signifikanzniveau von 99%:

$$1 - \alpha = 99\%: n = \left(\frac{t \cdot \sigma_{r_a}}{\bar{r}_a - E(r_a)}\right)^2 = \left(\frac{2{,}374 \cdot 2{,}0\%}{0{,}4\% - 0\%}\right)^2 = 140{,}90 = 141 \text{ Monate.}$$

Wird beispielsweise ein höheres aktives Risiko (z.B. 2,5% pro Monat) in Kauf genommen, so würde sich die Mindestlänge bei einem Signifikanzniveau von 95% auf 109 Monate erhöhen.

Dieses Beispiel verdeutlicht, dass zur sachgerechten Leistungsbeurteilung eines Portfoliomanagers zahlreiche Performancewerte aus der Vergangenheit erforderlich sind, so dass eine unter Marketingaspekten möglicherweise angestrebte positive Darstellung nach außen auf Basis weniger historischer Werte zu voreiligen Schlussfolgerungen führen könnte. So können hohe Renditen auch auf Glück und/oder relativ hohem Risiko basieren. Letztlich kann davon ausgegangen werden, dass auf einem effizienten Markt eine dauerhafte Outperformance kaum zu erreichen sein dürfte. Entsprechend kann ein Portfoliomanager nur dann gut sein, wenn er Marktineffizienzen erkennen und nutzen kann.[1]

2. Renditeorientierte Attributionsanalyse

Während für die Berechnung und die Darstellung der Gesamtperformance bereits Rahmenbedingungen für eine möglichst einheitliche Vorgehensweise geschaffen wurden (durch die weiter unten dargestellten Performance Presentation Standards), liegt für eine Performanceattribution noch kein einheitlicher Standard vor. Vielmehr wurden zahlreiche Rechenverfahren entwickelt, die im wesentlichen auf einem additiven Ansatz zur Zerlegung des Gesamterfolges basieren.[2]

---

[1] Vgl. *Garz/Günther/Moriabadi* (1997), S. 232.
[2] Vgl. *Buhl/Schneider/Tretter* (2000) S. 318ff.

Von großer Bedeutung im Rahmen der Performancequellenanalyse ist die Dekomposition der gemessenen Renditen.[1] Mit Hilfe einer Renditedekomposition kann festgestellt werden, wo die Investmentqualitäten eines Portfoliomanagers liegen. Hieraus können Rückschlüsse auf den Managementstil gezogen werden. Große Investoren, wie z.B. Pensionskassen, diversifizieren ihre zu vergebenden Portfoliomanagementmandate in verschiedene Managementstile.

Mit Hilfe der oben vorgestellten Performancemaße, wie z.B. das Jensen-Alpha oder das Treynor-Mazuy-Maß können insbesondere Selektions- und Timingfähigkeiten identifiziert werden. Dabei beziehen sich die Verfahren allerdings immer nur auf einen Markt. Das praktische Portfoliomanagement bezieht jedoch i.d.R. mehrere Märkte und darüber hinaus häufig noch Anlagen in verschiedenen Währungen mit ein. Mitunter erscheint auch die Herunterbrechung bis zum einzelnen Wertpapier sinnvoll. Eine grundlegende Zerlegung kann nach den Entscheidungsebenen Asset Allocation, Titelselektion und Währung erfolgen.[2] Auch die Einbeziehung weiterer Entscheidungsebenen und eine entsprechende Renditezerlegung ist denkbar.

Grundsätzlich bildet die aktive Rendite den Ausgangspunkt der Überlegungen:

$$r_{PF_a} = r_{PF_0} - r_{BM_0} = r_{PF} - r_f - (r_{BM} - r_f) = r_{PF} - r_{BM}.$$

Zunächst sollen die beiden grundsätzlichen Möglichkeiten der Abweichung des Portfolios von der Benchmark betrachtet werden, nämlich die Gewichtung einzelner Assetkategorien (Allokationsbeitrag) und die Gewichtung einzelner Titel (Selektionsbeitrag). Als Assetkategorie können alle Arten von Assets verstanden werden. So kann es sich z.B. um eine Region, einen einzelnen Markt oder auch eine Branche etc. handeln. Die entsprechend zu zerlegenden Renditebeiträge können wie folgt ermittelt werden:[3]

(1) Renditebeitrag aus der aktiven Asset Allocation:

$$RB_{\text{Asset Allocation}} = \sum_{i=1}^{n} r_i^{BM} \cdot g_i^{PF} - \sum_{i=1}^{n} r_i^{BM} \cdot g_i^{BM} = \sum_{i=1}^{n} r_i^{BM} \cdot \left(g_i^{PF} - g_i^{BM} \right)$$

(2) Renditebeitrag aus der Titelselektion:

$$RB_{\text{Selektion}} = \sum_{i=1}^{n} r_i^{PF} \cdot g_i^{BM} - \sum_{i=1}^{n} r_i^{BM} \cdot g_i^{BM} = \sum_{i=1}^{n} g_i^{BM} \cdot \left(r_i^{PF} - r_i^{BM} \right)$$

---

[1] In vergleichbarer Weise lassen sich auch Risikodekompositionen durchführen. Dabei wird untersucht, zu welchem Prozentsatz die Schwankungen von Wertpapieren auf verschiedene Einflussfaktoren zurückzuführen sind. Vgl. *Drummen* (1992). Zu Varianzdekompositionen für den schweizerischen und den deutschen Aktienmarkt vgl. *Dubacher/Zimmermann* (1989), S. 66ff.

[2] Vgl. *Garz/Günther/Moriabadi* (1997), S. 235f.

[3] Vgl. *Pieper* (2002), S. 1008ff.

mit

r_i^{PF} = Portfoliorendite der Assetkategorie i,
r_i^{BM} = Benchmarkrendite der Assetkategorie i,
g_i^{PF} = Gewicht der Assetkategorie i im Portfolio und
g_i^{BM} = Gewicht der Assetkategorie i in der Benchmark.

Aus den Formeln ist ersichtlich, dass sich der Renditebeitrag aus der aktiven Asset Allocation dadurch ergibt, dass die Assetkategorie i im Portfolio anders gewichtet worden ist als in der Benchmark. Falls die Benchmark in der Betrachtungsperiode eine positive Rendite erbringen konnte, so führt die Übergewichtung zu einem positiven Beitrag zur aktiven Rendite. Eine Untergewichtung wirkt sich negativ auf die aktive Rendite auf, es sei denn, die Rendite der Benchmark war negativ.

Ist das Portfolio innerhalb der einzelnen Assetkategorien anders zusammengesetzt als die Benchmark, so kann hieraus ein Renditebeitrag aus der Titelselektion entstehen.

Nun würde sich allein aus der Summe der Renditebeiträge aus aktiver Asset Allocation und Titelselektion nicht die aktive Rendite ergeben. Vielmehr ist noch ein Residuum zu berücksichtigen, das als Kreuzprodukt keinem der beiden Beiträge zugeordnet werden kann. Das Kreuzprodukt entsteht beispielsweise in dem Fall, dass ein Markt übergewichtet wird bei gleichzeitiger Erwirtschaftung eines positiven oder negativen Beitrages aus der Titelselektion.

Die folgende Abbildung zeigt die Entstehung eines Kreuzproduktes anhand eines Portfolios, das – bezogen auf die betrachtete Assetkategorie i – gegenüber der Benchmark übergewichtet ist und gleichzeitig mit der Assetkategorie i eine höhere Rendite erzielte als die Benchmark.

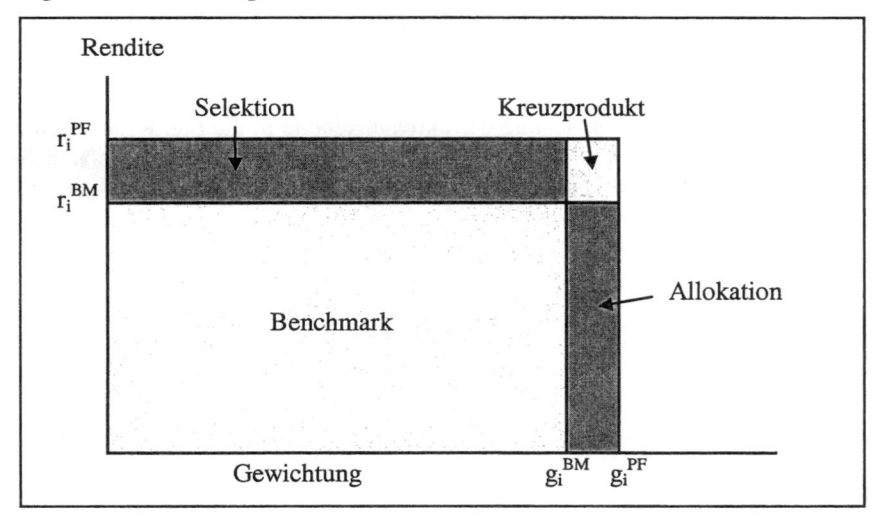

Abb. F.12: Kreuzprodukt

Analytisch kann der Renditebeitrag aus dem Kreuzprodukt wie folgt ermittelt werden:

$$RB_{Kreuzprodukt} = \sum_{i=1}^{n} \left(r_i^{PF} - r_i^{BM}\right) \cdot \left(g_i^{PF} - g_i^{BM}\right)$$

$$= \sum_{i=1}^{n} r_i^{PF} \cdot g_i^{PF} - \sum_{i=1}^{n} r_i^{BM} \cdot g_i^{PF} - \sum_{i=1}^{n} r_i^{PF} \cdot g_i^{BM} + \sum_{i=1}^{n} r_i^{BM} \cdot g_i^{BM}.$$

Für die Portfoliomanagementpraxis von Relevanz ist die Höhe des Kreuzprodukts, das auf unterschiedliche Art und Weise behandelt werden kann. Wird es beispielsweise völlig vernachlässigt bei der Attribution, so führt die Addition der einzelnen Renditebeiträge nicht mehr zur gesamten aktiven Rendite. Grundsätzlich ist auch eine Aufteilung des Kreuzproduktes auf die verschiedenen Renditebeiträge denkbar, wobei sich allerdings die Frage nach dem Aufteilungsschlüssel stellt.

Wenn das Kreuzprodukt voll berücksichtigt wird, so ergibt sich aus der Summe der Renditebeiträge die aktive Rendite:

$$r_{PF_a} = RB_{AssetAllocation} + RB_{Selektion} + RB_{Kreuzprodukt}$$

$$r_{PF_a} = \sum_{i=1}^{n} r_i^{BM} \cdot g_i^{PF} - \sum_{i=1}^{n} r_i^{BM} \cdot g_i^{BM} + \sum_{i=1}^{n} r_i^{PF} \cdot g_i^{BM} - \sum_{i=1}^{n} r_i^{BM} \cdot g_i^{BM}$$

$$+ \sum_{i=1}^{n} r_i^{PF} \cdot g_i^{PF} - \sum_{i=1}^{n} r_i^{BM} \cdot g_i^{PF} - \sum_{i=1}^{n} r_i^{PF} \cdot g_i^{BM} + \sum_{i=1}^{n} r_i^{BM} \cdot g_i^{BM}$$

$$\Leftrightarrow \quad r_{PF_a} = r_{PF} - r_{BM} = \sum_{i=1}^{n} r_i^{PF} \cdot g_i^{PF} - \sum_{i=1}^{n} r_i^{BM} \cdot g_i^{BM}.$$

Das folgende Beispiel zeigt die Zerlegung der aktiven Rendite in die o.g. Renditebeiträge. Ausgangspunkt ist ein Portfolio, das zu 45% aus Euroland-Aktien, zu 52% aus Euroland-Renten und zu 3% aus Cash besteht. Die relevante Benchmark setzt sich aus 50% Euroland-Aktien und 50% Euroland-Renten zusammen. Die jeweils erzielten Renditen können der folgenden Tabelle entnommen werden.

	Aktien Euroland	Renten Euroland	Cash	Summe
Gewicht im Portfolio	45,000%	52,000%	3,000%	100,000%
Gewicht in der Benchmark	50,000%	50,000%	0,000%	100,000%
Rendite Portfolio	14,000%	5,000%	2,000%	
Rendite Benchmark	10,000%	7,000%	1,500%[1]	

Tab. F.20: Ausgangsdaten für die Attribution

Aus diesen Daten können die folgenden Werte berechnet werden:

	Aktien Euroland	Renten Euroland	Cash	Summe
gewichtete Portfoliorendite	6,300%	2,600%	0,060%	8,960%
gewichtete Benchmarkrendite	5,000%	3,500%	0,000%	8,500%
gewichtete aktive Rendite	1,300%	-0,900%	0,060%	0,460%

Tab. F.21: Bestimmung der gewichteten Renditen

Die Zerlegung in die verschiedenen Renditebeiträge führt zu folgenden Ergebnissen:

	Aktien Euroland	Renten Euroland	Cash	Summe
Renditebeitrag Asset Allocation	-0,500%	0,140%	0,045%	-0,315%
Renditebeitrag Selektion	2,000%	-1,000%	0,000%	1,000%
Kreuzprodukt	-0,200%	-0,040%	0,015%	-0,2250%
gewichtete aktive Rendite	1,300%	-0,900%	0,060%	0,460%

Tab. F.22: Attributionsergebnisse

Hierbei ergibt sich beispielsweise der negative Renditebeitrag aus der Asset Allocation bei den Aktien aus der Untergewichtung gegenüber der Benchmark, die eine positive Rendite erzielt hat:

---

[1] Obwohl in der Benchmark keine Cash-Position enthalten ist, wird dennoch eine Vergleichsrendite herangezogen, die der geforderten Rendite bei einer Anlage in Cash entspricht. Würde hier 0% eingesetzt, so würde die Cash-Position lediglich einen Renditebeitrag in Höhe eines Kreuzproduktes von 0,06% erbringen.

$$\text{RB}_{\text{Asset Allocation}} = r_i^{BM} \cdot \left(g_i^{PF} - g_i^{BM}\right) = 0{,}10 \cdot (0{,}45 - 0{,}5) = -0{,}5\%.$$

Hingegen ist bei den Aktien der Selektionsbeitrag positiv, da das Portfolio im Bereich Euroland-Aktien eine höhere Rendite erwirtschaftete als die Benchmark:

$$\text{RB}_{\text{Selektion}} = g_i^{BM} \cdot \left(r_i^{PF} - r_i^{BM}\right) = 0{,}50 \cdot (0{,}14 - 0{,}10) = 2{,}0\%.$$

Das Kreuzprodukt bei den Aktien ergibt sich entsprechend:

$$\text{RB}_{\text{Kreuzprodukt}} = \left(r_i^{PF} - r_i^{BM}\right) \cdot \left(g_i^{PF} - g_i^{BM}\right) = (0{,}14 - 0{,}10) \cdot (0{,}45 - 0{,}50) = -0{,}2\%.$$

Bei diesem Beispiel ist zu beachten, dass im Rahmen der Allokationsentscheidung die Einzelentscheidung, Aktien unter- und Renten überzugewichten, insgesamt gesehen nicht sinnvoll war, da die Aktien im Vergleich zu den Renten eine um 3% höhere Rendite erzielten. Dies wird bei der obigen Formel zur Berechnung des Renditebeitrages aus der Asset Allocation nicht berücksichtigt. Vielmehr bezieht sich diese Formel ausschließlich auf die Benchmark der jeweiligen Assetkategorie, während die Renditen der anderen Assetkategorien außer acht bleiben.[1]

Auf Basis dieser Überlegungen kann als Ergänzung zur obigen Vorgehensweise zur Beurteilung der Einzelentscheidung bezüglich der Assetkategorie „Aktien Euroland" ein Bezug zur gesamten Benchmarkrendite hergestellt werden, die sich wie folgt ergibt:

Gesamte Benchmarkrendite = $0{,}50 \cdot 0{,}10 + 0{,}50 \cdot 0{,}07 + 0{,}00 \cdot 0{,}015 = 0{,}085 = 8{,}5\%$.

Infolgedessen kann der Allokationsbeitrag dieser Einzelentscheidung wie folgt ermittelt werden:

$$\text{RB}_{\text{Asset Allocation auf Gesamt-Benchmark bezogen}} = \left(r_i^{BM} - \bar{r}^{BM}\right) \cdot \left(g_i^{PF} - g_i^{BM}\right).$$

Für die einzelnen Assetkategorien betragen diese Werte:

Aktien Euroland: $\text{RB}_{\text{Asset Allocation auf Gesamt-Benchmark bezogen}} = (0{,}10 - 0{,}085) \cdot (0{,}45 - 0{,}50) = -0{,}075\%$

Renten Euroland: $\text{RB}_{\text{Asset Allocation auf Gesamt-Benchmark bezogen}} = (0{,}07 - 0{,}085) \cdot (0{,}52 - 0{,}50) = -0{,}03\%$

Cash: $\text{RB}_{\text{Asset Allocation auf Gesamt-Benchmark bezogen}} = (0{,}015 - 0{,}085) \cdot (0{,}03 - 0{,}00) = -0{,}21\%$.

In der Summe erhält man wiederum den gesamten Renditebeitrag Asset Allocation in Höhe von -0,315%. Bei dieser Aufteilung wird deutlich, dass die für die Renten oben als positiv beurteilte Allokationsentscheidung (+0,14%) nunmehr negativ gesehen wird (-0,03%). Dies liegt darin begründet, dass die Rendite der Rentenbenchmark (7%) geringer ist als die der gesamten Benchmark (8,5%). Folglich ist eine Übergewichtung der Renten nicht sinnvoll gewesen, obwohl die Benchmarkrendite dieser Assetkategorie positiv war. Gleiches gilt für die Cash-Position.

---

[1] Vgl. *Pieper* (2002), S. 1013.

Hier zeigt sich, dass der wesentliche Teil des negativen Allokationsbeitrags auf diese Position zurückgeführt werden kann, da sie nur eine vergleichsweise geringe Rendite erzielen konnte.

Die obige Renditedekomposition bezieht sich nur auf die beiden Beiträge Asset Allocation und Titelselektion. Im folgenden soll vor dem Hintergrund einer voranschreitenden Globalisierung der Anlagestrategien auch die Währungskomponente mit einbezogen werden. Diese kann auch dem Beitrag aus der Asset Allocation insgesamt zugeordnet werden. Vor diesem Hintergrund soll im folgenden der Beitrag aus der Allokation ohne Währungskomponente als Renditebeitrag aus der Asset Allocation i.e.S. verstanden werden. Hingegen umfasst der Renditebeitrag aus der Asset Allocation i.w.S. auch die Währungskomponente. Infolgedessen können unter Berücksichtigung des Renditebeitrages aus der Gewichtung der einzelnen Währungen (Währungsbeitrag) die einzelnen Renditekomponenten wie folgt berechnet werden:[1]

$$RB_{\text{Asset Allocation i.e.S.}} = \sum_{i=1}^{n} r_{i,\text{lokal}}^{BM} \cdot g_i^{PF} - \sum_{i=1}^{n} r_{i,\text{lokal}}^{BM} \cdot g_i^{BM} = \sum_{i=1}^{n} r_{i,\text{lokal}}^{BM} \cdot \left(g_i^{PF} - g_i^{BM}\right),$$

$$RB_{\text{Selektion}} = \sum_{i=1}^{n} r_{i,\text{lokal}}^{PF} \cdot g_i^{BM} - \sum_{i=1}^{n} r_{i,\text{lokal}}^{BM} \cdot g_i^{BM} = \sum_{i=1}^{n} g_i^{BM} \cdot \left(r_{i,\text{lokal}}^{PF} - r_{i,\text{lokal}}^{BM}\right),$$

$$RB_{\text{Währung}} = \sum_{i=1}^{n} g_i^{PF} \cdot \left(r_i^{PF} - r_{i,\text{lokal}}^{PF}\right) - \sum_{i=1}^{n} g_i^{BM} \cdot \left(r_i^{BM} - r_{i,\text{lokal}}^{BM}\right)$$

$$= \sum_{i=1}^{n} g_i^{PF} \cdot r_i^{PF} - \sum_{i=1}^{n} g_i^{PF} \cdot r_{i,\text{lokal}}^{PF} - \sum_{i=1}^{n} g_i^{BM} \cdot r_i^{BM} + \sum_{i=1}^{n} g_i^{BM} \cdot r_{i,\text{lokal}}^{BM},$$

$$RB_{\text{Kreuzprodukt}} = \sum_{i=1}^{n} \left(r_{i,\text{lokal}}^{PF} - r_{i,\text{lokal}}^{BM}\right) \cdot \left(g_i^{PF} - g_i^{BM}\right)$$

$$= \sum_{i=1}^{n} r_{i,\text{lokal}}^{PF} \cdot g_i^{PF} - \sum_{i=1}^{n} r_{i,\text{lokal}}^{BM} \cdot g_i^{PF} - \sum_{i=1}^{n} r_{i,\text{lokal}}^{PF} \cdot g_i^{BM} + \sum_{i=1}^{n} r_{i,\text{lokal}}^{BM} \cdot g_i^{BM}$$

mit

r_i^{PF} = Portfoliorendite der Assetkategorie i in der Referenzwährung,

$r_{i,\text{lokal}}^{PF}$ = Portfoliorendite der Assetkategorie i in lokaler Währung,

r_i^{BM} = Benchmarkrendite der Assetkategorie i in der Referenzwährung,

$r_{i,\text{lokal}}^{BM}$ = Benchmarkrendite der Assetkategorie i in der lokaler Währung,

g_i^{PF} = Gewicht der Assetkategorie i im Portfolio und

g_i^{BM} = Gewicht der Assetkategorie i in der Benchmark.

---

[1] Vgl. *Pieper* (2002), S. 1014ff.

In der Summe ergibt sich wiederum die aktive Rendite:

$$
\begin{aligned}
r_{PF_a} =\ & \sum_{i=1}^{n} r_{i,lokal}^{BM} \cdot g_i^{PF} - \sum_{i=1}^{n} r_{i,lokal}^{BM} \cdot g_i^{BM} && \text{Asset Allocation i.e.S.} \\
& + \sum_{i=1}^{n} r_{i,lokal}^{PF} \cdot g_i^{BM} - \sum_{i=1}^{n} r_{i,lokal}^{BM} \cdot g_i^{BM} && \text{Selektion} \\
& + \sum_{i=1}^{n} g_i^{PF} \cdot r_i^{PF} - \sum_{i=1}^{n} g_i^{PF} \cdot r_{i,lokal}^{PF} - \sum_{i=1}^{n} g_i^{BM} \cdot r_i^{BM} + \sum_{i=1}^{n} g_i^{BM} \cdot r_{i,lokal}^{BM} && \text{Währung} \\
& + \sum_{i=1}^{n} r_{i,lokal}^{PF} \cdot g_i^{PF} - \sum_{i=1}^{n} r_{i,lokal}^{BM} \cdot g_i^{PF} - \sum_{i=1}^{n} r_{i,lokal}^{PF} \cdot g_i^{BM} + \sum_{i=1}^{n} r_{i,lokal}^{BM} \cdot g_i^{BM} && \text{Kreuzprodukt} \\
=\ & \sum_{i=1}^{n} g_i^{PF} \cdot r_i^{PF} - \sum_{i=1}^{n} g_i^{BM} \cdot r_i^{BM}
\end{aligned}
$$

Die Vorgehensweise soll an einem Beispiel aufgezeigt werden. Das Portfolio eines Anlegers aus dem Euroland ist wie folgt strukturiert:

	Aktien Euroland	Aktien USA	Cash EUR	Cash USD	Summe
Gewicht im Portfolio	57,000%	42,000%	5,000%	-4,000%	100,000%
Gewicht in der Benchmark	50,000%	50,000%	0,000%	0,000%	100,000%
Rendite Portfolio in lokaler Währung	15,000%	18,000%	3,000%	4,000%	
Rendite Benchmark in lokaler Währung	11,000%	19,000%	3,000%	4,000%	

Tab. F.23: Ausgangsdaten für die Attribution incl. Währungsbeitrag

Zu Beginn der Betrachtungsperiode belief sich der Kurs des USD auf 0,94 EUR, zum Ende stand er bei genau 1 EUR. Hieraus ergibt sich ein Kursgewinn bei einer Anlage in USD in Höhe von

$$\frac{1}{0,94} - 1 = 6{,}383\%.$$

Infolgedessen muss die o.g. lokale Rendite der USD-Anlagen noch um den Währungserfolg korrigiert werden. Beispielsweise ergibt sich für die Anlage in USD-Cash (Geldmarktanlage) eine Gesamtrendite aus Sicht eines EUR-Anlegers von

$$1{,}04 \cdot \frac{1}{0{,}94} - 1 = 10{,}638\%.$$

Im Vergleich zur Anlage in EUR-Cash wäre dies ein Mehrertrag von 7,638%, der auch als Währungs-Überschussrendite bezeichnet werden kann unter der Bedingung, dass der EUR-Geldmarktsatz der relevante risikolose Zins ist.

Diesen Überlegungen folgend können die Renditen in der Referenzwährung EUR wie folgt angegeben werden:

	Aktien Euroland	Aktien USA	Cash EUR	Cash USD
Rendite Portfolio in Referenzwährung	15,000%	25,532%	3,000%	10,638%
Rendite Benchmark in Referenzwährung	11,000%	26,596%	3,000%	10,638%

Tab. F.24: Renditen in Referenzwährung

Die gewichteten Renditen für die einzelnen Assetkategorien sind der folgenden Tabelle zu entnehmen:

	Aktien Euroland	Aktien USA	Cash EUR	Cash USD	Summe
gewichtete Portfoliorendite	8,550%	10,723%	0,150%	-0,426%	18,998%
gewichtete Benchmarkrendite	5,500%	13,298%	0,000%	0,000%	18,798%
gewichtete aktive Rendite	3,050%	-2,574%	0,150%	-0,426%	0,200%

Tab. F.25: gewichtete Renditen

Mit Hilfe der obigen Formeln lassen sich die einzelnen Renditebeiträge wie folgt aufsplitten:

	Aktien Euroland	Aktien USA	Cash EURO	Cash USD	Summe
Renditebeitrag Asset Allocation i.e.S.	0,770%	-1,520%	0,150%	-0,160%	-0,760%
Renditebeitrag Selektion	2,000%	-0,500%	0,000%	0,000%	1,500%
Renditebeitrag Währung	0,000%	-0,634%	0,000%	-0,266%	-0,900%
Kreuzprodukt	0,280%	0,080%	0,000%	0,000%	0,360%
gewichtete aktive Rendite	3,050%	-2,574%	0,150%	-0,426%	0,200%

Tab. F.26: Attributionsergebnisse incl. Währungsbeitrag

Beispielsweise wird der Währungsbeitrag für die US-Aktien folgendermaßen berechnet:

$$\begin{aligned}RB_{Währung} &= g_i^{PF} \cdot \left(r_i^{PF} - r_{i,lokal}^{PF}\right) - g_i^{BM} \cdot \left(r_i^{BM} - r_{i,lokal}^{BM}\right) \\ &= 0{,}42 \cdot (0{,}25532 - 0{,}18) - 0{,}50 \cdot (0{,}26596 - 0{,}19) = -0{,}634\%.\end{aligned}$$

Allerdings ist bei dem Währungsbeitrag zu berücksichtigen, dass ein weiteres Kreuzprodukt entsteht. Dies liegt darin begründet, dass die Renditewerte für die jeweilige Assetkategorie und die Währung multiplikativ miteinander verknüpft sind. Insofern besteht keine Additivität zwischen den einzelnen Komponenten. Für das Beispiel lassen sich für Portfolio und Benchmark zunächst folgende Residuen bestimmen:

Portfolio: $r_i^{PF} - r_{i,lokal}^{PF} - r_{Währungskurs}$

$$= [(1{,}18 \cdot 1{,}06383) - 1] - 18\% - 6{,}383\% = 25{,}532\% - 18\% - 6{,}383\% = 1{,}149\%,$$

Benchmark: $r_i^{BM} - r_{i,lokal}^{BM} - r_{Währungskurs}$

$$= [(1{,}19 \cdot 1{,}06383) - 1] - 19\% - 6{,}383\% = 26{,}596\% - 19\% - 6{,}383\% = 1{,}213\%.$$

Das gesamte hieraus resultierende Residuum bzw. Kreuzprodukt beläuft sich auf:

$$g_i^{PF} \cdot 1{,}149\% - g_i^{BM} \cdot 1{,}213\% = 0{,}42 \cdot 1{,}149\% - 0{,}50 \cdot 1{,}213\% = -0{,}12383\%.$$

Infolgedessen kann der eigentliche Beitrag aus der Währungsauswahl allgemein auch wie folgt bestimmt werden:

$$\begin{aligned}RB_{Währung} &= \sum_{i=1}^{n} g_i^{PF} \cdot \left(r_i^{PF} - r_{i,lokal}^{PF} - r_{i,Kreuzprod.}^{PF}\right) - \sum_{i=1}^{n} g_i^{BM} \cdot \left(r_i^{BM} - r_{i,lokal}^{BM} - r_{i,Kreuzprod.}^{BM}\right) \\ &= \sum_{i=1}^{n} g_i^{PF} \cdot r_{Währungskurs} - \sum_{i=1}^{n} g_i^{BM} \cdot r_{Währungskurs} = \sum_{i=1}^{n} r_{Währungskurs} \cdot \left(g_i^{PF} - g_i^{BM}\right).\end{aligned}$$

Auf das Beispiel bezogen errechnet sich für die US-Aktien:

$$RB_{Währung} = 6{,}383\% \cdot (0{,}42 - 0{,}50) = -0{,}51064\%.$$

Addiert man nun das Kreuzprodukt in Höhe von -0,12383% hinzu, so kommt man wiederum zu dem obigen Währungsbeitrag von -0,63447%.

Analog teilt sich der Währungsbeitrag der USD-Cash-Position (-0,266%) auf den eigentlichen Währungsbeitrag (-0,2553%) und ein Kreuzprodukt (-0,0102%) auf.

Der Währungsbeitrag dieser Cash-Position ist nicht aufgrund einer Investition in ausländische Aktienmärkte entstanden, sondern explizit, d.h., dass hierbei Transaktionen zugrunde liegen, die auf ein reines Währungsmanagement zurückzuführen sind. Im Falle des obigen Beispiels bedeutet die negative Gewichtung der USD-Cash-Position eine Absicherungstransaktion. Hingegen ist der Währungsbeitrag der US-Aktien-Position implizit entstanden, d.h. durch das Engagement in diesem Markt. Entsprechend kann der Währungsbeitrag noch weiter aufgeschlüsselt werden:

$$RB_{\text{Währung}} = \underbrace{r_{\text{Währungskurs}} \cdot \left(g_{\text{US-Aktien}}^{PF} - g_{\text{US-Aktien}}^{BM}\right)}_{\text{implizit}} + \underbrace{r_{\text{Währungskurs}} \cdot \left(g_{\text{USD-Cash}}^{PF} - g_{\text{USD-Cash}}^{BM}\right)}_{\text{explizit}}$$

Der implizite Währungsbeitrag beträgt dem gemäß -0,5106% und der explizite -0,2553%, so dass der gesamte Währungsbeitrag (unter Herausrechnung des zusätzlichen Kreuzproduktes von insgesamt -0,1340%) -0,7660% beträgt. Inkl. dem zusätzlichen Kreuzprodukt ergibt sich in der Summe wiederum der Wert aus Tab. F.26 in Höhe von -0,900%.

Die folgende Abbildung zeigt die Renditedekomposition für dieses Beispiel im Zusammenhang auf. Dabei werden die Beiträge aus der Asset Allocation i.e.S., der Währungsselektion und dem bei der Währungskomponente auftretenden Kreuzprodukt zur Asset Allocation i.w.S. zusammengefasst. Der Renditebeitrag aus der Asset Allocation i.e.S. kann auch als Länderselektionsbeitrag tituliert werden. Damit beläuft sich der Gesamtbetrag des Beitrages aus der Asset Allocation i.w.S. auf -1,660%.

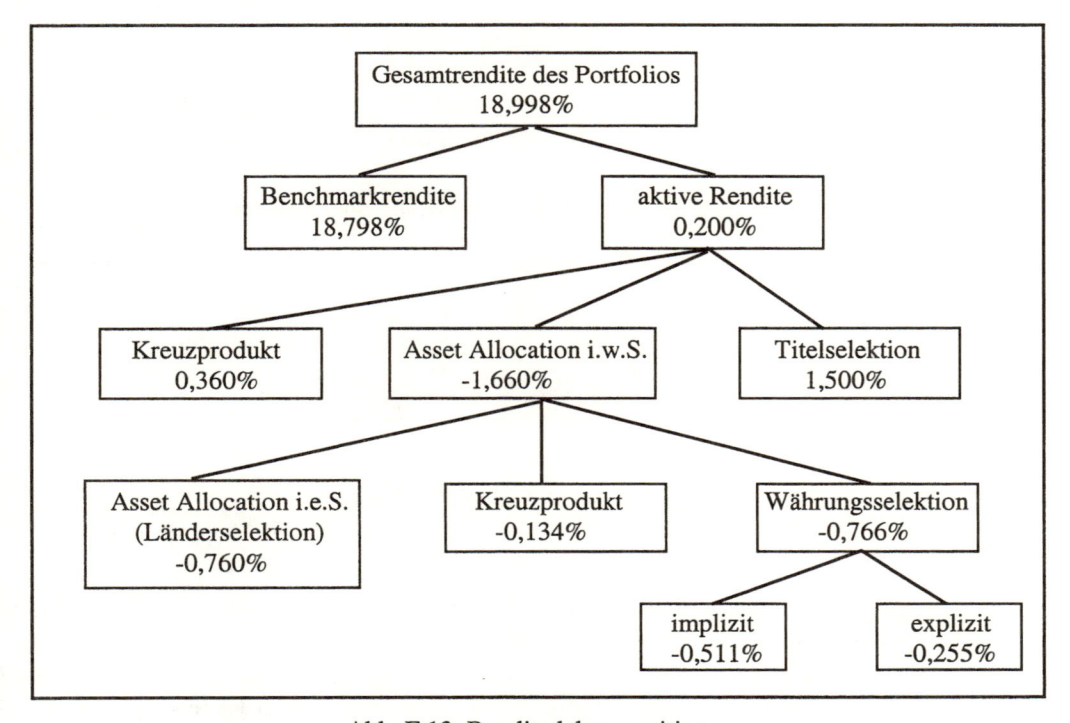

Abb. F.13: Renditedekomposition

In dem Beispiel hat der Portfoliomanager dem gemäß in der betrachteten Periode gute Titelselektionsfähigkeiten, aber schlechte Allokationsfähigkeiten gezeigt. In einer umfassenden Analyse seiner Fähigkeiten ist aber eine Untersuchung über mehrere Perioden erforderlich. Nur in diesem Fall kann grundsätzlich eine sinnvolle Stellungnahme über die Stärken und Schwächen des Portfoliomanagers abgegeben werden.

Hinzuweisen ist an dieser Stelle darauf, dass sich die hier aufgezeigte Attribution auf die Dekomposition der Renditen bezieht.[1] Zur Adjustierung der Attributionskomponenten um das Risiko wurden weitere Ansätze vorgelegt, die aber hier nicht weiter verfolgt werden.[2]

Wie schon angedeutet, entsteht im Rahmen der Attribution das Problem der sachgerechten Behandlung des Kreuzproduktes. Dieses Problem wird verstärkt, wenn nicht nur – wie im obigen Beispiel dargestellt – eine einperiodige Betrachtung vorgenommen wird, sondern mehrere Anlageperioden ausgewertet werden sollen. Wie gezeigt, werden im Rahmen der Performance Attribution die einzelnen Renditen in ihre Beiträge aufgeschlüsselt, die in ihrer Summe wiederum den Ausgangswert ergeben. Werden nun die Renditen mehrerer Perioden miteinander verknüpft, um zu kumulierten Renditen zu gelangen, so erfolgt dies in multiplikativer Weise. Hierdurch entstehen weitere Kreuzprodukte.

Werden beispielsweise nur zwei Perioden betrachtet, in denen jeweils eine Renditedekomposition in Asset Allocation-Beitrag, Selektionsbeitrag und Kreuzprodukt (s.o.) vorgenommen wird, so kann die aktive Rendite folgendermaßen berechnet werden:

t_1: $r_{PF_a}(t_1) = RB_{AssetAll.}(t_1) + RB_{Selektion}(t_1) + RB_{Kreuzprodukt}(t_1)$

t_2: $r_{PF_a}(t_2) = RB_{AssetAll.}(t_2) + RB_{Selektion}(t_2) + RB_{Kreuzprodukt}(t_2)$

Hieraus berechnet sich die folgende kumulierte aktive Rendite für den Zeitraum $t_0 - t_2$:

$$r_{PF_a}(t_0 \text{ bis } t_2) = \left[1 + r_{PF_a}(t_1)\right] \cdot \left[1 + r_{PF_a}(t_2)\right] - 1$$

$$= \left[1 + RB_{AssetAll.}(t_1) + RB_{Selektion}(t_1) + RB_{Kreuzprodukt}(t_1)\right] \cdot \left[1 + RB_{AssetAll.}(t_2) + RB_{Selektion}(t_2) + RB_{Kreuzprodukt}(t_2)\right] - 1$$

---

[1] Zur der hier aufgezeigten Vorgehensweise vgl. insbesondere auch *Brinson/Fachler* (1985), S. 73ff.; *Brinson/Hood/Beebower* (1986), S. 39ff.

[2] Vgl. *Brinson/Singer/Beebower* (1991), S. 40ff.; *Ankrim* (1992), S. 74ff. *Ankrim/Hensel* (1994), S. 29ff.; *Singer/Karnosky* (1995), S. 84ff. Zur Entwicklung der rendite- und risikoorientierten Attribution vgl. *Paape* (2001), S. 100ff.

$$
\begin{aligned}
&= RB_{AssetAll.}(t_1) + RB_{AssetAll.}(t_2) + RB_{AssetAll.}(t_1) \cdot RB_{AssetAll.}(t_2) && \text{Allokation} \\
&+ RB_{Selektion}(t_1) + RB_{Selektion}(t_2) + RB_{Selektion}(t_1) \cdot RB_{Selektion}(t_2) && \text{Selektion} \\
&+ RB_{Kreuzprodukt}(t_1) + RB_{Kreuzprodukt}(t_2) + RB_{Kreuzprodukt}(t_1) \cdot RB_{Kreuzprodukt}(t_2) && \text{Kreuzprodukt} \\
&+ RB_{AssetAll.}(t_1) \cdot RB_{Selektion}(t_2) + RB_{Selektion}(t_1) \cdot RB_{AssetAll.}(t_2) && \text{Kreuzprodukt} \\
&+ RB_{AssetAll.}(t_1) \cdot RB_{Kreuzprodukt}(t_2) + RB_{Kreuzprodukt}(t_1) \cdot RB_{AssetAll.}(t_2) && \text{Kreuzprodukt} \\
&+ RB_{Selektion}(t_1) \cdot RB_{Kreuzprodukt}(t_2) + RB_{Kreuzprodukt}(t_1) \cdot RB_{Selektion}(t_2) && \text{Kreuzprodukt}
\end{aligned}
$$

Das folgende Beispiel zeigt die Problematik auf. Dabei handelt es sich in der Tabelle jeweils um diskrete Renditen.

Zeitpunkt	Rendite Portfolio	Rendite Benchmark	aktive Rendite	Renditebeitrag Allokation	Renditebeitrag Selektion	Renditebeitrag Kreuzprodukt
t_1	2%	4%	-2%	-1,50%	-0,80%	0,30%
t_2	9%	3%	6%	4,00%	1,60%	0,40%

Tab. F.27: Attribution bei zweiperiodiger Betrachtung: Ausgangsdaten

Hieraus ergibt sich nach 2 Perioden eine kumulierte aktive Rendite von

$0{,}98 \cdot 1{,}06 - 1 = 3{,}880\%$.

Entsprechend der obigen Formel kann dieser Wert in die folgenden Beiträge aufgesplittet werden:

Komponente	Beitrag
Allokation	2,4400%
Selektion	0,7872%
Kreuzprodukt	0,7012%
Kreuzprodukt	-0,0560%
Kreuzprodukt	0,0060%
Kreuzprodukt	0,0016%
Summe	3,8800%

Tab. F.28: Attribution bei zweiperiodiger Betrachtung: Renditebeiträge

Ermittelt man jedoch die kumulierte aktive Rendite als Differenz zwischen kumulierter Portfoliorendite (11,18%) und kumulierter Benchmarkrendite (7,12%), so ergibt sich eine kumulierte aktive Rendite von 4,06%. Die Differenz in Höhe von 0,18% stellt ein zusätzliches Kreuzprodukt dar. Geht man aber von dieser kumulierten aktiven Rendite aus, so kann unter Berücksichtigung des Kreuzproduktes die Additivität gewahrt bleiben, was der Vereinfachung in der Praxis dient.

Zur Verminderung zumindest dieses zusätzlichen Kreuzproduktes könnte der folgende Ansatz eine Lösung darstellen. Ausgegangen wird von der Berechnung der kumulierten aktiven Rendite als Differenz aus den kumulierten Renditen des Portfolios und der Benchmark:

$$r_{PF_a}^{kumuliert} = r_{PF}^{kumuliert} - r_{BM}^{kumuliert} = 11{,}18\% - 7{,}12\% = 4{,}06\%.$$

Weiterhin lässt sich diese Rendite in die folgenden Beiträge aufteilen:

$$r_{PF_a}^{kumuliert} = \underbrace{r_{PF}^{kumuliert} - \left(r_{PF} - RB_{AssetAll.}\right)^{kumul.}}_{RB_{AssetAll.}^{kumuliert}} + \underbrace{r_{PF}^{kumuliert} - \left(r_{PF} - RB_{Selektion}\right)^{kumul.}}_{RB_{Selektion}^{kumuliert}}$$

$$+ \underbrace{r_{PF}^{kumuliert} - \left(r_{PF} - RB_{Kreuzprodukt}\right)^{kumul.}}_{RB_{Kreuzprodukt}^{kumuliert}} + RB_{Kreuzprodukt}$$

mit

$\left(r_{PF} - RB_{AssetAll.}\right)^{kumul.}$ = kumulierte Differenz zwischen Portfoliorendite und dem Renditebeitrag aus der Asset Allocation.

Werden die Daten des Beispiels eingesetzt, so gelangt man zu den folgenden Werten:

$$RB_{AssetAll.}^{kumuliert} = r_{PF}^{kumuliert} - \left(r_{PF} - RB_{AssetAll.}\right)^{kumul.} = 11{,}18\% - (1{,}035 \cdot 1{,}05 - 1) = 2{,}505\%,$$

$$RB_{Selektion}^{kumuliert} = r_{PF}^{kumuliert} - \left(r_{PF} - RB_{Selektion}\right)^{kumul.} = 11{,}18\% - (1{,}028 \cdot 1{,}074 - 1) = 0{,}7728\%,$$

$$RB_{Kreuzprod.}^{kumuliert} = r_{PF}^{kumuliert} - \left(r_{PF} - RB_{Kreuzprod.}\right)^{kumul.} = 11{,}18\% - (1{,}017 \cdot 1{,}086 - 1) = 0{,}7338\%.$$

In der Summe ergibt sich aus diesen Komponenten ein Wert von 4,0116%. Zieht man diesen Wert von der oben ermittelten kumulierten aktiven Rendite von 4,060% ab, so verbleibt ein zusätzliches Kreuzprodukt von 0,0484%. Damit hat sich das zusätzliche Kreuzprodukt erheblich gegenüber dem obigen Wert von 0,18% verringert.

Vorteilhaft ist bei der hier dargestellten Möglichkeit der Verringerung des zusätzlichen Kreuzprodukts, dass die einzelnen kumulierten Renditen bzw. Renditebeiträge addiert werden können. Das zusätzliche Kreuzprodukt kann zu dem gesamten Kreuzprodukt hinzuaddiert werden oder aber im Falle einer vorherigen Zuordnung der Kreuzprodukte zu bestimmten Beiträgen mit einem sinnvollen Schlüssel entsprechend behandelt werden.[1]

Festzuhalten bleibt, dass man sich im Rahmen der Performanceattribution um das Problem des Kreuzproduktes bewusst sein sollte und möglichst in der Lage ist, es auch zu berücksichtigen. Letzteres wird von den Performanceattributionssystemen in unterschiedlicher Weise gehandhabt.[2]

Insgesamt gesehen hängt die Qualität der Renditeattribution vor allem auch von den in die Berechnung eingehenden Gewichten der einzelnen Assetkategorien ab. So können sich die Gewichte im Laufe einer einzelnen Betrachtungsperiode mehrfach ändern. Dies kann bei der Attribution, die i.d.R. mit durchschnittlichen Beständen arbeitet, zu Ergebnisverzerrungen führen. In der Praxis werden Performanceanalysen häufig in einem bestimmten Zyklus erstellt (z.B. viertel- oder halbjährlich). Ideal könnte aus theoretischer Sicht eine tägliche Analyse sein. Dabei stellt sich allerdings die Frage nach dem Kosten-Nutzen-Verhältnis. Im Rahmen einer externen Performanceanalyse ist hierbei noch zu beachten, dass sich in einem solchen Fall die Divergenz zwischen dem Anlagehorizont des Investors und dem Zyklus der Performanceanalysen noch weiter erhöht, so dass sich die grundsätzliche Problematik, den Erreichungsgrad einer langfristigen Zielsetzung des Investors in kurzen Zeitabständen zu messen und zu analysieren, weiter verschärfen würde. Dennoch muss der Investor regelmäßig über die Zwischenstände seines Mandats informiert werden.

Grundsätzlich ist bei der Performanceattribution darauf zu achten, dass sie von Nutzen für den Anwender ist. Eine tiefgehende Analyse, die aus theoretischer Sicht möglicherweise sinnvoll erscheint, sollte dementsprechend insbesondere auch vor dem Hintergrund der täglichen Praxis beurteilt werden.

3. Qualitative Performanceattribution

Sollen anhand der quantitativen Performancekennzahlen valide Schlussfolgerungen auf die Portfolioperformance und / oder die Managementleistung gezogen werden, dann sind lange Zeitreihen von Portfoliodaten erforderlich, um zu statistisch signifikanten Resultaten zu gelangen. Hierin besteht das eigentliche Dilemma der Performanceanalyse. Eine im statistischen Sinne verlässliche Unterscheidung von Können und Glück gelingt nur bei lange bestehenden Portfolios bzw. lange im Geschäft befindlichen Portfoliomanagern. Dies konnte bereits im Rahmen der obigen Diskussion gezeigt werden.

---

[1] Zu Vorschlägen zur Behandlung der Kreuzproduktproblematik im Mehrperiodenfall vgl. auch *Paape* (1998), S. 213ff.; *Fischer* (2000), S. 151ff. Darüber hinaus wird auch vorgeschlagen, von den in der Praxis vorherrschenden additiven Ansätzen zur Performanceattribution abzusehen und dafür eine multiplikative Performanceattribution heranzuziehen, die eine Renditezerlegung in die Erfolgsquellen ohne Kreuzprodukte ermöglicht. Vgl. dazu *Buhl/Schneider/Tretter* (2000), S. 320ff.

[2] Vgl. *Pieper* (2002), S. 1020.

Die Erkenntnis, dass Performanceattribution in der Praxis aufgrund der Nichtgegebenheit ausreichend langer Datenzeitreihen zumeist nicht allein mit Hilfe quantitativer Analyseverfahren zu betreiben ist, hat den Blick für weitere, qualitative Beurteilungskriterien der Performanceattribution geschärft. Im Mittelpunkt der qualitativen Performanceanalyse steht der Investmentstil des Portfoliomanagers. Dabei wird untersucht, ob ein konsistenter und mit der vorgegebenen Investmentphilosophie des Managers in Einklang stehender Investmentstil vorliegt. Ist dies der Fall, dann erscheint die Annahme einer überlegenen Information-Ratio eher angebracht, als bei einem nicht gegebenen oder inkonsistenten Anlagestil. Umgekehrt kann das mathematische Ergebnis einer negativen Information-Ratio eher als Pech eingeschätzt werden, wenn ein konsistenter Investmentstil seitens des Portfoliomanagers verfolgt wird.

Die Bedeutung der Analyse des Investmentstils wird vor dem Hintergrund zunehmen, dass Investmentfonds immer häufiger als Bausteine im Rahmen einer systematischen Strukturierung des Portfolios dienen.[1] Mit Hilfe einer solchen Analyse kann der Anleger die aus dem Investmentstil resultierende Fondsstruktur bezüglich Risiko und Rendite von vornherein richtig abschätzen. Auf die Einhaltung des Stils muss er sich gerade dann verlassen können, wenn mehrere Einzelfonds in einem gesamten Portfolio optimiert werden sollen.

Zum Instrumentarium der qualitativen Performanceanalyse zählt die Längsschnittanalyse des Portfolios. Strukturveränderungen des Portfolios sollen hinterfragt und einzelne Kauf- bzw. Verkaufsentscheidungen in bezug auf das dahinter stehende Informationssignal analysiert werden. Zusätzliche Informationen bezüglich des Investmentstils eines Portfoliomanagers können möglicherweise auch aus Umsatzdaten extrahiert werden. Zudem kann ein Vergleich mit der Performance von Konkurrenzportfolios (Peer-Group Benchmark) Anhaltspunkte für den vorliegenden Investmentstil liefern.

Performancemaße beziehen sich ausschließlich auf die Performance, nicht aber auf die Serviceebene eines Portfoliomanagers. Die Auswahl eines Managers sollte jedoch nicht allein auf vergangene Performancedaten gestützt sein, sondern, wenn möglich, auch Serviceleistungen, Beratungskompetenz, Kosten, Transparenz und Entscheidungskonsistenz mit in die Entscheidung einbeziehen.

IV. Grundlegende Problembereiche der Performanceanalyse

1. Grundprobleme der Performanceanalyse

Ein zentrales Problem der Performanceanalyse ist die Vergangenheitsbezogenheit der Daten. Obwohl Investoren sich häufig an dieser vergangenen Performance orientieren, ist damit nicht sicher gewährleistet, dass diese auch für die Zukunft gilt. Dies betrifft neben den Rendite- und Risikodaten vor allem auch die qualitativen Daten. Beispielsweise kann der Wechsel eines Fondsmanagers auf der Basis von Vergangenheitsdaten nicht für die Zukunft prognostiziert werden, kann aber für die zukünftige Entwicklung des Fonds eine große Bedeutung haben.

---

[1] Vgl. *Wittrock* (2002), S. 979.

Bei langfristigen relativen Performanceanalysen darf zudem nicht übersehen werden, dass vielfach ein sog. 'Survivorship-Bias' auftritt. Schlechte Portfolios, die aus dem Markt ausgeschieden sind, werden aus den Performanceranglisten eliminiert und somit im Rahmen der Performancemessung nicht mehr berücksichtigt, so dass den verbliebenen Portfolios eine Performanceverzerrung ins Positive anhaftet. Scheiden nur wenige Portfolios aufgrund einer zu schlechten Performance aus, so wird diesem Effekt eine geringe Bedeutung beigemessen. Dennoch sind in empirischen Untersuchungen auch durch Survivorship-Bias verursachte Verzerrungen der Ergebnisse ermittelt worden, die ein relativ bedeutendes Ausmaß erreichen.[1]

Von Bedeutung für eine richtige Einschätzung kann auch die Betrachtung unterschiedlicher Börsenzyklen sein. Wie sich empirisch gezeigt hat, gelingt es institutionellen Portfolios in schwachen Börsenzeiten regelmäßig besser, gute relative Performance auszuweisen als in aufwärtsgerichteten Börsenphasen.[2]

Die im Rahmen von externen Performanceanalysen angewendeten und auf kapitalmarkttheoretischen Modellen basierenden Verfahren zur Identifikation von Selektions- und Timingfähigkeiten können diese Fähigkeiten unter den gesetzten Annahmen durchaus identifizieren. Aber gerade die Annahmen, die sowohl die theoretischen Grundlagen als auch das unterstellte Verhalten der Portfoliomanager betreffen, sind in der Realität teilweise nicht zutreffend. Ferner gestaltet sich die Abgrenzung der zufallsbedingten Störgrößen von den Komponenten, die die Leistung bzw. das Risiko betreffen, schwierig.

Problematisch ist insbesondere bei einer externen Performanceanalyse die Unkenntnis über die Prognosen, die den Portfoliomanagern als Basis für ihre Entscheidungen dienten. Grundlage für die Interpretation bei diesen Verfahren ist vielmehr die theoretische Basis des jeweiligen Verfahrens. Auch die Überprüfung zahlreicher Performancemaße, die auf Portfolios angewendet wurden, bei denen eine Simulation von Timing- und Selektivitätsinformationen vorgenommen wurde, konnte eine statistische Signifikanz der Ergebnisse erst bei besonders hohen, eher realitätsfernen Renditen nachweisen. Vor diesem Hintergrund erscheint für die externe Analyse der Einsatz der zunehmend praxisferneren statistischen Instrumente zur Performanceanalyse, die auf der Basis von Renditen erfolgt, nicht angebracht. Vielmehr werden zusätzliche Informationen benötigt, die die Leistungsfähigkeit des Portfoliomanagers besser beurteilen können.[3]

Darüber hinaus existiert für externe Analysten und Anleger ein Datenbeschaffungsproblem. Für diesen Personenkreis ist es kaum möglich, die erforderlichen Daten für die eigenständige Durchführung einer genauen Performanceanalyse, die auch die Performanceattribution einschließt, zu erhalten.

---

[1] Vgl. *Malkiel* (1995), S. 549ff.; *Kahn/Rudd* (1995), S. 43ff.; *Wittrock* (1995a), S. 210f. und die dort angegebene Literatur.
[2] Vgl. *Malkiel* (1995), S. 565ff.
[3] Vgl. *Wittrock* (2002), S. 989ff. sowie *Wittrock* (1995), S. 167ff. und die dort angegebene Literatur.

558

Schließlich zählt zu den zentralen Problemen, dass insgesamt davon ausgegangen werden kann, dass die von den Portfoliomanagern erzielte Performance im mittleren Durchschnitt geringer ist als die der Benchmark. Der dafür am wahrscheinlichsten zutreffende Grund ist der Einfluss der Transaktionskosten. Die besonders im aktiven Portfoliomanagement hohen Kosten können ein zunehmendes Interesse an einer passiven (und kostenarmen) Investmentphilosophie begründen. Insofern wird angeregt, im aktiven Management auch das Kostenmanagement mit in die Überlegungen einzubeziehen.[1]

Die folgende Grafik soll diesen Sachverhalt illustrieren:

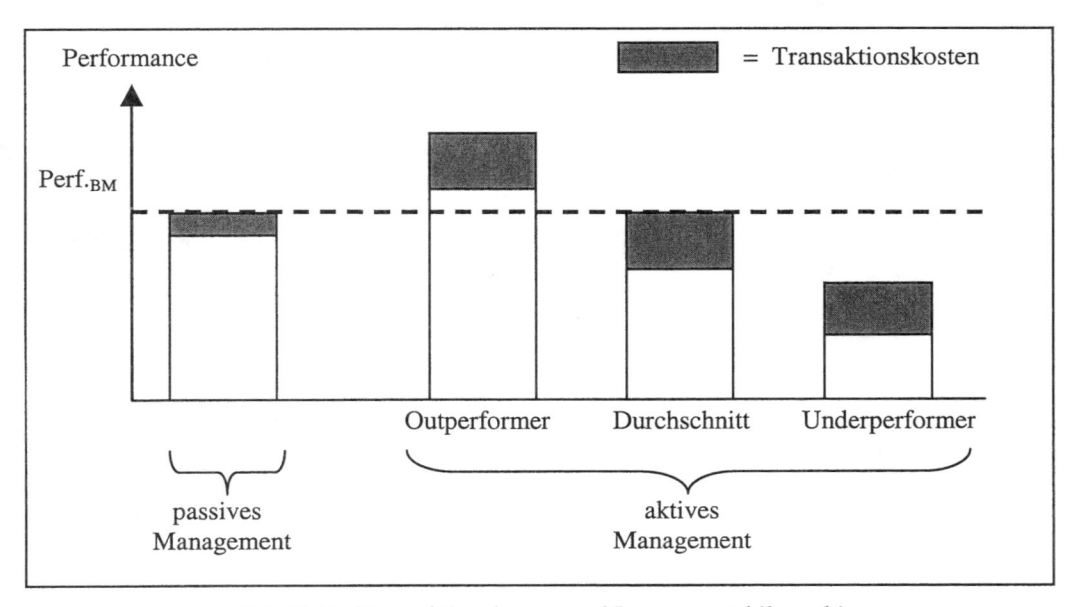

Abb. F.14: Transaktionskosten und Investmentphilosophie

Wird demnach die Benchmark genau nachgebildet (passives Management), so wird die Performance der Benchmark aufgrund der Transaktionskosten nicht erreicht. Die höheren Transaktionskosten im aktiven Management müssen sowohl bei den Outperformern als auch bei den Underperformern berücksichtigt werden. Unterstellt man, dass sich – ohne Transaktionskosten – die positive Performance der Outperformer und die negative Performance der Underperformer vom Betrag her entsprechen, so ergibt sich in der Summe eine Performance, die aufgrund der Transaktionskosten noch deutlich unter dem Ergebnis des passiven Managements liegt.

---

[1] Vgl. *Bayer/Bayer* (2002), S. 788 und S. 810. Zu den Aspekten, die Investoren im Hinblick auf das interne Kosten-Controlling von Spezialfonds beachten sollten vgl. *Bauch/Meyer-Bullerdiek* (2000), S. 1436ff.

2. Problembereiche beim Vergleich verschiedener Performanceergebnisse

Um einen sinnvollen Vergleich der Performanceergebnisse verschiedener Portfoliomanager bzw. Portfoliomanagementeinheiten vorzunehmen, ist zunächst einmal eine einheitliche Definition der Performance erforderlich. So ist zu klären, ob es sich bei dem dargestellten Ergebnis um die Portfoliorendite oder um die risikoadjustierte Rendite handelt. Dabei stellt sich dann wiederum unmittelbar die Frage nach dem verwendeten Risikomaß. Möglicherweise wird auch nur die Differenz zwischen Portfoliorendite und Benchmarkrendite als Rendite betrachtet.

Hierbei ist jeweils auch zu untersuchen, nach welcher Methode die Rendite selbst ermittelt worden ist. So kann es sich sowohl um eine diskrete als auch um eine logarithmierte Rendite handeln. Im Hinblick auf zwischenzeitliche Kapitalflüsse ist noch eine Unterscheidung in zeit- oder geldgewichtete Rendite möglich, wobei wiederum unterschiedliche Näherungsverfahren zur Renditeberechnung herangezogen werden können.

Die Abhängigkeit der Vergleichbarkeit verschiedener Ergebnisse von der zugrunde liegenden Renditedefinition zeigt das folgende Beispiel:

Anzahl Tage	Wert des Portfolios*	Kapitalzufluss	Kapitalabfluss
0	100.000		
90	75.000		9.000
180	113.250	15.000	
360	115.515		

* inkl. Kapitalfluss

Tab. F.29: Beispiel zur Renditeberechnung

Hieraus ergeben sich z.B. die folgenden unterschiedlichen Renditewerte:

$r_{Dietz}^{modifiziert}$ = 9,4442% = Rendite nach der modifizierten Dietz-Methode,

$r_{mod.BAI}$ = 9,4473% = Rendite nach der modifzierten BAI-Methode[1]

$r_{zeitgewichtet}$ = 12,2408% = zeitgewichtete Rendite und

r_{Dietz} = 9,2379% = Rendite nach der Original-Dietz-Methode.

Dieses Beispiel zeigt, dass eine einheitliche Vorgehensweise bei der Renditeberechnung für einen sinnvollen Vergleich der Ergebnisse unterschiedlicher Anlagestrategien erforderlich ist. Andernfalls sollte zumindest die jeweilige Vorgehensweise dargelegt werden.

Darüber hinaus ist noch zu analysieren, inwieweit Transaktionskosten mit in die Ermittlung der Rendite einbezogen worden sind. Zu berücksichtigen ist auch, dass sich bei einer zunehmenden

---

[1] BAI steht für Bank Administration Institute.

Anzahl an Kapitalanlagegesellschaften die Intransparenz für die Anleger erhöhen kann, was zu zusätzlichen Informationskosten führt.[1]

Für einen sinnvollen Performancevergleich ist ferner die Qualität der verwendeten und aufbereiteten Daten von großer Bedeutung.[2] Dies gilt besonders für den Vergleich zwischen Portfolio und Benchmark bzw. auch zwischen verschiedenen Portfolios. So sollten die Daten zeitgleich erhoben werden und auch die gleichen Quellen verwendet werden. Ein diesbezügliches Problem könnte z.B. auftreten, wenn für die (ausländische) Benchmark eines (inländischen) Investmentfonds zwar ein aktueller Stand ermittelt werden kann, dies aber nicht für den Fonds gilt, da z.B. aufgrund eines (inländischen) Feiertags keine aktuelle Notierung für den Fonds an dem betreffenden Tag vorliegt.

Liegen ferner keine Marktwerte für bestimmte Wertpapiere (z.B. im OTC-Bereich) vor, so ist zu empfehlen, im Rahmen der Performanceanalyse möglichst die gleichen theoretischen Bewertungsmodelle zu verwenden.

Neben den aufgezeigten Kriterien zur Vergleichbarkeit ist auch grundsätzlich zu prüfen, ob die betrachteten Portfolios überhaupt in sinnvoller Art und Weise miteinander verglichen werden können. Diese Frage bezieht sich auf die jeweilige Investmentphilosophie (aktives versus passives Portfoliomanagement) und den jeweiligen Investmentstil (z.B. Top-Down- versus Bottom-Up-Ansatz oder Long Term- versus Short Term-Ansatz), nach dem die zu vergleichenden Portfolios gemanagt werden.

Darüber hinaus können sich auch die Anlagerichtlinien bei den Portfolios unterscheiden bzw. seitens der Kunden verschiedene Anlagerestriktionen vorgegeben sein, die der Portfoliomanager jeweils zu beachten hat.[3]

Beispielsweise ist im Hinblick auf die Benchmark zu prüfen, ob eine standardisierte (d.h. insbesondere ein Marktindex) oder eine auf den Investor zugeschnittene, sog. customized Benchmark zugrunde liegt. Handelt es sich um einen Index, der als Benchmark herangezogen wird, so ist darauf zu achten, ob ein Performanceindex, bei dem die Erträge (wie z.B. Dividenden) wieder reinvestiert werden, oder ein Kursindex vorliegt. Bei letzterem erfolgt keine Berücksichtigung der Effekte aus zwischenzeitlichen Dividendenerträgen.[4]

Auch lassen sich vom Volumen her große Fonds kaum mit kleinen Fonds vergleichen. Während kleinere Fonds in sämtliche Größenklassen von Unternehmen problemlos investieren können, fallen für die großen Fonds die kleineren Unternehmen aus dem Anlageuniversum heraus aufgrund der geringen Marktkapitalisierung dieser Unternehmen und des damit verbundenen hohen

---

[1] Vgl. *Kleeberg/Schlenger* (1999), S. 559.

[2] Vgl. *Pieper* (2002), S. 1002f.

[3] Vgl. hierzu auch die im Rahmen der DVFA-Performance Presentation Standards aufgezeigten Ansatzpunkte zur Konzeption von Composites bei *Fischer/Lilla/Wittrock* (2000), S. 61ff.

[4] Vgl. *Steiner/Bruns* (2002), S. 216 und S. 434.

Kurseinflusses einer einzelnen Order. Diese Anlageschwierigkeiten können sich besonders bei erfolgreichen Fonds ergeben, die starke Mittelzuflüsse verzeichnen.

3. Problembereiche bei der Präsentation von Performanceergebnissen

Im Rahmen einer Performance-Präsentation sind grundsätzlich unterschiedliche Darstellungen denkbar. Zu vermuten ist, dass im Rahmen einer Präsentation der Performanceergebnisse – möglicherweise auch zur Akquisition von Neukunden – die Performanceanalyse so aufbereitet werden kann, dass sie zumindest noch vorteilhaft erscheint. Auf diese Möglichkeit der Aufbereitung der Ergebnisse deutet das folgende, oftmals herangezogene Zitat eines institutionellen Investors hin: „I have never met a portfolio manager who has not been in the top quartile!" Vor dem Hintergrund, dass die Ergebnisse der Performanceanalyse häufig die Grundlage für Marketingaussagen von Assetmanagement-Gesellschaften darstellen, sollten Investoren bedenken, dass die Selektion der Aussagen von den Unternehmen selbst vorgenommen wird.

In besonderer Weise hängt die Güte der Resultate aus der Vergangenheit u.a. davon ab, welcher Zeitraum insgesamt zugrunde gelegt wird und auch, welche Portfolios jeweils für eine Präsentation ausgewählt werden. Diese Bereitstellung nur selektiver Informationen wird auch als Cherry Picking bezeichnet.[1] Die folgende Abbildung deutet auf diese Möglichkeit hin:

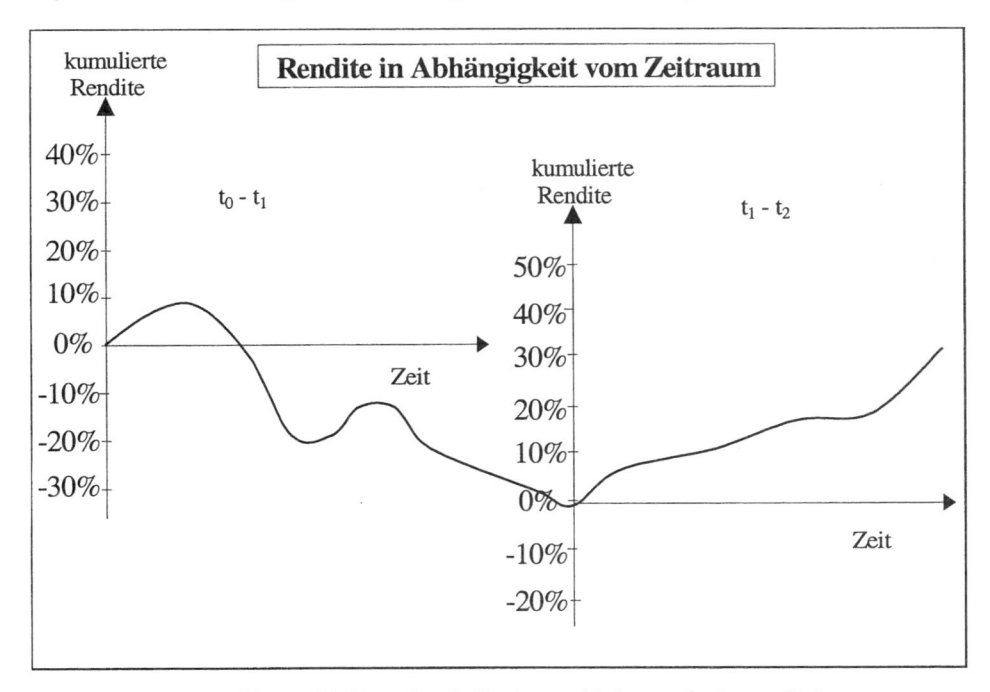

Abb. F.15: Cherry Picking durch die Auswahl der analysierten Zeiträume

---

[1] Vgl. *Wittrock/Fischer/Lilla* (1998), S. 606.

Wie aus der Abbildung zu erkennen ist, erlaubt die Betrachtung des Zeitraums t_1 - t_2 eine erhebliche bessere Darstellung der vergangenen Renditeentwicklung des vorgestellten Portfolios als eine Betrachtung nur des Zeitraums t_0 - t_1 bzw. des gesamten Zeitraums t_0 - t_2. Das Beispiel lässt sich analog für einen Benchmarkvergleich im Zeitablauf konstruieren. Hierbei kann der Zeitabschnitt ausgewählt werden, in dem die kumulierte Rendite des Portfolios tunlichst kontinuierlich oberhalb der Benchmark liegt – und dies bei möglichst geringen Schwankungen der Rendite.

Die Erreichung des Ziels der Performanceanalyse, nämlich Rückschlüsse für die Zukunft zu ermöglichen, wird dadurch erheblich erschwert. So wirft die Verwendung von Track Records aus der Vergangenheit zur Prognose künftiger Performanceergebnisse ohnehin schon Fragen auf. Wenn zudem eine Konstanz der Performanceergebnisse der Vergangenheit für den Investor nicht erkennbar ist, da ihm lediglich eine bestimmte Periode und nicht eine Vielzahl von Perioden präsentiert werden, so lassen sich von Seiten des Investors Rückschlüsse hinsichtlich eines künftigen erfolgreichen Portfoliomanagements kaum ziehen. Wird beispielsweise eine langfristig sehr gute Performance auf Basis nur einer einzigen, unter Umständen relativ kurzen Periode erzeugt, so kann von einer konstant positiven Leistung des Portfoliomanagers nicht gesprochen werden. Erforderlich ist vielmehr eine Präsentation mehrerer Perioden, die sich nicht gegenseitig überlappen.[1]

Für die Aussagefähigkeit der Performance ist es zudem wichtig, dass während des betrachteten Zeitraums der Markt verschiedene Phasen durchlaufen hat (d.h. Hausse, Baisse, Euphorie, Crash). Wird lediglich eine Phase für die Performancebeurteilung zugrunde gelegt, könnten daraus möglicherweise falsche Rückschlüsse gezogen werden. Beispielsweise könnte ein Fondsmanager in dieser Phase als gut identifiziert werden; dies trifft aber möglicherweise nur auf bestimmte (mehrjährige) Marktphasen zu.

Eine weitere Möglichkeit, das Ergebnis zu gestalten, besteht in dem Vergleich der Performanceergebnisse der Portfolios mit einer erst später festgelegten anstelle der ursprünglich vereinbarten Benchmark. Dies wird beispielhaft in der folgenden Abbildung gezeigt:

---

[1] Vgl. *Wittrock* (1996b), S. 722.

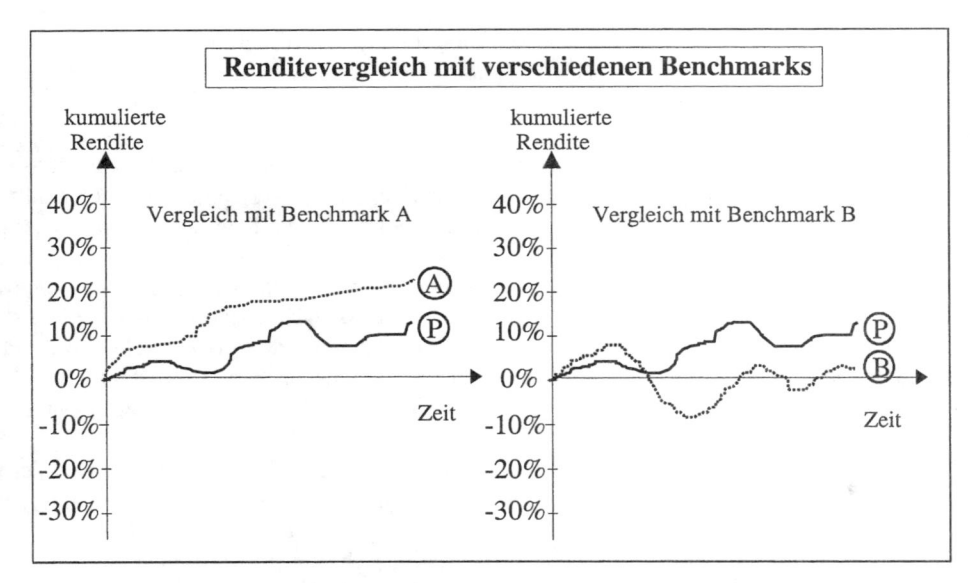

Abb. F.16: Cherry Picking durch die Auswahl der Benchmark

Der Abbildung ist zu entnehmen, dass ein Vergleich mit der Benchmark A zu einer kontinuierlichen Underperformance führt, während dies bei Heranziehung eines anderen Vergleichsmaßstabs (Benchmark B) nur anfangs der Fall ist und in der übrigen Zeit hier immer eine Outperformance vorliegt, vorausgesetzt, die Performance wird als Rendite aufgefasst.

In ähnlicher Weise könnte man auch verfahren für den Fall, dass eine bestimmte Benchmark bzw. ein bestimmter Marktindex betrachtet wird. Herangezogen würden in einer Präsentation dann diejenigen Kunden-Portfolios, die besonders die (positiven) Leistungen der Portfoliomanager herausstellen. Möglich ist auch, dass lediglich Rechenbeispiele oder Simulationen vorgestellt werden, ohne dass konkrete Kunden-Portfolios dargestellt werden.

Schließlich haben die präsentierten Ergebnisse grundsätzlich relativ wenig Wert, wenn die Methoden zur Performanceberechnung bzw. auch zur Bewertung von bestimmten (nicht börsengehandelten) Wertpapierpositionen nicht dargestellt werden.

4. Problembereiche bei der Performanceanalyse in den Medien

a. Problematik der veröffentlichten Rankings

In zahlreichen Medien finden sich Ranglisten über die vergangene Renditeentwicklung von Investmentfonds. Hierbei wird jeweils eine Rangfolge der Fonds entsprechend ihrer Performanceergebnisse aufgestellt, die mittlerweile nicht nur dem Fachpublikum, sondern mehr und mehr der breiten Öffentlichkeit präsentiert werden. Oftmals handelt es sich bei der Darstellung der Fondsergebnisse um Erfolgsgeschichten von Fondsmanagern, die in dem betrachteten Jahr besonders erfolgreich gewesen sind. Die Kapitalanlagegesellschaften, die die jeweiligen erfolgreichen

Fonds aufgelegt haben, können dabei von dem Werbeeffekt profitieren. Empirische Untersuchungen zeigen, dass beispielsweise das Mittelaufkommen von Fonds, die eine gute Performance gezeigt haben, in überproportionaler Weise zunimmt.[1]

Die veröffentlichten Rankings können dem Anleger den Eindruck vermitteln, dass das jeweilige Fondsmanagement bei einer guten Performanceentwicklung in der Vergangenheit auch zukünftig erfolgreich sein wird. Notwendig für derlei Rückschlüsse ist aber die Konstanz der Anlageergebnisse in der Vergangenheit.[2] Eine langfristige Konstanz überdurchschnittlicher Performanceergebnisse darf jedoch vor dem Hintergrund empirischer Untersuchungsergebnisse eher angezweifelt werden. Fraglich erscheint zudem, ob sich die teilweise nachgewiesene kurzfristige Konstanz unter Berücksichtigung der Ausgabeaufschläge bei Investmentfonds erfolgreich nutzen lässt. Dennoch können sich manche Fonds durchaus längerfristig konstant in den veröffentlichten Rankings im oberen Viertel der konkurrierenden Fonds befinden. Diese Fonds gilt es zu erkennen.[3]

Zu berücksichtigen ist dabei aber, dass die präsentierten Performanceergebnisse einer Vermögensverwaltung oder eines Portfoliomanagements bei einer fehlenden Standardisierung grundsätzlich nur schwierig zu vergleichen sind. So werden beispielsweise häufig lediglich die realisierten Renditen betrachtet, ohne das Risiko mit in die Betrachtung einzubeziehen.[4]

Darüber hinaus ist bei einem Vergleich in den Medien darauf zu achten, dass die Fonds hinsichtlich ihrer in der Satzung festgelegten Anlagepolitik unterschieden werden. Andernfalls können die Performanceergebnisse nicht miteinander verglichen werden, da einige Fonds in bestimmte Anlagen aufgrund der jeweiligen Anlagerichtlinien gar nicht investieren durften. Damit können die Manager solcher Fonds eine vergleichbare Rendite überhaupt nicht erzielen, da ein Teil der Ergebnisse der anderen Fonds auf die Performanceentwicklung derjenigen Assetklasse zurückzuführen ist, die einigen Fonds aufgrund der Anlagerichtlinien verwehrt war. Gerade vor dem Hintergrund einer zunehmenden Spezialisierung von Fonds kommt diesem Aspekt eine besondere Bedeutung zu. In den Medien werden Fonds nicht selten im Hinblick auf die Anlageschwerpunkte betrachtet. Es heißt dann z.B., es würden Aktienfonds mit dem Anlageschwerpunkt USA verglichen. Allerdings macht es einen gravierenden Unterschied, ob ein Fonds sich auf Blue-Chip- oder Small-Cap-Aktien konzentriert. Die Unterschiede im Anlageerfolg sind dann jedoch nicht so sehr dem Fondsmanager als vielmehr den verschiedenen Anlageuniversen und Benchmarks zuzurechnen. Sinnvoll wäre ein Vergleich nur bei identischer Benchmark und gleichem Anlageuniversum. Die Definition von Anlageuniversen für Fondsmanager wird jedoch von den Assetmanagement-Gesellschaften so gut wie nie veröffentlicht. Oft gilt dies auch für die Benchmark eines Fonds.

Ferner ist ein Vergleich der jeweils formulierten Fondszielsetzungen und Anlagestrategien der Fonds erforderlich. Kommt es hierbei z.B. zu jährlichen Schwankungen der jeweiligen Anlagepolitik, so sind solche Fonds wenig geeignet, im Rahmen der Asset Allocation mit Hilfe von

---

[1] Vgl. *Wittrock* (1996b), S. 721 und die dort angegebene Literatur.
[2] Vgl. *Wittrock* (2002), S. 957, *Wittrock/Fischer/Lilla* (1998), S. 540ff.
[3] Vgl. *Wittrock* (1996b), S. 720f.
[4] Vgl. *Wittrock* (1996a), S. 246.

Fondsanteilen eingesetzt zu werden.[1] Aufgrund der gewachsenen Bedeutung des Portfoliomanagements mit Fonds (z.B. im Rahmen von Dachfonds) hat sich auch der Stellenwert der Einhaltung des Anlagestils bzw. der Anlagepolitik erhöht. Nur in den Fällen, in denen diesbezüglich eine Konstanz gegeben ist, kann erwartet werden, dass die Asset Allocation mit Fonds optimiert werden kann und damit erfolgversprechend ist. Hier zeigt sich, dass die Verwendung von Fonds im Rahmen der Asset Allocation dazu führen kann, dass in den Fonds der Grad des aktiven Managements reduziert wird. Denn die oftmals geforderte Abbildungsgenauigkeit reduziert den Spielraum des Fondsmanagers. Es ist wichtig, sich dabei zu vergegenwärtigen, dass Asset Allocation Produkte überwiegend versuchen, einen Zusatznutzen über die Performancequelle Allokation und Timing zu erzielen.

Schließlich erschwert die bei den Ranking-Listen zu beobachtende Vielfältigkeit der angewendeten Bewertungsmaßstäbe den Vergleich sowie die Verständlichkeit und Nachvollziehbarkeit der Ergebnisse für den Investor.

b. Fonds-Rating als Lösungsansatz

Zur Lösung der aufgezeigten Problems beim Performancevergleich in den Medien können Fonds-Ratings dienen, die in den USA bereits etabliert und in Deutschland auf dem Vormarsch sind. Institutionelle Anlagemandate – z.B. Spezialfonds – werden ohne ein Rating der Assetmanagement-Gesellschaft durch eine Ratingagentur so gut wie nicht mehr vergeben. Während für das Ranking ausschließlich quantitative bzw. messbare Kriterien die Grundlage bilden, werden beim Rating darüber hinaus noch qualitative Gesichtspunkte berücksichtigt. Hierdurch soll die ermittelte Bewertungsreihenfolge aussagefähiger und vor allem stabiler werden, da sie nicht nur auf Vergangenheitsdaten basiert. Es gilt die Vermutung, dass strukturelle Eigenschaften von Assetmanagement-Gesellschaften stabiler sind, als die quantitativen Ergebnisse. Insofern stellt das Rating eine Fortentwicklung des reinen Ranking dar und entspricht eher dem Ideal einer vollständigen Performanceanalyse.[2]

Zu den bekanntesten Ratingsystemen neben z.B. Lipper oder Standard & Poors zählt das Star Rating-System von Morningstar, dessen Grundlage eine quantitative Bewertung des risikogewichteten Ertragsergebnisses über drei, fünf und 10 Jahre bildet, wobei ein Vergleich innerhalb der jeweiligen Fondsgruppen vorgenommen wird. Der beste Fonds erhält fünf Sterne, während für den schlechtesten Fonds nur ein Stern vergeben wird. Für die Anleger und die Anlageberater haben die Ratings hinsichtlich der Fondsauswahl eine große Bedeutung.[3]

Auch in Deutschland werden Fonds-Ratings angeboten, wobei Feri Trust und Standard & Poors zu den bekanntesten unabhängigen Anbietern zählen. Dabei werden Mindestanforderungen gestellt, die sich auf die Repräsentativität und die Vergleichbarkeit beziehen. Im Hinblick auf eine

---

[1] Vgl. *Wittrock* (1996b), S. 721f., *Wittrock* (1995b), S. 361ff.
[2] Man vergleiche diese Entwicklung mit der Aktienanalyse, in der Prognosen nicht nur auf der Basis bilanzieller Zahlen abgegeben werden. Vielmehr wird auch dort auf qualitative Faktoren wie Managementqualität, Unternehmenskultur, Kommunikationssysteme etc. geachtet.
[3] Vgl. hierzu und im folgenden *Behrenwaldt/Verweyen* (2000), S. 596ff.

möglichst hohe Transparenz für Anleger und Berater kann eine Kombination der Rating-Ergebnisse beider Agenturen hilfreich sein, wobei insbesondere die Fonds-Schnittmenge von Interesse sein dürfte, die diejenigen Fonds enthält, die sowohl von Feri Trust als auch von S&P die beste Bewertung erfahren haben. Diese Fonds eignen sich offenbar gut für eine erfolgreiche Fondsselektion, vorausgesetzt die jeweiligen Ratings, die zu einem Stichtag ermittelt worden sind, zeigen eine entsprechende Stabilität im Zeitablauf.

Neben einem Rating, das sich speziell auf die einzelnen Fonds bezieht, erscheinen auch Ratings, die sich auf die gesamte Kapitalanlagegesellschaft bzw. auf die Asset Management-Einheit beziehen, sinnvoll zu sein. Hierbei könnten beispielsweise die folgenden Kriterien geprüft und bewertet werden:[1]

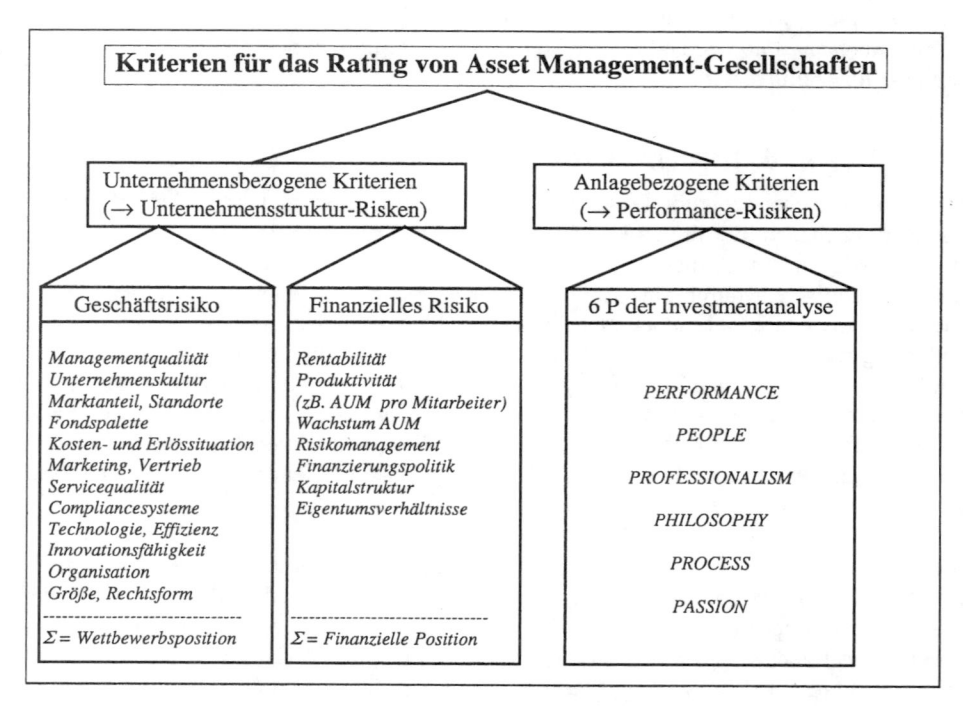

```
┌─────────────────────────────────────────────────────────────────────┐
│           Kriterien für das Rating von Asset Management-Gesellschaften │
│                                                                     │
│     Unternehmensbezogene Kriterien        Anlagebezogene Kriterien  │
│     (→ Unternehmensstruktur-Risiken)       (→ Performance-Risiken)   │
│                                                                     │
│      Geschäftsrisiko    Finanzielles Risiko    6 P der Investmentanalyse │
│                                                                     │
│     Managementqualität   Rentabilität                                │
│     Unternehmenskultur   Produktivität                               │
│     Marktanteil, Standorte  (zB. AUM pro Mitarbeiter)  PERFORMANCE  │
│     Fondspalette         Wachstum AUM                                │
│     Kosten- und Erlössituation  Risikomanagement     PEOPLE          │
│     Marketing, Vertrieb  Finanzierungspolitik                        │
│     Servicequalität      Kapitalstruktur        PROFESSIONALISM      │
│     Compliancesysteme    Eigentumsverhältnisse                       │
│     Technologie, Effizienz                       PHILOSOPHY          │
│     Innovationsfähigkeit                                             │
│     Organisation                                 PROCESS             │
│     Größe, Rechtsform                                                │
│     ─────────────────   ─────────────────        PASSION             │
│     Σ = Wettbewerbsposition  Σ = Finanzielle Position                │
└─────────────────────────────────────────────────────────────────────┘
```

Abb. F.17: Rating-Kriterien[2]

Ein Rating von Asset Management-Gesellschaften sollte sich auf die beiden Bereiche Unternehmensstruktur-Risiko und Performance-Risiko beziehen. Das Unternehmensstruktur-Risiko lässt sich weiter aufteilen in die beiden Komponenten Geschäftsrisiko und Finanzielles Risiko, woraus sich auf Basis der jeweiligen Einzelkriterien die Wettbewerbsposition und die finanzielle Positi-

---

[1] Vgl. *Heinke* (1998), S. 28f., *Steiner* (1992), S. 512, *Steiner/Heinke* (1996b), S. 1700, *Wittrock* (2003), S. 266ff.

[2] In der Abbildung steht „AUM" für Assets under Management.

on der Gesellschaft ergeben.[1] Hierbei kommt insbesondere der Beurteilung der Managementqualität eine herausragende Rolle zu, da sie sowohl die leistungswirtschaftliche als auch die finanzwirtschaftliche Komponente des Unternehmenserfolges betrifft.

Zu berücksichtigen ist bei der Untersuchung der Wettbewerbsposition mit Hilfe einer Stärken- und Schwächenanalyse, dass hierbei im Rahmen von Scoring-Bewertungsverfahren subjektive Beurteilungen eine große Rolle spielen. Dies ist bei der Beurteilung der finanziellen Position nicht gegeben, da hierzu besonders quantitative Maßgrößen herangezogen werden. Beispielsweise kann die Produktivität gemessen werden, indem das gesamte verwaltete Vermögen (Assets under Management, AUM) auf die Anzahl der Mitarbeiter bezogen wird.

Ein besonderes Augenmerk kommt der Analyse der anlagebezogenen Kriterien bzw. der Performance-Risiken zu. Hierzu kann auf die 6 P der Investmentanalyse zurückgegriffen werden. Die Bedeutung der Performance für einen Anleger ist oben bereits vorgestellt worden. Untersucht werden in diesem Zusammenhang u.a der Track Record, die Qualität der Performancedaten etc.

Bei dem Kriterium "People" geht es um die Mitarbeiter, wobei das Top Management und die Portfoliomanager im Vordergrund der Betrachtung stehen sollten. Untersucht werden sollten besonders der Ausbildungsstand, die Erfahrungen, eine zukunftsorientierte Denkweise sowie die Kommunikations- und die Teamfähigkeiten. Letzteres gilt besonders für den Fall, dass ein Team-Ansatz gewählt wurde. In diesem Fall sollte das Augenmerk bei dem jeweiligen Portfoliomanagement-Team auf der Zusammenarbeit untereinander, den Teamgeist und auch auf der Team-Stabilität liegen.

Einher mit dem Kriterium "People" geht das Kennzeichen "Professionalism". Hierin spiegelt sich die Qualität des gesamten organisatorischen Ablaufs innerhalb der Gesellschaft wider. Eine geringe Fehlerquote einhergehend mit einem hohen Maß an Disziplin und Erfolgsorientierung der Mitarbeiter sowie eine Struktur, in der nichts dem Zufall überlassen wird, deuten auf eine hohe Professionalität hin. Dazu gehört auch, sowohl bei der Mitarbeiterqualifikation als auch bei der technischen Einrichtung immer auf dem aktuellsten Stand zu sein.

Das Kriterium "Philosophy" zielt auf die Anlagephilosophie ab, d.h. die Grundsatzhaltung des Portfoliomanagers bzw. der Portfoliomanagement-Institution zu maßgeblichen theoretischen und praktischen Fragen des Investmentmanagements. Dabei bezieht sich der Begriff Anlagephilosophie auf die Person des Portfoliomanagers bzw. auf die Portfoliomanagement-Institution. Die zentrale Frage der Anlagephilosophie betrifft die Frage der Markteffizienz und führt damit zu der Unterscheidung in aktives und passives Management. Allerdings kann die Antwort auf diese Frage nicht generell, sondern nur markt- bzw. assetklassenspezifisch ausfallen. Denn es gilt sowohl theoretisch als auch praktisch als gesicherte Erkenntnis, dass der Grad an erreichter Markteffizienz an den Weltmärkten sich von lokalem Markt zu lokalem Markt bzw. von Assetklasse zu Assetklasse unterscheidet.

---

[1] Vgl. *Perridon/Steiner* (2002), S. 499; *Berblinger* (1996), S. 66f.; *Meyer-Parpart* (1996), S. 120f.

In den überwiegenden Fällen der Portfoliomanagementpraxis bildet aktives Management die anlagephilosophische Grundlage der Investmententscheidungen. Inwieweit dabei die vorhandenen Ressourcen einen aktiven Managementansatz rechtfertigen, kann Gegenstand einer Rating-Analyse sein.

Das 5. Kriterium der 6 P der Investmentanalyse bezieht sich auf den Investmentprozess. Hierbei sollten das Research (z.B. die Art des Research oder die Research-Quellen), die Informationsverarbeitung und deren Umsetzung in Anlageentscheidungen untersucht werden. In diesem Zusammenhang kommt der Frage nach der technischen Ausgestaltung des Investmentprozesses (Informationstechnologie, IT) eine herausgehobene Bedeutung zu. Zusätzlich spielen Fragen der Prognoseerarbeitung und -dokumentation eine große Rolle bei der Evaluation des Investmentprozesses.

Wichtig ist hierbei eine klare Abgrenzung der jeweiligen Verantwortlichkeiten. So ist beispielsweise der Investor, evtl. beraten durch einen Asset Management Consultant, verantwortlich für die strategische Asset Allocation, die im wesentlichen in der Benchmark zum Ausdruck kommt. Falls die taktische Asset Allocation von einem Anlageausschuss vorgenommen wird, hat der Portfoliomanager im wesentlichen die Aufgabe des Timings, d.h. der Wahl des Marktein- oder -ausstiegs und der Selektion, d.h. der Auswahl der einzelnen Titel. Wichtig ist dabei die Frage der Risikotoleranzen, die der jeweils unteren Entscheidungsebene zugemessen wird.

Schließlich handelt es sich bei dem 6. Kriterium, das als "Passion" bezeichnet wird, um einen personengebundenen Faktor, der auf die Unternehmenskultur abzielt. Insbesondere sollte untersucht werden, ob die Portfoliomanager motiviert und grundsätzlich auch relativ frei entscheiden können, ohne dass zu starke bürokratische Sachzwänge dem entgegen stehen.

V. Performance Presentation Standards (PPS)

1. Entwicklung von PPS

Aus den vorangegangenen Überlegungen kann gefolgert werden, dass zur besseren Vergleichbarkeit und Nachvollziehbarkeit der Ergebnisse verschiedener Portfoliomanager bzw. Fonds sowohl im Rahmen der internen als insbesondere auch der externen Performanceanalyse eine Standardisierung notwendig wird. Durch die Anwendung und Einhaltung derartiger Standards zeigt der Nutzer, d.h. die jeweilige Asset-Management-Einheit, seine Professionalität und wettbewerbsorientierte Einstellung. Entsprechend sind in einigen Ländern Standards formuliert worden, die eine faire, objektive und vergleichbare externe Darstellung der Ergebnisse gewähren können.[1]

Zunächst wurden im Jahre 1987 in den USA durch die Association for Investment Management and Research (AIMR) erstmals die AIMR Performance Presentation Standards vorgestellt. Seit der formalen Implementierung der AIMR-PPS™ im Jahre 1993 sind sie in den USA auf breite Akzeptanz gestoßen. So hat eine Untersuchung bereits in den 1990er Jahren ergeben, dass 75%

---

[1] Vgl. *Wittrock* (2002), S. 957; *Wittrock/Fischer/Lilla* (1998), S. 540ff.

der US-Fondsmanager eine Präsentation der Performance nach den Regeln der AIMR-Standards durchführen und davon etwa 40% eine Zertifizierung ihrer Compliance-Erklärung durch einen unabhängigen Dritten vornehmen lassen.[1] Gründe für diese recht hoch erscheinenden Werte können zum einen Marketingaspekte sein, da eine Zertifizierung der Darstellung einen objektiven Charakter gibt. Damit eng zusammenhängend können zum anderen auch die Anforderungen der Nachfrager (z.B. Kunden oder die in den USA von institutionellen Anlegern häufig herangezogenen Asset Management Consultants) ein Grund für diese Werte sein, da für diese die Einhaltung der Standards ein zunehmend bedeutendes Kriterium bei der Portfoliomanager-Auswahl sein dürfte.[2] Im Jahre 1997 trat eine modifizierte Version der AIMR-Standards in Kraft.

Mit der Absicht der Definition weltweit gültiger Richtlinien, die für viele Länder erfüllbar sind, wurden von 1996 bis 1999 die Global Investment Performance Standards (GIPS) formuliert, die am 1. Januar 2000 in Kraft traten. Bei den GIPS handelt es sich um Mindestanforderungen, die im Rahmen der lokalen Versionen gegebenenfalls noch verschärft, nicht aber abgeschwächt werden dürfen. Damit können länderspezifische Besonderheiten und internationale Standards in angemessener Weise miteinander verbunden werden. Bei der Formulierung der GIPS haben auch Vertreter einer entsprechenden Kommission der Deutschen Vereinigung für Finanzanalyse und Anlageberatung e.V. (DVFA) mitgewirkt. Die DVFA-Kommission für Performance Presentation Standards hat mittlerweile entsprechende Regelungen für den deutschen Kapitalmarkt erarbeitet. Die Zielsetzungen dieses auf Dauer angelegten Arbeitskreises lauten wie folgt:[3]

- Formulierung von ethischen Richtlinien für den deutschen Kapitalmarkt zur Vereinheitlichung der Berechnung der Performanceergebnisse in der Vermögensverwaltung
- Förderung einer fairen und vergleichbaren Darstellung der Performanceergebnisse, wobei die entscheidungsrelevanten Informationen vollständig offen zu legen sind
- Gewährleistung der internationalen Akzeptanz der PPS, indem die GIPS als Mindeststandards berücksichtigt werden.

Die am 1.1.1999 in Kraft getretenen DVFA-PPS sind formal in Richtlinien und Empfehlungen aufgeteilt. Für die Übereinstimmung mit den PPS ist die Einhaltung der Richtlinien zwingend. Hingegen wird die Einhaltung der Empfehlungen den Gesellschaften lediglich nahegelegt.

Die PPS sind in folgende Abschnitte untergliedert:

- Bestimmung und Bewertung von Portfolios und Anlageinstrumenten
- Berechnung von Performancewerten für Portfolios und Composites
- Präsentation historischer Performanceergebnisse
- Einhaltung der Standards und Bestätigung der Einhaltung.

---

[1] Vgl. *Wittrock/Fischer/Lilla* (1998), S. 540ff.
[2] Dies dürfte im übrigen auch für den deutschen Markt gelten. So haben in einer Kundenbefragung 50% der Befragten erklärt, dass testierte Performanceangaben für sie eine höhere Wertigkeit haben, während dies nur 25% verneint haben, vgl. *Broschinski* (1995), S. 651.
[3] Vgl. *Wittrock/Fischer/Lilla* (1998), S. 540ff.; *DVFA* (2000), S. 3. Zugrunde liegt dieser Auflage die Ausgabe der DVFA-Performance Presentation Standards® vom April 2000.

2. Grundlagen der Composite-Bildung

Eine zentrale Anforderung für die Einhaltung der DVFA-PPS ist die Performancedarstellung anhand von Composites.[1] Hierbei handelt es sich um eine Zusammenfassung von Portfolios oder Teilen von Portfolios, die vergleichbare Anlagestrategien bzw. -ziele aufweisen, wobei sämtliche Portfolios berücksichtigt werden, die die Gesellschaft vollständig in eigener Verantwortung verwaltet. Diese Vorgehensweise soll einen umfassenden Einblick in die Qualität der Produkte des Anbieters von Portfoliomanagement-Dienstleistungen gewähren.

Die Zuordnung der Portfolios zu Composites kann beispielsweise anhand der folgenden Kriterien vorgenommen werden:

- vergleichbare Gewichtung der Assetklassen (z.B. Aktien USA, Renten Japan)
- vergleichbare Anlagestrategien (z.B. Growth Stocks)
- vergleichbare Bandbreiten der Gewichtung von Assetklassen
  (z.B. 40% - 50% Renten, 50% - 60% Aktien)
- gleiche Benchmarks
- vergleichbarer Einsatz von Derivaten und Instrumenten zur Absicherung von Devisenkursrisiken
- vergleichbare Risikoeigenschaften
- vergleichbarer Anlageansatz (z.B. aktiv, passiv).

Sämtliche Portfolios müssen zumindest einem Composite zugeordnet werden, es sei denn, es liegen erhebliche externe Restriktionen vor, die Abweichungen vom grundsätzlich verfolgten Managementstil bedeuten und aufgrund anlagestrategischer, steuerlicher oder rechtlicher Anforderungen des Anlegers bestehen können. In diesen Fällen kann die erzielte Performance nicht ausschließlich auf die Leistung des Portfoliomanagers zurückgeführt werden. Die Grenzen der Restriktionen muss die jeweilige Verwaltungseinheit selbst festlegen.

Werden Portfolios neu aufgelegt, so sind sie ab dem Beginn der auf das Eröffnungsdatum folgenden Berechnungsperiode in ein Composite zu integrieren. In den Fällen, in denen Portfolios aufgelöst werden, sind diese erst nach dem Ende der letzten Berechnungsperiode, in der sie unter Verwaltung stehen, aus den Composites herauszunehmen. Dabei ist eine Löschung der Performancedaten, die sich auf Perioden vor der Herausnahme beziehen, nicht erlaubt. Vielmehr müssen sie in den Compositedaten verbleiben. Insofern ist eine Bereinigung der vergangenen Composite-Performance und damit ein survivorship bias nicht möglich. Zudem bleibt eine umfassende und konsistente Abbildung der Verwaltungstätigkeit gewahrt. Andernfalls würde – falls die Liquidation des Portfolios aus Gründen einer schwachen Performanceentwicklung erfolgte – die Löschung der historischen Daten bewirken, dass die Performance des Composites tendenziell überdurchschnittlich ausfällt, da die Ergebnisse der performanceschwachen Portfolios bei den Berechnungen nicht mehr berücksichtigt würden.

Composites können sich sowohl aus ganzen Portfolios als auch aus einzelnen Portfoliosegmenten zusammensetzen (Carve-Out). Hierbei gilt als Voraussetzung, dass die einzelnen Bestandteile

---

[1] Vgl. *DVFA* (2000), S. 15ff. und S. 59ff.

separat gemanagt werden und die Liquiditätspositionen inkl. der daraus entstehenden Aufwendungen und Erträge den Segmenten konsistent und laufend zugeordnet werden. Dazu stehen buchhalterische und mathematische Zuordnungsmöglichkeiten zur Verfügung.[1]

3. Performanceberechnung nach den DVFA-PPS

Im Rahmen der Bewertung der Portfolios und Anlageinstrumente ist als Richtlinie formuliert, dass die aktuellen Marktwerte, nicht also die Buchwerte, die Grundlage für die Bewertung darstellen. Zudem wird mindestens eine monatliche Bewertung vorgeschrieben. Insofern ist die Einhaltung der PPS auch relativ vielen Vermögensverwaltern möglich, für die beispielsweise eine tägliche Bewertung einen unverhältnismäßig hohen Verwaltungsaufwand bedeuten würde. Empfohlen wird aber zumindest eine Bewertung bei jedem exogenen Kapitalfluss, was im Ergebnis einer täglichen Bewertung entspricht. Bei den Publikumsfonds ist die tägliche Bewertung mit Hilfe der BVI-Methode ohnehin üblich und zählt zum Standard. Verlangt wird ferner, dass die aufgelaufenen Zinsansprüche, d.h. die Stückzinsen, bei der Performance-Berechnung zu berücksichtigen sind, wohingegen die Berücksichtigung von Dividenden ab dem Ex-Dividendentag nur empfohlen wird. Empfohlen wird zudem, die „Handelstag"-Bewertung anstelle der „Valutatag"-Bewertung bei der Performancerechnung vorzunehmen, da bei dieser Vorgehensweise die Transaktionen vor dem Bewertungszeitpunkt berücksichtigt werden.

Grundlage der Berechnung der Performancewerte für Portfolios und Composites ist die Gesamtperformance, d.h. der Total Return. Im Rahmen der Renditerechnung sind sämtliche realisierten und unrealisierten Kursgewinne und -verluste sowie alle Erträge aus Zinsen, Dividenden, etc. zu berücksichtigen. Vorgeschrieben ist die zeitgewichtete Renditemethode. Dies setzt grundsätzlich eine Bewertung der Portfolios zu jedem Zeitpunkt eines Kapitalflusses voraus. Nach den DVFA-PPS sind aber auch Näherungsverfahren wie die ausdrücklich genannte modifizierte Dietz-Methode zulässig.

Als Grundlage für die Renditemessung dienen die Inventarwerte nach Brokerkommissionen, Börsensteuern und anderen mit Transaktionen verbundenen Gebühren und Steuern. Hingegen kann die Performance um die Verwaltungsgebühr und die Depotgebühr bereinigt werden. Diese Bruttoperformance ist somit eine Rendite nach Transaktionskosten, jedoch vor Verwaltungs- und Depotgebühren. Transaktionskosten schmälern also die Performance. Somit werden die bei häufigem Umschichten des Portfoliomanagers verstärkt anfallenden Transaktionskosten bei der Renditeberechnung berücksichtigt.

Zur Beurteilung der Managerleistung kann die Composite-Performance herangezogen werden, die auf zweierlei Art und Weise ermittelt werden kann. Einerseits können alle Portfolios eines Composites zu einem übergeordneten Portfolio zusammengefasst werden und dessen Performance inkl. der aggregierten Kapitalflüsse insgesamt berechnet werden.

Andererseits kann die Performance auch als gewichtete Summe der einzelnen Portfolio-Performancewerte ermittelt werden. Hierbei wird empfohlen, die Gewichtung anhand der Inventarwerte zu Periodenbeginn (1. Methode) oder mit den Inventarwerten zu Periodenbeginn zuzüg-

---

[1] Vgl. *DVFA* (2000), S. 15ff. und S. 63ff.

lich den zeitgewichteten Mittelbewegungen (2. Methode) vorzunehmen. Die auf diese Weise ermittelte Gesamtperformance für ein Composite lässt sich wie folgt bestimmen:[1]

$$r_t^C = \frac{\sum_{i=1}^{n_t} V_i^t \cdot r_i^t}{\sum_{i=1}^{n_t} V_i^t}$$

mit

r_t^C = Gesamtrendite des Composites C in der Teilperiode t,
V_i^t = Vermögenswert des i-ten Portfolios im Composite in der Teilperiode t,
r_i^t = Rendite des i-ten Portfolios im Composite in der Teilperiode t und
n_t = Anzahl der Portfolios in der Teilperiode t.

Beispielsweise soll die Rendite für das folgende, aus drei Portfolios bestehende Composite berechnet werden. Die Periodenlänge beträgt 30 Tage, die weiteren Daten können der Tabelle entnommen werden:

Portfolio	Anfänglicher Inventarwert	Rendite für 30 Tage	Kapitalfluss	
			Höhe	nach ... Tagen
A	150	8%	40	5
B	250	25%	20	10
C	100	12%	50	20

Tab. F.30: Bestimmung der Composite-Rendite

Hieraus resultiert eine Rendite für das Composite bei Heranziehung der anfänglichen Inventarwerte (1. Methode) von

$$r_t^C = \frac{\sum_{i=1}^{n_t} V_i^t \cdot r_i^t}{\sum_{i=1}^{n_t} V_i^t} = \frac{150 \cdot 0,08 + 250 \cdot 0,25 + 100 \cdot 0,12}{150 + 250 + 100} = 17,30\% \quad .$$

Nunmehr sollen zunächst die Inventarwerte zu Periodenbeginn zuzüglich der zeitgewichteten Mittelbewegungen bestimmt werden:

---

[1] Vgl. *Fischer* (2000), S. 210f.

$$V_A^t = 150 + 40 \cdot \frac{30-5}{30} = 183{,}33, \qquad V_B^t = 250 + 20 \cdot \frac{30-10}{30} = 263{,}33,$$

$$V_C^t = 100 + 50 \cdot \frac{30-20}{30} = 116{,}6667 \ .$$

Anschließend kann die Composite-Rendite berechnet werden (2. Methode):

$$r_t^C = \frac{\sum_{i=1}^{n_t} V_i^t \cdot r_i^t}{\sum_{i=1}^{n_t} V_i^t} = \frac{183{,}33 \cdot 0{,}08 + 263{,}33 \cdot 0{,}25 + 116{,}6667 \cdot 0{,}12}{183{,}33 + 263{,}33 + 116{,}6667} = 16{,}78\% \ .$$

Zur Berechnung der Composite-Performance über einen längeren Zeitraum werden die Performancewerte der einzelnen Perioden multiplikativ miteinander verknüpft:

$$r_T^C = \prod_{t=1}^{T} \left(1 + r_t^C\right) - 1 \ = \ \text{Gesamtrendite des Composites C in der Gesamtperiode T.}$$

4. Präsentation der Performanceergebnisse

Die Einhaltung der DVFA-PPS ist auf der Ebene der gesamten Gesellschaft bzw. Teileinheit erforderlich, wobei die Einheiten genau zu definieren sind. Zum verwalteten Vermögen zählen sämtliche Anlagen, die unter Verwaltung der Einheit stehen. Am Ende eines jeden der dargestellten Kalenderjahre sind die Anzahl der Portfolios, das Volumen der Composites und die jeweiligen prozentualen Anteile der Composites am verwalteten Vermögen der Einheit auszuweisen.

Der Mindestzeitraum für die Performancehistorie beträgt zum Zeitpunkt der ersten Compliance-Erklärung 5 Kalenderjahre (oder auch weniger, wenn die Gründung der Einheit vor weniger als 5 vollständigen Kalenderjahren erfolgte). Nach der Compliance-Erklärung muss dieser Zeitraum sukzessive auf 10 Kalenderjahre ausgeweitet werden. Insofern beträgt der Mindestzeitraum für die Performancepräsentation beispielsweise 3 Jahre nach der ersten Compliance-Erklärung 8 Kalenderjahre. Dargelegt werden müssen die Performance-Ergebnisse für sämtliche Kalenderjahre. Hierbei ist zu beachten, dass eine Annualisierung von unterjährigen Performancewerten nicht erlaubt ist.[1]

Darüber hinaus muss für jedes der dargestellten Kalenderjahre eine Kennzahl angegeben werden, die die Streuung der Einzelportfoliowerte um die Composite-Performance angibt. Hierzu wird bei der Berechnung der Maße über eine Periode (1 Jahr) eine Berücksichtigung nur derjenigen Portfolios empfohlen, die während des gesamten Jahres im Composite enthalten waren. Als geeignet werden die folgenden Maße angesehen:

---

[1] Vgl. *DVFA* (2000), S. 19 und S. 69.

(1) Min-Max

Entsprechend diesem Maß werden innerhalb eines Composites die Performancewerte der Portfolios mit der höchsten und der niedrigsten Performance angegeben. Dieses Maß ist besonders für Composites mit wenigen Portfolios geeignet.

(2) Einfache Standardabweichung der Portfoliorenditen

Dieses Risikomaß ist wie folgt definiert:

$$\sigma_{Composite} = \sqrt{\frac{1}{n} \cdot \sum_{i=1}^{n}(r_i - \bar{r})^2}$$

mit

r_i = jeweilige Performance (Rendite) der n im Composite enthaltenen Portfolios und
$\bar{r}$ = Mittelwert der einzelnen Portfolioperformancewerte.

Um zu statistisch sinnvollen Ergebnissen zu gelangen, sollten relativ viele Portfolios im Composite enthalten sein.

(3) Volumengewichtete Standardabweichung der Portfoliorenditen

Anders als bei der einfachen Standardabweichung wird bei diesem Maß nicht mit konstanten Gewichtungsfaktoren (1/n) gerechnet, sondern mit den Inventarwerten gewichtet. Insofern stellt dieses Maß eine Verallgemeinerung der einfachen Standardabweichung dar.

$$\sigma_{Composite} = \sqrt{\sum_{i=1}^{n} g_i \cdot (r_i - \bar{r}_{Vol.gew.})^2}$$

mit

r_i = jeweilige Performance (Rendite) der n im Composite enthaltenen Portfolios,
$\bar{r}_{Vol.gew.}$ = volumengewichtete Gesamtperformance (Rendite) des Composites

$$\text{und} \quad \bar{r}_{Vol.gew.} = \sum_{i=1}^{n} g_i \cdot r_i,$$

g_i = Gewichtungsfaktoren = $g_i = \dfrac{V_i}{\sum_{i=1}^{n} V_i}$ und

V_i = Vermögenswert des i-ten Portfolios.

Zur Veranschaulichung soll das folgende Beispiel dienen, in dem die Portfolios bereits nach ihrer stetigen Rendite (r_i) geordnet sind:

Portfolio i	V_i	g_i*	r_i	$g_i \cdot r_i$	$g_i \cdot (r_i - \bar{r}_{Vol.gew.})^2$
1	45.000	15,00%	10%	1,5000%	0,0782%
2	30.000	10,00%	8%	0,8000%	0,0272%
3	15.000	5,00%	7%	0,3500%	0,0089%
4	45.000	15,00%	5%	0,7500%	0,0074%
5	30.000	10,00%	4%	0,4000%	0,0015%
6	12.000	4,00%	2%	0,0800%	0,0002%
7	15.000	5,00%	1%	0,0500%	0,0016%
8	9.000	3,00%	-1%	-0,0300%	0,0043%
9	30.000	10,00%	-2%	-0,2000%	0,0228%
10	69.000	23,00%	-4%	-0,9200%	0,1057%
Summe	300.000	100,00%	30,00%	2,78%	0,2579%**

* Anteil am Composite-Volumen,   ** = volumengewichtete Varianz

Tab. F.31: Bestimmung der volumengewichteten Standardabweichung

Die einfache, nicht volumengewichtete durchschnittliche stetige Rendite $\bar{r}$ berechnet sich als arithmetisches Mittel der Renditewerte und beläuft sich entsprechend auf 3,00%, wohingegen die volumengewichtete durchschnittliche stetige Rendite $\bar{r}_{Vol.gew.}$ einen Wert von 2,78% annimmt. Die Werte für die einfache und die volumengewichtete Standardabweichung ergeben sich zu

$$\sigma_{Composite_{einfach}} = 4,3589\% \ , \ \sigma_{Composite_{volumengewichtet}} = 5,0785\% \ .$$

Der Wert für die einfache Standardabweichung ergibt sich, wenn durch n=10 dividiert wird. Allerdings ist zu berücksichtigen, dass bei wenigen Werten durch n-1 dividiert werden sollte. Dies führt zu einer $\sigma_{Composite_{einfach}}$ von 4,5947%.

(4) Quartildarstellung

Schließlich ist als letztes Maß auch die Aufteilung der Composites entsprechend ihrer Vermögens- und Performancewerte in 4 Quartile möglich. Dazu werden für die einzelnen Quartile oder alternativ für das erste und letzte Quartil die volumengewichteten Performancewerte präsentiert. Für das obige Beispiel lassen sich die folgenden 4 Quartile bilden:

Portfolio (PF)	g_i	Quartil	g_i innerhalb des Quartils (= g_{iQ})	r_i	$g_{iQ} \cdot r_i$	$\bar{r}$ Vol.gew. je Quartil
1	15,00%	I	60,00%	10,00%	6,0000%	
2	10,00%	I	40,00%	8,00%	3,2000%	9,2000%
3	5,00%	II	20,00%	7,00%	1,4000%	
4	15,00%	II	60,00%	5,00%	3,0000%	
50% von PF 5	5,00%	II	20,00%	4,00%	0,8000%	5,2000%
50% von PF 5	5,00%	III	20,00%	4,00%	0,8000%	
6	4,00%	III	16,00%	2,00%	0,3200%	
7	5,00%	III	20,00%	1,00%	0,2000%	
8	3,00%	III	12,00%	-1,00%	-0,1200%	
80% von PF 9	8,00%	III	32,00%	-2,00%	-0,6400%	0,5600%
20% von PF 9	2,00%	IV	8,00%	-2,00%	-0,1600%	
10	23,00%	IV	92,00%	-4,00%	-3,6800%	-3,8400%
SUMME	100,00%		400,0000%		11,1200%*	11,1200%*

* Diese Summe dividiert durch 4 ergibt die volumengewichtete Composite-Rendite (2,78%).

Tab. F.32: Beispiel zur Quartildarstellung

Zu den weiteren Angaben einer Composite-Präsentation gemäß DVFA-PPS gehören u.a. eine Erklärung bzgl. der Übereinstimmung mit den DVFA-PPS sowie eine Erklärung darüber, ob die Berechnung vor oder nach Abzug von Verwaltungsgebühren (des Kunden an die Verwaltungseinheit) erfolgte. Zu diesen Gebühren zählen z.B. die Management- oder die Depotbankvergütung. Falls die Renditen ausschließlich nach Abzug der Verwaltungsgebühren dargestellt werden (Nettoperformance), so wird die Angabe der durchschnittlich gewichteten Verwaltungsgebühren empfohlen. Hierdurch soll offenbar der Investor in die Lage versetzt werden, die Bruttoperformance selbst zu ermitteln.

Grundsätzlich ist der Ausweis der Bruttorendite sinnvoller, da auch bei der Renditeermittlung der Benchmark i.d.R. keine Kosten berücksichtigt werden. Eine Vergleichbarkeit zwischen Portfolio und Benchmark ist daher eher bei Bruttorenditen gegeben. Dies gilt beispielsweise für Investmentfonds, bei denen die Performancemessung nach der BVI-Methode erfolgt, d.h. auf der Grundlage der Anteilpreise, bei deren Ermittlung aber schon die Aufwendungen abgezogen werden. Damit stellt die Rendite nach BVI-Methode eine Rendite nach Kosten dar. Da allerdings der Aufwand für die Ermittlung der Bruttoperformance („vor Kosten") häufig zu groß ist, sind Näherungsverfahren erlaubt. Hierbei erfolgt eine Bereinigung der Monatsrendite um den Prozentsatz der zu berücksichtigenden Kosten.[1]

---

[1] Vgl. *DVFA* (2000), S. 73ff.

In den Erläuterungen zu den DVFA-PPS wird das Beispiel einer auf Jahresbasis festgelegten und monatlich entnommenen Gebühr aufgezeigt. Dabei ergibt sich der in der Teilperiode (Monat) t gültige monatliche Kostensatz wie folgt, wobei lediglich die Kosten in Form von Verwaltungsgebühren betrachtet werden:

$$k_t^C = \frac{\sum_{i=1}^{t} V_i^t \cdot k_i^t}{\sum_{i=1}^{t} V_i^t}$$

mit

k_t^C = Kostensatz für das Composite C in der Teilperiode t,
V_i^t = Vermögenswert des i-ten Portfolios im Composite in der Teilperiode t und
k_i^t = Kostensatz des i-ten Portfolios im Composite in der Teilperiode t
$\rightarrow$ falls t = 1 Monat => $k_i^t = k_i^{monatlich} = \sqrt[12]{1+k_i^{jährlich}} - 1$.

Dabei erfolgt die Zugrundelegung des im jeweiligen Monat gültigen Kostensatzes, was wiederum bedeutet, dass Änderungen des vertraglich vereinbarten Kostensatzes umgehend zu berücksichtigen sind. Nunmehr kann die monatliche Rendite nach Kosten zur Berechnung der monatlichen Rendite vor Kosten herangezogen werden. Je nachdem, ob die Kostenbelastung am Anfang (1. Methode) oder am Ende (2. Methode) der Berechnungsperiode erfolgt, werden zwei Methoden unterschieden. Nach der 1. Methode ergibt sich die folgende Rendite nach Kosten:

$$r_{Monat\ X}^{C,\ vor\ Kosten} = \left(1 + r_{Monat\ X}^{C,\ nach\ Kosten}\right) \cdot \left(1 + k_{Monat\ X}^{C}\right) - 1$$

mit

$r_{Monat\ X}^{C,\ vor\ Kosten}$ = Rendite des Composites C im Monat X vor Kosten,

$r_{Monat\ X}^{C,\ nach\ Kosten}$ = Rendite des Composites C im Monat X nach Kosten und

$k_{Monat\ X}^{C}$ = Kostensatz des Composites C im Monat X.

Nach der 2. Methode (Kostenbelastung am Ende des Monats) ergibt sich folgender Wert:

$$r_{Monat\ X}^{C,\ vor\ Kosten} = \frac{1 + r_{Monat\ X}^{C,\ nach\ Kosten}}{1 - k_{Monat\ X}^{C}} - 1.$$

Das folgende Beispiel soll die Vorgehensweise näher erläutern. Angegeben sind in der folgenden Tabelle die Rendite nach Kosten, d.h. nach Verwaltungsgebühren (Nettorendite), der Kostensatz p.a., der daraus resultierende monatliche Kostensatz sowie die Rendite vor Kosten (Bruttorendite). Angewendet wird hier die 1. Methode, d.h. es wird eine Kostenbelastung jeweils zu Beginn des Monats unterstellt:[1]

Monate	Rendite nach Kosten	Jährlicher Kostensatz	Monatlicher Kostensatz	Rendite vor Kosten
1	2,50%	1,2000%	0,0995%	2,6019%
2	-3,00%	1,2000%	0,0995%	-2,9035%
3	1,00%	1,2000%	0,0995%	1,1004%
4	-4,00%	1,2000%	0,0995%	-3,9045%
5	9,40%	1,0000%	0,0830%	9,4908%
6	8,20%	1,0000%	0,0830%	8,2898%
7	9,60%	1,0000%	0,0830%	9,6909%
8	2,00%	0,8000%	0,0664%	2,0678%
9	-4,00%	0,8000%	0,0664%	-3,9362%
10	-6,00%	0,8000%	0,0664%	-5,9376%
11	3,00%	0,8000%	0,0664%	3,0684%
12	5,00%	0,8000%	0,0664%	5,0697%

Tab. F.33: Beispiel zur Bestimmung der Rendite vor Kosten

Die Rendite nach Kosten für die gesamte Periode ergibt sich in diesem Beispiel zu

$(1+0,025) \cdot (1-0,03) \cdot \ldots \cdot (1+0,05) - 1 = 24,5\%$.

Vor Kosten beträgt die entsprechende Gesamtrendite

$(1+0,026019) \cdot (1-0,029035) \cdot \ldots \cdot (1+0,050697) - 1 = 25,7240\%$.

Werden die Kosten erst am Monatsende belastet, so resultiert hieraus eine nur sehr geringfügig von diesem Wert abweichende Rendite vor Kosten in Höhe von 25,725% für das betrachtete Jahr.

Gemäß den DVFA-PPS sind darüber hinaus in der Composite-Präsentation u.a. der Anteil der nicht gebührenpflichtigen Portfolios am Volumen des Composites, die Methode der Renditeberechnung (z.B. modifizierte Dietz-Methode), eine Darstellung bezüglich des Einsatzes von Derivaten, aus der Rückschlüsse auf die eingegangenen Risiken gezogen werden können, sowie der Anteil der Anlagen in Assetklassen bzw. Länder/Regionen außerhalb der Benchmark (bei solchen Composites, denen eine Benchmark zugeordnet wird) erforderlich. Ferner sind die Performancewerte einer bzgl. Risiko oder Anlageziel des Composites vergleichbaren Benchmark darzustellen, und zwar für die gleichen Perioden, die auch der Performance-Präsentation des Composites zugrunde liegen.[2]

---

[1] Darstellung in Anlehnung an *Fischer* (2000), S. 215.
[2] Vgl. *DVFA* (2000), S. 19ff.

Schließlich werden noch Richtlinien zur Einhaltung der DVFA-PPS, zur Bestätigung der Einhaltung und zur Durchführung der Prüfung formuliert. Dabei ist zu beachten, dass die Einhaltung der Standards nur für die gesamte Einheit beansprucht werden kann.

Abschließend sei angemerkt, dass die DVFA-PPS-Richtlinien einen hohen Grad an Vergleichbarkeit von Performancepräsentationen sicherstellen können und damit den fairen Wettbewerb unter den Anbietern von Portfoliomanagementdienstleistungen fördern. Insbesondere kann die Kompetenz der jeweiligen Anbieter in bestimmten Produktgruppen besser beurteilt werden. Dennoch lassen die Standards noch einige Spielräume offen, z.B. bei der Bildung der Composites, bei der genauen Definition erheblicher externer Restriktionen, bei der Wahl der Renditemethode (obwohl schon eingeschränkt) oder auch bei der Definition der Verwaltungseinheit.

Anhang
Flächeninhalt der Standardnormalverteilung

z	0	1	2	3	4	5	6	7	8	9
0,0	0,5000	0,5040	0,5080	0,5120	0,5160	0,5199	0,5239	0,5279	0,5319	0,5359
0,1	0,5398	0,5438	0,5478	0,5517	0,5557	0,5596	0,5636	0,5675	0,5714	0,5753
0,2	0,5793	0,5832	0,5871	0,5910	0,5948	0,5987	0,6026	0,6064	0,6103	0,6141
0,3	0,6179	0,6217	0,6255	0,6293	0,6331	0,6368	0,6406	0,6443	0,6480	0,6517
0,4	0,6554	0,6591	0,6628	0,6664	0,6700	0,6736	0,6772	0,6808	0,6844	0,6879
0,5	0,6915	0,6950	0,6985	0,7019	0,7054	0,7088	0,7123	0,7157	0,7190	0,7224
0,6	0,7257	0,7291	0,7324	0,7357	0,7389	0,7422	0,7454	0,7486	0,7517	0,7549
0,7	0,7580	0,7611	0,7642	0,7673	0,7703	0,7734	0,7764	0,7793	0,7823	0,7852
0,8	0,7881	0,7910	0,7939	0,7967	0,7995	0,8023	0,8051	0,8078	0,8106	0,8133
0,9	0,8159	0,8186	0,8212	0,8238	0,8264	0,8289	0,8315	0,8340	0,8365	0,8389
1,0	0,8413	0,8438	0,8461	0,8485	0,8508	0,8531	0,8554	0,8577	0,8599	0,8621
1,1	0,8643	0,8665	0,8686	0,8708	0,8729	0,8749	0,8770	0,8790	0,8810	0,8830
1,2	0,8849	0,8869	0,8888	0,8907	0,8925	0,8944	0,8962	0,8980	0,8997	0,9015
1,3	0,9032	0,9049	0,9066	0,9082	0,9099	0,9115	0,9131	0,9147	0,9162	0,9177
1,4	0,9192	0,9207	0,9222	0,9236	0,9251	0,9265	0,9279	0,9292	0,9306	0,9319
1,5	0,9332	0,9345	0,9357	0,9370	0,9382	0,9394	0,9406	0,9418	0,9429	0,9441
1,6	0,9452	0,9463	0,9474	0,9484	0,9495	0,9505	0,9515	0,9525	0,9535	0,9545
1,7	0,9554	0,9564	0,9573	0,9582	0,9591	0,9599	0,9608	0,9616	0,9625	0,9633
1,8	0,9641	0,9649	0,9656	0,9664	0,9671	0,9678	0,9686	0,9693	0,9699	0,9706
1,9	0,9713	0,9719	0,9726	0,9732	0,9738	0,9744	0,9750	0,9756	0,9761	0,9767
2,0	0,9772	0,9778	0,9783	0,9788	0,9793	0,9798	0,9803	0,9808	0,9812	0,9817
2,1	0,9821	0,9826	0,9830	0,9834	0,9838	0,9842	0,9846	0,9850	0,9854	0,9857
2,2	0,9861	0,9864	0,9868	0,9871	0,9875	0,9878	0,9881	0,9884	0,9887	0,9890
2,3	0,9893	0,9896	0,9898	0,9901	0,9904	0,9906	0,9909	0,9911	0,9913	0,9916
2,4	0,9918	0,9920	0,9922	0,9925	0,9927	0,9929	0,9931	0,9932	0,9934	0,9936
2,5	0,9938	0,9940	0,9941	0,9943	0,9945	0,9946	0,9948	0,9949	0,9951	0,9952
2,6	0,9953	0,9955	0,9956	0,9957	0,9959	0,9960	0,9961	0,9962	0,9963	0,9964
2,7	0,9965	0,9966	0,9967	0,9968	0,9969	0,9970	0,9971	0,9972	0,9973	0,9974
2,8	0,9974	0,9975	0,9976	0,9977	0,9977	0,9978	0,9979	0,9979	0,9980	0,9981
2,9	0,9981	0,9982	0,9982	0,9983	0,9984	0,9984	0,9985	0,9985	0,9986	0,9986
3,0	0,9987	0,9987	0,9987	0,9988	0,9988	0,9989	0,9989	0,9989	0,9990	0,9990
3,1	0,9990	0,9991	0,9991	0,9991	0,9992	0,9992	0,9992	0,9992	0,9993	0,9993
3,2	0,9993	0,9993	0,9994	0,9994	0,9994	0,9994	0,9994	0,9995	0,9995	0,9995
3,3	0,9995	0,9995	0,9995	0,9996	0,9996	0,9996	0,9996	0,9996	0,9996	0,9997
3,4	0,9997	0,9997	0,9997	0,9997	0,9997	0,9997	0,9997	0,9997	0,9997	0,9998
3,5	0,9998	0,9998	0,9998	0,9998	0,9998	0,9998	0,9998	0,9998	0,9998	0,9998
3,6	0,9998	0,9998	0,9999	0,9999	0,9999	0,9999	0,9999	0,9999	0,9999	0,9999
3,7	0,9999	0,9999	0,9999	0,9999	0,9999	0,9999	0,9999	0,9999	0,9999	0,9999

Beispiel: $z = 0{,}53 \Rightarrow F_N(z) = 0{,}7019$

Literaturverzeichnis

Admati, A.R./Bhattacharya, S./Pfleiderer, P./Ross, S. (1986): On Timing and Selectivity, in: Journal of Finance, 41. Jg., 1986, 715-730.

Albrecht, P./Maurer, R./Mayser, J. (1996): Multi-Faktorenmodelle: Grundlagen und Einsatz im Management von Aktien-Portefeuilles, in: Zeitschrift für betriebswirtschaftliche Forschung, 48. Jg., 1996, S. 3-29.

Alexander, G.J./Francis, J.C. (1986): Portfolio Analysis, 3. Aufl., Englewood Cliffs 1986.

Alexander, G.J./Sharpe, W.F./Bailey, J.V. (1993): Fundamentals of Investments, 2. Aufl., Englewood Cliffs 1993.

Allen, F./Gorton, G. (1993): Churning Bubbles, in: Review of Economic Studies, 60. Jg., 1993, S. 813-836.

Amihud, Y./Mendelson, H. (1991): Liquidity and Asset Prices, in: Finanzmarkt und Portfolio Management, 5. Jg., 1991, S. 235-240.

Ankrim, E.M. (1992): Risk-Adjusted Performance Attribution, in: Financial Analysts Journal, 48. Jg., March-April 1992, S. 75-82.

Ankrim, E.M/Hensel, C.R.. (1994): Multicurrency Performance Attribution, in: Financial Analysts Journal, 50. Jg., March-April 1994, S. 29-35.

Arnsfeld, T. (1999): Der marginale Value-at-Risk, in: Die Bank, o. Jg., 1999, S. 353-355.

Avenarius, C. (1999): Management von Währungsrisiken, in: Handbuch derivativer Instrumente, 2. Aufl., Stuttgart 1999, S. 387-403.

Bauch, M./Meyer-Bullerdiek, F. (2000): Internes Kosten-Controlling von Spezialfonds, in: Zeitschrift für das gesamte Kreditwesen, 53. Jg., 2000, S. 1436-1440.

Bawa, V.S./Lindenberg, E.B. (1977): Capital Markets Equilibrium in a Mean-Lower Partial Moment Framework, in: Journal of Financial Economics, 5. Jg., 1977, S. 189-200.

Bayer, K.G./Bayer, M. (2002): Transaktionskostenmanagement – Ein vergessener Erfolgsfaktor im Wertpapiermanagement?, in: in: Handbuch Portfoliomanagement, hrsg. v. Kleeberg, J.M./Rehkugler, H., 2. Aufl., Bad Soden 2002, S. 787-811.

Beck, H. (1993): Die Wertpapierleihe - ein Instrument für modernes Anlagemanagement und Wertpapiergeschäft, in: Handbuch Finanzdienstleistungen, hrsg. von Brunner, W.L./Vollath, J., Stuttgart 1993, S. 87-97.

Behrenwaldt, U./Verweyen, F. (2000): Auf dem Wege zu einem einheitlichen Fonds-Rating-Standard, in: Die Bank, o. Jg., 2000, S. 596-600.

Beike, R./Barckow, A. (2002): Risk-Management mit Finanzderivaten, 3. Aufl., München/Wien 2002.

Beiker, H. (1993): Überrenditen und Risiken kleiner Aktiengesellschaften, Reihe Finanzierung, Steuern, Wirtschaftsprüfung, Bd. 20, hrsg. von Steiner, M., Köln 1993.

Beilner, T. (1989): Portfolio Insurance an der DTB, in: Die Bank, o. Jg., 1989, S. 415-424.

Beilner, T./Mathes, H. D. (1990): DTB DAX-Futures: Bewertung und Anwendung, in: Die Bank, o. Jg., 1990, S. 388-395.

Berblinger, J. (1996): Marktakzeptanz des Rating durch Qualität, in: Rating-Handbuch, hrsg. v. Büschgen, H.E./Everling, O., Wiesbaden 1996, S. 21-88.

Berger, M. (1990): Hedging, Effiziente Kursabsicherung festverzinslicher Wertpapiere mit Finanzterminkontrakten, Wiesbaden 1990.

Bey, R.P./Howe, K.M. (1984): Gini's Mean Difference and Portfolio Selection: An empirical Evaluation, in: Journal of Financial and Quantitative Analysis, 19. Jg., 1984, S. 329-338.

Bird, R./Dennis, D./Tippet, M. (1988): A Stopp loss approach to portfolio insurance, in: Journal of Portfolio Management, 14. Jg., 1988, S. 35-40.

Bitz, M./Oehler, A. (1993): Überlegungen zu einer verhaltenswissenschaftlich fundierten Kapitalmarktforschung (Teil II): in: Kredit und Kapital, 26. Jg., 1993, S. 375-416.

BIZ (2000, Hrsg.): BIS Quarterly Review, June 2000, www.bis.org. vom 28.04.2003.

BIZ (2001, Hrsg.): BIZ-Quartalsbericht, September 2001, www.bis.org. vom 31.03.2003.

BIZ (2002a, Hrsg.): BIZ-Quartalsbericht, März 2002, www.bis.org. vom 31.03.2003.

BIZ (2002b, Hrsg.): BIZ-Quartalsbericht, Juni 2002, www.bis.org. vom 28.04.2003.

BIZ (2002c, Hrsg.): BIZ-Quartalsbericht, September 2002, www.bis.org. vom 31.03.2003.

BIZ (2002d, Hrsg.): BIZ-Quartalsbericht, Dezember 2002, www.bis.org. vom 31.03.2003.

BIZ (2003, Hrsg.): BIZ-Quartalsbericht, Juni 2003, www.bis.org. vom 05.06.2003.

Black, F. (1976): The Pricing of Commodity Contracts, in: Journal of Financial Economics, 3. Jg., 1976, S. 167-179.

Black, F. (1986): Noise, in: Journal of Finance, 41. Jg., 1986, S. 529-543.

Black, F. (1989): Universal Hedging: Optimizing Currency Risk and Reward in International Equity Portfolios, in: Financial Analysts Journal, 45. Jg., 1989, S. 16-22.

Black, F. (1993): Estimating Expected Return, in: Financial Analysts Journal, September-Oktober 1993, S. 36-38.

Black, F./Jones, R. (1987): Simplifying Portfolio Insurance, in: Journal of Portfolio Management, 13. Jg., Fall 1987, S. 48-51.

Black, F./Jones, R. (1988): Simplifying Portfolio Insurance for Corporate Pension Plans, in: Journal of Portfolio Management, 14. Jg., Summer 1988, S. 33-37.

Black, F./Litterman, R. (1992): Global Portfolio Optimization, in: Financial Analysts Journal, 48. Jg., September-October 1992, S. 28-43.

Black, F./Scholes, M. (1973): Pricing of Options and Corporate Liabilities, in: Journal of Political Economy, 81. Jg., 1973, S. 637-654.

Bleymüller, J. (1966): Theorie und Technik der Aktienkursindizes, Wiesbaden 1966.

Bleymüller, J./Gehlert, G./Gülicher, H. (1991): Statistik für Wirtschaftswissenschaftler, 7. Aufl., München 1991.

Bode, M./van Echelpoel, A./Sievi, C. (1994): Multinationale Diversifikation: viel zitiert, kaum befolgt, in: Die Bank, o. Jg., 1994, S. 202-206.

Bode, M./Mohr, M. (1996): Value-at-Risk - ein riskanter Wert?, in: Die Bank, o. Jg., 1996, S. 470-476.

Bode, M./Mohr, M. (1997): VaR - Vielseitig anwendbare Rechenmethode, in: Die Bank, o. Jg., 1997, S. 695-700.

Bodie, Z. (1995): On the Risk of Stocks in the Long Run, in: Financial Analysts Journal, 51. Jg., May-June 1995, S. 18-22.

Bohn, A. (1998): Der Einsatz von Wertpapierleihe, Repo- und Sell/Buy-Back-Geschäften im Handel und Portfoliomanagement von festverzinslichen Wertpapieren, in: Handbuch Portfoliomanagement, hrsg. v. Kleeberg, J.M./Rehkugler, H., Bad Soden 1998, S. 775-791.

Bohn, A. (2002): Bewertung von Wandelanleihen: Eine Analyse unter Berücksichtigung von unsicheren Zinsen und Aktienkursen, Wiesbaden 2002.

Bohn, A./Meyer-Bullerdiek, F. (1997): Hedging mit Euro-DM-Kontrakten, in: Die Bank, o. Jg., 1997, S. 480-484.

Bohn, A./Meyer-Bullerdiek, F. (1996a): Basis Trading mit Bund- und Bobl-Futures, in: Die Bank, o. Jg., 1996, S. 346-350.

Bohn, A./Meyer-Bullerdiek, F. (1996b): Handel von Calendar Spreads mit Bund- und Bobl-Futures, in: Die Bank, o. Jg., 1996, S. 539-543.

Bollerslev, T. (1986): Generalized Autoregressive Conditional Heteroscedasticity, in: Journal of Econometrics, 31. Jg., 1986, S. 307-327.

Bossert, T./Burzin, C. (2002): Dynamische Absicherung von Aktienportfolios – Constant Proportion Portfolio Insurance, in: Handbuch Portfoliomanagement, hrsg. v. Kleeberg, J.M./Rehkugler, H., 2. Aufl., Bad Soden 2002, S. 129-157.

Brealey, R.A./Myers, S.C. (1988): Principles of Corporate Finance, 3. Aufl., New York et al. 1988.

Brennan, M./Schwartz, E. (1988): Time-invariant portfolio insurance strategies, in: Journal of Finance, 43. Jg., 1988, S. 283-299.

Breuer, R.-E. (1995): Der Weg der deutschen Investment Banken nach London ist eine Befruchtung des deutschen Kapitalmarktes, in: Zeitschrift für das gesamte Kreditwesen, 48. Jg., 1995, S. 1196-1198.

Brinitzer, P./Sörries, B. (1996): FIONA: Ein neuer Zins-Swap, in: Die Bank, o. Jg., 1996, S. 438-441.

Brinson G.P./Fachler, N. (1985): Measuring Non-U.S Equity Portfolio Performance, in: Journal of Portfolio Management, 11. Jg., Spring 1985, S. 73-76.

Brinson G.P./Hood L.R./Beebower, G.L. (1986): Determinants of Portfolio Performance, in: Financial Analysts Journal, 40. Jg., July-August 1986, S. 39-44.

Brinson, G.P./Singer, B.D./Beebower, G.L. (1991): Determinants of Portfolio Performance II: An Update, in: Financial Analysts Journal, 47. Jg., May-June 1991, S. 40-48.

Broschinski, G. (1995): Performancetestat in der Vermögensverwaltung, in: Die Bank, o. Jg., 1995, S. 650-652.

Broschinski, G. (1999): Dachfonds: Qualitätssprung in der Fonds-Vermögensverwaltung, in: Die Bank, o. Jg., 1999, S. 608-612.

Brown, S.J./Warner, J.B. (1980): Measuring Security Price Performance, in: Journal of Financial Economics, 8. Jg., 1980, S. 205-258.

Bruns, C. (1994): Bubbles und Excess Volatility auf dem deutschen Aktienmarkt, Wiesbaden 1994.

Bruns, C. (1995): Shareholder Value im Focus der Fondsgesellschaft, in: Börsen-Zeitung, Nr. 227 vom 25.11.1995, S. 20.

Bruns, C. (1996): Zeithorizont und Risiko bei Aktienanlagen, in: Die Bank, o. Jg., 1996, S. 38-42.

Bruns, C./Meyer, F. (1994): Auswirkungen des DAX-Futures auf die Volatilität des DAX, in: Zeitschrift für das gesamte Kreditwesen, 47. Jg., 1994, S. 647-652.

Bühler, A./Hies, M. (1995): Zinsrisiken und Key-Rate-Duration, in: Die Bank, o. Jg., 1995, S. 112-118.

Bühler, A./Zimmermann, H. (1994): Instabile Risikoparameter und Portfolioselektion, in: Finanzmarkt und Portfolio Management, 8. Jg. 1994, S. 212-228.

Bühler, W. (1993): Portfolio Insurance in the German Bond Market, in: Finanzmarkt und Portfolio Management, 7. Jg., 1993, S. 73-81.

Büschgen, H.E. (1997): Internationales Finanzmanagement, 3. Aufl., Frankfurt 1997.

Buhl, H.U./Schneider, J./Tretter, B. (2000): Performanceattribution im Private Banking, in: Die Bank, o. Jg., 2000, S. 318-323.

Campbell, J.Y./Kyle, A.S. (1993): Smart Money, Noise Trading and Stock Price Behaviour, in: Review of Economic Studies, 60. Jg., 1993, S. 1-34.

Campenhausen von, C. (1994): Aus der Praxis: Equity Swaps, in: Finanzmarkt und Portfolio Management, 8. Jg. 1994, S. 259-263.

Caroll, C./Thistle, P.D./Wei, K.C. (1992): The Robustness of Risk-Return Nonlinearities to the Normality Assumption, in: Journal of Financial and Quantitative Analysis, 27. Jg., 1992, S. 419-435.

Chang, E.C./Lewellen, W.G. (1984): Market Timing and Mutual Fund Investment Performance, in: Journal of Business, 57. Jg., 1984, S. 57-72.

Chen, N.-F./Roll, R./Ross, S.A. (1986): Economic Forces and the Stock Market, in: Journal of Business, 59. Jg., 1986, S. 383-403.

Choie, K.S./Seff, E.J. (1989): TIPP: Insurance without complexity: Comment, in: Journal of Portfolio Management, 15. Jg., Fall 1989, S. 107-108.

Choudry, M. (2002): The REPO Handbook, Oxford et.al. 2002.

Cochrane, J.H. (1991): Volatility Tests and Efficient Markets, in: Journal of Monetary Economics, 27. Jg., 1991, S. 463-485.

Conrad, J./Kaul, G. (1993): Long-Term Market Overreaction or Biases in Computed Returns?, in: Journal of Finance, 48. Jg., 1993, S. 39-63.

Copeland, T.E./Mayers, D. (1982): The Value Line Enigma, in: Journal of Financial Economics, 10. Jg., 1982, S. 289-321.

Coval, J.D./Moskowitz, T.J. (1999): Home Bias at Home: Local Equity Preference in Domestic Portfolios, in: Journal of Finance, 54. Jg., S. 2045-2073.

Cox, J./Rubinstein, M. (1985): Options Markets, Englewood Cliffs 1985.

Cox, J.C./Ross, S.A./Rubinstein, M. (1979): Option-Pricing - A Simplified Approach, in: Journal of Financial Economics, 7. Jg., 1979, S. 229-263.

Csoport, P. (2001): Repurchase Agreements, Bern/Stuttgart/Wien 2001.

Cutler, D.M./Poterba, J.M./Summers, L.H. (1990): Speculative Dynamics and the Role of Feedback Traders, in: American Economic Review, 80. Jg., Heft 2, 1990, S. 63-68.

Cutler, D.M./Poterba, J.M./Summers, L.H. (1991): Speculative Dynamics, in: Review of Economic Studies, 58. Jg., 1991, S. 529-546.

Das, S. (1994): *Swap & Derivative Financing*, New York et. al. 1994.

Dattatreya, R.E./Fabozzi, F.J. (1995): The Risk-Point Method for Measuring and Controlling Yield Curve Risk, in: Financial Analysts Journal, 51. Jg., July-August 1995, S. 45-54.

Davey, E. (1995): Slow but steady convergence, in: Financial Times vom 16.11.1995, Beilage Derivatives, S. 2.

De Long, J.B./Shleifer, A. (1992): Closed-End Fund Discounts, in: Journal of Portfolio Management, 18. Jg., Winter 1992, S. 46-53.

De Long, J.B./Shleifer, A./Summers, L./Waldman, R. (1989): The Size and Incidenc of the Losses from Noise Trading, in: Journal of Finance, 45. Jg., 1989, S. 681-696.

De Long, J.B./Shleifer, A./Summers, L./Waldman, R. (1990a): Positive Feedback Investment Strategies and Destabilizing Rational Speculation, in: Journal of Finance, 45. Jg., S. 379-395.

De Long, J.B./Shleifer, A./Summers, L./Waldman, R. (1990b): Noise Trader Risk in Financial Markets, in: Journal of Political Economy, 98. Jg., 1990, S. 703-738.

DeBondt, W.F.M./Thaler, R. (1985): Does the Stock Market Overreact?, in: Journal of Finance, 40. Jg., 1985, S. 793-805.

DeBondt, W.F.M./Thaler, R. (1987): Further Evidence on Investor Overreaction and Stock Market Seasonality, in: Journal of Finance, 42. Jg., 1987, S. 557-581.

DeBondt, W.F.M./Thaler, R. (1989): Anomalies: A Mean-Reverting Walk down Wall Street, in: Journal of Economic Perspectives, 3. Jg., 1989, S. 189-202.

DeBondt, W.F.M./Thaler, R. (1990): Do Security Analysts Overreact?, in: American Economic Review, 80. Jg., Heft 2, 1990, S. 52-57.

Deutsch, H.-P. (2001): Derivate und interne Modelle, 2. Aufl., Stuttgart 2001.

Deutsche Bank AG (2003): http://public.deutsche-bank.de/ vom 17.03.2003.

Deutsche Börse AG (1999, *Hrsg.*): Special: GEX®: Energie an die Börse, Frankfurt a.M. 1999.

Deutsche Börse AG (2001, *Hrsg.*): XTF Exchange Trade Funds, Frankfurt a.M. 2001.

Deutsche Börse AG (2002, *Hrsg.*): Special: XTF Exchange Trade Funds® – Trade the Funds, Frankfurt a.M. 2002.

Deutsche Börse AG (2003, *Hrsg.*): www.deutsche-boerse.com vom 03.03.2003.

Deutsche Bundesbank (2000, *Hrsg.*): Der Markt für deutsche Bundeswertpapiere, 3. Aufl., Frankfurt 2000, www.bundesbank.de vom 03.06.2003.

Deutsche Morgan Grenfell, Deutsche Bank AG (1996, Hrsg.): FIONA Swap, Frankfurt 1996.

Deutsche Morgan Grenfell, Deutsche Bank AG (1997, Hrsg.): Collateral Management, Frankfurt 1997.

Dietz, P.O./Kirschman, J.R.(1990): Evaluating Portfolio Performance, in: Managing Investment Portfolios, hrsg. v. J.L. Maginn/D.L. Tuttle, 2. Aufl., New York 1990, S. 12-18.

Divecha, A.B./Drach, J./Stefek, D. (1992): Emerging Markets: A Quantitative Perspective, in: Journal of Portfolio Management, 18. Jg., Fall 1992, S. 42.

Diwald, H. (1994): Zinsfutures und Zinsoptionen, München 1994.

Doerks, W. (1991): Die Berücksichtigung von Zinsstrukturkurven bei der Bewertung von Kuponanleihen, in: Wirtschaftswissenschaftliches Studium, 20. Jg., 1991, S. 275-280.

Doerks, W. (1992): Der Kursunterschied zwischen Stamm- und Vorzugsaktien in der Bundesrepublik Deutschland, Reihe Finanzierung, Steuern, Wirtschaftsprüfung, Band 16, hrsg. von Steiner, M., Köln 1992.

Doerks, W./Hübner, S. (1993): Konvexität festverzinslicher Wertpapiere, in: Die Bank, o. Jg., 1993, S. 102-105.

Doerks, W./Meyer, F. (1995): Der effiziente Einsatz derivativer Instrumente in Investmentfonds, in: Zeitschrift für das gesamte Kreditwesen, 48. Jg., 1995, S. 804-809.

Dowen, R. (1989): What are Analysts' Forecasts Worth? One-Period Growth Expectations and Subsequent Stock Returns, in: Financial Analysts Journal, 45. Jg., July-August 1989, S. 71-74.

Drummen, M. (1992): Europaweit diversifizierte Aktienportfolios, Bank und Finanzwirtschafltiche Forschungen, hrsg. von Kilgus, E. et al., Band 164, Bern/Stuttgart/Wien 1992.

Drummen, M./Zimmermann, H. (1992): Portfolioeffekte des Währungsrisikos, in: Finanzmarkt und Portfolio Management, 6. Jg., 1992, S. 80-102.

Dubacher, R./Zimmermann, H. (1989): Risikoanalyse schweizerischer Aktien: Grundkonzepte und Berechnungen, in: Finanzmarkt und Portfolio Management, 3. Jg., 1989, S. 66-85.

Duffie, D. (1989): Futures Markets, Englewood Cliffs 1989.

DVFA (2000): DVFA-Performance Presentation Standards®, hrsg. v. Fischer, B.R./Lilla, J./Wittrock, C., 2. Aufl., Dreieich 2000.

Dybvig, P.H./Ross, S.A. (1985): The Analytics of Performance Measurement using a Security Market Line, in: Journal of Finance, 40. Jg., 1985, S. 401-416.

DZ Bank (2001, Hrsg.): Basisinformationen über Termingeschäfte, Frankfurt 2001.

DZ Bank (2002, Hrsg.): Fit für Optionsscheine, Frankfurt 2002.

Ebertz, T./Scherer, B. (2002): Das Rahmenwerk des aktiven Porfoliomanagements, in: Handbuch Portfoliomanagement, hrsg. v. Kleeberg, J.M./Rehkugler, H., 2. Aufl., Bad Soden 2002, S. 181-204.

Ebertz, T./Schlenger, C. (1995): Absicherungsstrategie für institutionelle Portfolios, in: Die Bank, o. Jg., 1995, S. 302-307.

Eller, R. (1999): Derivative Instrumente – Überblick, Strategien, Tendenzen, in: Handbuch derivativer Instrumente, hrsg. v. Eller, R., 2. Aufl., Stuttgart 1999, S. 3-38.

Eller, R. (1999): Strategien mit Financial Futuers, in: Handbuch derivativer Instrumente, hrsg. v. Eller, R., 2. Aufl., Stuttgart 1999, S. 347-385.

Elton, E.J./Gruber, M.J. (1984): Intra-Day-Tests of the Efficiency of the Treasury Bill Futures Market, in: Review of Economics and Statistics, 66. Jg., 1984, S. 129-137.

Elton, E.J./Gruber, M.J. (1987): Modern Portfolio Theory and Investment Analysis, 3. Aufl., New York 1987.

Elton, E.J./Gruber, M.J. (1991): Modern Portfolio Theory and Investment Analysis, 4. Aufl., New York 1991.

Engle, R.F. (1982): Autoregressive Conditional Heteroscedasticity with Estimates of the Variance of United Kingdom Inflation, in: Econometrica, 50. Jg., 1982, S. 987-1007.

Errunza, V.R. (1994): Emerging Markets: Some New Concepts, in: Journal of Portfolio Management, 20. Jg., Spring 1994, S. 82-87.

Estep, T./Kritzman, M. (1988): TIPP: Insurance without complexity, in: Journal of Portfolio Management, 14. Jg., Summer 1988, S. 38-42.

Eurex (2000, Hrsg.): Eurex Repo – Der Massstab im elektronischen Repo Handel, Frankfurt/Zürich 2000.

Eurex (2002a, Hrsg.): Risk Based Margining, Frankfurt/Zürich 2002.

Eurex (2002b, Hrsg.): Viele Märkte – ein Clearinghaus, Frankfurt/Zürich 2002.

Eurex (2003a, Hrsg.): www.eurexchange.com vom 04.03.2003.

Eurex (2003b, Hrsg.): www.eurexchange.com vom 06.03.2003.

Euribor (2003, Hrsg.): www.euribor.org vom 03.03.2003.

EZB (2002, Hrsg.): Hauptmerkmale des Repomarkts im Euro-Währungsgebiet, in: Monatsbericht Oktober 2002 der Europäischen Zentralbank, S. 61-76.

Fabozzi, F.J./Peters, E.E. (1989): Hedging with Stock Index Futures, in: The Handbook of Stock Index Futures and Options, hrsg. von Fabozzi, F. J., Kipnis, G. M., Homewood 1989, S. 188-222.

Fama, E.F. (1968): Risk, Return and Equilibrium: Some clarifying Comments, in: Journal of Finance, 23. Jg., 1968, S. 29-40.

Fama, E.F. (1970): Efficient Capital Markets: A Review of Theory and Empirical Work, in: Journal of Finance, 25. Jg., 1970, S. 383-418.

Fama, E.F. (1976): Foundations of Finance, Portfolio Decisions and Security Prices, New York 1976.

Fama, E.F. (1991): Efficient Capital Markets II, in: Journal of Finance, 46. Jg., 1991, S. 1575-1617.

Fama, E.F./French, K.R. (1988): Permanent and Temporary Components of Stock Prices, in: Journal of Political Economy, 96. Jg., 1988, S. 246-273.

Farrell, J.L. (1997): Portfolio Management, 2. Aufl. New York et al., 1997

Fastrich, H./Hepp, S. (1991): Währungsmanagement international tätiger Unternehmen, Stuttgart 1991.

Fischer, B. (2000): Performanceanalyse in der Praxis, München/Wien 2000.

Fischer, L./Koop, J./Müller, H. (1994): Mit steigender Erfahrung will sich der Privataktionär auch "selbst beweisen", in: Handelsblatt, Nr. 78 vom 22/23.04.1994, S. 15.

Fitzgerald, M. D. (1983): Financial Futures, Euromoney Publications, London 1983.

Flach, U.E./Ufer, W. (1994): Produktzyklen im deutschen Markt für außerbörsliche Zinsderivate, in: Meilensteine im Management, Band 4: Finanzielle Führung, Finanzinnovationen & Financial Engineering, hrsg. von Siegwart, H./ Mahari, J./Abresch, M., Stuttgart/Zürich/Wien 1994, S. 549-560.

Flavell, R. (2002): Swaps and other Derivatives, Chichester 2002.

Frantzmann, H.-J. (1989): Saisonalitäten und Bewertung am deutschen Aktien- und Rentenmarkt, Frankfurt 1989.

French, K.R. / Poterba, J.M. (1991): Investor Diversification and International Equity Markets, in: American Economic Review, 81. Jg., 1991, S. 222-226.

French, K.R./Roll, R. (1986): Stock Return Variances, in: Journal of Financial Economics, 17. Jg., 1986, S. 5-26.

Garman, M.B./Kohlhagen, S.W. (1983): Foreign Currency option values, in: Journal of International Money and Finance, No.2, 1983, S. 231-237.

Garz, H./Günther, S./Moriabadi, C. (1997): Portfolio-Management, Frankfurt am Main 1997.

Garcia, C.B./Gould, F.J. (1991): Some Observations on Active Manager Performance, in: Financial Analysts Journal, 47. Jg., November-December 1991, S. 11-13.

Gastineau, G.L. (1988): The Options Manual, 3. Aufl., New York et al. 1988.

Gastineau, G.L. (1995): The Currency Hedging Decision: A Search for Synthesis in Asset Allocation, in: Financial Analysts Journal, 51. Jg., May-June 1995, S. 8-17.

Geyer E.J./Schwaiger, W.S.A. (1994): Optionsbewertung mit GARCH Modellen, in: Die Bank, o. Jg., 1994, S. 684-688.

Girard, J./Gruber, H. (1993): An Application of the Repetitive Choice Model: Excess Volatility of Stock Markets, in: European Investment Bank (EIB): Paper Nr. 20, 1993.

Gomber, P./Schweickert, U. (2002): Der Market Impact: Liquiditätsmaß im elektronischen Wertpapierhandel, in: Die Bank, o. Jg., 2002, S. 485-489.

Gommlich, F./Meyer-Bullerdiek, F./Tieftrunk, A. (2000): Zwei Jahre Warenterminbörse Hannover (WTB) – Bilanz und Perspektive", in: Die Bank, o. Jg., 2000, S. 324-328.

Gramlich, D./Peylo, B.T./Staaden, M. (1999): Effiziente Portefeuilles im μ-/VaR-Raum, in: Die Bank, o. Jg., 1999, S. 422-425.

Gray, J. (1997): Overquantification, in: Financial Analysts Journal, 53. Jg., November-Dezember 1997, S. 5-12.

Grinblatt, M./Titman, S. (1989): Portfolio Performance Evaluation: Old Issues and New Insights, in: Review of Financial Studies, 2. Jg., 1989, S. 393-421.

Grinold, R.C./Kahn, R.N. (1995): Active Portfolio Management, Chicago 1995.

Groffmann, T./Weber, G. (1998): Indexfonds – Konstruktion und Marktentwicklung, in: Die Bank, o. Jg., 1998, S. 536-539.

Grossman, S.J./Stiglitz, J.E. (1980): On the Impossibility of Informationally Efficient Markets, in: American Economic Review, 70. Jg., 1980, S. 393-408.

Gügi, P. (1995): Einsatz der Portfoliooptimierung im Asset Allocation-Prozess, Bank- und Finanzwirtschaftliche Forschungen, hrsg. von Kilgus, E. et al., Bern/Stuttgart/Wien 1995.

Günther, S. (2002): Praktische Bedeutung und professioneller Einsatz von Benchmarkportfolios, in: Handbuch Portfoliomanagement, hrsg. v. Kleeberg, J.M./Rehkugler, H., 2. Aufl., Bad Soden 2002, S. 225-252.

Hadar, J./Russel, W.R. (1969): Rules for Ordering uncertain Prospects, in: American Economic Review, 59. Jg., 1969, S. 25-34.

Hanau, P. (2001*):* Fondsbezogene Risikokennzahlen – Beispiel Tracking Error, in: Die Bank, o. Jg., 2001, S. 451-453.

Hanoch, G./Levy, H. (1969*):* The Efficiency Analysis of Choices involving Risk, in: Review of Economic Studies, 36. Jg., 1969, S. 335-346.

Hanson, H.N./Kopprasch, R.W. (1989): Pricing of Stock Index Futures, in: The Handbook of Stock Index Futures and Options, hrsg. von Fabozzi, F.J./Kipnis, G.M., Homewood 1989, S. 102-120.

Harlow, W.V. (1991): Asset Allocation in a Downside-Risk Framework, in: Financial Analysts Journal, 47. Jg., September-October 1991, S. 28-40.

Hartmann, B./Meyer-Bullerdiek, F. (1996): Deutsche Warenterminbörse vor dem Start, in: Die Bank, o .Jg., 1996, S. 724-729.

Haugen, R.A. (1999): The Inefficient Stock Market, New Jersey 1999.

Haugen, R.A. (1999): The New Finance, 2. Aufl. New Jersey 1999.

Haugen, R./Baker, N. (1991): The Efficient Market Inefficiency of Capitalization-Weighted Stock Portfolios, in: Journal of Portfolio Management, 17. Jg., Spring 1991, S. 35-40.

Häuselmann, H. (1995): Stichwort Wertpapierleihe, in: Handwörterbuch des Bank- und Finanzwesens, hrsg. von Gerke, W./Steiner, M., 2. Aufl., Stuttgart 1995, Sp. 2013-2022.

Hauser, H. (1999): Pricing und Risk-Management von Caps, Floors und Swap-Optionen, in: Handbuch derivativer Instrumente, hrsg. v. Eller, R., 2. Aufl., Stuttgart 1999, S. 195-231.

Hauser, S./Marcus, M./Yaari, U. (1994): Investing in Emerging Stock Markets: Is It Worthwhile Hedging Foreign Exchangs Risk?, in: Journal of Portfolio Management, 20. Jg., Spring 1994, S. 76-81.

Hawawini, G./Jaquillat, B. (1993): European Equity Markets in the 1990's, in: European Banking in the 1990s, hrsg. von Dermine, J., Oxford/Cambridge M.A. 1993, S. 69-104.

Heidorn, T. (2000): Finanzmathematik in der Bankpraxis, 3. Aufl., Wiesbaden 2000.

Heinke, V.G. (1998): Bonitätsrisiko und Credit Rating festverzinslicher Wertpapiere, Bad Soden 1998.

Heintze, M./Planta, R. (1992): Aus der Praxis: Der Einsatz von Swaptions im Obligationengeschäft, in: Finanzmarkt und Portfolio Management, 6. Jg., 1992, S. 327-335.

Heinzel, D./Knobloch, P./Lorenz, B. (2002): Modernes Risikomanagement, hrsg. v. Eller, R., Wiesbaden 2002.

Henriksson, R.D. (1984): Market Timing and Mutual Fund Performance: An empirical Investigation, in: Journal of Business, 57. Jg., 1984, S. 73-96.

Hensel, C./Ezra, D./Ilkiw, J. (1991*):* The Importance of the Asset Allocation Decision, in: Financial Analysts Journal, 47. Jg., July-August 1991, S. 65-72.

Hentschel, L. (1995): All in the family- Nesting symmetric and asymmetric GARCH models, in: Journal of Financial Economics, 39. Jg., 1995, S. 71-104.

Heri, E.W. (1993): Editorial: Die Emerging-Market-Euphorie, in: Finanzmarkt und Portfolio Management, 7. Jg. 1993, S. 401-404.

Hicks, J.R. (1939): Value and Capital, Oxford 1939.

Hill, J.M./Jones, F.J. (1988): Equity Trading, Program Trading, Portfolio Insurance, Computer Trading and all that, in: Financial Analysts Journal, 44. Jg., July-August 1988, S. 29-38.

Höfner, A./Klein, M. (1995): Derivate in der Praxis - Status Quo und aktuelle Entwicklung, in: Derivative Finanzinstrumente, hrsg. von Rudolph, B., Stuttgart 1995, S. 171-191.

Howard, C.T./D'Antonio, L.J. (1984): A Risk-Return Measure of Hedging Effectiveness, in: Journal of Financial and Quantitative Analysis, 19. Jg., 1984, S. 101-112.

Howard, C.T./D'Antonio, L.J. (1986): Treasury Bill Futures as a Hedging Tool: A Risk-Return Approach, in: Journal of Financial Research, 9. Jg., Heft 1, 1986, S. 25-39.

Huberman, G./Kandel, S. (1987): Value Line Ranks and Firms Size, in: Journal of Business, 60. Jg., 1987, S. 577-589.

Hull, J.C. (1993): Options, Futures, and other Derivative Securities, 2. Aufl., Englewood Cliffs 1993.

Hull, J.C. (2003): Options, Futures, and other Derivatives, 5. Aufl., Englewood Cliffs 2003.

Jaeger, S./Rudolf, M./Zimmermann, H. (1995): Efficient Shortfall Frontier, in: Zeitschrift für betriebswirtschaftliche Forschung, 47. Jg., 1995, S. 355-365.

Jahnke, W.W. (1997): The Asset Allocation Hoax, in: Journal of Financial Planing, 10. Jg., Nr. 1, 1997, S. 109-113.

Janßen, B./Rudolph, B. (1992): Der Deutsche Aktienindex DAX, Frankfurt 1992.

Jean, W.H. (1975): Comparison of Moment and Stochastic Dominance Ranking Methods, in: Journal of Financial and Quantitative Analysis, 10. Jg., 1975, S. 151-161.

Jean, W.H./Helms, B.P. (1988): Moment Orderings and Stochastic Dominance Tests, in: Journal of Business, Finance and Accounting, 15. Jg., 1988, S. 573-584.

Jensen, M.C. (1968): The Performance of Mutual Funds in the Period 1945-1964, in: Journal of Finance, 23. Jg., 1968, S. 389-416.

Jensen, M.C. (1978): Some Anomalous Evidence Regarding Market Efficiency, in: Journal of Financial Economics, 6. Jg., 1978, S. 95-101.

Johnson, L.L. (1960): The Theory of Hedging and Speculation in Commodity Futures, in: Review of Economic Studies, 27. Jg., 1960, S. 139-151.

JP Morgan (1995, Hrsg.): From Information to Value, Seminarunterlagen Barcelona 1995.

Jüttner, D.J. (1987): Spekulation - immer segensreich?, in: Jahrbuch für Nationalökonomie und Statistik, 203. Jg., 1987, S. 1-11.

Jüttner, D.J. (1989): Fundamentals, Bubbles, Trading Strategies: Are they the Causes of Black Monday?, in: Kredit und Kapital, 22. Jg., 1989, S. 470-486.

Kahn, R.N./Rudd, A. (1995): Does Historical Performance Predict Future Performance, in: Financial Analysts Journal, 51. Jg., November-December 1995, S. 43-52.

Kahneman, D./Riepe, M.W. (1998): Aspects of Investor Psychology, in: Journal of Portfolio Management, 24. Jg., Nr. 4, S. 52-65.

Kendall, M./Stuart, A./Ord, J.K. (1977): The Advanced Theory of Statistics, Band 1: Distribution Theory, 4. Aufl., London 1977.

Keynes, J.M. (1936): The general Theory of Employment, Interest and Money, London 1936.

Kilcollin, T.E. (1982): Difference Systems in Financial Futures Markets, in: Journal of Finance, 37. Jg., 1982, S. 1183-1197.

Kim, M.J./Nelson, C.R./Startz, R. (1991): Mean Reversion in Stock Prices? A Reappraisal of the Empirical Evidence, in: Review of Economic Studies, 58. Jg., 1991, S. 515-528.

Kleeberg, J.M. (1992): Der Einsatz von fundamentalen Betas im modernen Portfoliomanagement, in: Die Bank, o. Jg., 1992, S. 474-478.

Kleeberg, J.M. (1995): Der Anlageerfolg des Minimum-Varianz-Portfolios, Bad Soden 1995.

Kleeberg, J.M./Schlenger, C. (1994): Konzeption und Performance einer europäischen Indexanlage, in: Finanzmarkt und Portfolio Management, 8. Jg., 1994, S. 229-241.

Kleeberg, J.M./Schlenger, C. (1998): Verfeinerung von Alpha- und Timingprognosen für die relative Portfoliooptimierung, in: Handbuch Portfoliomanagement, hrsg. v. Kleeberg, J.M./Rehkugler, H., 1. Aufl., Bad Soden 1998, S. 567-589.

Kleeberg, J.M./Schlenger, C. (1999): Perspektiven des Asset Management Consulting, in: Die Bank, o. Jg., 1999, S. 554-560.

Kleeberg, J.M./Schlenger, C. (2000): Value-at-Risk im Asset Management, in: Handbuch Risikomanagement, hrsg. v. Johanning, L./Rudolph, B., Band 2, Bad Soden 2000, S. 973-1013.

Kleeberg, J.M./Schlenger, C. (2002): Aufbereitung von Alphaprognosen für die relative Portfoliooptimierung, in: Handbuch Portfoliomanagement, hrsg. v. Kleeberg, J.M./Rehkugler, H., 2. Aufl., Bad Soden 2002, S. 253-280.

Kolb, R.W. (1988): Understanding Futures Markets, 2. Aufl., Glenview/Boston/London 1988.

Kolb, R.W. (1992): Investments, 3. Aufl., Miami 1992.

Köpf, G. (1992): LEPOs - auch für Deutschland eine Innovation, in: Anlagepraxis 11/1992, S. 8-12.

Krämer, W. / Kaiser, H. (1997): Die Zukunft der Futures, in: Die Bank, o. Jg., 1997, S. 672-675.

Kromschröder, B. (1984): Schlägt Mittelmäßigkeit Dummheit, in: Zeitschrift für betriebswirtschaftliche Forschung, 36. Jg., 1984, S. 732-747.

Lakonishok, J./Shleifer, A./Vishny, R.W. (1991): Do Institutional Investors destabilize Stock Prices?, in: National Bureau of Economic Research, Inc., 1991, Working Paper Nr. 3846.

Langfeldt, A.J. (1993, Hrsg.): Psychologie: Grundlagen und Perspektiven, Neuwied et al. 1993.

Lassak, G. (1988): Zins- und Währungsswaps, Schriftenreihe der SGZ BANK, Band 1, Frankfurt am Main 1988.

Layard-Liesching, R. (1994): Currency Overlays, in: Euromoney Research Guide: The 1994 Guide to Currencies, London 1994, S. 69-72.

Lee, C.F./Rahman, S. (1990): Market Timing, Selectivity, and Mutual Fund Performance: an empirical Investigation, in: Journal of Business, 63. Jg., 1990, S. 261-278.

Lee, C.F./Rahman, S. (1991): New Evidence on Timing and Security Selection Skill of Mutual Fund Managers, in: Journal of Portfolio Management, 17. Jg., Winter 1991, S. 80-83.

Lee, C.M./Shleifer, A./Thaler, R.H. (1991): Investor Sentiment and the Closed-End Fund Puzzle, in: Journal of Finance, 46. Jg., 1991, S. 75-109.

Leland, H.E. (1980): Who should buy Portfolio Insurance, in: Journal of Finance, 35. Jg., 1980, S. 581-594.

Leland, H.E. (1988): Portfolio Insurance and October 19th, in: California Management Review, 30. Jg., Heft 4, 1988, S. 80-89.

LeRoy, S.F. (1989): Efficient Capital Markets and Martingales, in: Journal of Economic Literature, 27. Jg., 1989, S. 1583-1621.

Levich, R./Thomas, L. (1993): The Merits of Active Currency Risk Management: Evidence form International Bond Portfolios, in:Financial Analysts Journal, 49. Jg., September-October 1993, S. 63-70.

Levy, H. (1973): Stochastic Dominance, Efficiency Criteria and Efficient Portfolios: The Multi-Period Case, in: American Economic Review, 63. Jg., 1973, S. 986-994.

Levy, H. (1978): Equilibrium in an imperfect Market: A Constraint on the Number of Securities in the Portfolio, in: American Economic Review, 68. Jg., 1978, S. 643-658.

Levy, H. (1990): Small Firm Effect: Are there abnormal Returns in the Market, in: Journal of Accounting, Auditing and Finance, 5. Jg., 1990, S. 235-270.

Levy, H./Sarnat, M. (1972): Investment and Portfolio Analysis, New York et al. 1972.

LIFFE (1995, Hrsg.): btf, Basis Trading Facility, Frankfurt 1995.

Lingner, U. (1991): Optionen, 2. Aufl., Wiesbaden 1991.

Lintner, J. (1965): The Valuation of Risk Assets and the Selection of Risky Investments in Stock Portfolios and Capital Budgets, in: The Review of Economics and Statistics, 47. Jg., 1965, S. 13-37.

Loistl, O. (1990): Zur neueren Entwicklung der Finanzierungstheorie, in: Die Betriebswirtschaft, 50. Jg., 1990, S. 47-84.

Loistl, O. (1996): Computergestütztes Wertpapiermanagement, 5. Aufl., München/Wien 1996.

Loistl, O./Petrag, R. (2002): Asset Management Standards: Regelungen in den USA und in der EU, 2. Aufl., Stuttgart 2002.

Lypny, G.J. (1988): Hedging foreign Exchange Risk with Currency Futures: Portfolio Effects, in: Journal of Futures Markets, 8. Jg., 1988, S. 703-715.

Macaulay, F.H. (1938): Some theoretical problems suggested by the movements of interest rates, bond yields, and stock prices in the United States since 1856, New York 1938.

Maier, A. (1988): Forward Rate Agreements, in: Sparkasse, 105. Jg., 1988, S. 475.

Malkiel, B.G. (1995): Returns from Investing in Equity Mutual Funds 1971 to 1991, in: Journal of Finance, 50. Jg., 1995, S. 549-572.

Markowitz, H.M. (1952): Portfolio Selection, in: Journal of Finance, 7. Jg., 1952, S. 77-91.

Markowitz, H.M. (1959): Portfolio Selection, Efficient Diversification of Investments, New York et al. 1959.

Martin, J. S.: (2001): Applied Math for Derivatives, Singapore et al. 2001.

Mayhew, S. (1995): Implied Volatility, in: Financial Analysts Journal, 51. Jg., May-June 1995, S. 8-20.

McQueen, G. (1992): Long-Horizon Mean-Reverting Stock Prices Revisited, in: Journal of Financial and Quantitative Analysis, 27. Jg., 1992, S. 1-18.

Meisner, J.F./Labuszewski, J.W. (1984): Treasury Bond Futures Delivery Bias, in: Journal of Futures Markets, 4. Jg., 1984, S. 569-577.

Menkhoff, L. (1992): Feedback Trading auf Devisenmärkten, in: Jahrbuch für Nationalökonomie und Statistik, 210. Jg., 1992, S. 127-144.

Menkhoff, L./Röckmann, C. (1994): Noise Trading auf Aktienmärkten, in: Zeitschrift für Betriebswirtschaft, 64. Jg., 1994, S. 277-295.

Meyer, F. (1994a): Hedging mit Zins- und Aktienindex-Futures: Eine theoretische und empirische Analyse des deutschen Marktes, Reihe Finanzierung, Steuern, Wirtschaftsprüfung, hrsg. von Steiner, M., Band 24, Köln 1994.

Meyer, F. (1994b): Der Erfolg unterschiedlicher Hedge-Ratio-Verfahren beim Einsatz von DAX-Futures, in: Finanzmarkt und Portfolio Management, 8. Jg., 1994, S. 410-428.

Meyer, F./Meyer, H. (1994): Das Projekt Deutsche Warenterminbörse, in: Die Bank, o. Jg., 1994, S. 458-462.

Meyer, F./Padberg, M. (1995): Strategien zum Bond-Portfolio-Management, in: Zeitschrift für das gesamte Kreditwesen, 48. Jg., 1995, S. 268-277.

Meyer, F./Wittrock, C. (1993): DTB vor einer neuen Aera, in: Die Bank, o. Jg., 1993, S. 91-98.

Meyer, F./Wittrock, C. (1994): Der FIBOR-Future an der DTB, in: Die Bank, o. Jg., 1994, S. 169-172.

Meyer-Bullerdiek, F. (1998): Der Einsatz von Futures im Bondmanagement, in: Handbuch Portfoliomanagement, hrsg. v. Kleeberg, J.M./Rehkugler, H., Bad Soden 1998, S. 718-742.

Meyer-Bullerdiek, F. (1999): Kundenorientierte Absicherungsstrategien für institutionelle Anleger, in: Kundenorientierung von Banken, hrsg. v. Herrmann, A./Jasny, R./Vetter, I., Frankfurt am Main 1999, S. 179-202.

Meyer-Bullerdiek, F. (2003): Grundlegende Ansätze im Rahmen der Analyse von Anleihen, in: Finanzwirtschaft, Kapitalmarkt und Banken, Festschrift für Prof. Dr. Manfred Steiner, hrsg. v. Rathgeber, A./Tebroke, H.-J./Wallmeier, M., Stuttgart 2003, S. 297-314.

Meyer-Parpart, W. (1996): Ratingkriterien für Unternehmen, in: Rating-Handbuch, hrsg. von Büschgen, H.E./Everling, O., Wiesbaden 1996, S. 111-173.

Modigliani, F./Modigliani, L.: (1997): Risk Adjusted Performance: How to measure it and why, in: Journal of Portfolio Management, 23. Jg., Winter 1997, S. 45-54.

Moody's (1995): Corporate Bond Defaults and Defaults Rates 1970-1994, New York 1995.

Mossin, J. (1966): Equilibrium in a Capital Asset Market, in: Econometrica, 34. Jg., 1966, S. 768-783.

Münstermann, J. (2000): Der Anlageerfolg von Spezialfonds, Frankfurt am Main 2000.

Nabben, S. (1990): Financial Swaps, Wiesbaden 1990.

Neher, S./Otterbach, A. (2001): Behavioral Finance: Das Verhalten der anderen Anleger vorausahnen, in: Die Bank, o. Jg., 2001, S. 767-769.

Nelson, R.D./Collins, R.A. (1985): A Measure of Hedging's Performance, in: Journal of Futures Markets, 5. Jg., 1985, S. 45-55.

Neubacher, B. (2001): Eonia-Swaps lassen das Zinsrisiko vergessen, in: Börsen-Zeitung, Nr. 188 vom 28.09.2001.

Nielsen, L.L. (1993): Emerging Markets optimieren Aktienportefeuille, in: Die Bank, o. Jg., 1993, S. 286-289.

Nowak, T. (1994): Faktormodelle in der Kapitalmarkttheorie, Reihe Finanzierung/Steuern/Wirtschaftsprüfung, hrsg. von Steiner, M., Band 25, Köln 1994.

Nuttall, J./Jahnke, W.W./Ibbotson, R.G./Kaplan, P.D. (2000): Letters To The Editor, in: Financial Analysts Journal, 56. Jg., Mai-Juni 2000, S. 16-19.

Nuttall, J./Nuttall, J. (1998): Asset Allocation Claims – Truth or Fiction?, http://publish.uwo.ca/~jnuttall/

O'Brien, T.J. (1988): The mechanics of portfolio insurance, in: Journal of Portfolio Management, 14. Jg., Spring 1988, S. 40-47.

Oehler, A. (1991): Anomalien im Anlegerverhalten, in: Die Bank, o. Jg., 1991, S. 600-607.

Oehler, A. (2000): Behavioral Finance: Mode oder mehr?, in: Die Bank, o. Jg., 2000, S. 718-724.

Oehler, A. (2002): Behavioral Finance, verhaltenswissenschaftliche Finanzmarktforschung und Portfoliomanagement, in: Handbuch Portfoliomanagement, hrsg. v. Kleeberg, J.M./Rehkugler, H., 2. Aufl., Bad Soden 2002, S. 843-870.

Oertmann, P. (1994): Firm-Size-Effekt am deutschen Aktienmarkt, in: Zeitschrift für betriebswirtschaftliche Forschung, 46 Jg., 1994, S. 229-259.

o.V. (2000): Basisinformationen über Finanzderivate, hrsg. vom Bank-Verlag, Köln 2000.

o.V. (2002): www.ziri.de/bewertung/caps.htm, Internetabfrage vom 16.12.2002.

Paape, C. (1998): Zur Kreuzproduktproblematik in der Attributionsanalyse von Investmentfonds, in: Finanzmarkt und Portfolio Management, 12. Jg., 1998, S. 213-219.

Paape, C. (2001): Interne Performanceanalyse von Investmentfonds, Stuttgart 2001.

Perold, A.F./Schulman, E.C. (1988): The Free Lunch in Currency Hedging: Implications for Investment Policy and Performance Standards, in: Financial Analysts Journal, 44. Jg., May-June 1988, S. 45-50.

Perridon, L./Steiner, M. (2002): Finanzwirtschaft der Unternehmung, 11. Aufl., München 2002.

Pieper, H.G. (1998): Sachgerechte Attribution der Performance, in: Handbuch Portfoliomanagement, hrsg. v. Kleeberg, J.M./Rehkugler, H., 1. Aufl., Bad Soden 1998, S. 973-992.

Pieper, H.G. (2002): Performanceattribution in der Praxis, in: Handbuch Portfoliomanagement, hrsg. v. Kleeberg, J.M./Rehkugler, H., 2. Aufl., Bad Soden 2002, S. 1001-1022.

Pieper, J. (1950): Über das Ende der Zeit, München, 1950.

Pilz, O. (1991): DTB - für Bulle und Bär, Würzburg 1991.

Poddig, T. (1996): Analyse und Prognose von Finanzmärkten, Bad Soden 1996.

Poddig, T. (1999): Handbuch Kursprognose, Bad Soden 1999.

Poddig, T./Dichtl, H./Petersmeier, K. (2001): Statistik, Ökonometrie, Optimierung, 2. Aufl., Bad Soden 2001.

Porter, I.M. (1986): Wettbewerbsvorteile, Frankfurt 1986.

Poterba, J./Summers, L.H. (1988): Mean Reversion in Stock Prices: Evidence and Implications, in: Journal of Financial Economics, 57. Jg., 1988, S. 27-59.

Powers, M.J. (1981): Foreign Currency Futures Markets, in: Handbook of Financial Markets: Securities, Options, Futures, hrsg. von Fabozzi, F. J./Zarb, F. G., Homewood 1981, S. 663-673.

Prahl, R. (1995): Stichwort Wertpapierpensionsgeschäfte, in: Handwörterbuch des Bank- und Finanzwesens, hrsg. von Gerke, W./Steiner, M., 2. Aufl., Stuttgart 1995, Sp. 2022-2028.

Rathjens, H.-P. (2002): Aktives Management von Euroland-Rentenportfolios, in: Handbuch Portfoliomanagement, hrsg. v. Kleeberg, J.M./Rehkugler, H., 2. Aufl., Bad Soden 2002, S. 411-437.

Raulin, G. (1998): Angemessene Entlohnung von Portfoliomanagern, in: Handbuch Portfoliomanagement, hrsg. v. Kleeberg, J.M./Rehkugler, H., Bad Soden 1998, S. 993-1017.

Reinganum, M.R. (1983): The Anomalous Stock Market Behavior of Small Firms in January, in: Journal of Financial Economics, 13. Jg., 1983, S. 89-104.

Rohweder, H.C. (2000): Dynamische Asset Allocation mit langfristigem Value-at-Risk, in: Handbuch Risikomanagement, hrsg. v. Johanning, L./Rudolph,B., Band 2, Bad Soden 2000, S. 1015-1047.

Roll, R. (1977): A Ciritique of the Asset Pricing Theory's Tests - Part I: On Past and Potential Testability of the Theory, in: Journal of Financial Economics, 4. Jg., 1977, S. 129-176.

Roll, R. (1978): Ambiguity when Performance is measured by the Securities Market Line, in: Journal of Finance, 33. Jg., 1978, S. 1051-1070.

Roll, R. (1983): Was ist das, The Turn-of-theYear-Effect and the Return Premia of Small Firms, in: Journal of Portfolio Management, 9. Jg., 1983, S. 18-28.

Roll, R. (1992): Volatility in U.S. and Japanese Stock Markets: A Symposium, in: Journal of Applied Corporate Finance, 5. Jg., Heft 1, 1992, S. 29-33.

Rosenberg, B. (1974): Extra-Market Components of Covariance in Security Returns, in: Journal of Financial and Quantitative Analysis, 9. Jg., 1974, S. 263-274.

Ross, S.A. (1976): The Arbitrage Theory of Capital Asset Pricing, in: Journal of Economic Theory, 13. Jg., 1976, S. 341-360.

Roßbach, P. (1991): Methoden und Probleme der Performance-Messung von Aktienportefeuilles, Reihe: Aus der Forschung für die kreditwirtschaftliche Praxis, hrsg. v. Priewasser, E., Bd. 1, Frankfurt 1991.

Rudolph, B. (1995): Derivative Finanzisntrumente: Entwicklung, Risikomanagement und bankaufsichtsrechtliche Regulierung, in: Derivative Finanzinstrumente, hrsg. von Rudolph, B., Stuttgart 1995, S. 3-41.

Rudolph, B./Zimmermann, P. (1998): Alternative Verfahren zurErmittlung und zum Ensatz von Betafaktoren, in: Handbuch Portfoliomanagement, hrsg. v. Kleeberg, J.M./Rehkugler, H., Bad Soden 1998, S. 435-458.

Rudolf, M./Zimmermann, H./Zogg-Wetter, C. (1993): Anlage- und Portfolioeigenschaften von Commodities am Beispiel des GSCI, in: Finanzmarkt und Portfolio Management, 7. Jg., 1993, S. 341-359.

Rudzio, K. (1999): Verflixte Psyche, in: Die Zeit, Nr. 41/1999, http://www.zeit.de/archiv/1999/41/199941.anlegerfehler_.xml. vom 19.05.2003.

Samorajski, G.S./Phelps, B.D. (1990): Using Treasury Bond Futures to enhance Total Return, in: Financial Analysts Journal, 46. Jg., January-February 1990, S. 58-65.

Samuelson, P.A. (1963): A Fallacy of Large Numbers, in: Collected Scientific Papers of Paul. A. Samuelson, hrsg. von Stiglitz, J., Chapter 16.

Samuelson, P.A. (1989): The Judgment of Economic Science on Rational Portfolio Management: Indexing, Timing, and Longhorizon Effects, in: Journal of Portfolio Management, 15. Jg., Fall 1989, S. 4-12.

Schäfer, K. (1995): Einsatz und Bewertung von Optionen und Futures, in: Derivative Finanzinstrumente, hrsg. von Rudolph, B., Stuttgart 1995, S. 45-130.

Schäfer, K./Rodt, M. (1999): Stromderivate an internationalen Märkten, in: Die Bank, o. Jg., 1999, S. 548-553.

Schäfer, S.I./Vater, H. (2002): Behavioral Finance: Eine Einführung, in: Finanzbetrieb, 4. Jg., 2002, S. 739-748.

Scharpf, P./Luz, G. (1996): Risikomanagement, Bilanzierung und Aufsicht von Finanzderivaten, Stuttgart 1996.

Schierenbeck, H. (2001a): Ertragsorientiertes Bankmanagement, 7. Aufl., Band 1, Wiesbaden 2001.

Schierenbeck, H. (2001b): Ertragsorientiertes Bankmanagement, 7. Aufl., Band 2, Wiesbaden 2001.

Schlenger, C. (1997): Value-Added at Risk, in: Die Bank, o. Jg., 1997, S. 726-729.

Schmid, A./Stark, J. (1977): Wahrscheinlichkeitsrechnung und Statistik, Themenhefte Mathematik, hrsg. v. Schweizer, W., Stuttgart 1977.

Schmidt-von Rhein, A. (1996): Die Moderne Portfoliotheorie im praktischen Wertpapiermanagement, Bad Soden 1996.

Schmidt-von Rhein, A. (1998): Analyse der Ziele privater Kapitalanleger, in: Handbuch Portfoliomanagement, hrsg. v. Kleeberg, J.M./Rehkugler, H., Bad Soden 1998, S. 35-69.

Schneeweis, T.R./Hill, J.M./ Philipp, M.G. (1983): Hedge Ratio Determination based on Bond Yield Forecasts, in: Review of Research in Futures Markets, 2. Jg., 1983, S. 338-349.

Schneider, D. (1993): Wider Insiderhandelsverbot und die Informationseffizienz des Kapitalmarktes, in: Der Betrieb, 46. Jg., 1993, S. 1429-1435.

Schnittke, J. (1989): Überrenditeeffekte am deutschen Aktienmarkt, Reihe Finanzierung, Steuern, Wirtschaftsprüfung, hrsg. von Steiner, M., Band 7, Köln 1989.

Schredelseker, K. (1984): Anlagestrategie und Informationsnutzen am Aktienmarkt, in: Zeitschrift für betriebswirtschaftliche Forschung, 36. Jg., 1984, S. 44-59.

Schwert, G.W./Seguin, P.J. (1990): Heteroskedasticity in Stock Returns, in: Journal of Finance, 45. Jg., 1990, S. 1129-1155.

Shalit, H./Yitzhaki, S. (1984): Mean-Gini, Portfolio Theory, and the Pricing of risky Assets, in: Journal of Finance, 39. Jg., 1984, S. 1449-1468.

Sharpe, W.F. (1963): A Simplified Model for Portfolio Analysis, in: Management Science, 9. Jg., 1963, S. 277-293.

Sharpe, W.F. (1964): Capital Asset Prices: A Theory of Equilibrium under Conditions of Risk, in: Journal of Finance, 19. Jg., 1964, S. 425-442.

Sharpe, W.F. (1966): Mutual Fund Performance, in: Journal of Business, 39. Jg., 1966, S. 119-138.

Sharpe, W.F. (1977): The CAPM: A "Multi-Beta" Interpretation, in: Financial Decision Making under Uncertainty, hrsg. von Levy, H./Sarnat, M., New York 1977, S. 127-135.

Sharpe, W.F. (1992): Asset Allocation: Management Style and Performance Measurement, in: Journal of Portfolio Management, 18. Jg., Winter 1992, S. 7-19.

Shefrin, H. (2000): Börsenerfolg mit Behavioral Finance, Stuttgart 2000.

Shefrin, H./Statman, M. (1985): The Disposition to Sell Winners Too Early and Ride Losers Too Long: Theory and Evidence, in: Journal of Finance, 40. Jg., 1985, S. 777-790.

Shiller, R.J. (1984): Theories of Aggregate Stock Price Movements, in: Journal of Portfolio Management, 10. Jg., Winter 1984, S. 28-37.

Shiller, R.J. (1988): Fashions, Fads, and Bubbles in Financial Markets, in: Knights, Raiders and Targets, hrsg. von Coffee, J.C./Lowenstein, L./Rose-Ackerman, S., New York et al. 1988, S. 56-68.

Shiller, R.J. (1989): Market Volatility, Cambridge M.A./London 1989.

Shiller, R.J. (1990): Speculative Prices and Popular Models, in: Journal of Economic Perspectives, 4. Jg., Heft 2, 1990, S. 55-65.

Shiller, R.J. (2000): Irrational Exuberance, Princeton University Press 2000.

Shiller, R.J./Pound, J. (1989): Survey Evidence on Diffusion of Interest and Information among Investors, in: Journal of Economic Behavior and Organization, 12. Jg., 1989, S. 47-66.

Siegel, J.J. (1972): Risk, Interest Rates and the Forward Exchange, in: Quarterly Journal of Economics, 86. Jg., 1972, S. 303-331.

Sittampalam, A. (1993): Evolving Techniques in Investment Management, Dublin 1993.

Smith, V.L./Suchanek, G.L./Williams, A.W. (1988): Bubbles, Crashes, and Endogenous Expectations in Experimental Spot Asset Markets, in: Econometrica, 56. Jg., 1988, S. 1119-1151.

Solnik, B.H. (1991): International Investments, 2. Aufl., Reading et al. 1991.

Spiwoks, M. (2002): Vermögensverwaltung und Kapitalmarktprognose, Frankfurt et al. 2002.

Spremann, K. (2000): Portfoliomanagement, München/Wien 2000.

Stambaugh, R.F. (1982): On the exclusion of assets from tests of the two-parameter model, in: Journal of Financial Economics, 10. Jg., 1982, S. 237-268.

Standard & Poor's (1995, Hrsg.): S&P 500 1995 Directory, New York 1995.

Steinbrenner, H. P. (1996): Bewertungen im professionellen Optionsgeschäft, Stuttgart 1996.

Steiner, M. (1992): Rating – Risikobeurteilung von Emittenten durch Rating-Agenturen, in: Wirtschaftswissenschaftliches Studium, 1992, S. 509-515.

Steiner, M./Beiker, H./Bauer, C. (1993): Theoretische Erklärungen unterschiedlicher Aktienrisiken und empirische Überprüfungen, in: Empirische Kapitalmarktforschung, hrsg. von Bühler, W./Hax, H./Schmidt, R., Zeitschrift für betriebswirtschaftliche Forschung, 45. Jg., 1993, Sonderheft 31, S. 99-129.

Steiner, M./Bruns, C. (2002): Wertpapiermanagement, 8. Auflage, Stuttgart 2002.

Steiner, M./Heinke,V. (1996a): Rating aus Sicht der modernen Finanzierungstheorie, in: Rating-Handbuch, hrsg. von Büschgen, H.E./Everling, O., Wiesbaden 1996, S. 579-628.

Steiner, M./Heinke, V.G. (1996b): Risikobeurteilung von Lebensversicherungen durch spezialisierte Ratingagenturen, in: Versicherungswirtschaft, 51. Jg., Heft 24, 1996, S. 1694-1707.

Steiner, M./Meyer, F. (1993): Hedging mit Financial Futures, in: Handbuch des Finanzmanagements, hrsg. von Gebhardt, G./Gerke, W./Steiner, M., München 1993, S. 721-749.

Steiner, M./Meyer, F./Luttermann, K. (1994): Die preisliche Bewertung von Zins-Futures unter besonderer Berücksichtigung der Delivery Options und des Marking-to-Market, in: Finanzmarkt und Portfolio Management, 8. Jg., 1994, S. 332-352.

Steiner, M./Meyer-Bullerdiek, F./Spanderen, D. (1996): Erfolgsmessung von Wertpapierportefeuilles mit Hilfe der stochastischen Dominanz und des Mean-Gini-Ansatzes, in: Die Betriebswirtschaft, 56. Jg., 1996, S. 49-61.

Steiner, M./Wittrock, C. (1993): Märkte für Instrumente zur Risikoabsicherung, in: Handbuch des Finanzmanagements, hrsg. von Gebhardt, G./Gerke, W./Steiner, M., München 1993, S. 669-719.

Steiner, M./Wittrock, C. (1994): Timing-Aktivitäten von Aktieninvestmentfonds und ihre Identifikation im Rahmen der externen Performance-Messung, in: Zeitschrift für Betriebswirtschaft, 64. Jg., 1994, S. 593-617.

Stickel, S.E. (1985): The Effect of Value Line Investment Survey Rank Changes on Common Stock Prices, in: Journal of Financial Economics, 14. Jg., 1985, S. 121-143.

Stock, D. (1990): Winner and Loser Anomalies in the German Stock Market, in: Journal of Institutional and Theoretical Economics, 146. Jg., 1990, S. 518-529.

Stöttner, R. (1989): Zur Instabilität von Finanzmärkten aus finanztechnologischer und theoretischer Sicht, in: Wirtschaftliche Dynamik und technischer Wandel, Festschrift für A.E. Ott, hrsg. von Seitz, T., Stuttgart/New York 1989, S. 145-161.

Stöttner, R. (1992): Markttechnische "Trading Rules" kontra Buy & Hold-Strategien, in: Jahrbücher für Nationalökonomie und Statistik, 209. Jg., 1992, S. 266-282.

Tilley, J.A./Latainer, G.D. (1985): Synthetic Option Framework for Asset Allocation, in: Financial Analysts Journal, 41. Jg., May-June 1985, S. 32-43.

Treynor, J.L. (1965): How to Rate Management of Investment Funds, in: Harvard Business Review, 43. Jg., 1965, S. 63-75.

Treynor, J.L./Black, F. (1973): How to use Security Analysis to improve Portfolio Selection, in: Journal of Business, 46. Jg., 1973, S. 66-86.

Treynor, J.L./Mazuy, K.K. (1966): Can Mutual Funds Outguess the Market?, in: Harvard Business Review, 44. Jg., July-August 1966, S. 130-136.

Tversky, A./Thaler, R.H. (1990): Anomalies: Preference Reversals, in: Journal of Economic Perspectives, 4. Jg., 1990, S. 201-211.

Unser, M. (1999): Behavioral Finance am Aktienmarkt, Bad Soden 1999.

Vandell, R.F./Stevens, J.L. (1989): Evidence of Superior Performance from Timing, in: Journal of Portfolio Management, 15. Jg., Spring 1989, S. 38-42.

VDH (1999, *Hrsg.*): Jahresbericht 1998: Verband deutscher Hypothekenbanken e.V., Bonn 1999.

Wagner, N.F. (2002): Methoden zum Tracking von Marktindizes, in: Handbuch Portfoliomanagement, hrsg. v. Kleeberg, J.M./Rehkugler, H., 2. Aufl., Bad Soden 2002, S. 813-839.

Wallich, H.C. (1979): Radical Revisions of the Distant Future, in: Journal of Portfolio Management, 5. Jg., Fall 1979, S. 36-38.

Wallmeier, M. (1997): Prognose von Aktienrenditen und -risiken mit Mehrfaktorenmodellen, Bad Soden 1997.

Weibel, P.F./Dubois, N. (1997): Value at Risk: Herausforderung der Bankführung, in: Banken in globalen und regionalen Umbruchsituationen, Festschrift für J.H. von Stein, hrsg. v. Hummel, D./Bühler, W./Schuster, L., Stuttgart 1997, S. 317-330.

Welcker, J. (1991): Technische Aktienanalyse, 6. Aufl., Zürich 1991.

Welcker, J./Kloy, J./Schindler, K. (1992): Professionelles Optionsgeschäft, 3. Aufl., Zürich 1992.

WestLB (1990, *Hrsg.*): DAX-Future, Düsseldorf 1990.

Whaley, R.E. (1993): Derivatives on Market Volatility - Hedging Tools Long Overdue, in: Journal of Derivatives, 1. Jg., 1993, S. 81ff.

Wilcox, J.W. (1992): Taming Frontier Markets, in: Journal of Portfolio Management, 18. Jg., Fall 1992, S. 51-56.

Wilkens, M. (1996): Wertpapiermanagement, 3. Aufl., IFBG-Skripten, hrsg. v. Benner, W., Göttingen 1996.

Willnow, J. (1996): Derivative Finanzinstrumente, Wiesbaden 1996.

Winter, S.M. (1995): Derivative Finanzinstrumente der dritten Generation, in: Derivative Finanzinstrumente, hrsg. von Rudolph, B., Stuttgart 1995, S. 211-237.

Wittkemper, H.-G. (1994): Neuronale Netze als Hilfsmittel zur Rendite- und Risikoschätzung von Aktien, Reihe Finanzierung/Steuern/Wirtschaftsprüfung, hrsg. von Steiner, M., Band 23, Köln 1994.

Wittrock, C. (1995a): Messung und Analyse der Performance von Wertpapierportfolios, Bad Soden 1995.

Wittrock, C. (1995b): Der Einsatz von Asset Allocation-Modellen in der Portfolio-Analyse, in: Finanzmarkt und Portfolio Management, 9. Jg., 1995, S. 361-383.

Wittrock, C. (1996a): Fonds-Performance als Anlagekriterium, in: Die Bank, o. Jg., 1996, S. 246-250.

Wittrock, C. (1996b): Tendenzen auf dem Fondsmarkt, in: Die Bank, o. Jg., 1996, S. 719-723.

Wittrock, C. (1998): Moderne Verfahren der Performancemessung, in: Handbuch Portfoliomanagement, hrsg. v. Kleeberg, J.M./Rehkugler, H., Bad Soden 1998, S. 933-971.

Wittrock, C. (2002): Grundlagen und Status Quo der Performancemessung, in: Handbuch Portfoliomanagement, hrsg. v. Kleeberg, J.M./Rehkugler, H., 2. Aufl., Bad Soden 2002, S. 955-999.

Wittrock, C. (2003): Instrumente und Entscheidungskriterien zur Selektion von Investmentfonds, in: Finanzwirtschaft, Kapitalmarkt und Banken, Festschrift für Prof. Dr. Manfred Steiner, hrsg. v. Rathgeber, A./Tebroke, H.-J./Wallmeier, M., Stuttgart 2003, S. 255-273.

Wittrock, C./Fischer,B./Lilla,J. (1998): Neue DVFA Performance Standards (I) und (II), in: Die Bank, o. Jg., 1998, S. 540-542 und S. 606-611.

Wöhe, G. (1993): Einführung in die Allgemeine Betriebswirtschaftslehre, 18. Aufl. München 1993.

Zarowin, P. (1990): Size, Seasonality, and Stock Market Overreaction, in: Journal of Financial and Quantitative Analysis, 25. Jg., 1990, S. 113-125.

Zenger, C. (1994): Zeithorizonteffekte: Replik auf zwei Beiträge mit einer grafischen Illustration, in: Finanzmarkt und Portfolio Management, 8. Jg., 1994, S. 249-254.

Zimmermann, H. (1991): Zeithorizont, Risiko und Performance, in: Finanzmarkt und Portfolio Management, 5. Jg., 1991, S. 164-181.

Zimmermann, H. et. al. (1996): Moderne Performance-Messung, Bern/Stuttgart/Wien 1996.

Zimmermann, H./Zogg-Wetter, C. (1992): Performance-Messung schweizerischer Aktienfonds: Markt-Timing und Selektivität, in: Schweizerische Zeitschrift für Volkswirtschaft und Statistik, 128. Jg., 1992, S. 133-160.

Zurack, M.A. (1989): The many Forms of Portfolio Insurance, in: Portfolio and Investment Management, hrsg. von Fabozzi, F.J., Chicago 1989, S. 105-121.

Zwirner, T. (1992): Gute Sicherheitsstrategien müssen nicht kompliziert sein, in: Handelsblatt, Nr. 49 vom 10.03.1992, S. B3.

Stichwortverzeichnis

1:1 Fixed-Hedge 242

A

Absicherungsverhältnis 357
Additional Margin 282, 314
Aggressivitätsniveau 151
AIMR 568
AIMR PPS 504, 568
Aktienindex 255, 327
Aktienindexfuture 327, 369
Aktienindex-Swap 414
Aktienleerverkauf 299
Aktienprognose 117
aktive Rendite 7, 542
aktive Wetten 527
aktives Management 110, 568
All Share-Indizes 166
Allokationsbeitrag 542
Alpha 525
American Depository Receipts 185
amerikanische Option 195
Amortisationsswap 415, 438
Andienungsbetrag 319
Anlagephilosophie 104, 109, 567
Anlagestil 137
Anlagestrategie 133
Anlageuniversum 148
Anlageuniversum 564
Anlegerpräferenzen 58
Anlegerverhalten 101
Anleihen 173
annualisierte diskrete Rendite 498
annualisierte stetige Rendite 502
annualisierter Rendite 4
Annualisierungsfaktor 13
Annuitätensswap 415
Anteilswertmethode 511
Anticipatory Hedge 378
Appraisal Ratio 525
APT 83
Arbitrage 413
Arbitrage Pricing Theory 83

Arbitragestrategien 242, 267
ARCH 15
arithmetische Renditeberechnung 5
As you like it-Options 285, 294
Asiatische Aktienmärkte 183
Asset Allocation i.e.S. 551
Asset Allocation i.w.S. 551
Asset Management Consultants 569
Asset or nothing Option 296
Asset Swap 448
Assetklasse 126, 193
Assets under Management 567
Assets, nicht standardisierte 128
Assets, standardisierte 126
At-the-money-Option 195
Attribution 532
Aufgeld 309
Ausfallwahrscheinlichkeit 32, 36
außergewöhnlichen Rendite 8
Auswahlindizes 166
Average Rate Options 285, 294

B

Back Testing 115
Back-to-Back-Trading 489
Backwardation 336
Balanced Portfolio 494
Bandbreiten-Optionsschein 298
Barausgleich 323, 395
Barrier 286, 301, 308
Barrier Caps 300
Barrier Caps and Floors 286
Barrier Floors 300
Barrier Option 285, 286, 288
Base Currency 470
Base Fee 488
Basis 335
Basis Point Value 386
Basis Point Value-Methode 386, 388
Basis Trade 364
Basis Trading 364
Basis Trading Facility 368

Basis Trading Funktionalität 368
Basiskonvergenz 365
Basispreis 195
Basisrisiko 336, 364
Basisswap 407
Basket Options 285, 295
Basket-Trading 143
Bear-Price-Spread 230
Behavioral Finance 94
Benchmark 6, 61, 493, 496, 515,
                                   523, 530, 543, 546
Benchmarkanforderungen 62
Benchmarkrendite 6
Benchmarkselektion 64
Benchmark-Timing, aktives 145
Benchmark-Timing, passives 145
Benchmark-Überschussrendite 7
Benchmarkwahl 61, 521
Bernoulli-Experiment 537
Best Buy Call 297
Best Sell Put 297
Beta 389
Betafaktor 16, 78, 371
Betarisiko 389
Bias 101
Bid-Offer Spread 289
Bilateral Repo 484
Binary Options 285, 296
Binomial-Modell 201
Binomialverteilung 537
Black/Scholes-Modell 197
Black-Modell 273
Blue Chips 327
Blue-Chip-Aktien 564
Bobl-Future 317
Bond-Rating 175
Bonität 408
Bonitätsrisiko 455
Bootstrapping 427
Borrower 487
Börsenzyklen 557
Bottom-Up-Ansatz 139
Box 269
British Bankers' Association (BBA) 416
Brownsche Bewegung 197
Brutto Basis 335

Bruttoperformance 571, 576
BTP 172
Bubbles 93, 99
Bullet 420
Bull-Price-Spread 230
Bundesanleihe 170
Bundeskassenscheine 171
Bundesobligation 170, 317
Bundesschatzanweisung 170
Bundesschatzbriefe 170
Bund-Future 316
Bundkontrakt 357
Business Risk 17
Butterflies 231
Butterfly Spread 371
Buxl-Future 317
Buy and Hold-Strategie 151, 155, 489
Buy-and-sell-Swap 474
BVI-Methode 511, 571, 576

C

Calendar Spread 235, 350
Calendar Spreading 370
Call 195, 465, 489
Callable Bond 465, 467
Callable Swap 415
Call-Delta 203
Call-Omega 206
Call-Rho 208
Call-Theta 211
Call-Vega 214
Cap 270
Cap-Bewertung 273, 275
Capital Asset Pricing Model 77
Caplet 271
CAPM 16, 77, 522
Cap-Prämie 271
Carve-Out 570
Cash Bills 171
Cash Collateral 490
Cash Hedge 378
Cash or nothing Call 296
Cash Settlement 323, 328
Cash-and-Carry-Arbitrage 372
Cash-Settlement 465

CBoT 180
Chartanalyse 116
harttechnische Analyse 116
Cheapest-to-Deliver-Anleihe 318, 354
Cherry Picking 561
Chicago Board of Trade 316
Classic All Share-Index 168
Clean Price 22
Clearinggesellschaft 488
Clearingstelle 192, 312
Cliquet Options 285, 291
Close Out 400, 412
CME 180
Cocktail-Swap 414
Collar 279
Collar-Bewertung 280
Collateral 489
Collateral Management 485
Commercial Paper 414
Commercial Paper-Swap 414
Commodities 128, 187
Compliance-Erklärung 569, 573
Composite 570
Composite-Performance 571
Composite-Präsentation 576
Composite-Rendite 573
Compound Options 285, 293
Condor 32
CONF-Futures 349
Constant Proportion Portfolio Insurance 151
Contango 336
Contingent Premium Barrier Caps 307
Contingent Premium Caps and Floors ... 286, 306
Contingent Premium Options 285, 297
Contract Period 394
Contract Rate 395
Conversion 267
Corporate Settlement 175
cost-averaging 148
Cost-of-Carry 337
Cost-of-Carry-Ansatz 337
Covered Call Writing 245
Covered Warrants 311
CPPI 151, 152
CRB-Index 187

Cross Currency Interest Rate Swap 413
Cross Currency Spread 356
Cross Currency-Zinsdifferenzposition ... 358
Cross Hedge 379, 383
Cross-Border-Geschäft 489
CSCE 190
CTD-Anleihe 318, 322, 337, 353, 384
Currency Futures 330
Cushion 153
CUSIP 165
customized Benchmark 66

D

DAX 167, 327
DAX-Future 369
DAX-Portfolio 121
DAX-Put 250
deep-in-the-money 299
Default Risk 8
Deferred Kontrakt 350
Delayed-Start Swap 435
Delay-Wert 435
Delivery Repo 484
Delta 202, 258, 290
Delta-Hedging 256
Deltaneutralität 258
Deport 475
Derivative Instrumente 177
Deutsche Aktienindex 327
Deutsche Terminbörse 316
Deutscher Rentenmarkt 169
Devisen-Forwards 347, 469
Devisen-Futures 330, 346, 391
Devisenkassageschäft 413
Devisenoptionen 282
Devisenspotgeschäft 469
Devisenswap 412
Devisentermingeschäft 413, 468
Devisen-Terminkurs 347, 470
Diagonal-Spreads 230, 236
Dietz-Methode 509
Differential Return 528
Differenzarbitrage 371
Digital Option 296
Dirty Price 22, 353, 385

Diversifikation 78
Diversifikationsgrad 250
Dividendenrendite 149
Dollar Duration 353, 357, 385
Domestic Bias 101
Dow Jones Industrials 178
Down and In Floor 305
Down and Out Caps 305
Down and Out Floor 305
Downside protection 254
Downside Risikomaße 32
Dreimonats-Euribor-Future 342, 358
DTB 316
Dual Benchmark 67
Duration 21, 322, 383
Durationbasierte Methode 383
DVFA 569
DVFA Performance Presentation
 Standards 569
Dynamic Hedging 467
Dynamisches-Delta-Hedging 258, 260

E

Effective Duration 29
Effizienzkurve 73
Einfaktormodell 81
Elektrizitätsterminmarkt 190
Emerging Markets 184
Emissionsgeschäft 412
End-of-Month Option 342
Englischer Rentenmarkt 172
Eonia 326
Eonia-Future 323, 326
EONIA-Swap 415
Equity Swap 452
Ergebnisanalyse 134
ETFs 331
Eurepo 487
Eurepo-General Collateral 487
Eurex 170, 223, 312, 316
Eurex Repo-System 485
Euribor 324, 407
EURIBOR-Future 323
Euro FX Futures 331
Euro-Bobl-Futures 317

Euro-Bund-Futures 316
Euro-Buxl-Future 317
europäische Option 195
Euro-Schatz-Futures 317
Event Risk 8
Excess Volatility 94
Exchange Delivery Settlement Price 319
Exchange Traded Funds 331
Exotic Options 285
Exploding Options 285, 299
Explosions-Preis 299
Extendable Swap 415
externe Performanceanalyse 495
EXTF Futures 332

F

Fads 96
Fair Value 324, 337
Faktormodell 81
Faktorrisiken 80
Fashions 96
FED 179
Feedback-Trader 100
Financial Futures 312
Financial Risk 17
Finanzierungsschätze des Bundes 170
Finanzmarktförderungsgesetz 171
Fitch 175
Fixed Rate Payer 407, 420
Fixed-Delta-Hedge 256
Fixed-Hedge 242
Fixed-Rate-Payer 417
Fixed-to-Fixed Currency Swap 413, 417, 443
Fixing 295, 302
Floater 305
Floating Rate Note 450
Floating Rate Payer 407, 420
Floating-to-Floating Currency Swap 413
Floating-Rate-Payer 417
Floor 276
Floor Strike 305
Floor-Bewertung 277
Floorlet 278
Fonds-Rating 565

Forward Rate 274, 396
Forward Rate Agreement 394
Forward Swap 415, 436, 458
Forward Swap Rate 463, 468
Forward-Forward Devisenswap 473
Forward-Forward-Briefsatz 343
Forward-Forward-Geldsatz 344
Forward-Forward-Satz 343
Forwardpreis 338, 481
Forwards 312
Forward-Zinssatz 342
Fourparty Repo 484
FRA 394
FRA-Fixing 394
Französischer Rentenmarkt 171
FRA-Quotierung 399
FRA-Satz 395, 396
FRA-Strip 403, 404
Free Float 165
Free Lunch 371
fundamentaler ß-Faktor 17
Fungibilität 126
Future-Forward Arbitrage 376
Futures 312, 489
Futures auf Exchange Traded Funds 331
Futures Risk 354
Futures Spread Margin 315
Future-Strip 346
Future-style-Verfahren 281, 315
FX Futures 330
FX Option 282
FX Quotierungen 471
FX Spot-Forward Devisenswap 473
FX Swaps 473

G

Gamma 204
Gamma-Hedging 261
GARCH 14
GARCH-Ansätze 14
Garman-Kohlhagen-Modell 283
Gauß'sche Glockenkurve 10
Gearing 310
Gegenswap 412, 463
Geld-Brief-Spanne 54, 345

Geldmarkt-Future 342, 359, 375, 455
Geldmarktinstrumente 171
Geldmarkt-Zinsswap 421, 455
General Collateral 485
Generalized CAPM 79
Generic Currency Swap 442
Generic Interest Rate Swap 420, 421
Generic Swap 420
geometrische Rendite 5
Gesamtrendite 6
Gilt-Kontrakt 357
Gilts 172
Gini-Koeffizient 80
GIPS 569
Glattstellung 312
Global Investment Performance
  Standards 569
Globalisierung 143
Glück 535
Griechische Variablen 201
Gross Basis 335
Growth 149
GSCI 188

H

Hamster 298
Handelstag-Bewertung 571
Hang Seng-Index 184
HDAX 167
Hebel 310
Hebelwirkung 349
Hedge Fonds 141
Hedge Ratio 380
Hedged Quanto Equity Swap 454
Hedging 378
Herding 97, 100
Heteroskedastizität 14
Hockeystick 223
Hold-In-Custody-Repo 484
Home Bias at Home 102
Home Bias 101
Homo Oeconomicus 94
Homoskedastizität 14
Horizontal-Spreads 230, 235

I

Immobilien 128
Implied Forward Yield 322
Implied Repo Rate 321, 336, 365, 377
impliziter Pensionszinssatz 321
Index 327
Indexabbildung 121
Indexauswahl 120
Index-Basket 377
Information-Coefficient 527, 534
Information-Investor 98
Information-Ratio 525, 556
Informationseffizienz 86
Informationsgewinnung 102
Informationsparadoxon 119
Informationsverarbeitungseffizienz 106
Interkontrakt Spread 354
International Finance Corporation 185
International Securities Lending
 Association 484
International Swap Dealers Association
 (ISDA) 416
Internationale Diversifikation 102
interne Performanceanalyse 495, 496
interner Zinsfuß 504
Intertemporale Modelle 79
in-the-money 299
In-the-money-Option 195
Intrakontrakt Spread 350
Investment Grade 176
Investmenthorizont 137
Investmentkultur 135
Investmentphilosophie 104, 119, 515, 556
Investmentprozess 130, 131, 568
Investmentscope 148
Investmentstil 137, 491, 556
Investorverhalten 95
IRR 321, 365, 375
ISIN 165
ISMA 173, 175
ISMA-Methode 22
Italienischer Rentenmarkt 172

J

Jensen-Alpha 522
JGBs 183
Junk Bonds 176

K

Kansas City Board of Trade 327
Kapitalmarktanomalien 91
Kapitalmärkte 161
Kapitalmarkteffizienz 86
Kapitalmarktgleichgewicht 77
Kapitalmarktindizes 62
Kapitalmarktlinie 76, 77
Kapitalmarkttheorie 6, 9, 75
Kapitalwertmethode 426
Key Rate Duration 30
Kleinfirmeneffekt 92
Kleinste-Quadrate-Einfachregression 386
Knock-In 286
Knock-In-Forward 290
Knock-In-Option 286
Knock-Out 286, 301
Knock-Out-Option 287
Konfidenzniveau 42
Können 535
Konstanz der Anlageergebnisse 564
Konversionsfaktor 317
Konversionsfaktormethode 383
Konvexität 26, 358, 385
Konvexitätseffekt 462
Korrelation 16, 69, 387, 389
Korrelationskoeffizient 389
Kovarianz 16
Kovarianzmatrix 21
Kreuzprodukt 543, 544, 550, 552, 554
kumulierte aktive Rendite 552
Kuponeffekt 322
Kurs-Buchwert-Verhältnis 149
Kurs-Gewinn-Verhältnis 149
Kursindex 328, 339, 560
Kursineffizienzen 107
Kursprognosen 111
Kurswertmethode 382
Kurtosis 47

L

Länderselektionsbeitrag 551
Langfristorientierung.............................138
Längsschnittregression 534
Large Caps 150
Laspeyres 327
Laufzeiteffekt 322
Laufzeitmethode 387
Law of active management 527
Leerverkauf 126, 489
Lender 487
LEPO 285, 299
leptokurtische Verteilung 47
Leverage 311
Leverage-Faktor 206
Libid 343
Libor 407
Lieferoptionen 342
Lieferwahlrecht 341
LIFFE 316, 368
Limean 345
lineare Interpolation 325, 504
lineare Regression 144, 522
Liquidität 1, 54, 129
Loan Fee 488
Long Call 223, 255
Long Collar 279
Long Future 228
Long Hedge 379
Long Payer Swaption 466
Long Put 225, 262
Long Straddle 237
Long Strangle 238
Long Strap 239
Long Strip 240
Long the Basis 364
Long-Term Forward FX, LTFX 469
Long-Term Options 250
Lookback Options 285, 297
Low Exercise Price Options 299
Lower Partial Moments 32, 34, 528
LPM-Performancemaße 528

M

Macauly-Duration 23
Magisches Dreieck 1
Makrowetten 140
Margin 369
Margin-Konto 282
Market Impact 2, 54, 150
Market Overreaction 97
Market Risk-Adjusted Performance 530
Market-Maker-System 192
Marking-to-Market 380
Markowitz 69, 81
Markteffizienz 85, 106
Markteffizienzkurve 108
Marktliquidität 54
Marktmodell 6, 20, 81
Mark-to-Market 340, 489
Mark-to-Market-Verfahren 313
Marktportfolio 76
Marktrisiko 21, 80, 82, 455
Markttimer 527
Markttiming 8
Markt-Timing, aktiv 7
Markt-Timing, passiv 7
Master Agreement 452
Maximum Drawdown 8
MDAX 167
Mean Reversion 97, 149
Mean-Gini-Ansatz 80
Mean-Gini-Koeffizient 49
Mehrfaktorenmodell 82, 115
Midcap Market Index 167
Midcaps 167
Mikrowetten 139
Minimum-Varianz-Portfolio 73
Min-Max 574
Mismatch-Risiko 455, 462
Mittelwert-Varianz-Effizienz 525
Modified BAI-Methode 504
Modified Duration 25, 26
Modified Effective Duration 30
modifizierte BAI-Methode 559
modifizierte Dietz-Methode ...509, 559, 571
Money weighted Rate of Return 504
Monte Carlo Simulation 309

Moody's 175
MSCI 161
MSCI Europa 163, 164
MSCI Welt Aktienindex 161
Multi-Beta CAPM 79

N

Naked Warrants 311
NASDAQ 179
Nearby Futures 379
Nearby Kontrakt 350
NEMAX 50 167
Net Basis 335
Netto Basis 335
Nettoperformance 576
Neumann-Morgenstern-Nutzenfunktion ... 74
New Issue Arbitrage, NIA 445
nicht standardisierte Assets 128
Nikkei 225 184
Noise 115
Noise Trader 98
Noise 98
Nominalwertmethode 382
Non-Generic Swap 435
Non-Spreads 315
Nord Pool 191
Nordamerikanische Aktienmärkte 178
Normalverteilung 10
Normalverteilungsannahme 11
Notional 453
Notional Principal Amount 406
Nullhypothese 540
Nullkupon 343
Nullkuponstrukturkurve 342, 426
Nullsummenspiel 118
Nutzenfunktion 58, 74

O

OAT 171
Off-Market Preis 419
Omega 206
One-off-Hedge 379
One-Touch-Binary Option 296
Open Interest 331

Open Outcry 166
Opportunity-Set 74
Optimierung 1, 111
Optionen auf Zins-Futures 281
Optionsbewertungsmodell 197
Options-Delta 198, 202
Options-Gamma 204
Options-Omega 206
Optionspreis 196
Options-Rho 208
Optionsschein 309
Optionsschein, gedeckter 311
Optionsschein-Swap 414
Options-Theta 211
Options-Vega 213
Optionsverhältnis 309
Ordinary Least Squares 387
Original-Dietz-Methode 559
OTC-Markt 192, 394
Out-of-the-money-Option 195
Outperformance 89, 118, 493, 526, 536
Outperformance Fee 493
Outperformance-Strategie 454
Outperformer 558
Outrgiht-Geschäft 469
Outright Forwards 469
Overlay 142
Overshooting 97

P

Par Swap 419
Parallelverschiebung 29
Passion 568
passives Assetmanagement 17
passives Management 118
Path Dependent 302
Path Dependent Knock-Out-Option 301
Path Independent 302
Path Independent Knock-Out-Option 302
Payer Swap 407
Payer Swaption 465
Peer-Group Benchmarks 67
Pensionsgeber 478
Pensionsnehmer 478
Pensionssatz 480

People 567
Perfect Hedge 379
Perfomanceindex 328
Performance 1, 494
Performance Presentation Standards 568
Performanceanalyse 491
Performanceattribution 494, 532
Performancebeiträge 494
Performancebenchmarks 66
Performancebestandteil 1, 494
Performance-Empfänger 453
Performanceindex 339, 560
Performancemessung 491, 496
Performanceplanung 2
Performance-Präsentation 561
Performanceprofil 2, 61
Performanceranglisten 557
Performance-Zahler 453
Performancezerlegung 494
PEX 169
PEXP 169
Pfadabhängigkeit 156, 159
Pfandbriefe 169
Philosophy 567
Plain Vanilla Equity Swap 454
Plain Vanilla Swap 415, 420
Plain Vanilla Zinsswap 426
Pool-Modelle 487
Portfolio Insurance 151, 248
Portfoliobeta 525
Portfoliokonstruktion 133, 139
Portfoliomanagementfähigkeiten 534
Portfoliooptimierung 85, 111
Portfolio-Selection-Modell 75
Portfoliosensitivität 6, 144
Portfoliotheorie 75, 393
Portfolio-Trading 143
Portfolioüberschussrendite 518
Positive Feedback 100
Power Options 285, 298
PPS 568
Preis Spread 353, 354
Preisfaktor 317
Premium Barrier 308
Premium Margin 315
Price-Spreads 230

Primärmarkt 416
Prime All Share-Index 168
Prime Standard 166
Prime-Segment 166
Prime-Sektoren 168
Professionalism 567
Prognosefähigkeit 527, 534
Prognosehorizont 138
Prognosemethodik 113, 138
Prognosen 111, 112, 113, 133, 136
Prognostik 112, 113
Prophetie 112
Protective Put 242, 254
Public Securities Association 484
Pure Hedge 379
Put 195, 465, 489
Put-Call-Parität 199
Put-Delta 203
Put-Omega 206
Put-Rho 208
Puttable Swap 415, 468
Put-Theta 211
Put-Vega 214

Q

quadratische Nutzenfunktion 58
quadratische Regression 531
qualitativer Overlay 116
Qualitätsoption 342
quantitative Analyse 114, 116
Quanto Equity Swap 454
Quartil 575
Quasi-Arbitrage 341

R

random walk 85
Range Options 285, 298
Ranglisten 563
Ranking 563
Ratchet Options 285, 292
Rating 565
Rating-Analyse 568
Ratingsymbole 175
Ratingsysteme 565

Ratio-Back-Spread	234
Ratio-Spreads	233
Rauschen	98
Rebate	290
Receiver Swap	407
Receiver Swaption	465
rechtsschiefe Verteilung	503
Regressand	386
Regression	384
Regressionsanalyse	386
Regressionskoeffizient	81, 384
Regressionskoeffizienten-Methode	386
Regressor	386
relative Performancemessung	515
Rendite	1, 494
Rendite nach Kosten	577
Rendite Spread	353, 354
Rendite vor Kosten	578
Rendite, diskrete	498
Rendite, geldgewichtete	504
Rendite, stetige	500
Rendite, wertgewichtete	504
Rendite, zeitgewichtete	507, 559
Renditeattribution	555
Renditebestandteile	6
Renditedekomposition	542, 551
Renditeorientierte Attributionsanalyse	541
Renditeprognosen	111
Renditeregression	14
Renditesaisonalität	92
Renditestrukturkurven	26
Renditestruktur-Spread	359
Renditeverteilungen	34
Repo	477
Repo Rate	321, 336, 480
Repo-Geschäft	477
Repo-Markt	477
Report	475
Reporting	532
Repurchase Agreement	477
Research	132
Reset-Termin	453
Residualkorrelation	82
Residualrendite	6
Residualvolatilität	20
Reversal	268
Reverse Cash and Carry Arbitrage	489
Reverse Knock-In-Option	287
Reverse Knock-Out-Option	288
Reverse Repo	486
Reverse Swap	412
Reverse-Cash-and-Carry-Arbitrage	372
REX	169
Rho	208
Risiko	1, 8, 494
Risikoaversionsparameter	58
Risikobegriff	515
Risikobegriffe	9
risikoloser Zins	519
Risikomaß	9
Risikomaße	515
Risikoprämie	6, 77
Risikozerlegung	20
Risk	353
Risk-Adjusted Performance	529
Risk-Metrics^{TM}	39
Roll over	250
Rollercoaster Swap	415, 438
Rolling-Hedge	250, 379
Rolling-Strip-Hedge	379
Russel 2000	179

S

S&P 500	179
S&P 500-Futures	181
Schatz-Future	317
Schiefe	46
Schuldscheindarlehen	170
Screening	116
Screening-Modelle	115
SDAX	167
Securities Lending	487
Security Market Line	77
SEDOL	165
Sekundärmarkt	416
Selektion	143
Selektionsbeitrag	542
Selektionsentscheidungen	144
Selektionsfähigkeiten	144
Selektionsstrategien	144
Sell/Buy-Back-Geschäft	479, 482

Sell-and-buy-Swap	474
Seller's Option	317, 341
semi-annual	451
Semivarianz	32, 33
Semivolatilität	33
Settlement	294
Settlement Sum	395
Sharpe-Ratio	393, 518, 521, 524
Short Call	223, 262
Short Future	228
Short Hedge	379
Short Put	225
Short Receiver Swaption	466
Short Squeeze	368
Short Straddle	238
Short Strangle	238
Short Strap	240
Short Strip	240
Short the Basis	365
Short-Term Forward FX	469
Siegel-Paradoxon	129
Signalling-Strategie	101
Signifikanzniveau	540, 541
Single-Index Modell	81, 144
Small Caps	150
Small-Cap-Aktien	564
Smart Money-Investor	98
Smile-Effekt	48, 199
SOFFEX	299
Sortino-Ratio	528
Specials	485
Split Strike Futures	229
Sponsor	64
Spread	315, 349
Spread Ratio	357, 359
Spread-Trading	350, 355, 370
Spreading	315
Spread-Strategien	229, 369
Squared Option	298
Staatsschulden	448
Standard & Poor's	175
Standardabweichung	10, 69
Standardabweichung, volumengewichtete	574
standardisierte Benchmark	65
standardisiertes Jensen-Alpha	525
Standing	408
Statistik	112, 113
statistische Signifikanz	557
Step-down-Swap	415
Step-up-/Step-down-Swap	439
Step-up-Swap	415
stetige Renditen	5
Stillhalterstrategie	227
stochastische Dominanz	51
Stockpicker	527
Stop-Loss-Strategie	151
Störterm	15
Straddle	294
Straddle-Strategien	237
Strangle	238
Streuungsmaß	15
Strike	286
Strike Price	270
Strip Rate	345, 346
Strip-Hedge	379
Stripping	170
STRIPS	180
Strom-Futures	191
Strong Hedge	378
Strukturbrüche	115
student- (t-) Verteilung	540
Survivorship Bias	123, 557, 570
Swap	406
Swap Rate	418
Swap Spread	451
Swap-Future	333
Swap-Linie	452
Swapmarkt	416, 452
Swapmärkte	406
Swapnote-Futures	332
Swap-Option	465
Swap-Partner	408
Swap-Portfolio	455
Swap-Quotierung	417
Swap-Satz	418
Swapsatz	475
Swapsatzrisiko	475
Swap-Spread	418
Swaption	465
Swap-Verträge	416
Switch Option	342

Switch-Analyse 323
systematisches Risiko 521

T

TAA 142
Tactical Asset Allocation 142
Tagestheta 211
T-Bill-Futures 182
T-Bond-Future 182
TecDAX 167
Technology All Share-Index 168
Termingeschäft 193, 312
Termingeschäft, bedingtes 194
Termingeschäft, unbedingtes 194
Terminkontrakt 177, 335
Terms and Conditions 452
Terms Currency 470
Theta 211
Tick 324, 351, 359
Tilgungsswap 415
Time Spread 350
Time weighted Rate of Return 507
Time-Invariant Portfolio Protection 151
Time-Spread 230, 235
Timing 75, 143
Timingentscheidungen 143
Timingfähigkeiten 144, 530, 533
Timingstrategien 144
TIPP 151, 157
Titelselektion 543
T-Note-Future 182
Top-Down-Ansatz 139
TOPIX-Future 184
Total Return 4, 497
Total-Rendite 4, 497
Track Record 492, 567
Tracking Error 17, 45, 109, 122, 250, 526
Tracking Error Risiko 123
Trading 349
Transaktionskosten 122, 143, 341, 495, 558, 571
Treynor/Black-Appraisal Ratio 525
Treynor-Mazuy-Maß 530, 531
Treynor-Ratio 521, 524
Trigger 286

Triparty Repo 484
t-Test 522, 539
Turn-around-Werte 150

U

Überrenditen 536
Überschussrendite 7, 144, 518
Underlying 192, 312
Underlying Option 293
Underperformance 537
Underperformer 558
Unhedged Quanto Equity Swap ... 454
Up and In Cap 303
Up and Out Cap 300
Up and Out Floor 305
Upfront Prämie 306
Upside participation 254
U-Schätze 170
US-Long Bond Futures 182
US-Treasury Bond Future 316

V

Valoren-Nummer 165
Value 149
Value Basis 335
Value Line Composite Index 327
Value-at-Risk 32, 38
Valutatag-Bewertung 571
Varianz 10, 70, 393
Varianz-Kovarianz-Matrix 41, 70
Varianzminimierungsansatz 393
Variation Margin 281, 313, 329
VDAX 168
Vega 213
Vertical-Spreads 230
Verwaltungsgebühren 577
Volatilität 10, 197
Volatilitätskurve 107

W

Währungen 186
Währungsbeitrag 547, 549, 551
Währungsblöcke 186

Währungserfolg 548
Währungsselektion 139
Währungsswap 406, 412, 441
Warenterminbörse Hannover 189
Warenterminhandel 189
Weak Hedge 378
Wertpapierdarlehen 477
Wertpapierhandel 133
Wertpapierleihe 126, 341, 369, 377, 477
Wertpapierlinie 77
Wertpapierpensionsgeschäft 477
Wertpapierselektionsfähigkeiten 522
Wild Card Option 342
Wild Card Periode 342
Wochenrenditen 13
Wochentheta 211
Wölbung 47
WPKN 165
WTB 189

X

Xetra 165

Y

Yield Enhancement 448
Yield-Beta 384, 385

Z

Zeiteffekt des Risikos 55
Zeithorizont 54
Zeitoption 341, 342
Zeitreihenanalyse 114
Zeitwert 195
zentraler Grenzwertsatz 503
Zerobond 414
Zerobond-Swap 414
Zerocurve 426
Zinsänderungsrisiko 249, 380
Zinsberechnungsmethode 417
Zinsfuture 316
Zinsoptionen 270
Zinsswap 394, 406, 407, 413, 449
Zinsswap-Futures 332
Zinsterminkontrakt 316

Glossar

ADR's (American Depository Receipts) In den USA gehandelte Zertifikate, die Anteilsrechte an hinterlegten Auslandsaktien verbriefen.

Ad hoc-Publizität sofortige Veröffentlichung von Unternehmensinformationen, die eine erhebliche Beeinflussung des Börsenkurses bewirken könnten. Als erstes sind das Bundesaufsichtsamt für den Wertpapierhandel und die Börsengeschäftsführungen zu informieren, die über eine eventuelle Aussetzung des Aktienkurses entscheiden.

Agio Positive Differenz zwischen dem (Emissions-) Kurs eines festverzinslichen Wertpapiers und seinem Nominalwert.

AIBD Association of International Bond Dealers; Dachverband der Institutionen und Händler, die am Euromarkt tätig sind. Die AIBD hat Usancen für die Regulierung von Euromarktgeschäften aufgestellt, deren Befolgung auf freiwilliger Basis erfolgt. Inzwischen hat sich die Vereinigung in International Securities Markets Association (ISMA) umbenannt.

Aktives Management Versuch, durch Abweichungen von der festgelegten Benchmark ein über die Benchmarkperformance hinausgehendes Ergebnis zu erzielen.

Aktives Risiko Risikodifferenz zwischen dem Portfolio und der festgelegten Benchmark.

Alpha-Faktor (α-Faktor) Renditebestandteil bei Aktien, der unabhängig von der Marktrendite anfällt.

Amerikanische Option Option, die jederzeit während der Optionslaufzeit ausgeübt werden kann.

Anlagephilosophie Grundsatzhaltung zur Frage der Markteffizienz und damit des aktiven und passiven Managements.

Anlageprozess Chronologische Reihenfolge des Investmentprozesses von der Zielfestlegung bis zur Performanceanalyse.

Anlagestil Anlagemethodik, mit deren Hilfe die Erreichung der Portfolioziele gewährleistet werden soll.

Annuitätensswap Spezielle Variante des Tilgungsswaps, wobei die Kapitalstruktur einem Annuitätendarlehen entspricht.

Arbitrage	Marktstrategie, die versucht, durch das zeitgleiche Kaufen und Verkaufen eines Assets einen risikolosen Gewinn zu machen.
Asiatische Option	Option, bei der sich die Kompensationszahlung bei Ausübung aus der Differenz des Durchschnittskurses und des Basispreises ergibt.
Ask	Kurs, der vom Verkäufer angeboten wird (Briefkurs).
Asset Allocation	Prinzip der strukturierten Portfolioaufteilung, das die Reihenfolge der Vermögensanordnung nach dem Kriterium der Performanceimplikationen vornimmt.
Asset Swap	Zinsswap, durch den ein festverzinsliches Aktivum in ein variabel verzinsliches Aktivum transformiert wird.

Asset-Backed Commercial Paper Verbriefung von Zahlungsansprüchen in Commercial Paper (= kurzfristig laufende Wertpapiere), wobei üblicherweise eine rechtlich selbständige Finanzierungsgesellschaft bestimmte Finanzaktiva von Unternehmen aufkauft und sich durch die Emission von Commercial Paper refinanziert.

Asset-Backed Security (ABS) Finanzinstrument, das durch Forderungen an Dritte bzw. Vermögensgegenstände abgesichert ist.

Assetklasse	Vermögensgattung, wie z. B. Aktien, Anleihen, Geldmarktinstrumente, Gold etc.

Asset-Liability-Management Management der Bilanzstruktur zur Optimierung der Aktiv- und Passivpositionen (Aktiv-Passiv-Steuerung)

At-the-money	Eine Option befindet sich at-the-money, wenn der aktuelle Kassapreis dem Basispreis entspricht. Häufig gilt bereits diejenige Option als at-the-money, deren Basispreis dem aktuellen Kassapreis am nächsten kommt.

Ausfallwahrscheinlichkeit Risikomaß, das die Wahrscheinlichkeit misst, eine bestimmte Mindestrendite zu verfehlen.

Auslosung (Ziehung)	Bestimmung, welche Stücke bei Anleihen, die in mehreren Tranchen zur Rückzahlung fällig werden, zu dem vorher festgelegten Rückzahlungskurs getilgt werden.
Autokorrelation	Serieller Zusammenhang zwischen aufeinanderfolgenden Kursen.

Back-to-Back Loan Gegenseitige Kreditgewährung von zwei Parteien in verschiedenen Ländern, jeweils mit gleichem Wert, gleicher Laufzeit und in der Währung des jeweiligen Gläubigers. Die Struktur ähnelt der eines Währungsswaps, wobei beim Swap aber keine bilanzwirksamen Kredite zugrunde liegen müssen.

Backoffice Abteilungen einer Bank oder eines Brokers, die für die Buchführungsfunktionen und die Kunden-Orders zuständig sind.

Backwardation Situation, in der der Futurepreis unterhalb des Kassapreises liegt, wobei erwartet werden kann, dass der Futurepreis im Vergleich zum Kassapreis über die Laufzeit ansteigen wird.

Balloon Anleihekonstruktion, bei der die letzte Kuponzahlung wesentlich höher ausfällt als die vorangegangenen Kuponzahlungen.

Barausgleich Erfüllungsvorgang, der bei Fälligkeit von bestimmten Börsentermingeschäften ausgelöst wird, bei denen eine Lieferung des Basiswertes nicht möglich ist. Die Höhe des Barausgleichs wird z. B. bei einer Option aus der Differenz zwischen dem Marktpreis und dem Basispreis des Underlyings ermittelt.

Barbell/Dumbbell Strategie Renditekurvenstrategie, bei der unter Beibehaltung der gewünschten Portfolioduration versucht wird, aus der Form der Renditestrukturkurve zusätzliche Erträge zu erwirtschaften, indem langlaufende und kurzlaufende Anleihen gemischt werden.

Barrier Optionen Optionsstruktur, bei der neben dem Basispreis eine zusätzliche Grenze, die Barrier, zu berücksichtigen ist. Erreicht der Preis des Basiswertes die Barrier während der Optionslaufzeit, wird die Option entweder ins Leben gerufen (Knock-In-Option), oder sie verfällt (Knock-Out-Option).

Basis Point Value Kennzahl, die die Marktwertänderungen eines festverzinslichen Wertpapiers bei einer Veränderung des Marktzinssatzes um einen Basispunkt (0,01%) anzeigt.

Basis Risiko Verlustrisiko, das durch einen nicht synchronen Preisverlauf von Kassainstrument und zugehörigem Derivat entstehen kann.

Basis Trade Terminmarkt Transaktion, bei der auf die Veränderung der Basis, also auf die Differenz zwischen CTD-Anleihe und Futurekontrakt, spekuliert wird.

Basispunkt 0,01%. Renditeunterschiede zwischen verschiedenen Anleihen werden häufig in Basispunkten angegeben.

Basispunktwertverfahren Verfahren zur Bestimmung der Hedge-Ratio zur Sicherung von Anleihen durch Zinsfutures unter Berücksichtigung der unterschiedlichen Zinselastizitäten.

Basisswap Zinsswap, bei dem variable Zinszahlungen ausgetauscht werden, die auf unterschiedlichen Referenzzinssätzen basieren (z.B. 3-Monats Euribor gegen 3-Monats Libor)

Basiswert Underlying oder Gegenstand, der einer Option zugrunde liegt.

Bear Market Marktsituation, in der die meisten Marktteilnehmer fallende Kurse erwarten.

Bearish Markthaltung, bei der fallende Kurse erwartet werden.

Beauty Contest Verfahren zur Auswahl eines Konsortiums im Rahmen einer Emission von Wertpapieren, wobei die jeweiligen Banken ihre Vorstellungen bzgl. der geplanten Emission darlegen.

Behavioral Finance Forschungsgebiet, das sich zum Ziel setzt, sowohl das Verhalten der Marktteilnehmer zu analysieren und zu erklären als auch Aussagen über individuelle Investoren und Marktgrößen theoretisch abzuleiten. Geschehnisse an den Finanzmärkten, die mit den traditionellen Methoden nicht erklärbar sind, sollen nunmehr durch die Verbindung von finanzierungstheoretischen und psychologischen Erkenntnissen begründet werden.

Benchmark An Marktgrößen ausgerichtetes Ziel eines Portfolios, das oftmals als Vergleichsindex bestimmt wird und an dem der Erfolg des Portfoliomanagers gemessen werden kann.

Beta-Faktor (ß-Faktor) Risikokennzahl bei Aktien, die die relative Volatilität und damit das systematische Risiko einer Aktie in bezug auf den Gesamtmarkt darstellt.

Bid Kurs, den der Käufer bereit ist zu zahlen (Geldkurs).

Black & Scholes Modell Bewertungsmodell für europäische Aktienoptionen.

Bonittenten Emittenten, die eine erstklassige Bonität, d.h. ein Rating von AAA bzw. Aaa der wichtigsten Ratingagenturen aufweisen.

Bookbuilding-Verfahren Verfahren zur Syndizierung von Emissionen, wobei die Wertpapiere dauerhaft bei den Investoren platziert werden sollen. Der Emissionspreis wird am Ende der Bookbuilding-Periode festgelegt.

Bootstrapping	Umrechnung von Zinssätzen in entsprechende Nullkuponsätze.
Brown'sche Bewegung	Zufallspfad bei Kursentwicklungen.
Bull Market	Marktsituation, in der die meisten Marktteilnehmer steigende Kurse erwarten.
Bullet Bond	Endfällige Kuponanleihe, d.h. eine Anleihe mit nur einem Rückzahlungstermin.
Bullet Strategie	Renditestrukturkurvenstrategie, bei der ein festverzinsliches Instrument eingesetzt wird, das nicht vor Endfälligkeit ganz oder zum Teil zurückgezahlt wird und somit auf einen Laufzeitpunkt fixiert ist.
Bullish	Markthaltung, bei der steigende Kurse erwartet werden.
Burn-Rate	Zeitraum, in dem ein Unternehmen einen z.B. von Beteiligungsgesellschaften zur Verfügung gestellten Kapitalbetrag vollständig verbraucht.
Buy / Sell	Repo-Transaktion, bei der Kassa- und Termingeschäft gleichzeitig erfolgen. Grundlage für die Ermittlung des Terminkurses bildet die Repo Rate.
Call	Kaufoption, die das Recht verbrieft, einen bestimmten Gegenstand zu einem festgelegten Preis in der Zukunft zu erwerben.
Callable Swap	Swap mit vorzeitigem Kündigungsrecht des Festzinsempfängers, ohne dass daraus eine Zahlung resultiert.
Cap	Optionsvereinbarung, bei der der Käufer gegen Zahlung einer Prämie für eine vereinbarte Laufzeit das Recht auf eine Ausgleichszahlung für den Fall erwirbt, dass der Referenzzins über eine bestimmte Zinsobergrenze (Cap Strike) ansteigt.
Capital Asset Pricing Model (CAPM)	Modell der Kapitalmarkttheorie, das einen linearen Zusammenhang zwischen der erwarteten Rendite und dem systematischen Risiko von Aktien postuliert.
Caplet	Cap-Vereinbarung für eine Einzelperiode innerhalb eines gesamten Multiperioden-Caps.
Caption	Option auf einen Cap.
Cash-and-Carry Trade	Arbitrageposition, die typischerweise aus einer Long Kassaposition und einer Short Futureposition besteht und dadurch versucht, eine oberhalb des Geldmarktsatzes liegende Verzinsung zu erzielen.

Cash-Settlement — Barausgleich bei der Erfüllung von Termingeschäften, wenn eine physische Lieferung des Kontraktunderlyings nicht vorgesehen ist.

CATS (Certificate of Accrual on Treasury Securities) — Zerobonds, die aus abgetrennten und separat handelbaren Kupons von US-Staatsanleihen entstehen.

Cedel (Centrale de Lívraíson de Valuers Mobilières — Abwicklungssystem für Euro-Anleihen mit Sitz in Luxemburg.

Cheapest-to-deliver-Anleihe — Jene am Markt gehandelte Anleihe, die aufgrund ihrer internen Verzinsung am billigsten in einen Futurekontrakt zu liefern ist.

Chinese Walls — Maßnahmenbündel, das die unberechtigte Ausnutzung von nichtöffentlichen und zugleich kursbedeutsamen Wertpapierinformationen zu verhindern sucht und damit einem Insidertrading entgegenwirkt.

Churning — Verhalten zur Generierung von Gebühren durch unangemessen viele Wertpapiertransaktionen zu Lasten des Kunden.

Circuit Brakers — Handelsunterbrechungen, die bei einem bestimmten Ausmaß an Kursveränderungen durch die Börse angeordnet werden, um eine Marktberuhigung zu bewirken.

Clean Price — Aktueller Kurs einer Anleihe, der die aufgelaufenen Stückzinsen nicht mit einschließt.

Clearing-Stelle — Institut, das einer Terminbörse angeschlossen ist oder in ihr integriert ist. Die Clearing-Stelle verrechnet die an der Börse getätigten Abschlüsse und tritt bei jeder Transaktion als Vertragspartner ein. Damit wird die Erfüllung von Terminkontrakten sichergestellt, so dass die Clearing-Stelle eine Garantiefunktion zur Eliminierung des Kreditrisikos ausübt.

Cocktail-Swap — Verknüpfung aller Grundformen eines Swaps (Zins-, Währungs-, kombinierter Zins- und Währungsswap) mit verschiedenen Partnern und Währungen. Durch die damit stark zunehmende Komplexität der Transaktion ist man eher in der Lage, ganz spezielle Zielsetzungen der Marktteilnehmer zu erfüllen.

Collar — Kombination aus einem gekauften Cap und einem verkauften Floor.

Collateral — Sicherheiten, wobei es sich beispielsweise um die verkauften Wertpapiere im Rahmen eines Repo-Geschäfts handeln kann.

Compliance — Wohlverhaltensrichtlinien, die für die Nichtausnutzung von Insiderinformationen bestimmt sind.

Compound Option	Option auf eine Option, so dass die Grundkombinationen Call auf einen Call, Call auf einen Put, Put auf einen Call und Put auf einen Put denkbar sind.
Contango	Situation, in der der Futurepreis oberhalb des Kassapreises liegt, wobei erwartet werden kann, dass der Futurepreis im Vergleich zum Kassapreis über die Laufzeit sinken wird.
Contingent Claim	Vermögensposition, deren Preis nicht nur von dem Kurs eines Underlyings (z.B. Aktienindex), sondern auch von dem Kurs mindestens einer weiteren Größe (z.B. Währung) abhängt.
Cost of Carry	Nettofinanzierungskosten, die aufgrund des Haltens einer Kassaposition entstehen, die der Forward- oder Futureposition entspricht.
Counterparty Risk	Risiko, dass die Gegenpartei eines Finanzkontrakts die Kontraktbedingungen nicht erfüllt.
Covered Writer	Stillhalter eines Calls, der den Basiswert der geschriebenen Option im Bestand hat.
Cross Hedge	Hedgingverfahren, bei dem sich Underlying und Hedgeinstrument nicht genau entsprechen, jedoch eine hinreichend ähnliche Preiselastizität angenommen werden kann.
Custodian	Finanzinstitution, die Wertpapiere und andere Vermögensbestandteile für Dritte verwahrt.
Debt-Equity Swap	Finanztransaktion im Rahmen von Unternehmenssanierungen, die festverzinsliches Fremdkapital in gewinnabhängiges Eigenkapital umwandelt.
Delta	Wertveränderungen des Optionspreises in Abhängigkeit von Preisveränderungen des Underlyings.
Delta Hedge	Hedgingverfahren, bei dem die Kursänderungen des Underlyings von den Kursveränderungen der Optionsposition genau ausgeglichen werden. Eine hinreichende Delta Neutralität wird nur bei kleinen Kursänderungen des Underlyings ohne zusätzliche Transaktionen zu bewerkstelligen sein.
Deport	Terminabschlag bei Währungen.
Digital Option	Option, die bei Überschreiten (Unterschreiten) des Basispreises zum Verfallszeitpunkt einen zuvor festgelegten und von der Höhe der Überschreitung (Unterschreitung) unabhängigen Betrag auszahlt.

Dirty Price	Kurs einer Anleihe, der die aufgelaufenen Stückzinsen einschließt.
Disagio	Negative Differenz zwischen dem (Emissions-) Kurs eines festverzinslichen Wertpapiers und seinem Nominalwert.
Diversifikation	Kernprinzip der Portfoliotheorie, nach dem durch die Kombination risikotragender Assets das Gesamtrisikoprofil eines Portfolios verbessert werden kann.
Dollar Duration	Maßzahl für die Preisreagibilität einer Anleihe, die die absolute Kursänderung einer Anleihe ausgedrückt in USD oder auch in EUR für eine absolute Veränderung der Rendite angibt. Sie wird berechnet aus dem Produkt der modifizierten Duration und dem Dirty Price der Anleihe.
Doppelwährungsanleihen	Anleihen, bei denen die Mittelaufbringung und die Rückzahlung in einer unterschiedlichen Währung erfolgt, wobei die Zinszahlungen – je nach Vereinbarung – sowohl in der Einzahlungs- als auch in der Rückzahlungswährung erfolgen können.
Drop-Lock FRN	Floating Rate Note (FRN), die bei Erreichen einer vorbestimmten Zinsuntergrenze zu einer Festzinsanleihe wird.
Dual Benchmark	Eine aus zwei Zielen bestehende Benchmark, wobei mindestens eines der beiden Ziele erfüllt werden muss und das andere Ziel als Nebenbedingung formuliert wird.
Due Diligence	Untersuchung der Unternehmenssituation im Hinblick auf die wirtschaftliche und finanzielle Lage und Perspektive. Die Due Dilligence wird durch externe Spezialisten (z.B. Banken, Wirtschaftsprüfer, Anwälte etc.) vorgenommen
Duration	Risikokennzahl bei festverzinslichen Anlagen, die zur Bestimmung der absoluten Preisänderung bei Marktzinsänderungen herangezogen werden kann. Zugleich kann die Duration als Kapitalbindungsdauer bei Anleihen interpretiert werden.
Duration (effective)	Durationskennzahl, die auf der Basis der tatsächlich am Markt beobachtbaren Zinssätze (Spot Rates) berechnet wird.
Duration (Key Rate)	Durationskennzahl, die die Wertveränderung festverzinslicher Anlagen in Abhängigkeit von Renditestrukturkurvendrehungen beschreibt.
Duration (modified)	Durationskennzahl, die zur Bestimmung der relativen Preisänderung bei Marktzinsänderungen herangezogen werden kann.

DVP	Delivery versus Payment, d.h. beispielsweise im Rahmen einer Repo-Transaktion die Lieferung der Wertpapiere durch den Pensionsgeber (Verkäufer) bei gleichzeitiger Zahlung der Geldmittel durch den Pensionsnehmer (Käufer).
Effizienzkurve	Aus der Portfoliotheorie bekannter Bereich jener Portfolios, die hinsichtlich der Kriterien Rendite und Risiko nicht von anderen Portfolios dominiert werden.
Einfaktorenmodell	Beschreibungsmodell für Wertpapierrenditen, das von nur einem Verursachungsfaktor für die Wertpapierrenditen ausgeht.
Embedded Losses	Verborgene Verluste, die zwar durch Zinsänderungen in der Vergangenheit verursacht worden sind, aber bei einer Bewertung zu Einstandskosten noch nicht erkennbar sind.
Embedded Options	Einem Finanzinstrument als fester Bestandteil beigegebene Option, wie z.B. ein vorzeitiges Kündigungsrecht bei Anleihen.
Emissionskurs	Ausgabepreis einer neu begebenen Anleihen, der durch das Konsortium unter Berücksichtigung der Marktbedingungen festgelegt wird.
EONIA	Euro Overnight Index Average; Referenzzinsatz für Tagesgelder im Euro-Raum.
EONIA-Swap	Tagesgeldswap im Euro-Bereich.
Equity Swap	Tauschvereinbarung, bei der die eine Partei sich verpflichtet, Ausgleichszahlungen in Höhe der Wertsteigerungen eines bestimmten Aktienportfolios zuzüglich vereinnahmter Dividenden zu leisten. Im Gegenzug empfängt diese Partei von dem Kontrahenten einen festen oder variablen Zinssatz.
Equity-linked Notes (ELN)	Anleihen, die aus mehreren Basiskomponenten zusammengesetzt sind (z.B. Zerobond und Aktienindex Call), deren Kursverhalten an die Entwicklung eines Aktienmarktes, eines Aktienbaskets oder einer einzelnen Aktie geknüpft ist.
Erwartungswerttheorie	Theorie zur Erklärung der Renditestrukturkurve. Die Erwartungswerttheorie geht davon aus, dass es für einen Investor gleichgültig ist, ob er beispielsweise einen zweijährigen Bond kauft oder zwei einjährige Bonds hintereinander. Die Renditen müssen sich entsprechen, da ansonsten ein unterschiedlicher Preis für den gleichen Zahlungsstrom bestünde.

Euribor	Euro Interbank Offered Rate; Geldmarktzinssatz für den Euro-Raum auf der Grundlage der Eurozinsmethode, d.h. Actual/360.
Eurobond	Anleihe, die i.d.R. mit Hilfe eines internationalen Konsortiums am Euromarkt begeben wird und häufig auf eine andere als die Währung des Schuldnerlandes lautet.
Euroclear	Abwicklungssystem für Euro-Anleihen mit Sitz in Brüssel.
Euromarkt	internationaler Markt, der sowohl Eurobonds als auch Euro-Geld- und Euro-Kredittransaktionen umfasst.
Europäische Option	Option, die nur am Ende der Optionslaufzeit ausgeübt werden kann.
Exchange Traded Funds (ETFs)	Investmentfonds, deren Anteile an der Börse gehandelt werden und somit über die Börse von Anlegern erworben und veräußert werden können.
Exotische Optionen	Grundsätzlich alle Optionsstrukturen, die in ihrem Komplexitätsgrad über Plain Vanilla Optionen hinausgehen.
Extendable Swap	Prolongierbarer Swap, der das Recht bietet, einen bestehenden Swap bei Endfälligkeit zu gleichen Konditionen zu verlängern.
Financial Engineering	Herstellung von Zahlungsströmen, die unter Verwendung existierender Finanzinstrumente genau den Bedürfnissen der Kunden entsprechen.
Floating Rate Note (FRN)	Anleihe mit einem variablem Kupon, der in einem bestimmten Turnus den Marktgegebenheiten angepasst wird.
Floor	Optionsvereinbarung, bei der der Käufer gegen Zahlung einer Prämie für eine vereinbarte Laufzeit das Recht auf eine Ausgleichszahlung für den Fall erwirbt, dass der Referenzzins unter eine bestimmte Zinsuntergrenze (Floor Strike) sinkt.
Floorlet	Floor-Vereinbarung für eine Einzelperiode innerhalb eines gesamten Multiperioden-Floors.
Forward	Verpflichtung, eine Anlage zu einem künftigen Zeitpunkt zu kaufen oder zu verkaufen, wobei der Preis zum Zeitpunkt des Eingehens der Verpflichtung festgelegt wird und in der Regel die Zinskosten der Finanzierung widerspiegelt.
Forward Rates	Arbitragefreie Zinssätze, die sich aus der Renditestrukturkurve herleiten lassen und den Wert in der Zukunft liegender Zinsgeschäfte angeben.

Forward Swap — Beginn der vereinbarten Swapzahlungen erst nach einer Vorlaufzeit, so dass schon jetzt ein Festzins für eine in der Zukunft liegende Finanzierung oder Anlage gesichert wird.

Forward Rate Aggreement (FRA) — Vereinbarung über ein in der Zukunft liegendes Zinsgeschäft.

Forwards — Terminkontrakte, deren Vertragsbedingungen nicht standardisiert sind, und die damit nicht an einer Börse gehandelt werden.

Frontrunning — Verhalten von Marktteilnehmern, bei dem bei Bekanntheit einer größeren und möglicherweise marktbewegenden Kundenorder zunächst für eigene Rechnung der Wert ge- bzw. verkauft wird und dann erst die Kundenorder ausgeführt wird.

Full Replication Approach — Verfahren des passiven Portfoliomanagements, bei dem der zugrundeliegende Benchmarkindex vollständig und in gleicher Gewichtung in das Portfolio übernommen wird.

Future Strip Rate — Erzielbare Verzinsung aus einem sequentiellen Futuregeschäft, bei dem mehrere Geldmarktfutures aneinandergereiht werden.

Future-Style Verfahren — Prämienzahlungsverfahren bei börsengehandelten Optionen, bei dem die vom Optionskäufer zu zahlende Prämie erst bei Glattstellung, Ausübung oder Verfall fällig wird. Zwischenzeitliche Bewertungsschwankungen werden durch Variation Margins abgegolten.

Futures — Standardisierte börsengehandelte Terminkontrakte, wobei die Abwicklung und Verrechnung über die Clearing-Stelle der Terminbörse erfolgt.

Gamma — Wertveränderungen des Deltas in Abhängigkeit von Preisveränderungen des Underlyings.

Gamma Hedge — Hedgingverfahren, bei dem Delta-Neutralität durch den Einsatz zusätzlicher Short Optionen angestrebt wird.

GARCH — Generalized Autoregressive Conditional Heteroskedasticity; Statistisches Verfahren, das zur Schätzung zukünftiger Volatilitäten auf die Volatilitäts- und Störterm-Ausprägungen der Vorperioden zurückgreift.

Garman-Kohlhagen-Modell — Devisenoptionsmodell, das auf dem Black & Scholes Modell basiert.

Global Depository Receipts (GDRs) — Am Euromarkt gehandelte Zertifikate, die Anteilsrechte an hinterlegten Auslandsaktien verbriefen.

Haircut	Betrag, um den der Marktwert eines Wertpapiers als Collateral den Wert des entsprechenden Gelddarlehens im Rahmen einer Repo- / Wertpapierleihetransaktion übersteigt. Als Haircut kann auch der Wert zusätzlich bestellter Sicherheiten bezeichnet werden.
Hedge Ratio	Die Hedge Ratio gibt die Anzahl der nötigen Kontrakte an, um eine Position gegen Wertveränderungen abzusichern.
Hedging	Absicherung gegen Kurswertveränderungen.
Heteroskedastizität	Empirische Beobachtung bei Aktienrenditen, dass die Ausprägungen der Residualrenditen im Zeitablauf unterschiedliche Verteilungsmuster aufweisen.
Homoskedastizität	Einheitliche Verteilungsmuster der Residualrenditen im Zeitablauf.
Immunisierung	Anlagestrategie bei Anleihen, bei der die Duration eine Portfolios genau auf den Investitionshorizont des Anlegers abgestimmt ist.
Implied Repo Rate (IRR)	Impliziter Finanzierungszinssatz, der dem Preis eines Futures zugrunde liegt. Diejenige lieferbare Anleihe, die bei Lieferung in den Futurekontrakt die größte IRR aufweist, ist die Cheapest-to-Deliver Anleihe.
Implizite Volatilität	Volatilität, die aus am Markt beobachtbaren Optionspreisen berechnet wird und als Indikator für die Einschätzung des Marktes bezüglich der zukünftigen Volatilität interpretiert werden kann.
In-the-money	Ein Call befindet sich in-the-money, wenn der aktuelle Kassapreis über dem Basispreis liegt. Ein Put befindet sich in-the-money, wenn der aktuelle Kassapreis unter dem Basispreis liegt.
Indexfonds	Investmentsondervermögen, die passiv gemanagt werden und daher versuchen, die Performance der Benchmark abzubilden.
Indexierte Anleihen	Anleihen, bei denen die Zins- und/oder Tilgungszahlungen an einen Index gekoppelt sind, wobei es sich hierbei nicht um einen Zinssatz handelt.
Informationskoeffizient	Maßstab für die Prognosegüte, der durch Vergleich der prognostizierten mit den tatsächlichen Werten ermittelt wird.
Information Ratio	Indikator für die Fähigkeit eines Portfoliomanagers, eine bessere Performance zu erzielen als die Benchmarkperformance. Verhältnis zwischen Alpha und dem eingegangenen Residualrisiko.

Informationseffizienz	Theoretisches Konstrukt, nachdem alle an den Markt gelangenden Informationen unmittelbar von den Assetpreisen reflektiert werden.
Investment Grade	Bonitätsklassifikation für Anleihen, die ein Rating von mindestens BBB- (Standard & Poor's) bzw. Baa3 (Moody's) und besser aufweisen.
Knock-In-Optionen	Exotische Optionen, die erst wirksam werden, wenn ein bei Vertragsabschluss fixiertes Kursniveau des Underlyings erreicht wird.
Knock-Out-Optionen	Exotische Optionen, die verfallen, wenn ein bei Vertragsabschluss fixiertes Kursniveau des Underlyings erreicht wird.
Konversionsfaktor	Mit Hilfe von Konversionsfaktoren werden handelbare Anleihen an die Eigenschaften der den Zinsfutures zugrundeliegenden Notional Bonds angepasst.
Konvexität	Risikokennzahl bei Anleihen, die die Veränderungen des Anleihekurses und der -duration in Abhängigkeit einer Marktzinsveränderung beschreibt. Bei positiver Konvexität ist die Kurssteigerung (Kursverringerung) einer Anleihe im Falle einer Marktzinssenkung (Marktzinssteigerung) höher (niedriger), als die Duration prognostiziert. Im Rahmen der Optionspreistheorie wird die Konvexität einer Option durch Gamma, d.h. die Ableitung des Deltas nach der Kursänderung des Underlyings, beschrieben.
Korrelation	Statistisches Maß für den Zusammenhang zweier Größen, das sich durch Standardisierung aus der Kovarianz ergibt und auf den Wertebereich zwischen -1 und 1 normiert ist.
Kovarianz	Statistisches Maß für den Zusammenhang bzw. den Gleichlauf zweier Größen.
Kovarianzmatrix	Tableau, das die statistischen Zusammenhänge mehrerer Assets darstellt.
Kupon-Stripping	Erstellung von Zerobonds aus einer gewöhnlichen Festzinsanleihe, indem z.B. die Kupons vom Nominalwert getrennt werden.
Kurtosis	Viertes Moment einer Wahrscheinlichkeitsverteilung. Spitzgipfelige Verteilung, die zudem fette Randbereiche aufweisen, werden als leptokurtische Verteilungen bezeichnet, wohingegen Verteilungen mit einer flachen Spitze und breiten Mittelbereichen als platykurtisch bezeichnet werden.
Leerverkauf	Verkauf eines Wertpapiers ohne eine entsprechende physische Deckung (Entstehen einer Short Position).

Liability Swap	Zinsswap, durch den eine festverzinsliche Verbindlichkeit in eine variabel verzinsliche Verbindlichkeit transformiert wird.
Libid	London Interbank Bid Rate; Zinssatz, zu dem Londoner Banken im internationalen Interbankenmarkt bereit sind, Kredit aufzunehmen.
Libor	London Interbank Offered Rate; Zinssatz, zu dem Londoner Banken im internationalen Interbankenmarkt Gelder verleihen.
Limean	Mittelwert zwischen Libid und Libor.
LIONS (Lehman Investment Opportunity Notes)	Zerobonds, die aus abgetrennten und separat handelbaren Kupons von US-Staatsanleihen entstehen.
Liquidität	Aus Portfoliosicht die jederzeitige Möglichkeit, sich zu fairen Preisen von dem Portfolio trennen zu können.
Liquiditätspräferenztheorie	Theorie zur Erklärung einer aufwärtsgerichteten (normalen) Renditestrukturkurve. Die Liquiditätspräferenztheorie geht davon aus, dass aus Gründen der Risikoaversion Investoren nur dann längere Laufzeiten kürzeren vorziehen, wenn sie im Gegenzug eine höhere laufende Verzinsung erhalten.
Lognormal Distribution	Glockenkurvenartige Verteilung von Wertpapierkursen, deren logarithmierte Werte einer Normalverteilung gehorchen.
Margin	Einschussleistung, die erbracht werden muss, um z.B. eine Futureposition zu eröffnen.
Marking-to-market	Bewertungsmethode für Derivate, bei der der Wert der Position anhand des aktuellen Marktwertes der Kassaposition bestimmt wird.
Market Impact	Ausweichbewegung des Marktes, wenn große Blockkäufe bzw. -verkäufe stattfinden.
Market Maker	Händler, der verpflichtet ist, Geld- und Brief-Kurse für ein bestimmtes Finanzinstrument zu stellen.
Markteffizienz	Theoretisches Konstrukt, nach dem alle an Märkten gehandelten Assets stets richtig bewertet sind.
Marktrisiko	Risiko einer generellen Marktentwicklung, das sich aus der Veränderung von Marktpreisen, wie z.B. Zinssätzen, Wechselkursen und Aktienkursen ergibt. Das Marktrisiko betrifft keine Einzeltitel, sondern eine Vielzahl von Anlagetiteln.

Marktsegmentierungstheorie Theorie zur Erklärung der Form der Renditestrukturkurve, die davon ausgeht, dass Investoren sich auf bestimmte Laufzeitbereiche der Renditestrukturkurve konzentrieren und daher unabhängig von der Form der Renditestrukturkurve stets bei diesem Segment bleiben.

Martingale-Prozeß Statistischer Zufallsprozess, der keine zeitabhängige Veränderungsrate (Drift) aufweist.

Maximum Drawdown Im Aktienbereich bekannt als die maximale negative Rendite nach einem vorangegangenen Höchstkurs.

Mean-Gini-Koeffizient Alternatives Risikomaß, das anstatt der Abweichung zum Mittelwert die Abweichungen der einzelnen Realisationen untereinander misst.

Mehrfaktorenmodell Beschreibungsmodell für Wertpapierrenditen, das von mehreren Verursachungsfaktoren für die Wertpapierrenditen ausgeht.

Money-at-Risk Verlustpotential aus marktbedingten Preisänderungen von Handelspositionen, das auf der Basis einer bestimmten Wahrscheinlichkeit angegeben wird (z.B. 95%).

Mortgage-Backed Bonds Anleihen, bei denen die Besicherung aus einem Pool von Hypotheken besteht. Sie werden vor allem in den USA gehandelt.

Multi-Index Option Outperformance Option, deren Auszahlungsstruktur von der Performancedifferenz zweier Instrumente abhängt.

Negativklausel Verpflichtung seitens des Emittenten, dass späteren Verbindlichkeiten keine vorrangige Besicherung gegenüber der betreffenden Anleihe eingeräumt wird.

Netting Aufrechnung von Forderungen und Verbindlichkeiten, die gegenüber einem Kontrahenten bestehen oder die sich auf das gleiche Underlying beziehen.

Normalverteilung Statistische Verteilung, bei der ein positives Abweichen vom Mittelwert nach oben genau so wahrscheinlich ist, wie die Abweichung nach unten um den gleichen Wert.

Notional Bond Standardisierte Anleihe, deren Eigenschaften (Zinskupon und Laufzeit) stets gleich bleiben und die als synthetisches Underlying für Zinsfuturekontrakte dient.

Omega Hebel, um den sich die Option prozentual schneller im Wert verändert als das Underlying.

Open Interest	Summe der noch offenen Positionen z.B. einer Optionsserie, wobei noch keine Glattstellung durch entsprechende kompensierende Transaktionen stattgefunden hat.
Open Repo	Zeitlich offene Repo-Transaktion, wobei die Vertragspartner das Geschäft zu jeder Zeit während der vereinbarten Frist auflösen können.
Option	Vertragliches Recht, aber keine Pflicht, einen bestimmten Betrag eines zugrundeliegenden Instruments (z.B. Wertpapier) zu einem festen Preis (Basispreis) während oder am Ende einer bestimmten Laufzeit zu kaufen (Call Option) oder zu verkaufen (Put Option).
Optionsprämie	Nach amerikanischer Terminologie der Preis einer Option. In Europa wird unter der Optionsprämie häufig jener Teil des Optionspreises verstanden, der den inneren Wert der Option übersteigt.
Optionsserie	Optionen, die in bezug auf den Typ (Call / Put), den Basiswert, den Basispreis und das Verfalldatum identisch sind.
Out-of-the-money	Ein Call befindet sich out-of-the-money, wenn der aktuelle Kassapreis unter dem Basispreis liegt. Ein Put befindet sich out-of-the-money, wenn der aktuelle Kassapreis über dem Basispreis liegt.
Over-the-counter (OTC)	Außerbörsliches Handelssystem, das die Transaktionen über Telefon oder Computer abwickelt und auf einen Präsenzbörsenhandel verzichtet.
Overnight Indexed Swap	Tagesgeldswap, d.h. Zinsswap, bei dem ein Austausch zwischen einem festen Zins und einem (variablen) Referenzzins, der sich auf Tagesgeld bezieht, erfolgt.
Overnight Repo	Repo-Geschäft, das für nur einen Tag läuft.
Passives Management	Auf der Theorie effizienter Kapitalmärkte basierender Ansatz, der versucht, eine vorgegebene Benchmark hinsichtlich ihres Rendite-Risikoprofils möglichst genau abzubilden.
Pay-Through Bond	Hypothekarisch besicherte Schuldverschreibung, bei der die Zins- und Tilgungszahlungen periodisch erfolgen.
Payer Zinsswap	Zinsswap, bei dem feste Zinsen gezahlt und variable Zinsen bezogen werden.
Payer Swaption	Recht, in einen Swap-Vertrag einzutreten, bei dem variable Zinsen bezogen und feste Zinsen gezahlt werden.

Peer-Group-Benchmark Benchmark, die sich aus einer Anzahl von Konkurrenzportfolios zusammensetzt.

Performance Zielkriterium des Portfoliomanagements, das als risikoadjustierte Rendite definiert werden kann.

Performanceanalyse Quantitative und qualitative Untersuchung der Performance eines Portfolios.

Performanceattribution Zuordnung von Performancebestandteilen zu einzelnen Verursachungsgrößen.

Performancemessung Quantitative Untersuchung der Portfolioperformance.

Perpetual Bond Anleihe, die keinen fixierten Endfälligkeitszeitpunkt besitzt. I.d.R. werden in den Anleihebedingungen Ereignisse beschrieben, bei deren Eintritt dem Gläubiger und/oder dem Schuldner ein Kündigungsrecht zusteht.

Path Dependent Option Option, deren Auszahlungsstruktur nicht von dem Preis des Underlyings am Verfallzeitpunkt, sondern vom Kursverlauf während der Optionslaufzeit abhängt (z.B. Look-Back Option).

Plain Vanilla Der Begriff Plain Vanilla beschreibt die geringe Komplexität eines Instruments. Er wird auf alle Geschäfte und Instrumente bezogen, die als Basis- oder Standardgeschäft bzw. -instrument innerhalb ihrer Gattung angesehen werden können. Als Plain Vanilla Optionen werden z.B. einfache Calls und Puts angesehen.

Plain Vanilla Zinsswap Einfache Form des Zinsswaps, bei dem feste Zinsen gegen variable Zinsen getauscht werden.

Premium Bond Anleihe, die oberhalb ihres Nennwertes notiert.

Present Value Heutiger Wert zukünftiger Zahlungsströme, die durch Abzinsung auf den Betrachtungszeitpunkt bezogen werden.

Primärmarkt Markt zur Platzierung von Neuemissionen.

Put Verkaufsoption, die das Recht verbrieft, einen bestimmten Gegenstand zu einem festgelegten Preis in der Zukunft zu verkaufen.

Puttable Swap Kündigungsrecht des Festzinszahlers.

Qualitätsoption Möglichkeit des zur Lieferung in einen Zinsfuture Verpflichteten, zwischen verschiedenen lieferbaren Anleihen auswählen zu können.

Rating	Beurteilungssystem für die Wahrscheinlichkeit einer verzögerten und / oder unvollständigen Rückzahlung von Anleiheschulden.
Rebate	Feststehender Geldbetrag, der dem Käufer einer Knock-Out-Option im Falle eines Knock-Outs gezahlt wird. Umgekehrt würde der Käufer einer Knock-In-Option diesen Betrag erhalten in dem Fall, dass die Knock-In-Grenze nicht erreicht wurde.
Receiver Zinsswap	Zinsswap, bei dem variable Zinsen gezahlt und feste Zinsen bezogen werden.
Receiver Swaption	Recht, in einen Swap-Vertrag einzutreten, bei dem feste Zinsen bezogen und variable Zinsen gezahlt werden.
Referenzzinsatz	Für Geschäfte mit einem Referenzzinsatz gilt nicht ein fester Zins für eine bestimmte Laufzeit, sondern ein Zinssatz, der an einen Referenzzinssatz gekoppelt ist (z.B. Euribor) und sich daher im Zeitablauf verändern kann.
Registered Bond	Namensschuldverschreibung, d.h. Anleihe, bei der eine Eintragung in die Bücher des Emittenten erfolgt. Zur Übertragung ist eine schriftliche Abtretung seitens des eingetragenen Gläubigers erforderlich.
Regressionsanalyse	Statistisches Verfahren der Zeitreihenanalyse, bei dem der Zusammenhang zwischen einer abhängigen und einer unabhängigen Variablen analysiert wird.
Rendite	In Prozent ausgedrückte Wertveränderung einer Größe.
Rendite (aktive)	Differenz zwischen Portfolio- und Benchmarkrendite.
Rendite (residual)	Renditebestandteil, der mit der Benchmarkrendite unkorreliert ist.
Renditestrukturkurve	Graphischer Zusammenhang zwischen Anleihelaufzeit und -rendite.
Repo	Kurzform für Repurchase Agreement, d.h. Verkauf von Wertpapieren bei gleichzeitiger Rückkaufverpflichtung in der Zukunft.
Repo Rate	Zinssatz, der im Rahmen einer Repo-Transaktion für die Überlassung von Geldmitteln gezahlt wird (gegen Stellung von Sicherheiten in Form von Wertpapieren).
Report	Terminaufschlag bei Währungen.
Residualvolatilität	Volatilität bei Aktien, die unabhängig von der gesamtmarktinduzierten Volatilität auftritt.

Reverse Floater	Variabel verzinsliche Anleihe, deren Kupon sich bei fallenden Geldmarktzinsen erhöht.
Reverse Repo	Umgekehrtes Repo-Geschäft, d.h. Kauf von Wertpapieren bei gleichzeitiger Rückverkaufsverpflichtung in der Zukunft.
Reverse Swap	Gegenswap im sekundären Swapmarkt, der das Zins- und / oder Währungsverlustrisiko eines bestehenden Swaps ausgleicht.
Rho	Wertveränderungen des Optionspreises in Abhängigkeit von Veränderungen des risikolosen Zinssatzes.
Risiko (systematisches)	Teil des Gesamtrisikos bei Aktien, das durch Schwankungen des Gesamtmarktes induziert ist.
Risiko (unsystematisches)	Teil des Gesamtrisikos bei Aktien, das nicht durch Schwankungen des Gesamtmarktes induziert ist (titelspezifisches Risiko).
Roller Coaster Swap	Swap, bei dem sich der Nominalbetrag über die Swaplaufzeit verändert.
Safekeeping	Transaktion im Rahmen eines Repo-Geschäfts, bei dem keine Lieferung von Wertpapieren erfolgt. Die Wertpapiere werden auf einem Treuhandkonto gutgeschrieben.
Sampling Approach	Verfahren des passiven Portfoliomanagements, bei dem der zugrundeliegende Benchmarkindex bei vorgegebener Werteanzahl durch eine den Tracking Error minimierende Stichprobe aus dem Index abgebildet wird.
Scalping	Handelstechnik von Marktteilnehmern, die zum Geldkurs kaufen und zum Briefkurs verkaufen können, und die das Halten von Positionen über Nacht vermeiden wollen, indem der geringe Spread stets glattgestellt wird.
Schiefe	Drittes Moment einer Wahrscheinlichkeitsverteilung, das die Asymmetrie misst.
Sekundärmarkt	Handel von Wertpapieren, nachdem die Papiere als Neuemission platziert worden sind.
Seller's Option	Möglichkeit des zur Lieferung in einen Zinsfuture Verpflichteten, zwischen verschiedenen lieferbaren Anleihen auswählen zu können.
Semivarianz	Risikomaß, das ausschließlich die negativen Abweichungen vom erwarteten Mittelwert misst.

Sharpe-Maß	Maßgröße der Performanceanalyse, bei der die Überschussrendite zum Gesamtrisiko ins Verhältnis gesetzt wird.
Short Squeeze	Situation, in der das Volumen der Positionen, die am Markt frei verfügbar sind, geringer ist als das Volumen der Positionen, die von Marktteilnehmern zur Eindeckung benötigt werden.
Sinking Fund	Tilgungsfonds, der generell durch einen Treuhänder verwaltet wird. Dabei erfolgt eine regelmäßige Rückstellung von Mitteln zur Tilgung der Anleihe entsprechend den festgelegten Bedingungen. Notiert die Anleihe unter ihrem Rückzahlungskurs, so kann der Treuhänder mit den Mitteln des Fonds den zu tilgenden Anleihebetrag am Markt erwerben. Andernfalls wird üblicherweise durch Auslosung getilgt.
Specific Collateral	Spezielles Wertpapier, das im Rahmen eines Repo-Geschäfts als Sicherheit fungieren soll und entsprechend nachgefragt wird.
Spot Rates	Tatsächlich am Markt beobachtbare Preise bzw. Renditen.
Stack Hedge	Hedging-Form, bei der zunächst nur auf einen Kontraktmonat zurückgegriffen wird.
Standardabweichung	Dispersionsmaß der Statistik, das die durchschnittlichen quadrierten Abweichungen der einzelnen Elemente einer Verteilung von ihrem Mittelwert beschreibt und aus diesen die Wurzel zieht. Die Standardabweichung dient als Risikomaß bei Wertpapieren.
Step-Down Swap	Swap, bei dem der Nominalbetrag über die Swaplaufzeit nach einem vereinbarten Schema abnimmt.
Step-Up Swap	Swap, bei dem der Nominalbetrag über die Swaplaufzeit nach einem vereinbarten Schema ansteigt.
Stillhalter	Verkäufer einer Option, der bei Ausübung der Option zu einer Leistung verpflichtet ist.
Stochastische Dominanz	Verfahren der Vorteilhaftigkeitsbestimmung von Wertpapieren, bei dem der Verlauf der gesamten Wahrscheinlichkeitsverteilung betrachtet wird.
Strip Hedge	Hedging-Form, bei der die benötigte Anzahl einzusetzender Futures auf mehrere Fälligkeitsmonate verteilt ist.
STRIPS (Separate Trading of Registered Interest and Principal Securities)	Zerobonds, die aus abgetrennten und separat handelbaren Kupons von US-Staatsanleihen entstehen.

Subordinated Bond	Nachrangig besicherte Anleihe, deren Zins- und Tilgungszahlungen im Fall, dass der Emittent zahlungsunfähig wird, nachrangig bedient werden.
Swap	Finanzgeschäft, bei dem zwei Parteien vereinbaren, während eines bestimmten Zeitraums Zahlungsströme entsprechend den im voraus festgelegten Vereinbarungen zu tauschen.
Swapsatz	Differenz zwischen Kassa- und Terminkurs eine Währung.
Swaption	Option auf einen Swap.
Syndizierung	Emission von Wertpapieren oder Vergabe von Krediten unter Einschaltung eines Konsortiums.
T-Statistik	Statistisches Maß zur Beurteilung der Güte von Regressionsparametern.
Tailing the Hedge	Berücksichtigung der sich aus dem täglichen Marking-to-Market ergebenden Zinsbelastungen und -erträge bei der Berechnung der Hedge Ratio.
Term Repo	Repo-Geschäft, das eine Laufzeit von mehr als einem Tag aufweist.
Tenderverfahren	Auktionsverfahren bei der Emission von Wertpapieren, bei dem entweder die Menge oder der Preis fixiert ist und die Zuteilung gemäß den Geboten der Investoren erfolgt.
Theta	Wertveränderungen des Optionspreises in Abhängigkeit von Restlaufzeitverkürzungen der Option.
Tick	Kleinste Fluktuationseinheit bei Preisveränderungen von Derivaten wie Futures und Optionen.
TIGR's (Treasury Investment Growth Receipt)	Zerobonds, die aus abgetrennten und separat handelbaren Kupons von US-Staatsanleihen entstehen.
Tilgungsswap	Swap, der eine Zahlungsstruktur wie beim festverzinslichen Tilgungskredit aufweist.
Timing	Anlagestrategie, bei der versucht wird, in steigenden Marktphasen übergewichtet zu sein et vice versa.
Tombstone	Anzeige einer Neuemission, wobei üblicherweise die Konditionen sowie die beteiligten Konsortialmitglieder genannt werden. Die Anzeige wird als Tombstone (= Grabstein) bezeichnet, da mit der Veröffentlichung ein Schlussstrich unter die Emission gezogen wird.

Track Record	Performancehistorie eines Portfolios bzw. eines Portfoliomanagers.
Tracking Error (geschätzter)	Abweichungsmaß für die Differenz zwischen zu erwartender Portfoliorendite und zu erwarteter Benchmarkrendite, das auf der Basis der systematischen und unsystematischen Risikoprofile der einzelnen Portfoliobestandteile geschätzt wird.
Tracking Error (historischer)	Standardabweichung der realisierten Renditedifferenzen zwischen Portfolio und Benchmark.
Treynor-Maß	Maßgröße der Performanceanalyse, bei der die Überschussrendite zum systematischen Risiko (Betafaktor) ins Verhältnis gesetzt wird.
Tri-Party Repo	Im Rahmen eines Repo-Geschäfts Übernahme der Verwahrung von Wertpapieren für den Pensionsnehmer durch eine neutrale dritte Partei als Custodian, die auch die Überwachung der Transaktionen und der Sicherheiten sowie die tägliche Bewertung der Sicherheiten übernimmt.
Überschussrendite	Differenz zwischen Portfoliorendite und risikolosem Zinssatz.
Underlying	Einem derivativen Instrument zugrundeliegendes Kassainstrument.
Up-Front Zinsswap	Zinsswap, bei dem die laufenden Zinszahlungen gegen einen einmalig am Laufzeitbeginn zu leistenden Betrag getauscht werden.
Value-at-Risk	In Geldeinheiten ausgedrücktes Risikomaß, das die Höhe des Vermögensverlustes für ein bestimmtes, vorzugebendes Wahrscheinlichkeitsniveau misst.
Varianz	Dispersionsmaß der Statistik, das die durchschnittlichen Abweichungen der einzelnen Elemente einer Verteilung von ihrem Mittelwert beschreibt. Die Ziehung der Quadratwurzel aus der Varianz ergibt die Standardabweichung.
Variation Margin	Zu leistender Einschuss bei Derivategeschäften, wenn durch Preisveränderungen des Underlyings das Niveau des Initial Margins unter das geforderte Mindestniveau (Maintenance Margin) gefallen ist.
Vega	Wertveränderungen des Optionspreises in Abhängigkeit von Volatilitätsveränderungen des Underlyings.
Volatilität	Annualisierte Standardabweichung, die als Risikomaß bei Wertpapieren weite Verbreitung findet.
Volatilitätskurve	Darstellung der erwarteten Volatilität eines Instrumentes bzw. Marktes in Abhängigkeit des Betrachtungshorizontes.

Währungsswap	Tauschvereinbarung, bei der Kapitalbeträge und darauf anfallende Zinsen, die auf unterschiedliche Währungen lauten, von den Kontrahenten ausgetauscht werden.
Wandelanleihe	Festverzinsliches Wertpapier, das neben den Anleiherechten zusätzlich eine Umtauschoption von der Anleihe in die Aktie des Anleiheemittenten zu vorgegebenen Konditionen verbrieft.
Wild Card Option	Möglichkeit des zur Lieferung verpflichteten Vertragspartners bei amerikanischen Zinsfutures, nach Festlegung des Settlementpreises des Futures noch bis zum Ende des Handels im Treasury Bond Markt zwischen mehreren lieferbaren Anleihen auswählen bzw. sich gegen eine Lieferung entscheiden zu können.
Yield Enhancement	Zusätzliche Renditesteigerungen, z.B. durch den Einsatz von Swaps im Portfoliomanagement.
Yield to Call	Rendite einer Anleihe bis zum frühest möglichen Kündigungstermin unter Berücksichtigung des festgelegten Kündigungskurses.
Zeitwert	Preisbestandteil einer Option, der über den inneren Wert der Option hinausgeht.
Zero-Cost-Collar	Collar, bei dem die zu zahlende Prämie des Caps in gleicher Höhe liegt, wie die erhaltene Prämie des Floors.
Zerobond	Wertpapiere, bei denen keine periodischen Zinszahlungen erfolgen und die bei Fälligkeit zum Nennwert zurückgezahlt werden. Die Wertpapiere werden daher mit einem entsprechenden Abschlag ausgegeben.
Zins-/Währungsswap	Kombination aus einem Zins- und einem Währungsswap.
Zinsanpassungsklausel	Klausel, die vorsieht, dass der Zinssatz einer Anleihe in bestimmten Abständen dem jeweiligen Marktzins angepasst wird.
Zinsswap	Vereinbarung über den Tausch von Zinszahlungsströmen unterschiedlicher Natur (z.B. fixe Zinszahlungen gegen variable Zinszahlungen), die auf einem fiktiven Kapitalbetrag basieren.